PAGE 40 — SUR LA ROUTE

RÉGIONS, VILLES, PARCS NATIONAUX
Visites, activités et bonnes adresses

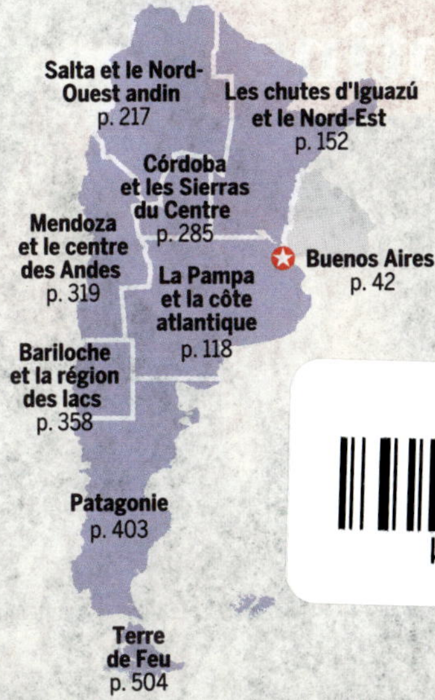

PAGE 565 — ARGENTINE PRATIQUE

TOUT POUR S'ORGANISER
Transports en commun, voyages organisés, hébergements

ÉDITION ÉCRITE ET ACTUALISÉE PAR

Sandra Bao,
Gregor Clark, Carolyn McCarthy,
Andy Symington, Lucas Vidgen

L'Argentine citadine

Sitôt posé le pied à Buenos Aires, on a l'impression de sauter dans un train en marche. Par la vitre du taxi filant sur l'autoroute vers le centre-ville, on voit se dessiner une mosaïque floue de mornes immeubles et de constructions désordonnées. Quand le chauffeur – qui conduit probablement trop vite, en vitupérant, cigarette au bec, sur la corruption des pouvoirs publics – finit par s'extraire de l'autoroute, la vie citadine entre en scène : cafés, kiosques à journaux, stands de confiserie, belles façades début XXe siècle et jacarandas aux fleurs violettes habillant des trottoirs que foulent d'un pas décidé des *Porteños* (habitants de Buenos Aires) élégamment vêtus. La capitale n'est pas la seule à déployer ses charmes. Córdoba, Mendoza et Bariloche possèdent leur personnalité et leurs centres d'intérêt et méritent toutes une visite.

Merveilles naturelles

Si les grandes villes argentines ont de nombreux attraits, elles servent surtout aux voyageurs de tremplin vers ce qui constitue le plus bel atout du pays : ses espaces naturels. Des imposantes chutes d'Iguazú, dans le nord subtropical, au glacier Perito Moreno qui progresse avec force craquements tonitruants au sud, l'Argentine est un vaste territoire aux merveilleux paysages. C'est ici que se dressent certains des plus hauts sommets

BERNARDO GALMARINI/ALAMY ©

Tango, viande de bœuf, gauchos, fútbol, *Patagonie, Andes... Ces images, à la simple évocation du nom Argentine, suffisent à comprendre pourquoi ce pays fascine depuis longtemps les voyageurs. Elles donnent envie de voir du pays.*

Ci-contre : Día de la Tradición (p. 125), San Antonio de Areco
Ci-dessous : Caminito (p. 55), La Boca (Buenos Aires)

RICHARD CUMMINS/LONELY PLANET IMAGES ©

andins, dont plusieurs tutoient les 6 000 m. Marais dignes du célèbre Pantanal brésilien, montagnes aux couleurs chaudes, déserts parsemés de cactus, énormes glaciers, steppes arides en Patagonic, lacs glaciaires et étendues de sel dans les Andes, sans oublier les forêts tempérées de Valdivia recouvertes de lichens, la superbe région des lacs, les manchots, les flamants, les caïmans, les capybaras et bien plus encore : vous serez forcément subjugué par tous les sites et les aventures inoubliables qui vous y attendent.

Culture argentine

Le tango, cette danse sensuelle, est sans doute la plus célèbre exportation de l'Argentine. À Buenos Aires surtout, il existe d'innombrables lieux où perfectionner son style, des salles de danse aux *milongas* (bals) en passant par des cafés pittoresques. Vous n'aurez aucun mal non plus à satisfaire votre envie d'un steak bien tendre dans ce pays qui a perfectionné l'art de cuire au barbecue ces pièces de bœuf merveilleusement savoureuses, avec des *parrillas* (restaurants de grillades) à quasiment chaque coin de rue. Si l'on ajoute à cela une passion nationale démesurée et communicative pour le football – assister à un match en direct devrait d'ailleurs figurer à votre programme –, on obtient une culture riche et dynamique, en partie latino-américaine, en partie européenne, sous le charme de laquelle on tombe invariablement.

Argentine

Les incontournables

Quebrada de Humahuaca
Un spectaculaire canyon aux nuances colorées à parcourir en voiture (p. 225)

Salta
Le bijou de l'architecture coloniale argentine (p. 236)

Córdoba
Une superbe ville à la vie nocturne intense (p. 287)

Cerro Aconcagua
Alpinisme sur le plus haut sommet d'Amérique du Sud (p. 341)

Mendoza
Le meilleur des vins argentins (p. 321)

Chutes d'Iguazú
Les cascades les plus grandioses du monde (p. 198)

Reserva Provincial Esteros del Iberá
Oiseaux et nature à gogo (p. 178)

Colonia del Sacramento (Uruguay)
Un bijou colonial (p. 105)

Buenos Aires
Une capitale à l'ambiance cosmopolite (p. 42)

Mar del Plata
Culte du soleil et bains de mer (p. 141)
Bariloche
Ski, randonnée et chocolat (p. 384)
Península Valdés
Éléphants de mer, baleines et manchots à l'horizon (p. 415)
El Chaltén
Randonnée dans le célèbre massif du Fitz Roy (p. 460)
Perito Moreno
Voir (et entendre !) le glacier former des icebergs (p. 478)
Ushuaia
La ville la plus australe du monde (p. 505)
ALTITUDE
5 000 m
4 000 m
3 000 m
2 000 m
1 000 m
600 m
200 m
0
0
400 km
OCÉAN ATLANTIQUE
ÎLES MALOUINES (Islas Malvinas)
Stanley
Zapala
Neuquén
Bahía Blanca
Necochea
Parque Nacional Lanín
San Martín de los Andes
Río Negro
San Antonio Oeste
Viedma
Parque Nacional Nahuel Haupi
Bariloche
Puerto Montt
El Bolsón
Península Valdés
Puerto Madryn
Parque Faunística Península Valdés
Parque Nacional Lago Puelo
Esquel
Río Chubut
Trelew
Rawson
Parque Los Alerces Nacional
Reserva Provincial Punta Tombo
Lago Colhué Huapi
Lago Musters
Comodoro Rivadavia
Caleta Olivia
Perito Moreno
Fitz Roy
Puerto Deseado
Gobernador Gregores
Puerto San Julián
Parque Nacional Los Glaciares
El Chaltén
El Calafate
Santa Cruz
Parque Nacional Torres del Paine
Puerto Natales
Río Gallegos
Isla Grande de Tierra del Fuego
Punta Arenas
Porvenir
Río Grande
Parque Nacional Tierra del Fuego
Isla de los Estados (Île Staten)
Ushuaia
Canal de Beagle
Cabo de Hornos (Cap Horn)
38°S
43°S
48°S
53°S
84°O
79°O
74°O
69°O
64°O
59°O
54°O
49°O
44°O
39°O

20 FAÇONS DE VOIR L'ARGENTINE

Glaciar Perito Moreno

1 Le Perito Moreno (p. 479) est l'un des glaciers les plus dynamiques et les plus accessibles de la planète, mais c'est sa progression, jusqu'à deux mètres par jour, qui le rend véritablement exceptionnel. Un maillage sophistiqué de passerelles en acier permet d'assister, aux premières loges, au spectacle audiovisuel de la chute d'icebergs de la taille d'un immeuble dans le Lago Argentino, sous l'effet de l'avancée, lente mais constante, du glacier. Et quoi de plus typique que de dîner d'un bon bifteck à El Calafate pour clore la journée ?

Chutes d'Iguazú

2 L'Iguazú s'écoule tranquillement dans la forêt, entre l'Argentine et le Brésil, avant de plonger brusquement, le long d'une falaise de basalte, dans un festival sonore saisissant qui en fait l'un des sites les plus impressionnants au monde. Les chutes d'Iguazú (p. 198) constituent une formidable expérience sensorielle : le grondement, les embruns et le débit de l'eau resteront gravés dans votre mémoire, ainsi que les arcs-en-ciel qui se forment au-dessus de l'eau. Au-delà des chutes, les luxuriants parcs nationaux qui les entourent offrent un cadre romantique et privilégié pour observer la faune et la flore.

DAMIEN SIMONIS /LONELY PLANET IMAGES ©

KERRY LORIMER /LONELY PLANET IMAGES ©

Quebrada de Humahuaca

3 On est bien loin de Buenos Aires, au propre comme au figuré, dans cette vallée spectaculaire de roche érodée de la province de Jujuy, dans le Nord-Ouest (p. 225). Si ses étonnantes formations et sa palette de couleurs minérales impressionnent visuellement, la vallée présente aussi un grand intérêt culturel. Les villages traditionnels du canyon affichent leur identité ; les spécialités andines supplantent les steaks au restaurant et des lamas (et non du bétail) paissent sur les hauts plateaux à l'herbe clairsemée.

Cementerio de la Recoleta

4 Principal site touristique de Buenos Aires, ce cimetière (p. 61) est incontournable. Des centaines de vénérables cryptes, chacune taillée dans le marbre, le granit ou le béton et ornées de vitraux, de statues d'anges ou d'icônes religieuses, jalonnent les allées. Des petites plantes et des arbres poussent entre les fissures, tandis que des chats sauvages slaloment furtivement entre les tombes, plus ou moins délabrées. S'il peut y avoir une beauté étrange dans la mort, ce lieu merveilleusement photogénique en est assurément pourvu.

3

HEMIS/ALAMY ©

4

STUART WESTMORLAND/DESIGN PICS/CORBIS ©

GARETH MCCORMACK / LONELY PLANET IMAGES ©

EDUARDO LONGONI/CORBIS ©

Randonnée au Fitz Roy

5 Avec ses paysages sauvages et ses sommets en dents de requin, le massif du Fitz Roy (p. 467) est La Mecque du trekking en Argentine. Si ses parois venteuses de renommée mondiale font parfois souffrir les alpinistes, ses sentiers de randonnée s'avèrent en revanche étonnamment faciles et accessibles. À El Chaltén, les gardes forestiers du parc orientent les voyageurs sur les chemins, et les panoramas les plus remarquables sont tout juste à une journée de marche du bourg. Une aubaine pour ceux qui souhaitent s'offrir une bière artisanale après l'effort.

Dégustation de vin autour de Mendoza

6 Avec une offre de vins de qualité aussi variée, il serait tentant de simplement s'asseoir au bar et de les déguster. Pourtant, s'intéresser à la façon dont on cultive et vendange le raisin est presque aussi passionnant que de goûter le produit fini. La bonne nouvelle, c'est qu'en Argentine cette pratique n'est pas l'apanage des connaisseurs. On y trouve en effet des circuits pour tous les budgets (p. 326), de l'itinéraire libre à vélo aux formules hébergement-dégustations dans des exploitations vinicoles chics.

7

DANITA DELIMONT/GETTY IMAGES ©

8

ACH/IMAGEBROKER ©

9

BRAND NEW IMAGES/GETTY IMAGES ©

Culture gaucho

7 L'un des symboles les plus durables de l'Argentine est l'intrépide gaucho, dont la tradition séculaire remonte à l'époque où les Espagnols laissèrent leurs troupeaux en liberté dans la pampa herbeuse. Le meilleur endroit pour découvrir la culture de ces cow-boys nomades, dresseurs de chevaux (un autre legs des Espagnols), gardiens de bétail et buveurs de maté, est San Antonio de Areco (p. 23) lors du Día de la Tradición, en novembre. Des spectacles folkloriques ont aussi lieu dans des estancias (ranchs) ou à la Feria de Mataderos (p. 98), à Buenos Aires. Gaucho, San Antonio de Areco (p. 124)

Ruta de los Siete Lagos

8 La route des Sept Lacs est un itinéraire de toute beauté à ne pas manquer. Elle serpente entre des forêts luxuriantes et longe des cascades bordées de fleurs, des paysages montagneux spectaculaires ainsi que les lacs aux eaux cristallines auxquels elle doit son nom. Un bus la parcourt en deux heures environ, mais vous ne regretterez pas de louer une voiture ou d'enfourcher un vélo pour la découvrir à votre rythme. Le Lago Falkner

Vie nocturne à Córdoba

9 Avec sept universités d'envergure, rien d'étonnant à ce que la deuxième ville d'Argentine (p. 295) soit l'une des destinations phares du pays pour les noctambules. Le large choix de bars charmants avec terrasse, de discothèques géantes et de salles de concerts (généralement accessibles à pied) aurait de quoi vous occuper pendant des mois. Profitez-en aussi pour découvrir le *cuarteto*. Prisée partout en Argentine, cette danse a été inventée à Córdoba, où se produisent régulièrement les meilleurs danseurs.

Ushuaia

10 Superbement lové entre le canal de Beagle et les sommets enneigés du Cerro Martial, ce port dynamique (p. 505) constitue le dernier fragment de civilisation pour les bateaux voguant vers l'Antarctique. Bien plus que le terminus du continent, Ushuaia est un carrefour important pour le commerce et l'aventure. Les sports de glisse égayent les hivers gelés et les longues journées d'été permettent de se balader à pied ou à vélo jusqu'au petit matin. Restaurants branchés, bars animés et B&B accueillants vous donneront envie d'en faire votre port d'attache pendant quelques jours.

Colonia del Sacramento

11 Vitrine historique de l'Uruguay sur le Río de la Plata, cette belle ville du XVIIe siècle (p. 105), facilement accessible en ferry depuis Buenos Aires à laquelle elle fait face, a été l'objet d'une lutte entre Espagnols et Portugais pendant près d'un siècle. Les témoignages de son passé tumultueux abondent, des systèmes concurrents pour l'écoulement des eaux dans les rues pavées aux musées d'histoire sur ses places coloniales. Seul site uruguayen inscrit au patrimoine mondial, c'est une destination prisée le week-end grâce à ses restaurants pittoresques et ses couchers de soleil sur le fleuve.

10

MICHAEL S. NOLAN/ROBERT HARDING SPECIALIST STOCK/CORBIS ©

11

ASUNCION MORENO

Ski à Las Leñas

12 On ne dévale pas les pentes de Las Leñas (p. 347) uniquement pour faire étalage de son équipement et de ses talents. Cette station de montagne possède les pistes les plus variées, le meilleur taux d'enneigement à l'année et des remontées parmi les plus rapides et les plus modernes du pays. Offrez-vous un hébergement au pied des pistes ou choisissez parmi une sélection d'adresses à prix plus raisonnable le long de la route. Quoi qu'il en soit, en saison, les skieurs devront impérativement inscrire cette étape à leur itinéraire.

Salta

13 Le nord-ouest du pays abrite de vénérables villes coloniales, et Salta (p. 236) est la plus ravissante d'entre elles. Située dans une vallée fertile, c'est aussi une porte d'entrée vers la cordillère des Andes voisine. De jolies églises, une place centrale animée et des bâtiments majestueux lui confèrent une ambiance décontractée d'antan. D'excellents musées, une scène musicale vivante, de bons hébergements et une poignée de curiosités facilement accessibles dans la province en font une destination remarquable. Iglesia San Francisco (p. 241)

CHRISTIAN ASLUND/LONELY PLANET IMAGES ©

JUAN MABROMATA/GETTY IMAGES ©

TRAVELSTOCK44 / ALAMY ©

ANDREW PEACOCK/LONELY PLANET IMAGES ©

TOM BOYDEN/LONELY PLANET IMAGES ©

San Telmo

14 San Telmo (p. 54) est l'un des quartiers les plus attachants et les plus intéressants de Buenos Aires. Ses rues pavées, son architecture coloniale et son atmosphère traditionnelle évoquent le milieu du XIXᵉ siècle. Ne manquez pas la *feria* (brocante) du dimanche réunissant des dizaines de stands d'antiquités et de babioles, et des musiciens de rue jouant pour quelques pesos. Le tango est ici à l'honneur : spectaculaires shows sophistiqués ou improvisations de rue sans fioritures, les uns et les autres suscitent l'admiration par leurs incroyables prouesses athlétiques. Marché, Plaza Dorrego (p. 54)

Bariloche

15 Sa superbe situation en bord de lac, au cœur de l'un des parcs nationaux les plus séduisants et accessibles du pays, fait de Bariloche (p. 384) une destination de prédilection toute l'année. L'hiver, on profite à skis des magnifiques panoramas du haut du Cerro Catedral. À la fonte des neiges, on parcourt les sentiers du Parque Nacional Nahuel Huapi, où un réseau bien pensé de refuges de montagne permet de randonner jusqu'à ce que vos jambes ne vous portent plus. Le Parque Nacional Nahuel Huapi (p. 392)

Península Valdés

16 Cette péninsule (p. 415) aux paysages ocre et aux élevages de moutons isolés est une destination privilégiée pour l'observation des animaux, et, en premier lieu, des baleines franches australes, en voie de disparition, qui font des acrobaties en s'approchant. Elles sont en effet attirées par les bateaux de tourisme. Orques, manchots de Magellan, lions et éléphants de mer, nandous, guanacos et quantité d'oiseaux marins figurent aussi au casting. On en aperçoit déjà beaucoup en se promenant sur le rivage et des sorties plongée ou en kayak permettent de s'approcher encore plus. Éléphant de mer austral

17

18

Missions Jésuites

17 Les Jésuites ont introduit en Argentine le vin et les universités, pour ne citer que deux de leurs apports. Ils ont aussi construit de magnifiques estancias, pour beaucoup superbement préservées, inscrites au patrimoine mondial de l'humanité et ouvertes au public. De fascinants musées y ont souvent été aménagés. La popularité d'Alta Gracia (p. 306) n'altère en rien sa portée historique, mais si vous souhaitez visiter une estancia moins fréquentée (et même dormir dans l'ancien quartier des esclaves), choisissez Santa Catalina (p. 305).
San Ignacio Miní (p. 193)

Los Esteros del Iberá

18 Cette zone humide protégée (p. 178) offre de superbes opportunités d'observer la vie sauvage autour d'estuaires peu profonds à la végétation d'une grande richesse. En bateau, vous apercevrez de nombreux caïmans, des oiseaux exotiques, des singes, des cerfs des marais, voire le plus adorable des rongeurs, le capybara. Avec ses nombreux lodges élégants et confortables, cette région reculée est une destination idéale pour décompresser quelques jours au milieu d'une faune et d'une flore abondantes. La Laguna Iberá (p. 178)

Aconcagua

19 Le plus haut sommet du continent américain (p. 341) en impose, même si vous n'envisagez pas de l'escalader. On vient pourtant du monde entier pour cela. Ce n'est pas une tâche à prendre à la légère, mais si vous avez le temps de vous entraîner et de vous acclimater pour réussir à grimper au sommet, vous pourrez vous vanter d'appartenir au club très fermé de ceux ayant atteint le "toit des Amériques".

19

ANDREW PEACOCK/LONELY PLANET IMAGES ©

Mar del Plata

20 La principale station balnéaire d'Argentine (p. 171) est noire de monde l'été, ce qui en fait tout le piquant. Disputez aux *Porteños* (habitants de Buenos Aires) un carré de sable pour regarder des milliers de corps à demi nus faire bronzette, jouer sur la plage ou barboter dans les vagues. Surf, pêche, équitation et même parachutisme font partie des autres activités proposées. À la tombée du jour, on se régale de viande ou de fruits de mer avant de finir la soirée au théâtre ou en discothèque.

20

DAVID R. FRAZIER PHOTOLIBRARY, INC./ALAMY ©

L'essentiel

Monnaie

» Peso argentin (ARS)

Langue

» Espagnol

Quand partir

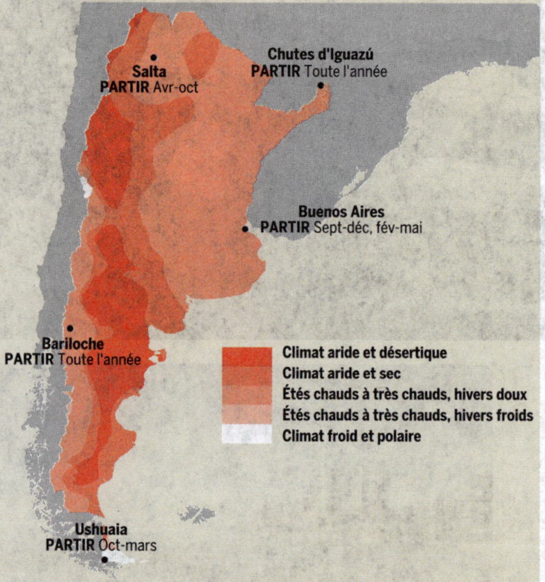

Haute saison
(nov-fév)

» La meilleure période (et la plus chère) pour la Patagonie va de décembre à février.

» Ruée sur les plages de fin décembre à fin janvier.

» Les stations de ski font le plein de juin à août.

Saison intermédiaire
(sept-nov, mars-mai)

» Températures les plus propices pour visiter Buenos Aires.

» Région des lacs agréable ; feuillage automnal spectaculaire en mars.

» Vendanges et fête du vin dans la région de Mendoza.

Basse saison
(juin-août)

» Bonne période pour découvrir le Nord.

» Nombreux établissements balnéaires fermés et cols de montagne parfois enneigés.

» Affluence en juillet pour les vacances d'hiver.

Budget quotidien

Moins de
250 ARS

» Chambre double en hôtel pour petits budgets/dortoir : 100-250/50-70 ARS

» Plat principal le soir dans un restaurant bon marché : 30-45 ARS

» Formules déjeuner, plats à emporter, choisir les jours gratuits pour certains sites

250-400 ARS

» Chambre double en catégorie moyenne : 250-500 ARS

» Plat principal le soir dans un restaurant de milieu de gamme : 45-65 ARS

Plus de
400 ARS

» Chambre double en hôtel haut de gamme : + de 500 ARS

» Plat principal le soir dans un beau restaurant : + de 65 ARS

Argent

» Distributeurs de billets très répandus. Cartes bancaires acceptées dans la plupart des hôtels, restaurants et grands et moyens magasins et dans certains établissements bon marché. Chèques de voyage peu courants.

Visas

» Aucun visa n'est généralement requis pour des séjours inférieurs à 90 jours. Les Canadiens arrivant par avion doivent s'acquitter d'une "taxe de réciprocité" (p. 582).

Téléphones portables

» Les cartes SIM locales et les recharges sont peu coûteuses, courantes et utilisables avec des GSM 850/1900 débloqués.

En voiture

» Conduite à droite.

Sites Web

» **Abc-latina** (www.abc-latina.com/argentine). Informations générales mais complètes (récits de voyages, recettes de cuisine, adresses de boutiques en France).

» **Argentine Post** (www.argentinepost.com, en anglais). Articles intéressants sur le pays.

» **Vivre en Argentine.com** (www.vivreenargentine.com). Portail détaillé sur tous les aspects de la vie en Argentine. Petites annonces.

» **Lonely Planet** (www.lonelyplanet.fr). Une présentation synthétique de l'Argentine et un forum pour poser toutes vos questions sur le pays.

Taux de change

Bolivie	1 BOB	0,67 ARS
Brésil	1 R$	2,51 ARS
Canada	1 $C	4,35 ARS
Chili	100 CLP	0,90 ARS
Paraguay	1 000 PYG	1,06 ARS
Uruguay	1 UYU	0,22 ARS
Zone euro	1 €	5,68 ARS

Pour connaître les derniers taux de change, voir le site www.xe.com

Numéros utiles

Indicatif international	☎00
Indicatif de l'Argentine	☎54
Police	☎101 ; ☎911 dans certaines grandes villes
Renseignements	☎110
Renseignements touristiques nationaux (Buenos Aires)	☎11-4312-2232

Arriver en Argentine

» **Aeropuerto internacional Ministro Pistarini** ("Ezeiza" ; p. 101)
Navette – Rallie fréquemment le centre de Buenos Aires en 40-60 min ; 60-70 ARS
Bus local – Conduit au centre-ville en 2 heures ; 2 ARS
Taxi – utilisez les taxis officiels municipaux ; 180 ARS

» **Aeroparque Jorge Newberry** ("Aeroparque", vols intérieurs ; p. 101)
Navette – toutes les 10-15 min pour le centre-ville ; 24 ARS
Bus local – n°33 ou n°45, 2,50 ARS
Taxi – environ 35 ARS jusqu'au centre-ville ou Palermo

Tendance à la hausse

Lonely Planet a pour objectif de donner à ses lecteurs une idée aussi précise que possible du coût de la vie sur place. Au lieu de nous contenter de classer les hôtels et les restaurants dans de simples catégories de prix, nous publions les tarifs que nous communiquent les établissements au moment de nos recherches. Il est vrai que les prix fluctuent, tout particulièrement en Argentine, où l'inflation est galopante. Mais il nous a semblé plus pratique de fournir à nos lecteurs ces chiffres qui nous étaient communiqués afin qu'ils puissent faire leur choix une fois dans le pays.

L'Argentine demeure une destination d'un bon rapport qualité/prix. Notre conseil : consultez les sites Internet de quelques hôtels et tour-opérateurs afin de prendre connaissance des derniers tarifs en vigueur et de définir au mieux le budget de votre séjour.

Envie de...

Villes

L'Argentine est réputée pour ses merveilles naturelles, mais ses grandes villes méritent le détour. Restaurants gastronomiques, musées d'envergure mondiale, belles boutiques, musique d'avant-garde, vie nocturne trépidante et bien d'autres choses – tout est là pour satisfaire vos envies de culture urbaine. Pensez à soigner votre look, et emportez une paire de chaussures élégantes.

Buenos Aires Prévoyez plusieurs jours pour profiter pleinement de tous les plaisirs culturels et autres de cette étonnante métropole (p. 42).

Córdoba Cette cité historique (p. 287) a mille choses à offrir, des vestiges d'architecture jésuite aux œuvres d'art moderne en passant par le fameux *cuarteto* (musique typique qui fait la réputation de la ville).

Bariloche Pour skier, randonner ou faire du rafting en journée, et se régaler de chocolat et d'agneau de Patagonie le soir (p. 384).

Ushuaia Jouissant d'un emplacement extraordinaire dans les contreforts des confins méridionaux des Andes, Ushuaia est un port du bout du monde, incontournable pour rejoindre l'Antarctique (p. 505).

Randonnée et alpinisme

À la lisière occidentale de l'Argentine, les Andes atteignent près de 7 000 m d'altitude au sommet de l'Aconcagua, et offrent certaines des plus belles randonnées et voies d'alpinisme du continent. Au sud, à El Chaltén, vous pourrez vous lancer dans l'épique ascension du Cerro Torre et du Cerro Fitz Roy, à moins de vous fixer à Bariloche pour faire de belles randonnées d'une journée dans les alentours.

Bariloche Nichée sur les berges du Lago Nahuel Huapi, Bariloche est environnée de pics enneigés qui font la joie des trekkeurs (p. 384).

El Bolsón Fief des hippies, cette ville décontractée environnée de forêts, de cascades et de crêtes montagneuses se prête à de belles randonnées (p. 395).

El Chaltén La destination incontournable en Argentine pour des randonnées de toute beauté. Magnifiques glaciers, lacs aux eaux étincelantes et splendides paysages de montagne (p. 460).

Mendoza Les alpinistes se pressent ici pour faire l'ascension du Cerro Aconcagua (p. 341).

Plages

Les plus belles destinations balnéaires d'Argentine sont toutes sagement alignées le long de la façade atlantique de Buenos Aires. Que vous cherchiez une ambiance festive, des sports d'aventure ou la solitude, il y a des plages pour tous les goûts. Mentionnons aussi l'une des toutes premières destinations balnéaires d'Amérique du Sud, où la jet-set argentine se réunit pour satisfaire ses envies de vagues et de soleil dans une atmosphère chic : Punta del Este (p. 115), en Uruguay.

Mar del Plata Appréciée des classes moyennes, "Mardel" devient en été la plus importante station balnéaire du pays (p. 141).

Necochea Des kilomètres de plage, des breaks de surf corrects et même une pinède à explorer (p. 148).

Pinamar Une destination très populaire où voisinent des quartiers abordables, et l'une des stations balnéaires les plus sélectes d'Argentine, Cariló (p. 138).

Puerto Madryn Que l'on aime la planche à voile, l'observation des baleines ou la plongée, il y en a pour tous les goûts à Puerto Madryn (p. 409).

DOUGLAS STEAKLEY/LONELY PLANET IMAGES ©

» Parque Nacional Los Glaciares (p. 467)

Gastronomie

L'Argentine est réputée pour son excellente viande rouge. Mais à Buenos Aires, les restaurants des diverses cuisines du monde sont omniprésents, et, dans tout le pays, de savoureuses gastronomies régionales régalent les papilles. Végétariens et végétaliens seront rarement à la fête en dehors des grandes villes, même si l'on trouve souvent pâtes, pizzas et salades.

Nord-Ouest andin Ne manquez pas de goûter au *locro* (copieux ragoût de viande), aux *humitas* (*tamales* sucrés) et aux *empanadas* (chaussons à la viande ou aux légumes).

Côte atlantique Malgré l'immensité de son littoral, l'Argentine n'est pas particulièrement réputée pour ses poissons et fruits de mer. Pour autant, si vous êtes au bord de la mer, ne manquez pas de goûter au poisson, aux crevettes, aux huîtres et au crabe royal.

Région des lacs Les environs de Bariloche sont réputés pour le sanglier, le gibier et les truites – sans oublier les délicieux chocolats de fabrication locale.

Patagonie Un paradis si vous aimez la viande d'agneau. Ici en effet, le *cordero* figure sur tous les menus et les élevages de moutons sont légion.

Paysages inoubliables

Déserts plantés de cactus au nord, majestueux sommets andins à l'ouest, ou encore lacs aux eaux bleu marine et forêts verdoyantes au sud ; ajoutez à cela les chutes d'Iguazú et les étendues désolées de Patagonie, et le mot "inoubliable" vient aussitôt à l'esprit.

Nord-Ouest andin Des paysages de désert ondoyants ponctués de cactus, d'étranges formations rocheuses et des flancs de montagne déployant de multiples couleurs (p. 217).

Chutes d'Iguazú Se déployant sur plus de 2,5 km, ce sont les chutes d'eau les plus impressionnantes au monde (p. 198).

Région des lacs La "petite Suisse" argentine porte bien son surnom : les montagnes saupoudrées de neige dominent des lacs entourés de forêts (p. 358).

Les Andes Courant à travers toute l'Amérique du Sud, cette spectaculaire chaîne montagneuse est d'une beauté à couper le souffle (p. 341).

Patagonie Peu de régions dans le monde font naître ce sentiment étonnant de mysticisme, d'émerveillement et d'envie, même si elle est pour l'essentiel une vaste étendue désolée et battue par les vents (p. 403).

Vie sauvage

La nature argentine est peuplée de nombreux animaux, des *ñandú* (nandous), ces oiseaux sans ailes amateurs de pâturages, aux majestueux condors et pumas des Andes, en passant par les camélidés vivant dans les déserts comme les lamas, les guanacos et les vigognes (*vicuñas*).

Península Valdés Cette péninsule désolée à la forme insolite attire quantité d'animaux comme les baleines franches australes, les éléphants de mer, les manchots de Magellan et les orques (voir p. 415).

Esteros del Iberá De superbes marais peuplés d'un grand nombre d'animaux, notamment des capybaras, des caïmans noirs, des singes hurleurs et d'innombrables espèces d'oiseaux (p. 178).

Chutes d'Iguazú Ces chutes spectaculaires sont situées dans une forêt tropicale abritant plusieurs espèces de singes, de lézards et d'oiseaux (dont des toucans !). Vous y verrez aussi des coatis réclamant de la nourriture (p. 198).

Ushuaia La ville la plus australe du monde compte quelques colonies de cormorans, de lions de mer et de manchots (p. 505).

Envie de... contempler un glacier ? Le Perito Moreno, en Patagonie, dont le vêlage constant fait un bruit fracassant, vous fascinera à coup sûr.

Déguster du vin

Tout le monde sait désormais que l'Argentine produit d'excellents vins. Le malbec, son cépage le plus célèbre donnant un vin à la robe sombre, charpenté et aux saveurs de prune, a fermement ancré la région de Mendoza dans l'esprit de tous les amateurs éclairés. Mais le pays compte d'autres variétés méritant une dégustation, comme le frais *torrontés*, le *bonarda* au parfum fruité et le pinot noir, un cépage très terrien. Goûtez-les, et vous tomberez sans doute d'accord avec nous.

Mendoza La grande région viticole d'Argentine, qui fournit la majeure partie de la production (p. 319).

San Juan Beaucoup moins connue que Mendoza, cette région est néanmoins réputée pour sa syrah et son *bonarda* (p. 349).

Cafayate Au sud de Salta, cette petite ville est connue pour son *torrontés*, entre autres (p. 256).

Patagonie On n'associe pas le vin à la Patagonie, et pourtant, cette région aride et austère est réputée pour son pinot noir. C'est peut-être en raison du vent (p. 403).

Architecture coloniale

L'Argentine n'est pas mondialement réputée pour son architecture, mais cette ancienne colonie espagnole n'en compte pas moins de beaux exemples d'architecture coloniale. Au nord, les villes de Córdoba, Salta et Tucumán méritent la visite, entre autres, pour leurs jolis centres historiques coloniaux. À Buenos Aires, vous apprécierez le cachet de San Telmo. Et de l'autre côté du Río de la Plata, en Uruguay, vous attend la ravissante ville coloniale de... Colonia.

Córdoba La deuxième ville d'Argentine compte un magnifique centre historique émaillé d'édifices coloniaux (p. 287).

Salta et Tucumán Ces villes du Nord ont plus que leur lot de splendeurs architecturales d'antan (p. 236 et p. 261).

Buenos Aires Le centre-ville se caractérise surtout par des édifices de style français ou italien, mais il suffit d'aller au sud à San Telmo pour découvrir un quartier à l'atmosphère coloniale (p. 42).

Colonia del Sacramento Ce petit bijou d'architecture coloniale est à un court trajet en bateau de Buenos Aires (p. 105).

Sports d'aventure

L'Argentine couvre une vaste étendue où les possibilités de sports d'aventure sont multiples. On peut ainsi faire du rafting et du kayak sur d'impétueuses rivières, et de l'escalade sur les flancs nus des montagnes. Les courants ascendants sont propices à la pratique du parapente, tandis que skieurs et adeptes du snowboard trouvent leur bonheur sur de superbes pentes enneigées. Voir aussi le chapitre *Activités sportives* (p. 29).

Ski et snowboard Les meilleures stations de sports d'hiver sont Las Leñas à Mendoza (p. 347), le Cerro Catedral à Bariloche (p. 385) et le Cerro Chapelco de San Martín de los Andes (p. 380).

Escalade Attaquez-vous au Cerro Catedral près de Bariloche (p. 385), aux parois rocheuses des environs d'El Chaltén (p. 470) et aux énormes rochers de granit de Los Gigantes (p. 310), à 80 km à l'ouest de Córdoba.

Parapente La Cumbre (p. 303), Bariloche (p. 387) et Tucumán (p. 263) font partie des meilleurs spots.

Rafting et kayak Cap sur les environs de Mendoza (p. 325), Bariloche (p. 385) et Esquel (p. 446).

Mois par mois

Le top 5

1. **Fiesta nacional de la Vendimia**, mars
2. **Festival y Mundial de Tango**, août
3. **Carnaval**, février
4. **Día de la Tradición**, novembre
5. **Vinos y Bodegas**, septembre

Janvier

Durant la haute saison estivale en Argentine, les *Porteños* (habitants de Buenos Aires) qui peuvent se le permettre fuient la canicule pour les stations balnéaires, bondées et chères. C'est aussi la pleine saison en Patagonie, d'où des prix également élevés.

Festival Nacional del Folklore

Près de Córdoba, Cosquín accueille le Festival Nacional del Folklore (p. 300 ; www.aquicosquin.org) la dernière semaine de janvier. C'est le festival *folklórico* (de musique folklorique) le plus important et le plus connu du pays.

Février

C'est encore l'été mais la foule commence à diminuer sur les plages et en Patagonie, plus on avance dans le mois. S'il continue à faire très chaud dans les déserts des Andes et la région des chutes d'Iguazú, la période est en revanche propice à la visite de la région des lacs. Les vendanges débutent à Mendoza.

Carnaval

Sans atteindre la démesure du carnaval brésilien, la fête est très animée dans le nord-est, notamment à Gualeguaychú (p. 183), à Corrientes (p. 171) et à Montevideo, la capitale de l'Uruguay (p. 110). Les dates varient selon les villes.

Mars

L'automne arrive en Argentine, avec des températures plus plaisantes à Buenos Aires (mais un temps pluvieux). Les prix chutent à la plage et en Patagonie, mais le climat reste doux. Le Nord commence à respirer et il fait moins chaud et humide aux chutes d'Iguazú.

Fiesta nacional de la Vendimia

Défilés, manifestations folkloriques et élection d'une reine ponctuent, durant presqu'une semaine, la fête nationale des vendanges de Mendoza (p. 326 ; www.vendimia.mendoza.gov.ar), capitale du vin argentin.

Avril

Les forêts de la région des lacs passent du vert à des nuances orangées. La fréquentation de la Patagonie diminue, mais on peut encore bénéficier d'un temps correct pour y randonner. La basse saison commence à Buenos Aires, avec des températures encore agréables.

Festival Internacional de Cine Independiente

Ce festival (www.bafici.gov.ar) organisé à Buenos Aires propose, entre autres, plus d'une centaine de films argentins et uruguayens. Les prix récompensent plusieurs catégories, en présence de réalisateurs et d'acteurs.

Mai

À la fin de l'automne, il fait bon et il pleut moins à Buenos Aires. C'est une bonne période pour se rendre aux chutes d'Iguazú. Les feuilles d'automne parent encore d'un beau rouge le vignoble de Mendoza déserté.

Día de Virgen de Luján

Le 8 mai, des milliers de fidèles font un pèlerinage de 65 km jusqu'à Luján (p. 122), ville de la Pampa, pour rendre hommage à la Vierge Marie. D'autres pèlerinages ont lieu début octobre, début août, fin septembre et le 8 décembre.

Juin

L'hiver débute. Les services dans les stations balnéaires et en Patagonie commencent à fermer. La période se prête à la découverte des déserts andins du Nord-Ouest et des chutes d'Iguazú, moins écrasées par la chaleur et plus épargnées par la pluie.

Anniversaire de la mort de Carlos Gardel

Le 24 juin 1935, la légende du tango périt dans un accident d'avion en Colombie. Au cimetière de la Chacarita, à Buenos Aires, ses fans lui rendent hommage sur sa tombe et glissent une cigarette allumée entre les doigts de sa statue.

Juillet

La saison de ski bat son plein dans les onéreuses stations autour de Bariloche, de San Martín de los Andes et de Mendoza. Les baleines font leur apparition près de la Península Valdés.

Semana de Artesanía Aborígen

Dans la région des lacs, à Junín de los Andes, les Mapuche d'une vingtaine de communautés voisines se rassemblent pour exposer et vendre de l'art et de l'artisanat traditionnels.

Août

Les plages sont vides et un climat froid s'empare des paysages désolés de la Patagonie. Il fait encore frais à Buenos Aires.

Festival y Mundial de Tango

Des danseurs de tango de renommée nationale et internationale se produisent partout dans Buenos Aires durant deux semaines (www.tangobuenosaires.gob.ar). Des couples se disputent âprement le titre de "meilleurs danseurs de tango du monde". Quantité de cours et d'ateliers sont aussi organisés.

Toreo de la Vincha

Cette fête organisée dans un village en adobe perdu du Nord voit s'affronter un taureau et de jeunes hommes qui tentent de lui ravir une guirlande. Plus d'informations p. 232.

Septembre

L'arrivée du printemps correspond à la haute saison pour l'observation des baleines franches australes et des orques autour de la Península Valdés, au début de la saison du polo à Buenos Aires et à la fin de celle du ski.

Vinos y Bodegas

Les amateurs de vin ne manqueront pas cette manifestation majeure à Buenos Aires (www.expovinosybodegas.com.ar) présentant la récolte de dizaines de bodegas (exploitations vinicoles) de tout le pays. Des milliers de sommeliers, de restaurateurs, de journalistes ou tout simplement d'aficionados s'y donnent rendez-vous.

Octobre

Buenos Aires et le centre de l'Argentine sont agréables à cette période. La saison débute tout juste en Patagonie, sans la cohue. La région des lacs est en fleurs.

Fiesta Nacional de la Cerveza/Oktoberfest

Plongez-vous dans l'ambiance de la fête nationale de la bière à Villa General Belgrano (p. 306 ; www.elsitiodelavilla.com/oktoberfest), dans les Sierras du Centre.

Eisteddfod

Ce festival gallois animé, qui fait la part belle à la cuisine et au chant choral, se déroule dans les villes de Patagonie de Trelew (p. 423) et de Trevelin (p. 449). Très dépaysant : on croirait parfois ne plus être en Amérique du Sud.

Novembre

Buenos Aires jouit d'un climat parfait et les jacarandas se parent de superbes fleurs violettes.

LATINCONTENT/GETTY IMAGES ©

Ci-dessus : Festival y Mundial de Tango
Ci-dessous : Día de la Tradición, San Antonio de Areco

BERNARDO GALMARINI/ALAMY ©

Une bonne période pour se rendre dans les stations balnéaires et en Patagonie, un mois environ avant l'arrivée de la foule et des prix élevés.

Día de la Tradición

Cette fête est un hommage aux gauchos, qui revêt une importance particulière à San Antonio de Areco (p. 125), la plus gaucho de toutes les villes argentines. Cette manifestation est aussi fêtée dignement dans la ville de montagne de San José de Jáchal (p. 354), dans la province de San Juan (où elle attire bien moins de touristes).

Décembre

Le début de l'été est idéal pour la plage et les activités de plein air dans la région des lacs. On commence à voir des manchots et à pouvoir randonner en Patagonie.

Buenos Aires Jazz Festival Internacional

Le grand Festival de jazz de Buenos Aires (www.buenosairesjazz.gob.ar) dure 5 jours dans plusieurs salles de la ville, attirant quelque 30 000 spectateurs. Des artistes de tous horizons s'y produisent, jeunes talents ou confirmés, avant-gardistes ou traditionnels.

El Tinkunaco

Le 31 décembre, une curieuse cérémonie a lieu dans la ville septentrionale de La Rioja pour commémorer la résolution d'un conflit culturel entre les colons espagnols et les Indiens Diaguita. Voir p. 280.

Itinéraires

Que vous disposiez de six ou de soixante jours, voici des pistes pour planifier le voyage d'une vie. Et si vous souhaitez plus d'inspiration, consultez notre forum en ligne pour discuter avec d'autres voyageurs.

Une semaine
Rayonner depuis Buenos Aires

Après avoir écumé la capitale en long et en large, **Tigre** et son delta plein de vie constituent, si vous aimez l'eau, une belle escapade prisée d'ailleurs par les *Porteños* (les habitants de Buenos Aires). Non loin, découvrez la culture gaucho de la paisible **San Antonio de Areco** et les estancias voisines, ou encore la coquette **La Plata** à l'imposante cathédrale.

Si vous préférez la plage, **Pinamar** et **Villa Gesell** sont tout indiquées les week-ends d'été, tout comme **Mar del Plata**, la principale station balnéaire d'Argentine. Dans les terres, la jolie ville de **Tandil** jouxte des collines pittoresques et une vaste base nautique.

Et puis, il y a l'Uruguay, relativement proche en bateau. Les rues pavées et la belle architecture coloniale de **Colonia del Sacramento** concourent à son charme. **Montevideo** ressemble à Buenos Aires en plus petit et en moins agité, tout en offrant les réjouissances d'une métropole, tels son superbe théâtre, son centre historique et son architecture variée. Enfin, n'oubliez pas votre maillot de bain à **Punta del Este**, qui attire vedettes, *Porteños* aisés et quiconque souhaite juste s'amuser.

Un mois

Le meilleur de l'Argentine

Huitième pays au monde par sa superficie, l'Argentine est immense et la découverte de toutes ses richesses requiert au moins un mois et des trajets en avion. Pour voir à la fois le Nord et le Sud, planifiez votre voyage en conséquence : janvier et février sont les meilleurs mois en Patagonie, mais aussi les plus chauds dans les déserts du Nord. Pour combiner les deux, privilégiez le printemps ou l'automne. Façonnez cet itinéraire en adaptant le temps passé à chaque endroit selon vos envies.

Consacrez quelques jours aux principaux sites et aux quartiers fascinants de **Buenos Aires**. En saison, partez vers le sud observer les baleines, les éléphants de mer et les manchots dans la **Reserva Faunística Península Valdés**. De là, prenez l'avion pour **Ushuaia,** la ville la plus au sud du globe, porte d'accès à l'Antarctique (prévoyez deux semaines supplémentaires et un minimum de 4 000 € pour ce voyage !).

Vous ne pouvez ensuite que remonter vers le nord et le spectacle unique au monde du **glacier Perito Moreno** (Parque Nacional Los Glaciares) près d'**El Calafate**. Les amateurs de grand air iront découvrir les saisissants paysages de montagne du **Parque Nacional Torres del Paine** au Chili. En Argentine, **El Chaltén** jouit aussi d'une réputation internationale en matière d'escalade, de trekking et de camping.

Remontez ensuite l'épine dorsale des Andes vers la **région des lacs**, avec une pause chocolat à **Bariloche**. Les superbes paysages, les activités de plein air et les charmantes villes voisines rajoutent facilement quelques jours. Cap ensuite sur **Mendoza**, la Mecque du vin argentin, bénéficiant d'excellentes activités de loisir et d'un panorama époustouflant sur les Andes. Dix heures de bus vous conduiront à **Córdoba**, la deuxième ville d'Argentine, dotée tout à la fois d'une architecture coloniale exceptionnelle et d'une vie culturelle à la pointe des dernières tendances. Rejoignez en avion la jolie **Salta**, au nord, d'où vous pourrez découvrir des canyons aux couleurs vives, d'adorables villages et des déserts plantés de cactus.

Reprenez la route vers l'est jusqu'au **Parque Nacional Iguazú** où les plus grandioses chutes du monde vous laisseront bouche bée avec leurs quelque 200 cascades sur presque 3 km de long. Regagnez en avion Buenos Aires pour voir ce que vous n'avez pas encore vu (ou revoir ce que vous avez aimé) et faire la fête jusqu'à votre départ.

ANGEL TERRY/ALAMY ©

MICHAEL TAYLOR/LONELY PLANET IMAGES ©

» Ci-dessus : Tigre (p. 104)
» Ci-contre : le glacier Perito Moreno (p. 478)

Un mois
La Ruta Nacional 40

La mythique RN 40 traverse l'Argentine sur toute sa longueur (plus de 5 000 km) en passant par certaines de ses régions les plus reculées.

De **La Quiaca**, à la frontière bolivienne, descendez vers le sud en passant par les superbes villages des **Valles Calchaquíes.** Faites halte dans la charmante **Cafayate**, au bourg traditionnel de **San José de Jáchal**, puis à **Mendoza** devant un verre de vin avant d'explorer les paysages volcaniques autour de **Malargüe**.

Reprenez la route jusqu'aux lagunes et aux sources chaudes proches de **Chos Malal**. Faites un crochet par les parcs nationaux de **Lanín** et de **Nahuel Huapi** propices à de belles randonnées avant de rejoindre **Bariloche**. Envisagez une pause à **Los Antiguos** à la saison des cerises et à la **Cueva de las Manos** pour son art indigène.

El Chaltén vaut le détour pour ses randonnées ; ensuite, rejoignez **El Calafate** et le glacier Perito Moreno. Gagnez, au Chili, l'étonnant **Parque Nacional Torres del Paine** puis bifurquez vers l'ouest jusqu'à **Río Gallegos**, et, non loin, **Cabo Virgenes** où la RN 40 prend fin. Vous pouvez poursuivre jusqu'à **Ushuaia** par la RN 3, aucune autre route n'allant plus au sud.

Deux à trois semaines
En passant par la Patagonie

Commencez par une balade en kayak ou en bateau autour du canal de Beagle à **Ushuaia**, en Terre de Feu, puis partez randonner au bout du monde (littéralement) au **Parque Nacional Tierra del Fuego**.

Prenez l'avion pour **El Calafate**, en Patagonie, et le spectacle inoubliable du glacier Perito Moreno au **Parque Nacional Los Glaciares**. Descendez en bus jusqu'à **Puerto Natales** et le célèbre **Parque Nacional Torres del Paine** invitant à la randonnée – prévoyez au moins six jours pour en profiter pleinement. Regagnez au nord **El Chaltén** et le **massif du Fitz Roy** bien connu des randonneurs et des campeurs du monde entier.

Une semaine supplémentaire ? Rejoignez en avion la **région des lacs** et **Bariloche**, où escalade, pêche, rafting et vélo occuperont vos journées dans les magnifiques parcs nationaux de **Nahuel Huapi** et de **Lanín**. Avec un jour ou deux de plus, faites l'aller-retour jusqu'à l'enclave hippie d'**El Bolsón** ou au charmant village de **Villa Traful**.

Terminez par l'observation, en saison, des baleines, des éléphants de mer et des manchots à la **Reserva Faunística Península Valdés**, près de **Puerto Madryn**.

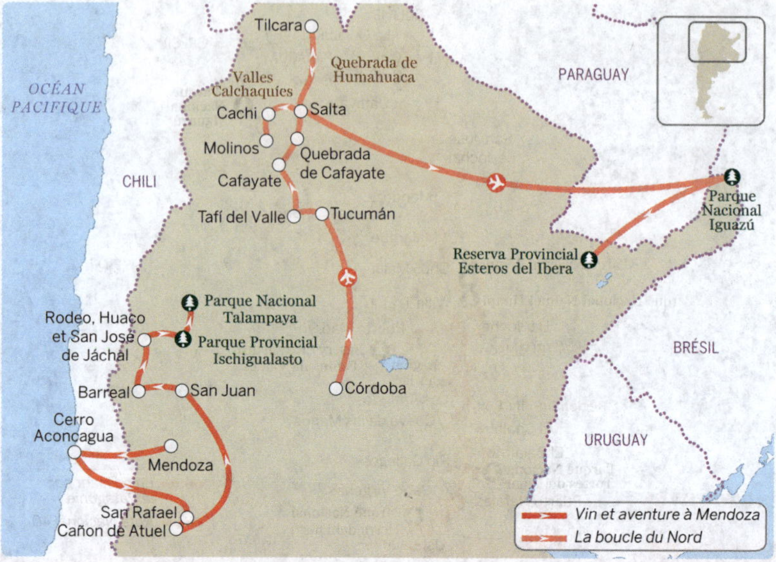

Trois semaines
La boucle du Nord

Commencez par visiter **Córdoba**, deuxième ville d'Argentine, et son magnifique centre colonial.

Prenez ensuite l'avion pour **Tucumán**, ville très animée au riche patrimoine architectural et historique. Continuez vers l'ouest jusqu'à la ravissante **Tafí del Valle** via une superbe route de montagne. Plus au nord, la jolie **Cafayate** permet de goûter à des vins issus du *torrontés*, un cépage aromatique. Empruntez la spectaculaire **Quebrada de Cafayate** jusqu'à **Salta**. Sa place principale est l'une des mieux conservées d'Argentine.

Descendez vers les **Valles Calchaquíes** détachées du monde et les villages en adobe de **Cachi** et de **Molinos**. Après cet interlude paisible, remontez vers le nord le long de la superbe vallée érodée de la **Quebrada de Humahuaca**, en passant la nuit dans la bourgade dynamique de **Tilcara**.

De retour à Salta, gagnez en avion le remarquable **Parque Nacional Iguazú** aux chutes presque surréelles. Si vous aimez les animaux, ne manquez pas la **Reserva Provincial Esteros del Iberá**, une extraordinaire réserve naturelle marécageuse peuplée de capybaras, de caïmans et d'innombrables espèces d'oiseaux.

Deux semaines
Vin et aventure à Mendoza

Débutez ce voyage dans la belle ville de **Mendoza**, accolée aux Andes et entourée de vignobles mondialement réputés. Les fantastiques possibilités de rafting et de ski dans les environs, et la relative proximité de l'**Aconcagua**, le plus haut sommet des Amériques, enchanteront les amateurs de grand air.

Prenez ensuite un bus matinal pour **San Rafael**, où vous pourrez louer un vélo pour visiter les exploitations vinicoles de la ville – certaines spécialisées dans le vin pétillant. La région abrite aussi le **Cañon de Atuel**, un Grand Canyon aux dimensions réduites mais haut en couleur. Au nord, allez tester les vins séduisants produits près de **San Juan**, capitale provinciale verdoyante. En louant une voiture, vous pourrez vous rendre vers l'ouest à **Barreal**, sur les hauteurs, pour pratiquer le rafting, l'alpinisme et le char à voile, puis, plus au nord, dans les villages traditionnels isolés de **San José de Jáchal**, **Rodeo** et **Huaco.** Enfin, ne faites pas l'impasse sur les paysages saisissants du **Parque Provincial Ischigualasto** et du **Parque Nacional Talampaya**, ponctués de formations rocheuses spectaculaires, de pétroglyphes et de fossiles de dinosaures.

Activités sportives

Les meilleures destinations sportives

Bariloche (p. 384). Le nec plus ultra pour apprécier le grand air argentin avec, au programme : randonnée, ski, vélo, pêche, rafting et même parapente

Mendoza (p. 325). Un seul nom : l'Aconcagua. Mais aussi d'excellentes perspectives en matière de ski, de rafting, d'escalade, etc.

El Chaltén (p. 460). Une destination de classe internationale pour la randonnée, le trekking, l'escalade, le kayak et la pêche

Puerto Madryn (p. 410). Plongez avec des lions de mer ou fendez les flots avec une planche à voile ou un kayak

Junín de los Andes (p. 370). De sublimes rivières regorgeant d'énormes truites font ici le bonheur des pêcheurs à la mouche

Córdoba (p. 287). La ville la plus proche de Los Gigantes. La Mecque argentine de l'escalade (à 80 km)

Barreal (p. 353). Idéal pour le trekking, le rafting, la planche à voile et le char à voile

La Cumbre (p. 303). Amateurs de parapente (mais aussi de parachutisme), ne cherchez plus !

Des vastes contrées sauvages de Patagonie aux imposants sommets de la cordillère des Andes, l'Argentine attire depuis longtemps les voyageurs en quête d'aventure. Le pays est un paradis pour les amateurs de grands espaces, qui viennent y pratiquer l'alpinisme, la randonnée et le ski. Argentins et visiteurs s'adonnent également à bien d'autres activités de plein air comme le kitesurf dans les Andes, le parapente dans les Sierras du Centre, la plongée le long de la côte atlantique et la pêche à la truite dans la région des lacs.

Randonnée et trekking

L'Argentine se prête très bien à la randonnée. La région des lacs est le secteur le plus prisé : ses parcs nationaux offrent d'exceptionnelles possibilités d'excursions, notamment ceux de Nahuel Huapi (p. 392) et de Lanín (p. 371). Bariloche et San Martín de los Andes sont les meilleures bases pour explorer ces parcs.

La Patagonie offre un cadre de toute beauté. Au sud de Bariloche, El Bolsón (p. 395) est idéal pour découvrir les forêts environnantes, ainsi que le Parque Nacional Lago Puelo (p. 402) tout près. Le Parque Nacional Los Glaciares permet de randonner dans le massif du Fitz Roy et dans ses environs ; on peut séjourner dans la localité voisine d'El Chaltén (p. 460).

Pourquoi ne pas pousser jusqu'au Parque Nacional Torres del Paine (p. 495), au Chili, qui offre de très belles randonnées ? La Terre de Feu recèle également de superbes balades, les plus accessibles se situant dans le Parque Nacional Tierra del Fuego (p. 517).

TRAÎNEAUX À CHIENS

Un séjour en Argentine peut aussi être l'occasion d'effectuer une sortie en traîneau tiré par des chiens. Vous trouverez des tour-opérateurs près de Caviahue (p. 365) et à San Martín de los Andes (p. 375). Vous pourrez aussi tenter l'expérience à Ushuaia (p. 511). Les excursions s'effectuent uniquement durant les mois d'hiver, de juin à octobre (à Ushuaia, la saison peut être un peu plus longue).

Les hauts sommets de la Cordillère se dressent à l'ouest de Mendoza (p. 325). Surtout réputé pour ses sites d'escalade, le secteur se prête aussi à de splendides randonnées. Les Andes du Nord, aux alentours de la Quebrada de Humahuaca (p. 231), méritent également d'être explorées.

Dans la région des lacs et en Patagonie, la plupart des localités ont un club de randonnée et d'alpinisme, ou Club Andino, où vous pourrez obtenir des informations, vous procurer des cartes et prendre connaissance des prévisions météorologiques. Ces clubs sont répertoriés tout au long de ce guide (il en existe notamment à Bariloche, Junín de los Andes, El Bolsón et Ushuaia).

Le guide Lonely Planet intitulé *Trekking in the Patagonian Andes* (en anglais) constitue aussi une bonne source d'informations. Pour des renseignements sur les campings, reportez-vous p. 573.

Alpinisme

Les Andes, où se dressent certains des plus hauts sommets de l'hémisphère Sud, sont le rêve de l'alpiniste. Si le plus connu est l'Aconcagua (p. 341), plus haute montagne des Amériques, la Cordillère abrite de nombreux autres sites d'alpinisme, plus intéressants et plus techniques. Près de Barreal (p. 353), le Cordón de la Rameda compte cinq pics de plus de 6 000 m d'altitude, dont l'impressionnant Cerro Mercedario qui culmine à 6 770 m. Moins pris d'assaut que l'Aconcagua, ce secteur offre des ascensions plus ardues, recherchées par de nombreux alpinistes. Non loin s'élève la Cordillera de Ansilta (p. 353), dont sept sommets atteignent entre 5 130 et 5 885 m.

Le superbe massif escarpé du Fitz Roy (p. 467), en Patagonie du Sud, est l'une des plus belles destinations d'alpinisme au monde. Les montagnes du Parque Nacional Nahuel Huapi (p. 392) sont accessibles quel que soit votre niveau.

Escalade

En Patagonie, le Parque Nacional Los Glaciares (p. 467), où se dressent le Cerro Torre et le Fitz Roy, est un site d'escalade de réputation internationale. L'escalade du Cerro Torre est considérée comme l'une des plus difficiles du monde. La ville d'El Chaltén est le rendez-vous des grimpeurs ; plusieurs boutiques louent du matériel et proposent des cours d'escalade.

Mais l'Argentine possède de nombreux autres sites d'escalade. Los Gigantes (p. 310), dans les Sierras du Centre, est en passe de devenir la capitale nationale de l'escalade grâce à ses falaises granitiques très prisées. Des tour-opérateurs de Córdoba organisent des cours d'escalade et assurent les transferts vers les sites. L'escalade se pratique aussi près de Carolina (p. 316).

Dans la province de Mendoza, Los Molles (p. 347) est un petit centre d'escalade sympathique, tout comme Chigüido (près de Malargüe), Los Arenales et El Salto.

Le Cerro Otto, dans le Parque Nacional Nahuel Huapi (p. 394), abrite des sites d'escalade prisés. Dans la Pampa, les grimpeurs pourront aller à Tandil (p. 130) et à Mar del Plata (p. 145).

Pêche

Où pêcher

La Patagonie et la région des lacs sont réputées au plan mondial pour la pêche à la mouche. Leurs rivières froides regorgent de saumons de l'Atlantique d'une taille impressionnante et de différentes espèces de truites. Un vrai paradis pour les pêcheurs !

Dans la région des lacs, Junín de los Andes se présente comme la capitale de la truite ; un guide vous emmènera pêcher dans les rivières du Parque Nacional Lanín. Du côté d'Aluminé (p. 367) le fleuve du même nom est très prisé pour ses truites. Bariloche est aussi parfait pour rayonner dans le secteur.

Plus au sud, le Parque Nacional Los Alerces (p. 450) est doté de lacs et de rivières magnifiques. Des excursions d'une journée sont possibles au Lago del Desierto ou à la Laguna Larga, près d'El Chaltén (p. 470).

La ville de Río Grande (p. 526), en Terre de Feu, est réputée auprès des pêcheurs

» Ci-dessus : El Bolsón (p. 395)
» Ci-contre : sur le Río Atuel, près de San Rafael (p. 343)

à la mouche du monde entier. La rivière du même nom abrite des truites brunes anadromes parmi les plus imposantes de la planète. Pour plus de renseignements sur la pêche en Terre de Feu, voir p. 526.

Les amateurs de pêche en haute mer pourront rejoindre Camarones (p. 429) et Puerto Deseado (p. 433).

Dans l'Argentine subtropicale du Nord-Est, le large Río Paraná (p. 157) attire les pêcheurs de tous horizons, venus pêcher à la mouche, à la cuiller ou à la traîne des espèces d'eau douce comme le *surubí* (gros poisson-chat) et le *dorado* (poisson d'eau douce proche de la truite). Ce dernier (à ne pas confondre avec le mahi mahi, un poisson d'eau de mer), est un puissant nageur et se prête bien à la pêche à la mouche. Mendoza (p. 326), Uspallata (p. 339) et Barreal (p. 353) abritent également de bons sites de pêche.

Guides et services

Dans les villes de moindre importance comme Junín de los Andes, adressez-vous à l'office du tourisme pour obtenir la liste des guides ou des tour-opérateurs. Dans la région des lacs, les pêcheurs indépendants pourront contacter l'**Asociación de Guías Profesionales de Pesca del Parque Nacional Nahuel Huapi y Patagonia Norte** (Association des guides de pêche professionnels du Parque Nacional Nahuel et du nord de la Patagonie ; www.guiaspatagonicos.com.ar), qui dispose de la liste et des coordonnées des guides agréés.

Dans le nord du pays, il est difficile de pêcher sans guide ou même, sans bateau.

Pour plus d'informations sur la pêche à la mouche en Argentine, contactez l'**Asociación Argentina de Pesca con Mosca** (Association argentine de pêche à la mouche ; ☎ à Buenos Aires 011-4773-0821 ; www.aapm.org.ar).

Réglementations

Dans la région des lacs et en Patagonie, la saison de la pêche s'étend du 1er novembre à la mi-avril ou fin avril. Dans le nord-est du pays, on pêche de février à octobre. Certains lacs et ruisseaux situés sur des terrains privés restent parfois ouverts plus longtemps.

Si vous pêchez la truite, vous devrez remettre à l'eau vos prises. En Patagonie, les espèces indigènes (perche ; *puyen* ou galaxia, un petit poisson de l'hémisphère Sud ; pejerrey de Patagonie et *peladilla*) doivent *impérativement* être rejetées à l'eau.

Les permis de pêche, en vente dans les magasins d'articles de pêche, au *club de caza y pesca* (club de chasse et de pêche) local, et parfois dans les offices du tourisme ou dans les stations-service YPF, sont obligatoires.

CHAR À VOILE

Dans le Parque Nacional El Leoncito de la province de San Juan, la Pampa del Leoncito est devenue un haut lieu du *carrovelismo* (char à voile), dans le lac asséché s'étirant au pied des Andes. Si vous êtes intéressé, rendez-vous à Barreal (p. 353).

Ski et snowboard

La plupart des stations d'Argentine offrent un excellent cadre à la pratique du ski, avec un enneigement et un ensoleillement très bons. Les écoles de ski sont animées par des moniteurs du monde entier. Dans les stations les plus anciennes, le matériel semble parfois un peu vieillissant, mais la beauté des pistes compense largement ce handicap.

Mendoza, la région des lacs et Ushuaia sont les trois grands domaines skiables. Mendoza abrite la principale station de ski d'Argentine, Las Leñas (p. 347) : les pistes y sont les plus longues et la poudreuse est la meilleure. Dans la région des lacs, la neige est de moins bonne qualité, mais les stations paisibles de Cerro Catedral (p. 385), près de Bariloche ou de Cerro Chapelco (p. 380), près de San Martín de los Andes sont de taille plus humaine et offrent un plus beau panorama. La Hoya, à Esquel, plus au sud en Patagonie, possède de très belles pistes.

La station de ski la plus méridionale de la planète se trouve près d'Ushuaia, en Terre de Feu (voir p. 511). Quelle que soit la région, il est généralement possible de skier de mi-juin à mi-octobre.

Cyclisme

Le cyclisme est une activité appréciée en Argentine (malgré le manque criant de pistes cyclables dans le pays). Il y a de très belles routes goudronnées, en particulier dans la région des lacs, et, dans une moindre mesure, dans le Nord-Ouest andin.

Dans le Nord-Ouest, les cyclistes peuvent profiter de belles routes, comme celle qui relie Tucumán à Tafí del Valle, la route directe entre Salta et Jujuy, ou encore celle de la Quebrada de Cafayate (p. 260) – sans doute la plus spectaculaire. Dans les Sierras du Centre (p. 285), le réseau routier, en grande partie bitumé, se déploie dans une campagne évoquant par endroits l'Écosse. Les longs itinéraires à travers les Andes dans la région de Mendoza sont pour la plupart réservés aux cyclistes chevronnés ; les autres pourront parcourir à vélo les vignobles de Maipú (p. 338), par exemple.

Dans le Parque Nacional Nahuel Huapi (p. 392), dans la région des lacs, plusieurs boucles (dont le Circuito Chico) permettent de découvrir des lacs et quelques-uns des plus beaux paysages de Patagonie. La Cruce de Lagos (p. 395), circuit de 2 jours en bateau et en bus à travers les Andes jusqu'au Chili, est appréciée des cyclotouristes, qui délaissent le bus pour enfourcher leur vélo.

La Patagonie est une destination mythique. Vous devez toutefois vous attendre à des vents violents, dans toutes les directions, et à des routes gravillonnées pénibles ; même en été, quand la longueur des journées et la relative douceur du temps sont idéales à vélo, pensez à emporter des vêtements adaptés à tous les temps. La Ruta 40 (p. 442) est un classique de la région, mais la parcourir en entier est une épreuve en raison des vents et de l'absence d'eau : la plupart des cyclistes alternent donc des tronçons de la Ruta 40 avec la Carretera Austral au Chili.

VTT

Le VTT étant encore peu développé en Argentine, les véritables pistes sont peu nombreuses. Toutefois, dans la plupart des secteurs où sont pratiqués les sports de plein air, il est possible de louer un VTT à la journée et des sorties guidées permettent d'explorer le secteur sous un autre angle.

Quelques bonnes destinations où l'on pourra louer des VTT : San Martín de los Andes (p. 375), Villa La Angostura (p. 382), Bariloche (p. 385) et El Bolsón (p. 399) dans la région des lacs ; Esquel (p. 446) en Patagonie ; Mendoza (p. 326) et Uspallata (p. 339) dans la province de Mendoza ; Barreal (p. 353) dans la province de San Juan ; Tilcara (p. 230) dans le Nord-Ouest andin et Tandil (p. 130) dans la province de la Pampa.

Rafting et kayak

Le Río Mendoza et le Río Diamante, dans la province de Mendoza (voir p. 326), sont actuellement les destinations les plus courues, mais le Río Juramento, près de Salta (p. 244) mérite également le détour.

La Patagonie offre un cadre splendide pour ce type d'activités. Le Río Hua Hum et le Río Meliquina, à proximité de San Martín de los Andes (p. 375), ainsi que le Río Limay et le Río Manso, près de Bariloche (p. 385), sont très spectaculaires, tout comme le Río Aluminé, aux abords de la ville d'Aluminé (p. 367). Au départ d'Esquel (p. 446), en Patagonie, le rafting se pratique sur le splendide Río Corcovado, dont les eaux proviennent des glaciers. Destination de rafting peu connue, Barreal (p. 353) se distingue surtout par ses paysages andins remarquables. De belles descentes de classe II et III sont possibles sur la plupart de ces rivières. Des descentes de classe IV s'effectuent sur les rivières Mendoza, Diamante, Meliquina, Hua Hum et Corcovado. Il n'est pas nécessaire d'avoir déjà fait du rafting pour les sorties accompagnées par un guide.

La pratique du kayak est possible sur la plupart des rivières mentionnées, mais également dans les environs d'Ushuaia (autour du cap Horn, voir p. 511), d'El Chaltén (p. 471), de Viedma (p. 406), de Puerto Madryn (p. 410), de Paraná (p. 157), de Rosario (p. 158) et de Salta (p. 244).

LA PENTE DU VENT

Les amateurs de planche à voile et de kitesurf se retrouvent au Dique Cuesta del Viento (littéralement le "lac de la pente du vent", p. 354), site isolé du centre andin. Cette retenue d'eau, située à proximité du petit village de Rodeo, dans la province de San Juan, est l'un des plus beaux sites pour les véliplanchistes et les amateurs de kitesurf de la planète. Un vent puissant y souffle tous les après-midi sans exception, d'octobre à début mai. Et il décoiffe vraiment !

Parapente et parachutisme

L'initiation au parapente, ou le vol en tandem, vous tente ? Rien de plus facile en Argentine. Les séances sont peu onéreuses et se déroulent dans un cadre souvent idyllique. De nombreuses agences de Bariloche (p. 387) organisent des vols en parapente. Les agences de Tucumán (p. 263), Salta (p. 244) et La Rioja (p. 279) proposent des vols dans le Nord-Ouest andin. Le cadre le plus spectaculaire est sans doute celui de La Cumbre (p. 303), dans les Sierras du Centre de la province de Córdoba.

Voyager avec des enfants

Le top des régions

Buenos Aires

La plus grande ville d'Argentine compte quantité de musées, de parcs et de centres commerciaux – autant d'endroits où les enfants pourront s'amuser.

Côte atlantique

Des plages, des plages et encore des plages – apportez maillots et écran solaire, et c'est parti pour les châteaux de sable !

Mendoza

Dégustation de vin pour les grands, et ski, promenades avec chiens de traîneau et rafting pour tous.

Iguazú

Pour les chutes, la richesse de la faune et de la flore, et des sorties en bateau d'où l'on revient heureux... et parfois trempé.

Péninsule Valdés

Les baleines, les éléphants de mer et les manchots ne pourront que ravir les enfants.

Bariloche

La destination de choix pour les activités de plein air : randonnée, escalade, équitation et rafting.

Viande rouge, gauchos et tango : les premiers aspects de l'Argentine ne s'adressent pas a priori aux enfants. Le pays a pourtant mille choses à offrir pour les distraire : musées consacrés aux dinosaures, stations balnéaires et nombreuses activités de plein air pour bien se dépenser. L'Argentine est une excellente destination, quoique parfois un peu aventureuse, pour les voyages en famille.

Pour plus de renseignements, vous pouvez consulter le guide Lonely Planet *Voyager avec ses enfants.*

L'Argentine pour les enfants

En matière de sécurité du voyage et d'accueil réservé aux familles, l'Argentine est idéale pour voyager avec des enfants. C'est un pays où la famille occupe une place de choix.

Les nombreux parcs et places du pays, dont beaucoup sont dotés d'aires de jeux, sont des lieux où se rassemblent volontiers les familles. Dans ce pays où l'on a le contact facile, les gens n'hésitent pas à ébouriffer les cheveux des enfants. Ces derniers aident énormément à briser la glace et facilitent les rencontres avec les Argentins.

N'oubliez pas non plus que les familles sortent souvent très tard le soir, de sorte qu'il n'est pas rare de croiser des parents avec leurs bébés et jeunes enfants bien après minuit. Ici, pas de couvre-feu, et tout le monde est convié à prendre du bon temps. À vous de changer vos habitudes !

Les incontournables

Observation de la vie sauvage

» Visitez le zoo de Güirá Oga et le Parque das Aves dans le secteur des chutes d'Iguazú

» Esteros del Iberá est peuplé de cerfs des marais, de caïmans noirs et d'adorables capybaras

» Les baleines franches australes, les éléphants de mer et les manchots de la Península Valdés

» Le Parque Temaikén, au sortir de Buenos Aires, est un excellent zoo

Pour se dépenser

» Montagnes russes et autres sensations au parc de loisirs Parque de la Costa, à Tigre,

» Le Complejo Termal Cacheuta, en dehors de Mendoza, est un complexe thermal comprenant une piscine à vagues et des toboggans aquatiques

» Les Andes offrent de superbes occasions de skier dans les environs de Bariloche et de Mendoza

Les jours de pluie

» Le Glaciarium, l'élégant nouveau musée d'El Calafate, traite des merveilles des glaciers

» Les enfants peuvent passer la nuit au Museo Paleontológico Egidio Feruglio, le musée des dinosaures de Trelew

» Le Museo de La Plata est le meilleur musée d'histoire naturelle du pays– mention toute particulière aux animaux taxidermisés et aux squelettes impressionnants

» Les centres commerciaux abritent des aires de jeux, des jeux d'arcade, des boutiques de jouets et des marchands de glaces : de quoi régaler les enfants

En plein air

» L'activité incessante du Glaciar Perito Moreno et les icebergs dentelés du Parque Nacional Los Glaciares laisseront des souvenirs impérissables

» Balades à cheval et spectacles folkloriques, incontournables lors d'un séjour dans une estancia

» Promenades insolites dans les superbes forêts pétrifiées de Patagonie

Préparatifs

Les tout-petits ont souvent droit à des réductions sur les séjours en motel, les entrées des musées et dans les restaurants. Dans la majeure partie du pays, les supermarchés proposent un choix correct de nourriture pour bébés (c'est souvent cher), de lait maternisé, de couches, de lingettes, etc. Les grandes pharmacies en vendent également.

Les poussettes sur les trottoirs bondés ou irréguliers étant parfois un handicap, mieux vaut se munir d'un porte-bébé. Les toilettes publiques sont souvent mal entretenues, et les tables à langer sont rares.

On trouve des jeunes filles au pair et des baby-sitters (surtout à Buenos Aires) ; consultez l'adresse www.aupairinargentina.com ou faites une recherche sur le site d'expatriés www.baexpats.org.

Dans ce guide, les destinations particulièrement adaptées aux enfants sont indiquées par le pictogramme 👪.

Hébergement

La grande majorité des hôtels acceptent les enfants sans problème ; les plus haut de gamme proposent parfois un service de baby-sitting. Les petits hôtels de charme et pensions sont les seuls établissements appliquant parfois des restrictions quant à un âge minimum. Si les auberges de jeunesse ne constituent généralement pas le meilleur environnement pour des enfants, certaines les accueillent tout de même.

En été, réserver un hôtel avec piscine est une bonne idée. Tâchez également de dénicher des hébergements avec kitchenette. On trouve des appartements à louer, en particulier à Buenos Aires ; dans les lieux de vacances moins citadins, ce sont plutôt des *cabañas* avec cuisine équipée. Les campings assez grands disposent souvent de *cabañas*, de cuisines communes et parfois d'aires de jeux.

Restauration

Les plupart des restaurants proposent un choix de plats convenant parfaitement aux enfants.

Les *empanadas* (chaussons à la viande, aux légumes ou à l'œuf) font d'excellents en-cas. Sans oublier les glaces, un vrai régal en Argentine !

Si les femmes peuvent allaiter en public, elles le font discrètement et se couvrent.

Transports

En théorie, les mineurs qui voyagent avec un seul de leurs parents ont besoin d'un document certifié attestant que l'autre parent a donné son accord. Il faut parfois se munir d'une photocopie du formulaire de garde. En pratique, il y a peu de chances que l'on vous réclame ces documents.

Dans les transports, les Argentins se montrent très serviables. Il est courant qu'une personne assise cède sa place à une personne accompagnée d'un jeune enfant.

Les régions en un clin d'œil

Huitième pays du monde par sa superficie, l'Argentine s'enorgueillit de paysages très variés : pics montagneux couronnés de glace, déserts ponctués de cactus, marais peuplés d'une riche faune et steppes arides et broussailleuses. Les amateurs de plein air et de sports d'aventure sont assurés de trouver leur bonheur, tout comme les adeptes de la plage, ou encore ceux qui aiment la bonne chère et le bon vin.

Les grandes villes, telles Buenos Aires ou Córdoba, offrent quant à elles quantité de plaisirs citadins : vie nocturne, sorties, shopping, restaurants, mais aussi, côté culture, d'excellents musées, des salles de tango et une riche histoire coloniale. En résumé, l'Argentine concentre à peu près tout ce qu'un visiteur peut rechercher. Il suffit d'aller au gré de ses envies, et de s'octroyer suffisamment de temps pour goûter à tout !

Buenos Aires

Gastronomie ✓✓✓
Vie nocturne ✓✓✓
Tango ✓✓✓

Viande et autres délices

Les restaurants spécialisés dans la viande grillée sont légion à Buenos Aires. Mais l'on trouve aussi quantité de restaurants donnant l'occasion de goûter à une large palette de cuisines du monde.

Jusqu'au bout de la nuit

Buenos Aires est *la* ville qui ne dort jamais. Après le dîner (donc souvent après minuit), les *Porteños* sortent prendre un verre, puis mettent le cap sur les discothèques vers 3h du matin. Bien sûr, d'autres sorties ont lieu à des heures plus "raisonnables", mais vous l'aurez compris : cette ville aime se coucher tard !

Tango

Difficile de rester insensible au charme de cette danse sensuelle. Buenos Aires compte d'innombrables salles et cours de danse, et accueille des compétitions internationales. Enfilez vos chaussures de danse et préparez-vous à tomber sous le charme, car vous voici au cœur du royaume du tango argentin.

p. 42

La Pampa et la côte atlantique

Plages ✓✓
Culture gaucho ✓✓
Randonnée ✓

Sur la plage

En janvier, Buenos Aires a parfois des airs de ville déserte : tout le monde est à la plage. Les villes côtières comme Mar del Plata, Pinamar et Necochea font le plein d'Argentins qui se dorent sur le sable en journée et font la fête toute la nuit.

Culture gaucho

Elle reste très vivante aujourd'hui à San Antonio de Areco, où une fête la met à l'honneur chaque année. Pour mieux la connaître, on peut aussi visiter une estancia (ranch), avec au programme balades à cheval, prouesses de gauchos et *asados* (barbecues).

Randonnée

Les montagnes érodées de la Pampa, très anciennes, ne sont pas aussi spectaculaires que les Andes, plus récentes. Mais dans la Sierra de la Ventana, certains itinéraires de randonnée offrent une vue splendide sur les paysages alentour, notamment celui où l'on jette un coup d'œil à travers une "fenêtre" rocheuse.

p. 118

Les chutes d'Iguazú et le Nord-Est

Fleuves et chutes ✓✓✓
Vie sauvage ✓✓
Festivités ✓✓

Fleuves et chutes

Les villes et localités installées le long des deux grands fleuves de la région font de belles destinations pour les balades à pied ou en bateau, les restaurants et lieux de fête au bord de l'eau. Les grands poissons attirent les pêcheurs comme les gourmets. Plus au nord, les chutes d'Iguazú, les plus impressionnantes du monde.

Adorables capybaras

Les marais d'Esteros del Iberá sont peuplés d'une riche faune, en particulier de caïmans et de capybaras. Les oiseaux sont visibles dans les herbes basses. Un détour vers le nord conduit au parc national d'Iguazú et à son écosystème riche en espèces animales et végétales.

Carnaval

Proche du Brésil, cette région célèbre le carnaval avec exubérance. Le plus célèbre d'entre tous se déroule dans la petite ville de Gualeguaychú, non loin de Buenos Aires, mais ceux de Corrientes et de Posadas n'ont rien à lui envier.

p. 152

Salta et le Nord-Ouest andin

Amérindiens ✓✓✓
Cités coloniales ✓✓
Activités sportives ✓✓

Avant Christophe Colomb

Les peuples du Nord-Ouest ont assisté à l'arrivée des Incas, puis des Espagnols. Des siècles plus tard, il ne reste que les vestiges de leurs cités, mais la gastronomie locale, le mode de vie au quotidien et l'artisanat témoignent d'une culture dynamique et bien vivante dans les villages.

Villes historiques

Les villes du nord-ouest de l'Argentine sont les plus anciennes du pays, et baignent dans une atmosphère marquée par le passage des ans : vénérables églises, façades grandioses, ravissantes places plantées d'arbres majestueux et rythme de vie nonchalant.

Par monts et par vaux

Les Andes offrent d'excellentes occasions de faire de l'escalade, de la marche et des excursions en 4x4. Mais les parcs nationaux à la végétation subtropicale peuplés d'une foule d'animaux donnent à voir un autre visage.

p. 217

Córdoba et les Sierras du Centre

Patrimoine ✓✓✓
Vie nocturne ✓✓
Parapente ✓✓

Patrimoine historique
Au-delà de la viticulture et d'un haut niveau d'éducation, les Jésuites ont également laissé derrière eux des bâtiments fabuleux. La ville de Córdoba compte un pâté de maisons entier d'architecture jésuite très bien préservée, et l'on en trouve d'autres exemples disséminés dans toute la province.

À la nuit tombée
Envie de voir un film d'auteur, une pièce de théâtre, de danser jusqu'à l'aube ou de boire quelques verres dans un bar cosy ? Quels que soient vos goûts, la jeunesse de Córdoba et sa dynamique scène culturelle vous aideront à les satisfaire.

Dans le ciel
C'est ici qu'il faut essayer le parapente. À La Cumbre et Merlo, sites d'envol de renommée mondiale, de nombreux moniteurs (dont certains sont des champions du monde de leur discipline) proposent des vols en tandem qui vous permettront de planer avec les condors.

p. 285

Mendoza et le centre des Andes

Vignobles ✓✓✓
Montagnes ✓✓
Rafting ✓✓✓

Dans les vignobles
Apprenez à connaître la culture du vin argentine en visitant les vignobles et en bavardant avec les viticulteurs, afin de voir l'intégralité du processus de fabrication, du moment où l'on plante la vigne à celui, délicieux, de la dégustation.

De hautes ambitions
Couronnées de neige toute l'année et dominant l'horizon de leur imposante silhouette, les Andes sont l'un des grands emblèmes de l'Argentine. À vous de mieux les découvrir en faisant l'ascension de l'Aconcagua, le plus haut sommet des Amériques, ou en vous élançant sur les pistes des superbes stations de ski de Mendoza.

Rivières rugissantes
La neige fondue qui provient des Andes sert non seulement à irriguer les vignobles, mais encore à alimenter des rivières qui descendent de la montagne en rugissant, pour le plus grand bonheur des amateurs de rafting.

p. 319

Bariloche et la région des lacs

Activités ✓✓✓
Dans les villages ✓
Paléontologie ✓✓

En plein air
Quel que soit le moment de l'année, il y a toujours quelque chose à faire dans la région des lacs. En hiver, les fous de poudreuse se ruent sur les pentes des stations de ski huppées de la province. Le restant de l'année, les sentiers et refuges de montagne, ainsi que les panoramas splendides, font les délices des randonneurs.

Détente
L'un des grands plaisirs du voyage dans cette région réside dans la découverte de petits villages alpins nichés dans la forêt et entourés de paysages de montagne d'une beauté sidérante – le remède idéal contre le blues des grandes villes.

Jurassic Parks
De gigantesques créatures vivaient dans la région il y a des centaines de milliers d'années, dont le plus grand dinosaure et le plus grand carnivore au monde. Les sites où l'on a découvert leurs squelettes sont ouverts au public : ou comment se sentir tout petit, petit...

p. 358

Patagonie

Randonnée ✓✓✓
Vie sauvage ✓✓✓
Aventure ✓✓✓

Randonnée dans la nature sauvage

Les randonnées du Fitz Roy et des Torres del Paine font la réputation méritée des sentiers de Patagonie. Toutefois, si vous avez du temps, ne manquez pas les forêts millénaires du Parque Nacional Los Alerces, ou encore les lacs aux eaux turquoise du Parque Nacional Perito Moreno.

Drôles d'animaux

L'abondante faune marine fait de la côte, en particulier de la Península Valdés, un lieu incontournable pour observer la vie sauvage. Regardez aussi les troupeaux de guanacos, les condors ou encore les nandous qui courent à travers la steppe de Patagonie.

En route pour l'aventure

Qu'il s'agisse de faire du cheval sur le domaine d'une estancia, de parcourir la Ruta 40, de voir des glaciers ou simplement de s'enfoncer dans la nature sauvage des Andes, la Patagonie est tout simplement la terre de l'inattendu et de la liberté.

p. 403

Terre de Feu

Randonnée ✓✓
Périple en mer ✓✓✓
Sports d'hiver ✓✓

Randonnée

Les longues journées de l'été austral se prêtent à la randonnée. Celle des Dientes de Navarino est la plus célèbre de la région, mais il serait dommage de négliger les forêts enchanteresses du Parque Nacional Tierra del Fuego.

En bateau

Vous pourrez, au choix, traverser le canal de Beagle en bateau à voile pour apercevoir des animaux marins et des vestiges amérindiens, faire une balade maritime à travers les fjords chiliens ou encore, du kayak de mer.

Paradis hivernal

De juin à octobre, la neige fait d'un séjour à Ushuaia une expérience incontournable. Descendez les pentes du Cerro Castor, faites du ski de fond ou embarquez à bord d'un traîneau tiré par des chiens pour une promenade au milieu des congères. Et le soir, place au crépitement du feu, aux restaurants de sushis et aux lodges douillets.

p. 504

Les établissements sont cités par ordre de préférence des auteurs

Les pictos pour se repérer :

- ♥ Les coups de cœur des auteurs
- Les adresses écoresponsables
- GRATUIT Entrée, accès libre

Voir aussi l'index où figurent toutes les localités couvertes dans ce guide

Sur la route

Buenos Aires

Dans ce chapitre »

Le top des restaurants

» Oviedo (p. 81)
» Café San Juan (p. 80)
» Sarkis (p. 82)
» Chan Chan (p. 79)
» Siamo nel Forno (p. 84)

Le top des hébergements

» Poetry Building (p. 76)
» Home Hotel (p. 77)
» Miravida Soho (p. 77)
» 1890 Hotel Boutique (p. 74)
» Chill House Hostel (p. 77)

Pourquoi y aller

Mélangez une métropole attrayante, une cuisine raffinée, de superbes boutiques, une vie nocturne effervescente et vous obtenez Buenos Aires. Si l'architecture rappelle Paris, la circulation, Rome, et les horaires tardifs, Madrid, la ville possède un parfum typiquement latino-américain. Cosmopolite, séduisante, émotive ou frustrante, maniérée, Buenos Aires ne ressemble à nulle autre ville au monde.

Découvrez ses atouts classiques : les cafés européens, l'architecture coloniale, des marchés amusants et les diverses communautés. Rendez hommage à Evita au fameux cimetière de la Recoleta, régalez-vous d'un steak, dansez un tango sensuel et savourez la folle ambiance d'un match de *fútbol* (football). En explorant Buenos Aires, vous comprendrez pourquoi tant de visiteurs sont tombés amoureux de cette ville fantastique et vous succomberez sans doute à votre tour.

Quand partir

Buenos Aires

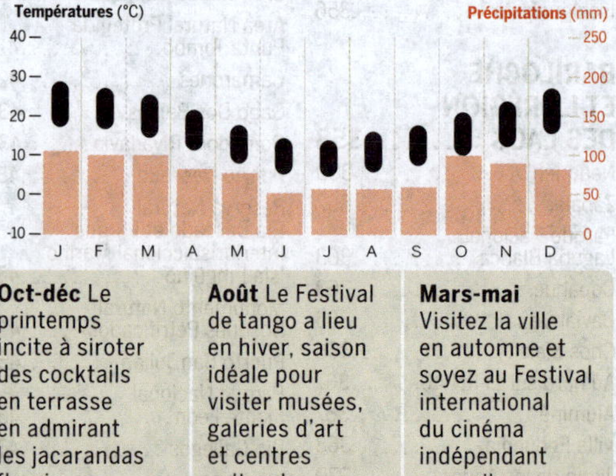

Oct-déc Le printemps incite à siroter des cocktails en terrasse en admirant les jacarandas fleuris.

Août Le Festival de tango a lieu en hiver, saison idéale pour visiter musées, galeries d'art et centres culturels.

Mars-mai Visitez la ville en automne et soyez au Festival international du cinéma indépendant en avril.

Dîners privés

Les *puertas cerradas* (restaurants "à portes fermées") ont actuellement le vent en poupe. Ces restaurants à prix fixe n'ouvrent habituellement que le week-end et encouragent la convivialité avec des tables au nombre limité, souvent communes, et une ambiance intime. La plupart ne divulguent leur adresse qu'à la réservation (obligatoire, bien entendu). Si vous recherchez une adresse "secrète" et une cuisine particulière, vous serez séduit. Pour découvrir nos favoris, reportez-vous p. 81.

ORIENTATION

Si Buenos Aires est une immense métropole, la plupart des sites se regroupent dans quelques quartiers facilement accessibles.

Cœur de la ville, **Microcentro** est suffisamment compact pour s'explorer à pied. À l'est, **Puerto Madero** comprend des quais attrayants et un grand parc écologique. Au sud, **San Telmo** est réputé pour sa charmante architecture coloniale et son marché du dimanche. **La Boca**, plus au sud, se distingue par ses maisons colorées, couvertes de tôle ondulée.

À l'ouest du Microcentro, **Congreso**, le siège de la politique locale, compte d'imposants bâtiments. Au nord, l'élégant **Retiro** abrite les principales gares ferroviaire et routière. Juste au nord-ouest, **Recoleta** et **Barrio Norte** sont parsemés de musées, de boutiques chics et de luxueuses demeures ; les prix de l'immobilier y sont particulièrement élevés.

Plus au nord se tient **Palermo**, un faubourg habité par la classe moyenne supérieure avec de vastes parcs, de nombreuses boutiques et restaurants. Il comprend, entre autres, les quartiers branchés de Palermo Soho, Palermo Hollywood et Las Cañitas. Jouxtant Palermo, **Belgrano** et **Once** sont habités par des communautés chinoise, coréenne, péruvienne et juive.

L'aéroport Ezeiza se situe à 35 km au sud du centre-ville ; reportez-vous p. 101 pour des conseils sur l'arrivée.

Des folies à s'offrir

- Une séance au charmant spa du cinq-étoiles Four Seasons Hotel (p. 75)
- Un dîner dans le restaurant "à portes fermées" Casa Mun (p. 81)
- L'achat d'un superbe phonographe Victrola dans une boutique d'antiquités de San Telmo (p. 98)
- Une journée à la campagne et une promenade à cheval (p. 66)

INFLATION GALOPANTE

Sachez que les prix mentionnés dans ce guide, pratiqués lors de nos recherches, risquent d'augmenter rapidement. Le taux d'inflation officiel s'élève à 10%, mais approche plutôt 25%. Vérifiez les tarifs avant de réserver.

Quelques chiffres

- Population : 2,8 millions d'habitants
- Superficie : 202 km²
- Indicatif téléphonique : 011
- Consommation annuelle de viande par habitant : 60 kg

Spécialités à découvrir

- *Bife de chorizo* – faux-filet
- *Dulce de leche* – confiture de lait
- *Empanadas* – chaussons salés cuits au four
- *Maté* – infusion amère traditionnelle
- *Helados* – glaces parmi les meilleures au monde

Sites Internet

- Articles et conseils alternatifs : www.landingpadba.com (en anglais)
- Site prisé des expatriés : www.baexpats.org (en anglais)
- Accueil des Français et aide à l'installation : www.buenosairesaccueil.com

À ne pas manquer

1 Un hommage aux riches et célèbres défunts au **Cementerio de la Recoleta** (p. 61)

2 L'histoire et les bureaux présidentiels de la **Plaza de Mayo** (p. 47)

3 Le **marché d'antiquités** très fréquenté qui se tient le dimanche sur la Plaza Dorrego (p. 54), à San Telmo

4 Un steak savoureux ou des plats plus exotiques dans le quartier de **Las Cañitas** (p. 82), à Palermo

5 Les fabuleux jeux de jambes et les mouvements sensuels d'un **spectacle de tango** (p. 87)

6 Les élégantes boutiques de créateurs de **Palermo Viejo** (p. 98)

7 Une nuit de fête dans les **night-clubs** (p. 94) chics et animés de Palermo

8 L'ambiance électrique et toujours passionnée d'un **match de *fútbol*** (p. 97)

9 L'animation permanente de l'**Av Florida** (p. 47), haut lieu du shopping

10 Une balade dans **Caminito** et les musiciens de rue qui se produisent le week-end dans La Boca (p. 55)

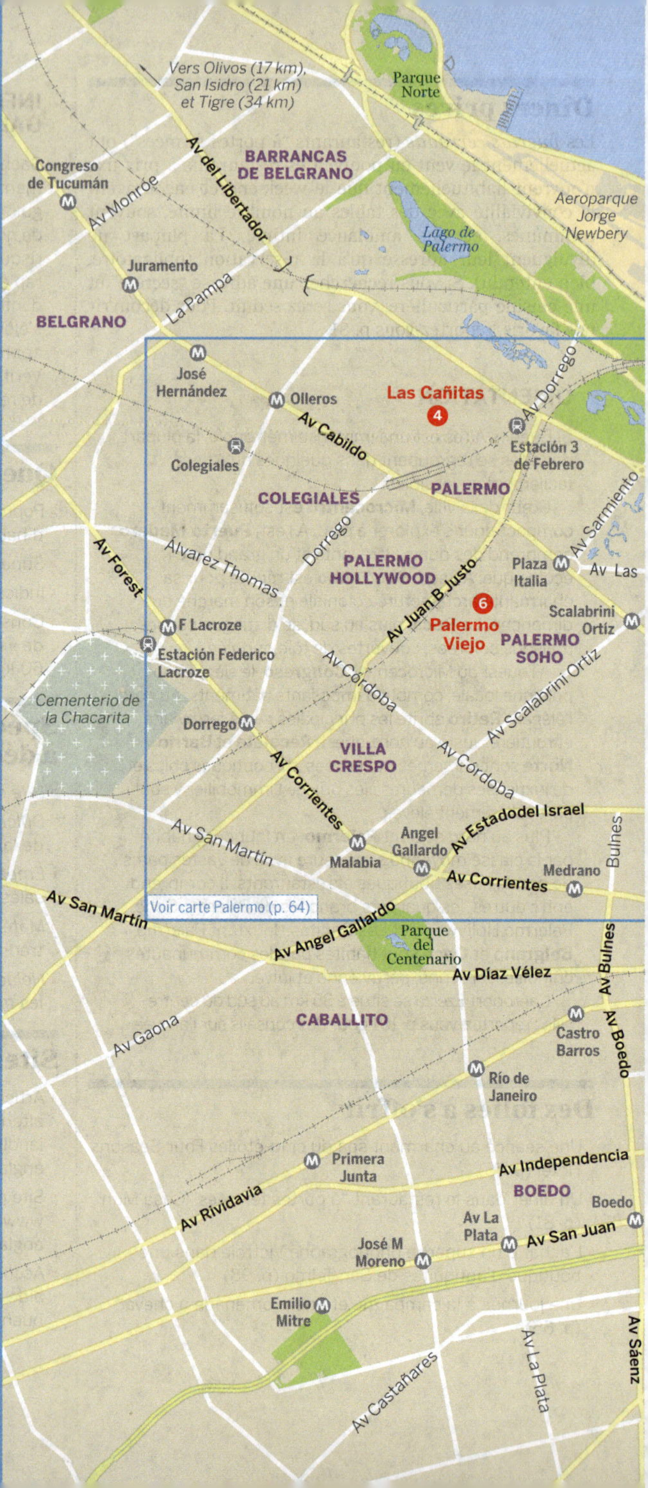

Voir carte Palermo (p. 64)

0
2 km
Río de la Plata
Av Costanera R Obligado
Jetée
Aliscafos
(hydroglisseurs)
Estación
Maritima
Parque 3 de
Febrero
Estación
Saldías
PALERMO
CHICO
Av Figueroa Alcorta
Av del Libertador
Floralis
Genérica
Quiroga
Heras
Av General Las Heras
RECOLETA
Voir carte Retiro, Recoleta et Barrio Norte (p. 60)
Dársena A
Bulnes
Austria
Cementerio
de la Recoleta
Av Callao
Av del Libertador
Estación
Retiro
Retiro
Agüero
BARRIO
NORTE
RETIRO
San
Martín
Gallo
Pueyrredón
Av Santa Fe
Florida
Av Eduardo Madero
Dársena
Norte
Facultad de
Medicina
Callao
Av Córdoba
Av Córdoba
Lavalle
ALMAGRO
Av Florida
Dique
n°4
Reserva Ecológica
Costanera Sur
Carlos
Gardel
Pueyrredón
TRIBUNALES
Carlos
Pellegrini
Florida
LN Alem
Lago
de las
Gaviolas
Pasteur
Plaza de
Mayo
ONCE
MICROCENTRO
LA
CITY
Av Tristán Achaval Rodriguez
Alberti
Pasco
Congreso
Av de Mayo
Perú
Plaza de
Mayo
Dique
n°3
Loria
Plaza
Miserere
Lago
de los
Patos
CONGRESO
Av 9 de Julio
Belgrano
BALVANERA
Paseo Colón
Av Ing Huergo
Av Belgrano
Voir carte Centre, Congreso
et San Telmo (p. 48)
MONTSERRAT
Independencia
CONSTITUCIÓN
San Telmo
PUERTO
MADERO
Pichincha
San José
San Juan
Dique
n°1
General
Urquiza
Jujuy
Voir carte
La Boca (p. 58)
Av Brasil
Dársena Sur
Av Juan de Garay
Bernardo de Irigoyen
Av Martín García
Av Almirante
Brown
Canal
Sur
BARRACAS
Av Entre Ríos
Av Chiclana
Av Jujuy
LA
BOCA
Defensa
Av Amancio Alcorta
Av Caseros
Brandsen
Caminito

Histoire

Buenos Aires fut fondée en 1536 par Pedro de Mendoza, un aristocrate espagnol aventureux qui finança sa propre expédition en Amérique du Sud. La pénurie de vivres et les attaques des Amérindiens précipitèrent son départ en 1537 ; Mendoza périt en mer sur le chemin du retour. Pendant ce temps, d'autres membres de l'expédition quittèrent la colonie, remontèrent le fleuve sur 1 600 km et fondèrent Asunción, l'actuelle capitale du Paraguay.

En 1541, la colonie d'origine était totalement abandonnée. En 1580, un nouveau groupe de colons, sous le commandement de Juan de Garay, descendit le fleuve depuis Asunción pour repeupler l'avant-poste abandonné de Mendoza.

Durant les deux siècles qui suivirent, les restrictions commerciales imposées par l'Espagne firent de Buenos Aires une bourgade oubliée, paradis des contrebandiers. Mais la population était passée à 20 000 âmes lorsqu'en 1776, l'Espagne la déclara capitale de la nouvelle vice-royauté du Río de la Plata.

Après avoir repoussé des invasions britanniques en 1806 et 1807, les colons constatèrent qu'ils pouvaient se défendre sans l'aide de l'Espagne. La conquête de cette dernière par Napoléon en 1808 amena le *cabildo* (conseil municipal) de Buenos Aires à couper les liens avec la mère patrie en mai 1810. Des décennies de luttes de pouvoir entre la ville et les autres provinces de l'ancienne vice-royauté s'ensuivirent et dégénérèrent plus d'une fois en guerre civile.

Finalement, la cité fut déclarée territoire fédéral de Buenos Aires et capitale du pays en 1880. L'essor des exportations agricoles lors des décennies suivantes généra des fortunes. Des *Porteños* (habitants de Buenos Aires) construisirent d'opulentes demeures à la française, tandis que la municipalité dépensait des sommes folles en travaux publics, dont des parcs, des bâtiments adminstratifs et un métro. La majeure partie de Buenos Aires date de cette époque.

La prospérité ne pouvait cependant durer éternellement. L'immigration augmentait et les prix de l'exportation commencaient à chuter. Le krach boursier de 1929 porta un coup fatal aux marchés argentins et fut bientôt suivi du premier des nombreux coups d'État militaires. Ce fut la fin de l'âge d'or de l'Argentine.

La pollution, la pauvreté, le chômage et le délabrement des infrastructures devinrent des problèmes récurrents. Des bidonvilles surgirent alors qu'augmentaient les problèmes sociaux et que la cité ne parvenait pas à absorber une population croissante ; aujourd'hui, l'agglomération de Buenos Aires accueille un tiers de la population argentine. Des régimes dictatoriaux et une économie en dents de scie ont constitué des fléaux constants. Malgré un retournement économique à la fin du XXe siècle, la crise financière mondiale n'a pas épargné l'Argentine. Pour en savoir plus sur l'histoire tumultueuse du pays, reportez-vous p. 534.

BUENOS AIRES EN...

Deux jours

Commencez par une promenade dans **San Telmo** en explorant quelques boutiques d'antiquités. Rejoignez la **Plaza de Mayo** au nord, puis flânez dans le **Microcentro**, et faites un crochet à l'est jusqu'à **Puerto Madero**, un superbe endroit pour une pause. Continuez vers le nord jusqu'à **Retiro** et **Recoleta**, en vous arrêtant au **Museo Nacional de Bellas Artes** pour admirer quelques œuvres impressionnistes. Visitez le **Cementerio de la Recoleta**, où repose l'élite de Buenos Aires. Enfin, dînez et passez la soirée à **Palermo Viejo**.

Le deuxième jour, découvrez le quartier de **Congreso** ou rendez-vous à **La Boca**. Faites des achats à **Palermo Viejo** avant un **spectacle de tango** ou une représentation au **Teatro Colón**.

Quatre jours

Le troisième jour, envisagez une escapade à **Tigre**, ou à **Colonia** en Uruguay. Le lendemain, choisissez une **visite guidée**, un **cours de tango**, explorez les **parcs de Palermo** ou le **marché de Mataderos** (le week-end). Sélectionnez une bonne *parrilla* pour votre dernier repas.

À voir

MICROCENTRO

Cœur de l'activité, Microcentro est rempli d'employés en costume qui, téléphone portable à l'oreille, se pressent dans les rues étroites au pied de gratte-ciel et d'anciens bâtiments européens.

Florida, une longue avenue piétonne, est la principale artère du quartier. Dans la journée, elle est envahie d'hommes d'affaires, de marchands et de touristes – qui apprécient cet axe nord-sud sans gaz d'échappement des bus ni klaxons des taxis –, auxquels s'ajoutent artistes de rue, mendiants et vendeurs ambulants. D'anciens bâtiments rénovés, telles les superbes Galerías Pacífico, apportent une touche d'élégance.

Plus au sud, le quartier de la finance compte plusieurs musées qui méritent la visite. Vient ensuite la Plaza de Mayo, entourée de bâtiments historiques et de bancs où se reposer.

Plaza de Mayo PLACE

(carte p. 48). Entre la Casa Rosada, le Cabildo et la principale cathédrale de la ville, la verdoyante Plaza de Mayo est le point de départ des manifestations les plus véhémentes. Au centre de la place se dresse la **Pirámide de Mayo**, un petit obélisque édifié pour le premier anniversaire de l'indépendance de Buenos Aires vis-à-vis de l'Espagne. Œuvre du célèbre architecte Alejandro Bustillo, le **Banco de la Nación** (1939) domine le côté nord de la place.

Aujourd'hui, la place attire des touristes en quête de photos, des pickpockets et des militants. Tous les jeudis à 15h30, les Madres de la Plaza de Mayo (Mères de la place de Mai) s'y retrouvent pour réclamer justice et reconnaissance.

Casa Rosada ÉDIFICE

(Maison rose ; carte p. 48). Occupant le côté est de la Plaza de Mayo, la façade rose de la Casa Rosada ne peut se manquer. Elle abrite les bureaux de la "Presidenta" Cristina Kirchner ; la résidence présidentielle se situe dans le calme faubourg d'Olivos, au nord du centre.

Le côté du palais qui fait face à la Plaza de Mayo est l'arrière du bâtiment. De ces balcons, Juan et Eva Perón, le général Leopoldo Galtieri, Raúl Alfonsín et d'autres politiciens ont harangué des foules.

La couleur saumon de la Casa Rosada, chatoyante au coucher du soleil, serait due à une tentative du président Sarmiento de pacifier le pays durant son mandat, entre 1868 et 1874 (en mélangeant le rouge des Fédéralistes au blanc des Unitaristes). Selon une autre théorie, cette couleur proviendrait de la peinture du palais avec du sang de bœuf, une pratique courante à la fin du XIXe siècle.

Visites guidées (☎4344-3600) gratuites le samedi et le dimanche de 10h à 18h ; rejoignez le groupe qui attend le prochain départ.

GRATUIT **Museo del Bicentenario** MUSÉE

(carte p. 48 ; ☎4344-3802 ; Av Paseo Colón et Av Hipólito Yrigoyen ; 11h-19h mer-dim). Derrière la Casa Rosada, un passage vitré indique ce nouveau musée, installé sous les voûtes en briques de l'ancienne *aduana* (douane). Le hall donne sur une douzaine de salles, chacune dédiée à une époque de la tumultueuse histoire politique de l'Argentine. Les vidéos prédominent à côté de quelques objets. À cela s'ajoutent des expositions d'art temporaires, une imposante peinture murale restaurée de l'artiste mexicain David Alfaro Siqueiros et un café.

Catedral Metropolitana CATHÉDRALE

(carte p. 48 ; ☎4331-2845 ; www.catedralbuenosaires.org.ar ; angle Av Rivadavia et San Martín ; 7h30-18h30 lun-ven, 9h-19h sam-dim). Cette cathédrale baroque, importante pour son architecture et sa signification religieuse, contient la tombe du général José de San Martín, le héros le plus révéré du pays. À l'extérieur, une flamme éternelle brûle à sa mémoire. Visites guidées de l'église et de la crypte en espagnol ; appelez ou consultez le site Internet.

GRATUIT **Cabildo** ÉDIFICE

(carte p. 48 ; ☎4342-6729 ; Bolívar 65 ; 10h30-17h mer-ven, 11h30-18h sam-dim). L'hôtel de ville du milieu du XVIIIe siècle est devenu un musée. Ses arcades, qui entouraient la Plaza de Mayo, ont été détruites lors du percement des avenues alentour. Le musée possède de maigres collections, mais un marché d'artisanat animé s'installe dans le patio les jeudis et vendredis ; le café est plaisant pour se détendre.

Galerías Pacífico MONUMENT

(carte p. 48 ; ☎5555-5110 ; Av Florida et Av Córdoba ; 10h-21h). Occupant un pâté de maisons, ce superbe grand magasin à la française date de 1889. Ses plafonds voûtés ont été peints

Centre, Congreso et San Telmo

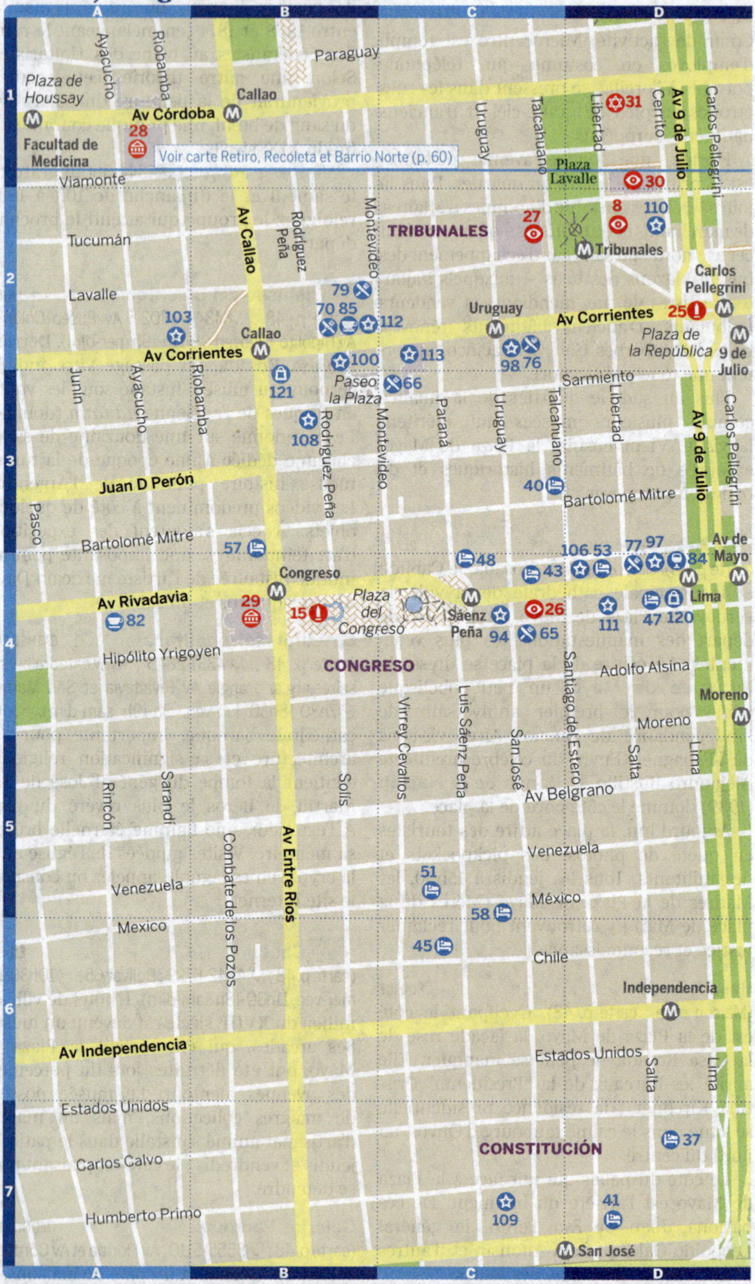

0
400 m
E
F
G
H
1
2
3
4
5
6
7
Grierson
Av Córdoba
Suipacha
Esmeralda
Maipú
Florida
San Martín
Reconquista
Bouchard
Viamonte
Kiosque touristique Puerto Madero
Olga Cossettini
Av de los Italianos
Tucumán
Plaza Roma
Lavalle
Dique n°4
Leandro N. Alem
Av Corrientes
Av Leandro N Alem
Av Eduardo Madero
Av Alicia Moreau de Justo
Juana Manso
Sarmiento
Diagonal Norte
MICROCENTRO
Juan D Perón
25 de Mayo
Av Rosales
Dealessi
PUERTO MADERO
Diagonal Roque Sáenz Peña
Diagonal Roque Sáenz
Kiosque touristique Peña
Catedral
Plaza de Mayo
LA CITY
Parque Colón
Av de la Rábida
Puente de la Mujer
Dique n°3
Av Rivadavia
Av de Mayo
Piedras
Perú
Bolívar
Chacabuco
Av Julio Roca
Tacuarí
Plaza AP Justo
Belgrano
MONTSERRAT
Defensa
5 de Julio
Balcarce
Av Paseo Colón
Venezuela
Av Ing Huergo
Mexico
Dique n°2
Bernardo de Irigoyen
Vers la Reserva Ecológica Costanera Sur (entrée sud ; 600 m)
Plazoleta Olazábal
Av Independencia
Independencia
R Vera Peñaloza
Estados Unidos
Paseo Colón
Azopardo
Carlos Calvo
Humberto Primo
South American Explorers
Plaza Dorrego
SAN TELMO
Dique n°1
Av San Juan
San Juan
Voir carte La Boca (p. 58)

Centre, Congreso et San Telmo

Les incontournables
Plaza de Mayo ... F3
Plaza Dorrego ... F7

À voir
1 Academia nacional del Tango ... E3
2 Basilica Nuestra Señora del Rosario ... F5
3 Cabildo ... F4
4 Casa Rosada ... G3
5 Catedral Metropolitana ... F3
6 Centro Cultural Borges ... F1
7 El Zanjón de Granados ... F6
8 Escuela Presidente Roca ... D2
9 Ex-Correo Central ... G2
Farmacia de la Estrella ... (voir 18)
10 Fragata Sarmiento ... H4
11 Galerías Pacífico ... F1
12 Iglesia Nuestra Señora de Belén ... G7
13 Manzana de las Luces ... F4
14 Mercado San Telmo ... F6
15 Monumento a los Dos Congresos ... B4
16 Museo Argentino del Títere ... E6
17 Museo de Arte Moderno de Buenos Aires (Mamba) ... G7
18 Museo de la Ciudad ... F4
19 Museo de la Policía Federal ... F2
20 Museo del Bicentenario ... G3
Museo del Patrimonio ... (voir 28)
21 Museo Etnográfico Juan B Ambrosetti ... G4
22 Museo Fortabat ... H1
23 Museo Mitre ... F2
Museo Mundial del Tango ... (voir 1)
24 Museo Penitenciario ... G7
25 Obelisco ... D2
26 Palacio Barolo ... C4
27 Palacio de Justicia ... C2
28 Palacio de las Aguas Corrientes ... A1
29 Palacio del Congreso ... B4
30 Teatro Colón ... D1
31 Templo de la Congregación Israelita ... D1

Activités, cours et circuits organisés
32 Expanish ... E3
33 Say Hueque ... F5
34 Say Hueque ... E1
35 Tangol ... F6
36 Université de Buenos Aires (UBA) ... G2

Où se loger
37 1890 Hotel Boutique ... D7
38 Art Factory ... E5
39 Brisas del Mar ... E7
40 Fiamingo Apart Hotel ... C3
41 Garden House ... D7
42 HI Obelisco Suites ... E2
43 Hostel Estoril-Terrazas Estoril ... C4
44 Hotel Alcázar ... E3
45 Hotel Bonito ... C6
46 Hotel Frossard ... E2
47 Hotel Reina ... D4
48 Hotel Sportsman ... C4
49 Hotel Suipacha Inn ... E2
50 Ideal Hostel ... E2
51 Kilca Hostel ... C5
52 Mansion Dandi Royale ... E6
53 Milhouse Annex ... D4
54 Milhouse Youth Hostel ... E4
55 Moreno Hotel ... F4
56 Portal del Sur ... E4
57 Residencial Universitaria Azul ... B3
58 Sabatico Hostel ... C5

en 1954 par les muralistes Antonio Berni, Juan Carlos Castagnino, Manuel Colmeiro, Lino Spilimbergo et Demetrio Urruchúa, tous de l'école argentine du *nuevo realismo*. Le bâtiment a été laissé quasiment à l'abandon pendant des années jusqu'à ce qu'une équipe argentino-mexicaine le répare et restaure les peintures en 1992.

Il abrite des boutiques haut de gamme, un vaste espace de restauration et l'excellent Centro Cultural Borges. Des spectacles de tango pour touristes ont parfois lieu devant le magasin dans l'Av Florida, notamment le dimanche.

Centro Cultural Borges CENTRE CULTUREL
(carte p. 48 ; ☎5555-5359 ; www.ccborges.org.ar ; angle Viamonte et San Martín). Au dernier étage des superbes Galerías Pacífico se tient l'un des meilleurs centres culturels de la ville. Cours, ateliers, cinéma, concerts, spectacles de danse, expositions d'art et théâtre font partie des offres abordables.

Manzana de las Luces ÉDIFICES
(carte p. 48). La Manzana de las Luces (bloc des Lumières) comprend la plus ancienne église coloniale de la cité, l'**Iglesia San Ignacio**. Centre d'enseignement à l'époque

Où se restaurer

	Aldo's Vinoteca	(voir 55)
59	Amici Miei	G7
60	Bar El Federal	F6
61	Bar Plaza Dorrego	G7
62	Broccolino	E1
63	Café San Juan	F7
64	Casal de Catalunya	E6
65	Chan Chan	C4
66	Chiquilín	C3
67	Dylan	F7
68	Gran Parrilla del Plata	F6
69	Granix	F3
70	Heladería Cadore	B2
71	i Central Market	H2
72	i Fresh Market	H4
73	La Parolaccia Trattoria	H4
74	Mash	F5
75	Parrilla al Carbón	E2
76	Pizzería Güerrín	C2
77	Plaza Asturias	D4
78	Pura Vida	F2
79	Saatva	B2
80	Siga la Vaca	H6
81	Vía Flamina	F3

Où prendre un verre

82	Café de los Angelitos	A4
83	Café Tortoni	E3
84	Debar	D4
85	El Gato Negro	B2
86	Gibraltar	F6
87	Indie Bar	G6
88	La Cigale	G1
89	La Puerta Roja	E6
90	La Puerto Rico	F4
91	London City	F3
92	Los del Barco	F5
93	Pride Café	G6

Où sortir

94	Ávila Bar	C4
95	Bahrein	F2
96	Boutique	F5
	Café Tortoni	(voir 83)
97	Cantares	D4
98	Cartelera Baires	C2
99	Cartelera Espectáculos	E2
100	Cartelera Vea Más	B2
101	Confitería Ideal	E2
102	El Balcón & Todomundo	F7
103	El Beso	A2
104	La Marshall	F6
	La Puerto Rico	(voir 90)
105	La Trastienda	G5
106	Los 36 Billares	D4
107	Luna Park	G2
108	Maluco Beleza	B3
	Mitos Argentinos	(voir 102)
109	Niño Bien	C7
	Piazzolla Tango	(voir 69)
110	Tango Porteño	D2
111	Teatro Avenida	D4
	Teatro Colón	(voir 30)
112	Teatro Presidente Alvear	B2
113	Teatro San Martín	C2

Achats

114	Arte y Esperanza	G4
115	Cualquier Verdura	F7
116	En Buen Orden	G6
117	Feria de San Telmo	F7
118	Gil Antigüedades	F7
119	Walrus Books	F6
120	Wildlife	D4
121	Zival's	B3

coloniale, elle symbolise toujours la culture dans la capitale. Les Jésuites furent les premiers à l'occuper et deux des cinq bâtiments d'origine de la Procuraduría jésuite subsistent. Datant de 1730, ils comportent des tunnels défensifs, découverts en 1912. L'Universidad de Buenos Aires est installée ici depuis l'indépendance en 1810. **Visites guidées** (☎4331-9534 ; Perú 272 ; 12 ARS) en espagnol ; renseignez-vous sur place.

Ex-Correo Central ÉDIFICE

(carte p. 48). Cet imposant bâtiment Beaux-Arts, qui s'étend sur un pâté de maisons, abritait jadis la poste principale, inspirée de celle de New York. Il fallut 20 ans pour le construire. Sa transformation en musée, bureaux et salles d'exposition est en cours d'achèvement.

Museo de la Ciudad MUSÉE

(carte p. 48 ; ☎4331-9855 ; Defensa 219 ; 1 ARS, lun et mer gratuit ; ⏲11h-19h). Le musée de la Ville présente à l'étage des expositions permanentes et temporaires sur la vie portègne d'antan – jouets, objets usuels, et salles d'époque. Au rez-de-chaussée, dans l'annexe voisine, sont présentées d'anciennes portes et quincailleries. À proximité, au coin de Defensa, la **Farmacia de la Estrella**, une pharmacie en activité, possède de superbes boiseries et un plafond orné de peintures élaborées de la fin du XIXe siècle.

Museo Etnográfico Juan B Ambrosetti — MUSÉE

(carte p. 48 ; ☎4345-8196 ; Moreno 350 ; 3 ARS ; 13h-19h mar-ven, 15h-19h sam-dim). Petit et attrayant, ce musée anthropologique regroupe des collections du Nord-Ouest andin, de Patagonie et d'autres régions d'Amérique du Sud. Parmi de splendides artefacts indiens figurent des bijoux élaborés et des ponchos mapuche. La salle consacrée à l'Afrique et à l'Asie contient des pièces inestimables. Visites guidées en espagnol et en anglais (appelez pour les horaires).

Basílica Nuestra Señora del Rosario — MONUMENT

(carte p. 48 ; angle Defensa et Av Belgrano). Plus au sud, cette basilique dominicaine du XVIIIe siècle a une histoire pittoresque. La tour gauche conserve des marques des obus tirés contre les troupes britanniques qui se réfugièrent dans l'église lors de l'invasion de 1806. Le **musée** (☎4331-1668 ; sur rdv lun-ven, 15h30 et 16h30 dim) expose les drapeaux pris aux Britanniques. Visites guidées en espagnol.

GRATUIT Museo de la Policía Federal — MUSÉE

(carte p. 48 ; ☎4394-6857 ; San Martín 353, 7e ét. ; 14h-18h mar-jeu). Au cœur du quartier de la finance, ce musée présente une vaste collection d'uniformes, de médailles, d'armes et d'objets liés à la drogue et au jeu. N'emmenez pas vos enfants dans la salle qui contient des photos macabres de victimes de meurtres.

Museo Mitre — MUSÉE

(carte p. 48 ; ☎4394-8240 ; San Martín 336 ; 5 ARS ; 13h-17h15 lun-ven). Bartolomé Mitre, qui devint président en 1862, habitait cette demeure coloniale, devenue un musée. À la fin de son mandat, il fonda *La Nación*, un quotidien influent qui reste une institution de Buenos Aires. Le musée, rempli d'effets personnels de Mitre, reflète la vie d'une famille aisée au XIXe siècle.

Museo Mundial del Tango — MUSÉE

(carte p. 48 ; ☎4345-6967 ; Av de Mayo 833, 1er ét. ; 15 ARS ; 14h30-19h30 lun-ven). En dessous de l'Academia nacional del Tango, ce musée s'adresse aux amoureux du tango. Deux grandes salles sont remplies de souvenirs, des vieux disques et photos aux livres et affiches, sans oublier les chaussures de tango. Les fameux chapeaux de feutre de Carlos Gardel constituent les pièces maîtresses.

PUERTO MADERO

Puerto Madero, le plus récent et le plus original des 48 *barrios* (quartiers) officiels de la capitale, se situe à l'est du Microcentro. Les anciens quais sont devenus un endroit merveilleux où flâner, avec des allées pavées et de beaux entrepôts en briques, convertis en lofts luxueux, bureaux et restaurants haut de gamme. Le prix de l'immobilier atteint désormais des sommets dans ce quartier.

Au milieu du XIXe siècle, les vasières de la cité furent transformées en un port moderne pour soutenir le commerce international en plein essor. Puerto Madero fut achevé en 1898, dépassant le budget prévu, et en 1910, le fret était déjà au-delà des capacités du nouveau port. Seul l'achèvement du Puerto Nuevo de Retiro, en 1926, résolut le problème.

♥ Museo Fortabat — MUSÉE

(carte p. 48 ; ☎4310-6600 ; www.coleccionfortabat.org.ar ; Olga Cossettini 141 ; 20 ARS ; 12h-21h mar-dim). Rivalisant avec le Malba de Palermo par son aspect futuriste, ce beau musée d'art présente la collection d'Amalia Lacroze de Fortabat, la femme la plus riche du pays. Les salles spacieuses contiennent des œuvres d'artistes célèbres, argentins et étrangers. Sur le toit, des panneaux mobiles en aluminium protègent du soleil le plafond en verre. Appelez pour une visite guidée en anglais.

Fragata Sarmiento — MUSÉE

(carte p. 48 ; ☎4334-9386 ; Dique n°3 ; 2 ARS ; 10h-19h). Plus de 23 000 élèves officiers ont fait leurs classes à bord de ce navire long de 85 m, qui fit près de 40 fois le tour du monde entre 1897 et 1938, sans jamais participer à un combat. À bord, les souvenirs de ses voyages côtoient une multitude d'instruments nautiques sous l'œil vigilant de Lampazo, chien du bateau, aujourd'hui naturalisé.

Reserva Ecológica Costanera Sur — RÉSERVE NATURELLE

(hors carte p. 48 ; ☎4893-1640 ; Av Tristán Achával Rodríguez 1550 ; 8h-19h mar-dim). Le superbe marais de cette réserve naturelle en fait un site prisé le week-end, quand des centaines de pique-niqueurs, cyclistes et familles viennent profiter du bon air et de la nature. Avec un peu de chance, vous apercevrez une tortue de rivière ou un ragondin ; les amoureux des oiseaux pourront en observer plus de 200 espèces. Des visites guidées en espagnol ont lieu le week-end à 10h30 et 15h30, ainsi que lors de la pleine lune (appelez pour réserver). Vous pourrez louer un vélo le week-end devant les entrées nord et sud de la réserve.

CONGRESO

Congreso est un intéressant mélange de cinémas et de théâtres anciens, d'effervescence marchande et d'affrontements politiques. Les bâtiments conservent une allure européenne, sans le lustre de Microcentro ; l'ambiance est plus locale, avec une élégance fanée et une foule moins chic.

Séparant Congreso du Microcentro, l'Av 9 de Julio, "la rue la plus large au monde" selon les *Porteños*, comporte 16 voies à l'endroit le plus large et les proches rues parallèles, Cerrito et Carlos Pellegrini, la font paraître encore plus large.

Teatro Colón MONUMENT

(carte p. 48 ; ☎4378-7127 ; www.teatrocolon.org.ar ; Cerrito 628). Entamé en 1880 et achevé en 1908, le Teatro Colón est un monument majeur et une salle somptueuse pour l'opéra, le ballet et la musique classique. Il demeura le plus grand théâtre de l'hémisphère Sud jusqu'à la construction de l'Opéra de Sydney en 1973. *Aïda* de Verdi fut programmé pour son inauguration et il n'a pas désempli depuis. Même en temps de difficultés économiques, le Teatro Colón demeure une priorité nationale.

Rénové en 2010 pour le bicentenaire de l'Argentine, le Teatro Colón offre tous les jours d'excellentes **visites guidées** (anglais/espagnol 60/20 ARS ; ⏲anglais 11h, 12h, 13h et 14h, espagnol toutes les 15 min 9h-15h45) très prisées.

Palacio del Congreso MONUMENT

(carte p. 48 ; ☎4010-3000, poste 2410 ; Hipólito Yrigoyen 1849). Colossal et coiffé d'un dôme vert, le Palacio del Congreso a coûté deux fois plus cher que prévu et créé un précédent

BUENOS AIRES AVEC DES ENFANTS

À Palermo, le **Parque 3 de Febrero** (carte p. 64) est un immense parc où la circulation est interdite le week-end sur la route circulaire ; vous pouvez louer des vélos, des barques et des rollers à proximité. Il contient également un planétarium, un zoo et un jardin japonais. Pour un bol d'air dans le centre-ville, visitez la **Reserva Ecológica Costanera Sur** (carte p. 48), une grande réserve naturelle propice à l'observation des oiseaux et fermée à la circulation.

Les galeries marchandes constituent des valeurs sûres pour les familles. **Abasto** (carte p. 64), l'une des meilleures, comprend un musée des enfants (en fait un terrain de jeux) et un miniparc d'attractions.

À San Telmo, le **Museo Argentino del Títere** (carte p. 48 ; ☎4307-6917 ; www.museoargdeltitere.com.ar ; Estados Unidos 802 ; entrée libre ; ⏲9h30-12h30 et 15h-18h mar, mer et ven, 15h-18h jeu, sam-dim), un musée de marionnettes, propose des spectacles bon marché le week-end.

À Recoleta, le **Museo Participativo de Ciencias** (carte p. 60 ; ☎4806-3456 ; www.mpc.org.ar ; Junín 1930 ; 20 ARS ; ⏲variables, voir site Internet) est un musée des Sciences interactif et pédagogique. Caballito abrite l'intéressant **Museo argentino de Ciencias naturales** (musée des Sciences naturelles ; p. 63).

Tigre (p. 104), au nord de la ville, constitue une excellente excursion d'une journée. Empruntez le Tren de la Costa, qui aboutit au Parque de la Costa, un parc d'attractions avec manèges et activités. Effectuez une promenade en bateau dans le delta ou flânez au marché pour acheter des fruits et des articles ménagers.

À l'extérieur de la capitale se tient un splendide zoo, le **Parque Temaikén** (☎03488-436-900 ; www.temaiken.com.ar ; RP 25, Km 1, Escobar ; adulte/enfant 3-10 ans 82/64 ARS ; ⏲10h-19h mar-dim déc à mi-mars, 10h-18h mi-mars à nov). Il n'abrite que de charmants animaux, tels des suricates, des hippopotames nains et des tigres blancs, qui évoluent librement dans des enclos naturels. Le zoo comprend un excellent aquarium avec des bassins tactiles et de nombreux secteurs interactifs.

En ville, des dizaines de glaciers combleront vos enfants ; reportez-vous p. 82 pour des suggestions.

pour les travaux publics. Inspiré du Capitole de Washington, il fut achevé en 1906. En face, le **Monumento a los Dos Congresos** commémore les congrès de 1810 à Buenos Aires et de 1816 à Tucumán, qui aboutirent à l'indépendance de l'Argentine.

Dans le Congreso, des visites guidées gratuites ont lieu tous les jours en semaine, sauf le mercredi, du Senado à 11h et 16h et du Congreso à 11h et 17h. Rendez-vous à l'entrée dans Hipólito Yrigoyen muni d'une pièce d'identité avec photo.

Palacio Barolo ÉDIFICE

(carte p. 48 ; ☎4381-1885 ; www.pbarolo.com.ar ; Av de Mayo 1370). Cet imposant bâtiment de 22 étages fut commandé par le magnat du coton Luis Barolo, conçu par l'architecte italien Mario Palanti et achevé en 1923. Le plan s'inspire de *La Divine Comédie* de Dante : la hauteur (100 m) fait référence au nombre de *canti* (chants), les étages au nombre de vers par chant (22) et la structure est divisée en enfer, purgatoire et paradis. Au sommet, un phare offre une vue panoramique sur la ville.

Visites guidées (40 ARS ; à l'heure 16h-19h lun et jeu) en anglais et en espagnol, ainsi que visites spéciales en soirée ; consultez le site Internet.

GRATUIT **Palacio de las Aguas Corrientes** ÉDIFICE, MUSÉE

À 6 rues à l'ouest de la Plaza Lavalle, ce splendide édifice (1894) de conception suédoise, couvert de 170 000 carreaux vernissés et de 130 000 briques émaillées, comporte des mansardes à la française. Dans cet immense château d'eau, le petit **Museo del Patrimonio** (carte p. 48 ; ☎6319-1104 ; angle Córdoba et Riobamba, 2e ét. ; entrée libre ; ⏲9h-13h lun-ven) renferme des tuyauteries, quelques belles céramiques et de curieuses toilettes. La **visite guidée** (⏲11h lun, mer et ven) offre un aperçu des machines de traitement des eaux. Entrée du côté Riobamba sur présentation d'une pièce d'identité avec photo.

Obelisco MONUMENT

(carte p. 48). À l'angle de l'Av 9 de Julio et de Corrientes se dresse le fameux Obelisco haut de 67 m, édifié en 1936, rendez-vous des *Porteños* lors des grandes victoires sportives.

Plaza Lavalle PLACE

(carte p. 48). La place est entourée par l'austère **Escuela Presidente Roca** (1902) néoclassique, le **Palacio de Justicia** (1904) de style français et le Teatro Colón. Non loin se tient le **Templo de la Congregación Israelita**, la plus grande synagogue du pays.

SAN TELMO

Plein de charme et de caractère, San Telmo est l'un des *barrios* les plus attrayants et les plus riches historiquement. Les ruelles pavées et les maisons basses coloniales conservent une ambiance d'antan, malgré les changements dûs aux investissements touristiques.

San Telmo est célèbre pour les violents combats de rue qui y eurent lieu lors de l'invasion de la ville par les troupes britanniques, en guerre avec l'Espagne, en 1806. Alors que les Britanniques progressaient dans l'étroite Defensa, une milice impromptue les repoussa jusqu'à leurs navires. Cette victoire conforta l'assurance des *Porteños* de pouvoir se défendre sans l'aide de l'Espagne, même s'ils durent attendre encore trois ans pour obtenir l'indépendance de la ville.

San Telmo devint ensuite un quartier chic jusqu'à ce qu'une épidémie de fièvre jaune, à la fin du XIXe siècle, fasse fuir les riches dans l'actuel Recoleta, au nord. Nombre de demeures anciennes furent transformées en *conventillos* (immeubles d'habitation) pour loger des familles pauvres. Il y a des années, ces *conventillos* attiraient artistes et bohèmes en quête de loyers modérés. Aujourd'hui, ils ont été remplacés par d'élégantes boutiques, des auberges de jeunesse, ou accueillent de riches expatriés.

Plaza Dorrego PLACE

Cœur de San Telmo, la Plaza Dorrego accueille le dimanche un marché d'antiquités très fréquenté. Les rues alentour sont fermées à la circulation et des centaines de stands vendent toutes sortes d'objets, anciens et modernes. Musiciens ambulants et démonstrations de tango distraient les badauds ; faites attention à votre sac.

La place retrouve son calme les autres jours, quand des tables sont installées pour un repas paisible.

♥ **El Zanjón de Granados** MUSÉE

(carte p. 48 ; ☎4361-3002 ; www.elzanjon.com.ar ; Defensa 755 ; ⏲visites guidées à l'heure 11h-15h lun-ven, toutes les 30 min 13h-18h dim). Ce site fabuleux compte parmi les endroits les plus inhabituels de Buenos Aires. En dessous des vestiges d'une demeure a été découvert un ensemble de tunnels, d'égouts et de puits remontant à 1730. Soigneusement reconstruits, brique par brique, et joliment éclairés, ils offrent un aperçu fascinant du passé architectural de la cité. Visites guidées de 1 heure en semaine (60 ARS en espagnol ou anglais) et de 30 min le dimanche (30/40 ARS en espagnol/anglais).

Museo de Arte Moderno de Buenos Aires (Mamba) MUSÉE

(carte p. 48 ; ☎4342-3001 ; www.museodeartemoderno.buenosaires.gob.ar ; Av San Juan 350 ; 1 ARS, gratuit mar ; 🕒12h-19h lun-ven, 11h-20h sam-dim). Installé dans un ancien entrepôt de tabac, ce vaste musée, récemment remodelé, présente des œuvres d'artistes contemporains argentins et étrangers. Les expositions temporaires couvrent une palette complète, de la photo au design industriel et de l'art figuratif à l'abstrait. Il devrait absorber le vieux musée du Cinéma voisin.

GRATUIT **Museo Penitenciario** MUSÉE

(carte p. 48 ; ☎4361-0917 ; Humberto Primo 378 ; 🕒14h-18h jeu-dim). Près de la Plaza Dorrego, le Musée pénitentiaire occupe un bâtiment qui fut un couvent, puis une prison pour femmes. Remarquez les cartes à jouer et les couteaux artisanaux, ainsi que les balles de tennis utilisées pour cacher de la drogue. Vous pourrez visiter les anciennes cellules et l'infirmerie.

GRATUIT **Museo Histórico Nacional** MUSÉE

(carte p. 58 ; ☎4307-1182 ; Defensa 1600 ; 🕒11h-18h mer-dim). Le Musée historique national est situé à l'endroit où Pedro de Mendoza aurait fondé la cité en 1536. Des héros de la nation, comme San Martín, Rosas et Sarmiento, sont représentés, aux côtés de divers artefacts et peintures. Si la collection est limitée, la sécurité est renforcée ; vous devrez laisser vos sacs à l'entrée.

Iglesia Nuestra Señora de Belén ÉGLISE

(Humberto Primo 340). Cette église baroque néocoloniale, proche de la Plaza Dorrego, fut une école jésuite jusqu'en 1767, quand l'ordre de Notre-Dame-de-Bethléem s'en empara.

Mercado San Telmo ÉDIFICE

Ce vieux marché de fruits et légumes, toujours en activité, mérite le coup d'œil pour son architecture. Il se situe au centre du pâté de maisons délimité par Estados Unidos, Bolívar, Carlos Calvo et Defensa.

LA BOCA

Ouvrier et un peu canaille, La Boca est un quartier populaire. Les immigrants espagnols et italiens s'y installèrent au milieu du XIXe siècle le long du Riachuelo, la rivière sinueuse qui sépare la ville de la province de Buenos Aires. Arrivés pour beaucoup durant le boom des années 1880, ils travaillaient dans les nombreux entrepôts et boucheries industrielles pour l'exportation du bœuf, vitale pour le pays. Après avoir repeint les bateaux, les habitants du port utilisaient le surplus pour peindre les façades en tôle ondulée de leurs maisons, donnant involontairement à La Boca ce qui allait devenir son titre de gloire. Certaines couleurs du quartier proviennent malheureusement des nappes de rejets industriels dans la rivière.

Caminito, près de la lisière sud de La Boca, est la rue la plus célèbre du quartier. Le week-end, elle est envahie de touristes qui viennent prendre des photos, flâner au marché artisanal et regarder les danseurs de tango qui se produisent contre quelques pièces. Une allée piétonne le long du Riachuelo bénéficie des effluves de la rivière. Quelques musées apportent une touche culturelle.

À quatre rues vers l'intérieur, le **stade La Bombonera** (Brandsen) accueille l'équipe de football des juniors de La Boca, l'ancien club de Diego Maradona.

Fundación Proa MUSÉE

(carte p. 58 ; ☎4104-1000 ; www.proa.org ; Av Don Pedro de Mendoza 1929 ; 12 ARS ; 🕒11h-19h mar-dim). Cette élégante fondation artistique n'expose que des œuvres d'artistes avant-gardistes, nationaux et internationaux. Visitez le toit-terrasse (accès gratuit), qui

LA BOCA : AVERTISSEMENT

La Boca n'est pas un quartier où flâner le nez au vent – certains endroits sont carrément dangereux. Ne vous éloignez pas de la promenade qui longe la rivière, de Caminito ou du stade La Bombonera, surtout si vous avez un appareil photo coûteux. Ne traversez pas le pont sur le Riachuelo, d'autant qu'il n'y a rien à voir en dehors des secteurs touristiques. Les bus n^{os}29, 64 et 152 relient Palermo ou le centre-ville à La Boca. Le soir, prenez plutôt un taxi.

Assister à un match de foot

Dans le pays du dieu Maradona, assister à un match de *fútbol* tient de l'expérience religieuse. Si le *superclásico*, match qui oppose les deux grandes équipes *porteñas*, Boca Juniors et River Plate, est considéré par certains comme le plus grand des événements sportifs, qu'il faut avoir vu au moins une fois dans sa vie, des rencontres plus modestes vous permettront aussi de plonger au cœur de la passion nationale.

Il est simple de se procurer une place pour un match normal. Consultez les sites Internet des clubs pour connaître le lieu et la date de mise en vente des billets – dans bien des cas au stade même juste avant la rencontre. Comptez entre 40 et 70 ARS pour les *populares* (gradins), entre 60 et 150 ARS pour les *plateas* (places assises).

Vous aurez bien plus de mal à trouver un billet pour un *clásico* – match entre deux grandes équipes. Pour les rencontres phares, le Boca Juniors n'ouvre même pas la vente au public (les billets sont réservés aux *socios* – membres). Vous avez donc tout intérêt à passer par une agence, comme Tangol (voir p. 69). Les prix vont de 400 à 600 ARS pour un *clásico*, jusqu'à 1 200 ARS pour le *superclásico* (River-Boca). Ce n'est pas donné, mais c'est le moyen le plus simple et le plus sûr (des billets falsifiés circulent) d'obtenir une place.

Vous pouvez cela dit toujours essayer d'acheter un billet pour un *clásico* ou un *superclásico* directement en ligne, sur www.buenosaires.craigslist.org ou www.mercadolibre.com.ar. Et ceux qui savent marchander trouveront toujours des revendeurs à la sauvette.

Faites-vous le plus discret possible quand vous vous rendez au match. Ne prenez que le strict minimum d'argent et surveillez bien votre appareil photo. On ne vous laissera sans doute pas entrer avec une bouteille d'eau, et sachez que les boissons et en-cas sont rares et chers dans l'enceinte du stade. Arrivez tôt pour assister à toutes les animations qui précèdent le match en lui-même. Et surtout... ne portez pas les couleurs de l'équipe adverse !

1. Une tribune de La Bombonera (p. 55) **2.** Fresque représentant Maradona, Caminito (p. 55)
3. Un *superclásico* (p. 545) à La Bombonera

LES ÉQUIPES PORTÈGNES

Buenos Aires compte plus de 20 équipes professionnelles (un record mondial), dont :

- **Boca Juniors** (☎4362-2260 ; www.bocajuniors.com.ar)
- **River Plate** (☎4789-1200 ; www.cariverplate.com.ar)
- **Racing** (☎4229-8389 ; www.racingclub.com)
- **Independiente** (☎4201-7634 ; www.caindependiente.com)
- **San Lorenzo de Almagro** (☎4016-2600 ; www.clubsanlorenzo.com.ar)

TERRY CARTER/LONELY PLANET IMAGES ©

2

JESUS OCHOA/LONELY PLANET IMAGES ©

3

TERRY CARTER/LONELY PLANET IMAGES ©

La Boca

offre une vue superbe et un restaurant chic où prendre un verre ou déjeuner.

Museo de Bellas Artes de La Boca Benito Quinquela Martín MUSÉE
(carte ci-dessus ; ☎4301-1080 ; Av Don Pedro de Mendoza 1835 ; don suggéré 8 ARS ; ⊙10h-18h mar-ven, 11h-18h sam-dim). Ce musée moderne présente les œuvres de Benito Quinquela Martín, axées sur l'histoire du port de La Boca, ainsi que des peintures d'artistes argentins plus contemporains et une excellente petite collection de figures de proue en bois peint.

Museo de la Pasión Boquense MUSÉE
(carte ci-dessus ; ☎4362-1100 ; www.museoboquense.com ; Brandsen 805 ; 35 ARS ; ⊙10h-17h30). Chic et moderne, ce musée retrace l'histoire du stade La Bombonera, des idoles du football et des championnats. Il se situe en dessous du stade ; vous pourrez fouler le terrain pour quelques pesos supplémentaires.

RETIRO

Bien situé, Retiro est l'un des quartiers les plus chics de Buenos Aires, mais il n'en a pas toujours été ainsi. Site d'un monastère au XVIIe siècle, il devint plus tard la retraite (*retiro*) d'Agustín de Robles, un gouverneur espagnol. Depuis, l'actuelle **Plaza San Martín** – qui se tient sur un promontoire – a accueilli un marché d'esclaves, un fort militaire et même une arène de corrida. L'ambiance est aujourd'hui plus calme et raffinée.

Plaza San Martín PLACE
(carte p. 60). Le paysagiste français Charles (Carlos) Thays dessina la verdoyante Plaza San Martín, que domine une statue équestre de José de San Martín. Plusieurs édifices publics majeurs entourent la place, tels le **Palacio San Martín**, une demeure Art nouveau construite pour la riche famille Anchorena et parfois ouverte au public, l'immense et superbe **Palacio Paz** et l'**Edificio**

La Boca

Les incontournables

Kavanagh (1935), jadis le bâtiment le plus haut d'Amérique du Sud avec ses 120 m. Au printemps, les jacarandas fleuris et les ceibos embellissent la place.

De l'autre côté de l'Av del Libertador en venant de la Plaza San Martín, la **Torre de los Ingleses**, haute de 76 m, fut un don de la communauté britannique de la ville en 1916. En face de la place, l'imposante **Estación Retiro** (gare ferroviaire de Retiro) fut construite en 1915 quand les Britanniques contrôlaient les voies ferrées du pays. Ne vous aventurez pas derrière la gare ; c'est un bidonville.

Palacio Paz ÉDIFICE

(carte p. 60 ; ☎4311-1071, poste 147 ; www.palaciopaz.com.ar ; Santa Fe 750 ; visites en anglais/espagnol 50/35 ARS ; ⏲anglais 15h30 mer-jeu, espagnol 11h et 15h mer-ven, 11h sam). Ce somptueux palais, également appelé le Círculo Militar, fut jadis la résidence privée de José C. Paz, le fondateur de *La Prensa*, un journal toujours publié. Il comporte des chambres, des salons et des halls décorés, avec parquets, murs en marbre et dorures. Presque tout fut commandé en Europe et assemblé sur place.

Museo de Arte Hispanoamericano Isaac Fernández Blanco MUSÉE

(carte p. 60 ; ☎4327-0228 ; Suipacha 1422 ; 1 ARS, gratuit jeu ; ⏲14h-19h mar-ven, 11h-19h sam-dim). Cette demeure néocoloniale, devenue un musée, renferme de somptueuses pièces d'argenterie, des peintures religieuses, des statues jésuites et des antiquités. Aucun effort n'a été fait pour placer les objets dans un contexte historique, mais tous sont bien conservés. Un jardin plaisant invite à s'attarder. Appelez à l'avance pour les visites en français ou en anglais.

Museo de Armas MUSÉE

(carte p. 60 ; ☎4311-1071, poste 179 ; Santa Fe 702 ; 10 ARS ; ⏲13h-19h lun-ven). Si les armes vous intéressent, ne manquez pas ce musée qui expose plus de 2 000 bazookas, lance-grenades, mitrailleuses, mousquets, pistolets, lances, épées et même un masque à gaz pour cheval de combat. Les armures japonaises méritent le coup d'œil.

Teatro Nacional Cervantes ÉDIFICE, MUSÉE

(carte p. 60 ; ☎4815-8883 ; www.teatrocervantes.gov.ar ; Av Córdoba 1155). Ce bâtiment travaillé date de 1921 et abrite un théâtre historique avec un majestueux hall carrelé et de somptueux fauteuils en velours rouge. La visite guidée vous fera découvrir son élégance fanée (appelez pour les horaires).

Au coin, et associé au théâtre, le petit **Museo Nacional del Teatro** (☎4815-8883, poste 156 ; angle Córdoba et Libertad ; entrée libre ; ⏲10h-18h lun-ven) contient, entre autres, un costume de gaucho porté par Carlos Gardel et le bandonéon de Paquita Bernardo, la première musicienne argentine à jouer de cet instrument.

RECOLETA ET BARRIO NORTE

Les habitants les plus riches de Buenos Aires vivent à Recoleta, le quartier le plus chic de la capitale. Dans les années 1870, nombre de *Porteños* fortunés quittèrent San Telmo lors d'une épidémie de fièvre jaune pour s'installer ici. Vous constaterez la prospérité du quartier dans l'**Av Alvear**, que bordent des demeures anciennes et des boutiques internationales.

Rempli de parcs luxuriants, de beaux musées et d'édifices d'architecture française, Recoleta est plus connu pour son Cementerio de la Recoleta. La **Plaza Intendente Alvear** accueille le marché d'artisanat le plus prisé de la ville. Un peu plus au nord se dresse la **Floralis Genérica**,

Retiro, Recoleta et Barrio Norte

Retiro, Recoleta et Barrio Norte

Les incontournables

- Cementerio de la Recoleta ... B2
- Museo Nacional de Bellas Artes ... B1

À voir

- 1 Edificio Kavanagh ... E3
- 2 Iglesia Nuestra Señora del Pilar ... B2
- 3 Museo de Armas ... E3
- 4 Museo de Arte Hispanoamericano Isaac Fernández Blanco ... D2
- Museo Nacional del Teatro ... (voir 9)
- 5 Museo Participativo de Ciencias ... B2
- 6 Palacio Paz ... E3
- 7 Palacio San Martín ... E3
- 8 Reserva Ecológica Costanera Sur (entrée nord) ... G4
- 9 Teatro Nacional Cervantes ... D4
- 10 Torre de los Ingleses ... E2

Activités, cours et circuits organisés

- 11 Tangol ... E4
- 12 VOS ... C4

Où se loger

- 13 A Hotel ... A3
- 14 Design Suites ... B4
- 15 Four Seasons ... D2
- 16 Hotel Bel Air ... C3
- 17 Hotel Central Córdoba ... E3
- 18 Hotel Lion D'Or ... B2
- 19 Hotel Pulitzer ... E4
- 20 Hotel Tres Sargentos ... F4
- 21 Marseille des Anges ... C3
- 22 Poetry Building ... A3
- 23 Recoleta Hostel ... C3
- 24 Yira Yira Guesthouse ... C4

Où se restaurer

- 25 Como en Casa ... B3
- 26 Cumaná ... B3
- 27 Dadá ... E4
- 28 El Sanjuanino ... C1
- 29 Filo ... E3
- 30 Freddo ... C3
- 31 Gran Bar Danzón ... D3
- 32 Rodi Bar ... B2
- 33 Sipan ... E4
- 34 Una Altra Volta ... C2

Où prendre un verre

- 35 Casa Bar ... B3
- 36 Clásica y Moderna ... B4
- 37 El Alamo ... C3
- 38 Flux ... D4
- 39 La Biela ... B2
- 40 Milión ... C3
- 41 Nucha ... C3

Où sortir

- 42 Basement Club ... B3
- 43 ND/Ateneo ... D4
- 44 Notorious ... B4

Achats

- 45 Arte y Esperanza ... D4
- 46 El Ateneo ... B3
- 47 Feria Artesanal ... B2
- 48 Kelly's Regionales ... E4
- 49 Portobello Vintage Boutique ... C4

une gigantesque sculpture florale dont les pétales métalliques se ferment la nuit (quand la machinerie fonctionne).

Barrio Norte est un sous-quartier au sud-ouest de Recoleta, aux limites imprécises.

Cementerio de la Recoleta
CIMETIÈRE

(carte ci-contre ; ☎4803-1594 ; angle Junín et Guido ; entrée libre ; ⏰7h-17h30). Vous pourrez flâner des heures durant dans cet extraordinaire cimetière aux allées bordées de statues et d'imposants tombeaux en marbre. Des cryptes renferment les dépouilles de l'élite de la ville : présidents, héros militaires, politiciens influents, personnalités riches et célèbres. Repérez la tombe d'Evita (voir l'encadré p. 62). Des visites guidées en anglais ont lieu à 11h les mardis et jeudis (vérifiez par téléphone). Pour une excellente carte et des informations, commandez le guide en PDF de Robert Wright (www.recoletacemetery.com).

Museo Nacional de Bellas Artes
MUSÉE

(carte ci-contre ; ☎5288-9900 ; www.mnba.org.ar ; Av del Libertador 1473 ; entrée libre ; ⏰12h30-20h30 mar-ven, 9h30-20h30 sam-dim). Sans doute le plus beau musée d'art du pays, il possède des œuvres de Renoir, Monet, Gauguin, Cézanne et Picasso, ainsi que de nombreux artistes argentins classiques comme Xul Solar et Edwardo Sívori. Il organise aussi des expositions temporaires et comprend une boutique de souvenirs.

À NE PAS MANQUER

LE TOMBEAU D'EVITA

Eva Perón est la star incontestée de la Recoleta et quiconque visite le cimetière souhaite voir sa dernière demeure. De l'entrée, remontez jusqu'au premier grand croisement avec une statue. Tournez à gauche et continuez jusqu'à un mausolée qui bloque l'allée ; contournez-le par la droite et prenez à droite la large "rue". Après trois allées, vous apercevrez sur la gauche un attroupement autour de sa tombe, généreusement fleurie.

Iglesia Nuestra Señora del Pilar ÉGLISE, MUSÉE
(carte p. 60). À côté du cimetière, cette église coloniale baroque de 1732 comporte un petit **musée** (cloîtres historiques ; don 5 ARS ; ⏲10h30-18h15 lun-sam, 14h30-18h15 dim) sur la gauche, à l'étage.

PALERMO

Palermo est un paradis pour la classe moyenne. Ses grands parcs verdoyants, ponctués de monuments majestueux, sont des destinations prisées le week-end, quand des familles se promènent dans les allées ombragées, pédalent sur les pistes cyclables ou canotent sur les lacs. Le quartier abrite aussi de nombreux musées et ambassades, et certains secteurs sont devenus de hauts lieux du shopping et de la vie nocturne.

Les espaces verts de Palermo n'ont pas toujours été destinés aux foules. Au XIXe siècle, le **Parque 3 de Febrero** était le lieu de retraite privé de l'homme politique autoritaire Juan Manuel de Rosas et ne fut transformé en parc public qu'après sa chute. Le parc abrite un zoo et un planétarium. Au sud du zoo, la **Plaza Italia** est le principal carrefour des transports de Palermo.

Palermo Viejo, l'un des secteurs les plus branchés de la capitale, possède des bâtiments coloniaux et une multitude de boutiques, restaurants et boîtes de nuit ; il se subdivise en Palermo Soho et Palermo Hollywood. Cœur de Palermo Viejo, la **Plaza Serrano,** une petite place très fréquentée, entourée de bars et de restaurants, accueille un marché d'art le week-end. Également prisé mais bien plus petit, le secteur de **Las Cañitas** se situe au nord ; ses nombreux restaurants et boîtes de nuit ne désemplissent pas en soirée, quand l'Av Báez est embouteillée.

♥ **Museo de Arte Latinoamericano de Buenos Aires (Malba)** MUSÉE
(carte p. 64 ; ☎4808-6511 ; www.malba.org.ar ; Av Figueroa Alcorta 3415 ; 22 ARS, mer 10 ARS ; ⏲12h-20h jeu-lun, 12h-21h mer). Étincelant dans ses murs de verre, ce vaste musée d'Art moderne est le plus beau de Buenos Aires. Il contient la belle collection d'Eduardo Costantini, qui comprend des œuvres des artistes argentins Xul Solar et Antonio Berni, ainsi que des peintres mexicains Diego Rivera et Frida Kahlo. Un cinéma projette des films d'art et d'essai et un excellent café permet de se détendre.

♥ **Museo Nacional de Arte Decorativo** MUSÉE
(carte p. 64 ; ☎4802-6606 ; www.mnad.org ; Av del Libertador 1902 ; à partir de 5 ARS ; ⏲14h-19h mar-dim). Installé dans la splendide demeure Beaux-Arts appelée Palacio Errázuriz (1911), ce musée expose les luxueuses possessions de la famille Errázuri-Alvear, des peintures religieuses Renaissance et de la vaisselle en porcelaine aux sculptures italiennes et aux œuvres du Greco et de Rodin ; appelez pour les visites guidées en français ou en anglais. Le café en façade est agréable par beau temps.

Jardín Zoológico ZOO
(carte p. 64 ; ☎ 4011-9900 ; www.zoobuenosaires.com.ar ; angle Av Las Heras et Av Sarmiento ; 23-34 ARS ; ⏲10h-18h mar-dim oct-mars, 10h-17h avr-sept). Des lacs artificiels, de jolis sentiers et plus de 350 espèces d'animaux attendent les visiteurs dans ce zoo. La plupart des enclos offrent suffisamment d'espace et certains bâtiments impressionnent, telle la maison des éléphants. Un aquarium, une île aux singes, un zoo d'animaux domestiques et une grande volière constituent d'autres atouts.

Jardín Japonés JARDIN
(carte p. 64 ; ☎4804-4922 ; www.jardinjapones.org.ar ; angle Av Casares et Av Berro ; 8 ARS ; ⏲10h-18h). Ce havre de paix est l'un des jardins les plus soignés de la capitale, avec de charmants étangs à carpes qu'enjambent de jolis ponts. Il comprend une maison de thé et un restaurant attrayants. De temps à autre, des expositions et des ateliers font découvrir la culture japonaise.

Museo Evita MUSÉE
(carte p. 64 ; ☎4807-0306 ; www.museoevita.org ; Lafinur 2988 ; Argentin/étranger 5/15 ARS ;

11h-19h mar-dim). Ce musée immortalise Eva Perón grâce à des vidéos, des photos historiques, des livres, des affiches, des coupures de presse, etc. La pièce maîtresse de la collection reste sa garde-robe, exposée derrière une vitre.

Museo de Arte Popular José Hernández MUSÉE
(carte p. 64 ; 4803-2384 ; www.museohernandez.buenosaires.gob.ar ; Av del Libertador 2373 ; 1 ARS, gratuit dim ; 13h-19h mer-ven, 10h-20h sam-dim). Ce musée de taille modeste possède une belle collection d'objets en argent (couteaux de gaucho, éperons, gourdes à maté) et religieux. Les expositions temporaires varient, de l'artisanat aux jouets modernes.

Museo Xul Solar MUSÉE
(carte p. 64 ; 4824-3302 ; www.xulsolar.org.ar ; Laprida 1212 ; 10 ARS, gratuit jeu ; 12h-20h mar-ven, 12h-19h sam, fermé fév). Ce musée rassemble plus de 80 peintures étranges et surréalistes de Xul Solar, un artiste unique en son genre, peintre, inventeur et poète.

Tierra Santa PARC À THÈME
(4784-9551 ; www.tierrasanta-bsas.com.ar ; Av Costanera R Obligado 5790 ; 40 ARS ; appeler pour les horaires). Même les catholiques fervents trouveront d'un goût douteux le “premier parc à thème religieux au monde”. Il offre des dioramas animés d'Adam et Ève et de la Cène, mais le morceau de choix est la Résurrection – un Jésus géant qui s'élève au-dessus d'une fausse montagne toutes les demi-heures. Le parc se tient au nord de Palermo, près de l'eau.

Planetario Galileo Galilei PLANÉTARIUM
(carte p. 64 ; 4771-9393 ; www.planetario.gov.ar ; angle Av Sarmiento et Av Belisario Roldán). Ce planétarium propose des spectacles et des observations du ciel.

Centro Islámico Rey Fahd MOSQUÉE
(carte p. 64 ; 4899-0201 ; www.ccislamicoreyfahd.org.ar ; Av Int Bullrich 55). Cette majestueuse mosquée, construite par les Saoudiens sur un terrain offert par l'ancien président Carlos Menem, se dresse au sud-est de Las Cañitas. Visites guidées gratuites en espagnol les mardis, jeudis et samedis à 12h ; habillez-vous décemment et apportez votre passeport.

BELGRANO

Cœur de Belgrano, l'Av Cabildo est un mélange chaotique de bruit et de néons, une artère bordée de magasins de vêtements, de chaussures et d'ameublement.

À une rue à l'est de l'Av Cabildo, la **Plaza Belgrano** accueille un petit marché d'artisanat le week-end (voir p. 98).

Près de la place se dresse l'**Iglesia de la Inmaculada Concepción**, une église italianisante surnommée “La Redonda” en raison de son dôme imposant. À quatre rues au nord-est de la Plaza Belgrano, le joli parc des **Barrancas de Belgrano** occupe l'une des rares buttes naturelles de la ville. Non loin, de l'autre côté des voies ferrées, le petit **Chinatown** de Belgrano offre des restaurants chinois corrects et des marchandises bon marché.

Museo de Arte Español Enrique Larreta MUSÉE
(4784-4040 ; Juramento 2291 ; 1 ARS ; 13h-19h lun-ven, 10h-20h sam-dim). Le plus intéressant des musées de Belgrano donne sur la place et présente la superbe collection d'art du romancier argentin Enrique Larreta.

ONCE ET ENVIRONS

Once, le quartier le plus cosmopolite, regroupe d'importantes communautés de Juifs, de Péruviens et de Coréens. Le marché qui entoure la gare ferroviaire d'Once est toujours animé, avec des vendeurs installés sur les trottoirs.

Museo argentino de Ciencias naturales MUSÉE
(hors carte p. 64 ; 4982-6595 ; Ángel Gallardo 490 ; 5 ARS ; 14h-19h). À l'ouest d'Once, dans le paisible quartier résidentiel de Caballito, le Parque del Centenario, un grand parc circulaire, abrite ce bon musée de Sciences naturelles. Ne manquez pas la salle qui contient des squelettes et des animaux naturalisés.

Museo Casa Carlos Gardel MUSÉE
(carte p. 64 ; 4964-2071 ; Jean Jaurès 735 ; 1 ARS ; 11h-18h lun et mer-ven, 10h-19h sam-dim). Ce musée offre aux amoureux du tango un aperçu de la vie de son plus célèbre chanteur.

Activités

Les espaces verts de Palermo constituent de plaisantes escapades, notamment le week-end, quand la route qui entoure la roseraie est fermée à la circulation. Recoleta possède aussi des parcs verdoyants, prisés des propriétaires de chiens. À l'est de Puerto Madero, la Reserva Ecológica

Palermo

A
B
C
D
1
2
3
4
5
6
7
José Hernández
Zebala
Palpa
Av Federico Lacroze
Olleros
Gorostiaga
S de la Independencia
Av del Libertador
LAS CAÑITAS
3 de Febrero
Maure
Av Luis María Campos
Arce
Av Cabildo
Zapata
Ciudad de la Paz
Savio
Av I Chenaut
Arévalo
Arguibel
Clay
Colegiales
COLEGIALES
Estación Ministro Carranza
Ministro Carranza
PALERMO
Av Santa Fe
Zapiola
Arenal
Nicaragua
Dr Emilio Ravignani
Guatemala
Bonpland
Álvarez Thomas
José Antonio Cabrera
Dorrego
Costa Rica
Soler
PALERMO HOLLYWOOD
Av Juan B Justo
Godoy Cruz
Gorriti
Fitz Roy
Humboldt
F Lacroze
Juan Ramirez de Velasco
Aguirre
Ángel Justiniano Carranza
Av Córdoba
Niceto Vega
Honduras
El Salvador
Uriarte
Serrano
Gurruchaga
Armenia
Malabia
Voir agrandissement
Plaza Serrano
Jorge Luis Borges
Thames
VILLA CRESPO
Lerma
Jufré
Castillo
Loyola
Av Scalabrini Ortiz
Acevedo
Lavalleja
0
200 m
Camargo
Padilla
Malabia
Av San Martín
Ferrari
Angel Gallardo
Lambaré
Av Angel Gallardo
Vers le Museo argentino de Ciencias naturales (20 m)

BUENOS AIRES ACTIVITÉS

Palermo

Les incontournables
Jardín Japonés (entrée) G2
Jardín Zoológico F3
Museo de Arte Latinoamericano de Buenos Aires (Malba) H2
Museo Nacional de Arte Decorativo H3
Plaza Serrano B5

À voir
1 Centro Islámico Rey Fahd E2
2 Jardín Botánico Carlos Thays F3
3 Museo Casa Carlos Gardel G7
4 Museo de Arte Popular José Hernández H3
5 Museo Evita F3
6 Museo Xul Solar G5
7 Planetario Galileo Galilei G1
8 Verbum F7

Activités, cours et circuits organisés
9 Anda Responsible Travel B6
10 Centro Valletierra C5
11 DWS D6
12 Say Hueque E4
13 Vamos G5
14 Vida Natural G5

Où se loger
15 248 Finisterra D2
16 Akais Hostel C6
17 Chill House Hostel G7
18 Craft Hotel E4
19 Fierro Hotel C3
20 Gorriti 4290 E6
21 Home Hotel C3
22 Hostel Suites Palermo E3
23 Kala Petit Hotel A6
24 Kapaké Hostel C2
25 Miravida Soho D4
26 Onze Trendy Hotel H5
27 Palermo House Hostel B5
28 Palermo Viejo B & B D5
29 Vain Boutique Hotel E4

Où se restaurer
30 Artemisia C3
31 Azema C3
32 Bio D3
33 Cusic C3
34 Don Julio E4
35 El 22 Parrilla C3
36 El Primo D2
37 Freddo B6
38 Hola! Sinió́r Shawarma A5
39 La Cabrera A6
La Esquina de las Flores (voir 87)
40 La Fabrica del Taco A6
41 Las Cabras C4
42 Las Cholas D1

Costanera Sur (p. 53) est un paradis pour la promenade à pied ou à vélo et l'observation de quelques animaux.

Vélo

Si de nouvelles pistes cyclables rendent le vélo plus sûr en ville, il existe des endroits plus verts pour pédaler.

Des pistes cyclables sillonnent le Parque 3 de Febrero à Palermo (carte p. 64), où l'on peut louer des vélos par beau temps ; vous en trouverez dans l'Av de la Infanta Isabel et à la Reserva Ecológica Costanera le week-end en hiver et tous les jours en été.

Si vous êtes à Buenos Aires le premier dimanche du mois, renseignez-vous sur le rassemblement *Masa Critica* (www.masacriticabsas.com.ar) ; procurez-vous un vélo et rendez-vous à l'Obelisco vers 16h pour rejoindre les centaines de cyclistes prêts à emprunter les larges avenues.

Pour des circuits à vélo, consultez le site www.bikingbuenosaires.com.

Équitation

Caballos a la Par ÉQUITATION
(☎4384-7013 ; 15-5248-3592 ; www.caballos-alapar.com). Pour s'échapper quelques heures de la ville et monter à cheval, oubliez les estancias (ranchs) touristiques et contactez Caballos a la Par. Les chevauchées guidées ont lieu dans un parc provincial à 1 heure de route de Buenos Aires. Même si vous n'êtes jamais monté à cheval, vous galoperez sans doute à la fin de la journée.

Football

Pour participer à des matchs improvisés entre voyageurs, expatriés et habitants, contactez le **Buenos Aires Fútbol Amigos** (www.fcbafa.com). Le meilleur moment sera sans doute l'*asado* (barbecue), qui suit souvent le match, sans oublier les amitiés nouées sur le terrain.

Natation

Trouver une bonne piscine à Buenos Aires n'est pas facile, à moins d'avoir la chance

43 Las Pizarras	E4
44 Meraviglia	C4
45 Miranda	C4
46 Natural Deli	H5
47 Natural Deli	C1
48 Novecento	D2
49 Olsen	C4
50 Oviedo	H5
51 Persicco	B6
52 Sarkis	C5
53 Siamo nel Forno	C3
54 Un Altra Volta	G2
55 Veikko	D1

Où prendre un verre

56 878	C5
57 Bangalore	C4
58 Carnal	C4
59 Casa Brandon	C7
60 Casa Cruz	A5
61 Congo	A5
62 Frank's Bar	B4
63 Geno's Beer Bar	D3
64 Magdalena's Party	B5
65 Mundo Bizarro	A6
66 Office	D1
67 Shanghai Dragon	E5
68 Sitges	E6
69 Sugar	C5
70 Van Koning	D2

Où sortir

71 Amerika	E6
72 Bach Bar	E6
73 Club Aráoz	F4
74 Crobar	F1
75 El Camarín de las Musas	F6
76 Esquina Carlos Gardel	G7
77 Glam	G6
78 Kika	A5
79 La Catedral	E7
80 La Peña del Colorado	F4
81 La Viruta	B6
82 Niceto Club	C4
83 Salon Canning	E5
84 Thelonious Bar	F4

Achats

85 Bolivia	B6
86 Calle Murillo (bloc 600)	B7
87 Calma Chicha	B5
88 Feria Plaza Serrano	B6
89 Hermanos Estebecorena	C3
90 Lo de Joaquin Alberdi	B5
91 Mercado de Abasto	G7
92 Mercado de las Pulgas	B3
93 Nadine Zlotogora	B6
94 Rapsodia	B6
95 Sugar & Spice	D3
96 Zival's	A6

de loger dans un hôtel doté d'un bassin correct (ou d'opter pour la piscine couverte du club de gymnastique le plus proche).

Parque Norte NATATION
(☎4787-1382 ; www.parquenorte.com ; Av Cantilo et Av Guiraldes ; 50 ARS lun-ven, 65 ARS sam-dim ; 9h-20h lun-ven, 8h-20h sam-dim). Quand grimpent la chaleur et l'humidité, rendez-vous au nord dans le quartier de Nuñez, où le Parque Norte compte plusieurs grands bassins peu profonds (jusqu'à 1,20 m), un toboggan et de vastes pelouses. Apportez une serviette.

Yoga

Besoin de vous détendre un peu ? La plupart des salles de gymnastique et quelques centres culturels proposent des cours de yoga. Même certains restaurants orientés bio, comme le Natural Deli (p. 81), offrent yoga, tai-chi et/ou méditation. Réductions importantes pour des forfaits à la semaine ou au mois.

Buena Onda Yoga YOGA
(☎15-5423-7103 ; www.buenaondayoga.com). Cours dispensés par des femmes expatriées à plusieurs adresses en ville.

Happy Sun Yoga YOGA
(☎15-6093-3462 ; www.happysunyoga.com). D'autres cours de yoga par des femmes expatriées dans un atelier de Recoleta.

Vida Natural COURS
(carte p. 64 ; ☎4826-1695 ; www.vidanatural.com.ar ; Charcas 2852). Axé sur les thérapies naturelles, ce centre de Palermo propose différents cours de yoga (ashtanga, hatha et iyengar), ainsi que des massages thérapeutiques et de la relaxation au son des bols tibétains.

Centro Valletierra COURS
(carte p. 64 ; ☎4833-6724 ; www.valletierra.com ; Costa Rica 4562). Yoga ashtanga, hatha yoga et kundalini yoga dans un superbe atelier de Palermo Viejo.

Cours

La capitale offre une multitude de cours dans tous les domaines. La plupart des centres culturels proposent un grand choix de cours à des prix abordables. Pour les cours de tango, reportez-vous p. 90.

Langue

Buenos Aires est une destination majeure pour les étudiants en espagnol et de bons instituts se multiplient. Presque tous proposent des activités sociales et le logement chez l'habitant, et tous offrent des cours particuliers.

Pour une expérience différente, si vous avez un bon niveau d'anglais, essayez **Spanglish** (www.spanglishexchange.com), qui fonctionne comme le "speed dating" : vous parlez 5 min en anglais et 5 min en espagnol, puis vous changez d'interlocuteur.

Université de Buenos Aires LANGUES
(UBA ; carte p. 48 ; ☎4343-2733 ; www.idiomas.filo.uba.ar ; 25 de Mayo 221). L'université propose des cours d'espagnol classiques ou intensifs à long terme (de 1 à 4 mois entre mars et décembre, ou de 4 à 8 semaines en janvier et février). L'italien, l'allemand, le français, le portugais et le japonais sont aussi enseignés. Les prix sont bas mais les salles de classe sont délabrées.

Nous n'indiquons que quelques instituts ; renseignez-vous sur place pour les dernières adresses recommandées.

DWS (carte p. 64 ; ☎4777-6515 ; www.danielawasser.com.ar ; Av Córdoba 4382)

Expanish (carte p. 48 ; ☎5252-3040 ; www.expanish.com ; Juan Perón 700)

Vamos (carte p. 64 ; ☎5352-0001 ; www.vamospanish.com ; Coronel Díaz 1736)

Verbum (carte p. 64 ; ☎4861-7571 ; www.verbum.biz ; Salguero 553)

VOS (carte p. 60 ; ☎4812-1140 ; www.vosbuenosaires.com ; Marcelo T de Alvear 1459)

Cuisine

Les cours de cuisine particuliers ou en petits groupes constituent sans doute le meilleur choix pour les visiteurs de passage qui ne parlent pas espagnol. Il existe plusieurs possibilités à Buenos Aires, notamment avec des chefs expatriés qui possèdent leur propre restaurant "à portes fermées" (voir p. 81).

Casa Mun CUISINE
(www.casamun.com/sushi-making-classes). Le chef Mun enseigne l'histoire et les subtilités des sushis.

Cooking with Teresita CUISINE
(☎4293-5992 ; www.try2cook.com). Apprenez à préparer *empanadas* et *asado* (barbecue), ou à acheter les ingrédients nécessaires.

Dan Perlman CUISINE
(www.saltshaker.net/class-schedule). New-Yorkais expatrié, Dan Perlman donne des cours de cuisine italienne, méditerranéenne, asiatique et végétarienne.

Kala Cooking CUISINE
(☎4773-1331). Dans leur pension, Gladys et sa fille Florencia vous apprendront à préparer des plats typiques comme les *empanadas*, les *milanesas* (escalopes milanaises), le *locro* et l'*asado*.

Si vous parlez espagnol, vous pourrez suivre des cours de cuisine à long terme à l'**Instituto Argentino de Gastronomía** (IAG ; ☎5032-1414 ; www.iag.com.ar ; Montevideo 968), à **Mausi Sebess** (☎5218-4031 ; www.mausisebess.com ; Av Maipú 594, Vicente López) ou à l'**Escuela Alicia Berger** (☎4784-8502 ; www.escuelaaliciaberger.com ; Ciudad de la Paz 1242).

Photographie

Découvrez Buenos Aires à travers un objectif.

Foto Ruta PHOTO
(☎6030-8881 ; www.foto-ruta.com ; 100 ARS/pers). Cet atelier est dirigé par deux expatriées qui envoient les étudiants dans des quartiers avec quelques thèmes à photographier. Tous les participants assistent ensuite à la projection des photos.

Circuits organisés

Des circuits en grand bus touristique aux promenades guidées à vélo ou à pied, le choix est vaste. La plupart des agences de voyages vendent leurs propres circuits et ceux de leurs confrères.

La municipalité de Buenos Aires organise des **visites thématiques gratuites** (☎4114-5791 ; www.bue.gov.ar) ; consultez le programme sur le site Internet ou dans un office du tourisme.

Si vous disposez d'un Smartphone ou d'un lecteur MP3, vous pouvez télécharger des cartes et des itinéraires de promenades dans différents quartiers de Buenos Aires sur le site www.mptours.com (en français ; 4,99 $US l'unité). Cette formule permet de marcher, de s'arrêter et d'écouter les commentaires à son rythme. La ville propose aussi des audioguides gratuits (www.bue.gov.ar).

Tous les tour-opérateurs répertoriés ci-après proposent des visites guidées en anglais, et parfois dans d'autres langues. Certaines agences mentionnées dans la rubrique *Circuits en groupe* proposent aussi des circuits privés.

Circuits en groupe

Biking Buenos Aires CIRCUIT À VÉLO
(☎15-6208-2176 ; www.bikingbuenosaires.com ; à partir de 190 ARS/pers). De sympathiques Américains font découvrir plusieurs quartiers, utilisant souvent les nouvelles pistes cyclables. Location de vélos.

Graffitimundo CIRCUIT ARTISTIQUE
(☎15-3683-3219 ; www.graffitimundo.com ; 90 ARS/pers). Conduits par des expatriés, ces circuits font découvrir les plus beaux graffitis et pochoirs de Buenos Aires. Une partie des recettes revient aux artistes. Pour des circuits à vélo, comptez 120 ARS.

Cultour CIRCUIT À PIED
(☎15-6365-6892 ; www.cultour.com.ar ; à partir de 85 ARS/pers). Des circuits intéressants, conduits par des professeurs et des étudiants de l'université de Buenos Aires, axés sur l'histoire et la culture de la ville.

BA Walking Tours CIRCUIT À PIED
(☎15-5773-1001 ; www.ba-walking-tours.com ; à partir de 150 ARS/pers). Des promenades spécifiques par quartier, un circuit complet de 6 heures et un circuit nocturne autour du tango.

BA Free Tour CIRCUIT À PIED
(☎15-6395-3000 ; www.bafreetour.com ; gratuit/don). De jeunes guides enthousiastes proposent ces promenades gratuites (don espéré) du lundi au samedi.

Buenos Aires Bus CIRCUIT EN BUS
(☎5239-5160 ; www.buenosairesbus.com ; 70 ARS). Un bus découvert avec montée et descente à volonté à une vingtaine d'arrêts, desservis toutes les 20 min (voir le site).

Say Hueque CIRCUITS AVENTURE
(www.sayhueque.com). Microcentro (carte p. 48 ; ☎5199-2517 ; Viamonte 749, 6e ét.) ; Palermo (carte p. 64 ; Thames 2062) ; San Telmo (carte p. 48 ; Chile 557). Une agence sympathique qui propose des forfaits "indépendant" ou "aventure" à Buenos Aires et en Argentine.

Seriema Nature Tours CIRCUIT NATURE
(☎5867-7000 ; www.seriematours.com). Propose essentiellement des circuits de plusieurs jours à la découverte de la nature et des oiseaux dans tout le pays, ainsi que des excursions d'une demi-journée et d'une journée à proximité de Buenos Aires.

Tangol CIRCUITS
(www.tangol.com) ; Retiro (carte p. 60 ; ☎4312-7276 ; Florida 971, suite 31) ; San Telmo (carte p. 48 ; Defensa 831). Tour-opérateur et agence de voyages, il offre un large éventail de prestations : visites de la ville, spectacles de tango, matchs de *fútbol* commentés, billets d'avion, réservations d'hôtels, forfaits dans tout le pays, etc.

Circuits individuels

Man Tour CIRCUIT MASCULIN
(☎15-6963-7259 ; www.landingpadba.com/the-man-tour-buenos-aires ; à partir de 580 ARS/pers). Après une séance chez le barbier, visitez une boutique de chapeaux sur mesure et fumez un barreau de chaise dans un bar à cigares.

Anda Responsible Travel CIRCUIT CULTUREL
(carte p. 64 ; ☎3221-0833 ; www.andatravel.com.ar ; Agüero 1050, 4A ; à partir de 270 ARS). Circuits à Buenos Aires et dans le pays axés sur le tourisme durable ; les voyageurs découvrent des communautés locales, des organisations de commerce équitable et des projets sociaux. Le circuit dans La Boca implique la rencontre avec des organisations du quartier qui s'efforcent d'améliorer la vie des citadins.

BA Local CIRCUIT SUR MESURE
(☎15-6908-9100 ; www.balocal.com ; à partir de 500 ARS). Trois expatriés conduisent des circuits consacrés au shopping, à l'art ou hors des sentiers battus, ainsi que des visites classiques de la cité.

Buenos Tours CIRCUIT À PIED
(☎3221-1048 ; www.buenostours.com ; 1-3 pers à partir de 400 ARS). Des visites guidées par des expatriés sympathiques et compétents.

Fêtes et festivals

Renseignez-vous aux offices du tourisme sur les autres festivités et les dates précises, car certaines varient d'une année à l'autre. Pour en savoir plus sur les fêtes et festivals à Buenos Aires et dans le pays, reportez-vous p. 21.

Nouvel An chinois CULTURE
Rendez-vous dans le petit Chinatown de Belgrano, centre des festivités. Le Nouvel An chinois a lieu habituellement en janvier, mais la date change selon le calendrier lunaire.

Feria del Libro LIVRES
(www.el-libro.org.ar ; La Rural). Le plus grand salon du livre d'Amérique latine attire plus d'un million d'amateurs de littérature durant 3 semaines en avril et mai.

arteBA ART
(www.arteba.com ; La Rural). En mai, cet événement prisé s'intéresse à l'art contemporain, avec découverte de nouveaux artistes et exposition d'œuvres majeures.

Fashion BA MODE
(www.bafweek.com.ar). Les dernières collections de créateurs argentins et internationaux sont présentées en août. Les défilés automne/hiver se déroulent en février ou mars.

Casa Foa DESIGN
(www.casafoa.com). Le salon de l'architecture, du design et de la décoration s'installe chaque année dans un bâtiment différent (généralement historique et rénové). De septembre à octobre.

Pepsi Music MUSIQUE
(www.pepsimusic.com.ar). Des groupes célèbres, argentins et étrangers, se produisent durant ce festival de musique de 10 jours en septembre. En 2011, les Red Hot Chili Peppers étaient la tête d'affiche.

Creamfields MUSIQUE
(www.creamfieldsba.com). En novembre, une fête en plein air qui dure toute la nuit, avec musique électronique, danse et des dizaines de DJ et groupes internationaux.

Marcha del Orgullo Gay GAY PRIDE
(www.marchadelorgullo.org.ar). En novembre, des milliers de citoyens homosexuels et transgenres défilent de la Plaza de Mayo au Congreso lors de la Marche des fiertés.

Campeonato Abierto de Polo SPORT
(www.aapolo.com). Admirez les meilleurs joueurs de polo au monde et leurs superbes chevaux sur les terrains de polo de Palermo en décembre.

Où se loger

Ces dernières années, les hébergements se sont multipliés dans la capitale. Hôtels de charme et pensions ont proliféré dans des quartiers comme San Telmo et Palermo, et les auberges de jeunesse se comptent par dizaines. Vous devriez trouver facilement une chambre qui vous convient, mais il vaut toujours mieux réserver, surtout pendant les longs week-ends et l'été austral, de novembre à janvier.

De nombreux établissements organisent le transport depuis/vers l'aéroport pour les clients qui réservent. Si les hôtels de catégorie supérieure acceptent les cartes de crédit, les moins chers refusent parfois ce mode de paiement (ou ajoutent une surcharge). Le petit-déjeuner est généralement compris, de même que l'accès Wi-Fi et la climatisation.

Dans les auberges de jeunesse Hostelling International (HI), acheter une carte de membre procure des réductions. Le site www.minihostels.com est un réseau similaire. Les prix des hôtels haut de gamme varient souvent en fonction du taux d'occupation. Ceux mentionnés ici correspondent en général au plein tarif. En réservant par téléphone ou par Internet, vous obtiendrez habituellement de meilleurs prix.

Les prix indiqués correspondent à la haute saison, environ de novembre à février. Ils peuvent augmenter durant les périodes de pointe (Noël et Pâques), et baisser pendant la basse saison.

Pour une liste de sites Internet de location d'appartements, reportez-vous p. 77.

MICROCENTRO

Très central, le Microcentro offre le meilleur choix d'hébergements. Vers le nord, vous serez à proximité des artères piétonnes animées de Florida et Lavalle, ainsi que des quartiers chics de Retiro et Recoleta. Le secteur de la Plaza de Mayo, à courte distance de San Telmo, abrite le quartier des banques et de nombreux édifices historiques ; très fréquenté dans la journée, il devient plus calme après la sortie des bureaux. Ne vous attendez pas à une cuisine originale dans ce quartier ; pour cela, vous devrez aller à Palermo.

♥ **Portal del Sur** AUBERGE DE JEUNESSE $
(carte p. 48 ; ☎4342-8788 ; www.portaldelsurba.com.ar ; Hipólito Yrigoyen 855 ; dort 55-65 ARS, s/d 240/300 ARS ; ❄@📶). Installée dans un charmant bâtiment ancien, c'est l'une des meilleures auberges de jeunesse de la ville. Les beaux dortoirs et les chambres superbes entourent une cour centrale, assez sombre mais ouverte. Le joli toit-terrasse avec vue s'agrémente d'un salon-bar. Leçons de tango gratuites, cours d'espagnol, visites de la ville et quantité d'autres activités.

Moreno Hotel HÔTEL $$$

(carte p. 48 ; ☎6091-2000 ; www.morenobuenosaires.com ; Moreno 376 ; ch 700 ARS ; ❄@🛜). Cet hôtel moderne et minimaliste occupe un bâtiment ancien plein de cachet. Ne vous laissez pas rebuter par l'emplacement et le hall semblable à un salon au 2e étage ; les chambres sont toutes splendides, et certaines immenses avec Jacuzzi. Le toit-terrasse et un bon restaurant-bar à vins constituent des atouts supplémentaires.

Hotel Alcázar HÔTEL $$

(carte p. 48 ; ☎4345-0926 ; www.hotelalcazar.com.ar ; Av de Mayo 935 ; s 190-210 ARS, d 240-270 ARS ; ❄🛜). L'une des meilleures adresses pour petits budgets de Buenos Aires, l'Alcázar comporte de jolis patios carrelés et des chambres rénovées (demandez-en une avec fenêtre sur l'extérieur), petites pour la plupart, mais propres et d'un bon rapport qualité/prix. Central, l'hôtel se tient à quelques pas du fameux Café Tortoni, pratique pour le petit-déjeuner (non compris). Réservation conseillée.

Hotel Suipacha Inn HÔTEL $$

(carte p. 48 ; ☎4322-0099 ; www.hotelsuipacha.com.ar ; Suipacha 515 ; s 280 ARS, d 320-400 ARS ; ❄🛜). Bien situé dans une rue piétonne à deux pâtés de maisons de l'Obelisco, cet hôtel est une bonne affaire malgré son aspect défraîchi. Les chambres, modestes mais propres, disposent pour la plupart d'un réfrigérateur, d'un coffre-fort et d'une petite sdb. Offrez-vous une chambre "supérieure", plus spacieuse.

Milhouse Youth Hostel AUBERGE DE JEUNESSE $

(carte p. 48 ; ☎4345-9604 ; www.milhousehostel.com ; Hipólito Yrigoyen 959 ; dort/d 70/290 ARS ; ❄@🛜). Réputée la plus festive de Buenos Aires, cette populaire auberge de jeunesse HI propose d'innombrables activités et services. Les dortoirs corrects et les chambres, dont certaines très plaisantes, donnent presque tous sur un agréable patio. Les parties communes comprennent un café-bar (avec billard) au rez-de-chaussée, un salon TV à l'entresol et un toit-terrasse. Un belle annexe à proximité offre des prestations similaires.

Hotel Frossard HÔTEL $$

(carte p. 48 ; ☎4322-1811 ; www.hotelfrossard.com.ar ; Tucumán 686 ; s/d 300/320 ARS ; ❄@🛜). Cet hôtel intime compte 24 chambres hautes de plafond de tailles diverses dans un charmant bâtiment. Les simples sont minuscules, les doubles, petites, et les triples, plus vastes. L'emplacement est excellent, à un pâté de maisons des rues piétonnes de Florida et Lavalle.

HI Obelisco Suites AUBERGE DE JEUNESSE $

(carte p. 48 ; ☎4328-4040 ; www.hostelsuites.com ; Av Corrientes 830 ; dort 80-90 ARS, s/d 200/300 ARS ; ❄@🛜). Très centrale, cette auberge de jeunesse HI, semblable à un appartement, possède de grands dortoirs (de 4 à 8 lits) et des chambres plaisantes qui se partagent à trois une sdb. Parmi les espaces communs figurent un joli salon-bar avec une table de billard, un salon TV, une salle pour les cours d'espagnol et une petite cuisine. De multiples activités sont proposées.

Ideal Hostel AUBERGE DE JEUNESSE $

(carte p. 48 ; ☎6091-1565 ; www.idealsocialhostel.com ; Suipacha 362 ; dort 42-59 ARS, ch 195-230 ARS ; ❄@🛜). Dans le centre-ville, cette auberge de jeunesse correcte et bon marché occupe un beau bâtiment ancien, avec parquet et sol carrelé. Elle tient un peu du dédale et les dortoirs (de 4 à 12 lits) peuvent être encombrés, mais le balcon qui donne sur la rue piétonne Suipacha est plaisant. De plus, l'auberge jouxte la Confitería Ideal, haut lieu du tango.

CONGRESO

Congreso abrite nombre des plus anciens théâtres, cinémas et centres culturels. Boutiques modestes, librairies et services bordent l'Av Corrientes. La Plaza de Congreso, toujours animée, est parfois le site de manifestations, généralement pacifiques. Moins fréquenté et touristique que le Microcentro, ce quartier n'en demeure pas moins vivant jour et nuit.

♥ **Hotel Bonito** HÔTEL DE CHARME $$

(carte p. 48 ; ☎4381-2162 ; www.bonitobuenosaires.com ; Chile 1507, 3e ét ; ch 400-640 ARS ; ❄@🛜). Ce ravissant hôtel de charme compte seulement 5 chambres qui mêlent à la perfection traditionnel et contemporain, avec parquet ou sol en béton ciré ; certaines disposent d'un salon arrondi ou d'un Jacuzzi. Ambiance chaleureuse, petit bar et bon petit-déjeuner.

Hostel Estoril – Terrazas Estoril AUBERGE DE JEUNESSE $

(carte p. 48 ; ☎4382-9684 ; www.hostelestoril.com.ar ; Av de Mayo 1385, 1er ét. ; dort 60 ARS, ch 200-250 ARS ; ❄@🛜). Aménagée avec goût dans un bâtiment centenaire, cette auberge de jeunesse comprend des chambres plaisantes, une jolie cuisine et des espaces

1

ANDREW BAIN/LONELY PLANET IMAGES ©

2

4

MARCOS BRINDICCI/REUTERS/CORBIS ©

MICHAEL TAYLOR/LONELY PLANET IMAGES ©

TERRY CARTER/LONELY PLANET IMAGES ©

1. Caminito (p. 55)
Les façades colorées de la fameuse rue de La Boca.

2. Teatro Colón (p. 96)
Le théâtre le plus révéré de Buenos Aires accueille régulièrement de grands noms de la scène.

3. Floralis Genérica (p. 59)
Les pétales de cette fleur gigantesque, réalisée par Eduardo Catalano en 2002, se referment la nuit.

4. Obelisco (p. 54)
Du haut de ses 67 m, cet obélisque veille sur l'Av 9 de Julio.

communs, dont un patio. Au 6e étage, le toit-terrasse offre une vue superbe sur l'Av de Mayo et le Palacio Barolo ; des dortoirs s'y trouvent également.

Fiamingo Apart Hotel HÔTEL **$$**

(carte p. 48 ; ☎4374-4400 ; www.fiamingoapart.com.ar ; Talcahuano 120 ; ch 400 ARS ;). Excellente adresse pour les familles, le Fiamingo possède des suites immenses, plus confortables et pratiques que séduisantes. Toutes comportent une kitchenette (avec four à micro-ondes et évier) et certaines s'agrémentent d'un balcon. Le personnel est sympathique et les fenêtres à double vitrage garantissent des nuits paisibles. Réservation indispensable.

Hotel Reina HÔTEL **$**

(carte p. 48 ; ☎4381-2496 ; www.hotelreina.com.ar ; Av de Mayo 1120 ; s 200-230 ARS, d 220-250 ARS ;). Ce charmant bâtiment ancien conserve une élégance discrète, palpable dans ses salons, son ascenseur classique et ses éclairages. Certaines chambres sont très simples, d'autres sont plus agréables, avec hauts plafonds, parquet et balcon (préférez le 2e étage). Cours de tango dans le grand salon.

Sabatico Hostel AUBERGE DE JEUNESSE **$**

(carte p. 48 ; ☎4381-1138 ; www.sabaticohostel.com.ar ; Mexico 1410 ; dort 60 ARS, ch 200-250 ARS ; @). Cette auberge de jeunesse exceptionnelle se situe dans un quartier attrayant, en dehors du circuit touristique. Outre des petites chambres plaisantes, elle comporte de belles parties communes, dont une jolie cuisine, un grand patio et un toit-terrasse avec minipiscine. Musique live parfois le week-end ; location de vélos.

Kilca Hostel AUBERGE DE JEUNESSE **$**

(carte p. 48 ; ☎4381-1966 ; www.kilcabackpacker.com ; Mexico 1545 ; dort 55 ARS, ch 140-160 ARS ; @). Dans le quartier excentrique de Montserrat, cette adresse un peu bohème séduira les voyageurs qui préfèrent découvrir la vie locale. Simple et originale, avec une ambiance très détendue, elle occupe une maison du début du XXe siècle et offre de grands dortoirs de 6 à 9 lits et une cour verdoyante. Un chien et un chat font partie du comité d'accueil.

Hotel Sportsman HÔTEL **$**

(carte p. 48 ; ☎4381-8021 ; www.hotelsportsman.com.ar ; Av Rivadavia 1425 ; s 85-132 ARS, d 130-185 ARS). Cet ancien hôtel délabré et sombre comporte un escalier en bois grinçant et un dédale de couloirs. Les chambres, spartiates mais correctes, disposent de sdb privées ou communes. La cuisine très rustique ajoute au cachet de l'endroit. Pas de petit-déjeuner.

SAN TELMO ET CONSTITUCIÓN

Au sud du Microcentro, San Telmo conserve une ambiance traditionnelle, avec de beaux bâtiments anciens et peu de constructions élevées. De nombreux restaurants et boutiques élégantes s'y sont installés ces dernières années, aux côtés de bars, salles de tango et autres boîtes de nuit. Les hébergements sont plus souvent des auberges de jeunesse, des hôtels modestes ou des pensions haut de gamme que des cinq-étoiles.

Constitución, à l'ouest de San Telmo, est beaucoup moins touristique.

♥ **1890 Hotel Boutique** HÔTEL DE CHARME **$$**

(carte p. 48 ; ☎4304-8798 ; www.1890hotel.com.ar ; Salta 1074 ; ch 435-760 ARS ; @). Un peu en dehors du circuit touristique mais proche de San Telmo, ce bel hôtel s'agrémente de coursives et de pelouses qui reposent de l'animation des rues. Il compte 6 chambres charmantes, chacune différente et toutes avec parquet et hauts plafonds. Le petit-déjeuner est servi dans un salon séduisant.

Casa Bolivar HÔTEL DE CHARME **$$**

(carte p. 58 ; ☎4300-3619 ; www.casabolivar.com ; Bolívar 1701 ; ch à partir de 435 ARS ;). Rénovée avec soin, cette demeure somptueuse renferme 14 studios et lofts spacieux, attrayants et modernes. Certains conservent des détails d'origine, tels des portes sculptées et des plafonds peints. Des entrées séparées rejoignent des corridors communs et de charmants patios invitent à la détente. Pas de petit-déjeuner.

Mansion Dandi Royal HÔTEL DE CHARME **$$$**

(carte p. 48 ; ☎4307-7623 ; www.hotelmansiondandiroyal.com ; Piedras 922 ; s 368 ARS, d 506-620 ARS ; @). Les amoureux du tango apprécieront cette belle demeure familiale de 1903 transformée en un luxueux hôtel à thème avec peintures murales, lustres en verre et escalier de bois à révolution. Les 29 chambres sont somptueuses, presque toutes avec des meubles anciens, une baignoire sur pieds et de hauts plafonds. À cela s'ajoutent un patio ensoleillé, une petite piscine sur le toit et des cours de tango dans les salons.

Art Factory AUBERGE DE JEUNESSE $
(carte p. 48 ; ☎4343-1463 ; www.artfactoryba.com.ar ; Piedras 545 ; dort 60 ARS, s 190-210 ARS, d 210-250 ARS ; ❄@📶). Accueillante et déclinant un thème artistique original, cette auberge de jeunesse compte plus de chambres privées que la moyenne, toutes ornées d'immenses peintures murales réalisées par divers artistes internationaux. Même les couloirs et les citernes ont été décorés dans le style bande dessinée. L'élégante demeure de 1850 comprend un vaste toit-terrasse et un salon-bar avec billard.

Sandanzas Hostel AUBERGE DE JEUNESSE $
(carte p. 58 ; ☎4300-7375 ; www.sandanzas.com.ar ; Balcarce 1351 ; dort 60-70 ARS, d 220-250 ARS ; @📶). Tenue par 5 travailleurs sociaux et artistes enthousiastes, cette sympathique auberge de jeunesse offre 28 lits, répartis dans de grands dortoirs et 6 doubles (dont 3 avec sdb), et organise à l'occasion des événements culturels. Elle se situe dans un secteur ouvrier sans cachet, près de la Plaza Lezama. Prêt gratuit de vélos.

Garden House AUBERGE DE JEUNESSE $
(carte p. 48 ; ☎4305-0517 ; www.gardenhouseba.com.ar ; San Juan 1271 ; dort 53-60 ARS, s 203-220 ARS, d 220-260 ARS ; @📶). Dans une avenue passante et un peu loin du centre-ville, cette agréable auberge de jeunesse comporte 2 dortoirs (de 4 à 8 lits), 7 chambres doubles (dont 2 ouvrent sur de jolis patios), pour la plupart avec sdb commune, et de douillets espaces communs. L'ambiance est sympathique et un excellent *asado* (barbecue) à prix doux est proposé sur la terrasse le vendredi soir.

Brisas del Mar HÔTEL $
(carte p. 48 ; ☎4300-0040 ; www.hotelbrisasdelmar.com.ar ; Humberto Primo 826 ; s 70-80 ARS, d 80-90 ARS ; 📶). Établi de longue date, cet hôtel sans prétention ni luxe, hormis la TV câblée, propose des chambres sommaires mais correctes, avec sdb commune pour les moins chères. Toutes donnent sur des couloirs carrelés, bordés de plantes, et celles en étage sont plus claires. Une cuisine très rustique est à disposition.

RETIRO

Nombre des hôtels les plus chers et des citadins les plus fortunés sont installés à Retiro, un séduisant quartier central. Il abrite la verdoyante Plaza San Martín, les gares routière et ferroviaire de Retiro et de nombreux magasins et services haut de gamme, et se tient à courte distance de Recoleta et du Microcentro.

Hotel Pulitzer HÔTEL DE CHARME $$$
(carte p. 60 ; ☎4316-0800 ; www.hotelpulitzer.com.ar ; Maipú 907 ; s/d 500/540 ARS ; ❄@📶🏊). Très bien situé, ce nouvel hôtel au décor minimaliste possède un hall noir et blanc et de grandes chambres stylées, avec TV à écran plat, élégante sdb et, pour certaines, un balcon. Le superbe toit-terrasse s'agrémente d'un bar et d'une vue splendide sur la ville. L'établissement comprend aussi un restaurant, un bar à cocktails et une piscine.

Four Seasons HÔTEL $$$
(carte p. 60 ; ☎4321-1200 ; www.fourseasons.com/buenosaires ; Posadas 1086 ; d à partir de 2 500 ARS ; ❄@📶🏊). Le Four Seasons offre toutes les prestations attendues d'un cinq-étoiles, tels un service attentif et des peignoirs blancs en éponge. Les chambres sont vastes et joliment décorées, avec des meubles contemporains. Les plus belles suites (3 700-39 000 ARS !) sont aménagées dans une luxueuse demeure ancienne à côté. Un spa somptueux et une piscine découverte chauffée font partie des aménagements.

Hotel Bel Air HÔTEL $$$
(carte p. 60 ; ☎4816-0016 ; www.hotelbelair.com.ar ; Arenales 1462 ; ch 680-850 ARS ; ❄@📶). Le salon-bar qui serpente près de la réception séduit particulièrement les hommes d'affaires et les touristes fortunés. Des tons ocre et des meubles modernes ornent les chambres séduisantes, sans luxe ostentatoire. L'emplacement est idéal, entre Retiro et Recoleta. Wi-Fi en supplément à 45 ARS par jour (!).

Hotel Tres Sargentos HÔTEL $
(carte p. 60 ; ☎4312-6082 ; tresargentos@hotmail.com ; Tres Sargentos 345 ; s/d 230-290 ARS ; ❄📶). Excellente affaire vu son emplacement, cet hôtel sans prétention se situe dans une rue piétonne et propose des chambres banales, propres et confortables, avec moquette. Celles des étages supérieurs bénéficient même d'une vue.

Hotel Central Córdoba HÔTEL $
(carte p. 60 ; ☎4311-1175 ; www.hotelcentralcordoba.com.ar ; San Martín 1021 ; s/d 200/220 ARS ; ❄📶). L'un des hôtels les moins chers de Retiro, il dispose de chambres bien tenues, avec bureau et sol carrelé. Leur taille varie, aussi

visitez avant de vous décider et demandez une chambre donnant sur l'intérieur si vous souhaitez le calme. Mieux vaut réserver car l'hôtel est très prisé en raison de son emplacement central.

RECOLETA ET BARRIO NORTE

La plupart des hôtels de Recoleta sont chers et les quelques établissements bon marché affichent souvent complet. Quartier le plus riche de la capitale, il abrite de superbes bâtiments, le fameux cimetière de Recoleta et des parcs, musées et boutiques attrayants.

Poetry Building — APPARTEMENTS $$$

(carte p. 60 ; ☎4827-2772 ; www.poetrybuilding.com ; Junín 1280 ; ch 520-760 ARS ;). Ces somptueux studios et appartements de 1 ou 2 chambres sont parfaits pour les familles ou les petits groupes. Chacun est différent, avec une décoration éclectique, des meubles anciens "modernisés" et une cuisine équipée. Certains disposent d'un balcon ou d'un patio, et une belle terrasse commune s'agrémente d'une piscine. Réductions à la semaine.

A Hotel — HÔTEL DE CHARME $$

(Ex-Art Hotel ; carte p. 60 ; ☎4821-4744 ; www.ahotel.com.ar ; Azcuénaga 1268 ; ch 380-620 ARS ;). De toute beauté, cet hôtel comprend un patio couvert avec un mur de miroirs et un merveilleux toit-terrasse avec Jacuzzi et plateforme en bois. Joliment aménagées, les chambres, parfois petites, comportent des sols en béton, une TV à écran plat, des éléments de ferronnerie et de hautes portes d'origine. Les plus spacieuses sont dotées de lits à baldaquin et de balcons.

Yira Yira Guesthouse — PENSION $

(carte p. 60 ; ☎4812-4077 ; www.yirayiraba.com.ar ; Uruguay 911 1B ; s/d/tr 140/200/240 ARS ;). L'accueillante Paz, qui vit sur place, loue 4 grandes chambres (avec sdb communes) donnant sur le salon central d'un appartement intime. Au centre du quartier, c'est une bonne adresse pour rencontrer d'autres voyageurs. Séjour de deux nuits minimum et réservation à confirmer.

Hotel Lion d'Or — HÔTEL $$

(carte p. 60 ; ☎4803-8992 ; www.hotel-liondor.com.ar ; Pacheco de Melo 2019 ; s 200-240 ARS, d 250-330 ARS ;). Installé dans une ancienne ambassade, le Lion d'Or ne manque pas de charme, mais les chambres varient grandement ; certaines sont petites et sombres, d'autres, majestueuses et parfois dotées d'une cheminée (condamnée). Toutes offrent un bon rapport qualité/prix et la plupart ont été modernisées ; certaines partagent une sdb. Le vieil escalier en marbre, le toit-terrasse et l'ascenseur constituent des atouts supplémentaires. Petit-déjeuner à prix doux.

Marseille des Anges — HÔTEL $$$

(carte p. 60 ; ☎5219-2526 ; www.marseilledesanges.com ; Arenales 1392 ; ch à partir de 615 ARS ;). Bien situé au cœur de Recoleta, cet hôtel offre de grandes chambres confortables, dont certaines avec balcon ou fenêtre en façade. Toutes sont équipées de sdb luxueuses, avec douche dernier cri. Ambiance sympathique et intime.

Design Suites — HÔTEL $$$

(carte p. 60 ; ☎4814-8700 ; www.designsuites.com ; MT de Alvear 1683 ; ch 630-965 ARS ;). D'une élégance futuriste, cet hôtel à la décoration minimaliste bénéficie d'un emplacement privilégié. Joliment aménagées, toutes les suites comportent TV à écran plat, kitchenette, baies vitrées laissant entrer la lumière et pour certaines un balcon.

Onze Trendy Hotel — HÔTEL DE CHARME $$

(carte p. 64 ; ☎4821-2873 ; www.onzeboutiquehotel.com ; Ecuador 1644 ; d 400-600 ARS ;). Cet hôtel somptueux possède 11 chambres différentes, avec des touches uniques comme les dressings et les *mantas* (couvertures) artisanales. Celles en étage ont plus de cachet et quelques-unes ont un balcon. Une charmante adresse à l'ambiance raffinée.

Recoleta Hostel — AUBERGE DE JEUNESSE $

(carte p. 60 ; ☎4812-4419 ; www.hirecoleta.com.ar ; Libertad 1216 ; dort 60-70 ARS, ch 190-230 ARS ;). Établie de longue date et fabuleusement située, cette auberge de jeunesse HI offre peu d'intimité et un accueil un peu rude. Elle dispose de dortoirs non-mixtes (4 à 10 lits), de 8 chambres privées, dont 4 avec sdb, d'une cuisine correcte et d'un toit-terrasse ensoleillé. Préparez-vous à grimper de nombreux escaliers.

PALERMO

À 10 min en taxi du centre-ville et bien desservi par les bus et le Subte (métro), Palermo est le quartier favori de nombreux voyageurs, avec ses parcs, ses restaurants branchés, ses boutiques de créateurs et ses discothèques animées. La plupart des hôtels se concentrent dans Palermo Viejo, un vaste quartier qui comprend Palermo Soho et Palermo Hollywood.

LOCATION À COURT ET À LONG TERME

Tous les hôtels et pensions devraient accorder des remises substantielles pour un long séjour ; négociez un tarif à l'avance. De nombreuses pensions se spécialisent dans les locations à la semaine ou au mois et offrent un accueil moins impersonnel. Si vous souhaitez séjourner dans une famille, consultez le site www.coret.com.ar. Pour d'autres options, essayez www.buenosaires.craigslist.org et www.couchsurfing.com

Selon l'usage, un locataire a besoin d'un garant argentin. Toutefois, les étrangers en long séjour sont si nombreux à Buenos Aires que de multiples agences et sites immobiliers proposent des locations sans cette exigence, mais à des prix nettement supérieurs. Les Argentins s'engagent habituellement pour une location d'un an au minimum pour un appartement non meublé et payent ainsi moins cher. Voici quelques sites à consulter :

» www.adelsur.com
» www.alojargentina.com.ar
» www.apartmentsba.com
» www.barts.com.ar
» www.buenosaireshabitat.com
» www.friendlyapartments.com (vise la clientèle gay)
» www.oasisba.com
» www.roomargentina.com
» www.santelmoloft.com
» www.stayinbuenosaires.com
» www.tucasargentina.com
» www.yourhomeinargentina.com.ar

Destinée aux étudiants, la **Residencia Universitaria Azul** (carte p. 48 ; ☎5353-9433 ; www.azul-residencia-universitaria.com ; Av Callao 86 ; ❄@📶) occupe un beau bâtiment de 1905. Les frais forfaitaires rendent plus intéressants les longs séjours. Toutes les chambres partagent les sdb, les cuisines et les parties communes.

Si vous souhaitez que quelqu'un visite pour vous un appartement avant de le louer, **Madi Lang** (www.baculturalconcierge.com) pourra vérifier qu'il ne se trouve pas dans une rue bruyante, un quartier excentré ou près d'un chantier.

♥ **Home Hotel** HÔTEL DE CHARME $$$
(carte p. 64 ; ☎4778-1008 ; www.homebuenosaires.com ; Honduras 5860 ; ch à partir de 700 ARS ; ❄@📶🏊). Chic, accueillant et très stylé, il comporte un jardin paradisiaque avec piscine, un superbe bar-restaurant et un spa.

♥ **Miravida Soho** PENSION $$$
(carte p. 64 ; ☎4774-6433 ; www.miravidasoho.com ; Darregueyra 2050 ; ch 660-865 ARS ; ❄@📶). Tenue par un couple allemand serviable, cette charmante pension compte 6 chambres joliment aménagées et confortables, dont une avec terrasse privée. S'y ajoutent une cave à vin, un bar avec tables pour les dégustations de vin en soirée, un petit patio et un ascenseur. Un bon petit-déjeuner complet est servi. Réservation indispensable.

♥ **Chill House Hostel** AUBERGE DE JEUNESSE $
(carte p. 64 ; ☎4861-6175 ; www.chillhouse.com.ar ; Agüero 781 ; dort/s 70/170 ARS, d 210-255 ARS ; @📶). Cette maison ancienne, avec de hauts plafonds et un cachet bohème, est devenue une auberge de jeunesse à l'ambiance détendue. Elle comprend 2 dortoirs, 8 chambres privées avec sdb (la n°6 est particulièrement jolie) et un superbe toit-terrasse avec *asado* chaque semaine. Personnel franco-argentin ; prêt gratuit de vélos.

Fierro Hotel HÔTEL DE CHARME $$$
(carte p. 64 ; ☎3220-6800 ; www.fierrohotel.com ; Soler 5862 ; ch 920-1100 ARS ; ❄@📶🏊). Décoré dans les tons rouge, noir et blanc, cet hôtel élégant possède des chambres spacieuses aux détails luxueux, tels des draps en coton très fin, de grandes TV à écran plat et des

sèche-serviettes. La terrasse en bois sur le toit, avec piscine, offre la vue sur Palermo. Un restaurant renommé, un sauna et un jardin verdoyant ajoutent aux attraits du Fierro.

Craft Hotel HÔTEL DE CHARME $$$
(carte p. 64 ; ☎4833-0060 ; www.crafthotel.com ; Nicaragua 4583 ; ch 630-840 ARS ; ❄@📶) Dans cet hôtel contemporain aux lignes pures, des éléments ont été artistement recyclés ; les escaliers sont faits d'anciennes boiseries colorées. Les chambres d'inspiration scandinave comportent TV à écran plat, port MP3, sols en ciment, douche (souvent *dans* la chambre !) et parfois un balcon. Le toit-terrasse reste son atout majeur. Location de vélos.

248 Finisterra HÔTEL DE CHARME $$$
(carte p. 64 ; ☎4773-0901 ; www.248finisterra.com ; Av Báez 248 ; s 690 ARS, d 720-960 ARS ; ❄@📶). Au cœur de l'animation nocturne de Las Cañitas, ce bel hôtel à l'élégance zen propose 4 types de chambres de style minimaliste, spacieuses pour la plupart. Une terrasse en bois avec Jacuzzi est aménagée sur le toit et un jardin verdoyant s'étend à l'arrière.

Vain Boutique Hotel HÔTEL DE CHARME $$$
(carte p. 64 ; ☎4774-8246 ; www.vainuniverse.com ; Thames 2226 ; ch 750-1 200 ARS ; ❄@📶). Dans un bâtiment soigneusement rénové, il loue 15 chambres chics, hautes de plafond, avec parquet. Une belle terrasse prolonge le salon et un petit bar-restaurant est installé dans le hall.

Palermo Viejo B&B PENSION $$
(carte p. 64 ; ☎4773-6012 ; www.palermoviejobb.com ; Niceto Vega 4629 ; s 300 ARS, d 340-460 ARS ; ❄@📶). Ce petit B&B intime occupe une *casa chorizo* (maison longue et étroite) remodelée. Sans prétention et confortables, les 6 chambres, dont 2 avec mezzanine, donnent sur un patio verdoyant ; toutes disposent d'un réfrigérateur. Bon petit-déjeuner.

Kala Petit Hotel PENSION $$
(carte p. 64 ; ☎4773-1331 ; www.kalapetithotel.com ; Thames 1263 ; d à partir de 320 ARS ; ❄@📶🏊). Tenue par une famille, cette excellente adresse de catégorie moyenne comprend un jardin avec une petite piscine et un espace barbecue à l'arrière, ainsi qu'une jolie cuisine accessible aux hôtes. Dans la maison ancienne, 6 chambres sans prétention et plaisantes partagent 3 sdb.

Gorriti 4290 PENSION $$
(carte p. 64 ; ☎4862-8300 ; www.gorriti4290.com.ar ; Gorriti 4290 ; d 240-360 ARS ; ❄@📶). Cette petite pension accueillante compte seulement 4 chambres (dont 1 avec sdb) simples et confortables, avec lits et linge de qualité. L'espace commun est original, avec une passerelle au-dessus de la salle à manger et un petit patio sur le toit. Les propriétaires habitent sur place.

Akais Hostel AUBERGE DE JEUNESSE $$
(carte p. 64 ; ☎4833-9518 ; www.akaishostel.tk ; Costa Rica 4520 ; dort/ch 110/320 ARS ; ❄📶). Plutôt un minihôtel, l'Akais compte 2 chambres privées (l'une avec sdb, l'autre avec balcon) et 2 dortoirs de 6 lits chacun. Le superbe toit-terrasse avec plateforme en bois, bar et vue sur la Plaza Palermo Viejo compense l'absence de salon. Très bien situé ; cuisine à disposition.

Hostel Suites Palermo AUBERGE DE JEUNESSE $
(carte p. 64 ; ☎4773-0806 ; www.hostelsuites.com ; Charcas 4752 ; dort 70-80 ARS, ch 220-300 ARS ; ❄@📶). Dans une vieille demeure, cette grande auberge de jeunesse séduira les plus calmes. Joli toit-terrasse, nombreux événements et location de vélos.

Kapaké Hostel AUBERGE DE JEUNESSE $
(carte p. 64 ; ☎4773-1150 ; www.kapake.com.ar ; Paraguay 5570 ; dort 60 ARS, s/d 180/280 ARS ; ❄@📶). Une petite auberge de jeunesse, légèrement haut de gamme, avec des espaces communs modernes et un plaisant patio/toit-terrasse. Paisible, intime et sûr.

Palermo House Hostel AUBERGE DE JEUNESSE $
(carte p. 64 ; ☎4832-1815 ; www.palermohouse.com.ar ; Thames 1754 ; dort 50-60 ARS, ch 200-250 ARS ; ❄@📶). Grimpez au 3e étage, où tout le monde se retrouve dans le secteur réception-bar-cuisine-salle à manger. Des baies vitrées laissent entrer la lumière, des graffitis ornent les murs et la terrasse en métal apporte de l'air frais. L'ambiance est détendue, amusante et festive. Dortoirs de 4 à 9 lits, dont certains un peu étriqués avec 3 lits superposés, et chambres privées avec de hauts plafonds.

Où se restaurer

Aller au restaurant à Buenos Aires est un plaisir gastronomique. Outre les innombrables *parrillas* (restaurants de grillades), le quartier de Palermo Viejo offre la palette la plus variée de cuisines – arménienne, brésilienne, mexicaine, indienne, asiatique, moyen-orientale, et fusion. La plupart des restaurants sont très corrects, et certains exceptionnels.

Les restaurants du Microcentro sont essentiellement fréquentés par des employés, tandis que le proche Puerto Madero est rempli de restaurants raffinés et coûteux. Congreso propose essentiellement une cuisine traditionnelle, sauf dans le secteur appelé "Petite Espagne". Recoleta est un autre quartier cher, avec d'amusants établissements touristiques dans RM Ortiz (près du cimetière). San Telmo accueille un nombre croissant de bons restaurants.

La réservation est généralement inutile, sauf dans les restaurants les plus courus ou le week-end. Excepté dans les restaurants cinq étoiles, le service est efficace, sans raffinement. Les restaurants haut de gamme facturent un petit supplément pour le *cubierto* (couvert et pain). À cela s'ajoute le pourboire (environ 10%).

Le site www.guiaoleo.com (en espagnol) fournit un descriptif complet des restaurants de Buenos Aires. Les anglophones pourront aussi consulter les blogs www.saltshaker.net, www.thelostasian.com et www.pickupthefork.com.

Le site www.buenosairesdelivery.com permet de se faire livrer sans frais, à domicile ou à l'hôtel, par des dizaines de restaurants.

MICROCENTRO

Aldo's Vinoteca — ARGENTIN $$

(carte p. 48 ; ☎5291-2380 ; Moreno 372 ; plats 40-70 ARS ; ⏲petit-déj, déj et dîner). En dessous du Moreno Hotel, ce restaurant-cave à vin haut de gamme propose une carte limitée de délicieux plats de viande et de pâtes. Des étagères remplies de bouteilles tapissent les murs et le restaurant facture les vins aux prix de la boutique, ce qui facilite le choix parmi près de 500 étiquettes.

Broccolino — ITALIEN $$$

(carte p. 48 ; ☎4322-7754 ; Esmeralda 776 ; plats 40-100 ARS ; ⏲déj et dîner). Plus de 20 sauces (dont une à l'encre de seiche) accompagnent les *rigatoni*, *fusilli*, *pappardelle* et toutes sortes de raviolis. Si vous ne savez laquelle choisir, essayez la délicieuse sauce sicilienne (tomates, piments et ail), ou le pesto, avec champignons et ail. Les portions sont copieuses et le pain fait maison.

Granix — VÉGÉTARIEN $$

(carte p. 48 ; ☎4343-4020 ; Florida 165, 1er ét. ; buffet à volonté 57 ARS ; ⏲déj lun-ven ; ⊘). Installée dans une galerie marchande, cette vaste et moderne cantine végétarienne offre un grand choix d'entrées et de plats chauds, un superbe buffet de salades et de nombreux desserts en abondance. Plats à emporter.

Parrilla al Carbón — PARRILLA $

(carte p. 48 ; ☎4328-0824 ; Lavalle 663 ; plats 20-50 ARS ; ⏲déj et dîner). Cette gargote discrète sert des *parrillas* à prix doux dans une rue piétonne, à côté du café Balcarce. Avalez rapidement un *choripan* (sandwich à la saucisse ; 9 ARS) au comptoir ou, pour plus de confort et pour regarder la TV, glissez-vous à l'une des tables bondées et commandez une demi-portion de *vacío* (bavette).

PUERTO MADERO

i Fresh Market — INTERNATIONAL $$

(carte p. 48 ; ☎5775-0335 ; angle Villafloret Olga Cossettini ; plats 40-50 ARS ; ⏲petit-déj, déj et dîner). Ce café-restaurant haut de gamme, avec terrasse en bord de rue, propose de savoureux sandwichs et salades, ainsi qu'une vitrine remplie de desserts alléchants. L'**i Central Market**, une succursale plus élégante, se tient à quelques rues.

La Parolaccia Trattoria — ITALIEN $$

(carte p. 48 ; ☎4343-1679 ; Av Alicia Moreau de Justo 1052 ; plats 50-76 ARS ; ⏲déj et dîner). Cette gargote italienne très fréquentée est spécialisée dans les pâtes maison. Réservez l'une des quelques tables avec vue sur l'eau pour vous régaler de *penne* au saumon, de raviolis au gorgonzola ou de *cappelletti* aux 4 fromages. Une succursale proche, **La Parolaccia del Mare** (Av Alicia Moreau de Justo 1170), est spécialisée dans les produits de la mer.

Siga la Vaca — BUFFET $$$

(carte p. 48 ; ☎4315-6801 ; Av Alicia Moreau de Justo 1714 ; déj 85-110 ARS, dîner 98-110 ARS ; ⏲déj et dîner). Cette excellente *parrilla* à volonté ravira les plus affamés. Commencez par le buffet de salades avant de rejoindre le gril et ses multiples viandes. Une boisson et un dessert sont inclus dans le prix, qui varie selon le repas et le jour.

CONGRESO

♥ Chan Chan — PÉRUVIEN $

(carte p. 48 ; ☎4382-8492 ; Hipólito Yrigoyen 1390 ; plats 30-45 ARS ; ⏲déj et dîner mar-dim). Bohème et très fréquenté, ce restaurant péruvien sert des plats de viande (canard, lapin, agneau) et de poisson, ainsi que de délicieux ceviches. Goûtez la *chicha morada* (une boisson fruitée au maïs) ou commandez un *pisco sour*. Les prix abordables expliquent qu'il faille souvent attendre une table.

Chiquilín PARRILLA **$$**
(carte p. 48 ; ✆4373-5163 ; Sarmiento 1599 ; plats 43-70 ARS ; ⏲déj et dîner). Prisé depuis 85 ans, le Chiquilín, vaste et confortable, se distingue par son atmosphère classique, avec des jambons pendus au plafond. La *parrilla* et les pâtes constituent ses points forts, mais il sert aussi du poisson, des omelettes, des salades et de nombreux desserts. Ouvert tard.

Pizzería Güerrín PIZZERIA **$**
(carte p. 48 ; ✆4371-8141 ; Av Corrientes 1368 ; parts 3,50-5 ARS, pizza 36-50 ARS ; ⏲11h-1h dim-jeu, 11h-2h ven-sam). Achetez une part de pizza au comptoir vitré et dégustez-la debout, ou installez-vous à une table pour savourer une pizza préparée à la commande, avec un plus grand choix de garnitures. Des *empanadas* et des desserts sont également proposés.

Plaza Asturias ESPAGNOL **$$**
(carte p. 48 ; ✆4382-7334 ; Av de Mayo 1199 ; plats 30-80 ARS ; ⏲déj et dîner). Restaurant de quartier traditionnel et animé, il sert une authentique cuisine espagnole. La cassolette de la mer, le poulpe à l'espagnole et la paella valenciana sont des plats prisés ; vous pouvez aussi commander de l'agneau rôti ou un steak épais. Les jambons suspendus et les serveurs bruyants complètent l'expérience. Le menu du déjeuner est avantageux.

SAN TELMO ET CONSTITUCIÓN

♥ **Café San Juan** INTERNATIONAL **$$**
(carte p. 48 ; ✆4300-1112 ; Av San Juan 450 ; plats 50-75 ARS ; ⏲déj et dîner mar-dim). Tenu par le chef Leandro Cristobal, réputé mais toujours modeste, ce beau bistrot sert une excellente cuisine internationale. Les carnivores commanderont le spectaculaire *ojo de bife* (entrecôte), mais le poisson, livré chaque jour de Patagonie, est également succulent. Réservation indispensable le soir.

Amici Miei ITALIEN **$$**
(carte p. 48 ; ✆4362-5562 ; Defensa 1072 ; plats 44-75 ARS ; ⏲déj et dîner mar-sam, déj dim). Arrivez tôt pour obtenir l'une des quelques tables pour deux sur le balcon qui surplombe la Plaza Dorrego. Même sans cela, vous apprécierez les *pappardelle* avec ragoût de porc ou les tortellinis de potiron aux amandes. Le poisson et la polenta sont également délicieux.

Gran Parrilla del Plata PARRILLA **$$**
(carte p. 48 ; ✆4300-8858 ; Chile 594 ; plats 43-65 ARS ; ⏲déj et dîner). Cette *parrilla* de quartier, simple et traditionnelle, sert de généreuses portions de bonnes viandes grillées à des prix raisonnables. Les végétariens pourront commander des pâtes. L'établissement est divisé en deux sections adjacentes.

Casal de Catalunya ESPAGNOL **$$$**
(carte p. 48 ; ✆4361-0191 ; Chacabuco 863 ; plats 65-90 ARS ; ⏲déj mar-sam, dîner tlj). Privilégiant les produits de la mer, cet excellent restaurant catalan propose des délices comme les crevettes au bacon, la paella aux fruits de mer et le lapin à l'aïoli, sans oublier le *cochinillo* (cochon de lait rôti), la spécialité maison, et la succulente crème catalane au dessert. Réservation conseillée le week-end.

Bar Plaza Dorrego ARGENTIN **$$**
(carte p. 48 ; ✆4361-0141 ; Defensa 1098 ; plats 30-64 ARS ; ⏲8h-2h dim-jeu, 8h-4h ven-sam). L'atmosphère de cet établissement traditionnel reste inégalée ; sirotez un *cortado* (café au lait) derrière la baie vitrée ou en terrasse en regardant les passants. Les serveurs en tenue classique, le tango en musique de fond et les graffitis sur les murs et le comptoir rappellent une époque révolue, à condition d'ignorer le nouveau Starbucks de l'autre côté de la rue.

Bar El Federal ARGENTIN **$$**
(carte p. 48 ; ✆4300-4313 ; angle Perú et Carlos Calvo ; en-cas 25-55 ARS ; ⏲8h-2h dim-jeu, 8h-4h ven-sam). Ce bar classique date de 1864 et comprend un comptoir splendide. Spécialisé dans les sandwichs et les *picadas* (assiettes de hors-d'œuvre), il sert aussi des burgers, des pâtes, des omelettes et des desserts. Les tables en terrasse sont idéales pour observer la vie du quartier.

Mash INTERNATIONAL **$$**
(carte p. 48 ; ✆015-6829-6829 ; Mexico 518 ; plats 42-60 ARS ; ⏲dîner mar-sam). Tenu par un couple d'homosexuels anglo-argentin, ce bar-restaurant douillet de San Telmo propose une petite carte de savoureux plats exotiques, du poulet tandoori aux *fajitas* et du curry vert thaïlandais à l'agneau *rogan josh*.

LA BOCA

Il Matterello ITALIEN $$
(carte p. 58 ; ☎4307-0529 ; Martín Rodríguez 517 ; plats 40-65 ARS ; ⏲déj mar-dim, dîner mar-sam). Cette trattoria génoise sert une cuisine sublime. Les lasagnes bolognaises et les *tagliatelle alla rucola* (tagliatelles à la roquette) font partie des vieilles recettes de la famille. Les *tortelli verde* (petites pâtes farcies de fromage et d'ail) vous laisseront un souvenir impérissable ; la sauce carbonara est renommée.

El Samovar de Rasputín ARGENTIN $
(carte p. 58 ; ☎4302-3190 ; De Valle Iberlucea 1251 ; plats 25-45 ARS ; ⏲10h-20h mer-dim). Dans ce vénérable restaurant plein de cachet, installez-vous en terrasse par beau temps. La cuisine reste classique – pâtes, sandwichs, *milanesas* (escalopes milanaises) et *parrilla* – mais on danse le tango le week-end, tandis que résonnent les percussions du candomblé (musique latino-américaine d'origine africaine) à proximité.

RETIRO

Filo ITALIEN $$
(carte p. 60 ; ☎4311-0312 ; San Martín 975 ; plats 50-70 ARS, pizzas 40-60 ARS ; ⏲déj et dîner). Ce restaurant bohème propose 20 sortes de pizzas et 10 variétés de salades (essayez celle au saumon fumé), des paninis, des pâtes, des plats de viande et de multiples desserts.

Dadá INTERNATIONAL $$
(carte p. 60 ; ☎4814-4787 ; San Martín 941 ; plats 39-64 ARS ; ⏲12h-3h lun-sam). Ce petit établissement bohème ressemble à un bistrot parisien. Installez-vous dans un coin et commandez un plat de viande, de poisson ou de pâtes. Les barmen préparent à merveille les cocktails.

Gran Bar Danzón INTERNATIONAL $$$
(carte p. 60 ; ☎4811-1108 ; Libertad 1161 ; plats 65-95 ARS ; ⏲dîner). Dans ce salon bar-restaurant branché et fréquenté, de nombreux vins sont servis au verre. Choisissez celui qui accompagnera les travers de porc, le confit de canard, l'osso-buco ou les sushis.

Sipan PÉRUVIEN $$$
(carte p. 60 ; ☎4315-0763 ; Paraguay 624 ; plats 70-130 ARS ; ⏲déj et dîner lun-sam). Ce beau restaurant nippo-péruvien sert de copieux plats traditionnels ou d'inspiration asiatique, à partager à deux ; essayez le "rouleau Sipan" (avec crevettes, crabe, avocat et fromage) et l'un des ceviches épicés.

À NE PAS MANQUER

LE TOP DES RESTAURANTS "À PORTES FERMÉES"

Les *puertas cerradas*, ou restaurants "à portes fermées", sont installés dans les demeures des chefs et offrent une ambiance sélecte. Attendez-vous à des tables communes et à des convives souvent intéressants. Vous obtiendrez l'adresse après réservation.

Casa Saltshaker (www.casasaltshaker.com). Le chef Dan Perlman propose d'éclectiques créations méditerranéennes.

Casa Felix (www.colectivofelix.com). Diego Felix et Sanra Ritten servent un menu raffiné à base de poisson, ainsi que des plats végétariens ou végétaliens sur demande.

Cocina Sunae (www.cocinasunae.com). La chef Christina Sunae mitonne une délicieuse cuisine d'Asie du Sud-Est, parfois épicée.

Casa Mun (www.casamun.com). Le chef Mun concocte de savoureux plats asiatiques fusion en mêlant des influences japonaise, coréenne, chinoise et californienne.

RECOLETA ET BARRIO NORTE

Oviedo MÉDITERRANÉEN $$$
(carte p. 64 ; ☎4822-5415 ; Beruti 2602 ; plats 70-110 ARS ; ⏲déj et dîner). Le chef Martín Rabaudino supervise l'une des meilleures cuisines de la ville. Le restaurant est très élégant, avec un service professionnel et une ambiance raffinée. Parmi les plats alléchants figurent le bœuf de Kobé accompagné de haricots verts, le filet de truite avec une terrine de champignons et l'agneau de Patagonie. Excellente carte des vins.

Natural Deli CAFÉ-TRAITEUR $
(carte p. 64 ; ☎4822-1228 ; Laprida 1672 ; plats 40-48 ARS ; ⏲8h-minuit lun-sam, 9h-minuit dim ; 🖉). Ce traiteur bio moderne offre de délicieux produits naturels. Choisissez parmi les sandwichs et wraps inventifs, les salades ou les tartes végétariennes. Vous pouvez ajouter de l'échinacée et du ginseng aux jus de fruits et *licuados* et il y a même un petit rayon d'aliments diététiques. Une autre **succursale** (carte p. 64 ; Gorostiaga 1776) abrite un atelier de yoga et d'acupuncture.

LES GLACIERS DE BUENOS AIRES

En raison de son héritage italien, l'Argentine produit des glaces (*helados*) parmi les meilleures au monde. Entrez dans une *heladería* (glacier), commandez un cône – à payer à l'avance – et régalez-vous ; *granizado* signifie "avec des pépites de chocolat".

Voici quelques-unes des excellentes *heladerías* de la capitale :

Dylan (carte p. 48 ; Perú 1086, San Telmo)

Freddo Barrio Norte (carte p. 60 ; Av Santa Fe 1600) ; Palermo (carte p. 64 ; Armenia 1618). De nombreuses succursales ; consultez www.freddo.com.ar

Heladería Cadore (carte p. 48 ; Av Corrientes 1695, Congreso)

Persicco Las Cañitas (carte p. 64 ; Migueletes 886) ; Palermo (carte p. 64 ; angle Honduras et Gurruchaga) ; Palermo (carte p. 64 ; Salguero 2591)

Una Altra Volta Palermo (carte p. 64 ; Av del Libertador 3060) ; Recoleta (carte p. 60 ; angle Quintana et Ayacucho)

Vía Flaminia (carte p. 48 ; Av Florida 121, Microcentro)

Veikko (carte p. 64 ; Chenaut 1790, Las Cañitas)

Cumaná ARGENTIN $

(carte p. 60 ; ☎4813-9207 ; Rodriguez Peña 1149 ; plats 27-32 ARS ; ⏲déj et dîner). Le Cumaná sert de délicieuses *cazuelas* (ragoûts) composées de courge, de maïs, de pommes de terre et/ou de viande, entre autres ingrédients. Il propose aussi des pizzas, des *empanadas* et des pâtes. Venez tôt pour obtenir une table !

Rodi Bar ARGENTIN $$

(carte p. 60 ; ☎4801-5230 ; Vicente López 1900 ; plats 35-88 ARS ; ⏲7h-2h lun-sam). Ce restaurant traditionnel à l'atmosphère délicieusement surannée offre une cuisine simple et abordable. Sa longue carte satisfera tous les goûts, des assiettes composées à prix doux à des plats plus élaborés, comme la langue de bœuf marinée.

Como en Casa ARGENTIN $

(carte p. 60 ; ☎4816-5507 ; Riobamba 1239 ; plats 35-48 ARS ; ⏲8h-minuit mar-sam, 8h-20h30 dim-lun). Ce somptueux café-restaurant à l'ambiance élégante possède un patio ombragé avec une grande fontaine et entouré de bâtiments historiques – idéal par beau temps. Petite sélection de plats.

El Sanjuanino ARGENTIN $

(carte p. 60 ; ☎4805-2683 ; Posadas 1515 ; plats 30-50 ARS ; ⏲déj et dîner). L'une des adresses les moins chères de Recoleta, prisée des habitants et des touristes désargentés. Installez-vous à l'étage principal ou au sous-sol et commandez des *empanadas* épicées, des *tamales* ou un *locro* (ragoût relevé), à déguster sur place ou à emporter dans l'un des parcs proches.

PALERMO

♥ **Sarkis** MOYEN-ORIENTAL $$

(carte p. 64 ; ☎4772-4911 ; Thames 1101 ; plats 28-58 ARS ; ⏲déj et dîner). Établi de longue date, ce restaurant sert une succulente cuisine du Moyen-Orient. En entrée, choisissez des *boquerones* (anchois marinés) ou des *hojas de repollo rellenas* (feuilles de vigne farcies), puis continuez avec de l'agneau en sauce au yaourt. Le soir, du dimanche au jeudi, un diseur de bonne aventure lit l'avenir dans le marc de café des convives.

♥ **Olsen** SCANDINAVE $$$

(carte p. 64 ; ☎4776-7677 ; Gorriti 5870 ; plats 70-80 ARS ; ⏲déj et dîner mar-sam, 10h30-20h dim). Réputé pour son brunch du dimanche, l'Olsen est également une bonne adresse pour un dîner ; commandez du poulet bio au fromage de chèvre ou des *ñoquis* (gnocchis) au poisson. Le déjeuner est proposé à prix fixes (60-70 ARS) ; par beau temps vous pouvez vous asseoir dans le superbe jardin en façade. Le bar, fréquenté, sert plus de 60 sortes de vodkas, soigneusement conservées à -18°.

Las Pizarras INTERNATIONAL $$

(carte p. 64 ; ☎4775-0625 ; Thames 2296 ; plats 55-68 ARS ; ⏲dîner dim-mar). Dans ce restaurant sans prétention, le chef Rodrigo Castilla mitonne une palette changeante de plats divers, tel du gibier grillé ou du lapin farci de cerises et de pistaches. Vous pouvez aussi choisir le risotto aux asperges et aux champignons ou des pâtes maison.

Le menu inscrit sur un tableau ajoute à l'ambiance détendue.

Don Julio PARRILLA $$
(carte p. 64 ; ☎ 4832-6058 ; Guatemala 4699 ; plats 40-90 ARS ; ⏰déj et dîner). *Parrilla* chaudement recommandée pour ses fantastiques plats de viande, elle est aussi bonne que ses voisins plus chics, dans une ambiance bien plus traditionnelle. Agréable emplacement en angle, avec terrasse, et bonne carte des vins.

Miranda PARRILLA $$$
(carte p. 64 ; ☎4771-4255 ; Costa Rica 5602 ; plats 60-80 ARS ; ⏰déj et dîner). *Parrilla* moderne et branchée avec des murs de béton et de hauts plafonds, le Miranda est surtout prisé pour sa viande excellente, grillée à la perfection. Par beau temps, essayez d'obtenir une table en terrasse.

Bio VÉGÉTARIEN $$
(carte p. 64 ; ☎4774-3880 ; Humboldt 2199 ; plats 50-55 ARS ; ⏰déj tlj, dîner mar-dim ; 🖉). Un restaurant sans prétention qui sert une cuisine végétarienne à base de produits bio : risotto de quinoa, curry de seitan, fricassée de champignons, tofu à la moutarde avec du riz *yamani*.

Novecento INTERNATIONAL $$
(carte p. 64 ; ☎4778-1900 ; Av Báez 199 ; plats 40-77 ARS ; ⏰déj et dîner). Cet élégant restaurant de quartier sert des brunchs le week-end ; commandez du pain perdu, des œufs Bénédicte ou des gaufres au coulis de figue, ou choisissez la formule à volonté avec les plats apportés à votre table (154 ARS pour deux). Au dîner, vous pourrez vous régaler, entre autres, d'agneau de Patagonie ou de *farfalle* au saumon.

Azema INTERNATIONAL $$$
(carte p. 64 ; ☎4774-4191 ; AJ Carranza 1875 ; plats 65-80 ARS ; ⏰dîner lun-sam). Tenu par le chef excentrique Paul-Jean Azema (qui a notamment cuisiné pour Kurt Cobain), ce restaurant sert une "cuisine coloniale française" épicée, intéressant mélange de saveurs asiatiques, françaises et argentines. La carte comporte aussi bien des rouleaux de printemps vietnamiens et une salade de poulet tandoori que du lapin à la moutarde de Dijon et au chardonnay. Les plats de poisson sont excellents.

La Fábrica del Taco MEXICAIN $
(carte p. 64 ; ☎4832-0815 ; Gorriti 5062 ; tacos 10-14 ARS ; ⏰déj et dîner mar-dim). Cette *taqueria* pittoresque et détendue ne déparerait pas sur une plage mexicaine. En façade, un cuisinier mexicain prépare de savoureux tacos – *al pastor, carne asada, pollo con queso, vegetariano*. Vous pourrez même boire une *agua fresca de tamarindo* (jus de tamarin frais). Le *chimichurri* (sauce composée d'huile d'olive, d'ail et de persil) est typiquement argentin.

El 22 Parrilla PARRILLA $
(carte p. 64 ; ☎4778-1095 ; Carranza 1950 ; plats 30-50 ARS ; ⏰déj et dîner). Exception dans

VÉGÉTARIEN À BUENOS AIRES

Si l'Argentine est mondialement réputée pour ses succulentes viandes grillées, les végétariens et végétaliens ne seront pas pour autant condamnés au jeûne.

La plupart des restaurants, y compris les *parrillas* (restaurants de grillades), servent quelques plats qui conviendront à la plupart des végétariens, telles les salades, les omelettes, les pizzas et les pâtes. Sur une carte, la mention *sin carne* signifie "sans viande". La phrase *soy vegetariano/a* (je suis végétarien/ne) expliquera à un Argentin pourquoi vous refusez de manger un steak délicieux.

Granix (p.79) et **Saatva** (carte p. 48 ; ☎4374-5125 ; Montevideo 446 ; ⏰déj mar-dim, dîner sam-dim) se situent près du Microcentro. **Pura Vida** (p. 86) propose des cocktails de fruits nourrissants et quelques en-cas végétariens. **Broccolino** (p. 79), spécialisé dans les pâtes, offre de nombreux choix végétariens.

Palermo Viejo compte des établissements plus haut de gamme, dont **Bio** (ci-dessus), **Meraviglia** (p. 84) et **Artemesia** (carte p. 64 ; ☎4776-5484 ; Gorriti 5996 ; ⏰déj et dîner). Établie de longue date, **La Esquina de las Flores** (carte p. 64 ; ☎4832-8528 ; Gurruchaga 1630 ; ⏰8h30-20h lun-ven, 8h30-20h30 sam, 10h-18h dim) est une cafétéria végétarienne/boutique diététique.

Même les adeptes du cru disposent d'une adresse. Consultez le site www.cocinaverde.com pour vous faire livrer des aliments crus, végétaliens et bio si possible.

le chic Palermo Viejo, cette *parrilla* sans prétention sert d'énormes portions à petits prix. Les plats du jour proposés à midi sont encore plus avantageux, surtout si vous obtenez une table en terrasse.

El Primo PARRILLA $$
(carte p. 64 ; ☎4772-8441 ; Baéz 302 ; plats 30-70 ARS ; ⊙déj mar-dim, dîner tlj). Une *parrilla* classique et populaire dans le quartier branché de Las Cañitas. Commandez une demi-portion de *vacío* (de préférence *jugoso* ; saignant) ou des brochettes, la spécialité maison.

Las Cholas ARGENTIN $$
(carte p. 64 ; ☎4899-0094 ; Arce 306 ; plats 35-60 ARS ; ⊙déj et dîner). Une bonne cuisine, un cadre branché et des prix décents expliquent le succès de Las Cholas. Les plats argentins traditionnels, comme le *locro* et les *cazuelas* (ragoûts), justifient la dépense et la *parrilla* est excellente. Préparez-vous à une attente, et à un service moyen.

Meraviglia INTERNATIONAL $
(carte p. 64 ; ☎4775-7949 ; angle Gorriti et Angel J Carranza ; plats 35-40 ARS ; ⊙9h-19h lun et mer, 9h-minuit jeu-ven, 10h30-19h sam-dim ; ✎). Clair et spacieux, ce café végétarien propose une carte réduite de qualité supérieure : yaourt et muesli maison au petit-déjeuner, salades, tartes et sandwichs bien préparés au déjeuner ou en-cas en fin d'après-midi. Tout est fraîchement préparé, essentiellement avec des ingrédients bio, et quelques produits bio sont vendus sur place.

♥ **Siamo nel Forno** PIZZERIA $$
(carte p. 64 ; ☎5290-9529 ; Costa Rica 5886 ; petites pizzas 50-60 ARS ;⊙dîner mar-dim). Sans doute les meilleures pizzas de la ville, préparées avec des ingrédients de qualité et cuites au feu de bois.

La Cabrera PARRILLA $$$
(carte p. 64 ; ☎4831-7002 ; Cabrera 5099 et 5127 ; plats 70-100 ARS ; ⊙déj et dîner). Très courue pour ses excellentes grillades, chères mais servies avec de nombreux accompagnements. Deux adresses, situées à une centaine de mètres l'une de l'autre.

Cusic INTERNATIONAL $
(carte p. 64 ; ☎4139-9173 ; El Salvador 6016 ; plats 33-40 ARS ; ⊙10h-20h mer-dim). Un bistrot ravissant qui propose de délicieux sandwichs, salades et petits-déjeuners. Tirez la cuillère pour sonner.

Las Cabras ARGENTIN $$
(carte p. 64 ; ☎5197-5303 ; Fitz Roy 1795 ; plats 42-55 ARS ; ⊙déj et dîner). Des spécialités du nord du pays et des *parrillas* d'un bon rapport qualité/prix dans une ambiance détendue et branchée. Les portions sont généreuses et l'adresse prisée ; arrivez tôt ou armez-vous de patience.

Hola! Sinión Shawarma MOYEN-ORIENTAL $
(carte p. 64 ; ☎4834-6118 ; Honduras 5328 ; shawarma 22-27 ARS ; ⊙déj et dîner lun-sam). De bons shawarmas à petits prix et de gigantesques burritos farcis de viande, de légumes et de *salsa*. Places limitées.

Où prendre un verre

Les cafés font partie intégrante de la vie des *Porteños*, qui les fréquentent assidûment. Il en existe une multitude, et certains cafés anciens conservent l'atmosphère d'une époque révolue. Ils servent pour la plupart petit-déjeuner, déjeuner et dîner et des en-cas toute la journée. Généralement, ils ouvrent tôt le matin et ferment tard le soir.

Dans une ville qui ne dort jamais, trouver un endroit plaisant pour un verre ne pose pas de problème. Que vous recherchiez un bar branché, un pub irlandais, un café traditionnel ou un bar sportif, vous n'aurez que l'embarras du choix.

Si les Argentins se contentent souvent de boire modérément, ils aiment prolonger les soirées jusque tard, et la plupart des bars et des cafés restent ouverts jusqu'à 2 ou 3h, voire 5h le week-end ou jusqu'au départ du dernier client.

Si vous souhaitez passer une soirée en compagnie de jeunes fêtards, rejoignez le **Buenos Aires Pub Crawl** (☎15-5464-1886 ; www.pubcrawlba.com).

CONGRESO

Café de los Angelitos CAFÉ TRADITIONNEL
(carte p. 48 ; ☎4952-2320 ; Av Rivadavia 2100). L'ancien Bar Rivadavia, jadis un repaire de poètes, de musiciens et même de criminels, a retrouvé son lustre d'antan après rénovation, avec un cadre élégant et des serveurs en tenue chic. En soirée, il offre de beaux spectacles de tango à prix fort ; réservation indispensable.

Clásica y Moderna CAFÉ TRADITIONNEL
(carte p. 60 ; ☎4812-8707 ; Av Callao 892). Prisé des intellectuels depuis sa création en 1938, ce café-librairie cosy et intime s'agrémente de murs de brique et d'un bel éclairage.

Il sert d'excellents repas et propose régulièrement des concerts de musique folklorique, de jazz et de tango.

El Gato Negro SALON DE THÉ, CAFÉ
(carte p. 48 ; ☎4374-1730 ; Av Corrientes 1669). Des vitrines en bois remplies de thé et un arôme épicé vous accueillent dans ce petit paradis. Savourez un café ou un thé d'importation avec de délicats *sandwiches de miga* (sandwichs de fines tranches de pain blanc). Le thé est vendu au poids, ainsi que des épices et des herbes exotiques.

Debar BAR
(carte p. 48 ; ☎4381-6876 ; Av Rivadavia 1132). Bar fréquenté dans un quartier peu réputé pour sa vie nocturne, le Debar privilégie la musique internationale et les soirées à thème musical (comme la pop britannique). Des employés viennent pour un *trago* (verre) à la sortie des bureaux, tandis que voyageurs et expatriés arrivent plus tard. Si vous aimez les boissons sucrées, essayez le *postrecito*, un cocktail maison composé de Kahlua et de Bailey's.

RECOLETA

La Biela CAFÉ TRADITIONNEL
(carte p. 60 ; ☎4804-0449 ; Av Quintana 600). Institution de Recoleta, La Biela accueille la haute société portègne depuis les années 1950, quand des champions de courses automobiles venaient y faire la fête. La terrasse en façade est fantastique par beau temps, notamment pendant le marché du week-end, mais les prix sont majorés de 20%.

Milión BAR À COCKTAILS
(carte p. 60 ; ☎4815-9925 ; Paraná 1048). Élégant et séduisant, ce bar est installé dans une demeure rénovée. Les meilleures tables se situent sur le balcon à l'arrière, qui surplombe un merveilleux jardin verdoyant. Une belle sélection de tapas accompagne un vaste choix de cocktails (payez d'abord, puis attirez l'attention du barman !). Au rez-de-chaussée, un restaurant sert des plats internationaux.

Casa Bar BAR SPORTIF
(carte p. 60 ; ☎4816-2712 ; Rodríguez Peña 1150). Aménagé par un expatrié américain dans une vieille maison, ce bar plaisant propose des dizaines de bières, du football américain et du base-ball à la TV, d'excellentes ailes de poulet épicées et parfois un brunch le dimanche. La clientèle se compose d'Argentins et d'étrangers.

DÉGUSTATIONS DE VINS

Si vous appréciez le vin, des dégustations vous permettront de découvrir les meilleurs crus d'Argentine.

La **Casa Coupage** (☎4833-6354 ; www.casacoupage.com.ar), tenue par un sympathique couple de sommeliers argentins, propose des dégustations de vins, éventuellement associées à des repas, dans un bel appartement de Palermo Soho.

Né aux États-Unis, Daniel Karlin organise des dégustations de millésimes avec repas adaptés dans son charmant bar-loft de Palermo, **Anuva Wines** (☎15-5768-8589 ; www.anuvawines.com).

Nigel Tollerman (☎4966-2500 ; www.0800-vino.com), un Britannique dynamique, propose des dégustations privées dans sa cave. Il peut également livrer de bons vins à votre hôtel ou les conserver dans des conditions idéales.

El Alamo BAR SPORTIF
(carte p. 60 ; ☎4813-7324 ; Uruguay 1175). El Alamo attire les expatriés avec des retransmissions sportives à la TV, une bonne musique, des plats de brasserie et des jeux à boire le mardi soir. Bière gratuite pour les femmes de 16h au début de la soirée et pichets à prix réduit durant l'happy hour.

Nucha CAFÉ MODERNE
(carte p. 60 ; ☎4813-9507 ; Paraná 1343). Cheesecakes, medialunas (croissants) ou gâteaux marbrés, vous trouverez certainement une douceur dans l'alléchant comptoir de pâtisseries pour accompagner un thé, un café glacé ou un maté. Bondé à midi pour ses savoureux sandwichs et dans l'après-midi pour le thé, ce ravissant café sert aussi le petit-déjeuner.

MICROCENTRO

La Cigale BAR
(carte p. 48 ; ☎4893-2332 ; 25 de Mayo 597). Une foule de tous âges et de toutes nationalités se presse dans ce salon-bar du centre-ville. Le bar incurvé du rez-de-chaussée propose de bons cocktails, tels le mojito et le *Latin lover*, une carte avec 10 sortes de burgers et un happy hour jusqu'à 22h. À l'étage, musique live et DJ entretiennent l'ambiance ; on danse jusqu'au petit matin le week-end et la “soirée française” avec DJ le mardi est réputée.

Café Tortoni CAFÉ TRADITIONNEL
(carte p. 48 ; ☎4342-4328 ; Av de Mayo 825). Les jours d'affluence, les touristes font la queue pour entrer dans le café le plus célèbre de Buenos Aires. Le service est collet monté, voire impoli, et les prix exagérés, mais cet emblème de la ville conserve une séduisante ambiance classique. En soirée, il offre des spectacles de tango relativement abordables (voir p. 92).

London City CAFÉ TRADITIONNEL
(carte p. 48 ; ☎4343-0328 ; Av de Mayo 599). Établi depuis plus de 55 ans, cet élégant café se revendique comme l'endroit où Julio Cortázar écrivit son premier roman. Votre principale tâche consistera à choisir l'appétissante pâtisserie qui accompagnera votre café.

La Puerto Rico CAFÉ TRADITIONNEL
(carte p. 48 ; ☎4331-2215 ; Adolfo Alsina 416). L'un des cafés historiques de la ville, il existe depuis 1887 et n'est pas trop touristique. À une rue au sud de la Plaza de Mayo, il sert un excellent café et des pâtisseries maison. Les photos sur les murs évoquent un riche passé et les films espagnols tournés ici.

Pura Vida BAR À JUS DE FRUITS
(carte p. 48 ; ☎4393-0093 ; Reconquista 516 ; jus de fruits 18-25 ARS, en-cas 26-35 ARS ; ⏲9h-17h lun-ven). Choisissez parmi les jus de fruits et légumes pressés ou mixés et ajoutez éventuellement germe de blé, yaourt, spiruline (algue en poudre) ou pollen ; le Green Monster – céleri, concombre et pomme – est particulièrement rafraîchissant. Sandwichs, wraps et salades sont également proposés.

SAN TELMO

La Puerta Roja BAR
(carte p. 48 ; ☎4362-5649 ; Chacabuco 733). Il n'y a pas d'enseigne et vous devez sonner pour entrer. À l'intérieur, vous découvrirez une bonne musique, une ambiance détendue, des meubles bas dans la salle principale et une table de billard au fond. Venez tôt pour obtenir une bonne place et savourer les plats excellents à petits prix ; il reste peu d'espace pour dîner plus tard dans la soirée. Les plus aventureux essaieront le cocktail "chili bomb".

Gibraltar PUB
(carte p. 48 ; ☎4362-5310 ; Perú 895). Un pub classique d'expatriés avec une atmosphère cosy et un comptoir plaisant pour ceux qui voyagent seuls. La carte comprend de bons plats thaïlandais, indiens et anglais, ainsi que des sushis le dimanche. Billard et patio fumeurs à l'arrière ; bar à cigares et cocktails à l'étage.

Los del Barco BAR
(carte p. 48 ; ☎4331-3004 ; Bolívar 684). Bonne adresse pour les couche-tard à San Telmo, ce bar sympathique et sans prétention ouvre jusqu'à 5h du mardi au samedi. Pizzas, sandwichs et burgers à prix doux accompagnent à merveille le mojito maison. La musique, éclectique, mêle rock, soul, funk, ska, années 1970 et 1980.

Doppelgänger BAR À COCKTAILS
(carte p. 58 ; ☎4300-0201 ; Av Juan de Garay 500). Ce bar haut de gamme propose des dizaines de cocktails créatifs, ainsi qu'une carte de restauration.

Indie Bar BAR
(carte p. 48 ; ☎4307-0997 ; Av Paseo Colón 843). Les clients seuls apprécient le personnel sympathique et les cocktails originaux. Le week-end, discothèque et DJ au sous-sol.

PALERMO

Magdalena's Party BAR
(carte p. 64 ; ☎4833-9127 ; Thames 1795). Un peu sophistiqué mais détendu, ce bar fréquenté, à la direction internationale, offre un bon service et une *buena onda* (bonne ambiance). Des DJ mixent du jeudi au samedi soir et les consommations abordables en font une adresse prisée en début de soirée ; essayez le pichet de vodka-limonade. Happy hour de 20h à minuit tous les jours, savoureuse cuisine internationale, (dont des burgers maison et des burritos de poisson), café bio et brunch le week-end.

Sugar BAR
(carte p. 64 ; ☎4831-3276 ; Costa Rica 4619). Dans Palermo Soho, ce bar est très couru pour son happy hour qui dure de 19h à minuit – pintes, verres de vin ou cocktails à 12 ARS. La clientèle se compose essentiellement d'étudiants étrangers et d'expatriés. Excellente musique éclectique, de James Brown aux Killers. Consommation minimum exigée du jeudi au samedi.

Congo BAR À COCKTAILS
(carte p. 64 ; ☎4833-5857 ; Honduras 5329). Ce joli bar branché comprend un patio à l'arrière, bondé les chaudes nuits d'été, et d'élégants salons aux meubles bas. Des DJ officient presque tous les soirs, les cocktails sont corsés et on peut dîner sur place.

878 BAR
(carte p. 64 ; ☎4773-1098 ; Thames 878). Une merveille d'élégance, avec de beaux fauteuils et des murs en brique rouge. La carte comporte plus de 100 sortes de whiskies, ainsi que des cocktails classiques ou originaux. Jazz, bossa-nova et rock en fond sonore.

Office BAR
(carte p. 64 ; ☎2050-3942 ; Avévalo 3031). Le petit toit-terrasse constitue son principal atout. Carte américaine : hamburgers, ailes de poulet et *quesadillas*.

Frank's Bar BAR À COCKTAILS
(carte p. 64 ; ☎4777-6541 ; Arévalo 1445). Somptueux bar clandestin qui "exige" un mot de passe à l'entrée (via une cabine téléphonique). Curieux n'est-ce pas ?

Geno's Beer Bar BAR À BIÈRES
(carte p. 64 ; ☎4771-7593 ; Guatemala 5499). Plus de 40 sortes de bières, ainsi qu'une soupe et une glace à la bière !

El Carnal BAR
(carte p. 64 ; ☎4772-7582 ; Niceto Vega 5511). Le toit-terrasse, avec ses fauteuils en bambou et ses rideaux qui oscillent au gré du vent, est idéal pour prendre le frais un soir d'été. Reggae le mercredi, pop et rythmes des années 1980 le samedi. Le jeudi, vous pourrez ensuite aller tester les boissons réputées du Niceto Club, le célèbre night-club de l'autre côté de la rue.

Shanghai Dragon PUB
(carte p. 64 ; ☎4778-1053 ; Aráoz 1199). Nouvel établissement des propriétaires des fameux pubs Gibraltar et Bangalore, avec une cuisine chinoise à prix doux.

Mundo Bizarro BAR
(carte p. 64 ; ☎4773-1967 ; Serrano 1222). Rétro et stylé, ce salon-bar ouvre toute la nuit le week-end, quand la musique varie des vieux tubes américains et du jazz aux DJ branchés. Soirée sushis le lundi, réduction de 20% sur les consommations avant minuit le mercredi et barre de *pole dance* disponible tous les soirs pour les clientes désireuses d'attirer l'attention.

Van Koning PUB
(carte p. 64 ; ☎4772-9909 ; Av Báez 325). Rustique et intime, ce pub de Las Cañitas ressemble à un navire du XVIIe siècle avec ses poutres en bois sombre, ses bougies et ses meubles massifs. Les expatriés hollandais s'y pressent le premier mercredi du mois.

Nombre d'hôtels et de restaurants de Palermo se doublent d'excellents bars, tels le **Home Hotel** (p. 77), le **Casa Cruz** (carte p. 64 ; ☎4833-1112 ; Uriarte 1658) ou le **Bangalore** (carte p. 64 ; ☎4779-2621 ; Humboldt 1416). Pour découvrir les endroits les plus branchés, rejoignez la Plaza Serrano, dans Palermo Viejo, et entrez dans l'un des nombreux bars qui entourent la place.

☆ Où sortir

Représentations théâtrales, films indépendants ou contemporains, sulfureux spectacles de tango, fêtes survoltées ou matchs enfiévrés, la capitale offre d'innombrables possibilités de sortie.

La plupart des journaux comprennent des rubriques consacrées aux divertissements ; le *Buenos Aires Herald* en publie une en anglais appelée *Get Out*. Consultez aussi les sites www.vuenosairez.com (en espagnol) et www.argentinaindependent.com (en anglais).

Pour les principales salles, il faut souvent réserver auprès de **Ticketek** (☎5237-7200 ; www.ticketek.com.ar), qui facture le service. Les *carteleras* (billetteries discount) vendent des billets à prix réduit de 30% à 50% pour de nombreux spectacles – tango, théâtre, cinéma, concerts et même pour des restaurants. En voici trois :

Cartelera Baires (carte p. 48 ; www.cartelerabaires.com ; Av Corrientes 1382). Dans la Galería Apolo.

Cartelera Espectáculos (carte p. 48 ; ☎4322-1559 ; www.123info.com.ar ; Lavalle 742). Dans la rue piétonne Lavalle.

Cartelera Vea Más (carte p. 48 ; ☎6320-5319 ; www.veamasdigital.com.ar ; Av Corrientes 1660, local 2)

Spectacles de tango

Les spectacles de tango destinés aux touristes sont courants ; si les puristes déplorent leur manque d'authenticité, ils ne sont pas mauvais pour autant. Des spectacles modestes, plus intimes et moins coûteux, n'offrent pas de mise en scène théâtrale ni de changement de costume. Pour des billets à prix réduit, adressez-vous aux *carteleras*.

Le site www.tangotix.com comporte des critiques de quelques spectacles et vous aidera à faire votre choix ; il vend aussi des billets à prix réduit.

(Suite page 92)

Le tango

Histoire du tango

L'atmosphère est lourde, enfumée, sombre. Assise seule à l'une des petites tables installées en bordure de piste, une femme portant une jupe fendue et des chaussures à talons hauts regarde nonchalamment autour d'elle, à l'affût d'un signe discret. Ses yeux s'arrêtent soudain sur un inconnu, à plusieurs tables de là. Il incline brièvement la tête : c'est le signal, le *cabeceo*. Elle attend un instant, puis hoche la tête à son tour, dans un petit sourire. L'inconnu se lève. Elle va à sa rencontre sur la piste de danse.

L'histoire du tango et de ses rites chargés de mystère est aussi longue que complexe. On ne sait pas exactement où et quand il est né, mais on pense qu'il est apparu à Buenos Aires dans les années 1880.
À cette époque, les immigrés européens, pour la plupart des hommes pauvres, arrivaient en masse en Argentine pour y tenter fortune. Loin de leurs épouses et de leurs pays, les nouveaux venus venaient chercher le réconfort dans les cafés et les maisons closes. Là, avec les serveuses et les filles de joie qu'ils fréquentaient, ils donnèrent naissance à une danse, presque un art martial, où se mêlent machisme, passion et désir.

De petits orchestres accompagnèrent bientôt les danseurs, jouant une musique dans laquelle on retrouvait à la fois la *milonga* de la Pampa, des mélodies italiennes et espagnoles, et le rythme du *candombe* africain. Le bandonéon, qui reste l'instrument indispensable à tout orchestre de tango, fit alors son apparition. Imprégné de nostalgie, le chant témoignait de la nouvelle existence des immigrés, évoquant un mode de vie révolu, mais aussi l'image de la mère, la camaraderie masculine et la trahison des femmes.

Les morceaux comportaient parfois des paroles très crues.

S'il horrifiait les élites en place, le caractère vulgaire attaché au tango parvint à séduire quelques jeunes rebelles de la haute société. Ils amenèrent le tango à Paris, où l'on s'enthousiasma : sur les pistes de danse des cabarets chics, le désir pouvait s'exprimer de manière acceptable. La mode s'étendit à l'Europe et parvint même aux États-Unis. Pour certains, 1913 fut "l'année du tango", et lorsque la danse, désormais célèbre et plus élaborée, revint à Buenos Aires, elle s'était dotée d'une respectabilité méritée. L'âge d'or du tango commençait à peine.

1. Au Café Tortoni (p. 92) **2.** Museo Casa Carlos Gardel (p. 63) **3.** La passion du tango

KRZYSZTOF DYDYNSKI/LONELY PLANET IMAGES ©

2

DANITA DELIMONT/GETTY ©

3

TIPS IMAGES/TIPS ITALIA SRL A SOCIO UNICO /ALAMY ©

Danser le tango dans une milonga

Les *milongas* (salles et soirées de tango) sont légion à Buenos Aires : de l'authentique institution au cadre délicieusement suranné au hangar branché où l'on danse en jeans, il y en a décidément pour tous les goûts.

Dans une *milonga* traditionnelle, trouver un bon partenaire de niveau similaire passe par toute une série de codes, de règles et de signes complexes que les danseurs respectent à la lettre. Certains hommes, par peur d'être "coincé" avec une danseuse qui ne leur plaît pas, attendent parfois deux morceaux avant d'inviter une inconnue : la politesse veut en effet qu'on ne change pas de partenaire avant la fin de chaque session, qui compte quatre morceaux. Mais si votre partenaire vous remercie d'un sec "*gracias*" après un seul morceau, considérez-vous comme dispensé(e) de vous plier à cette règle...

Votre emplacement aux abords de la piste de danse revêt une importance stratégique. Les places idéales se trouvent à proximité de la piste et dans la ligne de mire des autres danseurs. Les célibataires occupent souvent les tables de devant, les couples restant un peu en retrait. Ces derniers sont en effet jugés "intouchables" ; s'ils souhaitent danser avec d'autres partenaires, ils arriveront séparément, ou bien l'homme invitera une autre danseuse, libérant du même coup "sa" compagne.

Le *cabeceo* – bref mouvement de la tête accompagné d'un discret regard et d'un imperceptible haussement de sourcil – peut venir de l'autre bout de la pièce. La femme à laquelle il s'adresse peut prétendre n'avoir rien remarqué. Si vous ne souhaitez pas danser, évitez de jeter des regards un peu partout autour de vous, vous risqueriez de laisser des cœurs brisés.

Plusieurs *milongas* peuvent se tenir dans un même lieu, à des horaires et jours différents. En fonction de leur organisateur, elles diffèrent parfois par l'ambiance, le style, la musique ou la disposition des tables, et du même coup, attirent des danseurs d'âges et de niveaux différents.

Vous trouverez une (longue) liste de *milongas* et de professeurs sur www.caseronporteno.com/tangomap.php.

Des cours de tango sont souvent proposés dans les mêmes salles que les *milongas*, quelques heures avant. Mais vous en trouverez un peu partout, des auberges de jeunesse aux centres culturels – des leçons sont même parfois offertes gratuitement quand vous réservez pour un spectacle de tango. Les cours orientés vers les touristes sont souvent dispensés en anglais.

Mais qu'a donc le tango de si particulier ? À en croire les danseurs chevronnés, une rencontre *tanguera* réussie avec un parfait inconnu provoque un bonheur et des sensations incomparables. Le tango peut même rendre dépendant. Certaines personnes ayant goûté à la sensualité et à la beauté des mouvements de cette danse peuvent passer le reste de leur vie à tenter d'atteindre une perfection inaccessible. L'authentique *tanguero* s'efforce de rendre l'expérience aussi élégante que possible.

MILONGAS

» Salon Canning
» Niño Bien
» Club Gricel
» Confitería Ideal

Pour en savoir plus sur ces *milongas* et d'autres encore, voir p. 92.

1. Du cours de tango... **2.** ...à la pratique dans une *milonga* (p. 92)

1

JAVIER PIERINI/GETTY ©

2

ALISON WRIGHT/CORBIS ©

(Suite de la page 87)

Certaines *milongas* (académies de tango) proposent parfois des spectacles abordables, telles la **Confitería Ideal** (p. 94), **La Viruta** (p. 94) ou l'**Academia nacional del Tango** (☎4345-6967 ; www.anacdeltango.org.ar ; Av de Mayo 833).

Pour regarder gratuitement du tango (en donnant quelques pièces), rendez-vous aux Galerías Pacífico où des danseurs évoluent, surtout le dimanche, dans la rue piétonne. À San Telmo, des danseurs se produisent le dimanche sur la Plaza Dorrego. Caminito, dans La Boca, est un autre bon endroit le week-end.

Café Tortoni TANGO
(carte p. 48 ; ☎4384-1095 ; www.cafetortoni.com.ar ; Av de Mayo 829 ; spectacle 100-120 ARS). Très touristique, ce café culte de Buenos Aires propose de 3 à 4 spectacles par jour. Si les danseurs changent chaque soir, le spectacle est habituellement satisfaisant et relativement abordable. Le plus cher comprend plus de danseurs et de musiciens. Réservez sur place la veille ou l'avant-veille.

Tango Porteño TANGO
(carte p. 48 ; ☎4124-9400 ; www.tangoporteno.com.ar ; Cerrito 570 ; spectacle avec/sans dîner 500/180 ARS). Certains des meilleurs spectacles ont lieu dans ce théâtre Art déco rénové (1 100 places), en plein centre. Des extraits de vieux films émaillent les numéros de danse, sensuels et athlétiques. Juan Carlos Copes, une ancienne légende du tango, fait souvent une brève apparition. Cours de tango gratuit avant le dîner-spectacle.

Esquina Carlos Gardel TANGO
(carte p. 64 ; ☎4867-6363 ; Carlos Gardel 3200 ; spectacle avec/sans dîner 560/380 ARS). Ce théâtre de 400 places offre l'un des spectacles les plus sophistiqués : il débute par un bon film sur le quartier puis continue avec d'excellents danseurs et musiciens. Le quartier d'Abasto était jadis le repaire de Carlos Gardel, qui fréquenta ce théâtre. La plupart des tables sont communes et installées sur les côtés de la scène.

Piazzolla Tango TANGO
(carte p. 48 ; ☎4344-8201 ; www.piazzollatango.com ; Florida 165 ; spectacle avec/sans dîner 480/280 ARS). Ce superbe théâtre Art nouveau était autrefois un cabaret mal famé. Le spectacle s'inspire de la musique d'Ástor Piazzolla, un joueur de bandonéon qui révolutionna le tango en mêlant des sonorités du jazz et de la musique classique. La plupart des tables sont communes et font face aux côtés de la scène. Cours de tango gratuit avec le dîner-spectacle.

Esquina Homero Manzi TANGO
(☎4957-8488 ; www.esquinahomeromanzi.com.ar ; Av San Juan 3601 ; dîner-spectacle/spectacle 410/140 ARS). Vieux café splendidement restauré, il porte le nom de l'un des plus célèbres compositeurs de tango du pays. Cours de tango de 18h à 21h, suivi d'un spectacle traditionnel qui privilégie la musique de Manzi dans la salle de 300 places.

Los 36 Billares TANGO
(carte p. 48 ; ☎4381-5696 ; www.los36billares.com.ar ; Av de Mayo 1265 ; spectacle 20-50 ARS). Presque centenaire, ce café-bar-restaurant-salle de billard ne manque pas de cachet. Il offre des spectacles abordables – tango le mardi, tango et flamenco le jeudi. Appelez pour les autres soirs car les horaires varient. Consommation minimum parfois requise.

La Puerto Rico TANGO
(carte p. 48 ; ☎4331-4178 ; www.lapuertoricocafe.com.ar ; Alsina 416 ; spectacle sam 150 ARS, dîner-spectacle 250 ARS). Ce café historique propose des spectacles de tango informels le dimanche à 14h (gratuit avec repas ou boisson). Le samedi soir, le spectacle est plus sophistiqué avec danseurs de tango et de flamenco, chanteurs et musiciens. Réservez tôt pour obtenir une bonne table.

El Balcón & Todomundo TANGO
(carte p. 48 ; ☎4362-2354 ; Humberto Primo 461, 1er ét.). Surplombant la Plaza Dorrego, le restaurant à l'étage offre des spectacles gratuits à ses clients le vendredi et le samedi soir et le dimanche toute la journée. Au rez-de-chaussée, le restaurant Todomundo propose des spectacles le lundi et le jeudi soir (également gratuits pour les clients).

Centro Cultural Torquato Tasso MUSIQUE
(carte p. 58 ; ☎4307-6506 ; www.torquatotasso.com.ar ; Defensa 1575 ; spectacle 40-120 ARS). L'une des meilleures salles de concerts de Buenos Aires, où se produisent de grands noms du tango. Des groupes fusionnent plusieurs genres, tels tango ou *folklórico* (musique folklorique) et rock. Guettez l'Orchestra Típica Leopoldo Federico, le Sexteto Mayor et La Chicana.

BUENOS AIRES GAY ET LESBIEN

En juillet 2010, l'Argentine est devenu le premier pays d'Amérique latine à légaliser le mariage homosexuel, faisant de Buenos Aires une destination très prisée des gays avec des manifestations comme la **Marcha del Orgullo Gay** (Marche des Fiertés ; www.marchadelorgullo.org.ar) et le **Queer Tango Festival** (www.festivaltangoqueer.com.ar) en novembre. La capitale a aussi accueilli la Gay World Cup en 2007.

Bon point de départ pour des informations, le centre d'accueil gay **Pink Point** (☎4328-6559 ; www.pinkpointbuenosaires.com/wordpress ; Lavalle 669, local 24) vous aidera à vous orienter. De nombreux magazines spécialisés, tels *La Otra Guía* (www.laotraguiaweb.com.ar), *Gay Maps* (www.gmaps360.com) et *The Ronda* (www.theronda.com.ar), sont disponibles gratuitement dans de nombreux commerces. D'autres plus complets, comme *Imperio*, sont en vente dans quelques kiosques à journaux.

Le site www.thegayguide.com.ar fournit toutes sortes de renseignements touristiques pour les gays, des circuits organisés aux restaurants et aux saunas.

L'**Axel Hotel** (www.axelhotels.com/buenosaires) et le **Lugar Gay** (www.lugargay.com.ar), un B&B qui fait aussi office de centre d'information, comptent parmi les hébergements qui accueillent volontiers les gays. Pour des appartements, consultez le site www.friendlyapartments.com

Parmi les bars populaires figurent le bruyant **Sitges** (carte p. 64 ; ☎4861-3763 ; www.sitgesonline.com.ar ; Av Córdoba 4119) et le **Flux** (carte p. 60 ; ☎5252-0258 ; MT de Alvear 980), plus détendu. Le **Pride Café** (carte p. 48 ; ☎4300-6435 ; Balcarce 869) séduit une clientèle mixte, tandis que la **Casa Brandon** (carte p. 64 ; ☎4858-0610 ; www.brandongayday.com.ar ; LM Drago 236 ; ⏲20h-tard mer-dim) est un bar-restaurant-galerie d'art-centre culturel. Pour une nuit festive guidée dans les bars et les clubs, inscrivez-vous au **Out & About Pub Crawl** (www.outandaboutpubcrawl.com).

Au palmarès des clubs, citons l'effervescent **Human** (hors carte p. 64 ; www.humanclub.com.ar ; Av Costanera R Obligado et Av Sarmiento), le tumultueux **Amerika** (carte p. 64 ; ☎4865-4416 ; www.ameri-k.com.ar ; Gascón 1040), et le **Glam** (carte p. 64 ; ☎4963-2521 ; www.glambsas.com.ar ; José Antonio Cabrera 3046) ultraglamour. Les fêtes les plus débridées comprennent actuellement la **Fiesta Plop** (www.plop-web.com.ar), le vendredi, et la **Fiesta Dorothy** (www.fiestadorothy.com), tous les mois.

Peu d'endroits accueillent exclusivement les lesbiennes. Essayez le **Bach Bar** (carte p. 64 ; ☎15-5184-0137 ; www.bach-bar.com.ar ; JA Cabrera 4390, intime et ouvert de longue date, ou les adresses gay ci-dessus. **La Fulana** (www.lafulana.org.ar) est un centre culturel lesbien.

Des cours de tango et des *milongas* gay se tiennent à **La Marshall** (www.lamarshall.com.ar) et au **Tango Queer** (www.tangoqueer.com).

Milongas

Les *milongas* sont des bals où l'on démontre ses talents de danseur de tango. L'ambiance peut être moderne ou surannée, détendue ou traditionnelle. La plupart font appel à des DJ spécialisés, mais quelques-unes engagent des orchestres.

Les *milongas* débutent dans l'après-midi et durent jusqu'à 23h ou commencent vers minuit pour s'achever à l'aube (arrivez tard pour profiter de l'ambiance). Des cours sont souvent proposés avant.

Une *milonga* informelle se tient en plein air vers 18h, du vendredi au dimanche, dans le kiosque à musique du parc Barrancas de Belgrano.

Pour plus d'informations sur les *milongas*, reportez-vous p. 90.

Salon Canning MILONGA

(carte p. 64 ; ☎4832-6753 ; Av Scalabrini Ortiz 1331). Les meilleurs danseurs de Buenos Aires évoluent sur l'excellente piste de cette salle célèbre, au son des orchestres. La compagnie de tango réputée **Parakultural** (www.parakultural.com.ar) s'y produit souvent et attire les foules.

Niño Bien MILONGA

(carte p. 48 ; ☎4147-8687 ; Humberto Primo 1462, 1er ét.). Cette *milonga*, organisée le jeudi dans le Centro Región Leonesa, séduit aficionados et touristes. L'ambiance est plaisante et la salle spacieuse, avec une grande piste en bois. Revêtez vos plus beaux atours et venez tôt si vous voulez vous asseoir, car il y a foule.

Club Gricel MILONGA
(☎4957-7157 ; www.clubgriceltango.com.ar ; La Rioja 1180). Ce vieux club classique séduit une clientèle bien habillée et plus âgée, ainsi que les touristes. La piste de danse est superbe et l'ambiance authentique. Prenez un taxi car le club est loin du centre.

Confitería Ideal MILONGA
(carte p. 48 ; ☎5265-8069 ; www.confiteriaideal.com ; Suipacha 384, 1er ét.). La plus ancienne de toutes les salles de tango, avec de nombreux cours, des *milongas* quasiment en continu et des spectacles presque tous les soirs. Des orchestres accompagnent souvent les danseurs. Bonne adresse pour les débutants.

La Catedral MILONGA
(carte p. 64 ; ☎15-5325-1630 ; www.lacatedralclub.com ; Sarmiento 4006, 1er ét.). Dans un entrepôt grunge aux murs décorés d'œuvres d'art originales, le tango devient branché et moderne avec des danseurs en jeans. Un endroit idéal pour les jeunes débutants, à quelques centaines de mètres au sud de la station Medrano du Subte.

La Viruta MILONGA
(carte p. 64 ; ☎4774-6357 ; www.lavirutatango.com ; Armenia 1366, sous-sol). Des cours pour débutants ont lieu avant les *milongas*, d'où la présence de nombreux danseurs inexpérimentés au début. Si vous êtes un expert, arrivez tard (après 3h30). Bonne adresse pour le "nuevo tango", un mélange de styles avec rock, salsa et musique folklorique. Ambiance détendue, orchestres et démonstrations de danse.

El Beso MILONGA
(carte p. 48 ; ☎4953-2794 ; Riobamba 416, 1er ét.). Un autre lieu traditionnel et fréquenté, qui attire d'excellents danseurs. À l'étage, avec une ambiance intime, des tables serrées les unes contre les autres, et un bar à l'entrée.

La Marshall MILONGA
(carte p. 48 ; ☎4300-3487 ; www.lamarshall.com.ar ; Av Independencia 572). Organisée le mercredi, La Marshall est ouverte à tous malgré sa réputation de *milonga* gay. Également à El Beso, le vendredi.

Clubs et discothèques

Les *boliches* (boîtes de nuit) sont le cœur battant de la vie nocturne de Buenos Aires. Pour être dans le vent, soignez votre tenue et n'arrivez pas avant 2h ou 3h. Un petit somme avant le dîner vous permettra de tenir toute la nuit. Le prix de l'entrée comprend parfois une boisson ; les femmes paient souvent moins que les hommes. Les paiements doivent presque toujours se régler en espèces. Certains clubs proposent dîners et spectacles avant l'ouverture de la piste de danse.

Découvrez les soirées prévues sur le site www.vuenosairez.com.

L'une des plus grandes fêtes de la capitale, **La Bomba de Tiempo** (www.labombadetiempo.com) se tient tous les lundis à 19h au Ciudad Cultural Konex (p. 96).

Kika CLUB
(carte p. 64 ; www.kikaclub.com.ar ; Honduras 5339 ; ⏲mar-sam). Un emplacement idéal près des bars de Palermo Viejo rend la soirée "Hype" (www.hype-ba.com) de Kika le jeudi facilement accessible à une clientèle branchée. Des DJ locaux et internationaux mixent électro, rock, hip-hop, drum'n'bass et dubstep. Les autres soirs, electrónica, reggaeton, rythmes latinos et musique live donnent le ton.

Niceto Club CLUB
(carte p. 64 ; www.nicetoclub.com ; Niceto Vega 5510 ; ⏲jeu-sam). L'une des fêtes les plus courues et prisée de longue date, le **Club 69** (www.club69.com.ar), a lieu le jeudi et attire habitants et étrangers. Attendez-vous à une soirée débridée, avec ravissantes danseuses, performances artistiques subversives, drags queens en costumes élaborés, nombreux gays, DJ et musique live, avec parfois une star internationale.

Bahrein CLUB
(carte p. 48 ; ☎4314-2403 ; www.bahreinba.com ; Lavalle 345 ; ⏲mar-mer et ven-sam). Le Bahrein fait le plein le mardi, lors de ses soirées drum 'n' bass, sur fond de rythmes électroniques agressifs et rapides mixés par le DJ résident Bad Boy Orange. Trance, house et tubes complètent le cocktail musical. Un élégant restaurant est installé à l'étage.

Basement Club CLUB
(carte p. 60 ; Rodriguez Peña 1220 ; ⏲jeu-sam). Détendu et sans prétention, ce club est réputé pour ses excellents DJ qui font danser une clientèle jeune sur de l'electrónica et de la house tech/minimal/funky. Le Shamrock, le pub irlandais très fréquenté du rez-de-chaussée, lui assure du passage toute la nuit ; après quelques pintes, il suffit de descendre l'escalier jusqu'au sous-sol.

Crobar CLUB
(carte p. 64 ; www.crobar.com.ar ; angle Paseo de la Infanta Isabel et Freyre ; ⏲ven-sam). Une excellente musique électronique anime ce grand club cher et toujours prisé. Des DJ résidents et internationaux mixent les derniers sons. Une arrière-salle accueille ceux qui préfèrent le rock classique, les reprises des années 1980 et les concerts occasionnels. Au niveau principal, des mezzanines et des passerelles offrent une vue plongeante sur le beau monde.

Club Aráoz CLUB
(carte p. 64 ; www.clubaraoz.com.ar ; Aráoz 2424 ; ⏲jeu-sam). Également appelé "Lost", ce petit club est particulièrement animé le jeudi, quand le hip-hop prédomine et que les habitués commencent des numéros de break- dance vers 2h. Une adresse appréciée des jeunes, sans code vestimentaire.

Boutique DISCOTHÈQUE
(carte p. 48 ; www.boutiqueba.com ; Perú 535 ; ⏲mer). Cette immense discothèque est renommée pour sa soirée "après bureau" du mercredi, qui débute à 19h, une heure inhabituelle pour un night-club. Elle occupe un superbe bâtiment, une ancienne usine dessinée par Gustave Eiffel, et comporte de multiples balcons et une excellente sono.

Maluco Beleza CLUB
(carte p. 48 ; www.malucobeleza.com.ar ; Sarmiento 1728 ; ⏲mer et ven-dim). Installée dans une vieille demeure, cette populaire *boliche* brésilienne fait danser les foules dans la bonne humeur sur de la samba fusion, tandis que des danseurs à demi nus ondulent sur la scène. L'étage est plus sombre et plus détendu. Le mercredi soir, dîner-spectacle avec cuisine brésilienne.

Clubland CLUB
(www.clublandba.com ; Av Costanera R Obligado 6151 ; ⏲ven-sam). De célèbres DJ internationaux mixent pour une clientèle jeune et snob dans cet immense temple de l'électro, toujours amusant malgré l'amorce du déclin. La sono irréprochable et les éclairages laser garantissent l'ambiance. Le samedi est la meilleure soirée, mais ne venez pas avant 4h afin de faire la fête en admirant le lever du soleil sur la terrasse (apportez des lunettes de soleil). Boissons coûteuses.

Musique live

Les petits clubs accueillent principalement des groupes locaux ; les stars internationales se produisent dans des endroits plus vastes, comme les stades de foot ou le Luna Park. Des groupes de jazz jouent parfois au café Clásica y Moderna (p. 84).

Avec de nombreux habitants d'origine espagnole, il n'est pas surprenant que la ville compte quelques clubs de flamenco, pour la plupart dans le quartier espagnol de Congreso, près du croisement de Salta et de l'Av de Mayo.

Plusieurs *peñas* (clubs de musique folklorique) proposent de la *música folklórica*, ainsi que d'autres clubs à l'occasion – ouvrez l'œil.

Luna Park STADE
(carte p. 48 ; ☎5279-5279 ; www.lunapark.com.ar ; angle Bouchard et Av Corrientes). À l'origine un stade de boxe, le Luna Park peut accueillir 15 000 personnes. C'est l'endroit où Juan Perón rencontra Eva Duarte (Evita) et où Maradona s'est marié.

Mitos Argentinos ROCK
(carte p. 48 ; ☎4362-7810 ; www.mitosargentinos.com.ar ; Humberto Primo 489 ; ⏲ven-sam). À San Telmo, cette confortable maison en brique comporte de nombreuses tables, une scène d'une taille idéale et un balcon. Connue pour son intérêt envers les groupes de *rock nacional* (rock argentin), c'est une bonne adresse pour découvrir de nouveaux talents.

ND/Ateneo ROCK, BLUES
(carte p. 60 ; ☎4328-2888 ; www.ndateneo.com.ar ; Paraguay 918). Un théâtre avec une bonne acoustique et des concerts de qualité, notamment de rock, de jazz et de folk, ainsi que des représentations théâtrales et d'autres spectacles artistiques.

La Trastienda ROCK, REGGAE
(carte p. 48 ; ☎5533-5533 ; www.latrastienda.com ; Balcarce 460). La vaste salle à l'arrière du restaurant compte plus de 700 places et programme toutes sortes de concerts, essentiellement de rock et de reggae. Parmi les têtes d'affiche, des noms comme Charlie Garcia, Los Divididos, Marilyn Manson et les Wailers.

El Samovar de Rasputín ROCK, BLUES
(carte p. 58 ; ☎4302-3190 ; Del Valle Iberlucea 1232). En face de la salle d'origine (avec des photos de Napo, le patron un peu hippie, en compagnie de Keith Richards, Eric Clapton et Pavarotti), le Samovar possède 80 places. Des groupes argentins animent la soirée du samedi.

Notorious JAZZ
(carte p. 60 ; ☎4813-6888 ; www.notorious.com.ar ; Av Callao 966). Chic et intime, c'est l'un des principaux clubs de jazz de la capitale, avec une boutique de CD en façade. À l'arrière, le café-restaurant donne sur un jardin verdoyant et offre du jazz live tous les soirs, ainsi que du tango et des rythmes brésiliens.

Thelonious Bar JAZZ
(carte p. 64 ; ☎4829-1562 ; www.theloniousclub.com.ar ; Salguero 1884, 1er ét. ; ⌚mer-sam). Niché au 1er étage d'une demeure ancienne, ce club cosy à l'éclairage tamisé possède une bonne sono et de hauts plafonds en brique. Excellent programme jusqu'à l'aube, mais vous pouvez venir plus tôt pour dîner et obtenir une bonne place.

Ávila Bar FLAMENCO
(carte p. 48 ; ☎4383-6974 ; Av de Mayo 1384 ; ⌚jeu-sam). Établi de longue date, cet agréable restaurant espagnol propose des spectacles coûteux (140 ARS) avec un délicieux repas, parfois même le dimanche. Réservation indispensable.

Cantares FLAMENCO
(carte p. 48 ; ☎4381-6965 ; www.cantarestablao.com.ar ; Av Rivadavia 1180 ; ⌚ven-sam). Le poète espagnol Federico García Lorca vint dans cet authentique club de flamenco, où se produisent des danseurs et musiciens d'origine tzigane. Cours proposés.

La Peña del Colorado FOLK
(carte p. 64 ; ☎4822-1038 ; www.lapeniadelcolorado.com ; Güemes 3657). Presque tous les soirs, de fantastiques concerts de musique folklorique ont lieu dans ce bar-restaurant rustique en brique et stuc. Les vendredis et samedis soir, des clients prennent des guitares pour tenter leur chance. Des chanteurs de tango se produisent le lundi soir. Savoureuse cuisine du nord de l'Argentine.

Teatro Colón MUSIQUE CLASSIQUE
(carte p. 48 ; ☎4378-7100 ; www.teatrocolon.org.ar ; Cerrito 628). Principale salle de concerts de la capitale, le Teatro Colón a accueilli des grands noms comme Placido Domingo et Luciano Pavarotti. Il propose également des opéras et des ballets. Voir p. 53.

Teatro Avenida MUSIQUE CLASSIQUE
(carte p. 48 ; ☎4812-6369 ; www.balirica.org.ar ; Av de Mayo 1222). Cette superbe salle de 1906 offre principalement de l'opéra, de la musique classique, des ballets et du flamenco.

Teatro San Martín MUSIQUE CLASSIQUE
(carte p. 48 ; ☎4371-0111 ; www.teatrosanmartin.com.ar ; Av Corrientes 1530). Ce vaste complexe accueille des ensembles de musique classique, des expositions d'art et de photo, des ballets, du théâtre et du cinéma.

Théâtre

L'Av Corrientes, entre l'Av 9 de Julio et l'Av Callao, a toujours été le centre du théâtre, mais des dizaines de salles sont désormais éparpillées dans la ville. Les adresses suivantes comprennent des théâtres traditionnels et alternatifs.

Consultez aussi les programmes du Teatro Colón (p. 53) et du Teatro San Martín (ci-dessus).

Ciudad Cultural Konex ARTS DE LA SCÈNE
(carte p. 64 ; ☎4864-3200 ; www.ciudadculturalkonex.org ; Sarmiento 3131). Performances multidisciplinaires qui mêlent souvent art, culture et technologie. Le lundi soir, La Bomba de Tiempo est un extraordinaire spectacle de percussions.

El Camarín de las Musas THÉÂTRE ALTERNATIF
(carte p. 64 ; ☎4862-0655 ; www.elcamarindelasmusas.com.ar ; Mario Bravo 960). Cette salle branchée offre danse contemporaine, films, théâtre et ateliers. Bon café-restaurant en façade.

Teatro Nacional Cervantes THÉÂTRE
(carte p. 60 ; ☎4816-4224 ; www.teatrocervantes.gov.ar ; Libertad 815). Un joyau architectural, avec trois salles, un hall majestueux et des fauteuils couverts de velours rouge. Bonnes productions à des prix abordables. Voir aussi p. 59.

Teatro Presidente Alvear THÉÂTRE
(carte p. 48 ; ☎4373-4245 ; www.teatrosanmartin.com.ar ; Av Corrientes 1659). Inauguré en 1942 et portant le nom d'un président dont l'épouse chantait de l'opéra, ce théâtre compte plus de 700 places et propose de nombreux spectacles musicaux, y compris de tango.

Cinémas

Buenos Aires possède de multiples cinémas, des vieilles salles classiques aux multiplexes modernes. Les anciens cinémas se regroupent dans la rue piétonne de Lavalle (à l'ouest de Florida) et dans l'Av Corrientes ; les complexes récents sont éparpillés dans toute la ville, notamment dans les grandes galeries marchandes.

À l'exception des films pour enfants, la plupart des films sont projetés en version originale avec sous-titres en espagnol.

Sports

Le *fútbol* est une obsession nationale et assister à un match fait partie de la découverte de la capitale. L'Argentine, championne du monde en 1978 et en 1986, fait partie des 8 pays qui ont gagné la coupe. L'équipe nationale a aussi décroché la médaille d'or aux Jeux olympiques d'été de 2004 et 2008. Lionel Messi, le footballeur argentin actuellement le plus connu, a été sacré joueur mondial de l'année par la FIFA en 2009 et a obtenu le Ballon d'or, en 2010 et 2011.

Pour assister à un match de *fútbol*, reportez-vous p. 56.

Parmi les autres sports appréciés du public figurent le rugby, le basket-ball, le polo et le hockey sur gazon. Le *pato* (sorte de rugby à cheval) est le plus traditionnel.

Achats

Malgré une inflation galopante, le shopping demeure un sport national pour nombre de citadins, confirmant le dicton : "Un Argentin gagne un peso et en dépense deux."

Florida, une avenue piétonne, et l'Av Santa Fe sont les principales artères commerçantes du Microcentro. San Telmo est le quartier des antiquaires et l'Av Pueyrredón, près de la gare ferroviaire d'Once, regroupe des boutiques de vêtements bon marché (et de piètre qualité). Des bijouteries bordent Libertad, au sud de Corrientes. Vestes et sacs en cuir sont moins chers dans la Calle Murillo (bloc 500-600, carte p. 64), à Villa Crespo.

Pour des vêtements de marque et de créateur, rendez-vous dans Palermo Viejo. Ce quartier, que des voies ferrées divisent en Palermo Soho et Palermo Hollywood, abrite la plus forte concentration de boutiques de mode dans le secteur entre la Plaza Serrano et la Plaza Palermo Viejo. Ils côtoient des magasins de décoration et de babioles.

Le marchandage n'est pas admis dans la plupart des boutiques. Les articles de prix, tels les bijoux et les vestes en cuir, peuvent se négocier, surtout si vous en achetez plusieurs. Dans les marchés de rue, vous pouvez essayer d'obtenir un meilleur prix, en gardant à l'esprit que vous vous adressez à des artistes et des artisans qui, généralement, gagnent peu d'argent. Le marché d'antiquités de San Telmo fait exception ; les prix sont souvent gonflés pour les touristes.

CONGRESO

Portobello Vintage Boutique VÊTEMENTS
(carte p. 60 ; Paraguay 1554 ; ⏲10h-19h lun-ven, 10h-17h sam). Excellente boutique de vêtements anciens, tenue par un couple anglo-argentin. Vestes, robes, chemisiers, jupes et pantalons à partir des années 1940, en excellent état et à des prix abordables, plus quelques disques, bijoux et autres accessoires.

Zival's MUSIQUE
(carte p. 48 ; www.zivals.com ; Av Callao 395 ; ⏲9h30-21h30 lun-sam). L'un des meilleurs disquaires de Buenos Aires, particulièrement pour le tango, le jazz et la musique classique, avec des postes d'écoute. Autre adresse à **Palermo** (carte p. 64 ; Serrano 1445).

Wildlife MAGASIN DE SPORT
(carte p. 48 ; Hipólito Yrigoyen 1133 ; ⏲10h-20h lun-ven, 10h-13h sam). Vente et achat de crampons, couteaux, tentes, sacs à dos, cordes d'escalade, vêtements de pluie et équipements militaires.

MICROCENTRO

Arte y Esperanza ARTISANAT
Centre-ville (carte p. 48 ; Balcarce 234 ; ⏲8h30-18h lun-ven) ; Retiro (carte p. 60 ; Suipacha 892). Ce magasin de commerce équitable vend des articles faits main, pour la plupart par des artisans indigènes. Vous trouverez des bijoux, des poteries, des textiles, des gourdes à maté, des paniers, des sacs tissés et des masques d'animaux.

Kelly's Regionales SOUVENIRS
(carte p. 60 ; Paraguay 547 ; ⏲10h-20h lun-ven, 10h-15h sam). Chapeaux de cow-boy, ponchos mapuche, masques d'animaux, couteaux alpaca et gourdes à maté sont tous des articles "fabriqués en Argentine" vendus dans cette vaste boutique, aux côtés d'innombrables babioles bon marché.

RECOLETA

El Ateneo LIVRES
(carte p. 60 ; Av Santa Fe 1860 ; ⏲9h-22h lun-jeu, 9h-minuit ven-sam, 12h-22h dim). Cette très belle et grande librairie, réputée, propose une sélection restreinte de livres en anglais, dont des guides Lonely Planet. Elle compte plusieurs succursales dans la ville, mais celle-ci occupe le Grand Splendid, un somptueux cinéma rénové. Elle vaut le détour pour son décor ; des fauteuils et canapés invitent à la lecture.

MARCHÉS DE RUE

Certains des plus beaux objets artisanaux et souvenirs sont vendus sur les marchés, souvent par les artisans eux-mêmes. Parmi des articles kitsch, vous pourrez dénicher de véritables trésors. Des artistes de rue contribuent souvent à l'ambiance, espérant une obole.

Habitants et touristes apprécient la merveilleuse **Feria de San Telmo** (carte p. 48 ; Plaza Dorrego ; 10h-17h dim), une brocante où l'on trouve toutes sortes d'objets anciens et où se produisent des danseurs de tango (dons attendus). Vous passerez un excellent moment, mais faites attention à votre portefeuille. Quelques vendeurs s'installent sur la place le samedi.

Le week-end, la **Feria Artesanal** (carte p. 60 ; Plaza Intendente Alvear ; 10h-19h) de Recoleta se tient juste en dehors du cimetière. Très fréquentée, elle compte des dizaines de stands dont certains proposent des produits originaux ; des restaurants à proximité permettent de reprendre des forces.

Bijoux fantaisie, pulls tricotés main, gourdes à maté, accessoires en cuir et de multiples babioles garnissent les étals de la **Feria Plaza Serrano** (carte p. 64 ; Plaza Serrano ; 10h-20h ven-dim), un marché animé sur l'élégante Plaza Serrano, à Palermo.

À Belgrano, la **Feria Plaza Belgrano** (angle Juramento-Cuba ; 10h-20h sam-dim), plus calme et moins touristique que les *ferias* centrales, est particulièrement plaisante les week-ends ensoleillés. De l'artisanat créatif de qualité côtoie quelques articles kitsch.

Unique en son genre, la **Feria de Mataderos** (lun-ven 4342-9629 ; sam 4687-5602 ; www.feriademataderos.com.ar ; angle Av Lisandro de la Torre et Av de los Corrales ; 11h-20h dim avr à mi-déc, 18h-minuit sam fin jan à mi-mars), dans le quartier excentré de Mataderos, mérite le détour pour les prouesses des gauchos, les danses folkloriques et les délices authentiques à petits prix. Du centre-ville, prenez le bus n°155, 180 ou 126 (1 heure). Appelez au préalable pour les horaires du marché, qui ferme quelques semaines entre décembre et janvier.

SAN TELMO

Walrus Books LIVRES
(carte p. 48 ; Estados Unidos 617 ; 12h-20h mar-dim). La meilleure librairie d'ouvrages en anglais, pour la plupart d'occasion. Échanges possibles.

Cualquier Verdura ÉCLECTIQUE
(carte p. 48 ; Humberto Primo 517 ; 12h-20h jeu-dim). Dans une jolie maison ancienne rénovée, ce magasin amusant vend aussi bien des vêtements vintage que des savons fantaisie, des gadgets de cuisine et des jouets innovants. Remarquez le bouddha qui boit du maté au-dessus de la fontaine dans le patio.

Moebius VÊTEMENTS
(carte p. 58 ; Defensa 356 ; 13h30-20h30 lun, 11h-20h30 mar-sam, 12h-20h30 dim). Des sacs très originaux, des bibelots rétro, des bijoux faits main, des vêtements pour femme ingénieux et nombre d'autres objets inattendus. Ceux fabriqués avec du matériel recyclé sont les plus amusants.

En Buen Orden ANTIQUITÉS
(carte p. 48 ; Defensa 894 ; 11h-18h). Des étagères remplies de bijoux anciens, de médailles, de vieilles dentelles, de chaussures usagées et d'antiques figurines.

Gil Antiguedades ANTIQUITÉS
(carte p. 48 ; Humberto Primo 412 ; 11h-13h et 15h-19h mar-dim). Un festival d'antiquités – poupées, assiettes en porcelaine, lampes, éventails en plumes, effigies du Christ, énormes bonbonnes en verre, etc. Le sous-sol est rempli de vêtements et d'accessoires vintage, de même que l'annexe.

PALERMO

Nadine Zlotogora VÊTEMENTS
(carte p. 64 ; El Salvador 4638 ; 11h-20h lun-sam). Les somptueux vêtements de Nadine allient féminité et tissus splendides, tout en restant faciles à porter.

Bolivia VÊTEMENTS
(carte p. 64 ; Gurruchaga 1581 ; 11h-20h lun-sam, 15h-20h dim). Tout pout plaire aux jeunes dandys branchés, des jeans moulants aux chemises dernier cri. Le paradis des hommes qui n'ont pas peur des motifs, des carreaux et des couleurs pastel.

Hermanos Estebecorena VÊTEMENTS
(carte p. 64 ; El Salvador 5960 ; 11h-20h lun-sam). Les frères Estebecorena mettent

leur talent hautement créatif au service de la mode masculine, dessinant des vêtements originaux, stylés et très fonctionnels qui séduisent une clientèle bohème. Peu importe le choix limité.

Calma Chicha DÉCORATION
(carte p. 64 ; Honduras 4909 ; ⏲10h-20h lun-ven, 11h-20h sam, 13h-20h dim). Ce magasin attrayant propose de nombreux articles en cuir, dont des fauteuils Butterfly et des tapis colorés en peau de vache. Brocs en forme de manchot, sacs à main stylés et épaisses peaux de mouton font partie des articles phares.

Rapsodia VÊTEMENTS
(carte p. 64 ; Honduras 4872 ; ⏲10h-21h). Du lin au cuir et du style décontracté aux sequins, cette grande boutique ravira les fashionistas : jeans futuristes, chemises de cow-boy et articles exotiques avec dentelle ou froufrous. Plusieurs succursales en ville.

Sugar & Spice BISCUITS
(carte p. 64 ; www.sugarandspice.com.ar ; Guatemala 5419 ; ⏲10h-13h30, 14h30-19h lun-ven, 9h-13h sam). Cookies aux herbes, biscuits aux amandes, panettone aux noisettes et brownies au beurre de cacahuète font partie des créations de Frank Almeida, un Américain expatrié de longue date. Dégustations proposées dans le magasin.

Lo de Joaquin Alberdi VIN
(carte p. 64 ; www.lodejoaquinalberdi.com ; JL Borges 1772 ; ⏲11h-21h30). Cet excellent caviste vend uniquement des vins argentins. Dégustation avec plat le jeudi à 19h (60 ARS). Pour d'autres possibilités de dégustation de vins, reportez-vous p. 85.

Mercado de las Pulgas MARCHÉ AUX PUCES
(carte p. 64 ; angle Álvarez Thomas et Dorrego ; ⏲11h-19h mar-dim). Dans ce marché couvert, vous trouverez toutes sortes d'articles : meubles anciens ou modernes, verrerie vintage, tableaux, lampes, cages à oiseaux, superbes miroirs et lustres uniques. Les prix sont élevés ; n'hésitez pas à marchander.

Mercado de Abasto GALERIE MARCHANDE
(carte p. 64). Pour des achats sélects, flânez dans cette belle galerie marchande, qui comprend d'excellentes distractions pour les enfants. Elle se situe dans le quartier Once, près de la station Carlos Gardel du Subte.

VOYAGER SEREINEMENT À BUENOS AIRES

Si la criminalité existe à Buenos Aires comme dans toute grande ville, la capitale est dans l'ensemble assez sûre. Vous remarquerez que les *Porteños* sont très attentifs à la sécurité ; même une femme seule peut se promener la nuit dans de nombreux endroits, car les habitants ont tendance à rester dehors très tard. Toutefois, soyez prudent la nuit dans certains quartiers tels que Constitución (près de la gare ferroviaire), la lisière est de San Telmo et La Boca (où, en dehors des rues touristiques, vous devrez faire attention même dans la journée).

Les touristes sont essentiellement victimes de pickpockets, sur les marchés ou dans les bus bondés, ou de vols à l'arraché. Attention au "coup de la moutarde" : un passant indique une tache sur vos vêtements, œuvre d'un complice, et vous offre de la nettoyer (pendant que son comparse s'enfuit avec votre portefeuille).

Méfiez-vous aussi des faux billets, souvent remis dans la pénombre d'un taxi ou d'une discothèque. Même les *cambios* (bureaux de change) d'Ezeiza ont la réputation d'en écouler. Apprenez à reconnaître les billets et consultez les conseils (en anglais) du site www.santelmoloft.com/2011/07/22/fake-money-in-argentina

Au rang des désagréments mineurs, citons l'absence de respect des automobilistes envers les piétons, la pollution et le bruit. Pour le comportement à adopter avec les taxis, reportez-vous p. 102.

Si vous avez été victime d'un vol, contactez la police touristique pour déposer plainte. La **Defensoría del Turista** (www.defensoriadelturista.org) ; San Telmo (☎15-4046-9682 ; Defensa 1250) ; La Boca (☎4302-7816 ; Pedro de Mendoza 1835) ; kiosque touristique Calle Florida (carte p. 60 ; ☎15-3856-1943 ; Diagonal Norte et Perú) ; kiosque touristique Puerto Madero (carte p. 48 ; ☎15-4078-8654 ; Dique 4) est un médiateur qui aide les touristes victimes d'escroquerie ou "trompés" par des professionnels du tourisme (hôtels, transports, agences de voyages, etc.). Elle possède des bureaux dans toute la ville, dont ceux indiqués ci-dessus.

Pour d'autres conseils de sécurité, consultez le *Carnet pratique* p. 570.

Renseignements

Accès Internet et téléphone

Cybercafés et *locutorios* (bureaux de téléphone) avec accès Internet sont très nombreux dans le centre. Les prix sont bas et les connexions, rapides. La plupart des cafés et des restaurants offrent l'accès Wi-Fi gratuit.

Vous pourrez louer un poste de travail, un box, un bureau ou une salle de réunion auprès d'**Areatres** (carte p. 64 ; ☎5353-0333 ; www.areatresworkplace.com ; Malabia 1720), qui proposent des services de fax et de photocopie, des connexions Internet, un réseau d'événements sociaux et même un patio zen. Succursale à Humboldt 2036.

Agences de voyages

Anda Responsible Travel, Say Hueque et Tangol (p. 69) vendent des billets d'avion et organisent des excursions à Buenos Aires et dans tout le pays. Leurs employés parlent anglais.

Argent

Les banques et les *cambios* (bureaux de change) sont très répandus dans le centre ; l'attente est plus longue dans les banques et les horaires plus restreints, mais elles offrent parfois de meilleurs taux. Évitez les changeurs de l'Av Florida qui proposent leurs services dans la rue ; vous risquez de vous retrouver avec des faux billets (voir l'encadré p. 99).

American Express (☎4310-3000 ; Arenales 707). Change les chèques de voyage du lundi au vendredi, de 10h à 16h.

MasterCard (☎4340-5700 ; Perú 143)

Visa (☎4379-3300 ; Corrientes 1437, sous-sol)

Médias

Les journaux les plus lus sont le *Clarín*, un tabloïd divertissant, et *La Nación*, plus modéré et sérieux. Journal de gauche, *Página 12* est réputé pour ses enquêtes et révélations. *Ámbito Financiero* s'intéresse au secteur des affaires, mais aussi à la culture.

Offices du tourisme

Buenos Aires compte plusieurs kiosques ou offices du tourisme gouvernementaux, dont les horaires varient selon la saison. Le site du tourisme officiel de la municipalité est www.bue.gov.ar, et celui du gouvernement, www.buenosaires.gov.ar

Kiosque touristique Diagonal Roque Saénz Peña (carte p. 48 ; ☎4114-5791 ; Florida et Diagonal Roque Saénz Peña)

Kiosque touristique Florida (carte p. 60 ; Florida et Marcelo T de Alvear)

Kiosque touristique Puerto Madero (carte p. 48 ; ☎4315-4265 ; Dique 4)

Kiosque touristique Recoleta (carte p. 60 ; Quintana 596)

Ministerio de Turismo (carte p. 60 ; ☎4312-5550 ; www.turismo.gov.ar ; Av Santa Fe 883 ; ⊙9h-17h lun-ven). Informations sur Buenos Aires et sur tout le pays.

Office du tourisme Retiro (carte p. 60 ; ⊙7h30-14h30 lun-ven). Dans la gare routière de Retiro, en face du quai n°36.

South American Explorers (carte p. 48 ; www.saexplorers.org ; Piedras 1178 ; ⊙14h-18h lun-ven). Informations et services de qualité pour les voyageurs indépendants, mais requiert une adhésion annuelle.

Poste

La poste possède des bureaux dans toute la ville.

Correo Internacional (☎4316-1777 ; Av Antártida Argentina ; ⊙10h-17h lun-ven). Seulement pour les colis de plus de 2 kg expédiés à l'étranger.

DHL Internacional (☎0810-122-3345 ; www.dhl.com.ar ; Av Córdoba 783). Nombreuses succursales en ville.

Federal Express (☎0810-333-3339 ; www.fedex.com ; Maipú 753)

OCA (☎4311-5305 ; www.oca.com.ar ; Viamonte 526). Envoi de colis dans le pays.

Services de concierge

BA Cultural Concierge (☎15-5457-2035 ; www.baculturalconcierge.com). Le service de concierge de Madi Lang aide à organiser des itinéraires, se charge du transport depuis/vers

BUS AU DÉPART DE BUENOS AIRES

DESTINATION	PRIX (ARS)	DURÉE (HEURES)
Bariloche	520	20-22
Comodoro Rivadavia	535	24
Córdoba	250	10
Foz do Iguaçu (Brésil)	540	19
Mar del Plata	155	6
Mendoza	425	14
Montevideo (Uruguay)	160	9
Puerto Iguazú	400	19
Puerto Madryn	435	18
Punta del Este (Uruguay)	250	12
Rosario	90	4
Santiago (Chili)	380	20

TRAINS AU DÉPART DE BUENOS AIRES

DESTINATION	GARE	RENSEIGNEMENTS
Bahía Blanca/Carmen de Patagones	Constitución	www.ferrobaires.gba.gov.ar
Concordia/Posadas	Federico Lacroze	www.trenesdellitoral.com.ar
La Plata	Constitución	☎0800-362-7622
Luján	Once	www.tbanet.com.ar
Mar del Plata, Tandil ou Pinamar	Constitución	www.ferrobaires.gba.gov.ar
San Isidro/Tigre/Rosario/ Córdoba ou Tucumán	Retiro	www.tbanet.com.ar, www.ferrocentralsa.com.ar

l'aéroport, fait des courses, réserve des places de théâtre et rend mille autres services qui faciliteront votre séjour.

Services médicaux

Dental Argentina (☎4828-0821 ; www.dental-argentina.com.ar ; Laprida 1621, 2B). Services dentaires avec des praticiens anglophones.

Hospital Británico (☎4304-1081 ; www.hospitalbritanico.org.ar ; Perdriel 74)

Hospital Italiano (☎4959-0200 ; www.hospitalitaliano.org.ar ; Gascón 450)

Urgences

Ambulance (☎107)

Police (☎101, ☎911)

Police touristique (Comisaría del Turista ; ☎4346-5748, 0800-999-5000 ; Av Corrientes 436 ; ⏲24h/24). Fournit des interprètes et vient en aide aux victimes de vol ou d'escroquerie.

ℹ Depuis/vers Buenos Aires

Avion

Facilement accessible d'Amérique du Nord, d'Europe et d'autres capitales latino-américaines, Buenos Aires est la principale porte du pays.

Presque tous les vols internationaux arrivent à l'**aéroport Ezeiza**, à 35 km au sud du centre de Buenos Aires. Cet aéroport moderne a de bons services, tels des DAB, des restaurants (certains avec accès Wi-Fi), des boutiques hors taxes et un cybercafé.

Pour d'importants conseils sur l'arrivée à Ezeiza, consultez l'encadré p. 582. Pour des informations sur les transports depuis/vers l'aéroport, reportez-vous p. 101.

La plupart des vols intérieurs utilisent l'**Aeroparque Jorge Newbery**, à courte distance au nord du centre-ville. Pour des informations sur les vols des deux aéroports en espagnol et en anglais, appelez le ☎5480-6111 ou consultez www.aa2000.com.ar

Bateau

Un service de ferry régulier relie Buenos Aires à Colonia et Montevideo, en Uruguay. Les ferries partent du **terminal Buquebus** (carte p. 60 ; ☎4316-6500 ; www.buquebus.com ; angle Av Antártida Argentina 821), avec des départs bien plus nombreux de septembre à avril.

Bus

Longue de 400 m, la moderne **gare routière de Retiro** (carte p. 60 ; www.tebasa.com.ar ; Av Antártida Argentina) comporte trois étages et 75 quais de bus. L'étage inférieur est réservé au fret et aux consignes, le dernier à l'achat de billets et celui du milieu à tout le reste. Le **guichet d'information** (☎4310-0700 ; ⏲6h-22h) vous aidera à trouver le bus souhaité (ou consultez le site Internet) ; il se trouve près des escalators, à l'extrémité sud de la gare. Parmi les autres services figurent un **office du tourisme** (⏲7h30-14h30 lun-ven) à l'étage principal en face du quai n°36, des DAB, des bureaux téléphoniques (parfois avec Internet), des cafés et des boutiques.

Les bus desservent pratiquement tout le pays, avec des départs fréquents pour les destinations les plus prisées. La réservation n'est pas nécessaire, sauf durant les périodes de pointe (janvier, février et juillet). Gardez toujours un œil sur vos bagages !

Le tableau ci-contre indique quelques exemples de destinations ; sachez que les prix des billets varient beaucoup selon la compagnie, la classe, la saison et le taux d'inflation.

La gare routière de Retiro est reliée au réseau des bus locaux, mais il peut être difficile de s'orienter dans ce dédale. Une station du Subte et la gare ferroviaire de Retiro se situent à proximité. Si les taxis sont nombreux, les *remises* (taxis sur commande) sont généralement plus sûrs ; plusieurs kiosques de *remises*, ouverts 24h/24, avoisinent les quais de bus.

Train

Des trains privés relient le centre de Buenos Aires aux banlieues et aux provinces voisines. Les

CARTE SUBE

Si vous prévoyez un séjour prolongé à Buenos Aires, vous pouvez vous procurer gratuitement la **carte SUBE** (www.sube.gob.ar), une carte rechargeable qui s'utilise dans le Subte (métro), les bus locaux et (bientôt) certains trains. Elle évite de faire la queue et de dépenser la précieuse monnaie. Elle est disponible dans les grandes stations du Subte, les postes et les bureaux OCA partout en ville (consultez le site Internet) ; vous devrez présenter votre passeport. Elle se recharge facilement dans de nombreux *kioscos* ou stations du Subte.

trois principales gares centrales sont desservies par le Subte. Le tableau p. 101 indique quelques destinations en dehors de la capitale.

Comment circuler

Depuis/vers l'aéroport

NAVETTE Si vous voyagez seul, le mieux consiste à prendre une navette d'une compagnie comme **Manuel Tienda León** (MTL ; carte p. 60 ; ☎4315-5115 ; www.tiendaleon.com ; angle Av Eduardo Madero et San Martín). Vous verrez son stand à la sortie du contrôle de la douane. Les navettes (60-70 ARS aller, 40 min) partent toutes les 30 min de 6h à minuit, et vous déposeront au bureau de MTL (d'où vous pourrez prendre un taxi) ou à certains hôtels du centre. En revanche, évitez son service de taxi à l'aéroport, bien trop cher (235 ARS).

Les navettes pour l'Aeroparque (l'aéroport national) coûtent 60 ARS et 24 ARS de l'Aeroparque au centre.

TAXI À l'aéroport Ezeiza, traversez le hall des transports, franchissez les portes de la zone d'accueil et, en ignorant les rabatteurs, dirigez-vous vers le stand de **Taxi Ezeiza** (☎5480-0066 ; www.taxiezeiza.com.ar ; ⏲24h/24), doté d'une enseigne bleue, qui facture 180 ARS pour le centre. Une autre **station de taxi** (GCBA ; ☎15-6987-0183 ; ⏲24h/24), devant l'aéroport et signalée par une enseigne jaune "Taxi Authorized Cars", demande 165 ARS jusqu'au centre-ville. Un taxi pour l'Aeroparque revient à environ 210 ARS et à 35 ARS de cet aéroport au centre-ville.

Pour des conseils concernant les taxis et l'arrivée à Ezeiza, reportez-vous respectivement p. ci-contre et p. 582.

BUS Les baroudeurs peuvent prendre le bus public n°8 (2 ARS) à Ezeiza, qui met jusqu'à 2 heures pour rejoindre la Plaza de Mayo. Il s'arrête devant le terminal B d'Aerolíneas Argentinas, à 200 m du terminal international. Vous aurez besoin de monnaie pour le bus ; un bureau de Banco de la Nación est installé juste après la douane. De l'Aeroparque au centre-ville, prenez le bus public n°33 ou n°45 en direction du sud (ne traversez pas la rue).

VOITURE Fred, un expatrié américain, ou un autre chauffeur anglophone de **Silver Star Transport** (☎011-15-6826-8876 ; www.silverstarcar.com), viendra vous chercher à Ezeiza dans une voiture de luxe et vous conduira à votre hôtel pour 530 ARS. Fred propose également des visites de la ville. Des agences de location de voitures sont présentes à Ezeiza, mais nous vous déconseillons de conduire à Buenos Aires.

Bus

Pour comprendre le vaste et complexe réseau de bus de Buenos Aires, achetez le *Guia T* (guide des bus), en vente dans tous les kiosques à journaux ; préférez la version de poche (10 ARS) plus pratique. Vous pouvez aussi consulter la rubrique "City Buses" sur www.omnilineas.com. De nombreuses lignes fonctionnent 24h/24.

Les bus locaux (*colectivos*) acceptent les pièces ou la carte SUBE (voir l'encadré), mais pas les billets. À bord, les machines rendent la monnaie sur les pièces. La plupart des trajets urbains coûtent 2,50 ARS. Laissez votre place aux personnes âgées, aux femmes enceintes ou accompagnées d'enfants.

Subte (métro)

Le **Subte** (www.subte.com.ar), parfois bondé et étouffant aux heures de pointe, constitue le moyen le plus rapide de se déplacer en ville. Il comprend 6 lignes, les *líneas* A, B, C, D, E et H. Quatre lignes parallèles courent du centre-ville aux faubourgs ouest et nord, tandis que la ligne C file nord-sud et dessert les deux principales gares ferroviaires de Retiro et Constitución. La ligne H relie l'Av Corrientes et le sud via Once.

Une carte magnétique d'un trajet coûte 2,50 ARS. Pour éviter les files d'attente, achetez plusieurs trajets ou une carte SUBE (voir l'encadré).

Dans certaines stations, les quais se font face ; vérifiez la direction *avant* de passer le tourniquet.

Les rames circulent de 5h à (environ) 22h30 du lundi au samedi et de 8h à (environ) 22h le dimanche et les jours fériés. Fréquentes en semaine, elles se raréfient le week-end.

Taxi et remises

Les nombreux taxis de Buenos Aires se reconnaissent à leur couleur noir et jaune. Le compteur devrait toujours être utilisé et le tarif augmente environ tous les deux pâtés de maisons quand le taxi roule, plus lentement dans les embouteillages. Une lumière rouge dans le coin supérieur droit du pare-brise indique que le taxi est libre.

Si la plupart des chauffeurs sont honnêtes, il existe des filous. Évitez de payer avec une grosse coupure ; un chauffeur risque de ne pas avoir la monnaie et certains remplacent habilement un gros billet par un plus petit (ou un faux). La solution consiste à dire combien vous donnez et à demander si le chauffeur a la monnaie (*¿Tiene cambio de un cincuenta?* – Avez-vous la monnaie sur un billet de 50 ?).

Faites particulièrement attention aux faux billets. Repérez le filigrane et, la nuit, demandez au chauffeur d'allumer la lumière (*prender la luz*) afin de bien vérifier ce qu'il vous rend. Si vous craignez de recevoir un faux billet, répétez-lui les derniers numéros du billet que vous lui donnez pour vous assurer qu'il ne l'échange pas en le refusant.

Ayez l'air de savoir où vous allez pour ne pas vous faire "promener" (gardez à l'esprit que beaucoup de rues sont à sens unique) : demandez par exemple au chauffeur de vous déposer à un croisement plutôt qu'à une adresse précise. Par ailleurs, ne demandez pas le prix à l'avance pour aller dans un endroit touristique : le prix annoncé risquerait d'être plus élevé que celui affiché sur le compteur.

Préférez les taxis "officiels", reconnaissables à la lumière rouge sur le toit et au numéro de licence sur les portières. Le chauffeur doit normalement afficher sa licence derrière son siège ou sur le tableau de bord. Notez-le en cas de problème ou au cas où vous oublieriez des objets à bord.

La plupart des *Porteños* recommandent d'appeler un *remis* plutôt que de héler un taxi dans la rue. Les *remises* ressemblent à des voitures classiques et n'ont pas de compteur. Ils sont un peu plus chers que les taxis, mais plus sûrs car envoyés par une compagnie établie. N'importe quel hôtel ou restaurant en appellera un pour vous.

Vélo

La circulation est dangereuse à Buenos Aires et peu respectueuse des cyclistes. La situation s'améliore néanmoins, avec des pistes cyclables dans le centre et des vélos à disposition (principalement pour les habitants). Certains secteurs se prêtent à l'exploration à bicyclette, tels les parcs de Palermo et la Reserva Ecológica Costanera Sur. Le week-end et certains jours en semaine, il est possible de louer des vélos dans ces endroits.

Pour plus d'informations, reportez-vous p. 66. Vous pouvez aussi rejoindre une visite guidée à vélo de la ville (p. 69).

Voiture

La plupart des conducteurs portègnes sont imprudents, agressifs, voire délibérément dangereux. Ils ignorent les limitations, la signalisation, les files, multiplient les queues de poisson et klaxonnent avant que le feu passe au vert. Les bus sont un cauchemar, des nids-de-poule jalonnent les rues, les embouteillages et le stationnement usent les nerfs et les piétons semblent vouloir se jeter sous les roues.

Malgré les bons transports publics et les taxis nombreux et abordables, si vous persistez à vouloir louer une voiture, vous devez avoir au moins 21 ans, un permis de conduire en cours de validité, une carte bancaire et un passeport. Le permis de conduire international n'est pas obligatoire.

Avis (☎0810-9991-2847 ; www.avis.com.ar ; Cerrito 1527)

Hertz (☎4816-8001 ; www.milletrentacar.com.ar ; Paraguay 1138)

New Way (☎4515-0331 ; www.newwayrentacar.com.ar ; Marcelo T de Alvear 773)

ENVIRONS DE BUENOS AIRES

Après avoir arpenté les rues bruyantes et encombrées de Buenos Aires, vous aurez sans doute envie de découvrir des endroits différents et plus calmes.

San Isidro

Charmante banlieue résidentielle à 22 km au nord de Buenos Aires, San Isidro a des rues pavées, bordées de luxueuses demeures ou de maisons modestes. Une superbe cathédrale néogothique orne la Plaza Mitre, le centre historique, qui accueille un marché d'artisanat le week-end. Un **office du tourisme** (☎4512-3209 ; Libertador 16362 ; ⌚8h-17h lun-ven, 10h-18h sam-dim) se tient près de la place.

Jadis propriété du général Pueyrredón, un héros national, le **Museo Histórico Municipal General Pueyrredón** (☎4512-3129 ; Rivera Indarte 48 ; entrée libre ; ⌚10h-18h mar et jeu, 14h-18h sam-dim) occupe une ancienne villa coloniale entourée d'un vaste jardin, avec vue sur le Río de la Plata au loin. Remarquez l'*algarrobo* (une variété de caroubier) sous lequel Pueyrredón et San Martín organisèrent la stratégie contre les Espagnols. De la cathédrale, suivez l'Av Libertador sur cinq pâtés de maisons vers le sud, tournez à gauche dans Peña et, deux rues plus loin, à droite dans Rivera Indarte.

Encore plus belle et classée au patrimoine de l'Unesco, la **Villa Ocampo** (☎4732-4988 ; Elortondo 1837 ; jeu-ven/sam-dim 12/18 ARS ; ⌚12h30-18h jeu-dim), dans un jardin charmant, est superbement restaurée. Écrivain, éditrice et intellectuelle, Victoria Ocampo côtoya des personnalités littéraires comme Borges, Cortázar, Sabato et Camus. Café et visites guidées en anglais.

La **Quinta Los Ombues** (☎4575-4038 ; Varela 774 ; entrée libre ; ⌚10h-18h mar et jeu, 15h-19h sam-dim), une maison ancienne avec quelques objets d'époque, mérite aussi la visite. Ancienne propriété de notables locaux, elle se situe à un pâté de maisons derrière la cathédrale.

Depuis/vers San Isidro

Le moyen le plus plaisant de rejoindre San Isidro consiste à prendre le **Tren de la Costa** (www.trendelacosta.com.ar), dont la gare la plus au sud (Maipú) se situe dans la banlieue d'Olivos. Pour vous rendre à Maipú, prenez le bus n°59 ou n°152 ; quelques bus n°60 s'y arrêtent également (demandez au chauffeur). Le train à destination de Mitre, qui part de la gare ferroviaire de Retiro, dessert Maipú (descendez à la gare de Mitre et traversez le pont piétonnier). Vous pouvez aussi aller directement à San Isidro avec les bus n^os^60 (demandez au chauffeur) et 168.

Tigre et le delta

La cité de Tigre (à 35 km au nord de Buenos Aires) et le delta alentour constituent l'une des escapades les plus prisées des *Porteños* le week-end. Les eaux beige – riches du fer charrié par les cours d'eau de la jungle – n'évoquent pas le paradis, mais cette région marécageuse recèle des trésors cachés. Une promenade en bateau dans le delta fait découvrir des maisons sur pilotis et des demeures coloniales et l'on peut aussi emprunter de paisibles sentiers. De nombreux hébergements parsèment le secteur et les rives offrent de multiples activités nautiques, du kayak au wakeboard et du canoë à l'aviron.

À voir et à faire

Tigre se visite facilement à pied et compte plusieurs curiosités.

Puerto de Frutos PORT
(Sarmiento 160 ; ⌚10h-18h). Ne manquez pas ce quartier fréquenté, surtout le week-end, où des marchands vendent des articles ménagers, des meubles, des paniers en osier, des jouets, des souvenirs et des babioles.

Museo de Arte Tigre MUSÉE
(☎4512-4093 ; Paseo Victorica 972 ; 10 ARS ; ⌚9h-19h mer-ven, 12h-19h sam-dim). Le plus beau musée de Tigre occupe un ancien club de 1912 qui mérite à lui seul la visite. Sa superbe collection comprend des œuvres d'artistes argentins connus des XIXe et XXe siècles.

Museo Naval MUSÉE
(Musée naval ; ☎4749-0608 ; Paseo Victorica 602 ; 3 ARS ; ⌚8h30-17h30 lun-ven, 10h30-18h30 sam-dim). Ce musée retrace l'histoire de la marine argentine avec un mélange éclectique de vieilles photos, de maquettes de bateaux et d'avions, de pièces d'artillerie et de créatures marines conservées dans du formol.

Museo del Mate MUSÉE
(☎4506-9594 ; www.elmuseodelmate.com ; Lavalle 289 ; 10 ARS ; ⌚11h-18h mer-dim). Ce musée expose plus de 2 000 objets liés à la boisson nationale et comprend un petit bar à maté en plein air.

Parque de la Costa PARC D'ATTRACTIONS
(☎4002-6000 ; www.parquedelacosta.com.ar ; 60-150 ARS). Près du Puerto de Frutos. Téléphonez pour les horaires.

Circuits organisés

Les cours d'eau du delta offrent un aperçu de la vie des habitants le long des paisibles canaux, avec leurs bateaux comme seul moyen de transport. Des barques partent fréquemment de l'Estación Fluvial (derrière l'office du tourisme) pour diverses destinations dans le delta (26-40 ARS aller-retour). À 30 min de bateau de Tigre, Tres Bocas est une destination prisée, avec ses sentiers reliés par des ponts sur d'étroits canaux et plusieurs hôtels et restaurants. Plus tranquille et plus naturel, le secteur de Rama Negra offre moins de services et se situe à 1 heure de bateau.

Plusieurs tour-opérateurs proposent des circuits en bateau à prix modiques (35-70 ARS, 1 heure 30), mais les barques offrent davantage de souplesse si vous souhaitez explorez les chemins ou déjeuner dans l'un des restaurants du delta.

Bonanza Deltaventura CIRCUITS D'AVENTURE
(☎4409-6967 ; www.deltaventura.com). Les circuits comprennent marche, canoë, vélo, promenade à cheval et *asados*.

Tangol's Tigre Tour CIRCUITS GUIDÉS
(☎4312-7276 ; www.tangol.com). Excursion d'une journée incluant le transport du centre de Buenos Aires à Tigre en train et le retour en bateau.

El Dorado Kayak KAYAK
(☎15-4039-5858 ; www.eldoradokayak.com). Circuits en kayak au cœur du delta, équipement et déjeuner compris.

Selknam Canoas CIRCUITS EN BATEAU
(☎4731-4325 ; www.selknamcanoas.com.ar). Circuits hors des itinéraires touristiques dans des canoës en bois de style canadien, notamment au clair de lune ou sur mesure.

Où se loger et se restaurer

L'immense delta est parsemé de dizaines d'hébergements, des camping aux B&B, des *cabañas* aux complexes balnéaires et aux établissements orientés sur les activités. Plus vous vous enfoncez dans le delta, plus vous trouvez le calme (mais n'oubliez pas l'antimoustiques). Relativement difficiles à atteindre (vous devez souvent prendre un bateau), la plupart des établissements servent les repas.

L'**office du tourisme de Tigre** (www.vivitigre.com.ar) possède des photos et des renseignements sur tous les hébergements, pour beaucoup répertoriés sur son site Internet. Les suivants sont installés dans Tigre même. Les prix indiqués correspondent au samedi soir, quand il faut toujours réserver ; en semaine, ils peuvent baisser jusqu'à 30%.

Hotel Villa Victoria PENSION $$$
(☎4731-2281 ; www.hotelvillavictoria.com ; Liniers 566 ; 500-780 ARS ; ❄@☒). Tenu par une famille argentino-suédoise, cet hôtel de charme ressemble davantage à une pension luxueuse. Il compte 6 chambres simples et élégantes, un court de tennis en terre battue et une piscine dans un grand jardin verdoyant. Les propriétaires parlent suédois, français et anglais.

Casona La Ruchi PENSION $$
(☎4749-2499 ; www.casonalaruchi.com.ar ; Lavalle 557 ; s/d 190/280 ARS ; @☒). Cette pension dirigée par une famille occupe une belle maison de 1893. Les 4 chambres romantiques, presque toutes avec balcon, partagent des sdb aux sols carrelés d'origine. Piscine et grand jardin à l'arrière.

Tigre Hostel AUBERGE DE JEUNESSE $
(☎4749-4034 ; www.tigrehostel.com.ar ; Av Libertador 190 ; dort 80 ARS, ch 250-350 ARS ; ❄@). Cette auberge de jeunesse atypique se compose de deux bâtiments : la maison d'origine abrite 8 chambres avec sdb et comprend un vaste jardin avec terrasses ; l'annexe, sorte de dédale sans cachet, comporte des dortoirs, des chambres et des sdb communes.

Si la cuisine n'a rien d'exceptionnel, Tigre possède des restaurants plaisants. Flânez le long du Paseo Victorica, l'agréable avenue en bord de fleuve. Pour un repas haut de gamme, essayez le **Maria Luján** (☎4731-9613 ; plats 50-80 ARS ; Paseo Victorica 611 ; ⏲petit-déj, déj et dîner), dont le superbe patio donne sur le fleuve. Autre bonne adresse, le **Boulevard Saenz Peña** (☎5197-4776 ; plats 45-65 ARS ; Blvd Saenz Peña 1400 ; 10h30-19h mer-sam) sert de bons petits-déjeuners, d'excellents sandwichs et salades.

Renseignements

Office du tourisme (☎4512-4497 ; www.tigre.gov.ar ; ⏲8h-18h). Derrière le McDonald's, il vous aidera à vous orienter dans la région du delta. Il possède un kiosque (☎4512-4547) à la gare ferroviaire et un autre à l'entrée de Puerto de Frutos.

Depuis/vers Tigre et le delta

BUS Prenez le bus n°60 (signalé "Panam") jusqu'à Tigre (1 heure 30).

BATEAU Le **Sturla** (carte p. 60 ; ☎4731-1300 ; www.sturlaviajes.com.ar ; Grierson 400) va directement de Puerto Madero à Tigre une fois par jour (20 ARS, 1 heure, 18h30 lun-ven). La compagnie propose aussi des excursions de Puerto Madero à Tigre et dans le delta (130-145 ARS, 10h tlj).

TRAIN Le **Tren de la Costa** (www.trendelacosta.com.ar), un train qui part du faubourg d'Olivos, constitue le moyen le plus agréable de rejoindre Tigre (Argentin/étranger 10/16 ARS, toutes les 30 min). Pour vous rendre à Olivos, prenez un train (ligne Mitre) à la gare de Retiro, descendez à Mitre et traversez le pont. Les bus n[os]59, 60 et 152 desservent aussi le Tren de la Costa.

À la gare ferroviaire de Retiro, vous pouvez aussi prendre un train "Ramal Tigre", direct jusqu'à Tigre (1 heure).

Colonia del Sacramento (Uruguay)

26 000 HABITANTS

Située sur la rive nord du Río de la Plata, à 180 km à l'ouest de Montevideo, mais à seulement 50 km de Buenos Aires en bateau, Colonia est une ville au cachet irrésistible. Inscrit au patrimoine mondial de l'Unesco, le Barrio Histórico, composé d'un tissu irrégulier d'étroites rues pavées de l'époque coloniale, occupe une petite péninsule s'avançant dans le fleuve. De belles rangées de sycomores permettent de se protéger de la chaleur de l'été, et les couchers de soleil sur les bords du fleuve sont spectaculaires.

À voir et à faire

BARRIO HISTÓRICO

Le Barrio Histórico (quartier historique) de Colonia est un véritable musée à ciel ouvert, qui s'apprécie en flânant dans les rues et le long du fleuve. Il a pour places principales la vaste **Plaza Mayor 25 de Mayo** et la **Plaza de Armas** ombragée, dite aussi Plaza Manuel Lobo.

Portón de Campo MONUMENT
(Manuel Lobo). L'ancienne porte de la ville (1745) reconstruite constitue le moyen le plus saisissant de pénétrer dans le centre historique. De là, un épais mur fortifié longe vers le sud le Paseo de San Miguel jusqu'au fleuve et ses agréables rives verdoyantes. Ne manquez pas la **Calle de los Suspiros** (rue des Soupirs), une étroite rue pavée bordée de maisons coloniales dotées de murs en stuc et de toits de tuiles, ainsi que le **Paseo de San Gabriel**, sur la rive du fleuve à l'ouest de la ville.

Iglesia Matriz ÉGLISE
Sur la Plaza de Armas se dresse l'église la plus ancienne du pays (commencée en 1860), entièrement reconstruite cependant à deux reprises. Les fondations d'une maison datant de l'époque portugaise subsistent également sur la place.

Faro PHARE
(15 UYU ; ⏲13h-coucher du soleil lun-ven, 11h-coucher du soleil sam-dim). Édifié au XIXe siècle, ce phare, l'un des principaux points de repère de Colonia, offre une vue imprenable sur la vieille ville. Il se dresse au milieu des vestiges du **Convento de San Francisco** (XVIIe siècle), près de l'angle sud-ouest de la Plaza Mayor 25 de Mayo.

Puerto Viejo SITE HISTORIQUE
(vieux port). Le port de plaisance de Colonia permet de faire une promenade fort agréable. À proximité, le **Teatro Bastión del Carmen** (Rivadavia 223 ; entrée libre ;⏲10h-22h), partiellement intégré aux anciennes fortifications de la ville, fait à la fois office de théâtre et de galerie d'art. Il accueille des concerts et des expositions temporaires.

Un billet unique (50 UYU) donne accès aux huit **musées historiques** (☎4522-5609 ; museoscolonia@gmail.com ; ⏲11h15-16h45) de Colonia. Tous pratiquent les mêmes horaires, mais pas le même jour de fermeture.

Museo Portugués MUSÉE
(Plaza Mayor 25 de Mayo 180 ; ⏲fermé mer). Des témoignages de l'époque portugaise (porcelaines, meubles, cartes, arbre généalogique de Manuel Lobo) ainsi que le blason de pierre qui ornait jadis le Portón de Campo sont exposés dans une jolie maison ancienne.

Museo Municipal MUSÉE
(Plaza Mayor 25 de Mayo 77 ; ⏲fermé mar). Les trésors hétéroclites de ce musée incluent un squelette de baleine, l'énorme gouvernail d'un navire ayant sombré, des chronologies historiques et une maquette de la ville vers 1762.

Archivo Regional MUSÉE
(Misiones de los Tapes 115 ; ⏲fermé sam-dim). Au nord-ouest de la Plaza Mayor, les archives régionales renferment des documents d'époque, ainsi que des poteries et des objets en verre mis au jour dans la Casa de los Gobernadores (XVIIIe siècle) voisine.

Casa Nacarello MUSÉE
(Plaza Mayor 25 de Mayo 67 ; ⏲fermé mar). L'une des plus belles demeures coloniales de la ville, avec ses murs épais blanchis à la chaux, son mobilier d'époque, ses objets de verre ondulé et ses linteaux d'origine (attention à votre tête).

Museo Indígena MUSÉE
(Comercio s/n ; ⏲fermé jeu). On peut y voir la collection d'outils de pierre charrúa réunie par Roberto Banchero, des objets retraçant l'histoire indigène ainsi que, à l'étage, une drôle de carte montrant combien de pays européens pourraient tenir dans les frontières de l'Uruguay (six en tout !).

Museo del Azulejo MUSÉE
(angle Misiones de los Tapes et Paseo de San Gabriel ; ⏲fermé jeu). Ce musée aménagé dans une coquette maison en pierre du XVIIe siècle présente une sélection de carreaux de faïence français, catalans et napolitains.

Museo Español MUSÉE
(San José 164 ; ⏲fermé jeu). Fermé pour travaux au moment de nos recherches, il réunit des poteries, des vêtements et des cartes de l'époque coloniale.

Où se loger

Certains hôtels pratiquent des tarifs plus élevés du vendredi au dimanche. Les prix atteignent des sommets les week-ends en été et durant les vacances argentines ; mieux vaut réserver.

Posada Plaza Mayor AUBERGE $$$
(☎4522-3193 ; www.posadaplazamayor.com ; Comercio 111 ; d 2 200-3 000 UYU, ste 3 400-3 800 UYU ; ❄@📶). Près du fleuve, en plein centre historique, cet établissement comprend deux maisons de l'époque coloniale. La première abrite des chambres hautes de plafond et aux murs en pierre apparente, dans le style espagnol du XIXe siècle, autour d'une jolie cour avec fontaine. Le bâtiment attenant, à l'architecture portugaise du XVIIIe siècle, accueille des parties communes agréables.

Posada de la Flor HÔTEL $$
(☎4523-0794 ; www.posada-delaflor.com ; Ituzaingó 268 ; ch avec ventil/clim 1 500/1 900 UYU ; ❄📶). Au calme, dans une rue bordée de sycomores et débouchant sur une petite plage, cet hôtel a pour principal atout son toit-terrasse avec des chaises longues, d'où l'on peut contempler le fleuve.

El Viajero Hostel AUBERGE DE JEUNESSE $
(☎4522-2683 ; www.coloniahostel.com ; Washington Barbot 164 ; dort 340-380 UYU, d 1 200-1 600 UYU ; ❄@📶). Les vélos à louer, les balades équestres, le bar et les chambres climatisées rendent cette auberge de jeunesse plus séduisante et un peu plus cosy que ses homologues. Elle jouit par ailleurs d'un emplacement imbattable, à 2 rues à l'est de la Plaza de Armas.

Posada San Gabriel AUBERGE $$
(☎4522-3283 ; Comercio 127 ; ch ét. inférieur/supérieur 1 430/1 540 UYU ; ❄@📶). Cette *posada* toute simple de 6 chambres avec murs en pierre apparente et lits en laitons est remarquablement bien située dans la vieille ville. Les 2 chambres du haut avec vue sur le fleuve valent le supplément.

Posada del Ángel HÔTEL $$
(☎4522-4602 ; www.posadadelangel.net ; Washington Barbot 59 ; d standard/supérieure 1 600/2 400 UYU ; ❄@📶). Ce petit hôtel égayé de peinture jaune et bleu pervenche dispose, entre autres, de couettes et d'un sauna pour les nuits fraîches et d'une piscine pour les chaudes journées d'été. Aux chambres standards sur cour assez sombres, préférez celles plus chères avec vue.

Sur Hostel AUBERGE DE JEUNESSE $
(☎4522-0553 ; www.surhostel.com ; Rivadavia 448 ; dort 340-400 UYU, s 700-1 000 UYU, d 1 000-1 200 UYU ; @📶). La dernière-née des auberges de jeunesse de Colonia propose des chambres particulières et des dortoirs de 4 à 8 lits avec sdb privative. Elle est aussi dotée d'une vaste cuisine et d'une terrasse-solarium pour les barbecues hebdomadaires (150 UYU) et le séchage du linge.

Où se restaurer et prendre un verre

Buen Suspiro PICADAS $$
(www.buensuspiro.com ; San José 111 ; picadas à partir de 170 UYU ; ⏲11h-minuit jeu-mar). Il faut baisser la tête pour passer sous les poutres apparentes de ce restaurant douillet spécialisé dans les *picadas* (amuse-gueules que l'on pique avec un cure-dents). Au menu notamment : tartes aux épinards et aux poireaux, boulettes ricotta-sésame, fromage et saucisson local accompagnés de vin en bouteille ou au verre. Réservez une table au coin du feu l'hiver ou profitez, par un bel après-midi d'été, de l'intimité du patio à l'arrière.

La Bodeguita PIZZERIA $$
(Comercio 167 ; mini-pizzas 80-95 UYU, plats 270-350 UYU ; ⏲déj sam-dim avr-nov ; dîner toute l'année). De la terrasse ensoleillée à double niveau, on bénéficie d'une vue plongeante sur le fleuve tout en sirotant une sangria (195 UYU/litre) ou en grignotant des mini-pizzas servies sur une planche à découper.

El Rincón PARRILLA $$
(Misiones de los Tapes 41 ; plats 200-320 UYU ; ⏲déj jeu-mar toute l'année, dîner jeu-mar déc-Pâques). La *parrillada* (assortiment de grillades) est reine à El Rincón. Elle s'apprécie tout particulièrement les après-midi ensoleillés de fin de semaine, en décompressant sous un grand arbre qu'encadrent des murs en pierre et en stuc rouge sur fond de musique brésilienne ou de tango, face au fleuve, tandis que l'odeur du barbecue monte au nez.

Lentas Maravillas SANDWICHERIE, SALON DE THÉ $$
(Santa Rita 61 ; sandwichs 200-270 UYU ; ⏲14h-19h30). On se sent comme chez un ami dans ce lieu idéal pour se détendre devant un thé et des biscuits ou un verre de vin et un sandwich entre les repas. Feuilletez un livre d'art pioché dans la bibliothèque personnelle de la propriétaire, Maggie Molnar, au coin du feu à l'étage ou sur la pelouse avec vue imprenable sur le fleuve.

El Drugstore INTERNATIONAL $$$
(Portugal 174 ; tapas à partir de 110 UYU, plats 175-490 UYU ; ⏲12h-minuit). Avec ses murs aux couleurs vives à la décoration éclectique, sa cuisine ouverte, ses réfrigérateurs ornés de nuages et d'éléphants ou sa voiture rétro garée dans la rue pavée à l'intérieur de laquelle on peut dîner en amoureux, cette adresse tendance à l'angle de la Plaza de Armas s'avère agréable pour se restaurer ou se désaltérer.

Pulpería de los Faroles POISSON ET FRUITS DE MER $$
(www.pulperiadelosfarolesrestaurant.com ; Misiones de los Tapes 101 ; plats 200-350 UYU ; ⏲12h-minuit). Ce restaurant de poisson et de pâtes compte quelques tables dispersées sur la Plaza Mayor 25 de Mayo et une salle bohème aux nappes colorées. Plusieurs plats sont disponibles en demi-portion (190 UYU) pour les petits estomacs.

Patrimonio BAR $$
(San José 111 ; plats 190-270 UYU ; ⏲12h-2h jeu-mar). Le menu est affiché sur des ardoises colorées dans ce vaste bar-restaurant bohème avec terrasse sous les arbres et les parasols au bord du fleuve. Choix de salades, de hamburgers, de raviolis maison, de *platos del día* à prix raisonnable et de deux boissons du jour pour le prix d'une.

Matamala Bar BAR
(Ituzaingó 222 ; ⏲21h-tard jeu-dim). Petit club chic avec cheminée pour boire un verre assorti de tapas.

ℹ Renseignements

Antel Barrio Histórico (Av General Flores 172) ; Centro (angle Lavalleja-Rivadavia). Connexion Internet à 45 UYU/heure.

Centre d'information BIT (☎4522-1072 ; www.bitcolonia.com ; Odriozola 434 ; ⏲10h-19h). Au tout nouveau centre d'accueil de Colonia, juste en face du port, vous trouverez entre autres des renseignements touristiques, des écrans d'information interactifs et une vidéo de présentation sur l'Uruguay.

Offices du tourisme (☎4522-3700 ; www.coloniaturismo.com) Barrio Histórico (Manuel Lobo 224 ; ⏲10h-18h) ; gare routière (Av Roosevelt ; ⏲10h-18h).

ℹ Depuis/vers Colonia del Sacramento

Au départ de la gare maritime au bas de Rivera, **Buquebus** (www.buquebus.com.uy ; Av Roosevelt) assure quotidiennement deux liaisons lentes (775 UYU, 3 heures) et au minimum trois liaisons rapides (1 070 UYU, 1 heure) pour Buenos Aires.

Colonia Express (www.coloniaexpress.com) et **Seacat** (www.seacatcolonia.com) proposent un service de ferry rapide moins fréquent mais plus abordable, avec, pour chaque compagnie, deux à trois départs par jour. La traversée dure 1 heure. Comptez de 650 à 860 UYU pour un achat le jour même.

Ces trois compagnies offrent des tarifs enfant, senior et pour les réservations préalables.

Le passage de la douane pour les deux pays se fait au port, avant d'embarquer.

Montevideo (Uruguay)

1,3 MILLION D'HABITANTS

La capitale uruguayenne regroupe près de la moitié de la population du pays. S'étirant sur 20 km d'est en ouest, cette ville animée et éclectique présente de multiples facettes, de son port industriel à ses plages. Dans le centre historique, devenu le quartier des affaires, des immeubles Art déco et néoclassiques côtoient des gratte-ciel décrépits semblant venir tout droit de La Havane, alors qu'au sud-est, les centres commerciaux et les tours modernes en bord de mer font davantage penser à Miami ou Copacabana. Les beaux théâtres d'époque, les petits bars à tango chaleureux et les discothèques du front de mer attestent du dynamisme culturel (musique, théâtre, arts) de Montevideo, tandis que les nombreux centres culturels étrangers et la présence des bureaux administratifs du Mercosur (Marché commun d'Amérique du Sud) lui donnent une dimension internationale.

Montevideo fait pratiquement face à Buenos Aires, sur l'autre rive du Río de la Plata. Principal point d'intérêt touristique, la Ciudad Vieja, la vieille ville jadis fortifiée et construite sur un plan en damier, occupe la pointe ouest d'une péninsule située entre le port, abrité, et l'embouchure du fleuve. À l'est de l'ancienne entrée de la ville, la Plaza Independencia, bordée de bâtiments de l'époque républicaine, marque le début du Centro. Sa grande artère commerçante, l'Av 18 de Julio, le traverse d'ouest en est via la Plaza del Entrevero, la Plaza Cagancha et l'Intendencia (hôtel de ville) jusqu'à la gare routière Tres Cruces, où elle prend le nom d'Av Italia et continue vers l'aéroport international Carrasco et l'Interbalnearia.

Vers l'ouest, en face du port, le Cerro de Montevideo, un promontoire de 132 m, servait autrefois de repère aux navigateurs et offre toujours une vue imprenable sur la ville. Vers l'est, la Rambla, la jolie promenade du front de mer, mène au ravissant Parque Rodó et à plusieurs grandes plages périurbaines – Punta Carretas, Pocitos, Buceo et Carrasco – très appréciées des habitants l'été et le week-end.

À voir

Les sites sont présentés ici d'ouest en est. Sachez que les musées de Montevideo sont souvent désignés par leur acronyme et que beaucoup proposent uniquement des légendes en espagnol.

CIUDAD VIEJA

Museo del Carnaval MUSÉE
(☎2916-5493 ; www.museodelcarnaval.org ; Rambla 25 de Agosto 218 ; 65 UYU ; 11h-17h mar-dim). Ce musée rassemble une merveilleuse collection de costumes, tambours, masques, enregistrements et photos retraçant l'histoire plus que centenaire du carnaval de Montevideo. Derrière le musée, se trouvent le restaurant Tras Bambalinas, décoré sur le thème des festivités carnavalesques, et des gradins d'où l'on peut assister à des spectacles l'été.

Mercado del Puerto MARCHÉ
À l'extrémité de la rue Pérez Castellano, ne manquez pas le marché du vieux port de Montevideo où se massent, sous une imposante halle en fer forgé, des *parrillas* aux tarifs raisonnables. Le samedi et le dimanche après-midi, la présence d'artistes, d'artisans et de musiciens locaux le rend particulièrement vivant et animé.

Museo de Arte Precolombino e Indígena MUSÉE
(MAPI ; ☎2916-9360 ; 25 de Mayo 279 ; 60 UYU ; 13h-18h30 lun-ven, 10h-16h sam). La collection permanente de ce musée permet d'en savoir plus sur les premiers habitants de l'Uruguay. Les expositions temporaires mettent l'accent sur les peuples autochtones du continent américain.

GRATUIT **Museo de Artes Decorativas** MUSÉE
(☎2915-1101 ; 25 de Mayo 376 ; 12h30-17h30 lun-ven). Ce musée occupe le Palacio Taranco, l'ancienne demeure (1910) d'un riche négociant conçue par les célèbres architectes français Charles Girault et Jules-Léon Chifflot en 1910. Il regorge de meubles d'époque richement décorés, importés pour la plupart d'Europe.

GRATUIT **Museo Histórico Nacional** MUSÉE
Le point d'orgue du Musée historique national est la **Casa Rivera** (☎2915-1051 ; Rincón 437 ; 11h-17h lun-ven, 10h-15h sam), ancienne résidence de Fructuoso Rivera, premier président de l'Uruguay et fondateur du parti Colorado. La collection de tableaux, de documents, de meubles et d'objets retrace l'histoire uruguayenne de ses racines indigènes à l'indépendance.

Plaza Constitución PLACE
Égalemment appelée Plaza Matriz, cette place constituait le cœur de la ville coloniale. Elle est bordée à l'est par le **Cabildo**, édifice néoclassique terminé en 1812, désormais occupé par le **Museo y Archivo Histórico Municipal** (Musée et Archives historiques de la ville ; ☎2915-9685 ; Juan Carlos Gómez 1362 ; 12h30-17h30 mar-dim). L'**Iglesia Matriz**, le plus vieil édifice public de Montevideo, fait face au Cabildo. Cette église a été construite entre 1784 et 1799.

Museo Torres García MUSÉE
(☎2916-2663 ; Sarandí 683 ; 60 UYU ; 9h30-19h30 lun-ven, 10h-18h sam). Ce musée présente les œuvres du peintre uruguayen du XXe siècle Torres García, ainsi que des expositions temporaires sur d'autres artistes contemporains.

Teatro Solís THÉÂTRE
(☎2-1950-1856 ; www.teatrosolis.org.uy ; Buenos Aires 678). Principale salle de spectacles de Montevideo, le beau Teatro Solís jouxte la Plaza Independencia. Entièrement rénové ces dernières années, ce théâtre inauguré en 1856 bénéficie d'une acoustique exceptionnelle. Des visites guidées régulières (en espagnol, du mardi au dimanche ; gratuit le mercredi et 20 UYU les autres jours ; les visites en anglais et en portugais coûtent 40 UYU ; des visites en français sont possibles : renseignez-vous auprès du théâtre) permettent de le découvrir si l'on n'a pas l'occasion d'assister à un spectacle.

CENTRO

Plaza Independencia PLACE
Au milieu de cette place du centre-ville trône le **Mausoleo de Artigas**, une statue haute de 17 m et pesant 30 tonnes du héros de l'indépendance nationale José Artigas. En sous-sol, une garde d'honneur veille sur sa dépouille.

La place est fermée au sud par le **Palacio Estévez** (XIXe siècle), résidence présidentielle jusqu'en 1985. À l'est, le **Palacio Salvo**, coiffé d'une tour spectaculaire, était avec ses 26 étages le plus haut immeuble du continent lors de son inauguration en 1927. Enfin, à l'ouest, se dresse la **Puerta de la Ciudadela**, une arche en pierre qui reste l'un des rares vestiges de la citadelle coloniale démolie en 1833.

GRATUIT **Museo del Gaucho y de la Moneda** MUSÉE
(☎2900-8764 ; Av 18 de Julio 998 ; ⏲10h-17h lun-ven). Installé dans le Palacio Heber richement décoré, ce musée évoque brillamment les liens entre les gauchos, leurs bêtes et la terre. Harnais, objets en argent, gourdes à maté et *bombillas* (pailles à maté en métal) originaux font partie de la superbe collection. L'étage inférieur est consacré à la numismatique et à l'histoire instable de l'économie nationale.

GRATUIT **Museo de Arte Contemporáneo** MUSÉE
(MAC ; ☎2900-6662 ; Av 18 de Julio 965, 2e ét. ; ⏲14h-20h mar-dim, 14h-18h30 lun). Ce petit musée présente par roulement des expositions sur des peintres et des sculpteurs uruguayens.

LA RAMBLA ET LES PLAGES

Reliant le centre aux plages de Punta Carretas, Pocitos, Buceo et Carrasco, la Rambla longe sur plusieurs kilomètres la côte vers l'est. Emblématique de Montevideo, cette promenade est le rendez-vous des habitants le dimanche après-midi, qui déambulent, un thermos de maté à la main, en discutant avec leurs amis.

Castillo Pittamiglio BÂTIMENT HISTORIQUE
(☎2710-1089 ; www.castillopittamiglio.com ; Rambla Gandhi 633). Entre Punta Carretas et Pocitos, la façade atypique de cet édifice extravagant, que l'on doit à l'architecte et alchimiste local Humberto Pittamiglio, mérite à elle seule le coup d'œil. Des visites de l'intérieur ont lieu en espagnol (60 UYU) le mardi et le jeudi à 17h et à des horaires variables le week-end (renseignements par téléphone).

Museo Naval MUSÉE
(☎2622-1084 ; angle Rambla Costanera et LA de Herrera ; 20 UYU ; ⏲8h30-12h et 14h-18h ven-mer). À Buceo, côté est de la promenade, ce musée s'attache au rôle des bateaux dans l'histoire uruguayenne, des canoës des Indiens charrúa au naufrage dramatique du navire allemand *Graf Spee* au large de Montevideo en 1939.

Activités

Il est possible de louer un vélo chez **Bicicleteria Sur** (☎2901-0792 ; Aquiles Lanza 1100 ; 20 UYU/heure, 180 UYU/jour ; ⏲9h-13h et 15h-19h lun-ven, 10h-14h sam) pour parcourir aux côtés des marcheurs, des joggeurs et d'autres cyclistes la promenade du front de mer (Rambla). Au bout de 2 km environ, vous arriverez à la Playa Pocitos, propice à la **baignade** et au **beach-volley**. Un peu plus loin, le yacht-club de Puerto del Buceo dispense des cours de **planche à voile**.

Le **port de plaisance** de Buceo, très fréquenté le dimanche après-midi, offre un joli cadre pour se promener.

Fêtes et festivals

Principale manifestation culturelle de l'année, le **carnaval** de Montevideo (fin de l'été) se révèle beaucoup plus animé que celui de Buenos Aires.

Au Parque Prado, au nord du centre, les fêtes de la Semana Criolla durant la **Semana Santa** (Semaine sainte) proposent des démonstrations de gauchos, des *asados* (barbecues) et diverses animations.

Le dernier week-end de septembre ou le premier week-end d'octobre, les musées, les églises et les bâtiments historiques de Montevideo ouvrent leurs portes au public à l'occasion des **Días del Patrimonio** (Journées du patrimoine).

Durant 10 jours en octobre, les danseurs de tango investissent les rues de la capitale et les salles de spectacle à l'occasion du **Festival del Tango**.

Où se loger

Montevideo compte quelques hôtels de charme (dont un nouveau venu remarquable au Mercado del Puerto) ainsi qu'une multitude d'auberges de jeunesse. Le Centro abrite d'autres adresses de catégorie intermédiaire, un peu fanées mais fiables.

CIUDAD VIEJA

♥ **Don Hotel** HÔTEL DESIGN $$$
(☎2915-9999 ; www.donhotel.com.uy ; Piedras 234 ; ch standard/supérieure 3 000/5 000 UYU, ste 8 000 UYU ; ❄@📶🏊). Le dernier-né des hôtels de Montevideo est un modèle de raffinement. Les chambres supérieures de devant offrent une vue remarquable sur la halle ouvragée du Mercado del Puerto. Les Jacuzzi, la

piscine, le solarium et le bar sur le toit dominant le port et les immeubles de la ville en font une adresse de grande classe. Les repas pris au restaurant très réputé El Palenque, face au Mercado del Puerto, peuvent être directement ajoutés à votre note d'hôtel.

Hotel Palacio HÔTEL $

(2916-3612 ; www.hotelpalacio.com.uy ; Bartolomé Mitre 1364 ; ch sans/avec balcon 900/1 000 UYU ;). Lits en cuivre affaissés, vieux meubles et ascenseur rétro caractérisent cet hôtel familial à l'ancienne. Les deux chambres du 6e étage, climatisées, bénéficient d'un grand balcon avec superbe vue sur la Ciudad Vieja. Les chambres des étages inférieurs (avec ventilateur) coûtent légèrement moins cher.

Ciudad Vieja Hostel AUBERGE DE JEUNESSE $

(2915-6192 ; www.elviajeromontevideo.com ; Ituzaingó 1436 ; dort 300-340 UYU, d 1 100 UYU ; @). À deux pas de l'animation nocturne de la Ciudad Vieja, un établissement au personnel accueillant et à l'ambiance chaleureuse et branchée, joliment aménagé aux deux derniers étages d'une maison ancienne. Cuisine séparée et salon à chaque niveau, DVDthèque, terrasse sur le toit, location de vélos, visites guidées de Montevideo et affichage de l'agenda culturel.

Spléndido Hotel HÔTEL $

(2916-4900 ; www.splendidohotel.com.uy ; Bartolomé Mitre 1314 ; s sans sdb 440-760 UYU, d sans/avec sdb à partir de 900/1 200 UYU ; @). Une sympathique adresse un peu vieillissante présentant un très bon rapport qualité/prix pour les petits budgets qui préfèrent l'intimité à l'ambiance festive des auberges de jeunesse. Les chambres les plus chères disposent de belles hauteurs sous plafond (5 m) et de portes-fenêtres ouvrant sur un balcon, avec, pour certaines, vue sur le théâtre Solís. Les bars de la rue peuvent se révéler très bruyants le week-end et l'orchestre philharmonique de Montevideo répète dans un bâtiment voisin, certains matins.

Plaza Fuerte Hotel HÔTEL $$$

(2915-6651 ; www.plazafuerte.com ; Bartolomé Mitre 1361 ; d 2 300 UYU, ste à partir de 3 300 UYU ; @). Aménagé dans un immeuble imposant datant de 1913, cet hôtel avec escalier en marbre, tapis rouge et carrelage décoratif au sol ménage une vue spectaculaire depuis le bar-terrasse du 5e étage. Belles hauteurs sous plafond dans les chambres, et suites (parfois en duplex ou dotées de Jacuzzi) particulièrement élégantes.

CENTRO

El Viajero Hostel & Suites Centro AUBERGE DE JEUNESSE $

(2908-2913 ; www.elviajerodowntown.com ; Soriano 1073 ; dort 300-360 UYU, d 1 140-1 330 UYU ; @). En plein centre-ville, cette nouvelle auberge de jeunesse occupe un bel édifice d'époque avec hauts plafonds, bar carrelé et verrière laissant entrer l'air frais et la lumière par beau temps. Les vélos à louer (250 UYU/jour) et les précieux conseils du personnel vous inciteront à explorer la ville, mais les repas servis 5 soirs par semaine dans le patio (150-300 UYU) pourraient vous donner envie de rentrer.

Balmoral Plaza Hotel HÔTEL $$$

(2902-2393 ; www.balmoral.com.uy ; Plaza Cagancha 1126 ; s/d/ste à partir de 2 500/2 700/3 600 UYU ; @). L'emplacement central et la vue sur la Plaza Cagancha arborée sont les principaux atouts de cet hôtel. Toutes les chambres possèdent minibar, coffre-fort, grande TV et double vitrage insonorisé. Parking, salle de sport, sauna et centre d'affaires également sur place.

Montevideo Hostel AUBERGE DE JEUNESSE $

(2908-1324 ; www.montevideohostel.com.uy ; Canelones 935 ; dort avec/sans carte HI 300/360 UYU ; @). Avec ses instruments de musique disséminés un peu partout, sa bonne connexion Internet, son bar-cantine, sa jolie cheminée et son escalier en colimaçon desservant les trois niveaux de l'espace commun, cet établissement vieillot reste l'une des meilleures adresses bon marché de Montevideo. Il est tenu par la même famille depuis des années.

LA RAMBLA ET LES PLAGES

Cala di Volpe HÔTEL DE CHARME $$$

(2710-2000 ; www.hotelcaladivolpe.com.uy ; angle Rambla Gandhi et Parva Domus, Punta Carretas ; d/ste à partir de 2 400/3 600 UYU ; @). Cet établissement chic face à la plage ne manque pas de charme : fauteuils confortables, bureaux, sdb pimpantes avec marbre et carrelage, et baies vitrées ménageant une vue imprenable sur le fleuve, sans oublier la petite piscine sur le toit et le joli restaurant.

Pocitos Hostel AUBERGE DE JEUNESSE $

(2711-8780 ; www.pocitos-hostel.com ; Sarmiento 2641, Pocitos ; dort 380-400 UYU, s/d 900/1 200 UYU ; @). À quelques rues du front de mer, cette charmante auberge de jeunesse a aménagé des dortoirs (4 à 6 lits) et 2 chambres doubles dans une maison ancienne avec cheminée, hauts plafonds, cuisine et barbecue à l'arrière. Personnel sympathique.

Una Noche Más B&B B&B $$
(☎096-227406 ; www.unanochemas.com.uy ; Patria 712, app 2, Punta Carretas ; d 1 120-1 360 UYU ; @📶). Près de la plage de Punta Carretas, une adresse idéale pour qui souhaite un séjour "chez l'habitant" dans une grande-ville. Les sympathiques propriétaires, Carla et Eduardo, font tout pour mettre à l'aise leurs hôtes. Demi-pension ou pension complète sur demande ; séjour de deux nuits minimum.

Pocitos Plaza Hotel HÔTEL $$$
(☎2712-3939 ; www.pocitosplazahotel.com.uy ; Benito Blanco 640, Pocitos ; s/d standard 2 200/2 500 UYU, supérieure 2 600/3 000 UYU ; ❄@📶). Un 4-étoiles confortable proposant de nombreuses prestations à une clientèle d'affaires. Le sauna, le solarium et la proximité de la plage plairont aux vacanciers. Canapés, baignoires balnéo et grands placards dans les chambres supérieures.

Où se restaurer

Les anciennes halles de marché ont été reconverties en deux des lieux de restauration les plus pittoresques de la ville. Sur le front de mer de la Ciudad Vieja, le **Mercado del Puerto** (Pérez Castellano) est l'endroit le plus typique pour manger à Montevideo. Les *parrillas* prises d'assaut rivalisent pour mettre en avant leurs immenses stands de grillades de viande ou de légumes. Si l'animation bat son plein le week-end, les employés de bureau et les touristes font vivre l'endroit toute la semaine au déjeuner. Plus abordable et moins touristique, le **Mercado de la Abundancia** (angle San José et Aquiles Lanza), en centre-ville, abrite trois établissements sans prétention autour d'un espace ouvert où les habitants viennent danser, entre autres, le tango et la salsa le samedi soir.

CIUDAD VIEJA

♥ **La Silenciosa** INTERNATIONAL $$$
(☎2915-9409 ; Ituzaingó 1426 ; plats 280-480 UYU ; ⏲déj lun-sam, dîner ven). Avec ses murs en pierre et en brique, ses plafonds hauts et son sol de marbre en damier, ce restaurant a une histoire fascinante : séminaire jésuite au XVIIIe siècle, ce fut ensuite une boutique de tailleur chez qui Carlos Gardel et d'autres sommités uruguayennes faisaient faire leurs chemises. On y mange très bien, des pâtes maison aux plats de viande et de poisson, en passant par les desserts. Formule déjeuner (entrée-plat-dessert et verre de vin) très intéressante à 320 UYU.

Café Bacacay FUSION $$
(Bacacay 1306 ; plats 170-360 UYU ; ⏲9h-tard lun-sam). Face au théâtre Solís, ce petit café chic affiche une carte appétissante : poisson du jour au wasabi ou au *limoncello* (liqueur de citron), salades à composer soi-même avec des ingrédients savoureux (aubergines grillées, épinards, saumon fumé) et large choix de boissons. Gâteau au chocolat, tarte aux poires et tarte au citron au dessert.

Rincón de Zabala CAFÉTÉRIA $
(www.rdz.com.uy ; Rincón 387 ; sandwichs 80-105 UYU, repas, dessert compris 160-200 UYU ; ⏲9h-17h lun-ven ; 📶). Une adresse de quartier, moderne, proposant des petits-déjeuners, des sandwichs et des plats du jour à prix doux. Wi-Fi gratuit.

Cervecería Matriz BRASSERIE $$
(Sarandí 582 ; plats 108-335 UYU ; ⏲8h-1h lun-sam). Une adresse informelle où une nombreuse clientèle vient apprécier une bière et des *chivitos* (sandwich typiquement uruguayen à la viande) sous les arbres de la plus charmante place de la vieille ville.

CENTRO

Comi.K BRÉSILIEN $$
(Av 18 de Julio 994, 2e ét. ; plats, dessert et boisson 220 UYU ; ⏲8h-22h lun-ven, 8h-16h sam). Au centre culturel brésilien, on peut se restaurer à prix raisonnable, notamment de *feijoada* (ragoût brésilien à la viande et aux haricots noirs), dans une belle salle sous de hauts plafonds avec des vitraux. Concerts brésiliens souvent le vendredi soir.

El Esquinazo PARRILLA $$
(Mercado de la Abundancia ; pizza 60-200 UYU, plats 200-350 UYU ; ⏲11h-minuit lun-sam). Avec son gril ardent et son irrésistible odeur de viande grillée, cette *parrilla* très fréquentée illustre parfaitement l'ambiance détendue et chaleureuse du Mercado de la Abundancia. Le midi, on paie moitié moins cher qu'au Mercado del Puerto, plus touristique. Le *menu ejecutivo* comprend des grillades mixtes et un verre de vin (220 UYU). Concerts de jazz deux jeudis par mois et tango ou salsa le samedi soir.

Bar Hispano CONFITERÍA $
(San José 1050 ; repas 115-265 UYU ; ⏲7h-2h). Les *confiterías* de quartier à l'ancienne

comme celle-ci se font rares. Habillés en noir, les serveurs bourrus mais efficaces peuvent répondre à toutes les demandes, du remontant pour démarrer la journée au repas complet à 17h, en passant par l'envie de chocolat au petit matin. Grand choix de *platos del día* (plats du jour).

Ruffino Pizza y Pasta ITALIEN $$
(www.ruffino.com.uy ; San José 1166 ; plats 190-350 UYU ; 12h-15h dim-ven, 8h30-minuit lun-sam). Un bon restaurant italien de milieu de gamme, très couru le dimanche midi. Goûtez à la sauce Caruso (champignons à la crème), invention uruguayenne baptisée du nom du ténor italien Enrico Caruso, lors de sa venue à Montevideo en 1915.

Bosque Bambú VÉGÉTARIEN $$
(www.comidavegetarianabambu.com ; San José 1060 ; formule à volonté 240 UYU ; 12h-15h lun-sam ;). L'une des rares adresses vraiment végétariennes dans ce pays carnivore. Plats au kilo et buffet à volonté le midi (boissons en supplément) sont proposés dans cette épicerie de produits diététiques très appréciée.

LA RAMBLA ET LES PLAGES

La Pulpería PARRILLA $$
(angle Lagunillas et Nuñez, Punta Carretas ; plats 200-300 UYU ; 8h-12h30 mar-sam, 12h-16h dim). Personnification de la *parrilla* discrète de quartier, La Pulpería ne fait pas de publicité (avant 20h, vous ne trouverez même pas de panneau à l'extérieur) préférant concentrer son énergie sur ses pièces de viande grillées à la perfection et laissant le bouche à oreille faire le reste.

Bar Tinkal CHIVITOS $
(angle Frugoni et La Rambla ; chivito 150 UYU ; 8h-2h lun-sam). Les habitués de ce bar plébiscitent les couchers de soleil sur le fleuve, mais aussi les *chivitos*, remarquables par leur simplicité et leur qualité.

Umaga INTERNATIONAL $$$
(2712-3141 ; angle Luis de la Torre et Francisco Ros, Punta Carretas ; plats 350-490 UYU ; 20h-minuit mar-sam). L'Umaga propose un choix succinct de plats gourmets superbement présentés, à déguster dans une vieille maison cosy modernisée de Punta Carretas. La carte innovante affiche aussi bien du saumon grillé aux poireaux et aux fraises que des desserts comme ce roulé pommes-cannelle-clou de girofle flambé à la grappa.

Où prendre un verre

La Ciudad Vieja et le Centro offrent un mélange séduisant de cafés vénérables et de nouvelles adresses prometteuses. Les bars se concentrent sur Bartolomé Mitre dans la Ciudad Vieja et au sud de la Plaza Independencia, dans le centre.

Café Brasilero CAFÉ
(Ituzaingó 1447, Ciudad Vieja ; 9h-20h lun-ven). Ressuscité sous une nouvelle direction en 2010, ce vieux café de 1877 (petites tables et chaises en bois, lustres et photos d'époque aux murs) est un lieu délicieux pour boire un café le matin ou un thé au goûter. Il constitue aussi une excellente halte au déjeuner grâce à son pain maison, ses plats de pâtes savoureux et ses *menús ejecutivos* (entrée-plat-dessert, eau à 235 UYU) intéressants.

Café Roldós BAR-CAFÉ
(Mercado del Puerto ; 9h-17h). Le succès de cette institution du Mercado del Puerto ne s'est jamais démenti. Depuis 1886, le personnel y sert le célèbre *medio y medio*, boisson désaltérante composée à parts égales de mousseux et de vin sec (160 UYU/bouteille, 60 UYU/verre).

El Lobizón BAR
(Zelmar Michelini 1264, Centro ; 20h-3h). L'ambiance bar en sous-sol, la sangria et le *clericó* (vin blanc et fruits mixés) coulant à flots et les en-cas délicieux, tel le célèbre *gramajo* (pommes de terre, jambon et œufs), en font un lieu de rendez-vous prisé d'une clientèle jeune et artiste.

Oro del Rhin CAFÉ, BOULANGERIE
(Convención 1403, Centro ; 8h30-20h lun-sam). Ses plus de 75 ans d'activité parlent d'eux-mêmes. À voir, ne serait-ce que pour lorgner sur les gâteaux et les pâtisseries en vitrine.

Où sortir

Les sites www.espectador.com, www.cartelera.com.uy et www.socioespectacular.com.uy publient (en espagnol) l'agenda des sorties.

Clubs et discothèques

El Pony Pisador CLUB
(www.elponypisador.com.uy) ; Ciudad Vieja (Bartolomé Mitre 1324 ; 17h-tard lun-ven, 20h-tard sam-dim) ; Pocitos (Iturriaga 3497 ; 20h-tard jeu-sam). Plusieurs adresses à Montevideo pour ce bar-club animé où des concerts ont lieu tous les soirs. Selon le jour et l'endroit,

vous danserez sur des reprises blues, brésiliennes, soul, latino-américaines, rock, ou encore de flamenco ou de vieux tubes anglais et espagnols. L'antenne de Pocitos accueille aussi parfois des one-man shows.

Cain Dance Club GAY
(www.caindance.com ; Cerro Largo 1833, Cordón ; ⏲minuit-7h sam-dim). Le premier club gay de Montevideo se déploie sur plusieurs niveaux. Sur les deux *dance floors*, on passe aussi bien de la techno que de la musique latino.

Musique live et danse

Le légendaire Carlos Gardel vécut à Montevideo, où le tango n'est pas moins populaire qu'à Buenos Aires. Les salles de concerts et de danse abondent en centre-ville.

♥ **Fun Fun** CONCERTS
(☎2915-8005 ; www.barfunfun.com ; Ciudadela 1229, Mercado Central, Ciudad Vieja ; ⏲21h-tard mer-sam). Depuis 1895, cette petite salle informelle située au Mercado Central sert sa célèbre *uvita* (vin sucré) et accueille des concerts de tango ou autres sur une scène miniature. Terrasse agréable à l'avant.

Sala Zitarrosa ARTS DU SPECTACLE
(☎2901-7303 ; www.salazitarrosa.com.uy ; Av 18 de Julio 1012, Centro). De grands noms de la musique et de la danse (zarzuela, tango, rock, flamenco et reggae, par exemple) se produisent dans la meilleure salle informelle de Montevideo.

Achats

♥ **Feria de Tristán Narvaja** MARCHÉ
(Tristán Narvaja, Cordón). Ce marché haut en couleur instauré il y a plusieurs décennies par les immigrés italiens s'installe le dimanche matin de l'Av 18 de Julio à la Calle Tristán Narvaja, au nord, en débordant sur plusieurs rues latérales. Livres d'occasion, musique, vêtements, bijoux, animaux vivants, antiquités et souvenirs garnissent ses nombreux stands de fortune.

Manos del Uruguay LAINAGES
(www.manos.com.uy ; San José 1111). Cette coopérative nationale, membre de l'Organisation mondiale du commerce équitable, est réputée pour la qualité de ses lainages.

Renseignements

Cybercafés Ils abondent dans San José et l'Av 18 de Julio.

Ministère du tourisme Aéroport Carrasco (☎2604-0386 ; ⏲8h-20h) ; port (☎2188-5111 ; Rambla 25 de Agosto ; ⏲9h-18h lun-ven) ; gare routière de Tres Cruces (☎2409-7399 ; ⏲9h-22h). Renseignements sur Montevideo et le reste du pays.

Office du tourisme municipal Centro (☎1950-2263 ; angle Av 18 de Julio et Ejido ; ⏲10h-16h lun-ven) ; Ciudad Vieja (☎2916-8434 ; angle Piedras et Pérez Castellanos ; ⏲11h-17h). Informations pratiques sur Montevideo et plans.

Police touristique (☎0800-8226)

Depuis/vers Montevideo

La **gare routière de Tres Cruces** (☎2401-8998 ; www.trescruces.com.uy ; angle Bulevar Artigas et Av Italia) se situe à 3 km à l'est du centre. Vous trouverez dans ce bâtiment moderne un bureau d'informations touristiques, des toilettes propres, une consigne (111 UYU/24h), des téléphones publics, des DAB et des commerces à l'étage.

Des compagnies concurrentes proposent plusieurs départs par jour pour Buenos Aires.

Pour rejoindre le centre-ville, vous pouvez prendre un taxi (comptez entre 80 et 100 UYU) ou le bus CA1, qui part juste devant l'entrée est de la gare (tlj sauf dimanche) et qui relie la Ciudad Vieja via l'Av Uruguay (10 UYU, 15 min). Le dimanche, prenez les n^os^21, 64, 187 ou 330 qui desservent tous la Plaza de Independencia via l'Av 18 de Julio (18 UYU, 15 min).

Pour rejoindre la plage, prenez le bus n°174 (pour Punta Carretas) ou le n°183 (pour Pocitos), devant la gare (18 UYU). En taxi, il vous en coûtera environ 100 UYU.

Les bus municipaux **Cutcsa** (☎2204-0000 ; www.cutcsa.com.uy), couvrent presque toute la ville (18 UYU par trajet). Sur le site www.montevideobus.com.uy (en espagnol), vous trouverez une carte interactive des itinéraires de bus.

Pour ceux qui préfèrent le bateau, **Buquebus** (☎130 ; www.buquebus.com.uy) Centro (angle Colonia et Florida) ; Ciudad Vieja (Terminal Puerto) ; gare routière de Tres Cruces (angle Bulevar Artigas et Av Italia) assure des liaisons quotidiennes en ferry rapide entre Montevideo et Buenos Aires (3 heures). Le tarif plein en classe *turista* s'élève à 2 005 UYU. Buquebus propose également des formules bus-ferry plus économiques pour Buenos Aires via Colonia (service lent 1 047 UYU, 6 heures 15 ; service rapide 1 352 UYU, 4 heures 15). Les achats de billets à l'avance sur Internet assurent les meilleurs tarifs.

Les formules bus-ferry de **Colonia Express** (☎2400-3939 ; www.coloniaexpress.com ; gare routière de Tres Cruces) sont encore plus avantageuses. Un aller simple coûte en moyenne

745 UYU/pers (4 heures 15), mais peut baisser jusqu'à 595 UYU en milieu de semaine.

Cacciola Viajes (☎2401-9350 ; www.cacciolaviajes.com ; gare routière de Tres Cruces) assure deux à trois liaisons bus-bateau par jour vers Buenos Aires via la ville de Carmelo et via Tigre, dans le delta argentin (8 heures, 899 UYU l'aller simple)

Punta del Este (Uruguay)

8 900 HABITANTS

Avec ses nombreuses plages, ses élégantes résidences en bord de mer, son port de plaisance et ses hôtels et restaurants haut de gamme, Punta del Este est l'une des villes les plus glamour d'Amérique du Sud – et de loin la plus chère du pays. Très prisée des touristes argentins et brésiliens, la station balnéaire a connu une période de déclin pendant la récession qui a touché l'Uruguay et l'Argentine, mais tout est aujourd'hui revenu à la normale.

À voir

Plages et îles

Vous aurez l'embarras du choix pour les **plages**, qui constituent le principal attrait de Punta dans la journée. Côté ouest de la ville, la Rambla Gral Artigas longe la tranquille **Playa Mansa**, sur le Río de la Plata, dépasse le **port de plaisance**, bruissant d'agitation avec tous ses bateaux, ses restaurants, ses discothèques et ses célébrités, puis vire à la pointe de la péninsule et embrasse l'océan Atlantique.

Comme le rappelle le nom de la **Playa Brava** ("plage sauvage"), la mer est plus agitée côté est, où plusieurs personnes ont déjà trouvé la mort dans les vagues et les courants. L'Atlantique recèle aussi des plages qui satisferont les surfeurs, comme la **Playa de los Ingleses** et la **Playa El Emir**.

Après la Playa Mansa (empruntez la Rambla Williman en direction de l'ouest), les principales plages sont : La Pastora, Marconi, Cantegril, Las Delicias, Pinares, La Gruta (Punta Ballena) et Portezuelo. En direction de l'est (par la Rambla Lorenzo Batlle Pacheco), citons notamment La Chiverta, San Rafael, La Draga et Punta de la Barra. En été, vous trouverez des *paradores* (petits restaurants proposant des services) sur toutes ces plages.

L'emblème de Punta est une sculpture, **La Mano en la Arena**, représentant une main géante émergeant du sable de la Playa Brava.

Des bateaux partent toutes les 30 minutes environ (tlj en saison, le week-end le reste de l'année) du port de plaisance de Punta del Este vers l'**Isla Gorriti** (15 min), qui recèle de superbes plages de sable, des restaurants et les ruines des **Baterías de Santa Ana**, une forteresse du XVIIIe siècle.

À une dizaine de kilomètres des côtes, l'**Isla de Lobos** abrite la deuxième plus grande colonie d'éléphants de mer australs au monde (200 000 au dernier dénombrement), ainsi que le plus haut phare d'Amérique latine. L'île est protégée et ne peut être visitée que dans le cadre d'un circuit organisé.

Circuits organisés

Calypso Charters & Excursiones CIRCUIT EN BATEAU
(☎4244-6152 ; www.calypso.com.uy ; angle Rambla Artigas et Calle 21 ; adulte/enfant 1 400/700 UYU). L'une des compagnies proposant des excursions de 2 heures pour l'Isla de Lobos.

Où se loger

Difficile de trouver un hébergement bon marché l'été à Punta, envahie par les touristes. Même les auberges de jeunesse doublent leurs tarifs en janvier. Punta ressemble en revanche à une ville fantôme l'hiver et les établissements qui restent ouverts baissent considérablement leurs prix. Les tarifs ci-dessous s'entendent pour la haute saison.

Las Cumbres HÔTEL DE CHARME $$$
(☎4257-8689 ; www.cumbres.com.uy ; Ruta 12, km 3,9, Laguna del Sauce ; d 3 900-6 800 UYU, ste 7 200-14 300 UYU ; ❄@📶🏊). Les propriétaires de ce bijou de luxe et de discrétion sur les hauteurs de Punta Ballena l'ont décoré de trésors rapportés de leurs voyages dans le monde. Bureau, cheminée et baignoire balnéo en extérieur figurent, entre autres, parmi les équipements des chambres. Les clients ont accès aux soins du spa, aux chaises longues et aux parasols, et au salon de thé en terrasse, ouvert à tous, avec vue magnifique au soleil couchant. Prêt de VTT.

La Lomita del Chingolo PENSION $$
(☎4248-6980 ; www.lalomitadelchingolo.com ; Las Acacias entre Los Eucaliptus et Le Mans ; dort 700-1 200 UYU, d 2 400-3 600 UYU ; @📶). Dans un quartier résidentiel au nord du centre, cet établissement à l'ambiance décontractée comprend un dortoir de 6 places et 5 chambres, avec cuisine et Internet à disposition. Véritable mine d'informations sur les environs, Rodrigo et Alejandra,

les sympathiques propriétaires, servent de délicieux petits-déjeuners et improvisent parfois des barbecues dans le jardin.

Tas D' Viaje Hostel AUBERGE DE JEUNESSE $

(☎4244-8789 ; www.tasdviaje.com ; Calle 24 entre les Calles 28 et 29 ; dort 400-1 100 UYU, d 1 600-2 800 UYU ; ⏲août-mai ; ❄@📶). Cet établissement récent aménagé dans une vieille maison du centre-ville a pour atout son accueil amical, ses parties communes agréables et son emplacement central imbattable. L'été, une deuxième **auberge de jeunesse** (Calle 26 entre les Calles 25 et 27 ; ⏲déc-fév) ouvre ses portes, à quelques mètres de la Playa El Emir.

La Posta del Cangrejo HÔTEL $$$

(☎4277-0021 ; www.lapostadelcangrejo.com ; La Barra ; d 3 800-9 200 UYU, ste 5 800-13 000 UYU ; ❄@📶🏊). Cet hôtel caractérisé par des murs chaulés en adobe, un excellent restaurant français et une terrasse avec piscine à portée d'oreille de l'océan borde la plage à La Barra. Les suites à l'étage s'agrémentent d'une cheminée, d'un Jacuzzi, d'une grande TV et d'une bonne sono.

El Viajero Brava Beach Hostel AUBERGE DE JEUNESSE $

(☎4248-0331 ; www.elviajerobravabeach.com ; angle Charrúa et Av Francia ; dort 300-875 UYU, d 1 100-2 600 UYU ; ❄@📶). Même s'il fait l'angle d'une rue fréquentée et bruyante, cet établissement offre un accès facile à la gare routière et à la Playa Brava. Chambres climatisées, laverie, vélos et planches de surf à louer, cours de surf, musique dans les parties communes et bar animé à toute heure.

Bonne Étoile HÔTEL $$

(☎4244-0301 ; www.hotelbonneetoile.com ; Calle 20, entre les Calles 23 et 25 ; s 1 400-3 100 UYU, d 1 600-3 300 UYU ; ❄@📶). Chambres propres et spacieuses donnant parfois sur le fleuve et idéalement situées, entre Gorlero et le port, dans une maison des années 1940 adjacente à un immeuble plus moderne de 6 étages.

Hotel Concorde HÔTEL $$$

(☎4244-4800 ; www.hotelconcorde.com.uy ; Calle 9 entre les calles 12 et 14 ; d 2 300-3 700 UYU, avec kitchenette 3 700-5 200 UYU ; ❄@📶🏊). Ce 3-étoiles confortable réaménagé depuis peu possède différentes catégories de chambres, dotées parfois de kitchenettes. Ordinateurs grand écran avec Wi-Fi gratuit, beaux fauteuils colorés, piscine et petit bar dans les parties communes.

Camping San Rafael CAMPING $

(☎4248-6715 ; www.campingsanrafael.com.uy ; empl 170-250 UYU/pers, 40 UYU/véhicule ; ⏲nov-Pâques). Près du pont pour La Barra, un camping aux infrastructures bien entretenues dans un cadre boisé. Boutique, restaurant, laverie, eau chaude 24h/24 font partie des services proposés.

Où se restaurer

♥ Lo de Charlie MÉDITERRANÉEN $$$

(☎4244-4183 ; Calle 12 n°819 ; plats 352-615 UYU ; ⏲déj et dîner déc-mars, avr-nov déj ven-dim, dîner mer-lun). Propriété d'un ami pêcheur de l'artiste local Carlos Páez Vilaró, dont certaines œuvres décorent les murs, c'est l'un des principaux restaurants de Punta. On y déguste d'innombrables délices comme du gaspacho, du risotto, des pâtes maison, du poisson et des crustacés.

Il Baretto ITALIEN $$$

(☎4244-5565 ; www.ilbarettopunta.com ; angle Calles 9 et 10 ; pizza 210-350 UYU, plats 390-620 UYU ; ⏲dîner tlj mi-déc au carnaval, jeu-dim reste de l'année). Dans un jardin romantique (bougies, chaises et bancs raffinés), on se régale de pâtes et de desserts maison. Il fait bon aussi y prendre l'apéritif, à partir de 18h l'été, après une journée à la plage.

La Fonda del Pesca POISSON $$

(Calle 29, entre Gorlero et la Calle 24 ; plats 200-300 UYU ; ⏲12h-23h). Petit restaurant aux couleurs vives spécialisé dans le poisson, mais aussi dans les recettes locales.

Chivitería Marcos CHIVITOS $$

(Rambla Artigas, entre les Calles 12 et 14 ; chivitos 210 UYU ; ⏲11h-4h déc-mars, 11h-16h et 20h-tard avr-nov). Cette enseigne de Montevideo a bâti sa réputation sur ses sandwichs XXL à la commande. Choisissez entre 11 garnitures et 7 sauces puis tentez de ramener la pyramide en équilibre instable à votre table.

Virazón FRUITS DE MER $$$

(☎4244-3924 ; www.virazon.com.uy ; angle Rambla Artigas et Calle 28 ; plats 275-625 UYU ; ⏲déj et dîner). Depuis la terrasse au bord de la plage, il est amusant de voir les serveurs essayer de garder une contenance pour traverser la rue avec des plateaux surchargés d'excellents fruits de mer.

Artico FRUITS DE MER, POISSON $$

(Calle 8 n°1181 ; plats 185-290 UYU ; ⏲déj et dîner). Les affaires marchent bien pour ce grossiste du port qui propose du poisson grillé et de la

FORMALITÉS POUR SE RENDRE EN URUGUAY

Les citoyens européens et les ressortissants canadiens n'ont pas besoin de visa pour entrer en Uruguay ; leur passeport suffit. Ils recevront automatiquement une autorisation de séjour touristique de 90 jours, renouvelable une fois. Pour prolonger cette autorisation, rendez-vous à la **Dirección Nacional de la Migración** (☎2916-0471; Misiones 1513) à Montevideo, ou aux bureaux des postes-frontières.

paella à petit prix dans une sorte de cafétéria et aussi un bar à salades (60 UYU/100 g). L'une des rares adresses de Punta pour manger au bord de l'eau sans se ruiner.

Où prendre un verre et sortir

Quelques clubs du quartier du port ouvrent toute l'année (le week-end uniquement hors saison). De Noël à janvier, au plus fort de la saison estivale, une série de clubs de plage dont les noms changent constamment investissent la Playa Brava, le long de la route côtière vers La Barra.

Gardez à l'esprit qu'il n'y a pas un chat ici en discothèque avant 2h. En général, à Punta, les bars restent ouverts tant qu'il y a du monde. Des concerts s'y tiennent parfois le week-end.

Company Bar BAR

(☎4244-0130 ; Calle 29, entre les Calles 18 et 20). Un bar du centre-ville où l'on peut se restaurer, prendre un verre et écouter des concerts variés de musique internationale à partir de 22h. Ouvert toute l'année.

Mambo Club CLUB

(☎448956 ; angle Calle 13-Calle 10). Adresse prisée à la programmation latino.

Soho DJ

(www.sohopuntadeleste.com ; Calle 13, entre les Calles 10 et 12). Autre adresse fiable ouverte toute l'année où se succèdent les DJ internationaux.

Medio y Medio JAZZ

(www.medioymedio.com ; Camino Lussich s/n, Punta Ballena). Des artistes uruguayens, argentins et brésiliens se produisent dans ce club de jazz-restaurant non loin de la plage, à Punta Ballena.

Renseignements

Antel (angle Calles 25 et 24 ; ⏲9h-17h lun-sam). Adresse fiable pour se connecter à Internet (45 UYU/heure) même hors saison.

Bureaux de change et DAB se concentrent en nombre le long de Gorlero.

Ministère du Tourisme (☎4244-1218 ; puntadeleste@mintur.gub.uy ; Gorlero 942 ; ⏲10h-17h)

Office du tourisme municipal (☎4244-6510 ; www.maldonado.gub.uy ; Plaza Artigas ; ⏲8h-minuit 15 déc-1er mars, 8h-18h reste de l'année). Autres bureaux à la gare routière et à l'angle de la Calle 31 avec la Rambla.

Depuis/vers Punta del Este

L'**Aeropuerto Internacional de Punta del Este** (PDP ; www.puntadeleste.aero) se trouve à Laguna del Sauce, à 20 km à l'ouest de Punta del Este. Les compagnies suivantes desservent par vol direct l'Aeroparque de Buenos Aires : **Aerolíneas Argentinas** (www.aerolineas.com.ar ; Edificio Santos Dumont, Gorlero, entre les Calles 30 et 31) ; **BQB** (www.flybqb.com) ; **Pluna** (www.flypluna.com) ; et **Sol** (www.sol.com.ar), qui rallie également Rosario.

De la **gare routière** (☎4249-4042 ; angle Calle 32-Bulevar Artigas) de Punta, des dizaines de bus sillonnent quotidiennement la route du littoral jusqu'à Montevideo. Des navettes COT partent de la gare routière à destination de l'aéroport de Punta del Este (100 UYU, 20 min), 1 heure 30 avant chaque vol. L'été, des minibus partent toutes les 20 min du quai n°8 de la gare à destination de La Barra (26 UYU, 20 min) via les plages orientales. D'autres desservent l'ouest, notamment Punta Ballena.

Les agences de location de voitures abondent près de la gare routière et le long de Gorlero. Parmi les plus intéressantes figurent **Punta Car** (Bulevar Artigas 101), **Multicar** (Gorlero 860) et **Dollar** (Gorlero 961).

La Pampa et la côte atlantique

Dans ce chapitre »

Le top des restaurants

» Acqua & Farina (p. 139)
» Taberna Baska (p. 146)
» L'Eau Vive (p. 124)
» Cervecería Modelo (p. 122)
» Epoca de Quesos (p. 131)

Le top des hébergements

» Villa Nuccia (p. 145)
» Paradores Draghi (p. 126)
» El Aleph Hotel Boutique (p. 145)
» Antigua Casona (p. 126)
» Lo de Titi (p. 130)

Pourquoi y aller

Les pâturages fertiles de la pampa, qui semblent s'étendre à perte de vue, firent la richesse de l'Argentine il y a plus d'un siècle et la région demeure le cœur économique et politique de la nation. Habitée par 40% des électeurs, elle produit la majeure partie de la viande qui fait la réputation du pays.

Souvent négligée par les voyageurs, la province de la Pampa recèle pourtant des joyaux cachés. La visite de San Antonio de Areco donne un aperçu de la culture gaucho, tandis que les montagnes qui entourent Tandil et Sierra de la Ventana offrent de multiples possibilités de randonnée. Les plages de la côte atlantique constituent des destinations idéales pour fuir la chaleur estivale de Buenos Aires.

Vous pouvez aussi passer quelques jours dans l'une des nombreuses estancias historiques de la région, où vous découvrirez un ciel immense et l'élégance surannée de l'Argentine d'antan.

Quand partir

Mar del Plata

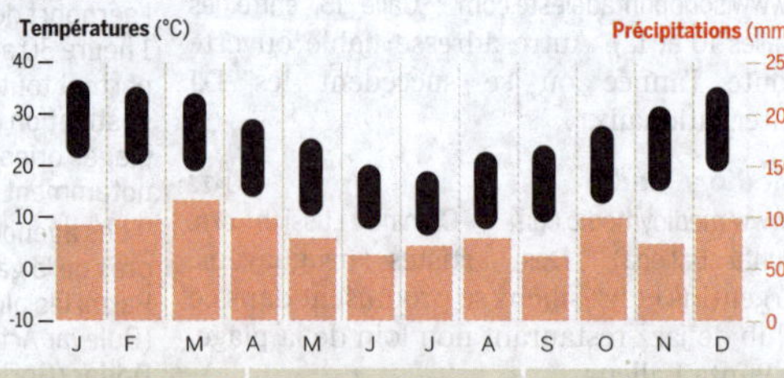

Jan-fév L'été signifie un temps idéal dans les stations balnéaires, mais aussi l'affluence et l'envolée des prix.

Oct-nov et mars-avr Le printemps et l'automne sont de bonnes périodes pour explorer Tandil et Sierra de la Ventana.

Début nov Le Día de la Tradición, la fête des gauchos, débute à San Antonio de Areco.

NORD DE LA PAMPA

La Pampa est à la fois un terme générique désignant une vaste région de plaines fertiles et le nom de la province qui s'étend à l'ouest de Buenos Aires. Les prairies de la Pampa s'étirent vers le sud du Río de la Plata jusqu'aux rives du Río Negro, vers l'ouest en direction des Andes et jusqu'au sud des provinces de Córdoba et de Sante Fe, englobant les provinces de Buenos Aires et de la Pampa.

Le sol fertile et les herbages du nord de la Pampa en font la meilleure région du pays pour l'élevage. Elle produit en abondance cuir, bœuf, laine et blé destinés à l'exportation, plaçant l'Argentine sur la carte des marchés mondiaux.

À ne pas manquer

1. Le soleil et la foule dans la plus grande ville de la côte atlantique, **Mar del Plata** (p. 141)
2. La vue à travers une "fenêtre" rocheuse naturelle au sommet du **Cerro de la Ventana** (p. 134)
3. L'univers gaucho de **San Antonio de Areco** (p. 124), la plus jolie ville de la Pampa
4. La vie campagnarde, ainsi que de savoureux fromages et viandes, dans l'agréable **Tandil** (p. 127)
5. Planche à voile, kitesurf ou vélo dans la station balnéaire de **Pinamar** (p. 138)
6. La découverte de la lagune, des flamants ou simplement le farniente à **Mar Chiquita** (p. 141)
7. Les innombrables pèlerins qui se pressent à **Luján** (p. 122)

Depuis le milieu du XIXe siècle, la province de Buenos Aires est le centre économique et politique incontesté du pays. Quand la ville de Buenos Aires devint la capitale du pays, la province se soumit à l'autorité nationale, mais conserva son influence. Dans les années 1880, après une brève guerre civile, elle créa sa propre capitale provinciale, La Plata.

La Plata

☎0221 / 650 000 HABITANTS

À un peu plus d'une heure de Buenos Aires, cette ville universitaire animée possède une architecture Belle Époque, de gracieux bâtiments municipaux, des parcs verdoyants et une vie nocturne semblables à ceux de la capitale, mais à plus petite échelle. Parmi ses principaux sites figurent l'un des meilleurs muséums d'histoire naturelle du pays et une imposante cathédrale néogothique.

Quand Buenos Aires devint la nouvelle capitale du pays, le gouverneur Dardo Rocha fonda La Plata, en 1882, pour donner à la province de Buenos Aires sa propre capitale. Rocha choisit le plan conçu par l'ingénieur Pedro Benoit, basé sur l'équilibre et la logique, avec des avenues diagonales croisant un quadrillage de 5 km de côté pour relier les places principales, créant un plan en forme d'étoile. Séduisant sur le papier, ce plan provoque la confusion à de nombreux carrefours, avec jusqu'à 8 rues partant dans toutes les directions. La Plata fut sans doute la première ville d'Amérique du Sud entièrement planifiée.

À voir

Les principales curiosités de La Plata peuvent se découvrir à pied. Près de la Plaza Moreno, la **cathédrale** (☎423-3931 ; www.catedraldelaplata.com ; ⏲10h-19h) néogothique, commencée en 1885, ne fut inaugurée qu'en 1932. Inspirée des cathédrales médiévales de Cologne et d'Amiens, elle possède de beaux vitraux et des sols en granit poli. Les visites (10 ARS ; tous les jours à 11h, 14h30 et 16h, sur réservation) comprennent le musée et la montée au sommet en ascenseur. Une boutique de souvenirs et un café sont installés sur place.

En face de la cathédrale, le **Palacio Municipal**, de style Renaissance allemande, fut dessiné par l'architecte Hubert Stiers de Hanovre. Sur le côté ouest de la place, le **Museo y Archivo Dardo Rocha** (☎427-5591 ; Calle 50, n°935 ; entrée libre ; ⏲9h-17h lun-ven, 15h-18h sam-dim) était la maison de vacances du créateur de la ville et contient des meubles d'époque ainsi que nombre de ses objets personnels.

La Plata

À deux pâtés de maisons au nord-est, le **Teatro Argentino** (Av 51, entre Calle 9 et Calle 10) est un affreux bâtiment en béton avec une excellente acoustique et des spectacles de qualité : ballets, concerts classiques et opéras. À deux rues au nord-est, devant la Plaza San Martín, se dresse le **Palacio de la Legislatura**, de style Renaissance allemande et richement décoré. À côté, le **Pasaje Dardo Rocha**, de style français classique, était jadis la gare ferroviaire principale de La Plata ; aujourd'hui centre culturel majeur de la ville, il abrite deux musées. Non loin, la **Casa de Gobierno**, de style Renaissance flamande, est la résidence du gouverneur de la province. Le dimanche, une **feria artesanal** (marché d'artisanat) animée occupe la Plaza Italia.

Planté d'eucalyptus, de ginkgos, de palmiers et de feuillus subtropicaux, le **Paseo del Bosque**, un parc pris sur le domaine d'une estancia lors de la fondation de la ville, est prisé des familles, des amoureux et des joggeurs. Il comprend plusieurs sites intéressants, dont un petit lac avec location de pédalos, le **Teatro Martín Fierro**, qui propose concerts et représentations en plein air, l'**Observatorio Astronómico** (☎423-6593 ; www.fcaglp.unlp.edu.ar), le modeste **Jardín Zoológico** (☎427-3925 ; 5 ARS ; ⌚10h-18h mar-dim) et le **Museo de La Plata** (☎425-7744 ; www.fcnym.unlp.edu.ar/abamuse.html ; 6 ARS, gratuit mar ; ⌚10h-18h mar-dim). Cet excellent musée présente les collections paléontologiques, zoologiques, archéologiques et anthropologiques de Francisco P. Moreno, illustre explorateur de la Patagonie. Les innombrables salles satisferont tous les goûts : reliques de tombes égyptiennes, art jésuite, animaux naturalisés, momies, fossiles, pierres et minerais, insectes effrayants et dinosaures reconstitués. Le musée comprend un café. Venez plutôt le week-end pour éviter les groupes scolaires. Les visites en anglais s'organisent à l'avance.

L'une des demeures les plus célèbres du pays, la **Casa Curutchet** (☎482-2631 ; www.capba.org.ar ; Av 53 n°320 ; Argentin/étranger 10/40 ARS ; ⌚10h-14h mar-ven, fermé jan) fut conçue par l'architecte Le Corbusier pour Pedro Curutchet, un chirurgien argentin. Ce bel exemple d'architecture moderne a servi de décor au film argentin plusieurs fois primé *L'Homme d'à côté* (2009). Réservez pour une visite guidée.

Pour un aperçu des principaux sites de la ville, empruntez le **Bus Turístico** (www.buenosaires.tur.ar/busturistico ; accès libre), un bus découvert qui circule 4 fois par jour du vendredi au dimanche. Le circuit dure 1 heure.

La Plata

À voir

1	Casa Curutchet	C2
2	Casa de Gobierno	C2
3	Cathédrale	B3
4	Feria Artesanal	B2
5	Jardin Zoológico	C1
6	Museo de La Plata	D1
7	Museo y Archivo Dardo Rocha	A3
8	Observatorio Astronómico	D1
9	Palacio de la Legislatura	B2
10	Palacio Municipal	B3
11	Pasaje Dardo Rocha	B2
12	Paseo del Bosque	D1
13	Teatro Argentino	B3
14	Teatro Martín Fierro	D2

Où se loger

15	Benevento Hotel	B1
16	Frankville Hostel	A2
17	Hostel del Bosque	C2
18	Hotel García	B1

Où se restaurer

19	Carnes Don Pedro	B2
20	Cervecería Modelo	C2
21	Wilkenny	B3

Où se loger

Benevento Hotel HÔTEL $$
(☎423-7721 ; www.hotelbenevento.com.ar ; Calle 2, n°645 ; s 288-360 ARS, d 420-530 ARS ; ❄@📶). Joliment rénové, cet hôtel offre des chambres superbes avec hauts plafonds et TV câblée. La plupart s'agrémentent de parquet et d'un balcon qui surplombe la rue animée ; celles du dernier étage, les plus modernes, bénéficient d'une vue.

Frankville Hostel AUBERGE DE JEUNESSE $
(☎482-3100 ; www.frankville.com.ar ; Calle 46, n°781 ; dort 55-65 ARS, d 150 ARS ; @📶). La première auberge de jeunesse de La Plata, et toujours la meilleure, a des petits dortoirs propres dotés de casiers, avec sdb commune à l'extérieur, ainsi qu'un patio à l'arrière. Des chambres avec sdb sont en projet. Réduction avec la carte HI (Hostelling International).

Hostel del Bosque AUBERGE DE JEUNESSE $
(☎489-0236 ; www.hosteldelbosque.com.ar ; Calle 54, n°460 ; dort 55-75 ARS, ch 160 ARS ;

@📶). Installée dans un bâtiment moderne sans charme mais bien situé, cette auberge de jeunesse comprend un agréable patio verdoyant à l'arrière, des dortoirs exigus, une chambre avec sdb et un toit-terrasse. Parking sûr.

Hotel García HÔTEL $
(Calle 2, n°525 ; s/d 100/150 ARS). Accueillant et bien tenu, cet hôtel pour petits budgets, à 200 m de la gare routière, loue 20 petites chambres sommaires, avec TV câblée. Les douches ouvertes inondent toute la sdb.

Où se restaurer et prendre un verre

♥ **Cervecería Modelo** ARGENTIN $$
(angle Calles 5 et 54 ; plats 35-60 ARS ; ⏲petit-déj, déj et dîner ; 📶). Datant de 1894, cette gargote classique, dont le sol est jonché d'écorces de cacahuètes, sert des bières glacées à une clientèle joyeuse sous les jambons suspendus au plafond. Elle dispose d'agréables tables en terrasse, d'une TV grand écran et du Wi-Fi.

Wilkenny ARGENTIN $$
(angle Calles 11 et 50 ; plats 35-60 ARS ; ⏲petit-déj, déj et dîner). Ce restaurant fréquenté, à l'ambiance de pub irlandais, offre un choix correct de plats, dont des salades, des pâtes et des sandwichs. Musique live à l'occasion les jeudis et vendredis soir.

Carnes Don Pedro ARGENTIN $
(Diagonal Norte 1005 ; 49 ARS/kg ; ⏲déj et dîner lun-sam). Propose uniquement des plats à emporter ; la sélection est vaste et excellente, des salades fraîches aux *parrilladas* (viandes grillées) et aux nombreux plats de viande et légumes.

À 10 minutes de taxi du centre-ville, dans le quartier de Meridiano V, les bars-restaurants **Bar Imperio** (Calle 17, entre Calles 70 et 71), **Mirapampa** (angle Calles 17 et 71) et **Ciudad Vieja** (angle Calles 17 et 71) accueillent des musiciens du jeudi au dimanche soir. Un marché d'artisanat le week-end, des théâtres, des cinémas et des centres culturels en font un quartier prisé des étudiants.

Renseignements

Office du tourisme municipal (☎427-1535 ; www.laplata.gov.ar ; ⏲10h-17h30 lun-ven, 11h-16h sam-dim). À côté de la Plaza San Martín.

Poste (angle Calle 4 et Av 51)

BUS AU DÉPART DE LA PLATA

DESTINATION	PRIX (ARS)	DURÉE (HEURES)
Bahía Blanca	240-270	8-10
Bariloche	520-590	24
Córdoba	250-290	10
Mar del Plata	140	5
Mendoza	400	15

Depuis/vers La Plata

Le bus Plaza n°129 relie Buenos Aires et La Plata toutes les 20 minutes (10 ARS, 1 heure 15). Il part de la rue Martín Zuvería, située presque devant la gare ferroviaire de Retiro à Buenos Aires, et fait halte dans l'Av 9 de Julio et à la gare ferroviaire Constitución.

La gare routière de La Plata offre de nombreux bus pour d'autres destinations dans le pays.

Les trains de banlieue Roca de Buenos Aires desservent également La Plata, avec des services réguliers de la gare Constitución.

Luján

☎02323 / 106 000 HABITANTS

Ville plaisante et dense en bordure de rivière, Luján accueille plusieurs fois par an une foule de pèlerins qui se rendent au sanctuaire le plus important du pays. Elle possède une immense place de style espagnol avec une imposante basilique néogothique, ainsi que quelques musées intéressants. Des restaurants et des stands de *choripan* (saucisse épicée dans un petit pain) bordent la rivière ; vous pouvez louer un canot ou prendre le télésiège qui grimpe au-dessus de la rivière boueuse.

Le premier samedi d'octobre, des milliers de catholiques entament un pèlerinage de 65 km de Buenos Aires à Luján (voir l'encadré ci-contre). D'autres grands rassemblements ont lieu le 8 mai (**jour de la Vierge**), le premier week-end d'août (la pittoresque **Peregrinación Boliviana**), le dernier week-end de septembre (le **pèlerinage "gaucho"** à cheval) et le 8 décembre (l'**Immaculée Conception**).

À voir

Basílica Nuestra Señora de Luján BASILIQUE
Chaque année, plus de 5 millions de pèlerins viennent de tout le pays à Luján afin de remercier la Vierge de son intercession pour

la paix, la santé, le pardon ou la consolation. Ils se rendent dans l'imposante basilique néogothique, édifiée entre 1887 et 1935 ; construite en pierre rose, elle resplendit au soleil couchant. La statue de la Vierge, qui date de 1630, se tient dans une salle haute, derrière l'autel principal. Sous la basilique, vous pouvez visiter la **crypte** (4 ARS ; départs fréquents 10h-17h), qui contient des statues de la Vierge provenant du monde entier. Plusieurs messes sont célébrées chaque jour.

Complejo Museográfico Enrique Udaondo MUSÉE
(1 ARS ; 14h30-17h mer, 11h30-17h jeu-ven, 10h30-18h sam-dim et jours fériés). Ce somptueux ensemble de l'époque coloniale comprend plusieurs salles d'exposition et de jolis patios et jardins. La Sala General Jose de San Martín retrace les batailles pour l'indépendance de l'Argentine. La Sala de Gaucho contient de superbes ustensiles à maté, des équipements pour cavaliers et d'autres objets de gauchos.

Non loin, le **Museo de Transporte** (mêmes droit d'entrée et horaires que le précédent) possède une remarquable collection de voitures à cheval de la fin des années 1800. Il présente aussi la première locomotive à vapeur qui circulait entre la ville et Buenos Aires et un hydravion qui traversa l'Atlantique en 1926. Les pièces les plus curieuses sont les dépouilles naturalisées et en mauvais état de Gato et Mancha, les valeureux chevaux *criollos* montés par l'aventurier suisse Aimé Félix Tschiffely lors de son périple de deux ans et demi, de 1925 à 1928, entre Buenos Aires et New York.

Où se loger

Luján se visite facilement dans la journée depuis Buenos Aires. Si vous souhaitez y passer le week-end, ne manquez pas de réserver.

Hotel Hoxón HÔTEL $$
(429970 ; www.hotelhoxon.com.ar ; 9 de Julio 760 ; s 215-330 ARS, d 345-525 ARS ;). Le meilleur et plus grand hôtel de la ville a des chambres modernes, propres et confortables. Les supérieures bénéficient de moquette, d'un réfrigérateur et de la clim. Un solarium surélevé jouxte la piscine.

Hotel del Virrey HÔTEL $$
(420797 ; www.hoteldelvirreylujan.com.ar ; San Martín 129 ; ch 280 ARS ;). À côté de la basilique, cet hôtel moderne propose des petites chambres agréables.

Hostel Estación Luján AUBERGE DE JEUNESSE $
(429101 ; www.estacionlujanhostel.com.ar ; 9 de Julio 978 ; dort 80 ARS, s/d 110/190 ARS ;

LA VIRGENCITA

La sainte patronne de l'Argentine est omniprésente ; vous la verrez sur des affiches dans les commerces, en statue dans toutes les églises du pays, et sur les tableaux de bord des taxis. Elle porte une longue cape bleue triangulaire, se tient sur une demi-lune, et des faisceaux de gloire irradient de sa tête couronnée.

En 1630, un colon portugais de Tucumán demanda à un ami au Brésil de lui envoyer une effigie de la Vierge pour sa nouvelle chapelle. Ne sachant quel était le style de Vierge souhaité, l'ami en envoya deux, dont une de l'Immaculée Conception. Après son départ du port de Buenos Aires, le chariot contenant les statues s'enlisa près de la rivière de Luján et ne put être dégagé avant qu'on en eût retiré l'Immaculée Conception. Son propriétaire y vit un signe et laissa la statue à Luján pour que l'on y construise un sanctuaire. L'autre statue continua son périple vers le nord-ouest.

Depuis, plusieurs miracles ont été attribué à la Vierge de Luján : de la guérison des tumeurs à l'envoi de brouillard pour cacher les premiers colons aux yeux des Indiens belliqueux, en passant par la protection de la province d'une épidémie de choléra. Elle fut récompensée de ses efforts en 1886, quand le pape Léon XIII la coiffa d'une couronne dorée avec près de 500 perles et pierres précieuses.

Le grand pèlerinage jusqu'à sa basilique, où la statue d'origine est toujours vénérée, débute le premier samedi d'octobre. Des milliers de fidèles parcourent à pied 65 km du quartier de Liniers à Buenos Aires jusqu'à Luján, un trajet de 18 heures. Si vous arrivez le premier dimanche d'octobre (le Día de Virgen de Luján), vous verrez des familles de pèlerins épuisés somnolant sur la place, savourant des grillades près de la rivière ou remplissant des bouteilles d'eau sacrée à la fontaine.

(❄@📶). À quelques pas de la basilique, cette petite auberge de jeunesse moderne compte 2 chambres et 2 dortoirs de 6 lits, dont certains avec balcon et tous bien tenus. Cuisine et grand espace commun à disposition.

Où se restaurer

Des restaurants bordent les parties centrales de San Martín, de 9 de Julio et la rivière.

L'Eau Vive FRANÇAIS $$
(☎421774 ; Constitución 2112 ; menu 3 plats 60 ARS ; ⌚déj et dîner mar-sam, déj dim). À 2 km du centre-ville, cet accueillant restaurant français est tenu par des carmélites du monde entier. Prenez un taxi (environ 15 ARS), ou le bus n°501 dans le centre.

Cervecería Berlin ARGENTIN $
(San Martín 151 ; plats 20-45 ARS ; ⌚déj et dîner). La petite terrasse en façade en fait un bon choix par beau temps. La cuisine n'a rien d'extraordinaire – burgers, sandwichs et gaufres –, mais les boissons sont nombreuses.

Café La Basilica ARGENTIN $$
(San Martín 101 ; plats 30-60 ARS ; ⌚8h-20h lun-jeu, 7h-2h ven-sam, 8h-19h dim). Ce bar de quartier classique propose des repas corrects, avec pâtes maison et viandes grillées.

Renseignements

Office du tourisme (☎427082 ; ⌚8h-17h). Près de la rivière, à l'extrémité ouest de Lavalle, dans le bâtiment jaune coiffé d'un dôme.

Poste (Mitre 575)

Depuis/vers Luján

La **gare routière** (Av de Nuestra Señora de Luján et Almirante Brown) de Luján se situe à trois pâtés de maisons au nord de la basilique. De Buenos Aires, prenez le bus Transportes Atlántida n°57 devant les gares ferroviaires de Plaza Italia ou d'Once, qui part toutes les 30 minutes (15 ARS, 2 heures). Des trains partent aussi tous les jours de l'Estación Once à Buenos Aires, mais vous devrez changer à Moreno.

San Antonio de Areco

☎02326 / 23 000 HABITANTS

Nichée parmi des champs verdoyants, San Antonio de Areco est l'une des plus jolies villes de la Pampa. À 115 km au nord-ouest de Buenos Aires, elle accueille de nombreux excursionnistes portègnes, venus profiter de son atmosphère paisible et de ses attrayantes rues coloniales. La ville date du début du XVIIIe siècle et conserve des traditions *criollas* et gauchos, en particulier parmi ses artisans spécialisés dans l'argenterie et la sellerie. Des gauchos viennent de toute la Pampa en novembre pour le Día de la Tradición, et défilent à cheval dans les rues pavées, parés de leurs plus beaux atours.

Le centre-ville compact et les rues calmes s'explorent facilement à pied. Autour de la Plaza Ruiz de Arellano, du nom de l'*estanciero* (propriétaire d'estancia) qui fonda la ville, se dressent plusieurs bâtiments historiques, dont l'**iglesia parroquial** (église paroissiale).

Le **puente viejo** (vieux pont ; 1857), sur le Río Areco, suit la route d'origine des chariots vers le nord du pays. Autrefois à péage, c'est aujourd'hui un pont piétonnier qui conduit à la principale curiosité de San Antonio de Areco, le Museo Gauchesco Ricardo Güiraldes.

Tout est fermé en ville durant la sieste de l'après-midi.

À voir

Museo Gauchesco Ricardo Güiraldes MUSÉE
(angle R Güiraldes et Sosa ; 10 ARS ; ⌚11h-17h jeu-lun). Inauguré par le gouvernement provincial en 1938, 10 ans après la mort de Ricardo Güiraldes, l'auteur du roman *Don Segundo Sombra* (voir l'encadré p. 126), ce musée est une sorte de "gaucholand". Dans le Parque Criollo, il se compose de bâtiments restaurés ou fabriqués, dont un vieux moulin, une *pulperia* (taverne) reconstituée et une chapelle de style colonial. Le plus beau est une reproduction d'un *casco* (ranch) du XVIIIe siècle, qui contient un lit en bois ayant appartenu à Juan Manuel de Rosas (un célèbre *caudillo* argentin), de splendides équipements de cavaliers et diverses œuvres d'art gaucho. Deux salles sont dédiées à Güiraldes.

Museo y Taller Draghi MUSÉE, ATELIER
(Lavalle 387 ; 10 ARS ; ⌚10h30-13h et 16h-19h lun-sam, 10h30-13h dim). Ce petit musée-atelier d'orfèvre possède une collection exceptionnelle de *facónes* (couteaux de gaucho) en argent, de superbes équipements de cavaliers et d'ustensiles élaborés pour le maté. Il présente aussi quelques bijoux et sacs en cuir. Tous les articles sont en vente.

Museo Las Lilas MUSÉE
(www.museolaslilas.org ; Moreno 279 ; 30 ARS ; ⌚10h-20h ven-dim). Florencio Molina Campos

San Antonio de Areco

San Antonio de Areco

À voir

1 Centro Cultural Usina Vieja B2
2 Museo Gauchesco Ricardo Güiraldes A1
3 Museo Las Lilas B3
4 Museo y Taller Draghi B2

Où se loger

5 Antigua Casona C2
6 Estancia La Cinacina A3
7 Hostal de Areco C2
8 Paradores Draghi B2

Où se restaurer

9 Almacén Ramos Generales C2
10 La Esquina de Merti C2
11 Puesto La Lechuza B1

Achats

12 La Olla de Cobre B2

est un artiste populaire qui dépeint le quotidien par des caricatures humoristiques. Ce charmant musée, autour d'un patio, expose ses œuvres ; le droit d'entrée comprend un café et une *medialuna* (croissant) dans le café. Horaires réduits de fin mai à fin septembre.

Centro Cultural Usina Vieja MUSÉE
(V Alsina 66 ; 3 ARS ; 11h-17h mar-dim). Dans une ancienne centrale électrique de 1901, ce centre culturel est un musée éclectique avec une amusante collection d'anciens postes de radio, machines à coudre et tourne-disques. Il renferme également des machines agricoles, des sculptures, une épicerie d'autrefois et même un petit avion.

Fêtes et festivals

Centre symbolique de la culture "cowboy" argentine, San Antonio de Areco organise la plus grande fête gaucho du pays, le **Día de la Tradición**, qui dure une semaine dans la première quinzaine de novembre ; appelez l'office du tourisme pour les dates exactes. Si vous êtes dans la région, ne la manquez pas ; elle comprend une procession à cheval dans la ville, des démonstrations équestres, des danses folkloriques et des expositions d'artisanat. Les principaux événements se déroulent dans le Parque Criollo.

Où se loger

San Antonio se visite souvent dans la journée, depuis Buenos Aires, mais quelques hôtels invitent à s'attarder. Réservez pour le week-end, quand les prix grimpent.

Paradores Draghi PENSION $$
(☎455583 ; www.paradoresdraghi.com.ar ; Matheu 380 ; s dim-jeu seulement 300 ARS, d 400 ARS ; ❄@📶≋). Cette pension paisible compte 5 grandes chambres somptueuses, dont 2 avec kitchenette, un jardin verdoyant avec une superbe piscine et 2 patios. Le petit-déjeuner est servi dans une serre.

Antigua Casona PENSION $$
(☎456600 ; www.antiguacasona.com ; Segundo Sombra 495 ; ch 380 ARS dim-jeu, 400 ARS ven-sam ; ❄📶). Cette maison traditionnelle restaurée comprend 5 chambres charmantes, avec parquet et hautes de plafond, réparties autour de patios en brique et de galeries carrelées. Une chambre, avec sdb extérieure, est moins chère. Bon petit-déjeuner et location de vélos.

Hostal de Areco HÔTEL $
(☎456118 ; www.hostaldeareco.com.ar ; Zapiola 25 ; s/d dim-jeu 130/200 ARS, ch ven-sam 250 ARS ; ❄ 📶). Regroupé avec 2 autres hôtels plus quelconques mais dotés de piscines, cet établissement modeste possède un agréable salon, un joli jardin à l'arrière et des chambres sans prétention et confortables.

Estancias

De Buenos Aires, des transports privés desservent directement les estancias suivantes moyennant un supplément (consultez les sites Internet).

Pour d'autres estancias dans la province, reportez-vous p. 128.

Estancia La Cinacina ESTANCIA $$$
(☎452045 ; www.lacinacina.com.ar ; B Mitre 9 ; día de campo 290 ARS, ch 870-970 ARS ; ❄≋). À la lisière de la ville, cette estancia touristique offre un logement confortable dans un joli

LE GLORIEUX GAUCHO

Si le *tanguero* (danseur de tango) mélancolique constitue l'essence du *Porteño* (habitant de Buenos Aires), le gaucho représente la pampa : un cow-boy solitaire se mesurant aux éléments, avec son cheval pour seul compagnon.

Dans les premières années de la colonisation, les gauchos vivaient sans se préoccuper des lois et des coutumes de Buenos Aires, menant une existence indépendante et souvent violente dans la campagne. Ils abattaient les bêtes qui erraient dans la pampa fertile et buvaient du maté, une tisane riche en caféine.

Avec l'expansion de la colonie, le bétail devint trop précieux pour ne pas être protégé. Les demandes de peaux croissaient à l'étranger et les investisseurs vinrent s'installer dans la pampa pour contrôler le marché, créant le système d'estancias, avec de grandes propriétés attribuées à quelques privilégiés. Nombre de gauchos indépendants devinrent des ouvriers agricoles exploités, et ceux qui résistaient étaient menacés de prison ou de conscription forcée.

À la fin du XIXe siècle, les dirigeants estimèrent que les gauchos n'avaient pas leur place dans l'Argentine moderne. Le président Sarmiento (qui gouverna de 1868 à 1874) déclara que les gauchos n'étaient bons qu'à fertiliser le sol de leur sang. Beaucoup de sang gaucho avait déjà été versé, leurs talents de cavaliers ayant fait d'eux d'excellents auxiliaires lors de la guerre civile et des brutales campagnes contre les Indiens.

Comme de nombreux héros, le gaucho ne gagna affection et admiration qu'après sa disparition. Son courage physique, son honneur et sa soif de liberté sont célébrés dans le poème épique de José Hernández de 1872, *Martin Fierro*, et dans le roman de Ricardo Güiraldes, *Don Segundo Sombra*. Ses traditions s'inscrivent dans l'art populaire argentin, avec des artisans doués qui produisent de splendides couteaux en argent et des ponchos tissés. Son image est reproduite à l'infini, notamment dans les amusantes caricatures de Florencio Molina Campos.

Aujourd'hui, le gaucho "exportable" se rencontre bien plus facilement que l'authentique, notamment dans les spectacles folkloriques de nombreuses estancias. Cependant, des descendants de gauchos se rencontrent dans les élevages de la pampa, chevauchant dans les plaines avec leur *boina* (sorte de béret) et leurs *bombachas* (pantalon de cheval) poussiéreuses. Lors de certaines occasions, comme le Día de la Tradición (voir p. 125), ils revêtent leurs plus beaux atours et démontrent leurs talents de cavaliers.

parc. L'excursion d'une journée comprend des spectacles folkloriques et des démonstrations équestres.

La Porteña ESTANCIA $$$
(☎à Buenos Aires 15-5626-7347 ; www.laporteniadeareco.com ; Ruta 8, Km 110 ; día de campo 400 ARS, s/d à partir de 900/1 200 ARS ;). Superbe domaine et lieu historique – c'est ici que Ricardo Güiraldes écrivit son roman gaucho, *Don Segunda Sombra*. Un hébergement plaisant, sans rien de luxueux, une cuisine copieuse et des cours de polo.

El Ombú ESTANCIA $$$
(☎02326-492080 ; www.estanciaelombu.com ; RP 31, cuartel VI, Villa Lía ; día de campo 320 ARS, s/d 940/1 480 ARS ;). À 20 km d'Areco, cette estancia historique, en activité, s'étend sur 300 ha. Vous pourrez assister et même participer aux soins du bétail, ou jouer au golf ou au tennis dans le country-club voisin.

Où se restaurer

Almacén de Ramos Generales ARGENTIN $$
(Zapiola 143 ; plats 25-60 ARS ; déj et dîner). Ce restaurant traditionnel conserve l'ambiance d'antan et propose des plats de poisson, de viande et de pâtes.

La Esquina de Merti ARGENTIN $
(Ruiz de Arellano 147 ; plats 30-46 ARS ; petit-déj, déj et dîner). Sur la place, ce café-restaurant à l'atmosphère délicieusement surannée sert la *parrillada* (assortiment de grillades) classique, ainsi que des escalopes milanaises, des pâtes et quelques plats plus raffinés. Réductions sur les paiement en espèces.

Puesto La Lechuza PARRILLA $$
(Costanera Aquiles ; plats 30-60 ARS ; déj et dîner sam, déj dim). Plus plaisant par beau temps, quand vous vous régalerez d'*empanadas* ou de grillades de bœuf sous les arbres en bord de rivière. Des guitaristes se produisent le samedi soir. Ouvert seulement le week-end.

Achats

Les artisans de San Antonio de Areco sont réputés dans tout le pays. Ustensiles pour le maté, *rastras* (ceintures cloutées d'argent) et *facones*, couteaux réalisés par de talentueux orfèvres, sont les articles les plus typiques. L'office du tourisme possède une longue liste des artisans et de leurs productions.

Pour acheter des chocolats ou des *alfajores* (biscuits fourrés) fabriqués localement, rendez-vous à **La Olla de Cobre** (☎453105 ; Matheu 433 ; 10h-13h et 15h-19h30 mer-lun), où vous pourrez aussi prendre un café ou un chocolat chaud.

Renseignements

Quelques banques avec DAB jalonnent Alsina.
Office du tourisme (☎453165 ; angle E Zerboni et Ruiz de Arellano ; 9h30-19h lun-ven, 8h-20h sam-dim)
Poste (angle Alvear et Av Del Valle)

Depuis/vers San Antonio de Areco

Des bus General Belgrano et Chevallier relient fréquemment Buenos Aires et Areco (35-40 ARS, 2 heures). Quelques services longue distance partent également d'Areco.

SUD DE LA PAMPA

De la capitale, la pampa s'étend au sud au-delà des frontières de la province de Buenos Aires, et à l'ouest dans la province de la Pampa.

Dans le sud de la province de Buenos Aires, des sierras ponctuent la plaine qui s'étire à perte de vue. Les Sierras de Tandil, d'anciennes chaînes érodées, culminent péniblement à 500 m. À l'ouest, les pics de la Sierra de la Ventana atteignent 1 300 m, attirant randonneurs et grimpeurs.

Plus loin à l'ouest, dans la province de la Pampa, de modestes rochers de granit jalonnent le Parque Nacional Lihué Calel.

À flanc de montagnes, les villes de Tandil et de Sierra de la Ventana offrent des activités de plein air et une ambiance campagnarde détendue. La capitale de la province de la Pampa, Santa Rosa, constitue une bonne étape avant de continuer la route vers l'ouest ou le sud.

Tandil

☎0249 / 124 000 HABITANTS

Tandil se situe à la lisière nord des Sierras de Tandil, une chaîne de montagnes vieille de 2,5 millions d'années, composée de sommets herbeux et d'affleurements rocheux parfaits pour l'escalade et le VTT. Cette jolie ville conserve le charme d'une bourgade rurale tout en possédant le dynamisme d'une cité prospère. Le centre est verdoyant et paisible, avec de nombreux commerces (fermés à l'heure de la sieste). Dans la soirée, les habitants investissent les places et les rues pour faire des achats et profiter des offres

Visiter une estancia

Une journée ou un séjour dans une estancia (ranch) est l'un des meilleurs moyens de profiter des grands espaces de la Pampa. À la fin du XIXe siècle, de riches familles agrémentèrent leurs exploitations de demeures et de jardins grandioses.

Cet âge d'or est révolu et un grand nombre de ces propriétés sont aujourd'hui ouvertes aux touristes. Le *día de campo* – "journée à la campagne" – comprend en général un copieux *asado* (barbecue) avec boissons, une visite de la demeure historique et l'usage des chevaux, des vélos et de la piscine de la propriété. Certains établissements proposent également un spectacle gaucho, avec des danses folkloriques et des numéros d'équitation traditionnels, ou encore des matchs de polo. Les estancias sont une forme de tourisme durable, qui permet de préserver une partie de l'histoire du pays tout en limitant remarquablement l'impact écologique des visiteurs sur la nature.

ESTANCIAS : UNE SÉLECTION

À quelques heures de Buenos Aires :

» **Los Dos Hermanos** (☎ 4723-2880 ; www.estancialosdoshermanos.com). Parfait si vous voulez monter à cheval.

» **Juan Gerónimo** (☎ 02221-481414 ; www.juangeronimo.com.ar). Pour les amateurs de nature.

» **La Oriental** (☎ 02362-15-640866 ; www.estancia-laoriental.com). Une belle demeure dans un cadre séduisant.

» **La Candelaria** (☎ 02227-424404 ; www.estanciacandelaria.com). Un somptueux château à la française.

» **La Margarita** (☎ 4951-0638 ; www.estancialamargarita.com). Un lieu unique proposant des logements avec cuisine.

» **Guapa Polo** (☎ 15-5111-8214 ; www.guapapolo.com.ar). Pour vous initier au polo.

Pour des adresses dans d'autres régions, reportez-vous p. 126, p. 302 et p. 453.

1. Un *asado* 2. Gaucho 3. Des musiciens jouent un tango
4. Buveur de maté

2

KEREN SU/LONELY PLANET IMAGES ©

3

HEMIS/ALAMY ©

NOUVEL INDICATIF TÉLÉPHONIQUE

Tandil s'apprête à changer d'indicatif téléphonique régional : le 02293 sera remplacé par le 249 et il faudra ajouter un 4 devant chaque numéro. Ainsi, le 02293-12-3456 deviendra 249-412-3456.

culturelles. Tandil est par ailleurs réputée pour avoir vu naître plusieurs stars argentines du tennis, dont Juan Martín del Potro.

La ville était à l'origine un avant-poste militaire, Fuerte Independencia, fondé en 1823. Au début des années 1870, elle fut le site de l'une des plus célèbres batailles de la province, lorsqu'un groupe de gauchos renégats se rassembla dans les montagnes afin d'organiser des expéditions meurtrières contre les propriétaires terriens et les immigrants de fraîche date. Finalement, ces derniers l'emportèrent et leurs talents culinaires importés d'Europe ont fait de la région un centre de production gastronomique. Aujourd'hui, Tandil est célèbre pour ses viandes séchées et ses fromages, proposés dans tous les restaurants et boutiques de la ville.

À voir

Parmi les musées de Tandil figure le **Museo Tradicionalista Fuerte Independencia** (☎4435573 ; 4 de Abril 845 ; 10 ARS ; ⏱14h30-18h30 mar-dim mars-nov, 16h-20h mar-dim déc-fév), qui retrace l'histoire de la ville avec des photos d'événements majeurs et de multiples reliques, des voitures à cheval aux gants de femme. Le **Museo de Bellas Artes** (☎4432067 ; Chacabuco 353 ; don à l'entrée ; ⏱8h30-12h30 et 16h-20h mar-ven, 16h-20h sam-dim) propose des expositions temporaires d'artistes argentins et étrangers.

La promenade du sud-ouest du centre-ville au **Parque Independencia** offre une belle vue sur la cité, particulièrement la nuit. En soirée, les habitants viennent flâner sur la **Plaza de Independencia**, centrale et entourée d'édifices municipaux et d'une église.

Le **Calvario**, une colline qui ressemble soi-disant au Golgotha, attire une foule de visiteurs à Pâques pour la reconstitution de la Passion.

À la lisière nord de la ville, la Piedra Movediza (un rocher de 300 tonnes) resta perchée pendant des années en équilibre précaire au sommet du **Cerro La Movediza** avant de choir en 1912. Une "réplique" stable a été construite en 2007. Prenez le bus n°503 (bleu).

Pour un beau panorama, rejoignez le **Cerro El Centinela** (30 ARS ; ⏱11h-17h lun-ven, 10h30-18h30 sam-dim), à 4,5 km à l'ouest de la ville, qui compte deux restaurants et un télésiège. Il n'ouvre que le week-end en dehors de l'été ; comptez 20 ARS en taxi.

La **Reserva Natural Sierra del Tigre** (14 ARS ; ⏱9h-19h été, 9h-17h30 hiver, fermé mer et jours de pluie) se situe à 6 km au sud de la ville, au bout de la Calle Suiza, près de l'Av Don Bosco. Amusantes à escalader, les collines rocheuses offrent la vue sur la ville et les fermes alentour. Divers animaux, dont des lamas et des ânes, évoluent librement dans le parc, tandis que leur prédateur naturel, le puma, est tristement confiné dans une cage. L'aller en taxi revient à 25 ARS ; fixez rendez-vous au chauffeur pour le retour.

Activités

Le **Dique del Fuerte**, à 12 rues au sud de la Plaza Independencia, est un immense réservoir dont on peut facilement faire le tour en quelques heures. En été, le Balneario Municipal ouvre plusieurs **piscines** et loue des **canoës** et des **kayaks**. Quelques restaurants jalonnent la rive.

Pour une promenade à cheval dans la Reserva Natural Sierra del Tigre ou dans d'autres secteurs proches, appelez **Gabriel Barletta** (☎442-47725, 02293-15-4509609 ; cabalgatasbarletta@yahoo.com.ar). Pour louer un vélo, contactez **Sergio** (☎445-2454, 02293-15-4647234).

Plusieurs tour-opérateurs proposent diverses activités en ville et dans les sierras. **Chao Tandil** (☎443-2542 ; www.chaotandil.com.ar) organise des treks, des sorties en canoë ou à VTT, des descentes en rappel et de l'escalade.

Où se loger

Réserver est indispensable en été, durant la semaine de Pâques et les longs week-ends. Si vous disposez d'un moyen de transport, les *cabañas* le long de l'Av Don Bosco constituent un bon choix ; l'office du tourisme fournit la liste des bungalows équipés, pour la plupart avec piscine.

♥ **Lo de Titi** PENSION $$
(☎442-0926 ; www.lodetiti.com.ar ; Lobería 1050 ; s/d 370/490 ARS ; ❄☎✉). Cette superbe

pension comprend 4 belles chambres spacieuses à la décoration colorée et éclectique, un agréable salon et un vaste jardin verdoyant. Une cuisine est à disposition. Les prix chutent en dehors de l'été.

Belgrano 39 B&B B&B $$
(☎442-6989, 02293-15-607076 ; hutton@speedy.com.ar ; Belgrano 39 ; s/d 200/300 ARS ; 📶❄). Ce paisible B&B compte seulement deux chambres doubles, confortables, et un beau jardin avec piscine. Sa propriétaire britannique est un personnage. Réservez.

Las Acacias PENSION $$
(☎442-3373 ; www.posadalasacacias.com.ar ; Brasil 642 ; s/d 380/440 ARS ; @📶❄). Installée dans une ancienne laiterie, cette séduisante pension possède 9 chambres élégantes, réparties autour de galeries couvertes et de jardins. Ambiance rustique et décoration soignée ; les prix baissent en dehors de l'été.

Estancia Ave Maria ESTANCIA $$
(☎442-2843 ; www.avemariatandil.com.ar ; s/d demi-pension 735/905 ARS lun-jeu, 935/1 025 ARS ven-dim ; @📶❄). À 9 km à l'ouest de la ville, cette splendide estancia de 300 ha offre des chambres spacieuses avec vue sur les montagnes et de confortables parties communes. Des activités, comme les promenades à cheval, sont comprises dans les prix.

Hotel Cristal HÔTEL $
(☎444-3970 ; hotelcristal_tandil@yahoo.com.ar ; Gral Rodríguez 871 ; s/d 145/205 ARS ; @📶). Un hôtel simple pour petits budgets, agrémenté d'un jardin ensoleillé où prendre le petit-déjeuner.

Casa Chango AUBERGE DE JEUNESSE $
(☎442-2260 ; www.casa-chango.com.ar ; 25 de Mayo 451 ; dort 75 ARS, ch 210-300 ARS ; @📶). Cette auberge de jeunesse correcte occupe un vieil édifice avec d'anciens carrelages, des patios décrépits et un joli jardin à l'arrière. La plupart des dortoirs comptent 6 à 8 lits ; évitez celui de 18 lits. Les chambres privées sont exigües, sauf une avec sdb.

Où se restaurer

Época de Quesos ARGENTIN $$
(angle San Martín et 14 de Julio ; plats 30-60 ARS ; ⏲9h-23h). Remplie de touristes le week-end, cette échoppe vend plus de 40 fromages locaux et des dizaines de viandes séchées, que vous pouvez goûter. Vous pouvez aussi vous asseoir à une table dans le plaisant jardin à l'arrière et commander une assiette de dégustation et une bière maison. Des plats classiques sont également proposés.

Tierra de Azafranes INTERNATIONAL $$
(☎443-6800 ; angle San Martín et Av Santamarina ; plats 35-85 ARS ; ⏲déj et dîner mer-lun). Élégamment décoré, ce restaurant branché est réputé pour ses poissons, pâtes, risottos et paellas. Le mercredi soir, commandez le ragoût de produits de la mer.

Benevento ITALIEN $
(angle San Martín et L N Alem ; pâtes 31-45 ARS ; ⏲déj et dîner mar-dim). Ce restaurant ne sert que des pâtes fraîches, faites maison et délicieuses. Goûtez les *tallarines* avec jambon fumé, asperges et crème de vodka. Réductions sur la vente à emporter.

Carajo PARRILLA $$
(angle Saavedra Lamas et García ; plats 50-70 ARS ; ⏲déj et dîner mar-dim). Avec sa belle terrasse qui surplombe le Dique del Fuerte, cette *parrilla* est imbattable par beau temps. Elle ferme le dimanche soir hors été.

Également recommandés :

Q'Tupé INTERNATIONAL $$
(Av Brasil 184 ; plats 30-65 ARS ; ⏲déj et dîner). Délicieux sandwichs, salades gourmandes et spécialités.

Aquí No Es INTERNATIONAL $$
(Chile 735 ; plats 40-70 ARS ; ⏲petit-déj, déj et dîner). Cuisine et ambiance bohème, joli jardin.

Où prendre un verre

Tandil compte plusieurs bars sympas.

Antares BAR
(9 de Julio 758 ; ⏲18h-tard ; fermé lun). L'une des nombreuses succursales de la chaîne Antares, cet attrayant bar-restaurant moderne comporte des pompes en cuivre décoratives derrière le comptoir. Musique live du jeudi au dimanche.

Bar Tolomé BAR
(angle General Rodríguez et Mitre ; ⏲19h-tard). Désert en semaine et animé le week-end (avec musique live à l'occasion), ce bar détendu sert aussi pizzas et sandwichs.

Antique Bistro BAR
(Gral Rodríguez 687 ; ⏲8h-tard). Une ambiance sophistiquée règne dans ce piano-bar à l'ancienne où des groupes de musique folklorique et de tango se produisent en soirée du mercredi au samedi.

Achats

Talabartería Carlos A Berruti SOUVENIRS
(Gral Rodríguez 787 ; ⌚9h15-13h et 16h30-20h30 lun-sam). Bonne adresse pour les articles en cuir, cette boutique propose également des ustensiles pour le maté, des couteaux, des objets en argent et des ponchos.

Almacen Serrano ALIMENTATION
(☎444-8102 ; angle Av Avellaneda et General Rodríguez ; ⌚9h-13h et 16h30-21h lun-jeu, 9h-21h ven-sam, 10h-21h dim). Vend fromage, salamis et jambons de la région, ainsi que de la bière et des confiseries locales.

Renseignements

De nombreuses banques avec DAB se regroupent dans le centre.

Office du tourisme (☎444-8698 ; Rodríguez 445 ; ⌚9h-20h lun-sam, 9h-13h dim)

Office du tourisme (☎443-2225 ; www.tandil.gov.ar ; Av Com Espora 1120 ; ⌚9h-18h lun-sam, 9h-13h dim). À la lisière nord de la ville.

Poste (Gral Pinto 621)

Un autre **office du tourisme** est installé à la gare routière.

Depuis/vers Tandil

La gare routière de Tandil est accessible à pied du centre-ville ; vous devrez parcourir 12 pâtés de maisons. En taxi, comptez 12 ARS.

Des trains en provenance de la gare Constitución à Buenos Aires desservent Tandil le vendredi et en repartant le dimanche ; vérifiez sur place, car le service peut être suspendu.

Comment circuler

L'excellent réseau de transports publics de Tandil dessert tous les sites importants. Le bus n°500 (jaune) rallie le Dique del Fuerte, le n°501 (rouge) se rend à la gare routière et le n°503 (bleu) rejoint le Cerro La Movediza, l'université et la gare routière.

BUS AU DÉPART DE TANDIL

DESTINATION	PRIX (ARS)	DURÉE (HEURES)
Buenos Aires	120-140	5 heures 30
Córdoba	310-350	16
Mar del Plata	55	3
Mendoza	375-450	16
Necochea	45	3

Sierra de la Ventana

☎0291 / 5 000 HABITANTS

Le principal atout de Sierra de la Ventana est le vaste choix d'activités en plein air. Ascension des sommets proches, pêche à la truite, baignade dans les cours d'eau et les étangs, équitation ou VTT dans les montagnes, varappe ou descente en rappel : il y en a pour tous les goûts. Des familles viennent en nombre le week-end pour profiter du cadre montagneux.

Le Río Sauce Grande divise la ville en deux sections ; Villa Tivoli abrite la plupart des services, tandis que Villa Arcadia est résidentielle. Il n'y a qu'une seule grande artère et le calme règne à l'heure de la sieste.

Activités

Les multiples activités en plein air peuvent presque toutes se pratiquer en indépendant. Pour des randonnées guidées, contactez **Luan & Ventur** (☎0291-15-416-0931 ; luan_ventur@hotmail.com), dont l'excursion à la Garganta del Diablo (voir p. 134) est le seul moyen d'explorer cette gorge. Il organise des descentes en rappel, des promenades à cheval et d'autres circuits de l'équitation.

Sergio Rodríguez (☎491-5355 ; www.sergiorodrigueztur.com.ar ; angle Av San Martín et Iguazú), également appelé GeoTur, propose des excursions dans un domaine viticole voisin et dans une estancia.

El Tornillo (☎0291-15-431-1812 ; Roca 142 ; ⌚10h-19h, fermé après-midi par temps chaud) loue des vélos. La portion de rivière derrière l'Hotel Aihuen est prisée pour la baignade ; au-delà se dresse une colline que l'on peut gravir.

Où se loger

Réservez en été et durant les longs week-ends. L'office du tourisme possède une liste de *cabañas* (bungalows).

La Casa de Juani AUBERGE DE JEUNESSE $
(☎0291-15-416-0931 ; hostellacasadejuani@hotmail.com ; Camino de las Carretas s/n ; dort 70 ARS, ch 160 ARS ; @📶). Près des champs à la lisière de la ville, cette minuscule et superbe auberge de jeunesse possède une seule chambre privée et un dortoir de 4 lits (camping et *cabañas* en projet). Location de vélos. À 10 minutes de marche de la station-service YPF.

Hotel Atero HÔTEL $$
(☎491-5002 ; angle Av San Martín et Güemes ; s/d 300 ARS ; ❄📶). Des chambres confortables et accueillantes, dont certaines avec balcon sur la rue, en font un bon choix de catégorie moyenne. Au cœur de la ville, il comprend un restaurant.

Aihuen Hotel HOTEL $
(☎491-5074 ; www.com-tur.com.ar/alihuen ; angle Tornquist et Frontini ; s/d 100/200 ARS ; 📶🅿). À 4 pâtés de maisons de l'artère principale, près de la rivière, un hôtel au charme désuet, avec des parquets grinçants et des meubles simples, dans un jardin verdoyant. Un bâtiment proche abrite des chambres plus modernes.

Hostería Maiten HOSPEDAJE $
(☎491-5073 ; hosteriamaiten@yahoo.com.ar ; Iguazú 93 ; ch 220 ARS ; 📶). Centrale et accueillante, cette auberge tenue par une famille comprend 16 chambres sommaires et propres, pourvues de sdb avec douche ouverte, autour d'un patio verdoyant. En dehors de janvier-février, les prix baissent.

Camping El Paraíso CAMPING $
(☎0291-15-407-4530 ; camping_elparaiso@yahoo.com.ar ; Los Tilos 150 ; empl 22 ARS/pers, cabañas à partir de 80 ARS). Un camping correct et central, avec des emplacements ombragés et divers services. Des petites *cabañas* avec lits superposés et sdb extérieure sont aussi disponibles. À environ 250 m de la rue principale.

Où se restaurer

Certains restaurants ferment un ou plusieurs jours par semaine en dehors des mois d'été de décembre à mars.

El Ceibo ARGENTIN $$
(☎491-5173 ; Calle Sauce Grande ; plats 40-70 ARS ; ⏲déj et dîner mer-lun). Ce restaurant haut de gamme se spécialise dans les plats régionaux, tels que lapin, gibier, truite et sanglier. Il se situe dans l'Hotel El Ceibo, de l'autre côté de la rivière vers Villa Arcadia. De mai à mi-décembre, il ouvre du jeudi au dimanche.

Sol y Luna ARGENTIN $$
(☎491-5316 ; Av San Martín 658 ; plats 35-60 ARS ; ⏲déj et dîner). Ce restaurant attrayant sert toutes sortes de plats, des pâtes et pizzas maison à la *parrillada* et aux truites. Ouvert uniquement en haute saison.

Parrilla Rali-Hué PARRILLA $$
(☎491-5220 ; San Martín 307 ; plats 30-50 ARS ; ⏲déj et dîner). Réservé aux carnivores, cet établissement détendu est prisé des habitants, qui viennent se régaler d'une *parrillada* pour deux (90 ARS).

Renseignements

Banco Provincia (San Martín 260). La seule banque de la ville ; dispose d'un DAB.

Office du tourisme (☎491-5303 ; ⏲8h-20h). De l'autre côté des voies en venant de la gare ferroviaire.

Poste (angle Av Roca et Alberdi)

VAUT LE DÉTOUR

VILLA VENTANA

À 17 km au nord-ouest de Sierra de la Ventana se situe le paisible village de Villa Ventana. Il n'y a pas grand-chose à y faire, sinon flâner dans les rues poussiéreuses qui serpentent à travers de jolis quartiers résidentiels plantés de pins, et explorer les ruines du premier casino d'Amérique du Sud (visite guidée uniquement ; renseignez-vous à l'office du tourisme). Villa Ventana est une base plus proche que Sierra de la Ventana pour découvrir le Parque Provincial Ernesto Tornquist.

Le village compte plusieurs hébergements ; aucun n'est bon marché. Les **Cabañas La Ponderosa** (☎491-5491 ; www.laponderosacabanias.com.ar ; angle Cruz del Sur et Hornero ; *cabañas* à partir de 240 ARS), à l'entrée du village, sont des bungalows en bois de bonne taille et confortables, tous avec kitchenette, et certains avec étage. La **Posada Agua Pampas** (☎491-0210 ; www.aguapampas.com.ar ; angle Calle Las Piedras entre Hornero et Canario ; ch à partir de 470 ARS ; ❄@📶🅿) possède des chambres somptueuses, construites en pierre locale et en bois recyclé, jusqu'aux baignoires creusées dans des troncs d'arbres. Les prix baissent en semaine et d'avril à mi-décembre ; rabais pour les paiements en espèces.

De Sierra de la Ventana, des minibus Transportes Silver desservent Villa Ventana (10 ARS, 20 min) 3 à 5 fois par jour, selon la saison ; comptez 45 ARS en *remises*. Les bus depuis/vers Bahía Blanca peuvent s'arrêter près de l'entrée du village. L'**office du tourisme** (☎491-0095) se situe à l'entrée du village.

Comment s'y rendre et circuler

Les bus **Condor Estrella** (☎491-5091) pour Buenos Aires (180 ARS, 8 heures, 6/semaine) et Bahía Blanca (35 ARS, 2 heures, 2/jour) partent d'un petit bureau dans l'Av San Martín, à un pâté de maisons de la station-service YPF. Bahía Blanca est aussi desservie par des compagnies locales de *combi* (minibus longue distance) comme **Expreso Cabildo** (☎491-5247 ; angle San Martín et Iguazú, bureau des remises) et **Norte Bus** (☎0291-15-468-5101, San Martín 155). Norte Bus fournit un service porte à porte (45 ARS).

Plusieurs trains partent chaque semaine de Buenos Aires (37-60 ARS) ; certains s'arrêtent à Tornquist, à 48 km.

Transporte Silver (☎491-5383 ; Av San Martín 156) offre un service porte à porte entre Sierra de la Ventana et Tornquist (16,50 ARS, 1 heure), faisant halte à Villa Ventana (10 ARS, 25 min) et au Parque Provincial Ernesto Tornquist (14 ARS, 40 min). Les minibus circulent 2 ou 3 fois par jour (plus souvent en été, de décembre à mars).

Parque Provincial Ernesto Tornquist

D'une superficie de 67 km², ce **parc** (☎491-0039 ; 10 ARS ; ⏲8h-17h déc-mars, 9h-17h avr-nov), à 22 km de Sierra de la Ventana, attire des visiteurs de toute la province. Il possède deux entrées. La première, à 5 km à l'ouest de Villa Ventana, abrite le **Centro de Visitantes**, avec une petite exposition sur l'écologie locale. De ce côté, la principale randonnée conduit au **Cerro Bahía Blanca** (3 heures aller-retour), qui offre une vue splendide. Les **Cuevas con Pinturas Repustres** (grottes avec peintures rupestres), ne peuvent se visiter qu'en circuit organisé par Luan & Ventur (p. 132).

Le plus bel endroit du parc se rejoint par l'autre entrée, à 3 km à l'ouest. L'ascension du **Cerro de la Ventana** (1 150 m ; 5 heures aller-retour) conduit à une formation rocheuse en forme de fenêtre près du sommet. La vue sur les montagnes alentour et les plaines au loin est exceptionnelle. Inscrivez-vous auprès des gardes du parc avant 11h au début du sentier et prévoyez de l'eau et un écran solaire.

D'autres destinations demandent moins d'efforts, telles **Piletones** (2 heures 30 aller-retour) et la **Garganta Olvidada** (1 heure aller-retour). Pour visiter la gorge et le bassin de cascade de la **Garganta del Diablo** (6 heures aller-retour), vous devez participer à un circuit organisé (p. 132).

Des minibus Transportes Silver partent de Sierra de la Ventana (14 ARS, 40 min) et de Villa Ventana (8 ARS, 15 min) pour le parc 2 ou 3 fois par jour (plus souvent en été). Pour arriver à l'ouverture du parc, renseignez-vous sur l'horaire du bus matinal de Condor Estrella pour Bahía Blanca. Les *remises* facturent de 75 à 85 ARS pour rejoindre le parc.

Pour des hébergements proches du parc, consultez l'encadré p. 133 ou contactez l'office du tourisme de Sierra de la Ventana.

Santa Rosa

☎02954 / 120 000 HABITANTS

À quelque 600 km de Buenos Aires – et pratiquement loin de tout –, Santa Rosa n'a d'intérêt que si vous voyagez par la route ; dans ce cas, elle constitue une étape pratique, avec de nombreux transports. La ville est néanmoins plaisante, avec une population accueillante et une place animée.

À voir et à faire

GRATUIT **Museo Provincial de Historia Natural** (Quintana 116 ; entrée libre ; ⏲variable). En rénovation lors de notre passage, il devrait rouvrir avec une collection d'oiseaux naturalisés, des fossiles de dinosaures découverts dans la région et des serpents dans un vivarium.

Le **Museo Provincial de Artes** (☎427332 ; angle 9 de Julio et Villegas ; entrée libre ; ⏲8h-20h lun-ven, 18h-21h30 sam-dim) présente des expositions temporaires dans plusieurs salles ; remarquez l'arbre qui pousse à l'intérieur du musée.

La **Laguna Don Tomás**, à 1 km à l'ouest du centre-ville, est l'endroit où les habitants viennent faire de la voile, nager, se dépenser ou simplement se promener.

Où se loger et se restaurer

Hotel Calfucurá HÔTEL $$
(☎433303 ; www.hotelcalfucura.com ; San Martín 695 ; s/d 285/450 ARS ; ❄📶🏊). Le meilleur hôtel de Santa Rosa, avec une ambiance moderne, des chambres très confortables et une piscine appréciable en été. Bien situé près de la gare routière.

Residencial Atuel HÔTEL $
(☎422597 ; www.atuel.aehglp.org.ar ; Luro 356 ; s/d 100/170 ARS ; ❄). À quelques pas de la gare routière, cet hôtel accueillant a des

chambres défraîchies mais propres, avec TV câblée. Correct pour une nuit.

Camping Municipal Don Tomás CAMPING $
(☎434568 ; Av Uruguay ; empl 10 ARS/pers, avec voiture 18 ARS). À l'extrémité ouest de l'Av Uruguay, un camping simple, avec des emplacements herbeux, des tables de pique-nique et peu d'intimité. De la gare routière, prenez le bus "circular" (25 ARS en taxi). Ouvert uniquement en été.

La Recova ARGENTIN $$
(angle Yrigoyen et Avellaneda ; repas 30-70 ARS ; ⌚7h-1h30). Bonne adresse pour le petit-déjeuner, cet établissement moderne sur la Plaza San Martín prépare à la perfection toutes les douceurs d'une *confitería* (pâtisserie). Il sert également des sandwichs, des pizzas et des plats de viande.

Renseignements

Vous trouverez plusieurs DAB dans le centre-ville.

Office du tourisme municipal (☎436555 ; Luro 365 ; ⌚7h30-20h lun-ven, 10h-13h et 16h-20h sam-dim). À la gare routière. À ne pas confondre avec le proche comptoir d'information des bus, ouvert 24h/24 et plus visible.

Office du tourisme provincial (☎424404 ; www.turismolapampa.gov.ar ; angle Luro et San Martín ; ⌚7h-21h lun-ven, 9h-13h et 17h-21h sam-dim). En face de la gare routière ; horaires étendus en janvier-février.

Poste (Hilario Lagos 258)

Depuis/vers Santa Rosa

Aerolíneas (☎427588, Pico 267) offre des vols pour Buenos Aires. L'aéroport se situe à 3 km du centre-ville.

La **gare routière** (Luro 365) se tient à 7 pâtés de maisons de la place. Des bus longue distance desservent notamment Bahía Blanca (98 ARS, 5 heures), Neuquén (167 ARS, 7 heures 30), Buenos Aires (215-290 ARS, 8 heures), Puerto Madryn (220 ARS, 10 heures), Mendoza (270-320 ARS, 12 heures) et Bariloche (360-410 ARS, 12 heures).

H&C Rent a Car (☎02954-15-697755 ; angle Independencia et San Marzo) loue des voitures.

Reserva Provincial Parque Luro

☎02954

Abritant des espèces indigènes et introduites, et plus de 150 espèces d'oiseaux, cette **réserve** (www.parqueluro.gov.ar ; 4 ARS ; ⌚9h-20h) de 76 km² est un endroit paisible où oublier l'agitation urbaine. Évitez le

LA MAUVAISE GRAISSE

Les épais steaks juteux, au bon goût de bœuf engraissé à l'herbe, ont toujours été associés à l'Argentine, constituant l'un de ses attraits touristiques. Pourtant cette viande a presque disparu. Regrouper le bétail dans des enclos et le nourrir de céréales est devenu une pratique standard ; aujourd'hui, plus de 80% des bovins abattus chaque année passent leurs derniers mois dans des parcs d'engraissement.

La production intensive de viande n'a pas toujours été la norme en Argentine. Les vastes plaines fertiles de la pampa étaient idéales pour l'élevage des bovins et jusqu'en 2001, environ 90% du bétail étaient nourris à l'herbe. Tout a changé durant la dernière décennie. Les prix de certains produits agricoles comme le soja, dont l'Argentine est l'un des premiers producteurs mondiaux, ont flambé, les rendant bien plus lucratifs que les herbages destinés à l'élevage. Récemment, une grave sécheresse a porté un autre coup à l'industrie bovine : il n'y avait plus assez d'herbe pour nourrir les troupeaux.

Les subventions gouvernementales pour le développement des parcs d'engraissement afin d'accélérer la production ont poussé les éleveurs à abandonner les pâturages. Un bovin nourri à l'herbe parvient à maturité bien plus tard que s'il est alimenté aux céréales. De plus, le gouvernement a voté une loi pour maintenir les prix du bœuf artificiellement bas dans le pays, tout en instaurant des taxes pour décourager l'exportation. De nombreux éleveurs ont donc transformé leurs pâturages en champs de soja ou de maïs pour survivre.

Bientôt, tout le bétail argentin vivra ses derniers mois dans des enclos limitant les mouvements et nourri de céréales. Vaccins et antibiotiques seront indispensables pour soigner les maladies provoquées par ces conditions ; la viande sera moins savoureuse et moins nutritive, mais plus tendre – avec moins de muscle et plus de gras. La production commerciale de viande bovine aura rattrapé l'Argentine, effaçant une partie de son histoire, de sa réputation… et de sa fierté nationale.

dimanche si vous n'aimez pas la foule, et emportez de l'eau et un écran solaire en été.

Au tournant du XXe siècle, le docteur Pedro Luro, un habitant fortuné, y créa la première réserve de chasse du pays, important du gibier exotique, comme le cerf élaphe et le sanglier européen. Il fit également bâtir une énorme demeure de style français pour recevoir ses invités européens. Puis la chasse passa de mode, la Première Guerre mondiale et la Grande Dépression touchèrent l'aristocratie européenne, et Luro fut ruiné. La réserve fut vendue, laissée à l'abandon et les animaux s'échappèrent ou furent abattus par des braconniers.

Depuis son rachat par la province en 1965, le Parque Luro sert de refuge pour des espèces indigènes comme le puma et le renard, ainsi que pour des oiseaux migrateurs, dont le flamant rose. La saison des amours du cerf élaphe, en automne, attire de nombreux visiteurs. En mars-avril, les mâles brament et s'affrontent pour séduire les femelles. Des circuits guidés permettent d'assister à ce spectacle.

La visite guidée du **Castillo** (toutes les heures, 8 ARS/pers), la demeure de Luro, offre un aperçu des excentricités luxueuses que s'offraient les propriétaires terriens argentins. Selon la légende, Luro ne put obtenir la somptueuse cheminée en noyer qu'en achetant un restaurant parisien. À côté du musée, la **Sala de Carruajes** contient une collection de voitures à cheval du début du XXe siècle.

Les sites du parc jalonnent une route circulaire de 6 km ; rejoignez le **Centro de Interpretación** en la suivant sur 2,2 km à partir de l'entrée. Le **restaurant** et un **camping** (☎415649 ; 30 ARS/pers) sommaires se situent 500 m plus loin (emportez des provisions, bien qu'il y ait une petite épicerie). À 300 m, de jolies **cabañas** (☎415649 ; à partir de 220 ARS) peuvent accueillir jusqu'à 5 personnes. Quelques courts sentiers nature partent de la route.

Le Parque Luro se trouve à 35 km au sud de Santa Rosa. À la gare routière, prenez le bus Dumascat pour General Acha (8 ARS, 25 min, 4/jour) et demandez au chauffeur de vous déposer à l'entrée du parc. Renseignez-vous sur les horaires de retour à Santa Rosa. En taxi, comptez 100 ARS l'aller (fixez rendez-vous au chauffeur pour le retour) ; vous pouvez aussi louer une voiture à Santa Rosa.

Parque Nacional Lihué Calel

☎02952

En langue pehuenche, Lihué Calel signifie Sierra de la Vida (cordillère de la Vie), et désigne une série de petites chaînes montagneuses et vallées isolées, qui créent des microclimats uniques dans un monotone paysage de pampa.

Semblable à un désert, le **parc** (☎436595 ; www.lihuecalel.com.ar ; entrée libre) est un havre pour les félins indigènes comme le puma et le jaguarondi. Vous pourrez apercevoir des tatous, des guanacos, des maras (lièvres de Patagonie), des viscaches et de nombreux oiseaux, dont le nandou et le carancho (ou caracara).

Lihué Calel reçoit à peine 400 mm de pluie par an, mais de soudains orages peuvent créer d'éphémères cascades sur les rochers de granit proches du centre des visiteurs. Même par temps sec, les cours d'eau souterrains des vallées nourrissent le *monte*, une forêt de broussailles d'une surprenante diversité. Le parc, d'une superficie de 10 km^2, renferme 345 espèces de plantes, soit presque la moitié de celles rencontrées dans la province.

Quelques itinéraires de marche sillonnent le secteur, dont une randonnée de 1 heure jusqu'au **Cerro de la Sociedad Científica Argentina** (589 m) ; entre les rochers, remarquez les cactus à fleurs comme le *Trichocereus candicans*. Du sommet, une vue fabuleuse dévoile toute la sierra ainsi que les marais et lacs salés qui l'entourent.

À 8 km du centre des visiteurs se tient le **Viejo Casco**, la demeure en ruine de l'ancienne Estancia Santa María. Un circuit de 9 km passe par le **Valle de las Pinturas**, qui conserve quelques pétroglyphes.

Le **centre des visiteurs**, qui comprend un petit musée, vous fournira plus d'informations. Le printemps est la meilleure période pour visiter le parc, quand les fleurs s'épanouissent et qu'il ne fait pas trop chaud.

Où se loger

Un camping gratuit et confortable, avec foyers (apportez votre bois), tables de pique-nique, toilettes et douches, est installé à l'ombre des arbres près du centre des visiteurs. Prenez des provisions ; le centre de ravitaillement le plus proche est Puelches, à 32 km au sud.

L'hôtel le plus près du parc, l'**ACA** (☎436101 ; ch 140 ARS), se trouve à 3 km par la nationale (ou 1,5 km par un sentier) ; il offre quelques chambres correctes et un restaurant. Vous pouvez aussi loger dans un *hospedaje* (chambre d'hôtes) à Puelches ; l'office du tourisme provincial à Santa Rosa peut réserver un séjour.

Depuis/vers le Parque Nacional Lihué Calel

Aucun bus direct ne dessert le Parque Nacional Lihué Calel, à 220 km au sud-ouest de Santa Rosa. La plupart des bus en direction du sud (par exemple pour Neuquén ou Bariloche) peuvent vous déposer sur la nationale près de l'entrée ; vous pouvez aussi prendre le minibus quotidien qui rallie Puelches (60 ARS, 3 heures). Renseignez-vous à l'office du tourisme provincial.

Une voiture (à louer à Santa Rosa) constitue le meilleur moyen de visiter le parc.

CÔTE ATLANTIQUE

Si l'Argentine peut se targuer de posséder le plus haut sommet d'Amérique latine (Cerro Aconcagua), l'avenue la plus large (9 de Julio à Buenos Aires) et peut-être la plus jolie capitale, ses plages ne ressemblent pas à des paradis tropicaux frangés de palmiers. Sans sable blanc, balayées par des vents parfois violents et baignées d'une eau plutôt trouble, elles ne sont pourtant pas désagréables en été. En janvier et février, des dizaines de milliers de *Porteños* (habitants de Buenos Aires) viennent s'y réfugier pour échapper à la chaleur de la capitale et il peut être difficile de trouver un endroit où étendre sa serviette.

Si vous préférez éviter les foules estivales, explorez la côte atlantique en décembre ou mars, lorsqu'il fait assez chaud pour profiter des plages. Au cœur de l'hiver, les villes côtières semblent à l'abandon et le mauvais temps peut devenir déprimant. Mar del Plata fait exception ; la plus grande ville de la côte reste animée toute l'année.

Les prix des hôtels varient beaucoup selon la saison. Ils grimpent fortement de mi-décembre à février, quand il est indispensable de réserver (et que quelques établissements exigent un séjour minimum). Ils commencent à baisser en mars, puis augmentent à nouveau à Pâques, avant que la plupart des hébergements ferment jusqu'en novembre. Ceux qui restent ouverts proposent souvent d'intéressantes réductions.

Les prix et heures d'ouverture indiqués dans ce chapitre correspondent à la haute saison de janvier et février. Les autres mois, les horaires d'ouverture (surtout dans les offices du tourisme et les restaurants) sont bien plus réduits.

San Clemente del Tuyú

02252 / 13 000 HABITANTS

Dénuée du lustre ou du glamour des autres stations balnéaires de la côte, San Clemente séduit les familles et les vacanciers modestes. L'**office du tourisme** (☎423249 ; angle Av Costanera et Av 63 ; ⌚8h-minuit) fait face à la plage. De nombreux restaurants bordent la Calle 1, l'artère principale.

À quelques kilomètres au nord de San Clemente del Tuyú s'étendent plusieurs secteurs protégés, dont la **Reserva Natural Municipal Punta Rasa** (sa plage est prisée pour le kitesurf) et le **Parque Nacional Campos del Tuyú**, qui abrite le rare cerf des pampas.

Une autre faune évolue dans le **Mundo Marino** (www.mundomarino.com.ar ; 119 ARS ; ⌚10h-20h), le plus vaste parc marin d'Amérique du Sud. Centre de loisirs fréquenté, **Termas Marinas** (www.termasmarinas.com.ar ; 57 ARS ; ⌚10h-20h) comprend des bains thermaux riches en minéraux.

Où se loger

Brisas Marinas HÔTEL $$
(☎522219 ; www.brisas-marinas.com.ar ; Calle 13, n°50 ; ch 280-350 ARS ; wifi). Un hôtel correct à quelques pas de la plage, avec de jolies chambres bien tenue (certaines dotées d'un balcon).

Hotel Top HÔTEL $
(☎522005 ; www.hoteltopsanclemente.com.ar ; Av Costanera 1657 ; s/d 120/240 ARS). D'un excellent rapport qualité/prix, il offre 23 petites chambres soignées, avec TV câblée, en bord de plage.

Hotel 5 Avenue HÔTEL $
(☎421035 ; Calle 5, n°1561 ; s/d 130/180 ARS). À quelque 150 m de la plage, cet hôtel accueillant propose des chambres défraîchies avec de minuscules sdb.

Depuis/vers San Clemente del Tuyú

La **gare routière** (angle Av Talas et Av Naval) se situe à 25 pâtés de maisons du centre-ville. Des bus locaux et des taxis desservent le centre. Des bus fréquents relient San Clemente à Buenos Aires (130 ARS, 4 heures 30), Pinamar (30 ARS, 2 heures 30) et Mar del Plata (67 ARS, 4 heures).

Pinamar

02254 / 25 000 HABITANTS

À 120 km au nord-est de Mar del Plata, Pinamar est une destination très prisée des *Porteños* de classe moyenne en raison de ses eaux chaudes. Pour plus de tranquillité en été, préférez les faubourgs sud plus résidentiels d'Ostende et Valeria, moins commodément situés mais avec des hôtels plus abordables. Plus au sud, Cariló, une station balnéaire boisée, la plus chic du pays, abrite des demeures fastueuses, des restaurants branchés et des petites rues sablonneuses.

Pinamar fut fondée et conçue en 1944 par l'architecte Jorge Bunge, qui stabilisa les dunes en plantant des pins, des acacias et de l'herbe des pampas. Jadis le refuge de l'élite de la nation, elle est aujourd'hui moins snob et plus détendue.

Le festival du film de Pinamar, **Pantalla Pinamar** (www.pantallapinamar.com), se tient en mars. Des concerts et des fêtes ont lieu sur la plage pour le Nouvel An.

Activités

La principale activité consiste au farniente sur la plage, qui s'étend du nord de la ville jusqu'à Cariló. La région offre également d'innombrables activités de plein air, de la planche à voile au ski nautique et des promenades à cheval à la pêche. Vous pouvez aussi faire du vélo dans les secteurs boisés près du parcours de golf, ou dans les rues verdoyantes de Cariló.

Pour la location de vélos, essayez **Leo** (488855 ; Av Bunge 1111 ; 9h-20h). Pour apprendre le kitesurf, rejoignez Sport Beach, le dernier *balneario* à 5 km au nord de l'Av Bunge. L'office du tourisme vous renseignera sur les activités.

Où se loger

La réservation est indispensable en janvier, quand certains établissements exigent un séjour minimum d'une semaine.

PINAMAR

Hotel Las Calas HÔTEL $$$

(405999 ; www.lascalashotel.com.ar ; Av Bunge 560 ; ch 700 ARS ;). Cet hôtel de charme possède des chambres joliment décorées avec de grands lits, et une mezzanine dans les plus spacieuses. Il comporte un agréable solarium en bois et une salle de jeux. Il se situe dans l'artère principale, au cœur de l'animation.

Hotel Mojomar HÔTEL $$$

(407300 ; www.hotelmojomar.com.ar ; Burriquetas 247 ; d à partir de 550 ARS ;). Cet hôtel, haut de gamme sans être luxueux, bénéficie d'un emplacement attrayant, à 3 pâtés de maisons de l'Av Bunge et à une rue de la plage. Il comprend un hall splendide, des petites chambres confortables, dont certaines avec vue sur la mer, et des suites plus spacieuses.

Hotel Trinidad HÔTEL $$

(488983 ; hoteltrinidad@telpin.com.ar ; Del Cangrejo 1370 ; ch 300 ARS ;). À côté de l'Hospedaje Acacia, cet hôtel est un bon choix pour les petits budgets. Il offre 26 chambres plaisantes avec TV câblée et petite sdb.

Hotel La Gaviota HÔTEL $$

(482079 ; Del Cangrejo 1332 ; d 300 ARS). Cet hôtel orginal compte 20 chambres bien tenues, aménagées pour la plupart autour d'un joli patio fleuri. Pas de petit-déjeuner.

Hospedaje Acacia HOSPEDAJE $

(485175 ; Del Cangrejo 1358 ; d 200 ARS). Simple et bon marché, avec de vieux matelas et un patio verdoyant à l'arrière. À quelques rues de l'office du tourisme et à 15 minutes de marche de la plage. Pas de petit-déjeuner.

OSTENDE ET VALERIA

Ostende et Valeria, à quelques kilomètres de Pinamar, proposent des hébergements à petits prix près de la plage.

De la gare routière de Pinamar, vous pouvez prendre un taxi ou le bus "Montemar" (3 ARS) ; il s'arrête à une rue de l'Hostería Candela (au rond-point de Valeria) et passe par le Camping Saint Tropez, à une rue de l'Albergue Bruno Valente.

Hostería Candela HOSTERÍA $$

(486788 ; Jorge 434, Valeria ; ch 300 ARS ;). À 200 m de la plage à Valeria, cet établissement tenu par une famille possède 8 chambres propres et spacieuses et un joli jardin.

Camping Saint Tropez CAMPING $

(482498 ; www.sainttropezpinamar.com.ar ; Quintana 178, Ostende ; empl 2 pers avec tente 90 ARS ; oct-avr). Proche de la plage, ce petit camping se remplit en été. Appartements à partir de 300 ARS.

Albergue Bruno Valente AUBERGE DE JEUNESSE $ (☎402783 ; info@aaaj.org.ar ; angle Mitre et Nuestras Malvinas, Ostende ; dort 70 ARS). À Ostende, à 10 pâtés de maisons au sud de Pinamar, cette auberge de jeunesse est affreuse, mais la rénovation l'améliorera peut-être. Elle se tient derrière l'Hotel Soleado, à quelques pas de la plage. Peut fermer en dehors de l'été.

Où se restaurer

Le long de la plage, des restaurants servent des plats classiques comme des calamars frits et des burgers.

Acqua & Farina PIZZERIA $$ (angle Cerezo et Boyero, Cariló ; plats 27-50 ARS ; déj et dîner). Sur la place de Cariló, le terminus du bus local "Montemar", cette pizzeria offre les meilleures pizzas des environs, des salades et des pâtes maison.

Cantina Tulumei POISSON $$ (Bunge 64 ; plats 40-80 ARS ; déj et dîner). Bonne adresse pour se régaler de produits de la mer à des prix raisonnables. Le poisson est préparé avec une dizaine de sauces différentes ; vous pouvez aussi choisir l'omelette aux crevettes, la salade de poulpe ou les pâtes maison.

Tante INTERNATIONAL $$$ (De las Artes 35 ; plats 60-80 ARS ; petit-déj, déj et dîner). Dans la maison d'une cantatrice connue des années 1950, cet élégant restaurant, bar et salon de thé propose des plats de viande raffinés, des spécialités européennes, des pâtes maison et du poisson.

Renseignements

Office du tourisme municipal (☎491680 ; angle Av Bunge et Shaw ; 8h-21h)

Poste (Jasón 524)

Depuis/vers Pinamar

La gare routière de Pinamar se situe à 8 rues au nord du centre-ville, près de l'Av Bunge. Parmi les destinations desservies figurent Buenos Aires (130 ARS, 6 heures), Mar del Plata (50 ARS, 2 heures 30) et San Clemente del Tuyú (30 ARS, 2 heures 30). Des bus fréquents rallient Villa Gesell (12 ARS, 30-45 min).

Des trains circulent entre la gare Constitución à Buenos Aires et l'Estación Divisadero de Pinamar, à 2 km au nord de la ville ; le service est parfois suspendu.

Villa Gesell

☎02255 / 32 000 HABITANTS

Plus petite et moins clinquante que ses voisines Pinamar et Mar del Plata, Villa Gesell séduit une clientèle plus jeune qui apprécie les nombreuses activités de plein air. Seule ville côtière dotée d'une promenade en planches le long de la plage, elle est renommée pour ses concerts de chorales et de rock and folk en été. La ville est ramassée, avec la plupart des services dans l'artère principale, l'Av 3, à trois pâtés de maisons de la plage.

Dans les années 1930, Carlos Gesell, marchand, inventeur et amoureux de la nature, conçut cette localité aux rues sinueuses, plantant acacias, peupliers, chênes et pins pour stabiliser les dunes. Sa vision d'une ville se fondant dans la forêt fut rapidement anihilée par la multiplication des résidences de vacances et les arbres commencèrent à disparaître.

À voir et à faire

Le **Muelle de Pesca** (Playa et Paseo 129), la jetée de pêche de 15 m de Gesell, permet de pêcher toute l'année maquereaux, raies, requins et autres poissons.

Windy (☎474626 ; www.windyplayabar.com.ar ; Paseo 104), sur le front de mer, loue du matériel de surf. Pour louer un vélo, essayez **Casa Macca** (☎468013 ; Av Buenos Aires entre Paseo 101 et Av 5). L'équitation est une autre activité prisée.

Aventura Faro Querandí (☎468989 ; angle Av 3 et Paseo 132) organise des circuits de 4 heures en 4x4 jusqu'à un phare local.

Une ambiance totalement différente règne à **Mar de las Pampas**, un élégant faubourg boisé à 15 minutes de bus au sud de la gare routière de Villa Gesell. Les rues sablonneuses, les logements coûteux (loués à la semaine en été) et les services haut de gamme se cachent dans une forêt de pins et la plage est moins bondée. Plus loin, **Mar Azul** est une autre station balnéaire, moins chic.

Une **feria artesanal** (marché d'artisanat ; Av 3 entre Paseos 112 et 113) se tient tous les soirs de mi-décembre à mi-mars et propose bijoux faits main, sculptures sur bois, peintures et souvenirs habituels.

Où se loger

Les campings facturent de 60 à 80 ARS par personne et par nuit. Ils ferment pour la plupart fin mars, mais deux, à la lisière sud de la ville dans l'Av 3 (près de la plage), ouvrent toute l'année : l'**Autocamping Casablanca** (☎470771 ; www.autocampingcasablanca.com) et le **Camping Monte Bubi** (☎470732 ; www.montebubi.com.ar). Tous deux offrent de nombreux services et des hébergements de style *cabaña*. Le bus Mar Azul, qui part de la gare routière, s'arrête devant.

Costa Bonita HOSPEDAJE $$
(☎462457 ; www.gesellcostabonita.com.ar ; Av 4, n°648 ; ch 390 ARS ; 📶). Dans un quartier résidentiel proche du centre, cette petite pension, tenue par une famille, compte 22 chambres hautes de plafond et joliment décorées. Celles en étage sont plus claires. Un petit patio gravillonné invite à la détente.

Hotel Tamanacos HÔTEL $$$
(☎468753 ; tamanacos@gesell.com.ar ; angle Paseo 103 et Av 1 ; s/d 250/450 ARS ; 📶). À une rue de la plage, ce ravissant hôtel possède d'agréables espaces communs, dont une terrasse en façade. Les 21 petites chambres accueillantes comportent de minuscules sdb. Parasols fournis.

Hotel Merimar HÔTEL $$
(☎462243 ; www.gesell.com.ar/hotelmerimar ; angle Paseo 107 et Playa ; ch 460 ARS ; 📶). Des vieux tapis et des meubles démodés garnissent les chambres, mais celles face à la plage avec balcon bénéficient d'une vue superbe (réservez ; elles sont au même prix !). Sinon, vous profiterez de la vue dans le salon du petit-déjeuner.

Residencial Viya HOSPEDAJE $$
(☎462757 ; www.gesell.com.ar/viya ; Av 5, n°582, entre Paseos 105 et 106 ; d 350 ARS). Dans une rue paisible, cet hôtel tenu par une famille propose des chambres sans prétention et confortables, pourvues de sdb avec douche ouverte. Les plus plaisantes ouvrent sur le jardin central.

La Deseada Hostel AUBERGE DE JEUNESSE $$
(☎473276 ; www.ladeseadahostel.com.ar ; angle Av 6 et Paseo 119 ; dort 150 ARS ; @📶). Cette auberge de jeunesse attrayante se situe à 6 rues de la plage et à 15 minutes de marche du centre. Elle comprend d'agréables espaces communs, un jardin verdoyant et des dortoirs de 8 lits. Elle est plus calme en dehors de l'été, quand les prix baissent et que des chambres privées sont disponibles. Un chien fait partie du comité d'accueil.

Hospedaje Villa Gesell HOSPEDAJE $
(☎466368 ; www.hospedajevillagesell.com.ar ; Av 3, n°812 ; ch 300 ARS). Vous ne trouverez pas moins cher et plus central que cet établissement tenu par une famille, avec 10 chambres, pour la plupart autour d'un petit patio, et un jardin à l'arrière.

Où se restaurer

Las Margaritas ITALIEN $$
(☎456377 ; Av 2, n°484, entre Paseos 104 et 105 ; plats 40-60 ARS ; ⏲dîner). Cosy et paisible, ce restaurant sert d'excellentes pâtes maison, dont des raviolis aux crevettes et encre de seiche. Le tiramisu est succulent. Réservez en été.

La Delfina PARRILLA $$
(angle Paseo 104 et Av 2 ; plats 35-60 ARS ; ⏲déj et dîner). La longue carte de cette *parrilla* fréquentée satisfait tous les goûts et tous les appétits. Si vous avez besoin de protéines, commandez le *bife de chorizo* "El Supremo", un steak avec 2 œufs et du bacon.

Sutton 212 ARGENTIN $$
(angle Paseo 105 et Av 2 ; plats 40-60 ARS ; ⏲petit-déj, déj et dîner). Ce bar-restaurant animé propose une cuisine variée, des saveurs méditerranéennes aux plats asiatiques fusion, ainsi que des crêpes, des sushis et des sandwichs. Bossa-nova et jazz live au dîner, et DJ plus tard dans la soirée, quand l'endroit devient un bar festif.

La Pachamama ARGENTIN $
(Av 2, n°411 ; empanadas 4,50 ARS, pizzas 22-30 ARS ; ⏲déj et dîner). Ce petit restau décontracté, idéal pour un repas rapide à prix doux, prépare de délicieuses *empanadas* de style Salta et des pizzas fraîches. Box en bois couverts en façade.

Renseignements

Office du tourisme (☎478042 ; Paseo 107 entre Av 2 et Av 3 ; ⏲8h-20h). Bien situé dans le centre. Également présent à la gare routière.

Poste (angle Av 3 et Paseo 108)

Depuis/vers Villa Gesell

La **gare routière** (angle Av 3 et Paseo 140) se situe à 30 pâtés de maisons au sud du centre-ville ; comptez 20 minutes en bus local.

Parmi les destinations desservies figurent Buenos Aires (150 ARS, 6 heures), Mar del Plata (32 ARS, 2 heures) et Pinamar (8 ARS, 30-45 min). Dans le centre-ville, le **Central de Pasajes** (☎472480 ; angle Av 3 et Paseo 107) vend des billets de bus, évitant le déplacement jusqu'à la gare.

Mar del Plata

☎0223 / 650 000 HABITANTS

À 400 km de Buenos Aires, Mar del Plata (surnommée Mardel) est la station balnéaire favorite des *Porteños*. Attendez-vous à découvrir une plage bondée les week-ends d'été. Vous parviendrez peut-être à faire quelques brasses sans éborgner quelqu'un, mais n'espérez pas la moindre intimité sur le sable. Pourtant, après quelques jours parmi une cohue bronzée, en regardant les artistes ambulants sur la Plaza Colón ou en explorant les merveilles du port, vous succomberez peut-être à l'adoration nationale pour cet endroit.

En semaine, surtout en dehors de l'été, les foules se dispersent, les prix des hôtels chutent et la ville devient plus détendue. Si la foule estivale vous insupporte, venez au printemps ou en automne, quand les prix sont plus attrayants et que les sites naturels de la région s'apprécient plus facilement. "Mardel" est une grande ville qui a plus à offrir que ses plages.

Rivadavia devient une rue piétonne durant les mois d'été ; San Martín est piétonne toute l'année.

Histoire

Les Européens occupèrent lentement cette portion du littoral et Mar del Plata connut un essor tardif. Les missionnaires jésuites ne tentèrent d'évangéliser les indigènes de la Pampa méridionale qu'en 1747. Le seul souvenir de leurs efforts est la copie d'une chapelle près de la Laguna de los Padres.

Plus d'un siècle plus tard, des investisseurs portugais établirent El Puerto de Laguna de los Padres. Des problèmes économiques dans les années 1860 les poussèrent à le vendre à Patricio Peralta Ramos, qui fonda Mar del Plata en 1874. Peralta Ramos contribua à faire de la région un centre commerçant et industriel, puis une station balnéaire. Au tournant du siècle, nombre de riches familles portègnes y possédaient une maison de vacances, dont certaines subsistent dans le Barrio Los Troncos.

Depuis les années 1960, la "Perle de l'Atlantique" a perdu un peu de son caractère exclusif, quand l'élite argentine s'est réfugiée dans des stations balnéaires comme Pinamar, non loin, ou Punta del Este, en Uruguay. Mar del Plata reste néanmoins la station balnéaire la plus florissante du pays.

À voir

Plages PLAGES

Les plages de Mar del Plata sont pour la plupart sûres et propices à la baignade. Le centre-ville longe la plage la plus centrale, **Playa Bristol**, avec son quai et son restaurant ; la promenade en planches, à côté du secteur du casino, bourdonne toujours d'activité. La prochaine plage au nord, la **Playa La Perla**, séduit une foule plus jeune et compte de nombreux *balnearios* (établissements balnéaires, ou partie d'une plage avec chaises longues et parasols). Au sud de

VAUT LE DÉTOUR

MAR CHIQUITA

Modeste joyau venteux, le village balnéaire de Mar Chiquita abrite l'**Albúfera Mar Chiquita**, une lagune longue de 35 km à la riche biodiversité, avec plus de 220 espèces d'oiseaux et 55 de poissons. La région est propice à la pêche et la plage est prisée pour la planche à voile, le kitesurf ou le farniente.

Une famille accueillante tient l'**Hostería Bariloche** (☎469-1254 ; mchpao@hotmail.com ; angle Beltran et Echeverría ; s/d à partir de 180/200 ARS ; @), qui comprend 10 chambres et appartements. Les propriétaires louent planches à voile et kitesurfs et proposent des cours. Le **Camping Santa Rosa** (☎469-1300 ; angle Rivera del Sol et playa ; empl 4 pers 100 ARS) constitue une autre option.

Le **centre des visiteurs** (☎469-1288 ; angle Belgrano et Rivera del Sol ; ⏲8h-20h) se tient sur la plage ; s'il est fermé, appelez l'**office du tourisme** (☎460-2433) de Santa Clara. Il organise des excursions dans la lagune (réservez). Apportez des espèces ; le DAB le plus proche se trouve à Mar de Cabo, à 4 km.

Mar Chiquita se situe à 34 km au nord de Mar del Plata. Rápido del Sud propose des bus fréquents qui peuvent vous déposer sur la nationale, à 2,5 km de Mar Chiquita (ils n'entrent pas dans le village). La plupart des bus locaux n°221 entrent dans Mar Chiquita (vérifiez auprès du chauffeur) et circulent toutes les 2 heures en été depuis/vers Mar del Plata.

Mar del Plata

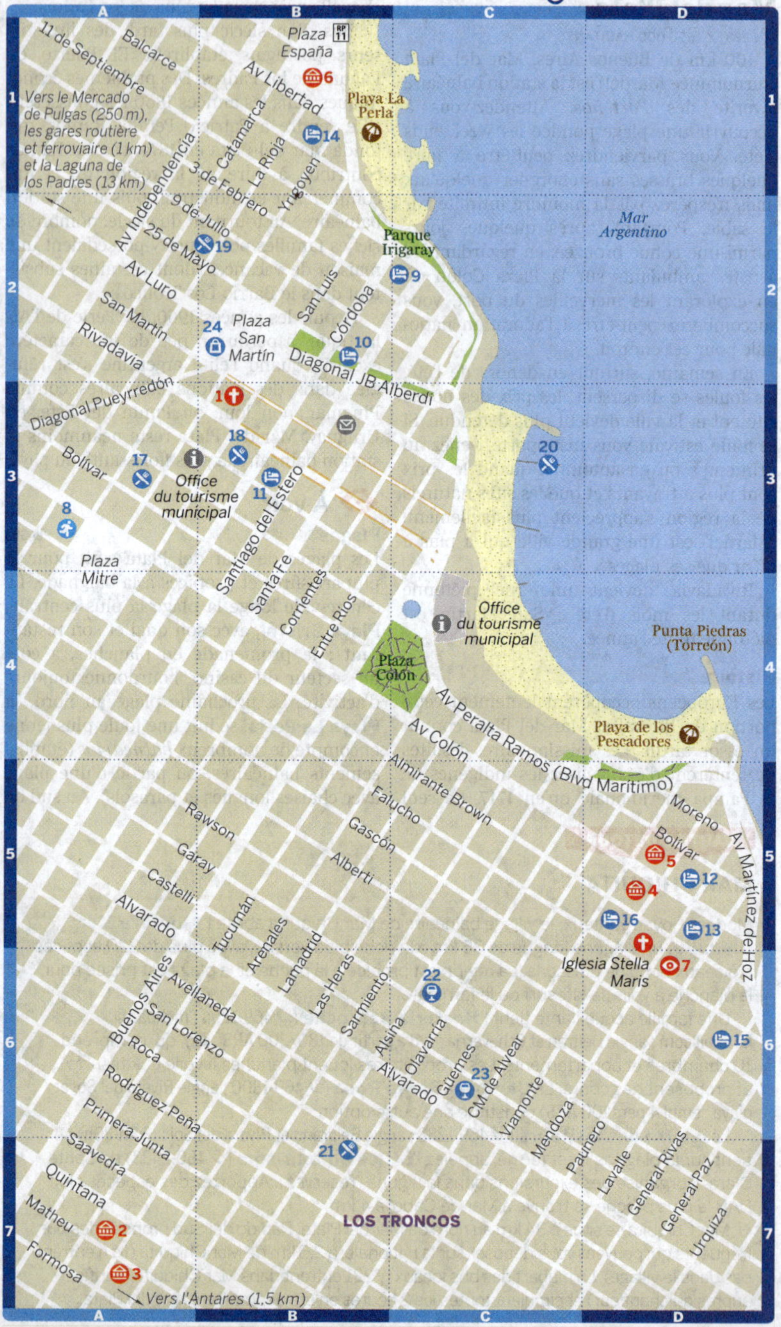

Mar del Plata

À voir
1 Catedral de los Santos Pedro y Cecilia B3
2 Centro Cultural Villa Victoria A7
3 Museo Archivo Histórico Roberto T Barili A7
4 Museo del Mar D5
5 Museo Municipal de Arte Juan Carlos Castagnino D5
6 Museo Municipal de Ciencias Naturales B1
7 Torre Tanque D6

Activités
8 Bicicletería Madrid A3

Où se loger
9 Alta Esperanza Hostel C2
10 City Hotel B2
11 Etoile B3
12 Hostel del Mar D5
13 Hotel Sirenuse D5
14 La Pergola Hostel B1
15 Playa Vanese Inn D6
16 Villa Nuccia D5

Où se restaurer
17 El Jamón A3
18 El Palacio del Bife B3
19 Montecatini B2
20 Pescadores C3
21 Tisiano B7

Où prendre un verre
22 Almacén Condal C6
23 La Bodeguita del Medio C6

Achats
24 Diagonal de los Artesanos B2

Punta Piedras (Torreón), **Playa Varese** et **Cabo Corrientes** sont deux petites plages protégées par des promontoires rocheux.

Au sud de ces plages, à l'extrémité plus sélecte de la ville, s'étend **Playa Grande**, également jalonnée de *balnearios*. À 11 km au sud du centre, juste après le port, l'immense complexe **Punta Mogotes** est plus détendu et prisé des familles, qui envahissent les *balnearios* en janvier. Il comprend la **Playa Waikiki**, un spot de surf fréquenté.

Au-delà du phare s'étend un secteur moins urbanisé. Si les plages sont remplies de *balnearios* en été, elles restent plus paisibles. La **Playa Escondida** (www.playaescondida.com.ar), à 25 km au sud de "Mardel", est sans doute la seule plage naturiste légale du pays. Le bus n°221 la dessert.

Musées

Construite en 1909 comme résidence d'été d'une éminente famille argentine, la Villa Ortiz Basualdo est aujourd'hui le **Museo Municipal de Arte Juan Carlos Castagnino** (Av Colón 1189 ; 8 ARS, mer gratuit ; ⏲17h-22h). Ressemblant à un château de la Loire, il rassemble des peintures, des photos et des sculptures d'artistes argentins.

Dans la Villa Emilio Mitre (1930), autre ancienne résidence de l'oligarchie argentine, le **Museo Archivo Histórico Municipal Roberto T Barili** (Lamadrid 3870 ; 5 ARS ; ⏲8h-17h lun-ven, 17h-21h sam-dim) retrace l'histoire de Mar del Plata à travers des reliques bien présentées, dont des vêtements et des photos des années 1800. Admirez la vue du 3e étage de la tour.

Le **Museo del Mar** (Av Colón 1114 ; 30 ARS ; ⏲10h-23h) possède une collection de plus de 30 000 coquillages, représentant 6 000 espèces du monde entier. Le musée contient aussi un petit bassin de marée et un aquarium.

Les enfants et les passionnés de sciences apprécieront le petit **Museo Municipal de Ciencias Naturales** (Av Libertad 3099 ; 5 ARS, mer gratuit ; ⏲10h-17h30), qui renferme un aquarium et des os de dinosaures. En été, des expositions temporaires peuvent augmenter le droit d'entrée, et n'ouvrent qu'en soirée.

Puerto Mar del Plata — PORT

Mar del Plata est l'un des plus importants ports de pêche et centre de transformation des produits de la mer du pays. Le quartier portuaire, à 8 km au sud du centre-ville, mérite la visite.

À l'entrée du port, près de l'Av Martínez de Hoz, de nombreux restaurants de poisson entourent un parking. C'est le **Centro Comercial del Puerto**, un bon endroit pour un repas ; choisissez un établissement fréquenté.

Vous pouvez aussi prendre un bus (voir plus loin) jusqu'au quai pittoresque et un peu touristique, appelé la **Banquina de Pescadores**, au-delà des restaurants ; vous éviterez ainsi 10 minutes de marche dans un affreux secteur industriel. Des dizaines de bateaux de pêche orange sont amarrés au quai, et les pêcheurs vaquent à leurs occupations. Vous verrez peut-être une otarie pointer son museau hors de l'eau : une importante colonie d'otaries mâles a élu domicile sur l'*escollera sur* (jetée sud), non loin.

Pour rejoindre cette jetée, marchez vers le sud sur environ 100 m (il n'y a pas vraiment de rue), passez la barrière d'entrée du port et tournez à gauche sur la route. Le paysage industriel sans grâce devient une jetée plus plaisante qui s'avance dans la mer sur 2 km. En chemin, vous passerez devant un **cimetière de bateaux** à demi coulés et rouillant au soleil, et vous verrez la colonie d'otaries paressant sur la plage ou derrière une barrière de chaînes. À la pointe de la venteuse *escollera sur*, un restaurant offre une vue panoramique sur la ville.

Le bus local n°511 rejoint le quai à partir du centre-ville ; vous aurez besoin d'une carte magnétique pour l'emprunter (voir *Comment circuler*). Le bus n°221 ne va pas plus loin que les restaurants de poisson à l'entrée du port. En taxi, comptez 50 ARS.

Centro Cultural Villa Victoria CENTRE CULTUREL
(☎492-0569 ; Matheu 1851 ; 8 ARS ; ⏲10h-13h et 17h-21h jan-fév, 14h-20h mer-lun mars-déc). Victoria Ocampo, fondatrice de la revue *SUR*, tenait un salon littéraire fréquenté par d'éminents intellectuels du monde entier dans sa résidence d'été. C'est aujourd'hui un centre culturel, avec des expositions temporaires artistiques et culturelles.

Catedral de los Santos Pedro y Cecilia CATHÉDRALE
Faisant face à la verdoyante Plaza San Martín, cette église néogothique possède des vitraux splendides, un imposant lustre central venu de France et des sols en carrelages anglais ; elle offre à l'occasion des concerts de chorales.

GRATUIT **Torre Tanque** CHÂTEAU D'EAU
(☎451-4681 ; Falucho 995 ; entrée libre ; ⏲8h-16h lun-ven). Achevé en 1943 et toujours en service, cet étonnant château d'eau de style médiéval est perché au sommet de la colline de Stella Maris et offre une vue magnifique sur Mar del Plata et l'océan.

Aquarium Mar del Plata AQUARIUM
(☎467-0700 ; www.aquariummardelplata.com ; Av Martínez de Hoz 5600 ; adulte/enfant 3-10 ans 98/70 ARS ; ⏲10h-20h). À 14 km au sud du centre, près du phare, cet aquarium accueille des manchots, des flamants roses, des crocodiles et d'innombrables poissons. Il propose des spectacles d'otaries, de dauphins et de ski nautique et comprend un cinéma. Vous pouvez nager avec des requins (et d'autres créatures marines) et paresser sur la plage. Prenez le bus n°221 ou n°511.

Laguna de los Padres LAC
Destination de week-end prisée des *Marplatenses*, ce lac offre un cadre bucolique et de nombreuses activités, dont l'observation des oiseaux, la pêche, des sports aquatiques, la randonnée à pied ou à vélo et l'escalade. Le secteur fut colonisé en 1746 par une mission jésuite qui voulait rassembler les tribus nomades de la région ; une réplique de la chapelle d'origine se dresse sur la rive. Vous pouvez camper près du lac, et la ville voisine de Sierra de los Padres compte de bons restaurants.

LA FEMME DE LETTRES DE LA PLATA

L'écrivain français Pierre Drieu la Rochelle la surnommait "la plus belle vache de la Pampa", et Jorge Luis Borges l'appelait "la plus argentine des femmes". Dans les années 1920 et 1930, Victoria Ocampo réunissait des écrivains et des intellectuels des quatre coins du globe dans sa Villa Victoria (p. 144), créant un fabuleux salon littéraire et artistique.

Elle ne fréquenta pas l'université, mais sa soif de connaissances et son amour de la littérature firent d'elle une grande figure des lettres. Elle fonda la revue littéraire *SUR*, qui fit connaître des écrivains comme Virginia Woolf et André Malraux aux lecteurs argentins. Voyageuse infatigable et féministe, elle était détestée pour son refus des conventions. Farouche opposante au péronisme, en raison surtout des interférences de Perón dans la vie culturelle, Ocampo fut arrêtée à Villa Victoria à l'âge de 63 ans. Elle divertit ses codétenues en lisant à haute voix et en jouant des scènes de romans et de films.

Si Victoria a laissé le souvenir d'une brillante essayiste et d'une protectrice des écrivains, sa sœur cadette, Silvina, qui avait un talent littéraire, écrivit des nouvelles et de la poésie. Son œuvre lui valut de nombreux prix, et elle épousa en 1940 Adolfo Bioy Casares, un célèbre auteur argentin, ami de Jorge Luis Borges.

Le lac se situe à 13 km de "Mardel" sur la RN 226 et la ville 4 km plus loin. Le bus n°717, au départ de l'Av Luro à Mardel (achetez d'abord une carte magnétique ; voir p. 151) dessert Sierra de los Padres, mais n'emprunte pas la petite route qui mène au lac – vous devez descendre sur la nationale et parcourir 1 km jusqu'à la rive, ou revenir de Sierra de los Padres en *remis*.

Activités

Mar del Plata et ses alentours offrent de multiples possibilités d'activités en plein air et de sports d'aventure.

Le vélo constitue un excellent moyen de se déplacer en ville. Les rues de Los Troncos sont relativement calmes et plaisantes. **Bicicletería Madrid** (☎494-1932 ; Yrigoyen 2249) loue des bicyclettes.

Mars et avril sont les meilleurs mois pour le surf. La **Kikiwai Surf School** (☎485-0669 ; www.kikiwaisurfclub.com.ar ; Av Martínez de Hoz 4100), dirigée par le surfeur Daniel Gil, propose des cours et loue des planches ; elle est installée sur la plage Waikiki, à 11 km au sud du centre-ville.

Comme en attestent les otaries, Mar del Plata compte parmi les meilleurs sites de pêche du pays. Le promontoire rocheux de **Cabo Corrientes**, au nord de Playa Grande, et les digues **Escollera Norte** et **Escollera Sur**, au port, sont de bons endroits. La pêche en eau douce se pratique à la Laguna de los Padres (voir ci-contre). **Mako Team** (☎493-5338 ; www.makoteam.com.ar) organise des sorties de pêche dans l'océan.

Les falaises rocheuses en bord de mer et les montagnes de la Sierra de los Padres sont idéales pour l'escalade et les descentes en rappel. **Acción Directa** (☎474-4520 ; www.acciondirecta.com.ar) gère une école et propose des excursions à VTT, en canoë, ainsi que des circuits sportifs de 2 jours avec camping.

Promenades à cheval et sauts en parachute font partie des possibilités ; renseignez-vous à l'office du tourisme.

Circuits organisés

Crucero Anamora CROISIÈRE
(☎489-0310 ; www.cruceroanamora.com.ar). Ce bateau de 30 m effectue des sorties dans le port plusieurs fois par jour en été (79 ARS) et deux fois par jour le week-end en hiver depuis la Dársena B, au port.

Office du tourisme municipal PROMENADE À PIED
(Blvd Marítimo). Des promenades gratuites (appelées "Paseos Para Gente Inquieta") font découvrir des sites inhabituels de la ville, comme une fabrique d'*alfajores* ou de textiles, ainsi que le port et des musées. Réservez à l'office du tourisme principal (p. 148).

Fêtes et festivals

Le **Festival international du film** (www.mardelplatafilmfest.com) de Mardel a lieu en novembre ; créé en 1950, c'est le plus important d'Amérique du Sud.

En janvier, Mar del Plata célèbre la **Fiesta Nacional de los Pescadores** (fête des Pêcheurs), avec un défilé traditionnel et des festins de poisson préparés par les habitants.

Autre grande fête, la **Fiesta Nacional del Mar** (fête de la Mer), en février, comprend l'élection et le couronnement d'une "reine de la Mer".

Où se loger

Les prix commencent à grimper en novembre et décembre, atteignent un pic en janvier et février, puis baissent en mars. Réservez en haute saison. Certains hôtels ferment en basse saison.

Les campings bondés de Mar del Plata se regroupent pour la plupart au sud de la ville ; l'office du tourisme vous informera sur leurs installations.

♥ **El Aleph Hotel Boutique** PENSION DE CHARME $$$
(☎451-4380 ; www.elalephmdq.com.ar ; LN Alem 2542 ; ch 480-640 ARS ; ❄@🛜🏊). Les chambres charmantes entourent pour la plupart des passerelles en bois couvertes et un jardin verdoyant avec une petite piscine. Une ambiance chic et détendue règne dans ce paradis, avec thé l'après-midi, dégustation de vin et cuisine à disposition. Réservation indispensable, pas d'enfants de moins de 12 ans et paiement en espèces uniquement. À quelques rues au sud de la Playa Varese.

♥ **Villa Nuccia** PENSION $$$
(☎451-6593 ; www.villanuccia.com.ar ; Almirante Brown 1134 ; d 690 ARS ; @🏊 🛜). Cette superbe pension, dans une maison rénovée, a 8 grandes chambres élégantes, dont certaines avec balcon ou baignoire à remous. A l'arrière, une piscine et un Jacuzzi sont entourés d'une vaste pelouse. Thé servi l'après-midi. Un jeune couple de voyageurs argentins gère la pension.

Playa Varese Inn HOSTERÍA $$
(☎451-1813 ; www.playavareseinn.com.ar ; Gascón 715 ; ch 250 ARS ; @📶). Cette jolie *hostería* possède 15 chambres sans prétention, confortables et de bonne taille, avec sols en béton et TV câblée. À quelque 150 m de la plage, elle est appréciée : réservez.

Hotel Sirenuse HÔTEL $$
(☎451-9580 ; www.hotelsirenuse.com.ar ; Mendoza 2240 ; d 330-430 ARS ; ❄@📶). Tenu par une sympathique famille franco-germano-argentine, cet hôtel est un bon choix à quelques rues de la Playa Varese. Toutes les chambres sont douillettes, avec une touche européenne. Les propriétaires sont, bien entendu, polyglottes.

City Hotel HÔTEL $$
(☎495-3018 ; www.cityhotelmardelplata.com ; Diagonal JB Alberdi 2561 ; d 360-450 ARS). Ce vaste hôtel, détenu en coopérative par les employés, a une ambiance désuète et s'agrémente d'un ravissant jardin à l'arrière. Les chambres "supérieures", un peu plus chères, sont plus spacieuses et comprennent une baignoire dans la sdb ; celles en façade disposent d'un balcon. Appartements de 2 pièces (sans cuisine) disponibles.

Etoile HÔTEL $$
(☎493-4968 ; www.hoteletoilemdq.com.ar ; Santiago del Estero 1869 ; d 400 ARS ; 📶). Son emplacement central et ses grandes chambres (dont certaines avec longue "entrée" et canapé) en font une adresse avantageuse. Choisissez une chambre à l'arrière, plus tranquille. Buffet au petit-déjeuner.

Alta Esperanza Hostel AUBERGE DE JEUNESSE $
(☎495-8650 ; www.altaesperanzahostel.com.ar ; Av Peralta Ramos 1361 ; dort 85-125 ARS, ch 320-350 ARS ; @📶). Première auberge de jeunesse de Mardel sur le front de mer, elle occupe une vieille maison de style normand et compte des dortoirs de 6 à 12 lits et quelques chambres privées. Essayez de réserver une chambre avec vue sur la mer. L'auberge accueille parfois des expositions d'art et des événements culturels. Plutôt calme, elle est déconseillée aux fêtards.

La Pergola Hostel AUBERGE DE JEUNESSE $
(☎493-3695 ; www.lapergolahostel.com.ar ; Yrigoyen 1093 ; dort 70 ARS ; @📶). Une auberge de jeunesse correcte dans un vieil édifice de style Tudor. Certains des dortoirs de 4 ou 8 lits, avec parquet, ont un balcon qui offre une vue partielle sur la mer. Si la terrasse avec pergola est superbe, la salle à manger-salon-salle de jeux se situe dans le froid sous-sol. Une chambre privée en haute saison (250 ARS). Chien sur place.

Hostel del Mar AUBERGE DE JEUNESSE $
(☎486-3112 ; www.hosteldelmar.com.ar ; Av Colón 1051 ; dort 80-100 ARS ; @📶). Une petite auberge de jeunesse classique, à 150 m de la plage, avec un joli jardin à l'arrière. Préparez-vous à la bousculade dans les sdb quand elle affiche complet. Privilégiant le surf, elle propose des cours et loue des planches, ainsi que des vélos.

Où se restaurer

Les nombreux restaurants, pizzerias et snack-bars de Mar del Plata sont pris d'assaut de décembre à mars, avec toujours de longues files d'attente. Pour vous régaler de poisson frais, rejoignez le port au sud de la ville, où plusieurs restaurants cuisinent les prises du jour.

♥ **Taberna Baska** BASQUE $$
(☎480-0209 ; 12 de Octubre 3301 ; plats 35-90 ARS ; ⏱déj et dîner). À quelques rues du port, ce restaurant basque renommé existe depuis plus de 50 ans. Dans une ambiance à l'ancienne, il sert des plats succulents comme les crevettes à l'ail, les ragoûts de produits de la mer, les poissons avec 7 sortes de sauce et le *bacalao* (morue séchée et salée).

Tisiano ITALIEN $$
(San Lorenzo 1332 ; plats 50-70 ARS ; ⏱déj et dîner). Dans ce bon restaurant italien, recommandé localement, commencez par un carpaccio de saumon, suivi de crêpes au poulet et aux épinards, de *sorrentinos* (grosses pâtes rondes farcies) à la courge ou de *linguini* aux crevettes. Vous pouvez aussi choisir parmi les 7 salades composées.

El Palacio del Bife PARRILLA $$$
(Córdoba 1857 ; plats 60-80 ARS ; ⏱déj et dîner). Recommandée, cette élégante *parrilla* propose une longue carte. Si la viande prédomine, le Palacio offre aussi des pâtes maison, des plats de poisson ou de riz et des *milanesas* (escalopes panées). Les prix sont élevés, mais les portions copieuses. Réduction de 20% sur la vente à emporter.

Viento en Popa POISSON $$
(☎489-0220 ; Martínez de Hoz 257 ; plats 35-80 ARS ; ⏱déj et dîner). Ce restaurant très prisé propose des plats de bœuf, de poulet et de pâtes, mais se spécialise dans les produits

de la mer. Il n'utilise que des ingrédients ultrafrais pour les calamars frits, les ragoût de produits de la mer et divers poissons sautés. À environ 200 m des restaurants du port, juste au nord de la station-service YPF.

Montecatini ARGENTIN $$
(☎492-4299 ; angle La Rioja et 25 de Mayo ; plats 40-70 ARS ; ⌚déj et dîner, 👪). Pour une cuisine roborative d'un bon rapport qualité/prix, imitez les habitants et optez pour ce grand restaurant moderne. La carte peut satisfaire tous les goûts : viande, poisson, pâtes, *milanesas*, plats sautés, sandwichs – et les portions sont généreuses. Une bonne adresse pour les familles et les groupes. Plusieurs succursales en ville.

Pescadores POISSON $$
(☎493-1713 ; Blvd Marítimo et Av Luro ; 40-70 ARS ; ⌚déj et dîner). Sur la jetée de pêche, ce restaurant jouit d'une vue superbe sur la mer, surtout du 2e étage (ouvert en été seulement). La carte est classique – viande, pâtes et poisson –, mais on vient ici pour la vue.

El Jamón INTERNATIONAL $
(☎493-7447 ; Bolívar 2801 ; plats 30-45 ARS ; ⌚déj lun-sam, dîner mer-sam). Ce restaurant de quartier prisé manque de charme, avec des plantes en plastique suspendues aux poutres, mais ne désemplit pas. Les habitants viennent y savourer du *vacio* rôti (rosbif), des brochettes de crevettes ou des moules à la provençale ; la carte change tous les jours.

Où prendre un verre

Au bout de la ville du côté Playa Grande, les secteurs qui longent Irigoyen et LN Alem, entre Almafuerte et Rodríguez Peña, sont réputés pour leur animation nocturne.

Antares BAR
(Córdoba 3025 ; ⌚20h-tard). La seule microbrasserie de la ville propose 8 bières à la pression et sert des repas. Musique live la plupart des week-ends.

Almacén Condal BAR
(angle Alsina et Garay ; ⌚9h-tard). Une ambiance traditionnelle règne dans ce bar de quartier, installé dans un bâtiment vieux de plus d'un siècle. Savourez un plat de brasserie au long bar en bavardant avec des habitants et vous aurez l'impression de remonter le temps.

La Bodeguita del Medio BAR CUBAIN
(Castelli 1252 ; ⌚19h-tard). Du nom de l'un des repaires favoris d'Hemingway à La Havane, ce bistrot sympathique propose des mojitos parfaits (2 pour le prix d'un entre 19h et 21h) et de bons plats et en-cas cubains. Musique live à l'occasion.

Achats

Des boutiques haut de gamme bordent la Calle Güemes.

Diagonal de los Artesanos MARCHÉ D'ARTISANAT
(Plaza San Martín ; 18h-tard). Des vendeurs s'installent sur la Plaza San Martín tous les soirs en été et proposent toutes sortes d'articles,

VAUT LE DÉTOUR

MIRAMAR

Si vous voyagez avec des enfants, envisagez une excursion à Miramar, une destination familiale ourlée d'une longue et large plage et de douces vagues (avec quelques spots de surf). Comparée à Mar del Plata, à 45 km au nord, Miramar est bien plus détendue, mais bondée en été comme les autres villes balnéaires.

L'**office du tourisme** (☎02291-420190 ; angle Calle 21 et Costanera ; ⌚8h-22h), sur la plage, vous renseignera sur les diverses activités, telles l'équitation, le golf ou la pêche. Miramar est réputée pour le surf, notamment à l'extrémité nord de la ville, où se tiennent quelques écoles de surf.

Pour l'hébergement, essayez l'**Aventureiro Hostel** (☎02291-430981 ; www.aventureiro.com.ar ; Calle 16 n°1067 ; dort 125 ARS, ch 250 ARS ; @📶), une auberge de jeunesse classique à deux rues de la plage, ou l'**Hotel Danieli** (☎02291-432366 ; www.hoteldanielimiramar.com.ar ; Calle 24 n°1114 ; s/d à partir de 400/530 ARS ; 📶), assez agréable. La gare routière, Av 40 et Calle 15, se tient à six pâtés de maisons du centre-ville.

Si vous cherchez l'isolement, rejoignez **Mar de Sud**, une bourgade à 16 km au sud de Miramar, réputée pour son ambiance rustique, sa plage de galets noirs et ses eaux poissonneuses. Elle ne compte aucun grand bâtiment et offre bien moins de services que sa voisine, échappant ainsi aux foules estivales.

des gourdes à maté aux couteaux et des pulls aux objets en argent. Le reste de l'année, le marché a lieu les vendredis et samedis après-midi.

Mercado de Pulgas MARCHÉ AUX PUCES
(Plaza Rocha ; ⏲10h-20h ven-dim). Ce marché aux puces se tient dans 20 de Septiembre, entre San Martín et l'Av Luro, à 7 pâtés de maisons au nord-ouest de la Plaza San Martín.

Renseignements

Argent

Plusieurs bureaux de change jalonnent San Martín et Rivadavia.

Jonestur (San Martín 2574)

La Moneta (Rivadavia 2623)

Office du tourisme

Office du tourisme municipal (☎495-1777 ; www.turismomardelplata.gov.ar ; Blvd Marítimo 2270, dans l'edificio casino ; ⏲8h-22h). Exceptionnellement serviable. Bureau plus petit à Belgrano 2740.

Poste

Poste (Av Luro 2460 et Santiago del Estero)

Depuis/vers Mar del Plata

Avion

Aerolíneas Argentinas (☎496-0101 ; Moreno 2442) propose plusieurs vols quotidiens pour Buenos Aires. **LADE** (☎491-1484 ; Corrientes 1537) est moins cher, avec des vols moins fréquents.

Bus

La rutilante gare routière de Mar del Plata jouxte la gare ferroviaire, à environ 2 km au nord-ouest de la plage. Les bus locaux nos511, 512 et 513 rejoignent le centre-ville ; en taxi, comptez 25 ARS.

Dans le centre-ville, au coin de San Martín et de Corrientes, quelques agences de voyages vendent des billets de bus longue distance, évitant le trajet jusqu'à la gare routière.

Train

La **gare ferroviaire** (☎475-6076 ; Av Luro 4500) se situe à 2 km de la plage. Des trains de nuit réguliers partent de la gare ferroviaire Constitución à Buenos Aires (60-80 ARS, 6 heures), ainsi que les trains *Marplatense* et *Talgo*, plus luxueux (100-200 ARS, 6 heures, départs de jour et de nuit). En été, réservez vos places à l'avance.

Comment circuler

L'**aéroport** (☎478-0744), à 10 km au nord de la ville, est desservi par le bus n°542 (signalé "aeropuerto") qui part du coin du Blvd Marítimo et de Belgrano.

Des bus fréquents sillonnent tous les quartiers de cette ville étendue. La plupart nécessitent des cartes magnétiques ("tarjetas de aproximación"), à acheter à l'avance dans les *kioscos* et à charger. Le bus n°221 fait exception : il accepte les pièces. L'office du tourisme vous renseignera sur les transports.

Vous pouvez louer une voiture auprès de **Budget** (☎495-2935 ; Córdoba 2270).

Necochea

☎02262 / 92 000 HABITANTS

Effervescente en été et quasi morte en hiver, la station balnéaire de Necochea ne semble pas perturbée par les hauts immeubles qui se multiplient. Avec un front de mer de

BUS AU DÉPART DE MAR DEL PLATA

DESTINATION	PRIX (ARS)	DURÉE (HEURES)
Bahía Blanca	145	7
Bariloche	525	18-20
Buenos Aires	145-165	5 heures 30
Córdoba	415	16-18
Mendoza	470	18-20
Necochea	45	2 heures 15
Pinamar	45	2 heures 30
Puerto Madryn	365	17
Tandil	55	3
Villa Gesell	32	2

quelque 70 km, vous trouverez certainement un endroit où étendre votre serviette. Venteuse, Necochea offre les meilleures vagues du littoral, attirant des surfeurs toute l'année. Les randonnées dans les bois du Parque Miguel Lillo et les promenades à cheval de l'ouest de la ville constituent d'autres atouts. De plus, Necochea compte des hébergements d'un excellent rapport qualité/prix.

La plupart des services, comme la poste, les banques et la gare routière, se situent en ville, à 3 km de la plage.

À voir et à faire

Les épais bois de pins du **Parque Miguel Lillo**, une large bande verte le long de la plage, sont prisés pour les promenades à vélo, à cheval ou à pied et pour les pique-niques. Chevaux et vélos peuvent être loués dans le parc.

Le Río Quequén Grande, riche en truites arc-en-ciel et en maquereaux, offre des possibilités de rafting facile, notamment autour des chutes de **Saltos del Quequén**. Au village de **Quequén**, à l'embouchure de la rivière, plusieurs bateaux échoués peuvent s'explorer au pied de falaises sculptées. Le **faro** (phare) est une autre attraction locale.

Avec certaines des meilleures vagues de la côte atlantique, Necochea est une destination prisée des surfeurs. **Monte Pasubio Surf Camp** (☎451482 ; www.montepasubio.com.ar ; Av 502, n°1160, Quequén), une école de surf de l'autre côté de la rivière, propose des cours et loue des planches en été.

Où se loger

Certains hébergements n'ouvrent que de décembre à mars. Les adresses suivantes se situent dans un rayon de 4 pâtés de maisons de la plage.

Hostería del Bosque HÔTEL **$$**
(☎420002 ; www.hosteria-delbosque.com.ar ; Calle 89, n°350 ; ch 390-460 ARS ; ❄@📶). Cette *hostería* est de loin l'hébergement le plus sympathique de la ville, avec de grandes chambres confortables, dont certaines donnent sur le Parque Lillo de l'autre côté de la rue, et un joli jardin à l'arrière.

Belle Maison B&B **$$**
(☎462335 ; www.bellemaison.com.ar ; Calle 4, entre Paseos 106 et 107 ; ch à partir de 330 ARS ; @📶). Grande maison dans un quartier résidentiel proche du centre, ce charmant B&B compte 5 chambres ravissantes, un bar et un jardin.

Tres Reyes HÔTEL **$$**
(☎522011 ; www.hotel-tresreyes.com.ar ; Calle 4, n°4123 ; ch à partir de 360 ARS ; ❄📶). Très bien situé sur la place, le Tres Reyes possède des chambres et suites confortables, avec vue sur le parc pour certaines. À côté, l'**Hotel Mirasol** (www.mirasolhotel.com.ar) satisfera les petits budgets.

Jamming Hostel AUBERGE DE JEUNESSE **$**
(☎02262-15-407508 ; www.jamminghostel.com.ar ; Calle 502, n°1685, Quequén ; dort 80 ARS). De style méditerranéen, cette auberge de jeunesse se tient près de la plage, à 6 km de la gare routière de Necochea (25 ARS en taxi). Skateboard et surf prédominent. Une chambre privée (180 ARS) et un restaurant.

Hospedaje La Casona HOSPEDAJE **$**
(☎423345 ; Calle 6, n°4356 ; d 200 ARS, app 250 ARS). Tenue par une famille, cette pension rustique comporte des chambres sommaires, un vaste jardin avec une *parrilla*, et des appartements dotés d'une kitchenette.

Où se restaurer et prendre un verre

Plusieurs restaurants bordent la Plaza San Martín. De nombreux *balnearios* disposent d'une gargote en bord de plage. Hors saison, la plupart des restaurants n'ouvrent que le week-end.

Taberna Española ESPAGNOL **$$$**
(☎520539 ; angle Calles 83 et 80 ; plats 60-90 ARS ; ⏲déj et dîner). Dans ce restaurant réputé, vous vous régalerez de produits de la mer préparés à l'espagnole. Le menu "spécial" comprend entrée, plat et dessert (70 ARS). Une succursale jouxte l'Hostería del Bosque, Calle 89, n°360. Réservez en été.

Chimichurri Asador PARRILLA **$$**
(Calle 83, n°345 ; plats 50-70 ARS ; ⏲déj et dîner). Seuls les carnivores apprécieront cette *parrilla*, prisée des habitants pour ses viandes excellentes.

Antares ARGENTIN **$$**
(Calle 4, n°4266 ; 40-70 ARS ; ⏲dîner mar-dim). Succursale d'une superbe chaîne de bars-restaurants, elle propose un bon choix de plats de brasserie et plusieurs bières artisanales, brassées à Mar del Plata.

Pour un verre, explorez les bars de la Calle 87, entre les Calles 4 et 6.

Renseignements

Hôpital municipal (☎422405 ; Av 59, entre Calles 100 et 104)

Office du tourisme municipal (☎438333 ; angle Av 2 et Av 79 ; ⏲8h-22h). Sur la plage ; aussi à la gare routière de mi-décembre à mars.

Poste (Calle 6, n°4065)

Depuis/vers Necochea

La **gare routière** (Av 58, entre Calle 47 et Av 45) se situe à 3,5 km de la plage (15 ARS en taxi, ou prenez le bus local n°513 indiquant "playa"). Parmi les destinations desservies figurent Buenos Aires (176 ARS, 7 heures), Mar del Plata (45 ARS, 2 heures 15), Tandil (45 ARS, 3 heures) et Bahía Blanca (105 ARS, 5 heures).

Bahía Blanca

☎0291 / 302 000 HABITANTS

Des édifices grandioses, une place attrayante et des boulevards bordés d'arbres et de palmiers donnent à Bahía Blanca l'allure d'une cité cosmopolite miniature. Bonne étape sur la route entre Buenos Aires et la Patagonie, la ville compte quelques sites intéressants.

Les hordes de marins qui font escale dans ce qui est aujourd'hui la plus grande base navale d'Amérique du Sud témoignent de l'histoire militaire de Bahía Blanca. Afin de contrôler militairement la périphérie de la Pampa, le colonel Ramón Estomba fonda la ville pompeusement appelée Fortaleza Protectora Argentina en 1828, dans le port naturel de Bahía Blanca.

À voir et à faire

À la périphérie de la ville, dans un ancien bâtiment des douanes noyé parmi les énormes silos et la centrale électrique de Puerto Ingeniero White, le **Museo del Puerto** (☎457-3006 ; angle Guillermo Torres et Cárrega ; don à l'entrée ; ⏲8h-12h lun-ven, 16h-20h sam-dim) est consacré aux immigrants de la région ; il comprend des archives avec des documents, des photos et des histoires orales enregistrées. Venez plutôt le week-end pour le thé de l'après-midi, quand des groupes locaux préparent des spécialités régionales, différentes chaque semaine. Prenez le bus n°500 sur la place.

De style néoclassique, le **Teatro Municipal** (Alsina 425) est le centre des arts de la scène. Dans le même édifice, le **Museo Histórico** (☎456-3117 ; entrée libre ; ⏲9h-12h30 mar-ven, 16h-20h mer-dim) présente des artefacts indigènes et des collections se rapportant aux diverses périodes de la région, comme sa fondation en tant que base militaire et l'arrivée du chemin de fer. Le **Museo de Arte Contemporáneo** (☎459-4006 ; Sarmiento 450 ; entrée libre ; ⏲14h-20h mar-ven, 17h-20h sam-dim), qui expose des œuvres d'artistes locaux et nationaux, mérite également la visite.

Le week-end, un **marché d'artisans** s'installe l'après-midi sur la Plaza Rivadavia, en face de la Municipalidad.

Où se loger

Avant tout destinés à une clientèle d'affaires, les hôtels de Bahía Blanca sont généralement plus chers que dans d'autres villes de même importance. Vous trouverez néanmoins des hébergements abordables.

Rio Oja Apart Hotel HÔTEL $$
(☎481-9922 ; www.aparthotelrio-oja.com.ar ; Estados Unidos 65 ; s/d 240/300 ARS ; ❄📶). Proche de la gare routière, cet hôtel moderne est un bon choix pour une nuit. Il compte 8 chambres de tailles diverses, bien aménagées et pourvues d'une kitchenette.

Hotel Muñiz HÔTEL $$
(☎456-0060 ; www.hotelmuniz.com.ar ; O'Higgins 23 ; s 195-315 ARS, d 290-420 ARS ; ❄@📶). Installé dans un beau bâtiment ancien du centre, cet hôtel offre 4 catégories de chambres correctes et banales ouvrant sur de froids couloirs carrelés. La réception conserve un charme désuet.

Firenze Hotel HÔTEL $
(☎455-7746 ; Rondeau 39 ; s/d 130-180 ARS ; ❄📶). D'un bon rapport qualité/prix, cet hôtel propose 17 chambres sans prétention, avec parquet pour la plupart, dans un vieil édifice rénové.

Hotel Victoria HÔTEL $
(☎452-0522 ; www.hotelvictoriabb.com.ar ; General Paz 84 ; s/d 180/290 ARS ; ❄📶). Cet ancien bâtiment bien entretenu abrite des chambres plaisantes et confortables avec TV câblée, réparties autour d'une cour centrale.

Bahía Blanca Hostel AUBERGE DE JEUNESSE $
(☎452-6802 ; www.hostelbahiablanca.com ; Soler 701 ; dort 42 ARS, s 50-70 ARS, d 100 ARS ; @📶). Installée dans un ancien hôtel, cette auberge de jeunesse est tenue par une équipe sympathique. Les chambres privées, spartiates, entourent un vieux patio ; les moins chères partagent des sdb. De nombreux travailleurs intérimaires y séjournent et

l'auberge n'a pas l'habituelle ambiance "internationale". Si une voiture est disponible, on viendra vous chercher à la gare routière.

Où se restaurer

Piazza ARGENTIN $$
(angle O'Higgins et Chiclana ; plats 40-55 ARS ; ⏲petit-déj, déj et dîner). Un café fréquenté sur la place, avec des tables en terrasse et un bar. Pizzas, pâtes, viandes, salades composées et sandwichs, ainsi que des plats "light" comme la *milanesa* de soja.

Bambú BUFFET $$
(Chiclana 298 ; buffet 47-56 ARS ; ⏲déj et dîner). Excellente adresse pour les affamés, ce *tenedor libre* (buffet à volonté), tenu par une famille chinoise, est très fréquenté. Choisissez parmi les nombreux plats préparés (beaucoup aux saveurs asiatiques) et l'*asado* argentin (grillades). Boissons en sus. Vente à emporter.

El Mundo de la Parrilla PARRILLA $$
(Av Colón 379 ; plats 40-75 ARS ; ⏲déj mar-dim, dîner tlj). Cette *parrilla* animée, plébiscitée par les habitants, peut être bondée. Si vous optez pour le *tenedor libre* (75 ARS), attendez-vous à une interminable succession de succulentes viandes grillées apportées à votre table. Bar à salades et boissons en sus.

Gambrinus ARGENTIN $$
(Arribeños 174 ; plats 35-80 ARS ; ⏲déj et dîner). Derrière l'Hotel Italia, ce restaurant traditionnel date du XIXe siècle et offre une carte typiquement argentine. Il est prisé par la clientèle locale.

Renseignements

Kiosque touristique (angle Drago et Av Colón ; ⏲9h-13h et 15h-19h lun-sam, 9h-13h dim). Autre office du tourisme à la gare routière.

Poste (Moreno 34)

Depuis/vers Bahía Blanca

Avion

L'aéroport de Bahía Blanca se situe à 15 km à l'est de la ville. Aucun bus ne le dessert ; en taxi, comptez 70 ARS. Parmi les compagnies aériennes figurent **Aerolíneas Argentinas** (☎456-0561 ; San Martín 298), **LAN** (☎0810-999-9526 ; Chiclana 370) et **LADE** (☎452-1063 ; Darragueira 21).

BUS AU DÉPART DE BAHÍA BLANCA

DESTINATION	PRIX (ARS)	DURÉE (HEURES)
Bariloche	310	12-14
Buenos Aires	245	9
Córdoba	285	13-15
Mar del Plata	145	7
Mendoza	370	16
Neuquén	170	7 heures 30
Sierra de la Ventana	32	2
Trelew	255	10-12

Bus

La **gare routière** (☎481-9615 ; Brown 1700) de Bahía Blanca se trouve à 2 km au sud-est de la Plaza Rivadavia. Un taxi jusqu'au centre-ville revient à 20-25 ARS ; vous pouvez aussi prendre des bus locaux, à condition de posséder une carte magnétique vendue dans les *kioscos* (aucun *kiosco* n'en vend à la gare routière).

À l'extrémité sud de la Plaza Rivadavia, plusieurs commerces – dont des *locutorios* (bureaux privés de téléphone) et l'agence de voyages **Dakar** (☎456-2030 ; Chiclana 102) – vendent des billets de bus, épargnant le trajet jusqu'à la gare routière. Chacun vend les billets d'une compagnie différente ; renseignez-vous si vous souhaitez une compagnie, un horaire ou un tarif particulier.

Condor Estrella et Expreso Cabildo (vente de billets sur le quai n°1) proposent chacun 2 ou 3 départs quotidiens pour Sierra de la Ventana.

Train

Des trains partent de l'**Estación Ferrocarril Roca** (☎452-9196 ; www.ferrobaires.gba.gov.ar ; Av Cerri 750) pour Buenos Aires tous les jours, sauf les lundis et samedis, vers 19h (44-73 ARS, 12-15 heures). Un train dessert Sierra de la Ventana les mercredis et vendredis (11 ARS, 3 heures). Une fois par semaine, un train très lent rallie Carmen de Patagones au sud, un service annulé de temps à autre.

Les chutes d'Iguazú et le Nord-Est

Dans ce chapitre »

Le top des restaurants

» Enófilos (p. 173)
» Bocamora (p. 205)
» La Cosquilla del Ángel (p. 183)
» Lo Mejor del Centro (p. 160)

Le top des hébergements

» Los Silos (p. 164)
» La Alondra (p. 171)
» Posada de la Laguna (p. 179)
» La Cantera Iguazú (p. 203)
» Atrium Gualok (p. 215)

Pourquoi y aller

L'eau caractérise le nord-est de l'Argentine. Des fleuves puissants traversent les plats pâturages, tandis que de fragiles marécages abritent quantité d'oiseaux, des caïmans et des capybaras. Le paisible Río Iguazú serpente dans la forêt tropicale entre le Brésil et l'Argentine avant de tomber en chutes, les plus saisissantes de la planète.

Il se jette ensuite dans le Río Paraná, l'un des plus longs fleuves du monde, qui coule vers le sud, puis se mêle au Río Uruguay pour former le Río de la Plata près de Buenos Aires. L'élégante ville de Corrientes, la ville coloniale de Santa Fe, la dynamique Rosario et Posadas, la porte des splendides missions jésuites en ruines jalonnent le Paraná.

De superbes parcs nationaux et réserves naturelles parsèment la région et permettent d'en découvrir la biodiversité. Une faune d'une étonnante richesse habite les lacs peu profonds des Esteros del Iberá et se découvre facilement parmi les plantes aquatiques.

Quand partir

Puerto Iguazú

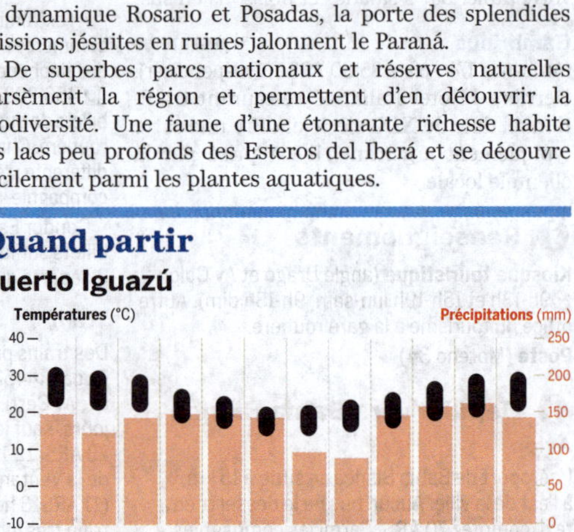

Fév Temps chaud et festivités exubérantes du carnaval à Gualeguaychú, Corrientes et Posadas.

Août Temps sec et frais ; on peut voir des animaux s'abreuver aux rares points d'eau des Esteros del Iberá.

Sept-oct Climat tempéré, peu de fréquentation. Le niveau de l'Iguazú est élevé, mais les inondations et les pluies sont rares.

Parcs nationaux et réserves naturelles

La région compte d'excellents parcs nationaux, des sèches savanes du Chaco aux forêts tropicales de Misiones.

Dans l'extrême Nord-Est, le Parque Nacional do Iguaçu (p. 199) et le Parque Nacional Iguazú (p. 201) donnent accès aux spectaculaires chutes d'Iguazú et abritent, entre autres, des félins, des oiseaux et des orchidées.

La vie sauvage abonde dans les marécages de la Reserva Provincial Esteros del Iberá (p. 178), tandis que le Parque Nacional El Palmar (p. 184) se distingue par les gracieux palmiers yatay.

La déforestation a dénudé la majeure partie du Chaco, accroissant la valeur des forêts d'arbustes et des marais du Parque Nacional Chaco (p. 215), du Parque Nacional Río Pilcomayo (p. 214) et des réserves naturelles situées plus à l'ouest (voir l'encadré p. 216).

LE LONG DU RÍO PARANÁ

Le Río Paraná, le deuxième plus long fleuve du continent (4 000 km) après l'Amazone (6 405 km), domine la géographie du nord-est de l'Argentine. Plusieurs des villes les plus intéressantes du pays le jalonnent ; toutes possèdent un centre à bonne distance des rives, à l'abri des inondations, mais aussi une *costanera* (berge), où se concentre l'essentiel de la vie sociale. Le fleuve reste une importante voie commerciale, avec de gros cargos qui remontent jusqu'au-delà de Rosario, une ville accueillante et dynamique.

Santa Fe et Paraná, dotées d'une belle architecture traditionnelle, semblent somnoler dans la touffeur ambiante. La jolie Corrientes est la patrie du *chamamé* (un style musical local dérivé de la polka) et le point de départ vers les superbes marécages des Esteros del Iberá.

Le Paraná abrite d'énormes poissons d'eau douce – *surubí*, *dorado* et *pacú*, entre autres –, qui attirent les adeptes de la pêche sportive. Leur saveur caractéristique rehausse les menus des restaurants de la région.

Rosario

☎0341 / 1,19 MILLION D'HABITANTS

Lieu de naissance du drapeau argentin et de Che Guevara, l'importante ville portuaire de Rosario connaît un nouvel essor. Les bâtiments à l'abandon le long de la *costanera* ont été transformés en galeries d'art, restaurants et skate-parks, tandis que les plages et les îles du fleuve s'animent en été. Le centre, curieux mélange de beaux édifices du début du XXe siècle et d'affreux immeubles d'habitation, possède une ambiance plaisante et les *Rosarinos* (habitants de Rosario) sont très accueillants ; ils sont également très fiers de leur concitoyen, le footballeur Lionel Messi.

Bien que l'on ne puisse entrer dans cette propriété privée, vous souhaiterez peut-être jeter un coup d'œil à l'immeuble d'habitation où vécut Ernesto "Che" Guevara (Entre Ríos 480).

Histoire

Les premiers Européens s'installèrent à Rosario vers 1720, sans l'approbation de la Couronne espagnole. Après l'indépendance, la ville supplanta rapidement Santa Fe par sa puissance économique mais, au grand dam des *Rosarinos*, la capitale provinciale conserva le pouvoir politique.

La Compagnie des terres centrales d'Argentine, une filiale des Chemins de fer nationaux, était chargée d'acheminer vers la ville les agriculteurs venus d'Europe, pour qui Rosario constituait un port d'entrée et qui vit sa population pratiquement décupler entre 1869 et 1914.

Dans les années 1960, le déclin de l'économie et du transport maritime provoqua une diminution de la population et de l'influence de Rosario, mais son port rivalisait encore avec celui de Buenos Aires. Son titre de deuxième ville du pays fut plus tard usurpé par Córdoba, un statut toujours contesté par les *Rosarinos*.

Les nationalistes argentins chérissent Rosario, la *Cuna de la Bandera* (berceau du drapeau), où se dresse un monument dédié à l'emblème national.

À voir et à faire

La Costanera QUARTIER, PLAGE

Le bord du fleuve, où des entrepôts et des voies ferrées à l'abandon sont devenus des espaces de loisirs, est l'endroit le plus agréable de Rosario. Il s'étire sur quelque 15 km du Parque Urquiza, au sud, jusqu'à la lisière nord de la ville, près du pont suspendu qui rejoint la province d'Entre Ríos. L'endroit est plaisant pour flâner en regardant l'animation, des nombreux oiseaux aux parties de foot improvisées et aux gros cargos qui remontent le fleuve.

À ne pas manquer

1. Les **chutes d'Iguazú** (p. 198), d'une puissance et d'une beauté époustouflantes
2. La charmante **Rosario** (p. 153), sur les rives du puissant Paraná
3. Les capybaras de la **Reserva Provincial Esteros del Iberá** (p. 178)
4. Un festin de poisson d'eau douce dans la jolie **Colón** (p. 183), au bord du Río Uruguay
5. Les ruines des **missions jésuites** (p. 188), témoignage d'humanité dans une époque impitoyable
6. Les sculptures de **Resistencia** (p. 211), puis une incursion dans l'"impénétrable" Chaco, bastion de la culture indigène traditionnelle

7 Les festivités du **carnaval** à Gualeguaychú (p. 183) ou à Corrientes (p. 171)

Rosario

La verdoyante **Costanera Sur**, juste en contrebas du centre-ville, est prisée des joggeurs et des amoureux. Elle comprend le bâtiment de l'Estación Fluvial (La Fluvial), qui offre des traversées vers les îles, plusieurs cafés et restaurants haut de gamme, ainsi que le **Museo Del Paraná y las Islas** (don à l'entrée ; 16h-20h sam-dim). Ce musée, œuvre du peintre local Raúl Domínguez, décrit la vie sur les îles à l'aide de photos, de peintures murales et d'artefacts.

En vous dirigeant vers le nord, vous passerez devant plusieurs lieux culturels avant de rejoindre le **Parque de España** et son monument semblable à un mausolée. Au-delà, un secteur de bars et de restaurants qui s'animent le week-end précède le Museo de Arte Contemporáneo de Rosario.

En été, la **Costanera Norte**, qui commence à 5 km au nord du centre-ville, attire les foules car elle offre, avec les îles, les meilleurs coins de baignade. La plus grande plage, le **Balneario La Florida** (8 ARS ; oct-avr), comporte parasols, douches, vestiaires et bars en plein air. Pour rejoindre la Costanera Norte, prenez le bus n°153 dans le centre jusqu'à l'Avenida Puccio, à 6 km au nord (où le bus tourne vers l'intérieur des terres).

GRATUIT Monumento Nacional a La Bandera — MONUMENT

(www.monumentoalabandera.gov.ar ; Santa Fe 581 ; 9h-18h mar-dim et 14h-18h lun avr-sept, 9h-19h tlj oct-mars). Manuel Belgrano, qui dessina le drapeau argentin, repose dans une crypte sous ce gigantesque obélisque en pierre, construit à l'endroit où fut hissé pour la première fois le drapeau aux rayures bleues et blanches. Si le nationalisme ne vous émeut pas, prenez l'ascenseur jusqu'au sommet (3 ARS, fermé 13h-14h) pour la vue sur le fleuve, ses berges et ses îles. La belle

colonnade abrite une flamme éternelle en mémoire de ceux qui sont morts pour la patrie.

Museo Municipal de Bellas Artes GALERIE D'ART

(www.museocastagnino.org.ar ; angle Av Carlos Pellegrini et Blvd Oroño ; 4 ARS ; 🕑14h-20h lun et mer-ven, 13h-19h sam-dim). Ce musée mérite la visite pour ses innovantes juxtapositions d'art classique, dont quelques exceptionnelles peintures européennes, avec des œuvres contemporaines du MACRO (voir ci-dessous). Un *Saint André* de Ribera est ainsi brillamment associé à un portrait signé du photographe Pierre Gonnord.

Museo de Arte Contemporáneo de Rosario (MACRO) GALERIE D'ART

(www.macromuseo.org.ar ; Av de la Costa et Blvd Oroño ; 3 ARS ; 🕑14h-20h jeu-mar mars-août, 15h-21h jeu-mar sept-fév). Installée dans un silo à grain de couleurs vives au bord du Paraná, cette galerie fait partie de l'impressionnante réhabilitation des rives de Rosario. Elle présente des expositions temporaires de qualité variable, principalement de jeunes artistes locaux, dans des petites salles réparties sur 8 étages. Le mirador, au dernier étage, offre une belle vue sur les îles et un attrayant café-bar jouxte le fleuve.

Museo Histórico Provincial MUSÉE

(www.santafe.gov.ar ; Parque Independencia ; 2 ARS ; 🕑9h-17h mar-ven, 14h-18h sam-dim). Ce musée possède une collection bien présentée d'œuvres de la période postindépendance et d'excellentes sections consacrées aux cultures indigènes de toute l'Amérique latine. La collection d'art sacré baroque du sud des Andes est particulièrement intéressante. Légendes en espagnol uniquement. Le week-end de novembre à avril, le musée ouvre 1 heure plus tard. Il ferme lors des matchs de football dans le stade voisin.

Delta du Paraná ÎLES

Rosario borde le delta supérieur du Paraná, un secteur large de 60 km avec des îles subtropicales pour la plupart inhabitées et de sinueux *riachos* (cours d'eau). Nombre d'animaux peuplent le delta et même les îles les plus proches semblent à mille lieues de la ville, bien que l'on aperçoive ses bâtiments à moins d'un ou deux kilomètres. Divers transports fluviaux desservent les îles. De l'**Estación Fluvial** (☎447-3838 ; www.lafluvialrosario.com.ar), des bateaux partent toutes les heures le week-end de mi-septembre à mai, et tous les jours en été (30 ARS aller-retour) vers les *balnearios* (plages fluviales) sud de Vladimir et de Deja Vu. Les bateaux qui rallient les *balnearios* nord partent régulièrement en été de l'Embarcadero Costa Alta, sur la Costanera Norte.

Un circuit en bateau constitue le meilleur moyen de découvrir l'écosystème du delta.

Cours

Spanish in Rosario LANGUE

(☎437-2860 ; www.spanishinrosario.com ; Catamarca 3095). Rosario est une ville agréable pour un séjour prolongé. Cette école propose d'attrayants cours de langue, peut organiser le logement chez l'habitant et trouver un travail de bénévolat.

Rosario

Les incontournables

	Monumento Nacional a la Bandera	F2
	Museo Municipal de Bellas Artes	A3

À voir

1	Première maison de "Che" Guevara	D1
2	Estación Fluvial	F2
3	Museo del Paraná y las Islas	F3
4	Museo Histórico Provincial	A4
5	Parque de España	E1

Activités, cours et circuits organisés

6	Ciudad de Rosario	F2
7	Rosario Bike, Kayak & Motor Boat Tours	F4

Où se loger

8	Anamundana	D4
9	Barisit House Hotel	E3
10	Che Pampa's	E2
11	Esplendor Savoy Rosario	E2
12	Hostel La Comunidad	D1
13	Hotel La Paz	D3
14	Hotel Plaza del Sol	D3
15	Hotel Plaza Real	C1
16	Hotel Romijor	E3
17	La Casona de Don Jaime II	D1
18	Roberta Rosa de Fontana Suites	D2
19	Ros Tower	D1
20	Rosario Inn	E1

Où se restaurer

21	Amarra	E2
22	De Buen Humor	C2
23	La Chernia, El Chucho y La Cholga	E3
24	Lo Mejor del Centro	D2
25	Rincón Vegetariano	D2

Où prendre un verre

26	El Cairo	D2
27	La Sede	D1
28	Pasaporte	E2

Où sortir

29	Estadio Parque Independencia	A4
30	Gotika	D4
	Moore	(voir 2)
31	Peña la Amistad	E3
32	Rosario Central	D2

Achats

33	Mercado de Pulgas del Bajo	F2

Circuits organisés

Rosario Bike, Kayak & Motor Boat Tours CIRCUITS EN BATEAU, À VÉLO
(☎0341-15-571-3812 ; www.bikerosario.com.ar, www.kayaktoursrosario.com.ar ; Zeballos 327). Ce tour-opérateur professionnel offre des circuits en bateau dans le delta du Paraná (100 ARS, 2 heures 30) avec observation des oiseaux et vue sur la ville, ainsi que l'exploration des îles en kayak (140 ARS, 3 heures 30) ; on peut aussi combiner les deux. Il organise également d'intéressantes visites de la ville à vélo (100 ARS, 3 heures 30).

Ciudad de Rosario CROISIÈRE
(☎449-8688 ; www.barcocr1.com). Près de l'Estación Fluvial, cette barge convertie en bac effectue des croisières de 2 heures sur le Paraná (31 ARS) ; départ le week-end et les jours fériés à 14h30 et 17h, en été à 17h et 19h30.

Island Explorer CIRCUIT EN BATEAU
(☎0341-15-628-9287 ; rosariosail@hotmail.com). Circuits autour des îles du Paraná à bord d'un canot pneumatique rapide les samedis et dimanches (1 heure 30, 80 ARS). Organise également des circuits en yacht.

Fêtes et festivals

Encuentro de Colectividades MULTICULTUREL
(www.encuentrodecolectividades.com). Courant novembre, sur la rive au croisement avec Dorrego, cette fête de 10 jours se divise en dizaines de secteurs qui représentent les pays d'origine composant la nation. Gastronomie, costumes, musiques et danses traditionnelles en font un événement prisé des familles.

Semana de la Bandera FIESTA
Culminant lors des cérémonies du 20 juin, l'anniversaire de la mort de Manuel Belgrano, la semaine du Drapeau est la plus grande fête de Rosario.

Où se loger

En plein essor, Rosario compte d'innombrables hébergements, dont plus de

40 auberges de jeunesse (demandez la liste à l'office du tourisme) et un nombre croissant d'hôtels de catégorie moyenne.

Esplendor Savoy Rosario HÔTEL $$
(☎429-6000 ; www.esplendorsavoyrosario.com ; San Lorenzo 1022 ; ch/supérieure/ste 446/532/666 ARS ;). Parmi les nombreux bâtiments élégants du début du XXe siècle, ce joyau Art nouveau brille d'un éclat particulier. Entièrement rénové, il comprend des chambres aux équipements modernes en parfaite harmonie avec l'architecture centenaire. Une piscine couverte, un beau café-bar et un jardin sur le toit figurent parmi ses atouts.

Che Pampa's AUBERGE DE JEUNESSE $
(☎424-5202 ; www.chepampas.com ; Rioja 812 ; dort 45-60 ARS, lits jum/d 136/180 ARS ;). Superbement conçue, c'est l'une des auberges de jeunesse les plus séduisantes que nous ayons jamais vues. De somptueuses couleurs et des touches stylées agrémentent les confortables dortoirs, qui souffrent un peu du bruit de la rue. Des chambres privées sont à disposition, ainsi que toutes sortes d'équipements (DVD, cuisine, espace barbecue, patio). Le personnel enthousiaste ajoute au charme de l'endroit.

Barisit House Hotel HÔTEL $$
(☎447-6464 ; www.barisit.com.ar ; Laprida 1311 ; s/d 280/320 ARS ;). Dans cette maison ancienne, choisissez une chambre en façade dans les étages supérieurs pour profiter d'un cadre romantique : parquet d'origine, hauts plafonds, fenêtres et balcons. Les chambres modernes, aussi joliment décorées, sont plus calmes. L'ambiance personnalisée de petit hôtel est un véritable atout.

Hotel Plaza del Sol HÔTEL $$
(☎421-9899 ; www.hotelesplaza.com ; San Juan 1055 ; s/d 340/370 ARS ;). Une récente rénovation a rendu les chambres coquettes et pimpantes ; pour la plupart très spacieuses, elles s'agrémentent de lits confortables. Meilleur hôtel de la Plaza Montenegro, il comporte une salle de sport, un solarium et une piscine couverte chauffée au 11e étage. Service attentif. Réservez en ligne pour bénéficier d'une réduction.

La Casona de Don Jaime II AUBERGE DE JEUNESSE $
(☎530-2020 ; www.youthhostelrosario.com.ar ; San Lorenzo 1530 ; dort/d 60/210 ARS ;). Calme et propre, cette accueillante auberge de jeunesse comprend un mur d'escalade dans le patio, des dortoirs suffisamment hauts de plafond et la clim moyennant un petit supplément. À l'étage, d'élégantes chambres privées sont décorées par thèmes. Réductions en semaine et pour les membres d'Hostelling International (HI).

Hostel La Comunidad AUBERGE DE JEUNESSE $
(☎424-5302 ; www.lacomunidadhostel.com ; Roca 453 ; dort/d 50/140 ARS ;). Aménagée dans un superbe bâtiment ancien, cette auberge de jeunesse possède de hauts plafonds et donne une impression d'espace et de luminosité. Beaux lits superposés en bois et parquet dans les dortoirs, une jolie chambre privée, un bar et un salon.

Hotel La Paz HÔTEL $
(☎421-0905 ; www.hotellapazrosario.com.ar ; Barón de Maua 36 ; s/d 180/220 ARS ;). Bien situé sur la Plaza Montenegro, cet hôtel accueillant a toujours fière allure malgré ses 60 ans et offre un bon rapport qualité/prix. Les chambres familiales en façade s'agrémentent de balcons donnant sur la place. Si l'endroit vous paraît un peu défraîchi, choisissez le **Baron del Mil**, un établissement plus moderne géré par la même direction juste à côté.

Roberta Rosa de Fontana Suites APPART'HÔTEL $$
(☎449-6767 ; www.rrdfsuites.com.ar ; Entre Ríos 914 ; ch 350 ARS ;). En plein centre au-dessus d'un café pittoresque, ces chambres modernes et pratiques, avec plafond en béton brossé, sols noirs et kitchenette, existent en diverses dimensions et peuvent convenir aux familles.

Rosario Inn AUBERGE DE JEUNESSE $
(☎421-0358 ; www.rosarioinnhostel.com.ar ; Sargento Cabral 54 ; dort/d 50/140 ARS ;). En face de l'imposant bâtiment des douanes, près du fleuve, cette auberge de jeunesse compense son manque d'équipements par son emplacement et son ambiance détendue. Installée autour de patios, elle offre un bon accueil, une agréable vie sociale et des activités. Les dortoirs de 6 lits sont plutôt confortables et les sdb correctes, sans plus.

Anamundana AUBERGE DE JEUNESSE $
(☎424-3077 ; www.anamundanahostel.com ; Montevideo 1248 ; dort/d 70/250 ARS ;). À une rue des restaurants de Pellegrini, cette auberge de jeunesse se distingue par

des matelas douillets, un service chaleureux, une attrayante chambre double et un petit-déjeuner au-dessus de la moyenne. Moins chère en semaine.

Hotel Romijor HÔTEL $
(☎421-7276 ; Laprida 1050 ; ❄). Des chambres spacieuses et un service attentif constituent les atouts de cet hôtel à l'ancienne, bon marché et central. Il était fermé pour rénovation lors de notre passage mais devrait avoir rouvert quand vous lirez ces lignes.

Ros Tower HÔTEL $$$
(☎529-9000 ; www.rostower.com.ar ; Mitre 295 ; ch à partir de 620 ARS ; ❄@ 📶 🏊). Service et équipements excellents dans cet élégant hôtel d'affaires-spa, où nombre de chambres bénéficient d'une vue superbe sur le fleuve.

Hotel Plaza Real HÔTEL $$
(☎440-8800 ; www.plazarealhotel.com ; Santa Fe 1632 ; ch standard/supérieure/deluxe 451/532/949 ARS ; ❄@ 📶 🏊). De luxueux appartements, chambres et suites dans un hôtel d'affaires, avec une piscine sur le toit, d'excellentes installations, un succulent petit-déjeuner et un personnel courtois et sympathique.

Où se restaurer

Le centre de Rosario semble désert à l'heure du dîner car la moitié de la ville se presse dans l'avenue Carlos Pellegrini. Entre Buenos Aires et Moreno se succèdent de nombreux restaurants – *parrillas*, pizzerias, buffets à volonté, bars et glaciers. La plupart des établissements disposent d'une terrasse sur la rue.

♥ Lo Mejor del Centro PARRILLA $
(Santa Fe 1171 ; plats 28-55 ARS). Après faillite, cette *parrilla* a été rouverte en coopérative par les employés. La réussite est au rendez-vous : la viande est excellente, de même que les pâtes maison et les salades créatives. Un brouhaha convivial s'élève des tables bondées.

Amarra ARGENTIN $$
(☎447-7550 ; www.amarrarestaurante.com.ar ; angle Buenos Aires et Av Belgrano ; plats 35-70 ARS ; ⏲déj tlj, dîner lun-sam ; 👪). Chic et détendu, ce restaurant en face de l'office du tourisme possède une salle stylée sur deux niveaux et sert des plats inventifs, bien préparés et bien présentés. Il est spécialisé dans le poisson, mais la viande est également délicieuse.

El Viejo Balcón PARRILLA $$
(angle Italia et Wheelwright ; plats 50-70 ARS). Préparez-vous à attendre pour obtenir une table dans cette *parrilla* en bord de fleuve, prisée de longue date. Les portions sont généreuses et la viande d'excellente qualité ; le personnel tient compte du mode de cuisson souhaité. La carte peut contenter tous les goûts et comporte crêpes et pâtes.

La Chernia, El Chucho y La Cholga POISSON $$
(www.rubenmolinengo.com ; angle JM de Rosas et Mendoza ; plats 45-80 ARS). Vous retournerez au siècle dernier en pénétrant dans ce restaurant romantique, superbement décoré. La longue carte offre uniquement du poisson du fleuve, en ragoûts ou en soupes. Les alléchantes assiettes pour deux sont d'un bon rapport qualité/prix.

Los Jardines de Hildegarda CAFÉ $
(www.losjardinesrestobar.com.ar ; berge près d'España ; plats 20-40 ARS ; ⏲12h-tard mar-dim ; 🥗). Au bord du fleuve, ce café original propose une carte limitée comprenant pâtes, moules, pizzas, plats de pommes de terre, ainsi que de savoureux *licuados* (jus de fruits mixés). L'ambiance décontractée et le cadre charmant valent mieux, pour certains, que la nourriture. Descendez par l'ascenseur qui jouxte le restaurant Don Ferro.

De Buen Humor GLACIER $
(www.debuenhumorhelados.com.ar ; Rioja 1560 ; cornet 10-15 ARS ; 🥗👪). On dit ici que les glaces sont fabriquées avec le lait de vaches heureuses. Quoi qu'il en soit, les gourmands se régaleront de glaces, de salades de fruits ou d'autres préparations dans un cadre joyeux ; on peut s'installer dans le patio.

Don Ferro PARRILLA $$
(www.puertoespana.com.ar ; plats 30-85 ARS ; 📶). Une très belle *parrilla* aménagée dans l'ancienne gare ferroviaire de Rosario, avec une charmante terrasse sur le quai, un service irréprochable et des viandes exquises. Sur la rive près d'España.

Rincón Vegetariano VÉGÉTARIEN $
(turinconvegetariano.blogspot.com ; Mitre 720 ; plats 15-22 ARS ; ⏲déj et dîner lun-sam ; 🥗). Essentiellement végétarien, le Rincón propose un vaste choix de plats chauds ou froids à savourer sur place ou à emporter. Offres promotionnelles en permanence.

Où prendre un verre

Rosario compte un grand nombre de *restobares* qui offrent généralement un choix standard d'en-cas et de plats. La plupart conviennent pour un café le matin, un verre de vin en soirée et un peu tout entre les deux.

Pasaporte CAFÉ, BAR
(angle Maipú et Urquiza ; 8h-tard lun-sam ; wi-fi). Divinement cosy avec une jolie terrasse, des meubles en bois patinés par le temps et des banquettes près des fenêtres, le Pasaporte est prisé des employés des douanes, en face, qui viennent y prendre un café le matin. L'atmosphère est fantastique en soirée, surtout quand il pleut à verse dehors.

El Cairo CAFÉ, BAR
(www.barelcairo.com ; angle Sarmiento et Santa Fe ; 7h-1h lun-jeu, 7h-3h ven-sam, 16h-1h dim ; wi-fi). Haut de plafond, élégant et doté d'immenses baies vitrées, ce café classique est agréable à tout moment. L'un des rares à servir du maté, il propose en soirée des cocktails corrects et une bonne cuisine argentine.

La Sede CAFÉ
(Entre Ríos 599 ; wi-fi). Dans un saisissant bâtiment moderniste, ce café typiquement argentin séduit par son ambiance littéraire. Plongez-vous dans un livre en savourant une quiche ou une pâtisserie. Spectacles originaux le week-end.

Fenicia MICROBRASSERIE
(www.cerveceriafenicia.com ; Francia 168). Le parfum du malt flotte dans ce pub-brasserie, dont les bonnes bières sont fabriquées au sous-sol. Bonne adresse pour entamer l'exploration de ce quartier de bars nocturnes, il sert des *quesadillas*, des burgers et des salades. Le toit-terrasse est agréable en été. Il se situe au nord-ouest du centre, près de la gare ferroviaire.

Où sortir

Le mensuel *Rosario de Tango*, disponible à l'office du tourisme, répertorie les nombreuses salles de tango.

La Casa del Tango TANGO
(www.lacasadeltangorosario.com ; rive et España). Ce centre de tango fournit des informations sur les spectacles, offre en soirée des cours amusants et très bon marché, et organise divers événements. Il comprend un bon café-restaurant.

Peña la Amistad MUSIQUE TRADITIONNELLE
(www.folklorerosario.com ; Maipú 1111 ; 22h-tard ven-sam). Pour une tout autre ambiance, rendez-vous dans cet endroit sans prétention où un harpiste et un guitariste jouent de la musique traditionnelle parmi les effluves de viande rôtie.

Gotika CLUB GAY
(www.gotikacityclub.com.ar ; Mitre 1539 ; ven-dim). Derrière l'imposante façade d'une ancienne église, une clientèle essentiellement gay danse le week-end sur des musiques variées, du drum'n'bass à la house.

Moore CLUB
(Estación Fluvial ; entrée 25 ARS ; jeu-sam mars-nov). L'une des rares boîtes de nuit du centre (entrée 25 ARS) se tient dans le bâtiment de l'Estación Fluvial, avec une terrasse en plein air et une piste de danse bondée à l'étage.

Madame DISCOTHÈQUE
(www.mdmdisco.com ; angle Brown et Francia ; 23h-5h30 ven-sam). Cette discothèque stylée, qui se proclame la plus grande d'Amérique latine, est aménagée dans une ancienne usine et attire des habitants de Buenos Aires le week-end.

Sports

Rosario compte deux équipes de football rivales, qui ont chacune remporté plusieurs titres. Les **Newell's Old Boys** (421-1180 ; www.nob.com.ar) jouent en rouge et noir à l'**Estadio Parque Independencia** ; l'équipe a produit de grands champions au cours de sa longue histoire. Le **Rosario Central** (421-0000 ; www.rosariocentral.com ; Mitre 857), au maillot rayé bleu et jaune, joue à l'**Estadio "El Gigante de Arroyito"** (438-9595 ; angle Blvd Avellaneda et Génova). Vous pouvez acheter les billets dans les stades ou au bureau du club de Rosario Central.

Achats

Mercado de Pulgas del Bajo MARCHÉ AUX PUCES
(Av Belgrano ; 14h-21h sam-dim). À côté de l'office du tourisme, ce petit marché offre toutes sortes d'objets, de l'argenterie aux articles en cuir. Plusieurs autres marchés se tiennent le week-end dans la ville.

Renseignements

De nombreux endroits offrent l'accès à Internet ou le Wi-Fi gratuit, telle la Plaza 25 de Mayo, ombragée de platanes (réseau : mr_gratuita).

Plusieurs pharmacies ouvertes 24h/24 se regroupent dans le centre-ville, dont une au coin de San Lorenzo et d'Entre Ríos.

Des banques et des DAB sont installés partout, notamment dans Santa Fe près de la Plaza 25 de Mayo. Les bureaux de change qui jalonnent San Martín et Córdoba changent les chèques de voyage (moyennant une commission) et les espèces.

Le centre abrite de nombreux *locutorios* (bureaux privés de téléphone).

Hôpital Clemente Alvarez (☎480-8111 ; Rueda 1110). Au sud-ouest du centre-ville.

Office du tourisme (☎480-2230 ; www.rosarioturismo.com ; Av del Huerto ; ⏲9h-19h lun-sam, 9h-18h dim). Près du fleuve. Autre bureau à la gare routière longue distance.

Poste (Córdoba 721)

Red Urbana (Av Corrientes 563 ; 3 ARS/h ; ⏲24h/24). Accès à Internet.

Depuis/vers Rosario

Avion

Austral (☎0810-222-86527 ; www.austral.com.ar). Dessert Buenos Aires.

Gol (www.voegol.com). Dessert Porto Alegre et Brasilia au Brésil.

Sol (☎0810-444-4765 ; www.sol.com.ar). Vols quotidiens pour Buenos Aires, ainsi que des vols pour Mendoza, Córdoba, Montevideo et Tucumán.

Bus

La **gare routière des bus longue distance** (☎437-3030 ; www.terminalrosario.com.ar, en espagnol ; Cafferata et Santa Fe) se situe à 25 pâtés de maisons à l'ouest du centre-ville.

BUS AU DÉPART DE ROSARIO

DESTINATION	PRIX (ARS)	DURÉE (HEURES)
Buenos Aires	122	4
Córdoba	132	7
Corrientes	238	11
Mendoza	265	11
Paraná	56	2
Posadas	322	16
Resistencia	245	10
Salta	296	16
Santa Fe	50	2
Santiago del Estero	196	10
Tucumán	239	12

Du centre, prenez n'importe quel bus le long de Santa Fe.

Rosario est un important carrefour de transports, avec des bus directs tous les jours pour la plupart des destinations majeures, ainsi que des services internationaux.

Manuel Tienda León (☎0810-888-5366 ; www.tiendaleon.com.ar ; San Lorenzo 935) offre un service direct depuis/vers l'aéroport international de Buenos Aires (250 ARS) et vient chercher les passagers à leur hôtel.

Train

De la **gare ferroviaire Rosario Norte** (Av del Valle 2750 ; www.tbanet.com.ar), des trains peu fiables partent pour Buenos Aires (50 ARS, 6-8 heures) à 22h50 du lundi au vendredi, avec retour à 14h30. **Ferrocentral** (www.ferrocentralsa.com.ar ; billets 21-54 ARS) propose 4 autres trains hebdomadaires qui font halte à Rosario entre Buenos Aires et Córdoba, et entre Buenos Aires et Tucumán (voir p. 158), un trajet plus intéressant.

Prenez le bus n°138 à San Juan et Mitre pour rejoindre la gare.

Comment circuler

Depuis/vers l'aéroport

Pour vous rendre à l'aéroport, à 8 km à l'ouest de la ville, prenez un *remis* (taxi ; 50-60 ARS), à commander par exemple à **Primera Clase** (☎454-5454).

Bus

De la gare des bus locaux sur la Plaza Sarmiento, des bus desservent pratiquement toute la ville (voir www.rosariobus.com.ar). Prévoyez l'appoint (2 ARS) ou achetez une *tarjeta magnética* (carte magnétique) dans n'importe quel kiosque (3,80/10,80 ARS pour 2/6 trajets). De la gare routière longue distance au centre-ville, prenez un bus indiquant "Centro" ou "Plaza Sarmiento" ; comptez 15-20 ARS en taxi.

Vélo

Rosario Bike, Kayak & Motor Boat Tours (p. 158) loue des vélos de ville bien équipés pour 50/60 ARS la demi-journée/journée, ou 220 ARS la semaine. Vous devrez présenter votre passeport et laisser une caution de 150 ARS.

Santa Fe

☎0342 / 525 093 HABITANTS

Le contraste est saisissant entre le centre paisible de Santa Fe, où des bâtiments coloniaux vieillissent avec grâce dans la chaleur humide, et le quartier de Recoleta,

Santa Fe

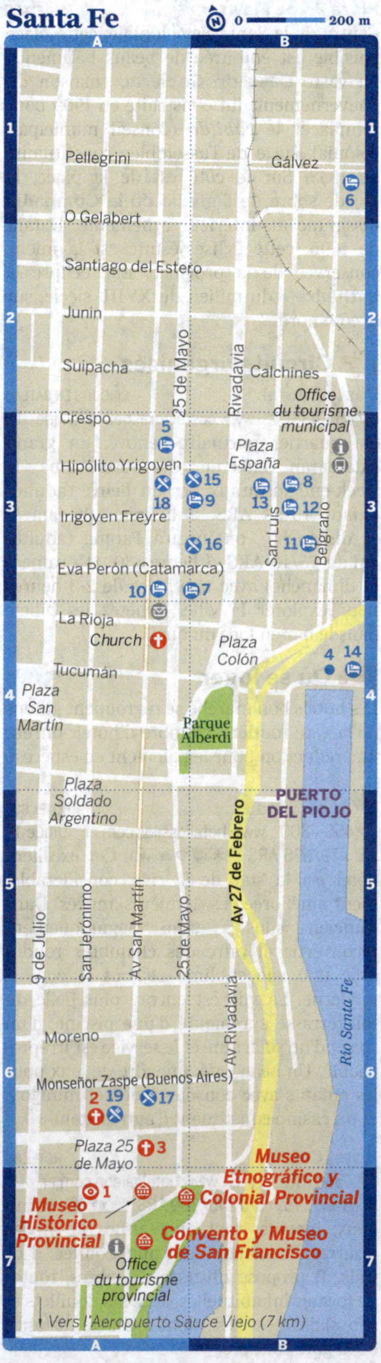

cœur de l'animation nocturne avec des dizaines de bars. La capitale de la province conserve néanmoins l'ambiance d'une petite ville et mérite une halte d'un ou deux jours.

Fondée en 1573 par Juan de Garay sur le site de Cayastá, à 75 km au nord, Santa Fe de la Veracruz (son nom complet) était alors isolée, constamment attaquée par des indigènes et sujette aux inondations. En 1651, les premiers colons espagnols décidèrent de transférer la cité à son emplacement actuel, sur un affluent du Río Paraná. Elle conserve aujourd'hui plusieurs beaux édifices coloniaux.

En 1853, l'assemblée qui ratifia la première Constitution argentine se réunit à Santa Fe, une source de fierté pour la ville. L'ambitieuse réhabilitation du bord de fleuve ajoute actuellement un charme supplémentaire à cette cité historique.

Santa Fe

Les incontournables

Convento y Museo de San Francisco A7
Museo Etnográfico y Colonial Provincial A7
Museo Histórico Provincial A7

À voir

1 Casa de Gobierno A7
2 Cathédrale A6
3 Iglesia de la Compañía A6

Activités, cours et circuits organisés

4 Costa Litoral B4

Où se loger

5 Hostal Santa Fe de la Veracruz A3
6 Hostel Santa Fe B1
7 Hotel Conquistador B3
8 Hotel Constituyentes B3
9 Hotel Emperatriz B3
10 Hotel España A3
11 Hotel Galeón B3
12 Hotel Royal B3
13 Hotel Zavaleta B3
14 Los Silos B4

Où se restaurer

15 Círculo Italiano B3
16 Club Social Sirio Libanés B3
17 El Brigadier A6
18 Las Delicias A3
19 Merengo A6
Restaurante España .... (voir 10)

Les bâtiments coloniaux se situent à courte distance de la Plaza 25 de Mayo, centre des activités. L'Av San Martín, au nord de la place, est la principale artère commerçante ; elle comprend une jolie section piétonne (*peatonal*) avec palmiers et terrasses.

À l'est, un pont traverse le fleuve, puis un tunnel sous le Paraná relie Santa Fe et sa ville jumelle, Paraná, dans l'Entre Ríos.

À voir

Convento y Museo de San Francisco MONASTÈRE

(Amenábar 2257 ; don à l'entrée ; 8h-12h et 16h-19h oct-fév, 15h30-18h30 mars-sept, fermé dim sauf église). Construit en 1680, ce monastère franciscain et musée est le principal monument historique. Les murs, de plus d'un mètre d'épaisseur, soutiennent des poutres en bois dur et un toit en cèdre paraguayen, assemblés avec des chevilles en bois. Si le musée n'offre guère d'intérêt, l'église est superbe, avec un ravissant plafond en bois et un Christ polychrome du maître espagnol Alonso Cano, offert par la reine d'Espagne lors du transfert de la ville. Remarquez aussi la tombe du Padre Magallanes, un prêtre tué par un jaguar qui s'était réfugié dans le sanctuaire lors des inondations de 1825. Le parfum des fleurs embaume dans le cloître, bordé d'une balustrade en bois sculpté. Un moine vit dans le monastère, assisté par trois prêtres.

Museo Histórico Provincial MUSÉE

(www.museohistorico-sfe.gov.ar ; Av San Martín 1490 ; 2 ARS ; 8h30-12h et 15h-19h30 mar-ven, 16h30-19h30 sam-dim). Dans un bel édifice du XVIIe siècle, ce musée contient des effets et souvenirs de divers gouverneurs et *caudillos* (dirigeants) de la province, quelques œuvres d'art sacré et des meubles d'époque, dont la chaise à porteurs du vice-roi du Río de la Plata.

Museo Etnográfico y Colonial Provincial MUSÉE

(25 de Mayo 1470 ; 2 ARS ; 8h30-12h et 14h-19h mar-ven, 16h-19h sam-dim). Dirigé avec un enthousiasme contagieux, ce musée présente, selon un ordre chronologique, des outils en pierre, des céramiques, des bijoux, des briques sculptées guaraní et des objets de l'époque coloniale. Un ensemble de *tablas* – un jeu colonial semblable au jacquet – et une maquette de la Santa Fe d'origine constituent ses pièces maîtresses.

Plaza 25 de Mayo PLACE

Centre de la Santa Fe coloniale, cette place paisible est entourée de beaux bâtiments. La vaste **Casa de Gobierno** (maison du gouvernement) fut construite en 1909 pour remplacer le *cabildo* (conseil municipal) colonial, siège de l'assemblée constituante de 1853. Sur le côté est de la place, la façade sobre de l'**Iglesia de la Compañía** dissimule un intérieur ornementé. Datant de 1696, cette église jésuite est la mieux conservée de la province. Elle éclipse la **cathédrale** du milieu du XVIIIe siècle, sur le côté nord.

Circuits organisés

Costa Litoral CIRCUITS EN BATEAU

(456-4381 ; www.costalitoral.net ; Dique 1). Du quartier portuaire rénové, un grand catamaran effectue des excursions le week-end jusqu'aux îles du fleuve (adulte/enfant 46/28 ARS, 2 heures, 11h samedi et dimanche), ou jusqu'à Paraná (adulte/enfant 75/40 ARS, 5 heures 30, 14h samedi et dimanche) avec une halte de 2-3 heures pour explorer la ville. Achetez les billets dans le bar en face du quai.

Où se loger

Les hôtels bon marché se regroupent autour de la gare routière. Nombre d'hôtels offrent une réduction pour le paiement en espèces.

Los Silos HÔTEL $$$

(450-2800 ; www.hotellossilos.com.ar ; Dique 1 ; s/d 479/536 ARS ;). Cet excellent hôtel est la star de la rive, considérablement améliorée ces dernières années. Dans d'anciens silos à grain magnifiquement reconvertis, il offre des chambres rondes avec une vue sublime et tout le confort moderne. La vue est encore plus belle du toit-terrasse agrémenté d'une piscine, d'un spa et d'un solarium, et le service est irréprochable. Un beau café, une aire de jeux pour les enfants avec consoles vidéo et minigolf, et un casino constituent d'autres atouts.

Hotel Galeón HÔTEL $$

(454-1788 ; www.hotelgaleon.com.ar ; Belgrano 2759 ; s/d 245/300 ARS ;). Lumineux, insolite, tout en courbes et angles bizarres, le Galeón est une bouffée d'air frais. Il propose diverses chambres, toutes de formes inhabituelles, avec lits douillets et sdb plaisantes. Il se tient à courte distance de la gare routière.

Hotel Emperatriz HÔTEL $
(☎453-0061 ; www.emperatrizhotel.wordpress.com ; Irigoyen Freyre 2440 ; s/d 150/200 ARS ; ❄📶). Avec sa noble façade décrépite et ses équipements d'un autre âge, cet hôtel semble avoir oublié le XXIe siècle. Les chambres, propres et simples, varient en taille et en prix, et sont toutes très correctes. Un témoin de l'Argentine d'antan qui risque de disparaître dans les prochaines années.

Hotel Conquistador HÔTEL $$$
(☎400-1195 ; www.lineaverdedehoteles.com.ar ; 25 de Mayo 2676 ; s/d 440/510 ARS ; ❄@📶🏊). Le Conquistador cumule les atouts : sauna, hydromassage, peignoirs moelleux, gymnase, plantureux buffet au petit-déjeuner et grands lits dans les chambres doubles ou simples. La piscine en plein air n'ouvre qu'en été. Les chambres un peu moins chères de l'**Hotel España**, de l'autre côté de la rue, donnent accès aux mêmes installations.

Hostal Santa Fe de la Veracruz HÔTEL $$
(☎455-1740 ; www.hostalsf.com ; Av San Martín 2954 ; s/d 286/370 ARS ; ❄@📶). Décoré de motifs indigènes, cet hôtel comporte de spacieuses chambres supérieures et des chambres standards correctes. La palette de tons beiges commence néanmoins à dater. Les inconditionnels de la sieste apprécieront de pouvoir rendre la clé à 18h.

Hostel Santa Fe AUBERGE DE JEUNESSE $
(☎455-4000 ; www.santafe-hostel.com ; Blvd Gálvez 2173 ; dort/d 55/180 ARS ; @🏊). Cachée derrière le tour-opérateur Latitud Sur, cette auberge de jeunesse compte 2 dortoirs sans aération mais pas trop surpeuplés, avec casiers, ainsi qu'une chambre double et une petite piscine. Bien située pour profiter de la vie nocturne de Recoleta.

Hotel Constituyentes HÔTEL $
(☎452-1586 ; www.hotelconstituyentes.com.ar ; San Luis 2862 ; s/d 100/160 ARS, avec sdb 180/250 ARS ; ❄@📶). De grandes chambres et la proximité de la gare routière constituent les principaux atouts de cet hôtel détendu. Les chambres en façade souffrent du bruit de la rue. Le petit-déjeuner coûte quelques pesos.

Hotel Zavaleta HÔTEL $$
(☎455-1841 ; www.zavaletahotel.com.ar ; Hipólito Yrigoyen 2349 ; s/d standard 250/340 ARS, supérieure 310/380 ARS ; ❄@📶). Un hôtel accueillant proche de la place et de la gare routière, avec de petites chambres standards.

Hotel Royal HÔTEL $
(☎452-7359 ; Irigoyen Freyre 2256 ; ch sans sdb 100 ARS). Sommaire mais propre, il convient pour une nuit à proximité de la gare routière. Demandez à visiter plusieurs chambres car les matelas sont souvent fatigués.

Où se restaurer

Des gargotes bon marché se regroupent en face de la gare routière et dans le quartier nocturne de La Recoleta (voir *Où prendre un verre et sortir*).

El Quincho de Chiquito POISSON $$
(angle Brown et Obispo Vieytes ; menu 63 ARS). Cette institution, sur la *costanera* à 6 km au nord du centre-ville, est l'endroit où déguster du poisson d'eau douce. Le service n'a rien de raffiné et la carte offre uniquement 4 ou 5 plats délicieux de *surubí*, *sábalo* ou *pacú* ; vous sortirez rassasié. Les boissons, en sus, ne coûtent pas cher. Comptez environ 25 ARS l'aller en taxi (le personnel en appellera un pour vous au retour). Vous pouvez aussi prendre le bus n°16 dans la rue qui longe le fleuve.

Club Social Sirio Libanés MOYEN-ORIENTAL $$
(25 de Mayo 2740 ; repas 22-55 ARS ; ⏲mar-dim). Dans une salle élégante, des serveurs attentifs vous apportent des spécialités du Moyen-Orient bien préparées. L'entrée se situe au bout d'un passage.

Círculo Italiano ITALIEN $$
(Hipólito Yrigoyen 2457 ; plats 35-55 ARS). Faisant partie du club italien, le Circulo Italiano propose au déjeuner de bons plats du jour à prix modérés (41-50 ARS lun-ven) et des pâtes savoureuses. L'ambiance sélecte, les serveurs en veste de lin, le pâté offert et la longue carte des vins font partie du plaisir.

Las Delicias CAFÉ, PÂTISSERIE $
(Av San Martín 2882 ; pâtisseries à partir de 4 ARS ; ⏲8h-minuit). Délicieusement surannée et élégante, avec une charmante terrasse ombragée, cette pâtisserie offre de succulents gâteaux et sert également le petit-déjeuner, le thé de l'après-midi et des sandwichs. Service traditionnel et correct.

Restaurante España ARGENTIN $$
(Av San Martín 2644 ; plats 35-80 ARS ; 📶). Ce restaurant d'hôtel présente une carte interminable avec toutes sortes de poissons (d'eau douce et de mer), des viandes

BUS AU DÉPART DE SANTA FE

DESTINATION	PRIX (ARS)	DURÉE (HEURES)
Buenos Aires	168	6
Córdoba	105	5
Corrientes	189	9
Mendoza	320	13
Paraná	4	40 minutes
Paso de los Libres	110	9
Posadas	295	14
Resistencia	180	9
Rosario	50	2
Salta	406	16
Tucumán	256	11

grillées, des pâtes, du poulet et des crêpes, plus quelques plats espagnols pour justifier le nom. La carte des vins est tout aussi alléchante.

El Brigadier ARGENTIN **$$**
(Av San Martín 1670 ; plats 28-64 ARS). À courte distance de la Plaza 25 de Mayo, ce restaurant rénové possède une salle élégante et propose d'excellents plats de viande et de poisson d'eau douce. Le service laisse toutefois à désirer.

Merengo BOULANGERIE **$**
(Av General López 2634 ; alfajores à partir de 3 ARS). En 1851, Merengo assembla deux biscuits avec du *dulce de leche* (confiture de lait) et inventa l'*alfajor,* devenu la douceur favorite des Argentins, toujours délicieuse.

Où prendre un verre et sortir

La vie nocturne de Santa Fe se concentre autour du carrefour de 25 de Mayo et de Santiago del Estero, le cœur du quartier de La Recoleta où l'animation bat son plein le week-end. Les dizaines de bars et de clubs changent de nom et passent de mode rapidement ; flânez dans le quartier et faites votre choix. Beaucoup font payer l'entrée, qui comprend une boisson.

La meilleure équipe de football de la ville, **Colón** (☎459-8025 ; www.clubcolon.com.ar), est en première division. Elle joue au **stade Brigadier Estanislao López** (angle Dr Zavalla et Pietranera), où vous pouvez acheter des billets.

Renseignements

Locutorios et cybercafés sont présents partout, y compris dans la gare routière. Plusieurs banques avec DAB jalonnent le *peatonal.*

Hôpital provincial José María Cullen (☎457-3340 ; Av Freyre 2150)

Office du tourisme municipal (☎457-4124 ; www.santafeturismo.gov.ar ; Belgrano 2910 ; ⏲7h-20h). Dans la gare routière.

Office du tourisme provincial (☎458-9476 ; www.turismo-santafe.org.ar ; angle Amenábar et Av San Martín ; ⏲7h-18h lun et mer-jeu, 7h-13h mar et ven). Utile pour explorer la province.

Depuis/vers Santa Fe

Aerolíneas Argentinas (☎0810-222-86527 ; 25 de Mayo 2287) effectue 5 vols hebdomadaires pour Buenos Aires (430 ARS). **Sol** (☎0810-444-4765 ; www.sol.com.ar) rallie la capitale du lundi au samedi (348 ARS), et propose des vols pour Rosario. L'aéroport se situe à 7 km au sud de la ville sur la RN 11. En *remis*, comptez 35 ARS.

De la **gare routière** (☎457-4124 ; www.terminalsantafe.com ; Belgrano 2910), des bus desservent tout le pays.

Cayastá

De Santa Fe, une fantastique excursion d'une journée conduit à l'emplacement d'origine de la ville, les **ruines de Cayastá** (Santa Fe la Vieja ; 2 ARS ; ⏲9h-13h et 15h-19h mar-ven, 10h-13h et 16h-19h sam-dim ; dernière entrée 1 heure avant fermeture), situées le long du Río San Javier et érodées par le fleuve.

Des fouilles et des travaux de conservation sont en cours (de même qu'une demande de classement au patrimoine mondial de l'Unesco). La découverte la plus fascinante a été l'**Iglesia de San Francisco**. Les habitants espagnols et métis de la Santa Fe d'origine étaient inhumés directement sous le sol en terre battue de l'église ; une centaine de tombes ont été mises au jour, dont celles de Hernando Arias de Saavedra (dit "Hernandarias"), premier gouverneur de la province de Río de la Plata né sur place, et de son épouse Gerónima de Contrera, fille de Juan de Garay, le fondateur de Santa Fe et de Buenos Aires.

Vous pourrez aussi voir les vestiges de deux autres églises et du *cabildo* (conseil municipal), ainsi qu'une maison d'époque reconstruite. Près de l'entrée du site, un excellent **musée** contient les trouvailles de Cayastá, dont de belles poteries indigènes ornées de perroquets et de personnages.

Un restaurant médiocre est installé dans le site et la bourgade compte quelques *parrillas* correctes. Plusieurs établissements offrent un hébergement simple et des promenades en bateau sur le fleuve. Le **Cabañas Cayastá** (☎03405-493300 ; www.cayasta.com ; bungalow 2/4 pers 450/570 ARS ; ❄≋), un complexe hôtelier en bord de fleuve, propose des bungalows et un spa.

Cayastá se situe à 76 km au nord-est de Santa Fe sur la RP 1. Des bus de la compagnie Paraná Medio partent régulièrement de la gare routière de Santa Fe (16 ARS, 1 heure 30). Demandez au chauffeur de vous déposer à "*las ruinas*", à 1 km de Cayastá.

Paraná

☎0343 / 270 968 HABITANTS

Ville sans prétention, Paraná semble étonnée de son statut de capitale de la province d'Entre Ríos. Perchée sur les rives vallonnées du fleuve du même nom, cette cité somnolente possède un joli parc qui descend jusqu'à la *costanera,* le secteur le plus plaisant avec des plages, des bars, des excursions en bateau et des centaines de promeneurs et de joggeurs. Après la défaite de Rosas à la bataille de Caseros, Paraná fut la capitale de la Confédération argentine (qui ne comprenait pas Buenos Aires) de 1853 à 1861.

Un tunnel sous le cours principal du Paraná relie la ville à Santa Fe.

À voir et à faire

Museo Histórico de Entre Ríos MUSÉE
(Buenos Aires 286 ; 2 ARS ; 8h-12h30 et 15h-20h mar-ven, 9h-12h et 17h-19h sam, 9h-12h dim). Fierté locale, ce musée moderne sur la Plaza Alvear contient des informations sur l'éphémère République d'Entre Ríos et la bataille de Monte Camperos, ainsi que des ustensiles pour le maté, des bureaux en bois et des portraits d'Urquiza. La plupart des objets faisaient partie de la collection d'un poète local.

GRATUIT **Museo y Mercado Provincial de Artesanías** ARTISANAT
(Av Urquiza 1239 ; 8h-13h et 16h-19h lun-ven, 8h-13h sam, 9h-12h dim). Consacré à l'artisanat de toute la province, ce petit musée mérite la visite. Le conservateur vous fournira volontiers des explications ; vous serez étonné par la finesse de certaines pièces, tels les chapeaux en fibres de palmier tissées.

Des *artesanías* (objets artisanaux) similaires sont exposés et vendus au **Centro de Artesanos** (angle Av 9 de Julio et Carbó), en rénovation lors de notre passage.

Costanera PLAGE FLUVIALE
De la lisière nord du centre-ville, le Parque Urquiza descend abruptement vers les rives du Río Paraná, où se pressent en été promeneurs, baigneurs et pêcheurs.

Une plage s'étend à l'ouest du **Paraná Rowing Club** (☎431-2048 ; www.paranarowingclub.com.ar), qui comprend une plage privée et des douches (50 ARS/jour, 80 ARS avec la piscine). Un café-restaurant surplombe l'eau.

Plus attrayantes, les **Playas de Thompson** se situent à 1 km à l'est, après le port.

Museo de Bellas Artes GALERIE D'ART
(Buenos Aires 355 ; entrée variable ; 9h-12h et 15h-20h mar-ven, 10h-12h et 16h-19h sam, 10h-12h dim). Cette galerie sur la Plaza Alvear possède une petite collection permanente de peintures à l'huile, illustrations et sculptures réalisées par des artistes de la province, et présente des expositions temporaires.

Circuits organisés

Costa Litoral CIRCUITS EN BATEAU
(☎423-4385 ; www.costalitoral.net ; Buenos Aires 212). Le week-end, il organise dans l'après-midi des circuits jusqu'à Santa Fe et des croisières d'une heure sur le fleuve (35 ARS) à bord d'un grand catamaran.

Paraná en Kayak KAYAK
(☎422-7143 ; www.paranaenkayak.com.ar). Des excursions faciles en kayak sur le fleuve, ainsi que des circuits plus longs.

Où se loger

♥ **Las Mañanitas** HÔTEL $
(☎421-8324 ; www.lasmanianitas.com.ar ; Carbó 62 ; s/d 140/210 ARS ; ❄@≋). Cet hôtel décontracté ressemble à une maison de vacances, avec 9 chambres donnant sur une cour verdoyante avec piscine. Si les chambres n'ont rien d'extraordinaire, l'ambiance et le charme de l'établissement en font une adresse séduisante.

Maran Suites HÔTEL $$$
(☎423-5444 ; www.maran.com.ar ; angle Alameda de la Federación et Mitre ; s 430 ARS, d 575-610 ARS ; ❄@≋). Dominant l'extrémité ouest du Parque Urquiza, ce bel hôtel moderne combine élégance et service

Paraná

0
400 m
A
B
C
D
1
2
3
4
5
6
7
Islote Municipal
Vers les Playas de Thompson (300 m)
3
Balneario Municipal
Av Laurencena
Río Paraná
Office du tourisme
Puerto Nuevo
17
Figueroa
18
16
Liniers Lineal
Parque Urquiza
Vers le Maran Suites (100 m)
Etchevehere
8
Santiago del Estero
Av Doctor Laurencena
Malvinas
Santa Fe
Av Alameda de la Federación
Buenos Aires
José de San Martín
12
Blvd Moreno
Güemes
Garay
San Lorenzo
Tucumán
Córdoba
Corrientes
Parque Berduc
San Luis Bolivar
San Juan
Casa de Gobierno
Église San Miguel
2
Plaza Alvear
Nogoya
Museo Histórico de Entre Ríos
Cervantes
4
Victoria
La Paz
Salta
Rosario Tala
Museo y Mercado Provincial de Artesanías
19
Uruguay
5
10
La Rioja
Palacio Municipal
14
13
Église
Carlos Pellegrini
11
Pazos
15
Italia
Office du tourisme
Av Urquiza
25 de Mayo
7
LN Alem
Pte Perón
Pte Av Illia
Palma
Av Ramirez
9
H.Yrigoyen
Av Echagüe
José de San Martín
Monte Caseros
1
Carbó
Posadas
Av 9 de Julio
Belgrano
Gualeguaychú
Office du tourisme municipal
Moreno
Feliciano
6
Villaguay
Racedo
Alsina
Vers l'aéroport (6 km)

chaleureux. Tâchez d'obtenir une chambre dans les étages supérieurs pour profiter de la vue sur la ville ou le fleuve ; toutes sont spacieuses et joliment décorées. Les immenses suites "présidentielles" (1 423 ARS) s'agrémentent d'un Jacuzzi avec vue sur le Paraná.

Paraná Hotel Plaza Jardín HÔTEL **$$**
(☎423-1700 ; www.hotelesparana.com.ar ; Av 9 de Julio 60 ; s/d standard 199/255 ARS, supérieure 298/358 ARS ; ❄@📶). Aménagé dans un charmant édifice colonial, cet hôtel comprend un patio tranquille, idéal pour une pause à la mi-journée. Les chambres supérieures, beaucoup plus grandes et stylées, justifient la dépense supplémentaire. Les prix baissent nettement en dehors de l'été.

Paraná Hostel AUBERGE DE JEUNESSE **$**
(☎422-8233 ; www.paranahostel.com.ar ; Pazos 159 ; dort/d/qua 60/130/250 ARS ; @📶). Au centre de Paraná, cette auberge de jeunesse bien tenue comporte un patio ombragé à l'arrière, de beaux meubles, des équipements corrects et des dortoirs confortables. À l'étage, d'agréables chambres privées partagent une sdb.

Gran Hotel Paraná HÔTEL **$$**
(☎422-3900 ; www.hotelesparana.com.ar ; Av Urquiza 976 ; s 270-415 ARS, d 390-515 ARS ; ❄@📶). La qualité du service constitue un atout majeur de ce grand hôtel, sur la place principale. Il offre deux catégories de chambres, toutes spacieuses et récemment rénovées. Si le bruit de la circulation ne vous gêne pas, optez pour une chambre avec balcon donnant sur la place. Spa, restaurant gastronomique et bon petit-déjeuner buffet.

Hotel Itatí HÔTEL **$**
(☎423-1500 ; hoteles_itati@hotmail.com ; Belgrano 135 ; s/d 80/160 ARS ; ❄@). La direction accueillante compense les tapis élimés et les draps usés de cet hôtel bizarrement conçu. Les chambres sombres, avec petite sdb, conviennent pour ces prix. Chauffage et accès Internet moyennant un faible supplément.

Howard Johnson Mayorazgo HÔTEL **$$$**
(☎420-6800 ; www.hjmayorazgo.com.ar ; Etchevehere s/n ; ch 630-710 ARS ; ❄@📶🏊). La longue façade incurvée de ce cinq-étoiles surplombe la rive du fleuve. Les grandes fenêtres offrent une vue superbe et l'hôtel comprend un casino.

Hotel Bristol HÔTEL **$**
(☎431-3961 ; bristolparana@yahoo.com.ar ; Alsina 221 ; s/d 70/90 ARS, avec sdb 100/140 ARS ; ❄). À côté de la gare routière. Bien tenu et tranquille.

Toma Vieja CAMPING **$**
(☎433-1721 ; Av Blas Parera ; empl 20 ARS). Sur le site pittoresque de l'ancienne station hydraulique, au-dessus du fleuve. Prenez le bus n°5 à la gare routière ou le bus n°1 sur la place.

Où se restaurer

Don Charras PARRILLA **$$**
(☎422-5972 ; www.doncharras.com ; angle José de San Martín et San Lorenzo ; plats 35-60 ARS ; ⌚mar-dim). Coiffée de chaume et chaleureuse, cette *parrilla* est prisée localement pour son choix de grillades, son bar à salades et son service attentif. Des menus "rôtisserie" sont proposés les vendredis et samedis.

Paraná

Les incontournables
Museo Histórico de Entre Ríos B4
Museo y Mercado Provincial de Artesanías A5

À voir
1 Centro de Artesanos A6
2 Museo de Bellas Artes B4
3 Paraná Rowing Club A1

Activités
4 Costa Litoral B4

Où se loger
5 Gran Hotel Paraná B5
6 Hotel Bristol D7
7 Hotel Itatí B6
8 Howard Johnson Mayorazgo B2
9 Las Mañanitas A6
10 Paraná Hostel B5
11 Paraná Hotel Plaza Jardín B5

Où se restaurer
12 Don Charras B3
13 Flamingo Grand Bar A5
14 Giovani A5
15 Petra A5
16 Quincho del Puerto C2

Où prendre un verre
17 Fish C2
18 Ku-va D2

Où sortir
19 Cream B5

Giovani ARGENTIN $$

(☎423-0527 ; Av Urquiza 1045 ; plats 33-70 ARS ; 📶). Avec un bon service et des attentions comme le café gratuit, ce restaurant sélect du centre-ville sert d'excellentes viandes grillées et des pâtes savoureuses. Le poisson n'est pas son point fort.

Flamingo Grand Bar CAFÉ $

(angle Urquiza et José de San Martín ; repas légers 15-35 ARS ; ⏲8h-22h ; 📶). De beaux fauteuils et un emplacement sur la place en font une adresse favorite pour un croissant et un jus de fruits le matin, des *lomitos* (sandwichs au bœuf) ou des plats du jour à midi, des plats à la carte ou des *picadas* (assortiments d'entrées) en soirée.

Petra BUFFET $

(25 de Mayo 32 ; buffet 42 ARS). Sur la place, ce restaurant propose midi et soir un buffet à volonté, avec un vaste choix de plats chauds et froids essentiellement chinois, à compléter par des *parrilladas*. Boissons en sus.

Quincho del Puerto POISSON $$

(Av Doctor Laurencena 350, poisson 35-51 ARS ; ⏲déj et dîner mar-sam, déj dim). Juste en retrait de la *costanera*, il est prisé pour les poissons d'eau douce, dont les savoureux *pacú* et *surubí* (pleins d'arêtes).

Où prendre un verre et sortir

Calme en semaine, Paraná s'anime les vendredis et samedis soir, surtout à l'extrémité est de la rive.

Fish BAR, DISCOTHÈQUE

(Figueroa s/n ; ⏲ven-sam). L'habituelle combinaison de *marcha*, house et salsa.

Ku-va BAR

(www.ku-vaparana.com.ar ; angle Güemes et Liniers Lineal ; ⏲ven-sam). Un bar très animé, aménagé dans un ancien bureau de poste.

Cream NIGHT-CLUB

(www.creamparana.com.ar ; Uruguay 190 ; ⏲jeu-sam). Séduit une clientèle de moins de 30 ans.

Renseignements

Plusieurs banques avec DAB sont installées aux alentours de la Plaza 1 de Mayo. Des dizaines d'établissements proposent un accès Internet et des téléphones.

Hôpital San Martín (☎423-4545 ; www.hospitalsanmartin.org.ar ; Presidente Perón 450)

BUS AU DÉPART DE PARANÁ

DESTINATION	PRIX (ARS)	DURÉE (HEURES)
Buenos Aires	145	6 heures 30
Colón	46	4-5
Concordia	50	4-5
Córdoba	110	6
Corrientes	195	10
Gualeguaychú	52	4-5
Paso de los Libres	114	6
Rosario	56	3

Office du tourisme (☎423-0183 ; www.turismoenparana.gov.ar ; Pl 1 de Mayo s/n ; ⏲8h-20h). Personnel serviable et bonnes brochures. Une succursale au bord du fleuve et un comptoir à la gare routière.

Comment s'y rendre et circuler

L'aéroport, uniquement accessible en *remis* (35 ARS), se tient à 6 km au sud de la ville. **LAER** (☎0810-777-5237 ; www.laersa.com.ar) effectue des vols pour Buenos Aires en semaine.

La **gare routière** (☎422-1282 ; Av Ramírez) fait face à la Plaza Martín Fierro. Les bus n°s 1, 4, 5 et 9 circulent entre la gare et le centre-ville. Si Paraná est un carrefour pour les bus qui desservent la province, Santa Fe est plus pratique pour les trajets longue distance. Des bus partent toutes les 30 minutes pour Santa Fe (4 ARS, 40 min).

Corrientes

☎0379 / 358 223 HABITANTS

La majestueuse Corrientes se tient en dessous de la confluence des fleuves Paraná et Paraguay, en face de sa jumelle Resistencia, sur la rive opposée. L'une des plus anciennes villes du pays, elle a d'élégants bâtiments à balcons du début du XXe siècle, qui confèrent un charme désuet à ses rues pittoresques. Comme dans nombre de villes fluviales, la *costanera* est le lieu de prédilection pour flâner, manger une glace ou siroter un maté entre amis.

La culture guaraní est très présente à Corrientes, centre d'artisanat indigène. La ville est réputée pour son carnaval et pour avoir servi de cadre au roman de Graham Greene *Le Consul honoraire*.

Corrientes fut appelée à l'origine Vera de los Siete Corrientes, d'après le nom de son fondateur, Juan Torres de Vera y Aragón, et des *corrientes* (courants) changeants du Paraná. Elle dut affronter des soulèvements indigènes avant de devenir la première colonie espagnole de la région.

À voir et à faire

Divers tour-opérateurs organisent des excursions en bateau sur le Paraná ; l'office du tourisme en possède la liste.

GRATUIT **Museo de Artesanías Tradicionales Folclóricas** MUSÉE
(Quintana 905 ; ⌚8h-21h lun-sam). Ce curieux musée occupe une maison coloniale dotée d'une cour intérieure. Il comprend deux petites expositions d'artisanat traditionnel et une boutique. Il est intéressant d'observer les apprentis qui travaillent le cuir, l'argent, l'os et le bois sous la direction de maîtres-artisans. D'autres salles autour de la cour servent d'ateliers à des artisans qui vendent directement leur production. Les guides du musée sont enthousiastes et sympathiques.

GRATUIT **Museo Histórico de Corrientes** MUSÉE
(9 de Julio 1044 ; ⌚8h-12h et 14h-20h mar-ven, 9h-12h sam). Autour d'un joli patio, ce musée présente pêle-mêle des armes, des meubles anciens, des monnaies et des objets relatifs à l'histoire civile et religieuse. Le personnel, fier du musée, bavarde volontiers avec les visiteurs. La salle consacrée à la guerre de la Triple Alliance est la plus intéressante.

Convento de San Francisco MONASTÈRE
(Mendoza 450). Ce monastère colonial, superbement restauré en 1939, date de la fondation de la ville. Sa petite colonnade s'inspire de celle de Bernin à Saint-Pierre-de-Rome. Un **musée** (entrée libre ; ⌚8h-12h et 17h-21h lun-ven) renferme des œuvres d'art et des objets religieux.

GRATUIT **Teatro Juan de Vera** THÉÂTRE
(San Juan 637). Un remarquable édifice Belle Époque ; demandez, à la billetterie, à jeter un coup d'œil à l'intérieur pour admirer la triple galerie et le plafond peint. La coupole rétractable permet d'organiser des spectacles à la lumière des étoiles.

Fêtes et festivals

Le **Carnaval Correntino**, traditionnellement turbulent, rivalise avec celui de Gualeguaychú pour le titre de meilleur carnaval argentin. Organisés du vendredi au dimanche les trois derniers week-ends de février et le premier week-end de mars, les défilés le long de la *costanera* attirent des participants des provinces et pays voisins, ainsi que d'énormes foules.

Où se loger

Corrientes possède d'excellents hébergements. Pendant le carnaval, l'office du tourisme provincial peut vous aider à loger chez l'habitant. Beaucoup d'hôtels accordent une réduction de 10% pour le paiement en espèces.

♥ **La Alondra** HÔTEL DE CHARME $$$
(☎443-0555 ; www.laalondra.com.ar ; Av 3 de Abril 827 ; lits jum/ste 490/550 ARS ; ❄📶🏊). Somptueusement décorée de meubles

LE CHAMAMÉ

Oubliez le tango ! Ici règne le *chamamé*, l'une des musiques les plus envoûtantes du pays. Inspirée de la polka, introduite par les immigrés européens, elle est aussi fortement influencée par la musique et la langue guaraní. L'accordéon, l'instrument principal, est traditionnellement accompagné d'une guitare, d'un *guitarrón* (grande guitare basse), d'un bandonéon et d'un *contrabajo* (contrebasse). Un *conjunto* (groupe de musiciens) ne saurait être complet sans un ou deux chanteurs.

Le *chamamé* est autant une danse qu'un genre musical endiablé. Il se danse en couple, sauf quand l'homme exécute seul un *zapateo* (danse de claquettes). La province de Corrientes est le cœur du *chamamé* et l'endroit où l'on peut le plus facilement assister à un spectacle, voire y participer.

Consultez le site www.corrienteschamame.com.ar (en espagnol) pour des détails sur les spectacles et écouter quelques morceaux en ligne.

anciens, cette maison superbement restaurée est un havre de paix dans l'artère principale sans attrait. Les 7 chambres, qui entourent une petite piscine en longueur, sont pour la plupart des suites, avec de grands lits et de belles sdb dotées de baignoires à l'ancienne. Les splendides espaces communs et le service attentif constituent des atouts supplémentaires. Fréquentes promotions.

♥ **Bienvenida Golondrina** AUBERGE DE JEUNESSE $
(☎443-5316 ; www.bienvenidagolondrina.com ; La Rioja 455 ; dort 65-70 ARS ; ❄@📶). Occupant un magnifique édifice centenaire avec de hauts plafonds, des vitraux et des éléments artistiques, cette auberge de jeunesse se situe à quelques pas de la *costanera*. Les dortoirs sont confortables, les équipements excellents et l'accueillante direction ne pourrait être plus serviable.

Turismo Hotel Casino HÔTEL $$$
(☎446-2244 ; www.turismohotelcasino.com.ar ; Entre Ríos 650 ; ch 506 ARS, ste 612-1 118 ARS ; ❄@📶). À côté du casino en bord de fleuve, ce vieil édifice imposant a été entièrement rénové pour devenir un très bon hôtel. Les vastes chambres, modernes, élégantes et joliment meublées, sont douillettes et calmes ; une suite revient à peine plus cher. La grande piscine, entourée de chaises longues, et le spa font partie de ses nombreux agréments.

La Rozada HÔTEL DE CHARME $$
(☎443-3001 ; www.larozada.com ; Plácido Martínez 1223 ; ch 440-575 ARS ; ❄@📶). Excellente adresse près du fleuve, La Rozada possède des appartements et des suites dans la tour d'un bel édifice gris du XIXe siècle. La plupart des chambres bénéficient d'une belle vue (celles avec balcon sont un peu plus chères) et les hôtes ont accès à la piscine du club d'aviron voisin.

Corrientes

L'établissement comprend un attrayant bar-restaurant.

Astro Apart Hotel HÔTEL **$$**
(☎446-6112 ; www.astroapart.com ; Bolívar 1285 ; s/d 260/320 ARS ; ❄@📶). D'un excellent rapport qualité/prix, ce nouvel hôtel offre de belles chambres blanches de bonnes dimensions, avec des lits confortables, des grandes fenêtres et une cuisine. Nombreux équipements moyennant des suppléments raisonnables.

Corrientes Plaza Hotel HÔTEL **$$**
(☎446-6500 ; www.hotel-corrientes.com.ar ; Junín 1549 ; s/d 230/310 ARS ; ❄@📶🏊). Bonne affaire sur la place au cœur de la Corrientes moderne, le Plaza propose de grandes chambres modernes avec TV LCD et presque toujours minibar. Personnel sympathique et bon petit-déjeuner.

Orly Hotel HÔTEL **$$**
(☎442-0280 ; www.hotelorlycorrientes.com.ar ; San Juan 867 ; s/d standard 226/289 ARS, ch supérieure 480 ARS ; ❄@📶). D'une propreté irréprochable et bien géré, cet attrayant trois-étoiles donne sur une petite place. Il est divisé en deux sections. Les chambres standards, plus anciennes, sont très correctes mais un peu petites, et toutes ne disposent pas de l'accès Wi-Fi. Les supérieures sont parfaites, avec de grands lits, des canapés et de belles sdb.

Hotel Victoria HÔTEL **$**
(☎443-5547 ; www.hotelvictoria1@hotmail.com ; Av España 1050 ; s/d 155/200 ARS ; ❄@📶). Le Victoria est l'un des deux hôtels pour petits budgets corrects qui se jouxtent près de la Plaza JB Cabral. Les doubles sont bien plus agréables que les chambres à lits jumeaux ou les simples, exiguës.

Où se restaurer

Plat *correntino* traditionnel, le *mbaipú* se compose de bœuf et d'oignons frits, gratinés avec de la farine et du fromage.

♥ **Enófilos** ARGENTIN **$$**
(☎443-9271 ; Junín 1260 ; plats 50-75 ARS ; ⏰déj et dîner lun-sam ; 📶). Comme son nom l'indique, ce restaurant, installé en étage dans le *peatonal*, prend grand soin de sa cave. La carte des vins est exposée dans un petit temple au centre de la salle. Des produits locaux, comme le *surubí*, sont cuisinés de manière créative et les viandes s'accompagnent de sauces délicieuses et de légumes frais. Menu à 68 ARS en semaine.

Martha de Bianchetti CAFÉ-PÂTISSERIE **$**
(angle 9 de Julio et Mendoza ; pâtisseries à partir de 5 ARS ; ⏰8h-13h et 16h-23h lun-sam). De style italien, ce café-pâtisserie à l'ancienne sert de succulents gâteaux et un excellent café accompagné de *chipacitos* (petites bouchées au fromage). Tous ces délices sont chauds à l'ouverture des portes.

La Costa ARGENTIN **$$**
(angle Costanera et 9 de Julio ; plats 30-60 ARS ; ⏰mar-dim). Sur la *costanera*, une rue après le casino, ce restaurant moderne à deux niveaux propose un large choix de plats argentins, dont une savoureuse *parrillada*. Il est très fréquenté en soirée, mais venez déjeuner pour apprécier la vue sur le fleuve derrière les baies vitrées.

El Quincho PARRILLA **$$**
(angle Pujol et Roca ; parrillada pour 2 pers 98-119 ARS). Rustique et accueillante, cette institution de Corrientes est sur un rond-point, à courte distance à l'est du centre. Elle sert des grillades classiques, comme le chorizo et la *morcilla* (boudin noir), et propose une formule *parrillada*-boissons-dessert moins chère que le prix indiqué.

Corrientes

Les incontournables
Museo de Artesanías Tradicionales Folclóricas ... B1

À voir
1 Convento de San Francisco ... C1
2 Museo Histórico de Corrientes ... B2
3 Teatro Juan de Vera ... C2

Où se loger
4 Astro Apart Hotel ... C3
5 Bienvenida Golondrina ... B1
6 Corrientes Plaza Hotel ... D2
7 Hotel Victoria ... D3
8 La Alondra ... B4
9 La Rozada ... C1
10 Orly Hotel ... C2
11 Turismo Hotel Casino ... A1

Où se restaurer
12 Enófilos ... C2
13 Martha de Bianchetti ... C2

Achats
14 La Casa de Chamamé ... D2
15 Museo de Artesanías Tradicionales Folclóricas ... B1

Où prendre un verre et sortir

Plusieurs bars et discothèques s'animent le week-end dans le secteur proche du croisement de Junín et de Buenos Aires. La *costanera* n'est pas en reste, avec les bars et *boliches* (discothèques) de la Costanera Sur, au sud du pont vers Resistencia.

Parrilla Puente Pexoa MUSIQUE TRADITIONNELLE (☎445-1687 ; RN 12 et rond-point Virgen de Itatí ; ⌚à partir de 20h30 ven-sam). Corrientes est la patrie du *chamamé* (p. 171), une musique et une danse entraînantes. Regarder une démonstration de *chamamé* constitue une expérience mémorable. Ce restaurant détendu propose des danses *chamamé* tous les week-ends, et la soirée peut devenir très amusante. Hommes et femmes viennent en tenue de gaucho, et jusqu'à 4 *conjuntos* (groupes de musiciens) peuvent jouer chaque soir, habituellement à partir de 23h. Venez en taxi (environ 30 ARS) ou prenez le bus n°102. Précisez bien que vous allez à la *parrilla*, car Puente Pexoa est bien plus éloigné.

Achats

Museo de Artesanías Tradicionales Folclóricas ARTISANAT (Quintana 905 ; ⌚8h-12h et 16h-21h lun-sam). La boutique du musée vend un grand choix d'objets artisanaux.

La Casa de Chamamé MUSIQUE (Pellegrini 1790). Un disquaire spécialisé dans la musique traditionnelle de Corrientes. On peut écouter avant d'acheter.

Renseignements

Vous trouverez facilement des *locutorios* (bureaux privés de téléphone) et des cybercafés. De nombreuses banques avec DAB bordent 9 de Julio entre La Rioja et Córdoba.

Office du tourisme municipal (☎447-4733 ; www.ciudaddecorrientes.gov.ar ; gare routière ; ⌚7h-22h). Autre bureau sur la *costanera*, au bout de 9 de Julio.

Office du tourisme provincial (☎442-7200 ; www.turismocorrientes.gov.ar ; 25 de Mayo 1330 ; ⌚8h-14h, 15h-21h). Le plus serviable.

Depuis/vers Corrientes

Aerolíneas Argentinas (☎442-3918 ; Junín 1301) effectue des vols quotidiens de l'aéroport de Corrientes à Buenos Aires et 3 vols hebdomadaires pour Asunción, au Paraguay. La compagnie dessert également ces deux destinations à partir de Resistencia.

BUS AU DÉPART DE CORRIENTES

DESTINATION	PRIX (ARS)	DURÉE (HEURES)
Buenos Aires	298	13
Córdoba	289	12
Mercedes	59	3
Paraná	195	10
Paso de los Libres	90	6
Posadas	101	4
Puerto Iguazú	198	9
Rosario	238	11
Salta	268	14
Santa Fe	189	9

La **gare routière des bus longue distance** (☎441-4839 ; Av Maipú 2400) se situe à 3 km à l'est du centre. La ville voisine de Resistencia propose de meilleurs services longue distance vers l'ouest et le nord-ouest. Des bus partent fréquement pour Resistencia (2,50 ARS, 40 min) de la **gare routière locale** (angle Av Costanera General San Martín et La Rioja). Plus rapides, les taxis collectifs à destination de Resistencia (7 ARS) partent du même carrefour, ainsi que du coin de l'Av 3 de Abril et de Santa Fe.

Comment circuler

Le bus local n°105 (2 ARS) dessert l'**aéroport** (☎445-8684), à 10 km à l'est de la ville sur la RN 12. Le bus n°6 circule entre les gares routières locale et des bus longue distance. Le bus n°103 relie la gare routière longue distance et le centre-ville ; en taxi, comptez 15-18 ARS.

Mercedes

☎03773 / 40 667 HABITANTS

Principal point d'accès pour les spectaculaires marécages des Esteros del Iberá, Mercedes est une jolie ville de gauchos à l'ambiance détendue. Son titre de gloire est le tombeau – totalement surréaliste – du gaucho Antonio Gil (ci-contre), objet d'un culte populaire.

Manos Correntinas (San Martín 499 ; ⌚ lun-sam), sympathique galerie et boutique d'artisanat, expose les œuvres d'une coopérative d'artisans locaux.

Où se loger et se restaurer

Hotel Sol HÔTEL $

(☎420283 ; San Martín 519 ; s/d 120/200 ARS ; ❄📶). À deux pâtés de maisons en contrebas de la place, cet hôtel accueillant entoure un splendide patio au carrelage noir et blanc, rempli de plantes et d'oiseaux. D'un bon rapport qualité/prix, les chambres anciennes, hautes de plafond, ouvrent sur le patio. D'attrayantes chambres modernes (double 260 ARS) sont installées à l'arrière.

Hotel Itá Pucú HÔTEL $

(☎421015 ; Batalla de Salta 645 ; ch 75 ARS/pers ; ❄📶@). À deux pas de l'Hotel Sol, cet hôtel sympathique évoque les westerns-spaghettis. Les chambres correctes ouvrent sur un jardin verdoyant. Petit-déjeuner en supplément.

Hotel Horizontes HÔTEL $

(☎420489 ; Gómez 734 ; s/d 108/164 ARS ; ❄📶). À un pâté de maisons de la gare routière, cet hôtel spartiate mais très propre propose des chambres confortables dotées de petites sdb.

Sabor Único ARGENTIN $

(San Martín 518 ; plats 25-50 ARS). Ce restaurant, le meilleur de la ville, déménageait à cette nouvelle adresse, en face de l'Hotel Sol, lors de notre passage. Il sert des plats argentins classiques, ainsi que quelques spécialités *correntinas*.

Renseignements

Un **bureau d'information touristique**, à la gare routière, pratique des horaires irréguliers. Également dans la gare, un **kiosque d'information** (🕒9h-11h et 16h-19h lun-sam) serviable est géré par l'auberge de jeunesse HI. S'il est fermé, adressez-vous à l'auberge.

La plupart des services se regroupent dans San Martín, qui relie la gare routière et la place.

Depuis/vers Mercedes

La **gare routière** (☎420165 ; angle San Martín et Perreyra) se situe à 6 pâtés de maisons à l'ouest de la place. Des bus circulent régulièrement dans les deux sens. Parmi les destinations desservies figurent Buenos Aires (270 ARS, 12 heures), Paso de los Libres (25 ARS, 3 heures) et Corrientes (60 ARS, 3 heures 30).

GAUCHITO GIL

En parcourant les routes d'Argentine, vous verrez au moins un sanctuaire sur le bas-côté, entouré de drapeaux rouges et d'offrandes. Ces sanctuaires rendent hommage à Antonio Gil, une sorte de Robin des Bois dont la tombe, à 9 km à l'ouest de Mercedes, attire des centaines de milliers de pèlerins chaque année.

Si l'on sait peu de choses sur El Gauchito, comme on le surnomme affectueusement, nombre de récits romantiques nourrissent sa légende. Il naquit en 1847 et rejoignit l'armée lors de la guerre de la Triple Alliance, selon certains pour échapper à la fureur d'un policier dont la fiancée était tombée amoureuse de lui.

Une fois la guerre finie, Gil refusa de rejoindre l'armée fédérale et déserta avec deux autres soldats. Les trois hommes errèrent dans les campagnes, volant du bétail à de riches propriétaires pour le partager avec de pauvres villageois qui, en retour, les abritaient et les protégeaient. Rattrapé par la justice, Gil fut pendu par les pieds à l'arbre qui se dresse encore près de sa tombe, puis décapité.

Comment ce déserteur et voleur de bétail est-il devenu une sorte de saint ? Juste avant sa mort, Gil révéla au bourreau que son fils était gravement malade et que s'il l'enterrait (contrairement au sort réservé aux déserteurs), son enfant guérirait.

Après l'avoir décapité, le bourreau rapporta sa tête dans la ville de Goya, où il découvrit que Gil (bien évidemment) avait été grâcié et que son fils était effectivement très malade. Le bourreau retourna alors sur le site de l'exécution et enterra le corps de Gil. Son fils guérit rapidement, l'histoire se répandit et la légende naquit.

La tombe de Gauchito Gil est aujourd'hui entourée de nombreuses chapelles et entrepôts, remplis de milliers d'offrandes votives – T-shirts, vélos, pistolets, couteaux, plaques minéralogiques, photos, cigarettes, épingles à cheveux, robes de mariée –, déposées par ceux qui croient aux miracles du gaucho. Les pèlerins sont particulièrement nombreux le 8 janvier, anniversaire de la mort de Gil. Quand vous passez en voiture devant un sanctuaire, vous devez klaxonner pour éviter des problèmes sur la route ou de ne jamais arriver à destination.

1

KRZYSZTOF DYDYNSKI/LONELY PLANET IMAGES ©

2

4

GENEVIEVE VALLEE/ALAMY ©

OCEAN/CORBIS ©

1. Chutes d'Iguazú (p. 198)
Ces chutes extraordinaires comptent parmi les plus beaux sites du pays.

2. Esteros del Iberá (p. 178)
Des marécages fabuleux avec une profusion d'animaux et de plantes aquatiques.

3. Toucan
On observe facilement ce bel oiseau coloré dans le Parque Nacional Iguazú.

4. San Ignacio Miní (p. 193)
Les ruines de mission jésuite les mieux préservées d'Argentine.

Reserva Provincial Esteros del Iberá

Cette fabuleuse réserve marécageuse abrite une multitude d'oiseaux et de nombreuses espèces animales ; c'est l'un des endroits les plus propices d'Amérique du Sud pour observer la vie sauvage. Malgré l'accroissement du tourisme ces dernières années, les Esteros del Iberá demeurent relativement préservés. Le village somnolent de **Colonia Pellegrini**, à 120 km au nord-est de Mercedes, constitue la base principale pour visiter la réserve, avec d'excellents hébergements et des circuits organisés. Aux alentours, des estancias rurales sont également de plaisants points de chute.

Les lacs et les *esteros* (estuaires) peu profonds, uniquement alimentés par les pluies, sont couverts d'une épaisse végétation. Des plantes aquatiques s'accumulent pour former des *embalsados* (îles flottantes), un habitat fertile peuplé d'une faune à l'impressionnante diversité. Des caïmans noirs se prélassent au soleil, tandis que des capybaras se nourrissent alentour. Parmi les mammifères figurent également le cerf de Duvaucel au beau pelage orangé, le singe hurleur (officiellement l'animal le plus bruyant de la planète), le rare loup à crinière, le ragondin, la loutre et plusieurs espèces de chauves-souris.

Quelque 350 espèces d'oiseaux sont présentes dans la réserve, dont des martins-pêcheurs colorés, de délicats colibris, des perroquets, des spatules, des milans, des vautours, plusieurs espèces d'aigrettes et de hérons, des cormorans, des canards, des cardinaux et d'énormes kamichis à collier. *Ibera : Vida y Color* (40-60 ARS), en vente dans divers endroits du village, est un guide utile de la faune et la flore locales, illustré de magnifiques photos d'animaux et de plantes.

Activités et circuits organisés

Le bateau constitue le meilleur moyen d'explorer la réserve. Le circuit classique de

PROBLÈMES ÉCOLOGIQUES DANS L'IBERÁ

L'accroissement des aléas climatiques dont souffrent les pâturages argentins constitue une menace pour la riche biodiversité des Esteros del Iberá. Parmi les différents dangers figurent des pratiques agricoles traditionnelles, comme le pompage d'eau et l'écobuage illégaux, ayant pour but de fournir des pâturages au bétail ; des riziculteurs ont également réclamé la construction d'un barrage afin de garantir l'irrigation de leurs rizières.

L'écosystème des Esteros est fragile et les écologistes s'inquiètent à juste titre de sa préservation. À cette fin, l'entrepreneur américain Doug Tompkins a acheté de vastes parcelles de terre autour de la réserve et propose de les donner au gouvernement de Corrientes, à condition que celui-ci les place, avec la réserve de l'Iberá existante, sous le contrôle de l'État argentin pour en faire un parc national.

Nombre d'habitants – qui ont donné le nom du millionnaire à l'un des ânes qui se promènent dans les rues de Colonia Pellegrini – regardent d'un mauvais œil les acquisitions foncières de Tompkins : elles signifient la perte de l'accès aux terres et des droits d'irrigation, et l'éviction de populations qui vivent à cet endroit depuis des générations (sans titres de propriété).

De plus, certains suspectent un but moins avouable à cet intérêt étranger. Sous cette partie du nord de l'Argentine – et s'étendant jusqu'au Brésil, à l'Uruguay et au Paraguay – se trouve l'Aquifère Guaraní, une immense nappe phréatique en passe de devenir un enjeu politique majeur alors que s'accroît la valeur des ressources en eau douce. Les nationalistes argentins, et ils sont nombreux, pensent que cette nappe aquifère pourrait à terme redonner au pays une place significative sur la scène mondiale et, tirant les leçons de l'histoire de l'Amérique du Sud, considèrent avec suspicion l'ingérence de Tompkins. Ce qui semblait une initiative de philanthropie écologique est devenu un sujet brûlant, opposant propriétaires terriens, agriculteurs, politiciens locaux, régionaux et nationaux. Pendant ce temps, caïmans et capybaras vaquent à leurs occupations habituelles, sans savoir que leur sort dépend des décisions de conseils d'administration.

Consultez les sites www.theconservationlandtrust.org et www.proyectoibera.org pour connaître le point de vue de Tompkins, et www.salvemosalibera.org (en espagnol) pour les problèmes liés à l'eau.

2 heures-2 heures 30 à bord d'une *lancha* (petit bateau à moteur ; 80-90 ARS) fait découvrir la Laguna Iberá et ses *embalsados*, d'innombrables animaux, des nénuphars, des jacinthes d'eau et d'autres plantes aquatiques. Le guide vous amènera très près des animaux. Il est également possible d'effectuer une excursion de nuit ; prévoyez un antimoustiques.

Le court sentier en face du centre des visiteurs donne l'occasion d'observer de près des singes hurleurs. D'autres sentiers permettent de voir différents habitats et plantes du secteur. Une marche guidée de nuit suit l'un des chemins. Il existe aussi de plus longues marches guidées, ainsi que des promenades à cheval (70 ARS), ces dernières peu propices à l'observation de la vie sauvage. Plusieurs lodges proposent un *día del campo*, une excursion d'une journée dans un ranch avec promenade équestre, *asado* (barbecue) et autres activités de gaucho.

La Laguna Iberá n'est qu'une petite partie des 13 000 km² des Esteros. À environ 80 km au nord, à Galarza, la Laguna Galarza et la plus vaste Laguna de Luna peuvent aussi s'explorer en bateau.

La plupart des lodges peuvent organiser ces excursions, généralement comprises dans les prix des chambres. Sinon, vous aurez le choix entre de multiples possibilités. Rendez-vous au camping, d'où partent la plupart des excursions, et réservez un circuit en bateau. Dans le village, plusieurs guides locaux indépendants offrent leurs services ; l'office du tourisme vous renseignera.

Où se loger

COLONIA PELLEGRINI

Les hébergements se multiplient à Colonia Pellegrini, avec plus de 20 au dernier recensement. Ils se divisent entre les *hospedajes*, habituellement de simples chambres dans une maison familiale, et les *posadas* ou *hosterías*, des lodges confortables qui offrent la pension complète et des excursions. Les forfaits de plusieurs jours sont généralement les plus avantageux. Toutes les adresses suivantes peuvent s'occuper du transfert depuis Mercedes ou Posadas.

Posada de La Laguna LODGE $$$

(☎03773-499413 ; www.posadadelalaguna.com ; Guazú Virá s/n ; s/d pension complète et activités 970/1 645 ARS ;). Simple et chic, sur un vaste terrain au bord du lac, cette posada offre de belles chambres blanches, ornées de tableaux peints par le propriétaire et pourvues de lits confortables. L'accent est mis sur la détente (pas de TV). Service chaleureux, circuits guidés et bons repas.

Hostería Ñandé Retá LODGE $$

(☎03773-499411 ; www.nandereta.com ; s/d 250 ARS /500, forfait 3 jours pension complète et excursions s/d 1 760/2 660 ARS ;). Lodge le plus ancien et toujours aussi plaisant, il se niche parmi des pins et des eucalyptus et bénéficie d'une atmosphère paisible. Idéal pour les familles, il comprend des chambres colorées et une agréable piscine. Le service est excellent.

Posada Rancho Jabirú PENSION $

(☎03773-15-413750 ; www.posadaranchojabiru.com.ar ; Yaguareté s/n ; s/d 80/160 ARS). La meilleure adresse dans cette catégorie de prix. Dans un jardin soigneusement entretenu, les chambres impeccables peuvent accueillir jusqu'à 5 personnes dans un joli bungalow en adobe. La posada est gérée par les sympathiques patrons du restaurant Yacarú Porá, à côté.

Camping Iberá CAMPING $

(☎03773-15-629656 ; www.ibera.gov.ar ; Mbiguá s/n ; 1er jour/jours suivants 45/35 ARS par pers, véhicule 15 ARS). Le camping municipal, au bord du lac, est un bel endroit avec des emplacements herbeux, presque tous dotés d'un *quincho* (paillotte), et une vue superbe au coucher du soleil. C'est ici qu'il faut venir pour les excursions en bateau. Mieux vaut réserver car le camping n'est pas immense.

Aguapé Lodge LODGE $$$

(☎03773-499412 ; www.iberaesteros.com.ar ; Yacaré s/n ; ch petite/grande pension complète s 628/758 ARS, d 1 040/1 343 ARS ;). Cette luxueuse posada de style colonial jouit d'un cadre superbe au-dessus du lac. Les chambres attrayantes, hautes de plafond, bordent une véranda qui donne sur la pelouse jusqu'au lac. Service polyglotte professionnel et large éventail d'excursions.

Irupé Lodge LODGE $$

(☎0376-443-8312 ; www.ibera-argentina.com ; Yacaré s/n ; s/d standard 300/455 ARS, supérieure 760 ARS ;). Au bord du lac, ce lodge rustique séduit d'emblée par son accueil chaleureux. Si les chambres sont très correctes, les beaux meubles en bois, la piscine et la vue constituent ses principaux atouts. Les chambres supérieures sont nettement plus séduisantes, plus grandes avec plus d'intimité, la clim et une véranda privée.

Hospedaje San Cayetano PENSION $
(☎03773-15-400929 ; www.iberasancayetano.com.ar ; angle Guazú Virá et Aguapé ; s/d 120/160 ARS ; @). Cette pension sympathique, avec piscine, cuisine et *parrilla*, propose des chambres diverses, des plus sommaires avec sdb commune aux doubles ou familiales avec bons lits et douches. Elles peuvent être privées ou partagées, et les prix sont négociables. Le patron organise d'intéressants circuits en bateau et les transferts.

Posada Ypa Sapukai LODGE $$$
(☎03773-15-514212 ; www.iberaturismo.com.ar ; Mburucuyá s/n ; s/d 490/580 ARS ;). Isolé et rustique, le "Cri du lac" possède un terrain (avec hamacs et chaises longues), qui s'étire jusqu'au lac, et des petites chambres sombres. Excursion quotidienne comprise.

Hospedaje Los Amigos PENSION $
(☎03773-15-493753 ; hospedajelosamigos@gmail.com ; angle Guazú Virá et Aguapé ; ch 50-60 ARS/pers). Excellent choix pour les petits budgets, avec un propriétaire sympathique, des chambres impeccables dotées de grands lits et des sdb correctes. Bons repas simples.

Hospedaje Iberá PENSION $
(☎03773-15-627261 ; angle Guazú Virá et Ysypó ; ch 60 ARS/pers). Chambres propres avec ventil et eau chaude. Sdb derrière une boutique.

La Antigua Posada PENSION $
(☎03773-15-401111 ; iberalaantiguaposada@hotmail.com ; s/d 195/240 ARS ;). Des chambres fraîches, hautes de plafond, le long d'une véranda, un café et des propriétaires très serviables.

ENVIRONS DE LA RESERVE PROVINCIAL ESTEROS DEL IBERÁ

Estancia Rincón del Socorro LODGE $$$
(☎03782-497073 ; www.rincondelsocorro.com ; s/d pension complète et excursions 1 560/2 080 AR ;). Près de la route de Mercedes, à 31 km au sud de Pellegrini, ce ranch, propriété de Doug Tompkins, est parfait pour admirer l'immensité du ciel et la vie sauvage. Il offre un confort rustique plutôt que luxueux. Outre de jolies chambres qui communiquent, idéales pour les familles, il compte des bungalows indépendants pour deux personnes. Autour, de vastes pelouses se fondent dans les pâturages. Si vous préférez un endroit plus isolé, rejoignez **San Alonso**, une estancia associée, uniquement accessible en avion.

Estancia San Lorenzo LODGE $$$
(☎03756-481292 ; www.estanciasanlorenzo.com ; d pension complète et excursions 1 240 ARS/pers ; ⏲mars-nov). Cette sublime estancia de 4 chambres, à Galarza, est dirigée par des propriétaires extrêmement sympathiques qui mitonnent une succulente cuisine, discutent avec leurs hôtes, guident les promenades à cheval et les emmènent aux lagunes voisines pour observer caïmans et capybaras. L'accès peut être difficile sans 4x4, mais on viendra vous chercher à Gobernador Virasoro (80 km, 500 ARS aller-retour), qui se rejoint facilement en bus ou en voiture de Posadas.

Hotel Puerto Valle LODGE $$$
(☎03786-425700 ; www.hotelpuertovalle.com ; RN 12, Km 1282 ; d pension complète 1 733 ARS ;). Ce lodge luxueux se situe sur la rive du Paraná, près de la pointe nord-est des Esteros. Il possède 5 chambres impeccables dans un vaste domaine avec un élevage de caïmans. Les repas sont excellents.

Où se restaurer

Tous les hébergements de catégories moyenne et supérieure préparent des repas pour leurs clients. Si on le leur demande à l'avance, la plupart servent aussi les non-résidents s'ils ont de la place. Quelques restaurants simples sont installés dans le village.

Yacarú Porá ARGENTIN $
(angle Caraguatá et Yaguareté ; plats 25-45 ARS). Tenu avec charme et enthousiasme, ce bungalow réserve un bon accueil. Parmi les plats copieux, préparés à la commande, figurent viandes grillées, poulet, pâtes, omelettes et *milanesas* (escalopes panées).

Don Marcos ARGENTIN $
(angle Ruta 40 et Guazú Virá ; plats 20-40 ARS ; ⏲déj). Sur la route principale, ce restaurant propose une cuisine maison simple et savoureuse. Il ouvre parfois pour le dîner en saison.

Renseignements

Le dynamique **office du tourisme municipal** (info.turismo@ibera.gov.ar ; ⏲8h-19h), la meilleure source d'information, est à l'entrée du village, de l'autre côté de la chaussée en venant de Mercedes. Au **centre des visiteurs** (⏲7h30-12h et 14h-18h) de la réserve, du côté Mercedes de la chaussée, vous trouverez une exposition, une présentation audiovisuelle et de courts sentiers.

Sachez qu'il n'y a ni banque ni DAB à Colonia Pellegrini ; prévoyez suffisamment d'espèces. L'accès à Internet est limité ; une maison à l'angle de Guazú Virá et de Timbó offre une connexion peu fiable (6 ARS l'heure).

Depuis/vers la Reserva Provincial Esteros del Iberá

La route de Mercedes à Colonia Pellegrini (120 km) n'est pas aussi mauvaise qu'on le dit, et s'améliore progressivement avec les quatre-vingts premiers kilomètres lentement goudronnés. Sauf après de fortes pluies, on peut l'emprunter avec une voiture classique.

Les bus (35 ARS, 3-4 heures) sont peu fiables ; renseignez-vous au bureau d'information de la gare routière. Les départs les plus sûrs ont lieu à 12h30 du lundi au vendredi, à 9h30 le samedi, avec retour de Pellegrini à 5h.

Plus rapides et plus confortables, les combis ou les 4x4 reviennent à 100 ARS par personne s'il y a suffisamment de passagers, davantage dans le cas contraire. Adressez-vous au guichet d'information de la gare routière de Mercedes ou contactez **Hugo** (☎03773-1541-9092 ; angle Guazú Virá et Timbó) à Colonia Pellegrini. S'il n'a pas plu et que vous êtes en groupe, vous pouvez aussi prendre un *remis* à Mercedes.

La route qui part de Posadas est bien pire (prenez l'embranchement entre Gobernador Virasoro et Santo Tomé si vous disposez d'une voiture classique). Les chauffeurs demandent de 800 à 1 000 ARS pour Posadas, ou 600 ARS pour Gobernador Virasoro, d'où des bus fréquents rejoignent Posadas à 80 km.

Pellegrini ne compte pas de station-service ; les plus proches se trouvent à Mercedes et au principal carrefour proche de Santo Tomé. Faites le plein avant d'arriver. Quelques endroits à Pellegrini vendent de l'essence et du gazole.

Sachez que les agences de location de voitures de Posadas peuvent refuser de vous louer un véhicule si vous mentionnez que l'Iberá fait partie de vos destinations.

LE LONG DU RÍO URUGUAY

Le Río Uruguay, le second des deux fleuves qui confluent au nord de Buenos Aires pour former le Río de la Plata, sépare l'Argentine de l'Uruguay et constitue une partie de sa frontière avec le Brésil. Des ponts donnent accès à ces pays voisins, dont les influences se sont mêlées à celles des indigènes et des immigrants de la région. Les séduisantes villes fluviales du côté argentin sont des destinations estivales prisées des *Porteños* (habitants de la capitale).

Concepción

☎03442 / 73 824 HABITANTS

Organisée autour d'une place majestueuse, Concepción del Uruguay (son nom complet) est une ville fluviale typique, qui s'étiole depuis la disparition de l'activité marchande sur le Río Uruguay. Elle constitue une étape convenable sur la route du nord, avec plusieurs bons hôtels et le Palacio San José à la périphérie.

À voir

Les principaux sites de la ville entourent l'imposante place principale, où la Catedral de la Inmaculada Concepción, couleur ocre rose, renferme la dépouille de Justo José de Urquiza.

Palacio San José PALAIS

(www.palaciosanjose.com.ar ; RP 39, Km 30 ; adulte/enfant 5/1 ARS ; ⌚8h-19h lun-ven, 9h-18h sam-dim). Coiffé de tours jumelles et entouré d'un superbe jardin clos, l'ostentatoire palais rose de Justo José de Urquiza se situe à 33 km à l'ouest de Concepción par la RP 39. Organisé autour d'un patio à arcades, il fut construit pour faire de l'ombre à Juan Manuel de Rosas, son rival de Buenos Aires, et pour symboliser le pouvoir et la richesse de la province d'Entre Ríos. Urquiza, un *caudillo* (dirigeant provincial) local, fut en grande partie responsable de la chute de Rosas en 1852 et de l'adoption de la Constitution moderne de l'Argentine.

Les alliés d'Urquiza, tels Sarmiento et Mitre, dînaient parfois ici autour d'une table de 8,50 m de long et passaient la nuit dans le palais. L'épouse d'Urquiza transforma en sanctuaire la chambre à coucher où López Jordán fit assassiner son mari.

Si parcourir à pied 3 km ne vous dérange pas, prenez un bus à destination de Caseros et demandez au chauffeur de vous déposer à l'embranchement. Sinon, empruntez un *remis* à Concepción. **Sarbimas** (☎427777) effectue l'aller-retour avec 4 passagers au maximum pour 115 ARS, 2 heures d'attente comprises. Un circuit organisé constitue une autre possibilité. **Turismo Pioneros** (☎433914 ; www.turismopioneros.com.ar) facture 100 ARS pour 2 personnes, visite guidée comprise. Le palais comprend un restaurant médiocre et un joli parc où pique-niquer.

Où se loger

Antigua Posta del Torreón HÔTEL DE CHARME $$
(☎432618 ; www.postadeltorreon.com.ar ; Almafuerte 799 ; s/d 280/320 ARS ;). Élégant et intime, cet hôtel se situe à une rue à l'ouest et quatre rues au sud de la place. Havre de paix, il occupe une belle demeure du XIXe siècle et ses chambres entourent une cour ravissante avec une fontaine et une petite piscine.

Antigua Fonda HÔTEL $
(☎433734 ; www.antiguafonda.com.ar ; España 172 ; s/d 140/200 ARS ;). Les charmants propriétaires ont aménagé leur établissement dans une partie d'un hôtel historique de Concepción. Les chambres plaisantes, dans les tons crème et rehaussées de touches artistiques, sont réparties autour d'un jardin verdoyant. Pas de petit-déjeuner, mais une cuisine à disposition. À une rue à l'ouest et trois rues au sud de la place.

Residencial Centro PENSION $
(☎427429 ; www.nuevorescentro.com.ar ; Moreno 130 ; d 140 ARS ;). Meilleur choix pour les petits budgets, cette pension offre des chambres diverses autour d'une cour, dont les prix varient en fonction de la taille et des équipements ; celles en étage sont plus claires. À un pâté de maisons dans la même rue, **La Posada** (80 ARS/pers), plus simple, convient mieux aux voyageurs seuls.

Où se restaurer

El Conventillo de Baco ARGENTIN $$
(☎433809 ; España 193 ; plats 35-55 ARS). Proche de l'hôtel Antigua Posta del Torreón, ce beau restaurant comprend une salle et un patio attrayant. Parmi ses spécialités figurent les poissons et fruits de mer bien préparés, comme le ragoût de calamars, ainsi que le porc laqué.

Café de la Plaza CAFÉ $
(www.cafedelaplazabar.com.ar ; angle Urquiza et Galarza ; repas légers 20-40 ARS ; 8h-14h et 16h-tard). À l'angle nord-ouest de la place, ce café original possède une terrasse, un carrelage en damier et des banquettes en bois. Il sert un bon café, des plats et accueille régulièrement des concerts live.

Renseignements

Office du tourisme (☎425820 ; www.concepcionturismo.gov.ar ; 9 de Julio 844 ; 7h-20h lun-ven, 7h-22h sam-dim). Serviable, mais mal indiqué, à deux pâtés de maisons à l'ouest de la place.

Telecentro Uruguay (3 de Febrero 63 ; Internet 3 ARS/h). Téléphone et Internet à côté de la place.

BUS AU DÉPART DE CONCEPCIÓN

DESTINATION	PRIX (ARS)	DURÉE (HEURES)
Buenos Aires	115	4 heures 30
Colón	9	45 minutes
Concordia	26	3
Gualeguaychú	14	1 heure 15
Paraná	40	5

Comment s'y rendre et circuler

La **gare routière** (☎422352 ; angle Galarza et Chiloteguy) se situe à 10 pâtés de maisons à l'ouest de la place. Le bus n°1 (1,75 ARS) circule entre la place et la gare. En *remis*, comptez de 5 à 8 ARS.

Colón

☎03447 / 26 375 HABITANTS

Destination fluviale la plus séduisante d'Entre Ríos, Colón est prisée des vacanciers argentins et sa population double pratiquement en janvier sans que cela entame son charme. Avec de nombreux hôtels, des restaurants mémorables et un artisanat florissant, elle offre d'excellentes conditions de séjour et constitue un bon point de départ pour visiter le Parque Nacional El Palmar.

L'un des trois principaux postes-frontières d'Entre Ríos, Colón est reliée à la ville uruguayenne de Paysandú par le Puente Internacional General Artigas. L'animation se concentre sur la Plaza San Martín, à une rue du fleuve, et dans la rue 12 de Abril qui la rejoint.

À voir et à faire

Flâner le long du fleuve et dans les paisibles rues ombragées est la principale activité.

La Casona (www.artesanoslacasona.com.ar ; 12 de Abril 106 ; 9h-12h et 17h-20h), une coopérative au coin de la place, propose un large éventail d'articles faits main.

De nombreuses boutiques d'*artesanía* vendent toutes sortes d'objets et de produits, des gourdes à maté au ragondin macéré.

En février, la ville accueille la **Fiesta Nacional de la Artesanía**, une foire d'artisanat qui s'installe dans le Parque Quirós et comprend d'excellents spectacles folkloriques.

Divers circuits en bateau permettent d'explorer le fleuve et les Islas Vírgenes. Comptez de 35 à 50 ARS pour une excursion de 1 à 2 heures. Le personnel d'**Itaicora Aventura** (☎423360 ; www.itaicora.com ; San Martín 97) parle anglais.

Où se loger

La ville compte de nombreux campings, bungalows et appartements disponibles en été. L'office du tourisme vous fournira la liste.

Hostería "Restaurant del Puerto" HÔTEL $
(☎422698 ; www.hosteriadecolon.com.ar ; Alejo Peyret 158 ; s/d 175/220 ARS ;). La plus charmante maison de Colón (dans la plus belle rue) possède des chambres pleines de cachet, dont la décoration s'harmonise parfaitement avec le bâtiment datant de 1880 : grandes fenêtres, boiseries et mobilier rustique. Les duplex destinés aux familles (315-350 ARS) sont avantageux, de même que les tarifs réduits en semaine. Un restaurant sert de bons repas ; une piscine chauffée et un Jacuzzi sont installés à l'arrière.

Hotel Plaza HÔTEL $$
(☎421043 ; www.hotel-plaza.com.ar ; angle 12 de Abril et Belgrano ; d standard/supérieure 420/625 ARS ;). Établi de longue date, le Plaza est devenu moderne et rutilant après rénovation. Les chambres, dont certaines avec balcon, déçoivent un peu ; les supérieures, les plus récentes, possèdent des sdb de qualité. La situation sur la place et la piscine chauffée à l'arrière sont ses principaux atouts.

Isla Formosa APPARTEMENTS $$
(☎421146 ; www.islaformosa.com.ar ; 12 de Abril 442 ; d/f 240/320 ARS ;). Dans la rue principale (descendez Sourigues tout droit depuis la gare routière), ce complexe offre de grands appartements confortables avec cuisine d'un bon rapport qualité/prix, particulièrement pour les familles. Les prix baissent fortement hors saison.

Où se restaurer et prendre un verre

Colón compte de nombreux restaurants. Pour une cuisine argentine traditionnelle, rendez-vous dans Urquiza.

La Cosquilla del Ángel ARGENTIN $$
(☎423711 ; angle San Martín et Balcarce ; plats 45-80 ARS ; mer-lun). Meilleur restaurant de Colón, la "Chatouille de l'Ange" associe décor élégant, accueil et service chaleureux, fantaisie et absence de prétention, comme le reflètent son nom et ceux des plats. De nombreux mets combinent des saveurs sucrées et salées, comme les *mollejitas* (ou *mollejas* ; ris de veau). Les pâtes sont excellentes et la carte des vins au-dessus de la moyenne.

El Viejo Almacén ARGENTIN $$
(☎422216 ; angle Urquiza et Paso ; plats 30-55 ARS). À un pâté de maisons de la place, ce restaurant paisible, aux murs en brique décorés de vieilles photos, propose une longue carte avec d'excellentes pâtes maison, de

VAUT LE DÉTOUR

LE CARNAVAL DE GUALEGUAYCHÚ

Agréable ville fluviale, Gualeguaychú (www.gualeguaychu.info) est paisible hors saison et s'anime en été, lors du carnaval le plus long et le plus extravagant du pays. Faites halte dans la ville n'importe quel week-end entre mi-janvier et fin février pour assister aux festivités. Elles se déroulent notamment au Corsódromo, où l'entrée coûte de 60 à 70 ARS presque tous les soirs.

De corrects hôtels pour petits budgets jalonnent Bolívar, entre Bartolomé Mitre et Monseñor Chalup. La ville compte également 3 auberges de jeunesse.

Gualeguaychú est facilement accessible en bus de Buenos Aires (3 heures 30), de Paraná et d'autres villes le long du Río Uruguay.

Gualeguaychú est également un point de passage vers l'Uruguay : la ville de Fray Bentos est située de l'autre côté du pont.

À NE PAS MANQUER

ÉTABLISSEMENTS THERMAUX LE LONG DE L'URUGUAY

La plupart des villes qui bordent le Río Uruguay – telles Gualeguaychú, Colón et Concordia – ont profité des abondantes nappes aquifères géothermales de la région pour créer de beaux établissements thermaux, prisés des touristes argentins. Bien équipés, ils comportent plusieurs bassins couverts et en plein air, aux températures variables. L'entrée coûte habituellement de 30 à 40 ARS. Le site www.termasdeentrerios.gov.ar en fournit la liste complète.

délicieuses *empanadas*, des poissons d'eau douce et des viandes grillées. Les portions ne sont pas aussi copieuses qu'ailleurs.

El Sótano de los Quesos FROMAGES $
(angle Chacabuco et Av Costanera ; assiettes mixtes 1/2 pers 32/58 ARS ; 16h-21h mar-ven, 11h30-21h30 sam-dim ;). Près de l'office du tourisme, cet endroit original sert une belle variété de fromages artisanaux et d'autres délices à de jolies tables disposées sur une pelouse qui domine le port. Il propose aussi des bières et des vins locaux, et une cave où les acheter.

Renseignements

Office du tourisme (421996 ; www.colon.gov.ar ; angle Gouchón et Av Costanera ; 7h-20h dim-jeu, 7h-21h ven-sam). Dans l'ancien bâtiment des douanes construit par Urquiza. Un autre bureau à la gare routière ouvre tous les jours de 8h à 13h et de 14h à 20h.

Comment s'y rendre et circuler

La **gare routière** (421716 ; angle Rocamora et 9 de Julio) de Colón se situe à 7 rues du fleuve (vers l'ouest) et à 8 rues au nord de la principale rue commerçante, 12 de Abril. Comptez 5-6 ARS pour rejoindre le centre en *remis*.

Parmi les destinations desservies figurent Buenos Aires (115 ARS, 5 heures), Gualeguaychú (20 ARS, 2 heures) via Concepción (9 ARS, 40 min), Concordia (18 ARS, 2 heures 30) via Ubajay (9 ARS, 1 heure 30) et Paysandú, en Uruguay (16 ARS, 45 min).

Pour le passage de la frontière uruguayenne, consultez l'encadré ci-contre.

Parque Nacional El Palmar

03447

Sur la rive ouest du Río Uruguay, à mi-chemin entre Colón et Concordia, le **Parque Nacional El Palmar** (493049 ; www.elpalmarapn.com.ar ; RN 14, Km 199 ; Argentin/étranger 20/40 ARS), d'une superficie de 8 500 km², protège les dernières grandes forêts de palmiers yatay du littoral argentin. Au XIXe siècle, ces palmiers couvraient de vastes secteurs d'Entre Ríos, de l'Uruguay et du sud du Brésil, mais l'intensification de l'agriculture, de l'élevage et de l'exploitation forestière en a détruit la majeure partie.

Pouvant atteindre 18 m de haut, avec un tronc de 40 cm de diamètre, les plus grands spécimens accentuent l'aspect subtropical du paysage. Les prairies et les forêts touffues qui longent le fleuve et les criques abritent de nombreux animaux.

Les billets, valables 48 heures, s'achètent à l'entrée du parc sur la RN 14 de 7h à 19h ; le parc est ouvert 24h/24.

À voir et à faire

Les principales infrastructures du parc se situent à 12 km de l'entrée, par une bonne piste. Le **centre des visiteurs** (8h-19h) présente des expositions sur l'histoire naturelle. De là, vous pouvez organiser des excursions en canoë, à vélo ou à cheval dans le parc. De la principale route d'accès, des pistes correctes conduisent à trois points de vue. L'**Arroyo Los Loros**, à courte distance au nord du camping par une route gravillonnée, est un bon endroit pour observer la faune. Au sud du centre des visiteurs, l'Arroyo El Palmar, un agréable cours d'eau, donne accès à deux points de vue, **La Glorieta** et **El Palmar**, tous deux avec de courts sentiers balisés et le second avec un affût pour observer les oiseaux. Il existe trois autres courts sentiers près du centre des visiteurs et un autre affût à proximité du Río Uruguay. Des randonnées guidées sont possibles sur arrangement préalable.

Du camping, vous pourrez facilement rejoindre le fleuve pour vous baigner et faire du bateau.

Où se loger et se restaurer

Ubajay offre des hébergements bon marché, ainsi que des chambres sommaires dans la gare routière.

Camping El Palmar CAMPING $

(☎423378 ; empl par pers/tente 20/15 ARS). Ce camping accueillant, de l'autre côté du parking en venant du centre des visiteurs, est le seul hébergement dans le parc. Il dispose d'emplacements ombragés, de douches chaudes et d'électricité. Une boutique vend des en-cas et des produits alimentaires, dont des morceaux de bœuf à griller au barbecue. Un restaurant lui fait face.

La Aurora del Palmar LODGE, CAMPING $$

(☎421549 ; www.auroradelpalmar.com.ar ; RN 14, Km 202 ; empl 20 ARS plus 20 ARS/adulte ; s/d sans douche 110/200 ARS, d/qua à partir de 250/310 ARS ;). Entre Ubajay et l'entrée du parc, ce domaine, qui comprend un ranch de bétail et une plantation d'agrumes, possède une forêt protégée de palmiers aussi spectaculaires que ceux du parc national. Cet endroit original et bien tenu propose des emplacements de camping ombragés, des chambres familiales en duplex dans un joli bungalow et de rustiques chambres en bois dans des wagons de chemin de fer rénovés. Une belle piscine et un restaurant sont à disposition. Canoë, randonnées équestres et safaris à la découverte des palmiers (55 ARS).

Depuis/vers le Parque Nacional El Palmar

El Palmar se situe sur la RN 14, une importante nationale orientée avec de fréquents services de bus nord-sud. Tous les bus qui circulent en direction du nord vers Concordia vous déposeront à l'entrée du parc, à 12 km du centre des visiteurs. De là, vous pouvez continuer à pied ou en stop, ou rester dans le bus jusqu'à Ubajay, à 6 km, et prendre un *remis* pour rejoindre le centre des visiteurs (50-60 ARS) ; le *locutorio*, à côté de la gare routière, vous en appellera un.

En semaine, un bus scolaire part d'Ubajay pour le parc à 12h et dans l'après-midi et vous emmènera gratuitement s'il reste de la place.

À Colón, plusieurs agences organisent des excursions d'une demi-journée dans le parc avec promenade guidée. **LHL** (☎422222 ; www.lhlturismo.com.ar ; 12 de Abril 119), près de la place, facture l'excursion de 60 à 90 ARS selon le nombre de participants, plus le droit d'entrée au parc.

Concordia

☎0345 / 170 033 HABITANTS

Cet agréable centre agricole, au bord du Río Uruguay, n'a guère d'intérêt mais constitue une étape pratique pour une nuit. Le parfum acidulé des agrumes, la principale culture, flotte parfois dans la ville qui compte une jolie place centrale, des plages fluviales et des coins de pêche. Concordia permet aussi de passer la frontière vers la ville uruguayenne de Salto, via le complexe hydroélectrique de Represa Salto Grande.

À voir et à faire

GRATUIT **Museo Regional de Concordia** MUSÉE

(angle Entre Ríos et Ramírez ; 9h-13h et 14h-19h lun-ven, 9h-18h sam-dim). Ce musée délabré est consacré à l'immigration italienne et renferme de beaux meubles anciens. Son principal intérêt est le splendide bâtiment, qui mêle une architecture néo-Renaissance française et des éléments Art nouveau, mais a désespérément besoin d'une restauration.

Museo Judío de Entre Ríos MUSÉE

(www.museojudioer.org.ar ; Entre Ríos 476 ; 20 ARS ; 8h30-12h30). Trois salles retracent l'arrivée, les luttes et le mode de vie des gauchos juifs (voir p. 186), ainsi que la Shoah à travers les yeux d'un survivant. Accueille aussi des expositions temporaires.

GRATUIT **Castillo San Carlos** RUINES

Au bord du fleuve dans le Parque Rivadavia, à la lisière nord-est de la ville, ce château en ruine fut construit en 1888 par un industriel français, qui l'abandonna mystérieusement des années plus tard. Antoine de Saint-Exupéry y vécut brièvement et un monument à proximité commémore *Le Petit Prince*. L'accès est gratuit mais surveillez les enfants.

Où se loger

Hotel Salto Grande HÔTEL $$

(☎421-0034 ; www.hotelsaltogrande.net ; Urquiza 581 ; s/d 278/350 ARS ;). Juste

ENTRER EN URUGUAY

Il existe trois principaux postes-frontières entre l'Argentine et l'Uruguay, son voisin oriental, tous ouverts 24h/24. Il s'agit, du sud au nord, de Gualeguaychú-Fray Bentos, Colón-Paysandú et Concordia-Salto. Pour les formalités d'entrée en Uruguay, reportez-vous p. 117 et p. 582.

EL GAUCHO JUDÍO

Si l'image du gaucho évoque immédiatement l'Argentine, on sait moins que de nombreux gauchos étaient d'origine juive. La première vague d'immigration juive documentée date de la fin du XIXe siècle, quand 800 Juifs russes arrivèrent à Buenos Aires, fuyant les persécutions du tsar Alexandre III.

La Jewish Colonization Association, fondée par un riche philanthrope allemand, distribua des parcelles de 100 ha à des familles d'immigrants dans les provinces d'Entre Ríos, de Santa Fe, de Santiago del Estero, de la Pampa et de Buenos Aires.

La première grande colonie, **Moisés Ville** dans la province de Santa Fe, fut alors surnommée la Jérusalem argentine. Si la ville ne compte aujourd'hui qu'environ 300 juifs (15% de la population), de nombreuses traditions juives perdurent : la bourgade compte 4 synagogues, la boulangerie vend du pain azyme et les enfants utilisent des mots d'argot yiddish, comme "schlep" et "schlock".

Les immigrants juifs s'intégrèrent rapidement à la société argentine, mêlant leurs traditions à la culture locale. Il n'était pas rare de voir un cavalier en pantalon large, avec des espadrilles et une kippa sur la tête, griller un morceau de bœuf sur l'*asado* (barbecue). Nombre de leurs descendants ont depuis quitté la campagne pour les villes. Au nombre d'environ 200 000, les Juifs d'Argentine constituent la plus importante communauté juive d'Amérique latine.

Pour en savoir plus sur les *gauchos judíos*, visitez le Museo Judío de Entre Ríos à Concordia (p. 185).

au sud de la place principale, ce bel hôtel moderne offre un excellent service, à des prix raisonnables. Plusieurs catégories de chambres : les plus chères ne se distinguent des standards que par une plus belle vue et un minibar.

Hotel Pellegrini HÔTEL $
(☎422-7137 ; hotelpellegrini@gmail.com ; Pellegrini 443 ; s/d 100/190 ARS ; 📶). De loin le meilleur choix pour les petits budgets, cet hôtel, tenu par une famille sympathique, propose des chambres impeccables, avec TV et sdb, à 3 rues au sud de la place. Réservez, car il est prisé.

Hotel Concordia HÔTEL $
(☎421-6869 ; La Rioja 518 ; s/d 120/220 ARS ; ❄📶). Bon marché et chaleureux, il occupe un immense bâtiment. Les chambres varient en luminosité, en taille et en qualité des matelas. Les sdb, dont certaines desservies par un escalier intérieur, sont correctes.

Où se restaurer

El Reloj PIZZA $
(Pellegrini 580 ; pizza 20-35 ARS). Une bonne ambiance règne dans cette grande pizzeria aux murs de brique, qui offre un choix infini de pizzas ; les indécis pourront même commander une pizza mixte, avec deux garnitures. Des *parrilladas* sont également proposées.

Malaika ARGENTIN $$
(☎422-4867 ; 1 de Mayo 59 ; plats 46-58 ARS ; ⏲8h-2h ; 🖉📶). Détendu et branché, ce beau café-bar sur la place sert des salades, des pizzas, des pâtes et des en-cas, ainsi qu'une cuisine plus élaborée, dont de nombreux plats végétariens et des plats du jour. Menus déjeuner à 44 ARS.

Renseignements

Office du tourisme (☎421-3905 ; www.concordia.gov.ar/turismo ; angle Pellegrini et Mitre ; ⏲8h-19h). Sur la place. Le comptoir d'information à la gare routière fournit également des renseignements touristiques.

BUS AU DÉPART DE CONCORDIA

DESTINATION	PRIX (ARS)	DURÉE (HEURES)
Buenos Aires	158	6 heures 30
Colón	18	2 heures 30
Concepción	22	3
Corrientes	197	7
Paraná	83	4 heures 30
Paso de los Libres	74	4
Posadas	185	8

Depuis/vers Concordia

LAER (☎0810-777-5237 ; www.laersa.com.ar) propose des vols pour Buenos Aires. La **gare routière** (☎421-7235 ; angle Justo et Hipólito Yrigoyen) se situe à 13 rues au nord de la Plaza 25 de Mayo. Chaque jour, sauf le dimanche, 4 bus desservent Salto, en Uruguay (20 ARS, 1 heure 15).

Du port au-delà de l'extrémité est de Carriego, des vedettes traversent le fleuve jusqu'à Salto (15 ARS, 15 min) 4 fois par jour du lundi au samedi entre 8h30 et 18h30.

La ligne ferroviaire Buenos Aires-Posadas passe par Concordia. Pour le passage de la frontière uruguayenne, reportez-vous p. 185.

Comment circuler

Le bus n°2 (2 ARS) suit Yrigoyen vers le sud de la gare routière au centre-ville. En direction du nord, prenez-le dans Pellegrini, devant le Banco de la Nación. Un taxi du centre à la gare routière revient à 10 ARS.

Paso de los Libres

☎03772 / 48 642 HABITANTS

Le nom, qui signifie "passage des hommes libres", est l'élément le plus romantique de cette ville frontalière, au bord du Río Uruguay. Elle fait face à la grande cité brésilienne d'Uruguaiana, sur la rive opposée, que relie un pont très emprunté. Sans grand intérêt pour le voyageur, Paso de los Libres a l'animation typique d'une ville-frontière, une place centrale pittoresque et quelques hôtels et restaurants convenables.

Où se loger et se restaurer

Hotel Alejandro Primero HÔTEL $$
(☎424100 ; www.alejandroprimero.com.ar ; Coronel López 502 ; s/d 275/440 ARS ; ❄@📶🏊). Cet excellent hôtel surprend par le chic de sa réception et de son restaurant. Les chambres, un peu moins impressionnantes, sont très spacieuses. Demandez-en une avec vue sur le fleuve et la ville brésilienne d'Uruguaiana.

Hotel Las Vegas HÔTEL $
(☎423490 ; Sarmiento 554 ; s/d 140/210 ARS ; ❄📶). Malgré la moquette bordeaux et l'ambiance années 1970, cet hôtel du centre-ville est assez récent. Les chambres, sombres et confortables, disposent de sdb avec une bonne douche. Celles sur l'arrière sont plus claires et plus grandes.

El Nuevo Mesón ARGENTIN $$
(Colón 587 ; plats 30-50 ARS). Élégamment décoré en noir et blanc (les serveurs semblent porter une tenue de camouflage), ce restaurant propose une cuisine bien préparée et savoureuse à des prix corrects – pizzas, *parrillada* et plats plus élaborés. Installez-vous en terrasse si le temps le permet.

Renseignements

À défaut d'office du tourisme, des cartes de la ville sont affichées dans tout le centre. Des DAB sont installés sur la place et le long de l'Avenida Colón.

Libres Cambio (Av Colón 901). Change les espèces.

VAUT LE DÉTOUR

YAPEYÚ

Yapeyú est une bourgade idéale pour se détendre, le genre d'endroit où les habitants vous saluent dans la rue ; en soirée, vous entendrez les chevaux marteler la terre rouge.

À une heure de bus au nord de Paso de los Libres, Yapeyú fut fondée en 1626 en tant que mission jésuite la plus méridionale. Elle est aussi connue pour avoir vu naître José de San Martín, le "Libérateur" de l'Argentine.

Vous pourrez admirer les ruines jésuites – le **musée** (entrée libre ; ⏲8h-12h et 15h-18h mar-dim) retrace de manière exhaustive l'histoire des missions – ainsi que le bel édifice qui contient les vestiges de la maison où San Martín naquit en 1778.

Sur la place, entre ces deux sites majeurs, l'**Hotel San Martín** (☎03772-493120 ; Sargento Cabral 712 ; s/d 130/190 ARS ; ❄), simple et accueillant, s'organise autour d'une cour intérieure. Pour un hébergement plus haut de gamme, choisissez les bungalows modernes en bord de fleuve d'**El Paraíso Yapeyú** (☎03772-493056 ; www.paraisoyapeyu.com.ar ; angle Paso de los Patos et San Martín ; bungalow 2/4 pers 185/305 ARS ; ❄🏊), qui offre également des emplacements de camping.

Chaque jour, 4 ou 5 bus desservent Paso de los Libres (9 ARS, 1 heure) et certains continuent au-delà. En sens inverse, des bus quotidiens rallient Posadas. D'autres bus font halte sur la nationale, à la lisière de la ville.

Depuis/vers Paso de los Libres

La **gare routière** (☎425600) se trouve à 1 km du centre. Plusieurs bus quotidiens desservent Buenos Aires (240 ARS, 10 heures) et Posadas (110 ARS, 5 heures) et les villes en chemin. Des bus rallient Corrientes (90 ARS, 6 heures) via Mercedes (25 ARS, 3 heures). D'autres bus contournent la ville et peuvent vous déposer sur la RN 14, où vous pouvez prendre un taxi pour rejoindre le centre-ville, à 16 km.

Des bus à destination d'Uruguaiana, au Brésil (2 ARS), partent fréquemment à partir de 7h ; ils font halte dans l'Av San Martín à hauteur de l'Av Colón, et en face de la gare routière (près du bâtiment aux allures de château).

Pour des renseignements sur le passage de la frontière brésilienne, reportez-vous à la p. 201. La frontière est ouverte 24h/24. Des voyageurs signalent qu'il est possible de transiter vers l'Uruguay sans visa brésilien à cet endroit.

Comment circuler

Le quartier entre la gare routière et le centre-ville est un peu louche à la nuit tombée. Des minibus (1,50 ARS) circulent du coin en contrebas de la gare routière jusqu'au centre-ville ; en taxi, comptez 15 ARS.

POSADAS ET LES MISSIONS JÉSUITES

L'étroite province de Misiones, qui pointe comme un doigt au nord-est entre le Brésil et le Paraguay, doit son nom aux missions jésuites (voir l'encadré p. 192) qui s'installèrent dans la région et dont les ruines constituent une attraction majeure. Aujourd'hui, San Ignacio Miní est la mieux restaurée ; celle-ci et d'autres ruines (y compris de l'autre côté de la frontière au Paraguay ; voir p. 190) se rejoignent facilement de Posadas, la capitale provinciale. Des bus traversent la province pour rejoindre les chutes d'Iguazú au nord ; un détour vous fera découvrir d'autres chutes époustouflantes, les Saltos del Moconá sur le Río Uruguay (voir l'encadré p. 197).

Misiones se distingue par la beauté des paysages. En arrivant du sud, vous verrez apparaître des collines vallonnées, des bosquets de bambous, des vergers de papayers ou de maniocs. La route longe des plantations de thé et de maté, qui poussent sur le sol rouge typique de la région ; la province est le principal producteur de maté.

Posadas

☎0376 / 324 756 HABITANTS

Capitale de Misiones et bonne base pour visiter les ruines des missions jésuites, Posadas est une cité moderne qui borde le large Río Paraná et fait face à Encarnación, au Paraguay, sur l'autre rive. Des panneaux de signalisation colorés émaillent ses rues humides et animées, et des arbres ombragent ses parcs et places. Étape sur la route du Paraguay ou d'Iguazú au nord, elle compense par son charme une pénurie de sites notables.

À voir

Les missions jésuites sont le principal atout touristique de la région. À Posadas, le puissant Río Paraná constitue l'attraction majeure.

Palacio del Mate GALERIE D'ART

(Rivadavia 1846 ; ⌚8h-12h30 et 16h-20h lun-ven, 17h-20h sam). Plus intéressante que les quelques musées désordonnés de Posadas, cette galerie d'art accueille des expositions temporaires et des présentations sur la culture du maté.

Fundación Artesanías Misioneras GALERIE

(angle Alvarez et Arrechea ; ⌚9h-12h30 et 17h-20h lun-sam). La culture guaraní est vivace dans cette partie du pays et vous verrez des artisans guaraní vendre leurs œuvres partout dans le centre-ville. Cette galerie expose et vend des articles particulièrement beaux.

Circuits organisés

En ville, de nombreux tour-opérateurs proposent des circuits aux chutes d'Iguazú, aux missions jésuites et aux Esteros del Iberá.

Guayrá CIRCUITS ORGANISÉS

(☎443-3415 ; www.guayra.com.ar ; San Lorenzo 2208). Ce tour-opérateur très serviable offre des excursions d'une demi-journée aux missions jésuites (315-375 ARS), aux missions paraguayennes, aux Saltos del Moconá et ailleurs.

Fêtes et festivals

Posadas célèbre le **carnaval**, en février ou en mars selon les années, avec entrain.

Posadas

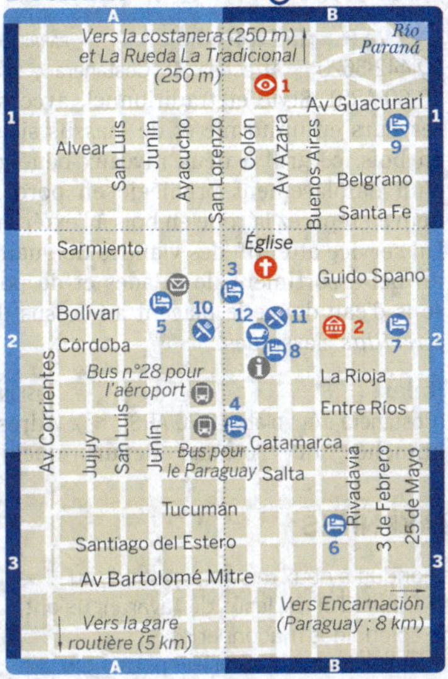

Posadas

À voir

1 Fundación Artesanías Misioneras B1
2 Palacio del Mate B2

Où se loger

3 City Hotel B2
4 Hotel Julio César B2
5 Hotel Posadas Urbano A2
6 Le Petit Hotel B3
7 Posadeña Linda B2
8 Residencial Misiones B2
9 Vuela El Pez Hostel B1

Où se restaurer

10 El Rayo A2
11 La Querencia B2

Où prendre un verre

12 Café La Nouvelle Vitrage B2

Où se loger

Hotel Posadas Urbano HÔTEL $$$
(☎444-3800 ; www.hahoteles.com ; Bolívar 2176 ; s/d/ste 452/525/713 ARS ;). Cet hôtel récent est rapidement devenu la meilleure adresse de Posadas grâce à un vaste éventail d'équipements et un emplacement central. Les grandes chambres, lumineuses, avec moquette, disposent toutes d'une belle sdb, d'un balcon et de baies vitrées donnant sur la ville. Les suites, un peu plus spacieuses, ne diffèrent guère. L'atrium avec piscine, la salle de sport, le spa, le séduisant salon et des expositions d'art ajoutent à son attrait.

Posadeña Linda AUBERGE DE JEUNESSE $
(☎0376-15-452-3909 ; posadenalindahostel@hotmail.com ; Bolívar 1439 ; dort 55-65 ARS, d 150 ARS ;). Gérée avec soin, cette excellente auberge de jeunesse, à courte distance de la place, offre un accueil chaleureux, de confortables lits superposés et un patio avec une petite piscine. L'ambiance est animée et détendue. Quand vous lirez ces lignes, elle devrait a la clim et un ordinateur.

La Aventura AUBERGE DE JEUNESSE, BUNGALOWS $
(☎446-5555 ; www.complejolaaventura.com ; angle Av Urquiza et Av Zapiola ; dort 65 ARS, bungalows à partir de 310 ARS ;). Cette sorte de camp de vacances affilié HI, à 4 km du centre (bus n°3 ou n°13 d'Ayacucho, ou 20 ARS en taxi), propose des bungalows qui peuvent accueillir jusqu'à 4 personnes, des dortoirs et des chambres. Le grand jardin verdoyant comprend une plage fluviale, un bon restaurant, une piscine, un court de tennis, un minigolf et d'autres installations.

City Hotel HÔTEL $
(☎443-9401 ; www.misionescityhotel.com.ar ; Colón 1754 ; s/d 133/224 ARS ;). Sur la place, le City possède la plus grande enseigne de la ville. Les chambres varient ; certaines n'ont guère d'attrait, avec du lino au sol, mais d'autres sont plus plaisantes, aux 10e et 11e étages, avec une belle vue sur la ville. Les prix sont moins élevés en basse saison.

Le Petit Hotel HÔTEL $$
(☎443-6031 ; www.hotellepetit.com.ar ; Santiago del Estero 1630 ; s/d 200/250 ARS ;). Simple et paisible, tenu par un couple charmant, ce petit hôtel comporte des chambres sombres et propres, avec de grandes sdb, autour d'un patio verdoyant. Vous pourrez facilement vous garer dans ce quartier résidentiel.

Residencial Misiones PENSION $
(☎443-0133 ; Av Azara 1960 ; s/d 60/100 ARS). Très bon marché, cette pension occupe un bâtiment central plein de cachet, mais ne conviendra pas aux maniaques de l'hygiène. Les chambres varient en qualité ; demandez à en voir plusieurs. La gentillesse du personnel fait oublier les matelas fatigués.

Hotel Julio César HÔTEL $$

(☎442-7930 ; www.juliocesarhotel.com.ar ; Entre Ríos 1951 ; s/d 365/425 ARS ; ❄@📶🏊). Ce quatre-étoiles dans le centre-ville possède de grandes chambres pimpantes, avec réfrigérateur et jolie sdb. Celles de catégorie supérieure, un peu plus chères, ne diffèrent que par leur emplacement dans les derniers étages.

Vuela El Pez Hostel AUBERGE DE JEUNESSE $

(☎443-8706 ; www.vuelaelpez.com.ar ; 25 de Mayo 1216 ; dort/d 49/170 ARS, lits jum sans sdb 130 ARS ; ❄@📶🏊). Sur un promontoire proche de la *costanera*, ce bâtiment sans enseigne abrite une auberge de jeunesse à l'ambiance très décontractée.

Où se restaurer

♥ **La Rueda La Tradicional** PARRILLA $$

(☎442-5620 ; Arrechea et Costanera ; plats 40-60 ARS). Stylé et traditionnel, avec des serveurs en uniforme et de massifs sièges en bois, ce grill à deux niveaux bénéficie d'un emplacement privilégié en bord de fleuve : repérez la roue en bois à l'extérieur. Un service attentif, des viandes de qualité, un bel assortiment de salades et de poissons d'eau douce le placent au-dessus des *parrillas* classiques.

Itakua FUSION $$

(Costanera s/n ; plats 40-70 ARS ; 📶). Adresse branchée de Posadas depuis quelque

LA VISITE DES MISSIONS PARAGUAYENNES

De Posadas, une belle excursion d'une journée conduit à deux missions jésuites au Paraguay. Les majestueuses églises en ruine de Trinidad et de Jesús de Tavarangüe ont été soigneusement restaurées et conservent de splendides maçonneries.

Prenez un bus de Posadas jusqu'à la gare routière d'Encarnación (voir p. 191). De là, des bus (pour la plupart signalés Ciudad del Este) partent environ toutes les 30 minutes pour Trinidad (5 000 PYG, 50-60 min). Demandez au chauffeur de vous déposer à l'embranchement vers les ruines, à 700 m du site.

Les **ruines de Trinidad** (⏲7h-19h, 7h-17h30 avr-sept) sont spectaculaires, avec la pierre ocre rouge de l'église tranchant sur la prairie parsemée de fleurs et les montagnes alentour. Contrairement aux missions argentines, de nombreux éléments décoratifs subsistent : niches festonnées aux sculptures érodées, fonts baptismaux, chaire baroque élaborée et porches surmontés d'éléments finement sculptés. On peut grimper sur l'un des murs (attention aux enfants : il n'y a pas de rambarde). Une église et un clocher plus anciens ont été restaurés. Un hôtel-restaurant jouxte le site.

Pour rejoindre **Jesús de Tavarangüe**, revenez sur la route principale et tournez à droite. À la station-service, à 200 m, un embranchement conduit à Jesús, à 12 km. Des taxis collectifs (7 000 PYG) attendent à cet endroit, et des bus (5 000 PYG) passent toutes les 2 heures. En taxi, comptez 20 000 G aller-retour de l'embranchement à Jesús de Tavarangüe, attente comprise.

L'**église** (⏲7h-19h, 7h-17h30 hiver) restaurée de Jesús de Tavarangüe ne fut jamais achevée. Ses impressionnantes arches trilobées, évocation du passé maure de l'Espagne, et ses motifs sculptés d'épées et de clés croisées en font peut-être la plus pittoresque des ruines jésuites. Cette église à triple nef, au sol couvert d'herbe, est aussi monumentale que celle de Trinidad. Vous pouvez grimper au sommet du clocher pour la vue sur la campagne alentour.

Retournez sur la route principale en bus ou en taxi ; les bus pour Encarnación font halte à côté de la station-service et continuent jusqu'à la gare routière (ou à côté). Les bus à destination de Posadas partent de l'arrêt devant la gare routière, en face de l'école.

Un billet combiné, valable 3 jours, pour les ruines de Trinidad, de Jesús, et de San Cosme (au sud-ouest d'Encarnación) coûte 25 000 PYG.

Vous aurez peut-être besoin d'un visa pour entrer au Paraguay. Actuellement, les ressortissants de l'UE en sont dispensés, contrairement aux Canadiens. Le visa pour une seule entrée, délivré en une heure par le consulat paraguayen à Posadas, coûte 65 $US ; prévoyez des photos d'identité, une photocopie de votre passeport, un titre de transport prouvant que vous allez quitter le Paraguay et, éventuellement, la preuve que vous disposez de suffisamment d'argent (une carte de crédit peut convenir). Vous pouvez essayer de passer sans faire tamponner votre passeport, mais vous risquez une amende de 100 $US.

temps, ce grand bar-restaurant sélect se situe au cœur de la *costanera*. Diverses saveurs européennes rehaussent les traditionnels ingrédients argentins : brie, basilic et choucroute accompagnent les viandes locales. La qualité est irréprochable et l'ambiance animée.

La Querencia PARRILLA $$
(☎443-7117 ; Bolívar 322 ; plats 33-75 ARS ; 📶). Sur la place, cette *parrilla* haut de gamme se spécialise dans le savoureux *galeto* (morceaux de poulet marinés). Elle sert aussi de succulentes brochettes, composées de plusieurs viandes, et des salades bien préparées.

El Rayo CAFÉTÉRIA $
(Bolívar 2089 ; repas légers 17-33 ARS). Sans prétention et efficace, cette cafétéria fait le plein à l'heure du déjeuner grâce à ses délicieux *lomitos* et *empanadas*, ses bonnes pizzas et son service souriant.

Où prendre un verre et sortir

L'animation du week-end tend à se concentrer sur la *costanera*, où restaus, bars et discothèques font la fête bruyamment jusque tard. Du centre-ville, remontez Buenos Aires et son prolongement vers le nord sur 9 pâtés de maisons.

Café La Nouvelle Vitrage CAFÉ
(Bolívar 1899 ; 📶). Avec une ambiance vaguement française, cet agréable café sur la place possède une salle confortable et une terrasse idéale pour regarder les passants.

Renseignements

Plusieurs DAB bordent la place ; des centres téléphoniques et des cybercafés sont installés aux alentours.

Cambios Mazza (Bolívar). Change les chèques de voyage.

Hôpital General R Madariaga (☎444-7775 ; Av López Torres 1177). À 1 km au sud du centre-ville.

Office du tourisme (☎444-7539 ; www.turismo.misiones.gov.ar ; Colón 1985 ; ⏲8h-20h lun-ven, 8h-12h et 16h-20h sam-dim). Un personnel bien informé. Un autre bureau, dans la gare routière, ouvre aux même horaires.

Depuis/vers Posadas

Avion

Aerolíneas Argentinas (☎442-2036 ; Ayacucho 1724) effectue 5 vols hebdomadaires pour Buenos Aires.

Bus

Du coin de San Lorenzo et d'Entre Ríos, des bus partent toutes les 20 minutes pour Encarnación, au Paraguay (5 ARS). Avec les formalités frontalières, le trajet peut durer plus d'une heure.

Tous les passagers doivent passer par l'émigration argentine et le bus peut partir sans vous ; le cas échéant, gardez votre billet et prenez le suivant. La même chose se produit en sens inverse. Un office du tourisme pratique jouxte le bureau de l'immigration paraguayen et des changeurs officiels proposent leurs services alentour. Veillez à obtenir des petites coupures car les billets de 100 000 guaranis sont très difficiles à changer.

Du centre de Posadas, les bus n^os^8, 15, 21 ou 24 (1,75 ARS) desservent la **gare routière** (☎442-5800 ; RN 12 et Av Santa Catalina) ; en taxi, comptez 30 ARS.

Des bus partent environ toutes les 30 minutes pour San Ignacio (14 ARS, 1 heure).

Train

La **liaison ferroviaire** (☎443-6076 ; www.trenesdellitoral.com.ar) Posadas-Buenos Aires est bon marché mais il faut s'armer de patience. Le vieux *Gran Capitán* part pour la gare Federico Lacroze de Buenos Aires à 23h le mercredi et à 15h le dimanche. En sens inverse, il quitte la capitale à 10h50 le mardi et à 22h05 le vendredi. Le trajet dure théoriquement 30 heures, mais en général beaucoup plus (classe touristique/1re classe 118/180 ARS). Lors de nos recherches, un autorail partait de la gare de Garupá, à 10 km au sud de Posadas, pour rejoindre le train à Apóstoles.

Comment circuler

Le bus n°28 (1,75 ARS) part de San Lorenzo (entre La Rioja et Entre Ríos) pour l'aéroport ; en *remis*, comptez environ 40 ARS. **Avis** (☎459-6660 ; www.avis.com.ar ; Azará 1908) est une agence de location de voitures recommandée.

BUS AU DÉPART DE POSADAS

DESTINATION	PRIX (ARS)	DURÉE (HEURES)
Buenos Aires	362	14
Corrientes	102	4
Paso de los Libres	110	6
Puerto Iguazú	102	5
Resistencia	106	5
Rosario	322	16
Santa Fe	295	14
Tucumán	408	17

L'UTOPIE JÉSUITE

Durant un siècle et demi à partir de 1609, la Compagnie de Jésus mena dans la forêt sud-américaine l'une des plus grandes expériences sociales de l'histoire. Dans des endroits incroyablement isolés, des Jésuites fondèrent des *reducciones* (missions), où ils installèrent des communautés de Guaraní afin de les évangéliser et de les éduquer, tout en les protégeant de l'esclavage et des influences néfastes de la société coloniale. Voltaire décrivit cet idéal utopique comme "un triomphe d'humanité qui semble expier les cruautés des premiers conquérants".

Pour les Guaraní invités à commencer une nouvelle vie dans les missions, les bénéfices étaient tangibles, notamment concernant la sécurité, la nourriture et la prospérité. La mortalité baissa immédiatement et la population des missions s'accrut rapidement. À leur apogée, les 30 *reducciones* jésuites disséminées dans les actuels Argentine, Brésil et Paraguay comptaient plus de 100 000 Guaraní. Chaque mission abritait un minimum d'Européens, généralement deux prêtres, et les Guaraní se gouvernaient eux-mêmes sous l'autorité spirituelle des Jésuites. Ces derniers n'obligèrent jamais les Guaraní à parler espagnol et s'efforcèrent uniquement de changer les aspects de la culture locale – polygamie et cannibalisme occasionnel – contraires à la morale catholique. Chaque famille recevait une maison et les enfants étaient scolarisés.

La *reducción* classique comportait une vaste place centrale, dominée par une église et un *colegio* qui abritait les prêtres, des ateliers d'art et des entrepôts. Les maisons des Guaraní, disposées en rangées régulières, occupaient le reste de l'espace. Il pouvait y avoir également un hôpital, un *cotiguazú* (grande maison) pour les veuves et les femmes abandonnées, et un *cabildo* (conseil municipal), où vivait le chef choisi par les Guaraní.

Ces communautés étaient autosuffisantes ; les Guaraní apprenaient l'agriculture et la nourriture était distribuée de manière équitable. Avec le développement des missions, les bâtiments en bois d'origine furent remplacés par des édifices en pierre. De grandioses églises baroques, dessinées par des architectes de renom, virent le jour, rivalisant de beauté avec celles construites en Europe à la même époque.

En fait, la réussite la plus durable des missions fut probablement d'ordre artistique. Les Guaraní adoptèrent l'art et la musique qu'on leur enseignait, et, mêlant les styles européens aux leurs, créèrent de superbes musiques, sculptures, danses et peintures dans ce qu'on appela le style baroque guaraní. La musique religieuse des Jésuites joua sans doute un rôle majeur dans l'intérêt des Guaraní pour le catholicisme.

La vie dans les missions avait également un côté belliqueux. Des *bandeirantes* (groupes armés) du Brésil lançaient régulièrement des raids afin de capturer des esclaves pour les plantations de canne à sucre. D'autre part, les Jésuites étaient mal vus par les autorités coloniales espagnole et portugaise. Des batailles et des escarmouches intervenaient régulièrement jusqu'à la victoire sur une armée de 3 000 esclavagistes à Mbororó en 1641, qui inaugura une période de relative sécurité.

L'époque des missions s'acheva brutalement. Plusieurs facteurs, dont la jalousie des autorités et des colons ainsi qu'une impression d'un plus grand attachement des Jésuites à leurs idées qu'à la Couronne, poussèrent Charles III à les bannir des territoires espagnols en 1767, suivant l'exemple du Portugal et de la France. Avec le départ des prêtres, les communautés devinrent vulnérables et se dispersèrent progressivement. Les guerres du début du XIXe siècle leur donnèrent le coup de grâce.

Le film *Mission* (1986) de Roland Joffé raconte les derniers jours des missions jésuites. Plus curieux est le choix d'une tribu colombienne, les Waunana (qui n'avaient eu presque aucun contact avec des Blancs), pour jouer les Guaraní.

S'il ne reste quasiment rien de la plupart des 15 missions argentines, San Ignacio Miní à San Ignacio, Loreto, Santa Ana, Yapeyú et Santa María la Mayor méritent la visite. Les fabuleuses missions paraguayennes de Jesús de Tavarangüe et de Trinidad peuvent facilement se découvrir dans la journée depuis Posadas (voir p. 190). D'autres missions se situent à distance moyenne dans le sud du Brésil.

Environs de Posadas

SANTA ANA ET LORETO

Ces deux missions jésuites qui se délitent dans la forêt humide se trouvent près de la RN 12, entre Posadas et San Ignacio, site d'une autre mission mieux restaurée.

Santa Ana (⏲ 8h-18h), fondée en 1633 et transférée à cet endroit en 1660, a été partiellement dégagée de l'épaisse forêt pour dévoiler un village qui comptait à son apogée plus de 7 000 Guaraní. L'énorme place, de 140 m de côté, témoigne de son importance.

Les murs épais de l'église ont été consolidés par des étais ; au sommet poussent de photogéniques figuiers étrangleurs, qui donnent une allure dramatique à ce qui devait être un splendide édifice. Aucun élément décoratif ne subsiste. L'église fut conçue par l'architecte italien Brasanelli, qui dessina aussi celle de San Ignacio.

À droite, le cimetière abandonné fut utilisé par les villageois jusqu'à la dernière moitié du XXe siècle. Des cryptes aux portes béantes révèlent des cercueils qui se sont ouverts en tombant des étagères.

Derrière l'église, un chenal et un réservoir faisaient partie d'un système d'irrigation sophistiqué.

Fondée en 1632, **Loreto** (⏲8h-18h) comporte encore moins de vestiges visibles que Santa Ana et ne mérite peut-être pas l'effort de la visiter via les transports publics. Les vieilles latrines en adobe et une chapelle ont été en partie restaurées, mais la forêt a repris le dessus, rendant difficile l'interprétation des pierres moussues parmi les arbres. L'endroit est néanmoins évocateur. Loreto était l'une des principales missions et possédait la première presse typographique d'Amérique du Sud.

Un **billet combiné** (Argentin/Latino-Américain/autre 30/40/50 ARS) donne accès à Loreto et Santa Ana, et comprend San Ignacio Miní et Santa María la Mayor. À Santa Ana et Loreto, des étudiants compétents conduisent des visites recommandées, comprises dans le prix du billet. Des petits musées et des kiosques sont installés à l'entrée des missions.

ℹ Depuis/vers Santa Ana et Loreto

Les bus qui partent de Posadas vers le nord s'arrêtent aux embranchements sur la RN 12 pour les deux sites. Du Km 43, il faut parcourir 1 km pour atteindre les ruines de Santa Ana, et du Km 48, vous devrez marcher sur 3 km pour rejoindre Loreto. Emportez de l'eau car il peut faire très chaud. Au retour, vous pourrez peut-être emprunter le bus scolaire ; renseignez-vous à la mission de Loreto. De San Ignacio, l'aller-retour en *remis* aux deux sites revient à 150-200 ARS, attente comprise.

SANTA MARÍA LA MAYOR

Plus loin se tient la quatrième mission comprise dans le billet combiné pour San Ignacio, Santa Ana et Loreto. Une vaste place, assortie d'une église en ruine, constitue l'élément central. Il s'agissait d'une grande colonie, dotée d'une imprimerie et d'une prison. La chapelle fut ajoutée au XXe siècle. Cet endroit paisible, entouré de forêt, se prête à l'observation des oiseaux, notamment des toucans et des trogons. Le centre des visiteurs fournit une bonne brochure identifiant les espèces.

Les ruines bordent la RP 2, entre Concepción de la Sierra et San Javier, à 110 km au sud-est de Posadas. À Posadas, prenez un bus pour Concepción de la Sierra, puis un autre à destination de San Javier et demandez au chauffeur de vous déposer aux ruines, à 25 km. Des bus directs relient également Posadas et San Javier, mais assurez-vous qu'ils passent bien par les ruines.

San Ignacio

☎0376 / 6 312 HABITANTS

Mission argentine la mieux conservée, San Ignacio Miní constitue la principale attraction de cette bourgade, au nord de Posadas. Vous pouvez la visiter de Posadas ou sur le chemin d'Iguazú, mais mieux vaut passer la nuit sur place. Les hôtels sont confortables, et vous pourrez voir le spectacle son et lumière dans les ruines et découvrir la maison de Quiroga.

San Ignacio se situe à 56 km au nord-est de Posadas par la RN 12. Du croisement avec la nationale, l'Av Sarmiento conduit au centre, à 1 km, d'où Rivadavia mène aux ruines, à six pâtés de maisons au nord.

À voir

San Ignacio Miní RUINES

(www.misiones-jesuiticas.com.ar ; entrée Calle Alberdi s/n ; Argentin/Latino-Américain/autre 30/40/50 ARS ; ⏲7h-19h). Les ruines de cette mission sont les plus complètes d'Argentine, impressionnantes par la quantité d'ornements sculptés encore visibles et l'importance des restaurations effectuées. Si aucun toit ne subsiste, de nombreux quartiers d'habitation et ateliers ont été reconstruits.

1

3

WALTER BIBIKOW/AMANAIMAGES/CORBIS ©

MARK NEWMAN/LONELY PLANET IMAGES ©

Les chutes d'Iguazú

Ce somptueux ensemble de cascades, en pleine forêt tropicale à la frontière de l'Argentine et du Brésil, compte parmi les sites les plus impressionnants de la planète. La sensation de nature à l'état brut qui vous saisit devant ces chutes époustouflantes est inoubliable.

Côté brésilien

1 Commencez par le Brésil, afin d'apprécier le vaste panorama offert depuis le sentier d'observation aménagé dans un parc national abritant de nombreuses espèces d'oiseaux. On découvre l'une après l'autres les cascades dans le cadre somptueux de la végétation tropicale, jusqu'au majestueux Salto Floriano (p. 202).

Garganta del Diablo

2 La "gorge du Diable" est la chute la plus spectaculaire. Après avoir franchi les eaux paisibles du Río Iguazú, on est saisi de stupeur et d'émerveillement devant le spectacle de sa chute, en une explosion de bruit et de fureur qui coupe le souffle (p. 200).

Côté argentin

3 Deux circuits spectaculaires (un "bas" et un "haut") vous amènent au plus près des torrents d'eau d'une extraordinaire puissance. Douche inévitable et photos grandioses garanties (p. 199).

Promenades en bateau

4 Préparez-vous au grand arrosage. Des hors-bord emmènent les amateurs d'émotions fortes au pied de l'une des plus grandes chutes du côté argentin. Des sorties de rafting et des excursions en canoë, plus tranquilles, sont proposées côté brésilien (p. 200 et p. 202).

Sentiers dans la forêt

5 Les chutes d'eau ne sont pas la seule attraction du site. Sur chaque rive du fleuve, plusieurs itinéraires de difficulté variée (facile à moyennement difficile) sont aménagés dans la forêt et permettent de découvrir les espèces sauvages préservées dans les deux parcs nationaux (p. 199 et p. 202).

1. Foz do Iguaçu (p. 207) 2. Garganta del Diablo (p. 200) 3. Chutes d'Iguazú (p. 198)

Fondée en 1611 au Brésil, puis abandonnée après des attaques répétées de marchands d'esclaves, San Ignacio fut établie sur son site actuel en 1696 et fonctionna jusqu'à l'expulsion des Jésuites en 1768. Les ruines, redécouvertes en 1897 et restaurées entre 1940 et 1948, sont un superbe exemple de "baroque guaraní". À son apogée, le village abritait près de 4 000 Guaraní.

À l'entrée, du côté nord de la Calle Alberdi, arrêtez-vous au **centre d'interprétation**, une impressionnante exposition avec de nombreuses informations impartiales sur les missions (en espagnol et en anglais), du point de vue des Jésuites et de celui des Guaraní. Vous pourrez écouter de la musique guaraní, dont des morceaux religieux composés dans les missions, et découvrir une maquette virtuelle de San Ignacio au temps jadis.

Dans les ruines, des panneaux interactifs fournissent des informations en plusieurs langues. Vous pouvez aussi suivre la visite guidée gratuite ; certains guides parlent français. Vous passerez d'abord entre des rangées de maisons guaraní avant d'arriver à la place, flanquée d'une imposante église en grès rouge qui formait l'épicentre de la colonie. Si cette couleur ocre-rouge est séduisante, il faut savoir que les bâtiments étaient blancs à l'origine. Avant que l'usage de la chaux ne se répande, on obtenait le blanc en brûlant des coquilles d'escargots.

À côté de l'église, le cloître conserve des balustrades ouvragées et certaines salles ont gardé leur sol d'origine. Juste avant la sortie, un autre musée renferme quelques belles dalles gravées.

En été, évitez le site entre 10h et 13h, quand affluent les groupes.

Un *Luz y Sonido* (spectacle son et lumière) a lieu tous les soirs dans les ruines entre 19h et 20h de mi-septembre à mars et irrégulièrement le reste de l'année. Il est compris dans le prix du billet.

Le billet, valable 15 jours, donne accès aux ruines voisines de Santa Ana et Loreto, ainsi qu'à Santa María la Mayor, un peu plus loin.

Casa de Horacio Quiroga MAISON
(Av Quiroga s/n ; 10 ARS ; ⌚8h-18h45). Le romancier et poète uruguayen Horacio Quiroga (1878-1937) trouva l'inspiration dans le mode de vie simple et retiré de Misiones. Sa maison, à l'extrémité sud de la ville (une marche de 20 à 30 min), est une simple bâtisse en pierre qu'il construisit lui-même.

Pour l'atteindre, suivez un chemin à travers les cannes à sucre, où des panneaux (en espagnol et en anglais) retracent la vie tragique de l'écrivain, émaillée de morts et de suicides.

Les vues splendides sur le Paraná (difficile à apercevoir quand la végétation est haute) ont inspiré à Quiroga ses histoires régionales qui transcendent l'espace et le temps. Nombre de ses œuvres sont traduites en français et publiées par les éditions Métailié.

Près de la maison en pierre se tient une copie de sa première demeure en bois, construite en 1996 pour le film biographique de Nemesio Juárez, *Historias de Amor, de Locura y de Muerte* (Contes d'amour, de folie et de mort).

Où se loger et se restaurer

Dans les rues autour des ruines, des restaurants sans prétention servent des burgers, des pizzas et des escalopes milanaises ; la plupart n'ouvrent que durant la journée.

♥ **Hotel La Toscana** HÔTEL $
(☎447-0777 ; www.hotellatoscana.com.ar ; angle H Irigoyen et Uruguay ; s/d 110/170 ARS ; ❄📶🏊👪). Dans un endroit tranquille à quelques pâtés de maisons de la nationale, cet hôtel accueillant, tenu par des Italiens, est une retraite plaisante. Fraîches et spacieuses, les chambres entourent une superbe piscine, une terrasse et un jardin. Recommandé pour se détendre quelques jours.

Hotel San Ignacio HÔTEL $
(☎447-0047 ; www.hotelsanignacio.com.ar ; angle Sarmiento et San Martín ; s/d 100/160 ARS, cabaña 4 pers 250 ARS ; ❄@📶). En plein centre-ville, cet hôtel est un excellent choix : des chambres propres, calmes et confortables, de belles sdb et des propriétaires charmants. Il comprend un cybercafé, un bar qui sert une cuisine simple et savoureuse, un billard et un baby-foot. Les bungalows à l'arrière sont une bonne affaire à plusieurs.

Adventure Hostel AUBERGE DE JEUNESSE $
(☎447-0955 ; www.sihostel.com ; Independencia 469 ; dort/d 56/196 ARS ; ❄@📶🏊). Près de la place, à deux rues au sud de l'église, cette auberge de jeunesse comporte de confortables dortoirs et chambres privées, un peu sombres et institutionnels avec des murs en brique chaulés. Les installations sont excellentes, de la table de ping-pong et des DVD aux balançoires dans le grand jardin. Réductions pour les membres HI.

Itároga ARGENTIN $
(angle Rivadavia et Lanusse ; plats 30-45 ARS). Ce séduisant restaurant, situé à un pâté de maisons de la place centrale, dispose d'une jolie terrasse, affiche des œuvres d'art sur les murs, et a un service sympathique. Elle propose des pizzas, des en-cas, des plats de viande et de poisson d'eau douce, ainsi que de bons cocktails.

Renseignements

Office du tourisme (8h-20h). Serviable. Au carrefour de la nationale.

Depuis/vers San Ignacio

La gare routière se situe dans l'artère principale, près de l'arche qui marque l'entrée de la ville. Des bus fréquents circulent entre Posadas (14 ARS, 1 heure) et Puerto Iguazú (61-80 ARS, 4-5 heures).

VAUT LE DÉTOUR

LES AUTRES CHUTES

Les chutes d'Iguazú ne sont pas les seules cataractes spectaculaires de la province de Misiones. Reculés et inhabituels, les **Saltos del Moconá** laissent aussi un souvenir impérissable. Une anomalie géologique dans le lit du Río Uruguay le divise dans le sens longitudinal et l'eau dévale entre les deux sections sur environ 3 km de long et jusqu'à 15 m de haut selon le niveau du fleuve.

Les chutes se situent à la lisière est de la province, à peu près à mi-chemin entre Posadas et Puerto Iguazú. De Posadas, plusieurs bus quotidiens desservent El Soberbio (4 heures), à 75 km des chutes par une route presque entièrement goudronnée. Au bout de la route, si le fleuve est bas, vous pourrez longer les Saltos, mais vous les verrez bien mieux en bateau.

Des lodges organisent des excursions aux chutes et dans les divers parcs et réserves naturelles du secteur ; le sympathique **Yabotí Jungle** (03755-495266, 03755-15-652853 ; mocona4x4@yahoo.com.ar ; Av Corrientes 481, El Soberbio) facture 130 ARS un circuit de 4 heures aux Saltos del Moconá (3 pers au minimum) ; le trajet en vedette, entre les forêts brésilienne et argentine, constitue à lui seul une attraction. Des tour-opérateurs de Posadas et de Puerto Iguazú proposent aussi ces excursions, ainsi que des circuits dans de lointains *aldeas* (villages) guaraní (80 ARS).

Sachez que les chutes ne sont pas toujours visibles, notamment en période de crue. Renseignez-vous par téléphone au préalable. Décembre à mars est habituellement la meilleure période.

El Soberbio, centre d'une luxuriante région agricole qui produit du tabac, de la citronnelle et du manioc, est une ville intéressante. Les nombreux habitants aux cheveux blonds sont des descendants d'immigrants allemands et d'Europe de l'Est. Un ferry effectue la traversée jusqu'au Brésil.

La ville compte plusieurs hébergements, dont l'**Hostal Del Centro** (03755-495133 ; www.elsoberbioportaldelmocona.com ; angle Rivadavia et San Martín ; ch 80 ARS/pers ;), dans le centre-ville ; construit autour d'une cour herbeuse, il propose des chambres correctes pour le prix et une cuisine à disposition.

Au sommet d'une colline, l'**Hostería Puesta del Sol** (03755-495161 ; www.h-puestadelsol.com.ar ; Suipacha s/n ; s/d 135/250 ARS ;) dispose de chambres convenables dans un complexe paisible, d'une vue spectaculaire et d'une immense piscine (ouverte en été). Des bungalows peuvent accueillir 6 personnes et la demi-pension est possible.

Plus près des chutes, plusieurs lodges de forêt louent d'élégants bungalows rustiques avec vue splendide. Sauf à l'Aldea Yaboty, les prix comprennent la demi-pension ou la pension complète.

Aldea Yaboty LODGE $$
(03755-15-553069 ; www.aldeayaboty.com ; ch/bungalow 280/400 ARS ;)

Don Enrique Lodge LODGE $$$
(011-4732-3502 ; www.donenriquelodge.com.ar ; s/d 800/1 280 ARS)

Posada La Misión LODGE $$$
(011-5654-8388 ; www.lodgelamision.com.ar ; d 540 ARS ;)

Tacuapí Lodge LODGE $$$
(03743-422484 ; www.tacuapi.com.ar ; s/d 780/1 256 ARS ;)

CHUTES D'IGUAZÚ

Comptant parmi les sites les plus époustouflants de la planète, les chutes d'Iguazú sont simplement extraordinaires. Leur puissance, leur taille et leur grondement laissent un souvenir impérissable. Le cadre constitue un atout supplémentaire : elles se situent entre le Brésil et l'Argentine dans un vaste parc national, majoritairement composé de forêt tropicale avec une flore et une faune uniques.

Les chutes se rejoignent facilement des deux côtés de la frontière, ou du Paraguay voisin. La plupart des visiteurs logent à Foz do Iguaçu, au Brésil, ou à Puerto Iguazú, en Argentine, toutes deux pourvues de nombreux hébergements.

Histoire et environnement

Álvar Núñez Cabeza de Vaca et son équipage furent les premiers Européens à découvrir les chutes en 1542. Selon la légende guaraní, elles furent créées quand un guerrier guaraní appelé Caroba provoqua la colère d'un dieu de la forêt en s'échappant en canoë avec une jeune fille, Naipur, dont le dieu était amoureux. Fou de rage, ce dernier provoqua l'effondrement du lit du fleuve devant eux, créant les chutes dans lesquelles Naipur tomba et se transforma en rocher à leur base. Caroba survécut sous la forme d'un arbre au-dessus de sa dulcinée pétrifiée.

Les géologues fournissent une explication plus prosaïque. Le Río Iguazú coule sur un plateau basaltique qui s'achève brusquement peu avant sa confluence avec le Paraná. Là où s'arrêta jadis le flot de lave, des milliers de mètres cubes d'eau se déversent chaque seconde de 80 m de haut sur les terres sédimentaires en contrebas. Avant d'atteindre les chutes, le fleuve se divise en de nombreux cours d'eau avec des récifs cachés, des rochers et des îles qui séparent les nombreuses cascades qui forment ensemble les fameuses *cataratas* (chutes). Ces dernières s'étirent sur quelque 2,7 km.

Chutes d'Iguazú

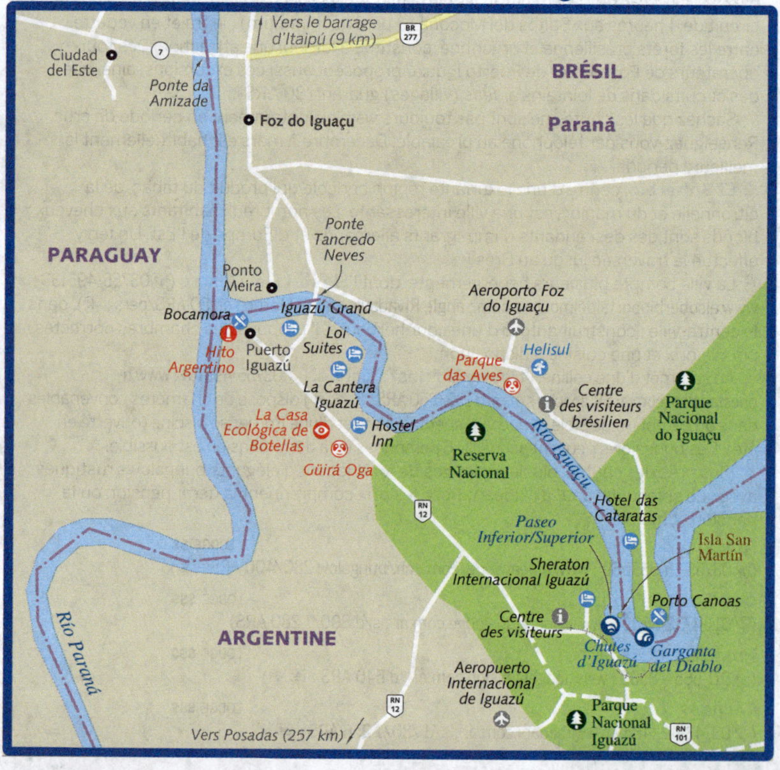

Voir les chutes

Les chutes offrent un aspect différent de part et d'autre de la frontière. Le mieux consiste à les découvrir des deux côtés, en commençant peut-être par le Brésil et en espérant le soleil. En effet, le spectacle varie grandement selon le temps : lorsque le soleil brille, arcs-en-ciel et papillons ajoutent à la magie des lieux. Idéalement, prévoyez plusieurs jours pour profiter des meilleures conditions.

Si le côté argentin – avec ses chemins divers et ses circuits en bateau – offre davantage de possibilités d'approcher les chutes en indépendant, le Brésil offre des vues plus panoramiques. Vous pourrez facilement faire des excursions d'une journée des deux côtés des chutes, quel que soit le pays où vous logez (voir p. 201 les informations sur la traversée de la frontière).

Parcs nationaux

Les côtés brésilien et argentin des chutes ont tous deux le statut de parc national, formant respectivement le Parque Nacional do Iguaçu et le Parque Nacional Iguazú. Chaleur et forte humidité favorisent la diversité des habitats et la forêt pluviale des parcs abrite plus de 2 000 espèces de plantes identifiées, d'innombrables insectes, 400 espèces d'oiseaux et de nombreux mammifères et reptiles.

Comme la forêt tropicale amazonienne au nord, les forêts de cette région se composent de multiples niveaux jusqu'à une canopée à près de 30 m. En dessous poussent des arbres de diverses hauteurs et le sol est couvert d'arbustes et d'herbacées. L'un des arbres les plus fascinants est le *guapoy* (figuier étrangleur), un épiphyte qui se fixe sur de grands arbres et finit par les asphyxier.

L'épaisse végétation rend difficile l'observation des animaux, d'autant que beaucoup vivent la nuit ou évitent les humains. Les félins, comme le puma et le jaguar, restent ainsi invisibles. Le tapir est le plus grand mammifère, mais le coati, un cousin du raton laveur, est très présent. Vous verrez sans doute des iguanes ; faites attention aux serpents.

Les oiseaux tropicaux, dont des toucans et diverses espèces de perroquets, se voient facilement, surtout tôt le matin le long des chemins forestiers.

Malgré les dénégations des autorités, l'afflux de visiteurs a incité la plupart des animaux à se réfugier plus loin dans les parcs. Ainsi, vous aurez plus de chances de les apercevoir en vous éloignant des chutes et de la foule.

Désagréments et dangers

Les courants du Río Iguazú sont puissants et rapides ; des touristes ont été entraînés en aval et noyés aux abords de l'Isla San Martín. Bien évidemment, restez à distance raisonnable des chutes.

La chaleur et l'humidité, souvent intenses alentour, favorisent la prolifération d'insectes affamés.

Des deux côtés, vous rencontrerez des coatis. Ne les nourrissez pas : ces omnivores peu farouches deviennent agressifs quand il s'agit de nourriture et peuvent mordre ou griffer. Chaque parc dispose d'une antenne médicale en cas d'attaque de coati.

Vous serez immanquablement trempé par l'écume des chutes ; conservez papiers d'identité et appareil photo dans des sacs en plastique. Des deux côtés, les centres des visiteurs vendent des ponchos en plastique.

Parque Nacional Iguazú

☎03757

Du côté argentin, ce **parc** (☎491469 ; www.iguazuargentina.com ; adulte/enfant 6-12 ans 100/70 ARS, ressortissant Mercosur 70/40 ARS, Argentin 40/20 ARS ; ⏲8h-18h) a beaucoup à offrir et implique beaucoup de marche. À l'entrée, un vaste complexe comprend divers aménagements, dont des casiers, un DAB et un restaurant, ainsi qu'une exposition sur le parc et la vie des Guaraní, **Ybyrá-retá**, essentiellement destinée aux groupes scolaires. Le complexe aboutit à une **gare ferroviaire**, d'où un train part toutes les 30 minutes pour la gare de Cataratas, où commencent les sentiers menant aux chutes, et pour la Garganta del Diablo. Si vous préférez marcher, suivez le **Sendero Verde** (650 m) jusqu'à la gare de Cataratas, puis continuez jusqu'à la Garganta, à 2,3 km ; en chemin, vous verrez peut-être des singes capucins.

Il y a suffisamment de choses à découvrir pour passer deux jours dans le parc. L'entrée (paiement en pesos uniquement) coûte moitié prix quand on revient le lendemain. Pour bénéficier de cette réduction, faites tamponner votre billet à la sortie le premier jour.

À voir

La marche constitue la meilleure façon d'admirer les chutes et plusieurs sentiers offrent différents points de vue. Venez vers 9h pour ne pas vous retrouver coincé sur les passerelles étroites entre les groupes de touristes qui se succèdent dans la chaleur moite.

Deux circuits, le **Paseo Superior** (650 m) et le **Paseo Inferior** (1 400 m), procurent la plupart des perspectives à travers une série de sentiers, de ponts et de *pasarelas* (passerelles). Le premier, entièrement plat, permet de découvrir le sommet de certaines cascades et en traverse d'autres. Le second descend jusqu'au fleuve (pas d'accès en fauteuil roulant), frôlant la plupart des chutes. En bas du sentier, une vedette gratuite rejoint l'**Isla San Martín**, toute proche, où un chemin conduit au plus près de plusieurs cascades, dont le **Salto San Martín**, un gigantesque chaudron d'eau bouillonnante. Il est possible de pique-niquer sur la rive abritée de l'île et de se baigner sans trop s'éloigner de la plage. En période de crue, l'accès à l'île est fermé.

De la gare de Cataratas, prenez le train ou rejoignez à pied l'arrêt Garganta del Diablo, à 2,3 km, où une passerelle de 1 100 m traverse le paisible Río Iguazú et conduit à la **Garganta del Diablo** (gorge du Diable), un des sites les plus spectaculaires au monde. La plate-forme d'observation surplombe ce torrent d'eau assourdissant d'une force phénoménale, qui plonge dans des profondeurs obscures. La vapeur qui s'en dégage empêche d'apercevoir le pied des chutes, créant un nuage d'eau visible à plusieurs kilomètres. Réservez la découverte de cet endroit extraordinaire pour la fin de la visite. Le dernier train pour la Garganta part à 16h ; nous vous recommandons de le prendre pour éviter l'affluence sur le site. À pied, vous verrez plus d'animaux à ce moment de la journée.

Activités

Relativement peu de visiteurs s'éloignent des chutes pour découvrir la forêt et la faune. Sur les chemins des chutes, vous verrez de grands lézards, des coatis et plusieurs espèces d'oiseaux, mais vous découvrirez bien plus d'animaux le long des quelques sentiers qui s'enfoncent dans la forêt touffue.

Sendero Macuco RANDONNÉE

De la route après le centre des visiteurs (ou via un chemin qui part de l'Estación Central), ce sentier nature traverse une épaisse forêt pour rejoindre une cascade presque cachée, le **Salto Arrechea**. Presque entièrement plat sur 3 km jusqu'au sommet de la chute, il descend abruptement vers le pied de la cascade et continue jusqu'au Río Iguazú (environ 650 m en tout). Cette section du sentier, boueuse et glissante – attention à ne pas tomber – se parcourt en 1 heure 15 (aller) environ. Vous pouvez vous baigner à la cascade. Mieux vaut effectuer cette promenade tôt le matin pour voir des animaux, notamment des toucans et des groupes de singes caís. Emportez un antimoustiques.

Explorador Expediciones CIRCUITS DANS LA FORÊT

(☎421632 ; www.rainforestevt.com.ar). Ce tour-opérateur aux guides compétents constitue le meilleur choix pour découvrir la flore et la faune du parc national. Il propose des excursions combinant voiture et marche : le Safari a la Cascada conduit à la chute d'Arrechea (180 ARS, 1 heure 30, 14h tlj) ; plus intéressant, le Safari en la Selva (220 ARS, 2 heures, 10h30 et 16h tlj) mène à une partie du parc ignorée des touristes et comprend des explications sur la culture guaraní. Il ne requiert pas l'achat du billet pour les chutes ; l'excursion de l'après-midi comprend le retour à Puerto Iguazú. Mieux vaut réserver un jour ou 2 à l'avance par téléphone ou à ses kiosques d'information aux chutes.

Iguazú Jungle CIRCUITS EN BATEAU

(☎421696 ; www.iguazujungle.com). Ce tour-opérateur propose trois excursions : un trajet en vedette jusqu'au pied de plusieurs chutes, avec douche de bruine sous le Salto San Martín (125 ARS, 15 min) ; une tranquille descente en barque du cours supérieur de l'Iguazú (50 ARS, 30 min) ; un circuit comprenant la descente jusqu'au fleuve en camion à plateau le long du Sendero Yacaratiá, puis un trajet en amont à travers des rapides jusqu'aux chutes (260 ARS, 1 heure). Des réductions sont offertes si vous combinez plusieurs circuits et vous devriez obtenir des prix plus intéressants en période creuse ou en fin de journée. Réservez auprès des kiosques de l'agence aux chutes ; la plupart des hôtels de Puerto Iguazú peuvent également le faire pour vous.

Promenades à la pleine lune MARCHES GUIDÉES

(☎491469 ; www.iguazuargentina.com ; 200 ARS). Chaque mois durant 5 nuits consécutives, 3 promenades guidées partent le soir à la Garganta del Diablo. La première, à 20h, correspond au lever de la lune et la dernière, à 21h30, au moment où les chutes sont le mieux éclairées. N'espérez pas voir des animaux. Le prix comprend l'entrée ; un cocktail et un dîner après la marche reviennent à 70 pesos. Des bus supplémentaires partent de Puerto Iguazú pour transporter les marcheurs. Réservez par téléphone car le nombre de participants est limité. La plupart des hôtels de Puerto Iguazú peuvent s'en charger pour vous.

Où se loger et se restaurer

Il existe un seul hôtel dans le parc. De nombreux snack-bars vendent de mauvais en-cas et des boissons à des prix exagérés ; apportez un pique-nique, déjeunez dans l'un des deux restaurants-buffets ou au Sheraton.

Sheraton Iguazú HÔTEL $$$
(☎491800 ; www.sheraton.com/iguazu ; ch standard avec vue forêt/chutes 1 494/1 810 ARS, ch supérieure 1 650/1 966 ARS ;). Bénéficiant d'un emplacement privilégié dans le parc avec vue sur le fleuve et la partie la plus spectaculaire des chutes, le Sheraton offre un service professionnel et des chambres spacieuses avec balcon : les supérieures sont similaires aux standards, mais bien plus récentes. La vue côté forêt est également superbe. L'hôtel comprend une belle piscine en plein air, une piscine couverte chauffée et un spa. Le restaurant propose une carte limitée (plats 95-125 ARS). Habituellement, les prix sont nettement moins élevés pour les réservations en ligne.

La Selva BUFFET $$$
(www.iguazuargentina.com ; 97 ARS ; 11h-15h30). Proche de l'entrée principale, ce restaurant jouit d'une réputation un peu surfaite. Correct, il propose un buffet de plats chauds et froids et une *parrillada* à volonté. Les prix sont excessifs, mais les kiosques d'information du complexe distribuent des coupons accordant de bonnes réductions.

Fortín BUFFET $$$
(120 ARS ; 10h-16h). Bien situé près des passerelles des chutes, il propose un buffet et de médiocres *parrilladas*. Essayez de discuter les prix, nettement exagérés. Le Fortín n'est pas indiqué sur les cartes du parc.

Depuis/vers le Parque Nacional Iguazú

Le parc se situe à 20 km au sud-est de Puerto Iguazú. De la gare routière de Puerto Iguazú, des bus partent pour le parc (10 ARS, 40 min) toutes les 30 minutes de 7h20 à 19h et reviennent de 7h20 à 20h. Ils s'arrêtent sur la nationale si on leur fait signe. Un taxi de la ville à l'entrée du parc revient à 100 ARS.

Parque Nacional Do Iguaçu (Brésil)

Du côté brésilien, on pénètre dans ce **parc** (☎3521-4400 ; www.cataratasdoiguacu.com.br ; 12 ans et plus/moins de 12 ans/ressortissant Mercosur/Brésilien 40,80/6,70/32,55/24,30 R$; billetterie 9h-17h) par un énorme centre des visiteurs qui comprend, entre autres, un snack-bar, des DAB et de grands casiers (8 R$). Le parking coûte 12 R$, mais le stationnement est gratuit au Parque das Aves, en face.

Les billets d'entrée peuvent se payer en devises brésiliennes, argentines, paraguayennes ou américaines. Après la billetterie, une exposition fournit des informations (en portugais, espagnol et anglais) sur la géologie, l'histoire et la biodiversité de la région des chutes. Derrière le bâtiment, des bus à impériale attendent pour conduire les visiteurs dans le parc proprement dit. Restez aux aguets pour apercevoir des animaux. Le dernier bus revient des chutes à 18h30.

SE RENDRE AU BRÉSIL

Lors de nos recherches, les citoyens européens n'avaient pas besoin de visa pour entrer au Brésil, contrairement aux ressortissants canadiens (téléchargez le formulaire de demande sur https://scedv.serpro.gov.br et rendez-vous au consulat brésilien avant le départ). Le consulat brésilien de **Puerto Iguazú** (Córdoba 264 ; 8h-12h lun-ven) délivre habituellement les visas en 24 heures. Vous devrez présenter un billet de retour du Brésil, une photo et éventuellement un relevé bancaire.

Il est souvent – *mais pas toujours* – possible d'effectuer une excursion d'une journée en bus aux chutes du côté brésilien sans visa. Les Argentins tamponneront votre passeport à la sortie ; restez dans le bus quand il passe par l'immigration brésilienne et ne nous en veuillez pas si par malchance vous êtes refoulé et devez faire demi-tour.

L'Argentine ne facture pas de taxe d'entrée aux frontières terrestres et on ne vous demandera rien au retour.

À voir et à faire

Trilha do Poço Preto RANDONNÉE GUIDÉE

(☎3529-9627 ; www.macucoecoaventura.com.br ; 135 R$/pers). Au premier arrêt du bus, cette randonnée guidée de 9 km traverse la forêt à pied, à vélo ou en remorque. L'itinéraire s'achève à l'île de Taquara, où vous pouvez rejoindre Porto Canoas en kayak ou en bateau. Vous pouvez aussi revenir par le Bananeiras Trail.

Macuco Safari MARCHE, CIRCUIT EN BATEAU

(☎3574-4244 ; www.macucosafari.com.br ; 140 R$/pers). Au deuxième arrêt, ce safari de 2 heures comprend un trajet de 3 km dans la forêt en remorque, une marche de 600 m jusqu'à une petite cascade, puis un parcours en bateau vers les chutes. Ne le confondez pas avec le Macuco Trail du côté argentin. Descendez ici également pour le **Bananeiras Trail** (☎3529-9627 ; www.macucoecoaventura.com.br ; 105 R$/pers), une marche de 2 km qui passe par des lagunes où observer la vie aquatique, et aboutit à une jetée où vous pourrez descendre en bateau ou en kayak jusqu'à Porto Canoas. Si vous prévoyez d'effectuer un de ces circuits, parlez avec les agents qui les proposent autour du centre des visiteurs ; ils vous obtiendront une réduction.

Sentier d'observation des chutes MARCHE, SPORTS D'AVENTURE

Le troisième arrêt du bus est l'Hotel das Cataratas, d'où part le principal sentier d'observation des chutes. Au début du sentier se tient **Cânion Iguaçu** (☎3529-6040 ; www.campodedesafios.com.br), un centre d'activités qui propose rafting (80 R$), descente en rappel (70 R$), escalade (50 R$) et circuit dans la canopée (70 R$).

De là, vous parcourez 1,5 km le long d'un chemin asphalté, avec une vue superbe sur les chutes du côté argentin, la forêt et le fleuve en contrebas. Il s'achève sous le majestueux Salto Floriano, qui vous arrosera de ses bruines. Une passerelle conduit à une plate-forme qui offre une vue somptueuse sur la Garganta del Diablo, toute proche, et le fleuve en direction opposée. En période de crue, on aperçoit un arc-en-ciel dans la bruine les après-midi dégagés – un spectacle inoubliable.

À Porto Canoas, terminus des bus à impériale, un ascenseur monte jusqu'à une plate-forme au sommet les chutes. Porto Canoas compte une boutique de souvenirs, quelques snack-bars et un excellent restaurant-buffet.

Le parc ouvre en soirée une fois par mois, la nuit de pleine lune.

Helisul VOLS PANORAMIQUES

(☎3529-7474 ; www.helisul.com). À côté du centre des visiteurs, Helisul offre des vols en hélicoptère à 450 m au-dessus des chutes du côté brésilien (10 min, 195 R$/pers). Si l'impact écologique est très discutable (les Argentins les ont suspendus pour cette raison), l'expérience est fantastique et des ouvertures dans les fenêtres permettent de prendre des photos. Vous apprécierez mieux le vol après avoir visité les chutes. Vous pouvez aussi choisir un vol de 35 minutes qui comprend le barrage d'Itaipú et la triple frontière.

Parque das Aves ZOO

(www.parquedasaves.com.br ; 25 R$; 8h30-17h30). Près de l'entrée du parc, ce vaste parc ornithologique renferme d'innombrables oiseaux, pour la plupart brésiliens, avec des explications en anglais et en espagnol. Les volières dans lesquelles on peut pénétrer et approcher toucans, aras et oiseaux-mouches constituent son principal atout.

Où se loger et se restaurer

Hotel das Cataratas HÔTEL $$$

(☎2102-7000 ; www.hoteldascataratas.com ; ch standard 938-1 074 R$;). Dans le parc près des chutes, cet excellent hôtel a été entièrement rénové. S'il séduit par son emplacement, seule une poignée de chambres bénéficie de la vue sur les chutes, et uniquement partielle. Il est décoré dans un style colonial portugais sobre et élégant, avec de beaux carrelages dans les sdb et des meubles en bois sombre dans les chambres. Les parties communes séduisent par leur confort et les oiseaux gazouillent autour de la jolie piscine. Le service est irréprochable. Ne manquez pas de monter au belvédère pour admirer les chutes.

Porto Canoas BUFFET $

(buffet 43 R$; 12h-16h). Doté d'une longue terrasse qui surplombe le fleuve juste avant les chutes, ce restaurant propose un buffet correct, avec de nombreux plats chauds et des salades.

Comment s'y rendre et circuler

Des bus "Parque Nacional" circulent entre la gare routière urbaine de Foz do Iguaçu (on paie le trajet en entrant dans la gare) et l'entrée du parc (2,65 R$, 45 min) toutes les 22 minutes entre 6h et 19h, puis toutes les heures jusqu'à minuit. Ils font halte dans l'Av Juscelino Kubitschek et dans l'Av das Cataratas.

Un taxi de Foz à l'entrée du parc revient à 40 R$.

Pour rejoindre le parc brésilien depuis Puerto Iguazú, prenez un bus pour Foz do Iguaçu et descendez au deuxième arrêt après le pont international (le chauffeur l'annonce). Traversez la route et attendez le bus "Parque Nacional" à l'arrêt en face. Même chose en sens inverse. Pour les formalités d'entrée au Brésil, reportez-vous p. 201.

Puerto Iguazú

03757 / 82 227 HABITANTS

Puerto Iguazú se tient au confluent du Río Paraná et du Río Iguazú, séparée du Brésil et du Paraguay par ces deux fleuves. Ville sans centre, elle n'a plus guère l'ambiance argentine et peu de vie sociale, tout le monde étant là pour voir les chutes ou en tirer profit. Tranquille et sûre, elle est bien desservie par les transports et compte d'excellents hôtels et restaurants.

À voir

La ville elle-même n'offre guère de curiosités, mais à 1 km à l'ouest, dans l'Av Tres Fronteras, le **Hito Argentino**, un petit obélisque, se dresse au confluent du Paraná et de l'Iguazú. De là, vous verrez le Brésil et le Paraguay, dotés chacun d'un monument similaire. Un marché d'artisanat s'installe irrégulièrement à cet endroit.

Güirá Oga — REFUGE ANIMALIER

(www.guiraoga.com.ar ; RN 12, Km 5 ; 40 ARS ; 9h-18h, dernière entrée 16h30). À 5 km de la ville sur la route du parc national, cette clinique vétérinaire est aussi un centre de réhabilitation pour les animaux sauvages blessés. Le refuge effectue des recherches dans les forêts d'Iguazú et élève des espèces menacées. Un des biologistes peut vous accompagner dans le parc et vous montrer les animaux. La visite dure environ 1 heure 20.

La Casa Ecológica de Botellas — MAISON

(RN 12, Km 5 ; http://lacasadebotellas.googlepages.com ; 20 ARS ; 8h30-19h). À 200 m sur une route secondaire juste avant le Güirá Oga, cette maison extraordinaire mérite le détour. Les propriétaires ont récupéré des matériaux d'emballages – bouteilles en plastique, cartons de jus de fruits, etc. – pour construire la maison, mais aussi pour fabriquer des meubles et de l'artisanat original. La visite guidée explique les techniques utilisées.

Circuits organisés

En ville, de nombreux tour-opérateurs proposent des excursions d'une journée du côté brésilien des chutes (100-250 ARS selon le programme), dont certaines comprennent le barrage d'Itaipú. La plupart disposent d'un bureau à la gare routière.

Où se loger

Nombreux, les hébergements correspondent à tous les budgets. Plusieurs complexes hôteliers sont installés entre la ville et le parc national. Des auberges de jeunesse se regroupent aux alentours de la gare routière et certaines proposent des lits à 35 ARS.

La Cantera Iguazú — LODGE $$$

(427220 ; www.iguazulodgelacantera.com ; Selva Iryapú s/n ; d niveau inférieur/supérieur 684/862 ARS ;). Niché dans la forêt à 1,5 km de la route des chutes, ce lodge enchanteur offre des chambres séduisantes avec balcon dans des bâtiments en bois, dont certains construits autour d'un arbre. Les chambres en étage bénéficient d'une meilleure vue sur la forêt et d'un hamac pour l'apprécier. Les activités telles que vélo, promenades guidées et visites des hameaux guaraní voisins sont comprises.

Jasy — HÔTEL $$

(Los Troncos ; 424337 ; San Lorenzo 154 ; d 440 ARS ;). Construits sur deux niveaux à flanc de colline, ces 10 appartements équipés, avec balcon donnant sur la verdure, sont originaux et tranquilles. Le bois est omniprésent et vous serez séduit par la terrasse et le bar. Préparez-vous à séjourner plus longtemps que prévu.

Loi Suites — COMPLEXE HÔTELIER $$$

(498300 ; www.loisuites.com.ar ; Selva Iryapú s/n ; ch 1 390-1 628 ARS ;). Dans la forêt à quelques kilomètres de la ville, ce vaste complexe comprend plusieurs bâtiments reliés par des allées et une immense piscine entourée d'arbres, son principal atout. De style rustique, les chambres sont spacieuses et confortables ; choisissez-en une avec balcon, un peu plus chère, pour observer les oiseaux. Les suppléments pour

Puerto Iguazú

l'accès au spa et le Wi-Fi dans les chambres semblent exagérés étant donné les prix.

Boutique Hotel de la Fonte HÔTEL $$$
(420625 ; www.bhfboutiquehotel.com ; angle Corrientes et 1 de Mayo ; ch 693-866 ARS ;). Cet hôtel inhabituel possède des chambres et suites pleines de cachet, réparties autour d'une cour arborée joliment éclairée la nuit. Les nombreuses touches décoratives ajoutent à son charme, de même que l'accueil chaleureux des propriétaires. Un restaurant italien sélect, une piscine d'eau salée et un Jacuzzi parmi les palmiers complètent l'offre.

Hotel La Sorgente HÔTEL $$
(424252 ; www.lasorgentehotel.com ; Av Córdoba 454 ; s/d 385/480 ARS ;). Réservez pour séjourner dans cette jolie *posada* accueillante, dotée d'un jardin verdoyant. Un pont enjambe la piscine, évitant d'en faire le tour. Deux grands lits équipent les doubles et celles à l'étage donnent sur la piscine et les bananiers. L'authentique restaurant italien sert un excellent petit-déjeuner.

Iguazú Grand HÔTEL $$$
(498050 ; www.casinoiguazu.com ; RN 12, Km 1640 ; ch à partir de 1 316 ARS ;). Ne vous laissez pas rebuter par les publicités vulgaires du casino de cet hôtel chic, juste avant le pont qui rejoint le Brésil. Avec un service irréprochable, un joli parc, une piscine superbe et le meilleur restaurant de la ville, l'Iguazu Grand est certainement l'hôtel le plus luxueux des chutes. Récemment rénové, il offre des installations haut de gamme. Les enfants sont les bienvenus.

Residencial Lola PENSION $
(423954 ; residenciallola@hotmail.com ; Av Córdoba 255 ; s/d 80/120 ARS ;). Si nombre d'hôtels pratiquent des prix exagérés à

Puerto Iguazú

Où se loger

Où se restaurer

Où prendre un verre

Puerto Iguazú, ce n'est pas le cas de Lola. Bon marché et joyeuse, cette pension proche de la gare routière dispose de petites chambres propres avec sdb.

Hostel Inn AUBERGE DE JEUNESSE $

(☎421823 ; www.hostel-inn.com ; RN 12, Km 5 ; dort/ch 70/280 ARS ; ❄@📶🏊). Plus proche du complexe hôtelier que de l'auberge de jeunesse, cet établissement à la propreté reluisante se trouve dans un vaste parc et comprend une grande piscine et tous les équipements attendus des voyageurs. Les dortoirs sont spacieux et climatisés ; ceux installés dans des bâtiments séparés, dans le jardin, sont un peu plus calmes. L'auberge se situe à 5 km de la ville, mais les bus qui desservent les chutes (2 ARS jusqu'au centre) s'arrêtent devant. Réduction pour les membres HI.

Hotel Lilian HÔTEL $

(☎420968 ; hotellilian@yahoo.com.ar ; Fray Luis Beltrán 183 ; s/d 170/210 ARS ; ❄@📶). Tenu par une famille accueillante, cet hôtel plaisant loue des chambres pimpantes et douillettes autour d'un patio. Les supérieures, avec balcon et très claires, ne coûtent que 25 ARS de plus. Toutes les sdb sont impeccables et de bonnes dimensions.

Marco Polo Inn AUBERGE DE JEUNESSE $

(☎425559 ; www.marcopoloinniguazu.com ; Av Córdoba 158 ; dort/d 65/250 ARS ; ❄@📶🏊). De style motel, cette sympathique auberge de jeunesse fait face à la gare routière. Les dortoirs, un peu sombres, comportent casiers et sdb et les équipements sont nombreux. Mieux vaut réserver car l'établissement est prisé. Réductions substantielles pour les membres HI.

Hotel Saint George HÔTEL $$$

(☎420633 ; www.hotelsaintgeorge.com ; Av Córdoba 148 ; s/d standard 531/589 ARS, supérieure 606/664 ARS ; ❄@📶🏊). En face de la gare routière et établi de longue date, le Saint George est une adresse fiable en matière de confort, de service et d'organisation. Doté d'un jardin, il offre d'excellents équipements, dont un spa. Les chambres supérieures, nettement plus vastes, disposent de deux grands lits doubles. Dîner buffet à 90 ARS.

Che Lagarto AUBERGE DE JEUNESSE $

(☎422206 ; www.chelagarto.com ; Av Brasil 24 ; dort 40-80 ARS, d 310 ARS ; ❄@📶🏊). Succursale de la populaire chaîne d'auberges de jeunesse, elle séduit surtout par ses agréables parties communes – piscine, grande terrasse, nombreux coins détente – et son ambiance. Les chambres privées sont calmes et souvent moins chères que le prix indiqué. Les dortoirs comprennent une sdb, mais pas de casiers.

Hostel Irupé PENSION, AUBERGE DE JEUNESSE $

(☎420711 ; irupeiguazu@yahoo.com.ar ; Av Misiones 80 ; dort/s/d 35/80/110 ARS ; @📶). Des chambres privées d'un bon rapport qualité/prix. Des dortoirs exigus avec sdb et lits classiques (non superposés). Préférez les chambres à l'arrière, plus claires.

Où se restaurer

Chers mais généralement bons, les restaurants de Puerto Iguazú ouvrent tôt en soirée pour accueillir les touristes. Le paiement par carte de crédit pose souvent problème ; demandez au préalable ou prévoyez des espèces.

♥ **Bocamora** ARGENTIN $$$

(☎420550 ; www.bocamora.com ; Av Costanera s/n ; plats 60-110 ARS ; 📶). L'emplacement romantique, qui surplombe trois pays, justifie à lui seul un repas dans ce restaurant, en contrebas de la borne frontière argentine.

Il se spécialise dans les viandes grillées et les poissons d'eau douce bien préparés ; les prix sont élevés, mais on paie pour la vue. Arrivez tôt pour obtenir une table en terrasse.

La Rueda ARGENTIN $$$
(☎422531 ; www.larueda1975.com ; Av Córdoba 28 ; plats 58-75 ARS). Ce pilier de la restauration haut de gamme de Puerto Iguazú conserve son rang. Les salades créatives sont délicieuses, tout comme les poissons d'eau douce (*dorado*, *pacú* et *surubí*) ou les pâtes maison. Bon et lent service.

Aqua ARGENTIN $$$
(☎422064 ; www.aqvarestaurant.com ; angle Av Córdoba et Thays ; plats 55-80 ARS ; wifi). Le service attentif et les multiples saveurs des plats font le succès de ce restaurant à deux niveaux. La viande est excellente et l'adresse est également recommandée pour les poissons d'eau douce de la région.

María Preta ARGENTIN $$
(☎420441 ; Brasil 39 ; plats 48-68 ARS ; ✎). L'espace intérieur/extérieur et un guitariste en soirée en font un établissement prisé pour le dîner. Vous pourrez choisir le degré de cuisson de votre steak, à moins de préférer l'une des nombreuses spécialités hispano-argentines ou un plat plus exotique, comme le filet de caïman.

Feria MARCHÉ $
(angle Brasil et Félix de Azara). Au nord de la ville, ce marché est un bel endroit pour un repas. De multiples stands vendent des vins, des saucisses, des olives et des fromages argentins aux touristes brésiliens en vacances ; plusieurs d'entre eux proposent des assiettes dégustation ou des plats régionaux pour quelques pesos. Des lecteurs recommandent la *barraca* de Ramona.

Color PARRILLA, PIZZERIA $$
(☎420206 ; www.parrillapizzacolor.com ; Av Córdoba 135 ; plats 35-78 ARS). Dans cette *parrilla*-pizzeria, les tables serrées n'incitent pas à échanger des secrets. Les prix sont raisonnables pour le secteur et la viande a un bon goût de feu de bois ; essayez la *picaña*, un tendre morceau de rumsteack.

El Quincho de Tío Querido PARRILLA $$$
(☎420151 ; www.eltioquerido.com ; Bompland 110 ; plats 45-80 ARS ; ⏲dîner ; wifi). Prisée des touristes et des habitants, cette *parrilla* animée propose les habituelles grillades classiques, ainsi que d'énormes steaks "baby beef" géants et divers plats du jour. Elle ouvre tôt en soirée pour les touristes étrangers. Les vins sont chers.

Terra ASIATIQUE $$
(Av Misiones 125 ; plats sautés 40-60 ARS ; ⏲lun-sam ; ✎). Les signatures à la craie d'une foule de clients satisfaits ornent les murs de ce bar-restaurant décontracté. Spécialisé dans les plats sautés au wok, il offre aussi pâtes et salades. La terrasse sur la rue se remplit vite.

Plaza Pueblo FAST-FOOD $
(Av Victoria Aguirre s/n ; repas légers 20-40 ARS ; ⏲10h-22h). Une terrasse paisible, en plein centre-ville, mais à l'écart de la rue. Bières, pizzas, excellents burgers et *lomitos*, servis avec le sourire. Musique live à partir de 20h30 du vendredi au dimanche.

Lemongrass CAFÉ $
(Bompland 231 ; en-cas 5-15 ARS ; ⏲7h30-minuit). Ce petit café bohème, avec des orchidées sur les tables, ne manque pas de charme. Il sert de bons jus de fruits frais, un café correct, de délicieux gâteaux et de savoureuses tartes salées. Le "petit-déjeuner anglais" comprend scones et confiture.

La Vitrina PARRILLA $
(Aguirre 773 ; plats 30-55 ARS). Cette vaste *parrilla* accueillante se distingue par son excellent *asado de tira* (côtelette) parmi d'autres bonnes grillades. Moins touristique que d'autres, elle a une agréable terrasse. Musique live le week-end.

La Misionera BOULANGERIE $
(P Moreno 207 ; empanadas 4 ARS ; ⏲10h-minuit). Une boulangerie centrale réputée pour ses délicieuses *empanadas* aux garnitures variées et sa pizza correcte.

Où prendre un verre et sortir

Un tourisme en pleine expansion et des Brésiliens qui viennent de Foz pour faire la fête à moindre coût contribuent à l'animation nocturne de Puerto Iguazú. L'action se concentre dans l'Av Brasil, où La Tribu sert des consommations onéreuses sur une terrasse attrayante. En face, le Jackie Brown Bar fait le plein le week-end. Un peu plus loin, le Cuba Libre séduit les frontaliers brésiliens qui investissent la piste de danse.

Renseignements

Argecam (Av Victoria Aguirre 1164). Change les espèces.

Banco de la Nación (Av Victoria Aguirre s/n). DAB.

Hôpital (☎420288 ; angle Av Victoria Aguirre et Ushuaia)

Macro (angle Av Misiones et Bompland). DAB.

Office du tourisme (☎420800 ; www.iguazuargentina.com ; Av Victoria Aguirre 396 ; ⏲7h-21h). Un autre bureau est installé à l'aéroport.

Depuis/vers Puerto Iguazú

Aerolíneas Argentinas (☎420168 ; Av Victoria Aguirre 316) propose 6 vols par jour d'Iguazú à Buenos Aires, un pour Salta et un pour Rio de Janeiro. **LAN** (☎0810-999-9526) effectue 3 vols quotidiens plus fiables pour Buenos Aires.

De la **gare routière** (☎442-3006 ; angle Av Córdoba et Av Misiones), des bus desservent tout le pays.

De l'autre côté de la frontière, Foz do Iguaçu (ci-contre) offre des services internationaux et nationaux. Quelques bus desservant des destinations brésiliennes, comme Curitiba ou São Paulo, partent également de la gare routière de Puerto Iguazú.

Comment circuler

Four Tourist Travel (☎422681 ; M Moreno 58) gère une navette pour l'aéroport (25 ARS/pers) dont les horaires coïncident avec l'arrivée des vols ; au départ de la ville, il faut réserver. L'aéroport se situe à 25 km de la ville ; comptez 100 ARS en *remis*.

Du côté local de la gare routière, des bus partent fréquemment de 7h à 19h pour Foz do Iguaçu, au Brésil (8 ARS/4 R$, 35 min), et Ciudad del Este, au Paraguay (10 ARS, 1 heure). Tous font halte au rond-point à la lisière de la ville.

Les taxis demandent environ 100 ARS jusqu'à Foz do Iguaçu, et 120 ARS jusqu'aux chutes du côté brésilien.

Pour les formalités d'entrée au Brésil, reportez-vous p. 201.

BUS AU DÉPART DE PUERTO IGUAZÚ

DESTINATION	PRIX (ARS)	DURÉE (HEURES)
Buenos Aires	369-415	19
Córdoba	480	22
Corrientes	198	9
Mendoza	665-800	35
Posadas	102	5
Resistencia	205	10
San Ignacio	60-80	4

Foz do Iguaçu (Brésil)

☎045 / 308 900 HABITANTS

Vallonnée, Foz constitue la base principale pour les chutes du côté brésilien et donne un aperçu de l'ambiance des villes brésiliennes. Bien plus grande et cosmopolite que Puerto Iguazú, elle conserve une authenticité qui manque à sa voisine argentine. Bruyante, chaotique, avec un taux de criminalité supérieur à celui de Puerto Iguazú, Foz n'est pas particulièrement jolie, mais possède néanmoins un certain charme.

Foz do Iguaçu se situe à la confluence du Río Iguaçu et du Río Paraná. Le Ponte (pont) Tancredo Neves, sur le Río Iguaçu, la relie à Puerto Iguazú, tandis que le Ponte da Amizade, sur le Paraná, rejoint Ciudad del Este, au Paraguay. À 15 km en amont, Itaipú est le plus grand complexe hydroélectrique au monde.

L'Av das Cataratas mène aux chutes, à 20 km, en passant par l'embranchement vers la frontière argentine.

À voir

Itaipú BARRAGE

(☎0800-645-4645 ; www.itaipu.gov.br ; Tancredo Neves 6702 ; ⏲8h-18h dim-jeu, 8h-21h ven-sam). Avec une capacité de 14 millions de kilowatts, ce barrage binational (Usina Hidrelétrica Itaipú) est la deuxième plus grande centrale hydroélectrique au monde en termes de puissance et celle qui produit le plus d'électricité par an. Ce projet controversé a fortement endetté le Brésil, provoqué la destruction de larges pans de forêt tropicale et le déplacement de 10 000 personnes. Le barrage fournit aujourd'hui 20% de l'électricité du pays et la quasi-totalité de celle du Paraguay.

Mesurant 8 km de long et 200 m de haut, cet ouvrage pharaonique ne laisse pas indifférent, surtout en période de crue quand le trop-plein se déverse en cascades impressionnantes. Du **centre des visiteurs**, à 10 km au nord de Foz, des visites (*visita panorâmica* ; 20,10 R$) ont lieu tous les jours à l'heure, de 8h à 16h ; des circuits plus complets (*circuito especial* ; 51 R$, âge minimum 14 ans), qui pénètrent dans la centrale électrique, partent 8 fois par jour. Une visite nocturne est organisée les vendredis et samedis à 20h. Le complexe regroupe d'autres attractions, dont un musée, un parc animalier et des plages fluviales.

CHANGEMENT D'HEURE

De mi-octobre à mi-février, le sud du Brésil passe à l'heure d'été et avance d'une heure sur l'Argentine qui, jusqu'à présent, n'applique pas ce système.

Dans l'Av Juscelino Kubitschek, en face de la gare routière locale de Foz, des bus Conjunto C Norte (2,65 R$) passent en direction du nord toutes les 10 minutes. Mieux vaut les prendre dans la rue plutôt qu'à la gare, car ils effectuent un circuit en ville avant de repasser devant la gare.

Circuits organisés

Foz compte de nombreuses agences de voyages, et la plupart des hôtels disposent d'un comptoir d'excursions. Tous proposent des circuits des deux côtés des chutes, des visites du barrage d'Itaipú, des randonnées et des promenades en bateau.

Où se loger

Nous indiquons les tarifs affichés, mais vous pouvez habituellement obtenir jusqu'à 40% de réduction ; n'hésitez pas à demander un rabais.

Pousada Sonho Meu PENSION $

(3573-5764 ; www.pousadasonhomeufoz.com.br ; Rua Mem de Sá 262 ; s/d 130/200 R$;). La façade, qui ressemble à un bâtiment administratif, cache une charmante oasis, à 50 m de la gare routière locale. Les chambres sont joliment décorées de bambou et les hôtes, chaleureusement accueillis, ont accès à une cuisine et une table de billard.

Iguassu Guest House AUBERGE DE JEUNESSE $

(3029-0242 ; www.iguassuguesthouse.com.br ; Rua Naipi 1019 ; dort 30-40 R$, d 90-100 R$;). D'excellents équipements et une direction accueillante la distinguent des autres auberges de jeunesse de Foz. Très bien tenue, elle compte une cuisine ouverte bien aménagée, un coin salon et une petite piscine à l'arrière. Les dortoirs varient en dimensions et les chambres privées sont très compactes mais confortables. La gare routière locale se situe à deux pas.

Hotel Rafain Centro HÔTEL $$

(3521-3500 ; www.rafaincentro.com.br ; Rua Marechal Deodoro da Fonseca 984 ; s/d 198/265 R$;). Bien plus séduisant que certains énormes hôtels de la ville, ce quatre-étoiles stylé s'agrémente de détails artistiques et comporte des chambres bien équipées, avec de grands balcons. Le service est irréprochable. Les prix peuvent fortement baisser.

Hotel Tarobá Xpress HÔTEL $$

(2102-7700 ; www.bwhoteltaroba.com.br ; Rua Tarobá 1048 ; s/d 120/170 R$;). Vous devrez sans doute réserver dans cet hôtel, pratique pour la gare routière. Il offre de claires et spacieuses chambres carrelées, toutes avec miniréfrigérateur et TV câblée, un sauna, une salle de gymnastique ; délicieux petit-déjeuner. Une adresse très avantageuse pour ses équipements et son service professionnel.

Paudimar Falls Hostel AUBERGE DE JEUNESSE $

(3028-5503 ; www.paudimarfalls.com.br ; Rua Antônio Raposo 820 ; dort 25-30 R$, ch 80 R$;). Une excellente auberge de jeunesse HI à l'extrémité sud de la ville, avec de nombreux équipements, un personnel serviable et une ambiance animée. On peut aussi camper. Une succursale est installée dans un grand domaine près de la route des chutes, à 13 km de Foz.

Hotel Del Rey HÔTEL $$

(2105-7500 ; www.hoteldelreyfoz.com.br ; Rua Tarobá 1020 ; s/d 180/255 R$;). Accueillant, pratique et d'une propreté irréprochable, cet hôtel propose de grandes chambres confortables, des équipements de qualité et un énorme buffet au petit-déjeuner.

Où se restaurer

Vous pourrez facilement vous nourrir sans vous ruiner. De nombreux endroits proposent un *salgado* (en-cas frit ou cuit au four) et un soda pour 3 R$ ou un déjeuner buffet de 8 à 14 R$. Grâce à la communauté libanaise, des dizaines de restaus de shawarma servent des brochettes à 6 R$.

Armazém BRÉSILIEN $$

(3572-0007 ; www.armazemtrapiche.com.br ; Rua Edmundo de Barros 446 ; plats 25-50 R$; dîner tlj, déj sam-dim). À une rue de Schimmelpfeng, ce restaurant fréquenté sert une excellente cuisine brésilienne. Outre divers plats de poulet et de bœuf (énormes et suffisants pour 2) accompagnés d'une variété de sauces, il offre des viandes moins courantes comme le sanglier, l'autruche et le caïman.

Foz do Iguaçu (Brésil)

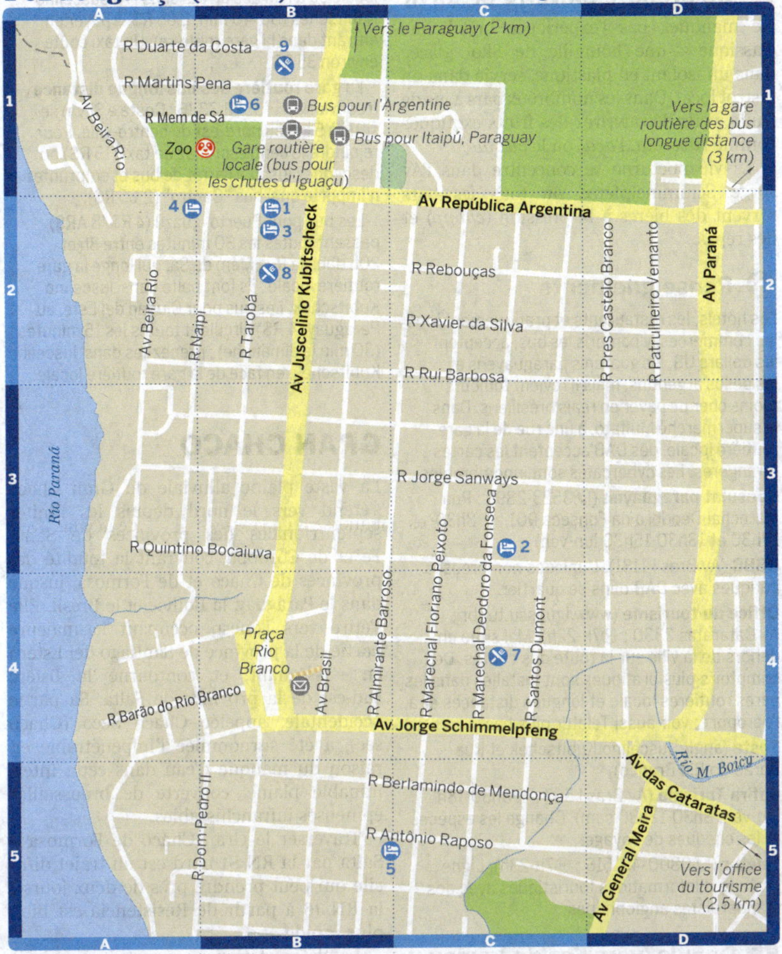

Búfalo Branco BARBECUE $$
(☎3523-9744 ; www.bufalobranco.com.br ; Rua Rebouças 530 ; à volonté 50 R$; ⌚12h-23h30 ; ✎). Vaste restaurant classique, il séduit touristes et habitants avec son *rodízio*, de succulentes viandes rôties dont du bœuf et des abats. L'alléchant bar à salades comprend des spécialités libanaises et des sushis. Bon choix de vins brésiliens à des prix excessifs.

Muffato CAFÉTÉRIA $
(Av Juscelino Kubitschek 1565 ; 16,90 R$/kg ; ⌚8h30-22h). Dans un affreux supermarché proche de la gare routière, cette cafétéria sans ambiance sert un buffet brésilien typique et bon marché, facturé au poids.

Foz do Iguaçu (Brésil)

Où se loger
1 Hotel del Rey B2
2 Hotel Rafain Centro C3
3 Hotel Tarobá Express B2
4 Iguassu Guest House A2
5 Paudimar Falls Hostel B5
6 Pousada Sonho Meu B1

Où se restaurer
7 Armazém C4
8 Búfalo Branco B2
9 Muffato B1

Où prendre un verre et sortir

Ne manquez pas l'expérience brésilienne classique : une bouteille de Skol glacée dans un isolant en plastique, servie dans un bistrot local. Dans les nombreux bars à jus de fruits, vous découvrirez des fruits exotiques comme l'*acerola*, l'*açaí* ou le *cupuaçu*.

La vie nocturne se concentre dans l'Av Jorge Schimmelpfeng, où tous les bars servent des bières à la pression (*chopp*) et des repas.

Renseignements

Les hôtels, les restaurants et pratiquement tous les commerces, y compris les bus, acceptent les dollars US, les guaranís paraguayens et les pesos argentins, mais il revient toujours moins cher de payer en reais brésiliens. Dans le supermarché Muffato, à une rue de la gare routière locale, des DAB acceptent les cartes étrangères. Les cybercafés sont innombrables.

Consulat paraguayen (☎3523-2898 ; Rua Marechal Deodoro da Fonseca 901 ; ⏲8h30-12h30 et 13h30-15h30 lun-ven)

HSBC (Av Brasil 1131). L'une des nombreuses banques avec DAB dans ce quartier.

Office du tourisme (www.iguassu.tur.br ; Av Cataratas 2330 ; ⏲7h-22h). Mal situé en dehors de la ville sur la route des chutes. Des comptoirs plus pratiques sont installés dans les gares routières locale et longues distances et à l'aéroport ; voir aussi Teletur plus bas.

Poste (angle Juscelino Kubitschek et Rua Barão do Rio Branco)

Safira Turismo (Av Brasil 567 ; ⏲8h30-18h lun-ven, 8h30-12h30 sam). Change les espèces et les chèques de voyage.

Teletur (☎0800-451516 ; ⏲7h-23h). Ligne gratuite d'informations touristiques avec des standardistes anglophones.

Depuis/vers Foz do Iguaçu

Gol (www.voegol.com.br), **TAM** (www.tam.com.br) et d'autres compagnies proposent des vols quotidiens pour Rio de Janeiro, Curitiba, São Paulo et d'autres villes brésiliennes.

De Foz, des bus longue distance desservent tous les jours Curitiba (10 heures), São Paulo (16 heures), Rio de Janeiro (22 heures) et d'autres localités. Des billets sont vendus avec une faible surcharge dans de nombreuses agences de voyages centrales, dont le **Central de Passagens** (☎3523-4700 ; www.centraldepassagens.com ; Av Juscelino Kubitschek 526).

Comment circuler

Pour l'aéroport ou les chutes, prenez le bus "Aeropuerto/Parque Nacional" à la gare routière locale ou à l'un des arrêts dans l'Av Juscelino Kubitschek (30-40 min, 2,65 R$, à payer en entrant dans la gare routière). Un taxi coûte environ 35 R$.

La **gare routière des bus longue distance** (rodoviária ; ☎3522-3336 ; Costa e Silva) se situe à 5 km au nord-est du centre-ville. Pour rejoindre le centre, prenez un taxi (15 R$) ou descendez jusqu'à l'arrêt de bus et empruntez n'importe quel bus "Centro" (2,65 R$).

Les bus pour Puerto Iguazú (4 R$/8 ARS) passent toutes les 30 minutes entre 8h et 20h dans la Rua Mem de Sá, qui longe la gare routière locale ; ils font halte dans Juscelino Kubitschek. Les bus pour Ciudad del Este, au Paraguay (4 R$) circulent toutes les 15 minutes (30 min le dimanche) ; prenez-les dans Juscelino Kubitschek, en face de la gare routière locale.

GRAN CHACO

La vaste plaine alluviale du Gran Chaco s'étend vers le nord depuis les limites septentrionales des provinces de Santa Fe et de Córdoba, couvrant la totalité des provinces de Chaco et de Formosa, jusque dans le Paraguay, la Bolivie et le Brésil. Elle s'étire vers l'ouest, occupant la majeure partie de la province de Santiago del Estero en s'asséchant, et contourne la lisière sud-est de la province de Salta. Sa partie occidentale, appelée Chaco Seco (Chaco sec), a été surnommée l'Impénétrable en raison du manque d'eau dans cette interminable plaine, couverte de broussailles épineuses infranchissables.

Traverser le Gran Chaco de Formosa à Salta par la RN 81 nord est un trajet difficile qui peut prendre près de deux jours ; la RN 16 à partir de Resistencia est bien plus rapide.

La déforestation se poursuit à grands pas dans le Chaco, où de vastes territoires sont dégagés pour planter du soja, dont l'Argentine est l'un des premiers producteurs mondiaux. Cela a sérieusement affecté les Toba, qui ont vu disparaître leur environnement traditionnel.

Resistencia

☎0362 / 390 874 HABITANTS

Cette capitale provinciale se perche à la lisière de l'étendue sauvage peu peuplée du Chaco. Si elle n'est pas la mieux placée pour le titre de centre artistique du nord de l'Argentine, elle pourrait y prétendre, avec plus de 500 sculptures qui émaillent ses rues et un fort courant culturel bohème qui contraste avec la solitude et la rudesse de cette région d'élevage.

À voir

GRATUIT **Museo del Hombre Chaqueño** MUSÉE
(JB Justo 280 ; 8h-12h et 15h-20h lun-ven). Le personnel enthousiaste de cet excellent petit musée de l'Homme du Chaco vous expliquera les collections qui illustrent les trois composantes majeures de la population du Chaco : les habitants d'origine (le musée possède de superbes céramiques et des instruments de musique toba), les *criollos*, des métis issus d'immigrants européens et d'autochtones, et les "gringos", des immigrants essentiellement européens arrivés à partir de la fin du XIXe siècle. À l'étage, la salle consacrée à la mythologie présente plusieurs figures pittoresques appartenant aux croyances populaires du Chaco.

GRATUIT **Sculptures** ŒUVRES D'ART
Au dernier recensement, la ville comptait plus de 500 sculptures, un nombre qui augmente à chaque biennale (p. 212). Les rues en sont pleines, surtout autour de la place et au nord de l'Av Sarmiento.

GROUPES INDIGÈNES DU GRAN CHACO

Avec quelque 50 000 membres, les **Toba** du Gran Chaco forment l'un des plus grands groupes indigènes du pays et pourtant leur existence demeure largement ignorée. Les manifestations des Toba en 2009 ont révélé que de nombreuses communautés étaient abandonnées par l'État et que, dans certaines, des gens mouraient de faim. Peu d'Argentins étaient au courant des luttes de ce *pueblo olvidado* (peuple oublié).

Le voyageur peut facilement traverser le Chaco écrasé de soleil sans remarquer la présence des *indígenas*, en dehors peut-être de leur artisanat vendu dans les boutiques d'État ou au bord des routes. À Resistencia, les Toba vivent dans des *barrios* (quartiers) séparés du reste de la ville. Ailleurs, ils résident dans des localités souvent ignorées des touristes (comme Juan José Castelli ou Quitilipi) ou dans le Chaco "impénétrable", dans des villages desservis par des pistes impossibles à repérer si l'on ne connaît pas la région. Si vous connaissez le chemin, ou si quelqu'un vous accompagne, vous découvrirez que les *asentamientos* (villages) toba n'ont pas d'équivalent dans le pays ; les habitants vivent dans une extrême pauvreté (bien qu'il y ait toujours une église) et, à l'exception d'un éventuel dispensaire construit par l'État, tous les bâtiments sont en adobe, avec un toit en chaume et un sol en terre battue.

Les Toba s'appellent eux-mêmes Komlek (ou Qom-lik) et parlent un dialecte du groupe linguistique guaycurú, le qom. Ils possèdent une riche tradition musicale : le Coro Toba Chelaalapi, une chorale fondée en 1962, a été classé au patrimoine mondial de l'Unesco. Outre des paniers et des céramiques, les Toba sont connus pour le violon qu'ils fabriquent à partir d'un bidon d'essence.

Les **Wichí**, avec une population de plus de 60 000 âmes, sont le groupe indigène le plus important de la région. En raison de leur isolement (ils vivent à près de 700 km de Resistencia, dans les confins nord-ouest du Chaco et dans les provinces de Formosa et de Salta), ils conservent le mode de vie le plus traditionnel. Ils vivent essentiellement de la chasse, de la pêche et de la cueillette. Les Wichí sont réputés pour leur miel sauvage et leurs splendides sacs *yica* tissés avec des fibres de chaguar (ou *caraguate*), une broméliacée des secteurs arides du Chaco. À l'instar des Toba, les Wichí habitent de simples huttes en adobe.

Les **Mocoví**, le troisième groupe indigène du Gran Chaco avec 17 000 représentants, se regroupent principalement dans le sud de la province du Chaco et dans le nord de celle de Santa Fe. Comme les Toba, ils parlent un dialecte guaycurú. Vivant de la chasse et de la cueillette jusqu'à l'arrivée des Européens, ils subsistent désormais grâce à l'agriculture et aux travaux saisonniers. Ils sont réputés pour leurs poteries brunies, les plus élaborées de la région.

Pour plus d'informations sur les Toba, les Wichí ou les Mocoví, visitez à Resistencia le **Centro Cultural Leopoldo Marechal** (445-2738 ; Pellegrini 272 ; 9h-12h et 16h-20h lun-sam), qui expose de l'artisanat et possède une boutique parrainée par la Fundación Chaco Artesanal, et le Museo del Hombre Chaqueño. Pour vous rendre dans l'"impénétrable" argentin à la rencontre des Toba ou des Wichí, reportez-vous p. 216.

La Calle Perón/Arturo Illia, à un pâté de maisons au sud de la place, est aussi bien pourvue. À chaque biennale, une brochure est éditée avec un circuit permettant de découvrir les sculptures. Pour voir les plus récentes, rendez-vous au **MusEUM** (www.bienaldelchaco.com ; entrée libre ; ⏲8h-12h et 15h-20h lun-sam), un atelier en plein air du côté nord du Parque 2 de Febrero, où sont également exposées certaines des œuvres les plus impressionnantes. Durant la biennale, et fréquemment le reste de l'année, vous y verrez travailler des artistes.

El Fogón de los Arrieros CENTRE CULTUREL, MUSÉE (Brown 350 ; 5 ARS ; ⏲musée 8h-11h40 lun-sam). Fondé en 1943, ce centre culturel, galerie d'art et bar a été pendant des décennies le principal acteur de l'engagement artistique de la ville et des expositions d'art public. Toujours la clef de voûte de la communauté artistique de la région, il est aujourd'hui célèbre pour son éclectique collection d'œuvres d'art du Chaco et de tout le pays. Le musée renferme également des sculptures sur bois de l'artiste local Juan de Dios Mena. Dans le jardin du souvenir, appelé "Colonia Sálsipuedes" (pars si tu peux), remarquez les épitaphes irrévérencieuses aux bienfaiteurs défunts.

Fêtes et festivals

Pendant la troisième semaine de juillet les années paires, la **Bienal de Escultura** (www.bienaldelchaco.com) accueille 10 sculpteurs renommés argentins et étrangers. Installés autour de la fontaine dans le musée en plein air du Parque 2 de Febrero, ils disposent de 7 jours pour réaliser une œuvre sous le regard du public. Le matériau change à chaque fois.

Où se loger

Niyat Urban Hotel HÔTEL $$ (☎444-8451 ; www.niyaturban.com.ar ; Yrigoyen 83 ; s/d 285/330 ARS ; ❄@📶).

Resistencia

Bordant la place, cet hôtel rutilant offre un excellent service et d'impeccables chambres modernes avec lits confortables, belles sdb et grandes TV à écran plat. Certaines donnent sur la place. Salle de sport, et petit spa avec Jacuzzi.

Hotel Covadonga HÔTEL **$$**
(☎444-4444 ; www.hotelcovadonga.com.ar ; Güemes 200 ; s/d 315/340 ARS ; ❄@📶🏊). Bien situé près de la place et des restaurants, cet hôtel haut de gamme comporte de bons équipements, dont une piscine, un sauna et un Jacuzzi, et des espaces communs élégamment meublés. Les chambres rénovées s'agrémentent de parquet et d'un balcon donnant sur la rue. Tant qu'elles existent, les chambres non rénovées sont nettement moins chères. Service attentif.

Hotel Amerian HÔTEL **$$**
(☎445-2400 ; www.hotelcasinogala.com.ar ; Perón 330 ; s/d 387/429 ARS ; ❄@📶🏊). Meilleure adresse de la ville, cet élégant hôtel-casino propose diverses catégories de chambres et un service stylé. Outre des machines à sous, il possède un sauna, une salle de gymnastique et un spa.

Resistencia

Sites incontournables
Museo del Hombre Chaqueño C3

À voir
1 El Fogón de los Arrieros D3

Où se loger
2 Casa Mía B3
3 Hotel Alfil A3
4 Hotel Amerian B2
5 Hotel Colón B2
6 Hotel Covadonga C2
7 Hotel Luxor B1
8 Niyat Urban Hotel C2

Où se restaurer
9 Coco's Resto C2
10 La Bianca C3
11 Parrillada Don Abel A1

où prendre un verre
El Fogón de los Arrieros .... (voir 1)
12 El Viejo Café C2

Achats
13 Stands d'artesanía C2
14 Chac Cueros C2
15 Fundación Chaco Artesanal C2

Hotel Colón HÔTEL **$$**
(☎442-2861 ; www.colonhotelyapart.com ; Santa María de Oro 143 ; s/d/app 195/284/345 ARS ; ❄@📶). Les amateurs de style Art déco apprécieront cet hôtel des années 1920, un grand bâtiment plein de caractère conservant quelques curieux éléments d'époque, à quelques pas au sud de la place. Si les chambres accusent leur âge, les appartements rénovés sont impeccables.

Hotel Alfil HÔTEL **$**
(☎442-0882 ; Santa María de Oro 495 ; s/d 90/130 ARS ; ❄📶). À quelques rues au sud de la place, cet hôtel à l'ancienne constitue un bon choix pour les petits budgets. Préférez les chambres sombres donnant sur l'intérieur si le bruit de la rue vous incommode. Celles en façade possèdent des balcons bizarrement inaccessibles. Prévoyez 10 ARS de supplément pour la clim. Pas de petit-déjeuner.

Casa Mía HÔTEL **$$**
(☎457-0430 ; www.casamiahotel.com.ar ; Santa María de Oro 368 ; s/d 209/297 ARS ; ❄@📶). Des chambres modernes, propres et peu décorées, avec de bonnes sdb. Quelques touches artistiques, des plantes et un personnel serviable.

Hotel Luxor HÔTEL **$**
(☎444-7252 ; camorsluxor@hotmail.com ; Remedios de Escalada 19 ; s/d 80/120 ARS ; ❄📶). Central et correct, il séduit voyageurs d'affaires, baroudeurs et couples illégitimes. Petit-déjeuner, TV et clim en supplément.

Où se restaurer

La Bianca ARGENTIN **$**
(Colón 102 ; plats 25-50 ARS ; ⊙déj et dîner mer-lun). Fréquenté et animé, ce restaurant à deux niveaux, établi de longue date, reste prisé pour ses pâtes, pizzas et soufflés à prix raisonnables. Il sert aussi de copieux plats de viande et salades.

Parrillada Don Abel PARRILLA **$$**
(Perón 698 ; plats 30-60 ARS ; ⊙déj et dîner, fermé dim soir). Cette accueillante *parrilla*, décorée de photos de clients satisfaits, propose de généreuses portions de pâtes et de *surubí* grillé en plus des habituelles grillades de bœuf. Chaleureuse ambiance familiale le week-end.

Coco's Resto ARGENTIN **$$**
(☎442-3321 ; Av Sarmiento 266 ; plats 40-60 ARS ; 📶). Installé dans deux pièces

en façade d'une maison, ce restaurant intime et joliment décoré est prisé d'une clientèle sélecte, venue du Parlement d'État voisin. Un grand choix de pâtes et de viandes accompagnées de sauces diverses et une longue carte des vins en font une adresse plaisante.

Où prendre un verre et sortir

El Fogón de los Arrieros BAR, MUSIQUE LIVE
(Brown 350 ; 9h30-1h). Une halte dans ce bar sympathique, institution locale depuis des décennies, est quasiment obligatoire. Le centre culturel attenant offre à l'occasion musique live et spectacles, dont des soirées tango le jeudi.

El Viejo Café CAFÉ
(Pellegrini 109 ; 7h-tard dim-jeu, 13h-tard ven-sam). Dans un bel édifice ancien, avec une salle au décor éclectique, ce café est agréable à tout moment de la journée. Sa terrasse, particulièrement plaisante pour un verre au crépuscule, reste animée jusque tard le week-end.

Achats

Plusieurs **stands d'artesanía** se tiennent du côté sud de la place.

Chac Cueros CUIR
(www.chaccueros.com.ar ; Güemes 186). Spécialisé dans les articles de qualité en cuir de capybara, qui ressemble à du daim.

Fundación Chaco Artesanal ARTISANAT
(fundacionchacoartesanal@gmail.com ; Pellegrini 272). Artisanat indigène et CD de la chorale toba (voir l'encadré p. 211).

Renseignements

Pusieurs DAB sont installés sur la Plaza 25 de Mayo, et de nombreux cybercafés jalonnent les rues centrales.

Hôpital Perrando (445-2583 ; Av 9 de Julio 1099)

Office du tourisme (445-8289 ; www.mr.gov.ar ; Plaza 25 de Mayo ; 8h-12h30 et 14h-20h lun-ven, 8h-12h et 15h-19h sam, 18h-21h dim). Dans un kiosque sur le côté sud de la place. Bonne documentation sur la ville en espagnol et en anglais.

Depuis/vers Resistencia

De l'Aeropuerto San Martin, **Aerolíneas Argentinas** (444-5551 ; JB Justo 184) dessert l'Aeroparque de Buenos Aires presque tous les jours. **Aerochaco** (0810-444-2376 ; www.aerochaco.com.ar ; Av Sarmiento 715) propose 3 vols par semaine pour Córdoba.

La **gare routière** (446-1098 ; angle MacLean et Islas Malvinas) de Resistencia dessert nombre de destinations. Dans la journée, des bus font fréquemment la navette entre Corrientes et Resistencia (7 ARS, 40 min). Vous pouvez aussi prendre un bus pour Corrientes (2,50 ARS) dans le centre-ville, dans l'Av Alberdi juste au sud de la place. Plus rapides, des taxis collectifs (7 ARS, 20 min) stationnent dans Frondizi, près de la Plaza 25 de Mayo.

Comment circuler

Pour rejoindre l'Aeropuerto San Martín, à 6 km au sud de la ville sur la RN 11, prenez le bus n°2 à l'angle nord-ouest de la place. Comptez 25 ARS en taxi du centre-ville à la gare routière, ou empruntez les bus n^{os}3 ou 10 en face de l'Hotel Colón.

AU NORD VERS LE PARAGUAY

De Resistencia, des bus rallient quotidiennement Asunción, la capitale du Paraguay ; ils traversent la frontière au nord de l'Argentine à **Clorinda**, une chaotique ville frontière sans grand intérêt, hormis ses marchés animés.

Torride capitale provinciale de taille moyenne à 2 heures de bus au nord de Resistencia, **Formosa** constitue une halte plus intéressante. Hôtels, restaurants et services jalonnent l'Avenida 25 de Mayo, qui relie la place somnolente et la berge du Río Paraguay, l'endroit le plus plaisant pour se promener à la fraîche.

À 6 km de la ville, la **Laguna Oca** est propice à l'observation des oiseaux. Pour en voir plus, rendez-vous au **Parque Nacional Río Pilcomayo**, à 126 km au nord-ouest de Formosa et à 55 km à l'ouest de Clorinda. Des bus quotidiens relient ces villes à **Laguna Blanca**, une bourgade paisible connue pour ses agrumes ; parmi ses hébergements bon marché, le **Residencial Guaraní** (angle San Martín et Sargento Cabral) est le plus plaisant. Des *remises* vous conduiront au parc national. La principale attraction du parc est la **Laguna Blanca**, où les gardes forestiers peuvent vous emmener en bateau pour voir les caïmans.

BUS AU DÉPART DE RESISTENCIA

DESTINATION	PRIX (ARS)	DURÉE (HEURES)
Asunción (Paraguay)	70	5
Buenos Aires	298	13
Córdoba	267	14
Mendoza	525	24
Posadas	109	5 heures 30
Puerto Iguazú	205	10
Roque Sáenz Peña	45	2
Rosario	255	10
Salta	285	10
Santa Fe	189	7
Santiago del Estero	207	8
Tucumán	247	11

Parque Nacional Chaco

Très accessible, ce **parc** (☎03725-499161 ; www.parquesnacionales.gov.ar ; entrée libre ; ⊙centre des visiteurs 9h-19h), d'une superficie de 150 km², protège divers écosystèmes qui reflètent les subtiles différences du relief, des sols et de la pluviosité. Il se situe dans le Chaco oriental humide, à 120 km au nord-ouest de Resistencia via la RN 16 et la RP 9.

Activités

La **randonnée** et l'**observation des oiseaux** sont les principales activités. Deux courts sentiers partent du camping principal. L'un conduit à des points de vue sur des lacs. Plus longue, une route de 12 km, praticable en voiture, à vélo ou à cheval, court vers le sud jusqu'au lac Panza de Cabra. Vous pourrez louer les services d'un guide, des vélos ou des chevaux à **Capitán Solari**, à 6 km à l'est du parc.

Où se loger et se restaurer

Le principal camping du parc dispose d'électricité, d'eau potable et de toilettes. Si des vendeurs viennent parfois le week-end, mieux vaut apporter des provisions. À Capitán Solari, la *municipalidad* (mairie) vous indiquera les habitants qui louent des chambres à des prix raisonnables.

Depuis/vers le Parque Nacional Chaco

Capitán Solari se situe à 2 heures 30 de bus de Resistencia. La Estrella propose 5 bus par jour (26 ARS).

À Capitán Solari, le bureau d'information du parc peut organiser votre transport. Sinon, vous devrez parcourir 5 km à pied, en stop ou en *remis* (25 ARS). S'il pleut, la route peut être impraticable en voiture.

Roque Sáenz Peña

☎0364 / 96 944 HABITANTS

Sorte de ville frontière au cœur du Chaco, Presidencia Roque Sáenz Peña donne accès à l'"Impénétrable". Elle est connue pour ses eaux thermales, découvertes par hasard lors d'un forage pour trouver de l'eau potable en 1937. Son atmosphère rude et chaleureuse en fait une halte plaisante.

À voir et à faire

Parque Zoológico ZOO
(adulte/enfant 6/1 ARS ; ⊙9h-18h lun-ven, 8h-18h sam-dim). Au carrefour de la RN 16 et de la RN 95, à 4 km à l'est du centre-ville, le grand zoo et jardin botanique met l'accent sur les oiseaux et les mammifères du Chaco, tels les tapirs et les jaguars. Il abrite aussi des crocodiles, des lamas, des singes, des serpents, des vautours, des condors, ainsi que quelques lions, tigres et ours, et possède un impressionnant poulailler.

Complejo Termal Municipal SPA
(www.elchacotermal.com.ar ; Brown 545 ; ⊙6h30-11h30 et 14h30-20h). Les fameux thermes de Roque puisent leur eau saline à 150 m sous terre. En activité depuis les années 1930, le centre dispose d'excellents installations : bains (10 ARS), saunas et hammams (12 ARS). Kinésiologie, massages et aromathérapie comptent parmi les soins proposés. Le mercredi, le centre ouvre à 8h et à 16h.

Où se loger

♥ **Atrium Gualok** HÔTEL $$
(☎442-0500 ; www.atriumgualok.com.ar ; San Martín 1198 ; s/d 270/340 ARS ; ❄📶🏊). À côté du centre thermal, ce bel hôtel moderne procure une sensation d'espace. D'un excellent rapport qualité/prix, les chambres à l'élégante décoration minimaliste entourent un vaste atrium.

VAUT LE DÉTOUR

PÉNÉTRER L'"IMPÉNÉTRABLE"

Si vous aimez sortir des sentiers battus, les secteurs les plus reculés du Chaco vous séduiront. La ville de **Juan José Castelli**, principal point d'accès à l'"Impénétrable", se situe à 115 km au nord de Roque Sáenz Peña. Deux bus la desservent chaque jour au départ de Resistencia (77 ARS, 5 heures) via Roque. Vous pouvez ensuite continuer vers l'ouest par des routes gravillonnées jusqu'à la lointaine Fuerte Esperanza (des *remises* collectifs effectuent ce trajet), proche de deux réserves naturelles : la **Reserva Provincial Fuerte Esperanza** et la **Reserva Natural Loro Hablador**. Toutes deux protègent des écosystèmes arides typiques du Chaco, avec des arbres comme l'*algarrobo* et le *quebracho*, ainsi que des tatous, des pécaris et de nombreuses espèces d'oiseaux. **Loro Hablador**, à 40 km de Fuerte Esperanza, possède un bon camping et de courts chemins de randonnée à parcourir avec des gardes forestiers. Fuerte Esperanza compte deux *hospedajes* (chambres d'hôtes) sans prétention. Plus au nord, **Misión Nueva Pompeya** fut fondée en 1899 par des franciscains, soucieux d'améliorer la vie des Mataco. Le bâtiment principal, avec une église au clocher carré, surprend dans ce lieu éloigné de tout.

Divers tour-opérateurs proposent des excursions et des forfaits comprenant la visite des réserves, de Misión Nueva Pompeya et de villages indigènes du secteur. Recommandé, **Carlos Aníbal Schumann** (☎0364-427-1073 ; www.ecoturchaco.com.ar ; Av San Marín 500, Juan José Castelli) gère également un camping et un lodge à Villa Río Bermejito, une localité en bordure de fleuve à 67 km au nord-est de Juan José Castelli. Le **Tantanacuy** (☎0364-449-7621 ; www.chacoagreste.com.ar), une *hostería* (auberge) entre Castelli et Fuerte Esperanza, offre des forfaits avec hébergement, transfert et excursions.

Une piscine attrayante, un spa et un casino constituent des atouts supplémentaires. Réductions substantielles pour paiement en espèces.

Hotel Presidente HÔTEL $
(☎442-4498 ; San Martín 771 ; s/d 130/180 ARS ; ❄@📶). La somptueuse moquette rouge et les miroirs jusque sur les portes des chambres le font ressembler à une villa de narcotrafiquant ou à une luxueuse maison close. En plein centre-ville, cet hôtel est néanmoins très plaisant, avec un personnel sympathique et des chambres séduisantes, dotées d'un minibar et de lits confortables.

Où se restaurer

Le restaurant de l'Atrium Gualok est le meilleur de la ville.

Bien, José! PARRILLA $
(25 de Mayo 531 ; plats 20-45 ARS ; ⏲dîner). Ce restaurant d'un bon rapport qualité/prix offre de savoureuses *empanadas* à la viande, un bon choix de grillades et un service chaleureux. Renseignez-vous sur le plat du jour et régalez-vous. À 20 m, le **Rovetti** sert d'énormes *milanesas* (escalopes milanaises) à 25 ARS.

Giuseppe PIZZA $
(Moreno 680 ; petites pizzas 20-35 ARS). Cette pizzeria au décor banal fait le plein en soirée pour ses délicieuses pizzas et ses alléchants plats de pâtes. Évitez de vous asseoir sur le côté car la cuisine dégage une chaleur d'enfer.

Ama Nalec GLACES $
(Moreno 601 ; glaces à partir de 5 ARS ; ⏲10h-13h et 17h-tard). Ce glacier fréquenté propose des pâtisseries tentantes et des glaces succulentes, une bénédiction dans la chaleur torride de Roque. Parmi les parfums originaux, goûtez la glace figue et cognac.

Renseignements

Plusieurs banques avec DAB et de nombreux centres téléphoniques/Internet) jalonnent l'Av San Martín. Le complexe thermal fournit des informations touristiques.

Depuis/vers Roque Sàenz Peña

La **gare routière** (☎420280 ; Petris, entre Avellaneda et López) se situe à 7 pâtés de maisons à l'est du centre-ville ; prenez le bus n°1 dans Mitre. Des bus réguliers desservent Resistencia (45 ARS, 2 heures) et des services rallient Tucumán, Santiago del Estero, Mendoza et Salta à l'ouest.

Salta et le Nord-Ouest andin

Dans ce chapitre »

Le top des restaurants

- Casa de las Empanadas (p. 259)
- Mi Nueva Estancia (p. 264)
- La Vieja Casona (p. 280)
- José Balcarce (p. 246)

Le top des hébergements

- Estancia los Cuartos (p. 267)
- Killa (p. 257)
- La Merced del Alto (p. 252)
- Posada El Arribo (p. 223)
- Con los Ángeles (p. 231)
- Carpe Diem (p. 244)

Pourquoi y aller

Le nord-ouest de l'Argentine, aride, s'élève en bordure des Andes majestueuses, en une succession de paysages minéraux magnifiques et torturés. La culture andine, avec sa langue quechua, son artisanat traditionnel et ses lamas, reste vivace au milieu des ruines incas et de la haute et aride puna, aux confins du Chili et de la Bolivie. Les villes de la région, les premières colonies d'Argentine, ont leur charme propre.

Plusieurs itinéraires sont possibles. Ainsi, depuis Salta, destination favorite des voyageurs, vous pourrez marcher à travers les cactus d'un parc national pour rejoindre la belle Cachi, puis descendre en passant par les villages traditionnels de tisserands des Valles Calchaquíes jusqu'à Cafayate, où vous dégusterez certains des meilleurs vins d'Argentine. Au départ de Salta, un autre circuit grimpe dans les montagnes jusqu'à la ville minière de San Antonio de los Cobres, dans la puna, puis part vers le nord en direction des plaines salines des Salinas Grandes, avant de descendre jusqu'à Quebrada de Humahuaca, aussi riche en histoire qu'agréable à l'œil.

Quand partir

Salta

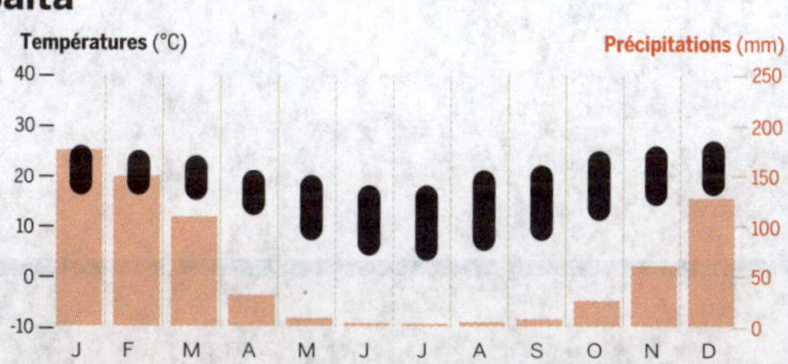

Fév-mars Les températures sont élevées mais les fêtes du carnaval méritent le coup d'œil.

Juil-août Il fait froid sur la puna, mais c'est la période la plus agréable pour la visite.

Sept-oct Un bon compromis : moins de touristes à Salta et des températures printanières.

À ne pas manquer

1. Le canyon de la **Quebrada de Humahuaca** (p. 225), aux couleurs somptueuses et changeantes
2. Un périple vers les bourgs paisibles et les activités traditionnelles des **Valles Calchaquíes** (p. 251)
3. L'air vivifiant des montagnes à **Tafí del Valle** (p. 266)
4. La ville de **Chilecito** (p. 283), point de départ d'excursions fabuleuses dans un paysage de Far West
5. L'ambiance sophistiquée de **Salta** (p. 236), son architecture coloniale et ses hôtels de charme

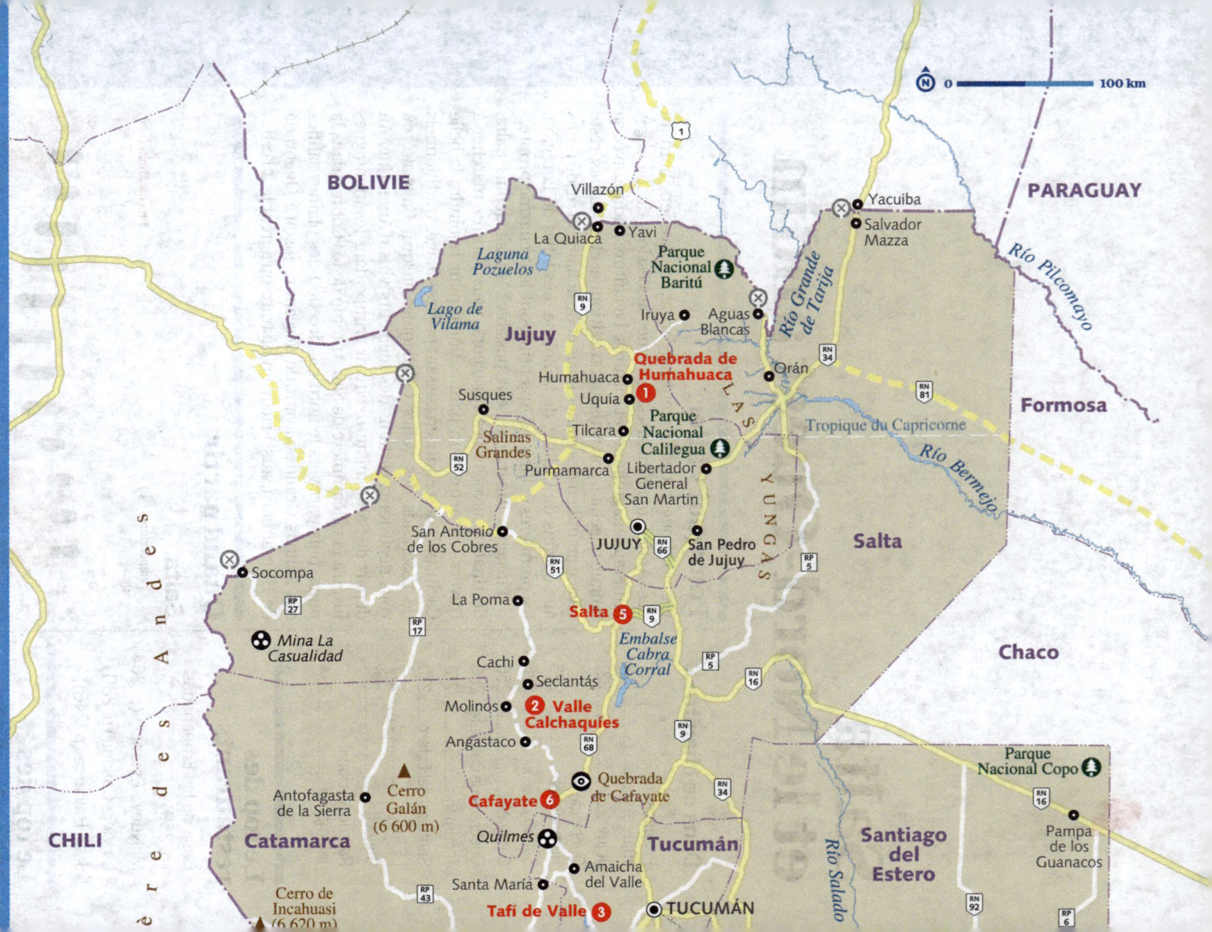

6 Une dégustation de *torrontés* à **Cafayate** (p. 256), capitale vinicole du nord de l'Argentine

7 La **cuisine** régionale de l'extrême Nord-Ouest, dans laquelle viande de lama et quinoa remplacent les habituels bœuf et pâtes

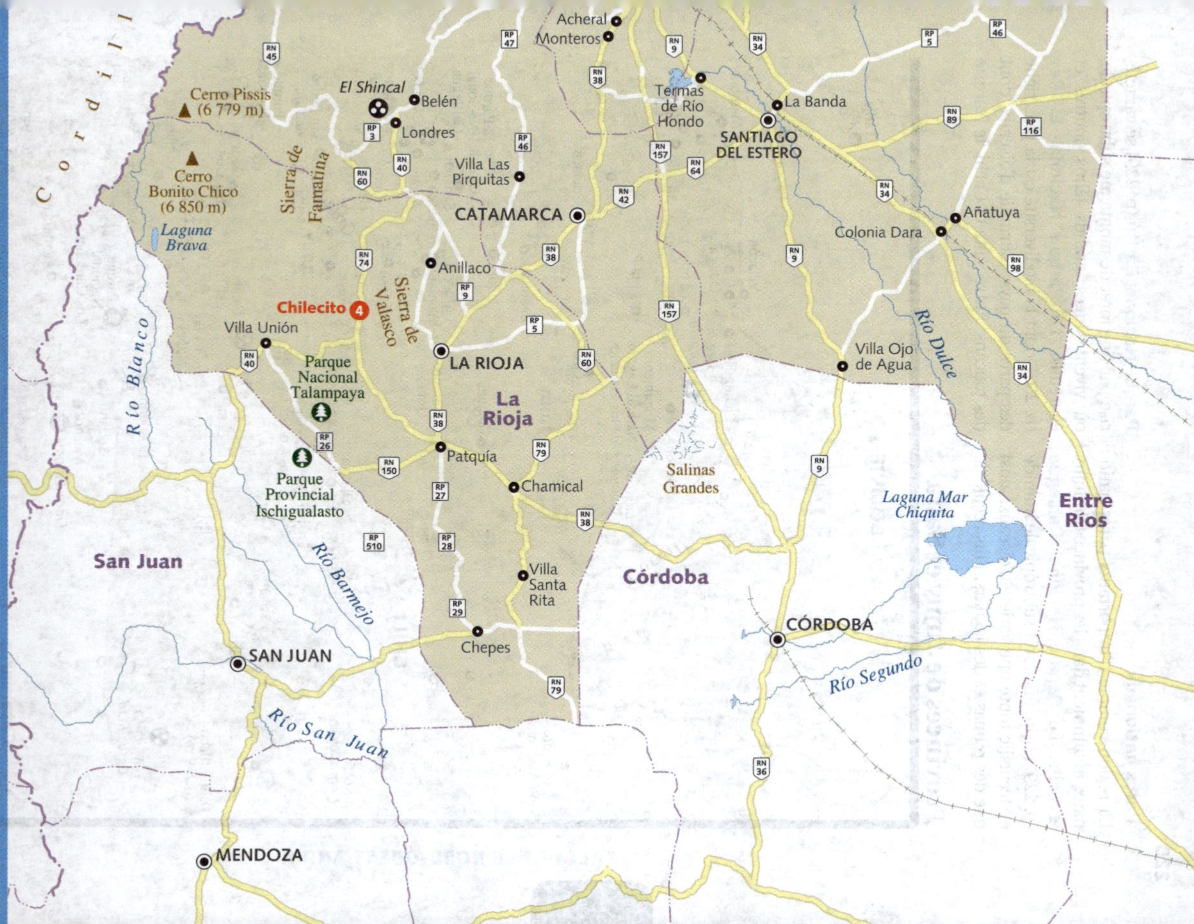

Parcs nationaux

La région compte d'importants parcs nationaux, notamment dans les provinces de Jujuy et Salta. Le **Parque Nacional Calilegua** (p. 229) abrite une forêt subtropicale humide et accueille toute une variété d'oiseaux, ainsi que des pumas et des jaguars. Plus reculé, le **Parque Nacional Baritú** (p. 229) se caractérise par une forêt de montagne subtropicale, où vivent singes, grands félins, loutres et écureuils. Le **Parque Nacional El Rey** (p. 250), dont la biodiversité est la plus riche des parcs du pays, fourmille d'oiseaux, dont des toucans. Entre Salta et Cachi, le **Parque**

Provinces de Jujuy et Salta

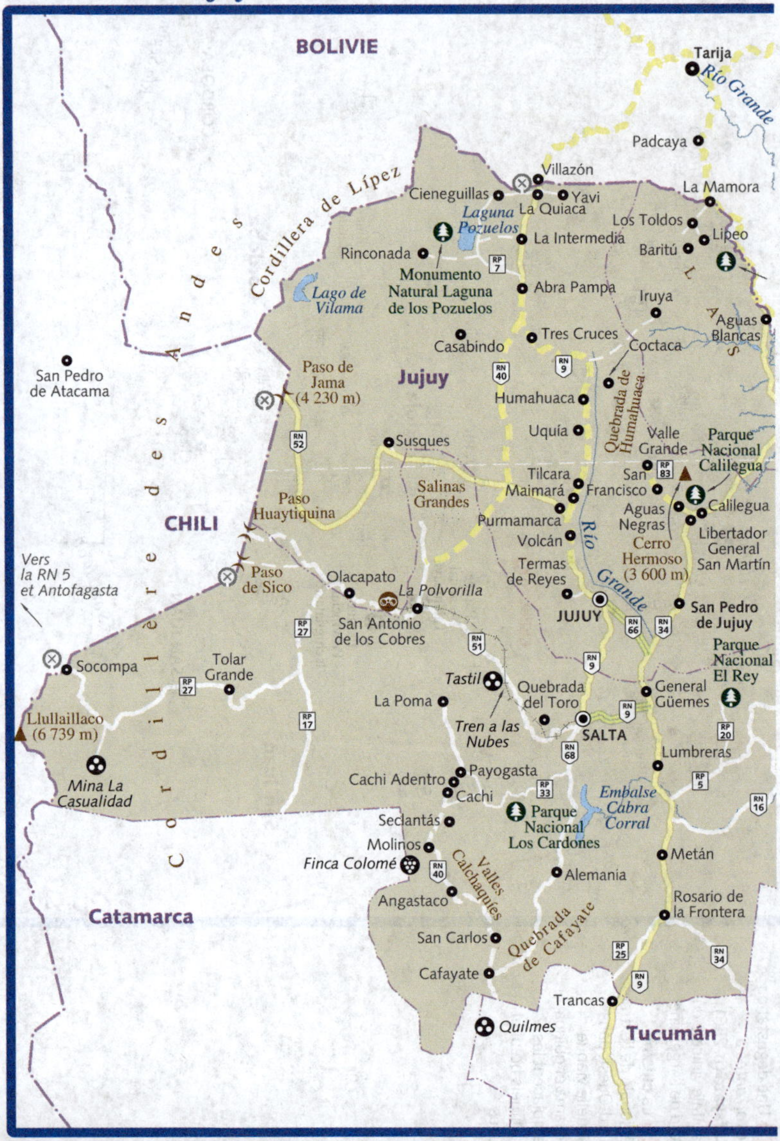

Nacional Los Cardones (p. 251) se distingue par ses paysages très photogéniques, ponctués de cactus. Plus au sud, le **Parque Nacional Talampaya** (p. 284) renferme d'anciens pétroglyphes, de spectaculaires formations rocheuses ainsi qu'une faune et une flore uniques.

PROVINCES DE JUJUY ET SALTA

Intrinsèquement mêlées, les deux provinces du nord-ouest de l'Argentine allient beautés naturelles et culture traditionnelle. Bordée par la Bolivie au nord et par le Chili à l'ouest, la zone s'étend des forêts tropicales humides des Yungas jusqu'aux hauts plateaux de la puna, et à certains des sommets les plus majestueux de la cordillère des Andes.

Les deux capitales, Jujuy, la confortable, et Salta, la coloniale, prisée des voyageurs, servent de bases pour la découverte des canyons polychromes de la Quebrada de Cafayate et de la Quebrada de Humahuaca. Elles permettent également d'explorer les villages d'artisans des Valles Calchaquíes, les paysages de la puna, de humer les *torrontés* (vins blancs) aromatiques de Cafayate ou de s'aventurer dans les parcs nationaux reculés d'El Rey ou de Baritú.

Jujuy

0388 / 278 336 HABITANTS / ALTITUDE 1 201 M

Des trois principales villes du Nord-Ouest, Jujuy n'offre ni la sophistication coloniale de Salta, ni l'animation urbaine de Tucumán, mais l'ambiance sympathique et les bons restaurants de la capitale provinciale la plus haute du pays ont de quoi plaire. C'est peut-être la ville la plus "indienne" d'Argentine.

À sa fondation en 1593, San Salvador de Jujuy (communément appelée Jujuy) était la troisième tentative d'établissement dans cette vallée, les deux précédentes ayant échoué face aux résistances indiennes.

Le 23 août 1812, durant la guerre d'Indépendance, le général Belgrano, pratiquant la politique de la terre brûlée, ordonna l'évacuation de Jujuy, désormais connue comme l'*éxodo jujeño*. Belgrano rapporta que la plupart des habitants avaient obtempéré. Tous les biens qu'ils ne purent charger sur leurs mules furent brûlés avec leurs maisons, de manière à ne pas tomber aux mains des royalistes. Ils ne purent revenir dans ce qui restait de leur ville qu'en février 1813. La province de Jujuy essuya le plus fort du conflit, l'Espagne ayant envahi de manière répétée la Quebrada de Humahuaca depuis la Bolivie.

Le nom de la ville se prononce *rou-rouille* (r guttural de la jota).

À voir

GRATUIT Culturarte GALERIE

(angle San Martín et Sarmiento ; 8h30-minuit lun-ven, 8h30-13h et 16h30-minuit sam-dim). Ce sympathique espace moderne organise des expositions d'artistes contemporains argentins bien établis. Sur place, un bon café-bar est doté d'un petit balcon dominant la rue.

Museo Arqueológico Provincial MUSÉE

(Lavalle 434 ; entrée 2 ARS ; 8h-20h lun-ven, 9h-13h et 15h-19h sam-dim). Ce musée archéologique vaut vraiment le détour. La pièce maîtresse, vieille de 3 000 ans, est une déesse de la Fertilité, représentée en train d'accoucher et coiffée de serpents. On la doit à la civilisation avancée de San Francisco, qui se développa dans les Yungas de 1 400 à 800 av. J.-C. environ. Y figurent également une série de crânes déformés (selon d'anciennes pratiques esthétiques) et des corps momifiés.

Museo Histórico Franciscano MUSÉE

(Belgrano s/n ; entrée 5 ARS ; 9h-13h et 17h-21h lun-sam). Voisin de l'église et couvent San Francisco, ce musée présente un beau choix d'art colonial de l'école de Cuzco, née de l'enseignement par les moines aux Indiens des styles des grands maîtres espagnols et flamands.

Museo Histórico Provincial MUSÉE

(Lavalle 256 ; entrée 2 ARS ; 8h-20h lun-ven, 9h-13h et 16h-20h sam-dim). Au cours des guerres civiles, une balle transperça la monumentale porte en bois de cette demeure coloniale et tua le général Juan Lavalle, héros des guerres d'indépendance. Son histoire est retracée ici. On y admire aussi une collection d'art colonial et religieux, ainsi que des expositions sur l'époque de l'indépendance, l'évacuation de Jujuy et la mode du XIXe siècle. Légendes en anglais, et guides à disposition pour répondre aux questions.

GRATUIT Cabildo et Museo Policial MUSÉE

(Pl Belgrano s/n ; 8h-13h et 16h-21h lun-ven, 9h-12h et 18h-20h sam-dim). Sur la place, le joli *cabildo* (hôtel de ville colonial) à colonnade abrite le Museo Policial, lequel rend un hommage inconditionnel à l'autorité policière à travers des photos de crimes horribles et des curiosités. Vous apprendrez par exemple qu'en 1876 tout individu entretenant un commerce charnel avec un lama encourait une amende de 5 pesos.

Circuits organisés

Des agences de Jujuy proposent des circuits vers la Quebrada de Humahuaca, les Salinas Grandes, le Parque Nacional Calilegua et le

Jujuy

0 — 400 m

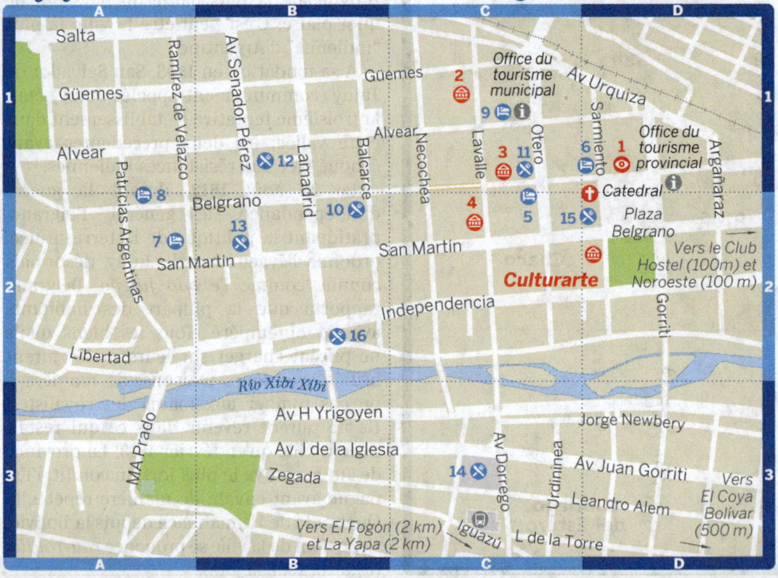

reste de la province. L'office du tourisme provincial en fournit la liste complète.

Noroeste CIRCUITS ORGANISÉS
(☎423-7565 ; www.noroestevirtual.com.ar ; San Martín 136). Basée au Club Hostel. Circuits vers la région de la Quebrada de Humahuaca et les Salinas Grandes, entre autres.

Fêtes

En août, la **Semana de Jujuy**, – événement le plus important de la ville – commémore l'évacuation de la cité ordonnée par Belgrano pendant les guerres d'indépendance. Autre rassemblement majeur, le pèlerinage religieux connu sous le nom de **Peregrinaje a la Virgen del Río Blanco** a lieu le 7 octobre.

Où se loger

Posada El Arribo HÔTEL DE CHARME $$
(☎422-2539 ; www.elarribo.com ; Belgrano 1263 ; s/d 250/380 ARS ; ❄@📶🏊). Oasis au cœur de Jujuy, cette adresse familiale est un vrai régal pour les yeux. Elle occupe une superbe demeure rénovée du XIXe siècle, avec de hauts plafonds, du parquet, un vaste patio et un grand jardin. L'annexe moderne, à l'arrière, ne démérite pas, mais préférez les chambres anciennes.

Ohasis Jujuy HÔTEL $$
(☎424-1017 ; www.ohasishoteljujuy.com ; Ramírez de Velasco 244 ; s/d 348/468 ARS ; ❄@📶🏊). Élégante, accueillante, moderne et efficace, cette adresse récente aux chambres confortables comporte une piscine extérieure chauffée et sert un petit-déjeuner au-dessus de la moyenne. Autres atouts : le spa et la salle de sport.

Club Hostel AUBERGE DE JEUNESSE $
(☎423-7565 ; www.clubhosteljujuy.com.ar ; San Martín 134 ; dort/d 60/180 ARS ; @📶). Auberge de jeunesse animée, possédant de bons dortoirs sombres de 4 lits avec casiers et sdb. Chambres individuelles correctes, également avec sdb. Cuisine et petit Jacuzzi à l'arrière, agence de voyages et personnel sympathique. Réduction pour les membres HI (Hostelling International).

Hostal Casa de Barro AUBERGE DE JEUNESSE $
(☎422-9578 ; www.casadebarro.com.ar ; Otero 294 ; dort/d sans sdb 65/120 ARS ; 📶). Entièrement décorée de motifs rupestres, cette adresse plaisante et originale réserve un accueil chaleureux. Les chambres claires et gaies se partagent des sdb communes impeccables. Salon douillet et cuisine. Petit-déjeuner inclus.

Hotel Internacional HÔTEL $$
(☎423-1599 ; www.hinternacionaljujuy.com.ar ; Belgrano 501 ; s/d 250/310 ARS ; ❄@📶). Perchée à un angle de la place, cette tour renferme des petites chambres claires, dans les tons crème, avec des sdb propres et jolies. Certaines ont l'attrait d'une belle vue sur la place. Le journal du matin glissé sous la porte fait partie des attentions appréciables. Une bonne affaire.

Residencial Alvear PENSION $
(☎422-2982 ; aurora627@wirenet.com.ar ; Alvear 627 ; s/d avec sdb 105/165 ARS, sans sdb 55/110 ARS). Les chambres variées, derrière le restaurant Chung King, offrent un confort acceptable pour le prix, les plus éloignées étant les plus calmes. Mais mieux vaut bien choisir (à l'étage) car certaines (avec sdb commune) manquent d'espace et de clarté.

Où se restaurer

Plein d'animation, le **Mercado del Sur**, en face de la gare routière, est un marché authentique, où les Indiens argentins

Jujuy

COCA À MÂCHER

En voyageant dans le Nord, vous verrez sans doute des enseignes devant les boutiques, indiquant la vente de coca et *bica*. Le premier fait référence aux feuilles, surtout cultivées en Bolivie et au Pérou, aussi utilisées pour produire la cocaïne. Le terme *bica* renvoie au bicarbonate de soude, un alcalin qui, mâché en même temps que les feuilles (pratique courante chez les peuples andins), libère leur propriété stimulante, et combat la fatigue et la faim. Consommer de la coca et en détenir de petites quantités pour son usage personnel n'est légal que dans les provinces septentrionales de Salta et de Jujuy. Son transport ailleurs en Argentine ou au Chili est formellement interdit. Sachez qu'il y a de nombreuses fouilles.

avalent de grandes rasades de *mazamorra* (soupe de maïs froide) et s'échangent des feuilles de coca. Les restaurants alentour proposent des spécialités régionales roboratives ; essayez le *chicharrón con mote* (porc frit au maïs bouilli) ou la très épicée *sopa de maní* (soupe de cacahuètes).

Madre Tierra BOULANGERIE, CAFÉ $

(Belgrano 619 ; déj 4 plats 50 ARS ; 7h-18h lun-sam ;). Un établissement qui se distingue du lot. La cuisine végétarienne (nouveau menu chaque jour) est excellente, et les salades, crêpes et soupes se marient bien avec les jus de fruits frais. La boulangerie en devanture vend plusieurs sortes de pains complets.

Manos Jujeñas ARGENTIN $

(Av Senador Pérez 381 ; plats 25-40 ARS ; mar-dim). L'une des meilleures adresses de Jujuy est remplie les soirs de week-end d'une clientèle satisfaite. On a le choix entre plusieurs plats traditionnels du Nord-Est, mais c'est surtout le *picante* (poulet ou langue marinés, ou les deux, accompagnés d'oignons, de tomates, de riz et de pommes de terre) qui fait la fierté de la maison.

Krysys PARRILLA $$

(423-1126 ; Balcarce 272 ; plats 35-55 ARS ; lun-sam ;). Cette *parrilla* (restaurant de grillades) centrale haut de gamme à l'atmosphère détendue n'a pas son pareil en ville. Outre les classiques au barbecue, la carte affiche toute une gamme de sauces pour accommoder votre commande de poulet, de porc ou de bœuf, et divers hors-d'œuvre appétissants à base d'avocat. Prix raisonnables et cuisson à la demande.

Chung King ARGENTIN, PIZZA $$

(Alvear 627 ; plats 32-52 ARS ;). Populaire à juste titre pour son large choix de spécialités argentines, dont des plats du jour avantageux, l'endroit n'a de chinois que le nom. La pizzeria qui s'y rattache est encore plus courue.

Marazaga ARGENTIN $$

(424-3427 ; Av Senador Pérez 222 ; plats 40-55 ARS ; dîner ;). Les plats typiques des Andes côtoient ici des créations plus tendance. La crêpe végétarienne en entrée est aussi nourrissante que savoureuse, mais le porc miel-moutarde mériterait une plus digne garniture que de simples frites. Il y a heureusement plus de bonnes surprises que de mauvaises.

Miralejos ARGENTIN $$

(Sarmiento 368 ; repas 25-45 ARS ; 8h-minuit). La meilleure table pour dîner sur la place. Vaste choix de viandes et de pâtes (avec autant de sauces), ainsi que quelques recettes de truite. La terrasse dehors est agréable pour prendre le petit-déjeuner. Sélection musicale pour le moins éclectique.

Viracocha ARGENTIN $

(angle Independencia et Lamadrid ; plats 24-38 ARS ; déj mer-lun, dîner mer-sam et lun). Un restaurant voûté plein de cachet servant d'excellents plats traditionnels tels que *picantes* à base de toutes sortes de viandes (par exemple du lama mariné), et une bonne soupe de cacahuètes.

Où prendre un verre et sortir

Les *peñas* (clubs de musique folklorique) de Jujuy servent à manger chaque soir, mais n'accueillent des concerts que le week-end en général. **El Coya Bolívar** (0388-15-472-5311 ; Lisandro de la Torre 634 ; musique jeu et ven) est à courte distance à pied de la gare routière, tandis qu'**El Fogón** (0388-15-588-2040 ; RN 9 ; 20h-tard sam) et **La Yapa** (402-0637 ; Mejías 426, Barrio Malvinas ; 20h-tard ven et sam) nécessitent de prendre un taxi. Les grandes *boliches* (discothèques) se trouvent sur la RN 9 au sud de la ville.

Renseignements

Il y a de nombreuses banques avec DAB dans le centre. Vous n'aurez aucune difficulté pour téléphoner ou naviguer sur Internet.

Hôpital Pablo Soria (☎422-1228 ; angle Patricias Argentinas et Av Córdoba)

Office du tourisme municipal (☎402-0054 ; turismo@municipiodejujuy.gov.ar ; angle Otero et Alvear ; ⏲7h-22h). Sympathique et utile.

Office du tourisme provincial (☎422-1343 ; www.turismo.jujuy.gov.ar ; Gorriti 295 ; ⏲7h-22h lun-ven, 9h-21h sam-dim). Excellent office du tourisme, personnel compétent et bonnes brochures.

Depuis/vers Jujuy

Avion

Andes (☎431-0279 ; www.andesonline.com.ar ; San Martín 1283) assure 6 vols hebdomadaires à destination de Buenos Aires via Salta. **Aerolíneas Argentinas** (☎422-7198 ; Av Senador Pérez 355) relie l'Aeroparque Jorge Newbery de Buenos Aires une fois par jour.

Bus

La **gare routière** (☎422-1375 ; angle Av Dorrego et Iguazú) à l'ancienne propose des services provinciaux ou longue distance, mais il y a plus de choix à Salta.

Les bus qui vont de Salta à San Pedro de Atacama au Chili (200 ARS) s'arrêtent ici vers 8h30.

Comment circuler

L'aéroport El Cadillal est à 33 km à l'est du centre de Jujuy. Une navette part de la cathédrale 1 heure 30 avant le départ des vols Aerolineas, mais assurez-vous qu'elle circule bien. Sinon, il en coûte 100 ARS en *remis* (radio-taxi).

Pour louer une voiture dans le centre, adressez-vous à **Avis** (☎424-9800 ; www.avis.com ; Güemes 864) ou **Hertz** (☎422-9582 ; www.hertz.com ; Belgrano 715), dans l'Hotel Augustus. Ces agences disposent aussi de comptoirs à l'aéroport.

BUS AU DÉPART DE JUJUY

DESTINATION	PRIX (ARS)	DURÉE (HEURES)
Buenos Aires	498	19-22
Córdoba	300	14
Humahuaca	25	3
La Quiaca	58	4-5
Mendoza	440	20
Purmamarca	17	1 heure 15
Salta	42	2
Salvador Mazza	146	6-7
Susques	42	4-5
Tilcara	18	1 heure 45
Tucumán	113	5

Quebrada de Humahuaca

Au nord de Jujuy, la formidable Quebrada de Humahuaca serpente jusqu'à la Bolivie. C'est un paysage aride et fascinant, un canyon creusé par une rivière désormais à sec, dominé par des montagnes dont les strates sédimentaires sont, sous le jeu de l'érosion, devenues d'étonnantes formations, révélant toute une gamme de couleurs en vagues ondulantes. La palette de couleurs de ce site inscrit au patrimoine mondial de l'Unesco change sans cesse, passant du blanc crème au rouge profond, tandis que les formations rocheuses rappellent tantôt un collier en dents de requin, tantôt l'épine dorsale d'une terrifiante créature.

La vallée est ponctuée de localités indiennes, avec leur bon choix d'hébergements, leurs belles églises en pisé et leurs restaurants servant un revigorant *locro* (ragoût de maïs, de haricots, de bœuf, de porc et de saucisses) voire des filets de lama. Le boom touristique de ces dernières années se traduit par une forte affluence l'été, période à laquelle les tarifs de l'hébergement s'envolent.

Les arrêts intéressants sont nombreux sur cette route coloniale reliant Potosí (Bolivie) à Buenos Aires. Les bus circulant sur la route toutes les 40 minutes environ, il est assez facile de descendre du véhicule et d'y remonter plusieurs fois. Jujuy est l'endroit le plus proche où louer une voiture. C'est tôt le matin, lorsque les couleurs sont les plus vives et que le vent ne s'est pas encore levé, que la Quebrada est la plus belle.

PURMAMARCA

☎0388 / 510 HABITANTS / ALTITUDE 2 192 M

Le village de Purmamarca, à 3 km à l'ouest de la nationale, se tient en dessous du célèbre **Cerro de los Siete Colores** (mont des Sept Couleurs), spectaculaire formation ressemblant au délire en pâte d'amande d'un pâtissier mégalomane. Le village en lui-même est joli et pittoresque, avec ses maisons en pisé ocre et ses *algarrobos* anciens près de la belle église du XVIIe siècle. Sa proximité avec Jujuy en a fait sans doute la destination

La Quebrada de Humahuaca

Cette vallée aride du Nord-Ouest fascine par ses formations rocheuses à la silhouette tourmentée, qui révèlent une palette de couleurs minérales en constant changement au fil de la journée. L'exploration des localités amérindiennes nichées là est passionnante.

Tilcara

1 Rien d'étonnant à ce que de nombreux voyageurs choisissent cette petite ville comme point de chute pour l'exploration de la Quebrada. Elle offre de très bons petits hôtels, des paysages splendides, un choix d'excursions et les vestiges d'une fortification précolombienne, à découvrir au milieu des cactus (p. 230).

Purmamarca

2 Dominé par de spectaculaires formations rocheuses déclinant de saisissantes couleurs minérales, le village accueille sur sa place un marché d'artisanat très animé (p. 225).

Uquía

3 On trouve à Uquía l'église la plus remarquable de la région, un bel édifice du XVIIe siècle qui abrite une célèbre série de tableaux représentant les principaux anges portant des armes à feu coloniales (p. 233).

Humahuaca

4 Avec ses rues pavées, ses boutiques d'artisanat équitable et sa cuisine locale typique (*locro* et ragoût de lama, notamment), la plus grande localité de la vallée est un point de chute agréable pour l'exploration de la région (p. 233).

Iruya

5 Accessible par un long et périlleux trajet marqué par le franchissement d'un col spectaculaire, ce village isolé entouré de falaises et de montagnes imposantes a conservé ses traditions et son âme amérindienne. Le rythme lent auquel il vit incite le voyageur à faire une pause à l'écart du tourbillon du monde (p. 234).

1. Tilcara (p. 230) 2. Cerro de los Siete Colores (p. 225), Purmamarca 3. Église d'Uquía (p. 19) 4. Tissus locaux

2

JODY/SHUTTERSTOCK ©

3

JAVIER ETCHEVERRY / ALAMY ©

ENTRER EN BOLIVIE PAR SALVADOR MAZZA

La RN 34 continue après Calilegua jusqu'à la localité la plus septentrionale d'Argentine, Salvador Mazza (également appelée Pocitos), grand poste-frontière avec la Bolivie. Après avoir franchi la **frontière** (24h/24), il faut prendre un taxi collectif sur 5 km jusqu'à la grande ville bolivienne de Yacuiba, d'où partent des vols hebdomadaires pour La Paz, ainsi que des bus pour Tarija (12 heures) et Santa Cruz (15 heures). Les résidents de l'Union européenne, de Suisse ou du Canada n'ont pas besoin d'un visa. Aucun consulat bolivien n'étant installé dans la bourgade, si vous avez besoin d'un visa, vous devez vous le procurer à Jujuy ou à Salta. Salvador Mazza est desservie par de nombreux bus au départ de Jujuy, Salta et d'autres villes du Nord. La Bolivie retarde d'une heure par rapport à l'Argentine.

la plus touristique du Nord-Ouest ; si vous voulez voir un village andin authentique, passez votre chemin. En revanche, c'est l'endroit approprié pour acheter des tissages car un marché aux ponchos prospère se tient chaque jour sur la place.

Outre l'achat d'objets artisanaux, ne manquez pas la spectaculaire, mais facile, promenade de 3 km autour du *cerro* (mont), dont les superbes couleurs s'apprécient au mieux au lever ou au coucher du soleil.

Où se loger et se restaurer

Huaira Huasi HÔTEL $$
(490-8070 ; www.huairahuasi.com.ar ; Ruta 52, Km 5 ; d/app 4 pers 399/679 ARS ;). Au (petit) nombre des hôtels de caractère qui bordent la route principale au-dessus de la ville, cet établissement se distingue des autres par sa perspective sur la vallée et ses beaux bâtiments en pisé. Il loue deux appartements pour 5 personnes, joliment décorés de textiles locaux et de bois de cactus, et des chambres plus petites, également ravissantes. Bon rapport qualité/prix.

Los Colorados APPARTEMENTS $$
(490-8182 ; www.loscoloradosjujuy.com.ar ; Chapacal s/n ; s/d/qua 340/500/720 ARS ;). Semblant tout droit sortis d'un film de science-fiction, ces appartements étranges mais accueillants s'inscrivent en plein dans le *cerro* et se confondent avec lui. Élégants et douillets, ils offrent un refuge appréciable.

El Pequeño Inti PENSION $
(490-8089 ; elintidepurmamarca@hotmail.com ; Florida s/n ; s/d 140/170 ARS). Un petit établissement attrayant, à deux pas de la place. D'un bon rapport qualité/prix (pour deux), il loue des chambres sobres pourvues de lits confortables et de sdb au thème marin.

Hostería Bebo Vilte AUBERGE ET CAMPING $
(490-8038 ; Salta s/n ; camping 20 ARS/pers, dort/d sans sdb 40/120 ARS, s/d avec sdb 150/200 ARS ;). Derrière l'église, une adresse pratique et complète : des chambres de style motel, agréables, avec sdb, d'autres plus sommaires à l'intérieur, des dortoirs, et une aire de camping équipée de barbecues. Prix négociables dans une certaine mesure.

Terrazas de la Posta HÔTEL $$
(490-8053 ; www.terrazasdelaposta.com.ar ; d 390-480 ARS ;). Chambres ravissantes avec sdb spacieuses, se partageant une véranda qui offre une belle vue sur les montagnes. Les chambres de catégorie supérieure sont plus récentes et plus grandes.

El Churqui de Altura ARGENTIN $$
(Salta s/n ; plats 36-65 ARS). Tarifs très excessifs, mais les plats de truite, ragoûts de viande de chèvre et de lama, ainsi que les *empanadas* cuites au four sont assez savoureux.

El Rincón de Claudia Vilte ARGENTIN $
(Libertad s/n ; entrée 10 ARS, plats 22-45 ARS). Si des musiciens traditionnels animent presque tous les restaurants de Purmamarca, celui-ci remporte la mise pour la musique folklorique.

Renseignements

Il y a un DAB sur la place.

Office du tourisme (Florida s/n ; 7h-19h lun-ven ; 8h-20h sam-dim). Juste à côté de la place.

Depuis/vers Purmamarca

Les bus à destination de Jujuy (17 ARS, 1 heure 15) partent toutes les 1 à 2 heures ; les autres vont à Tilcara (4 ARS, 30 min) et Humahuaca (13 ARS, 1 heure 15). Il y a au moins un bus par jour pour Susques (30 ARS, 3-4 heures) via Salinas Grandes.

Il n'y a pas de station-service à Purmamarca ; la plus proche se trouve à 25 km au nord, à Tilcara, ou au sud, à Volcán. À l'ouest, la station la plus proche est à Susques, à 130 km d'une ascension très escarpée.

VAUT LE DÉTOUR

PARCS NATIONAUX DE CALILEGUA ET BARITÚ

Dans la partie orientale de la province de Jujuy s'étendent les Yungas, zone subtropicale humide et fertile où l'aride Altiplano dépourvu d'arbres cède la place à la forêt de montagne et, par endroits, à une épaisse forêt de nuages. Deux parcs nationaux peuplés de nombreux oiseaux, et de mammifères plus difficiles à apercevoir tels que pumas, tapirs et jaguars, donnent l'occasion de découvrir cet écosystème.

Parque Nacional Calilegua

Ce parc facile d'accès grimpe à l'assaut de la Serranía de Calilegua jusqu'à des sommets comme le Cerro Hermoso, et offre une vue imprenable en surplomb de la forêt, et sur le Gran Chaco à l'est.

Le parc est sillonné de sept sentiers balisés, qui demandent entre 20 minutes et 4 heures de marche (difficile dans le second cas). Pour apercevoir des oiseaux et des mammifères, nul meilleur endroit que les abords des cours d'eau tôt le matin ou en fin d'après-midi.

Depuis le Valle Grande, à l'ouest du parc, on peut atteindre Humahuaca en une semaine de randonnée dans la Sierra de Zenta, ou aller jusqu'à Tilcara.

Les **bureaux du parc** (☎422046 ; calilegua@apn.gov.ar ; ⌚7h-14h lun-ven) sont installés dans le village de Calilegua, à 5 km au nord de la ville de Libertador General San Martín. Le poste de gardes forestiers, à l'**entrée du parc** (entrée libre ; ⌚9h-18h), à Aguas Negras, dispose de plus d'informations sur les sentiers et leur état. Un autre poste de gardes forestiers se trouve à Mesada de las Colmenas, 13 km après Aguas Negras et 600 m plus haut.

Le **camping** aménagé est à 300 m du poste des gardes forestiers de l'entrée. Gratuit, il comporte des toilettes et des douches, mais pas de boutique.

Libertador General San Martín est une ville de bonne taille spécialisée dans le conditionnement de la canne à sucre. Parmi les hébergements figure l'**Hotel Los Lapachos** (☎03886-423790 ; ayresdelnortehotel@yahoo.com ; Entre Ríos 400 ; s/d 80/100 ARS ; ❄), à un pâté de maisons de la place, qui fait des efforts de décoration, avec des lavabos en forme de coquillage et une moquette bordeaux. La petite Calilegua, avec son cadre tropical délabré et le chant assourdissant des cigales, présente plus d'attrait. Près des bureaux du parc, le **Jardín Colonial** (☎03886-430334 ; San Lorenzo s/n ; s/d sans sdb 40/80 ARS) possède des chambres dans un joli bungalow, une véranda ombragée et un jardin verdoyant émaillé de sculptures.

De nombreux bus circulant entre Jujuy/Salta et la frontière bolivienne, à Salvador Mazza, s'arrêtent à Libertador General San Martín et Calilegua. Certains marquent un arrêt à l'embranchement pour le parc, à 3 km au nord de Libertador, et à 2 km au sud de Calilegua. De là, le poste des gardes forestiers d'Aguas Negras est à 8 km. Il y a assez de circulation pour pouvoir faire du stop. Il est aussi pratique de prendre un taxi au départ de l'une ou l'autre ville.

Parque Nacional Baritú

Beaucoup plus lointain, **Baritú** (☎0387-15-507-4432 ; baritu@apn.gov.ar) n'est accessible par la route que par la Bolivie (et en principe, uniquement en 4x4). Quittez la RN 34, 90 km après Calilegua, en direction d'Orán et ensuite vers Aguas Blancas. En entrant en Bolivie, vous longerez vers l'ouest, sur 113 km, la rive nord du Río Bermejo, avant de revenir en Argentine à La Mamora. Continuez sur 17 km pour gagner Los Toldos, puis sur 26 km avant d'arriver à Lipeo, hameau situé à l'angle nord-ouest du parc. Il compte un poste de gardes forestiers et un camping mais aucune autre infrastructure. Néanmoins, les habitants proposent l'hébergement chez eux. Il existe plusieurs sentiers à parcourir à pied ou à cheval. À Los Toldos, vous trouverez des hébergements, des restaurants et des commerces. Renseignez-vous auprès des gardes forestiers ou aux bureaux des parcs à Salta avant de venir. Ceux qui lisent l'espagnol auront accès à des informations utiles à l'adresse www.barituparquenacional.blogspot.com.

ENTRER AU CHILI PAR SUSQUES

La route bitumée grimpe sans interruption depuis Purmamarca à travers un paysage de montagne désolé mais spectaculaire jusqu'à un col, à 4 150 m, puis traverse un plateau occupé en partie par les Salinas Grandes. À 130 km de Purmamarca, on retrouve la civilisation à **Susques**, qui compte une station-service et un DAB.

Susques mérite un arrêt pour sa merveilleuse **église** (don ; ⌚8h-18h). Datant de 1598, l'édifice possède un toit en chaume, un plafond en bois de cactus et un sol en terre battue, et des saints peints dans un style naïf ornent ses murs en pisé blanchis à la chaux. Il y a un office du tourisme dans l'artère principale, et des hébergements sommaires.

AndesBus circule les mardis, jeudis, samedis et dimanches de Jujuy à Susques (42 ARS, 4-5 heures) via Purmamarca.

Au-delà de Susques, la route continue sur 154 km (faites le plein à Susques) jusqu'au Paso de Jama (4 230 m) et offre un spectacle fantastique. Ce col marque la frontière chilienne, bien que le service de l'**émigration** (⌚8h-minuit) argentin se trouve un peu avant. Aucun fruit, légume ou feuille de coca n'est autorisé à entrer au Chili, et les douaniers se montrent intraitables. La route goudronnée continue en direction de San Pedro de Atacama. Les bus en provenance de Salta et Jujuy empruntent cet itinéraire.

TILCARA

☎0388 / 4 358 HABITANTS / ALTITUDE 2 461 M

Beaucoup choisissent la pittoresque Tilcara, à 23 km de l'embranchement vers Purmamarca en remontant depuis la vallée, comme point de chute pour l'exploration de la Quebrada de Humahuaca. Cette localité offre un grand choix d'hébergements, allant des établissements de charme luxueux à des auberges de jeunesse. Aujourd'hui, les paysans locaux, perpétuant des traditions séculaires, se mêlent à une population urbaine ayant fui la ville à la recherche d'un mode de vie plus calme.

À voir

Pucará RUINES

(entrée avec le Museo Arqueológico ; Argentins/Latino-Américains/autres 15/20/30 ARS, gratuit lun ; ⌚9h-18h). Fortification précolombienne dominant la vallée, la *pucará* se dresse à 1 km au sud de la ville après le pont métallique. Ce site avait une importance stratégique entre les XIe et XVe siècles. Sa reconstruction, dans les années 1950, a pris quelques libertés, tel ce monument élevé en hommage aux archéologues, et qui décroche la palme du ridicule. L'édifice le plus intéressant est l'"église", bâtiment pourvu d'un court chemin pavé menant à un autel ; remarquez au passage la niche dans la paroi. Le site en lui-même profite d'une superbe vue et voit croître d'innombrables cactus *cardón*. Vous trouverez également un jardin de cactus près de l'entrée.

Museo Arqueológico MUSÉE

(Belgrano 445 ; entrée comprise avec la pucará ; ⌚9h-18h). Ce musée bien conçu présente des objets provenant du site de la *pucará*, et des expositions donnant une idée de la vie à cette époque. La salle dédiée aux masques cérémoniels et à leur fabrication est particulièrement impressionnante. Le musée est installé dans une maison coloniale, au sud de la Plaza Prado.

Activités

De nombreuses marches sont possibles dans les environs de Tilcara. La plus prisée est la randonnée de 2 heures jusqu'à la **Garganta del Diablo**, un joli canyon avec cascade. Dirigez-vous vers la *pucará*, mais tournez à gauche pour longer la rivière avant de traverser le pont. Le sentier menant à la Garganta part de cette route vers la gauche après un panneau indiquant *Cuide la flora y fauna*. Le matin est le meilleur moment pour nager car le soleil éclaire le bassin.

Tilcara Mountain Bike (☎0388-15-500-8570 ; tilcarabikes@hotmail.com ; Belgrano s/n ; ⌚9h30-19h) est une sympathique entreprise qui loue des VTT bien entretenus (15/70 ARS par heure/jour) et fournit une carte très pratique des excursions à réaliser dans la région.

Plusieurs adresses permettent de faire du cheval avec ou sans guide. Vous verrez des numéros de téléphone pour des *cabalgatas* (promenades à cheval) un peu partout. La plupart des hébergements peuvent également en organiser.

Circuits organisés

Plusieurs agences en ville organisent des excursions dans la Quebrada et aux Salinas Grandes.

Caravana de Llamas TREKKING
(☎495-5326 ; www.caravanadellamas.com ; angle Corte et Viltipico). Cette agence de randonnée avec des lamas, vivement recommandée, organise des excursions d'une demi-journée de difficulté variable (160 ARS à 240 ARS) autour de Tilcara et dans les Salinas Grandes, ainsi que des excursions de plusieurs jours, notamment une de 6 jours allant de Tilcara aux plaines boisées des Yungas (3 600 ARS). Le guide, affable, connaît très bien la région. Les lamas sont des animaux de bât : ils portent les sacs, vous marchez. Même si vous ne prévoyez pas d'excursion, vous pourrez toujours passer voir les animaux à l'agence.

Fêtes et festivals

Tilcara organise de nombreuses festivités. La plus marquante, en janvier, est l'**Enero Tilcareño**, prétexte à des épreuves sportives, des activités culturelles et musicales. En février, le **carnaval** revêt la même importance que dans d'autres villages de la Quebrada de Humahuaca, tout comme la **Semana Santa**, en avril. En août, la fête indienne en l'honneur de **Pachamama** (Terre-Mère) vaut aussi le détour.

Où se loger

Entre les hôtels de charme haut de gamme, les auberges de jeunesse, les pensions et les chambres chez l'habitant d'un bon rapport qualité/prix (l'office du tourisme en possède la liste), on n'a que l'embarras du choix.

Con los Ángeles LODGE $$
(☎495-5153 ; www.posadaconlosangeles.com.ar ; Gorriti 156 ; s/d/supérieure 280/320/395 ARS ; @). Le vaste et ravissant jardin agrémenté de transats surprend quand on arrive de la rue. Tenu par une famille jeune, accueillante et chaleureuse, cet établissement comporte d'élégantes parties communes et des chambres décorées avec goût, disposées le long de la pelouse.

Posada de Luz LODGE $$
(☎495-5017 ; www.posadadeluz.com.ar ; Ambrosetti 661 ; ch 350-480 ARS ; @). Empreint d'un charme néorural, l'endroit est fantastique pour décompresser quelques jours. Seules les chambres les plus onéreuses se doublent d'un petit salon, mais toutes disposent d'un poêle ventru et d'une terrasse privative avec chaises longues et vue sur la vallée. Le service, excellent et attentif, est un vrai plus.

Rincón de Fuego HÔTEL DE CHARME $$
(☎427-1432 ; www.rincondefuego.com ; Ambrosetti 445 ; s 348-436 ARS, d 436-545 ARS ; @). Pour une retraite en amoureux, rien de mieux que cette *posada* accueillante et romantique, nichée sur les hauteurs de la ville. L'utilisation harmonieuse du pisé et de la pierre apparente contribue au cachet du lieu. Les chambres, sombres mais attrayantes, comportent un poêle à bois. Quant au petit-déjeuner, il comprend du pain cuit dans le four en terre du patio.

Malka PENSION, AUBERGE DE JEUNESSE $
(☎495-5197 ; www.malkahostel.com.ar ; San Martín s/n, Barrio Malka ; dort/s/d 70/170/260 ARS, bungalow 4 500 ARS ;). Cet établissement rustique tient à la fois de l'auberge de jeunesse et de l'hôtel. Son accueil chaleureux, son emplacement isolé et ombragé, ses dortoirs conçus différemment et ses belles chambres en pierres apparentes, avec hamacs et chaises longues à l'avant, invitent à prolonger le séjour. Bon petit-déjeuner inclus, et réduction pour les détenteurs de la carte HI. En face de l'église, suivez un pâté de maisons sur la gauche, puis tournez à droite et longez la rue.

Cerro Chico BUNGALOWS $$
(☎0388-15-404-2612 ; www.cerrochico.com ; d/qua 300/400 ARS ;). À 2 km de la ville par une route non goudronnée, ce joli groupe de maisonnettes s'étage sur une colline offrant un cadre reposant et une vue somptueuse sur la Quebrada. Les unités standards, compactes mais coquettes, jouxtent un espace plaisant autour de la piscine. Tournez à gauche juste après la traversée du pont qui mène à Tilcara et suivez les panneaux.

Patio Alto HÔTEL, AUBERGE DE JEUNESSE $$
(☎495-5792 ; www.patioalto.com.ar ; Torrico 675 ; dort/s/d 98/360/390 ARS ; @). La vue splendide qui s'offre depuis les grands lits douillets est l'atout majeur des belles chambres modernes de cet hôtel situé tout en haut de la ville. Il comporte aussi des dortoirs (haut de gamme) au rez-de-chaussée tout aussi plaisants, avec 4 lits simples, des casiers en rotin et accès à la cuisine. Il ne leur manque que la vue.

Aguacanto LODGE $$
(☎495-5817 ; www.aguacanto.com.ar ; Corte 333 ; d/app 240/470 ARS ;). Chambres et

appartements soignés entourant une pelouse agrémentée de hamacs. L'une des plus belles vues de Tilcara.

Club Hostel AUBERGE DE JEUNESSE $
(☎0388-15-517-1234 ; www.clubhosteljujuy.com.ar ; Jujuy 549 ; dort/d 60/200 ARS ; @📶). Auberge de jeunesse conviviale avec jardin agréable et dortoirs corrects, sans décoration. L'intimité n'est pas le fort de l'établissement.

La Albahaca Hostel AUBERGE DE JEUNESSE $
(☎0388-15-585-5994 ; www.albahacahostel.com.ar ; Padilla s/n ; dort/d 32/120 ARS ; 📶). Simple mais très sympathique, avec de confortables chambres individuelles et un toit en terrasse convivial.

Où se restaurer

El Patio ARGENTIN $$
(☎495-5044 ; Lavalle 352 ; plats 28-55 ARS ; ⊙mer-lun). Niché entre la place et l'église, l'établissement compte un charmant patio ombragé et un jardin. Il propose un large choix de salades savoureuses et de plats inventifs à base de lama. Ambiance agréable à l'écart des foules.

Los Puestos ARGENTIN $
(angle Belgrano et Padilla ; repas 25-50 ARS). Quoique touristique – vous risquez fort d'entendre *Sounds of Silence* à la flûte de Pan au déjeuner – ce restaurant se rattrape grâce à un décor en pierre du cru et en bois robuste. La carte met à l'honneur les spécialités régionales, dont le lama grillé (24 ARS), mais son succès vient surtout de touches d'originalité comme les petits pains tout droit sortis du four en terre.

Peña de Carlitos ARGENTIN $
(Lavalle 397 ; plats 17-27 ARS). Une vieille institution locale, à l'angle de la place, qui programme de la musique folklorique chaque soir sans pratiquer de droit d'entrée. Elle attire une clientèle où les touristes se mêlent davantage qu'ailleurs aux habitants et sert des plats régionaux à prix doux.

El Nuevo Progreso ARGENTIN $$
(☎495-5237 ; Lavalle 351 ; plats 30-60 ARS). Les carences du service trouvent compensation dans une atmosphère accueillante et une délicieuse cuisine préparée pour le plaisir des papilles des touristes, notamment des plats originaux à base de viande de lama et d'excellentes salades maison à composer soi-même.

Renseignements

Vous trouverez plusieurs cybercafés dans le centre, ainsi que des centres téléphoniques et une banque avec DAB près de la place, dans Lavalle.

Office du tourisme (☎495-5135 ; Belgrano 366 ; ⊙8h-13h et 14h-21h lun-sam, 8h-12h dim). Renseignements sur les promenades à faire, et liste des tarifs des hébergements.

Depuis/vers Tilcara

La gare routière est dans Belgrano, l'artère principale. Départs toutes les 45 minutes environ pour Jujuy (18 ARS, 1 heure 45), et vers le nord pour Humahuaca (4 ARS, 45 min) et La Quiaca (41 ARS, 3 heures 30). Plusieurs liaisons quotidiennes desservent Purmamarca (4 ARS, 30 min) et Salta (77 ARS, 3 heures 30).

ENVIRONS DE TILCARA

Maimará, à 8 km au sud, est un village en pisé typique de la vallée, situé sous la spectaculaire et bien nommée colline de la Paleta del Pintor ("palette du peintre"). Son cimetière à flanc de colline mérite également le coup d'œil.

Maillon d'une chaîne qui allait de Lima à Buenos Aires au temps du vice-roi, **La Posta de Hornillos** (3 ARS ; ⊙8h-18h) est un relais de poste magnifiquement restauré, à 11 km

TOREO DE LA VINCHA

Vous ne verrez pas de corrida en Argentine (elle fut interdite au XIXe siècle), mais le taureau n'en est pas moins au cœur des fêtes de **Casabindo**. Ce petit village reculé de la puna célèbre l'Assomption (15 août) en grande pompe, et des milliers de spectateurs viennent y assister à l'attraction principale : un duel d'adresse opposant l'homme à l'animal.

Aux cornes du taureau est accroché un bandeau rouge renfermant trois pièces d'argent. Les *promesantes*, jeunes hommes du village armés d'une simple cape rouge, essaient alors de détourner l'attention de l'animal pour le déposséder de sa couronne. Le torero qui y parvient s'en va offrir ces pièces à la Vierge. Le taureau, lui, n'est pas blessé dans l'aventure. Cette fête tire son origine de coutumes ibériques.

Casabindo se trouve à l'ouest de la Quebrada. On y accède par une route accidentée après Purmamarca. Les agences de Jujuy et Tilcara organisent des excursions pour aller voir la fête.

au sud de Tilcara. Fondé en 1722, il fut le théâtre de plusieurs importantes batailles pendant la guerre d'Indépendance. Il resta un arrêt important sur la route de la Bolivie jusqu'en 1908, année d'ouverture de la ligne ferroviaire de La Quiaca. Parmi les intéressantes pièces exposées, on trouve des malles en cuir, d'impressionnantes épées et un bel attelage du XIXe siècle.

UQUÍA

☎03887 / 525 HABITANTS / ALTITUDE 2 818 M

La merveilleuse **église** (don ; ⌚10h-12h, 14h-16h) du XVIIe siècle de ce village en bord de route abrite une représentation étonnante d'anges porteurs d'armes à feu. Une collection restaurée de peintures de l'école de Cuzco – les *ángeles arcabuceros* (anges arquebusiers) – représente Gabriel, Uriel et autres personnages angéliques parés d'armes coloniales. Vous y verrez aussi un retable doré avec ses beaux panneaux peints. Près de l'église, l'**Hostal de Uquía** (☎490508 ; s/lits jum/d 110/160/175 ARS ; ❄) est une adresse propre, dont les chambres sont correctes, tout comme son restaurant.

HUMAHUACA

☎03887 / 7 985 HABITANTS / ALTITUDE 2 989 M

La plus grande localité de la Quebrada est aussi la plus belle, avec ses rues pavées, ses maisons en pisé et ses places pittoresques. Ici, la présence de la puna voisine se fait tangible, avec ses nuits glacées, la raréfaction de l'air et la population parlant le quechua. Humahuaca est moins abîmée par le tourisme que les villes plus méridionales, mais l'on y trouve tout de même de belles boutiques d'artisanat, et des musiciens jouent des airs folkloriques dans les restaurants.

À voir et à faire

Construite en 1641, l'**Iglesia de la Candelaria** (dans Buenos Aires) de Humahuaca est située en face de la Plaza Gómez. Le ravissant **cabildo** voisin est célèbre pour sa tour de l'horloge, d'où une effigie de taille réelle de San Francisco Solano émerge chaque jour à midi pour administrer une bénédiction. Depuis la place, un escalier mène au **Monumento a la Independencia**, œuvre de qualité moyenne. C'est un exemple d'*indigenismo,* tendance très répandue dans l'art latino-américain qui porte aux nues les vertus des cultures indiennes écrasées par le colonialisme européen.

Renseignez-vous sur place pour trouver des guides de montagne qui vous emmèneront en expédition de plusieurs jours jusqu'au parc national de Calilegua. Le paysage change de manière spectaculaire au fur et à mesure que l'on descend vers la forêt subtropicale.

Ser Andino (☎421659 ; www.serandino.com.ar ; Jujuy 393) loue des vélos et propose des excursions vers des sites tels que les ruines voisines de Coctaca ou les Salinas Grandes.

Fêtes et festivals

Outre le **carnaval**, qui est célébré dans toute la Quebrada de Humahuaca en février, Humahuaca fête, le 2 février, sa sainte patronne, la **Virgen de Candelaria**.

Où se loger

La mode des hôtels de charme n'a pas encore touché Humahuaca, qui s'en tient toujours aux hébergements familiaux bon marché et à quelques établissements de catégorie moyenne. Les prix mentionnés concernent la haute saison ; ils augmentent au moment du carnaval et baissent le reste de l'année.

Hostal La Soñada PENSION $

(☎421228 ; www.hostallasoniada.com ; San Martín s/n ; s/d 150/210 ARS ; 📶). Situé de l'autre côté de la voie ferrée par rapport au centre, cet établissement tenu par un gentil couple loue des chambres impeccables avec des dessus-de-lit colorés et des sdb de bonne qualité. Les hôtes prennent le petit-déjeuner dans un espace commun agréable et se sentent comme à la maison.

El Sol AUBERGE DE JEUNESSE $

(☎421466 ; www.elsolhosteldehumahuaca.com ; Barrio Milagrosa s/n ; dort 45 ARS, d avec/sans sdb 170/110 ARS ; @📶). Dans un environnement paisible, indiqué à 800 m de l'autre côté du pont de la rivière, cette auberge curieuse et attrayante, bâtie en pisé, propose tout un choix de dortoirs originaux (avec casiers) et de jolies doubles aux plafonds traditionnels en jonc. Même si certains dortoirs sont exigus, l'ensemble séduit. L'accès à la cuisine et le petit-déjeuner sont compris, les membres HI ont droit à des réductions, et la troisième nuitée est gratuite.

Posada La Churita PENSION $

(☎421055 ; http://posadalachurita.webege.com ; Buenos Aires 456 ; ch 45 ARS/pers). Tenue par la chaleureuse et maternelle Olga, cette adresse économique non chauffée fait partie des seules du genre dans cette rue. Les chambres sont des dortoirs, mais vous pourrez peut-être en avoir une pour vous seul. Les sdb communes, propres, ont de l'eau chaude fiable. Les hôtes ont accès à la cuisine et à un espace commun équipé de tables.

Hostería Naty PENSION $
(☎421022 ; www.hosterianaty.com.ar ; Buenos Aires 488 ; s/d 100/140 ARS ; 📶). Des chambres de formes et de tailles variées à prix raisonnable, en plein cœur de la ville. Celles disposées autour du patio extérieur sont plus tranquilles. Le patron se montre amical et il y a des photos des sites alentour. Petit-déjeuner inclus.

Où se restaurer et prendre un verre

Casa Vieja ARGENTIN $$
(angle Buenos Aires et Salta ; plats 30-60 ARS ; ✎). Plaisant et chaleureux, ce restaurant qui fait l'angle est agrémenté de vanneries et de grands "attrape-rêves". On y sert diverses spécialités locales, aux tarifs excessifs, mais comprenant plusieurs plats végétariens appétissants. Le douillet El Portillo, à proximité, propose le même menu.

K'Allapurca ARGENTIN $
(Belgrano 210 ; plats 24-38 ARS ; 📶✎). Savoureux ragoûts de lama, pizzas, pâtes et bien d'autres plats dans ce restaurant de l'artère principale, accueillant bien que trop grand.

Mikunayoc ARGENTIN
(angle Corrientes et Tucumán ; plats 20-45 ARS). Service cordial et grand choix de plats d'inspiration régionale, notamment à base de viande de lama. Une adresse fiable.

Aisito BAR
(Arías s/n ; ⏲22h-tard). Pour atteindre ce bar sans enseigne, traversez la voie ferrée depuis la gare routière et tournez à droite à hauteur de la rivière. Les habitants se retrouvent dans ce bar sympathique ; musique jusqu'à assez tard.

Achats

Le marché artisanal, proche de la gare ferroviaire, est idéal pour faire le plein de souvenirs et de lainages. Près de la place, **Manos Andinas** (Buenos Aires 401) vend de l'artisanat équitable.

Renseignements

Le centre recèle plusieurs cybercafés. L'**office du tourisme** (Plaza Gómez s/n ; ⏲10h-21h lun-ven) occupe le *cabildo*. Un DAB fonctionne sur la Plaza Gómez. L'office du tourisme sur la nationale est généralement fermé, mais des petits malins, postés à l'extérieur, vendent les brochures fournies gracieusement par l'autre office.

Depuis/vers Humahuaca

La **gare routière** (angle Belgrano et Entre Ríos) se trouve à trois rues au sud de la *plaza*. En partent des bus réguliers pour Salta (92 ARS, 4 heures 30), Jujuy (21 ARS, 2 heures 15) et La Quiaca (32 ARS, 3 heures). Deux à trois bus quotidiens desservent Iruya (28 ARS, 3 heures).

IRUYA

☎03887 / 1 070 HABITANTS / ALTITUDE 2 780 M

Village isolé à 50 km de la route principale, Iruya donne l'impression d'un autre monde. C'est une destination idéale pour se reposer quelques jours ou profiter pleinement de la région de la Quebrada de Humahuaca à l'écart de l'animation de la nationale.

Le trajet mérite à lui seul le détour. En sortant de la RN 9, à 26 km au nord de Humahuaca, la route de *ripio* (gravier) grimpe jusqu'à un col spectaculaire à 4 000 m qui marque la frontière provinciale Jujuy-Salta. Vous y trouverez une grosse *apacheta* (cairn). Les bouteilles en plastique recèlent les offrandes liquides à la Pachamama.

La route serpente ensuite vers une autre vallée, puis rejoint enfin Iruya, avec sa belle église jaune et bleu, ses rues escarpées, ses maisons en pisé et ses paysages spectaculaires (au ciel traversé de condors). Cette communauté indienne ayant des valeurs plutôt traditionnelles, il convient de les respecter. Les discussions avec les habitants comptent au nombre des meilleurs souvenirs des voyageurs. Vous pourrez également faire de la randonnée dans les montagnes environnantes – demandez un guide local – ou visiter d'autres villages de la vallée. **Pablo Harvey** (☎0387-15-458-8417 ; pharvey_ar@yahoo.com.ar) organise des promenades nocturnes avec observation des étoiles, musique et légendes andines pour 25 ARS par personne.

La banque avec DAB et le cybercafé sont tous deux dans la rue San Martín.

Où se loger

Le meilleur moyen de participer à l'effort de développement durable bénéficiant à la communauté locale est de loger chez l'habitant. On trouve ces chambres bon marché en abondance. Nous ne recommanderons aucun logement en particulier, mais confirmons qu'ils sont tous impeccables et d'un bon rapport qualité/prix (30-45 ARS/pers en chambre individuelle).

Hotel Iruya HÔTEL $$
(☎482002 ; www.hoteliruya.com ; s/d 315/380 ARS, avec vue 375/435 ARS ; 📶). Sur les hauteurs du village, cette adresse propose des chambres

blanches et lumineuses dotées de grands lits, un vaste espace commun et une terrasse en pierre pittoresque à la perspective inoubliable. Cela vaut la peine de payer davantage pour bénéficier d'une chambre avec de larges fenêtres regardant la vallée. Restaurant convenable.

Federico III HÔTEL $
(☎03887-15-629152 ; www.complejofedericoiii.com.ar ; angle San Martín et Salta ; ch 125 ARS/pers). Juste au-dessus de la place, tout en bas du village. Jolies chambres chauffées et blanchies à la chaux, entourant une petite cour. Si vous n'obtenez pas de chambre avec vue, sachez que les autres ont la TV. Également : bar et restaurant.

Milmahuasi AUBERGE DE JEUNESSE $
(☎0387-15-445-7994 ; www.milmahuasi.com ; Salta s/n ; dort/s/d 45/67/134 ARS ; @📶). Auberge de jeunesse propre et sympathique avec chambres confortables (le prix des chambres individuelles inclut le petit-déjeuner) et un très agréable toit en terrasse. Réductions pour les membres HI.

Où se restaurer

Plusieurs *comedores* (cafétérias sommaires) servent de la cuisine locale. Sous le toit de tôle du **Comedor Iruya** (angle Lavalle et San Martín ; plats 15-35 ARS ; ⏲10h-21h) – à ne pas confondre avec l'Iruyac voisin – les sensationnels Juan et Tina servent de délicieuses viandes et salades maison.

Depuis/vers Iruya

Chaque jour, deux à trois bus partent de Humahuaca (28 ARS, 3 heures) ; il y a également un bus quotidien en provenance de Tilcara (33 ARS, 4 heures).

La route en *ripio* est souvent impraticable en été à cause de la pluie. Les villageois ont l'habitude de faire du stop – un bon moyen de lier connaissance avec les gens du coin.

La Quiaca

☎03885 / 13 761 HABITANTS / ALTITUDE 3 442 M

Située aux confins du pays, à 5 171 km au nord d'Ushuaia, La Quiaca est un point de passage important vers la Bolivie. Cette ville froide et venteuse compte des adresses correctes où manger et passer la nuit, mais pas grand-chose d'autre pour retenir ses hôtes.

Après avoir quitté la Quebrada de Humahuaca, la RN 9 traverse **Abra Pampa**, localité balayée par les vents à 90 km au nord de Humahuaca, puis grimpe à travers des paysages typiques de l'Altiplano. De la route principale, guettez les troupeaux de *vicuñas* (vigognes), une espèce menacée, cousine sauvage des lamas et des alpagas.

La Quiaca est coupée en deux par l'ancien chemin de fer ; la plupart des services sont à l'ouest. Au nord de la ville, un pont enjambe la rivière, reliant La Quiaca à Villazón, en Bolivie.

Où se loger et se restaurer

Hotel de Turismo HÔTEL $
(☎422243 ; hotelmun@laquiaca.com.ar ; angle Árabe Siria et San Martín ; s/d 108/153 ARS ; @📶). Un peu sur le déclin mais sympathique, cet hôtel abrite de jolies chambres chauffées avec parquet et belles sdb. La meilleure adresse de la ville.

Hostería Munay HÔTEL $
(☎423924 ; www.munayhotel.com.ar ; Belgrano 51 ; s/d 160/240 ARS). En retrait de la rue piétonne (mais avec possibilité de venir en voiture et de se garer), adresse correcte avec chambres chauffées décorées d'*artesanías*. Réductions substantielles pour qui se présente sans réservation.

Copacabana Hostel PENSION $
(☎423875 ; www.hostelcopacabana.com.ar ; Pellegrini 141 ; ch sans sdb 45 ARS/pers ; @📶). De mignonnes petites chambres roses chauffées, avec sdb commune, vous attendent de l'autre côté de la voie ferrée par rapport au centre, en montant sur un pâté de maisons la rue dont le Banco de la Nación fait l'angle. Personnel aimable.

Les restaurants sont simples. Le meilleur est celui de l'Hotel de Turismo : le *bife de chorizo* (steak d'aloyau) avec garniture coûte 45 ARS, la formule déjeuner 32 ARS. L'accueillant **Frontera** (angle Belgrano et Árabe Siria ; plats 15-30 ARS) propose des plats de viande, de l'omelette espagnole, des pâtes et une formule déjeuner à 24 ARS, ainsi que des chambres bon marché non chauffées.

Renseignements

Vous pourrez changer de l'argent du côté bolivien de la frontière ou à la gare routière. Les centres téléphoniques et les cybercafés abondent en ville.

ACA (Automóvil Club Argentino ; angle Internacional et Bustamante). Cartes et services aux automobilistes.

Banco Macro (Árabe Siria 445). DAB.

Kiosque d'information (9h30-13h30 et 16h-19h). Situé en face de la gare routière et dépendant d'une auberge, il fournit des renseignements valables.

Office du tourisme (422644 ; turismo@laquiaca.com.ar ; 7h-19h). Annexes à la frontière et à l'entrée sud de la ville.

Depuis/vers La Quiaca

La chaotique **gare routière** (angle Belgrano et España) propose des services réguliers vers Jujuy (58 ARS, 4-5 heures), Salta (119 ARS, 8 heures), et des trajets d'un bon rapport qualité/prix vers Buenos Aires (340 ARS, 27 heures). Il n'y a pas de transports pour la Bolivie, mais quelques bus argentins longue distance partent directement de la gare routière de Villazón.

Yavi

03887 / 207 HABITANTS / ALTITUDE 3 440 M

Pittoresque et plein de charme, le village indien de Yavi, à 16 km à l'est de La Quiaca par la RP 5 (goudronnée), mérite vraiment le détour. En plus du romantisme de ses rues en pisé, l'endroit tire parti de deux beaux édifices remontant à l'ère coloniale.

L'**église** (entrée sur contribution ; 10h-13h et 14h-18h) de Yavi renferme de beaux autels de style baroque mais sobre, couverts de feuilles d'or et rehaussés de gracieuses peintures et sculptures, la plupart de l'école de Cuzco. Les vitraux en onyx translucide sont aussi admirables.

En face, la **Casa del Marqués Campero** était la maison du marquis qui construisit l'église à la fin du XVIIe siècle. Aujourd'hui devenue un **musée** (entrée 5 ARS ; 9h-13h et 14h-18h30 lun-ven, 9h-18h30 sam-dim), elle renferme des meubles joliment restaurés, et héberge des expositions sur la vie dans la puna ainsi qu'une adorable bibliothèque.

En plus du bon terrain de camping gratuit près de la rivière, Yavi compte plusieurs lieux d'hébergement. L'**Hostal de Yavi** (421659 ; www.hostaldejavi.blogspot.com ; Güemes 222 ; d/bungalow pour 4 pers 180/300 ARS) loue des chambres au confort simple dans un cadre informel et sert des repas convenables.

L'**Hostería Pachamá** (03885-423235 ; www.pachamahosteria.net ; angle Pérez et Ruta 5 ; s/d 80/150 ARS) présente des chambres plutôt charmantes autour d'une cour en pisé et une coquette salle à manger. Enfin, **La Casona** (03885-422316 ; mccalizaya@hotmail.com ; angle Pérez et San Martín ; dort 25 ARS, d avec/sans sdb 80/60 ARS), au plancher noueux, loue des chambres rustiques munies d'un poêle pour les nuits d'hiver.

Des taxis et pick-up collectifs (10 ARS, 20 min) desservent Yavi depuis le Mercado Municipal de La Quiaca, dans Hipólito Yrigoyen ; départs beaucoup plus fréquents tôt le matin. Autrement, comptez 40 ARS en taxi.

ENTRER EN BOLIVIE PAR VILLAZÓN

Pour traverser la frontière bolivienne entre La Quiaca et Villazón (Bolivie), il faut marcher, prendre un taxi ou un bus jusqu'au pont, qu'il faut franchir avant de passer par l'immigration (24h/24). La Bolivie est bien plus plaisante que ce que Villazón pourrait laisser croire. Passez les étals et rendez-vous tout droit à la gare routière ou ferroviaire. Si besoin, vous trouverez quelques bons hôtels, économiques mais fiables, près de la gare routière et de la place. Des bus desservent Tupiza (2 heures 15), La Paz (20 heures) et d'autres destinations. La gare ferroviaire se situe à 1,5 km au nord du poste-frontière. Quatre trains hebdomadaires rallient Tupiza (3 heures), Uyuni (6 heures) et Oruro (13 heures). Consultez les horaires et les tarifs sur www.fca.com.bo. La Bolivie retarde d'une heure par rapport au nord de l'Argentine.

Salta

03873 / 535 303 HABITANTS / ALTITUDE 1 187 M

Salta la sophistiquée est l'une des destinations favorites des voyageurs avec sa profusion de services, ses superbes musées, ses cafés en terrasse et les concerts de musique folklorique dont résonnent ses *peñas*. Elle offre les avantages d'une grande ville tout en gardant le charme d'une bourgade. L'architecture coloniale y a été de surcroît mieux conservée que dans la plupart des villes du pays. Agglomération la plus touristique du Nord-Ouest argentin, Salta offre de nombreuses possibilités d'hébergement. Le centre abonde en agences de voyages et en circuits ; c'est l'endroit idéal où organiser la suite de votre périple. Il existe cependant une Salta plus pauvre et moins

LES ENFANTS LIVRÉS À LA MONTAGNE

Parler de "sacrifices humains" fait toujours un peu sensationnaliste, mais il est établi que les Incas sacrifiaient des enfants de haute naissance pour plaire à leurs dieux. Il s'agissait d'une offrande propitiatoire, vouée à assurer au peuple la fécondité et à la terre la fertilité. Considérés comme sacrés, les hauts sommets de la cordillère des Andes étaient des lieux sacrificiels tout trouvés. Dans l'esprit des Incas, les enfants ne mouraient pas réellement, mais rejoignaient leurs ancêtres veillant sur la communauté depuis les cimes.

Les enfants, choisis avec soin, étaient amenés à la capitale des cérémonies, Cuzco, où ils étaient placés au centre d'une grande célébration, la *capacocha*. Leurs mariages cérémoniels aidaient à cimenter les liens diplomatiques entres les différentes tribus de l'Empire inca. À la fin de la fête, ils accomplissaient deux fois le tour de la place avant de repartir aussitôt chez eux (un trajet difficile qui pouvait durer des mois). Une fois arrivés, ils étaient fêtés puis emmenés dans les montagnes. Là, on les nourrissait, puis on les abreuvait d'importantes quantités de *chicha* (boisson alcoolisée à base de maïs fermenté). Après avoir perdu conscience, ils étaient emmenés au sommet de la montagne et ensevelis, parfois vivants, pour ne plus jamais se réveiller. Parfois, on les avait au préalable étranglés ou frappés d'un coup mortel à la tête.

Trois de ces enfants furent découverts en 1999 près du pic de **Llullaillaco**, un volcan de 6 739 m à quelque 480 km à l'ouest de Salta, à la frontière chilienne. C'est à l'heure actuelle le site archéologique le plus élevé du monde. Le froid, la faible pression atmosphérique, l'absence d'oxygène et de bactéries contribuèrent à une préservation presque parfaite des corps. La *Doncella* (Damoiselle) avait environ 15 ans lors de sa mort et était peut-être une *aclla* (une "vierge du Soleil"), un rôle prestigieux dans la société inca. Les deux autres, un garçon et une fillette entre 6 et 7 ans (la seconde abîmée par la foudre), portaient des déformations crâniennes indiquant leur rang social élevé. Chacun était accompagné d'un *ajuar*, une sélection d'objets funéraires au nombre desquels figuraient notamment des textiles et de petites figurines humanoïdes et de camélidés (lamas, guanacos, vigognes).

Le transfert à Salta des corps momifiés fut controversé. Nombreux furent ceux qui pensaient qu'il aurait fallu les laisser sur les lieux de leur découverte. Or, même avec les meilleures intentions, la chose se serait révélée un vœu pieux une fois l'endroit divulgué. Considérations morales mises à part, ces enfants offrent un aperçu sans égal de la religion et de la culture incas.

exposée. En lisière de la ville vit en effet une importante population de fermiers indiens issus des campagnes ou de Bolivie, venus ici en quête, hélas souvent vaine, d'une vie meilleure.

Histoire

Fondée en 1582 par Hernando de Lerma, Salta s'étend dans un bassin entouré de pics verdoyants. Le printemps perpétuel de la vallée attira les Espagnols, qui faisaient paître leurs bêtes dans la campagne et produisaient des récoltes impossibles à obtenir sur les hauts plateaux boliviens, où l'industrie minière créait des besoins énormes en peaux, mulets et nourriture. Lorsque l'extension du chemin de fer de Belgrano rendit possible l'acheminement du sucre vers les villes d'immigrants de la Pampa, Salta réussit à se remettre un peu de son déclin du XIXe siècle.

À voir

Museo de Arqueología de Alta Montaña (MAAM) MUSÉE

(www.maam.org.ar ; B Mitre 77 ; Argentins/étrangers 30/40 ARS, 11h-19h30 mar-dim). Sans doute le meilleur du nord de l'Argentine, le Musée archéologique de haute montagne abrite une exposition consacrée à la culture inca, et, en particulier, aux sacrifices d'enfants perpétrés sur certains des plus imposants sommets des Andes (voir l'encadré ci-dessus).

La pièce maîtresse des collections est constituée par les corps momifiés de trois enfants (exposés à tour de rôle tous les 6 mois) découverts au sommet du Llullaillaco lors d'une l'expédition en 1999. La décision de les exposer demeure controversée. Les cheveux finement tressés et les vêtements sont parfaitement conservés tandis que les visages demeurent indéchiffrables.

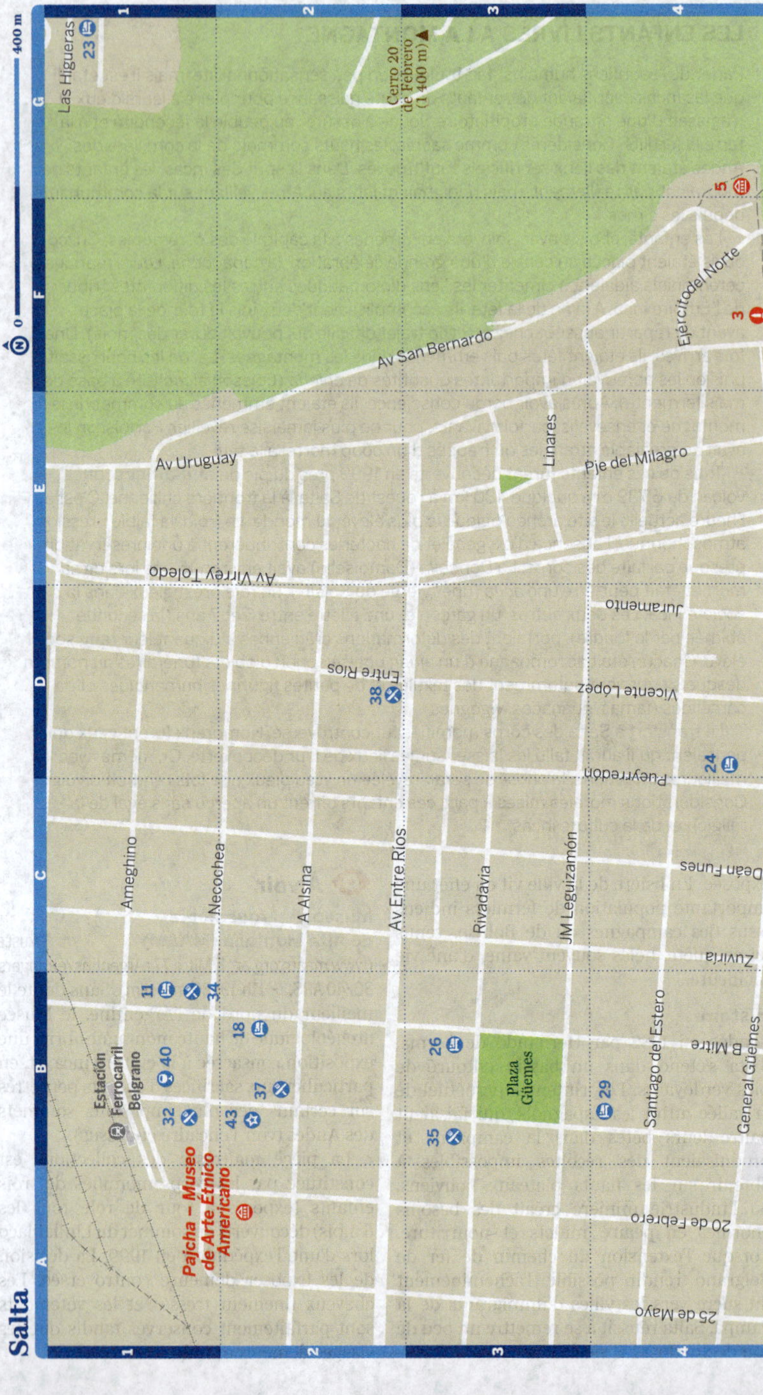
Salta
0
400 m
Las Higueras
Cerro 20 de Febrero (1400 m)
Av San Bernardo
Ejército del Norte
Av Uruguay
Linares
Pje del Milagro
Av Virrey Toledo
Juramento
Entre Ríos
Vicente López
Pueyrredón
Ameghino
Necochea
A Alsina
Av Entre Ríos
Rivadavia
JM Leguizamón
Deán Funes
Zuviría
Santiago del Estero
B Mitre
General Güemes
Plaza Güemes
Estación Ferrocarril Belgrano
Pajcha – Museo de Arte Étnico Americano
20 de Febrero
25 de Mayo
1
2
3
4
5
11
18
23
24
26
29
32
34
35
37
38
40
43
A
B
C
D
E
F
G

Vers le Cerro San Bernardo (200 m)
Gurruchaga
Paseo Güemes
Av Virrey Toledo
Tobías
Dr L Gómez
Av Hipólito Yrigoyen
Mariano Boedo
Av Ciudad de Asunción
Dr FJ Arias
Las Heras
LaValle
Parque San Martín
Abraham Cornejo
Zorilla
Caseros
Santa Fe
Catamarca
Administration des parcs nationaux
Lerma
España
Office du tourisme provincial
Córdoba
San Juan
Vers Backpacker's Home (400 m)
Buenos Aires
Plaza 9 de Julio
Av Belgrano
Museo Histórico del Norte
Museo de Arqueología de Alta Montaña (MAAM)
Alberdi
Balcarce
Office du tourisme municipal
Alvarado
Florida
Av San Martín
M Castro
Urquiza
Ituzaingó
El Argentino (100 m)
Backpacker Suites (200 m)
Vers le Mercado Artesanal (2 km)
A
B
C
D
E
F
G
5
6
7
8
1
2
4
6
7
8
9
10
12
13
14
15
16
17
19
20
21
22
25
27
28
30
31
33
36
39
41
42
44

Salta

Les incontournables
Museo de Arqueología de Alta Montaña (MAAM) ... B5
Museo Histórico del Norte ... B6
Pajcha – Museo de Arte Étnico Americano ... A2

À voir
1 Catedral ... B5
2 Convento de San Bernardo ... D6
3 Monument à Güemes ... F4
4 Iglesia San Francisco ... C6
5 Museo Antropológico ... G4
6 Museo de Arte Contemporáneo (MAC) ... C5
7 Teleférico ... E7

Activités, cours et circuits organisés
8 Bus Turístico Salta ... B6
9 Salta Rafting ... D6

Où se loger
10 7 Duendes ... D8
11 Aldaba Hotel ... B1
12 Alejandro I ... B5
13 Bloomers B&B ... D5
14 Bonarda ... C7
15 Carpe Diem ... C7
16 Design Suites ... A5
17 Hostal El Alcázar ... A5
18 Hostal Prisamata ... B2
19 Hostel Terra Oculta ... C7
20 Hotel del Antiguo Convento ... D6
21 Hotel Salta ... C6
22 Inti Huasi ... E8
23 Kkala ... G1
24 La Candela ... D4
25 La Posta ... C7
26 Legado Mítico ... B3
27 Munay Hotel ... B7
28 Posada de las Farolas ... C7
29 Residencial Balcarce ... B4
30 Residencial Elena ... B7

Où se restaurer
31 Bio's Diet ... C5
32 Café del Tiempo ... B1
33 El Solar del Convento ... C6
34 José Balcarce ... B1
35 Jovi II ... B3
36 La Céfira ... C8
37 La Leñita ... B2
38 La Monumental ... D2
39 Ma Cuisine ... D5

Où prendre un verre
40 Macondo ... B1
41 New Time Café ... B6

Où sortir
42 La Casa de Güemes ... A5
43 La Vieja Estación ... B2

Achats
44 Librería San Francisco ... C6

Les objets retrouvés dans la tombe auprès des enfants impressionnent par leur aspect et leurs couleurs, qui donnent l'illusion du neuf. Les *illas* (petites figurines votives animales ou humaines) sont en argent, en or ou en onyx et beaucoup sont revêtues de tissu. On peut douter de revoir un jour un tel témoignage d'une culture précolombienne. Autre pièce remarquable, la *Reina del Cerro*, une momie dérobée d'une tombe inca dans les années 1920, arrivée ici au terme d'un singulier périple. Plusieurs vidéos de qualité dispensent des informations sur les momies et l'expédition. La plupart des panneaux informatifs du musée sont reproduits sur des feuilles plastifiées, en plusieurs langues. Pensez à vous munir d'un vêtement chaud, les momies devant être maintenues, à fins de préservation, dans un environnement à basse température. Vous trouverez sur place une bibliothèque, ainsi qu'un bon café-bar avec terrasse et Wi-Fi.

Pajcha – Museo de Arte Étnico Americano

MUSÉE

(www.museopajchasalta.com.ar ; 20 de Febrero 831 ; entrée 20 ARS ; 10h-13h et 16h-20h lun-sam). Ce musée privé est une étape incontournable pour les amateurs de culture et d'art amérindiens. Ses six salles remarquablement présentées donnent à voir des objets artisanaux contemporains et récents provenant de toute l'Amérique latine. La collection d'une qualité exceptionnelle – parures en plumes d'aras, sculptures religieuses de l'école de Cuzco, instruments utilisés par les guérisseurs boliviens kallawaya, bijoux en argent mapuche finement réalisés... – résulte des études anthropologiques menées par le fondateur pendant plusieurs décennies.

Une direction anglophone pleine d'enthousiasme gère l'ensemble.

Museo Histórico del Norte MUSÉE

(Caseros 549 ; entrée 5 ARS ; ⏲9h-19h mar-ven, 9h-13h30 sam-dim). Installé sur la place dans le *cabildo*, ce bel édifice renferme une collection allant des céramiques précolombiennes aux peintures et sculptures religieuses de l'époque coloniale (admirez la belle chaire de l'église jésuite de Salta), ainsi que des expositions sur Salta aux XIXe et XXe siècles. La collection dévolue aux transports inclut une grosse Renault de 1911.

Museo de Arte Contemporáneo GALERIE

(Zuviría 90 ; entrée 2 ARS ; ⏲9h-20h mar-sam, 16h-20h dim). Ce musée expose les travaux d'artistes contemporains de Salta, ainsi que d'artistes argentins et internationaux. Les expositions tournent régulièrement et sont généralement de haute volée.

Catedral CATHÉDRALE

(angle España et B Mitre ; ⏲6h30-12h15 et 16h30-20h15 lun-ven, 7h30-12h15 et 17h-20h15 sam-dim). La cathédrale rose de Salta, consacrée en 1878, renferme les cendres (parmi celles d'autres notables) du général Martín Miguel de Güemes, un *Salteño* héros de l'indépendance.

Iglesia San Francisco ÉGLISE

(angle Caseros et Córdoba ; ⏲8h-12h et 17h-21h). À deux pâtés de maisons à l'est de la place, cette église magenta et jaune est le bâtiment le plus frappant de Salta. L'exubérante façade est dominée par une tour. À l'intérieur, la nef unique est peinte à la manière d'une œuvre en stuc. Y trônent plusieurs images révérées, tel ce Niño Jesús de Aracoeli. L'église possède un cloître fleuri, accessible par la visite guidée (sur demande et en espagnol ; dons bienvenus), laquelle inclut le musée d'Art religieux, moyennement intéressant.

Convento de San Bernardo COUVENT

(angle Caseros et Santa Fe). Seules les carmélites peuvent pénétrer dans ce couvent du XVIe siècle, mais les visiteurs admireront le bâtiment en adobe d'un blanc éblouissant et sa porte en *algarrobo* sculpté du XVIIIe siècle. L'église est ouverte au public en semaine tôt avant la messe, le samedi soir et le dimanche matin.

Cerro San Bernardo COLLINE

Pour une admirable vue sur Salta et ses environs, prenez le **teleférico** (téléphérique ; ☎431-0641 ; aller simple/aller-retour 15/30 ARS ; ⏲10h-19h) au Parque San Martín pour monter au Cerro San Bernardo et en redescendre. Un chemin menant au sommet débute au monument à Güemes, en haut du Paseo Güemes. Au sommet se trouvent une *confitería* (café proposant des en-cas), dont la terrasse offre une excellente vue, un cours d'eau et des boutiques d'artisanat.

Museo Antropológico MUSÉE

(www.antropologico.com.ar ; angle Ejército del Norte et Polo Sur ; entrée 5 ARS ; ⏲8h-19h lun-ven, 10h-18h sam). Juste au-dessus du monument à Güemes, sur les pentes inférieures du Cerro San Bernardo, ce sympathique musée abrite une bonne collection de céramiques locales, en particulier provenant des ruines de Tastil (la plus grande cité préinca d'Argentine), ainsi que des expositions bien conçues présentées dans un cadre agréable.

Cours

Salta a la faveur des étrangers désireux d'apprendre l'espagnol. **Bien Argentino** (☎475-0682 ; www.bien-argentino.com.ar), entre autres, dispense des cours.

Circuits organisés

Salta sert aussi de base à quantité d'excursions proposées par de nombreuses agences, notamment installées dans Buenos Aires, entre Caseros et Alvarado. Les circuits populaires ont pour destination Cafayate (195 ARS), Cachi (220 ARS), San Antonio de los Cobres (itinéraire du *Tren a las Nubes* ; 277 ARS), auxquels s'ajoutent les Salinas Grandes et Purmamarca (435 ARS) et d'autres. Plusieurs agents proposent des randonnées à cheval ou à pied, des sorties en rafting et en kayak, du parapente, des descentes en rappel ou de l'escalade.

Quelques agences :

Bus Turístico Salta CIRCUITS EN BUS

(☎422-7798 ; www.busturisticosalta.com). Partant de la place à intervalles réguliers, ces bus touristiques font le tour complet de la ville (50 ARS). Commentaires en anglais et en espagnol.

Clark Expediciones OBSERVATION DES OISEAUX

(☎497-1024 ; www.clarkexpediciones.com). Agence professionnelle (forte d'une spécialisation dans l'observation des oiseaux) proposant des circuits avec guides anglophones très compétents, vers les parcs nationaux et les sommets reculés de la région. Les circuits incluent une demi-journée/journée dans

1

2

1. Quechua
Çà et là dans le Nord-Ouest andin, on trouve des coins où les gens parlent le quechua.

2. Quebrada de Cafayate (p. 260)
Un paysage sauvage et spectaculaire creusé par le Río de las Conchas.

3. Iglesia San Francisco (p. 241)
L'édifice le plus marquant de Salta est coiffé d'une tour élancée.

4. Purmamarca (p. 225)
Un village pittoresque au pied d'un magnifique *cerro* (mont).

4

OLIVIER CIRENDINI/LONELY PLANET IMAGES ©

la Reserva del Huaico, réserve de forêts de nuages de 60 ha à 8 km à l'ouest de Salta, 2 jours au Parque Nacional El Rey, et des itinéraires sur mesure de plusieurs jours. Réservez bien à l'avance.

Norte Trekking RANDONNÉE
(☎436-1844 ; www.nortetrekking.com). L'une des quatre agences officiellement reconnues pour les excursions au Parque Nacional El Rey. Organise des randonnées de plusieurs jours, avec certaines dates de départ garanties précisées sur son site Internet. L'agence propose également des treks en montagne.

Salta Rafting RAFTING, TYROLIENNES
(☎421-3216 ; www.saltarafting.com ; Caseros 177). Organise des descentes en rafting de 2 heures sur le Río Juramento (classe III), à 100 km de Salta (170 ARS avec barbecue le midi ; transport depuis/vers Salta 80 ARS en plus). De spectaculaires câbles d'acier, longs de 400 m, permettent aux visiteurs de traverser le canyon, arrimés à une tyrolienne (forfait 4/9 traversées 150/250 ARS).

Sayta ÉQUITATION
(☎0387-15-683-6565 ; www.sayta.com.ar ; Chicona). Cette estancia à 40 km de Salta propose d'excellentes randonnées équestres d'une journée, avec *asado* (repas au barbecue) en option. On peut également y loger pour avoir un aperçu du mode de vie des gauchos. La demi-journée avec/sans déjeuner coûte 230/170 ARS, la nuit en pension complète 350 ARS (450 ARS avec excursion à cheval). Les tarifs comprennent le transfert depuis Salta.

Où se loger

Carpe Diem B&B $$
(☎421-8736 ; www.carpediemsalta.com.ar ; Urquiza 329 ; s/d 410/490 ARS ; @☜). On se sent vraiment comme chez soi dans ce B&B plein d'attentions prévenantes telles que du pain maison au petit-déjeuner, des coins agréables pour lire et un ordinateur avec connexion Internet dans les chambres attrayantes. Les chambres simples avec sdb communes dans le beau jardin verdoyant sont petites mais d'un bon rapport qualité/prix (200 ARS).

Aldaba Hotel HÔTEL $$
(☎421-9455 ; www.aldabahotel.com ; B Mitre 910 ; d standard/supérieure 374/418 ARS ; ❄@☜). À une rue des *peñas* de la Calle Balcarce, cet hôtel de 6 chambres n'en est pas moins tranquille. D'une élégance moderne et discrète, il a l'attrait de lits extrêmement douillets et d'un service sympathique. Les chambres “supérieures” sont légèrement plus grandes.

Bloomers B&B B&B $$
(☎422-7449 ; www.bloomers-salta.com.ar ; Vicente López 129 ; s 300 ARS, d 350-450 ARS ; ❄@☜). Pensez à réserver pour obtenir l'une des 5 chambres de cette délicieuse pension, qui allie style et confort. Autre atout : le brunch, servi jusqu'à midi. Les chambres, chacune avec son propre thème chromatique, sont ravissantes. La cuisine est à disposition.

La Candela HÔTEL $$
(☎422-4473 ; www.hotellacandela.com.ar ; Pueyrredón 346 ; d 390-605 ARS ; ❄@☜≈). Une adresse aux allures de villa rurale, agrémentée d'un jardin herbeux et d'une piscine en forme de L, le tout dans le centre. Personnel efficace, bonnes installations et chambres confortables de tailles très variables, dont un appartement en duplex à l'arrière. Des œuvres d'art aux styles éclectiques rehaussent l'élégance de la déco.

Salta por Siempre AUBERGE DE JEUNESSE $
(☎423-3230 ; www.saltaporsiempre.com.ar ; Tucumán 464 ; dort/s/d 50/100/200 ARS ; @☜). Cela vaut la peine de se rendre à 8 rues au sud de la place pour jouir d'un accueil d'exception. Ce beau bâtiment calme abrite des chambres colorées, très propres, avec sdb, des dortoirs, une vraie cuisine et des espaces communs attrayants. Petit-déjeuner inclus.

Inti Huasi AUBERGE DE JEUNESSE $
(☎431-0167 ; www.intihuasihostel.com.ar ; Abraham Cornejo 120 ; dort/d 45/120 ARS ; @☜). Sise à une courte distance à pied de la gare routière, cette auberge de jeunesse ne manque pas d'attrait, notamment du fait de sa cuisine bien équipée et de son patio herbeux, propices à la convivialité. Les dortoirs sont confortables et spacieux. Petit-déjeuner inclus.

Legado Mítico HÔTEL DE CHARME $$$
(☎422-8786 ; www.legadomitico.com ; B Mitre 647 ; ch standard/supérieure/deluxe 230/250/270 $US ; ❄ @☜). Les chambres élégantes, certaines fidèles au style d'origine de cette vénérable demeure, d'autres un peu défraîchies et décorées sur le thème indien, constituent une raison suffisante de réserver dans ce havre de paix central, surtout si vous en obtenez une au rez-de-chaussée avec son patio privatif agrémenté de bambou. Mention spéciale au service courtois et à l'ambiance de détente raffinée. Les enfants de moins de 12 ans ne sont pas acceptés.

Munay Hotel HÔTEL $

(☎422-4936 ; www.munayhotel.com.ar ; Av San Martín 656 ; s/d 160/240 ARS ;). Tout ce qu'on peut attendre d'un hôtel économique : emplacement pratique, personnel avenant, chambres propres et bien meublées, rideaux dans les douches et petit-déjeuner. Pensez à réserver. Les chambres avec ventilateur coûtent un peu moins cher.

Kkala HÔTEL DE CHARME $$$

(☎439-6590 ; www.hotelkkala.com.ar ; Las Higueras 104 ; ch 200-270 $US ;). En retrait dans le quartier huppé de Tres Cerritos, ce lieu paisible invite à la détente. Ses six chambres donnent sur un petit jardin avec piscine chauffée. Les plus haut de gamme ont l'attrait de la vue et d'un Jacuzzi privatif. Il est agréable de contempler la ville depuis l'une des terrasses, avec à la main, un verre pris au bar en libre service. Les enfants de moins de 12 ans ne sont normalement pas acceptés.

Residencial Balcarce PENSION $

(☎431-8135 ; www.residencialbalcarce.com.ar ; Balcarce 460 ; s/d sans sdb 60/100 ARS, avec sdb 100/160 ARS ;). Au sud de la Plaza Güemes, une petite entrée cache le vaste intérieur de cette adresse d'un bon rapport qualité/prix. Par bien des aspects, c'est un *residencial* standard, avec des chambres sans fioritures et des sdb correctes. Le service chaleureux, le patio à l'ombre de la vigne et le haut niveau de propreté en font cependant un bon choix.

Design Suites HÔTEL $$$

(☎011-5199-7465 ; www.designsuites.com ; Belgrano 770 ; ch/ste 199/223 $US ;). Pas sûr que ce type d'architecture – béton apparent et style urbain branché – cadre avec une ville coloniale comme Salta. L'endroit dégage toutefois un attrait indéniable. Ses chambres calmes de premier ordre arborent des fenêtres allant du sol au plafond, tandis que la piscine et le Jacuzzi sur le toit offrent une vue inoubliable sur la ville au soleil couchant. Service diligent.

Hostal El Alcázar PENSION $

(☎422-3800 ; www.hostalelalcazar.com ; Balcarce 81 ; s/d 150/200 ARS ;). Une adresse fiable et centrale, qui combine des chambres individuelles avec sdb et des installations de type auberge de jeunesse, dont une cuisine bien équipée. Ambiance baroudeur bon enfant et prix corrects pour Salta.

Residencial Elena PENSION $

(☎421-1529 ; residencial.elena@gmail.com ; Buenos Aires 256 ; s/d 140/200 ARS ;). Sis dans un bâtiment néocolonial assorti d'un ravissant patio, l'endroit jouit d'un emplacement de choix à une petite distance au sud de la place. Malgré sa situation dans une rue animée du centre, l'endroit est très calme, et les propriétaires espagnols, établis de longue date, le tiennent impeccablement.

Hotel del Antiguo Convento HÔTEL $$

(☎422-7267 ; www.hoteldelconvento.com.ar ; Caseros 113 ; ch 325-450 ARS ;). Chambres modernes et ensoleillées dans cet hôtel central pourvu d'une très belle petite piscine à l'arrière. L'appartement en duplex voisin peut loger 4 personnes et coûte 460 ARS.

Backpacker's Home AUBERGE DE JEUNESSE $

(☎423-5910 ; www.backpackerssalta.com ; Buenos Aires 930 ; dort/d 100/255 ARS ;). Les boutiques de souvenirs le cèdent aux carrosseries à mesure que l'on parcourt le long kilomètre séparant cet établissement du centre. Toutefois, cette auberge de jeunesse séduit par sa convivialité instantanée, son excellent bar à l'arrière et sa piscine. Les tarifs incluent le petit-déjeuner et le dîner. Réductions pour les membres HI, et tarifs globalement moins élevés qu'indiqué ici.

Hotel Salta HÔTEL $$$

(☎426-7500 ; www.hotelsalta.com ; Buenos Aires 1 ; s/d standard 400/590 ARS, s/d supérieure 560/720 ARS ;). Certes, on paie l'emplacement mais quel emplacement ! Ce vénérable hôtel classique se dresse à l'angle d'une place de carte postale. Les équipements sont de qualité, le service excellent, mais les chambres déçoivent un tantinet. Essayez d'en obtenir une avec vue sur l'église et le Cerro San Bernardo. Les supérieures, plus grandes, possèdent une baignoire.

Alejandro I HÔTEL $$$

(☎400-0000 ; www.alejandro1hotel.com.ar ; Balcarce 252 ; ch standard/supérieure/executive 760/825/950 ARS ;). Difficile de ne pas remarquer l'hôtel le plus haut de gamme de Salta, visible depuis toute la ville, pour le meilleur ou pour le pire. Les chambres, modernes et élégantes, gagnent en superficie – et en prix – à mesure qu'on grimpe dans les étages. On trouve tout le confort et les services d'un cinq-étoiles, notamment un comptoir de tour-opérateur, et le personnel anglophone est efficace.

Hostel Terra Oculta AUBERGE DE JEUNESSE $
(☎421-8769 ; www.terraoculta.com ; Córdoba 361 ; dort/d 60/120 ARS ; @). Bien placé entre la gare routière et le centre-ville, cet établissement labyrinthique à l'atmosphère détendue a eu l'idée judicieuse de séparer ses dortoirs, lumineux et confortables, de son excellent bar sur le toit, bruyamment animé jusque tard le soir.

Camping Municipal Carlos Xamena CAMPING $
(☎423-1341 ; Av Libano ; par pers/tente/voiture 5/10,25/10,25 ARS ;). L'un des meilleurs campings d'Argentine, plutôt bruyant l'été. Il comporte 500 emplacements de tente, une immense piscine (il faut une semaine pour la remplir) et un supermarché à proximité. Prenez le bus n°3B dans Ituzaingó, entre San Martín et Mendoza.

La Posta PENSION, AUBERGE DE JEUNESSE $
(☎422-1985 ; www.laposta.todowebsalta.com.ar ; Córdoba 368 ; dort/s/d 55/160/180 ARS ; @). Pension et auberge de jeunesse haut de gamme, au standing au-dessus de la moyenne des établissements pour globe-trotteurs de Salta. Jolies chambres avec sdb, décoration soignée, ambiance calme et reposante.

Bonarda HÔTEL $$
(☎421-5786 ; www.hotelbonarda.com ; Urquiza 427 ; s/d 300/390 ARS ;). Hôtel "de charme" pas très convaincant, plutôt réussi par endroits et semblant fait à l'économie ailleurs. Les chambres, certaines plus claires et spacieuses que d'autres, ouvrent sur une vaste cour intérieure.

Posada de las Farolas PENSION $$
(☎421-3463 ; www.posadalasfarolas.com.ar ; Córdoba 246 ; s/d 190/295 ARS ;). Chambres climatisées, propres et soignées, gérance sympathique. Lieu central d'un bon rapport qualité/prix.

El Argentino AUBERGE DE JEUNESSE $
(☎422-0184 ; www.elargentinohostel.com.ar ; Alvarado 1077 ; dort/d 35/120 ARS ; @). Bon rapport qualité/prix (petit-déjeuner simple compris) pour ces dortoirs sombres distribués autour d'un patio, dans une accueillante maison traditionnelle de Salta. Les dortoirs avec sdb coûtent plus cher.

Backpacker Suites AUBERGE DE JEUNESSE $
(☎431-8944 ; www.backpackerssalta.com ; Urquiza 1045 ; dort/d 100/255 ARS ; @). Des suites, vraiment ? Parlons plutôt de dortoirs modernes et spacieux avec sdb. La partie commune à l'avant, brillamment éclairée, est propice à la convivialité. Petit-déjeuner et dîner sont compris. On bénéficie généralement de tarifs nettement moins élevés. Réductions pour les membres HI.

Hostal Prisamata AUBERGE DE JEUNESSE $
(☎438900 ; www.hostalprisamata.com ; B Mitre 833 ; dort/d 45/150 ARS ; @). Les hamacs dans le patio et l'emplacement idéal, à l'écart de l'animation de la Calle Balcarce, font de cette sympathique auberge de jeunesse une adresse de choix.

7 Duendes AUBERGE DE JEUNESSE $
(☎421-4522 ; www.hostelsieteduendes.com.ar ; San Juan 189 ; dort/d 40/90 ARS ; @). Auberge de jeunesse bon marché, aux dortoirs modestes et légèrement étouffants ouvrant sur des patios. La bonne humeur du personnel et l'ambiance générale sont ses vrais atouts.

Où se restaurer

Salta et Tucumán se disputent la palme des meilleures *empanadas* d'Argentine, succulentes dans les deux villes. Les habitants discutent des mérites respectifs de la version frite dans un poêlon en métal, plus croustillante, et de la version cuite au four en terre, plus savoureuse.

José Balcarce ARGENTIN $$$
(☎421-1628 ; angle B Mitre et Necochea ; plats 45-75 ARS ; dîner lun-sam). Les murs en pierre apparente, la musique d'ambiance et le service attentif composent le cadre du dîner gastronomique qui vous attend ici. Aux entrées comme le carpaccio de lama succèdent du loup de mer ou des plats andins à base d'agneau ou de truite. La carte des vins décrit chaque cru à l'aide de termes anthropomorphiques (le merlot a ainsi "un sens de l'écoute sensible et des tendances gay"). Pratiquement ce qu'il y a de mieux à Salta.

Jovi II ARGENTIN $$
(Balcarce 601 ; plats 30-60 ARS). Sa longue terrasse donnant sur les palmiers de la Plaza Güemes fait partie des raisons d'apprécier ce restaurant local qui cuisine avec succès un large choix de plats, généreux et sans artifices. Au menu : plusieurs recettes de lapin, des poissons savoureux et un succulent plat du jour. Service impeccable.

La Leñita PARRILLA $$
(angle Balcarce et A Alsina ; plats 45-73 ARS). Dans une rue de restaurants de plus ou moins

bonne qualité, la viande de cette populaire *parrilla* atteint des sommets et se décline en une grande variété de morceaux, à quoi s'ajoute un bar à salades, au centre. Le service est aussi attentionné envers les clients en costume qu'avec ceux en débardeur. Le personnel aux talents multiples joue des airs du folklore local au milieu du dîner. Carte des vins aux tarifs excessifs.

El Solar del Convento ARGENTIN **$$$**
(☎421-5124 ; Caseros 444 ; plats 50-75 ARS). Populaire à juste titre auprès des touristes, cette table au décor chaleureux affiche un service attentionné – l'apéritif gratuit remporte tous les suffrages – et une carte variée. Celle-ci met l'accent sur le *lomo* (aloyau) assorti de savoureuses sauces, mais comporte aussi du poisson et des *parrilladas* (assortiments de grillades). Nombreux vins de la province, assez chers.

La Monumental PARRILLA **$**
(Entre Ríos 202 ; plats 20-45 ARS). Ses néons fluorescents et son escadre de ventilateurs sont la marque de fabrique de ce grill de quartier classique. Les portions sont généreuses, y compris le grand choix d'amuse-gueules, la cuvée du patron est bon marché et la viande correcte. Un restaurant plus haut de gamme portant la même enseigne se situe de l'autre côté de la rue.

La Céfira PÂTES **$**
(www.facebook.com/la.cefira ; Córdoba 481 ; pâtes 25-32 ARS ; ⏲dîner lun-sam). Un lieu élégamment conçu, à quelques pâtés de maisons au sud du centre, qui se classe bien au-dessus des tables italiennes lambda. Parmi les délicieuses pâtes maison figurent notamment les raviolis au crabe à l'encre de seiche, et les *fettuccine* aux épinards et au saumon avec sauce aux câpres.

Viejo Jack PARRILLA **$**
(Av Virrey Toledo 145 ; plats 50-70 ARS). Assez éloignée – mais pas trop – de la zone touristique pour rester authentique, cette adresse simple a la faveur des habitants pour sa *parrillada* et ses pâtes. Les parts, énormes, sont prévues pour 2 à 4 personnes, mais on peut commander une portion individuelle (également suffisante pour deux) moyennant 70% du prix.

LES PEÑAS DE SALTA

Salta est célèbre dans toute l'Argentine pour son folklore. Une *peña* est un bar, ou un club, où les gens mangent, boivent et se rassemblent pour jouer et écouter du folklore, traditionnellement sous la forme de bœufs impromptus.

Aujourd'hui, les *peñas* de Salta sont devenues plus touristiques, avec concerts à heure fixe, vente de CD et visite de groupes en voyage organisé. On y passe tout de même un excellent moment. Les *empanadas* et le vin rouge sont traditionnellement au menu – un délice, mais la plupart des établissements proposent un choix plus large.

Le centre des *peñas* est la Calle Balcarce, entre Alsina et la gare ferroviaire. Il y en a plusieurs à cet endroit, ainsi que d'autres restaurants, bars et *boliches* (boîtes de nuit) – c'est le cœur de la vie nocturne de Salta.

Quelques *peñas* :

La Vieja Estación PEÑA **$$**
(☎421-7727 ; www.viejaestacion-salta.com.ar ; Balcarce 885 ; spectacle 15-25 ARS, plats 40-65 ARS ; ⏲20h-3h mar-dim). La mieux établie des *peñas* de Balcarce, avec une scène, des tables en bois et trois représentations par soir. Délicieuses *empanadas* et autres spécialités régionales.

La Casona del Molino PEÑA **$$**
(☎434-2835 ; Luis Burela 1 ; plats 28-50 ARS ; ⏲déj et 21h-5h mar-dim). Cet ancien hôtel particulier, à une vingtaine de pâtés de maisons à l'ouest de la Plaza 9 de Julio, est un classique de Salta doté de plusieurs salles spacieuses, chacune avec des musiciens différents qui évoluent autour des tables plutôt que sur scène.

La Casa de Güemes PEÑA **$$**
(España 730, plats 39-58 ARS ; ⏲déj et 21h-tard). Cette demeure historique, à l'emplacement central, fut jadis habitée par Güemes, héros *salteño* de l'indépendance aujourd'hui très représenté dans la culture gaucho et folklorique des environs. Cuisine correcte à prix attractifs, et bonne musique locale chaque soir. Entrée libre.

Ma Cuisine FUSION $$

(☎421-4378 ; www.macuisineresto.com.ar ; España 83 ; plats 38-56 ARS ; ⏰déj et dîner mar-sam, déj dim). Cet adorable petit restaurant sert, dans sa pimpante salle blanche, un choix de plats (pâtes, poisson et viande bien préparés, accompagnés de nouilles ou de légumes sautés) régulièrement renouvelé, dont la liste est écrite à la craie sur une ardoise. Les gérants, un jeune couple sympathique, ont vécu en France et les recettes s'en ressentent.

Café del Tiempo ARGENTIN $$

(Balcarce 901 ; plats 38-65 ARS ; ⏰11h-4h mer-dim, 18h-4h lun-mar). Conçu pour ressembler à un café de Buenos Aires, cet établissement pratique des prix en rapport. Sa terrasse chic au cœur de la zone de Balcarce le classe parmi les lieux phares pour boire un verre. Un spectacle, ou un concert, s'y donne chaque soir. La carte comprend des plats à base de viande de lama et des plats internationaux comme le *chop suey*. Les *picadas* (assortiments d'amuse-gueules à partager) conviennent bien aux groupes.

Bio's Diet VÉGÉTARIEN $

(Güemes 321 ; déj 23 ARS ; ⏰lun-sam ; 🖉). Un menu renouvelé quotidiennement, de savoureuses salades, des burgers au soja et des plats pour les régimes spéciaux, voilà qui change agréablement des habituelles grillades de viande.

Où prendre un verre et sortir

Vous pourrez vous en remettre à l'encadré (p. 247) pour tout savoir sur les *peñas* de Salta – un incontournable. Les deux pâtés de maisons de Balcarce au nord d'Alsina, ainsi que les rues alentour, sont les épicentres de la vie nocturne. Les bars et clubs des environs ferment souvent pour rouvrir sous un autre nom. Laissez-vous guider par votre inspiration.

Macondo BAR

(www.macondobar.com ; Balcarce 980 ; ⏰20h-tard). Un bar branché dont le répertoire indé des années 1990 et 2000 change un peu de la musique *folklórica* à l'honneur dans cette rue. Apprécié des touristes comme des habitants, il reste animé jusque tard le soir, et possède une agréable terrasse côté rue.

New Time Café CAFÉ

(Caseros 602 ; ⏰8h-tard ; 📶). À la course au meilleur "café sur la place" de Salta, cette adresse sur deux niveaux a plusieurs longueurs d'avance. Tables ombragées dans l'après-midi, belle vue sur le *cabildo*, le Cerro San Bernardo et la cathédrale, et accès Wi-Fi. Concerts certains soirs.

Achats

Mercado Artesanal ARTISANAT

(Av San Martín 2555 ; ⏰8h-20h30). Achetez vos souvenirs sur ce marché parrainé par la province. Les articles en vente comprennent des objets indiens (hamacs, sacs de corde, céramiques, paniers, cuir) et les ponchos caractéristiques de la région. Les bus n^{os}2, 3 ou 7 partant du centre-ville s'y rendent.

Librería San Francisco LIVRES

(Caseros 362). Choix correct de livres en anglais, pour la plupart classiques.

Renseignements

Les rues du centre abondent en DAB. Quant aux centres d'appels téléphoniques et cybercafés, ils sont légion.

Administration des parcs nationaux (APN ; ☎431-2683 ; www.parquesnacionales.gov.ar ; España 366 ; ⏰8h30-14h30 lun-ven). Au 3e étage du bâtiment de l'Aduana. Informations et conseils sur les parcs nationaux de la région. À contacter avant d'aller vers ceux d'El Rey ou de Baritú.

Citibank (angle España et Balcarce). Change les euros et les dollars américains ; possède un DAB avec montant de retrait limité.

Hôpital San Bernardo (☎432-0445 ; Tobías 69)

Office du tourisme municipal (☎437-3340 ; www. saltalalinda.gov.ar ; Caseros 711 ; ⏰9h-21h). Personnel polyglotte efficace.

Office du tourisme provincial (☎431-0950 ; www.turismosalta.gov.ar ; Buenos Aires 93 ; ⏰8h-21h lun-ven, 9h-20h sam-dim). Sympathique, efficace et polyglotte. Rien à redire. Vous pourrez vous y enquérir de l'état des routes si vous voyagez avec une voiture de location.

Poste (Deán Funes 140)

Depuis/vers Salta

Avion

L'**aéroport** de Salta est à 9,5 km au sud-ouest de la ville par la RP 51. **Andes** (☎437-3514 ; www.andesonline.com ; España 478) assure 6 vols par semaine pour Buenos Aires, et dessert également Córdoba et Jujuy. **Aerolíneas Argentinas** (☎431-1331 ; Caseros 475) assure 4 vols/jour pour Buenos Aires, et rallie aussi Puerto Iguazú et Mendoza. **LAN** (☎0810-999-9526 ; www.lan.com ; Caseros 476) dessert Buenos Aires 3 fois/jour.

BUS AU DÉPART DE SALTA

DESTINATION	PRIX (ARS)	DURÉE (HEURES)
Bariloche	878	35
Buenos Aires	450-650	20
Cafayate	60	4
Córdoba	330	12
Jujuy	42	2
La Quiaca	119	8
La Rioja	250	10
Mendoza	480	18
Puerto Iguazú	457	24
Resistencia	285	10
Salvador Mazza	152	6
Santiago del Estero	155	6
Tucumán	101	4 heures 30

Aerosur (☎432-0043 ; www.aerosur.com ; España 414) assure 3 vols hebdomadaires à destination de Santa Cruz, en Bolivie.

Bus

La **gare routière** (Av Hipólito Yrigoyen) dispose de services réguliers vers toutes les destinations du pays.

Trois compagnies desservent San Pedro de Atacama, au Chili. Les bus Andesmar partent vers 7h les lundis, mercredis et vendredis. Les bus Geminis et Pullman partent à la même heure les mardis, jeudis et dimanches. Ils passent par Jujuy et Purmamarca, mettent 9-10 heures et coûtent 200 ARS à 220 ARS. Ils poursuivent ensuite vers Calama, Antofagasta, Iquique et Arica.

Ale Hermanos rallie une ou deux fois par jour San Antonio de los Cobres (40 ARS, 5 heures 30), tandis que **Marcos Rueda** dessert quotidiennement Cachi (40 ARS, 4 heures 30). Toutefois, il se peut qu'à l'heure où vous lirez ces lignes, ce soit la compagnie Flechabus qui desserve cet itinéraire.

Voiture

Louer une voiture à Salta est un bon moyen de visiter les hauteurs et les vallées environnantes. Les agences sont nombreuses. Comparez les prix, car il y a souvent des offres spéciales. En général, il en coûte 270 ARS à 300 ARS par jour pour une location à la semaine. Comptez le triple pour un 4x4. Les tronçons entre San Antonio de los Cobres et La Poma (en allant vers Cachi), et au nord des Salinas Grandes en direction d'Abra Pampa ne sont habituellement accessibles qu'aux 4x4, mais la route de *ripio* (gravier) entre San Antonio et Salinas Grandes est en principe praticable avec une voiture normale. Vérifiez toujours l'état des routes auprès de l'office du tourisme provincial.

S'il est impossible d'entrer en Bolivie avec une voiture de location, on peut en revanche le faire au Chili. Il faut dans ce cas prévenir l'agence quelques jours avant et payer un supplément.

Quelques agences :

AndarSalta (☎431-0720 ; www.andarsalta.com.ar ; Buenos Aires 88)
Asís (☎431-1704 ; www.asisrentacar.com.ar ; Buenos Aires 160)
Europcar (☎421-8848 ; Córdoba 20 ; www.europcar.com.ar)
Noa (☎431-7080 ; www.noarentacar.com ; Buenos Aires 1)
Sixt (☎421-6064 ; Deán Funes 29 ; www.sixt.com.ar)

ℹ Comment circuler

Les bus n°8A et "Quijano" qui partent de San Martín, près de la rue Buenos Aires, se rendent à l'aéroport (1,75 ARS). Sinon, la course en *remis* (taxi) coûte 40 ARS. Des navettes sur réservation font la tournée des hôtels (38 ARS).

Le bus local n°5 (1,75 ARS) relie la gare ferroviaire et le centre-ville à la gare routière.

Tren a las Nubes

Le *Tren a las Nubes* ("train vers les nuages"), le train le plus célèbre d'Argentine, quitte Salta et descend dans la vallée de Lerma pour faire l'ascension de la multicolore Quebrada del Toro, passer par les ruines de Tastil et San Antonio de los Cobres, avant de poursuivre jusqu'au clou du trajet : la traversée d'un impressionnant viaduc qui enjambe un canyon désertique à **La Polvorilla**, à 4 220 m au-dessus du niveau de la mer.

Il s'agit d'un trajet très touristique, avec concerts de musique folklorique et commentaires en plusieurs langues. Le périple est long – départ de Salta à 7h, retour pas avant minuit. Le train circule les jeudis et samedis de mars à mi-décembre, et l'aller-retour coûte 695 ARS, avec petit-déjeuner et en-cas, mais sans déjeuner ni dîner. Vous pouvez manger au wagon-restaurant (menus à 75 ARS). On n'est pas censé emporter de nourriture à bord.

Achetez vos billets au **bureau** (☎422-3033 ; www.trenalasnubes.com.ar) situé dans la gare de Salta ou chez un tour-opérateur en ville. Les présentoirs à brochures touristiques comportent des coupons de réduction.

VAUT LE DÉTOUR

PARQUE NACIONAL EL REY

À l'est de Salta, ce **parc national** (elrey@apn.gov.ar) situé à l'extrémité sud du couloir subtropical des Yungas, protège l'habitat offrant la plus riche biodiversité du pays.

Le parc est sillonné de sentiers balisés, certains accessibles en voiture. **Laguna Los Patitos**, à 2 km des bureaux du parc, permet d'observer des oiseaux aquatiques. Un sentier plus long mène au **Pozo Verde**, couvert de mousse, une ascension de 3 à 4 heures jusqu'à une zone grouillante d'oiseaux. D'autres sentiers d'une longueur similaire requièrent de franchir de multiples cours d'eau.

On peut **camper** gratuitement près des bureaux du parc ; le site possède des toilettes, de l'eau potable, des douches froides et de l'électricité en soirée. Il n'y a pas de magasin. Contactez le bureau de l'APN à Salta (voir *Renseignements*) pour des informations à jour.

Il n'est pas simple de se rendre dans ce parc. Les derniers 46 km se font sur une route de *ripio* (gravier), quasiment impraticable lorsqu'il pleut. La dernière station-service se trouvant à General Güemes, à 160 km du parc, pensez à faire des réserves. Sans 4x4, le moyen le plus simple d'y aller est de s'inscrire à un circuit guidé au départ de Salta (p. 241). Les transports en commun vont jusqu'à Lumbreras, à 91 km du parc.

Nombre d'agences de Salta organisent des excursions sur la route parallèle à la ligne ferroviaire. L'ascension est elle aussi spectaculaire. Les circuits incluent le viaduc et coûtent dans les 280 ARS.

San Antonio de los Cobres

☎03873 / 4 274 HABITANTS / ALTITUDE 3 775 M

Cette petite bourgade minière poussiéreuse est située sur la puna à 168 km à l'ouest de Salta et à plus de 2 600 m au-dessus. Ayant beaucoup souffert du déclin de l'industrie minière de la région et de celui du chemin de fer associé, elle dépend aujourd'hui fortement des revenus générés par le tourisme. La localité est typique des montagnes, avec ses maisons en pisé, ses rues presque désertes et une chute brutale des températures au crépuscule. Il est intéressant de s'y arrêter pour découvrir cette facette de la vie andine. Vous pourrez ensuite partir vers le nord pour rejoindre la Quebrada de Humahuaca via les Salinas Grandes et Purmamarca, ou, à certains moments de l'année, vers le sud jusqu'à Cachi (voir p. 254).

À voir

Il y a peu de choses à voir – quoique les couchers de soleil soient spectaculaires – mais à 16 km à l'ouest se trouve le viaduc de La Polvorilla, dernier arrêt du *Tren a las Nubes*. Depuis le parking, où sont installées plusieurs boutiques d'artisanat, vous pourrez grimper un chemin en zigzag jusqu'au sommet du viaduc et le traverser. Les *remises* de San Antonio demandent environ 40 ARS pour un aller-retour.

Où se loger et se restaurer

De petits restaurants sans prétention jalonnent Belgrano. C'est là qu'il faut aller pour manger de bonnes *empanadas*, *milanesas* (escalopes milanaises) et autres spécialités locales.

El Palenque PENSION $

(☎490-9019 ; hostalelpalenque@hotmail.com ; Belgrano s/n ; d sans sdb 100 ARS, tr/qua avec sdb 150/200 ARS). Une adresse familiale accueillante et soignée, à quelques rues du centre, après l'église. Elle a l'air fermée vue du dehors, mais il n'en est rien. Les chambres sont relativement isolées du froid et il y a l'eau chaude.

Hotel de las Nubes HÔTEL $$

(☎490-9059 ; www.hoteldelasnubes.com ; Caseros 441 ; s/d 290/370 ARS ; wifi). Le meilleur établissement en ville pour l'hébergement et le couvert. Ses jolies chambres confortables, sobrement décorées, disposent de doubles vitrages et du chauffage. Réservez bien à l'avance. Le restaurant (plats 25-45 ARS ; 12h-14h et 19h-21h30) présente une carte limitée de spécialités locales, bien préparées et roboratives.

Depuis/vers San Antonio de los Cobres

Des bus partent tous les jours de Salta (40 ARS, 5 heures 30) avec Ale Hermanos. Voir aussi le *Tren a las Nubes*. De petits transports onéreux traversent actuellement le Paso de Sico jusqu'au Chili. Si vous essayez de faire du stop (ce que nous ne recommandons pas), cherchez en ville les camions prêts à partir. De San Antonio, une bonne route de *ripio* (gravier) parcourt 97 km vers le nord (RN 40), contournant les Salinas Grandes pour croiser la RP 52 goudronnée.

Salinas Grandes

Pensez à prendre avec vous vos lunettes de soleil pour visiter cette spectaculaire **plaine saline** située dans une partie reculée de la puna, à quelque 3 350 m au-dessus du niveau de la mer. Cet ancien lac, qui s'assécha durant l'holocène, forme désormais une croûte de sel de 525 km² mesurant jusqu'à 50 cm d'épaisseur. Par temps clair, le contraste aveuglant entre le bleu du ciel et le blanc craquelé du sel est envoûtant.

Les *salinas* (plaines salines) se trouvent dans la province de Salta mais sont plus faciles à rejoindre en suivant la RP 52 vers l'ouest depuis Purmamarca, dans la province de Jujuy. Environ 5 km à l'ouest de l'intersection entre la RP 52 et la RN 40 (la bonne route de *ripio* qui parcourt 97 km vers le nord depuis San Antonio de los Cobres) se dresse le bâtiment d'une saline et en face, accessibles en voiture, les bassins rectangulaires d'où l'on extrait périodiquement le sel. Quelques artisans vendent des sculptures sur pierre et des lamas en sel. On peut aussi acheter à boire et à manger sur la route à proximité.

Le seul moyen de rejoindre les *salinas* par les transports publics est de descendre d'un bus à destination de Susques depuis Jujuy ou Purmamarca. Consultez bien les horaires avant de le faire : certains jours, il est possible de reprendre un bus pour revenir sur Purmamarca quelques heures plus tard, mais c'est impossible le reste du temps. La circulation sur cette route est suffisante pour faire du stop (ce que nous déconseillons toutefois).

Autrement, vous pouvez louer une voiture, prendre un *remis* de Purmamarca ou suivre un circuit organisé depuis Jujuy ou Salta. Depuis cette dernière, l'excursion risque de constituer une journée très chargée, à moins de passer la nuit à Purmamarca.

Si les *salinas* sont spectaculaires, les *salares* (étendues salines) du sud-ouest de la Bolivie le sont encore plus. Aussi, si vous allez dans cette direction (ou y êtes déjà allé), vous pourrez préférer voir les étendues salines boliviennes.

Valles Calchaquíes

Les Valles Calchaquíes, l'une des régions reculées les plus attirantes d'Argentine, associent paysages, ateliers traditionnels, superbes villages de pisé et certains des meilleurs vins argentins. Petite mais sophistiquée, Cafayate, avec ses caves et ses routes goudronnées, présente un certain contraste avec d'autres localités plus éloignées, comme Angastaco ou Molinos. Cachi, accessible depuis Salta par une route spectaculaire qui traverse le Parque Nacional Los Cardones, est un autre point de chute paisible et populaire. L'architecture de ces vallées mérite une attention spéciale : même les modestes maisons de pisé comportent parfois des colonnes néoclassiques, voire des arches mauresques.

Dans ces vallées, les Indiens diaguita (Calchaquí) ont opposé une résistance des plus farouches à la domination espagnole. Au XVIIe siècle, à court de main-d'œuvre, les Espagnols tentèrent en effet à deux reprises de leur imposer le travail obligatoire, mais ils durent surtout entretenir des forces armées pour empêcher les Diaguita de semer leurs propres champs et d'attaquer les caravanes.

La domination militaire ne régla pas les problèmes de main-d'œuvre, puisque les Espagnols finirent par déplacer les Indiens à Buenos Aires, dont la banlieue de Quilmes porte le nom de l'un des groupes déportés. La terre fertile qui avait nourri les Diaguita durant des siècles fut convertie par les Espagnols en grandes propriétés rurales, les haciendas des Andes.

PARQUE NACIONAL LOS CARDONES

Occupant quelque 650 km² de chaque côté de la RP 33 qui serpente entre Salta et Cachi en passant par la Cuesta del Obispo, le Parque Nacional Los Cardones tient son nom du cactus candélabre appelé *cardón*.

En l'absence de forêts dans les contreforts andins et la puna, le *cardón* a longtemps représenté une importante source de bois pour les chevrons et les menuiseries. On le retrouve souvent dans les églises coloniales de la région et dans les constructions indiennes.

En accès libre, Los Cardones ne dispose toujours d'aucun service – même si un centre d'accueil des visiteurs est en cours de rénovation sur la route principale –, mais il y a un **poste de gardes forestiers** (☎03868-496005 ; San Martín s/n) à Payogasta, à 11 km au nord de Cachi. Prenez suffisamment d'eau et de protection solaire. Les bus entre Salta et Cachi vous déposent ou vous prennent, mais vérifiez les horaires. La plupart des visiteurs descendent à Valle Encantada, la partie la plus pittoresque et accessible du parc.

CACHI

03868 / 2 200 HABITANTS / ALTITUDE 2 280 M

Plus grande localité des environs – les gens du coin en parlent comme de "la ville" – la charmante Cachi est en fait une petite bourgade nichée au cœur d'un paysage splendide. Dominée par de majestueuses montagnes, elle permet de profiter du bon air des hauteurs, de journées ensoleillées et de nuits fraîches. Les pavés, les maisons en pisé, les places tranquilles et les occasions d'explorer les environs en font le type d'endroit où l'on reste souvent plus longtemps que prévu.

À voir

Museo Arqueológico MUSÉE

(contribution de 5-10 ARS ; 10h-19h lun-ven, 10h-18h sam, 10h-13h dim). Sur la place, ce musée bien conçu et agencé donne un bel aperçu de l'évolution culturelle de la région, avec de bonnes informations sur les méthodes archéologiques. En espagnol uniquement. Dans le patio secondaire, ne manquez pas le mur aux pierres ornées de pétroglyphes.

Juste à côté, l'**Iglesia San José** (1796), simple mais attrayante, est dotée d'arches gracieuses et d'un plafond en bois de *cardón*. Le confessionnal et d'autres meubles sont également en *cardón*. L'eau bénite repose dans une grande *tinaja* (amphore pour le stockage de l'huile).

Todo lo Nuestro MUSÉE

(10 ARS ; 9h-15h). À 2 km au sud-ouest du centre, à la frontière de la ville, se dressent des reconstitutions très fidèles d'habitations des différentes phases de l'histoire de la vallée. Vous y trouverez aussi un restaurant de style rustique.

Activités

Une courte promenade au départ de la place de Cachi mène à un **point de vue**, puis à l'émouvant **cimetière**, au sommet d'une colline. Non loin, s'étend une piste d'atterrissage plutôt inattendue. Une marche plus longue (un peu plus de 1 heure) conduit le long d'un chemin de terre jusqu'à **Cachi Adentro**, minuscule village où il n'y a pas grand-chose à faire, hormis se délasser sur les sièges de la petite place ou boire un rafraîchissement acheté dans le seul magasin de l'endroit. Cette promenade est particulièrement plaisante en été, lorsque les cours d'eau et les cascades s'animent. De là, vous pourrez rentrer par un itinéraire plus long (26 km aller-retour) : prenez à gauche après l'église, puis descendez à gauche la route appelée Camino de las Carreras qui serpente à travers la vallée et traverse ensuite la rivière. Peu après, tournez à gauche lorsque vous atteindrez une route plus importante (ou à droite pour rejoindre le joli camping d'Algarrobal, à 2 km) ; celle-ci vous conduira à Cachi en passant par le hameau de La Aguada.

Une poignée de **sites archéologiques** sans grand attrait émaillent la vallée. Signalés par des panneaux, ils apparaissent également sur la carte touristique du secteur et peuvent faire l'objet de randonnées ou de promenades en voiture pittoresques.

Pour faire du **trekking** et de l'**alpinisme**, les sportifs contacteront **Santiago Casimiro** (03868-15-638545 ; santiagocasimiro@hotmail.com ; Barrio Cooperativa Casa 17), un guide local. De nombreux habitants louent des **chevaux** ; cherchez les panneaux ou renseignez-vous auprès de l'office du tourisme.

Circuits organisés

Plusieurs agences proposent des excursions. **Urkupiña** (491317 ; uk_cachi@hotmail.com ; Zorrilla s/n) organise des sorties à vélo dans le parc national Cardones (230 ARS), des randonnées, des sorties en quad, des excursions à Cachi Adentro ou vers les sites archéologiques voisins moyennant 50 ARS à 60 ARS, et des circuits plus longs par la Ruta 40 dans les deux directions. Cela peut être un bon moyen de rejoindre Cafayate (190 ARS).

Où se loger

La Merced del Alto HÔTEL $$$

(490020 ; www.lamerceddelalto.com ; s/d 510/600 ARS ;). Avec ses murs de pisé blanchis à la chaux, ses carreaux de céramique sur le sol et son plafond en jonc, cet hôtel de l'autre côté de la rivière imite l'architecture d'un vieux monastère. Calme et très bien équipé, il renferme des chambres sobres et fraîches donnant sur les collines derrière (un peu plus chères) ou sur la cour intérieure. Les espaces communs comprennent un salon des plus engageants, un bon restaurant, un spa rustique. Service polyglotte de premier ordre.

El Cortijo HÔTEL DE CHARME $$
(☎491034 ; www.elcortijohotel.com ; Av ACA s/n ; s/d 330/415 ARS ; ❄📶). Sis face à l'entrée de l'ACA Hostería Cachi, ce petit hôtel stylé loue des chambres pas très grandes mais décorées avec goût. Certaines, en particulier "Los Padres", agrémentées d'une terrasse privative avec chaises longues (doubles 495 ARS), jouissent d'une fabuleuse perspective sur la sierra. Restaurant sur place également. Personnel serviable, bon rapport qualité/prix.

ACA Hostería Cachi HÔTEL $$
(☎491105 ; www.soldelvalle.com.ar ; Av ACA s/n ; s/d 282/438 ARS ; ❄@📶🏊👪). Au sommet d'une hauteur, cet hôtel bien adapté aux familles offre la plus belle vue sur la ville, dont les clients peuvent profiter en se relaxant au bord de la piscine. Sans caractère mais confortables, les chambres ont par ailleurs l'avantage d'une disposition pittoresque autour d'un patio. L'endroit compte même un petit zoo.

Hotel Nevado de Cachi PENSION $
(☎491912 ; s/d avec sdb 70/110 ARS, s sans sdb 40 ARS). Juste en retrait de la place et à côté de l'arrêt de bus, une adresse bon marché correcte avec des chambres autour d'un patio. Literie confortable, et sdb (communes et individuelles) en assez bon état. Négociables dans une certaine mesure, les prix varient légèrement selon les chambres. Tâchez d'obtenir la chambre double en étage à l'arrière, un peu plus agréable.

Camping Municipal CAMPING $
(☎491902 ; oficinadeturismo.cachi@gmail.com ; empl 15-20 ARS ; 🏊). Sur une colline au sud-ouest de la place, emplacements à l'ombre avec barbecues, entourés de haies. La piscine municipale se trouve dans le périmètre du camping. Il y a aussi une auberge de jeunesse avec dortoirs (12 ARS) et quelques bungalows (125 ARS) ; réservation à l'office du tourisme.

Tampu HÔTEL $$
(☎491092 ; www.tampucachi.com ; Güemes s/n ; d 420 ARS ; 📶🏊). Tout en lignes nobles, cette villa historique avec beau jardin et piscine est tenue pour un bon choix. Les chambres, de dimensions et formes variables, sont décorées d'œuvres d'art originales et pourvues de lits confortables. On a toutefois la vague impression que certaines réparations ont un peu tardé. Les sdb ne sont pas non plus tout à fait à la hauteur de l'ensemble, qui a cependant beaucoup de charme.

Hospedaje Don Arturo PENSION $
(☎491087 ; http://hospedajedonarturo.blogspot.com ; Bustamante s/n ; s/d sans sdb 80/140 ARS, s/d 90/160 ARS). Chambres exiguës mais d'une propreté irréprochable. Le coin *lounge* et la terrasse arrière donnant sur le lit de la rivière sont les principaux atouts du lieu.

Miraluna APPARTEMENTS $$
(☎0387-15-442-2371 ; www.miraluna.com.ar ; Cachi Adentro ; app 2/4 pers 480/580 ARS, grand app 4 pers 650 ARS ; 🏊). À 7 km de la ville, des bungalows à la décoration artistique pour 2 ou 4 personnes dans un cadre fabuleux et paisible.

La Mamama AUBERGE DE JEUNESSE $
(☎491305 ; Suárez 590 ; dort/ch sans sdb 30/60 ARS). Une adresse accueillante dans la rue de l'arrêt de bus. Chambres toutes simples pourvues de matelas affaissés et atmosphère décontractée typique de Cachi.

✕ Où se restaurer

Pour goûter des spécialités locales comme le *locro* et les *humitas*, nous vous conseillons les *confiterías* et *comedores* aux abords de la place et en face de l'Hotel Nevado de Cachi. Les pièges à touristes sont nombreux.

Ashpamanta ARGENTIN $$
(☎0387-15-451-4267 ; www.ashpamantarestaurante.com ; Bustamante s/n ; plats 28-55 ARS). Un petit endroit douillet qui propose une carte réduite de pâtes et de salades, ainsi que 2 plats plus élaborés – risotto de quinoa ou filet de bœuf à la poêle garni de légumes – préparés dans une cuisine ouverte derrière le bar.

Oliver PIZZA $
(Ruíz de los Llanos 160 ; plats 22-55 ARS ; ⏲8h-minuit ; 📶). Ce restaurant accueillant sert sur plusieurs niveaux un choix fiable de pizzas savoureuses et de *bruschette*, auxquelles s'ajoutent quelques plats de viande créatifs. Sa terrasse sur la place invite à prendre l'apéritif le soir.

Platos y Diseño ARGENTIN $
(Güemes s/n ; plats 15-40 ARS ; 🖉). En amont de la place, salle à manger reposante aux murs décorés d'objets d'art local et de photos. Service aimable à défaut d'être rapide, et plats corrects destinés à une clientèle touristique.

Renseignements

Office du tourisme (☎491902 ; oficinadeturismo.cachi@gmail.com ; Güemes s/n ; ⏲9h-20h). Sur la place.

Depuis/vers Cachi

Les bus **Marcos Rueda** (☎491063) circulent entre Salta et Cachi. À l'heure où vous lirez ces lignes, ils auront peut-être été remplacés par les bus Flechabus. C'est un parcours spectaculaire, qui monte en serpentant jusqu'au col de la Cuesta del Obispo, puis traverse le Parque Nacional Los Cardones, hérissé de cactus. Les bus pour Salta (40 ARS, 4 heures 30) partent à 9h05 du lundi au samedi. Il existe aussi un service à 15h les lundis, jeudis et vendredis, et à 15h30 le dimanche. Seclantás est desservie par un bus quotidien, Molinos 5 fois par semaine. Trois bus rallient chaque jour Cachi Adentro (3 ARS, 30 minutes) du lundi au samedi.Des bus filent au nord, à destination de La Poma, une vieille ville d'haciendas qui marque le terminus de la ligne. Au-delà, la route difficile qui conduit à San Antonio de los Cobres grimpe de manière impressionnante, franchit une rivière à plusieurs reprises et passe à proximité d'élevages de chèvres isolés pour rejoindre un col à 4 895 m d'altitude. Elle n'est praticable sans 4x4 qu'à certains moments de l'année, normalement de septembre à décembre ; contactez la **police** (☎0387-490-9051) pour des conseils à ce sujet. Autrement, il faut se rendre à San Antonio par un long détour.

À destination de Cafayate, on ne va pas plus loin que Molinos, d'où il faut continuer en stop ou trouver un transport pour Angastaco. Là, des bus desservent Cafayate. Participer à un circuit au départ de Cachi est plus facile.

SECLANTÁS

☎03868 / 300 HABITANTS / ALTITUDE 2 100 M

Paisible et ravissant, le village de Seclantás est le berceau spirituel du poncho de Salta. Il compte de nombreux ateliers de tisserands, et au nord, le long de la route de Cachi, les maisons des artisans sont signalées par des panneaux indiquant que les particuliers peuvent passer pour voir leurs articles ; cette portion de route a d'ailleurs été baptisée la **route des Artisans**. L'un d'eux, le Señor Tero, a tissé un poncho porté par le pape Jean Paul II.

Les hébergements de Seclantás sont regroupés autour de la place. L'**Hostería La Rueda** (☎498041 ; angle Cornejo et Ferreyra ; s/d avec sdb 90/120 ARS, sans sdb 70/100 ARS) est accueillante et impeccable. Elle dispose de parties communes aussi ravissantes que confortables, et de chambres correctes. Le camping, derrière l'église, possède une piscine ouverte à tous ainsi que des bungalows.

Un bus quotidien relie Cachi à Seclantás (17 ARS, 1 heure 30, 2 heures le samedi) et continue certains jours jusqu'à Molinos.

MOLINOS

☎03868 / 900 HABITANTS / ALTITUDE 2 020 M

Cachi vous paraîtra bourdonnante d'activité en regard de Molinos, ravissante petite bourgade aux étonnants édifices en pisé légèrement délabrés. Une balade au fil de ses rues vous donnera à découvrir quelques trésors. L'endroit tire également parti de ses rues ombragées et de ses bons établissements hôteliers. Il y a un DAB sur la place.

Molinos tient son nom des moulins toujours en activité sur le Río Calchaquí. L'**Iglesia de San Pedro de Nolasco**, église restaurée dans le style de Cuzco, arbore des clochers jumeaux et un plafond en bois de cactus. Non loin, le **Centro de Interpretación Molinos** (www.naturalezaparaelfuturo.org ; Cornejo s/n ; contribution 10 ARS ; ⏲8h30-19h), demeure historique restaurée, propose une intéressante exposition sur l'histoire et la culture de la région, en espagnol et en anglais. Également : renseignements touristiques et boutique d'artisanat.

À 1,5 km à l'ouest se trouve le **Criadero Coquera**, où le département de recherche agricole du gouvernement élève des vigognes (*vicuñas*) : on peut donner du foin à ces beaux animaux. Au même endroit, la **Casa de Entre Ríos** accueille un joli marché artisanal où l'on vend de magnifiques ponchos et tentures murales en laine de mouton, lama et vigogne. Il y a sur place deux modestes chambres (50 ARS/pers).

Excellent choix, **Los Cardones de Molinos** (☎494061 ; cardonesmolinos@hotmail.com ; angle Sarmiento et San Martín ; ch par pers avec/sans sdb 80/60 ARS) loue des chambres confortables garnies de meubles en bois de cactus. Vous serez traité comme un membre de la famille et aurez accès à la cuisine. Le propriétaire, particulièrement chaleureux et accommodant, dispense de bons conseils sur la région. Les tarifs augmentent de façon substantielle en janvier.

En face de l'église, l'**Hacienda de Molinos** (☎494094 ; www.haciendademolinos.com.ar ; Cornejo s/n ; s/d standard 100/120 $US, ch supérieure 140-160 $US ; @ 🛜 ⊠) en pisé est également appelée Casa de Isasmendi, du nom du dernier gouverneur colonial de Salta, qui naquit, vécut et mourut dans cette vaste demeure. Restaurée de façon pittoresque, elle renferme de jolies chambres sobres avec lits agréables, mobilier ancien,

VAUT LE DÉTOUR

FINCA COLOMÉ

Certains des meilleurs vins d'Argentine sont produits dans cette **bodega écologique** (☎03868-494044 ; www.bodegacolome.com ; dégustations 30-50 ARS ; ⏲10h30-18h) située, comme on dit dans les environs, "où le diable a perdu son poncho", à une vingtaine de kilomètres par une spectaculaire route de gravier à l'ouest de Molinos. Des vignes – dont certains pieds européens d'avant le phylloxéra – et un hôtel jouissent d'un cadre naturel épatant, entouré par des collines et des montagnes qui semblent varier de couleur d'heure en heure. Les ambitions écologiques, sociales et culturelles apparaissent aussi clairement : le complexe est autosuffisant sur le plan électrique et a financé d'importantes améliorations des infrastructures de la communauté locale. Il possède aussi un remarquable **musée** (entrée libre ; ⏲14h-18h) conçu par l'artiste James Turrell, qui expose en permanence neuf de ses œuvres. Ces installations, qui utilisent uniquement la lumière et jouent avec la perception humaine, ne laissent pas indifférent. Les visites de la *bodega* et du musée s'effectuent sur réservation, par téléphone ou e-mail (museo@colomeargentina.com). La *bodega* sert aussi des salades et des sandwichs-baguettes pour déjeuner sur le pouce.

Non loin de Colomé, la Bodega El Humanao mérite aussi une halte pour son cabernet-malbec merveilleusement équilibré, entre autres.

plafond en jonc et superbes sdb, qui s'organisent autour de ravissants patios. Sa situation à la lisière du bourg garantit un calme parfait. Le restaurant, aux tarifs excessifs, est néanmoins convenable.

Dans le bourg également, quelques gargotes familiales proposent des repas bon marché corrects.

Un bus relie Cachi à Molinos (24 ARS, 2 heures) les lundis, mercredis, vendredis, samedis et dimanches. Il repart de Molinos à 7h les lundis, mardis, jeudis et samedis, et à 14h le dimanche. Quand il y a suffisamment de passagers, des *remises* collectifs se rendent à Salta via Cachi pour le même prix que le bus.

ANGASTACO

☎03868 / 900 HABITANTS / ALTITUDE 1955 M

La minuscule Angastaco trône au milieu de certaines des formations rocheuses les plus tortueuses et les plus spectaculaires de la vallée. À 40 km au sud de Molinos et à 54 km au nord de San Carlos, elle ressemble aux autres bourgades-oasis qui ponctuent à intervalles réguliers les Valles Calchaquíes, avec ses vignes, ses champs d'anis et de cumin, et les ruines d'une ancienne *pucará*.

Angastaco possède une station-service (avec accès Internet) mais pas de banque. Elle compte également un office du tourisme, situé sur la place, ainsi qu'un **Musée archéologique** installé dans le bâtiment municipal. Toux deux ont des heures d'ouverture fantaisistes, mais vous devriez pouvoir vous renseigner à la *municipalidad* ou au poste de police. Il est facile d'organiser des **randonnées équestres** auprès de l'Hostería Angastaco.

L'**Hospedaje El Cardón** (☎0387-15-459-0021 ; ch par pers avec/sans sdb 40/30 ARS), une adresse économique correcte, se tient à 50 m sur la droite lorsqu'on fait face à l'église (repérez-la à son beau porche). L'**Hostería Angastaco** (☎491123 ; s/d 70/110 ARS ; ☒) semble un peu à l'abandon mais loue pourtant des chambres d'un remarquable rapport qualité/prix, avec des jetés de lit artisanaux et des commodes en *cardón*. Piscine l'été et restaurant sur place.

Lors de nos recherches, les seuls transports en commun étaient des bus se rendant au sud à San Carlos et Cafayate à 6h du lundi au samedi, et à 17h les lundis, vendredis et dimanches. À destination de Molinos, à 40 km au nord, les options sont limitées. Des transports (renseignez-vous sur place) couvrent le trajet moyennant 200 ARS à 250 ARS au total. Ils se trouvent souvent à l'arrivée du bus de Cafayate, ce qui permet de partager les frais avec d'autres passagers. Sinon, il reste le stop (que nous ne recommandons pas). Le mieux est de se poster sur la route principale, où il y a de l'ombre et un café – de quoi patienter car l'attente est longue.

SAN CARLOS

☎03868 / 1900 HABITANTS

Grand village traditionnel, San Carlos, à 22 km au nord de Cafayate, est relié à cette dernière par une route bitumée, laquelle fait figure d'agréable surprise pour qui arrive du nord. La majorité des visiteurs continuent jusqu'à Cafayate ou Angastaco, mais il existe pourtant ici une adresse exceptionnelle : **La Casa de los Vientos** (☎03868-15-456525 ; www.casadelosvientos.com.ar ; Barrio Cemitigre ; s/d/f 150/220/300 ARS ; @), indiquée depuis la route principale, à la limite de la ville côté Cachi. Construit en pisé suivant les méthodes traditionnelles, avec carrelage en terre cuite et plafonds en lattis, l'édifice comprend maintes innovations ingénieuses. Les propriétaires, particulièrement accueillants, sont des céramistes, et les chambres (toutes différentes) sont décorées avec goût dans un style rustique. Il y a une piscine intérieure chauffée.

Cafayate

☎03868 / 11 785 HABITANTS / ALTITUDE 1 683 M

Deuxième région viticole d'Argentine par la qualité, Cafayate est une destination touristique appréciée qui a su garder intact son charme rural. Le cadre, proprement splendide – vignes verdoyantes avec en arrière-plan d'imposantes montagnes – est l'une des destinations les plus attrayantes du nord-ouest du pays. Cafayate est facilement accessible depuis Salta en traversant les paysages rocheux de la Quebrada de Cafayate ; c'est aussi le terminus sud de la route des Valles Calchaquíes. Avec son choix d'excellents hébergements convenant à toutes les bourses et plusieurs domaines viticoles à visiter dans la ville et ses environs, elle invite à s'installer plusieurs jours afin de découvrir la région. Ne manquez pas non plus les superbes *artesanías*.

Cafayate est réputée pour son *torrontés*, un cépage produisant un vin blanc sec aromatique. Les *bodegas* des alentours n'en produisent pas moins également de bons vins rouges, à partir de cabernet sauvignon, de malbec et de tannat.

À voir et à faire

Museo de la Vid y El Vino MUSÉE
(www.museodelavidyelvino.gov.ar ; Av General Güemes ; 30 ARS ; ⏲10h-19h30 mar-dim). Impressionnant, ce nouveau musée offre une bonne présentation de l'industrie vinicole de la région. La première partie, pleine de charme, traite de la viticulture à travers un ensemble de poèmes et d'images. La seconde couvre les procédés de vinification. Un café permet de goûter aux crus et d'en acheter. Bonnes traductions en anglais dans tout le musée.

Dégustation de vin VIGNOBLES
Plusieurs domaines viticoles proposent des visites guidées et dégustations en ville et dans les environs.

Les visites (en français et en anglais également) sont menées rondement et dans la bonne humeur à la **Bodega Nanni** (☎421527 ; www.bodegananni.com ; Chavarría 151 ; visites gratuites, dégustation 10 ARS ; ⏲9h30-13h et 14h30-18h30 lun-sam, 11h-13h et 14h30-18h dim), une petite propriété centrale dotée d'un joli patio verdoyant. Ses vins bio, quoique sans prétention, se révèlent très honorables.

La minuscule et sympathique exploitation familiale **Salvador Figueroa** (☎421289 ; Pasaje 20 de Junio 25 ; dégustation 5 ARS ; ⏲9h30-12h30 et 15h-19h), en ville, ne produit que 5 000 bouteilles de *torrontés* et de malbec par an à l'aide d'un équipement manuel. À proximité, **El Porvenir** (☎422007 ; www.bodegaselporvenir.com ; Córdoba 32 ; ⏲10h-18h lun-ven, 10h-13h sam) met l'accent sur les crus de premier ordre. Si la visite est gratuite, les dégustations, elles, coûtent 30 ARS, 60 ARS ou 90 ARS en fonction des vins choisis.

La **Bodega El Esteco** (☎421283 ; www.elesteco.com.ar ; visites 20 ARS ; ⏲visites 10h, 11h, 12h, 14h30, 15h30, 16h30 et 17h30 lun-ven, 10h, 11h et 12h sam), à la lisière nord de la ville, est un établissement chic et plaisant qui produit certains des meilleurs vins de la région. La dégustation est toutefois plutôt congrue.

À 3 km au sud de la ville, la **Bodega Etchart** (☎421310 ; www.bodegasetchart.com ; RN 40 ; ⏲visites toutes les heures 9h15-16h15 lun-ven, 9h15-12h15 sam) propose, à titre gracieux et avec entrain, une visite avec dégustation. Elle fabrique chaque année quelque 6 millions de bouteilles de *torrontés*, de cabernet et de malbec de qualité.

À 5 km à l'ouest de Cafayate sur la route du Río Colorado (suivez les panneaux marqués "Mounier"), l'accueillante petite **Bodega de las Nubes** (☎422129 ; www.bodegamounier.com ; ⏲9h30-17h30 lun-ven, 9h-14h sam, 9h30-13h dim), adepte de l'agriculture biologique, jouit d'une situation fabuleuse au pied des collines aux contours déchiquetés. Le bref circuit incluant une dégustation (15 ARS) est gratuit pour qui achète du vin. L'établissement sert aussi de savoureuses *picadas*. Téléphonez si vous souhaitez manger ou pour savoir s'il est ouvert.

Museo Arqueológico MUSÉE
(angle Colón et Calchaquí ; entrée sur contribution ; ⏲11h30-21h lun-ven, 11h30-15h sam).

La collection de ce musée privé, legs de l'archéologue Rodolfo Bravo, mérite la visite. Provenant essentiellement de sites funéraires dans un rayon de 30 km autour de Cafayate, celle-ci comprend un superbe ensemble de céramiques allant des pièces noir et gris des cultures Candelaria et Aguada aux poteries diaguita et incas tardives, le tout bien présenté dans deux salles. Il y a peu d'explications, mais les objets parlent d'eux-mêmes.

Río Colorado MARCHE, BAIGNADE

Une marche de 6 km au sud-ouest de la ville conduit au Río Colorado. Remontez la rivière pendant environ 1 heure 30 pour atteindre une **cascade** de 10 m de dénivelé, où il est possible de se baigner. Il y a une deuxième cascade plus haut. Ouvrez l'œil pour repérer les **peintures rupestres** cachées en chemin (pour environ 10 ARS, des enfants du coin vous guideront). Si vous souhaitez venir à vélo au départ du sentier, vous pourrez le confier à la maison voisine pour quelques pesos. On peut combiner cette marche avec la visite de la Bodega de las Nubes. Attention, quand la rivière est en crue suite aux pluies de janvier et février, le parcours qui mène à la cascade devient pénible et dangereux. Des torrents peuvent se mettre soudainement à descendre des montagnes à n'importe quel moment de l'année, aussi, gardez toujours un œil vers l'amont du cours d'eau quand vous vous baignez.

Circuits organisés

Le circuit habituel en minibus de la Quebrada part dans l'après-midi, à l'heure où les couleurs sont les plus vives (environ 70 ARS). Les randonnées de 3 à 4 heures dans la Quebrada et au Río Colorado sont également fort appréciées. Les excursions d'une journée à Cachi (250 ARS) se révèlent fatigantes, et la visite de Quilmes (100 ARS) peut revenir moins cher en taxi, à condition d'être au moins deux. Les randonnées à cheval durent entre 2-3 heures (150 ARS) et toute une journée (300 ARS). Nombre d'établissements autour de la place louent des vélos (environ 60 ARS la journée complète). **Rentamotos** (☎0387-15-466-5522 ; rentamotosvcalchaquies@hotmail.com.ar ; angle Belgrano et Güemes) loue des motos pour 180 ARS/jour.

Les principaux tour-opérateurs ont un bureau sur la place. Leurs prestations n'ayant guère ébloui nos lecteurs, renseignez-vous auprès d'autres voyageurs avant de recourir à leurs services. Quoi qu'il en soit, le paysage de la Quebrada parle de lui-même.

Fêtes et festivals

La Serenata de Cafayate, fin février, est un festival folklorique de trois jours qui mérite le coup d'œil. Le 4 octobre, les rues s'animent pour la **Fiesta de la Virgen del Rosario**, fête de la ville.

Où se loger

Cafayate compte moult lieux d'hébergement. Les hôtels de charme poussent comme des champignons et des *hospedajes* sans prétention bordent chaque rue.

♥ **Killa** HÔTEL DE CHARME $$

(☎422254 ; www.killacafayate.com.ar ; Colón 47 ; s/d/ste 403/475/540 ARS ; ❄@📶🏊). Un hôtel chic, confortable et bien tenu. Chaleureux, le cadre de style colonial fait la part belle au bois, à la pierre et à l'artisanat de la région. Les chambres splendides (pas de TV à l'horizon) disposent de belles sdb. Quant aux suites à l'étage, elles profitent d'une terrasse privative et d'une vue somptueuse qui justifient le supplément. Agréable piscine et accueil irréprochable.

Villa Vicuña HÔTEL DE CHARME $$

(☎422145 ; www.villavicuna.com.ar ; Belgrano 76 ; s/d 360/490 ARS ; ❄@📶). Installé autour de 2 patios, ce havre de paix et d'intimité loue de belles chambres impeccables garnies de grands lits et de copies de meubles anciens. Service et petit-déjeuner de qualité. La sculpture murale dans la cour interpelle. Le paiement en espèces donne droit à des réductions.

Patios de Cafayate HÔTEL $$$

(☎422229 ; www.patiosdecafayate.com ; RN 40 ; ch 490-530 $US ; ❄@📶🏊). Bien qu'étant à courte distance à pied au nord de la ville, cet endroit isolé fait un séduisant havre de paix. Avec pour cadre une belle estancia centenaire, c'est un établissement chic et stylé, au personnel serviable et professionnel. Les chambres affichent une décoration de style colonial classique, avec de majestueux meubles en bois sombre et des *artesanías locales*. Elles donnent soit sur les vignobles alentour, soit sur le jardin doté d'une superbe piscine. Il y a aussi un spa. Entrée par la propriété viticole El Esteco.

Hostal del Valle PENSION $

(☎421039 ; www.welcomeargentina.com/hostaldelvalle ; San Martín 243 ; s/d 165/220 ARS ; ❄📶). Une adresse séduisante, avec une profusion de plantes en pots et de jolies chambres pourvues de grands lits et de bonnes sdb. À noter aussi quelques chambres plus petites et plus sombres, qui restent malgré tout avantageuses. Petit-déjeuner servi dans le jardin d'hiver, sur le toit, qui bénéficie d'une vue imprenable. Excellent rapport qualité/prix.

Portal del Santo HÔTEL **$$**
(☎422400 ; www.portaldelsanto.com.ar ; Chavarría 250 ; s/d 310/396 ARS ; 📶❄🏊). La belle architecture à arcades de couleur blanche de cet établissement accueillant évoque un palais de l'époque coloniale. Les chambres du bas ouvrent sur la véranda en façade, ainsi que sur l'attrayant jardin à l'arrière et la piscine. Celles du haut (double/suite 462/700 ARS), plus spacieuses, ont vue sur les montagnes. Les suites peuvent loger 4 personnes.

Hotel Munay HÔTEL **$$**
(☎0388-15-585-4718 ; www.munayhotel.com.ar ; Chavarría 64 ; s/d 240/280 ARS ; ❄📶🏊). L'élégante simplicité et les lignes épurées de cet hôtel semblent refléter les montagnes environnantes. Les chambres, sans ornements mais attrayantes et impeccables, sont dotées de bonnes sdb. Avec son excellent rapport qualité/prix et son service diligent et aimable, c'est une adresse fiable.

Rusty-K Hostal AUBERGE DE JEUNESSE **$**
(☎422031 ; www.rustykhostal.com.ar ; Rivadavia 281 ; dort 50 ARS, d avec/sans sdb 190/160 ARS ; @📶). Seul le bruit des balles de ping-pong vient interrompre par moments la paix du jardin intérieur paré de vignes. Les jolies chambres doubles et le bon état d'esprit général font de l'endroit un bijou dans cette gamme de prix. Réservez bien à l'avance.

El Portal de las Viñas PENSION **$$**
(☎421098 ; www.portalvinias.com.ar ; Nuestra Señora del Rosario 155 ; d/qua 250/400 ARS ; ❄📶). Tout à côté de la place, cette adresse confortable sans être haut de gamme a

Cafayate

énormément de cachet. L'accueil courtois et authentiquement chaleureux de l'intéressant propriétaire, ainsi que la tranquillité de l'ensemble, constituent de sérieux atouts. Les chambres, avec sols en tomettes et sdb spacieuses, entourent une cour à l'ombre de la vigne.

Hotel Tinkunaku HÔTEL $$
(☎421148 ; Diego de Almagro 12 ; s/d 150/260 ARS ; ❄📶🏊). On en a vraiment pour son argent dans cet hôtel à l'accueil chaleureux, doté de chambres modernes de bonnes dimensions, et bénéficiant d'un emplacement central mais calme. Ambiance décontractée, piscine pour l'été à l'arrière.

Hostel Ruta 40 AUBERGE DE JEUNESSE $
(☎421689 ; www.hostel-ruta40.com ; Av General Güemes 178 ; dort/d 45/180 ARS ; @📶).

Cafayate

Les incontournables

	Museo de la Vid y El Vino	C4

À voir

1	Bodega Nanni	C3
2	El Porvenir	C1
3	Museo Arqueológico	B3
4	Salvador Figueroa	D3

Où se loger

5	Cabañas Luna y Sol	A3
6	El Portal de las Viñas	B3
7	Hostal del Valle	A2
8	Hostal Ñusta	A2
9	Hostel El Balcón	B2
10	Hostel Ruta 40	C4
	Hotel Emperador	(voir 19)
11	Hotel Munay	C3
12	Hotel Tinkunaku	C2
13	Killa	C4
14	Portal del Santo	C4
15	Rusty-K Hostal	A2
16	Villa Vicuña	C3

Où se restaurer

17	Casa de las Empanadas	B2
18	El Rancho	C3
19	El Terruño	C3
20	Heladería Miranda	C2

Où prendre un verre

21	Chato's Wine Bar	B3

Achats

22	Jorge Barraco	B4
23	Mercado Artesanal	C3

L'emplacement central, les équipements valables et l'atmosphère agréable compensent ici le côté un peu sombre et confiné des dortoirs. Chambres avec sdb correctes, petit-déjeuner inclus et cuisine. Réductions pour les membres HI.

Cabañas Luna y Sol APPARTEMENTS $$
(☎421852 ; www.lunaysol.fr ; 9 de Julio 31 ; s/d/qua 265/350/590 ARS ; 📶🏊👨‍👩‍👧). Bonne trouvaille pour les familles et les couples, ces ravissants appartements comportent une kitchenette et une salle de séjour. Les plus grands sont en duplex, avec deux parties couchage. Autre point fort : la petite piscine.

Hostal Ñusta PENSION $$
(☎421852 ; www.lunaysol.fr ; Catamarca 15 ; d 240-300 ARS ; ❄@📶). Petite pension gérée dans un esprit généreux. Les chambres supérieures ont la clim et une TV à écran plat.

Hotel Emperador HÔTEL $
(☎421268 ; Av Güemes 46 ; s/d 150/200 ARS ; ❄📶). Les chambres ne sont pas tout à fait à la hauteur de la belle réception, mais l'hôtel n'en demeure pas moins un sympathique établissement au rapport qualité/prix correct, et fort d'une superbe situation, sur la place.

Hostel El Balcón AUBERGE DE JEUNESSE $
(☎421739 ; www.elbalconhostel.com.ar ; 20 de Febrero 110 ; dort 50-70 ARS, d 220 ARS ; @📶). Les voyageurs l'aiment ou la détestent. Nous avons apprécié le bar sur le toit de cette auberge, mais les dortoirs spacieux pâtissent du bruit le week-end et le mercantilisme ambiant se traduit par l'insistance du personnel pour vendre les circuits organisés.

Camping Lorohuasi CAMPING $
(☎422292 ; empl 10 ARS/pers ; 🏊). À 10 minutes de marche du centre, le long de l'avenue General Güemes, le camping municipal peut devenir poussiéreux quand le vent se lève. Installations convenables et petite épicerie.

Où se restaurer

De nombreux établissements similaires sont rassemblés autour de la place. Ils servent des spécialités locales convenables et accueillent des concerts de musique folklorique le week-end.

Casa de las Empanadas ARGENTIN $
(Mitre 24 ; la douzaine d'empanadas 30 ARS). Établissement sans prétention, placardé

des louanges de clients satisfaits. Au menu : grand choix d'*empanadas*, toutes délicieuses. Pour compléter le repas, il y a aussi des *humitas*, du *locro* et des *tamales*. Vin local servi dans des pichets en céramique.

El Terruño ARGENTIN $$
(☎422460 ; www.terrunogourmet.com ; Av General Güemes 30 ; plats 37-60 ARS ; 📶). Tables donnant sur la place, service courtois et deux cartes distinctes, dont une moins traditionnelle avec des plats comme la salade d'avocat au saumon, ainsi que de délicieuses recettes, dont beaucoup à base de poisson. Un saxophoniste installé dans l'embrasure de la porte joue pour le plaisir des clients attablés en salle ou en terrasse.

El Rancho ARGENTIN $
(www.elranchocafayate.com.ar ; V Toscano 4 ; plats 25-48 ARS). Un cran au-dessus des adresses ordinaires qui bordent la place. Courte et sans prétention, la carte comprend des spécialités locales, notamment du *locro*, ainsi que de bons plats de poulet.

Heladería Miranda GLACES $
(Av General Güemes ; cornets 7-16 ARS ; ⌚10h-22h). En Argentine, il n'est pas rare d'hésiter entre un cabernet, rouge corsé, et un *torrontés*, blanc sec. Le même dilemme se pose ici, car ce sont les glaces au vin de ce glacier qui font la joie et la fierté de Cafayate.

Où prendre un verre

Chato's Wine Bar BAR À VINS
(Nuestra Señora del Rosario 132 ; ⌚19h-minuit). Le seul véritable bar à vins de Cafayate, dont le patron cordial parle anglais, est décoré dans un style alliant chaleur et élégance. La carte comporte quelque 200 crus vendus au verre. L'idéal pour une dégustation ou pour faire la causette autour d'un verre dans un cadre sympathique.

Achats

Les boutiques d'*artesanías* abondent sur et autour de la place centrale. La coopérative du **Mercado Artesanal** (Av General Güemes ; ⌚9h-22h) vend un choix d'objets artisanaux de qualité à des prix plus que corrects. Pour de beaux articles en argent, rendez-vous à l'atelier de **Jorge Barraco** (Colón 157).

Renseignements

Il y a des banques avec DAB sur la place, ainsi que des centres d'appels téléphoniques et des cybercafés.

Kiosque d'information touristique
(☎422442 ; Plaza San Martín ; ⌚8h-20h). Dans l'angle nord-est de la place.

Depuis/vers Cafayate

Flechabus (Mitre s/n) assure 5 à 6 liaisons quotidiennes avec Salta (60 ARS, 4 heures), ainsi qu'une ou deux par jour à destination d'Angastaco (22 ARS, 2 heures) via San Carlos. À l'heure où vous lirez ces lignes, il y aura peut-être également une liaison vers Cachi. **Aconquija** (angle Av General Güemes et Alvarado) dessert Tucumán (90 ARS à 103 ARS, 5-6 heures 30) via Amaicha del Valle et Tafí del Valle (52 ARS à 64 ARS, 2 heures 30 à 4 heures) entre 2 et 4 fois/jour. Certains bus passent par Santa María (30 ARS, 2 heures). **El Indio** (Belgrano s/n) dessert Salta une fois par jour, et assure aussi des trajets à destination de Santa María.

Comment circuler

Les taxis qui stationnent sur la place en face de la cathédrale peuvent se révéler utiles pour rejoindre les *bodegas* hors de la ville et d'autres destinations. Si vous n'en trouvez pas, composez le ☎422128. À destination de Quilmes, il en coûte environ 200 ARS, temps d'attente compris. Pour San Carlos, comptez 40 ARS l'aller, et 120 ARS pour Angastaco.

Quebrada de Cafayate

Au nord de Cafayate, la route de Salta traverse les paysages arides et spectaculaires de la Quebrada de Cafayate, zone sauvage composée de grès aux couleurs chaudes et de formations rocheuses surréalistes. Sculptées par le Río de las Conchas, les strates sédimentaires tortueuses du canyon dévoilent une fascinante polychromie, allant du riche ocre rouge au vert vaporeux. Si la vue depuis la route est un régal pour les yeux – c'est l'un des trajets les plus mémorables du pays – vous ne regretterez pas de prendre le temps d'explorer un peu le canyon. La fin d'après-midi est le meilleur moment pour le découvrir, quand les rayons bas du soleil font ressortir les couleurs les plus vives.

Juste au nord de Cafayate, **Los Médanos** est un vaste champ de dunes qui borde le canyon, où une succession de formations distinctives sont nommées et indiquées depuis la route. Certaines, comme El Sapo ("le Crapaud") sont assez décevantes, mais près du Km 47, la Garganta del Diablo ("gorge du Diable") et el Anfiteatro ("l'Amphithéâtre") sont très impressionnantes. Des couloirs creusés dans la roche permettent de pénétrer et d'admirer la pierre déformée par les mouvements tectoniques, leur donnant des apparences extraordinaires.

Ces sites étant très visités, vous risquez d'être suivi par des habitants du coin qui espèrent vous guider moyennant quelques pesos. Quelques vendeurs d'objets artisanaux et musiciens hantent les environs, mais il n'y a aucun endroit pour acheter de la nourriture ou de l'eau.

Depuis/vers la Quebrada de Cafayate

Il existe plusieurs manières d'explorer, ou au moins de voir le canyon. Les circuits organisés depuis Salta sont brefs et très encadrés : mieux vaut en choisir un au départ de Cafayate, plus proche, où l'on trouve aussi facilement des vélos à louer. On a le droit d'embarquer les vélos à bord des bus qui font le trajet Cafayate-Salta, qui vous prendront ou vous déposeront où vous voulez dans le secteur de la Quebrada.

Combiner bus, marche et stop est une autre solution. Renseignez-vous sur les horaires entre Salta et Cafayate, pour éviter les mauvaises surprises. Prenez de la nourriture et beaucoup d'eau car il fait chaud et sec. Vous pouvez commencer votre exploration par la Garganta del Diablo. De là, plusieurs autres sites intéressants sont aisément accessibles à pied.

TUCUMÁN ET LES ENVIRONS

Bien qu'elle soit la deuxième plus petite province d'Argentine, Tucumán a joué un rôle crucial dans l'histoire du pays. C'est là que fut déclarée l'indépendance. Plus prosaïquement, l'industrie sucrière est ici d'une importance capitale sur le plan économique.

Ville pleine d'énergie et où il fait très chaud, Tucumán contraste avec Tafí del Valle, dans les hauteurs, à l'ouest, qui se distingue par la pureté de son air. Plus loin, sur la route de Cafayate, s'étend Quilmes, le site précolombien le plus important du pays. Au sud de Tucumán, Santiago del Estero est une province reculée, bercée d'une atmosphère paisible.

Tucumán

☎0381 / 738 479 HABITANTS / ALTITUDE 420 M

Écrasée de chaleur, l'effervescente Tucumán (dont le nom complet est San Miguel de Tucumán), berceau de l'indépendance argentine, est la cinquième ville du pays. Son ambiance de vibrante métropole surprend après la visite des capitales provinciales plus paisibles du Nord-Ouest. Or même si votre première impression n'est pas idéale, ne vous laissez pas décourager : Tucumán gagne à être connue pour peu qu'on lui consacre un peu de temps. L'animation vaut aussi de nuit, grâce à ses cafés, lorsque la ville est débarrassée, quelques heures durant, de la chaleur et de la pollution de la journée.

Ambiance ouvrière et caractère pragmatique se conjuguent avec une scène culturelle florissante. Ses cafés-bars, ses librairies, ses expositions artistiques et ses *peñas* traditionnelles placent Tucumán à l'avant-scène par rapport à ses voisines plus tranquilles. Les *Tucumanos* se montrent toutefois moins raffinés dans l'art de la séduction, et les femmes peuvent donc s'attendre à davantage de *piropos* (avances) que d'habitude.

Histoire

Fondée en 1565, Tucumán ne commença à vraiment se distinguer du reste de la région qu'en accueillant, en 1816, le congrès où fut proclamée l'indépendance du pays. Contrairement à d'autres cités coloniales du Noroeste, Tucumán a réorienté avec succès son économie après l'indépendance. La production de canne à sucre, à la limite de la zone de gelées, était assez proche de Buenos Aires pour que l'on puisse tirer parti du marché en pleine croissance de la capitale fédérale. En 1874, le chemin de fer atteignit la ville, facilitant le transport du sucre, tandis que des investissements locaux et britanniques contribuèrent à la croissance de cette industrie. Durement affectée par les crises économiques du passé, la ville peut de nos jours envisager un avenir des plus optimistes grâce à la culture de la canne à sucre destinée à la fabrication d'agrocarburants.

À voir

Casa de la Independencia (Casa Histórica) MUSÉE

(Congreso 151 ; adulte/enfant 10 ARS/gratuit ; ⏲10h-18h). Le 9 juillet 1816, les ecclésiastiques et les juristes unitaires (les fédéralistes boycottèrent la réunion) déclarèrent l'indépendance de l'Argentine dans cette maison blanche de la fin de l'époque coloniale. Des portraits des signataires ornent les murs de la salle où la déclaration a été paraphée. Il s'agit de la seule pièce d'origine, le reste

Tucumán

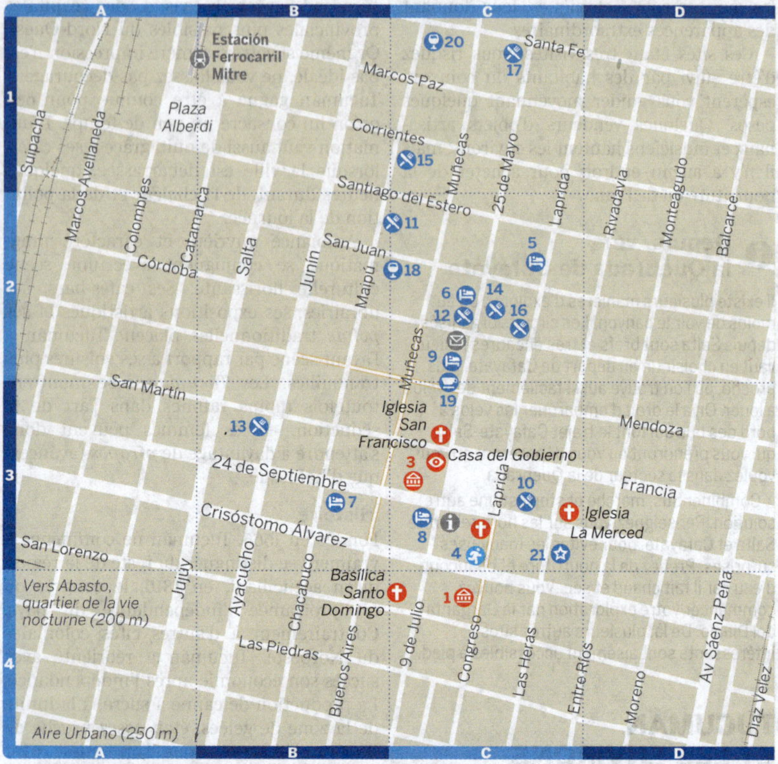

de l'édifice ayant été reconstruit. Vous trouverez de nombreux renseignements en espagnol sur les événements qui ont conduit à ces bouleversements historiques, mais il est aussi possible d'assister à une visite guidée gratuite en anglais.

Un son et lumière a lieu tous les soirs à 20h30, sauf le jeudi (10/5 ARS par adulte/enfant).

À côté du bâtiment, des espaces ouverts accueillent divers stands d'*artesanías* et de spécialités culinaires traditionnelles.

GRATUIT **Museo Folclórico Manuel Belgrano** MUSÉE
(Av 24 de Septiembre 565 ; 9h-13h et 15h-20h mar-dim). Aménagé dans une demeure coloniale, ce plaisant musée présente une belle collection d'équipements traditionnels de gaucho, d'instruments de musique (remarquez les *charangos* en carapace de tatou) et de tissages et poteries indiens.

GRATUIT **Casa del Obispo Colombres** MUSÉE
(8h-13h et 14h-18h30 lun-ven, 8h-18h sam-dim). Au centre du Parque 9 de Julio (ancienne plantation El Bajo de l'évêque Colombres), cette maison du XVIIIe siècle abrite un musée dédié à l'industrie sucrière lancée par l'ecclésiastique, importante figure du mouvement de l'indépendance. Panneaux explicatifs traduits en anglais.

Circuits organisés

D'innombrables tour-opérateurs proposent désormais des circuits allant de la conventionnelle promenade en ville aux excursions en canoë, en passant par des randonnées exigeantes et du parapente (la ville a d'ailleurs accueilli la Coupe du monde de ce sport). La plupart des agences de parapente sont à San Javier, dans les collines au nord-ouest. L'office du tourisme vous en fournira la liste complète.

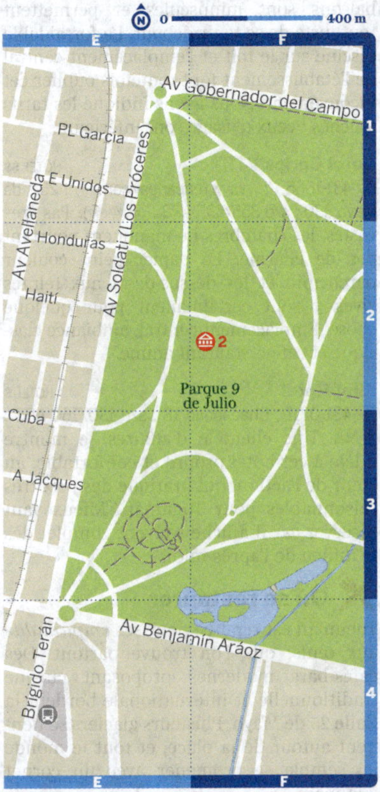

Tucumán

À voir

1 Casa de la Independencia (Casa Histórica) C4
2 Casa del Obispo Colombres F2
3 Museo Folclórico Manuel Belgrano C3

Activités, cours et circuits organisés

4 Turismo del Tucumán C3

Où se loger

5 Backpacker's Tucumán C2
6 Hotel Carlos V C2
7 King Hotel B3
8 Swiss Hotel Metropol C3
9 Tucumán Center C2

Où se restaurer

10 El Portal C3
11 Fon Restaurante C2
12 Il Postino C2
13 Il Postino 2 .... B3
14 La Leñita C2
15 La Sirio-Libanesa C1
16 Mí Nueva Estancia C2
17 Setimio C1

Où prendre un verre

18 Costumbres Argentinas C2
19 Filipo C3
20 Plaza de Almas C1

Où sortir

21 Peña El Cardón C3

La randonnée de 4 jours de Tucumán à Tafí del Valle, superbe et accessible, vaut particulièrement le coup.

Quelques agences :

Montañas Tucumanas ACTIVITÉS DE PLEIN AIR
(☎0381-15-467-1860 ; www.montanastucumanas.com). Agence sympathique et professionnelle proposant randonnée, escalade, canyoning, descente en rappel, etc. dans des sites proches de Tucumán ou plus éloignés.

Tucumán Parapente PARAPENTE
(☎0381-15-444-7508 ; www.tucumanparapente.com.ar). Leçons de parapente et magnifiques survols en tandem des forêts des Yungas.

Turismo del Tucumán CIRCUITS ORGANISÉS
(☎422-7636 ; www.turismodeltucuman.com ; Crisóstomo Álvarez 435). Excursions guidées dans des sites intéressants de la province, notamment à Tafí del Valle et à Quilmes.

Walter 'Paco' Castro PARAPENTE
(pacoflight@hotmail.com). Des lecteurs recommandent les vols en tandem (250 ARS/pers) de ce moniteur de deltaplane.

Fêtes et festivals

Les célébrations du **Día de la Independencia**, le 9 juillet, sont particulièrement animées à Tucumán, berceau de l'indépendance du pays. Les *Tucumanos* fêtent aussi la **Batalla de Tucumán** le 24 septembre.

Où se loger

La plupart des hôtels de Tucumán affichent des tarifs exagérés. On peut cependant négocier des remises substantielles, surtout quand on règle en espèces.

Tucumán Center HÔTEL $$$
(☎452-5555 ; www.tucumancenterhotel.com.ar ; 25 de Mayo 230 ; s/d 550/630 ARS ;).

Difficile de prendre en faute cet hôtel haut de gamme, installé en plein centre. Les prestations et les infrastructures, dont une petite salle de sport et une piscine en plein air, sont de premier ordre et les immenses lits tout confort. Énormes suites avec bain bouillonnant. Promotions sur le site Internet et importantes réductions en été.

Aire Urbano HÔTEL DE CHARME **$$$**
(☎424-2397 ; www.aireurbano.com ; Ayacucho 681 ; d/supérieures d 550/615 ARS ; ❄@📶🏊). À quelques pâtés de maisons au sud du centre, en face d'une place, cette petite oasis est une vraie trouvaille. On a ici l'impression de loger chez un ami – dont la demeure serait pourvue d'une piscine, d'un sauna et d'un Jacuzzi dans le patio verdoyant, ainsi que d'un coin *lounge* décoré avec beaucoup de goût. Les chambres sont superbes. Les supérieures, plus grandes, ont leur propre Jacuzzi.

Casa Calchaquí PENSION **$**
(☎425-6974 ; www.casacalchaqui.com ; Lola Mora 92, Yerba Buena ; s/d/qua 160/220/310 ARS ; ❄📶🏊👪). À 6 km à l'ouest du centre, dans le quartier huppé de Yerba Buena, voici une accueillante oasis. Des chambres d'une confortable rusticité entourent un jardin émaillé de hamacs, avec bar et petite piscine invitant à la détente. Côté bons restaurants et vie nocturne, Yerba Buena n'est pas en reste. Pour venir, prenez un taxi (30 ARS ; spécifiez bien que vous allez à Yerba Buena) ou les bus nos 102 ou 118 en face de la gare routière. La rue est proche de l'Avenida Aconquija, à l'endroit où les numéros atteignent 1100. Également : location de vélos.

Backpacker's Tucumán AUBERGE DE JEUNESSE **$**
(☎430-2716 ; www.backpackerstucuman.com ; Laprida 456 ; dort 55 ARS, s avec/sans sdb 122/110 ARS, d avec/sans sdb 174/164 ARS ; @📶). Auberge de jeunesse fiable et accueillante, à courte distance à pied des restaurants animés de 25 de Mayo, qui allie charme décontracté et équipements nombreux. Dortoirs spacieux et hauts de plafond, avec ventilateur. Le bruit résonne un peu à travers le bâtiment. Réductions pour les membres HI.

Swiss Hotel Metropol HÔTEL **$$$**
(☎431-1180 ; www.swisshotelmetropol.com.ar ; 24 de Septiembre 524 ; s/d 480/610 ARS ; ❄@📶🏊). Cet hôtel dispose de chambres modernes et de sdb spacieuses, mais les balcons sont minuscules et permettent tout juste de se tenir debout. La formidable piscine sur le toit et l'emplacement central de l'établissement font toutefois oublier cet inconvénient. Nous avons indiqué les tarifs affichés : ceux d'usage sont inférieurs.

Hotel Carlos V HÔTEL **$$**
(☎431-1666 ; www.redcarlosv.com ; 25 de Mayo 330 ; s/d 355/435 ARS ; ❄@📶). Pas très vastes, les chambres ne manquent pourtant pas de charme. Le papier peint couleur parchemin et les dessus-de-lit aux teintes vives y sont certainement pour quelque chose. Emplacement central, ambiance classique et café-restaurant animé.

King Hotel HÔTEL **$**
(☎431-0211 ; Chacabuco 18 ; s/d 130/160 ARS ; ❄📶). Une clientèle d'affaires se montre fidèle à cet hôtel propre et confortable, au cœur de l'action, qui pratique des prix très raisonnables pour Tucumán. Mieux vaut réserver car il affiche souvent complet dès le milieu de l'après-midi.

Où se restaurer

Tucumán est réputée pour ses *empanadas* aux œufs, que l'on trouve partout. Des cafés-bars modernes proposant cuisine traditionnelle et internationale bordent la Calle 25 de Mayo. Plusieurs glaciers se tiennent autour de la place, et tout le monde ici semble se promener avec un cornet à la main.

Mi Nueva Estancia PARRILLA **$**
(☎430-7049 ; Córdoba 401 ; plats 30-50 ARS). Délicieux ! Voilà qui rend justice aux morceaux de viande que l'on savoure dans ce restaurant de grillades populaire, quoique le bar à salades et les autres plats du menu méritent aussi d'élogieux commentaires. Le rapport qualité/prix est excellent, tant sur le plan de la qualité que de la quantité, et le service est sympathique et efficace.

La Leñita PARRILLA **$$**
(☎422-9196 ; 25 de Mayo 377 ; plats 45-65 ARS). L'une des meilleures *parrillas* des environs, qui ne brille pas par sa déco de type bar sportif, mais mise tout sur le service et la qualité de la viande. Goûtez à la *picana* (rumsteck) ou aux délicieuses *mollejitas* (ris de veau). Un conseil : choisissez judicieusement votre place afin d'éviter le souffle glacé de la climatisation. Le personnel entonne des airs de musique folklorique dès le milieu de la soirée.

El Portal ARGENTIN $
(☎422-6024 ; Av 24 de Septiembre 351 ; plats 4-42 ARS ; ⊙10h-23h). À l'est de la Plaza Independencia, une adresse rustique avec des tables à l'intérieur et dehors. Sa courte carte bien pensée met l'accent sur les *empanadas*, le *locro* et autres plats du genre. Authentique et délicieux.

Setimio ARGENTIN $$
(☎431-2792 ; Santa Fe 512 ; plats 35-65 ARS ; ⊙19h30-1h30 lun-sam). Des centaines de bouteilles tapissent les murs de ce caviste doublé d'un restaurant chic. La brève carte compte deux salades raffinées, du poulet sauté, du saumon en croûte et autres mets appétissants. Plusieurs crus sont proposés au verre et il suffit autrement de choisir n'importe laquelle des centaines de bouteilles des étagères moyennant un droit de bouchon modique.

La Sirio-Libanesa MOYEN-ORIENTAL $
(Maipú 575 ; menus 25-46 ARS ; ⊙déj tlj, dîner lun-sam ; ✎). Le restaurant de l'amicale syro-libanaise mitonne une cuisine orientale qui change agréablement de l'ordinaire local, avec entre autres caviar d'aubergines, savoureux *kipe naye* (tartare de viande marinée) et taboulé. Possibilité de manger à la carte ou de choisir entre différents menus.

Il Postino PIZZA, PÂTES $$
(angle 25 de Mayo et Córdoba ; pizza et pâtes 28-50 ARS ; ⊙7h-2h ; ✎). Des pizzas et des pâtes servies avec panache dans un entrepôt en brique plein de cachet. Vu le succès du lieu, il faut souvent attendre qu'une table se libère, mais cela vaut la peine, car la qualité (des pizzas surtout) s'avère excellente. On peut également commander des petites portions de type tapas. Autre enseigne à proximité (Junín 86).

Fon Restaurante VÉGÉTARIEN $
(Maipú 435 ; buffet 30 ARS ; ⊙déj lun-sam ; ✎). Le buffet de midi de ce restaurant végétarien se compose essentiellement de plats chinois, plus des favoris locaux classiques comme l'*ensalada rusa* (salade russe) et les *empanadas*. Cuisine correcte.

Où prendre un verre et sortir

Du jeudi au samedi soir, l'animation est concentrée surtout dans les environs d'Abasto, dans Calle Lillo. Depuis le centre-ville, suivez San Lorenzo en direction de l'ouest pour atteindre le cœur du quartier. Des dizaines de bars et de discothèques y sont regroupés. D'autres *boliches* appréciées se trouvent à Yerba Buena, à 6 km à l'ouest du centre-ville.

Filipo CAFÉ
(Mendoza 501 ; licuados 16 ARS ; ⊙7h-1h). Verres étincelants sur la crédence, tables en terrasse et serveurs en nœud papillon pour cet excellent café qui concocte un délicieux expresso, de divins *licuados* (cocktails de fruits mixés) à la pomme, et sert la bière avec la déférence que l'on réserve d'usage au champagne.

Plaza de Almas CAFÉ, BAR
(www.plazadealmas.com ; Maipú 791 ; plats 20-40 ARS ; ⊙20h-tard). Établissement sur plusieurs étages, intime et attrayant, prisé des jeunes *Tucumanos* bohèmes. C'est l'une des meilleures adresses combinant café, bar, restaurant et centre culturel. Carte succincte mais intéressante affichant, entre autres, divers kebabs et salades.

Peña El Cardón MUSIQUE TRADITIONNELLE
(☎497-8235 ; Las Heras 50). Une *peña* historique et traditionnelle qui donne un

EXCURSIONS D'UNE JOURNÉE DEPUIS TUCUMÁN

La région vallonnée et fertile qui s'étend au nord-ouest de Tucumán, connue sous le nom de **Las Yungas**, offre la possibilité d'effectuer quantité d'agréables excursions d'une journée, loin de la chaleur de la ville. Les offices du tourisme sont de bonnes sources d'information sur les destinations, parmi lesquelles figurent le lac artificiel d'**El Cadillal** (Dique Celestino Gelsi), où l'on peut camper, se baigner et faire de la planche à voile, ou le **Parque Sierra de San Javier**, réserve gérée par une université où sont proposés des circuits pédestres guidés, menant notamment à la petite mais ravissante cascade du Río Noque. San Pedro (guichet n°69) assure des liaisons régulières depuis la gare routière de Tucumán à destination d'El Cadillal (5,20 ARS ; 1 heure), tandis que San Javier (pas de guichet, bus au départ des quais 57 et 58) dessert San Javier (où l'on trouve quelques hôtels) et la réserve.

Les tour-opérateurs de Tucumán y organisent également des circuits. À savoir : c'est le coin de la région où se pratique le parapente.

aperçu de ces établissements avant l'essor du tourisme. Manifestations culturelles régulières, ravissant patio et succulentes *empanadas*. Les concerts de musique folklorique des vendredis et samedis débutent à 22h et se prolongent très tard dans une ambiance bruyante.

Costumbres Argentinas BAR
(San Juan 666 ; ⏲21h30-4h mer-dim). Bar hors normes, accueillant et apprécié, à l'ambiance bohème. Concerts certains soirs. Grand espace en plein air, sur deux niveaux, à l'arrière. Cuisine simple.

Renseignements

Cybercafés et centres téléphoniques abondent à Tucumán. De nombreuses banques du centre-ville possèdent un DAB.

El Ateneo (25 de Mayo 182). Une excellente librairie doublée d'un café, qui vend aussi des cartes et un petit choix de romans de gare en anglais.

Hospital Padilla (☎429-0969 ; Alberdi 550)

Office du tourisme (☎430-3644 ; www.tucuman turismo.gob.ar ; 24 de Septiembre 484 ; ⏲8h-22h lun-ven, 9h-21h sam-dim). Sur la place ; utile et bien documenté. Un autre bureau se trouve dans le centre commercial de la gare routière, et pratique les mêmes heures d'ouverture.

BUS AU DÉPART DE TUCUMÁN

DESTINATION	PRIX (ARS)	DURÉE (HEURES)
Buenos Aires	438	16
Cafayate	72	6 heures 30
Catamarca	80	4
Córdoba	185	7-9
Jujuy	113	5
La Quiaca	207	11
La Rioja	129	6
Mendoza	333	13
Posadas	408	17
Resistencia	247	11
Salta	101	4 heures 30
Salvador Mazza	204	10
San Juan	304	12
Santiago del Estero	43	2
Tafí del Valle	30	2h30-3h

Depuis/vers Tucumán

Avion

Aerolíneas Argentinas (☎431-1030 ; 9 de Julio 110) assure plusieurs vols par jour pour Buenos Aires. **LAN** (☎422-0606 ; Laprida 176) s'y rend une à deux fois par jour, et **Sol** (www.sol.com.ar) relie Tucumán à Rosario et à Córdoba plusieurs fois par semaine. **Aerosur** (☎452-2300 ; Rivadavia 137) assure 3 vols hebdomadaires à destination de Santa Cruz en Bolivie.

Bus

La **gare routière** (Brígido Terán 350) est un ouvrage majeur, avec 60 quais et quantité de boutiques et de services. Le **guichet d'informations** (☎430-6400) se trouve à l'extérieur, près du supermarché.

Train

Les trains d'Argentine ne sont certes plus ce qu'ils étaient, mais Tucumán, dont la superbe **Estación Mitre** (☎430-9220 ; www.ferrocentralsa.com.ar) se tient au nord-ouest de la ville, est toujours reliée à Buenos Aires (via Santiago del Estero et Rosario) deux fois par semaine. Les services ont souvent des heures de retard, mais c'est une expérience à l'ancienne qui pourra plaire aux voyageurs peu pressés ou au budget serré.

Lors de notre passage, les trains partaient de la gare de Retiro à Buenos Aires à 9h55 les lundis et vendredis pour le long périple de 25 heures. Au départ de Tucumán, les trains partaient à 17h le mercredi et à 19h40 le samedi.

Le trajet coûte 45/70/130 ARS en *turista* (2e classe)/1re classe/Pullman (sièges inclinables), ou 400 ARS pour deux en couchette.

Comment circuler

L'**Aeropuerto Benjamín Matienzo** est à 8 km à l'est du centre-ville. Un bus s'y rend de temps à autre depuis la gare routière. La course en *remis* depuis le centre-ville coûte dans les 45 ARS.

S'agissant de la circulation en ville, les destinations principales sont clairement indiquées sur l'avant des bus (2,50 ARS).

Il existe plusieurs agences de location de voitures. **Móvil Renta** (☎431-0550 ; www.movilrenta.com.ar ; San Lorenzo 370) est fiable.

Tafí del Valle

☎03867 / 3 300 HABITANTS / ALTITUDE 2 100 M

La charmante bourgade d'altitude de Tafí est une destination prisée des habitants de Tucumán désireux d'échapper à la chaleur estivale. Le trajet depuis la ville offre de fantastiques panoramas. L'étroite gorge du Río de los Sosas, avec sa forêt subtropicale dense et verdoyante, ouvre sur une vallée brumeuse, sous les pics enneigés de la Sierra del Aconquija. La route de montagne abrupte constitue un trajet spectaculaire.

Tafí est une halte plaisante pour se délasser quelques jours dans l'air frais des montagnes. Elle compte de nombreux hébergements très abordables. Il est aussi possible de séjourner dans l'une des inoubliables estancias historiques.

Trois artères formant un triangle délimitent le centre de Tafí. L'Av Miguel Critto est la rue principale, orientée d'est en ouest. En prenant à gauche en sortant de la gare routière, vous la rejoindrez rapidement. Adjacente à celle-ci, l'Av Perón est le cœur de la ville et Belgrano monte à partir de Perón après l'église. La plupart des services se trouvent dans les environs de la place semi-circulaire assez originale.

À voir et à faire

Plusieurs personnes en ville louent des chevaux (repérez les panneaux *"alquilo caballos"* ou *"cabalgatas"*) pour des balades dans la vallée.

Capilla La Banda ÉGLISE, MUSÉE
(Av José Friás Silva ; entrée 5 ARS ; 8h-18h). Cette chapelle jésuite du XVIIIe siècle, achetée par la famille Frías Silva de Tucumán lors de l'expulsion des Jésuites et agrandie dans les années 1830, a repris son apparence originale dans les années 1970. Notez le tunnel de secours sous l'autel. Une petite collection d'urnes funéraires, d'art religieux de l'école de Cuzco, de vêtements sacerdotaux et de meubles d'époque est exposée sur place.

La chapelle se dresse à une courte distance à pied du centre. Franchissez le pont sur la rivière et suivez la route pendant 750 m ; vous l'apercevrez alors sur votre gauche.

Randonnée autour de Tafí RANDONNÉE
Plusieurs pics et d'autres sites des montagnes autour de Tafí del Valle rendent la randonnée attrayante ; essayez le **Cerro El Matadero**, de 3 000 m, une ascension de 4 à 5 heures ; les 3 600 m du **Cerro Pabellón** (6 heures) ; et les 4 500 m du **Cerro El Negrito**, que l'on atteint en partant de la statue du Cristo Redentor sur la RN 307 en direction d'Acheral. Les sentiers sont très mal indiqués et on ne trouve pas de carte. Il est toutefois possible d'engager un guide : renseignez-vous à l'office du tourisme. Une randonnée plus facile gravit le **Cerro El Pelao** d'où se déploie un panorama sur la ville. Le sentier débute sur la gauche juste après la traversée du pont. Comptez environ 1 heure 15 pour la montée, moins pour la descente. Du même point de départ de sentier, on peut faire une agréable balade de 10 km jusqu'à **El Mollar**, longer la rivière et le réservoir, visiter le parc de menhirs (voir p. 269) et prendre le bus retour.

Circuits organisés

La Cumbre (421768 ; www.lacumbretafidelvalle.com ; Perón 120) propose diverses excursions de 2 à 3 heures dans la vallée, le long de sentiers pour 4x4 ou passant par des centres d'intérêt, comme le parc de menhirs près d'El Mollar et une fromagerie traditionnelle (100 ARS/pers). L'agence organise aussi des périples d'une journée, plus sérieux, et des circuits vers les ruines de Quilmes.

Où se loger

Les lieux d'hébergement abondent, avec notamment plusieurs établissements économiques qui facturent environ 40 ARS par personne pour un lit en dortoir. Les prix augmentent de 25% en janvier, à Pâques et en juillet, périodes de forte affluence. Les chambres non chauffées peuvent se révéler très fraîches à tout moment de l'année.

Si vous êtes motorisé, sachez qu'il existe une poignée d'excellentes estancias le long de la route de Santa María.

Estancia Los Cuartos ESTANCIA $$
(0381-15-587-4230 ; www.estancialoscuartos.com ; Critto s/n ; s/d 250/290 ARS ;). Entre la gare routière et le centre, cette charmante adresse deux fois centenaire pleine de cachet donne l'impression d'être dans un musée. Des livres anciens garnissent les étagères, et les chambres d'époque exhalent l'odeur du vieux bois et des couvertures de laine. Les chambres de la nouvelle annexe ont des lits plus douillets, mais elles sont moins chargées d'histoire, bien qu'en harmonie avec le style de l'ensemble. L'estancia fabrique des fromages traditionnels.

Las Tacanas ESTANCIA $$
(421821 ; www.estancialastacanas.com ; Perón 372 ; s/d 420/450 ARS ; @). Parfaitement entretenue et décorée, cette estancia jésuite reconvertie vous laissera un souvenir impérissable. Les bâtiments en pisé, vieux de plus de trois siècles, renferment un choix varié de chambres élégamment rustiques, avec poutres apparentes et mobilier ancien. Bien que situé dans le centre-ville, on se

croirait en pleine campagne. La famille, propriétaire des lieux depuis plusieurs générations, accueille chaleureusement ses hôtes.

Hotel Tafí HÔTEL $$

(☎421007 ; www.hoteltafiweb.com.ar ; Belgrano 177 ; s/d 280/350 ARS ; @). Ne vous fiez pas à la façade, car vous découvrirez à l'intérieur une atmosphère de chalet de montagne et un personnel obligeant. Les chambres de taille moyenne, avec vue sur la montagne, comportent des sdb étincelantes, du parquet et une petite TV. Plaisant jardin de rocaille et immense cheminée qui réchauffe le salon par temps frais.

Hostería Lunahuana HÔTEL $$

(☎421330 ; www.lunahuana.com.ar ; Av Miguel Critto 540 ; s/d 358/466 ARS ; ❄@📶). Cet hôtel élégant et apprécié loue des chambres aménagées avec goût, dont certaines possèdent une mezzanine accessible par un escalier en colimaçon. De jolis objets rehaussent la déco. Service sympathique et professionnel.

Hostel la Cumbre AUBERGE DE JEUNESSE $

(☎421768 ; www.lacumbretafidelvalle.com ; Perón 120 ; dort/d sans sdb 55/130 ARS). La cour aux tons gais orange et ocre et la vue depuis le toit en terrasse rendent l'endroit attrayant. Chambres exiguës mais nettes, cuisine pratique et personnel accueillant.

Hospedaje Celia PENSION $

(☎421170 ; Belgrano 443 ; ch 50 ARS/pers). En retrait de la route, à 100 m au-dessus de l'église, cet établissement loue des chambres blanches, lumineuses et confortables, avec sdb individuelles. Il y a bien quelques ombres au tableau – l'absence de prises dans les chambres, par exemple – mais le tarif est raisonnable.

Los Palenques Hostel AUBERGE DE JEUNESSE $

(☎421677 ; www.lospalenqueshostel.com.ar ; Los Palenques s/n ; dort 40 ARS ; @). Établissement accueillant et rustique, dont les modestes dortoirs pourvus de sdb entourent une cour avec vue sur la sierra. De la gare routière, suivez la rue Critto, dépassez l'office du tourisme et prenez la première à gauche. L'auberge se situe à 400 m plus haut environ dans cette rue.

Hotel Virgen del Valle HÔTEL $$

(☎421016 ; Los Menhires s/n ; virgendelvalle@tafidelvalle.com ; d 250 ARS ; @❄📶). Juste à côté de l'artère principale en plein cœur de la ville, chambres spacieuses et confortables autour d'une petite cour. Lors de notre passage, c'était l'une des seules adresses de catégorie moyenne avec connexion Wi-Fi.

Nomade Hostel AUBERGE DE JEUNESSE $

(☎0381-15-440-0656 ; www.nomadehostel.com.ar ; Los Castaños s/n ; dort 40 ARS ; @📶). Établissement accueillant et décontracté à 10 minutes à pied de la gare routière. Tournez à droite, suivez la route bitumée, et l'auberge sera indiquée sur la droite. Réductions pour les membres HI.

Camping Los Sauzales CAMPING $

(☎421880 ; Los Palenques s/n ; par pers/tente 15/20 ARS, par véhicule 10-20 ARS). Terrain de camping délabré mais agréable et verdoyant, à 750 m à l'ouest de la place. Possède aussi de simples cabanes et bungalows (80 ARS à 140 ARS).

Où se restaurer et prendre un verre

Don Pepito PARRILLA $

(www.donpepitodetafi.com.ar ; Perón 193 ; plats 32-52 ARS). Une adresse touristique au service de qualité variable, qui facture trop cher les à-côtés, mais sert une viande vraiment excellente. Passez outre la formule *parrillada* et commandez à la carte. Rognons, *bife de chorizo* et *chivito* (cabri), tous copieux, ne vous décevront pas. Il y a souvent des concerts (prévoir un petit supplément).

El Rancho de Félix ARGENTIN $

(angle Belgrano et Juan de Perón ; plats 29-46 ARS ; 📶). Une sorte de vaste grange au toit de chaume à l'ambiance accueillante, incroyablement populaire à l'heure du déjeuner. Axée sur les spécialités régionales comme le *locro* et les *humitas*, la carte comprend aussi des grillades et des pâtes. Fermé le soir quand la clientèle ne se bouscule pas.

Kkechuwa BAR

(Perón s/n). Établissement sympathique servant un excellent choix de bières artisanales et des collations, des simples sandwichs aux plats à base de viande de lama.

ℹ Renseignements

Plusieurs lieux proposent un service d'appels téléphoniques et d'accès à Internet.

Banco Tucumán (Av Miguel Critto). Dans le bâtiment de la *municipalidad*. Change les dollars US et possède un DAB.

Office du tourisme (Av Miguel Critto ; ⌚8h-21h). Au croisement avec la rue piétonne.

Depuis/vers Tafi

L'impressionnante **gare routière** (Av Miguel Critto) de Tafí se trouve à 400 m à l'est du centre. Empresa Aconquija propose 6 à 9 bus par jour pour Tucumán (30 ARS, 3 heures). En sens inverse, les bus vont à Santa María (34 ARS, 2 heure, 4-6/jour) et Cafayate (52-64 ARS, 4 heures, 3-4/jour) via Amaicha del Valle et l'embranchement pour les ruines de Quilmes.

La route en provenance de Tucumán est splendide, et celle, spectaculaire, qui conduit à Santa María, Quilmes et Cafayate franchit un col à 3 050 m appelé Abra del Infiernillo (col du Petit Enfer).

Comment circuler

Toutes les heures, en été (toutes les 3 heures l'hiver), un bus Aconquija parcourt presque tout le Cerro El Pelado, au milieu de la vallée. L'un dessert le Nord, l'autre le Sud, et l'on peut parcourir toute la vallée en marchant entre les deux.

Environs de Tafí del Valle

La vallée autour de Tafí recèle plusieurs sites intéressants, dont le **Parque de los Menhires** (3 ARS ; 9h-19h), qui abrite une collection de plus de 100 menhirs sculptés, découverts dans la région. Ces œuvres de la culture tafí ont été réalisées il y a plus de 2 000 ans, mais les enlever de leur emplacement d'origine leur a fait perdre toute leur importance archéologique. Le site se trouve à 12 km au sud de Tafí, non loin de la place du village d'El Mollar.

SANTA MARÍA

03838 / 10 800 HABITANTS / ALTITUDE 1 900 M

Cette petite ville attrayante, située sur la route reliant Tafí del Valle à Cafayate, est une base pratique pour qui veut explorer les ruines de Quilmes. Située dans la province de Catamarca, elle constitue une étape agréable.

La place marque le centre de la ville et se trouve à 9 rues au nord de la gare routière. Avec des heures d'ouverture très étendues, l'**office du tourisme** (421083 ; www.munisantamaria.gov.ar/turismo ; 7h-23h lun-ven, 8h-22h sam-dim), situé sous les arbres de la place, est très utile. À un angle de la place, le **Museo Arqueológico Eric Boman** (angle Belgrano et Sarmiento ; 9h-20h lun-ven, 10h-20h sam), chaudement recommandé, rassemble une belle collection de céramiques et de bijoux en or et en argent provenant des tombes de cette région riche sur le plan archéologique. Demandez à voir la salle du fond où sont entreposées des urnes funéraires à la décoration beaucoup plus élaborée. À côté se tient une **coopérative d'artesanía** qui vend des articles tissés et d'autres objets artisanaux à des tarifs très raisonnables.

La ville compte de nombreux établissements où loger. Dépourvu d'enseigne, l'accueillant **Residencial Pérez** (420257 ; hotelperez@hotmail.com ; San Martín 94 ; s/d 70/100 ARS), derrière un café près de la place, renferme des chambres impeccables autour d'une cour agrémentée de vigne vierge.

Parmi les restaurants de la place, citons **El Colonial del Valle** (420897 ; angle Esquiú et San Martín ; plats 20-40 ARS), une *confitería* traditionnelle qui sert un bon café et de savoureux *tamales*, ainsi qu'une formule déjeuner (28 ARS) et des repas complets à prix raisonnables.

Plusieurs bus quotidiens rallient Tucumán (60 ARS, 5 heures) via Tafí del Valle (34 ARS, 1 heure 30), et 2 bus se rendent chaque jour à Cafayate (30 ARS, 2 heures) via Quilmes. Trois bus hebdomadaires desservent Belén (40 ARS à 60 ARS, 5 heures). Entre la gare routière et le centre, un *remis* coûte 5 ARS.

AMAICHA DEL VALLE

03892 / 3 214 HABITANTS

Le long de la route principale entre Tafí del Valle et Cafayate, cette localité poussiéreuse imprégnée de culture indienne célèbre en février la fête de la **Pachamama** avec de la musique, des danses et le sacrifice d'un lama pour bénir la moisson. Sur la grand-route, l'étonnant **Museo de Pachamama** (20 ARS ; 8h-13h et 14h-18h) à l'architecture très ornementée regroupe dans des salles et en plein air une collection controversée d'art et d'artisanat indiens.

Point de chute pratique pour rejoindre les ruines de Quilmes, Amaicha abrite plusieurs lieux d'hébergement, parmi lesquels des auberges et des campings. Les bus qui circulent entre Tafí (28 ARS, 1 heure 30) et Cafayate (26 ARS, 1 heure 30-2 heures 30) s'y arrêtent.

QUILMES

03892

Fondée au XIe siècle, **Quilmes** (0381-15-443-6805 ; Argentins/étrangers 5/10 ARS ; 8h-19h) était jadis une cité complexe occupant quelque 30 ha et comptant près de 5 000 âmes. Si les Indiens quilmes survécurent au contact avec les Incas, dans les années 1480, ils ne résistèrent pas au siège des Espagnols, qui déportèrent les 2 000 derniers habitants à Buenos Aires en 1667.

Les murs épais de Quilmes soulignent son rôle défensif, mais la cité était davantage qu'une simple *pucará*. Des constructions denses s'étendent au nord et au sud du noyau central, où les contours des bâtiments de formes diverses apparaissent clairement. Pour mieux voir l'étendue des ruines, gravissez l'une des collines et vous verrez la vallée comme l'ont vue jadis ses défenseurs. Préparez-vous à affronter un soleil intense sur un site sans ombre, et des nuées de mouches.

Il existe théoriquement sur place un bel hôtel et *confitería*, ainsi qu'un musée, mais ils étaient fermés lors de notre passage, à cause d'une bataille juridique de longue haleine opposant le gouvernement provincial, la communauté diaguita et l'exploitant. Les gens sympathiques qui vendent des céramiques et des boissons fraîches surveilleront vos bagages. Au carrefour principal, vous trouverez aussi un endroit qui s'en chargera, vous évitant d'avoir à les transporter.

Depuis/vers Quilmes

Les bus venant de Cafayate et se rendant à Santa María ou Tafí del Valle déposent les passagers à l'embranchement mais, de là, il faut marcher sur 5 km (ou faire du stop) jusqu'aux ruines. Sinon, descendez du bus à Amaicha del Valle, et prenez un *remis* jusqu'aux ruines (70 ARS l'aller simple, 160 ARS aller-retour, temps d'attente compris). Si plusieurs personnes veulent s'y rendre, ce qui arrive souvent, cela permet de partager les frais. Les circuits organisés à destination de Quilmes partent de Cafayate et Tafí del Valle.

Santiago del Estero

0385 / 409 404 HABITANTS

La paisible Santiago del Estero est considérée comme la "Madre de Ciudades" ("Mère des Villes") car, fondée en 1553, elle fut la première colonie urbaine espagnole de ce qui constitue aujourd'hui l'Argentine.

Santiago del Estero

Elle ne conserve malheureusement aucun patrimoine architectural de cette époque, mais demeure une agréable escale.

Les *Santiagueños* sont réputés, dans tout le pays, ne pas être des acharnés au travail. Néanmoins, le centre-ville bourdonne d'activité, en particulier le soir, quand s'animent les environs de la jolie *plaza* et les rues piétonnes adjacentes.

À voir

Centro Cultural del Bicentenario MUSÉES, GALERIE
(CCB ; www.ccbsantiago.gov.ar ; Libertad s/n ; entrée 5 ARS ; 9h-21h). Cet excellent centre culturel, donnant sur la place, a redynamisé Santiago. Vaste espace moderne, il abrite trois musées, tous conçus avec beaucoup d'originalité. La **collection anthropologique**, clou de la visite, se compose d'un splendide ensemble de céramiques indiennes – pour l'essentiel des urnes funéraires utilisées comme seconde sépulture (les restes y étaient entreposés après décomposition) – ainsi que des bijoux, des flûtes et un grand coffre empli de poids de métier à tisser ornementés. Mentionnons également les impressionnants fossiles de mastodontes et de glyptodontes, animaux disparus qui ressemblaient à des tatous géants.

À peine légendé, le **Musée historique** est joliment aménagé autour du patio du plus bel édifice de Santiago. Il traite notamment de l'esclavage, des conflits du XIXe siècle, et du rôle des femmes. Au dernier étage, la **galerie d'art** accueille d'intéressantes expositions temporaires. Toutes les informations sont en espagnol. Le **café** du rez-de-chaussée est un lieu de rendez-vous populaire.

Parque Aguirre PARC, BERGE DU FLEUVE
Baptisé du nom du fondateur de la ville et situé à dix pâtés de maisons de la Plaza Libertad, cet immense parc planté d'eucalyptus et de casuarinas comprend un petit **zoo**, des aires de camping, une piscine et une **costanera** (voie sur berge). Il fait bon y flâner, d'autant que les enfants ont de quoi bien s'amuser. Ses quelques bars et *confiterías* s'animent les soirs de week-end.

Santiago Del Estero

Les incontournables

À voir

Où se loger

Où se restaurer

Où sortir

Fêtes et festivals

Le chaotique **carnaval** de Santiago, en février, ressemble aux célébrations de la Quebrada de Humahuaca. Pendant toute la dernière semaine de juillet, les *Santiaguinos* célèbrent la **fondation de la ville**. Le clou du spectacle est la Marcha de los Bombos, une procession tumultueuse dans le centre-ville où quelque 2 000 habitants jouent de toutes sortes d'instruments à percussion.

Où se loger

Hotel Savoy HÔTEL $$
(421-1234 ; www.savoysantiago.com.ar ; Tucumán 39 ; s/d 215/300 ARS ;). Avec son hall somptueux et son magnifique escalier en spirale, l'endroit évoque à première vue un palais. Or, point de lits à baldaquin ici : les clients doivent se contenter de chambres guère spacieuses, mais confortables, équipées de douches correctes. Service attentif et emplacement de choix.

Hotel Carlos V HÔTEL $$
(424-0303 ; www.carlosvhotel.com ; Independencia 110 ; s/d standard 350/500 ARS, d supérieure 800 ARS ; @). Sans conteste l'option la plus luxueuse de Santiago, très bien située dans le centre. Les chambres sont dotées d'installations propres aux hôtels d'affaires, et de grands lits douillets. Certaines disposent d'un balcon permettant d'apprécier pleinement la perspective sur la ville. Les supérieures, plus grandes, ont une table et des chaises. Salle de sport, sauna et piscine intérieure.

Hotel Avenida HÔTEL $
(421-5887 ; avenidahotelsgo@yahoo.com.ar ; Pedro León Gallo 405 ; s/d avec sdb 100/200 ARS,

VAUT LE DÉTOUR

TERMAS DE RÍO HONDO

À mi-chemin entre Santiago del Estero et Tucumán, et régulièrement desservie par les bus circulant entre les deux villes, cette destination hivernale est réputée dans toute l'Argentine pour ses sources thermales et ses quelque 200 hôtels tous pourvus de bains chauds pour curistes. La ville ne présente d'intérêt que pour les voyageurs souhaitant faire une cure, car il n'y a presque rien d'autre à faire hormis déguster les fameuses spécialités locales, chocolats et *alfajores* (biscuits fourrés). On peut obtenir des prix très avantageux en ligne sur les sites spécialisés en hôtellerie, particulièrement hors saison (de novembre à avril), quand la plupart des établissements ferment.

sans sdb 50/100 ARS ; ❄📶). Ce petit hôtel accueillant, joliment décoré d'art indien, se tenait auparavant juste en face de la gare routière. Hélas pour les propriétaires, cette dernière a été transférée depuis à l'autre bout de la ville. L'établissement n'en mérite pas moins amplement la courte marche depuis le centre. Pas de petit-déjeuner.

Palace Hotel HÔTEL $$
(☎421-2700 ; www.palacehotelsgo.com ; Tucumán 19 ; s/d 200/310 ARS ; ❄📶). Dans une rue piétonne toute proche de la place, chambres correctes mais un peu sombres. Si le bruit de la rue ne vous gêne pas, demandez une chambre en façade pour bénéficier de la lumière naturelle. Possibilité de négocier une réduction.

Residencial Emaus PENSION $
(☎421-5893 ; Av Moreno Sur 675 ; s/d 90/150 ARS ; 📶). Cette pension dispose de chambres claires et spacieuses avec TV. Direction bienveillante.

Campamento las Casuarinas CAMPING $
(☎421-1390 ; Parque Aguirre ; par pers/tente 3/5 ARS). Ce camping municipal bon marché, à moins d'un kilomètre de la Plaza Libertad, est normalement un coin plaisant et ombragé. Dès le vendredi soir, en revanche, commence une fête endiablée qui dure tout le week-end.

Où se restaurer et prendre un verre

Vous trouverez des cafés populaires, des bars et des restaurants tendance dans Roca, entre Salta et Libertad.

Mía Mamma ARGENTIN $$
(24 de Septiembre 15 ; plats 30-60 ARS). En retrait de la place, voici un restaurant fiable et discret, dont les serveurs, sur leur trente et un, se montrent très prévenants. Bon buffet de salades riche en légumes (28 ARS, ou 18 ARS avec un plat) et large choix de plats parmi lesquels d'énormes grillades et un savoureux *arroz a la valenciana* (sorte de paella).

Jockey Club ARGENTIN $$
(Independencia 68 ; plats 32-55 ARS). L'atmosphère guindée du lieu appartient à une autre époque, mais elle ne laisse pas deviner la qualité et la grande variété de la cuisine. Les recettes élaborées, aux influences espagnoles, s'accompagnent d'un service classique et cordial.

Où sortir

El Patio del Indio Froilán MUSIQUE TRADITIONNELLE
(www.elindiofroilan.com.ar ; Av Libertador Norte s/n, Barrio Boca del Tigre ; ⏲dim). Depuis plus de 40 ans, Froilán González, une légende locale, fabrique des tambours avec des troncs de *ceibo*, dont jouent certains des plus grands noms de la musique latino-américaine. Le dimanche, touristes et gens du coin se rassemblent dans son atelier pour manger des *empanadas*, s'intéresser au procédé de fabrication des instruments, écouter de la musique et danser. Une excellente adresse.

La Casa del Folclorista MUSIQUE TRADITIONNELLE
(Parque Aguirre, Pozo de Vargas). Sur le chemin des berges du fleuve, *peña* organisée dans une grande bâtisse recevant des groupes folkloriques le week-end, et servant une cuisine bon marché. La musique démarre généralement vers 23h.

Renseignements

Plusieurs banques du centre-ville disposent de DAB, et les cybercafés sont nombreux. Le Wi-Fi est gratuit sur la place.

Office du tourisme municipal (☎422-9800 ; Plaza Libertad s/n ; ⏲8h-13h et 17h-20h lun-ven, 9h-13h et 17h-20h sam). Dans un kiosque sur la place.

Office du tourisme provincial (☎421-3253 ; www.turismosantiago.gov.ar ; Av Libertad 417 ;

⏲7h-14h et 15h-20h lun-ven, 10h-13h et 17h-20h sam-dim). Sur la place. Expose des œuvres d'artistes locaux.

Depuis/vers Santiago del Estero

Avion

Aerolíneas Argentinas (☎422-4335 ; 24 de Septiembre 547) rallie Buenos Aires tous les jours (689 ARS).

Bus

La **gare routière** (www.tosde.com.ar ; angle Perú et Chacabuco) flambant neuve est à six pâtés de maisons au nord-ouest de la Plaza Libertad. Pour rejoindre des destinations comme Salta et Catamarca, vous trouverez des correspondances plus rapides via Tucumán. Aucun bus pratique ne relie la gare à la ville, mais la course en taxi ne coûte que 7 ARS.

Train

Santiago del Estero (en réalité, la ville adjacente de La Banda) se trouve sur la ligne Buenos Aires-Tucumán. Les trains circulent deux fois par semaine. Au départ de la **gare** (☎427-3918) de La Banda, ils se rendent à Tucumán (4 heures 30) et à la gare de Retiro à Buenos Aires (22 heures). Pour plus de précisions sur cet itinéraire ferroviaire, voir la rubrique *Tucumán*. La gare se situe au cœur de La Banda ; le bus n°17 fait le tour du centre de Santiago avant de traverser la rivière pour s'y rendre.

Comment circuler

Le bus n°15 (1,75 ARS) se rend à l'**Aeropuerto Mal Paso** (SDE ; ☎434-3651 ; Av Madre de Ciudades), à 6 km au nord-ouest du centre-ville. Un taxi depuis le centre coûte 15 ARS.

BUS AU DÉPART DE SANTIAGO DEL ESTERO

DESTINATION	PRIX (ARS)	DURÉE (HEURES)
Buenos Aires	333	13
Catamarca	68	4 heures 30
Córdoba	138	6
Jujuy	166	7
La Rioja	171	7
Mendoza	390	17
Resistencia	207	8
Salta	155	6
Tucumán	47	2

CATAMARCA ET LA RIOJA

Relativement peu visitées, ces provinces riches en paysages et en traditions sont pourtant merveilleuses à découvrir. Toutes deux ont accueilli plusieurs cultures précolombiennes importantes, des cultivateurs de maïs pour la plupart, qui ont développé des styles et des techniques uniques de poterie. La région est donc dotée de nombreux sites archéologiques notables.

Catamarca

☎0383 / 183 253 HABITANTS / ALTITUDE 530 M

La bouillonnante Catamarca baigne dans une ambiance radicalement différente de celle des autres villes de cette taille dans la région.

San Fernando del Valle de Catamarca, de son nom complet, possède une charmante place centrale, et d'imposants édifices bordent ses rues. À l'ouest de la ville, les immenses eucalyptus du Parque Navarro embaument l'air, avec l'incroyable sierra pour toile de fond.

À voir

Parmi les sites d'intérêt situés en dehors de la ville et facilement accessibles en bus, citons la grotte où fut découverte la Vierge sainte patronne de la ville, une citerne, des ruines indiennes, et les pittoresques contreforts des environs de Villa Las Pirquitas. À l'office du tourisme, on vous fournira toutes les informations nécessaires sur chaque site et sur l'endroit où prendre le bus.

Museo Arqueológico Adán Quiroga MUSÉE
(Sarmiento 450 ; entrée 7,50 ARS ; ⏲7h-12h30 et 15h-20h lun-ven, 9h-20h sam-dim). Ce beau musée archéologique expose une superbe collection de céramiques précolombiennes de diverses cultures et différentes époques. Certaines – en particulier les céramiques noires aguada gravées d'animaux stylisés – sont d'une facture remarquable. On peut également y voir deux momies trouvées à 5 000 m d'altitude et des plateaux utilisés pour aspirer des lignes de *rape* (tabac à priser). Une section est dévolue à l'art colonial et religieux.

Catedral Basílica de Nuestra Señora del Valle CATHÉDRALE
(Pl 25 de Mayo ; ⏲6h-22h). Datant de 1859, cette cathédrale renferme la Virgen del Valle, patronne de Catamarca, qui compte

parmi les représentations religieuses les plus vénérées du nord de l'Argentine depuis le XVIIe siècle. Outre l'autel à saint Joseph orné de sculptures recherchées, cette belle cathédrale compte une chaire baroque et des peintures de la Vierge. Elle domine la Plaza 25 de Mayo, splendide place plantée de jacarandas, d'araucarias, de citrus et de palmiers.

Fêtes et festivals

La **Fiesta de Nuestra Señora del Valle** se poursuit pendant deux semaines après Pâques. Dans une impressionnante manifestation de ferveur populaire, les pèlerins viennent honorer la Virgen del Valle. Elle est célébrée de façon similaire le 8 décembre, jour de sa fête.

Où se loger

La plupart des hôtels proposent des tarifs réduits par rapport à ceux indiqués ici, d'autant plus si vous réglez en espèces.

Hotel Casino Catamarca HÔTEL $$
(☎443-2928 ; www.hotelcasinocatamarca.com ; Esquiú 151 ; standard/supérieure ch 450/550 ARS ; ❄@📶🏊). Il y a beaucoup d'espace dans cet hôtel central mais paisible, au ravissant design moderne et bien doté en équipements. Les chambres affichent des dimensions plus qu'honorables, et la blancheur du linge de lit offre un beau contraste avec les sols en bois. Certaines chambres ont un balcon. Les supérieures comptent un minibar, un lit immense et une baignoire à hydromassage. Sur place également : restaurant, salle de sport convenable, petit spa, immense piscine et pelouse, et bien sûr, un casino.

Residencial Tucumán PENSION $
(☎442-2209 ; Tucumán 1040 ; s/d 120/180 ARS ; ❄📶). Ce *residencial* impeccable et bien géré, à une minute à pied de la gare routière, loue des chambres confortables et à la

Catamarca

0 — 400 m

propreté irréprochable. Excellent rapport qualité/prix, aussi, mieux vaut réserver.

Hotel Colonial HÔTEL $

(☎442-3502 ; Av República 802 ; s/d 150/240 ARS ; ❄📶). Joliment décorée dans un style colonial, avec murs en pisé et cactus, cette adresse sérieuse abrite des chambres assez ordinaires, plus calmes sur l'arrière, mais il y a de l'espace et tout fonctionne.

Hotel Pucará HÔTEL $$

(☎443-0698 ; hotelpucara@hotmail.com ; Caseros 501 ; s/d 180/255 ARS ; ❄@📶). Adeptes du design, passez votre chemin. Cet hôtel paisible dans la partie ouest de la ville se distingue en effet par son bric-à-brac kitsch de style chinois, ses couvre-lits à fanfreluches et son chien en porcelaine dans les escaliers. Ce qui ne l'empêche pas d'être confortable et bien tenu.

Hotel Ancasti HÔTEL $$

(☎443-5951 ; www.hotelancasti.com.ar ; Sarmiento 520 ; s/d 360/454 ARS ; ❄@📶). Comme toujours, après l'esthétique du hall d'entrée inspirée de l'art indien, les chambres de cet hôtel haut de gamme et central ont tendance à décevoir. Aménagées à l'économie, elles demeurent néanmoins assez confortables. Les sdb varient d'une chambre à l'autre, certaines sont minuscules. Service enjoué, vue sur les montagnes depuis les chambres en étage, salle de sport, sauna, et accès à une piscine voisine.

Residencial Avenida PENSION $

(☎442-2139 ; Av Güemes 754 ; s sans sdb 60 ARS, d avec/sans sdb 140/110 ARS). Avec ses nombreuses chambres aménagées autour d'une cour centrale, à deux pas de la gare routière, c'est l'endroit tout indiqué pour se reposer sans trop dépenser. La plupart des chambres présentent un excellent rapport qualité/prix, même si certaines sont un brin décaties.

San Pedro Hostel AUBERGE DE JEUNESSE $

(☎445-4708 ; www.hostelsanpedro.com.ar ; Sarmiento 341 ; dort 50 ARS ; @📶🏊). Cette auberge de jeunesse décontractée semble un peu sur le déclin, mais elle reste correcte. Son grand jardin à l'arrière, ponctué de cactus, comporte une *parrilla* et une minuscule piscine. Les dortoirs sont convenables (les lits superposés y sont très nombreux). L'établissement tient une autre auberge de jeunesse au coin de la rue.

Où se restaurer

On trouve des restaurants au nord de la place. Sinon, des snacks vendent des burgers et des *lomitos* (sandwichs au bœuf) le long de Güemes, à l'ouest de la gare routière.

Salsa Criolla PARRILLA $$

(Av República 546 ; à volonté 79 ARS). Sur la place, une *parrillada* à volonté de grande classe. On n'essaie pas de vous caler d'abord avec du chorizo comme c'est parfois le cas ailleurs, mais l'on insiste pour vous apporter des morceaux de grande qualité, même lorsque vous êtes déjà repu. Possibilité de manger à la carte.

Los Hornitos BOULANGERIE $

(Av Virgen del Valle 924 ; dizaine d'empanadas 25 ARS ; ⏲10h-22h). Cette enseigne minuscule, la plus réputée de la province pour les *empanadas* au bœuf, au fromage ou au poulet, cuisine celles-ci au feu de bois, dans deux fours en terre sur le trottoir.

El Rincón de Lucho PARRILLA $$

(Av Presidente Castillo 65 ; plats 17-44 ARS). Une *parrilla* populaire à l'est du centre, qui s'anime les soirs de week-end au rythme d'un concert de musique folklorique.

Catamarca

Les incontournables

- Catedral Basílica de Nuestra Señora del Valle C2
- Museo Arqueológico Adán Quiroga C1

Où se loger

1 Hotel Ancasti C1
2 Hotel Casino Catamarca A2
3 Hotel Colonial D1
4 Hotel Pucará A2
5 Residencial Avenida D4
6 Residencial Tucumán D3
7 San Pedro Hostel B1

Où se restaurer

8 Los Hornitos A3
9 Salsa Criolla C2

Où prendre un verre

10 Caravati C2

Achats

11 Mercado Artesanal Permanente y Fábrica de Alfombras A3

Suivez República en direction de l'est, puis l'Av Puente Castillo qui décrit une courbe vers le nord.

Où prendre un verre et sortir

Deux *boliches* fonctionnent le week-end dans República, à l'ouest de la place. Les bars sont regroupés au nord du centre, dans l'Av Gobernador Galindez et ses abords.

Caravati CAFÉ
(Sarmiento 683 ; 10h-minuit). Cette terrasse, la plus attrayante de la place, est nommée d'après l'architecte italien de la cathédrale qui se dresse à côté, et de la majeure partie du centre de Catamarca.

Achats

Catamarca met à l'honneur ses bons produits naturels : la région est très connue pour ses vins, ses huiles d'olive, ses noix et ses confitures. Vous en trouverez dans plusieurs boutiques spécialisées installées dans Sarmiento et Rivadavia, à proximité de la place.

Mercado Artesanal y Fábrica de Alfombras ARTISANAT
(Av Virgen del Valle 945 ; 7h-13h et 14h-20h lun-ven, 8h-20h sam, 8h-14h dim). On vend sur ce marché artisanal des tapis faits main typiques de Catamarca, ainsi que des ponchos, des couvertures, des bijoux, des sculptures en onyx rouge, des instruments de musique et des articles de vannerie.

Renseignements

Les banques avec DAB sont autour de la place. Les cybercafés et centres d'appels téléphoniques sont nombreux dans les rues du centre.

Office du tourisme (443-7413 ; www.turismocatamarca.gov.ar ; Sarmiento 683 ; 8h-13h, 17h-21h lun-ven, 8h-21h30 sam-dim). Une adresse utile, sur la place. Possède aussi un comptoir à la gare routière.

Comment s'y rendre et circuler

Avion

Aerolíneas Argentinas (442-4460 ; Sarmiento 589) dessert Buenos Aires et La Rioja 3 fois par semaine. Un **minibus** (0383-15-468-5208 ; 35 ARS) part de Sarmiento, devant l'Hotel Arenales, pour l'**Aeropuerto Felipe Varela** (443-0080), à 22 km à l'est de la ville par la RP 33, de manière à coïncider avec l'heure de départ des avions.

Bus

Pimpante, la **gare routière** (442-3415 ; Av Güemes 850) comprend un centre commercial et un cinéma. Il y a des départs pour des destinations dans toute la province et tout le pays, notamment Tucumán (80 ARS, 4 heures), La Rioja (51 ARS, 2 heures) et Buenos Aires (378 ARS, 15 heures).

Belén

03835 / 27 829 HABITANTS / ALTITUDE 1 250 M

Belén est une bourgade paisible et reculée. Elle se révèle être l'un des meilleurs endroits du pays pour acheter des produits tissés, particulièrement des ponchos. Les nombreuses *teleras* (ateliers textile) de la ville utilisent la laine des lamas, moutons et alpagas. À proximité, les ruines d'El Shincal méritent aussi votre attention.

À voir

Museo Cóndor Huasi MUSÉE
(angle Belgrano et San Martín ; entrée 2 ARS ; 7h-13h et 16h-20h lun-ven, 8h-13h sam). En étage, tout au bout d'une galerie marchande dans un angle de la place, ce musée abrite une intéressante collection archéologique, dont des haches en bronze, des bijoux dorés à la feuille et un panneau informatif (en espagnol) sur l'utilisation des hallucinogènes chez les Diaguita.

Où se loger et se restaurer

Hotel Belén HÔTEL $$
(461501 ; www.belencat.com.ar ; angle Belgrano et Cubas ; s/d 190/265 ARS ;). Surprenant par sa présence ici, cet hôtel stylé loue des chambres avec pierre nue, sols et murs tapissés de mosaïques, art indien et lits très confortables. À condition de faire abstraction de quelques fausses notes – on entend trop ce qui se passe dans les sdb voisines et tout ne fonctionne pas tout le temps – c'est une excellente adresse à bon prix.

Freddy Hostal PENSION $
(461230 ; www.amarillasinternet.com/fredyhostal ; Av Calchaquí 461 ; s/d 60/100 ARS ;). L'un des quelques établissements bon marché de la rue principale qui traverse la ville. Accueillant, celui-ci abrite des chambres rustiques organisées autour d'un joli patio avec jardin de cactus. Comptez 20 pesos en supplément pour la climatisation.

1900 ARGENTIN $
(☎461100 ; Belgrano 391 ; plats 30-40 ARS). Le service de premier ordre fait la spécificité de ce restaurant agréable à une rue en aval de la place. Vu sa popularité, les serveurs passent leur temps à bouger les tables pour contenter tout le monde. Tarifs plus qu'honnêtes et choix de grandes assiettes à partager. Les salades mélangées et les brochettes juteuses sortent du lot.

Achats

Non loin de la place, un vaste auvent abrite quantité de stands d'artisans vendant des ponchos, des vêtements en laine de camélidé et des vins locaux à base de raisin foulé avec les pieds. **Cuna del Poncho** (☎461091 ; Roca 144) propose des produits tissés plus haut de gamme à des prix raisonnables, accepte les principales cartes de crédit et organise les envois.

Renseignements

Vous trouverez une banque à l'angle de General Paz et Lavalle, près de l'office du tourisme.

Office du tourisme (☎461304 ; www.turismodebelen.com.ar ; General Paz 180 ; ⏲7h-13h et 14h-22h lun-ven, 8h-22h sam, 9h-22h dim). Pratique. Abrite une petite collection de minéraux.

Depuis/vers Belén

La **gare routière** (angle Sarmiento et Rivadavia) est à un pâté de maisons au sud et un à l'ouest de la place. Catamarca (57 ARS, 4-5 heures) est la seule destination longue distance desservie quotidiennement et à un horaire raisonnable (13h). Il existe un service de nuit pour La Rioja et Córdoba, et plusieurs bus hebdomadaires pour Santa María (40 ARS à 60 ARS, 5 heures) – trajet assez chaotique mais très couleur locale, et périple spectaculaire.

Les renseignements sur les bus sont plus fiables à l'office du tourisme qu'à la gare routière même.

Environs de Belén

LONDRES ET EL SHINCAL

À 15 km au sud-ouest de Belén, Londres (2 134 habitants), l'endormie, est la plus ancienne colonie espagnole de la province, remontant à 1558 – bien que la cité ait été déplacée plusieurs fois avant de revenir ici en 1612. Les habitants s'enfuirent à nouveau pendant le soulèvement diaguita de 1632. Son nom commémore le mariage du prince d'Espagne (futur roi Philippe II) avec Marie Tudor, reine d'Angleterre, en 1555.

À 7 km à l'ouest, les ruines incas d'**El Shincal** (5 ARS ; ⏲8h-coucher du soleil) méritent la visite. Fondée en 1470, la cité occupait une position intéressante sur les contreforts montagneux et dominait la vaste vallée qui s'étend au sud. El Shincal jouit d'un cadre parfait, d'une vue fantastique et d'une atmosphère à l'avenant. Le site était en ruine lorsque les fouilles ont commencé, en 1991, mais l'*ushno* (lieu de cérémonie) et la *kallanka* (peut-être une caserne) ont été restaurés et il est possible de gravir deux monticules situés de part et d'autre de la place centrale. Alignés sur l'axe du soleil levant et couchant, ils tenaient sans doute à la fois lieu de belvédères et d'autels. Le droit d'entrée comprend en général une visite guidée par l'une des familles qui vivent ici et surveillent le site.

Du lundi au samedi, cinq bus relient Belén à Londres (3 ARS) avant de continuer jusqu'à un arrêt situé à une courte distance à pied des ruines. Le trajet en *remis* depuis Belén, temps d'attente compris, coûte environ 100 ARS. Entre Londres et les ruines se trouvent un camping et un groupe de bungalows. Londres possède aussi deux ou trois *residenciales* sommaires.

Après Londres, si vous avez un véhicule, vous pouvez vous rendre au sud à Chilecito, dans la province de La Rioja, à 200 km par la RN 40. Le trajet est spectaculaire, avec l'imposante Sierra Famatina à l'ouest et la Sierra de Velasco à l'est. La route est en excellent état.

La Rioja

☎0380 / 180 995 HABITANTS / ALTITUDE 500 M

Cernée par les magnifiques pics de la Sierra de Velasco, La Rioja est une ville superbe les jours de beau temps. Le soleil n'y est pas rare et les températures estivales sont très élevées dans cette capitale provinciale paisible et isolée. Même lors d'un voyage court, limité aux sites incontournables, pourquoi ne pas faire étape dans cette ville, à mi-chemin entre Mendoza et Salta, pour une excursion aux parcs nationaux de Talampaya et d'Ischigualasto ?

À voir

Museo Folklórico MUSÉE
(Pelagio Luna 811 ; entrée sur contribution ; ⏲9h-13h et 17h-21h mar-ven). Digne d'intérêt, ce musée occupe une superbe demeure en pisé du début du XVIIe siècle. Les expositions sont

consacrées à divers aspects de la culture régionale, notamment la *chaya* (musique locale de La Rioja), la cérémonie du Tinkunaco, le tissage – des tapisseries traditionnelles teintées avec des plantes sont exposées – et la viticulture. Le *lagar* (cuir étiré utilisé pour fouler le raisin) est intéressant à voir, tout comme la salle dédiée à la mythologie qui présente les difficiles rituels nécessaires pour vendre son âme au diable. Si votre espagnol vous le permet, suivez la visite guidée, très instructive.

Monuments d'intérêt ÉGLISES

La Rioja étant un important centre religieux, la plupart des sites d'intérêt sont des monuments ecclésiastiques. Bâti en 1623 par des Diaguita sous la direction de frères dominicains, le pittoresque **Convento de Santo Domingo** (angle Pelagio Luna et Lamadrid ; ⌚9h30-12h30 et 18h-20h lun-ven), blanchi à la chaux, est le plus ancien couvent du pays. La date apparaît dans le cadre de porte en *algarrobo*, également ouvrage d'artistes diaguita.

Le **Convento de San Francisco** (angle 25 de Mayo et Bazán y Bustos ; ⌚7h-21h) abrite l'image du Niño Alcalde, un Christ enfant reconnu symboliquement comme le maire de la ville (voir l'encadré p. 280).

L'énorme **cathédrale** (angle Av San Nicolás de Bari et 25 de Mayo) néobyzantine (1899) contient l'image du saint patron Nicolás de Bari.

Activités et circuits organisés

Plusieurs tour-opérateurs organisent des excursions dans la province, notamment des visites du Parque Nacional Talampaya, qui incluent invariablement l'accès au Parque Provincial Ischigualasto ("Valle de la Luna") de la province de San Juan. Les agences concernées proposent aussi des excursions dans des coins des Andes reculés en altitude, à l'ouest de la province (concernant ces destinations, voir l'encadré p. 283).

La Rioja

Le secteur de La Rioja se distingue par de hauts dénivelés et des courants ascendants particulièrement propices à la pratique du deltaplane et du parapente. Des records mondiaux de longueur de vol y ont même été enregistrés.

Corona del Inca CIRCUITS ORGANISÉS
(☎442-2142 ; www.coronadelinca.com.ar ; Pelagio Luna 914). Diverses excursions vers les sites incontournables de la province.

Terra Riojana CIRCUITS ORGANISÉS
(☎442-0423 ; www.terrariojana.com.ar). Circuits dans la province.

Hugo Ávila DELTAPLANE, PARAPENTE
(☎445-1635, 0380-15-468-6949 ; www.vuelosaguilablanca.com.ar ; Av Ramírez de Velasco, Km 7). Cours et vols en tandem.

Fêtes et festivals

Variante locale du carnaval, **La Chaya** attire des visiteurs de tout le pays. Son nom, dérivé d'un mot quechua signifiant "mouiller quelqu'un", donne une idée de ce à quoi s'attendre. Le style particulier de la musique locale associée à cette fête s'appelle également *chaya*.

La Rioja

Les incontournables
Museo Folklórico B2

À voir
1 Catedral C2
2 Convento de San Francisco B2
3 Convento de Santo Domingo C2

Activités, cours et circuits organisés
4 Corona del Inca A2

Où se loger
5 Gran Hotel Embajador B3
6 Hostel Apacheta B2
7 Naindo Park Hotel C2
8 Pensión 9 de Julio B3
9 Plaza Hotel C2
10 Residencial Anita A4

Où se restaurer
11 Café del Paseo B2
12 El Marqués C2
13 La Aldea de la Virgen de Luján B3
14 La Stanza D3
15 La Vieja Casona C3

Achats
16 Mercado Artesanal de La Rioja B2

Le rituel religieux d'**El Tinkunaco**, qui a lieu le 31 décembre à midi, est l'une des cérémonies les plus intéressantes du pays (voir l'encadré p. 280).

Où se loger

Les hôtels de La Rioja accordent des remises aux clients qui règlent en liquide et osent marchander.

Naindo Park Hotel HÔTEL $$$
(☎447-0700 ; www.naindoparkhotel.com ; Av San Nicolás de Bari 475 ; s/d 620/714 ARS ; ❄@🛜🏊). Dominant la place toute proche, l'hôtel le plus chic de la ville offre un niveau de service et de confort élevé à des prix en rapport. Les chambres, de bonnes dimensions, s'agrémentent d'œuvres d'art originales sur les murs et ont l'attrait d'une jolie vue.

Plaza Hotel HÔTEL $$
(☎442-5215 ; www.plazahotel-larioja.com.ar ; Av San Nicolás de Bari 502 ; s/d standard 345/396 ARS, s/d supérieure 422/450 ARS ; ❄@🛜🏊). En plein sur la Plaza 25 de Mayo, cet hôtel dissimule un intérieur plus plaisant que sa façade ne le laisse supposer. Les chambres donnant sur la place présentent beaucoup plus d'attrait que celles tournées vers les puits de lumière intérieurs. Les supérieures ont un décor plus actuel et des lits king-size.

Gran Hotel Embajador HÔTEL $
(☎443-8580 ; www.granhotelembajador.com.ar ; San Martín 250 ; s/d 150/200 ARS ; ❄🛜). Une adresse joyeuse parfaitement entretenue. Préférez les chambres à l'étage, plus grandes et plus ensoleillées – surtout si le rouge foncé vous oppresse. Certaines bénéficient d'un balcon. Il est plus sage de réserver car son bon rapport qualité/prix lui vaut un franc succès.

Hotel Talampaya HÔTEL $$
(☎442-2005 ; www.hoteltalampaya.com.ar ; Av JD Perón 1290 ; s/d 220/400 ARS ; ❄@🛜🏊). Ancien hôtel gouvernemental reconverti, cet édifice trop grand et lugubre abrite des chambres satisfaisantes pour le prix (surtout les simples), dotées d'excellentes sdb mais de balcons bruyants.

Residencial Anita PENSION $
(☎442-4836 ; Coronel Lagos 476 ; s/d 80/95 ARS ; ❄). Cet établissement tranquille et convenable, dans un quartier résidentiel à 2 rues du centre, loue des chambres impeccables, avec sdb à l'avenant. Le patio rempli de plantes et d'effigies de saints contribue à son

attrait. Évitez toutefois de rentrer éméché à 4h du matin car ce n'est vraiment pas le genre de la maison.

Pensión 9 de Julio PENSION $

(☎442-6955 ; angle Copiapó et Dalmacio Vélez Sársfield ; s/d 120/140 ARS ; ❄@📶). Une très bonne affaire, avec des chambres propres et agréables dans un quartier central. Autre atout : la terrasse à l'ombre de la vigne donnant sur la place du même nom. Dommage que les chambres sur l'extérieur pâtissent du bruit de la circulation.

King's Hotel HÔTEL $$

(☎442-2122 ; www.k-hotellarioja.com.ar ; Av Juan Facundo Quiroga 107 ; s/d 240/420 ARS ; ❄@📶🏊). Bien qu'il commence à accuser son âge, l'endroit dégage toujours un certain cachet. Les chambres sont spacieuses et assez confortables, mais le service, le buffet du petit-déjeuner, la piscine, le solarium et la salle de sport constituent les véritables plus.

Hostel Apacheta AUBERGE DE JEUNESSE $

(☎0380-15-444-5445 ; www.apachetahostel.com.ar ; San Nicolás de Bari 669 ; dort 65 ARS ; 📶). Le bois a été mis à profit avec inspiration dans cette auberge de jeunesse centrale. Le mobilier en palettes et cagettes, combiné à des objets anciens, compose un cadre agréablement original. L'établissement est simple : dortoirs avec lits classiques et superposés, et beaucoup d'espace. Possibilité de louer des vélos.

Où se restaurer

Parmi les plats de la région, citons le *locro*, les *empanadas*, le *chivito asado* (cabri rôti au barbecue), les *humitas*, le *quesillo* (spécialité fromagère) et les olives. N'hésitez pas à commander du vin local, peu onéreux, dans les restaurants.

♥ **La Vieja Casona** ARGENTIN $$

(☎442-5996 ; Rivadavia 457 ; plats 33-65 ARS). Cette excellente table à la déco et à l'éclairage gais prépare de nombreuses recettes de la région, des plats maison innovants et tout un choix de classiques argentins, dont une remarquable *parrillada*. Bon choix de vins de La Rioja. Des effluves alléchants émanent des cuisines où l'on s'affaire.

La Stanza ITALIEN $$

(☎443-0809 ; Dorrego 1641 ; plats 32-62 ARS ; ⏲mar-dim). Parmi les meilleurs de la ville, ce restaurant élégant sert des plats de pâtes imaginatifs, un cran au-dessus de la plupart de ses concurrents, ainsi que d'autres classiques italiens comme la *saltimbocca*. À la jolie salle s'ajoute une ravissante terrasse sur cour.

Café del Paseo CAFÉ $

(angle Pelagio Luna et 25 de Mayo ; repas légers 15-33 ARS). Dans l'angle de la place, un poste d'observation idéal. Les cadres, smartphone à la main, se mêlent aux familles et aux anciens qui n'en finissent pas de discuter.

EL TINKUNACO : LA RÉSOLUTION DES CONFLITS AU XVIe SIÈCLE

L'émouvante cérémonie du Tinkunaco est la narration symbolique de la résolution d'un choc de cultures survenu à la fondation de La Rioja. Lorsque Juan Ramírez de Velasco fonda la ville en 1591, il ignora allégrement le fait que la terre appartenait aux Diaguita, qui l'exploitaient et qui, naturellement, s'opposèrent à ce que leur territoire soit partagé entre des colons espagnols. Ils se révoltèrent en 1593, mais la médiation du frère Francisco Solano, plus tard canonisé pour ses efforts, permit d'éviter un conflit sanglant. Faisant confiance au religieux, les Diaguita l'écoutèrent. Ils acceptèrent ensuite de baisser les armes à deux conditions : que l'*alcalde* (maire) espagnol démissionne et que l'Enfant Jésus soit son remplaçant. Les Espagnols y consentirent et la paix fut signée. Le nouveau maire fut baptisé Niño Jesús Alcalde ("Enfant Jésus Maire").

La commémoration du Tinkunaco (un mot qui signifie "rencontre" en quechua) ne vit le jour que peu de temps après ces événements historiques. Chaque année à midi, le 31 décembre, deux processions, l'une représentant les Espagnols, l'autre les Diaguita, traversent la ville pour se rencontrer à la Casa de Gobierno. Les "Espagnols" sont habillés en pénitents religieux et en *alféreces* (lieutenants) avec drapeau et uniforme. Les "Diaguita", ou *aillis*, portent des bandeaux ornés de miroirs et des ponchos. Les deux processions se rencontrent, donc, tombent à genoux solennellement en face de l'image du Niño Jesús Alcalde, puis s'embrassent. Le moment est inoubliable.

El Marqués ARGENTIN $
(Av San Nicolás de Bari 484 ; plats 21-38 ARS ; ⌚8h-minuit lun-sam). Un établissement simple au service efficace, dont la carte sans surprise comprend pâtes, pizzas, omelettes et grillades, le tout bien cuisiné et à un juste prix. Mention spéciale pour les *licuados* aux fruits.

La Aldea de la Virgen de Luján ARGENTIN $
(Rivadavia 756 ; déj 25-30 ARS ; ⌚7h-15h et 19h-23h lun-sam, 10h-15h dim). Petits-déjeuners d'un bon rapport qualité/prix, et dîners assez prévisibles. Le mieux, ce sont les spécialités régionales du jour servies au déjeuner pour un prix correct.

Achats

La Rioja est réputée pour ses tissages et ses pièces en argent qui associent des techniques indiennes et des motifs et couleurs de style espagnol. L'artisanat de La Rioja est exposé et vendu à l'excellent **Mercado Artesanal de La Rioja** (Pelagio Luna 792 ; ⌚8h-12h et 16h-20h mar-ven, 9h-12h sam-dim).

Comme il sied pour un lieu portant le nom de la région vinicole la plus réputée d'Espagne, le vin de La Rioja jouit d'une notoriété nationale.

Renseignements

Office du tourisme (Plaza 25 de Mayo ; ⌚8h-21h30). Dans un kiosque sur la place. L'office du tourisme provincial à côté de la gare routière est plus utile.

Depuis/vers La Rioja

Avion

Aerolíneas Argentinas (☎442-6307 ; Belgrano 63) dessert Buenos Aires (975 ARS) 3 fois par semaine, avec escale à Catamarca (211 ARS de Catamarca à La Rioja) au retour.

Bus

Très éloignée (à pied) au sud du centre, la **gare routière** (Barrio Evita s/n) est un bâtiment intéressant, magnifiquement adossé à la sierra. Voici quelques destinations et tarifs :

Pour se rendre à Chilecito, **La Riojana** (☎443-5279 ; Buenos Aires 154) assure 3 à 4 trajets quotidiens en minibus. Comptez 40 ARS et 2 heures 30 (un peu plus rapide que le bus).

Comment circuler

L'**Aeropuerto Vicente Almonacid** (☎442-7239) est à 7 km à l'est de la ville sur la RP 5. S'y rendre en taxi coûte dans les 40 ARS. Un taxi de la gare routière au centre-ville revient à environ 15 ARS.

BUS AU DÉPART DE LA RIOJA

DESTINATION	PRIX (ARS)	DURÉE (HEURES)
Belén	57	5
Buenos Aires	380	17
Catamarca	51	2
Chilecito	30	3
Córdoba	147	6
Mendoza	230	8
Salta	250	10
San Juan	130	6
Santiago del Estero	171	7
Tucumán	129	6

Chilecito

☎03825 / 49 432 HABITANTS / 1 080 M D'ALTITUDE

Forte d'un cadre splendide au milieu de petites collines rocheuses et d'immenses pics enneigés, Chilecito, étape située sur la spectaculaire Ruta 40, compte plusieurs curiosités, en particulier un téléphérique abandonné conduisant à une mine située en altitude dans la sierra. En raison des très fortes chaleurs, de son patrimoine minier et des cactus *cardón* qui parsèment les versants des montagnes alentour, Chilecito évoque un décor du Far West. Pour qui souhaite se détendre quelques jours, cette ville constitue aussi une base pratique pour faire d'intéressantes excursions dans la sierra.

À voir

Museo del Cablecarril MUSÉE
(contribution suggérée 5 ARS ; ⌚8h30-12h30 et 14h-18h30 lun-ven, 8h30-19h sam-dim). Fascinante, l'ancienne station de téléphérique traite de l'extraordinaire prouesse d'ingénierie qui donna naissance à la ville de Chilecito au début du XXe siècle. Afin de permettre l'extraction d'or, d'argent et de cuivre dans la Sierra de Famatina, un téléphérique de 35 km fut construit, reliant la ville, au départ du terminus de la voie ferrée, à La Mejicana, à une altitude de 4 603 m, à plus de 3,5 km au-dessus de Chilecito (et quelque 40 km de distance). Comptant neuf stations, un tunnel et 262 tours, la ligne du téléphérique fut achevée en 1904. Hommes et matériel étaient transportés à la mine,

gérée par une entreprise britannique, en quatre heures. La Première Guerre mondiale mit un terme à la coopération anglo-germanique et la ligne commença à se détériorer, bien que les mineurs aient continué de l'utiliser jusque dans les années 1930.

Ce musée pittoresque présente des photos, des outils et des documents du téléphérique et de la mine, ainsi que des équipements de communication, dont un ancêtre des portables d'aujourd'hui. Vous pouvez suivre une visite guidée complète (en espagnol) qui vous emmènera jusqu'au terminus de la ligne du téléphérique – un escalier en spirale branlant monte à la plate-forme, où des wagons à minerai attendent aujourd'hui en silence. Allez-y plutôt en fin d'après-midi, pour voir le soleil baigner de chaudes couleurs le métal rouillé et les hauteurs enneigées.

Le musée se trouve sur la route principale, à l'entrée sud de la ville, à une rue au sud de la gare routière.

Museo Molino de San Francisco MUSÉE

(J Ocampo 63 ; entrée 5 ARS ; ⏲8h-12h et 14h-19h lun-ven, 8h30-12h30 et 14h30-19h30 sam-dim). Don Domingo de Castro y Bazán, fondateur de Chilecito, possédait ce moulin à farine colonial, lequel abrite désormais un assemblage éclectique d'outils archéologiques, d'armes anciennes, de documents des débuts de la période coloniale, de minéraux, d'artisanat traditionnel en bois et en cuir, de billets de banque, de gravures sur bois, de vieux téléphones portables et de toiles. À quatre pâtés de maisons à l'ouest de la place.

Samay Huasi MUSÉE

(entrée 5 ARS ; ⏲9h-19h). Joaquín V González, écrivain et fondateur de la prestigieuse université La Plata à Buenos Aires, utilisait ce ranch verdoyant, à 2 km de Chilecito, comme villégiature campagnarde. Sa chambre a été préservée, ainsi que des documents sur sa vie. La collection de peintures, la plupart provenant de la région, est plus intéressante. En bas, l'exposition consacrée aux sciences naturelles, à l'archéologie et à la minéralogie, se révèle assez déprimante.

Pour venir, sortez de la ville en passant devant le jardin de cactus Chirau-Mita et suivez la route principale qui décrit un virage sur la droite. Continuez jusqu'à voir la *finca* sur votre droite.

GRATUIT **La Riojana** CAVE

(☎423150 ; www.lariojana.com.ar ; La Plata 646 ; ⏲visites à l'heure pile 12h-17h lun-ven, 10h-12h sam). La coopérative La Riojana est une grande entreprise et le principal producteur de vin de la région. Une intéressante visite gratuite (appelez ou passez pour prendre rendez-vous ; anglais parlé) fait le tour de la *bodega* (de grandes cuves de fermentation en ciment remplacent les rangées de fûts en bois) et se termine par une généreuse dégustation. À un pâté de maisons au nord et cinq à l'ouest de la place.

Chirau-Mita JARDIN

Cet impressionnant jardin de cactus doublé d'un beau musée pratique des horaires aléatoires mais cela vaut la peine d'y faire un tour. En théorie, il est ouvert de 9h à 12h du lundi au vendredi, et la visite guidée coûte 30 ARS. Au départ de la place, descendez El Maestro sur deux pâtés de maisons, puis tournez à gauche. Le jardin est sur la gauche juste après avoir franchi le cours d'eau.

Où se loger

Le chantier de l'Hotel Famatina, un nouvel hôtel-casino cinq-étoiles propriété du gouverneur de la province, progressait rapidement au moment de notre enquête, au n°351 de la rue 19 de Febrero.

Hotel Chilecito HÔTEL $

(Hotel ACA ; ☎422201 ; www.aca.org.ar ; T Gordillo 101 ; s/d 140/185 ARS, supérieure s/d 180/260 ARS ; ❄@🛜≋). Dans un environnement tranquille à la périphérie de la ville, au milieu des collines rocheuses, cet établissement de l'ACA affiche un bon rapport qualité/prix. Il y a de l'espace à revendre, entre le jardin et l'immense salle de billard. Claires et plaisantes, les chambres au sol carrelé disposent de sdb étincelantes. Restaurant correct.

Hotel Ruta 40 HÔTEL $

(☎422804 ; www.hotelruta40.com.ar ; Libertad 68 ; s/d avec sdb 100/160 ARS, sans sdb 70/100 ARS ; ❄🛜). Une excellente affaire à quelques pâtés de maisons de la place. Le confort est au rendez-vous avec un choix de chambres pourvues de lits corrects et de sdb propres et spacieuses. Visitez-en plusieurs : certaines donnent sur un patio couvert de vigne vierge et les collines dans le lointain.

Hostal Mary Pérez PENSION $

(☎423156 ; hostal_mp@hotmail.com ; Florencio Dávila 280 ; s/d 130/150 ARS ; 🛜). Un petit *residencial* dans le nord-est de la ville, qui ressemble davantage à un hôtel familial. Reluisant de propreté – l'odeur des produits d'entretien monte presque à la tête –, il loue des chambres avec TV et téléphone. Loue aussi des appartements (2/4 pers 170/250 ARS).

Hostel Paimán AUBERGE DE JEUNESSE **$**
(☎429135 ; www.hotelruta40.com.ar ; El Maestro 188 ; dort/s/d 50/80/140 ARS, s/d avec sdb 150/200 ARS ; ❄📶). Un établissement reposant, sympathique et sans prétention, dont les chambres modestes ouvrent sur une cour tranquille. On a accès à une cuisine et la possibilité de laver son linge. Le prix inclut un petit-déjeuner très basique. On peut planter sa tente moyennant 30 ARS par personne. Au départ de la place, descendez El Maestro sur quelques pâtés de maisons.

Où se restaurer et prendre un verre

El Rancho de Ferrito ARGENTIN **$**
(Av Pelagio Luna 647 ; plats 24-48 ARS ; ⌚mar-dim). À 7 rues de la place, l'endroit mérite le déplacement. La carte n'a certes rien d'original – à l'exception des spécialités de la maison, comme la *cazuela de gallina* (délicieux ragoût de poulet), et des vins de la région – mais la qualité, les prix et l'ambiance constituent des atouts de taille.

La Posta ARGENTIN **$$**
(☎425988 ; angle 19 de Febrero et Roque Lanús ; plats 32-85 ARS; ⌚déj et dîner). Une décoration chaleureuse et stylée, avec notamment des rayonnages de produits d'épicerie fine à vendre. Si la cuisine et le service sont un peu en deçà du cadre et des prix, le restaurant ne démérite pas pour autant. Le chevreau (*cabrito*) est la spécialité maison. Goûtez-le mijoté dans du vin *torrontés*. Suivez la rue 19 de Febrero sur quatre pâtés de maisons au nord de la place.

Yops CAFÉ
(AE Dávila 70 ; ⌚8h-14h et 17h-tard lun-sam). Un peu sombre mais plein de charme, ce café bohème est de loin le meilleur de Chilecito. Bon café et cocktails corrects. Ne manquez pas les parties d'échecs, épiques.

ℹ Renseignements

Banques avec DAB, cybercafés et centres d'appels téléphoniques sont rassemblés autour de la place.

Office du tourisme (☎422688 ; info@emutur.com.ar ; Castro y Bazán 52 ; ⌚8h30-22h). Personnel enthousiaste et informations utiles. À un demi-pâté de maisons de la place.

ℹ Depuis/vers Chilecito

La gare routière est située à 1,5 km au sud du centre, près du Museo del Cablecarril. Des bus desservent régulièrement La Rioja (30 ARS, 3 heures), ainsi que Rosario, Buenos Aires et d'autres villes. Des minibus de **La Riojana** (☎424710 ; Maestro 61) relient aussi La Rioja moyennant 10 ARS supplémentaires, mais le trajet dure 30 minutes de moins. Aucun bus ne se rend au nord jusqu'à Belén ; afin d'éviter le long retour en arrière via La Rioja et Catamarca, nous vous suggérons d'entreprendre un circuit aux ruines incas d'El Shinkal et de loger à Belén.

EXCURSIONS AUTOUR DE CHILECITO

La ville de Chilecito peut servir de point de départ à de magnifiques excursions dans la partie ouest de la province de Rioja, qui recèle moult destinations passionnantes au cœur des sierras. Un itinéraire particulièrement attrayant englobe le Parque Nacional Talampaya et le parc provincial d'Ischigualasto (p. 356), en passant par le col pittoresque de Miranda. En suivant la RN 40 vers le nord, on peut rallier par exemple les ruines d'El Shincal (p. 277) ou les sources chaudes reculées de Fiambalá. Pour un périple en 4x4 dans la montagne, grimpez jusqu'à la mine abandonnée de la Mejicana (4 603 m) à travers un paysage bigarré, où coule une étonnante rivière jaune. Plus loin dans la sierra, près de la frontière chilienne, la Laguna Brava, un lac peuplé de flamants, se détache sur le décor austère des Andes. Encore plus haut, à 5 600 m d'altitude, les eaux saphir de la Corona del Inca miroitent à l'intérieur d'un cratère volcanique accessible l'été.

À Chilecito, des tour-opérateurs comme **Salir del Cráter** (☎423854 ; www.salirdelcrater.com.ar), **Inka Ñan** (☎422418 ; www.inkanan.com.ar ; 25 de Mayo 87), **Aventura Chilecito** (☎422989 ; www.hotelruta40.com.ar ; Castro y Bazán 15) et **Cuesta Vieja** (☎424874 ; www.cuestavieja.com ; Joaquín V González 467) organisent ces circuits moyennant 250 ARS à 550 ARS par personne en fonction du nombre de participants. Il faut généralement être au moins deux, mais renseignez-vous quand même, au cas où.

Parque Nacional Talampaya

03825 / 1 300 M D'ALTITUDE

Les formations rocheuses et les canyons extraordinaires de ce parc national tenant d'un désert poussiéreux témoignent de l'action érosive d'une eau dont on a peine à croire qu'elle ait pu couler ici un jour. Les falaises de grès offrent un spectacle sensationnel, de même que le paysage de montagne au loin. Talampaya jouxte le Parque Provincial Ischigualasto, riche en fossiles, situé dans la province de San Juan (p. 356). En voiture ou en circuit organisé, il est facile de visiter les deux dans la foulée.

À voir et à faire

Le spectaculaire **Cañón de Talampaya**, un cours d'eau le plus souvent à sec entre des parois de grès abruptes, forme le haut lieu du parc. Des condors suivent les courants ascendants, tandis que l'on aperçoit des guanacos, des nandous et des lièvres de Patagonie (maras) à l'ombre des différentes variétés d'*algarrobos* qui poussent sur le sol sablonneux de la gorge.

La visite standard de 2 heures 30 (85 ARS) débute par une série de mystérieux **pétroglyphes** gravés sur des blocs de grès avant d'aborder les sites phares du canyon proprement dit : la **Chimenea del Eco**, dont l'écho résonne d'une manière impressionnante, la **Catedral** et **El Monje**.

Des excursions plus longues de 4 heures 30 (130 ARS) englobent d'autres sites plus lointains. Elles se déroulent à bord de minibus confortables et ne nécessitent guère de marche à pied, mais prévoyez quand même de l'eau et de quoi vous protéger des ardeurs du soleil.

Récemment inauguré, un sentier "triasique" fait découvrir des reproductions grandeur nature de dinosaures dont les restes fossilisés ont été trouvés dans le secteur de Talampaya.

Des randonnées à pied (60 ARS à 110 ARS) et des sorties à vélo guidées sont également possibles. Elles peuvent présenter davantage d'attrait, à condition que la chaleur ne soit pas trop intense.

Où se loger et se restaurer

Il n'y a pas de logement dans le parc lui-même, mais le centre d'accueil des visiteurs dispose d'un camping sans ombre (10 ARS/pers), équipé de toilettes et de douches correctes. Un café sur place sert des repas et des boissons fraîches.

Pagancillo, à 29 km au nord, abrite des lieux d'hébergement sans prétention. En parcourant encore 29 km en amont, vous atteindrez Villa Unión, une localité plus importante comptant plusieurs bungalows et hôtels, dont certains assez chics.

Renseignements

Le **centre des visiteurs** (470356 ; www.talampaya.gov.ar ; 8h-18h mi-sept/avr, 8h30-17h30 mai/mi-sept) du parc est juste à côté de la RP 26 ; les véhicules privés n'ont pas le droit de s'enfoncer plus avant dans le parc. C'est là qu'on acquitte le droit d'entrée de 40 ARS (20 ARS pour les Argentins, gratuit pour les moins de 16 ans) et que s'organisent les visites guidées du parc.

Depuis/vers le Parque Nacional Talampaya

Les bus pour Pagancillo et Villa Unión au départ de La Rioja vous déposeront à l'entrée du parc (34 ARS, 3 heures 30), à 500 m à pied du centre d'accueil des visiteurs. Le premier de la journée quitte La Rioja à 7h, ce qui laisse largement le temps d'effectuer l'excursion dans la journée. Un bus quotidien part à 15h de Villa Unión, 58 km en amont, pour Chilecito (40 ARS, 3 heures) via l'impressionnant col de Miranda. Pour réussir à le prendre, demandez à l'un des participants à la visite guidée du parc de vous conduire en voiture à Villa Unión.

Córdoba et les Sierras du Centre

Dans ce chapitre »

Top des restaurants

- La Nieta 'e La Pancha (p. 294)
- La Bordolesa (p. 302)
- Kasbah (p. 304)
- Morena (p. 307)
- El Paseo (p. 310)
- Tono (p. 312)

Top des hébergements

- Hotel Azur (p. 292)
- Hostel La Cumbre (p. 303)
- Hospedaje Casa Rosita (p. 307)
- Estancia La Estanzuela (p. 317)

Pourquoi y aller

Deuxième ville d'Argentine, Córdoba ne compte pas moins de sept grandes universités, et sa vie nocturne aussi bien que sa scène artistique tirent avantage de la présence d'une nombreuse jeunesse. Forte également d'un riche passé, la ville doit son patrimoine architectural et culturel aux Jésuites, qui s'y installèrent dès leur arrivée en Argentine.

Les collines des environs abondent en sites propres à occuper le voyageur en court ou long séjour, dont cinq missions jésuites, qui font une excellente excursion depuis la capitale provinciale.

Les amateurs d'activités sportives affectionnent quant à eux ces paysages vallonnés, propices au parapente, ainsi que les superbes randonnées à faire dans les parcs nationaux des alentours.

Plus au sud-ouest, le Valle de Conlara et les Sierras Puntanas invitent à s'éloigner des foules, à la découverte du cœur rural de la région.

Quand y aller

Córdoba

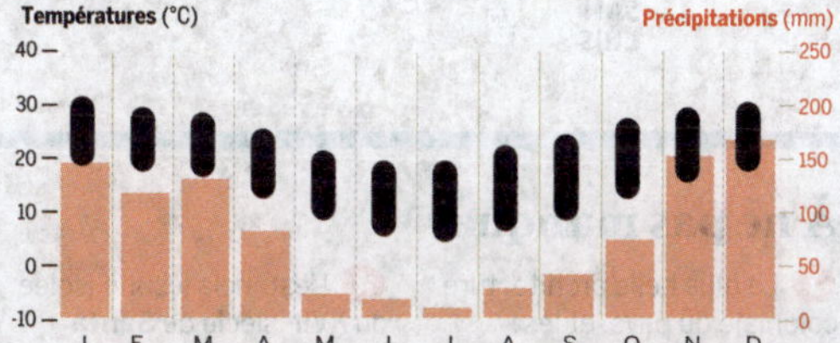

Nov-fév Profitez de la fraîcheur des cours d'eau des Sierras, avant de rejoindre en soirée les terrasses de Córdoba.

Juil-sept Il peut neiger en altitude. La faiblesse des précipitations est idéale pour les randonneurs.

Reste de l'année Avec un temps clair, frais et relativement sec, ces mois invitent aux activités de plein air.

À ne pas manquer

1. La plus belle architecture coloniale du pays, et les nuits dansantes de **Córdoba** (p. 287)
2. Les grottes anciennes, l'art rupestre et les paysages étonnants des environs de **Carolina** (p. 317)
3. Un vol en parapente à **La Cumbre** (p. 303)
4. L'estancia jésuite isolée du XVIIe siècle de **Santa Catalina** (p. 305)
5. Les formations rocheuses surréalistes du **Parque Nacional Sierra de las Quijadas** (p. 315)
6. Le charme et la douceur du village exclusivement piéton de **La Cumbrecita** (p. 307)
7. La maison du Che, à **Alta Gracia** (p. 306)
8. La fraîcheur et la limpidité des rivières dans la bourgade pittoresque de **Mina Clavero** (p. 311)

Parcs nationaux

Dans la province de San Luis, le Parque Nacional Sierra de las Quijadas (p. 315), rarement visité, constitue une excellente alternative au plus connu Parque Provincial Ischigualasto (p. 356) dans la province de San Juan : il est bien plus facile d'accès et les visiteurs ne se bousculent pas au milieu des canyons et autres formations rocheuses. Le Parque Nacional Quebrada del Condorito (p. 310), qui a pour mission de protéger l'impressionnant condor des Andes, mérite une excursion d'une journée depuis Córdoba.

Comment s'y rendre et circuler

Córdoba est une étape parfaite pour ceux qui font route vers le sud ou le sud-ouest en direction de Mendoza. On peut y prendre des correspondances en bus pour tout le pays.

Les villes des sierras sont facilement accessibles par les transports en commun, même si beaucoup de villages isolés et certaines estancias jésuites ne peuvent être rejoints qu'en véhicule privé. Les nombreuses routes des sierras, certaines bien goudronnées, d'autres recouvertes de gravier, sont idéales pour le VTT. D'autant plus que les automobilistes argentins semblent ici plus raisonnables que dans le reste du pays.

CÓRDOBA

0351 / 1 526 000 HABITANTS / ALTITUDE 400 M

La description qui convient le mieux à Córdoba est bien celle d'une ville offrant un passionnant mélange d'ancien et de moderne. Où ailleurs peut-on voir des DJ passer de l'électro-tango dans un bar étudiant bondé à côté des ruines d'une église jésuite du XVIIe siècle ?

Córdoba a beau être loin de Buenos Aires (715 km), elle n'a rien de reclus : la ville était en 2006 capitale culturelle des Amériques, un titre qui lui va à ravir. De fait, elle compte quatre excellents musées d'art, dédiés respectivement aux nouveaux talents, à l'art contemporain, à la période classique et aux beaux-arts, facilement accessibles à pied depuis le centre-ville.

À voir

Il y a beaucoup à voir à Córdoba. Comptez deux ou trois jours pour bien profiter de la ville. La plupart des églises sont ouvertes de 9h à midi et de 17h à 20h. Les horaires des musées varient régulièrement, en fonction de la saison et de leur direction.

La plupart des sites coloniaux sont situés à quelques rues de la Plaza San Martín, le cœur de la ville. Le centre commerçant s'étend au nord-ouest de la place, où se croisent les principales rues piétonnières : 25 de Mayo et Rivera Indarte. Les édifices coloniaux les plus remarquables se trouvent sur Obispo Trejo, à l'ouest de la place. Au sud du centre, le Parque Sarmiento permet d'échapper à l'agitation du centre-ville densément urbanisé.

Les rues orientées est-ouest changent de nom de part et d'autre de San Martín/Independencia, et celles orientées nord-sud de part et d'autre de Deán Funes/Rosario de Santa Fe.

CENTRO

Édifices coloniaux et autres monuments historiques, le centre de Córdoba recèle de vrais trésors architecturaux.

Iglesia Catedral CATHÉDRALE

(angle Independencia et 27 de Abril ; visite guidée 5 ARS ; 9h30-15h15). Commencée en 1577, la construction de la cathédrale s'est étalée sur plus de deux siècles sous la direction de plusieurs architectes, dont des Jésuites et des franciscains. Malgré son manque d'unité, l'ensemble est très beau. Coiffée d'un dôme roman, elle domine la Plaza San Martín. On doit sa somptueuse décoration intérieure au célèbre peintre *cordobés* Emilio Caraffa. La visite guidée du clocher part toutes les heures, de 9h à 15h15, du n°61 du Pasaje Santa Catalina, l'entrée sur la façade nord de la cathédrale.

Museo de la Memoria MUSÉE

(San Jerónimo s/n ; entrée libre ; 9h-18h mar-ven). Témoignage accablant sur les excès de la dictature militaire argentine, ce musée occupe un espace qui servait jadis clandestinement de centre de détention et de torture. Il était alors géré par une sinistre division spéciale de l'armée qui se consacrait à l'enlèvement et à la torture d'agitateurs politiques, et au "replacement" de leurs enfants dans des familles moins politiquement suspectes.

Le lieu est austère et les murs ont été couverts de grandes photographies de personnes qui sont encore portées "disparues", 30 ans après. Certes, l'ambiance est loin d'être joyeuse, mais ce musée a d'abord pour vocation de témoigner sur une époque qui, on l'espère, ne tombera jamais dans l'oubli.

Córdoba

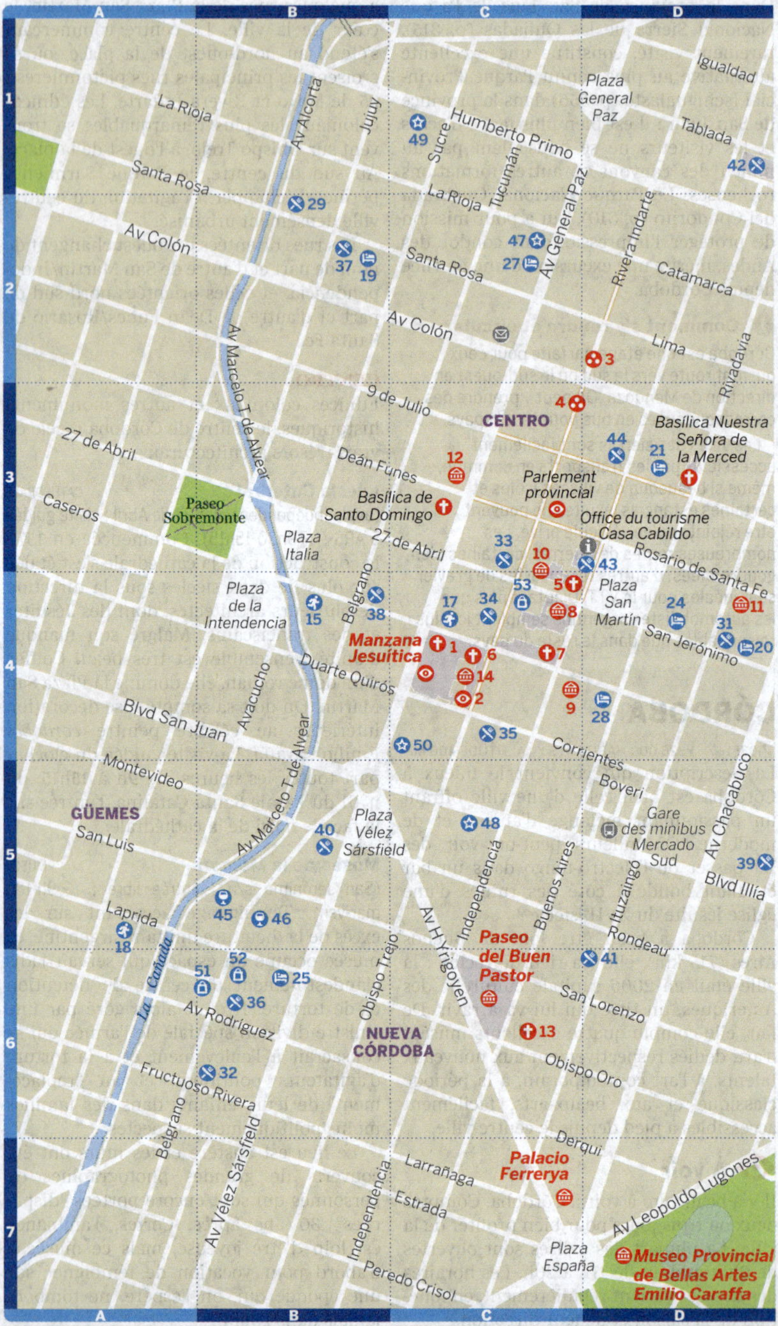

CÓRDOBA ET LES SIERRAS DU CENTRE CÓRDOBA

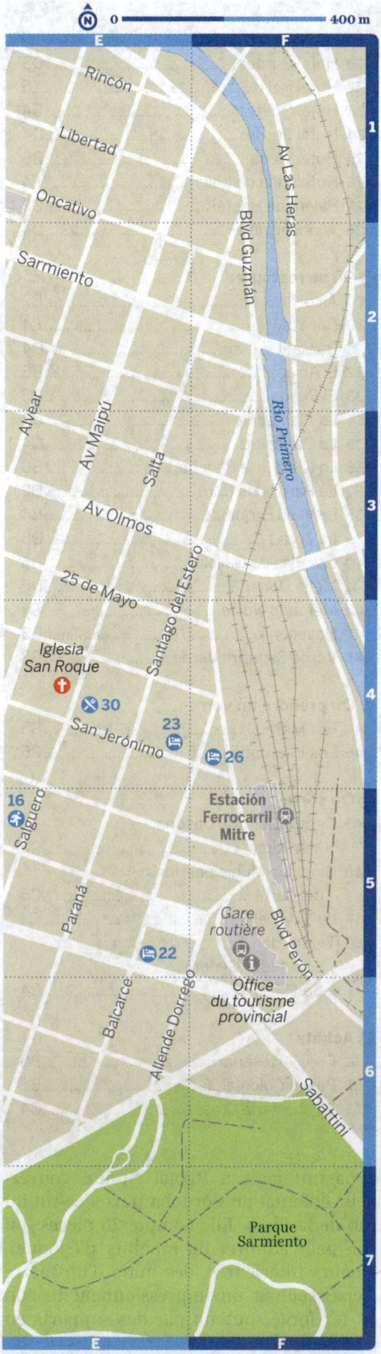

Manzana Jesuítica ÉDIFICE IMPORTANT

Comme celle de Buenos Aires, la magnifique Manzana Jesuítica (quartier jésuite) de Córdoba est aussi connue sous le nom de Manzana de las Luces (quartier des Lumières), et était à l'origine associée au puissant ordre des Jésuites.

Conçue par le père flamand Philippe Lemaire, l'**Iglesia de la Compañía de Jesús** (angle Obispo Trejo et Caseros ; entrée libre ; ⏲9h-13h, 16h-18h) date de 1645 mais elle n'a été achevée qu'en 1671, lorsque le plan de Lemaire, ancien constructeur de navires, qui avait imaginé un toit de cèdre en forme de coque de navire renversée, fut exécuté. Son autel baroque est sculpté dans du cèdre du Paraguay provenant de la province de Misiones. La **Capilla Doméstica** (chapelle domestique), achevée en 1644, se dresse derrière l'église, sur Caseros. Son plafond richement décoré est fait de peaux de vache tendues sur une structure de grosses branches de taguaro (arbre local), et peintes avec des pigments provenant en partie d'os bouillis. Les visites guidées partent de l'intérieur de l'Universidad Nacional de Córdoba.

En 1613, Fray Fernando de Trejo y Sanabria fonda le Seminario Convictorio de San Javier, qui, après avoir été élevé au statut d'université en 1622, devint l'**Universidad Nacional de Córdoba** (Obispo Trejo 242 ; ⏲9h-13h et 16h-20h). C'est la plus ancienne université du pays : elle abrite, entre autres trésors nationaux, une partie de la Grande Bibliothèque jésuite ainsi que le **Museo Histórico de la Universidad Nacional de Córdoba** (visite guidée 10 ARS/pers ; ⏲10h, 11h, 17h et 18h mar-dim). Les visites guidées, vivement recommandées, constituent l'unique moyen d'y pénétrer. On vous laissera alors vous promener dans le Colegio et jeter un coup d'œil dans les salles de classe.

À côté, le **Colegio Nacional de Monserrat** (Obispo Trejo 294) date de 1782 (il fut en réalité fondé en 1687 et transféré ici après l'expulsion des Jésuites). Si les cloîtres intérieurs sont d'origine, l'extérieur a en revanche été considérablement modifié en 1927 par Jaime Roca, l'architecte chargé de la restauration, qui a donné à l'édifice sa touche baroque actuelle.

En 2000, l'Unesco a classé la Manzana Jesuítica, ainsi que cinq estancias jésuites de la province, au patrimoine de l'humanité.

Córdoba

Les incontournables
Manzana Jesuítica C4
Museo Provincial de Bellas Artes Emilio Caraffa D7
Palacio Ferrerya C7
Paseo del Buen Pastor C6

À voir
Cabildo .... (voir 43)
1 Capilla Doméstica C4
2 Colegio Nacional de Monserrat C4
3 Cripta Jesuítica D2
4 Cripta Jesuítica C3
5 Iglesia Catedral C4
6 Iglesia de la Compañía de Jesús C4
7 Iglesia de Santa Teresa y Convento de Carmelitas Descalzas de San José C4
8 Museo de Arte Religioso Juan de Tejeda C4
9 Museo de la Ciudad C4
10 Museo de la Memoria C3
Museo Histórico de la Universidad Nacional de Córdoba .... (voir 14)
11 Museo Histórico Provincial Marqués de Sobremonte D4
Museo Iberoamericano de Artesanías .... (voir 51)
12 Museo Municipal de Bellas Artes Dr Genaro Pérez C3
13 Parroquia Sagrado Corazón de Jesús de los Capuchinos C6
14 Universidad Nacional de Córdoba C4

Activités, cours et circuits organisés
15 Able Spanish School B4
16 Escuela Superior de Yoga E5
17 Facultad de Lenguas C4
18 Tsunami Tango A5

Où se loger
19 Aldea Hostel B2
20 Hotel Azur D4
21 Hotel Garden D3
22 Hotel Heydi E5
23 Hotel Quetzal E4
24 Hotel Sussex D4
25 Hotel Viena B6
26 Hotel Viña de Italia F4
27 Palenque Hostel C2
28 Windsor Hotel D4

Où se restaurer
29 Alcorta B2
30 Bar Yoly E4
31 Bursatil D4
32 El Arrabal B6
33 El Ruedo C3
34 La Alameda C4
35 La Candela C4
36 La Nieta 'e la Pancha B6
37 La Parrilla de Raul B2
38 La Vieja Esquina B4
39 La Zeta D5
40 Las Rías de Galicia B5
41 Mega Doner D6
42 Mercado Norte D1
43 Novecento D3
44 Verde Siempre Verde D3

Où prendre un verre
45 But Mitre B5
46 Los Infernadas B5

Où sortir
47 Centro Cultural Casona Municipal C2
48 Cineclub Municipal Hugo del Carril C5
49 La Sala del Rey C1
50 Teatro del Libertador General San Martín C4

Achats
51 Feria Artesanal B6
52 Paseo Colonial B6
53 Talabartería Crespo C4

Museo Histórico Provincial Marqués de Sobremonte MUSÉE
(☎433-1661/71 ; Rosario de Santa Fe 218 ; 3 ARS ; ⏲9h-13h lun-ven). Comptant parmi les plus importants musées historiques du pays, ce musée mérite un détour, ne serait-ce que pour voir la maison coloniale qu'il occupe : une demeure du XVIIIe siècle qui appartint jadis à Rafael Núñez, gouverneur colonial de Córdoba puis vice-roi du Río de la Plata. Elle compte 26 pièces (où l'on peut admirer du mobilier d'époque), 7 cours intérieures, des murs d'un mètre d'épaisseur et un impressionnant balcon en fer forgé soutenu par des supports en bois sculpté.

Cripta Jesuítica MUSÉE
(angle Rivera Indarte et Av Colón ; 2 ARS ; 10h-15h lun-ven). Bâtie au début du XVIIIe siècle par les Jésuites, la Cripta Jesuítica accueillit d'abord un noviciat avant d'être transformée en crypte et en crématorium. Abandonnée après l'expulsion des Jésuites, elle fut démolie et ensevelie vers 1829 : lors de l'agrandissement de l'Av Colón, le plafond s'écroula dans les nefs souterraines et l'on rebâtit l'édifice par-dessus. La crypte fut oubliée jusqu'à ce que Telecom, en installant des câbles souterrains en 1989, tombe dessus par hasard. La ville l'a depuis merveilleusement restaurée et l'utilise de façon régulière comme salle de spectacles (musique, théâtre, expositions). Les entrées se trouvent de part et d'autre de l'Av Colón, au milieu de la rue piétonne Rivera Indarte.

GRATUIT **Museo Municipal de Bellas Artes Dr Genaro Pérez** MUSÉE
(Av General Paz 33 ; 8h-20h mar-dim). Ce musée d'art est réputé pour sa collection de tableaux des XIXe et XXe siècles. On peut notamment y voir des œuvres d'Emilio Caraffa, Lucio Fontana, Lino Spilimbergo, Antonio Berni et Antonio Seguí, présentées chronologiquement, et offrant un bel aperçu sur l'histoire de l'école de peinture *cordobés*, qui fut dominée par celui qui a donné son nom au musée, Genaro Pérez. Le musée, où sont également organisées des expositions temporaires d'art contemporain, occupe le Palacio Garzón, un curieux bâtiment de la fin du XIXe siècle baptisé d'après son premier propriétaire.

Plaza San Martín et environs PLACE
Très animée, la jolie place centrale de Córdoba date de 1577. Son côté ouest est dominé par les arcades immaculées du **cabildo** (hôtel de ville colonial), restauré, achevé en 1785, et qui abrite trois cours intérieures, ainsi que des cellules souterraines. L'ensemble est ouvert au public mais pour le visiter il faut passer par le **Museo de la Ciudad** (Independencia 30 ; entrée libre ; 8h-20h), situé à une rue plus au sud.

Occupant presque la moitié d'une rue, l'**Iglesia de Santa Teresa y Convento de Carmelitas Descalzas de San José** (angle Caseros et Independencia ; 18h-20h), un couvent de carmélites, date de 1628. Seule l'église est ouverte au public. Jadis partie du couvent, le bâtiment occupé par le **Museo de Arte Religioso Juan de Tejeda** (Independencia 122 ; 9h30-12h30 mer-sam), voisin, expose des objets religieux ainsi que des toiles de maîtres *cordobeses*, mais il était fermé pour travaux lors de notre passage.

NUEVA CÓRDOBA ET GÜEMES

Avant que Chateau Carreras et Cerro de las Rosas, les quartiers situés au nord-ouest de la ville, n'attirent l'élite urbaine vers leurs collines tranquilles, Nueva Córdoba était le fief de la bonne société *cordobés*. Aujourd'hui, les étudiants l'ont investi, d'où la prolifération d'immeubles en brique. On peut encore observer quelques vestiges du passé aristocratique de ce quartier en se promenant le long de la large Av Yrigoyen, bordée de vieilles résidences majestueuses.

Paseo del Buen Pastor CENTRE CULTUREL
(Av H Yrigoyen 325 ; 10h-20h). Ce centre culturel/salle de spectacles fut construit en 1901 pour servir de chapelle, de monastère et de prison pour femmes. Ré-inauguré en 2007, il présente les œuvres des jeunes artistes émergents de Córdoba. Autour de l'esplanade située devant le centre sont établis plusieurs café-bars branchés. La chapelle (désaffectée) accueille régulièrement des concerts – passez sur place pour avoir le programme ou consultez l'édition du jeudi du journal local *La Voz del Interior* pour plus de détails.

Parroquia Sagrado Corazón de Jesús de los Capuchinos ÉGLISE
(angle Buenos Aires et Obispo Oro). Puisque vous êtes dans le quartier, traversez la route pour voir cette magnifique église néogothique érigée entre 1928 et 1934, qui se distingue par son absence de clocher (laquelle, délibérée, symbolise l'imperfection humaine). Parmi les nombreuses sculptures couvrant sa façade, on peut voir des atlantes luttant symboliquement pour soulager les personnages religieux qui les surplombent du poids spirituel qui pèse sur eux.

Palacio Ferrerya MUSÉE
(Av H Yrigoyen 551 ; 3 ARS ; 8h-20h mar-dim). Bâtiment emblématique de Nueva Córdoba, ce palais, édifié en 1914, fut conçu par Ernest Sanson dans le style Louis XVI. Aussi remarquable qu'imposant, il a récemment été reconverti en musée des Beaux-Arts. Plus de 400 œuvres sont réparties dans 12 salles sur trois étages. Une adresse incontournable pour les amateurs d'art et d'architecture.

Museo Provincial de Bellas Artes Emilio Caraffa MUSÉE
(Av H Yrigoyen 651 ; 3 ARS ; ⌚10h-20h mar-dim). Un des meilleurs musées d'art contemporain de la ville. Ce bâtiment de style néoclassique se dresse ostensiblement à l'est de la Plaza España. Il fut conçu par l'architecte Juan Kronfuss et inauguré en 1916. Les expositions changent tous les mois. Au sud du musée, la ville s'ouvre sur son plus grand espace vert, le **Parque Sarmiento**, dessiné par l'architecte Charles Thays, à qui l'on doit aussi le Parque General San Martín de Mendoza.

Autrefois quartier de la classe ouvrière, Güemes est aujourd'hui connu pour ses **boutiques d'antiquités** éclectiques et ses **magasins d'artisanat** qui bordent Belgrano, son artère principale, entre Rodriguez et Laprida. Le marché artisanal du week-end (p. 296), un des meilleurs du pays, est le lieu de rendez-vous de vendeurs d'antiquités et d'artisanat et des hippies de Córdoba. Il se tient non loin du **Museo Iberoamericano de Artesanías** (angle Belgrano et Rodriguez ; ⌚9h-15h lun-ven), qui présente de magnifiques pièces d'artisanat de toute l'Amérique du Sud. Il est plaisant de retourner dans le centre en longeant **La Cañada**, un canal de pierre bordé d'acacias qu'enjambent des ponts à arches.

Cours

Ville étudiante par excellence, Córdoba est l'endroit idéal pour apprendre l'espagnol. Les cours particuliers coûtent environ 50 ARS l'heure, les leçons collectives (en petits groupes) entre 450 et 800 ARS par semaine.

Facultad de Lenguas LANGUES
(☎433-1073/5, poste 30 ; Av Vélez Sársfield 187). Faculté de langues de l'Universidad Nacional de Córdoba.

Able Spanish School LANGUES
(☎422-4692 ; www.ablespanish.com.ar ; Caseros 45). Hébergement et activités l'après-midi en sus des cours de langue. Réductions pour les stages de longue durée.

Tsunami Tango ÉCOLE DE DANSE
(☎15-313-8746 ; www.tsunamitango.blogspot.com ; Laprida 453). Cours de tango et *milongas* (bals) du mardi au samedi. Horaires sur le site Internet.

Escuela Superior de Yoga YOGA
(☎427-0712 ; Salgüero 256). Cours de yoga au mois.

Circuits organisés

Toutes les auberges de jeunesse de la ville et la plupart des hôtels peuvent organiser des excursions dans Córdoba et sa province.

City Tours PROMENADE À PIED
(en espagnol/en anglais 30/50 ARS). Plongez dans la riche histoire de Córdoba en participant à un de ces circuits partant à 9h30 et 11h30 du lundi au vendredi de la Casa Cabildo (p. 296). Pour un guide anglophone, réservez la veille. Des balades thématiques gratuites sont également proposées, mais de façon irrégulière : calendrier à l'office du tourisme.

Fêtes et festivals

Les trois premières semaines d'avril, la ville organise un grand **marché d'artisanat** (appelé "FICO") sur le champ de foire, au nord, près du stade Chateau Carreras. On peut s'y rendre depuis la Plaza San Martín par le bus n°31. À la mi-septembre se tient la **Feria del Libro**, une foire au livre régionale.

Où se loger

Les hôtels de la Plaza San Martín et des environs sont parfaits pour explorer le centre, mais un peu éloignés des restaurants et des lieux de sortie nocturnes. Ceux installés le long de La Cañada ou à Nueva Córdoba constituent alors un meilleur choix.

CENTRO

♥ **Hotel Azur** HÔTEL DE CHARME $$$
(☎424-7133 ; www.azurrealhotel.com ; San Jerónimo 243 ; ch 680-1 200 ARS ; P❄@📶🏊). Étonnamment seul sur ce créneau à Córdoba, l'Azur mêle chic minimaliste et mobilier de style local et international, en un cocktail idéal pour un petit hôtel de charme. Les chambres sont à la hauteur, et les espaces communs (dont piscine et terrasse sur le toit) très séduisants.

Palenque Hostel AUBERGE DE JEUNESSE $
(☎423-7588 ; www.palenquehostel.com.ar ; Av General Paz 371 ; dort à partir de 50 ARS, d sans sdb 140 ARS ; ❄@📶). De loin la plus jolie auberge de jeunesse de Córdoba, dans une vieille demeure classique qui a conservé une bonne partie de son charme d'origine. Nombreux services – buanderie, clim, cours de cuisine tous les soirs – et vastes dortoirs.

Windsor Hotel HÔTEL $$$
(☎422-4012 ; www.windsortower.com ; Buenos Aires 214 ; ch/ste 678/808 ARS ; P❄📶🏊).

Très bien placé, il s'agit de l'un des rares hôtels classiques de la ville dotés d'un véritable style. Le hall rehaussé de boiseries sombres et de cuivre dessert des chambres rénovées avec goût et aux équipements modernes.

Hotel Quetzal HÔTEL $$
(426-5117 ; www.hotelquetzal.com.ar ; San Jerónimo 579 ; s/d 140/220 ARS ; P❄@☷). Chambres modernes, spacieuses et minimalistes, pour une adresse étonnamment tranquille dans ce quartier animé.

Aldea Hostel AUBERGE DE JEUNESSE $
(426-1312 ; www.aldeahostel.com ; Santa Rosa 447 ; dort à partir de 55 ARS, ch avec/sans sdb 90/80 ARS par pers ; @☷). Des chambres simples et spacieuses, légèrement mal situées. Patio, terrasse sur le toit et bar pleins de cachet. Ambiance jeune et conviviale.

Hotel Garden HÔTEL $$
(421-4729 ; www.garden-hotel.com.ar ; 25 de Mayo 35 ; ch standard/deluxe 150/250 ARS ; ❄☷). Difficile de faire plus central. Les chambres standards (non rénovées, avec ventil) sont valables, mais les deluxe (rénovées, avec clim), plusieurs crans au-dessus, sont une bonne affaire.

Hotel Sussex HÔTEL $$
(422-9070 ; www.hotelsussexcba.com.ar ; San Jerónimo 125 ; s/d 250/320 ARS ; ❄☷≋). Le hall magnifique, avec plafond voûté, piano à queue et œuvres d'art, conduit à des chambres, hélas, plus ordinaires. À ce prix, demandez-en une avec vue sur la place.

Hotel Viña de Italia HÔTEL $$
(425-1678 ; www.hotelvinadeitalia.com.ar ; San Jerónimo 611 ; s/d 180/245 ARS ; P❄☷). Bien que ses 150 chambres de taille moyenne, avec clim, chauffage, TV et téléphone, en imposent moins que son hall, l'endroit garde un certain chic. Bon rapport qualité/prix.

Hotel Heydi HÔTEL $$
(422-2219 ; www.hotelheydi.com.ar ; Blvd Illía 615 ; s/d 280/350 ARS ; ❄). Moderne et impeccable, c'est le meilleur du lot aux abords de la gare routière. Personnel sympathique et efficace.

NUEVA CÓRDOBA ET LA CAÑADA

Tango Hostel AUBERGE DE JEUNESSE $
(425-6023 ; www.tangohostelcordoba.com.ar ; Riviera 70 ; dort 52 ARS, ch avec/sans sdb 145/130 ARS ; @☷). Nichée dans Nueva Córdoba, cette chaleureuse petite auberge de jeunesse est tenue par des voyageurs bien placés, par leur âge, pour savoir ce que recherche leur clientèle.

Hotel Viena HÔTEL $$
(460-0909 ; www.hotelviena.com.ar ; Laprida 235 ; s/d 230/290 ARS ; ❄@☷). Cette adresse moderne au cœur de la ville propose des

L'AMOUR À L'HEURE

Chaque ville argentine dispose d'*hoteles por hora* (hôtels à l'heure) où les amoureux peuvent se donner rendez-vous. Ces établissements se déclinent en *residenciales* (hôtels bon marché) quelconques ou en nids d'amour luxueux avec lumières tamisées, miroirs, chaîne de TV érotique, Jacuzzi et room-service proposant toute une panoplie de sex toys. Ces hôtels de luxe sont un aspect de la culture argentine que certains seront peut-être tentés de découvrir.

Córdoba dispose de quatre *hoteles por hora* sur la route de l'aéroport. Si vous n'avez pas de voiture, vous pourrez vous y rendre en taxi (on a testé pour vous). Voici comment ils fonctionnent.

Tout repose sur l'anonymat. Lorsque vous arrivez, un numéro clignote sur un panneau : votre numéro de chambre. Si vous êtes en taxi, le chauffeur vous dépose dans le garage portant ce numéro et repart. Fermez la porte et entrez dans la chambre.

Dans les cinq minutes, on vous propose par téléphone une boisson gratuite qui sera livrée par une petite trappe dans le mur. Lorsque l'on frappe à la porte, ouvrez la trappe, prenez votre boisson et payez la chambre (forfait d'entrée : 80 ARS pour deux heures). Dix minutes avant la fin, on vous appelle pour vous avertir poliment que les deux heures sont passées.

Des quatre hôtels situés sur la route de l'aéroport, le meilleur est l'**Eros Hotel** (Camino al aeropuerto, km 5,5). Il propose des suites avec Jacuzzi, des lits à télécommande, les chaînes de TV idoines et tout ce qu'il faut pour s'amuser. Et il est impeccable.

Un taxi vous coûtera environ 30 ARS aller-retour. Pour le retour, demandez au chauffeur de venir vous prendre deux heures plus tard. Ils connaissent la chanson.

chambres claires et propres, et un excellent buffet au petit-déjeuner. Hall plein de recoins pour s'asseoir et restaurant sur place. À recommander.

Où se restaurer

La Nieta 'e La Pancha FUSION $$

(☎468-1920 ; Belgrano 783 ; plats 50-90 ARS ; ⌚dîner mar-ven, 16h30-1h sam-dim). Une équipe merveilleuse et une carte régulièrement renouvelée de savoureuses spécialités régionales, de pâtes inventives et de recettes maison. Gardez un peu de place pour le dessert. La ravissante terrasse à l'étage permet de profiter de la brise en observant l'animation de la rue en contrebas.

El Arrabal ARGENTIN $$

(☎460-2990 ; Belgrano 899 ; plats 40-80 ARS ; ⌚déj et dîner). Tenant d'une restauration traditionnelle assez peu représentée à Nueva Córdoba, cet établissement sert des spécialités maison et régionales un peu surtarifées mais inventives. Affiche complet lors des dîners-spectacles de tango (20 ARS), à 23h du jeudi au samedi. Réservez.

Verde Siempre Verde VÉGÉTARIEN $

(9 de Julio 36 ; plats à partir de 25 ARS ; ⌚déj et dîner ; ✎). Un délicieux buffet végétarien, qui propose également des menus.

Mercado Norte MARCHÉ $

(angle Rivadavia et Oncativo ; ⌚lun-sam). Le marché couvert de Córdoba vend de quoi se régaler à faible coût, notamment des pizzas, des *empanadas* et des fruits de mer. On y vient aussi pour flâner parmi les étals bien tenus, riches de toutes les pièces de viande imaginables, dont des *chivitos* (chevreaux) et des cochons entiers.

Las Rias de Galicia ESPAGNOL $$

(Montevideo 271 ; menu midi 35 ARS, plats 40-85 ARS ; ⌚déj et dîner). Une table espagnole haut de gamme, qui sert le menu déjeuner le plus avantageux de Córdoba et toutes sortes de délices à la carte, en particulier d'excellents fruits de mer.

Bar Yoly PARRILLA $

(Plazoleta San Roque, Salguero et San Jerónimo ; menu 25 ARS ; ⌚déj et dîner). Le Yoly est l'un des derniers représentants de ces *parrillas* (grills) de quartier en voie d'extinction à Córdoba : aussi mieux vaut-il y arriver tôt pour devancer les anciens et décrocher une table sur la petite place ombragée.

> À NE PAS MANQUER
>
> ### SAVEURS LOCALES
>
> Si vous souhaitez vous restaurer en compagnie de la population estudiantine, prenez place dans l'un des établissements suivants où l'on arrose à la bière *empanadas* et *locro* (ragoût épicé de maïs et de viande).
>
> **La Alameda** (Obispo Trejo 170 ; empanadas 4 ARS, locro 22 ARS ; ⌚déj et dîner). Après avoir avalé *empanadas* maison et bière fraîche assis sur une banquette, vous n'aurez plus qu'à couvrir le mur de quelques graffitis supplémentaires.
>
> **La Candela** (Duarte Quiros 67 ; empanadas 4 ARS, locro 24 ARS ; ⌚déj et dîner). Une table rustique terriblement pittoresque, tenue par trois *señoras* excentriques et adorables.
>
> **La Vieja Esquina** (angle Belgrano et Caseros ; empanadas 4 ARS, locro 28 ARS ; ⌚déj lun-sam). Un petit endroit cosy avec des tabourets au bar et des places en vitrine. Commandez au comptoir.

Novecento INTERNATIONAL $$

(angle Rosario de Santa Fe et Independencia ; plats 40-70 ARS ; ⌚déj et dîner). Peu d'adresses dans le centre-ville ont plus de charme que cet adorable café-restaurant installé dans une cour du *cabildo,* monument historique. La carte n'oublie aucun classique et y ajoute quelques agréables surprises.

La Parrilla de Raul PARRILLA $

(Jujuy 278 ; plats 15-30 ARS ; ⌚déj et dîner). Sans doute la plus célèbre *parrilla* de la ville. La *parrillada* (assortiment de grillades) pour deux ne coûte que 40 ARS (boissons, salade et autres extras en supplément).

El Ruedo CAFÉ $

(angle Obispo Trejo et 27 de Abril ; plats env 30 ARS ; ⌚8h-22h). Cette adresse sert viandes, pizzas et sandwichs habituels, mais sa terrasse sur le côté d'une petite place à l'ombre de gros arbres et ses *limonadas con soda* (jus de citron à l'eau de Seltz) remportent tous les suffrages les jours de forte chaleur.

La Zeta ORIENTAL $$

(angle Corrientes et Salguero ; plats 40-70 ARS ; ⌚déj et dîner). Cette excellente cuisine levantine et méditerranéenne tranche agréablement avec l'ordinaire. Les saveurs compensent le cadre, qui n'a rien d'exceptionnel.

Bursatil CAFÉ $
(San Jerónimo et Ituzaingó ; plats 35-60 ARS ; ⏲petit-déj, déj et dîner). D'élégants cafés modernes comme celui-ci, l'un des meilleurs du lot, commencent à apparaître dans la vieille ville. Beaux aménagements intérieurs, bon café et petite carte d'inspiration asiatique.

Mega Doner TURC $
(Ituzaingó 528 ; menu 28-45 ARS ; ⏲déj et dîner). Bien situé dans le quartier des bars de Nueva Córdoba et pourvu d'une terrasse, ce spécialiste du *döner kebab* authentique sert aussi des formules déjeuner d'un bon rapport qualité/prix.

Alcorta PARRILLA $$
(☎424-7452 ; Av Alcorta 330 ; plats 45-80 ARS ; ⏲déj et dîner). Cette *parrilla* chic, réputée pour ses viandes grillées (les meilleures de la ville, aux dires de certains), cuisine également de délicieux plats de pâtes et de poisson. Essayez les *mollejitas* (ris de veau) *al sauvignon blanc*.

Où prendre un verre

L'engouement local va au Fernet-Branca (une forte liqueur au goût d'herbes médicinales venue d'Italie), presque toujours mélangé à du Coca. Attention à la gueule de bois le lendemain.

La vie nocturne à Córdoba se concentre essentiellement dans trois secteurs. Les établissements branchés fréquentés par une clientèle plutôt jeune sont à Nueva Córdoba. Vous trouverez des dizaines de bars, passant principalement de l'électro tranquille, en descendant Rondeau, entre les avenues H Yrigoyen et Chacabuco, après minuit.

Dans le quartier nord du centre-ville, plusieurs établissements programmant des concerts sont établis le long du Blvd Guzmán, du côté de l'Av General Paz.

Les discothèques et clubs ont élu domicile de l'autre côté de la rivière, sur l'Av Las Heras, entre Roque Sáenz Peña et Juan B Justo (secteur baptisé localement Abasto). En se promenant dans les environs, on peut obtenir des entrées gratuites pour certains de ces établissements.

Los Infernadas BAR
(Belgrano 631). Bar décontracté proposant une sélection musicale éclectique. Se démarque par ses concerts, du jeudi au dimanche, et son grand *patio cervecero* (bar en terrasse).

But Mitre BAR
(www.butmitre.com ; Av Marcelo T de Alvear 635). Bar-discothèque populaire sur La Cañada. À ne pas manquer, notamment le jeudi soir.

El Barranco BAR
(Av Las Heras 58 ; admission 6-12 ARS). Dans le quartier animé d'Abasto, cette salle de concerts-discothèque est un bon endroit pour commencer la soirée, à ce détail près qu'il n'y a vraiment du monde qu'à partir de 1h. Soirée latino le vendredi et concerts le samedi.

Où sortir

La Voz del Interior, le principal journal de Córdoba, publie tous les jeudis des pages divertissements comprenant notamment les horaires des spectacles.

Né à Córdoba, le *cuarteto* est à l'honneur dans de nombreuses salles. Ce genre musical a toutefois tendance à attirer un public pas toujours recommandable. La Barra, un groupe extrêmement populaire, joue souvent le dimanche à la respectable **Sala del Rey** (Humberto Primero 439).

Centro Cultural Casona Municipal CENTRE CULTUREL
(angle Av General Paz et La Rioja ; ⏲8h-20h dim-ven, 10h-22h sam). Outre des expositions d'art contemporain d'avant-garde et des concerts, le centre propose des cours d'art et de musique sur un mois.

Teatro del Libertador General San Martín THÉÂTRE
(☎433-2319 ; Av Vélez Sársfield 365 ; billet 30-170 ARS ; ⏲billetterie 9h-21h). Ce théâtre historique achevé en 1891 vaut le détour, ne serait-ce que pour l'opulence de son architecture. La scène étant équipée d'un plancher amovible, cela permettait, une fois les fauteuils enlevés, d'organiser de grandes fêtes pour l'aristocratie dans les années 1900.

Cineclub Municipal Hugo del Carril CINÉMA
(☎433-2463 ; www.cineclubmunicipal.org.ar ; Blvd San Juan 49 ; entrée 10 ARS ; ⏲billetterie 9h-tard). Pour une bonne soirée (ou journée) au cinéma, rendez-vous dans cette salle municipale à la programmation éclectique : films d'art et d'essai, lauréats de prix latino-américains et productions locales. Passez

prendre le programme. On y donne aussi, à l'occasion, des concerts et des pièces de théâtre.

Achats

Les antiquaires sont établis le long de la Calle Belgrano, dans le *barrio* Güemes, où se trouve également une **feria artesanal** (marché artisanal ; angle Rodriguez et Belgrano ; ⏲17h-22h sam-dim) comptant parmi les meilleures du pays. Dans le centre-ville, plusieurs boutiques vendent de l'artisanat argentin.

Paseo Colonial ACCESSOIRES
(Belgrano 795 ; ⏲10h-21h lun-sam, 17h-22h dim). Pour découvrir les dernières tendances des jeunes créateurs locaux, pénétrez dans cette galerie commerciale abritant plusieurs petites boutiques de vêtements, d'articles ménagers et de bijoux.

Talabartería Crespo SOUVENIRS
(☎421-5447 ; Obispo Trejo 141 ; ⏲lun-sam). Maroquinerie à base de cuir de *carpincho* (un gros rongeur donnant un cuir tacheté), pulls, couteaux et ustensiles à maté.

Renseignements

Accès Internet

On peut se connecter à Internet dans les *locutorios* (taxiphones) du centre et on trouve des cybercafés partout à Nueva Córdoba.

Agence de voyages

Asatej (☎422-9453 ; www.asatej.com ; Av Vélez Sarsfield 361, Patio Olmos, Local 412), au 3e étage du centre commercial de Patio Olmos. Agence de voyages étudiante à but non lucratif. Personnel épatant. Ouverte à tous.

Argent

On trouve des *cambios* (bureaux de change) et des DAB dans Rivadavia, au nord de la place, ainsi qu'à la gare routière principale et à l'aéroport.

Cambio Barujel (angle Rivadavia et 25 de Mayo). Commissions élevées.

Maguitur (☎421-6200 ; 25 de Mayo 122). Prélève 3% sur les chèques de voyage.

Laverie

Trapitos (☎422-5877 ; Independencia 898 ; environ 25 ARS tout compris)

Offices du tourisme

ACA (Automóvil Club Argentino ; ☎421-4636 ; angle Av General Paz et Humberto Primo). L'automobile-club argentin. Bonnes cartes routières de la province.

Offices du tourisme Casa Cabildo (☎434-1200 ; Independencia 30 ; ⏲8h-20h). Réunit dans une demeure historique les bureaux principaux des offices du tourisme municipal et provincial.

Office du tourisme provincial aéroport (☎434-8390 ; Aeropuerto Pajas Blancas ; ⏲8h-20h) ; gare routière (☎433-1982 ; ⏲8h-21h)

Poste

Poste centrale (Av General Paz 201)

Services médicaux

Urgences (☎421-0243 ; angle Catamarca et Blvd Guzmán).

BUS AU DÉPART DE CÓRDOBA

DESTINATION	PRIX (ARS)	DURÉE (HEURES)
Bahía Blanca	322	12
Bariloche	624	22
Buenos Aires	250	10
Catamarca	155	5-6
Corrientes	356	12
Esquel	691	25
Formosa	479	12
Jujuy	345	12
La Rioja	160	7
Mendoza	280	10
Merlo	88	5 heures 30
Montevideo (Uruguay)	463	15
Neuquén	486	17
Paraná	155	6
Puerto Iguazú	547	22
Puerto Madryn	549	18-20
Resistencia	308	13
Río Gallegos	2101	40
Rosario	143	6
Salta	377	12
San Juan	210	14
San Luis	180	6
San Martín de los Andes	485	21
Santiago del Estero	159	6
Tucumán	218	8

Depuis/vers Córdoba

Avion

L'aéroport international **Ingeniero Ambrosio Taravella** (☎434-8390) de Córdoba prélève sur tous les départs internationaux une taxe de départ de 116 ARS, le plus souvent incluse dans le prix du billet.

Aerolíneas Argentinas/Austral (☎/fax 482-1025 ; Av Colón 520) possède des bureaux en centre-ville. Cette compagnie assure plusieurs vols par jour pour Buenos Aires. **Lan** (☎452-3030 ; Av Alcorta 206) dessert quotidiennement Buenos Aires et Santiago du Chili. **Sol** (☎0810-122-7765 ; www.sol.com.ar) couvre Rosario, Tucumán et Mendoza. **Andes Líneas Aéreas** (☎426-5809 ; www.andesonline.com ; Colón 532) assure des liaisons avec Salta. **Aero Chaco** (☎0810-345-2422 ; www.aerochaco.net) se rend à Resistencia.

Bus

La **gare routière** de Córdoba (NETOC ; ☎423-4199, 423-0532 ; Blvd Perón 300) est à environ 15 minutes de marche du centre-ville. **Rede Ticket** (Obispo Trejo 327), dans le centre, vend les billets des principales compagnies de bus sans facturer de commission.

Au dernier étage de la gare routière, plusieurs compagnies de bus desservent les mêmes destinations que les minibus depuis leur propre gare. Notez que, ceux qui partent de la gare routière marquant tous les arrêts, ils mettent souvent une heure de plus.

Plusieurs compagnies proposent des services vers des destinations au Chili, notamment Santiago (322 ARS, 16 heures), mais cela nécessite le plus souvent de prendre une correspondance à Mendoza.

Minibus

Des minibus partent régulièrement de la **gare des minibus Mercado Sud** (Blvd Illia près de Buenos Aires). La plupart sont directs tandis que les autres marquent de nombreux arrêts en chemin. Mieux vaut se renseigner, car cela peut représenter une bonne heure de trajet de plus.

En été, des bus directs desservent parfois La Cumbrecita, mais il est sans doute plus rapide de rallier d'abord Villa General Belgrano.

Train

De l'**Estación Ferrocarril Mitre** (☎426-3565 ; Blvd Perón s/n), des trains partent pour Rosario (22/30/54 ARS en classe *Turista/Primera*/Pullman, 9 heures) et la gare Retiro de Buenos Aires (30/50/90/300 ARS en classe *Turista/Primera*/Pullman/*Camarote*, 17 heures) à 14h40 les dimanches et 19h30 les mercredis. Il y a un wagon restaurant. Les billets se vendent souvent des semaines à l'avance, surtout pour une *camarote* (cabine couchette pour 2 pers) ; il vaut donc mieux réserver dès que possible.

Un train pour Cosquín (6,50 ARS, 2 heures) quitte l'**Estación Rodriguez del Busto** (☎477-6195 ; Cardeñosa 3 500), à la périphérie nord-ouest de la ville, tous les jours à 9h10 et 11h20, avec un départ en plus à 12h20 le week-end. Les bus n^{os}A4 et A7 se rendent à la gare depuis la place centrale. Sinon, le trajet en taxi coûte 25 ARS.

MINIBUS AU DÉPART DE CÓRDOBA

DESTINATION	PRIX (ARS)	DURÉE (HEURES)
Alta Gracia	11	1
Capilla del Monte	40	3
Cosquín	22	1 heure 15
Jesús María	15	1
La Falda	27	3
La Cumbre	35	3
Mina Clavero	50	3
Villa Carlos Paz	10	1
Villa General Belgrano	32	2

Comment circuler

L'aéroport est situé à 15 km au nord de la ville par l'Av Monseñor Pablo Cabrera. Le bus Intercórdoba le dessert depuis la gare routière principale (5 ARS). Pour vous rendre en ville en taxi, comptez environ 50 ARS.

Pour vous déplacer en bus, il vous faut une carte magnétique rechargeable ou des *cospeles* (jetons), en vente dans presque tous les kiosques de la ville. Un trajet coûte 2,50 ARS.

Disposer d'une voiture se révèle très utile pour visiter certaines estancias jésuites qui ne sont pas accessibles en bus. Une petite voiture de location coûte environ 200 ARS pour 200 km. Les prix varient selon la saison. Vous pouvez notamment vous adresser à :

Alamo (☎499-8436 ; Sheraton Hotel, Duarte Quirós 1300)

Europcar (☎422-4867, 481-7683 ; Entre Ríos 70). Dans l'Hotel Dora.

1

1. Parque Nacional Sierra de las Quijadas (p. 315)
Ces incroyables formations rocheuses servent de cadre à de belles randonnées.

2. Iglesia Catedral (p. 287)
La magnifique cathédrale de Córdoba, couronnée d'un dôme de style roman.

3. Estancia Santa Catalina (p. 305)
Classée au patrimoine mondial de l'Unesco, cette estancia jésuite est l'une des plus belles de la Sierra.

LES SIERRAS DU CENTRE

Loin d'offrir des paysages aussi somptueux que les Andes, les Sierras du Centre l'emportent en revanche sur leurs impressionnantes voisines par leur hospitalité. Certaines des petites villes qui parsèment cette région méritent une simple visite, d'autres un séjour plus long. Toutes sont aisément accessibles grâce à un excellent réseau routier et à des services de bus fréquents.

De la tendance "hippie chic" de La Cumbre, capitale du parapente, au kitsch clinquant de Villa Carlos Paz, il faut être vraiment blasé pour ne pas trouver ici de quoi susciter sa curiosité. Les amateurs de farniente apprécieront le village en bordure de rivière de Mina Clavero et les anciens centres jésuites d'Alta Gracia et Jesús María. L'ambiance se fait résolument germanique plus au sud : ne manquez pas le village piéton de La Cumbrecita pour ses *spätzle* (pâtes allemandes), ses randonnées et ses lieux de baignade.

Cosquín

03541 / 39 840 HABITANTS / ALTITUDE 720 M

Cosquín est connue dans tout le pays pour son **Festival Nacional del Folklore** (www.aquicosquin.org), 9 jours de musique folk qui, depuis 1961, débutent la dernière semaine de janvier. La ville fait le plein de visiteurs à l'occasion du festival et reste très fréquentée tout l'été avant de retomber dans une agréable léthargie le reste de l'année.

Dans un style plus bruyant, le **Cosquín Rock Festival** se tenait dans la ville jusqu'à ce que les riverains décident que les adolescents adeptes de piercings et de bracelets à clous n'étaient pas vraiment le type de visiteurs qu'ils recherchaient. Le festival a donc été déplacé sur les rives du Lago San Roque voisin.

À l'est, le **Cerro Pan de Azúcar**, qui culmine à 1 260 m, offre un beau panorama sur les sierras et, quand le temps est dégagé, sur Córdoba. Une **aerosilla** (télésiège ; aller-retour 35 ARS ; 10h-17h) permet de gagner régulièrement le sommet l'été – consultez l'office du tourisme hors saison. Comptez environ 80 ARS pour vous rendre en taxi jusqu'à la base du Cerro.

De l'autre côté de la rivière depuis le centre-ville (tournez à gauche après le pont), l'Av Belgrano forme une promenade de 4 km au bord de l'eau – une escapade agréable par une chaude journée d'été ; les plages qui jalonnent le parcours sont vite bondées dès qu'il fait un peu chaud.

L'**office du tourisme municipal** (453701 ; www.cosquin.gov.ar ; San Martín 560 ; 8h-21h lun-ven, 9h-18h sam et dim) dispose d'un bon plan de la ville.

Où se loger et se restaurer

Hostería Siempreverde HÔTEL $

(450093 ; www.hosteriasiempreverde.com ; Santa Fe 525 ; s/d 140/190 ARS ;). Forte d'un grand jardin ombragé, cette ravissante maison ancienne compte, à l'arrière, des chambres modernes de bonne taille. Le salon/salle du petit-déjeuner allie élégance et confort.

BIZARRE, VOUS AVEZ DIT BIZARRE ?

La région des Sierras de Córdoba est l'une des plus étranges d'Argentine. D'où l'intérêt de s'y rendre : impossible de s'y balader sans tomber régulièrement sur un phénomène ou un site étonnant et décalé. Notre sélection (à compléter !) :

Capilla del Monte Cette petite bourgade par ailleurs paisible est réputée auprès des chasseurs d'OVNI du monde entier, qui s'y rendent dans l'espoir d'un "premier contact" au sommet du Cerro Uritorco (p. 304).

Villa General Belgrano (www.elsitiodelavilla.com/oktoberfest). La forte identité allemande de cette localité lui donne un petit air d'Europe, plus perceptible encore quand la bière coule à flots, pendant l'Oktoberfest.

Carlos Paz (www.villacarlospaz.gov.ar/turismo). Sorte d'hybride de Las Vegas et de Disneyland, cette ville en bord de lac se targue de plusieurs hôtels "à thème" (les pyramides égyptiennes, le Kremlin) et d'une pendule à coucou géante.

Museo Rocsen (www.museorocsen.org). Près du village de Nono, à la sortie de Mina Clavero, les quelque 11 000 objets de récupération exposés ici composent le cabinet de curiosités le plus éclectique qui soit.

Sierras du Centre

ESTANCIAS DANS LES SIERRAS DU CENTRE

Petits refuges rustiques ou vastes ranchs : les Sierras du Centre offrent un choix restreint, mais excellent, d'hébergements en estancias.

Estancia La Estanzuela (p. 317). Magnifiquement conservée, sur des terrains verdoyants.

Estancia Las Verbenas (p. 316). Dans une belle clairière. Une expérience vraiment rustique.

La Ranchería de Santa Catalina (p. 305). Passez la nuit dans le bâtiment anciennement réservé aux esclaves.

Des cafés, restaurants et *parrillas* jalonnent San Martín, entre la place et le stade.

Hospedaje Petit HÔTEL $
(☎451311 ; petitcosquin@hotmail.com ; A Sabattini 739 ; s/d 100/150 ARS). Un bâtiment au toit pentu dont le hall couvert d'un beau carrelage ancien mène vers des chambres modernes assez ordinaires. Bon rapport qualité/prix : propre, spacieux et central.

La Casona PARRILLA $$
(San Martín et Corrientes ; plats 35-60 ARS ; ⏲déj et dîner). Cette *parrilla* recommandée, installée dans une vieille bâtisse pleine de charme, est spécialisée dans le *chivito* grillé (chevreau).

Depuis/vers Cosquín

De nombreux bus partent chaque jour vers La Falda (8 ARS, 45 min) et La Cumbre (12 ARS, 1 heure 15), au nord, et toutes les 20 minutes vers Villa Carlos Paz (10 ARS, 40 min) et Córdoba (22 ARS, 1 heure 15), au sud. Quelques départs quotidiens pour Buenos Aires (280 ARS, 11 heures).

Des trains partent pour l'Estación Rodríguez del Busto de Córdoba (6,50 ARS, 2h30) à 8h et 15h30 tous les jours ; départ supplémentaire à 16h30 le week-end.

La Falda

☎03548 / 35 990 HABITANTS / ALTITUDE 934 M

Cette ville boisée est plus animée que ses voisines des Sierras du Centre, mais ne présente pas autant d'intérêt qu'elles. Elle mérite toutefois une halte d'un jour ou deux, le temps de se promener dans les collines et sur l'ancien domaine de l'Hotel Eden.

La **place principale** (angle Sarmiento et Rivadavia) de La Falda est ravissante et d'autant plus tranquille qu'elle se trouve en retrait de l'artère principale. Elle est occupée par un **marché artisanal** (Feria artisanal ; ⏲journée) le week-end, et tous les jours en été.

L'**office du tourisme** (☎423007 ; www.lafalda.gov.ar ; Av Eden 93 ; ⏲8h-20h30) est très pratique et possède de bonnes cartes de la région.

À voir et à faire

Un agréable chemin de **randonnée** mène en deux heures au sommet du Cerro La Banderita (1 350 m). Profitez aussi de votre séjour en ville pour effectuer une visite guidée du somptueux **Hotel Eden** (20 ARS ; ⏲10h-18h), construit en 1897 et aujourd'hui à l'abandon, qui reçut du temps de sa splendeur des célébrités comme Albert Einstein et plusieurs présidents argentins. Depuis l'Eden, suivez les panneaux indiquant El Chorito, un point de vue offrant un panorama spectaculaire sur les Sierras Chicas.

Lorsque la température grimpe, habitants et touristes se rendent aux **7 Cascadas** (10 ARS ; ⏲journée). Le site comprend trois piscines et plusieurs bassins aménagés sous des cascades lors de la construction du barrage local. Pour s'y rendre, il faut parcourir 3 km à pied ou prendre un *remis* (20 ARS).

Où se loger et se restaurer

Residencial Old Garden HÔTEL $$
(☎422842 ; www.hoteloldgarden.com.ar ; Capital Federal 28 ; s/d 120/200 ARS ; 🏊). Cette belle demeure ancienne, entretenue avec soin par ses propriétaires vivant sur place, compte parmi les meilleurs lieux d'hébergement des Sierras.

Hotel Mediterráneo HÔTEL $
(☎842-1246 ; www.hotel-mediterraneo.com.ar ; Guëmes 149 ; ch par pers 80 ARS ; 🏊). Rien d'extravagant ici, mais une bonne adresse petits budgets : propre et calme, avec une piscine de taille correcte et un bon restaurant.

La Bordolesa PARRILLA $
(angle Sarmiento et Saavedra ; plats à partir de 35 ARS ; ⏲déj et dîner). Une *parrilla* moderne et décontractée, avec un gril à l'intérieur et un autre dehors. Si le temps s'y prête, choisissez une table sur la pelouse et commandez une assiette de *picadas* (40 ARS pour deux).

Depuis/vers La Falda

La gare routière se trouve sur la RN 38, au nord de l'Av Eden. Des bus et des minibus partent régulièrement vers le sud pour Cosquín (8 ARS, 45 min), Villa Carlos Paz (15,50 ARS, 1 heure 15) et Córdoba (27 ARS, 2 heures) ; vers le nord, ils desservent La Cumbre (6,50 ARS, 30 min) et Capilla del Monte (11 ARS, 1 heure). Des bus longue distance rallient régulièrement Buenos Aires (à partir de 281 ARS, 12 heures) et d'autres destinations.

La Cumbre

☎03548 / 10 090 HABITANTS / ALTITUDE 1 141 M

Destination d'escapades très appréciées tant des habitants de Córdoba que des touristes, La Cumbre est une petite ville agréable, qui doit en partie son charme à ses larges rues et à son doux climat de montagne. On peut pratiquer de nombreuses activités sportives dans les hauteurs environnantes. Jouissant d'une renommée mondiale pour avoir accueilli la Coupe du monde de parapente en 1994, La Cumbre a conquis les inconditionnels de ce sport qui sont nombreux à y séjourner, conférant à la ville une ambiance internationale. L'aire de décollage, à 380 m au-dessus du Río Pinto, permet de s'initier à cette discipline sur un site spectaculaire. De nombreux instructeurs expérimentés des environs proposent des cours et des vols en tandem.

À voir et à faire

Au sud de la ville, plus d'une vingtaine de particuliers vendent des produits maison le long de la route surnommée **Camino de los Artesanos** : confitures et chutneys, articles en laine, en cuivre et en argent. La plupart ouvrent de 11h jusqu'au coucher du soleil.

On jouit d'un beau panorama depuis le **Cristo Redentor**, une statue du Christ haute de 7 m perchée sur une colline de 300 m à l'est de la ville ; depuis la Plaza 25 de Mayo, traversez la rivière et suivez Córdoba vers l'est en direction des montagnes : le sentier commence après une petite saillie sur la gauche, après avoir traversé Cabrera.

Décoller depuis Cuchi Corral (avant de se balader près du Río Pinto) constitue une expérience mémorable. L'aire de décollage ("La Rampa") se situe à une dizaine de kilomètres à l'ouest de la ville, sur une route de terre (indiquée) partant de la grand-route. **Toti López** (☎03548-15-636592) et **Carlos Vega** (☎491941) proposent des cours et des vols en tandem. Ils pratiquent des tarifs similaires (400 ARS les 30 min pour les vols en tandem, 4 000 ARS pour des cours complets).

L'**Aeroclub La Cumbre** (☎452544 ; Camino a los Troncos s/n) propose toutes sortes de formules, des vols en tandem aux vols en ultraléger. Demandez Andy Hediger (natif de Montreux, en Suisse, et ancien champion du monde de parapente) ou Hernán Pitocco (numéro 4 mondial de parapente acrobatique). On peut aussi se faire des frayeurs en sautant en parachute avec **Nicolás López** (☎452544).

Hacer Cumbre (☎03548-15-638424 ; www.hacercumbre.com ; Caraffa 270) organise à peu près toutes les autres activités envisageables dans les environs, notamment des treks, des excursions hors route en 4x4 et des promenades à cheval dans les superbes paysages autour du Cerro Ongamina. La journée d'excursion (transfert et repas compris) commence à 560 ARS pour deux, mais cela revient nettement moins cher si vous êtes en groupe. Ce prestataire loue aussi des VTT de qualité (60/80 ARS la demi-journée/journée).

Où se loger

Les établissements cités proposent l'ensemble des activités possibles à La Cumbre.

Hostel La Cumbre AUBERGE DE JEUNESSE $
(☎451368 ; www.hostellacumbre.com ; San Martín 186 ; dort 60 ARS, ch par pers 100 ARS ; @ 📶 🏊). Deux rues derrière la gare routière, cette demeure anglaise reconvertie renferme l'une des auberges de jeunesse les plus impressionnantes de la région. Vue splendide depuis le balcon en façade.

Hostería Pastoral HÔTEL $$
(☎452787 ; www.hosteriapastoral.com.ar ; Moreno 480 ; s/d 300/350 ARS hors soins au spa, 350/400 ARS avec accès au spa ; P @ 📶 🏊). Une ambiance chaleureuse de chalet de ski, des salons confortables et un immense jardin avec piscine compensent des chambres un peu datées. Et le spa, avec Jacuzzi, sauna et massages, fait le reste.

Camping El Cristo CAMPING $
(☎451893 ; Monseñor P Cabrera s/n ; empl 20 ARS). En contrebas du Cristo Redentor, à l'est de la ville, ce camping exceptionnel n'est qu'à deux pas du centre.

RENCONTRES DU TROISIÈME TYPE

Les doux rêveurs et les hippies ne sont pas les seuls à en parler. À Capilla del Monte, chacun a des histoires à raconter sur d'étranges lumières apparaissant en formation dans le ciel, la nuit, au-dessus du Cerro Uritorco voisin. Cela ne date pas d'hier. En 1935, Manuel Reina rapporta avoir vu, alors qu'il marchait le long d'une route de campagne, un personnage étrange habillé dans un costume très près du corps. En 1986, Gabriel et Esperanza Gómez virent un vaisseau spatial si grand que ses lumières éclairaient tout le paysage environnant. Le jour suivant, une marque de brûlure mesurant 122 m sur 64 m fut découverte à l'endroit de l'atterrissage supposé.

Quelques années plus tard, 300 personnes virent un autre vaisseau, qui laissa une trace roussie de 42 m de diamètre. Une autre marque fut découverte en 1991. Celle-ci mesurait 12 m de diamètre, et on estima la température à l'origine de la brûlure à 340°C. Des géologues furent consultés. Ils affirmèrent que les rochers situés à proximité avaient été chauffés à une température de 3 000 °C.

Pourquoi donc tout ce remue-ménage dans les environs de Capilla del Monte ? Le mystère s'épaissit encore lorsqu'on étudie les réponses avancées. L'une des théories soutient que les ovnis visiteraient le Cerro Uritorco parce que le chevalier Perceval y aurait apporté le Saint-Graal et la croix des Templiers à la fin du XIIe siècle, pour les poser à côté du "sceptre", réalisé 8 000 ans auparavant par Voltán, chef des Comechingones, la tribu indienne qui peuplait la région.

Une autre théorie affirme que sous le Cerro Uritorco se trouverait Erks, une ville souterraine qui, selon certains "spécialistes", occuperait le site où la prochaine régénération de l'espèce humaine serait programmée par ces visiteurs célestes. Le site abriterait en outre le temple d'Esfera et les trois miroirs utilisés pour échanger des informations avec les autres galaxies, et dans lesquels on peut contempler à loisir l'existence de tous les êtres humains.

L'explication officielle ? Des phénomènes météorologiques causés par une forte concentration de particules ioniques dans l'atmosphère et une bonne dose d'hystérie collective.

Quelle que soit la vérité, une chose est certaine : toutes ces histoires sont loin de déplaire aux autorités en charge du tourisme du secteur de Capilla del Monte. Voici encore peu, les seuls à gravir l'Uritorco étaient des bergers, et quelques habitants curieux. Aujourd'hui, ils sont certains jours un millier à venir dans l'espoir d'entrevoir un peu de ces lumières mystérieuses.

Pour faire l'ascension de l'Uritorco (1 950 m), il faut partir avant midi et commencer à redescendre dès 15h. Cette randonnée de 5 km jusqu'au sommet offre un superbe panorama. De Capilla del Monte, prenez un taxi ou parcourez à pied les 3 km qui vous séparent du pied de la montagne.

Capilla del Monte, avec un large choix de restaurants et d'hébergements, fait une bonne base ; l'**office du tourisme** (☎03548-481903 ; www.capilladelmonte.gov.ar ; angle Av Pueyrredón et Buenos Aires), dans l'ancienne gare, dispense quantité de renseignements. Et pour en savoir plus sur les ovnis dans la région, rendez-vous au **Centro de Informes Ovni** (☎482485 ; www.ciouritorco.org ; Juan Cabus 397 ; ⏲10h-16h). Des bus partent régulièrement pour Córdoba (23 ARS, 3 heures), plus au sud, et s'arrêtent dans toutes les villes jalonnant la RN 38. Il y a aussi des services longue distance pour Buenos Aires.

Où se restaurer et prendre un verre

Kasbah ASIATIQUE $

(Alberdi et Sarmiento ; plats 30-50 ARS ; ⏲déj et dîner). On ne s'attend guère à manger un curry thaï dans le secteur. Ce joli petit restaurant le réussit pourtant très bien et cuisine aussi des plats chinois et indiens.

Casa Caraffa ARGENTIN $$

(angle Caraffa et Rivadavia ; plats 40-65 ARS ; ⏲déj et dîner). Un excellent restaurant de la rue principale. Savoureuses pâtes maison et succulent *bife de chorizo* (faux-filet) sauce roquefort (45 ARS).

El Pungo PUB

(www.elpungopub.com.ar ; Camino de los Artesanos s/n ; entrée à partir de 20 ARS ; ⏲midi-tard sam-dim). Un bar mythique qui attire des musiciens de tout le pays (les vedettes du rock argentin Charly Garcia et Fito Paez ont déjà joué ici).

Renseignements

Banco de la Provincia de Córdoba (angle Lopez y Planes et 25 de Mayo). Dispose d'un DAB.

Office du tourisme (☎452966 ; www.lacumbre.gov.ar ; Av Caraffa 300 ; ⌚8h-21h avr-juin et août-nov, jusqu'à minuit déc-mars et juil). En face de la gare routière, dans la vieille gare ferroviaire. Le personnel accueillant propose une carte pratique de la ville et des environs.

Depuis/vers La Cumbre

Des bus partent régulièrement de la **gare routière** (General Paz près de Caraffa) de La Cumbre pour Capilla del Monte (7 ARS, 30 min) au nord ou La Falda (6,50 ARS, 30 min), Cosquín (12 ARS, 1 heure 15), Villa Carlos Paz (20 ARS, 1 heure 30) et Córdoba (35 ARS, 2 heures 30) au sud. Les minibus sont le moyen le plus rapide pour se rendre à Córdoba (environ 30 min de moins). Il existe aussi un service direct pour Buenos Aires (326 ARS, 12 heures 30).

Jesús María

☎03525 / 51 590 HABITANTS

Petite ville assoupie, Jesús María est connue pour abriter l'une des plus jolies estancias jésuites de la région, le **Museo Jesuítico Nacional de Jesús María** (☎420126 ; 10 ARS ; ⌚8h-19h lun-ven, 10h-12h et 15h-19h sam-dim), classé par l'Unesco. L'église et le couvent datent de 1618. Ils sont entourés par de superbes jardins paysagers. Les Jésuites s'étant fait détrousser par des pirates au large du Brésil vendirent le vin qu'ils faisaient eux-mêmes afin de financer leur université de Córdoba. Le musée, doté de salles bien restaurées, présente d'intéressantes pièces archéologiques provenant de groupes indiens de toute l'Argentine et des cartes sur les itinéraires suivis par les missionnaires.

Á partir du premier week-end de janvier, Jesús María accueille pendant dix jours la **Fiesta Nacional de Doma y Folklore** (www.festivaljesusmaria.com.ar), une célébration annuelle de l'art équestre et des coutumes gauchos. Ces festivités attirent des spectateurs de tout le pays. Toutefois, des accusations de cruauté envers les animaux ont été portées par des groupes de protection

VAUT LE DÉTOUR

ESTANCIA SANTA CATALINA

À quelque 20 km au nord-ouest de Jesús María, l'estancia jésuite de **Santa Catalina** (☎03525-421600 ; www.santacatalina.info ; 5-15 ARS; ⌚10h-13h et 15h-19h mar-dim, fermé jan, fév, juil et Semaine sainte) est l'un des plus beaux sites des sierras classés au patrimoine de l'humanité par l'Unesco. Les anciens apprécient ce petit endroit tranquille et viennent s'asseoir sur ses bancs pour regarder passer les gauchos. Le magasin du village occupe une partie de l'estancia, dont la majeure partie est inaccessible aux visiteurs. Des **visites guidées** (chaque site 5 ARS) permettent néanmoins de découvrir la chapelle, le cloître et le noviciat, où les esclaves non mariées étaient logées.

Le domaine, bien que très réduit par rapport à sa superficie d'origine, est superbe et bien entretenu, et il est agréable d'y flâner une heure ou deux. En dehors de l'estancia, à l'arrière, se trouve toujours le réservoir qu'avaient bâti les Jésuites. Il est aujourd'hui lentement envahi de grands lis.

Santa Catalina est l'unique estancia privée encore classée au patrimoine mondial de l'Unesco. Une partie de la famille possède et gère **La Ranchería de Santa Catalina** (☎03525-44467 ; ch sans sdb 170 ARS, d 590 ARS ; Wi-Fi), adorable auberge et restaurant (repas environ 45 ARS) qui fait aussi boutique d'artisanat. Elle ne compte que deux chambres, situées dans l'ancien quartier des esclaves. Bien que petites, elles sont décorées avec soin et ont conservé leurs murs en pierre. Trois chambres supplémentaires avec sdb sont en train d'être construites de manière traditionnelle. L'établissement est tenu par un couple sympathique qui sera ravi de vous raconter l'illustre histoire de l'estancia, de l'époque jésuite à aujourd'hui.

Un taxi depuis Jesús María coûte environ 100 ARS.

des animaux, qui affirment que les coups de fouet, et les acrobaties réalisées par les chevaux devant une foule bruyante et sous des lumières vives équivalent à de la torture.

La plupart des visiteurs se rendent à Jesús María depuis Córdoba pour une journée. Des minibus (15 ARS, 1 heure) quittent fréquemment le Mercado Sud de Córdoba et les principales gares routières tous les jours.

Alta Gracia

☎03547 / 48 170 HABITANTS / ALTITUDE 550 M

Établie au bord d'un lac artificiel jésuite du XVIIe siècle, Alta Gracia est une petite ville d'altitude paisible aux ruelles sinueuses et aux parcs ombragés. Son principal point d'intérêt est son estancia jésuite du XVIIe siècle, dont l'adorable église, l'éclairage nocturne et l'emplacement pittoresque, entre le minuscule lac et la place centrale, font l'un des sites les plus saisissants des environs de Córdoba à être classés au patrimoine mondial de l'humanité. Che Guevara passa son adolescence à Alta Gracia. Son ancienne demeure a été transformée en musée.

L'**office du tourisme** (☎428128 ; www.altagracia.gov.ar ; Reloj Público, angle Av del Tajamar et Calle del Molino ; ⏲7h-22h30 l'été, jusqu'à 19h l'hiver) occupe un bureau dans la tour de l'horloge.

À voir et à faire

Estancia jésuite BÂTIMENT D'INTÉRÊT

De 1643 à 1762, les pères jésuites érigèrent l'**Iglesia Parroquial Nuestra Señora de la Merced** (à l'ouest de la Plaza Manuel Solares ; entrée libre), le bâtiment le plus impressionnant de toute l'estancia. Au sud de cette église, les ateliers coloniaux jésuites **El Obraje** (1643) sont devenus une école publique. À côté de l'église se trouve le **Museo Histórico Nacional del Virrey Liniers** (☎421303 ; www.museoliniers.org.ar ; 5 ARS, gratuit le mer ; ⏲9h-13h et 15h-19h mar-ven, 9h30-12h30 et 15h30-18h30 sam, dim et jours fériés), ainsi nommé en hommage à l'un des derniers vice-rois du Rio de la Plata, Jacques de Liniers (1753-1810), qui résida ici. Si vous voulez tout connaître de cet endroit, d'intéressants circuits guidés (☎3547 428734 ; 30 ARS/pers ; 10h, 11h30, 15h30 et 17h) sont proposés – appelez la veille pour réserver une visite, possible en français (plus d'informations sur le site Internet du musée). Vous pourrez néanmoins vous contenter des explications présentées dans chaque pièce, qui donnent un bon aperçu d'ensemble.

Juste au nord du musée, de l'autre côté de l'Av Belgrano, le **Tajamar** (1659) est l'un des barrages du XVIIe siècle que compte la ville qui, par un système complexe créé par des Jésuites, permettaient d'irriguer les champs.

Museo Casa de Ernesto Che Guevara MUSÉE

(Avellaneda 501 ; 5 ARS ; ⏲14h-19h lun, 9h-19h mar-dim). Dans les années 1930, la famille du jeune Ernesto Guevara s'installa ici, un médecin ayant recommandé un climat sec pour soigner son asthme. Le Che passa son enfance dans de nombreuses maisons – y compris celle de Rosario, où ses parents s'installèrent à sa naissance – mais la résidence principale de la famille fut la Villa Beatriz, récemment acquise par la ville et restaurée pour devenir un musée. Son intérieur douillet est orné de photographies présentant la vie du Che, ainsi que de deux énormes photos commémorant une visite récente de Fidel Castro et d'Hugo Chávez. Ne manquez pas non plus la carte détaillant les nombreux voyages du Che à travers l'Amérique latine. Une petite sélection d'objets en rapport avec le Che (dont des cigares) est en vente.

À NE PAS MANQUER

L'OKTOBERFEST À VILLA GENERAL BELGRANO

Si vous êtes dans les Sierras début octobre, allez donc faire un tour du côté de Villa General Belgrano, petite localité paisible à l'année mais qui, dix jours durant, célèbre ses origines germaniques à l'occasion de l'Oktoberfest, d'ailleurs élevée au rang de fête nationale. Cette fête de la bière, comme partout ailleurs dans le monde, fait le bonheur des buveurs, et s'accompagne de défilés, de concerts et autres manifestations culturelles. Il accueille des stands de restauration de rue – amateur de bière ou non, vous finirez sans doute par devoir desserrer votre ceinture de quelques crans.

Des bus pour Villa General Belgrano (32 ARS, 2 heures) partent à intervalles réguliers de la gare des minibus du Mercado Sud à Córdoba.

Où se loger et se restaurer

Un certain nombre de cafés/bars/restaurants avec tables en terrasse bordent l'Av Belgrano sur trois pâtés de maisons en descendant depuis le musée jésuite.

Nuestra Señora de Altagracia HÔTEL $$
(☎432213 ; www.altagraciaposada.com.ar ; Avellaneda 346 ; s/d 410/450 ARS ; P❄☎✉). Ses atouts : des chambres modernes et claires (quoiqu'un peu exiguës) aménagées dans une charmante vieille demeure sur un domaine verdoyant, en bas du musée du Che. Mais l'adresse est un peu à l'écart du reste de la ville.

Alta Gracia Hostel AUBERGE DE JEUNESSE $
(☎428810 ; www.altagraciahostel.com.ar ; Paraguay 218 ; dort 50 ARS, ch 160 ARS). À cinq rues en aval du musée jésuite, cette auberge de jeunesse constitue une option intéressante, pourvue de dortoirs assez vastes et d'une cuisine bien équipée. Seul inconvénient : il n'est pas possible de se présenter avant midi.

Morena FUSION $$
(Sarmiento 413 ; plats 40-70 ARS ; ⊙déj et dîner). Dans la charmante salle à manger de ce restaurant haut de gamme, à deux rues en amont du réservoir, on sert l'une des meilleures cuisines de la ville.

Depuis/vers Alta Gracia

Pour Córdoba (11 ARS, 1 heure), des minibus partent régulièrement, à une rue au-dessus de l'estancia. De la **gare routière** (Tacuarí au niveau de Perón), près de la rivière, des bus partent pour Córdoba et Buenos Aires (321 ARS, 13 heures). Les bus pour Villa General Belgrano s'arrêtent toutes les heures sur la RP 5, à environ 20 pâtés de maisons du centre par l'Av San Martín.

La Cumbrecita

☎03546 / 740 HABITANTS / ALTITUDE 1 300 M

Ce village de montagne, niché dans une forêt du Valle de Calamuchita, se distingue par son indolence. Cette tranquillité, due en grande partie au caractère piétonnier du bourg, fait de La Cumbrecita un lieu idéal pour se détendre quelques jours. On peut se promener sur des sentiers forestiers menant à des bassins naturels, à des cascades et à des points de vue pittoresques.

Les visiteurs doivent garer leurs voitures dans le parking (30 ARS) avant de traverser à pied le pont sur le Río del Medio.

L'efficace **office du tourisme** (☎481088 ; www.lacumbrecita.gov.ar ; ⊙8h30-21h l'été, 10h-18h l'hiver) est à gauche, juste après le pont.

À voir et à faire

On vient surtout à La Cumbrecita pour faire des randonnées. Les chemins les plus courts sont bien balisés et l'office du tourisme propose une carte des environs basique mais utile. Une promenade de 25 minutes mène à **La Cascada**, une chute d'eau cachée dans la montagne. **La Olla**, le plan d'eau le plus proche, est entourée de rochers de granit, d'où certains plongent quand l'eau est assez profonde. À 20 minutes de marche du pont, le **Cerro La Cumbrecita** (1 400 m) est le point le plus élevé de la ville. Hors de la ville se dresse le **Cerro Wank** (1 715 m) ; il faut environ 40 minutes pour en atteindre le sommet.

Les amateurs de randonnées guidées plus poussées dans les montagnes, de promenades à cheval (110 ARS les 4 heures), de pêche à la truite et de VTT contacteront **Viviendo Montañas** (☎481172 ; www.viviendomontanas.blogspot.com ; Las Truchas s/n), qui dispose d'un bureau dans la rue principale. Ce prestataire propose aussi des treks (2 jours) jusqu'au sommet du **Cerro Champaquí** (2 790 m), le point culminant des Sierras, à partir de 550 ARS par personne.

Où se loger et se restaurer

La Cumbrecita et ses environs comptent une vingtaine d'hôtels et de *cabañas*. L'office du tourisme vous renseignera efficacement à ce sujet. Réservez en été (janvier et février), à Pâques et pendant l'Oktoberfest de Villa General Belgrano.

Hospedaje Casa Rosita PENSION $
(☎481003 ; Calle Principal s/n ; s/d sans sdb 150/200 ARS). Ce modeste *hospedaje* (pension de famille) occupe une charmante maison au bord de la rivière, à l'entrée de La Cumbrecita. Choisissez la chambre n°1 et son bow-window donnant sur le cours d'eau.

Hotel La Cumbrecita HÔTEL $$
(☎481052 ; www.hotelcumbrecita.com.ar ; s/d 180/360 ARS ; ❄✉). Construit sur le site de la première maison du village, ce vaste hôtel bénéficie d'une vue superbe sur la vallée. Les chambres, pas très grandes, disposent pour la plupart d'un balcon. L'immense propriété abrite une salle de sport et des courts de tennis. Demi-pension (petit-déjeuner et dîner) pour 30 ARS.

La Légende du Che

L'un des plus grands héros de la révolution cubaine, éclipsant par certains côtés Fidel Castro, était argentin. Ernesto Guevara, ou le "Che" (une interjection argentine), est né à Rosario en 1928 et a vécu ses premières années à Buenos Aires. En 1932, suivant les conseils d'un médecin qui recommandait un climat plus sec pour l'asthme du jeune Guevara, ses parents déménagèrent à Alta Gracia, petite ville de montagne.

Il étudia ensuite la médecine dans la capitale, et, en 1952, passa six mois à parcourir l'Amérique du Sud à moto, une expérience qui lui ouvrit les yeux sur la misère des populations les plus démunies du continent. Le journal qu'il a tenu durant son voyage occupe désormais les étagères des librairies du monde entier et a inspiré le film *Carnets de voyage*, réalisé par Walter Salles (2003).

Après son périple, Guevara se rendit au Mexique, où il rencontra Fidel Castro et d'autres exilés. Le petit groupe embarqua pour Cuba sur un vieux bateau bringuebalant, et lança la révolution qui allait renverser le dictateur Batista en 1959. Insatisfait par la tâche bureaucratique que représentait l'édification du socialisme cubain, Guevara tenta, sans succès, d'étendre la révolution au Congo, en Argentine et finalement en Bolivie, où il fut tué en 1967.

Aujourd'hui, le Che est moins connu pour ses écrits et ses discours éloquents que pour son célèbre portrait de rebelle au béret, image en noir et blanc prise par le photographe cubain Alberto Korda en 1960, et imprimée depuis à l'infini.

En 1997, lors du 30e anniversaire de la mort du Che, le gouvernement argentin a mis en circulation un timbre célébrant ses racines argentines. On peut voir ces timbres, ainsi que d'autres souvenirs liés à Guevara, en visitant le modeste Museo Casa de Ernesto Che Guevara (voir p. 306) à Alta Gracia.

1. Cartes postales **2.** Museo Casa de Ernesto Che Guevara (p. 306), Alta Gracia **3.** Fresque, Plaza Dorrego (p. 54), San Telmo

FLK/IMAGEBROKER ©

TRAVEL INK/GETTY ©

Hostel Planeta AUBERGE DE JEUNESSE $
(☎03546-15-409847 ; dort 70 ARS, ch 100 ARS par pers). On rejoint cette auberge, la meilleure de la ville, en empruntant un sentier étroit jouxtant le court de tennis de l'hôtel Las Verbenas. Aménagée dans une ravissante maison, elle possède, outre des dortoirs corrects, un bel espace de restauration, une cuisine à l'avenant et une vue splendide.

El Paseo PARRILLA $$
(plats 40-75 ARS ; ⏲déj et dîner jeu-dim). En plein air près du plan d'eau de La Olla, l'endroit sert de bonnes grillades ainsi que des classiques de la cuisine allemande. Parfait pour boire une bière l'après-midi.

Restaurante Bar Suizo EUROPÉEN $
(Calle Pública s/n ; plats 30-50 ARS ; ⏲petit-déj, déj et dîner). Installez-vous sur un banc en bois à l'ombre d'un pin pour goûter de délicieuses spécialités suisses allemandes comme les *spätzle* accompagnées d'une sauce aux champignons sauvages.

ℹ Depuis/vers La Cumbrecita

Depuis Villa General Belgrano, **Transportes Pájaro Blanco** (☎461709) propose 7 départs pour La Cumbrecita (27 ARS, 1 heure) de 7h à 19h30. Le dernier bus part de La Cumbrecita à 20h40. L'été, vous trouverez peut-être quelques minibus sporadiques au départ de Córdoba (gare Mercado Sud).

Parque Nacional Quebrada del Condorito

ALTITUDE 1 900-2 300M

Ce parc national protège 370 km² de prairie rocheuse traversant la Pampa de Achala, dans les Sierras Grandes. La zone, en particulier la *quebrada* (gorge) elle-même, est un site de nidification de condors très important et sert de terrain d'entraînement aux oisillons. Une promenade de 2 à 3 heures (9 km) depuis l'entrée du parc à **La Pampilla** aboutit au Balcón Norte, le sommet d'une falaise en surplomb de la gorge, d'où l'on peut voir les majestueux oiseaux voler en cercle, portés par les courants ascensionnels. Il est facile d'organiser une expédition d'une journée vers le parc depuis Córdoba ou sur la route de Mina Clavero.

N'importe quel bus en provenance de Córdoba et à destination de Mina Clavero vous déposera à La Pampilla (25 ARS, 1 heure 30), où un chemin mène à la gorge. Pour revenir à Córdoba (ou continuer jusqu'à Mina Clavero), hélez un bus à l'embranchement. Des circuits d'une journée dans le parc peuvent être organisés par les auberges de Córdoba.

Pour plus de renseignements au sujet du parc, contactez l'**Intendencia del PN Quebrada del Condorito** (☎03541-433371 ;

VAUT LE DÉTOUR

LOS GIGANTES

Cet ensemble spectaculaire de formations rocheuses à 80 km à l'ouest de Córdoba s'apprête à devenir la capitale argentine de l'escalade. Ses plus hauts sommets sont le Cerro de La Cruz (2 185 m) et El Mogote (2 374 m), deux géants de granit. De nombreux condors des Andes ont pris possession du secteur, situé à 30 km seulement du Parque Nacional Quebrada del Condorito qui constitue leur fief. Le site abrite aussi le *tabaquillo*, un arbre menacé en Argentine, qui n'existe qu'ici, en Bolivie et au Pérou.

Rallier Los Gigantes se révèle compliqué. Les bus **Sarmiento** (☎0351-433-2161) quittent la gare routière principale de Córdoba à 8h du mercredi au lundi et à 6h le mardi (35 ARS, 2 heures). Ils effectuent un long trajet en boucle, ce qui oblige à passer la nuit sur place. Vérifiez les horaires car ils changent fréquemment.

Descendez à El Crucero (précisez au chauffeur que vous allez à Los Gigantes). De là, il reste 3 km de marche jusqu'à La Rotonda, où vous attendent un **hospedaje** (☎03541-498370 ; empl/dort 15/45 ARS/pers, accès à la cuisine 15 ARS/pers) des plus sommaires et un petit magasin (bière, sodas et en-cas uniquement) ouvert le week-end.

À La Rotonda, vous pourrez louer les services d'un guide (65 ARS) qui vous montrera un réseau de grottes et vous emmènera au sommet du Cerro de La Cruz. La randonnée n'est pas longue, mais certains passages d'escalade se révèlent un peu délicats. Nous vous déconseillons d'entreprendre seul cette excursion car le lacis de pistes à travers les rochers peut être difficile à suivre et le risque de s'égarer s'accentue encore si le brouillard tombe.

www.quebradacondorito.com.ar ; Sabattini 33) à Villa Carlos Paz.

Mina Clavero

03544 / 15 690 HABITANTS / ALTITUDE 915 M

Très animée l'été, Mina Clavero est plutôt déserte le reste de l'année. On peut alors explorer ses cours d'eau limpides, ses cascades rocheuses, ses nombreux bassins naturels et ses paysages de montagne idylliques en toute tranquillité.

La ville se trouve à 170 km au sud-ouest de Córdoba via la RN 20, le splendide Nuevo Camino de las Altas Cumbres (nouvelle route des hauts sommets). Elle est établie à la confluence du Río de Los Sauces et du Río Panaholma, dans le Valle de Traslasierra.

L'**office du tourisme** (470171 ; www.minaclavero.gov.ar ; Av San Martín 1464 ; 7h-minuit déc-mars, 9h-21h avr-nov) propose des brochures classiques et une carte de la ville.

À voir et à faire

Les *balnearios* (lieux de baignade) de Mina Clavero sont très fréquentés en été, mais souvent déserts le reste de l'année. Les gorges et les chaos de rochers du Río Mina Clavero sont faciles à explorer. Une charmante *costanera* (route sur berge) a été construite, courant de la passerelle piétonne jusqu'au **Nido de Águila**, le meilleur bassin naturel des environs. Le tout fait une très agréable promenade pour l'après-midi. En prenant ensuite vers l'ouest le long du Río de Los Sauces, vous arriverez à **Los Elefantes**, un *balneario* qui doit son nom à ses formations rocheuses en forme d'éléphant. Une promenade de 3 km vers le sud le long de la rivière vous mènera à **Villa Cura Brochero**, où vous trouverez les poteries noires caractéristiques de la région.

Traslasierra Aventura (470439 ; www.traslasierra.com/traslasierraaventura ; San Martín 1 241) propose des circuits dans les monts Comechingones alentour, des excursions pour observer les condors et des randonnées équestres.

Où se loger

Nombre d'établissements ferment vers fin mars, au moment où la ville se vide.

La Casa de Pipa HÔTEL $$
(470480 ; www.lacasadepipa.com ; Hernán Cortés au niveau de Colón ; s/d 250/300 ARS ; fermé mai-juin ;). Une belle *hostería* (pension) sur un terrain légèrement en pente comprenant de nombreux coins ombragés, une piscine attrayante, deux barbecues et une salle de petit-déjeuner ensoleillée avec vue sur les montagnes. À cinq pâtés de maisons en amont de San Martín.

Andamundos Hostel AUBERGE DE JEUNESSE $
(470249 ; www.andamundoshostel.com.ar ; San Martín 554 ; dort/d 50/160 ARS ;). Une petite auberge de jeunesse rustique, à deux rues du centre-ville, dont le grand jardin a l'avantage de donner sur la rivière.

Où se restaurer

La plupart des restaurants de Mina Clavero donnent dans San Martín, mais vous trouverez des restaurants et *parrillas* plus chics vers le sud, de l'autre côté de la rivière.

La Mamita PARRILLA $
(angle San Martín et Recalde ; plats 30-50 ARS ; déj et dîner). La *parrilla* la plus chaudement recommandée de la ville, devant la place, pour de savoureuses empanadas et des menus avantageux.

Palenque INTERNATIONAL $$
(San Martín 1191 ; plats 40-80 ARS ; déj et dîner). Les œuvres d'art qui ornent les murs et les concerts le week-end contribuent à la popularité du lieu, parfait pour prendre un verre. Plats et en-cas intéressants.

Rincón Suizo CAFÉ $
(Champaqui 1200 ; plats 30-60 ARS ; déj et dîner). Les glaces artisanales, la cuisine helvétique (fondue, raclette...) et la *torta selva negra* (forêt-noire) font la fierté de ce salon de thé cosy au bord de l'eau.

RACCOURCI : MINA CLAVERO

Le Río Mina Clavero divise la ville en deux. Si vous arrivez à la gare routière et que vous vous rendez au Andamundos Hostel ou à La Casa de Pipa, empruntez le raccourci, une passerelle qui enjambe la rivière ; le premier établissement est à quelques rues de là, tandis qu'une petite course en taxi permet alors de rejoindre le second. À défaut, vous devrez vous fendre d'un détour.

Depuis/vers Mina Clavero

La **gare routière** (Mitre 1191) se trouve de l'autre côté du Río Mina Clavero depuis le centre-ville. Plusieurs bus desservent chaque jour Córdoba (45 ARS, 3 heures), et au moins trois par jour Merlo (34 ARS, 2 heures 30 à 3 heures). Les minibus à destination de Córdoba sont plus rapides (35 ARS, 2 heures 30). Une ou deux liaisons quotidiennes rejoignent Buenos Aires (366 ARS, 13 heures). Pour les provinces de San Juan et Mendoza, il faut prendre un bus à Villa Dolores (15 ARS, 1 heure).

SAN LUIS ET SES ENVIRONS

La province peu visitée de San Luis abrite une quantité étonnante de sites dignes d'intérêt, d'autant plus agréables à découvrir que l'on est souvent seul à le faire.

La province est surnommée la Puerta de Cuyo (porte de Cuyo), terme faisant référence à l'ensemble des provinces de Mendoza, San Luis et San Juan (voir l'encadré p. 321).

L'atout majeur de la région est incontestablement le Parque Nacional Sierra de las Quijadas, mais les villages qui émaillent le Valle de Conlara et les Sierras Puntanas méritent aussi une visite si vous souhaitez rester à l'écart des circuits touristiques.

Merlo

☎02652 / 18 300 HABITANTS / ALTITUDE 890 M

Dominant le Valle de Conlara, cette station de montagne en plein essor est connue pour la douceur de son microclimat dans une zone relativement sèche, un argument largement exploité par l'industrie touristique locale. Elle se trouve à 200 km au nord-est de la ville de San Luis.

L'**office du tourisme municipal** (☎476078 ; www.villademerlo.gov.ar ; Coronel Mercau 605 ; 8h-20h) propose des cartes et des renseignements sur les hôtels et les campings.

À voir et à faire

Pour une vue panoramique sur la ville et la vallée, direction le Mirador del Sol. Les bus partent de l'ancienne gare routière ; comptez 6 ARS pour un trajet de 40 minutes. Les personnes motorisées (ou très courageuses) pourront continuer sur cette route sur 12 km pour rejoindre le Mirador de los Condores, sur la crête de la montagne, d'où l'on bénéficie de vues dans les deux directions. Vous y trouverez une **confitería** (plats 20-40 ARS), et, si le vent est bon, vous pourrez voir les adeptes de parachute ascensionnel décoller à proximité.

À deux kilomètres du centre, à Rincon del Este, sur la route des Miradors, la **Reserva Natural de Merlo** (entrée libre ; journée) est un endroit ravissant pour une promenade au bord d'un ruisseau jalonné de bassins invitant à la baignade. On peut aussi y glisser sous la canopée le long de tyroliennes pour 40 ARS. **El Rincon del Paraiso** (menus 35-60 ARS ; petit-déj et déj), à 400 m environ de l'entrée de la réserve, est un beau restaurant ombragé – une adresse idéale pour un déjeuner ou pour prendre un verre.

Volando Bajo (☎476248 ; www.volandobajoturismo.tur.ar ; Pringles 459) est le mieux établi des nombreux organisateurs de circuits de la ville. Il propose la visite du parc archéologique/paléontologique de Bajo de Veliz (demi-journée 120 ARS) ainsi qu'une excursion combinant la réserve naturelle et les miradors del Sol et de los Condores (demi-journée 90 ARS). Les vols en parachute ascensionnel en tandem coûtent environ 350 ARS et durent de 20 à 30 minutes, en fonction des conditions météo.

Où se loger

Hostería Cerro Azul HÔTEL $$
(☎478648 ; www.hosteriacerroazul.com.ar ; angle Saturno et Jupiter ; ch 250 ARS ;). Un bel hôtel moderne, à deux pas de l'artère principale, avec de grandes chambres dotées de sdb à l'avenant et de petites TV. Splendide salon/salle à manger très haut de plafond.

Merlo Hostel AUBERGE DE JEUNESSE $
(☎476928 ; www.merlohostel.com.ar ; Av del Sol 1025 ; dort 55 ARS ; @). Très bien placée dans le centre, cette adorable petite maison familiale convertie en auberge de jeunesse figure parmi les rares options véritablement économiques de Merlo. Les dortoirs sont certes un brin exigus, mais il y a d'agréables espaces communs.

Où se restaurer et prendre un verre

Tono ARGENTIN $$
(Av del Sol 690 ; plats 40-70 ARS ; déj et dîner). Plats régionaux et produits locaux font de cette table une bonne option quel que soit

BUS AU DÉPART DE MERLO

DESTINATION	PRIX (ARS)	DURÉE (HEURES)
Buenos Aires	283	12
Córdoba	88	6
Mendoza	154	8
Mina Clavero	34	3
San Luis	59	4

le jour, mais c'est encore mieux du jeudi au samedi soir, quand s'y produisent des groupes de *trova* (musique populaire).

Cirano ITALIEN $

(Av del Sol 280 ; plats 25-40 ARS ; déj et dîner). Ne vous laissez pas dissuader par les guirlandes électriques clinquantes car vous trouverez ici de quoi vous sustenter à prix corrects. Excellent menu à 25 ARS.

La Cervecería BAR $

(Av del Sol 515 ; 14h-tard). Voici l'enseigne qui réjouira les amateurs de mousse grâce à ses 8 bières spéciales différentes en plus des grandes marques argentines et étrangères. On peut siroter son verre sur la terrasse en grignotant des en-cas.

Depuis/vers Merlo

Les bus longue distance partent de la **nouvelle gare routière** (RN 1 au niveau de la Calle de las Ovejas), à 8 rues environ au sud du centre.

Comment circuler

Les bus locaux partent de l'**ancienne gare routière** (492858 ; angle Pringles et Los Almendres), dans le centre-ville. Ils desservent le Mirador del Sol (6 ARS, 40 min), Piedra Blanca (3 ARS, 20 min), Bajo de Veliz (10 ARS, 1 heure), Papagayos (5 ARS, 1 heure) et le village d'artisans voisin de Cerro de Oro (2,50 ARS, 30 min).

San Luis

0266 / 215 850 HABITANTS / ALTITUDE 700 M

Même ses habitants vous le diront, ce n'est pas à San Luis, la capitale, que l'on trouve les plus beaux sites de la province. Néanmoins, c'est une ville agréable qui possède quelques monuments historiques, et sa place centrale, la Plaza Pringles, est l'une des plus charmantes du pays. Pour profiter de la vie nocturne, rendez-vous Av Illia, où se concentrent bars, cafés et restaurants.

Établie sur la rive nord du Río Chorrillos, San Luis se trouve à 260 km de Mendoza par la RN 7, à 456 km de Córdoba par la RN 148.

À voir

Le centre de la ville est occupé par la belle Plaza Pringles, très arborée, ornée à l'est d'une jolie **cathédrale** du XIXe siècle (Rivadavia). Des bois de la province comme l'*algarrobo* (caroubier) furent utilisés pour les fenêtres et les structures de la cathédrale, et du marbre blanc local pour ses marches et ses colonnes.

Les rues parallèles de San Martín et Rivadavia, entre la Plaza Pringles au nord et la Plaza Independencia au sud, forment le centre commerçant de la ville.

Au nord de la Plaza Independencia se trouve la **Casa de Gobierno** (maison du gouverneur) de la province. Au sud de la place, l'**Iglesia de Santo Domingo** (angle 25 de Mayo et San Martín) et son couvent datent des années 1930, mais ils reproduisent le style mauresque du bâtiment du XVIIe siècle qu'ils ont remplacé. Les impressionnantes portes en *algarrobo* de l'**Archivo Histórico Provincial**, sur San Martín, valent le détour.

Les frères dominicains du **mercado artesanal** (angle 25 de Mayo et Rivadavia ; 8h-13h lun-ven), à côté de l'Iglesia de Santo Domingo, vendent de magnifiques tapis de laine ainsi que des céramiques, des objets en onyx et des pièces tissées originaires de la province.

Il est également agréable de se promener jusqu'à l'ancienne jolie **gare ferroviaire** (Av Illia et Av Lafinur), pour admirer ses toits verts en métal ondulé et sa décoration en ferronnerie, datant de 1884.

Où se loger

Les meilleurs hôtels de San Luis s'adressent à une clientèle d'hommes d'affaires. Par conséquent, ils se remplissent vite en semaine et accordent des réductions le week-end.

Hotel Castelmonte HÔTEL $$

(442-4963 ; hotelcastelmonte769@gmail.com ; www.castelmontehotel.com.ar ; Chacabuco 769 ; s/d 80/110 ARS ;). Un remarquable rapport qualité/prix dans la catégorie moyenne. Les chambres spacieuses recouvertes de parquet ont des matelas bien fermes. La situation centrale mais en retrait de la route garantit un calme appréciable.

San Luis Hostel AUBERGE DE JEUNESSE $
(☎442-4188 ; www.sanluishostel.com.ar ; Falucho 646 ; dort/lits jum 55/140 ARS ; @📶🚭). La meilleure et la plus centrale des auberges de la ville a tout pour plaire, du billard à la collection de DVD, en passant par une cuisine très bien équipée et un jardin ombragé avec barbecue. Seul point négatif, les dortoirs non mixtes de 16 lits manquent un tantinet de charme. À part ça, l'endroit vaut de l'or.

Vista Suites & Spa HÔTEL D'AFFAIRES $$$
(☎442-5794 ; www.vistasuites.com.ar ; Av Illia 526 ; ste à partir de 660 ARS ; P❄@📶🚭). Dernier-né des hôtels d'affaires (déjà nombreux) de San Luis, le Vista offre un cadre design, un restaurant gastronomique, un spa, une piscine intérieure et tout le confort afférent à ses tarifs.

Où se restaurer et prendre un verre

Les *empanadas de horno* (*empanadas* cuites au four) et la *cazuela de gallina* (soupe de poulet) font partie des spécialités culinaires de San Luis.

Los Robles PARRILLA $$
(Colón 684 ; plats 45-80 ARS ; ⏰déj et dîner). L'une des quelques *parrillas* haut de gamme de la ville. Atmosphère attrayante, service attentif et carte beaucoup plus originale que la moyenne du genre.

Aranjuez CAFÉ $
(angle Pringles et Rivadavia ; plats 25-50 ARS ; ⏰petit-déj, déj et dîner). Ce café/bar/restaurant de la place, dans la moyenne, se distingue par sa terrasse sur la rue piétonne, idéale pour un verre ou un en-cas en regardant les passants.

De nombreux bars décontractés jalonnent l'Av Illia. Comme partout en Argentine, ils s'animent tard et ferment à des heures indues. Il suffit de se balader dans le secteur pour trouver son bonheur.

Renseignements

Plusieurs banques, concentrées autour de la Plaza Pringles, ont un distributeur de billets.

ACA (Automóvil Club Argentino ; ☎423188 ; Av Illia 401). Fournit des cartes routières de la province.

Bureau de poste (angle Av Illia et San Martín)

Hôpital régional (☎442-2627 ; Av República Oriental del Uruguay 150). Dans le prolongement est de Bolívar.

Las Quijadas Turismo (☎443-1683 ; San Martín 874). Excursions vers le Parque Nacional Sierra de las Quijadas, La Angostura et Inti Huasi.

Office du tourisme (☎442-3479 ; www.turismo.san luis.gov.ar ; au carrefour de Junín, San Martín et Av Illia ; ⏰8h-21h). L'équipe attentive vous fournira un plan de la ville et de ses sites, et de bons conseils sur les attraits de la région.

Depuis/vers San Luis

Avion

L'**aéroport de San Luis** (☎442-2427/57) est à 3 km au nord-ouest du centre ; comptez environ 15 ARS en taxi.

Aerolíneas Argentinas (☎442-5671, 443-7981 ; Av Illia 472) a des vols quotidiens pour Buenos Aires (788 ARS).

Bus et voiture

Lors de notre passage, la nouvelle **gare routière** de San Luis était en construction à la lisière orientale de la ville. En attendant, l'**ancien terminal** (☎442-4021 ; España, entre San Martín et Rivadavia) se trouve à six rues au nord de la place principale. À l'intérieur de la province, les destinations comme Merlo (26 ARS, 4 heures), El Volcán (5 ARS, 30 min), Carolina (13 ARS, 2 heures), Inti Huasi (17 ARS, 2 heures 30) et Balde (7,50 ARS, 45 min) sont desservies par des compagnies locales, dont les guichets se situent dans un bâtiment séparé, en face du bâtiment principal.

Des bus longue distance desservent tous les jours les villes indiquées ci-dessous. Pour Neuquén, Bariloche et certaines autres destinations, il vous faudra peut-être prendre une correspondance à Mendoza ou San Rafael.

Pour louer une voiture, adressez-vous à **Hertz** (☎tél portable 15-455-9655 ; Av Illia 305).

BUS AU DÉPART DE SAN LUIS

DESTINATION	PRIX (ARS)	DURÉE (HEURES)
Buenos Aires	290	11
Córdoba	145	7
Mendoza	95	5
Rosario	200	9
San Juan	108	5
San Rafael	75	5
Santa Fe	230	12

Environs de San Luis

BALDE

0266

Ce village, à 35 km à l'ouest de San Luis, ne vaut le détour que pour ses thermes. Si le complexe municipal accuse son âge, le nouveau spa offre un confort infini dans un cadre sublime.

Le **Centro Termal Municipal** (449-9319 ; Av Esteban Agüero s/n ; bain de 1 h par pers 12 ARS, empl 10 ARS, bungalow 2 pers 180 ARS ; thermes 8h-18h) loue à l'heure des petites chambres avec baignoire et lit de repos, relativement propres et d'un bon rapport qualité/prix pour un bain rapide. Les bungalows pour deux (de l'autre côté de la route) sont assez spacieux.

Los Tamarindos (444-2220 ; www.jardinesdetamarindos.com ; Av Esteban Agüero s/n ; s/d 200/300 ARS, bungalow s/d 230/350 ARS ; thermes 8h-18h) est un fantastique établissement thermal, doté de deux bassins publics pouvant être utilisés en journée : un à l'extérieur à 26°C (20 ARS/pers) et l'autre, très propre, à l'intérieur (35 ARS pour les deux). Les chambres sont quelconques, avec de petites sdb alimentées par la source chaude, mais les bungalows sont magnifiques, beaucoup plus grands, et ont une baignoire séparée où l'on peut se plonger dans l'eau jusqu'au cou.

Des bus relient régulièrement la gare routière de San Luis à celle de Balde (7,50 ARS, 45 min), qui se trouve à quelques minutes à pied des deux centres.

Parque Nacional Sierra de las Quijadas

Peu visité, ce **parc national** (20 ARS) recèle de belles formations rocheuses de grès rouge. Le parc englobe 1 500 km² de canyons et de lits de lacs asséchés, au milieu de la Sierra de las Quijadas, dont le sommet le plus haut, le Cerro Portillo, culmine à 1 200 m. De récentes fouilles paléontologiques ont mis au jour des traces de dinosaures et des fossiles du crétacé inférieur, vieux de quelque 120 millions d'années.

Bien que les visiteurs soient peu nombreux à s'y rendre, le parc est très bien desservi : les bus allant de San Luis à San Juan déposent les visiteurs à l'entrée du parc et à la station des gardes forestiers (30 ARS, 1 heure 30), juste après le village de Hualtarán, à environ 110 km au nord-ouest de San Luis par la RN 147 (route menant aussi à San Juan, 210 km plus loin vers le nord-ouest). À cet endroit, une route de terre part vers l'ouest, menant 6 km plus loin à un point de vue surplombant le **Potrero de la Aguada**, une dépression saisissante sous les sommets de la sierra, qui recueille le trop plein des eaux du parc et abrite une faune variée. On peut louer les services d'un guide à la station des gardes forestiers. Des randonnées de 2 heures (3 km, 25 ARS/pers) à la découverte des empreintes de dinosaures partent toutes les heures de 9h à 16h. Des treks de 4 heures descendant dans un canyon de 150 m de profondeur débutent à

VAUT LE DÉTOUR

EL VOLCÁN

Modeste village niché dans les hauteurs des environs de San Luis, El Volcán (notons qu'il n'y a aucun volcan dans les environs) est un lieu de villégiature estival paisible. L'atout majeur de cette bourgade est sa rivière, et notamment le Balneario La Hoya, une succession de bassins rocheux naturels idéals pour la baignade, bordés d'espaces ombragés où il fait bon pique-niquer.

El Volcán est assez proche de San Luis pour être visité lors d'une excursion d'une journée, mais si vous souhaitez y passer la nuit, vous y trouverez de nombreux bungalows à louer, notamment l'été.

L'**Hotel El Volcán** (0266-449-4044 ; Banda Norte s/n ; s/d 220/300 ARS ;), seul véritable hôtel du village, est un immense complexe occupant un terrain ombragé qui descend jusqu'à la rivière. Il est fermé hors saison – téléphonez avant pour être sûr qu'il est bien ouvert. **El Mantial** (Balneario La Hoya ; plats 22-40 ARS ; petit-déj, déj et dîner) sert une cuisine correcte et jouit d'une vue magnifique sur la rivière. Les portions sont copieuses et le service rapide, bien qu'un peu impersonnel.

Des bus réguliers circulent depuis/vers la gare routière principale de San Luis (5 ARS, 30 min).

13h30 (50 ARS). Ces circuits requièrent au moins deux participants.

D'autres randonnées s'offrent également, mais les canyons requièrent un solide sens de l'orientation ou, de préférence, l'assistance d'un guide local. Même les randonneurs expérimentés doivent se méfier des pluies d'été et des inondations subites, qui rendent les canyons très dangereux.

Un terrain de camping (empl gratuit) ombragé et une petite boutique d'alimentation et de boissons se trouvent près du point de vue.

Les bus reliant San Juan à San Luis passent peu ou prou chaque heure, mais ne marquent pas toujours l'arrêt. Il est parfois possible de se faire conduire en stop de l'entrée du parc jusqu'au point de vue.

Valle de las Sierras Puntanas

Au départ de San Luis, la sinueuse RP 9 progresse vers le nord, suivant le cours du Río Grande. En chemin, elle traverse des petits villages de plus en plus fréquentés par les touristes, mais qui conservent une grande partie de leur charme d'origine. La petite ville minière pittoresque de Carolina et la grotte voisine d'Inti Huasi sont les sites à visiter. Les paysages que l'on peut admirer plus en altitude, des prairies vallonnées que découpent des murets en pierre, ressemblent plus aux Highlands d'Écosse qu'à tout ce qu'on peut voir ailleurs en Argentine.

ESTANCIA LAS VERBENAS

Postée dans une superbe clairière du Valle de Pancanta, cette estancia (☎02652-430918 ; RP 9, Km 68 ; pension complète 220 ARS/pers ; wi-fi) joue la carte de la rusticité, servant de belles portions d'une cuisine riche dans un décor agrémenté de peaux d'animaux et de meubles rustiques. Les chambres sont basiques mais confortables. On vous proposera de partir pour une belle promenade à cheval de 2 heures (40 ARS/pers) menant à une cascade. L'entrée de la propriété, bien indiquée, se trouve juste après le pont de la grand-route. De là, comptez encore 4 km jusqu'à la ferme. Si vous venez en bus, appelez et les propriétaires viendront vous chercher au niveau de la route.

CAROLINA

☎02651 / 270 HABITANTS / ALTITUDE 1 610 M

Trônant entre les rives du Río Grande et les contreforts du Cerro Tomalasta (2 020 m), Carolina est un joli petit village. Sans les lignes électriques, les visiteurs auraient l'impression de plonger cent ans en arrière en parcourant les chemins de terre séparant ses maisons en pierre. La région a connu un fort développement en 1785, lorsque des Espagnols s'installèrent ici pour tirer profit des mines d'or, que des Incas avaient exploitées avant eux. Personne ici n'utilise de noms de rues : le village n'est pas assez étendu pour que l'on s'y perde.

À voir et à faire

L'insolite Museo de Poesia (entrée libre ; ⏲10h-18h mar-sam) est consacré au fils favori de San Luis, le poète Juan Crisóstomo Lafinur. On peut y voir quelques objets ayant appartenu au poète et des hommages écrits à la main par certains des plus grands poètes argentins.

De l'autre côté du cours d'eau, en montant depuis le musée, un petit labyrinthe en pierre rejoint le sommet de la colline. Retrouver votre chemin devrait vous occuper une heure ou deux (ou vous laisser dépité, si votre sens de l'orientation n'est pas bon).

Huellas Turismo (☎02652-490224 ; www.huellasturismo.com.ar), le tour-opérateur local, propose diverses activités : visite des mines d'or (40 ARS, 2 heures), escalade et descente en rappel du Cerro Tomalasta, excursions jusqu'à Inti Huasi, La Casa de la Piedra Pintada et La Angostura.

Où se loger et se restaurer

L'offre d'hébergement s'améliore progressivement. Si vous ne trouvez pas où vous loger, renseignez-vous dans les restaurants au sujet des *casas de familia* (chambres chez l'habitant avec sdb partagée) qui se louent autour de 40 ARS par personne.

La Posta del Caminante HÔTEL $$
(☎490223 ; www.lapostadelcaminante.com.ar ; RP 9 s/n ; s/d 230/380 ARS ; @ wi-fi piscine). Le seul véritable hôtel de Carolina occupe une magnifique maison en pierre à la lisière du village. Une ravissante piscine rocheuse semi-naturelle, à l'arrière, complète le tableau. L'établissement fonctionnant essentiellement l'été, téléphonez au préalable si vous souhaitez y séjourner.

Rincón del Oro Hostel AUBERGE DE JEUNESSE $
(☎490212 ; Pringles s/n ; dort 50 ARS). Trônant sur une colline au-dessus de la localité, cette petite auberge de jeunesse rustique dégage, malgré ses 57 lits, une atmosphère intime.

La Tomalasta CAFÉTÉRIA $ (plats 25-40 ARS ; ⏲petit-déj, déj et dîner). Cuisine maison d'un bon rapport qualité/prix. Si l'endroit a l'air fermé, faites le tour jusqu'à l'épicerie et demandez qu'on vous ouvre.

Comment s'y rendre et circuler

Des bus relient régulièrement Carolina à San Luis (13 ARS, 2 heures) via El Volcán. Certains continuent jusqu'à Inti Huasi (6 ARS, 30 min).

ENVIRONS DE CAROLINA

INTI HUASI

Cette vaste **grotte** (entrée libre ; ⏲en journée), dont le nom signifie "maison du soleil" en quechua, mérite une visite, tant pour le superbe paysage alentour que pour l'intérieur. La datation au carbone 14 laisse penser que la grotte était déjà habitée il y a quelque 8 000 ans par les Ayampitín. Des bus desservent régulièrement le site au départ de San Luis (17 ARS, 2 heures 30) via Carolina (6 ARS, 30 minutes).

LA CASA DE LA PIEDRA PINTADA

Lorsque l'on vient de Carolina, 3 km avant d'arriver à la grotte d'Inti Huasi, un chemin de terre quitte la route vers Paso de los Reyes. Depuis l'embranchement, une marche facile de 5 km (bien indiquée) mène à la **Casa de la Piedra Pintada** (entrée libre), où l'on peut voir une bonne cinquantaine de gravures rupestres sur la paroi rocheuse. Les indications mènent à une prairie au pied du Cerro Sololasta. Là, vous verrez une passerelle en bois avec des câbles, toute neuve, qui permet de gravir la falaise et de rejoindre le site. Vous pouvez ensuite grimper en haut de la colline pour bénéficier d'une vue spectaculaire sur les Sierras Puntanas.

Si vous préférez vous rendre sur place accompagné, vous trouverez à Inti Huasi quelqu'un prêt à vous guider contre une somme modique.

LA ANGOSTURA

Ce site, à 22 km au nord-est d'El Trapiche, recèle l'une des collections d'art rupestre indien les plus importantes de la région. On compte près d'un millier d'œuvres, peintes et sculptées sur une paroi rocheuse concave. Certaines sont magnifiquement bien conservées, tandis que d'autres ont été abîmées par les intempéries. On peut aussi y voir trois trous creusés dans le sol rocheux, lesquels servaient probablement à piler des céréales.

Le site n'est pas facile à trouver, même avec son propre véhicule. Sur la route El Trapiche-Paso de los Reyes, un panneau indique un mauvais chemin de terre sur la droite, qui commence au-delà d'une grille (fermée, mais pas à clé). Suivez-le jusqu'au bout (2,5 km jusqu'à une ferme en pierre abandonnée).

Le sentier qui mène au site n'est pas balisé, mais si vous vous dirigez vers le sommet de la colline, en allant vers la droite, vous atteindrez un promontoire rocheux, d'où se déploie une superbe vue sur la vallée. En descendant sur le côté droit du promontoire, vous apercevrez le grillage qui protège les œuvres.

Les tour-opérateurs de Carolina (voir p. 316) et de San Luis (voir p. 314), notamment la San Luis Hostel (p. 314), organisent des excursions jusqu'ici, mais ce n'est pas une destination très prisée : si vous ne formez pas un groupe, vous devrez payer le prix fort.

Valle de Conlara

À mesure que la route menant de San Luis à Merlo, au nord-est, s'enfonce dans les montagnes, le paysage change radicalement. Dans les environs de La Toma, le sol est aride, quasiment désertique ; Papagayos jouit de vues spectaculaires, ponctuées par des palmiers ; quant à Merlo, c'est une ville de montagne luxuriante.

ESTANCIA LA ESTANZUELA

Installée dans une mission jésuite datant de 1750, cette magnifique **estancia** (☎02656-420559 ; www.estanzuela.com.ar ; pension complète 320 ARS/pers ; 🏊) n'a quasiment pas changé depuis l'époque où elle était encore une ferme en activité. Les sols sont en bois ou en pierre, les murs en pisé mesurent 1 m d'épaisseur et de nombreux plafonds ont été construits dans le style gaucho traditionnel. La maison est décorée comme un musée, avec des meubles anciens, des tableaux et quantité de biens appartenant à la famille. Le petit étang, construit par les Jésuites à des fins d'irrigation, permet de faire des balades romantiques en barque, et il est possible d'entreprendre quantité de promenades équestres et de randonnées sur le domaine. Ce lieu a quelque chose de magique, et il n'est pas difficile de se plier à la règle du séjour de 3 nuits minimum. Le tarif inclut les repas, les boissons et les activités.

La propriété se trouve à 2 km en retrait de la RP 1, entre Villa del Carmen et

Papagayos. L'endroit le plus proche desservi par les transports publics est Papagayos. Il est essentiel de réserver, au moins deux jours à l'avance. Si vous n'êtes pas motorisé, demandez à ce que l'on vienne vous chercher à Papagayos ou à San Luis.

PAPAGAYOS

☎02656 / 430 HABITANTS

Une vallée recouverte de palmiers : c'est peut-être la dernière chose que l'on s'attend à voir dans cette région du monde. C'est pourtant au milieu de ce paysage que s'est développé ce bourg. Sur les rives de l'Arroyo Papagayos, il est entouré d'immenses palmiers caranday. On utilise le bois de cet arbre pour confectionner des objets artisanaux dont la région tire une certaine notoriété.

De petites boutiques (la plupart contiguës aux ateliers) vendant ces *artesanias en palma* sont disséminées dans le village. **Rosa López** (en face de la place) offre le plus grand choix d'objets. L'office du tourisme fournit une carte indiquant toutes les boutiques et les autres points d'intérêt locaux.

L'Arroyo (ruisseau), jalonné de bassins naturels, est propice à une baignade rafraîchissante. Sinon, vous pouvez aller nager dans les piscines du Balneario Municipal, par ailleurs doté d'aires de pique-nique et de barbecue.

Pour des promenades à pied ou à cheval jusqu'aux cascades et bassins naturels situés en dehors de la ville, renseignez-vous auprès de l'office du tourisme ou de l'Hostería Los Leños.

La **Oficina de Turismo** (☎480093 ; www.papagayos.gov.ar ; RP 1 s/n ; ⏲8h-20h) permet de contacter des guides et d'organiser des circuits. Cartes correctes de la ville.

Hostería Los Leños (☎481812 ; Av Comechingones 555 ; ch 200 ARS ; 🏊). Hôtel le plus séduisant de Papagayos. Chambres refaites avec sdb spacieuses et grande piscine. Excellents repas maison (plats 25-40 ARS). Le personnel peut aussi préparer des pique-niques pour ceux qui partent en excursion une journée entière.

Des bus partent régulièrement pour Merlo (5 ARS, 1 heure) depuis la place principale de Papagayos.

Mendoza et le centre des Andes

Dans ce chapitre »

Le top des restaurants

- Anna Bistro (p. 332)
- El Quincho de María (p. 346)
- Remolacha (p. 350)
- Café Tibet (p. 339)

Le top des hébergements

- Hotel Bohemia (p. 327)
- San Martín Hotel & Spa (p. 344)
- El Alemán (p. 353)
- Casa Antucura (p. 341)
- Microtel Inn (p. 346)
- 50 Nudos (p. 355)

Pourquoi y aller

Longue et étroite bande de nature désertique, la région de Mendoza réunit deux des attraits emblématiques de l'Argentine : les Andes et le vin. La ville en elle-même est cosmopolite et animée, et ses alentours abritent des centaines de propriétés viticoles ouvertes à la visite – une manière grisante de parfaire son éducation, que l'on y consacre un mois entier ou juste un après-midi.

Le vin n'est pas l'unique attrait de la région. Dans les Andes toutes proches s'élève le plus haut sommet des Amériques, l'Aconcagua, un défi pour les alpinistes du monde entier. On peut aussi slalomer dans la poudreuse dans l'une des stations de la région, ou bien s'essayer au rafting, au VTT ou au parapente – les prestataires de Mendoza offrent un très large éventail d'activités.

Souvent oubliée, la province de San Juan, au nord, mérite amplement une visite, aussi bien pour ses domaines viticoles, peu nombreux mais excellents, que pour les paysages désertiques surréalistes du Parque Provincial Ischigualasto.

Quand partir

Mendoza

Déc-mars Temps chaud et sec : la meilleure saison pour partir à l'assaut des plus hauts sommets.

Avr-juin Les arbres et les vignes se parent de couleurs éclatantes à l'automne.

Juil-sept Les Andes se couvrent de blanc, un spectacle superbe, même si vous ne skiez pas.

À ne pas manquer

1. La poudreuse fraîche de la station de **Las Leñas**, de classe internationale (p. 347)
2. Le tour des propriétés viticoles de **Maipú** (p. 338)
3. Le spectaculaire Valle de Calingasta à **Barreal** (p. 353), loin de la foule
4. Les fossiles de dinosaures et les étranges formations rocheuses du **Parque Provincial Ischigualasto** (p. 356)
5. La tournée des bars branchés de l'Av Arístides Villanueva, à **Mendoza** (p. 333)
6. Le complexe thermal de **Cacheuta** (p. 337), pour oublier les courbatures d'un long voyage
7. Le **Cerro Aconcagua** (p. 341), toit des Amériques et plus haut sommet de l'hémisphère ouest

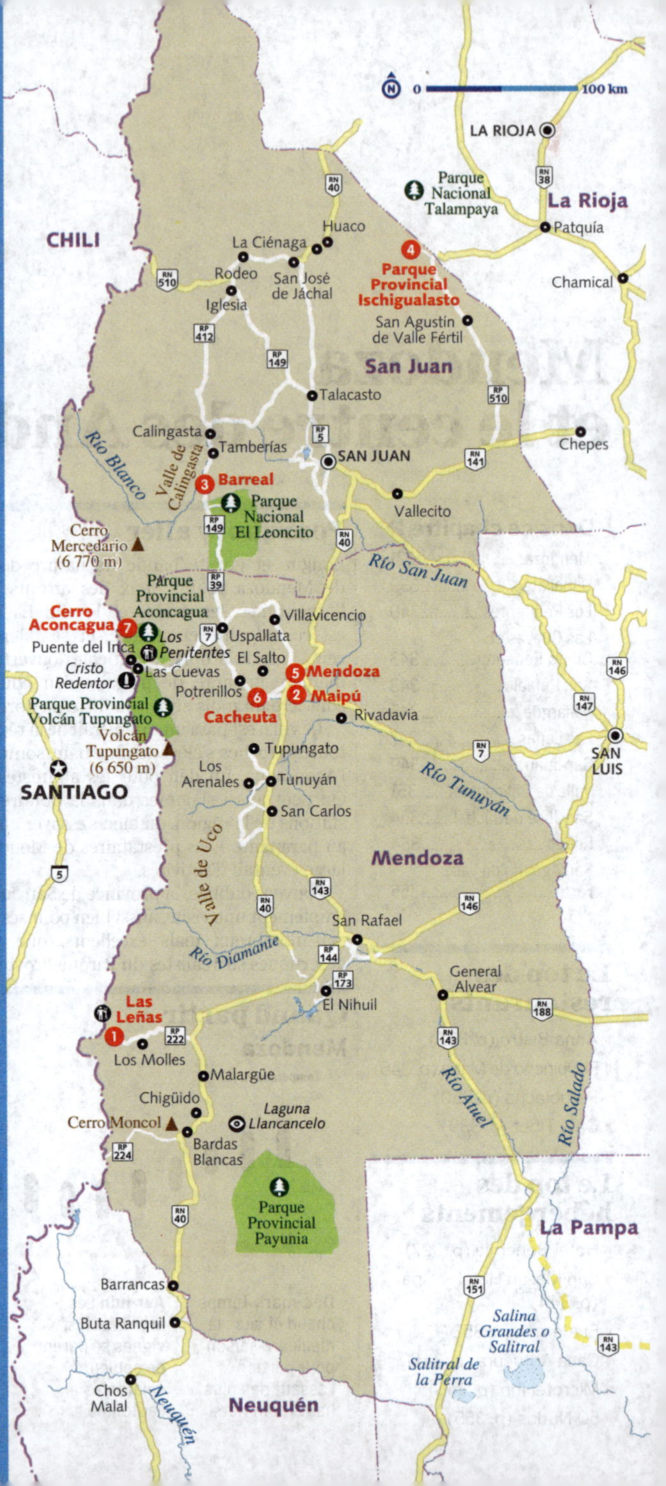

Parcs nationaux et provinciaux

Le plus célèbre est le Parque Provincial Aconcagua (p. 340), où culmine, à 6 962 m, le Cerro Aconcagua, le plus haut sommet du monde en dehors des sommets himalayens. Non loin, le Parque Provincial Volcán Tupungato (p. 343) ravira aussi les amoureux de la montagne. Près de Malargüe, le Parque Provincial Payunia (p. 347) offre de spectaculaires paysages volcaniques. Dans la province voisine de San Juan, le Parque Provincial Ischigualasto (p. 356) est réputé dans le monde entier pour ses fossiles de dinosaures et ses formations rocheuses.

Depuis/vers Mendoza et le centre des Andes

Mendoza dispose du seul aéroport international de la région (vols depuis/vers Santiago du Chili). Depuis Buenos Aires, des vols réguliers desservent Mendoza, San Juan et San Luis, ainsi que Malargüe (proche de la station de ski de Las Leñas) pendant la saison de ski. La solution la plus rapide pour rejoindre la région des Lacs, au sud, consiste à passer par Neuquén. Si toutefois vous n'êtes pas pressé, la portion de la RN 40 reliant les provinces de Mendoza et de Neuquén, peu fréquentée par les touristes, se révèle être un détour intéressant.

Mendoza

☎0261 / 935 000 HABITANTS / ALTITUDE 703 M

Avec ses larges avenues bordées d'arbres, ses places bourrées de charme et ses cafés cosmopolites, la ville impose son rythme décontracté au voyageur – même à ceux qui ont imprudemment prévu de n'y consacrer qu'un jour ou deux.

Mendoza se trouve en plein désert – mais vous aurez du mal à le croire, en entendant le murmure constant de l'eau dans les *acequias* (canaux d'irrigation longeant les rues) et les magnifiques fontaines ornant les places.

Animée durant la journée, la ville donne le meilleur d'elle-même le soir, lorsque la jeunesse se presse sur les trottoirs et dans les bars, restaurants et cafés de l'Av Arístides.

Dans tout le pays – et d'une certaine manière dans le monde entier – le nom de Mendoza est associé au vin, et c'est ici qu'il vous faut séjourner si vous voulez faire la tournée des vignobles, acheter des bouteilles à rapporter chez vous ou simplement dénicher un bon cru pour accompagner votre pizza.

Enfin, le nombre des prestataires en fait une base idéale pour organiser rafting, ski et autres activités dans les Andes toutes proches.

Mendoza se situe à 1 050 km à l'ouest de Buenos Aires via la RN 7, et à 340 km au nord-ouest de Santiago du Chili via le passage frontalier de Los Libertadores.

Au sens strict, la capitale provinciale est une petite zone géographique qui regroupe seulement quelque 120 000 habitants. Néanmoins, si l'on inclut les aires de Las Heras, Guaymallén, Godoy Cruz, ainsi que Maipú et Luján de Cuyo, Gran Mendoza (la grande Mendoza) atteint presque un million d'âmes.

Ses cinq places centrales sont disposées comme le chiffre cinq d'un dé à jouer. La Plaza Independencia en est le cœur, et les quatre autres, plus petites, se situent à deux rues de chacun de ses coins. Ne manquez surtout pas les mosaïques de la Plaza España.

L'Av San Martín est l'artère principale qui traverse la ville du nord au sud, et l'Av Las Heras la principale rue commerçante.

S'orienter est très facile depuis la **Terraza Mirador** (accès libre ; ⌚9h-13h), le toit en terrasse de la **mairie** (9 de Julio 500) qui jouit d'une vue panoramique sur la ville et ses environs.

Dangers et désagréments

Bien qu'elle figure depuis longtemps parmi les destinations les plus sûres d'Argentine, Mendoza connaît une augmentation de la délinquance urbaine due aux difficultés économiques qui ont frappé le pays. Les touristes sont toutefois rarement pris pour

CUYO

Les provinces de Mendoza, San Juan et, dans une certaine mesure, San Luis (traitée dans le chapitre *Córdoba et les Sierras du Centre*), voisine, sont traditionnellement connues sous le nom de Cuyo, terme dérivé du mot huarpe *cuyum*, signifiant "terre sablonneuse". Les Indiens Huarpe sont les premiers à avoir pratiqué la culture irriguée sur ces terres, un mode d'agriculture aujourd'hui encore usité partout dans la région. Le terme *Cuyo* est récurrent dans les noms des compagnies locales de bus, des commerces, des journaux ou dans la conversation courante.

cibles et la ville reste finalement peu dangereuse ; mais il faut tout de même faire preuve de vigilance. On note une recrudescence des vols à la tire et à l'arraché : si vous faites votre jogging avec un MP3 à la ceinture ou si vous portez plusieurs sacs, soyez prudent !

Malgré une présence policière accrue, les environs de la gare routière et le Cerro de la Gloria (dans le Parque General San Martín) restent considérés comme des lieux dangereux la nuit. Nous recommandons aussi d'être particulièrement vigilant en début d'après-midi, les policiers ayant

Mendoza

tendance à s'accorder une sieste, comme tout le monde. Plusieurs incidents ont été signalés dans des auberges de jeunesse, où des casiers auraient été fracturés. Mieux vaut déposer vos objets de valeur à la réception ou, mieux encore, dans le coffre de l'établissement.

À voir

Museo Fundacional MUSÉE
(angle Alberdi et Videla Castillo ; 8 ARS ; 8h-20h). Ce musée abrite les ruines du *cabildo* (hôtel de ville de l'époque coloniale), détruit par un tremblement

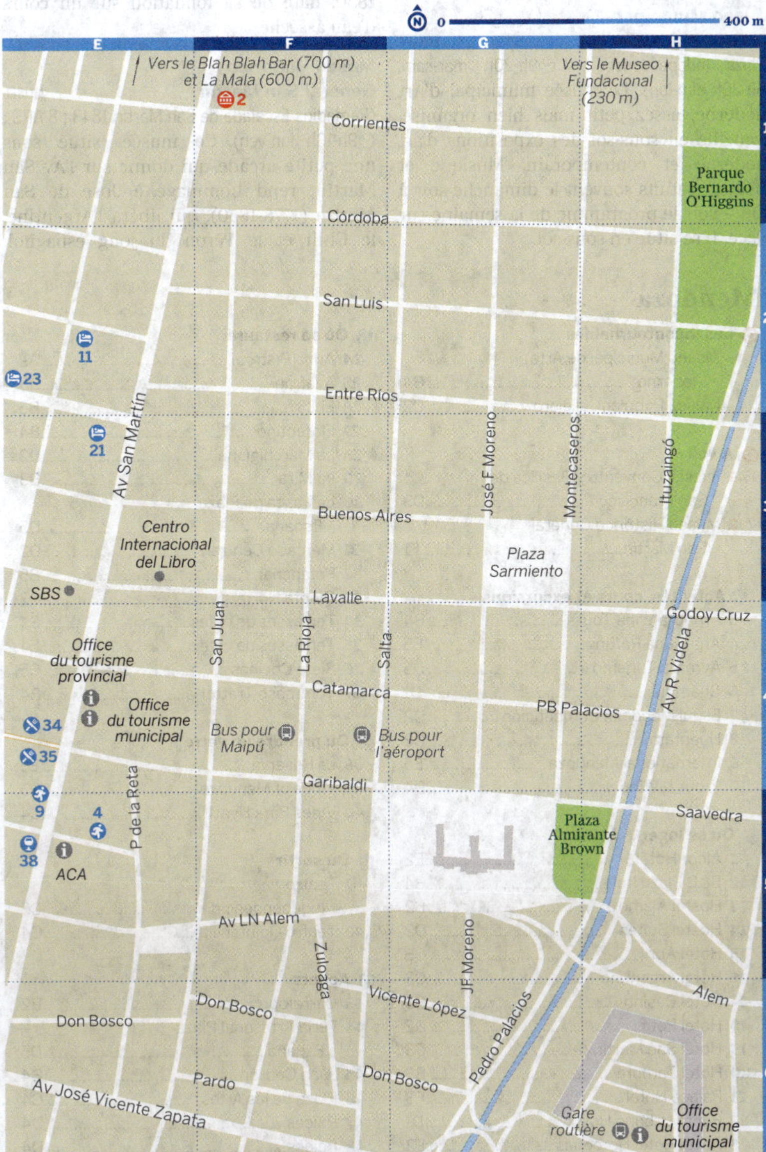

de terre en 1861. À l'époque, le centre géographique de la ville s'est déplacé vers l'ouest et le sud pour atteindre sa position actuelle. Des dioramas présentent l'histoire de Mendoza et relatent l'évolution de l'humanité comme si la ville en était l'apogée.

Museo Municipal de Arte Moderno MUSÉE
(Plaza Independencia ; ⌚9h-20h mar-sam, 16h-20h dim-lun). Le musée municipal d'Art moderne, assez petit mais bien organisé, accueille en sous-sol des expositions d'art moderne et contemporain. Musique et théâtre gratuits souvent le dimanche soir à 20h – voir le programme de la semaine sur place. Il se situe en sous-sol.

Museo Popular Callejero MUSÉE
(Av Las Heras, entre 25 de Mayo et Perú). Un musée pas comme les autres, où l'on déambule en plein air. Le long de l'avenue, l'une des plus grandes de Mendoza, des dioramas et d'étranges sculptures d'argile illustrent les changements survenus depuis 1830, date de sa fondation sur un cours d'eau asséché.

Museo Histórico General San Martín MUSÉE
(Remedios Escalada de San Martín 1843 ; 8 ARS ; ⌚9h-13h lun-ven). Ce musée, situé sous une petite arcade qui donne sur l'Av San Martín, rend hommage à José de San Martín (1778-1850), qui libéra l'Argentine, le Chili et le Pérou du joug espagnol.

Mendoza

Les incontournables
- Museo Municipal de Arte Moderno ... C4
- Museo Popular Callejero ... C2

À voir
- 1 Iglesia, Convento y Basílica de San Francisco ... D3
- 2 Museo Histórico General San Martín ... F1

Activités, cours et excursions
- 3 Ampora Wine Tours ... B4
- 4 Argentina Rafting ... E5
- 5 Aymará Turismo ... D5
- 6 Chamonix ... D1
- 7 Esquí Mendoza Competición ... C2
- 8 Huentata ... C2
- 9 International Mendoza ... E5
- 10 Trout & Wine ... D4

Où se loger
- 11 Alcor Hotel ... E2
- 12 B&B Plaza Italia ... B4
- 13 Hostel Alamo ... B2
- 14 Hostel Suites ... D2
- 15 Hotel Abril ... C5
- 16 Hotel Argentino ... C3
- 17 Hotel Casino ... B3
- 18 Hotel Petit ... B2
- 19 Hotel San Martín ... C3
- 20 Hotel Zamora ... B3
- 21 Palace Hotel ... E3
- 22 Punto Urbano Hostel ... D1
- 23 Royal Hotel Horcones ... E2

Où se restaurer
- 24 Anna Bistro ... A2
- 25 Azafrán ... B3
- 26 El 23 ... B5
- 27 Florentino ... B4
- 28 La Marchigiana ... D2
- 29 La Mira ... B3
- 30 La Tasca de Plaza España ... D5
- 31 Mercado Central ... D2
- 32 Patancha ... B5
- 33 Quinta Norte ... C3
- 34 Terrasses de cafés ... E4
- 35 Terrasses de cafés ... E4
- 36 Siete Cocinas ... C5
- 37 Tommaso Trattoria ... B4

Où prendre un verre
- 38 La Reserva ... E5
- 39 Vines of Mendoza ... C3
- 40 Vines Park Hyatt ... C4

Où sortir
- 41 Teatro Independencia ... C3
- 42 Teatro Quintanilla ... C4

Achats
- 43 Carrefour ... B2
- 44 Feria Artesanal Plaza España ... D5
- 45 Juan Cedrón ... B4
- 46 Plaza de las Artes ... C4
- 47 Raices ... D4
- 48 Raices ... D4

Le Libertador est particulièrement cher au cœur des habitants de Mendoza car il vécut dans la ville avec sa famille. C'est là aussi qu'il a recruté ses soldats et entraîné son armée pour entrer au Chili.

Iglesia, Convento y Basílica de San Francisco ÉGLISE
(Necochea 201 ; 9h-13h lun-sam). Cette église abrite l'icône de la Vierge de Cuyo, patronne de l'armée des Andes du général San Martín. Nombre de *Mendocinos* (habitants de Mendoza) la considèrent comme miraculeuse parce qu'elle a échappé au tremblement de terre dévastateur de 1968. Dans la pièce en arc de cercle où elle trône, les visiteurs laissent des offrandes en hommage à la Vierge et à San Martín. Dans le bâtiment, un mausolée contient les dépouilles de la fille, du gendre et de la petite-fille de San Martín, rapatriées de France en 1951.

Parque General San Martín PARC
Ce parc de 420 ha, l'un des plus beaux de la ville, est un superbe lieu où se promener, au bord du lac ou dans la magnifique roseraie. En prenant Sarmiento/Civit pour sortir, on peut admirer en chemin certaines des plus jolies maisons de Mendoza. Des plans du parc sont disponibles au **Centro de Información** (420-5052, ext 22 ; angle Av Los Platanos et Av Libertador ; 9h-17h), situé après les impressionnantes grilles d'entrée, apportées d'Angleterre par bateau. C'est Charles Thays qui conçut ce parc, ainsi que le Parque Sarmiento de Córdoba, en 1897. Sur son célèbre **Cerro de la Gloria** se trouve un monument à la gloire de l'armée des Andes. Par beau temps, on jouit d'une vue sur la vallée qui récompense les efforts fournis pour gravir le *cerro*.

Activités

Que faire après la visite de la ville et de ses *bodegas* ? Prendre de l'altitude ! Les paysages des Andes sont parmi les plus spectaculaires au monde. De nombreuses agences organisent des expéditions de varappe, de trekking, de rafting, ainsi que des circuits à vélo ou à dos de mule. Pour plus de détails sur l'Aconcagua, voir p. 340.

Aymará Turismo SPORTS AVENTURE
(420-2064 ; www.aymaramendoza.com.ar ; 9 de Julio 1023). Balades à dos de mule, treks et rafting.

Argentina Rafting SPORTS AVENTURE
(429-6325 ; www.argentinarafting.com ; Amigorena 86). Rafting, VTT, kayak, parapente et escalade, entre autres.

Cabaña La Guatana BALADES À CHEVAL
(15-668-6801 ; www.criolloslaguatana.com.ar ; Maza Sur 8001, Lulunta, Maipú). Promenades à cheval dans les vignobles de Maipú.

Argentina Ski Tours SKI
(630-0026 ; www.argentinaskitours.com ; 2724 Benielli). Circuits et cours de ski en espagnol ou en anglais. Les meilleurs équipements de la ville. Propose aussi divers hébergements en montagne.

ESCALADE ET ALPINISME

Mendoza est connue pour le Cerro Aconcagua, plus haut sommet du continent américain. Ce pic majestueux n'est, pour ainsi dire, que la partie émergée de l'iceberg. Non loin, le Cordón del Plata compte plusieurs sommets culminant à des hauteurs de 5 000 à 6 000 m. Dans la province, il existe trois grandes zones propres à la pratique de l'alpinisme : Los Arenales (près de Tunuyán), El Salto (près de Mendoza) et Chigüido (près de Malargüe).

Bien qu'en espagnol, le guide de Maricio Fernandez *Escaladas en Mendoza* (illustrations couleurs), disponible à l'agence **Inka Expediciones** (425-0871 ; www.inka.com.ar ; Av Juan B Justo 345, Mendoza) est très utile. Vous obtiendrez des informations réactualisées à l'**Asociación Argentina de Guiás de Montaña** (www.aagm.com.ar). Les guides les plus expérimentés travaillant dans toute la province sont répertoriés p. 342.
Pour acheter ou louer tout l'équipement nécessaire, un détour à **Chamonix** (425-7572 ; www.chamonix-outdoor.com.ar ; Barcala 267) s'impose.

SKI ET SNOWBOARD

Si Los Penitentes (p. 340) est le meilleur domaine skiable des environs de Mendoza, c'est plus au sud, à Las Leñas (p. 347), que vous trouverez les plus belles pistes de cette partie du continent. Du matériel de ski et de snowboard est disponible chez **Esquí Mendoza Competición** (429-7944 ; Av Las Heras 583) ou dans n'importe quelle boutique de l'Av Las Heras. En haute saison, tous demandent de 80 à 125 ARS par jour pour skis, chaussures et bâtons, et environ 125 ARS par jour pour un snowboard et des chaussures. La plupart louent aussi gants, combinaisons et chaînes pour les pneus.

Argentina Ski Tours loue des équipements plus performants pour les skieurs de niveau intermédiaire ou avancé.

RAFTING

Les principales rivières sont la Mendoza et la Diamante, près de San Rafael. La plupart des agences proposent des sorties, allant de la descente d'une heure (145 ARS) à l'excursion d'une journée (à partir de 420 ARS) ou même à l'expédition sur plusieurs jours. Comptez 50 ARS en plus pour le transport. Argentina Rafting, un prestataire de bonne réputation, est installé à Potrerillos – mais on peut réserver depuis le bureau de Mendoza.

Cours

Fundación Brasilia ESPAGNOL
(☎423-6917 ; www.fundacionbrasilia.org ; Av Arístides Villanueva 251). Cours particuliers (90 ARS/heure) et collectifs.

Circuits organisés

Huentata VISITES GUIDÉES
(☎425-7444 ; www.huentata.com.ar ; Av Las Heras 699). Une agence classique qui propose des sorties à Mendoza et dans les environs, notamment une visite guidée de la ville (une demi-journée, 70 ARS) et des excursions à la journée au Cañon del Atuel (190 ARS), à Villavicencio (90 ARS) et dans la région montagneuse autour de Potrerillos, Vallecito et Uspallata (150 ARS).

Internacional Mendoza LOCATION DE VÉLOS
(☎423-2103 ; www.internacionalmendoza.com ; San Martín 1070, Local 3). Loue des vélos (40 ARS les 6 heures), et fournit une carte et un lecteur MP3 pour un circuit audioguidé de la ville.

Visites de vignobles

On peut se contenter d'une visite par ses propres moyens à Maipú (voir p. 338) ou de l'une des excursions proposées par des agences de la ville. Quelques sociétés proposent toutefois des circuits thématiques plus haut de gamme, à des prix élevés – mais la prestation est à la hauteur : petits groupes, guide anglophone compétent et visite des vignobles plus prestigieux. Tous les prestataires mentionnés offrent également des circuits dans le Valle de Uco (voir p. 341), une région viticole en pleine expansion. Il est pratiquement impossible d'explorer en transport public ces vignobles situés à 150 km au sud de Mendoza, et qui commencent tout juste à figurer sur le catalogue des agences.

Trout & Wine VISITES
(☎425-5613 ; www.troutandwine.com ; Espejo 266). Ce prestataire organise des sorties sur mesure d'une journée (groupe de 8 personnes maximum) à Luján de Cuyo (710 ARS), Maipú (600 ARS) et le Valle de Uco (750 ARS). De novembre à mars, des sorties de pêche à la mouche dans le Valle de Uco sont proposées (1 500 ARS, équipement, barbecue et très bon vin compris).

Ampora Wine Tours VISITES
(☎429-2931 ; www.mendozawinetours.com ; Av Sarmiento 647). Cette agence réputée est axée sur les vins de catégories moyenne et supérieure. Elle propose, tous les jours, des circuits vers Luján de Cuyo et Maipú (700 ARS) et le Valle de Uco (730 ARS). Il s'agit davantage de dégustation que de techniques viticoles. Propose aussi des cours de cuisine dispensés par des chefs connus dans la région (4 heures, 525 ARS).

Mendoza Wine Camp VISITES
(☎630-0026 ; www.mendozawinecamp.com). Cette jeune société, qui vise plutôt une clientèle de connaisseurs et de professionnels, organise des sorties guidées par des spécialistes. La visite des propriétés viticoles porte sur tel ou tel aspect spécifique de la production – et non sur la découverte de l'ensemble du domaine. Balades à cheval dans les vignobles également, ainsi qu'une remarquable sortie d'une journée ayant pour thème l'*asado* (barbecue), avec cours de cuisine. Les prix tournent autour de 770 ARS la journée.

Fête

La **Fiesta Nacional de la Vendimia** (fête nationale des Vendanges), l'événement de l'année à Mendoza, dure environ une semaine, de fin février à début mars. Au programme : défilé de chars allégoriques représentant chaque département de la province sur l'Av San Martín, concerts, fêtes folkloriques et couronnement de la reine de la fête, dans l'amphithéâtre du Parque General San Martín.

Où se loger

Les prix des hôtels augmentent de janvier à mars, surtout pendant la fête des vendanges de début mars. Certaines auberges de

Mendoza ne louent un lit que si vous participez à l'un de leurs circuits. Nous avons choisi de ne pas les citer.

Hotel Bohemia HÔTEL DE CHARME $$$
(☎420-0575 ; www.bohemiahotelboutique.com ; Granaderos 954 ; s/d 360/425 ARS ;). Occupant une place bien à part dans l'offre hôtelière de la ville, essentiellement classique, cette demeure de famille reconvertie propose des chambres à la déco minimaliste, de taille modeste mais parfaitement équipées. Les espaces communs, au design léché, sont très confortables. À huit rues à l'ouest de la Plaza Independencia.

Hotel Argentino HÔTEL $$
(☎405-6300 ; www.argentino-hotel.com ; Espejo 455 ; s/d 374/400 ARS ;). Sur la place centrale, un hôtel d'affaires proposant de vastes chambres et une piscine de taille correcte. Vous aurez un balcon surplombant la place en payant un supplément.

Hostel Alamo AUBERGE DE JEUNESSE $
(☎429-5565 ; www.hostelalamo.com.ar ; Necochea 740 ; dort 65 ARS, d avec/sans sdb 190/145 ARS ;). Un établissement impeccablement tenu et superbement situé. Les dortoirs de 4 lits sont spacieux, les espaces communs très conviviaux et il y a même une petite piscine dans le charmant patio.

B&B Plaza Italia B&B $$$
(☎423-4219 ; www.plazaitalia.net ; Montevideo 685 ; ch 400 ARS ;). B&B de 6 chambres, imbattable pour l'accueil et la qualité du petit-déjeuner. La maison est un écrin, les propriétaires sont avenants et le salon est idéal pour la lecture.

La Escondida HÔTEL $$
(☎425-5202 ; www.laescondidabb.com ; Julio A Roca 344 ; s/d 269/310 ARS ;). Les chambres n'ont rien de luxueux, mais on se sent vraiment bien dans cette immense maison du quartier résidentiel paisible de La Quinta. L'établissement est tenu par une famille sympathique. Une très bonne adresse.

Alcor Hotel HÔTEL $$
(☎438-1000 ; www.alcorhotel.com.ar ; General Paz 86 ; s/d 250/295 ARS ;). À une rue de l'animation de l'Av Las Heras, un hôtel récemment rénové qui a conservé un peu de son charme d'origine. Grandes chambres confortables, claires et bien proportionnées. Réductions sur les séjours de plus de 3 jours.

Plan B Hostel AUBERGE DE JEUNESSE $
(☎420-2869 ; www.hostelplanb.com ; Olascoaga 1323 ; dort/d 68/160 ARS ;). Installée dans un quartier résidentiel paisible, à un jet de pierre du centre, cette jolie petite auberge de jeunesse propose des dortoirs de 6 lits – équipés de bons matelas – et des doubles correctes. Atmosphère conviviale et tranquille.

Punto Urbano Hostel AUBERGE DE JEUNESSE $
(☎429-5281 ; www.puntourbanohostel.com ; Av Godoy Cruz 332 ; dort 60 ARS d avec/sans sdb 180/140 ARS ;). Au nord du centre, une auberge intime malgré sa grande taille. Les dortoirs sont ordinaires mais les doubles sont avantageuses. Grande TV et sdb décorées avec goût. Vaste cour.

Hotel Casino HÔTEL $
(☎425-6666 ; www.nuevohotelcasino.com.ar ; Gutiérrez 668 ; s/d 120/150 ARS ;). Face à la Plaza Chile, de grandes chambres agréables et d'autres plus petites et ordinaires. Toutes propres et confortables, mais comparez avant de choisir.

Mendoza Inn AUBERGE DE JEUNESSE $
(☎438-0818 ; www.mendozahostel.com ; Av Arístides Villanueva 470 ; dort/d à partir de 65/220 ARS ;). Bien située, gérée par un personnel polyglotte et chaleureux, une des meilleures auberges de la ville. Spacieux espaces communs, cour ombragée et piscine.

Hotel Zamora HÔTEL $
(☎425-7537 ; Perú 1156 ; s/d 90/160 ARS ;). Plus stylé que les établissements de sa catégorie, ce charmant hôtel tenu en famille propose des chambres confortables, un buffet de petit-déjeuner et une jolie cour à l'espagnole ornée d'une fontaine.

Hotel San Martín HÔTEL $$
(☎438-0677 ; www.hsm-mza.com.ar ; Espejo 435 ; s/d 235/265 ARS ;). Sur la place, un hôtel en briques de 3 étages offrant de bonnes prestations. Très beaux carrelages, chambres spacieuses et confortables, sdb modernes et grandes fenêtres.

Hostel Suites AUBERGE DE JEUNESSE $
(☎423-7018 ; www.hostelsuitesmendoza.com ; Mendocinas 1532 ; dort/s/d 70/100/200 ARS ;). Sans conteste un cran au-dessus des

(Suite du texte en page 332)

Le vin de Mendoza

Un succès entêtant

Depuis les premières vignes plantées par les Jésuites dans le nord de l'Argentine il y a plus de cinq siècles, que de chemin parcouru ! Le pays est aujourd'hui reconnu comme l'un des plus grands producteurs au monde.

La première grande amélioration survint avec l'arrivée des immigrants européens au XIXe siècle. Ils apportèrent des cépages de leurs pays natals, remplaçant les vins *criollos* des Jésuites par des variétés "nobles" comme le merlot et le cabernet sauvignon. La qualité s'améliora mais le vin argentin resta cantonné au marché national, souvent bu avec une bonne gorgée de soda pour l'adoucir.

Puis, brusquement, les vins argentins s'imposèrent sur la scène internationale, et aujourd'hui un merlot de Mendoza est autant, voire plus prisé qu'un vin rouge chilien de la même gamme de prix.

Les producteurs ont certes fait de grands progrès en marketing, mais la clé de leur succès réside, au bout du compte, avant tout dans la qualité : les vins argentins sont bons, et ils ne cessent de s'améliorer. L'une des clefs d'une production réussie réside dans la maîtrise de l'irrigation. Les viticulteurs de Mendoza n'ont pas à se soucier des pluies intempestives qui, ailleurs, peuvent endommager une récolte entière lorsqu'elles surviennent juste avant les vendanges. Toute l'eau est canalisée, et vient directement de la neige des Andes.

La viticulture en région désertique présente un autre avantage : de considérables variations thermiques entre le jour et la nuit. Dans la journée, la chaleur stimule la production de sucres et la croissance d'une peau bien épaisse sur les raisins ; les nuits fraîches, elles, favorisent de bons niveaux d'acidité, et le faible taux d'humidité réduit les risques de prolifération d'insectes nuisibles et de champignons.

Le recours à des techniques de plus en plus sophistiquées se traduit aussi par le renforcement des normes d'hygiène. Le remplacement des anciens cépages "*criollos*" par des variétés "nobles" comme le malbec, le cabernet sauvignon, le merlot et la syrah, et le recours à des petits fûts de chêne, d'une durée de vie de quelques années, au lieu de grandes cuves jadis utilisées durant plusieurs décennies – parfois 70 ans – ont tous eu des effets positifs.

On ne peut enfin évoquer les vins argentins sans souligner leur excellent rapport qualité/prix. La crise économique de 2001 a été une véritable aubaine pour les exportateurs, qui ont subitement vu le vin argentin devenir extrêmement compétitif grâce à l'effondrement des prix. Dans un pays où la terre est (relativement) bon marché et la main-d'œuvre si peu chère, la quasi-totalité de la récolte s'effectue à la main – ce que ne peuvent se permettre dans d'autres pays que des crus de haute qualité.

1. Barriques en chêne français, Mendoza **2.** Le domaine Catena Zapana (p. 337) **3.** Quelques crus de Mendoza

C. Sauvignon
2000
Weinert

2

3

MENDEL
Malbec
MENDEL
UNUS
2004
MENDEL
Malbec

Itinéraires dégustation

Dans le sillage de la viticulture, l'œnotourisme prend son envol à Mendoza. Quant à la formule, vous aurez l'embarras du choix.

Tous les budgets trouveront leur bonheur. Si le vôtre est serré, la solution la plus avantageuse consiste à sillonner la région de Maipú à vélo. Proches les uns des autres, les domaines ici proposent par ailleurs des visites à prix doux : vous pourrez ainsi en découvrir plusieurs et déguster quelques bons vins, le tout dans la même journée et sans vous ruiner. La région produit également chocolat artisanal, huile d'olive et autres mets savoureux. Sachez toutefois que c'est une excursion très prisée, et que certains domaines expédient les visites pour faire de la place au groupe suivant. Pour plus de renseignements sur la région de Maipú, voir p. 338.

Si vous n'aimez ni le vélo ni les circuits organisés, la formule intermédiaire part de la bourgade de Luján de Cuyo, à 19 km au sud de Mendoza. Avec un minimum d'organisation, vous pouvez rayonner en bus et taxi et visiter trois ou quatre domaines viticoles (au-delà, cela devient de toute façon un peu répétitif) pour être rentré à Mendoza avant la nuit. Reportez-vous p. 337 pour en savoir plus sur la région de Luján de Cuyo.

Les voyageurs plus à l'aise financièrement, plus curieux des techniques vinicoles et souhaitant davantage de confort pourront participer à un circuit proposé par l'un des prestataires listés p. 326 : visite en petits groupes, rencontre avec certains producteurs et, en prime, déjeuner gastronomique et dégustations de crus haut de gamme. Tout cela a tendance à faire grimper la facture, naturellement. Tous les prestataires conseillés organisent aussi, si vous êtes un véritable connaisseur, des circuits sur mesure incluant les domaines, les terroirs voire les vins de votre choix.

Ci-dessous
Dégustation, Mendoza

ANDREW PEACOCK/LONELY PLANET IMAGES ©

Cela dit, si vous en avez le temps et les moyens, c'est par vous-même que vous découvrirez le mieux la région : louez une voiture à Mendoza, achetez une carte des domaines chez n'importe quel marchand de journaux et concoctez votre itinéraire personnel. Cette liberté vous sera précieuse pour visiter le Valle de Uco, qui abrite certains des domaines les plus innovants de la région de Mendoza. La vallée est à près de 150 km au sud de la ville, mais vous trouverez de nombreux domaines proposant des hébergements, et même des "Wine Lodges" d'où vous pourrez rayonner tout votre soûl (au sens figuré !). Sachez d'ailleurs que la loi argentine applique la tolérance zéro en matière d'alcool au volant : si vous vous faites arrêter sur une petite route de campagne après une journée de dégustation un peu chargée, vous risquez des ennuis. Pour plus de renseignements sur le Valle de Uco, notamment des adresses de domaines et d'hébergements, rendez-vous p. 341.

Ci-dessus
La route des vins à vélo, Mendoza

NOTRE SÉLECTION

La simple vue de toutes ces bouteilles vous donne le tournis ? Suivez le guide.

Rouges

» Cavagnaro malbec (75 ARS)
» Kaiken cabernet sauvignon (107 ARS)
» Salentein Primus malbec (200 ARS)
» Carinae Prestige Blend (244 ARS)

Blancs

» Angelica Zapata chardonnay Alta (90 ARS)
» Terrazas de los Andes Tardío Petit (95 ARS)
» Tapiz Single Vineyard sauvignon blanc (55 ARS)
» Alta Vista Premium torrontés (50 ARS)

(Suite de la page 327)

établissements du même type de la ville, cette auberge joliment aménagée et bien organisée loue à prix correct des lits en dortoir. Mais l'on retient surtout le remarquable rapport qualité/prix des simples, de même que les activités gratuites, les excursions, la belle cuisine, la terrasse sur le toit et l'emplacement bien central.

Hotel Petit HÔTEL **$$**
(☎423-2099 ; www.petit-hoteles.com.ar ; Perú 1459 ; s/d 130/170 ARS ; P❄wifi). Excellente adresse, accueillante et centrale. Copieux buffet au petit-déjeuner compensant l'étroitesse des chambres. Un hôtel vieillot mais propre.

Royal Hotel Horcones HÔTEL **$$**
(☎425-0045 ; www.hotelhorcones.com ; Av Las Heras 145 ; s/d 160/210 ARS ; ❄@wifi). Adresse centrale proposant des chambres vastes aux tarifs intéressants. Le papier peint mériterait un rafraîchissement, mais les parquets et le patio sont agréables.

Palace Hotel HÔTEL **$$**
(☎423-4200 ; www.hotelpalace.com.ar ; Av Las Heras 70 ; s/d 200/250 ARS ; P❄wifi). Grand hôtel au charme fané des années 1970, très central. Vastes chambres, certaines donnant sur l'avenue animée.

Hotel Abril HÔTEL **$$**
(☎429-0027 ; www.hotel-abril.com ; Mendocinas 866 ; s/d à partir de 210/235 ARS ; P❄@wifi). Pas totalement un “hôtel de charme”, comme il le revendique, mais plutôt un établissement moderne avec un petit quelque chose en plus. Cela dit, c'est plutôt une bonne adresse pour le prix, compte tenu de l'emplacement et des aménagements.

Où se restaurer

Certains des meilleurs restaurants de Mendoza, souvent avec tables en extérieur et une clientèle jeune, sont installés sur l'Av Arístides Villanueva, la rue prolongeant l'Av Colón à l'ouest. À l'ouest de Plaza Independencia, l'Av Sarmiento est bordée de *parrillas* (restaurants de grillades) plus traditionnelles, mais touristiques. À l'est sur le *peatonal* (rue piétonnière) de Sarmiento, vous trouverez de nombreux cafés avec des tables sur le trottoir. Ne manquez pas d'y prendre un café. Au **Mercado Central** (angle Av Las Heras et Patricias Mendocinas) rénové on trouve des menus à prix raisonnables.

♥ **Anna Bistro** FUSION **$$**
(Av Juan B Justo 161 ; plats 50-80 ARS ; déj et dîner). L'un des plus jolis restaurants de la ville, avec un charmant jardin. Musique agréable et plats soigneusement élaborés.

La Flor de la Canela PÉRUVIEN **$**
(Av Juan B Justo 426 ; plats 30-40 ARS ; déj et dîner). Restaurant péruvien authentique à quelques rues du centre. Peu d'ambiance mais beaucoup de saveurs.

Patancha INTERNATIONAL **$$**
(Perú 778 ; plats 45-70 ARS ; déj et dîner). Un charmant petit restaurant où l'on déguste de très bonnes tapas, des classiques argentins (*humitas*, entre autres) et des mets plus inattendus comme le sauté de fruits de mer. Le midi, menu à un prix imbattable (38 ARS).

La Tasca de Plaza España ESPAGNOL **$$**
(☎423-3466 ; Montevideo 117 ; plats 40-80 ARS ; dîner). D'excellentes tapas méditerranéennes (surtout aux fruits de mer), du bon vin, une ambiance intime, une belle déco et un service chaleureux. L'une des meilleures adresses de Mendoza.

Florentino FUSION **$$**
(Montevideo 675 ; plats 50-80 ARS ; dîner). Ce restaurant, l'un des plus créatifs de la ville, concocte une cuisine légère dans laquelle les saveurs se marient en des combinaisons très originales. Il propose aussi des spécialités sans gluten et végétariennes.

El Palenque ARGENTIN **$**
(Av Arístides Villanueva 287 ; plats 37-52 ARS ; déj et dîner lun-sam). Incontournable, ce restaurant très populaire ressemble à une ancienne *pulpería* (taverne). On sert la cuvée du patron dans les traditionnels *pinguinos* (pichets en céramique blanche en forme de manchots). Délicieux plats et amuse-gueules. Les tables en terrasse sont prises d'assaut.

Siete Cocinas ARGENTIN **$$$**
(San Lorenzo et Mitre ; plats 65-100 ARS ; dîner). Le Siete Cocinas promet un parcours gastronomique au fil des 7 traditions régionales du pays. Il tient ses promesses, et de belle manière – les raviolis au fromage de chèvre, le porc mijoté et la tourte aux champignons et à l'agneau (spécialité de Patagonie) en témoignent.

Tommaso Trattoria ITALIEN **$$**
(Av Sarmiento 762 ; plats 40-60 ARS ; déj et dîner). Excellent menu trilingue (italien,

espagnol et anglais) proposant de nombreux plats italiens originaux. La carte des vins est impressionnante et les tables de devant très agréables le soir.

Cocina Poblana MOYEN-ORIENTAL $
(Av Arístides Villanueva 217 ; plats 30-45 ARS ; ⌚déj et dîner lun-sam). L'endroit idéal pour un dîner oriental savoureux et bon marché (houmous, falafel, *dolmas*). Le chiche-kebab au taboulé est une merveille.

Quinta Norte ARGENTIN $
(Av Mitre et Espejo ; formules 25-40 ARS ; ⌚déj et dîner). Dînez dehors, en face de la place. Les plats sont bons et le menu du déjeuner à 25 ARS figure parmi les meilleurs de la ville. Parfait pour un café.

El 23 ARGENTIN $$$
(Montevideo et Chile ; plats 50-100 ARS ; ⌚déj et dîner). Le 23 et son superbe patio se révèlent particulièrement agréables lorsqu'il fait beau, mais la qualité de la cuisine (viande rouge, poisson et fruits de mer) s'apprécie tous les jours. Propose des menus fixes (52 ARS) et des vins au verre. Boutique de vin attenante.

La Marchigiana ITALIEN $$
(Patricias Mendocinas 1550 ; plats 40-60 ARS ; ⌚déj et dîner). Restaurant italien le plus souvent recommandé à Mendoza. Un décor un peu austère, mais le service est agréable, et certains plats ont une touche argentine intéressante.

La Mira FUSION $$
(Av Belgrano 1191 ; plats 45-60 ARS ; ⌚déj et dîner). Des mets innovants dans un environnement décontracté. Chaque plat est un repas en soi (parfois accompagné de légumes) et la carte des vins est modeste mais respectable.

Azafrán FUSION $$$
(☎429-4200 ; Av Sarmiento 765 ; plats 70-100 ARS ; ⌚déj et dîner lun-sam). Décoration rustico-chic, menu réduit mais original et longue carte des vins. Tout est bon.

Où prendre un verre

Les bars se succèdent sur l'Av Arístides Villanueva, où les trottoirs sont littéralement envahis de tables l'été. Il en va de même à Tajamar, un quartier situé de l'autre côté de la ville, où le style est davantage "bohème-décontracté". C'est le meilleur endroit où écouter de la musique live.

On trouve du vin à peu près partout à Mendoza – y compris dans les stations-service. Mais rares sont les établissements vraiment spécialisés.

Por Acá BAR
(☎420-0346 ; Av Arístides Villanueva 557). Ce bar-lounge – extérieur pourpre et jaune, murs à pois à l'étage – est plein à craquer à partir de 2h du matin. Les clients finissent souvent la nuit en dansant sur les tables. Bonne musique rétro.

La Reserva GAY
(Rivadavia 34 ; gratuit-25 ARS). Petit bar gay attirant une clientèle variée, qui propose des drag-shows outranciers à minuit, suivis de techno hard-core.

Vines of Mendoza BAR À VINS
(Espejo 567 ; ⌚15h-22h). Ce sympathique bar à vins propose une formule de dégustation de cinq vins et une formule spécifique avec de grands crus. Il organise aussi des séances de reconnaissance des vins au cours desquelles on apprend les techniques pour déguster un vin – compétence très utile pour qui a l'intention de faire la tournée des bodegas.

Blah Blah Bar BAR
(Escalada 2307). Établissement très populaire de Tajamar. C'est un bar branché mais sans extravagance, où règne une ambiance bon enfant. On peut s'installer à l'extérieur.

Vines Park Hyatt BAR À VINS
(Chile 1124 ; ⌚11h-minuit). Dans le cadre très formel de l'hôtel le plus élégant de Mendoza, un bar à vins décontracté et intime proposant du vin au verre, des plateaux de fromage et des tapas.

Où sortir

Procurez-vous un exemplaire de *La Guía*, publication mensuelle comportant une liste détaillée des lieux à ne pas manquer, dans les offices du tourisme ou les musées. Sinon, consultez la rubrique afférente du quotidien *Los Andes*.

Clubs et discothèques

Pour danser, mieux vaut rallier la banlieue : El Challao au nord-ouest, ou Chacras de Coria au sud, sur la RP 82. Le bus n°115 qui part de Sarmiento conduit à El Challao. Pour Chacras de Coria, prenez le bus n°10, *interno* 19 (numéro du réseau interne) à l'arrêt situé sur La Rioja, entre Catamarca et Garibaldi ou le n°10, *interno* 15, à l'angle de 25 de Mayo et Rivadavia. Dans les deux cas, il suffit de demander au chauffeur où sont *los boliches* (les discothèques) pour qu'il vous dépose à l'arrêt voulu. Les établissements sur El Challao comme sur Chacras de Coria sont alignés les uns à côté des autres, il n'y a plus qu'à faire son choix. Lorsque nous avons effectué les recherches pour ce guide, l'**Alquimia** (Ruta Panamericana et Cerro Aconcagua, Chacras de Coria ; 20-50 ARS ; ⏲mer-sam) était *le* club à la mode : il tiendra peut-être toujours le haut de l'affiche lors de votre visite.

Nombreux sont les touristes (et les *Mendocinos*, d'ailleurs) pour qui l'effort nécessaire pour se rendre dans ces clubs dépasse de loin le plaisir qu'ils ont à s'y trouver. Ceux-là optent généralement pour les petits bars de l'Av Arístides Villanueva. Une exception qui attire les foules cependant : **La Mala** (Escalada 2233 ; 20-33 ARS), dans la partie de Tajamar où la vie nocturne bat son plein. C'était, dans le secteur, la boîte en vogue au moment de la rédaction de ce guide.

Théâtre et musique live

Le **Centro Cultural Tajamar** (Escalada 1921 ; gratuit-35 ARS), dans le quartier de Tajamar, propose une programmation variée comprenant notamment des concerts et du théâtre d'avant-garde.

Les principaux théâtres de la ville sont le **Teatro Quintanilla** (☎423-2310 ; Plaza Independencia) et le **Teatro Independencia** (☎438-0644 ; angle Espejo et Chile), non loin de là.

Achats

Vous trouverez quantité de boutiques le long de l'Av Las Heras proposant souvenirs, objets en cuir, chocolat, et produits argentins, dont des articles en *carpincho* (cuir tacheté qui provient du capybara, un gros rongeur).

Si vous n'êtes pas à la recherche d'une très grande bouteille ou d'un vin particulièrement méconnu (ou encore d'un caviste qui sache de quoi il parle), le bon endroit où trouver du choix et des prix abordables reste... **Carrefour** (Av Las Heras et Av Belgrano ; ⏲8h-22h). Mais vous trouverez chez les cavistes des vins plus fins, ainsi que du personnel parlant un peu anglais et disposé à bien emballer vos bouteilles.

Plaza de las Artes MARCHÉ
(Plaza Independencia ; ⏲17h-23h ven-dim). Marché artisanal en plein air sur la Plaza Independencia.

Raices ARTISANAT
(Av España 1092). Tissages de grande qualité, matés, bijoux, entre autres. Autre boutique non loin, Av Sarmiento 162.

Juan Cedrón VIN
(Av Sarmiento 278). Une sélection modeste, mais de qualité. Bar à vins, dégustations occasionnelles et tables sur le trottoir.

Centro Internacional del Libro LIBRAIRIE
(☎420-1266 ; Lavalle 14). Petite sélection de classiques et de best-sellers en anglais.

BS LIBRAIRIE
(Gutiérrez 54). Guides Lonely Planet, cartes et ouvrages sur le vin côtoient des romans en anglais. Manuels pour les cours de langue.

Renseignements

Accès Internet

Les cybercafés (5 ARS/heure) sont omniprésents dans le centre, les plus grands bordant l'Av Sarmiento, qui est piétonnière.

Telefónica (angle Av Sarmiento et Av San Martín ; 5 ARS/heure). On y sert du café. Possibilité de téléphoner.

Agences de voyages

Asatej (429-0029 ; mendoza@asatej.com.ar ; Av Sarmiento 223). Agence recommandée proposant tarifs réduits étudiants et remises diverses.

Isc Viajes (☎425-9259 ; www.iscviajes.com ; Av España 1016). Agent de voyages et représentant American Express.

Argent

Il est facile de trouver un DAB dans le centre-ville. Les deux banques ci-dessous sont des bijoux d'architecture, notamment le Banco Mendoza, avec ses dimensions imposantes.

Banco de la Nación (angle Necochea et 9 de Julio)

Banco Mendoza (angle Gutiérrez et San Martín)

Cambio Santiago (Av San Martín 1199). Prend 2% de commission sur les chèques de voyage.

Immigration

Bureau de l'immigration (☎424-3512 ; Av San Martín 1859). À Godoy Cruz, au sud du centre-ville.

Laverie

La Lavandería (☎429-4782 ; San Lorenzo 352 ; lavage/séchage environ 25 ARS)

Médias

La Guía Mensuel gratuit disponible dans les offices du tourisme. Un must pour connaître les programmes et rester en phase avec la vie culturelle intense de Mendoza.

Wine Republic (www.wine-republic.com). Très bon magazine en anglais consacré au vin, mais comportant aussi les adresses des restaurants en vogue, quelques articles amusants et les échos de la vie ici. Disponible chez Vines of Mendoza et Trout & Wine.

Offices du tourisme

ACA (Automóvil Club Argentina ; ☎420-2900 ; angle Av San Martín et Amigorena). Automobile-club d'Argentine, bonne adresse pour les cartes de routes provinciales.

Office du tourisme provincial (☎420-2800 ; www.turismo.mendoza.gov.ar ; Av San Martín 1143 ; ⏲8h-22h lun-ven). Cartes intéressantes et nombreuses brochures.

Offices du tourisme municipaux (www.turismo.mendoza.gov.ar) gare routière (☎431-5000, 431-3001 ; ⏲9h-22h) ; mairie (☎413-2101 ; 9 de Julio 500 ; ⏲9h-21h)

Poste

Poste (Av San Martín au niveau de Colón)

Services médicaux

Hôpital (☎420-0600, 420-0063 ; angle José F Moreno et Alem)

Urgences

Servicio Coordinado de Emergencia (☎428-0000). Ambulances.

Depuis/vers Mendoza

Avion

Aerolíneas Argentinas/Austral (☎420-4185 ; Av Sarmiento 82). Les deux compagnies partagent les mêmes bureaux. Aerolíneas assure plusieurs liaisons quotidiennes depuis/vers Buenos Aires (à partir de 800 ARS).

Lan (☎425-7900 ; Rivadavia 135). Trois vols quotidiens pour Santiago du Chili (seule

BUS AU DÉPART DE MENDOZA

Les destinations ci-dessous sont desservies quotidiennement (pour les grandes villes entre 10 et 20 départs). Les tarifs sont ceux de la mi-saison.

DESTINATION	PRIX (ARS)	DURÉE (HEURES)
Bahía Blanca	425	16
Bariloche	485	20
Buenos Aires	375	13-17
Catamarca	280	10
Chos Malal	255	13
Córdoba	255	10
Jujuy	486	22
Maipú	6	45 minutes
Malargüe	65	5
Mar del Plata	530	19
Neuquén	320	10-12
Resistencia	750	24
Río Gallegos	1 370	41
Rosario	335	12
Salta	530	18
San Juan	61	2 heures 30
San Luis	95	3 heures 30
San Rafael	29	3
Santa Fe	430	14
Tucumán	415	14
Zapala	330	16

destination internationale au départ de Mendoza).

Sol (☎0810-444-4765 ; www.sol.com.ar). Dessert Córdoba (636 ARS) et Rosario (1 077 ARS).

Bus

Mendoza est une plaque tournante du transport routier. De là, il est possible de se rendre partout dans le pays. Les liaisons internationales et intérieures s'effectuent au départ de la **gare routière** (☎431-5000, 431-3001 ; angle Av R Videla et Av Acceso Este, Guaymallén). Il est possible d'acheter son billet à l'avance, sans frais supplémentaires, au **Terminal del Centro** (9 de Julio 1042), en centre-ville.

LIAISONS INTÉRIEURES

Plusieurs compagnies de bus desservent quotidiennement Uspallata (22 ARS, 2 heures) et Los Penitentes (26 ARS, 4 heures), une étape sur le chemin de l'Aconcagua.

À la saison des sports d'hiver, plusieurs liaisons directes sont assurées pour Las Leñas (environ 95 ARS, 7 heures).

Certaines compagnies proposent un aller-retour à destination du sanctuaire de la Difunta Correa (p. 355 ; 80 ARS l'aller-retour ; départ à 7h30), dans la province de San Juan. Comptez 3 heures de trajet à l'aller et au retour et 3 heures sur place. Les bus à destination de Maipú partent de l'arrêt situé sur La Rioja entre Garibaldi et Catamarca.

LIAISONS INTERNATIONALES

De nombreuses compagnies assurent une liaison quotidienne avec le Chili à travers les Andes via la RN 7 (col de Los Libertadores). Destinations : Santiago, Chili (110 ARS, 7 heures), Viña del Mar (110 ARS, 7 heures) et Valparaíso (100 ARS, 8 heures). Le col ferme parfois en hiver à cause du mauvais temps. En cas de conditions climatiques très rudes, l'attente peut durer plusieurs jours.

Plusieurs transporteurs proposent des correspondances pour Lima, au Pérou (1 295 ARS, 60 à 70 heures) via Santiago. Il y a au moins deux départs hebdomadaires à destination de Montevideo, en Uruguay (à partir de 400 ARS, 25 heures), certains avec des correspondances pour Punta del Este et le Brésil.

Les bus internationaux partent de la gare routière principale. Vous trouverez les compagnies à l'extrémité est.

ℹ Comment circuler

Depuis/vers l'aéroport

L'aéroport international Plumerillo (☎448-2603) se trouve à 6 km au nord du centre-ville sur la RN 40. Le bus n°68 ("Aeropuerto") qui part de la Calle Salta y va directement.

Bus

La gare routière de Mendoza est à deux pas du centre. Il faut emprunter le passage souterrain Videla pour rallier le centre (environ 15 min à pied). Sinon, le tramway "Villa Nueva" (un bus en réalité) relie la gare routière au centre.

Les bus locaux coûtent 2,50 ARS – les trajets plus longs sont un peu plus chers. Il faut acheter une carte magnétique Redbus, en vente dans la plupart des kiosques. La plupart des *lineas* (lignes de bus) ont aussi des *internos* (réseaux internes). Les numéros sont affichés sur les vitres, par exemple : *linea* 200 peut être complété par *interno* 204 ou 206. Mieux vaut vérifier les deux numéros car les *internos* indiquent le trajet de façon plus précise.

Voiture

Il y a des agences de location à l'aéroport et le long de Primitivo de la Reta.

Avis (☎447-0150 ; Primitivo de la Reta 914)

Localiza (☎429-6800 ; Primitivo de la Reta 936, Local 4)

National/Alamo (☎429-3111 ; Primitivo de la Reta 928)

Environs de Mendoza

Les sites mentionnés dans cette section sont les plus proches de la ville. Néanmoins, il est très facile de visiter en une journée Puente del Inca et Las Cuevas, près de la frontière chilienne (voir p. 343).

PROPRIÉTÉS VITICOLES

Grâce à un système complexe et très ancien d'aqueducs alimentés par eau de source, cette terre autrefois aride assure aujourd'hui 70% de la production nationale de vin. Nombre de propriétés viticoles aux alentours de Mendoza proposent des visites avec dégustation. Les agences de tourisme organisent des excursions d'une journée, selon un programme très précis, dans au moins deux vignobles, parfois plus. Toutefois, il est assez facile d'effectuer ces visites seul, en se déplaçant par exemple en *remis* (taxi privé). Visites et dégustations sont gratuites dans certaines propriétés, mais dans quelques-unes, on cherchera parfois à vous vendre du vin à tout prix. Sachez aussi que l'on ne goûte jamais aux meilleures cuvées sans payer. Le malbec est, bien sûr, le vin argentin par excellence.

En une journée et en bus, il est facile de visiter plusieurs des meilleurs vignobles de la banlieue de Maipú, à seulement

16 km de Mendoza (voir p. 338 pour un circuit sans guide). Pour découvrir ce que produisent les vignobles à la pointe de la modernité, louez une voiture ou participez à un circuit du Valle de Uco – voir p. 341. Les vignobles de Luján de Cuyo, à 19 km au sud, s'offrent également à la visite. Les bus à destination de Maipú partent de La Rioja, entre Garibaldi et Catamarca, dans le centre. Ceux qui conduisent aux vignobles de Luján de Cuyo partent de la gare routière.

L'office du tourisme de Garibaldi, près de l'Av San Martín, édite une carte sommaire mais utile des vignobles de la région.

Luigi Bosca (☎0261-498-1974 ; www.luigibosca.com.ar ; San Martín 2044, Luján de Cuyo ; visite guidée, en espagnol et anglais, 35 ARS ; ⏲lun-sam sur réservation), qui produit aussi le Finca La Linda, est l'une des principales propriétés viticoles de Mendoza. Une visite s'impose pour les connaisseurs. Prenez le bus no380 (3 ARS, 1 heure) sur le quai 53 de la gare routière de Mendoza.

Connues pour leurs vins pétillants, les modernes **Bodegas Chandon** (☎0261-490-9968 ; www.bodegaschandon.com.ar ; RN 40, Km 29, Agrelo, Luján de Cuyo ; visites guidée, en anglais et espagnol 20 ARS ; ⏲lun-sam sur réservation) sont souvent visitées par des groupes. Prendre le bus no380 (3 ARS, 1 heure) sur le quai 53 de la gare routière de Mendoza.

Catena Zapata (☎0261-413-1110 ; www.catenawines.com ; Calle Cobos 5519, Agrelo, Luján de Cuyo ; visite/visite guidée sur rdv 10h-18h lun-sam). L'une des propriétés les plus réputées du pays. Les visites guidées sont assez banales, mais la dégustation, payante, a de réelles vertus pédagogiques. Prenez un taxi (meilleur marché si l'on rallie d'abord Luján de Cuyo en bus).

CACHEUTA

☎02624 / ALTITUDE 1 237 M

Á 40 km environ au sud-ouest de Mendoza, dans le département de Luján de Cuyo, Cacheuta est renommée pour ses sources thermales et son microclimat agréable.

Complejo Termal Cacheuta (☎429133 ; www.termascacheuta.com ; RP 82, Km 41 ; 35 ARS ; ⏲10h-18h). Installé à flanc de vallée, ce complexe thermal en plein air – l'un des plus beaux du pays – offre un cadre splendide et de nombreux bassins. Mieux vaut venir en semaine pour éviter l'affluence du week-end, les enfants qui s'éclaboussent et la fumée des innombrables *parrillas*.

ACHETER DU VIN

S'il est illégal d'expédier du vin depuis l'Argentine, vous pouvez très bien en rapporter dans vos bagages (le montant des taxes peut être tout à fait modique, renseignez-vous selon votre destination).

Si vous avez l'intention de transporter du vin, mieux vaut faire vos achats chez un caviste, où l'on emballera correctement vos bouteilles afin d'éviter la casse pendant le transport (n'oubliez pas que la plupart des compagnies aériennes n'acceptent pas les bouteilles en cabine). Si vous voulez juste acheter de quoi accompagner votre dîner, vous trouverez dans les supermarchés de Mendoza un excellent choix pour moins de 100 ARS.

Le ravissant **Hotel & Spa Cacheuta** (☎490152/3 ; www.termascacheuta.com ; RP 82, Km 38 ; s/d pension complète à partir de 1 115/1 570 ARS ; 🏊) propose à sa clientèle une piscine, des bains chauds, des massages et des VTT sans supplément de prix. Autres activités en sus. Accès aux bains pour les non-résidents moyennant 240 ARS/personne.

On peut planter sa tente au **Camping Termas de Cacheuta** (☎482082 ; RN 7, Km 39 ; empl 30 ARS/pers).

Des bus **Expreso Uspallata** (à Mendoza ☎0261-438-1092) se rendent quotidiennement à Cacheuta (32 ARS, 1 heure 30).

POTRERILLOS

☎02624 / ALTITUDE 1 351 M

Nichée au-dessus d'un plan d'eau récemment aménagé, dans la belle région de la précordillère andine, Potrerillos est réputée pour ses descentes en eaux vives. On la visite en général à l'occasion d'une journée de rafting, depuis Mendoza.

À 1 km du terrain de camping de l'ACA dans les collines, Argentina Rafting (voir p. 325) propose rafting et kayak sur le Río Mendoza. Diverses formules, d'une sortie d'une heure (5 km, classe II) à une descente de 5 heures (50 km, classes III-IV) sur deux jours. Inscriptions au bureau de Mendoza ou à Potrerillos.

El Puesto Hostel (☎02624-15-655-9937 ; www.elpuestohostel.com.ar ; Av Los Condores s/n ; dort 55 ARS). Installée dans un cadre paisible, cette auberge de jeunesse assez récente

VAUT LE DÉTOUR

MAIPÚ : ITINÉRAIRE GOURMAND

Dans les environs immédiats de Mendoza, la petite localité de Maipú rassemble quantité de propriétés viticoles, fabriques d'huile d'olive et autres producteurs de mets savoureux. Tous proposent des visites guidées qui s'achèvent généralement par une dégustation de leurs produits.

Plusieurs prestataires de Maipú louent par ailleurs des vélos et des scooters électriques. Vous pouvez donc consacrer une journée à visiter les environs par vous-même, ce qui vous procurera davantage de satisfaction que d'effectuer l'excursion d'une demi-journée organisée par une agence de Mendoza.

À Mendoza, prenez le bus n°173 à l'arrêt situé sur La Rioja. Descendez au "rond-point" triangulaire. La location de vélos est une activité sérieuse ici (certains agents en sont venus aux mains) et les principales compagnies sont très proches les unes des autres. Faites un tour et comparez les offres. Citons **Mr Hugo Bikes** (☎0261-497-4067 ; www.mrhugobikes.com ; Urquiza 2228 ; vélos 60 ARS/jour) et **Bikes & Wines** (☎0261-410-6686 ; www.bikesandwines.com ; angle Urquiza et Montecaseros ; vélos 60 ARS/jour). Tous vous fournissent une carte (rudimentaire) des environs et certains proposent de vous déposer en camionnette au point le plus éloigné de votre excursion, ne vous laissant que 12 km à parcourir pour rentrer.

Tous les établissements répertoriés ci-dessous ouvrent de 10h à 17h du lundi au vendredi et de 10h à 13h le samedi. Il n'est pas nécessaire de réserver.

À l'extrémité sud de la zone visitable depuis Maipú, la petite propriété viticole française **Carinae** (☎0261-499-0470 ; www.carinaevinos.com ; Aranda 2899 ; 20 ARS) fabrique un agréable rosé et quelques bons rouges. Le prix de la visite est déduit de tout achat effectué sur place.

En face se tient une fabrique d'huile d'olive centenaire, **LAUR** (☎0261-499-0740 ; www.laursa.com.ar ; Aranda 2850 ; 5 ARS). En 15 minutes, vous saurez tout sur la production d'huile d'olive et pourrez profiter de la dégustation.

Reprenez Urquiza, passez le grand rond-point et poursuivez vers le nord. Vous tombez sur **Di Tomasso** (☎0261-499-0673 ; Urquiza 8136 ; 20 ARS), une belle propriété viticole datant des années 1830. La visite guidée fait une incursion dans les caves d'origine.

Continuez en direction du nord et prenez à droite dans Moreno. Vous arrivez à la **Viña del Cerno** (☎0261-481-1567 ; www.elcerno.com.ar ; Moreno 631 ; 10 ARS), petite propriété familiale à l'ancienne. Les caves ne manquent pas de caractère, mais la dégustation est un peu rapide.

De retour sur Urquiza, faites 3 km (un peu moins) et bifurquez dans Zanichelli pour rejoindre, 1 km plus loin, l'**Almacen del Sur** (Zanichelli 709 ; menus 50-200 ARS ; ⏲déj). Cette exploitation agricole conditionne et exporte ses savoureux produits. La visite guidée est gratuite, et l'on peut s'installer dans un jardin ombragé pour déguster l'un des menus à prix fixe (les plus onéreux comprennent le vin).

Revenez sur Urquiza et poursuivez en direction du nord jusqu'au grand rond-point. Prenez à droite et suivez les panneaux indiquant **Historia y Sabores** (Carril Gómez 3064), une fabrique de chocolat et de liqueur tenue par sept familles. La visite est rapide, mais le cadre rustique et le bar cosy – où l'on vous offre un petit verre de liqueur – valent le détour.

Continuez sur Urquiza en direction du nord jusqu'à l'endroit où vous êtes descendu du bus. Prenez à droite dans Montecaseros, que vous suivez sur 500 m pour atteindre la **Bodega La Rural** (☎0261-497-2013 ; www.bodegalarural.com.ar ; Montecaseros 2625 ; ⏲9h-13h et 14h-17h lun-ven). La visite guidée n'offre rien d'original par rapport aux autres, mais le musée se révèle passionnant. On y découvre une impressionnante quantité de matériel viticole ancien, notamment une presse à raisins fabriquée à partir d'une peau de vache. Des visites guidées (en espagnol) partent à l'heure. Vous pouvez aussi visiter le musée seul, ou bien demander un accompagnateur anglophone (téléphonez au préalable).

dispose de dortoirs de 4 à 6 lits. Ping-pong et fléchettes à disposition. De solides repas traditionnels sont servis (35-55 ARS).

Camping del ACA (☎482013 ; RN 7, Km 50 ; empl membres/autres 25/35 ARS). Emplacements ombragés, près du plan d'eau, juste en dessous de la ville nouvelle.

VILLAVICENCIO

☎0261 / ALTITUDE 1 800 M

Si vous commandez de l'eau minérale en Argentine, on vous servira certainement une Villavicencio. Les sources coulent dans un spectaculaire paysage de montagne qui a accueilli jadis les prestigieux thermes du **Gran Hotel de Villavicencio** (entrée libre ; 8h-20h). Très courus par l'élite du pays au milieu du XXe siècle, ils sont fermés depuis plus de 10 ans, malgré des promesses de réouverture imminente depuis des années.

La route vertigineuse en lacets qui mène à Villavicencio offre un panorama magnifique. Possibilité de camper gratuitement à côté de l'**Hostería Villavicencio** (☎439-6482 ; repas 50-70 ARS). L'établissement ne comporte pas de chambres mais on y sert des repas gourmets dans un cadre agréable.

La vallée n'est pas desservie par les transports publics. La quasi-totalité des agences de Mendoza proposent des excursions d'une demi-journée (90 ARS) comprenant l'accès au parc de l'hôtel, la visite de l'usine de mise en bouteilles de l'eau minérale et une balade dans la campagne environnante.

Uspallata

☎02624 / 4 000 HABITANTS / ALTITUDE 1 751 M

Ville-carrefour sur la route du Chili, la modeste Uspallata est une oasis de peupliers perdue dans une vallée désertique. Les sommets polychromes qui l'entourent rappellent tellement les montagnes d'Asie centrale que Jean-Jacques Annaud y a tourné *Sept Ans au Tibet*, en 1997.

Jadis étape bon marché pour aller skier à la station de Los Penitentes, Uspallata est devenue une destination à part entière qui compte plusieurs prestataires proposant treks, équitation et sorties de pêche dans les environs.

On y trouve un bureau de poste et un Banco de la Nación, avec DAB. En face de la station YPF, le petit **office du tourisme** (☎420009 ; RN 7 s/n ; 9h-20h) dispose de brochures intéressantes sur ce qu'il y a à voir et à faire sur place, ainsi que de cartes des environs, certes sommaires, mais utiles.

À voir et à faire

Á 1 km au nord du carrefour d'Uspallata, un panneau indique l'embranchement menant à des ruines et au **Museo Las Bóvedas** (entrée libre ; 10h-18h). Vous pouvez aller à pied au Cerro Tunduqueral, à 8 km au nord de la ville, où vous découvrirez des gravures rupestres incas – et une vue panoramique.

Uspallata Aventura (☎15 598-8135) propose une série d'activités, notamment des sorties à cheval, à VTT ou en 4x4, de l'escalade et des treks. Les prix tournent autour de 80/150 ARS la demi-journée/journée, en fonction de la taille du groupe. Location de VTT (8 ARS l'heure).

Fototravesías 4x4 (☎420185 ; www.fototravesias4x4.com ; excursions à la journée 90-200 ARS/pers), près du carrefour principal, organise de superbes circuits en 4x4 dans les montagnes voisines. Le propriétaire, photographe, aide les visiteurs à prendre de bons clichés.

Où se loger et se restaurer

Il est prudent de réserver si vous séjournez durant l'été, quand arrivent des grimpeurs du monde entier.

Hostel Uspallata AUBERGE DE JEUNESSE $

(☎à Mendoza 0261-15-466-7240 ; www.hosteluspallata.com.ar ; RN 7 s/n ; dort/d 55/180 ARS, bungalows 350 ARS ; @). À 7 km de la ville, cette auberge accueillante offre des chambres simples, mais confortables, et propose à dîner (de 45 à 60 ARS). C'est le point de départ de belles randonnées, et l'on peut aussi louer des vélos ou monter à cheval. Demandez au chauffeur du bus de vous déposer devant l'établissement (avant d'arriver à Uspallata).

Hotel Portico del Valle HÔTEL $

(☎420103 ; Las Heras s/n ; s/d 120/190 ARS). Un hôtel récemment construit, d'aspect plutôt moderne, donnant directement sur le carrefour. Rien d'enthousiasmant, mais cela fait parfaitement l'affaire pour quelques jours.

Hostería Los Cóndores HÔTEL $$

(☎420002 ; www.loscondoreshotel.com.ar ; Las Heras s/n ; s/d 220/290 ARS ;). Situé à proximité du carrefour, le plus bel hôtel de la ville loue des chambres spacieuses et modernes. Le prix comprend un excellent petit-déjeuner-buffet.

Café Tibet CAFÉ $

(angle RN 7 et Las Heras ; plats 25-35 ARS ; tte la journée). Ne manquez pas de prendre un café dans cette petite curiosité. Les mets n'ont rien d'ébouriffant, mais la décoration comble les amateurs de surréalisme.

El Rancho PARRILLA $

(angle RN 7 et Cerro Chacay ; plats 35-50 ARS ; déj et dîner). La plus confortable et la plus fiable des *parrillas* de la ville propose tous les plats traditionnels et un bon *chivo* (chevreau) rôti.

Depuis/vers Uspallata

Expreso Uspallata (420045) assure plusieurs liaisons quotidiennes depuis/vers Mendoza (22 ARS, 2 heures 30). Des bus continuent jusqu'à Las Cuevas (au départ d'Uspallata 25 ARS, 2 heures), près de la frontière chilienne, avec plusieurs arrêts en chemin à Los Penitentes, Puente del Inca et à l'embranchement qui conduit à Laguna Los Horcones (pour aller au Parque Provincial Aconcagua). On peut les héler en se postant à n'importe lequel de ces endroits, sur leur trajet retour à Uspallata.

Andesmar organise des départs tous les matins pour le Chili, à destination de Santiago (110 ARS, 6 heures) et Valparaíso (110 ARS, 7 heures).

Une nouvelle desserte était prévue pour relier Uspallata à Barreal, dans la province de San Juan. Elle devrait fonctionner lorsque vous lirez ces lignes.

Tous les bus Expreso Uspallata partent du bureau de la compagnie situé dans le petit centre commercial, près du carrefour principal.

Los Penitentes

02624

Ainsi nommée parce que les pitons rocheux ressemblent à des moines, **Los Penitentes** (420229 ; www.lospenitentes.com) vaut le détour pour ses magnifiques paysages et sa couverture neigeuse en hiver. Á 165 km à l'ouest de Mendoza par la RN 7 et à 2 580 m d'altitude, on y pratique le ski alpin et le ski de fond. La station compte 21 pistes, certaines avec un dénivelé de plus de 700 m, ainsi que des remontées (130-205 ARS/jour) et des hébergements modernes. Sans oublier une école de ski (cours particulier autour de 170 ARS), des magasins de location de matériel (skis 95 ARS/jour, snowboard 125 ARS) et plusieurs restaurants et cafétérias. Concernant le transport, voir la rubrique *Depuis/vers Uspallata*, ci-dessus.

En haute saison (ski juil-août ; alpinisme déc-mars), il faut réserver au moins un mois à l'avance dans les établissements mentionnés ci-après.

Où se loger

Hotel & Hostería Ayelén HÔTEL $$

(à Mendoza 0261-427-1123 ; www.ayelenpenitentes.com.ar ; s/d à partir de 300/600 ARS). Ce complexe quatre étoiles offre des chambres confortables dans le bâtiment principal et d'autres moins chères dans l'*hostería* (auberge) voisine. Le salon et le restaurant sont magnifiques, mais le papier peint des chambres aurait bien besoin d'être changé.

Hostel Los Penitentes AUBERGE DE JEUNESSE $

(0261-425-5511 ; www.penitentes.com.ar ; dort 130 ARS). Propriété de l'auberge de jeunesse HI Campo Base, à Mendoza, ce chalet cosy accueille 38 personnes au maximum, dans des chambres minuscules. Cuisine, 3 sdb communes et un poêle à bois. Ambiance sympathique. Repas proposé (30-50 ARS).

Hostería Los Penitentes HÔTEL $$

(à Mendoza 0261-438-0222 ; d en demi-pension 300 ARS). Cette modeste *hostería* avec bar et restaurant loue des chambres simples et confortables. Propose une formule en pension complète avec forfait de ski.

Refugio Aconcagua HÔTEL $$

(à Mendoza 0261-424-1565 ; www.refugioaconcagua.com.ar ; ch en demi-pension 260 ARS/pers). Chambres simples, mais de taille correcte, avec sdb et à un prix plus que convenable pour un séjour en demi-pension au cœur de la station. Ouvert toute l'année, le restaurant propose de copieux menus (35-70 ARS).

Parque Provincial Aconcagua

Au nord de la RN 7, le Parque Provincial Aconcagua atteint presque la frontière chilienne. Ses 710 km² de paysages de montagne entourent le plus haut sommet du continent américain, le Cerro Aconcagua (6 962 m). Les automobilistes (et les voyageurs qui choisiront leurs horaires de bus avec soin) pourront faire une halte afin de l'admirer à **Laguna Los Horcones** (2 km de marche depuis le parking au nord de la route).

Durant la saison de trekking, des gardes sont présents à Laguna Los Horcones. D'autres officient dans les endroits suivants : au carrefour en direction de Plaza Francia, à 5 km au nord de Los Horcones ; à Plaza de Mulas sur la voie principale conduisant au sommet ; au Refugio Las

Leñas, sur le glacier des Polonais en haut du Río de las Vacas vers l'est, et à Plaza Argentina, dernière base d'importance située le long de cette voie.

Seuls les grimpeurs très expérimentés peuvent envisager l'ascension de l'Aconcagua sans guide ou hors circuits organisés.

CERRO ACONCAGUA

Souvent surnommé le "Toit des Amériques", ce sommet volcanique repose sur une couche de sédiments marins. L'origine de son nom est incertaine : "Aconcagua" pourrait venir du quechua *ackon-cahuac* (sentinelle de pierre), ou de l'expression mapuche *acon-hue* (qui vient de l'autre côté).

Depuis la première ascension officielle en 1897 par l'alpiniste italo-suisse Mathias Zurbriggen, ce sommet est devenu l'une des destinations favorites des grimpeurs du monde entier. Son ascension présente des difficultés techniques moindres que certains autres sommets des environs. En 1985, le Club Andinista Mendoza a découvert, à 5 300 m d'altitude sur la face sud-ouest, une momie inca, preuve que ces hautes cimes étaient un site funéraire précolombien.

Pour atteindre le sommet, il faut compter 13 à 15 jours, temps d'acclimatation à l'altitude compris. Certains alpinistes préfèrent passer par le glacier des Polonais, voie

DÉCOUVRIR LE VALLE DE UCO

Très isolé et horriblement mal signalisé, le Valle de Uco, qui abrite d'excellents vignobles, est plus facile à découvrir dans le cadre d'une excursion organisée. Mais avec du temps et de la patience, vous pouvez louer une voiture à Mendoza et vous lancer seul. Il est essentiel de réserver la visite des propriétés viticoles suivantes (incontournables) :

Pulenta Estate
(☎0261-420-0800 ; www.pulentaestate.com ; RP 86). Exploitation lancée par les ex-propriétaires de la marque Trapiche. La visite de ces beaux équipements modernes met l'accent sur la dégustation plutôt que sur la production.

Domaine Andeluna
(☎02622-423226 ; RP 89, Km 11 ; ⊙visites 10h30, 12h30 et 15h30). Dégustations de merveilleux crus dans une charmante salle très européenne. Le patio offre une vue imprenable sur les montagnes.

La Azul
(☎02622-423593 ; www.bodegalaazul.com.ar ; RP 89 s/n). Petit vignoble produisant d'excellents malbecs. Les visites sont en espagnol et consistent principalement en dégustations – 20 minutes montre en main.

Salentein
(☎02622-429000 ; www.bodegasalentein.com ; RP 89 s/n). Cette propriété hollandaise très moderne se distingue par sa galerie d'art contemporain et son parti pris de substituer les mains de l'homme et la gravité aux machines.

Francois Lurton
(☎0261-441-1100 ; www.francoislurton.com ; RP 94, Km 21). Équipements ultramodernes tenus par deux frères français d'une grande famille de vignerons, produisant l'un des meilleurs *torrontés* de Mendoza. Visites impressionnantes et de qualité.

La vallée est facilement accessible depuis Mendoza, mais pour y séjourner on trouve de charmants hôtels comme le **Tupungato Divino** (☎02622-448948 ; www.tupungatodivino.com.ar ; angle RP 89 et Calle los Europeos ; ch 640 ARS ; ❄@), la **Posada Salentein** (☎02622-429000 ; www.bodegasalentein.com ; RP 89 s/n ; s/d en pension complète 1 630/1 940 ARS ; ❄@⌔≋) et la **Casa Antucura** (☎à Buenos Aires 11-3481-6188 ; www.casaantucura.com ; Barandica s/n, Tunuyán ; s/d à partir de 860/1 500 ARS ; ❄@≋).

Si vous cherchez où faire une pause déjeuner, sachez que la plupart de ces établissements proposent des repas gastronomiques. Sinon, **Ilo** (angle Cabral et Belgrano, Tupungato ; plats 50-70 ARS ; ⊙déj et dîner) a la réputation d'être le meilleur restaurant de Tupungato – ses excellents produits de la mer en font un lieu de prédilection des vignerons.

plus longue, plus difficile (donc moins fréquentée) mais aussi plus belle que la voie classique.

Ceux qui sont tentés par l'ascension de l'Aconcagua trouveront quantité d'informations utiles sur le site www.aconcagua.com.ar et celui du gouvernement de Mendoza www.aconcagua.mendoza.gov.ar.

Les randonneurs peuvent rallier les **camps de base** et les **refugios** situés sous la ligne des neiges éternelles. Sur la route nord-ouest, il y a aussi l'**Hotel Refugio Plaza de Mulas** (www.refugioplazademulas.com.ar), un établissement assez luxueux qui était fermé pour cause de changement de propriétaire au moment de nos recherches, mais pourrait avoir rouvert lorsque vous serez sur place.

Permis

De décembre à mars, un permis est obligatoire pour faire de la randonnée ou de l'alpinisme dans le Parque Provincial Aconcagua. Sans cela, les gardes postés à Laguna Los Horcones interdisent aux visiteurs de gravir la Quebrada de los Horcones. Les tarifs varient en fonction des saisons. En haute saison (15 déc-31 jan), un permis coûte 410/800 ARS (3/7 jours) pour les randonneurs, et 3 000 ARS (20 jours) pour les alpinistes. À la mi-saison (1er-14 déc et 1er-20 fév), randonneurs : 380/660 ARS ; alpinistes : 2 200 ARS. En basse saison (15-30 nov et 21 fév-15 mars), randonneurs : 380/660 ARS ; alpinistes : 1 200 ARS. Le permis requis pour les Argentins équivaut à 30% de celui des étrangers. Les tarifs augmentent chaque année, consultez www.aconcagua.mendoza.gov.ar.

Les tarifs des circuits organisés comprennent très rarement, voire jamais, l'accès au parc. Les droits d'entrée doivent en théorie être payés en pesos argentins mais peuvent être réglé en dollars américains ; il faut par ailleurs se munir de son passeport. Le laissez-passer prend effet au moment où vous entrez dans le parc.

Tous les permis sont délivrés uniquement à l'office du tourisme provincial, à Mendoza (p. 335).

Voies

Il existe trois itinéraires principaux pour atteindre le sommet de l'Aconcagua. Le premier, et le plus fréquenté, est la **Ruta Noroeste** (la route nord-ouest) au départ de Plaza de Mulas, à 4 230 m d'altitude. On y accède par un chemin de randonnée de 40 km qui part de Los Horcones. La **Pared Sur** (face sud), à laquelle on accède depuis le camp de base de Plaza Francia par un chemin de randonnée de 36 km qui part de Los Horcones, est une ascension difficile qui requiert des compétences techniques.

À 15 km au sud-est de Puente del Inca, Punta de Vacas est le point de départ de la **Ruta Glaciar de los Polacos** (glacier des Polonais), plus long mais aussi plus bel itinéraire. On monte d'abord le long du Río de las Vacas jusqu'au camp de base de Plaza Argentina (parcours de 76 km). Wiktor Ostrowski et d'autres ont ouvert cette voie en 1934. Outre le matériel de base (tente, sac de couchage, vêtements chauds, etc.) il est impératif de se munir de cordes, de pitons et de piolets. Emprunter cet itinéraire coûte plus cher car on a besoin des mules sur de plus longues périodes.

Mules

Les prix de location de ces animaux de bât, qui peuvent transporter quelque 60 kg chacun, se sont envolés. Le tarif standard chez les loueurs s'élève à 770 ARS pour la première mule, de Puente del Inca à Plaza de Mulas. En revanche, deux mules coûtent seulement 1 157 ARS. Un groupe de trois personnes devrait débourser environ 6 170 ARS pour faire transporter son matériel au camp de base du glacier des Polonais (tarif aller-retour).

Pour les mules, contacter Rudy Parra chez Aconcagua Trek ou Fernando Grajales (p. 342). Les prix des circuits organisés incluent la location des mules.

Circuits organisés

Nombre d'agences spécialisées dans le tourisme d'aventure, à Mendoza et dans ses environs, proposent des excursions en haute montagne. On peut aussi faire appel à des tour-opérateurs étrangers.

Les agences ci-après sont fortes d'une longue et solide expérience.

Daniel Alessio Expediciones RANDONNÉE
(www.alessio.com.ar). Basé à Mendoza, contact en ligne.

Fernando Grajales RANDONNÉE
(www.grajales.net). Contact en ligne.

Inka Expediciones RANDONNÉE
(☎0261-425-0871 ; www.inka.com.ar ; Juan B Justo 345, Mendoza). Packages et expéditions sur mesure. De l'aéroport à l'aéroport : de 13 600 à 15 700 ARS.

Rudy Parra's Aconcagua Trek RANDONNÉE (☎à Mendoza 0261-429-2650 ; www.rudyparra.com ; Barcala 484). Contactez Rudy par téléphone.

Plusieurs guides de l'**Asociación Argentina de Guías de Montaña** (www.aagm.com.ar) organisent des treks de deux semaines pour l'Aconcagua. Vous pouvez contacter par exemple **Pablo Reguera** (www.pabloreguera.com.ar) ou **Mauricio Fernández** (www.summit-mza.com.ar).

Que vous partiez avec un guide ou en circuit organisé, mieux vaut programmer votre séjour en ligne ou par téléphone *au grand minimum* un mois à l'avance. En haute saison, il faut s'y prendre très tôt pour les réservations de toutes sortes – guides, mules, hôtels, etc.

Depuis/vers le Parque Provincial Aconcagua

Les deux entrées du parc – Punta de Vacas et Laguna Los Horcones – sont accessibles depuis la RN 7 et très bien indiquées. L'embranchement de Los Horcones se trouve à seulement 4 km après Puente del Inca. Si vous choisissez un circuit organisé, vous n'aurez pas à vous soucier du transport. Pour vous y rendre en bus, partez tôt le matin de Mendoza avec la compagnie Expreso Uspallata. Les bus ralliant le Chili s'arrêtent à Puente del Inca, mais ils sont souvent bondés de passagers qui font le trajet complet.

Depuis Los Horcones, vous pouvez revenir sur vos pas en longeant la RN 7 en direction de Puente del Inca, ou programmer le retour à Mendoza en fonction des horaires de bus.

Las Cuevas et Cristo Redentor

☎02624 / ALTITUDE 3 200 M

Battues par des vents froids mais tonifiants, à quelque 4 000 m d'altitude, à la frontière entre l'Argentine et le Chili, les hautes Andes sont un écrin parfait pour le *Cristo Redentor (Christ Rédempteur)*, célèbre monument érigé en 1902 à l'issue d'une querelle territoriale qui opposa les deux pays. Le paysage justifie à lui seul une excursion, soit par le biais d'un circuit organisé, soit en voiture. Un tunnel remplace désormais la route en épingle à cheveux qui monte vers la frontière chilienne. En automne, la route ferme dès l'arrivée de la neige. Si vous ne possédez pas de voiture, vous pouvez gravir à pied les 8 km de chemins de randonnée qui conduisent à *El Cristo*.

Parque Provincial Volcán Tupungato

Le Tupungato (6 650 m) est un impressionnant volcan en partie couvert de neige et de glaciers. Les alpinistes confirmés trouvent son ascension beaucoup plus difficile et intéressante que celle de l'Aconcagua. On s'y rend essentiellement depuis **Tunuyán**, à 82 km au sud de Mendoza par la RN 40, où l'**office du tourisme** (☎02622-488097, 02622-422193 ; República de Siria et Alem) met à disposition nombre d'informations. Parmi les guides ou agences qui organisent des circuits dans le Parque Provincial Aconcagua, beaucoup proposent le même service pour le Tupungato.

San Rafael

☎0260 / 118 830 HABITANTS / ALTITUDE 690 M

Lorsque l'on arrive en bus dans la gare routière peu reluisante de San Rafael, la première impression est forcément décevante. Pourtant, à quelques rues de là, s'étend une ville moderne et vivante, aux rues bordées de majestueux sycomores et de canaux d'irrigation à ciel ouvert. Un petit air de Mendoza.

Il n'y a pas grand-chose à faire, à part se promener le long des rues et des places ombragées, ou se détendre à la terrasse d'un café. On trouve néanmoins dans les environs plusieurs propriétés viticoles réputées, accessibles à vélo.

San Rafael est à 230 km au sud-est de Mendoza par les RN 40 et 143, et à 189 km au nord-est de Malargüe par la RN 40. Les quartiers les plus intéressants se trouvent au nord-ouest de l'intersection Av H Yrigoyen/Av San Martín.

À voir et à faire

Le terrain est plat à San Rafael, ce qui explique le nombre de gens circulant à vélo. Faites comme eux ! Plusieurs prestataires louent des vieux clous ; pour enfourcher un vélo agréable, adressez-vous à **Ciclos Adelcor** (Av H Yrigoyen et Los Franceses ; 7 ARS/h).

À proximité de la ville (on peut s'y rendre à pied ou à vélo), plusieurs propriétés viticoles proposent des visites et des dégustations gratuites. Prenez la RN 143 en direction de l'ouest – il y a une piste cyclable le long de la route. Le domaine le plus éloigné n'est qu'à 6 km : il s'agit du moderne **Bianchi Champañera** (☎443-5600 ; www.vbianchi.com ;

San Rafael

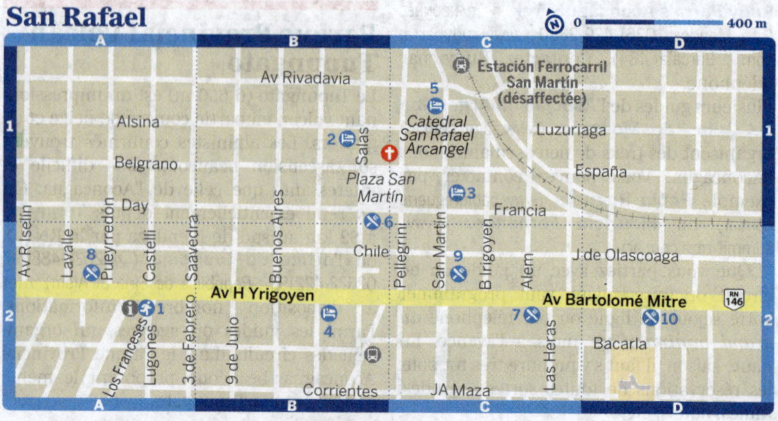

San Rafael

angle RN 143 et Valentín Bianchi ; visites 15 ARS ; 9h-12h et 14h-17h lun-ven), qui produit des champagnes réputés. La visite se déroule dans une ambiance chaleureuse et permet de découvrir la méthode champenoise. On y parle anglais.

À 2 km de la ville, **Suter** (442-1076 ; www.sutersa.com.ar ; Av H Yrigoyen 2850 ; visite gratuite ; 9h30-12h30 et 14h-17h lun-ven) est un domaine moderne et sans grand cachet, mais intéressant si vous voulez acheter du vin à moindre coût. La visite gratuite est très brève, mais une visite d'une demi-journée (220 ARS) est aussi proposée, comprenant le tour des vignobles en compagnie d'un agronome, une dégustation de plusieurs crus et un copieux déjeuner dans les vignes.

Pour en savoir davantage sur ces domaines et sur les autres propriétés, adressez-vous à l'office du tourisme.

Où se loger

Hotel España HÔTEL $

(442-1192 ; www.hotelespanasrl.com.ar ; Av San Martín 270 ; s/d à partir de 100/160 ARS). Rien de particulièrement espagnol, mais la décoration années 1960 ne manque vraiment pas d'originalité. Plus agréables – et moins chères – que celles de l'aile "céleste", les chambres de la partie "coloniale" donnent sur un charmant patio.

Hostel Tierrasoles AUBERGE DE JEUNESSE $

(443-3449 ; www.tierrasoles.com.ar ; Alsina 245 ; dort/d 70/200 ARS ; @). La plus belle auberge de la ville : dortoirs de bonne taille et espaces communs agréables. Sympathique cour (avec barbecue réservé aux résidents).

Hotel Jardín HÔTEL $$

(443-4621 ; www.hoteljardinhotel.com.ar ; Av H Yrigoyen 283 ; s/d 200/300 ARS ;). Les chambres, spacieuses et confortables, mais un peu impersonnelles, donnent sur la cour animée de fontaines, de statues grecques et d'autres éléments de décoration baroque.

San Martín Hotel & Spa HÔTEL $$

(442-0400 ; www.sanmartinhotelspa.com ; San Martín 435 ; ch 240 ARS ; P@). L'hôtel le plus chic de San Rafael offre, contre toute attente, un bon rapport qualité/prix. Les chambres sont spacieuses, lumineuses et équipées de grandes sdb modernes. Il y a un spa proposant des soins complets (en journée).

Camping El Parador CAMPING $

(442-7983 ; Isla Río Diamante ; empl 28 ARS). À 6 km environ au sud de la ville.

Où se restaurer et prendre un verre

Les restaurants, bars et autres lieux de vie nocturne se succèdent sur huit pâtés de maisons en direction de l'ouest à partir du casino situé à l'angle d'Yrigoyen et Pueyrredón. Faites votre choix !

Malbec PARRILLA $$
(angle Av H Yrigoyen et Pueyrredón ; plats 50-70 ARS ; déj et dîner). La *parrilla* la plus connue de la ville sert comme il se doit de belles viandes juteuses, mais aussi un bon choix de pâtes et de salades.

Nina PIZZERIA $
(Av San Martín et Olascoaga ; plats 30-50 ARS ; petit-déj, déj et dîner). La carte ne comporte guère que des pizzas et des sandwichs, mais l'endroit est agréable pour un café en journée puis, le soir, pour boire un verre en écoutant de la musique live.

La Pagoda BUFFET $$
(Av Bartolomé Mitre 188 ; tenedor libre 40 ARS ; déj et dîner). Buffet argentin et chinois à volonté, sans surprise mais garni de produits frais et copieux. Venez tôt.

Parrilla Listo El Pollo PARRILLA $
(Av Bartolomé Mitre s/n ; parrilla 35 ARS ; déj et dîner). La *parrilla* de bord de route est un classique argentin. Attablez-vous dehors (pas le choix, d'ailleurs) et vous côtoierez des chauffeurs de taxi savourant de solides portions de viande.

El Restauro INTERNATIONAL $$
(angle Salas et Day ; plats 60-90 ARS ; dîner). Ce restaurant, le plus huppé des environs, propose quelques excellents plats utilisant des ingrédients et des recettes locales. La carte des vins affiche de bons crus du coin comme du Suter et du Bianchi.

Renseignements

Banco de Galicia (Av H Yrigoyen 28). Il y a dans l'Av H Yrigoyen plusieurs banques disposant de DAB, dont le Banco de Galicia.

Cambio Santiago (Almafuerte 64). Commission de 2,5% sur les chèques de voyage.

Hospital Teodoro J Schestakow (442-4490 ; Emilio Civit 151)

Office du tourisme municipal (442-4217 ; www.sanrafael turismo.gov.ar ; Av H Yrigoyen 745 ; 8h-20h). Personnel aimable, plans et brochures utiles.

Poste (angle San Lorenzo et Barcala)

BUS AU DÉPART DE SAN RAFAEL

Les destinations suivantes sont desservies quotidiennement.

DESTINATION	PRIX (ARS)	DURÉE (HEURES)
Bariloche	425	16
Buenos Aires	445	14
Córdoba	273	11
Las Leñas	48	3
Malargüe	28	3
Mar del Plata	490	16
Mendoza	28	3
Neuquén	240	9
San Luis	120	4

Comment s'y rendre et circuler

Aerolíneas Argentinas/Austral (443-8808 ; Av H Yrigoyen 395) assure des vols depuis/vers Buenos Aires (à partir de 1 037 ARS) tous les jours sauf le dimanche.

Si vous poursuivez vers la Patagonie, vous pouvez prendre le minibus des **Transportes Leader** (442-1851 ; Perú 65) à destination de Buta Ranquil (120 ARS, 8 heures), dans la province de Neuquén, via Malargüe. Il n'y en a qu'un par jour (départ 18h tlj sauf sam) et nous vous recommandons d'acheter votre billet deux jours à l'avance pour être sûr d'avoir une place. Des bus de ligne Tramat desservent également cet itinéraire, le jeudi et le dimanche (terminus à Chos Malal, 185 ARS, 10 heures).

La **gare routière** (Suárez) se trouve dans le centre.

Pour la location de voiture, vous trouverez les tarifs les plus intéressants chez **Renta Autos** (442-4623 ; www.rentadeautos.com.ar ; Av H Yrigoyen 818).

Malargüe

0260 / 20 540 HABITANTS / ALTITUDE 1 400 M

Bien que servant de base à l'une des stations de ski les plus huppées du pays, Malargüe est une petite ville paisible et même un peu fermée. Pour les skieurs, c'est une solution moins chère par rapport aux hôtels de luxe de la montagne. Distincte des Andes au plan géologique, la précordillère aride des environs abrite deux réserves animalières, Payén et la Laguna Llancancelo. On peut faire de la spéléo à la Caverna de Las Brujas et à Pozo de las Animas. Le Parque Provincial Payunia, qui s'étend sur 4 500 km², compte la plus grande concentration de cônes volcaniques au monde.

L'isolement de Malargüe accorde à quiconque y réside ou s'y rend de voir très nettement les étoiles. Le tout nouveau **Planétarium** (447-2116 ; Villegas et Aldeo ; visites 15 ARS ; 17h-21h), excellent complexe à la pointe de la modernité et à l'architecture déroutante, propose des présentations raisonnablement divertissantes.

Activités et circuits organisés

Des agences proposent des excursions en 4x4 et des balades à cheval, meilleurs moyens de découvrir les montagnes alentour si vous n'êtes pas motorisé. Plusieurs excursions d'une journée sont possibles, notamment la Caverna de Las Brujas (140 ARS/pers, comprenant les 60 ARS pour l'accès au parc et le guide obligatoire), Los Molles et Las Leñas (140 ARS) ou la Laguna Llancancelo et le volcan Malacara (160 ARS, plus 65 ARS de droit d'entrée), superbe. Il existe aussi une magnifique sortie de 12 heures en 4x4 dans le Parque Provincial Payunia (360 ARS) ; assurez-vous que le circuit choisi comprenne bien un arrêt dans tous les sites – les excursions combinant le parc et la Laguna Llancancelo ne couvrent que la moitié des sites du Payunia.

Karen Travel (447-2226 ; www.karentravel.com.ar ; Av San Martín 54) et **Payunia Travel** (447-2701 ; www.payuniatravel.com ; Av San Martín 581) comptent parmi les agences bien implantées dans la ville. Elles proposent les sorties mentionnées.

Où se loger

Les chambres bon marché ne manquent pas à Malargüe. Les tarifs indiqués ici concernent la saison de ski (du 15 juin au 15 septembre), et peuvent baisser de 40% le reste de l'année. Il n'y a pas de chambres simples en saison, où vous paierez le tarif plein quel que soit le nombre de lits.

Microtel Inn HÔTEL CHIC $$$
(447-2300 ; www.microtelmalargue.com.ar ; Ruta 40 s/n ; s/d 400/500 ARS ; P ❄ @ ≈). À l'extrémité nord de la ville, l'hôtel le plus luxueux à des kilomètres à la ronde sort le grand jeu : petit-déjeuner-buffet, galerie d'art, piscine intérieure... Les chambres, spacieuses et modernes, sont équipées d'une baignoire avec hydromassage – un vrai bonheur à l'issue d'une journée de randonnée en montagne.

Hotel El Cisne HÔTEL $$
(447-1350 ; angle Civit et Villegas ; s/d 300/360 ARS ; ❄). Ce nouvel hôtel, ultramoderne, est parfaitement situé, en plein centre. Il propose de grandes chambres bien meublées, avec de jolis plafonds en boiserie.

Hostel La Caverna AUBERGE DE JEUNESSE $
(442-7569 ; www.lacavernahostel.com.ar ; Rodriguez 445 ; dort/d 60/180 ARS ; P @). Si vous ne trouvez pas de place ailleurs, vous pouvez vous rabattre sur cette auberge, la meilleure de la ville. L'ambiance y est festive et les dortoirs, bien qu'exigus, sont confortables.

Camping Municipal Malargüe CAMPING $
(447-0691 ; Alfonso Capdevila s/n ; empl 40 ARS). Camping le plus proche de la ville, au nord, à 300 m à l'ouest de l'Av San Martín.

Hotel Bambi HÔTEL $$
(447-1237 ; Av San Martín 410 ; s/d 280/340 ARS). Hôtel accueillant aux chambres bien tenues mais fanées, avec sdb basiques. Le plus confortable du centre-ville.

Hotel de Turismo HÔTEL $$
(447-1042 ; Av San Martín 224 ; s/d 240/300 ARS). Avec ses multiples chambres (quelconques), le Turismo affiche rarement complet et constitue donc une bonne solution de repli. Café-restaurant en bas.

Où se restaurer

El Quincho de María ARGENTIN $
(Av San Martín 440 ; plats 35-70 ARS ; déj et dîner). Pour les dîners les plus fins du centre-ville, choisissez cette petite *parrilla* sympathique où tout, des gnocchis aux *empanadas*, est fait maison. Ne manquez pas les succulents chiches-kebabs à 30 ARS.

La Posta PARRILLA $$
(447-1306 ; Av General Roca 374 ; plats 40-60 ARS ; déj et dîner). Sympathique *parrilla* de quartier servant des steaks juteux accompagnés de vin choisi dans une carte fournie. Coin TV-football.

Renseignements

Banco de la Nación (angle Av San Martín et Inalicán). L'une des nombreuses banques du centre équipées de DAB.

Office du tourisme (☎447-1659 ; www.malargue.gov.ar ; RN 40, Parque del Ayer ; ⏲8h-23h). Renseignements utiles, annexe donnant sur la route à l'extrême nord de la ville.

Poste (angle Adolfo Puebla et Saturnino Torres)

Comment s'y rendre et circuler

La **gare routière** se trouve à l'angle de l'Av General Roca et Aldao. Plusieurs bus directs quotidiens pour Mendoza (57 ARS, 5 heures), d'autres obligeant à prendre une correspondance à San Rafael (28 ARS, 3 heures). En été, il y a un bus par jour à destination de Los Molles (15 ARS, 1 heure) et Las Leñas (20 ARS, 1 heure 30).

Les **Transportes Leader** (☎447-0519 ; Av San Martín 775) assurent, au départ de la piscine du Club Los Amigos, une liaison en minibus pour Buta Ranquil (105 ARS, 5 heures, départ à 21h dim-ven), dans la province de Neuquén. Les places sont prises d'assaut, aussi est-il recommandé de réserver (et payer) au moins deux jours à l'avance. Les bus Tramat suivent le même itinéraire, au départ de la gare routière les jeudis et dimanches en direction de Chos Malal (120 ARS, 6 heures).

Pour accéder aux stations de ski de Los Molles et Las Leñas en hiver, contactez les agences répertoriées ci-contre, qui assurent toutes un service de navette, avec location de skis comprise (80-120 ARS/pers).

Environs de Malargüe

☎0260

Très différents des montagnes andines de l'Ouest sur le plan géologique, les paysages volcaniques aux alentours de Malargüe comptent parmi les plus saisissants d'Argentine. Pourtant, ils ne suscitent l'intérêt des touristes que depuis peu. Pour visiter les lieux indiqués ci-dessous, une voiture est indispensable, à moins de passer par l'une des excellentes agences de voyages de Malargüe.

À quelque 200 km au sud de Malargüe, sur la RN 40, le superbe **Parque Provincial Payunia** regroupe, sur 4 500 km², la plus grande concentration de cônes volcaniques au monde (plus de 800), un spectacle d'une beauté à couper le souffle. Les circuits de 12 heures en 4x4, ou de 3 jours à cheval proposés par la plupart des agences de Malargüe valent vraiment la peine.

La **Laguna Llancancelo**, au cœur de la réserve animalière du même nom (60 km au sud-est de Malargüe), est un lac de haute montagne qui accueille plus d'une centaine d'espèces d'oiseaux, notamment des flamants roses.

La **Caverna de Las Brujas** ("grotte des sorcières") est une étonnante grotte calcaire sur le Cerro Moncol, à 72 km au sud de Malargüe et 8 km au nord de Bardas Blancas, le long de la RN 40. Le réseau de grottes, qui s'étend sur 5 km, se visite en deux ou trois heures avec un guide. La visite (entrée et lampe torche comprises) s'effectue avec un minimum de deux participants, mais le tarif sera d'autant plus intéressant que le groupe est important. Renseignez-vous auprès des agences de Malargüe.

LOS MOLLES

Supplantée par la prestigieuse station de ski de Las Leñas, Los Molles, aujourd'hui boudée par les skieurs, n'est guère plus qu'un village poussiéreux balayé par les vents. Il sombrerait peu à peu dans l'oubli s'il n'offrait la possibilité de se loger à moindre prix, tout en étant proche de Las Leñas. Los Molles est également apprécié des grimpeurs et des randonneurs, entre autres amateurs d'aventure en plein air. Le village est traversé par la RP 222, à 55 km au nord-ouest de Malargüe. Karen Travel, à Malargüe, propose tout un choix d'activités dans le cadre naturel extraordinaire des environs.

Avec sa piscine, son bar, sa "digital playroom" et ses lits dotés de couettes extramoelleuses, l'**Hostel CAP** (☎11-15-5726-3255 ; www.caphostel.com ; dort 150-185 ARS) est l'une des auberges de jeunesse les mieux organisées du pays. Elle propose même un service de dépose par hélicoptère pour les skieurs amateurs d'espaces vierges. Transfert gratuit depuis/vers Las Leñas.

Hotel Los Molles (☎449-9712 ; www.losmolleshotel.com.ar ; RP 222, Km 30 ; ch 360 ARS/pers). Le plus moderne et le mieux équipé des hôtels de Los Molles propose de grandes chambres avec balcon donnant sur la vallée. Le restaurant, correct, sert des menus d'un bon rapport qualité/prix (40 ARS).

Les bus reliant Malargüe (15 ARS, 1 heure) et Las Leñas (5 ARS, 30 min) s'arrêtent au village.

Las Leñas

☎0260

Conçue à l'origine pour attirer des étrangers fortunés, **Las Leñas** (☎447-1281 ; www.laslenas.com ; ⏲mi-juin à fin sept) est la station de ski la plus huppée d'Argentine.

Depuis son ouverture en 1983, elle accueille une clientèle internationale qui passe ses journées sur les pentes et ses nuits à faire la fête. Grâce à son climat sec, Las Leñas s'enorgueillit d'une poudreuse exceptionnelle.

Les 33 pistes de la station couvrent une superficie de 33 km² de domaine skiable et, si l'altitude moyenne est de 2 200 m, certaines pentes atteignent 3 430 m (pour un dénivelé maximal de 1 230 m). Hors saison, Las Leñas essaie d'attirer les estivants en proposant des séjours d'une semaine incluant diverses activités sportives (VTT, promenades à cheval, randonnée).

Las Leñas est à 445 km au sud de Mendoza et à 70 km de Malargüe, par la RN 40 et la RP 222.

Remontées et location de matériel

Les tarifs des remontées varient considérablement au cours de la saison. Les enfants ont droit à une remise d'environ 30%. Le montant du forfait à la journée va de 206 ARS en basse saison à 315 ARS en haute saison (forfaits semaine de 1 096 à 1 681 ARS). Il existe d'autres forfaits (3 ou 4 jours, 2 semaines, et saison).

Location de matériel : environ 133 ARS/jour pour des skis ou un snowboard.

EL ZONDA

Si vous voyagez dans la province de San Juan, en particulier à l'automne et en hiver, vous risquez de croiser *el zonda* – vous en entendrez forcément parler en tout cas, même s'il ne se manifeste pas. Véritable merveille météorologique, comme le foehn alpin, le *zonda* est un vent rabattant sec et chaud, capable de faire grimper la température de presque 20°C en quelques heures. Issu de tempêtes sur le Pacifique, il souffle vers l'est, se heurte aux Andes, fait fondre la neige par condensation, dévale les versants andins orientaux et engendre un temps printanier pendant les mois les plus sombres de l'hiver. Vent léger ou en rafales selon les cas, il peut durer plusieurs jours. Les *Sanjuaninos* (habitants de San Juan) savent avec précision quand il retombera – et par conséquent, à quel moment il recommencera à faire froid. Ce phénomène se produit régulièrement et génère, surtout en hiver, d'étranges accès de schizophrénie saisonnière dans la région, et chez les *Sanjuaninos* eux-mêmes.

Où se loger et se restaurer

Le petit village de Las Leñas compte 5 hôtels de luxe et un groupe "d'apparts-hôtels," tous sous la même direction. Les formules de réservation incluent en général un séjour d'une semaine, ski illimité et 2 repas/jour. Malgré les déboires économiques du pays, les tarifs applicables aux étrangers ont peu varié. Les réservations se font soit en ligne sur www.laslenas.com, soit par le biais de **Ski Leñas** (à Buenos Aires 011-4819-6000/60 ; ventas@laslenas.com ; Cerrito 1186, 8e ét.).

Hotel Acuario — HÔTEL **$$$**
(10 100-14 300 ARS/pers ;). Le plus modeste des hôtels ne manque pourtant pas de confort, et avec 40 chambres "seulement", se révèle plus intime que les autres.

Hotel Escorpio — HÔTEL **$$$**
(6 900-13 300 ARS ;). Bien qu'il n'affiche que trois étoiles, cet établissement de 47 chambres se place dans le très haut de gamme. Excellent restaurant. Ses clients peuvent utiliser les services de l'Hotel Piscis.

Hotel Aries — HÔTEL **$$$**
(s 8 211-12 300 ARS, d 10 300-15 400 ARS ;). Ce quatre-étoiles est doté d'un sauna, d'une salle de gym, d'un restaurant et de chambres luxueusement confortables.

Virgo Hotel & Spa — HÔTEL **$$$**
(9 000-14 000 ARS ;). L'hôtel le plus récent du village propose sa piscine extérieure, un bar à sushis, un bain à remous et un cinéma.

Hotel Piscis — HÔTEL **$$$**
(s 13 300-22 700 ARS, d 16 650-28 450 ARS ;). L'Hotel Piscis, avec ses cinq étoiles et ses 99 chambres, est l'hôtel le plus extravagant de la station. Il est équipé de calorifères à bois, d'un gymnase, d'un sauna, d'une piscine intérieure, de l'élégant restaurant Las Cuatro Estaciones, d'un bar, d'un casino et de boutiques. Les tarifs varient en fonction de la saison, et sont basés sur une occupation double.

Apart Hotel Gemenis (par sem 8 000-15 000 ARS/pers) et **Apart Hotel Delphos** (par sem 8 000-15 000 ARS/pers) proposent des formules similaires, mais sans les repas. Les logements disposent d'une kitchenette bien équipée.

De petits appartements de 2 à 6 lits et sdb partagées, équipés pour cuisiner soi-même, sont également disponibles. Les voyageurs au budget plus réduit pourront choisir de résider à Los Molles, à 20 km, ou Malargüe, à 70 km.

Les restaurants du village couvrent une large gamme, depuis les cafés, sandwicheries et pizzerias jusqu'aux tables huppées des grands hôtels. Las Cuatro Estaciones, à l'Hotel Piscis, figure tout en haut de l'échelle.

Depuis/vers Las Leñas

En saison, Las Leñas est desservie en bus depuis Mendoza (95 ARS, 6 heures 30), San Rafael (48 ARS, 3 heures) et Malargüe (20 ARS, 1 heure 30).

Vers le sud sur la RN 40

De Malargüe, la RN 40 traverse en sinuant des paysages désertiques jusqu'à la province de Neuquén. Malgré ce que vous entendrez, il y a bien des transports en commun le long de cet itinéraire. Les bus Tramat font la navette entre Mendoza et Zapala 2 fois par semaine, et des minibus Transportes Leader circulent entre San Rafael et Buta Ranquil du dimanche au vendredi. Voyez les rubriques concernant les transports depuis Mendoza, San Rafael et Malargüe pour en savoir plus. De Buta Ranquil on peut prendre des correspondances pour Neuquén et Chos Malal, mais il arrive que l'on s'y retrouve coincé pour la nuit. Rien ne justifie vraiment d'y séjourner mais les hôtels de diverses catégories, les restaurants et les cafés y sont assez nombreux pour assurer votre confort.

San Juan

0264 / 492 830 HABITANTS / ALTITUDE 650 M

Pas facile d'exister dans l'ombre d'une ville comme Mendoza. San Juan n'essaie pas de rivaliser et c'est tant mieux. Cette capitale de province vit à son rythme. La ville est complètement endormie en été, surtout le dimanche, lorsque tous les habitants vont chercher un peu de fraîcheur sur les rives du Dique Ullum.

En matière de production de vin, San Juan affiche une discrétion qui fait du bien après l'agitation de Mendoza. Les autres centres d'intérêt de la province se trouvent à distance accessible de la capitale. La plupart des gens y font une halte sur le chemin du Parque Provincial Ischigualasto.

En 1944, un tremblement de terre a détruit le centre de la ville. C'est grâce aux efforts qu'il déploya alors pour sa reconstruction que Juan Perón commença à devenir une figure nationale.

San Juan se trouve à 170 km au nord de Mendoza par la RN 40 et à 1 140 km de Buenos Aires. Les rues sont organisées selon un quadrillage qui permet de s'orienter très facilement, et la mention des points cardinaux – *norte* (nord), *sur* (sud), *este* (est) et *oeste* (ouest) – facilite encore la tâche. L'Av San Martín est-ouest et la Calle Mendoza nord-sud constituent les artères principales divisant la ville en quatre quarts. Le centre et tous ses services se trouvent au sud de l'Av San Martín, souvent appelée Av Libertador.

À voir et à faire

La **tour** (angle Mendoza et Rivadavia ; 5 ARS ; 9h-13h, 17h-21h) est l'endroit parfait pour jouir d'une vue panoramique sur la ville et ses environs.

Les horaires des musées changeant souvent, mieux vaut les vérifier auprès de l'office du tourisme.

La **Casa Natal de Sarmiento** (Sarmiento 21 Sur ; 5 ARS ; 9h-13h et 14h-17h30 lun-sam, 9h-14h sam, 10h-13h et 14h-18h dim) fut la maison natale de Domingo Faustino Sarmiento, auteur prolifique et politicien, président du pays de 1868 à 1874, célèbre pour ses essais. Ses *Recuerdos de Provincia*, récit de son enfance, évoquent le souvenir de sa mère. La demeure est désormais un musée.

Le **Museo de Vino Santiago Graffigna** (421-4227 ; www.graffignawines.com ; Colón 1342 Norte ; 9h-17h30 lun-ven, 10h-16h sam-dim) est un musée du vin qui mérite une visite. Il abrite un bar à vins où l'on peut déguster bon nombre des meilleurs crus de la province. Prenez le bus 12A devant l'office du tourisme dans Sarmiento (2 ARS, 15 min) et demandez au chauffeur de vous dire quand descendre.

Plusieurs agences à San Juan proposent des formules pour découvrir la ville.

Mario Agüero Turismo CIRCUITS ORGANISÉS
(422-0840 ; General Acha 17 Norte). Circuits organisés, notamment pour le Parque Provincial Ischigualasto.

Triasico Turismo CIRCUITS ORGANISÉS
(☎422-8566 ; www.triasico.com.ar ; Sarmiento 42 Sur). Spécialisé dans les excursions à l'Ischigualasto (420 ARS, 2 pers minimum). Parfait si vous avez du mal à constituer un groupe.

Où se loger

San Juan Hostel AUBERGE DE JEUNESSE $
(☎420-1835 ; www.sanjuanhostel.com ; Av Córdoba 317 Este ; dort 40-50 ARS, d avec/sans sdb 155/110 ARS ; @📶). Excellente petite auberge de jeunesse pourvue de chambres diverses, commodément située entre la gare routière et le centre-ville. De bonnes informations sur les circuits et les curiosités locales. Jacuzzi sur le toit.

Hotel Alhambra HÔTEL $$
(☎421-4780 ; www.alhambrahotel.com.ar ; General Acha 180 Sur ; s/d 180/260 ARS ; ❄📶). Des chambres confortables et moquettées, auxquelles des boiseries sombres donnent un peu de style. Quelques touches kitsch, comme ces sièges en cuir et ces cendriers dorés. Central.

Hotel del Bono Suite HÔTEL $$$
(☎421-7600 ; www.hoteldelbono.com.ar ; Mitre 75 Oeste ; d/ste 340/600 ARS ; ❄📶🏊). De petites touches design viennent rehausser la décoration passe-partout de cet hôtel conçu pour une clientèle d'affaires. Un bon rapport qualité/prix, sans compter les plus que sont les kitchenettes bien équipées et la piscine sur le toit.

Albertina Hotel HÔTEL $$
(☎421-4222 ; www.hotelalbertina.com ; Mitre 31 Este ; ch à partir de 450 ARS ; ❄@📶). Cet hôtel "business class chic" donne sur la place. Les chambres, petites, sont un peu décevantes, mais les sdb sont spacieuses.

Plaza Hotel HÔTEL $
(☎422-5179 ; plazahotelsanjuan@hotmail.com ; Sarmiento 344 Sur ; s/d 160/220 ARS ; ❄). Nulle *plaza* en vue mais les grandes chambres vieillottes y sont avantageuses. Comparez-les car la ventilation et la lumière varient.

Où se restaurer

La plupart des restaurants se trouvent dans le centre-ville, et les plus branchés se concentrent près du croisement de Rivadavia et Entre Ríos.

♥ **Remolacha** PARRILLA $$
(angle Av José Ignacio de la Roza et Sarmiento ; plats 50-80 ARS ; ⏲déj et dîner). Cette grande *parrilla* possède une salle un peu quelconque mais un jardin très agréable. Une grande fenêtre donnant sur la cuisine permet d'assister à la préparation du repas (la viande est découpée directement sur la carcasse du bœuf puis jetée dans les flammes). Très bonnes salades.

Baró INTERNATIONAL $
(Rivadavia 55 Oeste ; plats 30-60 ARS ; ⏲petit-déj, déj et dîner). Café/restaurant prisé sur l'artère principale, proposant la meilleure variété de pâtes de la ville dans une ambiance décontractée. Très agréable aussi pour un verre ou un café.

de Sánchez FUSION $$
(Rivadavia 61 Oeste ; plats 50-80 ARS ; ⏲déj et dîner). Le restaurant le plus chic de San Juan concocte une cuisine créative, notamment à base de poisson et de fruits de mer, et présente une carte des vins bien équilibrée, comportant tous les grands noms de la région. Ambiance calme et feutrée.

Soychú VÉGÉTARIEN $
(Av José Ignacio de la Roza 223 Oeste ; buffet 30 ARS ; ⏲déj et dîner lun-sam, déj dim). Excellent buffet végétarien dépendant d'un magasin bio où l'on trouve toutes sortes de denrées alimentaires et de thés. Arrivez tôt si vous voulez avoir du choix.

Achats

Le **Mercado Artesanal Tradicional** (marché artisanal traditionnel ; Centro de Difusión Cultural Eva Perón) présente de beaux articles d'artisanat local, notamment des ponchos et des *mantas* (châles) de Jáchal aux couleurs vives.

Renseignements

ACA (Automóvil Club Argentina ; ☎422-3781 ; 9 de Julio 802). Automobile-club d'Argentine. Cartes des routes provinciales.

Banco de San Juan (angle Rivadavia et Entre Ríos). DAB.

Cambio Santiago (General Acha 52 Sur). Bureau de change.

Cyber Neo (angle Mitre et Entre Ríos ; 5 ARS/heure). L'un des innombrables cybercafés de San Juan.

Hospital Rawson (☎422-2272 ; angle General Paz et Estados Unidos)

Laverap (Rivadavia 498 Oeste ; lavage/séchage environ 25 ARS)

Office du tourisme provincial (☎421-0004 ; www.turismo.sanjuan.gov.ar ; Sarmiento

BUS AU DÉPART DE SAN JUAN

Plusieurs compagnies desservent tous les jours les destinations suivantes.

DESTINATION	TARIF (ARS)	DURÉE (HEURES)
Barreal	55	4
Buenos Aires	450	14
Calingasta	50	3 heures 30
Catamarca	230	8
Córdoba	240	11
Huaco	45	3
Jujuy	451	20
La Rioja	163	7
Mendoza	61	3
Neuquén	430	15 heures 30
Rodeo	45	3 heures 30
Rosario	327	14
Salta	466	17
San Agustín de Valle Fértil	60	4 heures 30
San José de Jáchal	33	3
San Luis	123	5
Tucumán	360	13

24 Sur ; ⌚8h-20h). Bon plan de la ville et des environs ; informations pratiques sur le reste de la province, en particulier le Parque Provincial Ischigualasto.

Poste (Av José Ignacio de la Roza 259 Este)

ℹ Depuis/vers San Juan

Avion

Aerolíneas Argentinas/Austral (☎421-4158 ; Av San Martín 215 Oeste) assure deux vols par jour pour Buenos Aires (801 ARS). Un seul le dimanche.

Bus

Au départ de la **gare routière** (☎422-1604 ; Estados Unidos 492 Sur), on trouve des liaisons internationales pour le Chili : Santiago (245 ARS, 9 heures), Viña del Mar et Valparaíso. Certaines se font avec une correspondance à Mendoza.

En général, les bus à destination de la Patagonie au sud de Neuquén obligent aussi à prendre une correspondance à Mendoza (il est possible d'acheter le ticket complet à San Juan). En été, il y a parfois des bus directs.

ℹ Comment circuler

L'**aéroport Las Chacritas** (☎425-4133) est situé à 13 km au sud-est de la ville sur la RN 20. Un taxi ou *remis* coûte 45 ARS. **Classic** (☎422-4622 ; Av San Martín 163 Oeste) loue des voitures.

Valle de Calingasta

Nichée entre les Andes et les paysages rocheux taillés à la serpe de la précordillère, cette vallée est l'une des plus belles régions des provinces de San Juan et de Mendoza.

La création de deux plans d'eau s'est accompagnée de la fermeture de la spectaculaire route RP 12, qui passait à flanc de falaise. Si la plupart des cartes mentionnent encore cette route, les automobilistes doivent désormais emprunter la RP 5 en direction du nord jusqu'à Talacasto, puis la RP 149, vers l'ouest, qui repart ensuite au sud pour rejoindre Calingasta.

CALINGASTA

☎02648 / 2 095 HABITANTS / ALTITUDE 1 430 M

Bourgade rurale installée sur les berges du Río Los Patos, Calingasta vit à l'ombre des peupliers. Il n'y a pas grand-chose à faire, si ce n'est visiter la **Capilla de Nuestra Señora del Carmen**, petite chapelle en adobe du XVIIe siècle, avant de continuer vers Barreal. À 7 km de la ville se dresse le **Cerro El Calvario**, site d'un cimetière amérindien où l'on a mis au jour plusieurs momies. L'une d'elles est visible au petit

Musée archéologique (5 ARS ; ⏲10h-13h et 16h-20h mar-sam), juste à côté de la place principale de Calingasta.

Le personnel de l'**office du tourisme** (☎441066 ; www.calingastaturismo.gov.ar ; RP 12), à l'entrée de Calingasta quand on arrive de San Juan, fournit d'utiles renseignements sur l'hébergement et les lieux à visiter.

Le modeste **Hospedaje Nora** (☎421027 ; angle Cantoni et Sarmiento ; s/d 120/140 ARS) est une maison particulière qui loue des chambres simples, mais spacieuses. Celles du bâtiment sur l'arrière sont plus agréables. Il y a aussi un **camping municipal** (empl 10 ARS) en bordure de rivière. Les repas de **Doña Gorda** (Calle Principal ; plats 25-40 ARS) satisfont les plus solides appétits – goûtez ses délicieuses *empanadas* et ses menus avantageux.

Calingasta est desservie une fois par jour en bus depuis San Juan (50 ARS, 3 heures 30) et Barreal (7 ARS, 30 min).

LA ROUTE DU VIN DE SAN JUAN

Plusieurs domaines se sont associés pour promouvoir l'activité vitivinicole de la région de San Juan. Le plus simple pour effectuer l'itinéraire complet, soit une quarantaine de kilomètres, consiste à louer une voiture. On peut aussi combiner le bus et le taxi. Aucune visite ne nécessite de réservation.

Première étape, l'établissement **Las Marianas** (☎0264-423-1191 ; www.bodegalasmarianas.com.ar ; Calle Nuevo s/n ; ⏲9h-20h lun-sam), l'un des plus jolis de la région, a été construit en 1922, abandonné en 1950 et remis sur pied en 1999. Le bâtiment principal possède d'épais murs en adobe et abrite du matériel ancien. De la propriété, on découvre une vue splendide sur le vignoble, avec les montagnes en toile de fond. Prenez le bus n°16 (3 ARS, 40 min) à San Juan, près de l'angle de Santa Fe et Mendoza, et descendez à l'angle de la Calle Aberastain et de la Calle Nuevo : un panneau indique la propriété, à 800 m de là.

Revenez jusqu'à la Calle Aberastain, prenez à droite et suivez la route en direction du sud sur 500 m. Vous atteignez les **Viñas de Segisa** (☎0264-492-2000 ; www.saxsegisa.com.ar ; Aberastain et Calle 15 ; ⏲9h-19h lun-sam). Cette imposante propriété ancienne, qui ressemble davantage à un musée que ses homologues, propose une intéressante visite des caves ainsi qu'une dégustation généreuse. L'établissement est l'un des rares à ne pas pratiquer l'addition de copeaux de chêne aux vins jeunes (cette technique sert à améliorer l'arôme et le goût).

Si vous n'avez pas envie de marcher, le moment est venu d'appeler un *remis*. Sinon, repartez en direction du nord jusqu'à la Calle 14, prenez à droite et poursuivez sur 5 km, jusqu'à la RN 40. Piquez à gauche et continuez pendant 1 km. Vous découvrez le **Fabril Alto Verde** (☎264-421-2683 ; www.fabril-altoverde.com.ar ; RN 40, entre les Calles 13 et 14 ; ⏲9h-13h et 14h30-18h30 lun-ven), une grande propriété ultramoderne, qui exporte 90% de sa production. Deux vins bio primés, le Buenas Hondas et le Touchstone sont produits ici. Visites en espagnol ou en anglais et vidéo promotionnelle ennuyeuse.

Prenez ensuite le bus n°24 qui remonte vers le nord sur la RN 40, jusqu'à la Calle 11. Descendez celle-ci sur la droite pour trouver 300 m plus loin le petit domaine **Miguel Mas** (☎0264-422-5807 ; miguelmas@infovia.com.ar ; Calle 11 s/n ; ⏲9h-17h lun-ven), qui élabore des vins classiques ou champagnisés bio. À l'exception du bouchage, aucune étape de la fabrication n'est mécanisée. La visite guidée, en espagnol, permet de découvrir l'ensemble du processus.

Revenez vers la RN 40 pour trouver un bus n°24 qui vous ramènera à la gare routière de San Juan.

Si votre soif d'apprendre n'est pas encore totalement étanchée, vous pouvez alors faire un petit saut avec le bus n°23 (4 ARS, 6/jour, au départ du quai n 20 de la gare routière) jusqu'à l'une des plus étonnantes propriétés viticoles d'Amérique du Sud, les **Cavas de Zonda** (☎0264-494-5144 ; www.cavasdezonda.com ; Ruta 12 s/n, Zonda ; ⏲9h-17h lun-ven, 11h-17h sam-dim), installée dans une grotte à proximité de la ville de Zonda, à 16 km à l'ouest de San Juan (par la RP 12). Le producteur se targue d'être le seul du continent à bénéficier d'une cave dont "le toit est la montagne". Ce très bel argument de marketing est aussi un lieu où règne une température idéale pour l'élaboration de ses excellents vins pétillants.

BARREAL

☎02648 / 4 530 HABITANTS / ALTITUDE 1 650 M

Barreal est située dans l'un des cadres les plus enchanteurs qui soient. Saules pleureurs, peupliers et eucalyptus déploient paresseusement leurs feuillages au-dessus des petits chemins de terre qui serpentent à travers la bourgade. Et l'on jouit de vues exceptionnelles sur la Cordillera de Ansilta – prolongement des Andes avec sept sommets majestueux allant de 5 130 m à 5 885 m d'altitude.

Presidente Roca, l'artère principale, traverse Barreal. Elle prolonge en fait la RP 149 qui mène de Calingasta à Barreal, puis au Parque Nacional El Leoncito. Rares sont les rues qui portent un nom, aussi faut-il demander son chemin pour trouver les endroits répertoriés ci-dessous.

À voir et à faire

En longeant le **Río de los Patos**, on peut admirer les paysages incroyables de la vallée et la **Cordillera de Ansilta**, dont le pic le plus haut, l'**Ansilta**, culmine à 5 885 m. En allant vers le sud, on peut apercevoir l'**Aconcagua**, le **Tupungato** et le sommet du **Cerro Mercedario** (6 770 m).

À l'extrémité sud de Presidente Roca, après le rond-point, suivez la route vers l'est (côté opposé aux Andes) jusqu'aux collines. Vous verrez alors un petit sanctuaire et pouvez continuer la **randonnée** sur les hauteurs où la vue est superbe. La route mène à une carrière, 3 km plus loin. Franchissez la grille (elle devrait être ouverte) et poursuivez sur 1 km pour atteindre une **forêt pétrifiée**.

Le **rafting** ici est très agréable – plus pour les paysages que pour les rapides eux-mêmes. La plupart des descentes commencent à **Las Hornillas**, à 50 km en amont du fleuve. Adressez-vous à **Barreal Rafting** (☎0264-15-530-7764), un prestataire établi de longue date.

À partir de Las Hornillas (où se trouvent deux *refugios* et un poste militaire), il est possible d'aller faire de l'**alpinisme** dans le Cordón de la Rameda, qui compte cinq sommets de plus de 6 000 m, y compris le Cerro Mercedario. Ce sport est beaucoup plus technique ici que sur l'Aconcagua, aussi les vrais passionnés préfèrent-ils cette région. Né à Barreal, le guide de montagne et organisateur de randonnées Ramón Ossa connaît parfaitement la Cordillère. Joignable aux **Cabañas Doña Pipa** (☎441004 ; www.fortunaviajes.com.ar), il peut monter des expéditions au Cerro Mercedario et à travers les Andes sur les traces de San Martín, avec mules et équipements.

Explora Parques (☎ 0264-15-503-2008 ; www.exploraparques.com ; Mariano Moreno s/n) propose des excursions dans le parc national El Leoncito, tout proche, des sorties de pêche et des circuits en 4x4.

Barreal est célèbre pour le **carrovelismo** (char à voile). Les amateurs viennent de loin pour goûter aux joies de la vitesse dans le lit crevassé et battu par les vents d'un lac situé à Pampa El Leoncito, à une vingtaine de kilomètres de la ville, juste à côté du parc national. **Rogelio Toro** (☎0264-15-671-7196 ; dontoro.barrealmail.com) loue le matériel et propose des cours.

Pour tout ce qui concerne l'accès au refuge de Las Hornillas, les ascensions, les guides et la location de **VTT**, allez voir Maxi aux **Cabañas Kummel** (☎441206 ; Presidente Roca s/n).

ACHETER UN VIN DE MENDOZA

Pour vous aider dans votre choix, voici nos coups de cœur :

Rouges

» Cavagnaro Malbec (75 ARS)
» Kaiken Cabernet Sauvignon (107 ARS)
» Salentein Primus Malbec (200 ARS)
» Carinae Prestige Blend (244 ARS)

Blancs

» Angelica Zapata Chardonnay Alta (90 ARS)
» Terrazas de los Andes Tardio Petit (95 ARS)
» Tapiz Single Vineyard Sauvignon Blanc (55 ARS)
» Alta Vista Premium Torrontes (50 ARS)

Où se loger et se restaurer

El Alemán HÔTEL $$
(☎0264-15-411-9913 ; www.elalemanbarreal.com ; ch 2/4 pers 250/300 ARS ; petit-déj, déj et dîner). Établissement charmant en bordure de rivière – admirez la vue sur les Andes. Les chambres sont jolies et confortables, et l'absence de TV vient renforcer le côté

tranquille de l'endroit. Un excellent restaurant (plats 40-60 ARS) sert une cuisine généreuse et de superbes petits-déjeuners, le tout préparé à partir de produits d'une extrême fraîcheur. Prévenez de votre arrivée si vous souhaitez que l'on vienne vous chercher dans le centre.

Posada Don Lisandro AUBERGE DE JEUNESSE **$**
(☎0264-15-505-9122 ; www.donlisandro.com.ar ; Av San Martín s/n ; dort 50 ARS, s/d sdb commune 150/200 ARS). Une toute nouvelle *posada* (auberge) aménagée dans une demeure centenaire qui a conservé ses plafonds d'origine, faits de terre et de joncs, ainsi que quelques meubles anciens. Cuisine et jardin ombragé.

Posada San Eduardo HÔTEL **$$**
(☎441046 ; angle San Martín et Los Enamorados ; s/d 220/280 ARS ; ❄). Belle demeure en adobe abritant des chambres bien fraîches aux murs blanchis à la chaux, devant un joli patio ombragé. Le mobilier en peuplier naturel leur donne une élégance empreinte de sérénité. Certaines, un peu plus chères, ont une cheminée.

Pizzería Clif PIZZERIA **$**
(Presidente Roca s/n ; plats 30-50 ARS ; ⏲dîner). L'établissement ne remportera certes pas le prix du meilleur décor, mais il sert des pizzas correctes et se transforme ensuite en bar.

Restaurante Isidro ARGENTIN **$$**
(Presidente Roca s/n ; plats 45-60 ARS ; ⏲petit-déj, déj et dîner). Plats de viande et de pâtes assez classiques, et de savoureuses *empanadas* à la viande, le tout arrosé de bons crus de San Juan.

ℹ Renseignements

Banco de la Nación (Presidente Roca s/n). DAB.
IWS Comunicaciones (San Martín s/n ; 6 ARS/heure). Accès Internet (lent).
Office du tourisme (☎441066 ; turismo@calingasta.gov.ar ; Presidente Roca s/n ; ⏲8h-20h). À côté de la place principale ; liste d'organisateurs d'excursions et de lieux d'hébergement.

ℹ Depuis/vers Barreal

Barreal se trouve en bout de ligne de bus. Il y a deux départs par jour à destination de San Juan (55 ARS, 4 heures) via Calingasta (7 ARS, 30 min).

Lors des recherches pour ce guide, une nouvelle desserte était prévue pour relier Barreal à Uspallata, dans la province de Mendoza. Elle devrait fonctionner lorsque vous lirez ces lignes.

San José de Jáchal

☎02647 / 12 100 HABITANTS

Fondé en 1751, Jáchal est un charmant bourg entouré de vignes et de champs d'oliviers, où se côtoient maisons en adobe et constructions en brique. Les *Jachalleros* (habitants de Jáchal) sont connus pour être restés fidèles aux traditions artisanales indiennes et à celles des gauchos. Le village a même la réputation de Cuna de la Tradición (berceau de la tradition) qu'il célèbre tous les ans au mois de novembre lors de la **Fiesta de la Tradición**. En dehors de cette période, il est plus facile de trouver des produits artisanaux à San Juan qu'ici.

De l'autre côté de la place, l'**Iglesia San José** accueille le **Cristo Negro** (Christ noir), ou Señor de la Agonía (Seigneur de l'Agonie), icône en cuir assez terrifiante à la tête et aux membres articulés, apportée de Potosí à l'époque coloniale.

Les hébergements de Jáchal n'ont rien de bien enthousiasmant. Moins récent que le suggère sa façade, l'**Hotel San Martín** (☎420413 ; www.jachalhotelsanmartin.com ; Echegaray 367 ; s/d 75/100 ARS, avec sdb commune 40/60 ARS ; ❄@), à quelques rues de la place, fait toutefois l'affaire, avec ses chambres vastes, confortables et équipées d'une sdb moderne.

Dans un cadre gai et lumineux, **La Taberna de Juan** (San Martín s/n ; plats 20-25 ARS ; ⏲déj et dîner) sert des spécialités de viande, mais aussi un bon choix de pâtes et de salades. Les menus fixes sont particulièrement avantageux.

Plusieurs bus partent tous les jours de la **gare routière** (angle San Juan et Obispo Zapata) de Jáchal pour San Juan (27 ARS, 3 heures).

Rodeo

☎02647 / ALTITUDE 2 010 M

Petite bourgade aux jolies maisons en adobe typiques de la région, Rodeo est située à 42 km à l'ouest de San José de Jáchal.

Sa renommée a récemment dépassé les frontières grâce à la **Dique Cuesta del Viento** (à 3 km), l'un des meilleurs sites de **planche à voile** et de **kitesurf** du monde. Entre la mi-octobre et début mai, le vent peut y atteindre 120 km/h presque tous les après-midi, attirant des amateurs de glisse du monde entier. Même si l'on ne pratique pas ces sports, il est agréable de passer un jour ou deux à Rodeo, de profiter du

LA DIFUNTA CORREA

D'après la légende, pendant les guerres civiles des années 1840, Deolinda Correa suivit à pied, à travers les déserts de San Juan, les déplacements du bataillon dans lequel était enrôlé son mari, maladif. Elle transportait donc des victuailles, de l'eau et, surtout, leur fils encore bébé. Une fois qu'elle eut épuisé ses maigres provisions, la faim, la soif et la fatigue eurent raison d'elle. Lorsque des muletiers trouvèrent son cadavre, ils découvrirent que le bébé tétait toujours le sein de sa mère morte. Le sanctuaire commémorant cet apparent miracle est installé à Vallecito, car c'est là que Deolinda Correa aurait trépassé.

La Difunta (défunte) Correa n'est pas une sainte au sens strict, mais plutôt une "âme", une morte qui accomplit des miracles et intercède auprès de Dieu en faveur des croyants. La survie de son fils est le premier de la longue série de miracles qu'on lui a attribués. Depuis les années 1940, son sanctuaire – à l'origine une simple croix plantée au sommet d'une colline – est devenu un petit village comprenant une école, une église, un bureau de poste, un poste de police et une station-service. Dans les 17 chapelles ou diverses salles du sanctuaire, les pèlerins déposent des offrandes en échange de toutes sortes de demandes. Le village compte également deux hôtels, plusieurs restaurants, une petite galerie marchande avec des boutiques de souvenirs et les bureaux de l'association à but non lucratif, administratrice du site.

Les chauffeurs de camions sont particulièrement fervents. De La Quiaca à la frontière bolivienne à Ushuaia en Terre de Feu, vous verrez partout le long des routes de petits autels dédiés à la Difunta Correa, à côté desquels sont posées des bouteilles d'eau censées étancher sa soif.

En dépit du manque de soutien du gouvernement et de l'opposition ouverte de l'Église catholique, le sanctuaire de la Difunta Correa s'est développé à mesure que la croyance en ses pouvoirs miraculeux s'étendait. On visite le site toute l'année. Á Pâques, le 1er mai et à Noël, près de 200 000 personnes effectuent le pèlerinage jusqu'à Vallecito. La fréquentation augmente le week-end : il est donc plus intéressant de s'y rendre à ce moment-là plutôt qu'en semaine.

Vallecito est desservi régulièrement au départ de San Juan et de Mendoza.

plan d'eau et d'observer les véliplanchistes depuis la plage.

Dans les locaux de la mairie, l'**office du tourisme** (municipalidad_iglesia@yahoo.com.ar ; 8h-20h) renseigne sur les hébergements et les visites dans la région.

À Playa Lamaral, sur les rives du barrage, l'auberge HI **Rancho Lamaral** (0264-15-660-1197 ; www.rancholamaral.com ; dort/d 40/100 ARS) loue des chambres simples dans une maison en adobe et dispense des cours de planche à voile (1/3 cours 100/270 ARS), des cours de kitesurf et loue le matériel.

♥ **50 Nudos** (011-15-5759-0525 ; www.50nudos.com ; Puque s/n ; s/d 120/180 ARS) propose de charmantes chambres de style rustique. Les plus grandes ont un salon, et le petit-déjeuner peut être servi dans la chambre. Suivez les panneaux depuis l'artère principale pour les dénicher.

La Surfera (Santo Domingo s/n ; plats 15-30 ARS ; déj et dîner). Dans l'artère principale, en centre-ville, restaurant/café/reggae bar décontracté où se réunit l'étonnamment grande communauté hippie de Rodeo. Bons repas végétariens (les plats de viande sont moins satisfaisants).

Rodeo est desservie plusieurs fois par jour au départ de la gare routière de San Juan (30 ARS, 5 heures 30).

San Agustín de Valle Fértil

02646 / 5 180 HABITANTS

C'est par une route incroyablement vallonnée passant à travers des paysages désertiques que l'on parvient à San Agustín de Valle Fértil, base idéale pour partir à la découverte du Parque Provincial Ischigualasto. Cette vallée semi-aride est qualifiée de "fertile", ce qui en dit long sur la sécheresse qui règne dans la nature environnante.

Il n'y a pas grand-chose à faire ici, à part visiter le parc. Mais plus d'un voyageur a été envoûté par l'atmosphère indolente et lourde qui prévaut ici – venez un soir d'été pour voir les gens assis sur le trottoir qui saluent les passants.

Au milieu des Sierras Pampeanas, petites montagnes de sédiments creusées d'impressionnants canyons, San Agustín se situe à 247 km au nord-est de San Juan via la RN 141 et la RP 510, qui continue jusqu'à l'Ischigualasto et La Rioja. La localité n'est pas suffisamment grande pour que les habitants fassent cas des noms des rues : soyez prêt à demander votre chemin.

Où se loger et se restaurer

Eco Hostel AUBERGE DE JEUNESSE $
(☎420147 ; www.ecohostel.com.ar ; Mendoza 42 ; dort/d 35/120 ARS ; ⊠). L'une des meilleures auberges de la ville. Elle se trouve à un jet de pierre de la place principale et possède une toute petite piscine hors sol. Peut organiser des excursions bon marché dans la région, notamment au Parque Provincial Ischigualasto.

Hostería & Cabañas Valle Fértil HÔTEL $$
(☎420015 ; www.alkazarhotel.com.ar ; Rivadavia s/n ; s/d à l'hostería 185/212 ARS, cabaña 4 pers 300 ARS). Excellent hébergement, aussi bien à l'*hostería* qui domine le plan d'eau que dans les *cabañas* tout confort. L'*hostería* compte également un bon restaurant (plats 38-55 ARS) ouvert de 6h à 23h. Accès depuis Rivadavia, sur le chemin de la rivière. L'*hostería* gère aussi le **Camping Valle Fértil** (Rivadavia s/n ; empl 30 ARS), le plus agréable de la ville. Aménagé à l'ombre d'eucalyptus, il est bondé durant les week-ends prolongés et pendant les vacances, mais se révèle assez tranquille le reste du temps. Si l'*hostería* vous semble trop loin, vous pouvez opter pour l'un des restaurants tout simples, mais de qualité, qui bordent Rivadavia à l'ouest de la place.

La Florencia PARRILLA
(angle Mitre et Acha ; plats 25-40 ARS ; ⊙déj et dîner). Propose de bonnes grillades, notamment du *chivito* (chevreau de lait – commander 2 heures à l'avance) et un délicieux *lomo al roquefort* (bœuf au roquefort ; 32 ARS).

Renseignements

Cámara de Turismo (Mitre, entre Entre Ríos et Mendoza). Cet office du tourisme privé possède aussi un bureau à la gare routière.

Office du tourisme municipal (General Acha ; ⊙7h-13h et 17h-22h lun-ven, 8h-13h sam). De l'autre côté de la place. Possibilité d'excursion en voiture ou à dos de mule dans les environs, notamment les canyons. Propose une liste à jour des tarifs hôteliers.

Poste (angle Laprida et Mendoza)

Turismo Vesa (☎420143 ; www.turismovesa.com ; Mitre s/n). Excursions au Parque Provincial Ischigualasto, à Talampaya et à El Chiflón. Balades à cheval.

Depuis/vers San Agustín de Valle Fértil

Plusieurs bus quittent tous les jours la **gare routière** (Mitre, entre Entre Ríos et Mendoza) de San Agustín pour San Juan (60 ARS, 4 heures 30).

Parque Provincial Ischigualasto

Ce parc, qui tient son nom du mot diaguita désignant une "terre sans vie", porte aussi le joli surnom de **Valle de la Luna** (vallée de la Lune ; www.ischigualasto.org ; 70 ARS). Il offre en effet une fascinante plongée dans un paysage irréel de formations rocheuses, de fossiles de dinosaures et de flamboyants couchers de soleil. Célèbre pour sa culture paléo-indienne, l'Ischigualasto est comparable, par certains aspects, aux parcs nationaux nord-américains de Bryce Canyon ou de Zion, excepté qu'ici, le temps et l'érosion due aux eaux de ruissellement ont mis au jour quantité de fossiles, vieux pour certains de 180 millions d'années.

Le **musée** présente une superbe collection de fossiles de dinosaures, *Herrerasaurus* (carnivore semblable au *Tyrannosaurus rex*) et *Eoraptor lunensis* (plus ancien prédateur connu) en particulier. Des dioramas traitent des paléoenvironnements du parc.

Les 630 km² que couvre le parc sont une vallée désertique située entre deux chaînes de montagnes sédimentaires : les Cerros Colorados à l'est et le Cerro Los Rastros à l'ouest. Au fil des millénaires, dans chaque méandre du canyon, les eaux du Río Ischigualasto, aujourd'hui presque à sec, ont creusé et taillé des formes très distinctes dans la pierre rouge friable, la glaise monochrome et les cendres volcaniques. Comme l'on pouvait s'y attendre, certaines de ces sculptures naturelles portent désormais un nom populaire : la **Cancha de Bochas** (le Terrain de boules), **El Submarino** (le Sous-Marin) et **El Gusano** (le Ver), entre autres. La flore désertique, composée pour l'essentiel de caroubiers, de buissons et de cactus, ajoute encore à l'étrangeté du paysage.

Les courageux prêts à partir en randonnée pour voir le Cerro Morado (1 748 m) seront récompensés par une vue panoramique éblouissante. Cette balade vous emmènera à 800 m d'altitude. Comptez 3 à 4 heures de marche ; prévoyez de l'eau en abondance et des barres de céréales énergétiques.

Circuits organisés

Toutes les visites sont accompagnées d'un garde forestier (qui parle espagnol). Les plus prisées durent 3 heures : départ à l'heure en convoi, et arrêts aux points intéressants.

Sans voiture, un circuit organisé est la seule façon de visiter le parc. Dès votre arrivée à San Agustín, on vous fera des offres. Autre solution : se renseigner à l'office du tourisme pour louer une voiture avec chauffeur. Les tarifs des circuits depuis San Juan avoisinent, sans les droits d'entrée, les 420 ARS par personne (quelle que soit l'agence), et les 130 ARS par personne depuis San Agustín. Au départ de San Juan, on quitte la ville à 5h pour revenir à la nuit tombée.

Il existe d'autres possibilités de visites accompagnées (environ 40 ARS par pers), au départ du centre d'accueil des visiteurs : l'une, très spectaculaire, a lieu le jour de la pleine lune (2 heures 30) et les deux jours précédents et suivants (2 heures 30). Il y a aussi des treks jusqu'au sommet du Cerro Morado (3 à 4 heures) et un circuit de 12 km à VTT.

Où se loger et se restaurer

Il y a un camping au centre des visiteurs (empl 10 ARS/pers). La *confitería* sert des repas simples (petit-déjeuner et déjeuner) et des boissons fraîches, et vend des fruits secs et des olives en bocaux. Il y a aussi des toilettes et des douches, mais l'eau étant acheminée par camion-citerne, ne comptez pas trop dessus. Il n'y a pas du tout d'ombre.

Depuis/vers le Parque Provincial Ischigualasto

Ischigualasto se trouve à 80 km au nord de San Agustín par la RP 510 et une route secondaire goudronnée qui part vers le nord-ouest. Étant donné sa superficie et son éloignement, on ne peut s'y rendre qu'en voiture ou lors d'un circuit organisé. Attention : les routes du parc ne sont pas goudronnées, et certaines sont impraticables après un orage.

Bariloche et la région des lacs

Dans ce chapitre »

Le top des restaurants

- » La Nonna Francesa (p. 361)
- » El Mesón (p. 378)
- » Ñancú Lahuén (p. 381)
- » Tinto Bistro (p. 383)
- » La Trattoria de la Famiglia Bianchi (p. 389)

Le top des hébergements

- » Hostería La Escampada (p. 399)
- » Hostería la Balconada (p. 368)
- » Hostería Chimehuín (p. 370)
- » Bardas Hotel (p. 360)

Pourquoi y aller

La région des lacs est dotée de certains des paysages les plus spectaculaires d'Argentine. Chaque année, des milliers de touristes viennent y skier, pêcher, pratiquer la randonnée et l'escalade ou profiter de son cadre alpin rafraîchissant, émaillé d'immenses forêts et de lacs glaciaires.

Les sites paléontologiques et les vignobles remarquables des environs immédiats de la ville de Neuquén méritent amplement une halte ; et bien plus au sud, il faut également découvrir la station balnéaire de Bariloche, qui jouit d'un emplacement de rêve sur les rives du Lago Nahuel Huapi.

Il est aisé de sortir des sentiers battus. Villa Traful et San Martín de los Andes, deux villages en bordure de lac, sont très fréquentés l'été mais délicieusement calmes le reste de l'année. Au nord, Chos Malal fait une excellente base pour explorer les volcans, les lagunes et les sources chaudes alentour.

Quand partir

Bariloche

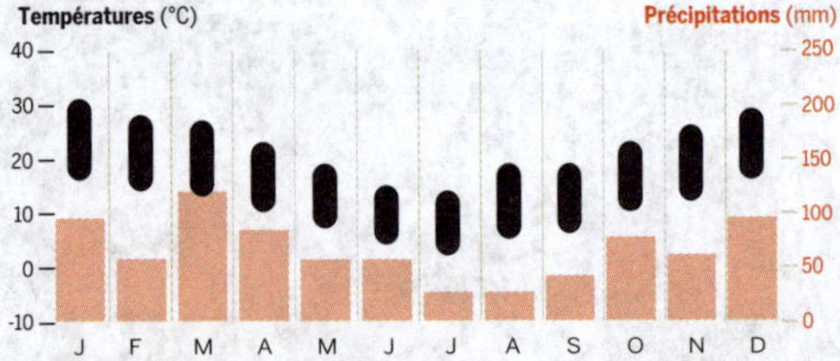

Mars-mai	Juin-sept	Oct-déc
Mars-mai Douces journées, nuits fraîches et feuillages d'automne : une excellente période.	**Juin-sept** Les stations de ski s'animent et les paysages de montagne se font encore plus spectaculaires.	**Oct-déc** Températures modérées et fleurs sauvages : le moment idéal pour randonner.

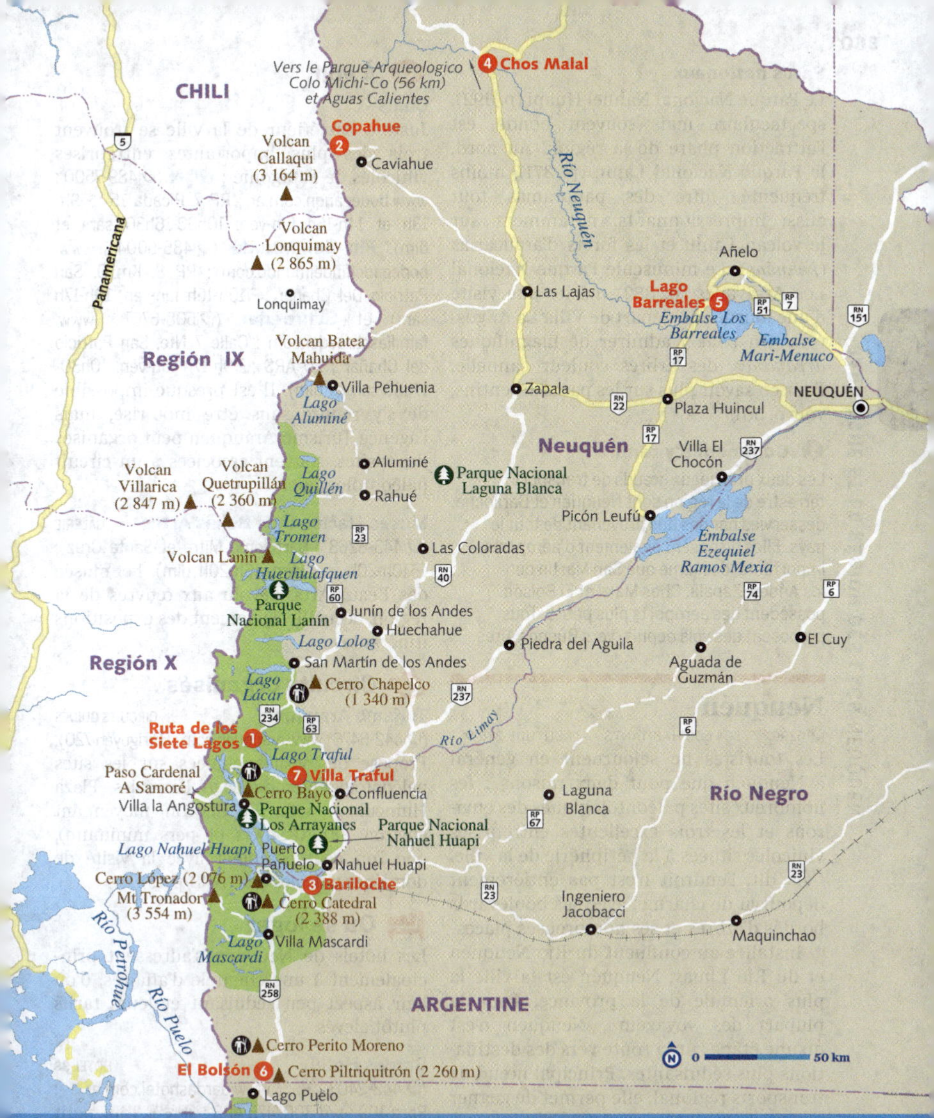

À ne pas manquer

1 La **Ruta de los Siete Lagos** (RN 234 ; p. 376), à couper le souffle, qui serpente entre lacs alpins et forêts de *pehuéns*

2 Un bain de boue relaxant dans la ville thermale de **Copahue** (p. 363)

3 Les activités de plein air dans la montagne autour de **Bariloche** (p. 384)

4 Les splendides abords de **Chos Malal** (p. 366), à l'écart des sentiers battus

5 Les traces des dinosaures autour du **Lago Barreales** (p. 360)

6 Une visite sur le marché hippie d'**El Bolsón** (p. 398) pour acheter fruits frais et autres délices

7 Quelques jours de détente au cœur des paysages superbes de **Villa Traful** (p. 380)

Parcs nationaux

Le Parque Nacional Nahuel Huapi (p. 392), spectaculaire mais souvent bondé, est l'attraction phare de la région. Au nord, le Parque Nacional Lanín (p. 371), moins fréquenté, offre des panoramas tout aussi impressionnants, notamment sur le volcan Lanín et les forêts d'araucarias (*pehuéns*). Le minuscule Parque Nacional Los Arrayanes (p. 382) mérite une visite d'une journée au départ de Villa La Angostura. On peut y admirer de magnifiques *arrayanes*, des arbres couleur cannelle. Pour en savoir plus sur les parcs argentins, voir p. 561.

Comment s'y rendre

Les deux principaux nœuds de transport terrestre de la région sont Neuquén et Bariloche, desservies par des bus provenant de tout le pays. Elles disposent également d'aéroports importants, de même que San Martín de los Andes. Zapala, Chos Malal et El Bolsón possèdent des aéroports plus petits. Tous proposent des vols depuis/vers Buenos Aires.

Neuquén

0299 / 264 600 HABITANTS / ALTITUDE 265 M

Les touristes ne séjournent en général à Neuquén que pour deux raisons : les nombreux sites paléontologiques des environs et les trois excellentes entreprises vinicoles situées à la périphérie de la ville. Cela dit, l'endroit n'est pas entièrement dépourvu de charme, avec ses boulevards bordés d'arbres et ses nombreuses places.

Installée au confluent du Río Neuquén et du Río Limay, Neuquén est la ville la plus orientale de la province. Pour la plupart des voyageurs, Neuquén n'est qu'une étape sur la route vers des destinations plus séduisantes. Principal nœud de transports régional, elle permet de gagner aisément Bariloche mais aussi l'extrême sud du pays et le Chili.

La RN 22 coupe la ville d'est en ouest à quelques pâtés de maisons au sud du centre-ville. Principale artère de Neuquén, elle prend en ville le nom de Félix San Martín. Ne la confondez pas avec l'Av San Martín, qui est, elle, dédiée à l'icône nationale. La principale rue orientée nord-sud est l'Av Argentina, qui devient l'Av Olascoaga au sud de l'ancienne gare. Le plan des rues en damier est coupé par plusieurs diagonales.

À voir

Chais VIN

Juste à l'extérieur de la ville se trouvent trois des plus importantes entreprises vinicoles de Patagonie ; **NQN** (489-7500 ; www.bodeganqn.com.ar ; RP 7, Picada 15 ; 9h-13h et 14h-16h lun-ven, 10h30-16h30 sam et dim), **Fin del Mundo** (485-5004 ; www.bodegadelfindelmundo.com ; RP 8, Km 9, San Patricio Del Chañar ; 10h-16h lun-ven, 10h-17h sam) et **Schroeder** (508-6767 ; www.familiaschroeder.com ; Calle 7 Nte, San Patricio del Chañar ; 20 ARS ; 9h-17h lun-ven, 10h30-17h30 sam et dim). Il est presque impossible de s'y rendre sans être motorisé, mais l'agence Turismo Arauquen peut organiser des visites, souvent associées à un circuit paléontologique.

Museo Nacional de Bellas Artes GALERIE

(443-6268 ; Bartolomé Mitre et Santa Cruz ; 10h-20h mar-sam, 16h-20h dim). Le musée des Beaux-Arts, dévolu aux œuvres de la région, accueille également des expositions itinérantes.

Circuits organisés

Turismo Arauquen CIRCUITS GUIDÉS

(442-6476 ; www.arauquen.com ; H Yrigoyen 720). Propose des visites guidées sur les sites paléontologiques de Lago Barreales, Plaza Huincul et Villa El Chocón moyennant environ 190 ARS/pers (4 pers minimum), que l'on peut combiner avec la visite de domaines viticoles (250 ARS/pers).

Où se loger

Les hôtels de Neuquén s'adressent principalement à une clientèle d'affaires, d'où leur aspect peu séduisant et leurs tarifs plutôt élevés.

Bardas Hotel HÔTEL $$

(442-2403 ; www.bardashotel.com.ar ; Roca 109 ; s/d 300/475 ARS ;). Tout petit établissement d'allure très avenante, confinant à l'hôtel de charme. Ses chambres, modernes, ont chacune leur caractère. Elles sont généralement plus vastes à l'avant.

Punto Patagonico AUBERGE DE JEUNESSE $

(447-9940 ; www.puntopatagonico.com ; Periodistas Neuquinas 94 ; s/d 110/170 ARS, sans sdb 90/150 ARS ; @). La meilleure auberge de jeunesse de Neuquén offre un bon rapport qualité/prix : dortoirs douillets, salon spacieux et jardin agréable.

Parque Hotel HÔTEL $$
(☎442-5806 ; Av Olascoaga 271 ; s/d 165/250 ARS). Quelques touches charmantes agrémentent les vastes chambres carrelées. Certaines font leur âge, et la plupart donnent sur la rue.

Où se restaurer et prendre un verre

Les nombreuses *confiterías* (cafés) de l'Av Argentina sont très plaisantes pour le petit-déjeuner ou un café matinal. Bars et *confiterías* abondent au nord du Parque Central et au carrefour des diagonales.

La Nonna Francesa INTERNATIONAL $$
(☎430-0930 ; 9 de Julio 56 ; plats 55-80 ARS ; ⏲déj et dîner). Cette trattoria franco-italienne prépare l'une des meilleures cuisines de Neuquén. Si ses pâtes sont savoureuses, les truites en sont le fleuron.

Confitería Donato CAFÉ $
(angle JB Alberdi et Santa Fe ; plats 30-50 ARS ; ⏲petit-déj, déj et dîner). Abandonnez-vous dans les fauteuils profonds de ce café rétro, tout en boiseries sombres et éléments décoratifs en cuivre. La carte propose l'ordinaire des *confiterías* : sandwichs variés, pâtisseries et café. Concerts les vendredis et dimanches soir. Spectacles de tango à l'occasion (voir programme sur place).

Olivetti INTERNATIONAL $$$
(Brown 168 ; plats 80-100 ARS ; ⏲déj et dîner). Le restaurant le plus chic de la ville compte une impressionnante carte des vins blancs et s'inspire des cuisines française, italienne et espagnole. Les menus fixes (60 ARS) sont un investissement sûr.

Achats

Paseo de los Artesanos ARTISANAT
(Av Independencia, Parque Central ; ⏲10h-21h mer-dim). On trouve dans ce passage situé au nord de l'ancienne gare la sélection d'artisanat régional la plus variée de la ville.

Artesanías Neuquinas ARTISANAT
(Brown 280). Cette boutique subventionnée par la province propose une grande variété d'objets en bois et de textiles mapuche de qualité.

Renseignements

Neuquén compte des dizaines d'agences de voyages dans le périmètre du centre-ville. Les

BUS AU DÉPART DE NEUQUÉN

Le tableau suivant indique les départs quotidiens vers la majorité des destinations longue distance. Les destinations provinciales sont desservies plusieurs fois par jour.

DESTINATION	PRIX (ARS)	DURÉE (HEURES)
Aluminé	86	6
Bahía Blanca	187	7 heures 30
Buenos Aires	423	17
Chos Malal	132	6
Córdoba	440	16
El Bolsón	182	7
Esquel	215	10
Junín de los Andes	130	6
Mendoza	320	13
Puerto Madryn	255	11
Río Gallegos	860	29
San Martín de los Andes	147	6
San Rafael	235	10
Viedma	110	8
Villa La Angostura	165	7
Zapala	80	3

banques de l'Av Argentina, entre le Parque Central et Roca, disposent de DAB.

ACA (Automóvil Club Argentino ; ☎442-2325 ; angle 25 de Mayo et Rivadavia). Fournit de bonnes cartes routières de la province.

Banca Nazionale del Lavoro (angle Av Argentina et Rivadavia)

Cambio Pullman (Ministro Alcorta 144)

Hôpital régional (☎443-1474 ; Buenos Aires 421)

Poste (Rivadavia et Santa Fe)

Telecentro (Av Argentina et Ministro González ; 5 ARS/h ; ⏲24h/24). Accès Internet.

Depuis/vers Neuquén

Avion

L'**aéroport** (☎444-0525) est situé à l'ouest de la ville, en bordure de la RN 22. **Aerolíneas Argentina/Austral** (☎442-2409/10/11 ; Santa Fe 52) propose 4 vols quotidiens pour Buenos Aires (à partir de 800 ARS) en semaine et 2 les samedis et dimanches. Le transporteur régional est **American Jet** (☎444-1085 ; www.americanjet.com.ar ; Aeropuerto Presidente Perón). Il dessert Chos Malal (262 ARS) et Chapelco (308 ARS) – l'aéroport le plus proche de San Martín de los Andes et de Junín de los Andes.

Bus

Neuquén est un important carrefour de circulation pour les bus desservant les lignes provinciales, nationales et internationales. Sa nouvelle **gare routière** (☎445-2300 ; angle Solalique et Ruta 22), bien équipée, à 3,5 km à l'ouest du Parque Central, comporte des restaurants, des boutiques de souvenirs et même un tapis roulant à bagages. Pour rejoindre le centre, prenez un bus Pehueche (2,50 ARS ; achetez un ticket au local 41) ou un taxi (28 ARS).

De nombreux transporteurs vont jusqu'au Chili : **Plaza** (☎446-5975) dessert Temuco (156 ARS, 11 heures) via Zapala et Paso Pino Hachado.

Neuquén est également la porte d'entrée de la Patagonie et de l'extrême Sud. Les destinations situées au nord de la ville, comme Catamarca, San Juan, Tucumán, Salta et Jujuy peuvent nécessiter un changement à Mendoza, mais on peut payer l'intégralité du parcours à Neuquén.

Comment circuler

La province de Neuquén est agréable à explorer en voiture, quoique la RN 22 soit très fréquentée par les camions, vers l'est le long de la vallée du Río Negro comme vers l'ouest et Zapala. **Turismo Arauquen** (☎442-6476 ; www.arauquen.com ; H Yrigoyen 720) propose les meilleurs tarifs de la ville.

Zapala

☎02942 / 35 400 HABITANTS / ALTITUDE 1 200 M

Tirant son nom du mot mapuche *Chapadla* (marais mort), Zapala ne possède pas un potentiel de départ très prometteur sur le plan touristique, d'autant que rien ne vient vraiment compenser ce déficit d'image. Dans cette ville modeste, les habitants n'ont pas grand-chose à faire pour tromper l'ennui, si ce n'est arpenter la rue principale et s'accorder de longues pauses au coin des rues.

À voir et à faire

Les voyageurs se rendent essentiellement ici pour visiter le Parque Nacional Laguna Blanca (ci-contre), réputé pour la richesse de sa faune avicole, ou pour gagner en bus le nord de la région des lacs.

Centro Cultural CENTRE CULTUREL

(San Martín et Chaneton ; ⏲17h-22h). Donnant sur la place, ce centre accueille des concerts et des expositions d'artistes locaux. Il projette depuis peu des films hollywoodiens à succès.

Fêtes et festivals

La **Feria de la Tradición**, la deuxième semaine de novembre, célèbre la culture régionale avec musique folklorique, démonstrations équestres de gauchos, artisanat et spécialités culinaires.

Où se loger et se restaurer

L'offre hôtelière de Zapala est des plus limitées.

Hotel Hue Melén HÔTEL $$

(☎432109 ; www.hotelhuemelen.com ; Almirante Brown 929 ; s/d 300/450 ARS ; ❄📶). Complexe hôtel-casino à l'élégance discrète. Lits king-size, baignoires et art contemporain.

Hotel Pehuén HÔTEL $

(☎423135 ; Etcheluz et Elena de la Vega ; s/d 135/200 ARS ; 📶). Malgré son (étonnant) statut de deux-étoiles, c'est la meilleure adresse petits budgets de la ville. Proche de la gare routière, il loue des chambres propres et propose un bon restaurant.

Mayrouba ARGENTIN $$

(Monti et Etcheluz ; plats 50-80 ARS ; ⏲petit-déj, déj et dîner). Le plus joli restaurant de la ville sert des repas de qualité : saveurs orientales et spécialités patagonnes, comme la truite fumée (55 ARS). Plus tard dans la soirée, il se transforme en bar et propose alors un choix impressionnant de cocktails.

BUS AU DÉPART DE ZAPALA

DESTINATION	PRIX (ARS)	DURÉE (HEURES)
Aluminé	40	3 heures 30
Buenos Aires	473	18
Chos Malal	75	3
Caviahue	73	3
Junín de los Andes	68	3
Laguna Blanca	23	30 minutes
Neuquén	72	3
San Martín de los Andes	67	3 heures 30
Temuco (Chili)	190	6
Villa Pehuenia	80	4 heures 30

El Chancho Rengo CAFÉ $
(☎422795 ; Av San Martín et Etcheluz ; sandwichs 30-50 ARS ; ⏲petit-déj, déj et dîner). Il semble que la moitié de Zapala se retrouve ici pour prendre son café. Tables en terrasse, bon café et sandwichs.

Renseignements

Banco de la Provincia del Neuquén (San Martín et Etcheluz). Banque équipée d'un DAB.

Bureau du parc national Laguna Blanca (☎431982 ; lagunablanca@apn.gov.ar ; Av Ejercito Argentino 217 ; ⏲8h-15h lun-ven). Renseignements sur le Parque Nacional Laguna Blanca.

Office du tourisme (☎424296 ; RN 22, Km 1 398 ; ⏲7h-21h). Sur la grand-route, à 2 km à l'ouest du centre.

Depuis/vers Zapala

La **gare routière** (☎421370 ; Etcheluz et Uriburu) se trouve à quatre rues de l'Av San Martín. Des bus pour Mendoza (330 ARS, 16 heures) et divers arrêts le long de la RN 40 partent les vendredis et dimanches. En été, il en part souvent à destination de Copahue (80 ARS, 4 heures).

Parque Nacional Laguna Blanca

Situé à 30 km au sud-ouest de Zapala, perché à 1 275 m d'altitude, le lac intérieur de Laguna Blanca, profond d'une dizaine de mètres seulement, s'est formé lorsque des flots de lave enfermèrent deux petits cours d'eau. Il est entouré d'étendues volcaniques de toute beauté. Ses eaux très alcalines ne conviennent pas aux poissons, mais elles sont appréciées par de nombreuses espèces d'oiseaux, notamment les foulques, les canards, les grèbes, les ouettes de Magellan, les mouettes et quelques flamants roses. D'une surface de 112,5 km², le parc vise notamment à protéger l'habitat du cygne à cou noir, qui vit ici toute l'année.

À 10 km au sud de Zapala commence la RP 46. Bien signalée, cette route goudronnée traverse le parc avant de mener jusqu'à la ville andine d'Aluminé. En bus, demandez au chauffeur de vous déposer au centre d'accueil des visiteurs. Si vous n'êtes pas motorisé, vous pouvez aussi vous renseigner au bureau des parcs nationaux à Zapala pour savoir si vous pouvez partir avec les gardes forestiers le matin. Le trajet en taxi jusqu'au parc tourne autour de 240 ARS, 2 heures d'attente comprises.

Le parc est doté d'un petit camping comportant des pare-vent. Prévoyez des provisions : le **centre d'accueil des visiteurs** (⏲9h-18h ven-dim) fournit des cartes des sentiers de randonnée, mais il n'y a pas d'endroit où se restaurer.

Copahue

☎02948 / ALTITUDE 2 030 M

Copahue est une petite station thermale située sur le versant nord-est du volcan du même nom. Plutôt quelconque, elle s'inscrit toutefois dans un magnifique amphithéâtre naturel formé par le massif montagneux. On y vient pour ses bassins d'eau fumante riche en soufre et pour la **Laguna del Chancho** (20 ARS ; ⏲8h-18h), très fréquentée, remplie de boue chaude bouillonnante.

La destination a gagné en popularité auprès des touristes, surtout argentins,

TREK DE LA LAGUNA TERMAL

Cette excursion réalisable en huit heures environ peut s'effectuer sans guide assez facilement au départ de Copahue, entre décembre et avril uniquement (à moins de prévoir un équipement spécial). Si vous souhaitez suivre l'itinéraire qui grimpe jusqu'au sommet du volcan Copahue, nous vous recommandons de louer les services d'un guide expérimenté. Caviahue Tours (voir ci-contre) figure parmi les nombreux tour-opérateurs auxquels vous pouvez vous adresser avec confiance.

De l'Hotel Valle del Volcán, dans la partie haute (sud-ouest) du village, franchissez la petite passerelle et empruntez le chemin qui monte peu après la statue de la Vierge grandeur nature. Ce sentier pédestre fréquenté menant vers le volcan Copahue traverse une plaine à la végétation clairsemée, avant de se glisser entre des étendues d'herbe bien verte près de la rive nord du lac occidental des Lagunas Las Mellizas. En suivant le sentier le long de la berge nord du lac, vous passerez devant des petites plages de sable noir et les sources jaillissantes de la berge opposée avant d'atteindre le début d'un vapoduc (à 1 heure-1 heure 15 du village). Le grondement de la vapeur provenant du champ géothermique souterrain de Copahue et s'engouffrant dans le pipeline ainsi que les détonations intermittentes qu'elle provoque en se libérant rythment une bonne partie du parcours. Traversez le déversoir du lac – un gué plus large et plus facile se trouve en aval –, puis coupez au sud-ouest à travers les congères : après être passé devant un petit lac, vous trouverez une piste de 4x4 à la lisière d'une prairie détrempée. Tournez à droite et montez cette mauvaise route qui vire sur la gauche (ou prenez le vague sentier balisé par des taches de peinture blanche sur sa droite, qui finit par rejoindre la piste au niveau d'une crête rocheuse que surplombe une croix en bois), puis poursuit vers l'ouest au milieu d'un paysage volcanique lunaire, avant de s'achever en contrebas d'un miniglacier sur le flanc est du volcan Copahue (comptez 1 heure 15 à 1 heure 30 depuis le pipeline).

De là, dirigez-vous vers le sud-ouest. Il vous faudra gravir des crêtes formées de rochers arrondis et traverser plusieurs petits torrents d'eau et de neige fondue. Du côté nord-ouest, en territoire chilien, la Sierra Velluda, recouverte de glace, et le cône enneigé presque parfait du volcan Antuco se dressent majestueusement. Parvenu au troisième petit torrent (celui dont les bords sont incrustés de soufre jaunâtre), coupez le long d'une pente sous une source chaude, puis grimpez au sommet d'un éperon proéminent en pierre ponce grise à la frontière des deux pays. Continuez l'ascension de l'éperon jusqu'à ce que le dénivelé devienne trop abrupt. Après quoi, coupez par les pentes meubles sur votre droite, qui débouchent sur une trouée menant à Laguna Termal (à 1 heure 15-1 heure 30 de la fin de la piste de 4x4 ; 3 heures 30-4 heures 15 de Copahue).

Ce lac fumant qui remplit le cratère est du volcan Copahue s'alimente lui-même en faisant fondre l'énorme glacier qui le surmonte en partie. Les émanations de soufre obligent parfois les randonneurs à s'éloigner du lac, mais ces hautes pentes offrent aussi une vue somptueuse sur une large cuvette (où l'on distingue les deux villages), s'étendant entre le Lago Caviahue (Lago Agrio), en forme de fer à cheval, et le Lago Trolope, de forme allongée, au nord-est. De là, les trekkeurs les plus expérimentés peuvent poursuivre jusqu'au sommet du volcan Copahue.

Pour le retour à Copahue, il suffit de redescendre par le même chemin. Si vous disposez d'une carte correcte du secteur, vous pouvez également suivre l'Arroyo Caviahue (Río Agrio) et la RN 26 pour revenir en ville.

Avertissement

Les jours de vent en particulier, les vapeurs âcres qui s'élèvent de la Laguna Termal peuvent être suffocantes à cause du dioxyde de soufre qui attaque les voies respiratoires. Aussi, approchez du lac avec précaution et, surtout, ne vous baignez pas dedans. Les marcheurs peu aguerris ont intérêt à faire cette excursion dans le cadre d'un circuit organisé.

comme en témoigne le développement rapide des infrastructures destinées aux visiteurs. En raison de l'enneigement, le village n'ouvre que de début décembre à fin avril.

Copahue s'organise autour du grand et moderne **Complejo Termal Copahue** (229-442-4140 ; www.termasdecopahue.com ; Ortiz Velez ; bains 30 ARS, balnéothérapie à partir de 40 ARS), qui propose un large choix de bains curatifs.

L'**Hotel Thermas** (495186 ; www.hotelthermascopahue.com.ar ; Doucloux s/n ; s/d à partir de 302/448 ARS ;) remporte la palme, avec des chambres modernes, des espaces communs agréables et un excellent restaurant de cuisine traditionnelle argentine.

Le **Residencial Codihue** (495151 ; codihue@futurtel.com.ar ; Velez s/n ; s/d 140/260 ARS), meilleure adresse bon marché de la localité, loue des chambres sans prétention, juste en bas du complexe thermal. Pension complète possible.

La **Parrillada Nito** (Zambo Jara ; plats 50-70 ARS ; déj et dîner) est le restaurant de grillades le plus apprécié de Copahue.

L'été, un bus part tous les jours pour Neuquén (157 ARS, 7 heures) via Zapala (80 ARS, 4 heures). Pas de service le reste de l'année.

Caviahue

02948 / 470 HABITANTS / ALTITUDE 1 600 M

Le village de ski de Caviahue s'étend sur la rive occidentale du Lago Caviahue, au pied du versant sud-est du volcan Copahue. Plus joli que Copahue, il prend lui aussi rapidement de l'ampleur, d'où quelques nuisances sonores dues aux chantiers l'été.

Activités

Courtes randonnées — MARCHE

On peut entreprendre plusieurs courtes randonnées pédestres depuis le village, dont un trek populaire d'une journée qui rejoint la **Laguna Escondida** en passant par une chute d'eau, la **Cascada Escondida**. Une autre randonnée conduit aux quatre cascades baptisées **Cascadas Agrio** (elle part de l'autre côté du pont situé à l'entrée de Caviahu). Vous trouverez à l'office du tourisme une excellente carte sur laquelle figurent ces deux itinéraires et d'autres circuits dans les environs.

Caviahue Tours — RANDONNÉE, CIRCUITS AVENTURE

(495138 ; www.caviahuetours.com ; Av Bialous Centro Comercial local 11). Pour les plus aventureux, cette agence organise des treks, notamment vers la Laguna Termal et le Volcán Copahue. Elle loue des VTT en été et propose des excursions en traîneau à chiens l'hiver.

Hotel Caviahue — SPA

Si vous avez envie de vous faire dorloter, cet hôtel est pourvu d'un spa où l'on peut prendre un bain thermal (30 ARS) et recevoir des soins (à partir de 50 ARS).

Centro de Ski Cerro Caviahue — SKI

(495043 ; www.caviahue.com). À un peu moins de 2 km à l'ouest de Caviahue, cette station compte 7 remontées mécaniques et 4 télécabines, qui emmènent les skieurs jusqu'au sommet du volcan Copahue (2 953 m). Il est possible de louer des équipements (skis/snowboard environ 91 ARS/jour) sur place ou dans le village. Le forfait adulte revient de 134 à 248 ARS selon la saison.

Où se loger et se restaurer

Hotel Caviahue — HÔTEL $$

(495044 ; hotelcaviahue@issn.gov.ar ; 8 de Abril s/n ; s/d 200/390 ARS). Construit sur les hauteurs, ce vaste hôtel de style plus ancien offre une belle vue sur le village, le lac et les montagnes. Il s'agit du seul établissement ouvert toute l'année. Idem pour son restaurant (plats 35-60 ARS). Les prix baissent d'environ 30% hors saison.

Hebe's House — AUBERGE DE JEUNESSE $

(495238 ; www.hebeshouse.com.ar ; Mapuche et Puesta del Sol ; dort/d 100/280 ARS ; déc-sept). La seule auberge de jeunesse à des kilomètres à la ronde dispose de dortoirs confortables mais exigus. Installée dans un charmant bâtiment de style montagnard, elle comporte une cuisine et une buanderie, et dispense moult renseignements touristiques. Réservez longtemps à l'avance pour un séjour en hiver.

Renseignements

Cyber Caviahue (Las Lengas s/n ; 6 ARS/h ; 8h-13h et 16h-21h). Accès Internet.

Office du tourisme (495036 ; www.caviahue-copahue.com.ar ; 8 de Abril s/n). Dans la mairie. Bonnes cartes et informations à jour sur l'hébergement local.

Depuis/vers Caviahue

Un bus quotidien dessert Neuquén (130 ARS, 6 heures 30) via Zapala (73 ARS, 3 heures 30). Si vous allez à Chos Malal, vous pouvez gagner deux ou trois heures de trajet en descendant à Las Lajas (55 ARS, 2 heures 30) où vous attendrez un autre bus. Renseignez-vous toutefois sur les horaires des correspondances auprès de la compagnie **Cono Sur** (☎02942-432607) – mieux vaut en effet passer un peu de temps à Zapala plutôt qu'à Las Lajas.

Chos Malal

☎02948 / 14 420 HABITANTS / ALTITUDE 862 M

La traversée du paysage morne et désertique qui s'étend au nord de Zapala ne prépare guère à l'arrivée dans cette petite ville. Située au confluent du Río Neuquén et du Río Curi Leuvú, Chos Malal compte deux places principales, lesquelles portent le nom des deux grands héros de l'histoire argentine : San Martín et Sarmiento. La première regroupe la majorité des monuments historiques, dont le fort de la Division Fuerte IV (derrière lequel s'ouvre une vue panoramique sur le fleuve et sa vallée). Cinq rues plus au sud se trouve la Plaza Sarmiento, autour de laquelle se concentrent les banques et les commerces.

Activités

Tunduca (☎422829 ; www.tunduca.com.ar ; Jujuy 60), l'unique tour-opérateur local, propose toutes sortes de formules : pêche à la mouche, randonnées équestres, rafting, excursions d'une journée jusqu'aux geysers et sources chaudes du nord de la ville et au parc archéologique de Colo Michi-Co (ci-dessous). Il organise aussi des treks de 5 jours jusqu'au sommet du volcan Domuyo (4 710 m), plus haut pic volcanique de Patagonie.

Où se loger et se restaurer

Vous trouverez la plupart des hôtels entre les deux places. Les habitants de Chos Malal prisent le chevreau, habitude que les visiteurs adoptent rapidement.

Hostería Don Costa HÔTEL $$
(☎421652 ; hostdoncosta@hotmail.com ; s/d 180/260 ARS ; ❄@📶). Des chambres modernes et agréables en retrait du bruit de la route. Plutôt petites mais très avantageuses. À l'étage, vous profiterez d'un balcon, du soleil et de la ventilation.

VAUT LE DÉTOUR

EXCURSIONS AU NORD DE CHOS MALAL

Au nord de Chos Malal vous attendent deux sites magnifiques et très peu visités. Les transports publics sont rares, voire inexistants, mais votre patience sera amplement récompensée.

Parque archaeologico Colo Michi-Co

Ce petit site archéologique présente l'une des plus importantes collections d'art rupestre pehuenche de Patagonie. On trouve ici plus de 600 exemples de gravures de chiffres symboliques et de dessins abstraits. Il est difficile d'accéder au site sans véhicule. Des bus partent de Chos Malal à 8h le vendredi pour le village de Varvarco (30 ARS, 3 heures). De là, il faut parcourir 9 km au sud sur la RP 39 jusqu'à Escuela Colo Michi-Co (les bus vous y laisseront), où le parc est indiqué à 8 km, qu'il faut parcourir à pied. Apportez tout le nécessaire – ici, il n'y a rien.

Si tout cet exercice ne vous attire pas, contactez **Señora La Gallega** (☎02948-421329) à Varvarco – on n'y trouve aucun *remis* (taxi), mais la *señora* devrait vous dégoter une voiture et un chauffeur qui vous coûteront environ 9 ARS/km, plus le temps d'attente. Le stop est une pratique courante dans la région, mais préparez-vous à attendre longtemps.

Aguas Calientes

Ces superbes sources chaudes naturelles au pied du volcan Domuyo s'étendent sur plus de 20 km² et se visitent dans 3 sites. Le principal, à Villa Aguas Calientes, se prête à la baignade ; Las Olletas est une série de bassins boueux et Los Tachos renferme des geysers pouvant jaillir jusqu'à 2 m de hauteur. Le site est à 40 km au nord de Varvarco, où s'arrête le dernier transport public. Si vous n'êtes pas motorisé, le mieux est d'y aller avec Tunduca (ci-dessus) à Chos Malal. Si vous pouvez vous rendre à Varvarco par vos propres moyens, essayez de louer un véhicule avec un chauffeur auprès de Señora La Gallega.

Residencial Kallfü Küyen HÔTEL $
(☎421263 ; Jujuy 60 ; s/d 90/140 ARS, app 200 ARS). Cette adresse, la meilleure pour petits budgets de Chos Mala, loue des chambres vastes et propres à quelques rues de Plaza Sarmiento.

Las Delicias de L'Traful BOULANGERIE $
(Roca 80 ; pâtisseries 8-10 ARS ; ⏲petit-déj, déj et dîner). Une excellente boulangerie/café, avec des viennoiseries d'une grande fraîcheur et un très bon café.

Canan ARGENTIN $$
(General Paz 560 ; plats 40-70 ARS ; ⏲déj et dîner). Les adresses n'abondent guère, où manger dans un cadre agréable. Celle-ci, prisée à juste titre, sert de bonnes pizzas et *parrilladas*. Carte des vins correcte.

Renseignements

Banco de la Nación (angle Sarmiento et Urquiza). DAB.

Hôpital Gregorio Avárez (☎421400 ; angle Entre Ríos et Flores)

Laco (Sarmiento 280 ; ⏲9h-20h ; 6 ARS/h). Accès Internet.

Office du tourisme (☎421991 ; turnorte@neuquen.gov.ar ; 25 de Mayo 89 ; ⏲8h-20h). Bonnes cartes de la ville et des environs.

Depuis/vers Chos Malal

American Jet (☎299-444-1085 ; www.americanjet.com.ar) dessert Neuqúen aller-retour 2 fois par semaine.

Des bus desservent régulièrement Zapala (75 ARS, 3 heures), Neuquén (132 ARS, 6 heures) et Varvarco (50 ARS, 3 heures). Trois minibus partent chaque jour pour Buta Ranquil (25 ARS, 2 heures) entre 16h30 et 17h. Des bus pour Mendoza (255 ARS, 13 heures) et diverses destinations le long de la RN 40 circulent les lundis et vendredis.

Au nord sur la RN 40

En suivant la RN 40 vers le nord depuis Chos Malal vous découvrirez d'autres paysages désertiques, de minuscules villes balayées par le vent et de grands espaces. Quoi que puissent en dire certains, cet itinéraire est bien desservi par des bus. Ceux de Tramat circulent 2 fois par semaine entre Zapala et Mendoza. À défaut, **Transportes Leader** (☎à Buta Ranquil 02948-493268 ; angle Malvinas et Jadull) propose ses minibus entre Buta Ranquil et San Rafael du lundi au vendredi. Des bus circulent régulièrement de Neuquén et Chos Malal à Buta Ranquil, où il arrive de rester coincé pour la nuit. Rien ne motive vraiment d'y rester, mais on y trouve quelques hôtels bon marché, un établissement plus chic et suffisamment de cafés-restaurants.

Aluminé

☎02942 / 4 500 HABITANTS / ALTITUDE 400 M

Le temps semble s'être arrêté à Aluminé, ville touristique, mais de moindre affluence que d'autres localités du Sud. À 103 km au nord de Junín de los Andes par la RP 23, cette destination appréciée des pêcheurs à la mouche permet d'accéder au secteur nord (peu fréquenté) du Parque Nacional Lanín. Le rafting et le kayak sur le Río Aluminé attirent également bon nombre de visiteurs.

À voir et à faire

Villages traditionnels
Les 26 km de route de terre menant au **Lago Rucachoroi**, dans le Parque Nacional Lanín, sont jalonnés de stands tenus par les communautés mapuche voisines d'**Aigo** et **Salazar**. On peut y acheter des pièces en tissage traditionnel, des noix d'araucaria et des *comidas tipicas* (plats traditionnels) l'été. On peut se rendre à Salazar à pied ou à vélo, en suivant la rivière sur 12 km. Aigo se trouve 14 km plus loin.

Aluminé Rafting EAU VIVE
(☎496322 ; www.interpatagonia.com/aluminerafting ; Conrado Villegas 610). L'opérateur auquel s'adresser pour faire du rafting sur le Río Aluminé (novembre étant la meilleure période), ainsi que du kayak, de la pêche à la mouche ou de l'escalade.

Mali Viajes LOCATION DE VÉLOS, CIRCUITS
(☎496310). Devant l'office du tourisme, sur la place, Mali Viajes loue des vélos moyennant 20/80 ARS par heure/jour. Il propose l'été des excursions dans les villages mapuche qui se trouvent autour du Lago Ruca Choroi, sur la route de Villa Pehuenia.

Où se loger et se restaurer

Si vous voyagez à plusieurs, demandez à l'office du tourisme la liste de ses bungalows tout équipés –certains sont immédiatement au sortir de la ville –, et qui font un hébergement d'un bon rapport qualité/prix à partir de 3 personnes. La pleine saison correspond à la saison de la pêche, de novembre à avril.

Hotel de la Aldea HÔTEL $$
(☎496340 ; www.hoteldelaldea.com.ar ; RP 23 et Crouzielles ; s/d à partir de 200/300 ARS ; ❄📶). Immense complexe de briques à 2 minutes à pied du centre, au bord de la route. Assez confortable, des chambres modernes et un peu petites. Cela vaut la peine de payer un supplément de 30 ARS pour une vue sur la rivière.

Nid Car HÔTEL $
(☎496131 ; nidcaralumine@yahoo.com.ar ; angle C Joubert et Benigar ; s/d 100/150 ARS). De grandes chambres ordinaires en haut de la place. Les moins chères de la ville, assez avantageuses.

Los Araucarias PARRILLA $
(angle Candelaria et C Joubert ; plats 35-50 ARS ; ⏲déj et dîner). *Parrilla* standard à l'atmosphère rustique. Carte des vins fournie.

La Posta del Rey ARGENTIN $$
(C Joubert 336 ; plats 45-70 ARS ; ⏲petit-déj, déj et dîner). Dans l'Hostería Aluminé, voici la meilleure table de la ville. On y sert tous les classiques argentins, ainsi que quelques savoureuses spécialités de Patagonie comme l'agneau, le gibier et la truite.

Renseignements

Banco del Provincia del Neuquén (angle Conrado Villegas et Torcuato Mordarelli). Banque et DAB.

Nex Sur (☎496027 ; Av RIM 26 848 ; 6 ARS/heure). Accès Internet ; en haut de la place.

Office du tourisme (☎496001 ; info@alumine.gov.ar ; Christian Joubert, Plaza San Martín ; ⏲8h-20h mi-mars à nov, 9h-21h déc à mi-mars). Renseignements et cartes, permis de pêche, conditions des routes, etc.

Depuis/vers Aluminé

La **gare routière** (☎496048), juste en bas de la place, est facilement accessible à pied depuis tous les hôtels mentionnés ci-dessus. Aluminé Viajes et Albus desservent quotidiennement Neuquén (86 ARS, 7 heures), Zapala (40 ARS, 3 heures-3 heures 30), Villa Pehuenia (25 ARS, 1 heure) et San Martín de los Andes (40 ARS, 4 heures 30).

Villa Pehuenia

☎02942 / 366 HABITANTS / ALTITUDE 1 200 M

Ce village paradisiaque, au bord du Lago Aluminé, se situe à 102 km au nord de Junín de los Andes (via la RP 23 et Aluminé) et à 120 km à l'ouest de Zapala, via la RP 13. Plusieurs communautés mapuche vivent à proximité, dont des Puel, entre le Lago Aluminé et le Lago Moquehue.

Le village s'inscrit au cœur de la région de Pehuen, qui tire son nom des araucarias (*pehuéns*), particulièrement abondants dans le secteur. Si vous êtes motorisé, le superbe Circuito Pehuenia décrit une boucle partant du Lago Aluminé, passant par le Lago Moquehue, le Lago Ñorquinco et le Lago Pulmarí (comptez 4 à 6 heures). Mali Viajes propose des expéditions sur les routes de campagne dans cette zone l'été, au départ d'Aluminé.

À voir et à faire

Volcán Batea Mahuida VOLCAN
Du sommet de ce volcan (2 010 m), on peut en admirer huit autres (de Lanín, au sud, jusqu'à Copahue, au nord), argentins et chiliens. Il abrite également un lac de cratère. L'été, on peut monter en voiture presque jusqu'en haut, puis atteindre aisément le sommet en 2 heures de marche.

Batea Mahuida SKI
(☎02942-15-661527 ; www.cerrobateamahuida.com.ar ; forfait journée 75-95 ARS). Ce petit domaine skiable géré par des Mapuche se trouve sur le volcan Batea Mahuida, et se résume à quelques pentes neigeuses équipées d'un téléski et d'une télécabine. Le site plaira sans doute plus aux adeptes du ski nordique, qui peuvent partir pour un circuit offrant des vues grandioses sur les volcans et les lacs.

Los Pehuenes CIRCUITS AVENTURE
(☎498029 ; www.pehuenes.com.ar ; Centro Comercial). Le spécialiste local des formules aventure propose rafting, treks, randonnées à cheval et circuits hors piste en 4x4.

Où se loger et se restaurer

Nombre d'établissements ferment hors saison. Ceux qui figurent ci-après fonctionnent toute l'année. Sur la Peninsula de los Coihues, qui avance de près de 2 km dans le Lago Aluminé, il y a des *hosterías* et des *cabañas*.

Hostería la Balconada HÔTEL $$$
(☎02942-15-473843 ; www.hosterialabalconada.com.ar ; ch 565-715 ARS ; 📶). L'un des hôtels les plus chics et confortables de la ville, sur une falaise de la péninsule. Cela vaut la peine de payer un supplément pour avoir vue sur le lac.

Hostería de las Cumbres HÔTEL $$
(☎498097 ; ch 300 ARS). Au bord de l'eau, cette confortable *hostería* propose de petites chambres distribuées autour d'un étroit couloir. La vue sur le lac, en façade, est son atout majeur.

Anhedonia INTERNATIONAL $$
(plats 45-80 ARS ; ⏲midi et soir). Au bord de l'eau, ce restaurant sert un bon choix de fondues, plats de viande et pâtes. Sa superbe terrasse est idéale pour prendre le soleil.

ℹ Renseignements

Banco de la Provincia del Neuquén (RP 13 s/n). À côté du poste de police. DAB.

Bureau d'information touristique (Officina de Turismo ; ☎498044 ; www.villapehuenia.gov.ar ; RP 13 s/n). Personnel très efficace, bonnes cartes de la région. À l'entrée de la ville.

ℹ Depuis/vers Villa Pehuenia

Il est difficile de visiter ce secteur sans être motorisé. On peut toutefois faire du stop l'été.

LES MAPUCHE

Groupe ethnique dominant de la région des lacs, les Mapuche sont originaires du Chili actuel. Ayant résisté à plusieurs tentatives d'assujettissement par les Incas, ils luttèrent ensuite contre la domination espagnole pendant près de trois siècles. Leur migration vers l'Argentine se déroula lentement. Dès le XVIIe siècle, les Mapuche du Chili traversaient déjà fréquemment les Andes pour commercer, et certains s'installèrent de l'autre côté. Dans les années 1880, la confiscation de leur territoire par l'État chilien provoqua un exode massif.

Une autre théorie vient expliquer ce déplacement de population de grande ampleur : pour les Mapuche, toutes les choses bénéfiques, dont le soleil, proviennent de l'est, si bien que le *puelmapu* ("terre de l'est") revêt une signification tout particulièrement positive.

En dehors du commerce, les Mapuche ("peuple de la terre" en langue mapudungun) vivent traditionnellement d'une agriculture de subsistance, et sont des chasseurs-cueilleurs. Leur société n'est pas organisée selon un pouvoir centralisé, chaque famille étendue étant dirigée par un *lonko* (chef). En temps de guerre, les familles se réunissaient pour élire le *toqui* (porteur de hache) devant les conduire.

Le *machi* (chamane) jouait et joue encore un rôle important. Il s'agissait généralement d'une femme, dont la tâche consistait à accomplir des cérémonies de guérison, à éloigner les mauvais esprits, à interpréter les rêves et à influer sur le temps, les récoltes et les relations sociales. Le chamane maîtrisait autrefois l'usage des plantes médicinales, mais cette connaissance disparaît au fur et à mesure que les Indiens perdent l'accès à la terre et que la biodiversité de la région s'appauvrit.

L'estimation du nombre de Mapuche résidant en Argentine varie selon les sources. Le recensement officiel en dénombre quelque 300 000, tandis que les Mapuche disent avoisiner les 500 000.

En Argentine comme au Chili, ils mènent une existence modeste au sein de communautés rurales ou partent chercher du travail dans les grandes villes. On considère que 200 000 personnes parlent encore couramment le mapudungun au Chili, où quelques efforts sont faits pour réintroduire la langue dans l'enseignement. Aucun programme de ce genre n'a été institué en Argentine et l'on peut craindre, malgré l'absence de chiffres précis, que le mapudungun soit en passe de disparaître.

C'est principalement la perte de leur territoire, un processus entamé depuis la "redistribution" de leurs terres, qui suivit la "conquête du désert", et le déplacement de nombre d'entre eux dans des réserves, qui menacent les Mapuche. Ces réserves sont souvent des terres de piètre qualité, et n'ont en outre aucune signification spirituelle pour ce peuple animiste, attaché aux éléments naturels tels que rochers, montagnes et lacs.

Malgré une campagne assez bien organisée en faveur du droit à la terre, le phénomène se poursuit, l'habitat des Mapuche étant attribué à de grandes compagnies travaillant dans les secteurs du pétrole, de l'élevage bovin ou de l'exploitation forestière. Rebelles jusqu'au bout, les Mapuche ne donnent pourtant pas l'impression de vouloir s'éteindre de sitôt. Ils considèrent que la survie de leur culture est inextricablement liée à leur indépendance économique, et ils ont ouvert des commerces dans toute la région des lacs.

Destinos Patagonicos (☎498067 ; Centro Comercial) représente Albus, la seule compagnie de bus qui dessert le village. Liaisons quotidiennes avec Zapala (80 ARS, 4 heures 30), Neuquén (155 ARS, 7 heures) et Aluminé (25 ARS, 1 heure).

Junín de los Andes

☎02972 / 13 590 HABITANTS / ALTITUDE 800 M

Beaucoup plus modeste que d'autres villes de la région des lacs, Junín a la faveur des pêcheurs à la mouche et s'enorgueillit d'être la capitale de la truite dans la province de Neuquén. Ses panneaux de signalisation sont d'ailleurs en forme de truite. Plusieurs itinéraires mènent de la ville vers les bords pittoresques du Lago Huechulafquen, où des communautés mapuche accueillent les visiteurs. Hors saison, ces circuits peuvent être effectués en véhicule privé (ou à vélo pour les courageux), même si les tarifs des excursions organisées par les agences de voyages locales sont raisonnables.

Le centre-ville se situe entre la grand-route et la rivière. Ne confondez pas l'Av San Martín, qui borde la Plaza San Martín sur son côté ouest, et Félix San Martín, deux pâtés de maisons plus à l'ouest.

À voir et à faire

Les environs de Junín ont plus de charme que la ville en soi, dont le musée n'en mérite pas moins amplement la visite.

Museo Mapuche MUSÉE

(angle Ginés Ponte et Joaquín Nogueira ; ⏲10h-12h et 16h-20h lun, mer et ven). La collection de ce musée comporte des tissages et des pièces archéologiques mapuche.

Vía Cristi LIEU EMBLÉMATIQUE

Située à 2 km du centre-ville, près de l'extrémité de l'Av Antardida Argentina, la Vía Cristi monte en serpentant au flanc du Cerro de la Cruz. Elle est ponctuée d'une collection de 22 sculptures, bas-reliefs et mosaïques illustrant la "conquête du désert", des légendes mapuche, des thèmes chrétiens et l'histoire locale.

Pêche à la truite PÊCHE

Les environs de Junín, en particulier le Río Aluminé, au nord de la ville, forment un secteur bien connu et très apprécié des pêcheurs de truites. Il est obligatoire de relâcher les prises. Pour vous procurer un permis de pêche (75/250/350 ARS par jour/semaine/saison), adressez-vous à l'office du tourisme.

Ciclismo Mavi LOCATION DE VÉLOS

(Felix San Martín 415). Loue des VTT 20/75 ARS par heure/jour.

Fêtes et festivals

En janvier, la **Feria y Exposición Ganadera** présente les plus beaux chevaux, bovins, moutons, volailles et lapins de la région. On peut y assister à des démonstrations de cavaliers et d'artisans, mais cette fête est avant tout celle des *estancieros* (propriétaires d'estancia).

En juillet, les Mapuche célèbrent leur savoir-faire artisanal lors de la **Semana de Artesanía Aborígen**.

La **fête nationale de la Truite** se déroule en novembre.

Où se loger

La saison touristique correspond à la saison de la pêche (de novembre à avril) ; en basse saison, les prix pratiqués sont inférieurs à ceux indiqués ici.

Hostería Chimehuín HÔTEL $$

(☎491132 ; www.interpatagonia.com/hosteriachimehuin ; angle Coronel Suárez et 25 de Mayo ; s/d 210/260 ARS ; 📶). Magnifique lieu à quelques minutes à pied du centre-ville. Réservez assez tôt pour avoir une chambre avec balcon donnant sur le cours d'eau. Les chambres sont vastes, confortables, et l'ambiance est tranquille.

Rüpú Calel HÔTEL $$

(☎491569 ; Coronel Suárez 560 ; s/d 180/260 ARS). De vastes chambres, sobres, d'une propreté méticuleuse, aux sdb à l'avenant.

Camping Laura Vicuña CAMPING $

(Ginés Ponte s/n ; empl/pers 25 ARS). Difficile de trouver un camping urbain dans un environnement aussi sublime que celui-là, perché sur une île entre deux ravissants cours d'eau. Les commodités habituelles sont mises à disposition. On peut aussi y loger dans des bungalows entièrement équipés (trois nuits minimum).

Tromen Hostel AUBERGE DE JEUNESSE $

(☎491498 ; www.hosteltromen.com.ar ; Lonquimay 195 ; dort/d 50/120 ARS). Confortable auberge de jeunesse à l'étage d'une maison privée. Une bonne affaire, un peu bondée parfois.

Où se restaurer

Les restaurants de Junín sont assez médiocres dans l'ensemble. Certains préparent cependant de savoureuses spécialités locales (truite, sanglier et autres venaisons).

Ruca Hueney PARRILLA $$
(☎491113 ; angle Colonel Suárez et D Milanesio ; plats 50-80 ARS ; ⏲déj et dîner). La doyenne des tables de Junín ne déçoit pas et affiche la carte la plus variée de la ville. Portions copieuses mais service brusque. Un comptoir de vente à emporter à côté permet de prévoir un pique-nique dans le parc, en face.

Turicentro CAFÉ $
(Domingo Milanesio 590 ; plats 25-40 ARS ; ⏲petit-déj, déj et dîner). Ce café clair et confortable qui jouxte l'office du tourisme convient très bien pour un café et un sandwich.

Renseignements

Banco de la Provincia de Neuquén (Av San Martín, entre Coronel Suárez et General Lamadrid). En face de la place.

bits (Coronel Suárez 445 entre Domingo Milanesio et Don Bosco ; 5 ARS/h). Accès Internet.

Bureau du parc (☎491160 ; Domingo Milanesio et Coronel Suárez ;⏲9h-20h30 lun-ven, 14h30-20h30 sam et dim). À côté de l'office du tourisme. Renseignements sur le Parque Nacional Lanín.

Office du tourisme (☎491160, 492575 ; www.junindelosandes.gov.ar ; angle Domingo Milanesio et Coronel Suárez ; ⏲8h-23h nov-fév, 8h-21h mars-oct). Permis de pêche et liste des guides de pêche accrédités. Personnel enthousiaste.

Picurú Turismo (☎492829 ; www.picuruturismo.com.ar ; Coronel Suárez 371). Tour-opérateur recommandé pour ses excursions dans le Parque Nacional Lanín et ses visites des communautés mapuche.

Poste (angle Coronel Suárez et Don Bosco)

Depuis/vers Junín de los Andes

Junín et San Martín de los Andes partagent l'aéroport de Chapelco, à mi-chemin entre les deux villes. Des vols réguliers desservent Buenos Aires et Neuquén. Un *remis* jusqu'au centre tourne autour de 45 ARS. Vous pouvez aussi marcher 1 km pour rejoindre la nationale, où vous pourrez faire signe à un bus de s'arrêter (10 ARS, 25 min).

La **gare routière** (☎492038 ; Olavarría et Félix San Martín) se trouve à trois pâtés de maisons de la place principale. El Petróleo dessert Aluminé trois fois par semaine (32 ARS, 3 heures). Pour se rendre à Mendoza, il faut changer à Neuquén ou à Zapala.

BUS AU DÉPART DE JUNÍN DE LOS ANDES

DESTINATION	PRIX (ARS)	DURÉE (HEURES)
Buenos Aires	622	22
Neuquén	133	6
San Martín de los Andes	15	1
Zapala	68	3

Parque Nacional Lanín

Le volcan Lanín, dont le sommet enneigé culmine à 3 776 m à la lisière de la frontière chilienne, est le site vedette de ce **parc national** (www.parquenacionallanin.gov.ar). Celui-ci s'étend sur 150 km, depuis le Parque Nacional Nahuel Huapi au sud, jusqu'au Lago Ñorquinco au nord.

Le parc protège 379 km² de forêt et abrite de nombreuses espèces typiques des forêts patagonnes plus méridionales, comme les *Nothofagus* – lenga, *ñire* et *coihue*.

On trouve toutefois dans ce secteur des spécimens uniques, à l'image de ces vastes bosquets de *Nothofagus raulí*, aux larges feuilles caduques, et le curieux *pehuén (Araucaria araucana)*. Baptisé "désespoir des singes" en raison de ses feuilles formant un réseau dense et pointu qui rend son ascension impossible, ce conifère produit des pignons qui ont longtemps constitué l'alimentation de base des Pehuenche et des Mapuche. Seuls les peuples indigènes sont autorisés à les cueillir.

San Martín de los Andes, Junín de los Andes et Aluminé sont les bases de départ les plus adaptées pour l'exploration du parc Lanín, de ses lacs glaciaires et de son arrière-pays.

LAGO TROMEN

Cette voie d'approche par le nord du **volcan Lanín** (3 776 m), dressé à la frontière du Chili et de l'Argentine, est la plus courte et généralement la première de l'année à ouvrir aux randonneurs et aux alpinistes. Il faut obtenir une autorisation du bureau du parc national Lanín de San Martín, ou éventuellement de la Gendarmería de Junín, pour entreprendre l'ascension du Lanín. Afin de prouver que l'on est correctement équipé, il est obligatoire de montrer son

Parque Nacional Lanín

matériel, lequel doit comprendre outils en plastique, crampons, pic à glace, vêtements appropriés, lunettes de soleil, crème solaire, gants, bonnets et veste en duvet.

Depuis le sentier qui débute au poste-frontière argentin, comptez 5 à 7 heures jusqu'au **refugio CAJA** (capacité 14 pers), à 2 600 m d'altitude, sur le Camino de Mulas. Il faut être équipé pour la neige pour continuer au-delà. Il existe un itinéraire plus court mais plus abrupt le long de l'arête appelée Espina del Pescado. Il est possible de traverser la Sierra Mamuil Malal jusqu'au Lago Huechulafquen via Arroyo Rucu Leufu (voir ci-contre).

Si vous cherchez un guide pour l'ascension du Lanín, contactez l'agence Andestrack (p. 375) ou le bureau du parc à San Martín. L'expédition s'étale généralement sur 2 jours : départ tôt le premier jour, nuit au *refugio* RIM, départ avant l'aube le second jour, excursion jusqu'au sommet et retour. En hiver, Andestrack peut vous trouver un guide pour monter à pied et redescendre à ski ou en snowboard.

LAGO QUILLÉN

Au cœur de la forêt d'araucarias la plus dense du parc, ce lac isolé est accessible par une route de terre au départ de Rahué (à 17 km au sud d'Aluminé). Plusieurs **campings** agréables se trouvent aux abords du lac. Parmi les lacs des environs figurent aussi le **Lago Rucachoroi**, juste à l'ouest d'Aluminé, et le **Lago Ñorquinco**, à la limite nord du parc. Des réserves mapuche sont installées à Rucachoroi et Quillén.

LAGO HUECHULAFQUEN

Le plus grand lac du parc est aussi son site le plus central et le plus accessible. Malgré un accès en transports en commun limité, il est possible de s'y rendre depuis San Martín et – plus facilement – depuis Junín de los Andes. La RP 61 grimpe vers l'ouest après une bifurcation juste au nord de Junín, pour rejoindre Huechulafquen et le plus petit Lago Paimún. Elle offre en chemin de magnifiques points de vue sur le volcan Lanín et permet d'accéder à plusieurs excellents sentiers de randonnée.

Depuis le poste des gardes de **Puerto Canoa**, un bon sentier monte jusqu'à un point de vue sur les contreforts du Lanín. De là, il est possible de continuer à pied jusqu'au Paso Tromen ou jusqu'à l'un de ces deux *refugios* : le **refugio RIM**, qui appartient au régiment d'infanterie de Montaña (Regimiento de Infantería de Montaña), et le **refugio CAJA**, propriété du Club Andino Junín de los Andes (p. 348). Les deux sont assez rustiques mais bien tenus, et peuvent servir de base pour l'ascension du sommet. Le sentier suit d'abord une route abandonnée puis, après environ 40 minutes de marche, se transforme en un agréable chemin boisé longeant l'**Arroyo Rucu Leufu**, joli petit cours d'eau de montagne. À mi-chemin du *refugio* se trouve une grande **forêt de pehuéns**, la plus au sud du parc, qui peut constituer un but en soi si vous n'avez pas le temps d'aller jusqu'au bout. Comptez 7 heures de marche jusqu'au *refugio* RIM, à environ 2 450 m d'altitude, et un peu plus pour rejoindre le *refugio* CAJA.

Les rives du **Lago Paimún** offrent une autre bonne occasion de randonner dans l'arrière-pays. Comptez 2 jours depuis Puerto Canoa pour en faire le tour.

Vous reviendrez sur la rive nord du lac par une passerelle suspendue, soutenue par des câbles, entre Huechulafquen et Paimún. La randonnée qui part du charmant camping de **Piedra Mala** et rejoint la **Cascada El Saltillo**, chute d'eau au milieu de la forêt, est moins longue. À moins de circuler en 4x4, vous devrez laisser votre véhicule avant le "pont" de rondins sur le cours d'eau et marcher jusqu'à Piedra Mala. Vous pourrez louer des chevaux à Piedra Mala. L'été, les bus de Transportes Ko-Ko vont tous les jours à Piedra Mala depuis la gare routière de San Martín.

Les campings sont nombreux le long de la route principale. Les voyageurs qui campent sur les sites gratuits installés sur l'étroite bande qui sépare les lacs de la route doivent creuser des latrines et emporter leurs détritus. Si vous campez sur les sites équipés (pas luxueux mais entretenus), vous aiderez les concessionnaires mapuche à tirer un profit minime de la terre qui leur a été confisquée par le gouvernement argentin il y a un siècle. Les **campings Raquithue** (35 ARS/personne), et **Bahía Cañicul** (☎02872-490211 ; 35ARS) constituent de bons choix.

Pour une chambre, voyez l'**Hostería Refugio Pescador** (☎02972-491756 ; www.patagon-fly-fishing.com ; ch pension complète 480 ARS/pers) ou le trois-étoiles **Hostería Paimún** (☎02972-491758 ; www.interpatagonia.com/hosteriapaimun ; ch pension complète 480 ARS/pers) ; ces deux établissements fournissent des repas aux groupes de pêcheurs.

EXCURSIONS AU PARQUE NACIONAL LANÍN

L'été, des bus partent de la gare routière de Junín pour plusieurs destinations situées à l'intérieur du parc national, ce qui permet de partir en randonnée et de camper dans des sites exceptionnels. Les bus desservent trois "circuits" et font payer 24,50 ARS l'aller-simple.

Lago Huechulafquen et Puerto Canoa (via la RP 61)

Trois randonnées distinctes partent de Puerto Canoa, sur la rive nord du lac, dont un circuit de 1 heure 30 (aller-retour) jusqu'à la Cascada del Saltillo et une randonnée de 7 heures (aller-retour) jusqu'à la **Cara Sur de Lanín** (face sud du volcan Lanín). Pour cette dernière, les gardes du parc vous demanderont de partir avant 11h. Les postes des gardes se trouvent à l'entrée de Huechulafquen et à Puerto Canoa. Depuis Puerto Canoa, le bateau **Jose Julian** (☎02972-429264, 428029 ; www.catamaranjosejulian.com.ar) propose des excursions sur le lac. Des bus quittent la gare routière de Junín vers 8h, 11h et 16h. Dans l'autre sens, ne ratez pas le dernier bus si vous n'envisagez pas de camper.

Circuito Tromen (via la RN 23 et la RP 60)

Des bus partent deux fois par jour pour le **Lago Tromen**, d'où l'on peut effectuer une boucle de 1 heure 30 le long d'une rivière, passant par une jolie forêt d'araucarias et offrant de superbes points de vue sur le lac. Une autre promenade de 45 minutes mène au pied de la **Cara Norte de Lanín** (face nord du volcan Lanín), point de départ de l'ascension du Lanín (en 2 à 3 jours). Les gardes du parc inspectent les équipements et testent les amateurs qui envisagent d'effectuer cette ascension sans guide (pour louer les services d'un guide, contactez l'office du tourisme de Junín, voir p. 371). Cet endroit est également le point de départ vers le *refugio* Caja et vers deux *refugios* militaires. Il est aussi possible de se rendre au Lago Tromen en prenant n'importe quel bus à destination du Chili et en descendant à Tromen.

Circuito Curruhué (via la RP 62)

Un ou deux bus quotidiens partent pour le **Lago Curruhué** et le **Lago Epulafquen**. Non loin de ce dernier, un sentier conduit aux **Termas de Lahuen-Có** (☎424709 ; www.lahuenco.com), à environ une heure de marche. Pour une excursion comprenant transport, déjeuner et soins de balnéothérapie, comptez environ 536 ARS ; adressez-vous au bureau d'accueil ou aux tour-opérateurs en ville. Il est également possible d'effectuer une randonnée jusqu'au cratère du volcan Achen Niyeu. De luxueuses **chambres** (s/d à partir de 964/1 240 ARS) sont disponibles si vous désirez y passer la nuit. Il est possible d'accéder à pied au cratère du volcan Achen Niyeu.

LAGO LÁCAR ET LAGO LOLOG
De l'extrémité orientale du Lago Lácar, à San Martín, un bus emprunte la RP 48 et longe le lac jusqu'à la frontière chilienne, qu'il atteint au Paso Hua Hum. Il est possible de descendre n'importe où le long du lac, ainsi qu'à Hua Hum, et de marcher jusqu'à la **Cascada Chachín** – les chauffeurs connaissent l'arrêt. Depuis la route, il reste 3 km à parcourir sur un chemin de terre, puis encore 20 minutes de marche le long d'un sentier menant à la cascade. Le site est idéal pour un pique-nique.

À environ 15 km au nord de San Martín, le Lago Lolog est propice à la pêche et plaira à tous ceux qui aiment communier avec la nature. Le **Camping Puerto Arturo** est gratuit. L'été, les bus de Transportes Ko-Ko relient San Martín au Lago Lolog (4/jour ; 8 ARS).

Renseignements

Le bureau du parc national Lanín, établi à San Martín, dispose de brochures sur le camping, la randonnée et l'escalade dans le parc. Les postes de gardes disséminés à l'intérieur du parc manquent de documentation. Le site Internet du parc (www.parquenacionallanin.gov.ar) est une source de renseignements utiles.

Depuis/vers le Parque Nacional Lanín

Le parc est mal desservi par les transports en commun malgré sa proximité avec San Martín et Junín (reportez-vous ci-dessous et p. 379 pour plus de détails). En s'armant de patience, il est possible de le rejoindre en stop en pleine saison. Les bus partant de San Martín et Junín pour le Chili via les cols de Hua Hum et de Tromen prennent des passagers pour des destinations intermédiaires, mais ils sont souvent complets.

San Martín de los Andes

02972 / 31 500 HABITANTS / ALTITUDE 645 M

Petite ville semblable à Bariloche mais en plus reposant, San Martín connaît deux périodes d'affluence : l'hiver pour le ski dans le Cerro Chapelco, l'été pour le trekking, l'escalade et d'autres activités de plein air dans le Parque Nacional Lanín voisin. Quelques intrépides se baignent aussi dans les eaux froides du Lago Lácar, à la lisière ouest de la ville. Le reste de l'année, le calme règne, et l'on peut mieux profiter d'un cadre qui conserve une grande partie du charme et de l'unité architecturale qui attiraient autrefois les gens à Bariloche. La promenade en bateau sur le lac est incontournable si vous passez par ici. Si vous devez vous rendre dans le Sud et qu'il n'y a plus de neige (à partir de novembre), quittez absolument San Martín par la spectaculaire Ruta de los Siete Lagos (RN 234) qui mène au sud à Villa La Angostura, Lago Nahuel Huapi et Bariloche.

À voir

La plupart des sites dignes d'intérêt et services de San Martín de los Andes sont assez proches du *centro cívico* (centre administratif). Au bord du lac, un parc et une jetée ombragés sont très agréables l'après-midi. Les commerces se concentrent sur l'Av San Martín, qui part du bord du lac en direction du nord-est jusqu'à la grande route menant à Junín.

Museo Primeros Pobladores MUSÉE
(M Rosas ; 3 ARS ; 14h-19h lun-ven). Des objets archéologiques et ethnographiques découverts dans les environs sont présentés dans

San Martín de Los Andes

À voir
1 Museo Primeros Pobladores C2

Activités, cours et circuits organisés
2 Andestrack B2
3 Bumps B3
4 HG Rodados D2
5 Lanín Turismo B2

Où se loger
6 Colonos del Sur B2
7 El Oso Andaluz Hostel D2
8 Hostería Hueney Ruca C3
9 Hostería La Masía C3
10 La Posta del Cazador A2
11 Turismo Hotel D1

Où se restaurer
12 Bamboo D3
13 Deli A3
14 El Mesón B3
15 El Regional D3
16 Ku D2
17 La Casona C3
18 Pizza Cala D2

Achats
19 Artesanías Neuquinas C2
20 El Carpincho C2
21 Patalibro C2

ce musée des peuples premiers, à deux pas au nord de l'office du tourisme, sur M Rosas près de l'Av Roca. On y voit notamment des pointes de flèches et de lances, des poteries et des instruments de musique.

Activités

Ruta de los Siete Lagos BALADE
De San Martín, la RN 234 suit un tracé étroit, accidenté et poussiéreux jusqu'à Villa La Angostura. Baptisée Ruta de los Siete Lagos (route des Sept Lacs), elle est célèbre pour ses paysages spectaculaires (comme l'indique son nom, elle longe plusieurs lacs de montagne). Des tronçons de cette route de 110 km ferment chaque année en raison des fortes chutes de neige. La période de décembre à mai est la plus propice pour la parcourir, mais renseignez-vous quand même sur la situation avant de partir. Des circuits sont organisés au départ de San Martín, Villa La Angostura et Bariloche. Un bus régulier y circule également (p. 380). Le mieux reste de la parcourir par ses propres moyens, en voiture ou à vélo, ce qui demande un minimum d'organisation.

HG Rodados LOCATION DE VÉLOS
(☎427345 ; Av San Martín 1061). Le VTT constitue un excellent moyen d'explorer la région et de parcourir la Ruta de los Siete Lagos. Vous pourrez louer ici un vélo. Comptez environ 46 ARS/jour.

Mirador Bandurrias BELVÉDÈRE
(3 ARS). Le chemin poussiéreux et escarpé de 2,5 km jusqu'à ce belvédère est récompensé par une vue superbe sur le Lago Lácar ; prévoyez un en-cas. Les cyclistes peuvent atteindre le *mirador* (point de vue) en 1 heure environ par des routes de terre.

Playa Catrite PLAGE
Gagnez à pied, à vélo ou en stop cette plage rocheuse protégée, à 4 km sur la RN 234 (un bus s'y rend 3 fois/jour l'été). Elle compte un restaurant décontracté doté d'une terrasse agréable.

Lanín Turismo RAFTING
(☎425808 ; www.laninturismo.com ; Av San Martín 431). Auprès de cette agence, l'expédition de rafting d'une journée sur le Río Meliquina, au sud de San Martín, ou sur le Río Hua Hum à l'ouest, coûte environ 180 ARS, transport compris. La rivière est spectaculaire et convient aux enfants.

Andestrack PLEIN AIR
(☎420588 ; www.andestrack.com.ar ; Coronel Rhode 782). Cette agence jeune et dynamique, nous a été vivement recommandée pour ses

San Martín de Los Andes

La Ruta de los Siete Lagos

Une journée en voiture, trois à quatre jours à vélo

À vélo, en voiture, en bus, par vous-même ou dans le cadre d'une excursion : ne manquez pas les 110 km de ce grand classique de la région des lacs.

JOHN ELK III/LONELY PLANET IMAGES ©

» La route part de San Martín de los Andes et passe par la ville mapuche de Curruhuinca avant d'atteindre le point de vue d'Arroyo Partido puis le Lago Machónico, aux eaux bleu sombre.

» Prenez la bifurcation vers le Lago Hermoso. La route se poursuit au milieu de forêts de *ñires*, de *pehuénes* et de *radales*, où les cervidés sont nombreux. Vous parvenez à la Cascada Vullignanco. Environ 2 km après cette cascade de 20 m de haut, la route passe entre le Lago Villarino et le Lago Falkner, bordé d'une grande plage de sable.

» Faites une halte au Lago Escondido, un beau lac aux eaux bleu-vert au cœur d'une forêt de pins, et prenez la petite route qui mène au Lago Traful, très apprécié des pêcheurs et des campeurs.

1. Fleurs sauvages, Ruta de los Siete Lagos (p. 375)
2. Lago Espejo **3.** Paysage désert, région des Siete Lagos
4. San Martín de los Andes (p. 374)

» Poursuivez sur 30 km, jusqu'à la bifurcation pour la Villa Traful (p. 380). On y accède par une bonne piste de 27 km passant devant de jolis campements en bord de lac.

» De retour sur l'axe principal, vous trouverez 20 km plus loin l'embranchement pour le Lago Espejo, un lac vert émeraude dont les rives herbeuses se prêtent au camping.

» Poursuivez vers le sud. Sur la droite, on entrevoit entre les arbres le Lago Espejo Grande.

» Environ 5 km plus loin, vous verrez le Lago Correntoso. Il vous reste 25 km à faire pour rejoindre Villa La Angostura (p. 381).

2

JOHN ELK III/LONELY PLANET IMAGES ©

3

JOHN ELK III/LONELY PLANET IMAGES ©

excursions dans le parc en VTT, en canoë, en raquettes ou en traîneau à chiens.

Bumps SKI
(☎428491 ; www.skienchapelco.com.ar ; Villegas 459). En hiver, le Cerro Chapelco attire les amateurs de ski et de snowboard. À San Martín, on peut louer son équipement ici et dans d'autres établissements ponctuant San Martín. Comptez entre 125 et 150 ARS/jour de location. Vous trouverez également du matériel à louer près des pistes.

Fêtes et festivals

Discours, défilés et autres festivités marquent l'anniversaire de la fondation de San Martín, le 4 février ; divertissante et quelque peu incongrue, une grande **parade** réunit militaires, pompiers, gauchos, joueurs de polo et chasseurs de renards.

Où se loger

Localité touristique, San Martín ne manque pas d'hôtels dans toutes les catégories. Les prix sont assez élevés, surtout en haute saison estivale (janvier à mars) et en pleine saison de ski (mi-juillet à fin août). Il est alors quasi obligatoire de réserver. Heureusement, la qualité est souvent au rendez-vous. Les tarifs peuvent baisser jusqu'à 40% hors saison.

Hostería La Masía HÔTEL $$
(☎427688 ; www.hosterialamasia.com.ar ; Obeid 811 ; s/d 240/360 ARS ;). Boiseries sombres, fer forgé et portes en arc de cercle ajoutent au charme des chambres vastes et confortables, dont la plupart donnent sur la montagne. Le hall est chauffé par une cheminée, et les propriétaires sont chaleureux. Un sans-faute.

La Posta del Cazador HÔTEL $$
(☎427501 ; www.postadelcazador.com.ar ; San Martín 175 ; s/d 280/350 ARS ; P). Grand lodge assez sombre dont la décoration chargée fait la part belle au bois foncé et au matériel de chasse. L'emplacement est agréable, et le petit-déjeuner très copieux devrait vous caler pour la journée.

Hostería Hueney Ruca HÔTEL $$
(☎421499 ; www.hosteriahueneyruca.com.ar ; angle Obeid et Coronel Pérez ; s/d 180/260 ARS). Les spacieuses chambres à tommettes donnent sur une charmante courette bien entretenue. Grands lits fermes, et vastes sdb pourvues d'une cabine de douche vitrée.

La Raclette HÔTEL $$
(☎427664 ; www.laraclette.com.ar ; Pérez ; ch 300 ARS ; @). À déconseiller aux claustrophobes, les couloirs étroits et bas de plafond de l'établissement conduisent à des chambres spacieuses et confortables. Les parties communes du rez-de-chaussée – un bar-lounge et un coin douillet aménagé autour d'une grande cheminée, très propice à la conversation – sont les véritables atouts du lieu.

El Oso Andaluz Hostel AUBERGE DE JEUNESSE $
(☎427232 ; www.elosoandaluz.com.ar ; Elordi 569 ; dort/d 55/150 ARS ; @). La petite auberge de jeunesse la plus douillette du centre-ville de San Martín dispose d'un nombre confortable de sdb relativement au nombre de lits, de parties communes pleines de cachet et de chambres individuelles d'un bon rapport qualité/prix.

Turismo Hotel HÔTEL $
(☎427592 ; www.interpatagonia.com/hotelturismo ; Mascardi 517 ; s/d 165/210 ARS ; P). Lodge de ski classique des années 1970, avec trophée de chasse et table de billard. Des chambres assez confortables, sauf si vous détestez le jaune vif.

Camping ACA CAMPING $
(☎427332 ; Av Koessler 2640 ; empl 2 pers minimum 35 ARS/pers). Vaste camping à la lisière est de la ville. Évitez les emplacements près de la grande route.

Colonos del Sur HÔTEL $$
(☎427106 ; www.colonosdelsur.com.ar ; Rivadavia 686 ; ch 260 ARS). De grandes chambres lumineuses, dotées de sdb spacieuses, de lits fermes et de faux plancher, dans un imposant bâtiment de style alpin, moderne et élégant.

Où se restaurer et prendre un verre

El Mesón INTERNATIONAL $$
(Rivadavia 888 ; plats 50-70 ARS ; déj et dîner). Ce lieu charmant affiche l'une des cartes les plus créatives de la ville. Paella, nombreux plats de truite et quelques plats végétariens.

Pizza Cala PIZZERIA $$
(Av San Martín 1111 ; plats 30-60 ARS ; déj et dîner). Ce petit endroit douillet est l'adresse locale de choix où manger des pizzas. Les grands classiques sont au rendez-vous, ainsi que quelques variantes "gastronomiques",

par exemple à la truite fumée, aux épinards et à l'aubergine.

Ku INTERNATIONAL **$$$**
(Av San Martín 1053 ; plats 50-80 ARS ; ⏲déj et dîner). Restaurant stylé ouvert tard, servant des plats de viande, des pâtes maison et de la "cuisine de montagne".

Deli CAFÉ **$**
(angle Villegas et Costanera MA Camino ; plats 30-60 ARS ; ⏲petit-déj, déj et dîner). L'établissement le moins cher au bord du lac. Tables extérieures et cuisine fiable. Sympathique pour une bière et quelques frites. Très populaire.

El Regional ARGENTIN **$$$**
(Villegas 953 ; plats 60-100 ARS ; ⏲déj et dîner). Spécialisée dans les *tablas* (planches dégustation), voici une excellente adresse pour goûter aux classiques patagons tels que sanglier, gibier et truite préparés selon diverses recettes. En arrivant avant 20h30, vous profiterez d'une réduction sur le prix du dîner.

Bamboo PARRILLA **$$$**
(angle Belgrano et Villegas ; plats 60-90 ARS ; ⏲déj et dîner). Un de nos lecteurs affirme que cette *parrilla* haut de gamme sert la meilleure viande d'Argentine. À vous de juger.

La Casona ARGENTIN **$$**
(Villegas 744 ; plats 30-70 ARS ; ⏲déj et dîner). Atmosphère cosy et carte variée, comprenant plusieurs spécialités régionales revisitées. Goûtez le sanglier en sauce à la bière noire ou l'agneau et son risotto aux champignons sauvages.

Achats

On trouve des produits régionaux et de l'artisanat local dans de nombreuses boutiques.

Artesanías Neuquinas ARTISANAT
(☎428396 ; M Rosas 790). Cette coopérative mapuche propose des pièces tissées de belle facture et des objets en bois.

El Carpincho ACCESSOIRES
(Capitán Drury 814). Objets de gauchos.

Patalibro LIBRAIRIE
(☎421532 ; patalibro@yahoo.com.ar ; Av San Martín 866). Une bonne sélection d'ouvrages sur la Patagonie et quelques guides Lonely Planet. On y trouve également les excellentes cartes de randonnée dans les parcs de la collection *Sendas y bosques* (45 ARS).

Renseignements

Les agences de voyages citées p. 375, ainsi que de nombreuses autres situées le long des avenues San Martín, Belgrano et Elordi, proposent les services habituels ainsi que des excursions.

ACA (Automóvil Club Argentino ; ☎429430 ; Av Koessler 2175). Fournit de bonnes cartes routières de la province.

Andina Internacional (☎427871 ; Capitán Drury 876). Bureau de change. Change également les chèques de voyage.

Athos (☎429855 ; Av San Martín 808 ; 5 ARS/h). Accès Internet à l'étage.

Bureau du parc national Lanín (Intendencia del Parque Nacional Lanín ; ☎427233 ; www.parquenacionallanin.gov.ar ; Emilio Frey 749 ; ☎8h-14h lun-ven). Fournit des cartes succintes, des brochures et des informations sur l'état de la Ruta de los Siete Lagos.

Cooperativa Telefónica (Capitán Drury 761). Accès à Internet et cabines téléphoniques.

Hôpital Ramón Carrillo (☎427211 ; angle Coronel Rohde et Av San Martín)

Nieves de Chapelco (☎427825 ; www.cerrochapelco.com ; angle M Moreno et Roca). Renseignements et billets de remontée mécanique pour la station de ski du Cerro Chapelco.

Office du tourisme (☎425500, 427347 ; www.smandes.gov.ar ; angle de l'Av San Martín et M Rosas ; ☎8h-21h avr-nov, 8h-22h déc-mars). Le personnel fournit des renseignements objectifs sur les hôtels et les restaurants, ainsi que d'excellentes brochures et cartes.

Poste (angle Av Roca et Coronel Pérez)

Depuis/vers San Martín de los Andes

Avion

Les vols entre **Chapelco** (☎428388 ; RN 234) et Buenos Aires reviennent à quelque 1 110 ARS chez **Aerolíneas Argentinas** (☎427003/04 ; Capitán Drury 876).

American Jet (☎411300 ; www.americanjet.com.ar ; San Martín 555 local 2) dessert Neuquén (303 ARS).

Bateau

Les bateaux de **Naviera** (☎427380 ; naviera@smandes.com.ar) lèvent l'ancre à 10h de l'**embarcadère des passagers** (Muelle de Pasajeros ; Costanera MA Camino), sur l'Av Costanera, et vont jusqu'au Paso Hua Hum, à la frontière chilienne. Quand le quai de Hua Hum, en chantier depuis plusieurs années, sera achevé, les voyageurs pourront y débarquer pour franchir la frontière.

BUS AU DÉPART DE SAN MARTÍN DE LOS ANDES

Les destinations suivantes sont desservies plusieurs fois par jour.

DESTINATION	PRIX (ARS)	DURÉE (HEURES)
Bariloche	75	4 heures 30
Buenos Aires	585	20-23
Junín de los Andes	15	1
Neuquén	147	6
Villa La Angostura	42	4
Zapala	67	3 heures 30

Ils doivent pour l'instant descendre à Chachin, à une heure de marche de Hua Hum. L'horaire de départ étant sujet à changements, renseignez-vous auprès de la compagnie ou de l'office du tourisme. Comptez 130/250 ARS aller/aller-retour.

Bus

La **gare routière** (☎427044 ; angle de Villegas et de Juez del Valle) se trouve à un pâté de maisons au sud de la grand-route, et à trois rues au sud-ouest de la Plaza San Martín.

La Araucana dessert Villa Traful quotidiennement en été (40 ARS, 2 heures 30). Si vous allez à Villa La Angostura ou Bariloche l'été, sachez que les bus de Transportes Ko-Ko empruntent régulièrement la panoramique Ruta de los Siete Lagos (RN 234) au lieu de la route de Rinconada, plus longue mais moins accidentée.

Pour vous rendre à Aluminé, changez d'abord de bus à Zapala ou Junín de los Andes (où il y a 3 départs par semaine).

Les bus de la compagnie Igi-Llaima se rendent jusqu'à Temuco, au Chili (120 ARS, 6 heures) par la RP 60 via le Paso Tromen (aussi appelé Mamuil Malal). Le trajet offre un beau point de vue sur le majestueux volcan Lanín – prenez un siège à gauche pour en profiter.

L'été, des bus directs relient San Martín à Osorno et Puerto Montt (au Chili), par la RN 231 via le Paso Cardenal A Samoré (Puyehue).

Comment circuler

L'**aéroport de Chapelco** (☎428388 ; RN 234) est à mi-chemin entre San Martín et Junín. N'importe quel bus partant de San Martín vers le nord peut vous déposer à l'entrée.

L'été, les bus Transportes Airen partent 2 fois par jour pour Puerto Canoa, sur le Lago Huechulafquen (26 ARS) et desservent les campings en chemin. Albus dessert la plage de Playa Catrite, sur le Lago Lácar (12 ARS), plusieurs fois par jour. L'été, Transportes Ko-Ko assure 4 départs chaque jour pour Lago Lolog (12 ARS).

On trouve de nombreuses agences de location de voiture à San Martín.

Alamo (☎410811 ; Av San Martín 836, 2e ét.)

Sur (☎429028 ; Villegas 830)

Cerro Chapelco

À 20 km au sud-est de San Martín, **Cerro Chapelco** (☎02972-427845 ; www.cerrochapelco.com) est l'une des principales stations de sports d'hiver du pays. Ses pistes, qui culminent à 1 920 m, sont accessibles aux skieurs de tous niveaux. La **Fiesta Nacional del Montañés**, la fête annuelle du ski, a lieu la première quinzaine d'août.

Les prix des remontées mécaniques varient selon les mois. Pour un forfait d'une journée, comptez entre 170 et 285 ARS par adulte et entre 140 et 240 ARS par enfant. Les pistes ouvrent de mi-juin à début octobre. La saison haute bat son plein la deuxième moitié de juillet. Il est possible de louer l'équipement sur place ou à San Martín.

Transportes Ko-Ko assure 2 bus par jour (3 en été ; 25 ARS aller-retour) pour le parc depuis la gare routière de San Martín. Les agences de voyages de San Martín ont mis sur pied des formules incluant un transport par navette ou proposent le service de navette seul (35 ARS, on passe vous chercher à votre hôtel).

Villa Traful

☎0294 / 821 HABITANTS / ALTITUDE 720 M

Ce petit village cerné par les montagnes jouit d'une situation splendide, sur la rive sud du Lago Traful. En janvier-février et à Pâques, l'affluence est telle qu'il faut réserver de préférence trois mois à l'avance. Le reste de l'année, il n'y a pratiquement personne. En fonction de vos centres d'intérêt, les mois de novembre, décembre, mars et avril sont les plus agréables.

Parcourir les 80 km séparant Bariloche de Traful (plus au nord) par la RP 65, une route non goudronnée, ne constitue pas une expérience de tout repos.

À voir et à faire

Cascadas de Arroyo Blanco et Coa Có CASCADES, POINT DE VUE

On accède à ces deux chutes d'eau après une marche de 2 heures aller-retour, assez facile, qu'on peut entreprendre sans guide depuis le village. Montez la rue qui passe à côté du bureau du *guardaparque* (garde du parc) et suivez les panneaux. Lorsque vous parvenez à une fourche, en rase campagne, prenez à gauche et continuez sur 500 m pour atteindre la cascade de Coa Có, haute de 30 m. Après quoi, rebroussez chemin et prenez l'autre branche de la fourche sur 1 km jusqu'aux Cascadas de los Arroyos Blancos, de taille plus modeste. Beaucoup plus spectaculaires que les chutes proprement dites, les points de vue le long du parcours offrent une belle perspective d'ensemble sur la forêt, le lac et les montagnes au-delà.

Lagunas las Mellizas LAC, POINT DE VUE

Ce trek de difficulté moyenne débute agréablement par une traversée du lac en bateau avant de se poursuivre par deux heures et demie de montée à travers des forêts de cyprès pour atteindre un point de vue sur les Lagunas Azul et Verde (lagunes bleue et verte). Si vous êtes encore en jambes, le passage à gué d'un torrent vous conduira à une série de peintures rupestres tehuelche bien conservées, vieilles de quelque 600 ans.

Eco Traful CIRCUITS ORGANISÉS

(☎447-9139 ; www.ecotraful.blogspot.com). Agence recommandée organisant des excursions aux Lagunas Las Mellizas (180/240 ARS par pers à pied/cheval) et au Cerro Negro (85 ARS/pers), ainsi que des sorties en bateau et des parties de pêche.

Où se loger et se restaurer

Le choix d'hébergement n'est pas vaste à moins de louer une *cabaña* (l'office du tourisme dispose d'une liste complète).

Albergue & Camping Vulcanche AUBERGE DE JEUNESSE $

(☎447-9028 ; www.vulcanche.com ; empl 20 ARS/pers, dort 55 ARS). Dans une jolie zone boisée à la lisière est du village, ce camping doté de belles pelouses doublé d'une auberge de jeunesse possède des dortoirs corrects, une cuisine bien équipée ainsi qu'un très grand espace commun donnant sur le lac et les montagnes. Les *cabañas*, avec kitchenette et sdb, sont particulièrement avantageuses.

Hostería Villa Traful HÔTEL $

(☎447-9005 ; cabanastraful@yahoo.com.ar ; ch 170 ARS). Une petite adresse familiale agréable, à la limite ouest du village. Chambres fatiguées mais confortables et bon restaurant. Excursions en bateau et parties de pêche organisées par les propriétaires.

♥ Ñancú Lahuén ARGENTIN $$

(plats 40-65 ARS ; ⏲déj et dîner). Charmante cabane en rondins au centre du village, spécialisée en plats de truite (essayez celles aux amandes). Propose aussi des grillades et des salades.

Quelques restaurants sont nichés parmi les arbres, ainsi qu'une épicerie.

Renseignements

Banco de la Provincia de Neuquén. Dans le centre, dispose d'un DAB qui accepte les cartes Visa et MasterCard.

Office du tourisme (☎447-9099 ; www.villatraful.gov.ar ; ⏲tlj déc-fév, sam-mer mars-jan). Dans le secteur est du village.

Depuis/vers Villa Traful

Villa Traful est mieux desservie par les bus en été (déc à fév). La Araucana assure des liaisons quotidiennes avec Villa La Angostura (22 ARS, 2 heures) et dessert en été San Martín de los Andes (40 ARS, 2 heures 30). Des bus partent de Bariloche (25 ARS, 2 heures) tous les jours ; 3/jour en été.

Villa La Angostura

☎0294 / 13 800 HABITANTS / ALTITUDE 850 M

Sur la rive nord-ouest du Lago Nahuel Huapi, Villa La Angostura est un lieu de villégiature chic qui dispose d'hôtels et de services destinés aux nombreux vacanciers qui fréquentent la petite station de sports d'hiver du Cerro Bayo.

Agréable aussi l'été, la ville donne l'occasion de promenades en bateau sur le lac et de randonnées dans le Parque Nacional Los Arrayanes (une presqu'île lacustre de 12 km), peu étendu mais aux paysages incroyablement variés. C'est enfin le point de départ méridional de l'exceptionnelle Ruta de los Siete Lagos (route des Sept Lacs).

Le village est divisé en deux zones : El Cruce, le centre commerçant, le long de la grande route, et La Villa, près du lac, à 3 km au sud, un quartier plus résidentiel, mais où l'on trouve malgré tout des hôtels, des magasins, des services et, contrairement à El Cruce, la possibilité d'accéder au lac.

À voir et à faire

L'office du tourisme vous renseigne sur les nombreuses agences de la ville proposant des excursions à pied, à cheval et à vélo. Le VTT est un moyen fort agréable d'explorer les environs.

Parque Nacional Los Arrayanes PARC
(piéton/cycliste 25/35 ARS). Ce parc discret et largement ignoré, qui englobe toute la péninsule de Quetrihué, a pour vocation de protéger les *arrayánes*, une variété locale de myrte. En langue mapuche, le nom de la péninsule signifie "lieu des arrayánes".

Le bâtiment administratif du parc se situe au sud de la péninsule, près de la plus importante concentration d'*arrayanes*, dans une zone appelée **El Bosque**. Une randonnée d'environ 3 heures le long d'un excellent **sentier de découverte de la nature** parcourt les 12 km qui séparent La Villa de l'extrémité de la péninsule. Il est aussi possible de s'y rendre à pied et de revenir en ferry (ci-contre), ou l'inverse. Vous croiserez deux petits lacs en chemin. Les randonneurs doivent entrer dans le parc avant midi et le quitter à 16h en hiver et entre 18h et 19h en été.

De l'entrée nord du parc, à La Villa, un chemin particulièrement escarpé mène à deux **points de vue panoramiques** sur le Lago Nahuel Huapi (comptez 20 minutes de marche).

Cabalgatas Correntoso ÉQUITATION
(☎0294-15-451-0559 ; Cacique Antriao 1850). Pour l'équitation (demi-journée ou journée complète), contactez Tero Bogani, qui vous fera vivre une expédition à la manière des gauchos. Les tarifs débutent à 230 ARS la sortie de 3 heures.

Centro de Ski Cerro Bayo SKI
(☎449-4189 ; www.cerrobayoweb.com ; forfait journée complète 165-185 ARS). De juin à septembre, des remontées mécaniques permettent aux skieurs de franchir les 650 m de dénivelé qui les séparent de cette station de sports d'hiver, aussi petite qu'onéreuse, située à 1 700 m d'altitude, à 9 km au sud-est d'El Cruce par la RP 66. On trouve tout sur place, y compris des boutiques de location d'équipement (de 90 à 138 ARS).

Cerro Belvedere RANDONNÉE
Un chemin de randonnée de 4 km débute sur l'Av Siete Lagos, au nord-ouest de l'office du tourisme, jusqu'à un **point de vue** donnant sur le Lago Correntoso, Nahuel Huapi et les montagnes environnantes. Il se poursuit sur 3 km jusqu'à un belvédère, à 1 992 m d'altitude. Après le point de vue, revenez sur vos pas jusqu'au croisement qui conduit à la **Cascada Inayacal**, une chute d'eau de 50 m de haut. Si vous venez jusqu'ici, prenez une carte à l'office du tourisme car les sentiers peuvent se révéler compliqués.

Cycling LOCATION DE VÉLOS
(angle Arrayanes et Las Mutisias). Loue des vélos de qualité moyennant 50/80 ARS la demi-journée/journée complète.

Vela Aventura EXCURSIONS EN BATEAU
(☎449-4834 ; www.vela-aventura.com.ar). Propose des tours du lac à la voile. Pour 3 heures, comptez environ 580 ARS pour 4 personnes maximum.

Où se loger

À l'exception du camping et des auberges de jeunesse (en nombre croissant), l'hébergement est plutôt onéreux. L'été, dénicher une chambre simple relève de l'exploit, et les voyageurs en solo doivent souvent se résigner à payer le prix d'une double.

Verena's Haus HÔTEL $$
(☎449-4467 ; www.verenashaus.com.ar ; Los Taiques 268, El Cruce ; s/d 180/280 ARS ; 📶). Cette adresse ornée de motifs en forme de cœur et de papier peint à fleurs n'a rien d'un pavillon de chasse, mais convient avantageusement aux couples en quête de calme et de romantisme. Vastes chambres impeccables et douillettes.

Italian Hostel AUBERGE DE JEUNESSE $
(☎449-4376 ; www.italianhostel.com.ar ; Los Marquis 215, El Cruce ; dort 50 ARS ; 📶). Beaucoup d'espace et tout le confort pour cette auberge de jeunesse qui sort du lot. Cuisine bien équipée, *parrilla* à disposition et confortable salon rustique. Seule ombre au tableau : le dortoir de 10 lits.

Hotel Angostura HÔTEL $$
(☎449-4224 ; www.hotelangostura.com ; Blvd Nahuel Huapi 1911, La Villa ; s/d à partir de 390/420 ARS, bungalow 600-950 ARS ; 📶). Son formidable emplacement fait oublier les chambres désuètes et les luminaires en bois de cerf. L'établissement se dresse au sommet d'une falaise dominant la baie et le parc national. Vous risquez d'attraper un torticolis à force d'admirer le panorama dans toutes les directions.

Camping Cullumche CAMPING $

(☎449-4160 ; moyano@uncu.edu.ar ; Blvd Quetrihué s/n ; empl/pers 24-30 ARS). Bien indiqué depuis le Blvd Nahuel Huapi, ce vaste camping retiré en bordure de lac peut être bondé l'été ; il se révèle plein de charme une fois le calme revenu.

Residencial Río Bonito HÔTEL $

(☎449-4110 ; riobonito@ciudad.com.ar ; Topa Topa 260, El Cruce ; ch 160 ARS ;). Des chambres claires et gaies dans une maison de famille reconvertie à quelques rues de la gare routière. Autres atouts : le grand et confortable salon/salle à manger, les sympathiques gérants et l'accès à la cuisine pour les clients.

Où se restaurer

Plusieurs restaurants et *confiterías* vous attendent dans Los Arrayanes et dans les rues transversales.

Tinto Bistro FUSION $$$

(☎449-4924 ; Nahuel Huapi 34, El Cruce ; plats 60-90 ARS ; déj et dîner). Une cuisine excellente (régionale avec une touche européenne).

La Encantada ARGENTIN $$

(☎449-5515 ; Cerro Belvedere 69, El Cruce ; plats 45-90 ARS ; déj et dîner). Charmante maisonnette proposant des spécialités patagonnes et argentines. Des plats amoureusement préparés et bien présentés, servis dans une ambiance chaleureuse. L'*ojo de bife* (filet de bœuf) pour 2 vaut le détour.

Los Troncos ARGENTIN $$

(Av Arrayanes 67, El Cruce ; plats 40-70 ARS ; petit-déj, déj et dîner). Spécialisé en "cuisine de montagne," cet adorable restaurant propose toute une gamme de plats tentants comme le ragoût de chevreuil, la truite aux amandes et le ragoût de champignons sauvages.

La Caballeriza PARRILLA $$$

(Av Arrayanes 44, El Cruce ; plats 50-90 ARS ; déj et dîner). *Parrilla* la plus chic de la ville proposant de nombreux plats dans une ambiance intime, à des tarifs étonnamment raisonnables.

Gran Nevada ARGENTIN $

(Av Arrayanes 106, El Cruce ; plats 30-50 ARS ; déj et dîner). TV grand écran (diffusant souvent des matchs de foot), menus copieux et bon marché. Très apprécié des habitants.

Renseignements

Banco de la Provincia (Calle Las Frambuesas entre Cerro Belvedere et Nahuel Huapi, El Cruce). DAB.

HoraCero (☎449-5055 ; Av Arrayanes 45, El Cruce ; Internet 6 ARS/h). Accès Internet à l'arrière de la pizzeria.

Office du tourisme (☎449-4124 ; www.villalaangostura.gov.ar ; angle Arrayanes et Av Siete Lagos 93, El Cruce ; 8h30-21h)

Poste (Las Fucsias 40, lvl 3, El Cruce)

Depuis/vers Villa La Angostura

La **gare routière** (angle de l'Av Siete Lagos et de l'Av Arrayanes, El Cruce) est installée en face de l'office du tourisme d'El Cruce. Certains des bus reliant Bariloche à San Martín de los Andes marquent l'arrêt à El Cruce.

Vers le Chili, les bus **Andesmar** (☎449-5217) passent par le Paso Cardenal Samoré pour se rendre à Osorno (120 ARS, 3 heures 30).

Des bus partent plusieurs fois par jour pour Bariloche (27 ARS, 1 heure) et 2 fois par jour pour Neuquén (165 ARS, 7 heures). Albus et Turismo Algorrobo desservent San Martín de los Andes plusieurs fois par jour l'été (42 ARS, 4 heures) par la spectaculaire Ruta de los Siete Lagos. La Araucana propose des services quotidiens pour Villa Traful (22 ARS, 2 heures).

Comment circuler

BATEAU Deux compagnies assurent des rotations quotidiennes en ferry entre le quai situé à côté de l'Hotel Angostura à La Villa et l'extrémité de la péninsule de Quetrihué, dans le Parque Nacional Los Arrayanes (82 à 93 ARS aller simple, 164 à 196 ARS aller-retour, plus 20 ARS pour l'entrée dans le parc national). Achetez vos billets sur le quai avant de partir à pied, pour vous assurer d'une place au retour. Le trajet dure 45 minutes, et il est possible d'embarquer avec un vélo.

BUS Des bus de la compagnie Transportes 15 de Mayo quittent la gare routière toutes les heures pour se rendre à La Villa (1,50 ARS, 15 min). Ils remontent l'Av Siete Lagos jusqu'à Lago Correntoso (1,50 ARS, 15 min), et descendent l'Av Arrayanes jusqu'à Puerto Manzano, sur le Lago Nahuel Huapi (1,50 ARS, 15 min). De juillet à septembre, et de décembre à mars, la compagnie assure 6 à 7 liaisons quotidiennes avec la station de ski de Cerro Bayo (15 ARS, 1 heure).

TAXI La Villa et ses alentours sont faciles à visiter à pied, mais si vous vous aventurez plus loin, le mieux est de prendre un taxi pour se rendre au départ des chemins de randonnée, assez rarement desservis par des bus. Bus et taxis partent de la gare routière de l'Av Siete Lagos, au nord de l'Av Arrayanes.

Bariloche

☎0294 / 102 020 HABITANTS / ALTITUDE 770 M

Le long du Lago Nahuel Huapi, au milieu du parc national du même nom, Bariloche (ex-San Carlos de Bariloche) jouit d'un environnement exceptionnel, à quoi s'ajoute la possibilité de pratiquer de multiples activités hiver comme été dans la nature alentour. Cela lui vaut d'être la destination-phare de la région des lacs, pour le meilleur et pour le pire.

Les hauts pics des Cerros Catedral, López, Nireco, Shaihuenque (pour n'en nommer que quelques-uns) – qui dépassent allégrement les 2 000 m d'altitude – entourent la ville, offrant la vision d'un paysage de carte postale dans presque toutes les directions.

Au-delà du plaisir des yeux, l'excellente couverture neigeuse (parfois plus de 2 m en fin de saison) de ces montagnes se prête merveilleusement à la pratique des sports d'hiver, d'où la présence de skieurs et d'adeptes du snowboard.

L'été, les amoureux de la nature prennent le relais et parcourent les sentiers de randonnée, pêchent la truite, font de l'escalade, du vélo ou des promenades à cheval.

On s'amuse tellement à Bariloche que les lycéens argentins viennent y fêter en masse la fin de leurs examens. Comme si cela ne suffisait pas, c'est aussi la capitale argentine du chocolat et seule la multitude d'étranges gnomes de toutes tailles et formes, vendus dans presque toutes les boutiques du centre-ville, vient concurrencer le chocolat frais, pourtant omniprésent, dans les vitrines.

Officiellement fondée en 1902, la ville ne commença à attirer les visiteurs qu'avec l'arrivée de la branche sud de la ligne ferroviaire Ferrocarril Roca, en 1934. C'est à cette époque que l'architecte Ezequiel Bustillo conçut des bâtiments de style européen qu'il intégra à un plan urbain équilibré. Bariloche est aujourd'hui connue pour son architecture de montagne, dont la touche patagonne est due à l'alliance de la pierre à des bois durs locaux – et dont les bâtiments du Centro Cívico, dessinés par Bustillo, sont représentatifs.

Le côté négatif de la popularité croissante de la ville réside dans son développement incontrôlé. Au cours des deux dernières décennies, ses faubourgs pittoresques ont notamment cédé la place à de hauts immeubles d'appartements sans charme. Les tarifs des hébergements demeurent relativement bas, de ce fait.

À voir

La principale zone commerçante est située sur l'Av Bartolomé Mitre. Ne confondez pas VA O'Connor (aussi appelée Vicealmirante O'Connor ou Eduardo O'Connor) avec la voie homonyme John O'Connor, qu'elle croise près du lac.

Centro Cívico — QUARTIER

Ne manquez pas d'aller admirer les magnifiques bâtiments de bois et de pierre du Centro Cívico de Bariloche, conçus par l'architecte Ezequiel Bustillo. On peut au passage sacrifier à la tradition touristique argentine et poser avec un saint-bernard, tonnelet autour du cou... Le panorama sur le lac est splendide. L'office du tourisme municipal est implanté dans le Centro Cívico, ainsi que le musée de la Patagonie.

Museo de la Patagonia — MUSÉE

(☎442-2309 ; Centro Cívico ; entrée sur contribution ; ⏲10h-12h30 et 14h-17h mar-ven, 10h-18h sam). Ce musée rassemble des pièces archéologiques et ethnographiques, et offre d'intéressants aperçus historiques sur des sujets comme la résistance mapuche à la "conquête du désert". On peut aussi y voir des animaux empaillés.

Activités

Bariloche et la région de Nahuel Huapi constituent l'une des principales zones d'activités de plein air d'Argentine. De nombreuses agences proposent des activités variées, notamment des promenades à cheval, du VTT et du rafting.

Alpinisme et randonnée

Le bureau du parc national distribue une brochure contenant une carte schématique qui convient pour une première approche. Elle présente aussi les itinéraires de randonnée selon leur niveau – facile, moyen ou difficile – et décrit plusieurs boucles possibles. Beaucoup de ces itinéraires sont décrits dans le guide Lonely Planet *Trekking in the Patagonian Andes* (en anglais).

Le Club Andino Bariloche (voir p. 390) fournit de nombreux renseignements et délivre les permis obligatoires pour randonner ou camper dans le Parque Nacional Nahuel Huapi. La carte *Mapa General de la Guía de Sendas y Picadas* (45 ARS) est médiocre, mais ses descriptions de sentiers, exactes, la rendent quasi indispensable. Le club vend trois autres cartes de rando, où figurent aussi les sentiers accessibles aux VTT.

Ski

Cerro Catedral (☎440-9000 ; www.catedralaltapatagonia.com), la station de ski de Nahuel Huapi, était la plus branchée d'Amérique du Sud avant d'être supplantée par Las Leñas, près de Mendoza, et certaines stations chiliennes. Las Leñas bénéficie d'une bien meilleure poudreuse, mais il lui manque ce qui fait le point fort de Catedral : d'admirables panoramas. Rien n'égale la vue des lacs miroitants de Nahuel Huapi depuis ses pistes enneigées.

Les forfaits d'une journée coûtent entre 195 ARS et 290 ARS, selon la saison. Si vous voulez prendre des cours, arrêtez-vous aux écoles de ski de Cerro Catedral ou du Club Andino Bariloche. Comptez environ 400 ARS les 2 heures de cours particulier. Vous pouvez louer des équipements chez **Baruzzi Deportes** (☎442-4922 ; Urquiza 250) ou **Martín Pescador** (☎442-2275 ; martinpescador@bariloche.com.ar ; Rolando 257). Vous en trouverez aussi sur place. L'ensemble skis-chaussures-bâtons coûte entre 55 ARS et 65 ARS, et le matériel de snowboard entre 77 ARS et 80 ARS/jour, selon la saison.

VTT

Le Circuito Chico fait la joie des adeptes de la discipline, mais ses 60 km exigent de l'endurance (voir p. 392). Il existe d'autres itinéraires près de Bariloche. La plupart des routes sont goudronnées et les routes de gravier sont tout à fait praticables. Diverses boutiques louent des VTT moyennant 70 ARS/jour, gants et casque compris. Essayez **Bikeway** (☎445-6571 ; www.bikeway.com.ar ; Perito Moreno 237).

Pêche

La pêche à la mouche attire des visiteurs du monde entier dans les parcs andins et patagons d'Argentine, notamment ceux de Lago Puelo et Los Alerces, au sud, et de Lanín, au nord.

La pêche traditionnelle est privilégiée sur les plus grands lacs, comme le Nahuel Huapi, tandis que la pêche à la mouche se pratique dans la plupart des rivières. La saison s'étend de mi-novembre à mi-avril. Pour plus de renseignements, contactez l'**Asociación de Pesca y Caza Nahuel Huapi** (association de pêche et de chasse ; ☎442-1515 ; www.apcnh.com ; angle Costanera 12 de Octubre et Onelli). Pour la location de matériel ou les services d'un guide, essayez Baruzzi Deportes ou Martín Pescador (ci-contre). Ces deux agences proposent des expéditions de pêche guidées pour environ 1 400 ARS/jours (2 pers maximum, équipement, déjeuner, transport et guide compris). Des permis de pêche (120/360/480 ARS par jour/semaine/saison), disponibles auprès de ces prestataires, sont nécessaires.

Randonnées équestres

La plupart des agences de voyages de l'Av Bartolomé Mitre proposent des promenades à cheval.

Cabalgatas Carol Jones ÉQUITATION
(☎442-6508 ; www.caroljones.com.ar). Pour une expérience unique, contactez l'aimable Carol Jones, qui propose des balades d'une demi-journée à l'extérieur de la ville depuis son estancia familiale. Le prix (280 ARS/pers) comprend le transport depuis/vers la ville et un excellent *asado* (barbecue) en plein air. Carol propose également des excursions à cheval de plusieurs jours pour 800 ARS/personne/jour.

Tom Wesley Viajes de Aventura PLEIN AIR
(☎443-5040 ; Av Bustillo, Km 15,5). Propose des balades à cheval et en VTT. Cette agence établie de longue date jouit d'une excellente réputation.

Rafting et kayak

Le rafting et le kayak sur le Río Limay et le Río Manso connaissent un succès croissant depuis quelques années. La meilleure époque s'étend de novembre à février, mais on peut aussi pratiquer le rafting d'octobre à Pâques.

eXtremo Sur RAFTING, KAYAK
(☎442-7301 ; www.extremosur.com ; Morales 765). En activité depuis 1991, cette agence propose plusieurs circuits sur le Río Manso : le Manso Inferior (classe II à III, 350 ARS/pers) convient aux personnes de tous âges ; le Manso a la Frontera (classe III à IV, 470 ARS/pers, à partir de 14 ans) est une descente de rivière magnifique, un peu avant la frontière chilienne. L'agence propose aussi une expédition de 3 jours, l'Expedición Río Manso (classe III à IV, environ 2 600 ARS/pers), avec camping (emplacements confortable au bord de l'eau) inclus.

Aguas Blancas RAFTING, KAYAK
(☎443-2799 ; www.aguasblancas.com.ar ; Morales 564). Tout comme eXtremi Sur,

Bariloche

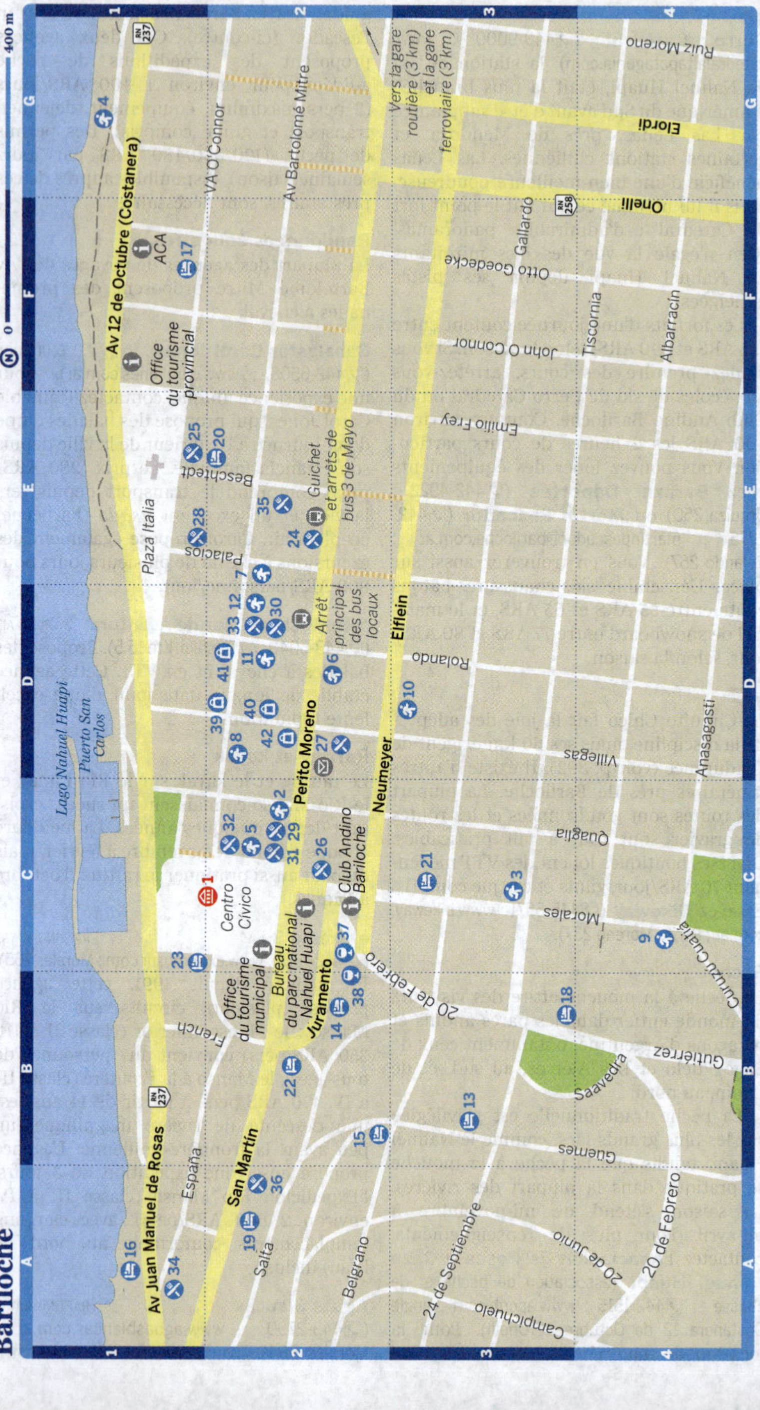

0
400 m
Lago Nahuel Huapi
Puerto San Carlos
Av 12 de Octubre (Costanera)
Av Juan Manuel de Rosas
RN 237
RN 258
Office du tourisme provincial
ACA
Plaza Italia
Centro Cívico
Office du tourisme municipal
Bureau du parc national Nahuel Huapi
Club Andino Bariloche
Guichet et arrêts de bus 3 de Mayo
Arrêt principal des bus locaux
Vers la gare routière (3 km) et la gare ferroviaire (3 km)
San Martín
Perito Moreno
Juramento
Neumeyer
Elflein
Onelli
Elordi
España
Salta
Belgrano
French
VA O'Connor
Av Bartolomé Mitre
Beschtedt
Palacios
Rolando
Villegas
Quaglia
Morales
Ruiz Moreno
Otto Goedecke
Gallardo
John O Connor
Tiscornia
Albarracín
Emilio Frey
Anasagasti
Cuttia Curuzu
20 de Febrero
Gutiérrez
Saavedra
Güemes
24 de Septiembre
20 de Junio
Campichuelo

Bariloche

À voir

1 Museo de la Patagonia C2

Activités, cours et circuits organisés

2 Adventure Center C2
3 Aguas Blancas C3
4 Asociación de Pesca y Caza Nahuel Huapi G1
5 Baruzzi Deportes C2
6 Bikeway D2
7 Catedral Turismo E2
8 Espacio D2
9 eXtremo Sur C4
10 La Montaña D3
11 Martín Pescador D2
12 Tom Wesley Viajes de Aventura D2

Où se loger

13 Hospedaje Wikter B3
14 Hostel 41 Below B2
15 Hostel El Gaucho B2
16 Hostel Patanuk A1
17 Hostería Adquintue F1
18 Hostería La Paleta del Pintor B3
19 Hostería La Sureña A2
20 Hostería Piuke E2
21 Hotel Carlos V C3
22 Hotel Edelweiss B2
23 Hotel Tirol C1

Où se restaurer

24 Cerros Nevados E2
25 Covita E1
26 Días de Zapata C2
27 El Boliche de Alberto D2
28 Familia Weiss E1
29 Helados Jauja C2
30 Huang Ji Zhong D2
31 La Esquina C2
32 La Marca C2
33 La Marmite D2
34 La Trattoria de la Famiglia Bianchi A1
35 Los Tehuelches E2
36 Rock Chicken A2

Où prendre un verre

37 Los Vikingos C2
38 South Bar B2

Achats

39 Abuela Goya D2
40 Huitral-Hue D2
41 Mamuschka D2
42 Paseo de los Artesanos D2

cet opérateur jouit d'une excellente réputation et propose des expéditions similaires.

Pura Vida Patagonia KAYAK
(☎15-441-4053 ; www.puravidapatagonia.com). Organise des sorties en kayak sur le Lago Nahuel Huapi. Conçues en fonction du niveau de chacun, les formules vont de la balade d'une demi-journée à l'excursion incluant une nuit sous la tente.

Parapente
Les montagnes entourant Bariloche se prêtent à de spectaculaires descentes en parapente. Comptez environ 350 ARS pour un vol en tandem de 20 à 30 minutes avec, par exemple, **Luis Rosenkjer** (☎442-7588) ou **Parapente Bariloche** (☎15-455-2403 ; base de Cerro Otto).

Cours

La Montaña COURS DE LANGUE
(☎452-4212 ; www.lamontana.com ; Elflein 251). École de langue espagnole recommandée.

Circuits organisés

Les nombreuses agences touristiques installées sur et autour de l'Av Bartolomé Mitre, comme Catedral Turismo (voir l'encadré p. 395), organisent des circuits en minibus vers le parc national ou jusqu'à El Bolsón. Les prix s'échelonnent de 70 ARS, pour un circuit d'une demi-journée sur le Circuito Chico, à 180 ARS pour San Martín de los Andes via la Ruta de los Siete Lagos.

Adventure Center CIRCUITS EN VOITURE
(☎442-8368 ; www.adventurecenter.com.ar ; Perito Moreno 30). Propose de fin septembre à avril des circuits de 4 jours le long de la légendaire Ruta Nacional 40 (RN 40) jusqu'à El Calafate pour 650 ARS par personne. Le prix inclut l'hébergement mais les repas et entrées des parcs nationaux sont en plus.

Bariloche Moto Tours CIRCUITS À MOTO
(☎446-2687 ; www.barilochemototours.com). Organise des circuits à moto sur mesure vers n'importe quelle destination entre le sud de la Patagonie et le nord du Chili, voire au-delà.

Espacio
(☎443-1372 ; www.islavictoriayarrayanes.com ; Av Bartolomé Mitre 139). Espacio propose des croisières estivales sur le lac Nahuel Huapi à bord du *Cau Cau*, un catamaran de 12 m de long. Réservez votre place deux jours à l'avance.

Fêtes et festivals

La **Fiesta Nacional de la Nieve** (fête de la Neige) dure dix jours, en août.

En janvier et février, le **Festival de Música de Verano** (Festival estival de musique) comprend différents événements, dont le **Festival de Música de Cámara** (Festival de musique de chambre), le **Festival de Bronces** (Festival des cuivres) et le **Festival de Música Antigua** (Festival de musique ancienne).

Le 3 mai, la **Fiesta Nacional de la Rosa Mosqueta** célèbre cette rose arbustive sauvage utilisée dans de nombreuses sucreries locales.

Où se loger

Des campings aux maisons privées, en passant par les hôtels cinq étoiles, les nombreuses possibilités d'hébergement de Bariloche permettent de trouver de bonnes affaires, même en pleine saison (il vaut mieux réserver à cette période). Les prix atteignent des sommets pendant la saison de ski (juillet et août), baissent un peu en janvier et février et sont au plus bas le reste de l'année. Nous indiquons ici les tarifs de la haute saison.

Hostería La Paleta del Pintor HÔTEL $$
(☎442-2220 ; 20 de Febrero 630 ; s/d 170/260 ARS). "Mignon" est le mot qui désigne le mieux l'endroit. Chambres vastes et claires, avec petite sdb reluisante et TV grand écran.

Hotel Carlos V HÔTEL $$
(☎442-5474 ; www.carlosvpatagonia.com.ar ; Morales 420 ; s/d 280/360 ARS ; @📶). Cet hôtel d'affaires à première vue sans intérêt est en réalité plein de charme. Sa situation centrale et ses chambres de bonne taille ajoutent à son attrait.

Hostel 41 Below AUBERGE DE JEUNESSE $
(☎443-6433 ; www.hostel41below.com ; Juramento 94 ; dort/d sans sdb 55/180 ARS ; @📶). Auberge de jeunesse intime et sympathique louant des dortoirs bien tenus, et d'agréables doubles (avec une jolie vue). La cuisine et la salle commune sont parfaites, et on peut louer d'excellentes chambres dans un appartement non loin (295 ARS).

Hospedaje Wikter HÔTEL $
(☎442-3248 ; www.hospedajewikter.com.ar ; Güemes 566 ; s/d 110/130 ARS ; 📶). Une petite adresse accueillante au-dessus du centre, dans un bâtiment moderne et lumineux. Chambres spacieuses, parfois avec une jolie vue, et sdb plus vastes qu'ailleurs dans cette catégorie.

La Selva Negra CAMPING $
(☎444-1013 ; campingselvanegra@speedy.com.ar ; Av Bustillo, Km 2,9 ; empl/pers 40 ARS). Le camping aménagé le plus proche, à 3 km à l'ouest de Bariloche sur la route de Llao Llao, dispose de bonnes installations. En automne, il suffit de sortir de sa tente pour cueillir des pommes.

Hostel Patanuk AUBERGE DE JEUNESSE $
(☎443-4991 ; www.patanuk.com ; Av JM de Rosas 585 ; dort/d 55/190 ARS ; 📶). Le seul hôtel au bord du lac de Bariloche est une adresse de choix. Les grandes fenêtres permettent d'admirer à la fois le lac et les montagnes. Parquet, grande cuisine et salon douillet complètent le tableau.

Hostería Katy HÔTEL $$
(☎444-8023 ; www.gringospatagonia.com ; Av Bustillo, Km 24,3 ; s/d 155/310 ARS ; @📶). L'une des *hosterías* les plus proches du parc national, dans une charmante maison de famille. Des chambres chaleureuses et confortables, dotées de sdb et de lits bien fermes.

Hostería Piuke HÔTEL $$
(☎442-3044 ; res.piuke@gmail.com ; F Beschtedt 136 ; s/d 190/230 ARS). L'un des hôtels offrant le meilleur rapport qualité/prix à proximité des berges du lac. Chambres confortables de bonnes dimensions, et ameublement rétro seventies très tendance.

Hotel Edelweiss HÔTEL $$$
(☎444-5500 ; www.edelweiss.com.ar ; San Martín 202 ; ch à partir de 1 120 ARS ; @📶🏊). Figurant parmi les meilleurs hôtels d'affaires de la ville, l'Edelweiss, malgré sa taille, parvient à dégager une atmosphère assez chaleureuse. Il comporte tous les équipements imaginables, dont un fantastique spa et une piscine au 7e étage.

Hostel El Gaucho AUBERGE DE JEUNESSE $
(☎452-2464 ; www.hostelgaucho.com ; Belgrano 209 ; dort/d 50/150 ARS ; 📶). Petite

auberge de jeunesse très décontractée, forte de dortoirs de 4 places, ainsi que d'une cuisine et de coins salon corrects. À courte distance à pied du centre (en montée).

Hostería Adquintue HÔTEL $$
(☎452-2229 ; www.hosteriaadquintue.com.ar ; VA O'Connor 766 ; s/d 170/260 ARS). Des chambres vastes mais un peu ternes en lisière du centre-ville. Avantageux pour le quartier.

Hotel Tirol HÔTEL $$
(☎442-6152 ; www.hosteriatirol.com.ar ; Libertad 175 ; s/d 300/400 ARS ; @ 📶). Au beau milieu de la ville, un petit lodge proposant des chambres spacieuses et confortables. Celles de l'arrière ont une vue magnifique sur le lac et les montagnes, tout comme le salon/salle de petit-déjeuner.

Hosteria La Sureña HÔTEL $$
(☎442-2013 ; www.hosterialasurena.com.ar ; San Martín 432 ; s/d 230/280 ARS ; 📶). La façade et le hall sont beaucoup plus impressionnants que les chambres, qui restent correctes : bien qu'assez petites, elles sont fonctionnelles et propres.

Où se restaurer

Bariloche compte certains des meilleurs restaurants du pays. Il faudrait des semaines, un gros budget et un estomac à toute épreuve pour en faire le tour. Parmi les spécialités régionales à goûter en priorité figurent le *cordero* (agneau) rôti à la flamme, le *jabalí* (sanglier), le *ciervo* (chevreuil) et la *trucha* (truite).

♥ **La Trattoria de la Famiglia Bianchi** ITALIEN $$
(☎442-1596 ; España 590 ; plats 40-60 ARS ; ⏲déj et dîner). Enfin un restaurant italien différent des autres ! D'excellentes pâtes, de bons plats de viande et de délicieux risottos, combinant produits de la mer et champignons sauvages.

Los Tehuelches PARRILLA $
(Beschtedt 281 ; plats 35-50 ARS ; ⏲déj et dîner). La plus avantageuse *parrilla* de la ville est sans prétention, et attire davantage de riverains que de touristes. Le choix de menus est impressionnant et le *bife de chorizo* (faux-filet) avec salade (40 ARS) est tout à fait appréciable. En revanche, le vin rouge maison est déconseillé sous peine de gueule de bois.

La Esquina CAFÉ $$
(Urquiza et Perito Moreno ; plats 30-70 ARS ; ⏲petit-déj, déj et dîner). La *confitería* la plus pittoresque de Bariloche. Bon café, sandwichs et burgers à prix raisonnable, plus quelques savoureux plats régionaux.

Helados Jauja GLACIER $
(Perito Moreno 14 ; glace à partir de 10 ARS). De l'avis général, on y trouve les meilleures glaces de Bariloche, voire du pays.

Covita VÉGÉTARIEN $
(VA O'Connor 511 ; menus 40 ARS ; ⏲déj et dîner ; ✎). Excellent restaurant végétarien proposant un petit menu assez varié et quelques plats d'inspiration asiatique.

Familia Weiss ARGENTIN $$
(Palacios 167 ; plats 40-70 ARS ; ⏲déj et dîner). Restaurant familial populaire, proposant des spécialités régionales comme du gibier, de la truite et du goulasch. Les photos du menu aident les non-hispanophones, l'ambiance est bonne et le soir on écoute de la musique live.

El Boliche de Alberto PARRILLA $$
(☎443-1433 ; Villegas 347 ; plats 50-70 ARS ; ⏲déj et dîner). *Parrilla* réputée qui vaut le détour, ne serait-ce que pour voir la tête des touristes lorsqu'un steak énorme atterrit dans leur assiette ; c'est le *bife de chorizo* à 70 ARS (la portion à 60 ARS est suffisante).

Rock Chicken FAST-FOOD $
(San Martín 234 ; plats 28-40 ARS ; ⏲10h-tard). À toute heure, vous trouverez ici de quoi vous restaurer. Bœuf, burgers et poulets frits : très simple et efficace.

La Marca INTERNATIONAL $$
(Urquiza 240 ; plats 35-70 ARS ; ⏲déj et dîner). *Parrilla* chic aux prix raisonnables pour Bariloche. Un impressionnant choix de brochettes – bœuf, poulet, gibier, agneau et saumon. Par beau temps, installez-vous à une table du jardin.

Días de Zapata MEXICAIN $$
(☎442-3128 ; Morales 362 ; plats 50-70 ARS ; ⏲déj et dîner). Sympathique petit restaurant mexicain. Des plats plutôt texmex malgré les propriétaires originaires de Mexico, mais la cuisine est bonne et les portions sont généreuses.

Huang Ji Zhong CHINOIS $
(Rolando 268 ; plats 30-50 ARS ; ⏲déj et dîner). L'unique restaurant chinois de la ville est

très honorable – les spécialités habituelles y sont servies à des prix corrects.

La Marmite ARGENTIN **$$**
(☎442-3685 ; Av Bartolomé Mitre 329 ; plats 50-80 ARS ; ⏲déj et dîner). Bonne adresse pour savourer des standards patagons comme la truite et le gibier. Ne manquez pas la fondue au chocolat (100 ARS pour 2).

Cerros Nevados BUFFET **$$**
(Perito Moreno 338 ; à volonté 58 ARS ; ⏲déj et dîner). Toute ville argentine compte au moins un *tenedor libre* (restaurant où l'on mange à volonté) ; celui de Bariloche donne dans l'abondance, avec quantité de grillades, pâtes, salades et *fiambres* (assortiments de charcuterie).

Où prendre un verre

Los Vikingos BAR
(angle Juramento et 20 de Febrero). Un petit bar de quartier décontracté qui sert des bières de microbrasserie à des prix honnêtes. Décor hétéroclite, musique cool et DJ le week-end.

South Bar BAR
(Juramento s/n). Un pub local à l'atmosphère paisible, où l'on peut discuter devant une mousse ou en jouant aux fléchettes.

Achats

Bariloche est célèbre pour son chocolat. Des dizaines de boutiques de la ville, des chaînes nationales aux magasins familiaux, en proposent sous toutes ses formes. La qualité est variable et, comme souvent, mieux vaut y mettre le prix…

Mamuschka ALIMENTATION
(☎442-3294 ; Av Bartolomé Mitre 298). Le meilleur chocolat de la ville. À ne manquer sous aucun prétexte.

Abuela Goye ALIMENTATION
(☎443-3861 ; Av Bartolomé Mitre 258). Autre chocolatier historique de Bariloche. L'établissement est resté modeste mais la qualité est toujours au rendez-vous.

Huitral-Hue VÊTEMENTS
(☎442-6760 ; Villegas 250 ; ⏲lun-sam). Une bonne sélection de ponchos traditionnels, de tissus et de pulls en laine.

Paseo de los Artesanos ARTISANAT
(angle Villegas et Perito Moreno). Les artisans locaux exposent ici leurs travaux de laine, bois, cuir, argent et autres matériaux.

Renseignements

De nombreuses banques du centre-ville disposent de DAB.

ACA (Automóvil Club Argentino ; ☎442-3001 ; Av 12 de Octubre 785). Bonnes cartes routières de la province.

Bureau du parc national Nahuel Huapi (Intendencia del Parque Nacional Nahuel Huapi ; ☎442-3121 ; www.nahuelhuapi.gov.ar ; San Martín 24 ; ⏲8h-16h lun-ven, 9h-15h sam et dim).

Cambio Sudamérica (Av Bartolomé Mitre 63). Change les devises et les chèques de voyage.

Club Andino Bariloche (☎422266 ; www.activepatagonia.com.ar, www.clubandino.com.ar ; 20 de Febrero 30 ; ⏲9h-13h et 16h-20h30 déc-mars, lun-ven seulement avr-nov). La meilleure source de renseignements sur les randonnées dans le parc Nahuel Huapi. Fournit des informations sur les refuges du parc.

Hôpital (☎442-6100 ; Perito Moreno 601). L'attente est très longue mais les soins sont gratuits.

Office du tourisme municipal (☎442-9850 ; www.barilochepatagonia.info ; Centro Cívico ; ⏲8h-21h). Des brochures gratuites, dont d'utiles cartes et la *Guía Busch*, ouvertement publicitaire mais pratique, mis à jour deux fois par an et contenant une foule de renseignements touristiques sur Bariloche et la région des lacs.

Office du tourisme provincial (☎442-3188/89 ; secturn@bariloche.com.ar ; angle Av 12 de Octubre et Emilio Frey). Renseignements sur la province, notamment une excellente carte et des brochures utiles.

Poste (Perito Moreno 175)

Sanatorio San Carlos (☎442-9000/01/02, urgences ☎430000 ; Av Bustillo, Km 1 ; consultations 50 ARS). Une excellente clinique.

Telecom (Av Bartolomé Mitre 85 ; 5 ARS/heure). À l'étage ; connexion à Internet rapide.

Depuis/vers Bariloche

Avion

Aerolíneas Argentinas (☎442-2425 ; Av Bartolomé Mitre 185) assure des vols pour Buenos Aires (1 446 ARS) deux fois par jour du lundi au mercredi et trois fois par jour le reste de la semaine. En saison haute, des vols directs desservent Córdoba et El Calafate toutes les semaines, et parfois Ushuaia.

LAN (☎443-1077 ; www.lan.com ; Av Bartolomé Mitre 500) dessert le Chili et Buenos Aires, et **LADE** (☎442-4812 ; www.lade.com.ar ; J O'Connor 214), des villes du Sud.

Bateau

Le Cruce de Lagos est un circuit touristique qui permet de se rendre au Chili en combinant deux modes de transport : le bateau et le bus (voir p. 395).

Bus

La **gare routière** (☎443-2860) et la gare ferroviaire de Bariloche font face au Río Ñireco, à l'est de la ville, en bordure de la RN 237. Comparez les prix : ils sont variables et vous pouvez bénéficier de promotions, qui sont fréquentes. En haute saison, mieux vaut acheter son billet au moins la veille. L'office du tourisme de la gare routière fournit de précieux renseignements.

L'itinéraire principal pour se rendre au Chili passe par le col Cardenal A Samoré (Puyehue) avant de desservir Osorno (120 ARS, 5 heures) et Puerto Montt (160 ARS, 6 heures), où l'on trouve des correspondances vers des destinations du nord et du sud du Chili. Plusieurs compagnies assurent ce trajet.

Vers San Martín de los Andes et Junín de los Andes, Albus, KoKo et **Turismo Algarrobal** (☎442-7698) empruntent l'été la superbe (mais accidentée et poussiéreuse) Ruta de los Siete Lagos (RN 234) et le reste de l'année La Rinconada (RN 40), goudronnée mais plus longue.

Train

Le **Tren Patagonico** (www.trenpatagonico-sa.com.ar) quitte la **gare ferroviaire** (☎442-3172 ; 12 de Octubre 2400, agence du centre B Mitre 125 local 5), en face du Río Ñireco à côté de la gare routière. Les départs pour Viedma (16 heures) sont à 17h les jeudis et dimanches ; les tarifs varient de 75,50 ARS en *economica* à 304 ARS en *camarote* (couchette 1re classe). Les horaires sont fréquemment modifiés ; renseignez-vous à l'office du tourisme avant de partir.

ℹ Comment circuler

Depuis/vers l'aéroport

L'**aéroport** de Bariloche (☎440-5016) se trouve à 15 km à l'est de la ville par la RN 237 et la RP 80. Un *remis* demande environ 70 ARS. Le bus n°72 (6 ARS) part du principal arrêt de Perito Moreno.

Bus

Les compagnies **Codao del Sur** et **Ómnibus 3 de Mayo** assurent des services toutes les heures vers Cerro Catedral depuis le principal arrêt de bus local, sur Perito Moreno, entre Rolando et Palacios. Les bus Codao passent par l'Av de los Pioneros, ceux de 3 de Mayo par l'Av Bustillo.

De 6h à minuit, le bus municipal n°20 quitte l'arrêt de bus principal toutes les 20 minutes pour desservir les jolies localités des bords du lac que sont Llao Llao et Puerto Pañuelo. Le bus n°10 se rend à Colonia Suiza 14 fois par jour. L'été, les rotations de 8h05, 12h et 17h40 continuent jusqu'à Puerto Pañuelo, ce qui permet de parcourir la plus grande partie du Circuito Chico à moindres frais. Au retour, les départs de Puerto Pañuelo pour Bariloche via Colonia Suiza ont lieu à 9h40, 13h40 et 18h40. Si vous avancez à pied, il est possible de héler un bus en chemin.

Les bus nos 50 et 51 d'Ómnibus 3 de Mayo partent pour Lago Gutiérrez toutes les 30 minutes. En été, la ligne "Línea Mascardi" dessert Villa Mascardi/Los Rápidos 3 fois par jour. "Línea El Manso", d'Ómnibus 3 de Mayo dessert Río Villegas et El Manso, à la limite sud-ouest du Parque Nacional Nahuel Huapi, 2 fois chaque vendredi.

BUS AU DÉPART DE BARILOCHE

Les destinations suivantes bénéficient d'au moins trois dessertes quotidiennes.

DESTINATION	PRIX (ARS)	DURÉE (HEURES)
Bahía Blanca	398	12-14
Buenos Aires	667	20-23
Córdoba	538	22
El Bolsón	38	2
Esquel	80	4 heures 30
Junín de los Andes	60	3
Mendoza	485	19
Neuquén	162	7
Río Gallegos	594	28
San Martín de los Andes	75	4
San Rafael	425	15
Viedma	180	12
Villa La Angostura	27	1 heure 30

LES PASS DE BUS DE BARILOCHE

À Bariloche, on prend les bus locaux muni d'un pass magnétique que l'on achète au choix au **guichet 3 de Mayo** (☎442-5648 ; Perito Moreno 480), en centre-ville ou à la gare routière. On peut aussi récupérer les *horarios* (horaires) pour toutes les destinations dans chacun de ces bureaux. Les pass coûtent 14 ARS (rechargeables selon les besoins). Il est également possible d'acheter un billet individuel mais sur la plupart des itinéraires, celui-ci coûtera 6 ARS, quand l'utilisation du pass revient à 1,50 ARS. Certaines auberges de jeunesse, dont 41 Below, prêtent des pass aux clients en échange d'une caution.

Les bus n[os]70, 71 et 83, qui s'arrêtent à l'arrêt de bus principal, relient le centre-ville à la gare routière.

Taxi

Un taxi de la gare routière au centre-ville coûte environ 20 ARS. Une course en ville coûte rarement plus de 10 ARS.

Voiture

Les agences de location de Bariloche comptent parmi les moins chères du pays. Les tarifs varient beaucoup selon la saison et la demande. Comptez habituellement moins de 250 ARS/jour pour 200 km.

Andes (☎443-1648 ; www.andesrentacar.com.ar ; San Martín 162)

Budget (☎444-2482 ; www.budgetbariloche.com ; B Mitre 717)

Hertz (☎442-3457 ; www.milletrentacar.com.ar ; Quaglia 352)

Parque Nacional Nahuel Huapi

☎02944

Le Nahuel Huapi est l'un des parcs nationaux les plus visités d'Argentine. Il occupe 7 500 km² dans le sud-ouest de la province montagneuse de Neuquén et dans l'ouest de celle de Río Negro. Son site le plus spectaculaire est le Lago Nahuel Huapi, vestige glaciaire de plus de 100 km de long, couvrant plus de 500 km². À l'ouest, de hauts sommets séparent l'Argentine du Chili. Le plus élevé, le Monte Tronador, culmine à 3 554 m. Ce volcan éteint porte toujours bien son nom (le mont "tonnant") quand des blocs de glace se détachent de ses glaciers. Pendant les mois d'été, les fleurs sauvages tapissent ces paysages alpins.

Le parc Nahuel Huapi a été créé pour protéger la flore et la faune locales, notamment les forêts andines et patagonnes ainsi que des animaux rares, dont le *huemul* (cerf des Andes) et un cervidé miniature appelé le *pudú*. Il est très rare d'apercevoir ces animaux, mais on peut toutefois observer plusieurs espèces de cerfs introduites dans le parc ainsi que les espèces d'oiseaux indigènes.

CIRCUITO CHICO

Le Circuito Chico, l'une des excursions en voiture les plus prisées et les plus belles de la région, commence sur l'Av Bustillo, à la périphérie de Bariloche, pour finir dans la tranquille localité de **Llao Llao**. À **Cerro Campanario** (Av Bustillo, Km 18), l'**Aerosilla Campanario** (☎427274), un télésiège, permet de monter jusqu'à un point de vue panoramique sur le Lago Nahuel Huapi (50 ARS).

Puerto Pañuelo, à Llao Llao, est le point de départ de l'excursion en bateau et en bus qui traverse les Andes jusqu'au Chili. On peut aussi se rendre d'ici au Parque Nacional Los Arrayanes, sur la Península Quetrihué.

Même si vous n'envisagez pas de passer la nuit à l'**Hotel Llao Llao** (☎448530 ; www.llallao.com.ar ; d à partir de 1 570 ARS ; ❄@📶🏊), établissement bâti par l'État et devenu le plus célèbre d'Argentine, il vaut la peine d'y faire un tour. Depuis Llao Llao, vous pouvez continuer jusqu'à **Colonia Suiza**, qui tient son nom des premiers colons suisses. Une modeste *confitería* y confectionne d'excellentes pâtisseries et on y trouve de nombreux campings et même une auberge de jeunesse.

Avant de revenir à Bariloche, la route passe devant le sentier qui mène en haut du **Cerro López** (2 076 m) en 3 heures de marche. Au sommet, il est possible de dormir au **Refugio López** (www.cerrolopezbariloche.com.ar ; dort env 50 ARS ; ☎mi-déc à mi-avr) du Club Andino Bariloche, où l'on peut également se restaurer.

Bien que les agences de voyages organisent des excursions d'une demi-journée le long du Circuito Chico (70 ARS en général), il est possible de le parcourir en transports en commun ou, si une balade de 60 km ne vous effraie pas, à vélo (p. 385). Les cyclistes moins enthousiastes peuvent prendre un

Parque Nacional Nahuel Haupi

bus qui les mènera au Km 18,6 et louer un vélo à **Bike Cordillera** (☎524828 ; www.cordillerabike.com). Vous pédalerez moins, éviterez l'agitation de l'Av Bustillo et profiterez des parties les plus panoramiques du circuit. Appelez pour réserver un vélo.

CERRO OTTO

Une randonnée de 8 km sur une route de gravier partant à l'ouest de Bariloche permet d'atteindre le Cerro Otto (1 405 m). Il y a assez de circulation pour que l'on puisse aussi s'y rendre en stop. À vélo, la route est raide et fatigante, mais gratifiante. Le **Teleférico Cerro Otto** (☎441035 ; Av de Los Pioneros, Km 5) transporte les adultes/enfants au sommet pour 70/40 ARS. Un bus gratuit part de Bariloche, à l'angle de l'Av Bartolomé Mitre et de Villegas, ou de Perito Moreno et Independencia, pour rejoindre le pied de la montagne.

Un chemin conduit de la petite station de ski de Piedras Blancas au **Refugio Berghof** (dort 60 ARS) du Club Andino, situé à 1 240 m d'altitude. Il est possible de s'y restaurer. Le refuge abrite le **Museo de Montaña Otto Meiling** (visite guidée 10 ARS), qui porte le nom d'un pionnier de l'alpinisme.

CERRO CATEDRAL

Sur ce sommet de 2 388 m (☎409000 ; www.catedralaltapatagonia.com), à 20 km au sud-ouest de Bariloche, se trouve la station de sports d'hiver la plus importante de la région. Elle est ouverte de mi-juin à mi-octobre. Plusieurs remontées mécaniques et l'**aerosilla Cerro Bellavista** (95 ARS) permettent de monter à 2 000 m d'altitude. En haut, se trouve un restaurant-*confitería* d'où l'on profite d'un superbe panorama.

Les prix des forfaits (adultes 195 ARS à 290 ARS, enfants 160 ARS à 240 ARS) varient selon la saison. Il existe des formules hebdomadaires et mensuelles. La location du matériel de base est bon marché, mais si l'on veut de la qualité, il faut débourser davantage. Plusieurs écoles de ski sont implantées dans la station.

De nombreux chemins de randonnée débutent au sommet, près du télésiège. L'un d'entre eux, assez facile, mène en 4 heures au **Refugio Emilio Frey** (dort 60 ARS), refuge de 40 lits appartenant au Club Andino où l'on sert aussi des repas simples (70 ARS). Il y a aussi une cuisine que l'on peut utiliser pour 20 ARS. Le *refugio* lui-même est assez exposé, mais on trouve des sites abrités pour planter sa tente. Ce secteur constitue aussi la région d'**escalade** la plus prisée d'Argentine. Pour en savoir plus sur l'escalade dans la région, notamment les excursions guidées et la location d'équipements, contactez le Club Andino de Bariloche.

L'**Hostería Knapp** (☎460062 ; www.legendaryskihotel.com ; ch 420 ARS/pers ; wifi) est installée au pied des remontées mécaniques. On peut aussi loger à Bariloche et venir avec un des bus d'Ómnibus 3 de Mayo (p. 391) qui partent toutes les heures du centre-ville.

MONTE TRONADOR ET PAMPA LINDA

En passant par le Lago Mascardi, comptez une journée de voyage sur une route étroite et poussiéreuse jusqu'à Pampa Linda pour découvrir le **Ventisquero Negro** ("glacier noir") et les contreforts du Tronador (3 554 m). Le visiteur est récompensé par la vue sur les nombreuses cascades qui dévalent les flancs du volcan éteint.

De Pampa Linda, point de départ de plusieurs belles randonnées, les marcheurs peuvent rejoindre en 4 à 6 heures le **Refugio Otto Meiling** du Club Andino (dort 60 ARS), puis continuer jusqu'à Laguna Frías via le **Paso de las Nubes**. Comptez de 5 à 7 heures pour atteindre les 2 000 m d'altitude. Il est aussi possible d'effectuer cette excursion en sens inverse en prenant le ferry de Cerro Catedral depuis Puerto Pañuelo jusqu'à Puerto Blest, puis en remontant le long du Río Frías jusqu'à Paso de las Nubes, avant de descendre sur Pampa Linda par le Río Alerce. Le *refugio* prépare des repas délicieux (environ 50 ARS, usage de la cuisine 20 ARS) et dispose d'une provision de bons vins et de bières. Il est possible d'y louer les services d'un guide pour effectuer les 3 heures de randonnée qui mènent à un glacier voisin ou pour partir plusieurs jours faire l'ascension du Cumbre Argentina, sur le Tronador.

Les alpinistes désireux de gravir le Tronador doivent s'attendre à une escalade technique de 3 à 4 jours nécessitant une expérience sur la neige, le roc et la glace.

La route menant à **Pampa Linda** passe par **Los Rápidos**, après quoi elle devient très étroite. La circulation jusqu'à Pampa Linda n'est donc autorisée que jusqu'à 14h. Les voitures ont le droit de quitter Pampa Linda pour prendre le chemin du retour à partir de 16h. Le Club Andino Bariloche organise l'été (de fin novembre à avril) un service de transport pour Pampa Linda. Moyennant 60 ARS dans chaque sens, ce service part tous les jours à 8h30 et revient vers 17h. Les bus partent en face du Club Andino et les 90 km du trajet nécessitent environ 2 heures 30. Le droit d'entrée dans le parc (50 ARS) doit être acquitté sur la route au poste de garde de Villa Mascardi, où le bus s'arrête.

Où se loger

Outre ceux des environs de Bariloche, vous trouverez des campings à Lago Gutiérrez, Lago Mascardi, Lago Guillelmo, Lago Los Moscos, Lago Roca et Pampa Linda. Les *refugios* mentionnés ci-avant ouvrent de décembre à fin avril. Les refuges ne prennent pas de réservation : le premier arrivé est le premier servi, mais l'on trouve toujours une petite place (parfois par terre) pour ceux qui se présentent.

Plusieurs hôtels plutôt luxueux sont établis dans le parc, mais on trouve aussi des adresses aux tarifs plus raisonnables, comme l'**Hostería Pampa Linda** (490517 ; www.hosteriapampalinda.com.ar ; s/d 400/580 ARS). Pour passer un grand moment, choisissez l'**Hotel Tronador** (441062 ; www.hoteltronador.com ; s/d 500/540 ARS ; nov à mi-avr), isolé au nord-ouest du Lago Mascardi, sur la route de Pampa Linda.

Renseignements

Le bureau du parc national de Nahuel Huapi à Bariloche est une bonne source d'informations.

Le guide Lonely Planet *Trekking in the Patagonian Andes* (en anglais) fournit de bonnes cartes de randonnées et des informations utiles. Si vous lisez l'espagnol, consultez *Las Montañas de Bariloche*, de Toncek Arko et Raúl Izaguirre.

Depuis/vers le parc

Voir p. 390 pour des renseignements sur les transports depuis Bariloche. Pour l'état des routes dans et autour des parcs nationaux, appelez le **Parque Nacional Estado de Rutas** (105). L'appel est gratuit.

El Bolsón

0294 / 18 000 HABITANTS / ALTITUDE 300 M

On comprend aisément pourquoi les premiers hippies commencèrent à s'installer ici dans les années 1970. La plus grande

LE CRUCE DE LAGOS

Le Cruce de Lagos, un circuit de 12 heures en bateau et en bus à travers les Andes jusqu'à Puerto Montt, au Chili, fait partie des excursions classiques. Organisé exclusivement par **Turisur** (426228 ; www.cruceandino.com ; Mitre 219 ; 980 ARS/pers), le voyage débute vers 8h à Bariloche (l'heure du départ varie) par un trajet en navette entre le bureau de la compagnie et Puerto Pañuelo, près de l'Hotel Llao Llao. Le ferry levant l'ancre immédiatement après l'arrivée du bus, il vous faudra venir en avance par vos propres moyens si vous souhaitez prendre le thé à Llao Llao (pensez à acheter votre billet au préalable). Le service fonctionne tous les jours durant l'été, du lundi au vendredi le reste de l'année. En hiver (mi-avril à septembre), l'excursion dure 2 jours et les passagers doivent passer la nuit à Peulla, au Chili. Là, ils ont le choix entre l'**Hotel Natura Patagonica** (au Chili 65-212053 ; www.hotelnatura.cl ; s/d 857/891 ARS ; @) et l'**Hotel Peulla** (au Chili 65-212053 ; www.hotelpeulla.cl ; s/d 506/536 ARS ; @). Il existait autrefois un établissement moins cher à Puerto Blest, mais il était fermé lors de notre passage. Renseignez-vous tout de même auprès de Turisur.

Les vélos sont autorisés sur les bateaux, parfois même dans les bus (à condition d'être démontés), mais quand ce n'est pas le cas, les cyclistes doivent nécessairement parcourir en deux-roues les tronçons Bariloche-Pañuelo (25 km), Puerto Blest-Puerto Alegre (15 km), Puerto Frías-Peulla (27 km) et Petrohué-Puerto Montt (76 km). L'office du tourisme peut orienter vers d'autres moyens de transport les cyclistes désireux d'éviter de pédaler entre Petrohué et Puerto Montt.

En hiver, il n'est pas possible d'acheter seulement certaines parties du circuit (sauf entre Puerto Pañuelo et Puerto Blest ; 246 ARS). L'été (décembre à avril), vous pouvez en revanche ne participer qu'aux traversées en bateau (343 ARS). Dans l'un ou l'autre sens, si vous vous déplacez à vélo, Turisur vous consentira une petite réduction puisque vous ne prendrez pas le bus. Bien que le circuit affiche rarement complet, mieux vaut réserver au moins un jour ou deux à l'avance.

1

GRANT DIXON/LONELY PLANET IMAGES ©

2

4

1. Centro Cívico (p. 384)
Le centre de Bariloche comporte de nombreux bâtiments en bois et en pierre.

2. Nahuel Huapi (p. 385)
Skier sur les pentes enneigées tout en admirant les lacs aux eaux scintillantes alentour est un vrai bonheur.

3. Araucaria
Les pignons du "désespoir des singes" sont comestibles.

4. Parque Nacional Nahuel Huapi (p. 392)
Ce parc national a été créé pour protéger la faune et la flore locales.

partie de l'année, cette bourgade nichée entre deux massifs montagneux baigne dans une atmosphère sereine. L'été, les touristes argentins affluent, dépensent sur place beaucoup d'argent puis repartent aussi vite qu'ils sont venus.

Il y a 30 ans, El Bolsón a été déclarée "zone non nucléaire" et "municipalité écologique". Juste à la sortie de la ville partent d'excellents sentiers de randonnée, facilement accessibles, qui traversent des paysages parmi les plus somptueux du pays, voire de la planète.

Les voyageurs au budget limité apprécient particulièrement El Bolsón, qui offre une alternative dans la région à la très consumériste Bariloche, tout en donnant, entre autres, la possibilité de profiter d'une cuisine naturelle et végétarienne et de consommer d'excellents produits locaux : bière, sucreries, confiture, miel.

Des rangées de peupliers donnent un air méditerranéen aux *chacras* (fermes) locales, dont la plupart produisent du houblon (presque les 3/4 de la production nationale) et des fruits.

Les automobilistes seront ravis d'apprendre qu'El Bolsón est la localité la plus au nord où il est possible d'acheter de l'essence aux avantageux prix patagons.

À voir et à faire

Près de la frontière sud-ouest de la province de Río Negro, El Bolsón s'est développée dans une cuvette entourée de montagnes. Elle est dominée par les crêtes du Cerro Piltriquitrón à l'est et par le Cordón Nevado, qui longe la frontière chilienne, à l'ouest.

Feria Artesanal MARCHÉ

(⏲10h-16h mar, jeu et sam). Les artisans de la région vendent leurs produits le long de l'extrémité sud de la Plaza Pagano. Ce marché rassemble plus de 320 artistes et artisans, qui

El Bolsón

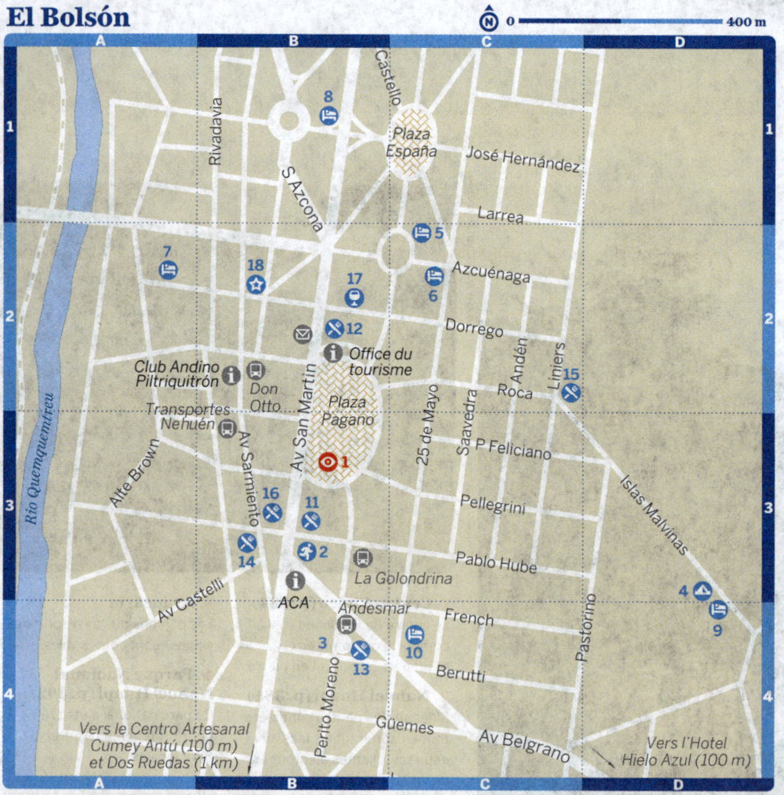

fabriquent et vendent toutes sortes d'objets : planches à découper, gourdes à maté faites à la main, bijoux, flûtes, marionnettes... De nombreux vendeurs de nourriture (qui adhèrent à la réglementation du marché voulant que tous les produits soient de fabrication artisanale) permettent en outre de goûter aux spécialités locales. Le marché se poursuit le dimanche, quand il fait beau, mais l'activité est réduite de moitié.

Grado 42 PLEIN AIR
(☎449-3124 ; www.grado42.com ; Av Belgrano 406). Pour les esprits aventureux, cette agence organise treks, randonnées à VTT et autres excursions dans la campagne environnant El Bolsón, mais aussi des sorties de rafting sur le Río Manso. Les expéditions sur le Manso Inferior (classe II à III) coûtent 285 ARS/personne (déjeuner compris). Celles qui se déroulent sur le Manso a la Frontera (classe II à IV) coûtent 370 ARS (déjeuner et dîner inclus).

Maputur PLEIN AIR, LOCATION DE VÉLOS
(☎449-1440 ; Perito Moreno 2331). Circuits semblables à ceux proposés par Grado 42. Loue des VTT pour 45/60 ARS la demi-journée/journée complète.

Fêtes et festivals

La bière locale se fait mousser pendant le **Festival Nacional del Lúpulo** (fête du Houblon), qui dure plus de 4 jours mi-février. El Bolsón accueille aussi un **festival de jazz** (www.elbolsonjazz.com) en décembre (les dates exactes varient d'une année sur l'autre).

Où se loger

Les voyageurs à petit budget trouvent facilement chaussure à leur pied à El Bolsón, où les tarifs raisonnables sont la règle.

Hostería La Escampada HÔTEL $$
(☎448-3905 ; www.laescampada.com.ar ; Azcuénaga 561 ; s/d 250/350 ARS ; Wi-Fi). Changeant agréablement des hébergements un brin vieillots d'El Bolsón, La Escampada affiche un design moderne, avec des chambres lumineuses et spacieuses, et une atmosphère détendue.

Hostel El Bolson AUBERGE DE JEUNESSE $
(☎477-0176 ; www.hostelelbolson ; Moreno 3038 ; dort/s/d à partir de 60/100/120 ARS ; @ Wi-Fi). Superbe petite auberge de jeunesse dotée de quelques chambres individuelles de qualité, de dortoirs spacieux et d'excellents salons, cuisine et espaces extérieurs.

Hostería Luz de Luna HÔTEL $$
(☎449-1908 ; www.luzdelunaelbolson.com.ar ; Dorrego 150 ; s/d 260 ARS ; Wi-Fi). Quoique grandes, les chambres sont propices à l'intimité. La décoration personnalisée et les sdb impeccables ajoutent à leur charme. Choisissez-en une à l'étage pour un surcroît de lumière et pour la vue.

Hotel Cordillera HÔTEL $$
(☎449-2235 ; cordillerahotel@elbolson.com ; Av San Martín 3210 ; s/d 320/373 ARS ; Wi-Fi). Les travaux de rénovation s'éternisent dans l'hôtel haut de gamme d'El Bolsón. Nul doute qu'il sera très élégant s'il rouvre

El Bolsón

un jour. Demandez alors une chambre à l'avant, pour la vue.

Refugio Patagónico AUBERGE DE JEUNESSE $
(☎448-3628 ; www.refugiopatagonico.com ; Islas Malvinas s/n ; dort/d 55/180 ARS ; 📶). Auberge de jeunesse moderne en lisière de la ville (à 5 min à pied de la place). Les dortoirs ont 6 lits et des sdb. Les doubles ne sont pas chauffées.

Camping Refugio Patagónico CAMPING $
(☎15-463-5463 ; Islas Malvinas s/n ; empl/pers 25 ARS). Un camping on ne peut plus simple : il tient en un champ, bordé par un agréable cours d'eau. Bonnes prestations, notamment des *asados*. Sanitaires modernes.

Hotel Hielo Azul HÔTEL $$
(☎449-3222 ; Ruta 40 s/n ; s/d 160/280 ARS ; 📶). Un grand établissement quelconque en lisière sud de la ville, fort de grandes chambres carrelées et d'un restaurant correct. Adresse assez avantageuse.

Residencial Valle Nuevo HÔTEL $
(☎449-2087 ; 25 de Mayo 2345 ; s/d 100/160 ARS). Des sdb immaculées, de grandes TV à écran plat et une vue imprenable sur les pics montagneux : les meilleures chambres petits budgets de la ville. L'été, réservez longtemps à l'avance.

Où se restaurer

Les restaurants d'El Bolsón ne sont pas aussi variés que ceux de Bariloche, mais la cuisine est toujours avantageuse et souvent remarquable, grâce aux ingrédients locaux et à une préparation soignée. La spécialité locale est la *trucha arco iris* (truite arc-en-ciel).

Feria artesanal MARCHÉ $
(🕐10h-16h mar, jeu et sam). Le marché est le meilleur endroit et le plus économique où se restaurer. Au choix : fruits frais, gaufres belges aux fruits rouges et à la crème, énormes *empanadas* pour 4 ARS, sandwichs, *fritatas*, *milanesa de soja* (beignets de soja), bière locale et dessert régionaux.

La Salteñita FAST-FOOD $
(Belgrano 515 ; empanadas 3-4 ARS ; 🕐10h-21h). Rôtisserie bon marché vendant des *empanadas* épicées typiques du nord du pays.

Jauja ARGENTIN $$
(Av San Martín 2867 ; plats 40-80 ARS ; 🕐toute la journée). Une *confitería* fiable où l'on trouve tous les classiques, plus quelques spécialités d'El Bolsón, comme le pain maison et le jus de fraises. Commencez par vous renseigner sur le plat du jour (le risotto à l'agneau et aux champignons sauvages est remarquable). Le glacier attenant est légendaire. Prévoyez de la place pour un litre ou deux de délicieuse crème glacée.

Otto Tipp ARGENTIN $$
(angle Roca et Islas Malvinas ; plats 50-80 ARS ; 🕐déj et dîner déc-fév, dîner mer-sam mars-jan). Après une rude journée, rien de mieux pour décompresser que les bières servies ici. À leur arrivée, les clients sont invités à déguster gratuitement des échantillons des 6 variétés maison. En cas de petit creux, on peut également commander des spécialités régionales comme la truite fumée et l'agneau patagon cuit dans la bière brune.

Boulevarde PIZZERIA $
(angle Av San Martín et Pablo Hube ; pizzas à partir de 40 ARS ; 🕐déj et dîner). L'occasion de déguster d'excellentes pizzas à pâte fine dans une ambiance vaguement irlandaise. Vers minuit, la jeunesse de la ville arrive et la fête commence.

Patio Venzano ARGENTIN $$
(angle Sarmiento et Pablo Hube ; plats 40-60 ARS ; 🕐déj et dîner). Les beaux jours d'été, venez tôt pour avoir une table à l'extérieur. Pas de surprise au menu (pâtes, *parrillada*), mais l'ambiance vaut le coup.

Las Brasas PARRILLA $$$
(☎449-2923 ; angle Av Sarmiento et Pablo Hube ; plats 50-100 ARS ; 🕐déj et dîner). Le restaurant le plus chic de la ville a pour spécialité l'agneau de Patagonie, mais n'oublie pas les autres types de grillades et une bonne gamme de plats de truite.

Où prendre un verre et sortir

Bar 442 BAR
(☎449-2313 ; Dorrego 442). L'endroit fait discothèque le vendredi et accueille souvent des musiciens le samedi soir.

Dos Ruedas BAR
(Av San Martín 2538). Pub décontracté pourvu de billards, d'un grand écran pour le sport et d'une ambiance sympathique. Au sud du centre.

Centro Cultural Eduardo Galeano THÉÂTRE
(☎449-1503 ; angle Dorrego et Onelli). Des pièces de théâtre, des spectacles de danse et des

concerts sont donnés dans cette petite salle. Entrez pour demander le programme ou renseignez-vous en ville.

Achats

El Bolsón est le paradis des amateurs d'artisanat, qui trouvent leur bonheur à la Feria Artesanal et dans les boutiques de la ville.

Centro Artesanal Cumey Antú VÊTEMENTS
(Av San Martín 2020). Vêtements et tissages mapuche de très bonne qualité.

Monte Viejo ARTISANAT
(angle Pablo Hube et Av San Martín). Céramiques de belle facture, objets en bois, en argent, et tissus mapuche.

Renseignements

ACA (Automóvil Club Argentino ; ☎449-2260 ; angle Belgrano et Av San Martín). Fournit des cartes routières de la province.

Banco de la Nación (angle Av San Martín et Pellegrini). Dispose d'un DAB.

Club Andino Piltriquitrón (☎449-2600 ; www.capiltriquitron.com.ar ; Sarmiento, entre Roca et Feliciano ; ⏲déc-mars). Si vous souhaitez découvrir les montagnes environnantes, contactez ce club qui vous renseignera sur les conditions de randonnée, sur les refuges ouverts et plus globalement sur les sentiers. Ouvre occasionnellement hors saison de 18h à 20h.

Office du tourisme (☎449-2604, 445-5336 ; www.elbolson.gov.ar ; Av San Martín et Roca ; ⏲9h-21h, jusqu'à 22h en été). Au nord de la Plaza Pagano. De bonnes cartes et brochures sur la ville, plus des renseignements approfondis sur l'hébergement, la cuisine, les circuits et les services. Les cartes des environs sont basiques mais utiles. Le personnel est particulièrement compétent.

Poste (Av San Martín 2806)

Rancho Net (Av San Martín et Av Belgrano ; 5 ARS/h). Accès Internet.

Depuis/vers El Bolsón

El Bolsón ne dispose pas de gare routière, mais la plupart des compagnies sont implantées sur l'Av San Martín ou dans les rues adjacentes.

Andesmar (☎449-2178 ; Belgrano et Perito Moreno) dessert Bariloche (35 ARS, 2 heures) et Esquel (42 ARS, 2 à 3 heures), ainsi que des destinations situées plus au nord avec, le plus souvent, un changement à Neuquén (159 ARS, 8 heures).

TAC (☎449-3124 ; angle Av Belgrano et Av San Martín) dessert Bariloche (35 ARS, 2 heures) et Neuquén (159 ARS, 9 heures). La compagnie propose aussi des billets pour Mendoza, Córdoba et d'autres destinations du Nord, mais il faut changer de bus à Neuquén.

Don Otto (☎449-3910 ; Av Belgrano 406) dessert Bariloche et Comodoro Rivadavia (255 ARS, 11 heures), avec des correspondances à Esquel pour Trelew et Puerto Madryn.

Transportes Nehuén (☎449-1831 ; angle Sarmiento et Padre Feliciano) assure des liaisons avec El Maitén, Bariloche et Los Alerces.

Comment circuler

Bus

Les bus desservant les sites touristiques des environs sont nombreux l'été mais nettement moins fréquents l'automne et l'hiver. Il faut alors avoir recours au taxi ou s'inscrire à un circuit organisé. L'office du tourisme dispose d'informations à jour à ce sujet. Un trajet en bus en ville coûte 1,50 ARS.

Transportes Nehuén (☎449-1831 ; angle Sarmiento et Padre Feliciano) dessert de nombreuses destinations locales en été.

La Golondrina (☎449-2557 ; angle Pablo Hube et Perito Moreno) vous emmène à Cascada Mallín Ahogado, en partant du sud de la Plaza Pagano, et à Lago Puelo depuis l'angle de l'Av San Martín et Dorrego.

Taxi

Les taxis (*remises*) constituent un mode de transport à prix raisonnable vers les sentiers et les campings avoisinants. Les principales compagnies sont **Radio Taxi El Rusito** (☎449-1224), **Patagonia** (☎449-3907) et **Avenida** (☎449-3599) ; téléphonez pour réserver.

Environs d'El Bolsón

Les crêtes, cascades et forêts des abords d'El Bolsón font la joie des randonneurs. Si vous avez du temps devant vous et que vous prévoyez un pique-nique, vous pouvez vous rendre jusqu'à certains des sites décrits ci-après à pied depuis la ville ; ils sont aussi accessibles en bus et en *remis*, pour un prix raisonnable. Enfin, le VTT se prête très bien à ce genre d'excursions ; vous pouvez en louer un chez Maputur, à El Bolsón.

Parmi les destinations très courues, citons **Cabeza del Indio**, un belvédère à 7 km de la ville, et la **Cascada Mallín Ahogado**, petite chute d'eau à 10 km au nord de la ville. Celle-ci donne accès au **Refugio Perito Moreno** (☎à El Bolsón 449-2600 ; par nuit avec/sans draps 40/25 ARS) du Club Andino Piltriquitrón, base idéale pour effectuer plusieurs randonnées remarquables. De là, il faut compter 2 heures 30 jusqu'au sommet du

Cerro Perito Moreno (☎493912 ; forfait remontée mécanique 66-100 ARS, location de skis/snowboard 70 ARS) qui culmine à 2 206 m. Une petite station de ski est aménagée à 1 000 m d'altitude.

Les mordus de randonnée se lancent à l'assaut du **Cerro Piltriquitrón**, arête granitique située à 2 260 m d'altitude. On y jouit d'une vue panoramique sur la vallée du Río Azul jusqu'à la crête des Andes, à la frontière chilienne. À mi-chemin de l'ascension se trouvent le **Bosque Tallado** ("forêt sculptée") et le **Refugio Piltriquitrón** (dort 35 ARS) du Club Andino. Les lits sont très confortables mais vous devrez apporter un sac de couchage. Possibilité de prendre des repas à prix raisonnables. Du *refugio*, il faut encore 2 heures jusqu'au sommet. L'eau abonde le long de la plupart des chemins menant au sommet, mais mieux vaut se munir d'une gourde et d'un déjeuner, qui sera d'un grand réconfort une fois arrivé en haut.

Pour des précisions supplémentaires sur ces randonnées et d'autres dans le secteur, ainsi que sur les différents refuges en activité, contactez le Club Andino Piltriquitrón à El Bolsón.

Dans la province de Chubut, à 15 km au sud d'El Bolsón, le **Parque Nacional Lago Puelo** abrite un lac aux eaux azur balayées par le vent, et qui se prête à la baignade, à la pêche, au canotage, à la randonnée et au camping. Près du quai, la vedette **Juana de Arco** (☎02944-498-946 ; www.interpatagonia.com/juanadearco) embarque ses passagers pour traverser le lac jusqu'à la boutique Argentina's Pacific Ocean, à la frontière chilienne (150 ARS, 3 heures). Les randonneurs aguerris peuvent ensuite se rendre au Chili à pied. Le petit office du tourisme du quai vous renseignera le cas échéant.

Peuma Hue (☎499372 ; www.peuma-hue.com.ar ; s/d à partir de 180/280 ARS). Ce confortable complexe hôtelier, niché au bord du lac entre deux rivières, tire avantage d'une magnifique perspective sur le majestueux massif du Piltriquitrón. Il y a des emplacements de camping gratuits et payants à l'entrée du parc, notamment au **Camping Lago Puelo** (☎499186 ; 25 ARS/pers).

Des bus se rendent régulièrement d'El Bolsón au Lago Puelo en été. Service restreint le dimanche et hors saison.

Patagonie

Dans ce chapitre »

Le top des restaurants

» Pura Vida (p. 476)
» Patagonia Resto-Bar (p. 413)
» Afrigonia (p. 493)
» La Tablita (p. 476)
» El Muro (p. 465)

Le top des hébergements

» Bahía Bustamante (p. 428)
» Del Nomade Hostería Ecologica (p. 417)
» La Tosca (p. 411)
» Tierra Patagonia (p. 502)
» Nothofagus B&B (p. 461)

Pourquoi y aller

Aux confins australs de l'Amérique du Sud, la nature se livre à l'état sauvage en des espaces arides et magnifiques, dont l'immensité n'a d'égale que l'ampleur du silence qui les peuple. Pour bien des voyageurs, la plongée dans ce vide intense est tout aussi marquante que la découverte des sommets déchiquetés, des rivières aux eaux cristallines et des villages poussiéreux. La Patagonie, région démesurée, offre une inépuisable richesse de paysages et d'expériences à vivre.

Aujourd'hui goudronnée, la mythique Ruta Nacional 40 (RN 40) fit rêver des personnalités aussi différentes que Butch Cassidy et Bruce Chatwin. Le long du littoral est, la RN 3 (asphaltée) met aussi le cap vers le sud, reliant des villes pétrolières en plein essor à des forêts pétrifiées, des villages gallois à la spectaculaire Península Valdés. Ne manquez pas les sites spectaculaires d'El Calafate et d'El Chaltén, mais n'oubliez pas que l'ambiance assez branchée de ces deux villes vous transportera à des années-lumière de la steppe isolée.

Quand partir

El Calafate

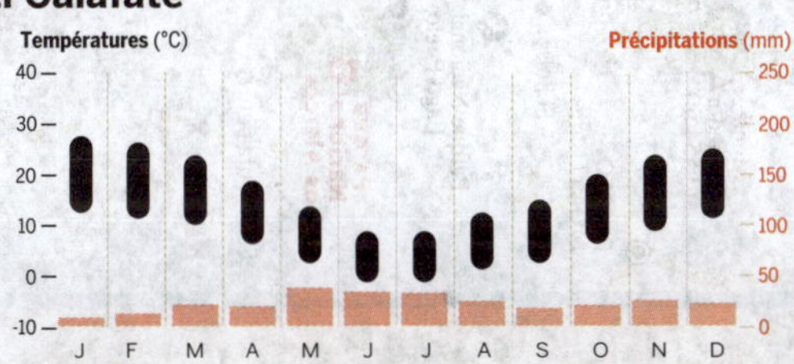

Nov-mars Les mois les plus chauds. Idéal pour découvrir les estancias et parcourir la Ruta 40.

Juin à mi-déc Migration des baleines franches vers la Península Valdés.

Mi-sept à début mars Forte présence d'animaux côtiers – manchots, oiseaux marins, lions de mer...

À ne pas manquer

1 Les teintes bleutées du **glacier Perito Moreno** (p. 478), à contempler dans le fracas des icebergs qui se disloquent

2 Les forêts millénaires et les lacs aux eaux claires du **Parque Nacional Los Alerces** (p. 450), couvert d'une dense végétation

3 L'imposant **massif du Fitz Roy** (p. 467), près d'El Chaltén, capitale du trekking en Argentine

4 Les baleines franches australes qui s'ébattent dans les eaux de la **Reserva Faunística Península Valdés** (p. 415)

5 Un festin d'agneau rôti dans une **estancia** (p. 453), après une journée à parcourir les grands espaces

6 La **Ruta 40** (p. 442), route mythique pour tailler son propre chemin

7 Un détour au Chili pour contempler la beauté sauvage des **Torres del Paine** (p. 495)

Parcs nationaux et réserves naturelles

Les parcs nationaux de Patagonie, aux paysages très variés et empreints de solitude, sont le royaume d'une faune et d'une flore extraordinaires. Vous découvrirez les trésors du littoral de Monte León (p. 438) et de l'Isla Pingüino (p. 435), récemment aménagée, les forêts millénaires de Los Alerces (p. 450), la beauté brute du Perito Moreno (p. 458), et les éblouissants glaciers et sommets de Los Glaciares (p. 434). Au Chili, on retient en particulier les Torres del Paine (p. 495), le Bernardo O'Higgins (p. 495), très reculé, et le Pali Aike (p. 489), riche de témoignages paléolithiques. La Península Valdés (p. 415) occupe la première place des réserves naturelles de rang mondial présentes en Patagonie argentine. Ne quittez pas la région sans avoir mis le pied dans deux ou trois parcs au moins.

Comment s'y rendre et circuler

Routes gravillonnées en mauvais état, qu'empruntent de rares bus : voici à quoi se résument les transports (interminables) en Patagonie. Les principales destinations touristiques sont reliées entre elles par avion – un moyen de transport onéreux, mais n'oubliez pas que la région couvre un tiers du territoire du huitième plus grand pays du monde.

Les horaires des bus qui longent la côte orientale sont établis pour les habitants de Buenos Aires : les départs et les arrivées ont donc souvent lieu en pleine nuit. Les transports sont beaucoup moins nombreux hors saison. En haute saison, achetez vos billets dès que possible car la demande est forte. Voir p. 442 les informations sur les voyages avec des tour-opérateurs sur la RN 40.

PATAGONIE CÔTIÈRE

Les baleines franches australes, les manchots et les villages gallois de Patagonie sont accessibles depuis la RN 3, route côtière d'Argentine. Cet axe goudronné, qui jouit d'une histoire maritime fascinante, traverse des paysages monotones qui brouillent l'horizon. C'est aussi un itinéraire de choix pour les gros camions effectuant des voyages au long cours.

Les amoureux de la nature ne manqueront pas la très renommée Península Valdés, l'Área Natural Protegida Punta Tombo (qui abrite la plus importante colonie de manchots de Magellan du continent) et la multitude d'oiseaux marins du Ría Deseado. Les villages de Puerto San Julián et Camarones se révéleront idéals pour un séjour au bord de la mer, tandis que la localité de Gaiman est en soi un intéressant témoignage historique de la colonisation galloise.

Viedma

☎02920 / 53 000 HABITANTS

Partageant le fleuve Río Negro avec sa voisine, Carmen de Patagones, Viedma est vivante et prospère. Moins pittoresque que la ville qui lui fait face de l'autre côté du fleuve, la capitale de la province de Río Negro se révèle une base plus commode pour le voyageur, avec de bons services et équipements, de jolies berges, des cafés chics et un parcours de jogging à proximité du centre.

Elle fut fondée en 1779 par Francisco de Viedma, qui débarqua ici alors que ses hommes commençaient à succomber à la fièvre et à la soif dans la Península Valdés. En 1879, Viedma devint la résidence du gouverneur de Patagonie et le centre politique du sud du pays. Un siècle plus tard, le gouvernement du président Alfonsín proposa en vain qu'elle remplace Buenos Aires comme capitale fédérale du pays.

À voir et à faire

Des prestataires installés à l'embarcadère proposent des kayaks à louer et des promenades sur le Río Negro. La saison de la pêche – truite arc-en-ciel (remise des prises à l'eau), saumon argenté et carpe – s'étend de novembre à début juillet.

GRATUIT Museo Cardenal Cagliero MUSÉE

(☎02920-15-308671 ; Rivadavia 34 ; ⌚8h-13h lun-ven). Ce musée salésien recèle de remarquables plafonds décorés de fresques ; le bureau du cardinal mérite un coup d'œil. Le musée occupe le Centro Histórico Cultural Salesiano, l'ancien vicariat de Patagonie, un imposant bâtiment de brique datant de 1890, au coin de Colón.

GRATUIT Museo Gobernador Eugenio Tello MUSÉE

(☎425900 ; San Martín 263 ; ⌚9h-16h30 lun-ven, 16h-18h sam). Outils et objets tehuelche, crânes déformés, squelettes et histoire de la colonisation européenne.

Fêtes

Regata del Río Negro FÊTE

(www.regatadelrionegro.com.ar ; ⌚mi-jan). Une semaine de festivités, durant lesquelles se déroule la plus longue course de kayak du monde, entre Neuquén et Viedma (500 km).

Fiesta del Siete de Marzo FÊTE
(Carmen de Patagones ; début mars). Les célébrations commémorent la victoire inespérée, en 1827 lors de la guerre contre le Brésil, de Carmen de Patagones sur des envahisseurs mieux armés. *Música folklórica*, défilés, artisanat et cuisine traditionnelle sont à l'honneur durant 10 jours.

Où se loger et se restaurer

Hotel Nijar HÔTEL $$
(422833 ; www.hotelnijar.com ; Mitre 490 ; s/d/tr 220/310/405 ARS ; P@). Un hôtel d'affaires élégant, à 4 pâtés de maisons de la rivière. Les chambres sont petites, mais nettes et satisfaisantes, avec la TV par câble. Celles qui donnent sur la rue peuvent être bruyantes.

Hotel Peumayén HÔTEL $
(425222/234 ; www.hotelpeumayen.com.ar ; Buenos Aires 334 ; s/d/tr 195/287/385 ARS ; @). Un vieil hôtel d'affaires, un peu désuet mais bien tenu, avec des chambres aux murs jaune canari. Chaque étage dispose d'une petite cuisine.

La Ochava CAFÉ $
(angle Alsina et 25 de Mayo ; sandwichs 40 ARS ; petit-déj, déj et dîner). Ce café-brasserie haut de plafond, décoré de boiseries, occupe un bâtiment ancien qui fait l'angle. Goûtez la *cerveza artesanal* (bière artisanale) accompagnée d'un steak, d'un hamburger ou d'un sandwich en vous imprégnant de l'atmosphère rétro.

Sal y Fuego ARGENTIN $$
(Av Villarino 55 ; plats 45-65 ARS). Une adresse branchée au bord du fleuve dont la carte de classiques argentins réserve aussi quelques surprises, à l'image du poulet aux prunes à la sauce aigre-douce. L'après-midi, on peut boire un café à l'ombre d'un saule pleureur, au café attenant.

Renseignements

Des DAB et des cybercafés sont rassemblés dans le centre, sur Buenos Aires.

Dirección de Pesca de Río Negro (420326). Renseignements sur la pêche et délivrance de permis.

Hôpital Artémides Zatti (422333 ; Rivadavia 351)

À NE PAS MANQUER

L'HISTOIRE À CARMEN DE PATAGONES

Rues pavées escarpées et éléments d'architecture coloniale insufflent un peu de charme à cette ville assoupie installée en face de Viedma, sur l'autre rive du Río Negro. Vous trouverez cartes et brochures au dynamique **office du tourisme** (464819 ; www.patagones.gov.ar ; Mitre 84 ; 7h-19h lun-ven, 10h-13h et 18h-21h sam-dim déc-fév).

La **Plaza 7 de Marzo** commémore la victoire remportée en 1827 contre les envahisseurs brésiliens. Dans l'église édifiée en 1833 par les salésiens, le **Templo Parroquial Nuestra Señora del Carmen**, on peut voir la plus ancienne statue de la Vierge du sud de l'Argentine, qui date de 1780. Deux des sept drapeaux ravis aux Brésiliens lors de la bataille sont posés sur l'autel. À l'ouest de l'église se dresse la **Torre del Fuerte**, unique vestige du fort de 1780 qui occupait jadis tout le pâté de maisons.

Au pied de la tour, deux canons autrefois affectés à la défense de la Patagonie flanquent un escalier descendant vers le fleuve, le **Pasaje San José de Mayo**, construit dans les années 1960. En bas des marches se trouve le **Rancho de Rial** (Mitre 94), la demeure en adobe du premier maire élu de la ville (1820). Creusées sur les rives du fleuve, les **Cuevas Maragatas** (grottes Maragatas ; Rivadavia s/n), trois rues plus loin vers l'ouest, ont hébergé les premières familles espagnoles arrivées en 1779.

Située deux blocs à l'est, la **Casa de la Cultura** (Mitre 27) est un ancien moulin (*tahona*) du XIXe siècle. En face, on peut visiter **La Carlota** (angle Bynon et Mitre), une ancienne demeure privée construite vers 1800 et abritant du mobilier d'époque (renseignements au musée).

Le **Parque Piedra Buena** renferme le buste d'un officier de marine connu pour avoir secouru de très nombreux marins naufragés. À une rue à l'ouest, le **Museo Histórico Emma Nozzi** (462729 ; 10h-12h et 19h-21h lun-ven, 19h-21h sam) présente une importante collection sur l'histoire de cette partie de l'Argentine, notamment sur les anciens esclaves noirs de la ville.

À NE PAS MANQUER

À BORD DU TRAIN DE PATAGONIE

Le **Tren Patagónico** (☎442-2130 ; www.trenpatagonico-sa.com.ar), l'un des derniers grands trains longue distance circulant encore en Argentine, offre un service haut de gamme comprenant voiture-restaurant et voiture-cinéma. Au départ de la ville côtière de Viedma à 18h le samedi, il traverse les plaines jusqu'à Bariloche (classe éco/1re classe/pullman/couchette 76/100/155/304 ARS, 17 heures) ; les enfants âgés de 5 à 12 ans paient demi-tarif. Le train part de la gare située à la périphérie de la ville. Vérifiez l'horaire sur le site Internet – il change souvent.

Informes Turisticos (Informations touristiques ; ☎427171 ; www.viedma.gov.ar ; Av Francisco de Viedma 51). Informations locales et régionales sur les berges du Río Negro.
Office du tourisme (☎427171 ; gare routière). Informations sur les hébergements et les transports.
Poste (angle 25 de Mayo et San Martín)
Tritón Turismo (☎431131 ; Ceferino Namuncurá 78). Excursions, location de voitures et change de chèques de voyage.

Comment s'y rendre et circuler

Avion

Aeropuerto Gobernador Castello se trouve à 15 km au sud-ouest de la ville par la RP 51. Le taxi pour le centre-ville coûte 8 ARS.
Aerolíneas Argentinas (☎423033) dessert Buenos Aires (667 ARS aller simple) 2 fois par semaine. Les vols **LADE** (☎424420) à destination de Comodoro Rivadavia font escale à Viedma les lundis et vendredis.

Bateau

Un ferry assure des liaisons fréquentes avec Carmen de Patagones de 6h30 à 22h (2 ARS). L'embarquement a lieu au quai situé à l'extrémité de 25 de Mayo.

BUS AU DÉPART DE VIEDMA

DESTINATION	TARIF (ARS)	DURÉE (HEURES)
Bahía Blanca	110	3
Bariloche	360-510	14-15
Buenos Aires	325-465	13
Comodoro Rivadavia	358-412	10-13
Las Grutas	100	2 heures 30
Puerto Madryn	175-200	5-6
Trelew	200-230	8

Bus

La **gare routière** se trouve 13 rues au sud-ouest de la plaza (20 min à pied).

Don Otto (☎425952) et **El Cóndor** (☎427003) offrent les liaisons les plus pratiques à destination de Puerto Madryn. Pour rejoindre Bariloche, vous aurez aussi le choix entre **Las Grutas S.A.** (☎420383) et **El Valle** (☎427501).

En été, **Ceferino** (☎424542) assure 6 liaisons quotidiennes entre la Plaza Alsina, d'une part, et le Balneario El Cóndor (6 ARS, 30 min) et La Lobería (12 ARS, 1 heure), d'autre part.

Littoral de la province de Río Negro

Très animée en été, la côte qui longe la province de Río Negro est désertée en hiver. Cette portion de littoral appelée Ruta de los Acantilados s'étend sur 400 km. L'action des vagues sur ces façades naturelles formées voici 3 à 13 millions d'années a mis au jour quantité de fossiles.

Le **Balneario El Cóndor**, à 31 km au sud-est de Viedma, à l'embouchure du Río Negro, abrite la plus importante colonie de perroquets au monde, avec 35 000 nids dans les anfractuosités de ses falaises. Ne manquez pas le phare centenaire, le plus ancien de Patagonie.

À une trentaine de kilomètres au sud, **La Lobería** (Reserva Faunística de Punta Bermeja), sur le littoral nord du Golfo San Matías, abrite une colonie résidente de lions de mer australs. La population est à son maximum au printemps, à la saison des accouplements, lorsque les mâles se battent pour constituer leur harem, qui peut comprendre jusqu'à 10 femelles. Les petits naissent à partir de décembre. Une passerelle d'observation, sûre et discrète, est installée au-dessus des plages où ils s'accouplent. Le bus en provenance de Viedma s'arrête à 3 km de la colonie.

Las Grutas (www.balneariolasgrutas.com), une station balnéaire très fréquentée, se tient à l'extrémité nord-ouest du Golfo San Matías, à 179 km à l'ouest de Viedma par la RN 3. Elle doit son nom à des grottes marines rongées par l'érosion. En raison d'une amplitude de marée exceptionnelle, les plages voient leur taille varier de plusieurs centaines de mètres à quelques mètres à peine. Munissez-vous d'un horaire des marées à l'**office du tourisme** (☎02934-497470 ; Galería Antares, Primera Bajada). San Antonio Oeste, à 16 km au nord-est (bus toutes les heures), offre des possibilités d'hébergement.

Le seul intérêt de **Sierra Grande**, à 125 km au sud de Las Grutas, est de proposer du carburant aux très intéressants *precios patagónicos* (tarifs de Patagonie). La majorité des visiteurs s'arrêtent le temps d'un plein.

Puerto Madryn

☎0280 / 80 000 HABITANTS

Porte d'entrée de la Península Valdés, Puerto Madryn s'affaire à ses activités touristiques et industrielles sans perdre son côté petite ville : les habitants, jamais pressés, sont accueillants et la radio lance encore des annonces pour retrouver les chiens perdus. Avec des températures estivales du niveau de celles de Buenos Aires, c'est une destination balnéaire honorable, mais, de juin à mi-décembre, ce sont les baleines franches australes qui occupent le devant de la scène. Entre juillet et septembre, les mammifères s'approchent si près du littoral qu'on peut les observer depuis la terre ferme, soit depuis la jetée en ville, soit depuis un lieu à 20 km au nord.

Deuxième port de pêche du pays, cette ville très étendue est également le siège d'Aluar, la plus grande usine d'aluminium du pays, construite en 1974. Havre niché au fond du Golfo Nuevo, Puerto Madryn fut fondé par des colons gallois en 1886 – sur le front de mer, des statues représentant des immigrants et des Tehuelche évoquent l'histoire locale. Le département de biologie marine de l'Universidad de la Patagonia, sur le campus de Madryn, jouit d'une excellente réputation et des organisations écologiques mènent des actions de protection et d'éducation.

À voir

Puerto Madryn s'étend à l'est de la RN 3, à 1 371 km au sud de Buenos Aires et environ 65 km au nord de Trelew. La *costanera* et ses deux grandes avenues parallèles, Roca et 25 de Mayo, se trouvent au cœur de l'activité. Le Blvd Brown longe la plage vers le sud.

EcoCentro MUSÉE

(☎445-7470 ; www.ecocentro.org.ar ; J Verne 3784 ; 44 ARS ; ⌚9h-12h et 15h-19h lun-ven). Dédié à l'extraordinaire écosystème marin de la région, ce centre remarquable allie sensibilité artistique et rigueur scientifique. On découvre les habitudes de reproduction des baleines franches, les signaux sonores émis par les dauphins et les harems des éléphants de mer australs. Il y a aussi un bassin avec des espèces vivantes, que l'on peut toucher, et une tour abritant une bibliothèque (le niveau supérieur est équipé de baies vitrées et de confortables canapés). Apportez des jumelles, car il est possible d'apercevoir des baleines.

L'Ecocentro se trouve à 40 minutes de marche – 15 minutes en vélo – du centre par la *costanera*, ce qui constitue une balade agréable. Vous pouvez aussi vous y rendre par la navette qui part de l'office du tourisme, sur l'Av Roca (3 fois/jour), ou prendre un bus de la Línea 2 jusqu'au terminus et faire un kilomètre à pied.

Museo Provincial de Ciencias Naturales y Oceanográfico MUSÉE

(☎445-1139 ; angle Domecq García et José Menéndez ; 6 ARS ; ⌚9h-12h et 15h-19h lun-ven, 15h-19h sam-dim). On aborde ici la science de manière participative, et l'on peut toucher des paquets d'algues ou contempler une pieuvre naturalisée. Le Chalet Pujol (1917) présente une collection consacrée aux mammifères marins et terrestres, dont des spécimens sont conservés, ainsi que des salles dédiées à la colonisation galloise. Les explications (en espagnol) s'adressent plutôt à un public scolaire, mais l'ensemble est présenté de manière créative et intéressante. Vue sur le port depuis la tourelle.

Fundación Patagonia Natural ORGANISME DE CONSERVATION

(☎445-1920 ; www.patagonianatural.org ; Marcos A Zar 760 ; ⌚9h-16h lun-ven). Cette ONG sérieuse mène des actions de conservation et s'occupe de questions écologiques. Des bénévoles soignent ici les oiseaux et les mammifères blessés.

Activités

Plongée et snorkeling

Avec leur vie marine et leurs intéressantes épaves, Puerto Madryn et la Península Valdés sont devenus les capitales argentines de la plongée. Les prix pour une plongée démarrent à 290 ARS environ ; certaines agences proposent aussi des cours, des plongées nocturnes et des excursions sur plusieurs jours. Plusieurs prestataires organisent par ailleurs des sorties de snorkeling avec les otaries à Punto Lomas, très prisées (750 ARS/pers). Les professionnels répertoriés ci-dessous sont affiliés à la PADI.

Lobo Larsen PLONGÉE
(☎447-0277, 02965-15-516314 ; www.lobolarsen.com ; Av Roca 885, Local 2). Un prestataire local de bonne réputation ; propose notamment des baptêmes de plongée.

Scuba Duba PLONGÉE
(☎445-2699 ; www.scubaduba.com.ar ; Blvd Brown 893). Un professionnel de qualité.

Madryn Buceo PLONGÉE
(☎0280-15-456-4422 ; www.madrynbuceo.com). Baptêmes de plongée, snorkeling avec les lions de mer et sorties classiques. Service de transport depuis/vers les hôtels.

Planche à voile et kayak

En haute saison, un guichet installé près du Vernardino Club de Mar (p. 413) permet de s'inscrire à des cours et de louer du matériel. La **Playa Tomás Curti**, très appréciée des véliplanchistes, s'étend au sud du Muelle Piedrabuena.

Vélo et randonnée

La plupart des hôtels louent des vélos.

Costas de Patagonia SPORTS AVENTURE
(☎447-1842 ; www.costasdepatagonia.com). Sorties en 4x4 combinées à d'autres activités : randonnée, VTT, pêche en haute mer et kayak. Le tout en petit groupe avec des guides parlant espagnol et anglais.

Circuits organisés

Une multitude d'agences proposent des excursions à la Península Valdés ; les prix n'incluent pas l'entrée au parc (70 ARS) ni l'observation des baleines (250 ARS). La plupart des hôtels et auberges de jeunesse proposent également des circuits. Il est bien de recueillir les conseils d'autres voyageurs avant de choisir. Renseignez-vous sur la capacité du bus, les aptitudes linguistiques du guide, les repas et les visites prévues (les itinéraires varient d'un prestataire à un autre). Dans la mesure du possible, munissez-vous de jumelles !

Une excursion à Punta Tombo (p. 427) est également envisageable depuis Puerto Madryn ou Trelew (p. 421). Les deux reviennent au même prix, mais requièrent une ou deux heures de route de plus (et donc moins de temps sur place).

Vous pouvez faire appel à :

Flamenco Tour CIRCUITS GUIDÉS
(☎445-5505 ; www.flamencotour.com ; Av Roca 331). L'offre va des formules classiques comme les excursions à la rencontre des baleines et les sorties de snorkeling aux circuits en 4x4 le long de la côte pour observer les étoiles (télescopes et instructions bilingues).

Nievemar CIRCUITS GUIDÉS
(☎445-5544 ; www.nievemartours.com.ar ; Av Roca 493). Représentant d'American

Puerto Madryn

À voir
1 Fundación Patagonia Natural B3

Activités, cours et circuits organisés
2 Flamenco Tour C2
3 Lobo Larsen C4
4 Nievemar C2
5 Scuba Duba C4
Location de planches à voile et de kayaks ....(voir 22)

Où se loger
6 Chepatagonia Hostel C3
7 El Gualicho B2
8 El Retorno C3
9 Hi! Patagonia Hostel C4
10 Hostería Las Maras B1
11 Hotel Bahía Nueva C1
12 La Casa de Tounens B1
13 La Tosca B2
14 Posada del Catalejo C2

Où se restaurer
15 Ambigú C1
16 Estela C1
17 Heladería Mares C4
18 Lizzard Café C3
19 Mr Jones C2
20 Patagonia Resto Bar B2
21 Plácido C2
22 Vernadino Club de Mar C4

Où prendre un verre
23 Margarita Bar C1

Express. Observation des baleines, découverte de colonies d'otaries et visite de la forêt pétrifiée, entre autres.

Où se loger

Réservez bien à l'avance, surtout pour une chambre double. L'office du tourisme fournit une liste détaillée des hébergements avec leurs tarifs. Celle-ci inclut les estancias voisines ainsi que des appartements à louer.

Toutes les auberges de jeunesse disposent d'une cuisine et beaucoup d'entre elles envoient leur personnel à la gare routière pour chercher les voyageurs. La plupart se situent toutefois à une courte distance à pied de cette dernière.

Hi! Patagonia Hostel AUBERGE DE JEUNESSE $
(☎445-0155 ; www.hipatagonia.com ; Av Roca 1040 ; dort/d 50/150 ARS ; @). Réservation impérative pour cette accueillante pension aux allures de pavillon de banlieue, qui dispose de chambres individuelles et de dortoirs. Les lits ont des couettes en duvet, il y a un bar dans la cour herbeuse ainsi qu'un mur d'escalade et des barbecues. Possibilité de location de vélos. Au moment de prévoir une excursion, vous bénéficierez des talents du propriétaire, Gaston, hôte parfait et météorologue amateur.

La Tosca AUBERGE DE JEUNESSE $
(☎445-6133 ; www.latoscahostel.com ; Sarmiento 437 ; dort/lits jum/d/ste 70/170/200/250 ARS ; @ wi-fi). Dans cette pension moderne et confortable, tout aussi accueillante et sympathique que la précédente, le personnel et les propriétaires, un couple qui a beaucoup voyagé, vous appellent par votre prénom. Les lits sont bons, les petits-déjeuners variés et il y a une cour avec pelouse. Un repas maison est parfois proposé le soir. La nouvelle suite est très agréable. Location de vélos.

Puerto Madryn

Hotel Territorio HÔTEL DESIGN $$$
(447-1496 ; Av Roca 33 ; www.hotelterritorio.com.ar ; d/tr 535/602 ARS, ste 1 245 ARS ; @). Posté derrière de belles dunes, cet établissement possède 36 chambres donnant sur la mer. Le chic se décline ici en version épurée, avec béton poli et mobilier moderne raffiné – et même une épine dorsale entière de baleine qui, telle une sculpture, vient orner un hall dépouillé. Il y a un spa ultracontemporain, un bar à cocktails très agréable et une grande salle de jeux pour les enfants. L'hôtel se situe à la Punta Cuevas, assez loin à pied du centre.

La Casa de Tounens AUBERGE DE JEUNESSE $
(447-2681 ; www.lacasadetounens.com ; Pasaje 1ro de Marzo 432 ; dort/s/d sans sdb 55/140/170 ARS, s/d 170/220 ARS ; @). Proche de la gare routière, ce petit cocon agréable est tenu par un couple franco-argentin sympathique, aux petits soins pour les hôtes des six chambres. Le patio au sol pavé est joliment aménagé, on mange du pain maison au petit-déjeuner et des vélos sont mis gratuitement à disposition.

El Gualicho AUBERGE DE JEUNESSE $
(445-4163 ; www.elgualicho.com.ar ; Marcos A Zar 480 ; dort/d/tr/qua 55/220/246/265 ARS ; @). Après une ample rénovation, cette belle auberge de jeunesse de style contemporain offre des chambres très chics – mais les matelas, curieusement, sont restés bas de gamme. Nous adorons les vastes espaces communs, avec hamacs et tables de billard, mais la taille de l'établissement – 120 lits – lui confère un côté un peu impersonnel. Location de vélos.

La Posada Hotel AUBERGE $$
(447-4087 ; www.la-posada.com.ar ; Mathews 2951 ; d/supérieure 410/480 ARS ; @). À 2 km au sud du centre-ville, cet hôtel moderne entouré de vertes pelouses promet un séjour calme. Les chambres lumineuses et soignées, avec quelques notes de couleur vive, disposent de la TV câblée. Piscine et barbecue dans le jardin.

Casa Patagonica B&B $$
(445-1540 ; www.casa-patagonica.com.ar ; Av Roca 2210 ; d/tr sans sdb 180/220 ARS, d/tr 260/300 ARS ; @). Un B&B chaleureux et convivial, où l'on déguste des gâteaux maison au petit-déjeuner. La demeure de brique comprend des chambres, impeccablement tenues, et un *quincho* où l'on se retrouve pour faire la cuisine ou le barbecue. À 5 rues de la plage et 1 km du centre.

Chepatagonia Hostel AUBERGE DE JEUNESSE $
(445-5783 ; www.chepatagoniahostel.com.ar ; Storni 16 ; dort/lits jum 60/175 ARS ; @). À un jet de pierre de la plage, cette auberge bien tenue appartient à un jeune couple avenant qui réserve des circuits pour ses hôtes et allume le barbecue deux fois par semaine pour des repas de grillades. Autres atouts : le Wi-Fi gratuit, les lits confortables et la possibilité de voir une baleine sauter hors de l'eau depuis le balcon.

El Retorno AUBERGE DE JEUNESSE $
(445-6044 ; www.elretornohostel.com.ar ; Mitre 798 ; dort/lits jum 55/180 ARS ; @). L'infatigable Gladys a accueilli des voyageurs du monde entier dans sa pension avec dortoirs, doubles douillettes, solarium, espace barbecue, ping-pong et vélos à louer.

Hostería Las Maras AUBERGE $$
(445-3215 ; www.hosterialasmaras.com.ar ; Marcos A Zar 64 ; s/d 320/390 ARS, supérieure 390/430 ARS ; @). Murs de brique, poutres apparentes et mobilier en osier composent un cadre intime et romantique dans le salon. Les chambres standards, petites, sont bien nettes et fonctionnelles. Mais si vous voulez un peu de déco, choisissez une supérieure.

Posada del Catalejo AUBERGE DE JEUNESSE $
(447-5224 ; www.posadadelcatalejo.com.ar ; Mitre 46 ; dort/d sans sdb 60 ARS, d/tr 260/300 ARS ; @). Une auberge de jeunesse aux allures de B&B économique, installée dans un bâtiment à l'ancienne. Les dortoirs ont beaucoup vécu, mais les doubles sont jolies. Location de vélos (1 heure gratuite pour les clients).

Hotel Bahía Nueva HÔTEL $$
(445-0045/145 ; www.bahianueva.com.ar ; Av Roca 67 ; s/d 372/438 ARS ; @). Évoquant un cottage anglais, l'établissement profite d'une bibliothèque dans le hall et d'un décor coquet. Dommage que seules quelques-unes des 40 chambres parfaitement entretenues aient vue sur l'océan. Bar avec billard et TV (films et documentaires essentiellement). Renseignements sur les circuits.

Camping ACA CAMPING $
(445-2952 ; info@acamadryn.com.ar ; Camino al Indio ; empl s/d 25/30 ARS ; fermé mai-août). Un terrain de 800 emplacements gravillonnés,

protégés du vent incessant par des arbres. À défaut d'installations pour cuisiner, des en-cas (parfois des plats préparés) sont en vente sur place. Le bus n°2 au départ du centre fait halte à 500 m du camping ; descendez au dernier arrêt (La Universidad).

Où se restaurer et prendre un verre

Patagonia Resto-Bar POISSON, FRUITS DE MER $$$
(Belgrano 323 ; plats 66 ARS ; 12h-15h, 20h-tard, fermé lun). Ce nouveau venu très prisé propose une cuisine créative et soigneusement élaborée, à prix raisonnable. Avec ses box circulaires aux banquettes de cuir et ses saisissantes photos d'animaux marins, le lieu est très agréable aussi pour qui veut simplement prendre un verre.

Mr Jones PUB $
(9 de Julio 116 ; plats 38 ARS ; dîner). Grande variété de bières brunes et rousses, tourte à la viande maison, *fish and chips* : ce pub ne déçoit pas ! Le service est sympathique mais plutôt lent.

Ambigú ARGENTIN $$
(www.ambiguresto.com.ar ; angle Av Roca et Roque Sáenz Peña ; plats 45-60 ARS). Les gens du coin se pressent dans ce grand café où la cuisine met l'accent sur les produits frais. Cette table excelle dans toute une gamme de plats, notamment les fruits de mer – essayez les *langostinos* au sel marin – et la pizza. La salle aux tons chauds et à la lumière tamisée occupe le vieux bâtiment d'une ancienne banque, restauré avec classe.

Plácido ARGENTIN $$$
(445-5991 ; www.placido.com.ar ; Av Roca 506 ; plats 70 ARS ; 12h-15h, 20h-tard). Installé sur le front de mer, cet établissement raffiné sert dans un cadre épuré des versions joliment présentées de recettes traditionnelles – crevettes à l'ail et *cordero patagónico* (agneau de Patagonie), entre autres. Goûtez en particulier l'assortiment de fruits de mer arrosé d'une bouteille de blanc provenant de la Bodega Fin del Mundo.

Vernardino Club de Mar POISSON, FRUITS DE MER $$$
(447-4289 ; www.vernardinoclubdemar.com.ar ; Blvd Brown 860 ; plats 40-80 ARS ; petit-déj, déj et dîner). Dans une ambiance classique de restaurant de front de mer, on se presse ici pour prendre un verre ou dîner d'un plat au wok. Tôt le matin sur la terrasse, vous aurez l'impression de petit-déjeuner sur le sable.

Estela PARRILLA $$$
(445-1573 ; Roque Sáenz Peña 27 ; plats 45-78 ARS ; 12h-14h30 et 20h-minuit mar-dim). Une alléchante odeur d'ail sauté incite le passant à pénétrer dans cette *parrilla* au cadre sympathique et sans prétention, qui propose aux côtés des viandes traditionnelles des plats de pâtes et de poisson. L'établissement jouit d'une réputation bien établie, mais certains disent que la qualité varie d'un jour à l'autre.

Heladería Mares GLACES $
(Martin Fierro 85 ; cornet 20 ARS ; 10h-minuit). Un must pour les amateurs de glace au *dulce de leche*.

Lizzard Café CAFÉ $
(angle Av Roca et Av Gales ; plats 38 ARS ; 7h-2h). La "pizza burger" ne fait pas encore recette, mais ce café – qui sert aussi des salades correctes – assoit son succès sur une grande amplitude horaire.

Où sortir

Les bars et clubs en vogue changent sans cesse. Renseignez-vous sur place pour les lieux *de moda* (tendance) du moment.

Margarita Bar BAR
(Roque Sáenz Peña ; 11h-4h). Murs de brique et lumière tamisée dans ce bar branché qui propose une carte de cocktails bien fournie et des plats corrects, le tout servi aimablement. Le week-end, on danse à partir de 1h30.

Marina Bella CLUB
(www.marinabella.com.ar ; Av Rawson 115 ; 25 ARS). Cette discothèque ouverte toute la nuit attire une clientèle de tous les âges grâce à la diversité de ses ambiances (reggaeton, cumbia et electrónica), déclinées en plusieurs pistes – dont une sous une tente ouverte l'été. Entrée gratuite pour les femmes.

Renseignements

Vous trouverez quantité de téléphones publics et de cybercafés dans le centre. Certaines agences de voyages acceptent les chèques de voyage pour le paiement des excursions.

Banco de la Nación (9 de Julio 127). DAB et change de chèques de voyage.

Dirección de Cultura (Av Roca 444 ; douches 3,50 ARS). Douches au sous-sol, sous le Museo de Arte Moderno.

Hôpital subzonal (☎4451999 ; R Gómez 383).

Poste (angle Belgrano et Gobernador Maíz)

Recreo (angle 28 de Julio et Av Roca). Bon choix de livres et de cartes sur la région. Succursale à l'angle de 25 de Mayo et Roque Sáenz Peña.

Thaler Cambio (☎445-5858 ; Av Roca 497 ; ⏲9h30-13h et 18h-20h lun-ven, 10h-13h et 19h-21h sam-dim). Taux peu avantageux pour les chèques de voyage.

Office du tourisme (☎445-3504, 456067 ; www.madryn.gov.ar/turismo ; Av Roca 223 ; ⏲7h-22h lun-ven, 8h-23h sam-dim déc-fév, horaires réduits hors saison). Personnel efficace et sympathique. En principe, il y a toujours un employé parlant français ou anglais. Consultez le *libro de reclamos* (livre des réclamations) pour bénéficier de conseils d'autres voyageurs. Autre comptoir utile à la gare routière.

ℹ Depuis/vers Puerto Madryn

Le nombre de vols étant restreint, vous avez tout intérêt à réserver, en particulier si vous voulez rejoindre les Andes.

Avion

Bien que Puerto Madryn dispose d'un aéroport moderne à 5 km à l'ouest de la ville, l'**Aeropuerto El Tehuelche**, la plupart des vols commerciaux se posent encore à Trelew (voir p. 424), à 65 km au sud.

Andes (☎445-2355 ; www.andesonline.com ; Av Roca 624), une nouvelle compagnie, dessert l'Aeroparque de Buenos Aires (1177 ARS) plusieurs fois par semaine. **Aerolíneas Argentinas** (☎445-1998 ; Av Roca 427) utilise l'aéroport de Trelew, mais dispose d'une agence en ville.

Bus

Située derrière l'Estación del Ferrocarril Patagónico, un édifice datant de 1889, la **gare routière** (Doctor Avila, entre Independencia et Necochea) dispose d'un DAB et d'un efficace comptoir d'informations touristiques. Les horaires des bus y sont clairement affichés et il y a de grandes consignes automatiques.

Andesmar (☎447-3764), **Don Otto** (☎445-1675), **28 de Julio** (☎447-2056), **Mar y Valle** (☎447-2056), **Que Bus** (☎445-5805), **Ruta Patagonia** (☎445-4572), **TAC** ☎447-4938) et **TUS** (☎445-1962) assurent des liaisons depuis/vers Puerto Madryn. **Chaltén Travel** (☎445-4906 ; Av Roca 115) dessert Esquel et assure à partir de cette ville des correspondances sur la RN 40, en direction du nord (Bariloche) et du sud (Perito Moreno et El Chaltén).

Le bus de la compagnie Mar y Valle à destination de Puerto Pirámides (24 ARS, 1 heure 30) part à 9h45 et revient à Puerto Madryn à 18h. Le lundi, le mercredi et le vendredi, départs supplémentaires à 6h30 et 16h (8h et 13h en sens inverse).

ℹ Comment circuler

Pour vous déplacer en ville et dans les environs, le plus simple est de louer un vélo.

Depuis/vers l'aéroport

Les bus n°28 de la compagnie Julio reliant Puerto Madryn à Trelew circulent toutes les heures du lundi au samedi, entre 6h et 22h et marquent l'arrêt à l'aéroport de Trelew sur demande.

Des radio-taxis comme ceux de **La Nueva Patagonia** (☎447-6000) conduisent les voyageurs depuis/vers l'aéroport de Madryn pour environ 18 ARS ; **Eben-Ezer** (☎447-2474) dessert l'aéroport de Trelew (50 ARS).

BUS AU DÉPART DE PUERTO MADRYN

DESTINATION	TARIF (ARS)	DURÉE (HEURES)
Bariloche	381-433	14-15
Buenos Aires	437-481	18-20
Comodoro Rivadavia	130-150	6-8
Córdoba	501-575	18
Esquel	205-258	7-9
Mendoza	527-632	23-24
Neuquén	224-260	12
Río Gallegos	456-524	15-20
Trelew	16	1
Viedma	126-146	5-6

Voiture

Avant de louer une voiture pour rallier la Península Valdés, sachez que le trajet aller-retour fait un peu plus de 300 km. Si vous êtes plusieurs et que l'on ne vous facture pas de kilomètres supplémentaires, cette solution, abordable, offre plus de souplesse qu'une excursion en bus. Assurez-vous cependant au préalable des termes du contrat.

Le tarif des locations varie en fonction du forfait kilométrique, de l'âge et de l'état de la voiture. L'agence familiale **Centauro** (0280-15-340400 ; www.centaurorentacar.com.ar ; Av Roca 733) est chaudement recommandée pour son service attentif et ses prix compétitifs. Les véhicules de base reviennent à 395 ARS/jour, assurance et 400 km inclus.

Environs de Puerto Madryn

De Puerto Madryn, une bonne route gravillonnée sinueuse permet d'accéder à la **Reserva Faunística Punta Loma** (25 ARS), à 17 km. On peut y observer à une quinzaine de mètres de distance les colonies résidentes de lions de mer et de cormorans. De nombreuses agences de voyages organisent des excursions de 2 heures (100 ARS) en fonction de l'heure des marées (la marée basse offre les meilleures conditions d'observation). Vous pouvez aussi louer une voiture, un taxi ou un vélo (à l'aller, préparez-vous à pédaler rudement !) à condition de vous renseigner sur les horaires des marées.

Il est possible d'observer des baleines depuis la **Punta Flecha**, à 20 km au nord de Puerto Madryn par la RP 1.

Reserva Faunística Península Valdés

Lions de mer, éléphants de mer, guanacos, nandous, manchots de Magellan et une multitude d'oiseaux marins vivent dans la Península Valdés, l'une des plus belles réserves naturelles d'Amérique du Sud, inscrite au patrimoine de l'humanité par l'Unesco. Elle attire plus de 80 000 visiteurs chaque année et couvre 3 600 km² sur plus de 400 km de littoral.

La péninsule abrite une variété exceptionnelle d'animaux, mais la plus grande attraction est sans conteste la *ballena franca austral* (baleine franche australe), une espèce menacée. Les eaux abritées et moins froides du Golfo Nuevo, du Golfo San José et du littoral proche de Caleta Valdés, entre la Punta Norte et la Punta Hércules, sont des zones de reproduction des baleines franches de juin à mi-décembre. Pour davantage de détails sur la faune de la région, voir p. 418.

L'intérieur des terres, occupé essentiellement par des estancias tournées vers l'élevage ovin, renferme aussi des salines qui forment l'une des plus grandes dépressions au monde : la Salina Grande et la Salina Chica, à 42 m au-dessous du niveau de la mer. Au début du XXe siècle, c'est de Puerto Pirámides, le seul village de la péninsule, que partaient les navires chargés du sel extrait de la Salina Grande.

L'embranchement de la RP 2, la route goudronnée qui traverse l'Istmo Carlos Ameghino et mène à l'entrée de la **réserve** (70 ARS), se trouve sur la RN 3, à 17 km au nord de Puerto Madryn. Le **Centro de Interpretación** (8h-20h), à 22 km de l'entrée, renferme un squelette complet de baleine franche. On y découvre des éléments d'histoire naturelle ainsi que des informations sur la colonisation de la péninsule, depuis la première implantation espagnole, au Fuerte San José, jusqu'à l'exploration minérale ultérieure. Ne manquez pas la vue panoramique depuis sa tour d'observation.

Si vous logez à Puerto Madryn mais que vous prévoyez de visiter le parc sur deux jours, demandez au garde de valider votre billet afin que vous puissiez y entrer à nouveau sans avoir à payer.

PUERTO PIRÁMIDES

0280/ 430 HABITANTS, 400 À 1 700 BALEINES

Au milieu des falaises sablonneuses et au bord d'une mer bleu clair, ce port assoupi, autrefois dévolu à l'exportation du sel, est désormais envahi d'autocars et de visiteurs en gilet de sauvetage orange. Les baleines sont synonymes d'une activité touristique en constante augmentation, mais à la fin de la journée, les touristes s'en vont et les deux rues qui composent ce village retrouvent leur tranquillité.

L'Av de las Ballenas est l'artère principale. Elle est perpendiculaire à Primera (1era) Bajada, la première route menant à la plage, qui est bordée d'agences de tourisme. Un petit **office du tourisme** (449-5048 ; www.puertopiramides.gov.ar ; 1era Bajada) pourra vous renseigner. **Telefónica** (Av de las Ballenas) offre un accès Internet et **Banco de Chubut** (Av de las Ballenas) possède un DAB.

Reserva Faunística Península Valdés

Activités

Si la plupart des visiteurs sont intéressés par les baleines, les offres de sports d'aventure se multiplient.

Les estancias des environs organisent des **excursions à cheval**. Mais les amateurs de sensations fortes n'auront pas besoin d'aller très loin ; il est possible de pratiquer le **sandboard** sur une dune située au bout de la 2e route menant à la mer.

Les visiteurs peuvent se rendre à pied jusqu'à la **colonie de lions de mer**, à moins de 5 km du village (essentiellement en montée). C'est un endroit magnifique pour admirer le coucher de soleil et la vue sur le Golfo Nuevo jusqu'à Puerto Madryn. On peut même parfois apercevoir des baleines. Programmez votre visite en fonction des marées (à marée haute, tous les lions de mer gagnent le large).

Circuits organisés

Patagonia Explorers KAYAK
(☎0280-15-434-0619 ; www.patagoniaexplorers.com ; Av de las Ballenas). L'équipe familiale propose un programme de grande qualité, avec des randonnées guidées et des sorties en kayak de mer. La toute nouvelle excursion de trois jours dans le Golfo San José comprend du kayak avec les lions de mer, des séances d'observation de la faune et un hébergement en bivouac. Il existe également des sorties nocturnes (nuits de pleine lune) ou à la tombée du jour. Renseignements sur le site Internet ou directement à l'agence.

Patagonia Scuba PLONGÉE
(☎0280-15-435-4646 ; www.patagonia-scuba.com.ar ; Av de las Ballenas s/n ; plongée 290 ARS). Ce prestataire affilié PADI et bien connu propose des sorties de plongée et de snorkeling avec les lions de mer. Le mois d'août bénéficie des meilleures conditions de visibilité sous l'eau.

OBSERVATION DES BALEINES

Des **excursions d'observation des baleines** (adulte/enfant 260/130 ARS) sont proposées au départ de Puerto Madryn et Puerto Pirámides. La formule standard dure 1 heure 30, mais il en existe de plus longues.

Avant de faire votre choix, demandez conseil à d'autres voyageurs et renseignez-vous sur le bateau utilisé. Un petit semi-rigide de type Zodiac peut être plus intime, mais également plus inconfortable. La législation impose de couper le moteur dès que le bateau est à 100 m des baleines. Il est par ailleurs interdit de poursuivre les cétacés.

Lisez les conditions de votre prestataire. Quand le port est fermé pour cause de mauvais temps, l'excursion prévue est souvent reportée au lendemain. Hors période d'observation des baleines (juin-déc), ces excursions ne se justifient que pour les passionnés de lions de mer et d'oiseaux côtiers.

Quelques prestataires réputés :

Bottazzi OBSERVATION DES BALEINES
(449-5050 ; www.titobottazzi.com ; 1era Bajada). Cette petite affaire familiale présente depuis deux générations a très bonne réputation. C'est la seule ici qui dispose de ses propres bateaux. Les croisières au coucher du soleil s'effectuent sur une embarcation plus petite et dans une ambiance plus personnalisée. Bureau à Puerto Madryn aussi.

Hydrosport OBSERVATION DES BALEINES
(449-5065; www.hydrosport.com.ar; 1era Bajada). Sorties à la rencontre des baleines ou des dauphins. Naturalistes et systèmes audio à bord permettant de suivre l'activité sous-marine.

Whales Argentina OBSERVATION DES BALEINES
(449-5015 ; www.whalesargentina.com.ar ; 1era Bajada). Excursions de qualité avec des guides bilingues et formules sur mesure dans une embarcation de quatre places semi-rigide.

Où se loger

Passer une nuit sur place offre davantage de possibilités de voir des animaux – mais sachez tout de même que les bonnes adresses sont rares et qu'il ne se passe pas grand-chose côté vie nocturne. À moins que vous n'ayez la chance de vivre ces moments inoubliables décrits par certains campeurs qui racontent avoir entendu le chant et le souffle des baleines au milieu de la nuit.

Demandez un reçu à votre hôtel si vous prévoyez de sortir et d'entrer à nouveau dans le parc, pour ne pas avoir à payer deux fois. Vous verrez des panneaux proposant des chambres, des appartements et d'autres hébergements à louer dans la rue principale.

Del Nomade Hostería Ecologica LODGE $$$
(449-5044 ; www.ecohosteria.com.ar ; Av de las Ballenas s/n ; d/tr 760/840 ARS ; @). Propriété d'un photographe naturaliste argentin renommé, cet écolodge compte 8 belles chambres au style épuré, très accueillantes. Utilisation de bois tombé, traitement enzymatique des eaux usées, panneaux solaires, compostage et recours à des agents nettoyants naturels : tout est fait pour garantir un fonctionnement écologique. Pour vous mettre dans l'ambiance, vous pourrez puiser dans les piles de *National Geographic* et contempler les photos exposées. Remises pour les longs séjours.

La Casa de la Tía Alicia PENSION $
(449-5046 ; http://lacasadelatiaalicia.blogspot.com ; Av de las Ballenas s/n ; 70 ARS/pers). La maison rose bonbon de "tante Alicia" offre sans conteste le meilleur rapport qualité/prix de la ville, sans parler de la *buena onda* (bonne ambiance) qui y règne. Les chambres partagent 2 sdb, et un bungalow peut accueillir 3 personnes. Joli jardin.

La Posta APPARTEMENTS $$
(449-5005 ; www.lapostapiramides.com.ar ; 1era Bajada s/n ; d/tr/qua 270/320/350 ARS). Situés au cœur de l'action, ces charmants appartements de style bungalow peuvent accueillir jusqu'à 5 personnes. Bien propres et confortables avec leurs murs de brique apparente et le mobilier de bois tout simple, ils sont équipés d'une kitchenette et d'une TV câblée.

De Luna PENSION $$
(449-5083 ; www.deluna.com.ar ; Av de las Ballenas s/n ; d/appartement 250/350 ARS). Vous avez le choix entre des chambres, spacieuses et lumineuses, et un charmant petit appartement à l'étage, qui jouit d'une vue magnifique. Le tout est très séduisant.

Motel ACA MOTEL $$
(449-5004 ; www.motelacapiramides.com ; Av Roca s/n ; s/d 325/420 ARS ;). L'une des valeurs sûres de la ville, même si la proximité de la plage rend les lieux bruyants. Le restaurant propose poissons et fruits de mer tout frais, à déguster derrière les grandes vitres en contemplant la baie.

Restingas Hotel HÔTEL DE LUXE $$$
(449-5101 ; www.lasrestingas.com ; 1era Bajada ; d vue sur le jardin/la mer 717/844 ARS ; @). Un hôtel de luxe en front de mer, avec spa, chambres spacieuses et salon élégant aux immenses baies vitrées. Le service laisse un peu à désirer, mais la possibilité de voir des baleines depuis sa chambre est un fameux plus. Les clients ne tarissent pas d'éloges sur le copieux petit-déjeuner buffet. Restaurant ouvert à tous.

Animaux de Patagonie

Grâce aux courants océaniques profonds qui apportent une riche nourriture, la côte sud de l'Argentine abrite quantité d'animaux marins. Sur ces rivages désolés de l'Atlantique, on peut les observer dans leurs activités quotidiennes.

Manchot de Magellan

1 Les adorables manchots sont des parents résolument modernes : le mâle et la femelle se relaient pour s'occuper des petits, nés à la mi-novembre. Observez-les à Punta Tombo (p. 427), Ría Deseado (p. 435) et Bahía Bustamante (p. 428).

Baleine franche australe

2 Au printemps, des milliers de baleines viennent se reproduire dans les eaux peu profondes de la Península Valdés (p. 415).

Dauphin de Commerson

3 Ces petits dauphins viennent souvent jouer près des bateaux. Venez les admirer à Playa Unión (p. 425), dans la Ría Deseado (p. 435) et à Puerto San Julián (p. 436).

Lion de mer austral (otarie à crinière)

4 Présents toute l'année sur les côtes du sud de l'Argentine, ces nageurs solidement charpentés se nourrissent principalement de calamars, mais ne dédaignent pas le manchot, à l'occasion.

Orque ("baleine tueuse")

5 Les visiteurs viennent à Punta Norte (p. 421), sur la Península Valdés, pour assister au spectacle d'une vie sauvage impitoyable : de mi-février à mi-avril, ces puissantes créatures viennent sur le rivage pour chasser les lions de mer.

Éléphant de mer austral

6 Ces remarquables plongeurs passent la plus grande partie de l'année dans la mer. Au printemps austral, on peut observer leur colonie de reproduction à Punta Delgada (p. 421), sur la Península Valdés.

1. Manchots de Magellan **2.** Baleine franche australe **3.** Dauphin de Commerson **4.** Lion de mer austral

2

JUAN CARLOS MUNOZ/NATURE PICTURE LIBRARY ©

3

YANNIS EMMANUEL MAVROMATAKIS/ALAMY ©

LE PETIT PRINCE

C'est dans un appartement new-yorkais qu'Antoine de Saint-Exupéry écrivit, en 1941, l'un des récits pour enfants les plus lus au monde, *Le Petit Prince*. Alors âgé de 40 ans, l'écrivain-aviateur français avait passé les 20 années précédentes à voler, notamment au-dessus de la Patagonie, où il fut directeur d'Aeropostal Argentina de 1929 à 1931. Entre les lignes de son *Petit Prince*, on retrouve les images qui se sont inscrites en lui lorsqu'il survolait les étendues désertiques et venteuses de Patagonie.

On dit ainsi que le contour de l'Isla de los Pájaros, au large de la Península Valdés, a inspiré le dessin du boa en train de digérer un éléphant (certains y voient plutôt la forme d'un chapeau), et que les volcans parfaitement coniques de l'astéroïde B612 prennent comme modèle ceux que Saint-Exupéry survolait lorsqu'il se dirigeait vers Punta Arenas, au Chili. Les sommets en haut desquels se tient le petit prince ressemblent au massif du Fitz Roy – l'un d'eux porte désormais son nom. Et il n'est pas impossible que le personnage du petit prince ait été conçu grâce au souvenir d'une rencontre avec les deux fillettes d'un immigré français lors d'un atterrissage d'urgence à Concordia, près de Buenos Aires.

Saint-Exupéry ne sut jamais l'impact phénoménal de son jeune héros. En 1944, juste après la publication du *Petit Prince*, il disparut en vol alors qu'il rejoignait les forces françaises libres à Alger. L'écrivain a raconté son expérience en Patagonie dans deux romans salués par la critique, *Vol de nuit* et *Terre des hommes*, qui constituent d'excellents compagnons de route pour qui voyage dans la région.

Paradise HÔTEL $$
(☎449-5030 ; www.hosteriaparadise.com.ar ; 2da Bajada ; d 480 ARS ; @📶). Douze grandes chambres toutes simples et bien fraîches, avec mur de brique et sol carrelé. Certaines disposent d'un Jacuzzi et ont vue sur la mer. Les tarifs baissent de manière significative en dehors de la saison des baleines.

Camping Municipal CAMPING $
(☎15-469-9161 ; 25 ARS/pers). Accessible par la route qui part derrière la station-service, le camping municipal offre des emplacements sur sol gravillonné, corrects et bien abrités, des toilettes propres, des douches chaudes (payantes) et un magasin. L'été, il faut arriver tôt pour obtenir une place. Ne campez pas sur la plage car la mer monte très haut.

Hostel Bahía Ballenas AUBERGE DE JEUNESSE $
(☎423-8766 ; www.bahiaballenas.com.ar ; Av de las Ballenas s/n ; dort 100 ARS ; @). Un établissement de brique aisément repérable à l'enseigne "Backpackers". Il se répartit en deux immenses dortoirs non mixtes. Le confort est sommaire, mais le tarif inclut l'accès à la cuisine et l'accès Internet (instable, comme partout en ville).

Où se restaurer et prendre un verre

Des restaurants bordent le front de mer, en descendant la première rue à droite à l'entrée du village. Notez qu'ils servent de l'eau de mer désalinisée : les estomacs délicats s'en tiendront à l'eau minérale. Si vous souhaitez faire des courses alimentaires, mieux vaut aller à Puerto Madryn.

♥ **La Estación** FRUITS DE MER, POISSON $$
(Av de las Ballenas s/n ; plats 45 ARS ; ⏲12h-minuit, fermé mar). Un endroit branché et sympathique où l'on a envie de s'installer pour déguster une bonne bouteille de vin. L'ambiance est décontractée, mais les spécialités – *langostinos a la plancha*, coquilles Saint-Jacques et *sorrentinos* d'agneau – sont royales. On y sert aussi des petits-déjeuners.

El Viento Viene CAFÉ $
(1era Bajada ; plats 25 ARS ; ⏲9h-19h30). Un charmant petit café très agréable pour siroter un café et avaler un sandwich ou une tarte maison. Vend également de l'artisanat et des œuvres d'art originales.

Comment s'y rendre et circuler

En été, des bus Mar y Valle relient Puerto Madryn à Puerto Pirámides (24 ARS, 1 heure 30). Partis à 8h55, ils regagnent Madryn à 18h. Le service est plus restreint hors saison. Les bus effectuant des excursions depuis Puerto Madryn acceptent parfois de déposer des voyageurs à Puerto Pirámides.

ENVIRONS DE PUERTO PIRÁMIDES

Ne roulez pas trop vite si vous circulez en voiture. Recouvertes de gravier (*ripio*), les routes de la péninsule se révèlent glissantes et parsemées de plaques de sable qui font patiner les pneus. Si vous louez une voiture, vérifiez que l'assurance couvre tous les risques. Le stop est une entreprise désespérée ; quant aux cyclistes, ils devront affronter un vent pénible et des itinéraires très longs.

ISLA DE LOS PÁJAROS

Cette île située dans le Golfo San José, à 800 m au nord de l'isthme, abrite une réserve d'oiseaux et la réplique d'une chapelle construite au Fuerte San José. Il est cependant impossible de se rendre sur place, et vous devrez vous contenter d'observer au télescope cet îlot mentionné dans *Le Petit Prince* de Saint-Exupéry (voir l'encadré ci-contre).

PUNTA DELGADA

On peut observer des lions de mer et une importante colonie d'éléphants de mer (au printemps) depuis les falaises de ce site de la pointe sud-est de la péninsule, à 76 km de Puerto Pirámides. Prenez la piste publique à droite de l'hôtel.

Estancia Rincón Chico AUBERGE **$$$**
(471733, 02965-15-688302 ; www.rinconchico.com.ar ; d pension complète 2 300 ARS ; mi-sept à mars). Bénéficiant d'une situation exceptionnelle pour l'observation de la faune et de la flore, cet établissement raffiné et hautement recommandé accueille des biologistes spécialistes du milieu marin, des étudiants-chercheurs et des touristes. La maison, de style ranch, est un bâtiment moderne en tôle ondulée abritant 8 doubles bien équipées et un *quincho* (bâtisse au toit de chaume) pour les barbecues. En plus des excursions guidées, vous pourrez profiter des sentiers pour faire du vélo ou de la marche à pied.

Faro Punta Delgada Hotel HÔTEL DE LUXE **$$$**
(458444, 02965-15-406304 ; www.puntadelgada.com ; d demi-pension/pension complète 1 540/1 920 ARS). Cet hôtel est aménagé dans les bâtiments d'un phare autrefois propriété de la poste argentine. Il comprend un restaurant (ouvert aux non-résidents) servant une cuisine d'estancia raffinée. Un circuit guidé de découverte de la nature, qui descend sur la plage, est organisé en haute saison.

PUNTA CANTOR ET CALETA VALDÉS

Au printemps, les éléphants de mer se hissent sur la longue bande de gravier de cette baie abritée, à 43 km au nord de Punta Delgada. En septembre, les femelles donnent naissance aux petits, tandis que les mâles se battent pour impressionner ces dames. Postés sur les sentiers qui descendent de la colline, les photographes se régaleront, à moins qu'ils ne choisissent d'immortaliser les guanacos qui se promènent parfois sur la plage.

Les groupes font halte à **El Parador** (474248 ; www.laelvira.com.ar ; repas 120 ARS), un self correct avec buffet de salades, café, boissons et toilettes. Il appartient à l'**Estancia La Elvira** (474248 ; www.laelvira.com.ar ; d demi-pension/pension complète 950 ARS), un hébergement confortable dont la construction moderne manque un peu de charme. L'équitation, l'agrotourisme et les promenades dans la nature comptent parmi les activités proposées. Une importante colonie de manchots de Magellan vit à quelques kilomètres au nord d'El Parador.

PUNTA NORTE

À l'extrémité de la péninsule, la solitaire Punta Norte héberge une gigantesque colonie de lions et d'éléphants de mer. Du fait de la distance, elle est rarement explorée par les groupes en excursion. L'attraction principale est constituée par les orques qui, de mi-février à mi-avril, viennent se repaître de lions de mer peu méfiants. Vous ne verrez sans doute pas l'attaque et le carnage, mais les évolutions gracieuses des orques offrent un spectacle mémorable.

Un intéressant petit **musée** permet d'en savoir plus sur les Tehuelche, les mammifères marins et la chasse au phoque dans la région.

Trelew

0290 / 100 000 HABITANTS

Bien que pétrie de son passé gallois, Trelew n'a rien d'une ville de carte postale. C'est une agglomération de taille moyenne où il ne se passe pas grand-chose, mais qui constitue le carrefour et le centre commercial de la région : une base commode, donc, pour visiter les villages gallois de Gaiman et Dolavon – et l'on en profitera pour découvrir le formidable musée sur les dinosaures.

Fondé en 1886, ce carrefour ferroviaire fut baptisé à partir du mot gallois *tre* (ville) et du vocable *lew*, abréviation de Lewis Jones, l'un des fondateurs de la ville et l'un des promoteurs de l'expansion du chemin de fer en Patagonie. Au cours des

Trelew

Trelew

À voir

1 Museo de Artes Visuales A3
2 Museo Paleontológico Egidio Feruglio C1
3 Museo Regional Pueblo de Luis C2

Circuits organisés

4 Alcamar Travel B3
5 Nievemar C3

Où se loger

6 Hotel Rivadavia A1
7 Patagonia Suites Apart C1

Où se restaurer

8 La Bodeguita B3
9 Majadero A1
10 Miguel Angel C2

Où prendre un verre

11 Boru Irish Pub & Restobar B3
12 Touring Club C2

30 années suivantes, la voie ferrée parvint jusqu'à Gaiman, les colons gallois édifièrent le Salón San David (réplique de la cathédrale du même nom, qui se dresse dans le Pembrokeshire) et des immigrés espagnols et italiens s'installèrent dans la région. En 1956, le gouvernement fédéral décida de développer l'industrie en Patagonie, déclenchant l'essor démographique de la ville. Trelew se trouve à 65 km au sud de Puerto Madryn via la RN 3.

Le centre s'organise autour de la Plaza Independencia. La plupart des services se trouvent dans la Calle 25 de Mayo, la Calle San Martín et l'Av Fontana, récemment refaite. Les rues suivant un axe est-ouest changent de nom au niveau de cette dernière.

À voir

L'office du tourisme dispose parfois d'une brochure d'information décrivant un circuit à effectuer à pied entre les principaux édifices anciens de la ville.

Museo Paleontológico Egidio Feruglio MUSÉE
(☎442-0012 ; www.mef.org.ar ; Av Fontana 140 ; adulte/enfant 35/25 ARS ; ⊙10h-18h). Abritant la plus importante collection de fossiles mis au jour en Patagonie, ce musée d'histoire naturelle présente des reconstitutions remarquablement réalistes de dinosaures et plus de 1 700 fossiles de plantes et d'animaux marins, assorties de panneaux explicatifs, d'une bande-son et d'une vidéo.

Après une visite guidée, vous saurez tout sur les espèces locales de dinosaures, le *Tehuelchesaurus*, le *Patagosaurus* et le *Titanosaurus*. Les chercheurs du musée ont fait partie d'une équipe internationale qui a récemment identifié une nouvelle espèce, peu répandue, le *Brachytrachelopan mesai*, un sauropode au cou court.

Les enfants de 8 à 12 ans peuvent participer à une soirée "Explorateurs en pyjama", qui les invite à visiter le musée de nuit, à la lampe torche. Le musée organise également des excursions en groupe au **Geoparque Paleontológico Bryn Gwyn**, sur les rives du Río Chubut (à 25 km de Trelew, ou à 8 km au sud de Gaiman via la RP 5). Cette visite de trois heures, qui permet de découvrir des fossiles (certains ont quelque 40 millions d'années), ressemble à un voyage à travers le temps.

GRATUIT Museo de Artes Visuales MUSÉE
(☎443-3774 ; Mitre 351 ; ⊙8h-20h lun-ven, 14h-20h sam-dim). Contigu à l'office du tourisme, le petit musée des arts visuels présente des œuvres prêtées par le Museo Nacional de Bellas Artes de Buenos Aires ainsi que de beaux vestiges de la colonisation galloise.

Museo Regional Pueblo de Luis MUSÉE
(☎442-4062 ; angle Av Fontana et Lewis Jones ; 2 ARS ; ⊙8h-13h et 15h-20h lun-ven). Ce musée aménagé dans une ancienne gare ferroviaire présente des photographies anciennes, du mobilier et des vêtements de l'époque galloise.

Circuits organisés

Plusieurs agences proposent des excursions à l'Área Natural Protegida Punta Tombo (180 ARS, plus 35 ARS pour l'entrée). Certaines comprennent un arrêt sur le chemin du retour à Puerto Rawson, où l'on peut voir, lorsque le temps le permet, des *toninas overas* (dauphins de Commerson). Ne vous attendez pas à passer plus d'une heure et demie à Punta Tombo. Il existe aussi des sorties d'une journée vers la Península Valdés, mais mieux vaut passer par Puerto Madryn, où le choix est plus vaste, les prix similaires et le temps de transport moindre.

Parmi les agences locales, citons le représentant d'American Express, **Nievemar** (☎443-4114 ; www.nievemartours.com.ar ; Italia 20), qui accepte les chèques de voyage, et **Alcamar Travel** (☎442-1448 ; San Martín 146).

Fêtes et festivals

Gwyl y Glaniad FÊTE
Le 28 juillet, on commémore l'arrivée des premiers Gallois. La tradition veut que l'on prenne le thé dans l'une des multiples chapelles de la ville.

Eisteddfod de Chubut FESTIVAL CULTUREL
Manifestation littéraire et musicale galloise qui se tient chaque année fin octobre depuis 1875.

Aniversario de la Ciudad FÊTE
Commémore, le 20 octobre, la fondation de la ville en 1886.

Où se loger

Les hébergements de Trelew accusent leur âge et s'adressent à une clientèle d'hommes d'affaires. En outre, ils affichent rapidement complet. Les voyageurs auront davantage de choix à Puerto Madryn ou Gaiman.

Hostel El Agora AUBERGE DE JEUNESSE $
(☎442-6899 ; http://hostelagora.com.ar ; Edwin Roberts 33 ; dort/s/d 60/75/150 ARS ; 📶). Cette jolie maison de brique toute pimpante fait la joie des voyageurs. Elle possède un minuscule patio et propose, entre autres, une bourse aux livres, un service de blanchisserie et des visites guidées à vélo. À deux rues du Parque Centenario et quatre de la gare routière.

Patagonia Suites Apart APPARTEMENTS $$
(☎442-1345, 0280-453-7399 ; www.patagoniansuites.com ; Matthews 186 ; studio/1 ch/2 ch 320/410/600 ARS ; 📶). Un nouveau venu qui tombe à point. Face au Parque Centenario, l'immeuble comporte 13 appartements modernes aménagés avec des meubles en bois et des couvre-lits de velours. Ils possèdent une cuisine entièrement équipée, une TV câblée et un sèche-cheveux.

La Casona del Río B&B $$$
(☎443-8343 ; www.lacasonadelrio.com.ar ; Chacra 105 ; s/d 464/528 ARS ; @). Ce B&B à l'anglaise installé sur les rives du Chubut, à 5 km du centre, est un lieu charmant, avec de belles chambres lumineuses, une bibliothèque, un court de tennis et un kiosque dans le parc. Location de vélos.

Hotel Rivadavia HÔTEL $
(☎443-4472 ; www.cpatagonia.com/rivadavia ; Rivadavia 55 ; s/d 145/190 ARS). Les chambres accusent un peu leur âge, mais ce petit hôtel

familial perché sur une hauteur est d'un bon rapport qualité/prix. Petit-déjeuner en sus.

Camping Patagonia CAMPING $
(☎0280-15-440-6907 ; 20 ARS/pers). Un vaste terrain bien vert et ombragé, disposant de l'électricité, de douches chaudes et d'un petit magasin. À 7 km de la ville (RN 7), près de la route de Rawson, mais mal desservi par les transports publics.

Où se restaurer

Majadero ARGENTIN $$$
(☎443-0548 ; Av Gales 250 ; plats 40-75 ARS ; ⏲20h-minuit lun-sam, 12h-18h dim). Briques apparentes et lampes en fer forgé contribuent au charme de ce moulin de 1914. Il fait le plein le week-end grâce à sa fameuse *parrilla* au feu de bois, qui grille viande et légumes à la perfection. Un must.

Miguel Angel ITALIEN $$
(☎443-0403 ; Av Fontana 246 ; plats 30-75 ARS ; ⏲fermé lun). Cette trattoria chic concocte des plats qui sortent de l'ordinaire. Essayez les savoureux gnocchis aux champignons sauvages, ou la pizza bacon-basilic à la pâte fine si croustillante. Bon menu (45 ARS) au déjeuner.

La Bodeguita ARGENTIN $
(Belgrano 374 ; plats 25-38 ARS ; ⏲mar-dim). Une table à l'atmosphère familiale et au service attentif, réputée pour ses viandes, ses pâtes et ses fruits de mer.

Où prendre un verre

Touring Club CAFÉ
(Av Fontana 240 ; en-cas 12 ARS ; ⏲6h30-2h ; @). Photos anciennes, plafond en étain embouti et alcools antédiluviens forment le décor de cette *confitería* traditionnelle. Même les serveurs en livrée semblent tout droit venus d'une autre époque. Le service laisse à désirer et les sandwichs sont quelconques, mais on vient surtout pour l'ambiance, unique.

Boru Irish Pub & Restobar PUB
(Belgrano 341). Un pub séduisant, avec son joli bar en bois et ses confortables box rouges où siroter une bière fraîche et avaler une grosse assiette de frites.

Renseignements

Vous trouverez de nombreux DAB et *locutorios* avec accès Internet dans le centre et autour de la place.

ACA (Automóvil Club Argentino ; ☎435197 ; angle Av Fontana et San Martín). Automobile-club argentin. Bonnes cartes routières de la province.

Office du tourisme (☎442-6819 ; www.trelewpatagonia.gov.ar ; Mitre 387 ; ⏲8h-20h lun-ven, 9h-21h sam-dim ; Wi-Fi). Plans de la ville, brochures en nombre et employés serviables – certains parlent anglais. Accès Wi-Fi gratuit.

Poste (angle 25 de Mayo et Mitre)

Depuis/vers Trelew

Avion

L'aéroport se trouve à 5 km au nord de la ville, sur la RN 3. La taxe d'aéroport s'élève à 18 ARS.

Aerolíneas Argentinas (☎442-0210 ; 25 de Mayo 33) dessert Buenos Aires (844 ARS, tlj, vol direct) et assure plusieurs vols par semaine vers Esquel (2 110 ARS), Bariloche, Ushuaia (2 025 ARS) et El Calafate (1 633 ARS).

LADE (☎443-5740 ; bureau à la gare routière) assure des vols le vendredi vers Comodoro Rivadavia (343 ARS).

LES GALLOIS DE PATAGONIE

Les premiers Gallois s'établirent en Patagonie en 1865, mais ils payèrent leur nouvelle liberté au prix fort. Seuls une poignée d'entre eux s'étaient déjà exercés à la culture, sur les terres bien arrosées du pays de Galles. Et le désert de Patagonie ne ressemblait en rien à leur verdoyante patrie. Ils faillirent mourir de faim les premières années. C'est grâce à l'aide des Tehuelche qu'ils survécurent, fondant les villes de Rawson, Trelew, Puerto Madryn et Gaiman (sans oublier d'y installer des salons de thé).

Aujourd'hui, environ 20% des habitants de la province du Chubut sont d'origine galloise, et on assiste actuellement à un renouveau de la culture galloise. Selon l'historien gallois Fernando Coronato : "Pour le pays de Galles vieillissant, la Patagonie était une entreprise des plus audacieuses." Ce regain d'intérêt entraîne chaque année le recrutement de professeurs de gallois par le British Council et l'organisation d'échanges avec des étudiants patagons. Les touristes gallois viennent ici par curiosité, comme un voyage dans le temps à travers leur culture, rendu possible grâce à l'isolement de longue date de la Patagonie.

BUS AU DÉPART DE TRELEW

DESTINATION	TARIF (ARS)	DURÉE (HEURES)
Bahía Blanca	220-240	12
Bariloche	210-242	13-16
Buenos Aires	375-415	18-21
Comodoro Rivadavia	82-102	5-6
Córdoba	364-416	19
Esquel	110-160	8-9
La Plata	331-415	19
Mar del Plata	288-328	17-21
Mendoza	476-572	24
Neuquén	215-258	10
Puerto Madryn	14	1
Río Gallegos	443-500	14-17
Viedma	170	8

Bus

La gare routière se trouve à 6 rues au nord-est du centre-ville.

Vers Gaiman (5 ARS), la compagnie **28 de Julio** (☎443-2429) propose 18 liaisons quotidiennes, entre 7h et 23h (service réduit le week-end) ; la plupart de ces bus poursuivent jusqu'à Dolavon (10 ARS, 30 min). Des bus pour Rawson (4 ARS, 15 min) partent tous les quarts d'heure.

Des bus **Mar y Valle** (☎443-2429) et 28 de Julio partent toutes les heures pour Puerto Madryn. Mar y Valle relie Puerto Pirámides (33 ARS, 2 heures 30) quotidiennement à 8h15, avec des bus supplémentaires en été. **El Ñandú** (☎442-7499) part pour Camarones (66 ARS, 4 heures) à 8h les lundis, mercredis et vendredis.

Plusieurs compagnies proposent des services longue distance, dont **El Cóndor** (☎443-1675), **Que Bus** (☎442-2760), **Andesmar** (☎443-3535), **TAC** (☎443-1452), **TUS** (☎442-1343) et **Don Otto** (☎442-9496).

Des compagnies desservent quotidiennement Buenos Aires. Don Otto offre les liaisons les plus directes et les plus confortables. Cette compagnie est aussi la seule à rejoindre Mar del Plata. La Plata est desservie par TAC, qui assure avec Andesmar des liaisons vers la plupart des destinations. Comodoro Rivadavia est desservie plusieurs fois par jour par TAC, Don Otto et Andesmar (les bus poursuivent vers Río Gallegos).

ℹ Comment circuler

Depuis l'aéroport, un taxi coûte 35 ARS jusqu'au centre-ville, 85 ARS jusqu'à Gaiman et 300 ARS jusqu'à Puerto Madryn. **Hertz** (☎447-5247) et **Rent a Car Patagonia** (☎442-0898) figurent parmi les agences de location présentes à l'aéroport.

Environs de Trelew

Avec ses *toninas overas* (dauphins de Commerson, voir p. 412), **Playa Unión** vole la vedette à **Rawson**, la capitale de la province du Chubut située à 17 km à l'est de Trelew. Cette longue plage de sable blanc, bordée de maisons de vacances, est le principal lieu de villégiature de la région. D'avril à décembre, on peut effectuer des sorties d'observation des dauphins à partir de **Puerto Rawson**. Réservez auprès de **Toninas Adventure** (☎449-8372 ; toninasadventure@msn.com).

Pour vous rendre à la plage, descendez à la *plaza* ou à la gare routière de Rawson et prenez un bus vert "Bahía" (ils font la navette jusqu'à Puerto Rawson).

Gaiman

☎0280 / 10 000 HABITANTS

Gâteaux à la crème, fines brioches, *tortas negras* (gâteaux aux fruits consistants) et spécialité de thé noir – c'est avec leurs papilles que la plupart des visiteurs découvrent ce village typiquement gallois. Les habitants évoquent avec fierté le jour de 1995 où lady Diana, princesse de Galles, est venue prendre le thé à Gaiman (sa tasse est exposée au Ty Te Caerdydd). Un tiers environ de la population actuelle revendique des origines galloises, et les salons de thé perpétuent la tradition de l'*afternoon tea* – hélas de

EN PATAGONIE AVEC CHATWIN

En trente ans, *En Patagonie*, le récit loufoque de Bruce Chatwin (1940-1989) sur l'extrême Sud est devenu une sorte de viatique. Qui aurait pu imaginer que ces déambulations oniriques se changeraient en attractions touristiques ? La promenade entre l'Estancia Harberton et Viamonte (jalonnée de petits restaurants) ; les salons de thé de Gaiman (fréquentés par des centaines de visiteurs chaque semaine) ; et même la grotte sacrée du mylodon (enlaidie par une réplique grandeur nature de cet ours préhistorique).

Mais pas d'inquiétude : la Patagonie est vaste. Ses paysages uniques et ses exilés excentriques ont de beaux jours devant eux. Si vous avez une bonne paire de chaussures et l'envie de les mettre à rude épreuve (à l'image de Chatwin), cette région vous réserve beaucoup de surprises.

manière plutôt insistante, ce qui vient un peu rompre le charme.

La ville doit son nom aux Tehuelche, qui passaient l'hiver dans la vallée – Gaiman signifie "pointe de pierre" ou "pointe de flèche". En 1874, des Gallois y construisirent leur première maison et les deux populations entamèrent une cohabitation pacifique. D'autres groupes – *criollos*, Allemands et Nord-Américains – s'installèrent par la suite dans la vallée. Les chambres d'hôtes accueillantes de Gaiman affichent un excellent rapport qualité/prix, mais la ville ne présente guère d'intérêt particulier en dehors des promenades tranquilles le long des maisons en pierre et des jardins de roses après une pause roborative dans un salon de thé.

La bourgade est à 17 km à l'ouest de Trelew via la RN 25. L'Av Eugenio Tello, la rue principale, mène à la verdoyante Plaza Roca. La plupart des salons de thé et des sites historiques se trouvent à proximité de la place. De l'autre côté du fleuve s'élèvent des quartiers résidentiels et industriels en rapide expansion.

À voir

Gaiman est propice à une flânerie le long des façades couvertes de lierre et de roses grimpantes. Plusieurs églises et chapelles présentent quelques spécificités architecturales. Édifiée en 1874 par David Roberts, la **Primera Casa** (angle Av Eugenio Tello et Evans ; 5 ARS) est la plus ancienne demeure de la ville. Le **Colegio Camwy** (angle MD Jones et Rivadavia), qui date de 1906, a été, paraît-il, la première école secondaire de Patagonie.

L'ancienne gare ferroviaire abrite le **Museo Histórico Regional Gales** (angle Sarmiento et 28 de Julio ; 3 ARS ; 15h-18h mar-dim), un joli petit musée exposant une collection de photographies et d'objets de l'époque des pionniers.

Le **Museo Antropológico** (angle Bouchard et Jones ; 5 ARS ; sur demande à l'office du tourisme) rend hommage à la culture et à l'histoire des populations indigènes. Non loin, on découvre le **Túnel del Ferrocarril**, un tunnel de brique de 300 m de long construit en 1914 pour les trains à destinations de Dolavon.

Où se loger

Yr Hen Ffordd B&B $

(449-1394 ; www.yrhenffordd.com.ar ; Jones 342 ; d 220 ARS ;). Un charmant B&B dirigé par un jeune couple qui confie aux clients la clé de la porte d'entrée pour leur permettre d'aller et venir à leur guise. Les chambres sobres et confortables ont la TV câblée et une sdb munie d'une bonne douche. Délicieux scones maison le matin.

Hostería Gwesty Tywi B&B $

(449-1292 ; www.hosteria-gwestytywi.com.ar ; Chacra 202 ; d 200 ARS ; @). Diego et Brenda tiennent ce fantastique B&B gallois pourvu d'un vaste jardin et de chambres douillettes pleines de fioritures. Le petit-déjeuner comprend un assortiment de jambons, de viandes froides et de pains. Les propriétaires vous aideront volontiers à organiser votre voyage et allument parfois le barbecue pour régaler leurs hôtes. Un peu éloigné du centre.

Dyffryn Gwyrdd PENSION $

(449-1777 ; patagongales@yahoo.com.ar ; Av Eugenio Tello 103 ; s/d/tr 120/170/200 ARS ;). Ouvert lorsque les autres ne le sont pas, cet établissement jaune canari abrite des chambres simples et claires avec moquette, ventil et coussins décoratifs. Les sdb, bien que vieillottes, sont impeccables. Il y a un bar et une salle de TV tranquilles.

Camping Bomberos Voluntarios CAMPING $
(☎449-1117 ; angle Av Yrigoyen et Moreno ; adulte/enfant 20/5 ARS). Terrain agréable, avec douches chaudes et emplacements pour feu de camp.

Où se restaurer

Pâtisseries galloises et thé à volonté : on prend l'*afternoon tea* très au sérieux à Gaiman. Dommage cependant que les bus d'excursion déversent leurs passagers directement dans certains établissements, ce qui gâche un peu leur authenticité. Évitez les salons devant lesquels ils sont garés, ou attendez le départ des touristes. Service de 14h à 19h.

Ty Nain SALON DE THÉ $$$
(Yrigoyen 283 ; thé 60-80 ARS ; ⏲fermé mai). Cette maison de 1890 aux murs blanchis à la chaux est l'un des salons de thé les plus authentiques du pays. Le musée adjacent renferme une intéressante collection d'objets gallois.

Gwalia Lan ARGENTIN $$
(angle Av Eugenio Tello et Jones ; plats 50 ARS ; ⏲12h30-15h, 19h30-minuit mar-sam, 12h30-15h dim). Considéré comme le meilleur restaurant de Gaiman, il prépare des pâtes maison et des plats de viande invariablement réussis. Service prévenant.

Ty Cymraeg SALON DE THÉ $$$
(www.gaimantea.com ; Matthews 74 ; thé 70 ARS). Au bord du fleuve, ce salon de thé sert de somptueux gâteaux et confitures. Le plus jeune membre de la famille, un garçon dynamique d'une vingtaine d'années prénommé Miguel, explique volontiers les traditions galloises, des concours de poésie à la signification des "*love spoons*" en bois sculpté. Ses connaissances ajoutent un plus à l'expérience.

Plas y Coed SALON DE THÉ $$
(www.plasycoed.com.ar ; Jones 123 ; thé 65 ARS). Tenu par l'arrière-petite-fille du fondateur, dans une magnifique demeure en brique, il ravit les yeux et le palais avec son service aimable, ses pâtisseries fraîches et ses couvre-théières au crochet. Il dispose par ailleurs de chambres à louer (d 280 ARS).

Los Alamos CAFÉ $$
(Belgrano 211 ; plats 42-60 ARS ; ⏲12h-15h, 20h-minuit). Un café moderne, avec murs de brique et bar en pierre. La cuisine (poulet sauté, salades, pâtes, entre autres) rompt agréablement avec les gâteaux présents partout ailleurs. Personnel sympathique.

Renseignements

Vous trouverez un DAB sur la *plaza* (Banco del Chubut), mais il ne marche pas toujours. Pensez à vous munir d'espèces. Des *locutorios* et des cybercafés jalonnent l'artère principale.

Office du tourisme (Informes Turísticos ; ☎449-1571 ; www.gaiman.gov.ar ; Belgrano 574 ; ⏲9h-20h lun-sam, 11h-20h dim). Plans et visites guidées des maisons historiques de la ville.

Poste (angle Evans et Yrigoyen). Au nord du pont.

Depuis/vers Gaiman

En semaine, des bus de la compagnie 28 de Julio à destination de Trelew (5 ARS) partent très fréquemment de la Plaza Roca entre 7h et 23h (service réduit le week-end). Les bus ralliant Dolavon (5 ARS) empruntent généralement la nationale, à l'exception de quelques-uns, qui utilisent la "route de la vallée", une route gravillonnée nettement plus longue. Les *remises* sont moins chers à Gaiman qu'à Trelew. Comptez environ 110 ARS pour la course jusqu'à Trelew (jusqu'à 4 passagers).

Environs de Gaiman

Pour découvrir une authentique ville agricole galloise, rendez-vous à **Dolavon** (2 500 habitants ; www.dolavon.com.ar), localité peu fréquentée par les touristes, à 19 km à l'ouest de Gaiman par la RN 25 asphaltée. Signifiant en gallois "prairie inondée", la ville a gardé une certaine authenticité, avec ses roues hydrauliques en bois qui ponctuent le canal d'irrigation, dont le tracé est marqué par une rangée de peupliers. Le centre historique renferme quantité de bâtiments en brique, dont le **Molino Harinero** (☎0280-449-2290 ; romanogi@infovia.com.ar ; Maipú 61), un moulin à farine de 1880 toujours opérationnel. Son café-restaurant, **La Molienda** (repas 45 ARS), sert du pain et des pâtes maison, ainsi que des vins et des fromages de la région. Appelez le propriétaire, Romano Giallatini, pour les horaires d'ouverture.

Área Natural Protegida Punta Tombo

La réserve de **Punta Tombo** (35 ARS ; ⏲9h-20h août-avr) est le plus grand site de nidification de manchots en Amérique du Sud. Elle abrite une colonie de plus de 500 000 manchots de Magellan et attire de nombreux oiseaux, en particulier des cormorans à ventre blanc, des cormorans de Magellan, des pétrels géants, des goélands dominicains, des canards vapeurs et des huîtriers noirs. En vertu d'une nouvelle réglementation interne, on ne peut se rendre à la rookerie (zone où vit la colonie) qu'accompagné d'un garde.

À Trelew, des agences proposent des excursions d'une journée, susceptibles d'être annulées si le mauvais temps rend la circulation impossible. Pour éviter l'affluence, essayez d'arriver tôt le matin. La plupart des zones de nidification des 200 ha de la réserve sont protégées par une clôture. Respectez les limites et n'oubliez pas que les manchots donnent parfois de violents coups de bec.

Il faut se garer au **Centro Tombo** (⊙8h-18h), un centre d'interprétation récemment

VAUT LE DÉTOUR

BAHÍA BUSTAMANTE

Si un certain nombre de réserves littorales permettent de découvrir la diversité de la vie marine de Patagonie, rares sont celles qui mettent aussi bien en lumière la richesse de cet écosystème que cette **estancia** (à Buenos Aires ☎11-47780125 ; 0297-4801000 ; www.bahiabustamante.com ; s/d pension complète 1 519/1 815 ARS, activités comprises), un domaine ancien de 80 ha situé entre Trelew et Comodoro Rivadavia. Les âmes romantiques céderont aux charmes de la steppe à perte de vue, des dunes couvertes d'herbes et des plages de galets, un paysage qui invite à savourer tranquillement le rythme lent de ce littoral désert. Emmenées par des spécialistes de la nature (parlant espagnol et anglais), les excursions – notamment kayak de mer, randonnée dans la forêt pétrifiée vieille de 65 millions d'années et sorties en bateau à la découverte des manchots de Magellan, des lions de mer et des oiseaux marins – se révèlent passionnantes.

Bahía Bustamante a été fondée par un immigrant andalou qui avait l'esprit d'entreprise et eut l'idée d'utiliser les algues de la baie, en quantité abondante, pour fabriquer de l'agar-agar, un gélifiant alimentaire naturel. Des centaines d'ouvriers vivaient de l'activité de l'estancia, et celle-ci était devenue une petite ville pionnière, disposant de son poste de police et de sa prison. Avant la colonisation, la zone avait été visitée par des Tehuelche – de petits outils et des détritus retrouvés sur place témoignent de leur passage.

L'activité de récolte d'algues a beaucoup diminué, mais comprend de nos jours l'exploitation d'une variété comestible, destinée pour l'essentiel à l'exportation vers le Japon. La visite de l'estancia permet de découvrir l'élevage de moutons, en pleine mutation écologique. La rotation des pâtures favorise la régénération du sol et la repousse des plantes indigènes. Une espèce hybride de Mérinos, mieux adaptée à l'écosystème, a par ailleurs été introduite.

L'estancia a des allures de village fantôme qui renaît peu à peu. Elle s'organise autour de l'ancien magasin général, qui abrite aujourd'hui le salon rustico-chic et le restaurant, où l'on savoure l'agneau de la ferme ou des crêpes aux algues, à la table des petits-enfants du fondateur du domaine. Les chambres sont aménagées dans de confortables bungalows face à la mer, équipés de belles chaises longues rouges fabriquées avec des palettes de récupération. Une solution plus économique est la location d'un bungalow donnant sur la steppe (triples 507 ARS) et l'achat d'un panier de produits du potager ou d'un plat à emporter au restaurant, avec des excursions à la carte (130 ARS/pers). Un spa était en construction lors de notre visite.

Après avoir parcouru tout le chemin pour venir ici, il est préférable de passer au moins trois jours sur place. La saison d'observation des animaux s'étend de mi-septembre à début mars – et les mois de janvier et février sont parfaits pour se baigner. En novembre, vous assisterez à l'éclosion des oiseaux et en janvier vous pourrez regarder les lions de mer s'occuper de leurs petits. La plupart des visiteurs viennent en avion jusqu'à Comodoro. Si vous êtes en voiture, toutefois, cela vaut la peine de prendre la superbe route côtière depuis Camarones.

aménagé, puis prendre une navette jusqu'à la rookerie – la fréquence des navettes dépend de l'affluence, plus forte le matin. Vous trouverez un bar et une *confitería* sur place, mais mieux vaut apporter son pique-nique.

Punta Tombo, à 110 km au sud de Trelew (180 km au sud de Puerto Madryn) est accessible par la RP 1, une route gravillonnée bien entretenue d'où part un petit tronçon en direction du sud-est. Si vous disposez de votre propre véhicule, vous pouvez poursuivre en direction du sud vers Camarones en passant par le Cabo Raso, désolé mais magnifique.

Si vous trouvez d'autres voyageurs pour vous accompagner, la location d'une voiture (à Trelew ou à Puerto Madryn) peut s'avérer rentable.

Camarones

☎0297 / 1 300 HABITANTS

Dans la compétition pour le titre de village côtier le plus paisible de Patagonie, Camarones tient le haut du pavé. Ses plages désertes sont propices à la promenade et ses habitants sont passés maîtres dans l'art du bavardage. C'est aussi la porte d'entrée la plus proche vers la réserve naturelle méconnue du Cabo Dos Bahías (p. 430), qui abrite une colonie de 25 000 couples de manchots avec leurs petits.

C'est ici que l'explorateur espagnol Don Simón de Alcazaba y Sotomayor jeta l'ancre en 1545 et fonda la Provincia de Nueva León. Bénéficiant de l'essor de l'industrie de la laine, Camarones devint le principal port de la région. La laine produite ici est d'excellente qualité, ce qui n'échappa pas au juge de paix Don Mario Tomás Perón, qui géra la plus grande estancia de la région, Porvenir, où grandit son fils, futur président, Juanito. L'achèvement des gigantesques installations de Comodoro Rivadavia signa le quasi-abandon du port de Camarones.

Achevé en 2009, le goudronnage de la RN 1 a marqué le début d'une ligne de bus directe au départ de Comodoro Rivadavia. Le tourisme reste modeste, mais il se développe ; dépêchez-vous de découvrir Camarones avant qu'il prenne véritablement son essor.

Fête

Fiesta Nacional del Salmón PÊCHE

Camarones organise durant un week-end de février des concours de pêche en haute mer. Le dimanche, un repas de poisson et fruits de mer réunit tous ceux qui le souhaitent, et l'on procède au couronnement de Miss Salmoncito.

Où se loger et se restaurer

Camping Camarones CAMPING $

(☎0297-15148524 ; San Martín ; 20/20 ARS par pers/véhicule ; bungalow 100 ARS/pers). Sur le port, un camping paisible avec électricité et douches chaudes, tenu par un couple sympathique. Si vous la prévenez à l'avance, Sonia pourra vous cuisiner crevettes, fruits de mer ou saumon.

Hotel Indalo Inn HÔTEL $$

(☎496-3004 ; www.indaloinn.com.ar ; angle Sarmiento et Roca ; d/bungalow 270/370 ARS). L'unique hôtel de la ville (actuellement) jouit peut-être un peu paresseusement de la situation – le personnel semble presque importuné par la présence de clients... Les chambres, rénovées, sont un tantinet exiguës mais équipées de lits bien fermes et de douches à forte pression. Les bungalows, plus chers, bénéficient de la vue sur la mer.

Alma Patagonica CAFÉ $$

(angle Sarmiento et Roca ; pizzas 50 ARS ; 11h-minuit). Ce bar vieux d'un siècle, restauré, est tenu avec enthousiasme par des jeunes branchés qui ont à cœur de préserver les traditions locales. Les *empanadas* de poisson maison, accompagnées d'une bière glacée, sont délicieuses. Il était question, lors de notre passage, de créer des hébergements.

Renseignements

Office du tourisme (☎496-3040 ; Tomas Espora s/n ; 8h-21h déc-mai). Bureau très efficace installé sur le front de mer. Fournit cartes, conseils avisés sur les excursions et renseignements sur les hébergements.

Patagonia Austral Expediciones (☎0297-156258180 ; patagoniaaustralexpeditions@hotmail.com). Sorties de pêche et excursions d'observation des dauphins et de découverte des îles au large.

Depuis/vers Camarones

Sur la RN 3 à 180 km au sud de Trelew, au niveau d'une station-service, la RP 30 part vers l'est en direction de Camarones, à 72 km. Transportes Ñandú assure une liaison en bus vers Trelew (66 ARS, 4 heures) les lundis, mercredis et vendredis à 16h. Transportes ETAP dessert Comodoro Rivadavia (50 ARS, 3 heures 30) les mardis et jeudis à 13h.

Pour vous rendre au Cabo Dos Bahías, prenez un taxi (30 min).

Cabo Dos Bahías

Une mauvaise route mène au **Cabo Dos Bahías** (20 ARS ; ⌚toute l'année), réserve naturelle isolée à 30 km au sud-est de Camarones. Les visiteurs qui s'aventurent en ce lieu, nettement moins fréquenté que Punta Tombo, ne le regrettent pas. Une gigantesque colonie de manchots y niche à la belle saison. En hiver, on peut y voir des baleines, des orques ainsi que des guanacos et des nandous. Oiseaux marins, lions de mer, renards et otaries à fourrure sont présents toute l'année.

Vous pourrez planter votre tente gratuitement au Cabo Dos Bahías Club Naútico ou sur l'une des plages bordant la route de Camarones.

Comodoro Rivadavia

☎0297 / 180 000 HABITANTS

Entouré de derricks, de réservoirs de pétrole et de centrales éoliennes, le port poussiéreux de Comodoro possède peu d'atouts pour séduire. Néanmoins, cette ville moderne et industrieuse se trouve à proximité de sites intéressants et dispose de services pratiques pour le voyageur. Elle s'élève à l'extrémité orientale du Corredor Bioceánico, la route qui mène à Coyhaique, au Chili.

Fondée en 1901, Comodoro était à l'origine un centre d'acheminement utilisé par les éleveurs de Sarmiento. Le destin de la ville tourna en 1907, lorsque des ouvriers mirent au jour un gisement pétrolifère. Elle fut alors l'objet de toutes les attentions, et se vit équipée d'un grand port, d'un aéroport et de routes goudronnées.

Aujourd'hui, dans le contexte d'une industrie privatisée, elle a conservé tout son dynamisme. Durement touchée par la récession de 2001, Comodoro la flambeuse s'est relevée et arbore un casino flambant neuf et des boutiques de luxe, alors que des voitures de sport parcourent ses rues. Elle détient le record (enviable ?) de la consommation de TV à écran plasma du pays.

Les artères commerçantes sont l'Av San Martín et l'Av Rivadavia. L'Av San Martín, entre Mitre et Belgrano, est bordée d'enseignes haut de gamme et de boutiques inconnues dans le reste de la Patagonie.

À voir

Museo Nacional del Petróleo MUSÉE

(☎455-9558 ; 20 ARS ; ⌚9h-17h mar-ven, 15h-18h sam). Les passionnés visiteront ce musée consacré aux aspects historiques et sociaux du développement de l'industrie pétrolière. Point de regard critique ici : le musée a été construit par l'ancienne compagnie pétrolière d'État YPF (et est désormais géré par l'Universidad Nacional de Patagonia). Les photos anciennes sont intéressantes, et l'on reste bouche bée devant les maquettes de pétroliers, de raffineries et de l'ensemble de la zone d'exploitation. Visites guidées.

Pour vous rendre au musée, situé dans le quartier General Mosconi, à 3 km au nord du centre-ville, prenez un *remis* (40 ARS) ou un bus n°7 (Laprida) ou n°8 (Palazzo). Le trajet coûte 1,75 ARS et dure 10 minutes. Descendez au niveau du supermarché La Anónima.

Museo Regional Patagónico MUSÉE

(☎477-7101 ; angle Av Rivadavia et Chacabuco ; entrée libre ; ⌚9h-18h lun-ven, 11h-18h sam-dim). Ce musée renferme des spécimens – en mauvais état – de la faune et de la flore de Patagonie, mais surtout des pièces historiques et archéologiques intéressantes, notamment de beaux objets en terre et des pointes de lances, ainsi que des pièces concernant les premiers émigrants boers sud-africains.

Circuits organisés

Plusieurs agences proposent des excursions vers le Bosque Petrificado Sarmiento (p. 436) et la Cueva de las Manos (p. 457).

Ruta 40 (☎446-5337 ; www.ruta-40.com) organise des excursions en 4x4 bien documentées et personnalisées sur la RN 40 et dans d'autres régions de Patagonie. La compagnie est gérée par Mónica Jung et Pedro Mangini, un duo dynamique parlant anglais, allemand et italien.

Le circuit en petit train, **Circuito Ferroportuario** (gratuit), part de l'office du tourisme et emmène les visiteurs à la découverte de conteneurs, entrepôts, installations historiques et ateliers sur le port.

Où se loger

Hommes d'affaires et employés séjournant pour de longues périodes se partagent entre les hôtels luxueux et d'autres, délabrés. Dans cette ville où la demande professionnelle est forte, les hébergements sont en général chers et pris d'assaut. Réservation impérative.

Lucania Palazzo Hotel HÔTEL $$$
(☎449-9300 ; www.lucania-palazzo.com ; Moreno 676 ; s/d/ste 800/885/1 045 ARS ; @ 📶). Dominant la ville de toute sa hauteur, cette tour étincelante offre une vue sur la mer depuis toutes ses chambres et un décor moderne de bon goût. La ventilation pourrait toutefois être améliorée. L'hôtel affiche des tarifs excessifs, mais le restaurant est correct, et le personnel est très serviable et bien avisé dans ses recommandations.

Hotel Victoria HÔTEL $$
(☎446-0725 ; Belgrano 585 ; s/d/tr 290/360/420 ARS). Si l'on se fie à l'odeur délicieuse des pâtisseries en préparation, le petit-déjeuner (20 ARS) mérite le supplément facturé dans cet hôtel, le plus sympathique du coin. Les chambres, spacieuses et tranquilles, sont équipées de lits jumeaux bien fermes, d'un bureau et d'une TV câblée.

Hospedaje Belgrano HÔTEL $$
(☎447-8439 ; Belgrano 546 ; s/d sans sdb 90/170 ARS). Cette pension sommaire est sans doute la seule adresse bon marché du centre : essayez de ne pas prêter attention à l'odeur de tabac froid dans le hall. Si les chambres sont assez propres, les sdb communes étriquées, avec le pommeau de douche au-dessus des toilettes, laissent plutôt à désirer.

Camping Municipal CAMPING $
(☎445-2918 ; Rada Tilly ; www.radatilly.com.ar/turismo-camping.html ; 15 ARS/pers). Aménagé près de la plage ventée de Rada Tilly, à 15 km au sud de Comodoro, ce camping possède des emplacements abrités par des buissons. Une colonie de lions de mer vit près de l'extrémité sud de la plage, l'une des plus longues de Patagonie, au-dessous de Punta del Marqués.

Où se restaurer

Les bonnes tables ne manquent pas dans cette ville prospère. Procurez-vous le *Sabores del Sur*, un guide des restaurants disponible gratuitement dans les hôtels.

La Tradición PARILLA $$
(☎446-5800 ; Mitre 675 ; plats 38-80 ARS ; ⏲fermé dim). Très appréciée localement, cette *parrilla* stylée sert d'excellentes viandes (bœuf et agneau rôti) sur des nappes blanches et dans un décor de tableaux représentant des… puits de pétrole !

Puerto Mitre PIZZERIA $
(☎446-1201 ; 25 de Mayo et Ameghino ; plats 30-55 ARS). Ici on mange pizzas et *empanadas* : la base de l'alimentation du voyageur !

Chocolates GLACES $
(Av San Martín 231 ; cornet 8 ARS ; 👪). Les amateurs de glaces apprécieront la gamme de parfums au chocolat velouté et au généreux *dulce de leche*. Petit manège pour les enfants.

Où prendre un verre et sortir

Molly Malone CAFÉ
(☎447-8333 ; angle 9 de Julio et Av San Martín 292 ; plats 25-45 ARS). Ce confortable café-pub tenu par d'anciens piliers du rugby local vous accueille à tout moment, au petit-déjeuner, pour la formule du midi ou pour déguster une Quilmes en soirée. L'atmosphère divertissante compense la nourriture juste moyenne.

La Nueva Cabaña PUB
(9 de Julio 821 ; ⏲20h-6h mar-jeu, 22h-6h ven-sam). Ce pub-discothèque rustique et sans prétention est fréquenté par une clientèle jeune, sur fond de *musica electrónica*, rock, folk et pop.

Cine Teatro Español CINÉMA
(☎447-7700 ; www.cinecr.com.ar ; Av San Martín 668 ; 15 ARS). Ce cinéma à l'ancienne programme une large sélection de films hollywoodiens.

Renseignements

Les *locutorios* sont légion dans le centre.

ACA (Automóvil Club Argentino ; ☎446-0876 ; angle Dorrego et Alvear). Cartes et informations sur les routes.

Banco de la Nación (angle Av San Martín et Güemes). La plupart des banques et des DAB, dont celle-là, se trouvent sur l'Av San Martín ou l'Av Rivadavia.

Centro de Internet Comodoro (Rivadavia 245). Ouvert tard le soir.

Hôpital régional (☎444-2287 ; Av Hipólito Yrigoyen 950)

Office du tourisme (☎447-4111 ; www.comodoro.gov.ar/turismo ; Av Rivadavia 430 ; ⏲8h-15h lun-ven). Bien organisé et bien fourni en brochures. Le comptoir de la gare routière ouvre, au moins en théorie, de 8h à 21h.

Poste (angle Av San Martín et Moreno)

Thaler Cambio (Mitre 943). Change les chèques de voyage.

BUS AU DÉPART DE COMODORO RIVADAVIA

DESTINATION	TARIF (ARS)	DURÉE (HEURES)
Bariloche	270	12
Buenos Aires	590-687	24
Coyhaique (Chili)	180	11
Esquel	180-200	10
El Calafate	378	14
Los Antiguos	165	5
Puerto Deseado	125	4
Puerto Madryn	129-147	6
Río Gallegos	149-275	10-11
Río Mayo	65	3 heures 30
Sarmiento	40	2
Trelew	105-125	5

Depuis/vers Comodoro Rivadavia

Formé des RN 26, RP 20 et RP 55, le Corredor Bioceánico rejoint en ligne droite Coyhaique, au Chili, et son port sur le Pacifique, Puerto Chacabuco. Tracé sur la plus courte distance continentale entre les deux océans, cet itinéraire ouvert toute l'année est promu comme une solution de rechange au canal de Panamá. Les RN 26, RP 20 et RN 40, toutes goudronnées, permettent de rejoindre Esquel et Bariloche.

Avion

L'**Aeropuerto General Mosconi** (CRD ; ☎454-8190) se trouve à 9 km au nord de la ville.

Aerolíneas Argentinas (☎444-0050 ; Av Rivadavia 156) assure 2 vols/jour vers Buenos Aires (857 ARS).

L'aéroport central de **LADE** (☎447-0585 ; Av Rivadavia 360) se trouve à Comodoro. La compagnie dessert au moins 1 fois par semaine El Calafate (426 ARS), Río Gallegos (454 ARS), Trelew (361 ARS), Ushuaia (678 ARS) et Buenos Aires (724 ARS). Les horaires et les vols changent fréquemment. La course en taxi du centre à l'aéroport coûte 50 ARS.

Bus

Une certaine anarchie règne à la **gare routière** (Pellegrini 730), où s'arrêtent tous les bus circulant sur la RN 3. Le comptoir de l'office du tourisme, bien commode, fournit cartes et renseignements sur les trajets.

La plupart des horaires de bus sont divisés entre les destinations du nord et du sud. **Andesmar** (☎446-8894) assure 5 départs quotidiens (entre 1h15 et 15h) en direction du nord (à destination, entre autres, de Trelew, Rawson et Puerto Madryn). **TAC** (☎444-3376) suit le même itinéraire et poursuit jusqu'à Buenos Aires. **Etap** (☎447-4841) dessert Esquel et Río Mayo tous les jours, Sarmiento 4 fois/jour, et Coyhaique (Chili) les mercredis et samedis (départ à 8h).

Empresa Robledo (☎446-8187) assure deux liaisons quotidiennes à destination de Los Antiguos, d'où partent des correspondances pour Chile Chico (Chili), *via* la ville de Perito Moreno. Les bus **Taqsa** (☎447-0564) partent en soirée pour Bariloche et El Calafate.

Les horaires changeant constamment, renseignez-vous au comptoir de chaque ligne en arrivant à la gare routière.

Comment circuler

Le bus n°8 "Directo Palazzo" (1,75 ARS), dont l'arrêt est situé en face de la gare routière, dessert directement l'aéroport.

Expreso Rada Tilly relie la gare routière de Comodoro à la station balnéaire proche (3 ARS). Les départs ont lieu toutes les 20 minutes en semaine et toutes les 30 minutes le week-end.

Vous pourrez louer une voiture chez **Avis** (☎454-9471 ; à l'aéroport) ou **Localiza** (☎446-3526 ; Av Rivadavia 535). **Dubrovnik** (☎444-1844 ; www.rentacardubrovnik.com ; Moreno 941) loue des 4x4.

Puerto Deseado

☎0297 / 13 300 HABITANTS

À 125 km au sud-est de l'embranchement avec la RN 3, la RN 281 se fraye un chemin au creux de vallées de roche rose où paissent des troupeaux de guanacos, pour aboutir à Puerto Deseado, une jolie ville paisible tournée vers la pêche en haute mer. Le temps semble ici suspendu (voyez ces vieux camions qui rouillent dans les rues tels des cétacés échoués sur la plage), et les édifices historiques méritent le détour, tout comme l'estuaire submergé de la Ría Deseado (p. 435), où abondent oiseaux et autres animaux marins.

En 1520, après une violente tempête, Magellan vint réparer ses vaisseaux dans les eaux abritées de l'estuaire qu'il baptisa "Río de los Trabajos" ("fleuve des travaux"). Explorant les lieux à son tour, en 1586, le corsaire anglais Cavendish lui donna le nom de son navire – *Desire*. La région vit ensuite arriver de partout des pêcheurs de baleines et de phoques. La Couronne espagnole dépêcha alors un détachement de colons sous le commandement d'Antonio de Viedma. Après avoir survécu à un hiver particulièrement rude, une trentaine d'entre eux succombèrent à une épidémie de scorbut. Les survivants s'installèrent plus à l'intérieur des terres, fondant l'éphémère colonie de Floridablanca. En 1834, Darwin étudia l'estuaire, tout comme Perito Moreno en 1876.

Puerto Deseado se trouve à l'extrémité de la RN 281, à 2 heures de route au sud-est de l'embranchement de la RN 3. Les principaux services et commerces se situent dans le quartier délimité par les deux artères principales, San Martín et Almirante Brown.

À voir et à faire

Estación del Ferrocarril Patagónico SITE HISTORIQUE
(contribution libre ; 16h-19h lun-sam). Les amateurs de trains visiteront cette imposante gare de conception anglaise, construite par des tailleurs de pierre yougoslaves en 1908, non loin de l'Av Oneto. Puerto Deseado était autrefois le terminus d'une ligne de chemin de fer qui transportait passagers, laine et plomb extrait des mines chiliennes de Pico Truncado et Las Heras, à 280 km au nord-ouest.

Vagón Histórico WAGON HISTORIQUE
(angle San Martín et Almirante Brown). Dans le centre-ville, on peut voir ce wagon restauré de 1898, dans lequel le chef rebelle Facón Grande organisa la "révolte de Patagonie". En 1979, alors que la voiture allait être mise au rebut, les habitants descendirent dans la rue pour obtenir qu'elle reste en place. Quelques rues plus à l'ouest, on peut admirer le beau bâtiment de la **Sociedad Española** (San Martín 1176), construit vers 1915.

GRATUIT **Museo Regional Mario Brozoski** MUSÉE
(487-1358 ; angle Colón et Belgrano ; 10h-17h lun-ven, 15h-19h sam). Présente des vestiges de la corvette anglaise *Swift*, qui fit naufrage au large de Deseado en 1776. Des plongeurs continuent d'explorer l'épave, découverte en 1982, et d'en remonter des objets.

Club Naútico SPORTS NAUTIQUES
(0297-15-419-0468). En été, on peut y louer planches à voile et kayaks. Pour la pêche sportive, rendez-vous sur le quai.

City Tour PROMENADE À PIED
Un excellent moyen d'humer l'ambiance de la ville. Demandez dans l'un des offices du tourisme la *Guía Historica*, une carte avec un circuit autoguidé (en espagnol).

Circuits organisés

Darwin Expediciones SORTIES EN BATEAU
(0297-15-624-7554 ; www.darwin-expeditions.com ; Av España 2601). Sorties en kayak, excursions d'observation de la faune et de la flore, activités en lien avec la nature et visites archéologiques accompagnées par des guides compétents. L'éco-safari dans la Reserva Natural Ría Deseado (211 ARS) est très prisé.

Los Vikingos SORTIES EN BATEAU
(487-0020, 0297-15-624-5141/4283 ; www.losvikingos.com.ar ; Estrada 1275). Excursions en mer et sur la terre ferme. Les circuits, parfois animés par des biologistes marins, incluent la Reserva Natural Ría Deseado et le Monumento Natural Bosques Petrificados.

Où se loger

L'office du tourisme vous fournira la liste des estancias de la région relativement proches.

Hotel Los Acantilados HÔTEL $$
(487-2167 ; http://hotelosacantilados.com.ar ; angle Pueyrredón et Av España ; s/d standard 240/276 ARS, s/d supérieure 408/504 ARS ; @). Plus séduisante du dehors qu'à l'intérieur, cette adresse en haut d'un promontoire arbore un vaste salon pourvu d'une cheminée, propice à la détente. Les chambres supérieures et la salle à manger regardent le front de mer, tandis que les chambres standards, sans fioritures, ont des sdb qui datent.

Cabañas Las Nubes BUNGALOWS $$
(0297-15-403-2677 ; Ameghino 1351 ; bungalows d/qua 380/510 ARS ;). Perchés sur une

hauteur, ces bungalows de luxe avec cuisine équipée et vue sur la mer constituent le choix le plus séduisant de la ville. Malheureusement le service laisse à désirer.

Residencial Los Olmos HÔTEL $
(☎487-0077 ; Gregores 849 ; d 220 ARS). Dans une maison en brique impeccablement tenue par une maîtresse des lieux sourcilleuse, ces 19 petites chambres avec TV, bon chauffage et sdb individuelle constituent une valeur sûre dans la catégorie économique.

Camping Cañadón Giménez CAMPING $
(☎0297-15-466-3815 ; RN 281 ; 30 ARS/tente, bungalow 4 pers 150 ARS ; ⊙tte l'année). À 4 km au nord-ouest de la ville et 50 m seulement de la Ría Deseado, ce camping, bien abrité par la forêt et par de hautes parois rocheuses, dispose de bungalows rudimentaires d'une capacité de 4 personnes. Douches, eau chaude et provisions de base disponibles.

Où se restaurer

Vous trouverez des rôtisseries de poulet un peu partout en ville.

Puerto Cristal FRUITS DE MER, POISSON $$
(Av España 1698 ; plats 42-70 ARS ; ⊙12h-15h et 20h-minuit, fermé mer). Si l'on fait abstraction de la déco, ce restaurant très apprécié se montre à la hauteur, avec ses poissons grillés et ses calamars frits servis en de généreuses portions, ainsi que sa carte des vins fournie.

La Cueva Pizza con Historia PIZZERIA $
(Ex-Estación Ferrocarril ; pizzas 32-50 ARS ; ⊙16h-19h et 21h-minuit, fermé ven). Les vestiges du chemin de fer et les restes du cabinet d'un médecin (regardez les instruments...) créent un cadre des plus étranges pour cette pizzeria aménagée dans l'ancien buffet de la gare. Les habitants s'y rassemblent autour d'une cruche de bière mousseuse et de pizzas molles.

Puerto Darwin PUB $$
(www.darwin-expeditions.com ; Av España 2581 ; plats 60 ARS ; ⊙9h-2h ; 📶). Le sympathique café de Darwin Expediciones a vue sur le port et propose sandwichs, *picadas* et poisson. Il est un peu éloigné du centre : longez l'eau jusqu'à l'autre bout de la zone industrielle clôturée.

Où prendre un verre et sortir

Entre autres lieux d'animation nocturne, citons le **Jackaroe Boliche** (Mariano Moreno 663), une discothèque tape-à-l'œil occupant un bâtiment à l'architecture consternante.

Renseignements

Vous trouverez banques, DAB, *locutorios* et cybercafés dans San Martín.

Banco de la Patagonia (San Martín et Almirante Brown)

CIS Tour (☎487-2864 ; www.cistours.com.ar ; San Martin 916). Excursions dans la région et billets d'avion.

Dirección Municipal de Turismo (☎487-0220 ; http://puertodeseado.tur.ar ; San Martín 1525 ; ⊙9h-20h tlj). Plans et cartes utiles. Il y a un comptoir à la gare routière, avec du personnel anglophone, mais les horaires sont restreints.

Hôpital du district (☎487-0200 ; España 991)

Poste (San Martín 1075)

Comment s'y rendre et circuler

La **gare routière** (Sargento Cabral 1302) se trouve dans la partie nord-est de la ville, à

LE PAYS DES HOMMES AUX GRANDS PIEDS

L'origine du nom "Patagonie" reste obscure. Pour certains, il est lié aux populations originelles de la région, que découvrit Magellan en débarquant en 1520 à Puerto San Julián, dans l'actuelle province de Santa Cruz. Les Tehuelche, Indiens de grande taille qui portaient des mocassins leur faisant des pieds particulièrement larges, auraient été surnommés par Magellan et son équipage "Patagón", du nom d'un monstre dans un roman de chevalerie de l'époque. Antonio Pigafetta, aristocrate et chroniqueur italien du navigateur, évoque un Tehuelche "bien proportionné et si grand que nous lui arrivions à la taille. Il portait sur le corps et aux pieds des peaux d'animaux adroitement cousues. Selon une autre explication, liée aux mêmes causes, "Patagones" viendrait de l'espagnol "pata", qui signifie "patte".

9 rues de San Martín et l'Av Oneto (trajet long et légèrement en pente). Les **taxis** (☎487-2288 ; 487-0645) facturent la course au compteur.

La Únion (☎4870188) et **Sportman** (☎4870013) assurent à eux deux 5 liaisons quotidiennes à destination de Comodoro Rivadavia (113 ARS, 4 heures). Le bus Sportman de 19h15 permet une correspondance avec le bus de la compagnie pour El Calafate. Sportman dessert également Río Gallegos (234 ARS) deux fois par jour. Les horaires subissent de fréquentes modifications. Renseignez-vous à la gare routière.

Réfléchissez à deux fois si vous avez l'intention de vous arrêter à Fitz Roy (une localité perdue dont les habitants eux-mêmes disent que la seule chose à voir est le vent !) dans l'idée de poursuivre vers Comodoro ou Río Gallegos. Les bus arrivent en pleine nuit et l'unique endroit où vous pourrez atterrir est le camping situé derrière le Multirubro La Illusión.

Reserva Natural Ría Deseado et Parque Interjurisdiccional Marino Isla Pingüino

Ces eaux bleu-vert flanquées de falaises sablonneuses sculptent d'inoubliables paysages marins. Considérée comme l'une des réserves marines les plus importantes d'Amérique du Sud, la Ría Deseado est le résultat d'un phénomène naturel unique. Elle s'est formée lors de la progression des eaux atlantiques dans le lit d'un fleuve abandonné par ce dernier, créant un refuge idéal pour la faune et la flore marines sur 40 km à l'intérieur des terres. La fondation récente du Parque Interjurisdiccional Marino Isla Pingüino (un nom ronflant désignant ni plus ni moins un parc national) va de toute évidence accroître l'offre touristique.

Abritant une importante faune marine, la réserve compte plusieurs îles et autres sites où viennent nicher des manchots de Magellan, des pétrels, des huîtriers, des hérons, des sternes, et cinq espèces de cormorans. L'Isla Chaffers compte une importante population de manchots, tandis que Banco Cormorán accueille des cormorans de Magellan et des cormorans gris. Sur l'Isla Pingüino, on peut voir des gorfous sauteurs au moment de leur nidification (ils arrivent à la mi-octobre) et des éléphants de mer. Les balades dans la *ría* permettent d'observer des dauphins de Commerson, des lions de mer, des guanacos et des nandous.

La meilleure période pour une visite s'étend de décembre à avril. Darwin Expediciones (p. 433) organise des circuits comprenant l'observation des dauphins, l'Isla Chaffers, le Banco Cormorán et l'approche d'une colonie de manchots. Ces derniers, peureux et sautillants avec leur plumage hirsute jaune et noir, constituent la principale attraction de l'excursion d'une journée complète sur l'Isla Pingüino (464 ARS), qui comprend également l'observation de la flore et des animaux marins, de la voile et de la randonnée. Un minimum de 4 participants est requis. Los Vikingos (p. 433) propose des circuits similaires sur les rives de la *ría*, accompagnés de guides polyglottes.

Monumento Natural Bosques Petrificados

Une activité volcanique intense a réduit en cendres les vastes forêts de la région, alors baignée d'un climat humide tempéré, il y a 150 millions d'années. L'érosion a par la suite fait apparaître des *proaraucarias* (ancêtres de l'araucaria) minéralisés mesurant jusqu'à 3 m de diamètre et 35 m de haut. S'étendant sur 150 km², le **monument naturel de la forêt pétrifiée** (entrée libre ; ⌚9h-21h toute l'année) met à la disposition des visiteurs un petit centre d'accueil et des brochures. Un court sentier d'interprétation relie les bureaux du parc à la plus grande concentration d'arbres pétrifiés. Avant d'être protégée, en 1954, la zone a été pillée et certains des plus beaux spécimens ont disparu. Il est aujourd'hui interdit de ramener le moindre souvenir.

À 157 km au sud-ouest de Caleta Olivia, le parc est accessible par la RP 49, bonne route de gravier de 50 km qui débute au Km 2 074 de la RN 3. Il n'est pas desservi par les transports publics. Vous pouvez prendre un bus à Caleta Olivia et descendre à l'embranchement, mais vous risquez d'attendre des heures avant qu'une voiture vous prenne. Los Vikingos (p. 433) organise des excursions depuis Puerto Deseado.

Vous trouverez un camping sommaire et des provisions de base à **La Paloma**, à 20 km des bureaux du parc. Il est formellement interdit de camper à l'intérieur du parc.

Puerto San Julián

02962 / 6 143 HABITANTS

Ce petit bourg isolé, quoique charmant, à la lumière crue et aux rues poussiéreuses, tranche avec le bleu étincelant de la baie. Considéré comme le berceau de l'histoire patagonne, le port de San Julián fut abordé pour la première fois en 1520 par Magellan, dont la rencontre avec la population tehuelche locale donna à la région son nom mythique (voir l'encadré p. 434). Après lui, Viedma, Drake et Darwin s'aventurèrent tous sur cette langue de sable. Si l'histoire de ces hommes est fièrement mise en avant, le paysage parle quant à lui de révolutions géologiques, avec ses strates, ses collines et ses falaises dorées.

Les premiers colons étrangers de Puerto San Julián arrivèrent des îles Malouines à la fin du XIXe siècle, avec l'essor du commerce de la laine. Des Écossais suivirent et créèrent la San Julián Sheep Farming Company, qui représenta la première force économique de la région pendant près d'un siècle. La ville connaît aujourd'hui une croissance sans précédent grâce aux industries minière et de transformation du poisson, et compte une université. Pour les voyageurs, elle constitue une étape agréable et un lieu privilégié pour voir des dauphins de Commerson.

À voir et à faire

Banco Cormorán COLONIE DE MANCHOTS

Le dernier recensement fit état d'une population de 130 000 manchots vivant sur cette étendue, que vous pourrez visiter en bateau. Les manchots sont observables entre septembre et avril ; si les conditions le permettent, vous pourrez descendre du bateau et vous promener sur une île où ils nagent, somnolent et couvent leurs œufs. Le circuit fait également halte au **Banco Justicia**, afin d'observer les colonies de cormorans et autres oiseaux marins. De décembre à mars, vous aurez de bonnes chances d'apercevoir un dauphin de Commerson (p. 418), connu comme le plus petit dauphin au monde. **Expediciones Pinocho** (454600 ; pinochoexcursiones.com.ar ; angle Mitre et 9 de Julio), une équipe emmenée par un biologiste marin, propose des excursions de 2 heures dans la Bahía San Julián (150 ARS/pers).

Circuito Costero CIRCUIT EN VOITURE

Prenez un *remis* ou une voiture de location pour parcourir les 30 km de route non asphaltée longeant la côte de la Bahía San Julián. L'itinéraire est splendide. Une série de promontoires dorés parsèment de magnifiques plages qui connaissent des marées impressionnantes. La zone abrite une

VAUT LE DÉTOUR

BOSQUE PETRIFICADO SARMIENTO

Des étendues de grès pâle jonchées de troncs : tel est le paysage de la **forêt pétrifiée** (20 ARS ; aube-crépuscule) située à 30 km au sud-est de Sarmiento. Les troncs, charriés jusqu'ici depuis les régions montagneuses par de violents courants il y a quelque 65 millions d'années, peuvent atteindre 100 m de long et 1 m de large. Ce site est beaucoup plus facile d'accès que le Monumento Natural Bosques Petrificados (p. 435), au sud.

Vous pouvez vous rendre sur place avec une voiture de location ou en *remis* (renseignez-vous à l'office du tourisme sur les tarifs pour cette excursion de 1 heure 30). Dans la mesure du possible, restez jusqu'au coucher du soleil : les promontoires du Cerro Abigarrado et les hauteurs environnantes resplendissent alors de mille feux.

À 10 km à l'ouest de Sarmiento, l'exploitation agricole **Chacra Labrador** (489-3329, 0297-15-404-3222 ; www.hosterialabrador.com.ar ; d 390 ARS ; P), qui produit des cerises, est une charmante propriété des années 1930 faisant maison d'hôtes. Les chambres (une poignée seulement) sont chaleureusement aménagées, avec de grands lits douillets, des meubles anciens, une théière et une cheminée crépitante.

À Sarmiento, les employés de l'**office du tourisme** (0297-4898220 ; www.coloniasarmiento.gov.ar/turismo ; angle Infanteria 25 et Pietrobelli ; 8h-19h lun-ven, 11h-17h sam-dim), efficaces, vous donneront une carte et les tarifs des *remises* ; consultez le site Internet pour les hébergements. Sarmiento se situe à 148 km à l'ouest de Comodoro (RN 26 puis RP 20). Les **Buses Etap** (0297-4893058) assurent des liaisons quotidiennes vers Comodoro Rivadavia (40 ARS, 2 heures), ainsi qu'une desserte de Río Mayo (40 ARS, 1 heure 30, départ à 21h30).

colonie de lions de mer. Sur le Monte Cristo, un chemin de croix permet aux croyants de suivre toutes les stations.

Centro Artesenal Municipal ARTISANAT
(Moreno s/n ; 8h-20h lun-ven). Une coopérative sympathique où l'on peut acheter des céramiques et des articles tissés.

Museo Nao Victoria MUSÉE
(12 ARS ; 8h-21h30). Revivez le débarquement de Magellan dans ce musée et parc à thème présentant des personnages grandeur nature en armure qui célèbrent la messe et combattent des insurgés. Sur une réplique de bateau dans le port.

Une autre possibilité est la randonnée le long de la côte qui permet l'observation des nombreux oiseaux. Si vous êtes deux, vous pouvez louer un **vélo tandem** (02962-15-532312) pour explorer les environs. Pour plus de détails sur ces activités, consultez les kiosques d'information touristique.

Où se loger et se restaurer

Hostería Miramar PENSION $$
(454626 ; hosteriamiramar@uvc.com.ar ; San Martín 210 ; s/d 240/260 RS ; @). En front de mer, un établissement tenu par une sympathique famille de la région et baigné de lumière naturelle. Les 11 chambres, dont une familiale, arborent une déco vert menthe un peu vieillotte, mais sont impeccablement tenues. TV et moquette au sol.

Hotel Ocean HÔTEL $
(452350 ; San Martín 959 ; s/d/tr 210/240/270 ARS ; P). Dans un bâtiment en brique rénové, les chambres bien astiquées ont des matelas fermes et des couleurs tropicales. Le personnel avenant aide volontiers les hôtes, notamment à trouver un restaurant ouvert quand ils débarquent du bus vers minuit, ce qui arrive souvent.

Hotel Bahia HÔTEL $$
(453144 ; www.hotelbahiasanjulian.com.ar ; San Martín 1075 ; s/d/tr 250/280/450 ARS ; @). Pourvues de matelas fermes, de la TV et d'un service de blanchisserie, les chambres modernes de cet hôtel vitré constituent une aubaine dans un endroit comme San Julián. Le café-bar est accessible aux non-résidents.

Costanera Hotel HÔTEL $$
(452300 ; www.costanerahotel.com ; 25 de Mayo 917 ; s/d 210/280 ARS ; P). Ce pilier du front de mer a fait peau neuve et loue des chambres sans originalité, mais impeccables. Bon restaurant.

Camping Municipal CAMPING $
(452806 ; Magallanes 650 ; 25 ARS/pers). Un terrain tout équipé – douches chaudes, laverie et pare-vent – en bord de mer, à l'extrémité nord de Vélez Sarsfield.

Restaurante Costanera Hotel ARGENTIN $$
(25 de Mayo 917 ; plats 32-70 ARS ; 12h-15h, 20h-23h). Ne vous arrêtez pas au cadre terne du restaurant de l'hôtel Costanera, un brin guindé, mais d'un bon rapport qualité/prix. Les vins sont excellents et les plats réussis – ah, ces pommes de terres à la crème et au bacon...

La Rural PARRILLA $
(Ameghino 811 ; plats 22-30 ARS). Le service est prévenant mais la cuisine, certes copieuse, est médiocre. Toute la ville semble pourtant se donner rendez-vous ici. Au menu : viandes et pommes de terre, poissons grillés et pâtes.

Renseignements

Banco Santa Cruz (angle San Martín et Moreno). DAB.

Dirección de Turismo (454396 ; www.sanjulian.gov.ar ; Av San Martín 135 ; 8h-14h lun-ven)

Poste (angle San Martín et Belgrano)

Depuis/vers Puerto San Julián

Bus

La plupart des bus arrivant par la RN 3 s'arrêtent à la **gare routière** (San Martín 1552) à des heures indues. Avant d'en choisir un qui vous déposera au port à 4h du matin, adressez-vous plutôt à **Don Otto** (452072), dont les bus à destination du sud arrivent à San Julián le soir à des horaires acceptables. **Via Tac** (454049) rejoint Puerto Madryn (310 ARS, 12 heures). **Andesmar** (454403) relie Comodoro Rivadavia (132 ARS, 6 heures). **Taqsa** (454667) gagne, à 4h, Bariloche (421 ARS) et Río Gallegos (133 ARS, 4 heures 30), où les voyageurs peuvent prendre des correspondances vers le sud.

Des compagnies assurent un service porte à porte (lun-sam à l'aube), un peu plus cher. **Cerro San Lorenzo** (452403 ; Berutti 970) rallie, à 8h, Gobernador Gregores (115 ARS, 4 heures).

Les horaires peuvent varier ; faites-vous confirmer votre départ au préalable.

Parque Nacional Monte León

Inauguré en 2004, ce beau parc national côtier protège plus de 600 km² de caps et de steppe patagonne, ainsi que 40 km d'un littoral spectaculaire ponctué de baies, de plages et d'estrans. Autrefois terrain de chasse des nomades, puis fréquentée par les Tehuelche, cette ancienne estancia abrite d'importantes populations de manchots de Magellan, de lions de mer, de guanacos et de pumas (n'oubliez pas vos jumelles).

Mieux vaut marcher le long du littoral et admirer ses curiosités géographiques à marée basse, lorsque la mer se retire et laisse apparaître des langues de sable et de rochers. En octobre 2006, l'attraction phare du parc, **La Olla** (grotte gigantesque creusée par la mer), s'est effondrée du fait de l'action répétée des marées. Accessible à marée basse, l'**Isla Monte León**, une île intensivement exploitée entre 1933 et 1960 pour la collecte du guano, est redevenue le paradis des cormorans, des goélands dominicains, des labbes et autres oiseaux marins. Soyez prudent et renseignez-vous bien sur les horaires des marées ; la mer se retire loin mais la marée remonte vite.

Des sentiers partent de la route principale et mènent à la côte. Le **sentier des pingouins** traverse la steppe et conduit à un beau panorama sur la colonie. Il est interdit de s'écarter du chemin, mais vous n'aurez aucun mal à voir ces 75 000 couples. Comptez 1 heure 30 pour effectuer l'aller-retour. Les voitures peuvent aller jusqu'au pied de l'imposante falaise **Cabeza de León** (tête de lion), où un sentier mène en 20 minutes à la colonie de lions de mer.

Vous trouverez un camping gratuit sur la plage, avec accès à des tables de pique-nique, mais les visiteurs doivent apporter leurs propres réserves en eau. L'autre solution est l'**Hostería Monte León** (☎à Buenos Aires 011-4621-4784, à Ushuaia 02901-431851 ; www.monteleon-patagonia.com ; s/d demi-pension 886/1 646 ARS ; ⊙nov-avr), un établissement plein de charme aménagé dans le *casco* (demeure principale) d'une estancia de 1895. La maison centenaire (quatre chambres) a conservé le style dépouillé des fermes patagonnes, avec lits en fer forgé, meubles simples et de bon goût et cuisine ouverte dotée d'un poêle à bois.

Renseignez-vous auprès du **bureau du parc** (www.pnmonteleon.com.ar) sur les possibilités d'excursions en bateau ou de pêche à la truite arc-en-ciel. L'entrée du parc se situe à 30 km au sud de Comandante Luis Piedrabuena ou à 205 km au nord de Río Gallegos, au bord de la RN 3. Soyez attentif car les panneaux sont rares.

Río Gallegos

☎02966 / 110 000 HABITANTS

Peu fréquentée des touristes, cette ville spécialisée dans le commerce du charbon, le raffinage du pétrole et l'industrie lainière est un port qui, quoique fort actif, ne présente qu'un intérêt limité. Avec l'arrivée au pouvoir du couple Kirchner, originaire de Río Gallegos, la capitale de région a fait l'objet de toutes les attentions. En dehors de la ville, les visiteurs pourront pratiquer la pêche à la mouche, séjourner dans des estancias traditionnelles et observer des marées très basses (la mer baissant d'une hauteur de 14 m). Les infrastructures touristiques sont bonnes, mais pour la plupart des voyageurs, Río Gallegos n'est qu'un lieu de transit vers El Calafate, Puerto Natales ou Ushuaia.

L'économie de la ville repose sur les champs pétrolifères des environs, et l'or noir est expédié par cargo à Punta Loyola. Río Gallegos abrite une importante base

Río Gallegos

À voir

1	Funda Cruz	C1
2	Museo de Arte Eduardo Minnicelli	C3
3	Museo de los Pioneros	A2
4	Museo Malvinas Argentinas	C4
5	Museo Provincial Padre Jesús Molina	C4
6	Plaza San Martín	C3

Où se loger

7	El Viejo Miramar	A3
8	Hotel Aire de Patagonia	B3
9	Hotel Covadonga	B3
10	Hotel Sehuen	B2

Où se restaurer

11	Laguanacazul	C1
12	Pizza Roma Express	C3
13	RoCo	C2

militaire et a joué un rôle actif durant la guerre des Malouines. La principale artère, autrefois appelée Roca, a été rebaptisée Kirchner en hommage à l'ancien président.

À voir

GRATUIT Museo Provincial Padre Jesús Molina MUSÉE
(☎423290 ; Av San Martín et Ramón y Cajal ; ⌚9h-20h lun-ven, 15h-20h sam). Envie d'art moderne et de dioramas présentant des dinosaures ? Ce musée satisfait tous les goûts avec ses collections d'anthropologie, de paléontologie, de géologie et de beaux-arts. La salle consacrée à l'ethnologie tehuelche présente des photos fascinantes et retrace l'histoire locale.

GRATUIT Museo de Arte Eduardo Minnicelli MUSÉE
(☎436323 ; Maipú 13 ; ⌚8h30-19h mar-ven, 14h-18h sam-dim). Ce musée à vocation éducative accueille des expositions venues d'institutions plus importantes, et présente des œuvres d'artistes de Santa Cruz. Un bon endroit aussi pour glaner des informations sur les manifestations culturelles dans la ville.

GRATUIT Museo Malvinas Argentinas MUSÉE
(☎420128 ; angle Pasteur et San Martín ; ⌚8h-12h lun et jeu, 13h-17h30 mar et ven, fermé mer). Ce musée traite des revendications de l'Argentine concernant les îles Malouines.

Plaza San Martín PLACE
Ravissante, avec ses bancs paisibles à l'ombre des peupliers et des jacarandas aux fleurs violettes.

GRATUIT Museo de los Pioneros MUSÉE
(☎437763 ; angle Elcano et Alberdi ; ⌚10h-20h). Aménagé dans une maison préfabriquée des années 1890 acheminée depuis l'Angleterre,

Río Gallegos

ce musée permet d'en savoir plus sur la vie des premiers immigrants.

Funda Cruz CENTRE CULTUREL
(G Lista 60). Un autre joli bâtiment de bois préfabriqué apporté de l'étranger. Cet ancien bureau des douanes accueille aujourd'hui un salon de thé, théâtre de diverses manifestations culturelles.

Circuits organisés

L'importante colonie de manchots du Cabo Vírgenes, à 140 km au sud-ouest de Río Gallegos, peut être visitée entre octobre et mars. Vous pourrez réserver une excursion auprès de **Al Sur Turismo** (☎436743 ; www.alsurturismo.com.ar ; Errazuriz 194) ; l'excursion de 8 heures coûte 300 ARS/pers (plus entrée au parc, 15 ARS), avec un minimum de trois participants (les tarifs sont plus élevés sinon).

Où se loger

Dans la mesure où les hôtels accueillent essentiellement une clientèle d'affaires, les hébergements petits budgets d'un bon rapport qualité/prix n'abondent guère.

Hotel Aire de Patagonia HÔTEL DE CHARME $$
(☎02966-15569588 ; www.hotelairepatagonia.com.ar ; Sarsfield 58 ; s/d 360/450 ARS ; wifi). Un hôtel accueillant au look résolument contemporain. Un ascenseur hydraulique propulse les clients dans les chambres, équipées notamment de planchers chauffants, TV à écran plat et draps de coton fin bien doux. La jolie *confitería* est parfaite pour passer un moment devant un café ou une partie d'échecs.

Hostel Elcira AUBERGE DE JEUNESSE $
(☎429856 ; www.elcira.com.ar ; Zucarino 431 ; dort 70 ARS, d avec sdb 180 ARS ; wifi). Une maison familiale kitsch mais impeccable, tenue par des hôtes accueillants. Elle est éloignée du centre, mais à 10 minutes à pied seulement de la gare routière (20 ARS en taxi).

Hotel Sehuen HÔTEL $$
(☎425683 ; www.hotelsehuen.com ; Rawson 160 ; s/d/tr 220/295/276 ARS). Cet hôtel confortable et lumineux, qui a reçu des récompenses nationales en matière de service, offre des prestations d'un excellent rapport qualité/prix. Sous les hauts plafonds de la salle du petit-déjeuner, on s'éveille au jour nouveau en lisant la presse locale. Les chambres sont simples mais parfaitement tenues.

El Viejo Miramar HÔTEL $$
(☎430401 ; hotelviejomiramar@yahoo.com.ar ; Av Kirchner 1630 ; s/d 195/250 ARS). Des chambres douillettes avec moquette au sol et sdb impeccables, un propriétaire affable qui sait mettre ses hôtes à l'aise : le Viejo Miramar est un bon choix. Petit-déjeuner compris dans le prix.

Hotel Covadonga HÔTEL $
(☎420190 ; hotelcovadongargl@hotmail.com ; Av Kirchner 1244 ; d avec/sans sdb 225/195 ARS). D'un bon rapport qualité/prix, cet hôtel bien tenu au charme d'antan renferme de belles chambres spacieuses, ainsi qu'un salon ensoleillllé garni de vieux canapés en cuir. Les chambres avec sdb justifient la dépense supplémentaire. Réductions pour les règlements en espèces.

Où se restaurer et prendre un verre

Laguanacazul GASTRONOMIQUE $$$
(☎444114 ; angle G Lista et Sarmiento ; plats 80-115 ARS ; 12h-15h, 20h-minuit, fermé lun). Truite sautée ou agneau mijoté aux petits légumes : le Laguanacazul ose emmener la cuisine patagonne sur des terrains nouveaux. Le restaurant est joliment situé au bord de l'eau et le cadre intérieur est très élégant, mais le service frise le snobisme. Nous ne vous conseillons pas d'arriver débraillé...

Pizza Roma Express PIZZERIA $
(☎434400 ; Av San Martín 650 ; pizzas 16-34 ARS ; 11h-tard). Bon marché et décontractée, voici l'adresse où les étudiants et les familles viennent manger des hamburgers, des gnocchis et des salades.

RoCo ARGENTIN $$
(☎420203 ; Av Kirchner 1175 ; plats 35-65 ARS ; 8h-minuit, fermé sam). On apprécie ce restaurant plutôt haut de gamme pour son service rapide et sa carte variée. Après des *empanadas* d'agneau en entrée, vous pourrez goûter le crabe royal, ou l'agneau de Patagonie aux petits pois frais, ou bien des pâtes.

Renseignements

Les banques de l'Av Kirchner disposent de DAB. Vous aurez accès à Internet sans difficulté dans les cybercafés et certains restaurants.

BUS AU DÉPART DE RÍO GALLEGOS

DESTINATION	TARIF (ARS)	DURÉE (HEURES)
Buenos Aires	740	36-40
Comodoro Rivadavia	249	9-11
El Calafate	94	4-5
El Chaltén	140	9
Esquel	430	19
Puerto Madryn	454	15-20
Puerto Natales (Chili)	90	5-7
Puerto San Julián	117	4 heures 30
Punta Arenas (Chili)	65	5-6
Río Grande	265	7-8
Trelew	431	14-17
Ushuaia	360	12-14

ACA (Automóvil Club Argentino ; ☎420477 ; Orkeke 10).). Station-service, cartes et informations touristiques.

Centro de Informes Turistico (☎422365 ; Av San Martín s/n ; ⊙oct-avr). Kiosque d'information très utile.

Hôpital régional (☎420289 ; José Ingenieros 98)

Office du tourisme municipal (☎436920 ; www.riogallegos.gov.ar ; angle Av Kirchner et Córdoba ; ⊙9h-15h lun-ven). Il y a aussi un comptoir à la gare routière, avec des horaires plus larges.

Office du tourisme provincial (☎422702 ; www.santacruz.gov.ar ; Av Kirchner 863 ; ⊙9h-19h lun-ven, 10h-13h et 17h-20h sam-dim). Le plus efficace, avec des cartes, un personnel polyglotte et des informations détaillées.

Poste (Av Kirchner 893)

Services de l'immigration (☎420205 ; Urquiza 144 ; ⊙9h-15h lun-ven)

Thaler Cambio (Av San Martín 484 ; ⊙10h-15h lun-ven, 10h-13h sam). Change de chèques de voyage.

Tur Aike (☎422436 ; turaiketurismo@ciudad.com.ar ; Zapiola 63). Utile pour réserver des billets d'avion.

Depuis/vers Río Gallegos

Avion

L'aéroport de Río Gallegos se trouve à 7 km au nord-ouest de la ville.

Aerolíneas Argentinas (☎422020/21 ; Av San Martín 545) assure des vols tous les jours pour Buenos Aires (920 ARS) et régulièrement pour Ushuaia (544 ARS). **LADE** (☎422316 ; Fagnano 53/57) offre plusieurs vols par semaine à destination de Buenos Aires (931 ARS), Río Grande (268 ARS), El Calafate (278 ARS), Comodoro Rivadavia (454 ARS) et Ushuaia (544 ARS).

Bus

La **gare routière** (angle RN 3 et Av Eva Perón) se trouve à environ 3 km au sud-ouest du centre-ville. Plusieurs compagnies desservent Río Gallegos, dont **El Pingüino** (☎442169), **Líder** (☎442160), **Bus Sur** (☎442687), **Andesmar** (☎442195), **Sportman** (☎442595) et **TAC** (☎442042). **Ghisoni** (☎442687), **Pacheco** (☎442765) et **Tecni-Austral** (☎442427), entre autres, assurent des liaisons avec le Chili. **Taqsa** (☎423130 ; www.taqsa.com.ar ; Estrada 71) relie directement l'aéroport à Puerto Natales et El Calafate.

Comment circuler

Pour circuler entre le centre-ville, la gare routière et l'aéroport, vous trouverez facilement un taxi à partager avec d'autres personnes (22 ARS). De l'Av Kirchner, les bus "B" ou "Terminal" (2 ARS) rejoignent le centre et la gare routière.

La location de voiture est coûteuse en raison du mauvais état des routes. Malgré le taux de change, il se révèle souvent plus avantageux de louer un véhicule à Punta Arenas, au Chili (voir p. 488). À Río Gallegos, adressez-vous à **Riestra Rent A Car** (☎421321 ; www.riestrarentacar.com ; Av San Martín 1508).

Environs de Río Gallegos

Rien ne vaut un séjour dans une estancia pour se faire une idée du mode de vie original des habitants de Patagonie. Il ne s'agit pas d'hôtels de luxe, mais de maisons particulières aménagées en hébergements confortables. Les repas sont souvent pris en commun avec les propriétaires et la participation à la vie de l'estancia est encouragée. L'office du tourisme provincial à Río Gallegos (ci-contre) fournit des adresses. Vous pouvez également consulter le site www.estanciasdesantacruz.com.

L'**Estancia Monte Dinero** (☎02966-428922 ; www.montedinero.com.ar ; excursion d'une journée 345 ARS, pension complète 802 ARS/pers ; ⊙oct-avr), qui doit son nom à l'or (*dinero* signifie argent, monnaie) qui fut un jour trouvé sur la côte, est une propriété confortable au charme d'autrefois, avec des

LA RUTA NACIONAL 40

La RN 40 représente une sorte de rendez-vous mythique pour les aventuriers de la route. La lenteur est de mise : la météo peut être capricieuse, et les graviers jouent parfois de vilains tours. Mais quel émerveillement lorsque, après avoir été brinquebalé pendant de longues heures au milieu d'interminables étendues désertes, on voit apparaître comme par magie sur la ligne d'horizon des glaciers et des lacs scintillants !

Préparation

Il est indispensable d'emporter le matériel de réparation adéquat. Si vous circulez en véhicule de location, prévoyez deux roues de secours. Vérifiez le bon état des phares, des suspensions, des pneus et des freins. Les graviers peuvent perforer les réservoirs à essence. Prenez des bidons d'essence et d'huile et prévoyez de la nourriture et de l'eau en abondance. L'essence est beaucoup moins chère en Patagonie qu'ailleurs. Faites le plein à chaque occasion.

Code de la route

Le port de la ceinture est obligatoire, de même que l'allumage des feux 24h/24. Respectez les limitations de vitesse (entre 65 km/h et 80 km/h).

Les moutons ont *toujours* la priorité. La plupart s'écartent rapidement, mais certains sont moins vifs. Les guanacos et les nandous représentent un autre danger potentiel. Ralentissez et laissez-les s'éloigner. Enfin, prenez garde à ne pas renverser un *guardaganado* (berger).

Attitude au volant

Saluez les automobilistes arrivant en face par un appel de phares ou un geste de l'index (en gardant la main sur le volant). Arrêtez-vous pour aider les personnes en panne. Il n'existe pas de service d'assistance et les téléphones portables ne fonctionnent pas sur de longues distances. Sur les portions sinueuses, klaxonnez avant d'aborder un virage sans visibilité.

Circuits organisés

Plusieurs agences de voyages proposent des trajets de 2 à 5 jours en minibus sur la RN 40, d'El Calafate à Bariloche, via El Chaltén, Perito Moreno et Los Antiguos. Un service est assuré de mi-octobre/novembre à début avril, en fonction de la demande, de la météo et de l'état de la route. Des circuits guidés plus chers couvrent l'itinéraire en 4 ou 5 jours.

Chaudement recommandé, **Las Loicas** (☎02963-490272 ; www.lasloicas.com ; Lago Posadas ; 3 165 ARS/pers) organise un circuit de cinq jours entre El Chaltén et Perito Moreno/ Los Antiguos, comprenant un guide polyglotte, les repas, 4 nuits d'hébergement et la visite de la Cueva de las Manos, du Lago Posadas et du Parque Nacional Perito Moreno.

Si vous voulez vraiment faire de la route, prenez contact avec **Ruta 40** (☎0297-446-5337 ; www.ruta-40.com ; Comodoro Rivadavia), un petit prestataire polyglotte qui emmène les voyageurs pour des périples de 10 jours sur la RN 40, de Bariloche à El Calafate avec des étapes à la Cueva de las Manos et dans plusieurs belles estancias.

Pour un itinéraire plus direct et rapide, adressez-vous à **Chaltén Travel** (☎011-4326-7282 ; www.chaltentravel.com ; Sarmiento 559, Buenos Aires). La compagnie couvre des trajets de 2 jours vers le nord depuis El Calafate (départ tlj à 8h), avec hébergement à Perito Moreno, et de 3 jours vers le sud depuis Bariloche (départ à 6h45 les jours impairs), avec hébergement à Perito Moreno et El Chaltén. Des bus s'arrêtent aussi à Los Antiguos. Le service fonctionne en principe de novembre à mars. Les tarifs démarrent à 700 ARS/pers pour un aller simple (sans hébergement ni nourriture). Il est possible de descendre en cours de route et de prendre le bus suivant, mais sans certitude d'avoir une place à bord (pas de réservation). Les voyageurs en direction du nord peuvent combiner le circuit avec une extension à Puerto Madryn. Chaltén Travel possède des succursales à **El Calafate** (☎02902-492212 ; Av Libertador 1 174), **El Chaltén** (☎02962-493005 ; angle Guemes et Lago del Desierto), **Puerto Madryn** (☎02965-454906 ; Av Roca 115) et **Bariloche** (☎02944-423809).

Moins organisée et moins fiable que les circuits proposés ci-dessus, la compagnie de bus **Taqsa** (☎0297-432675) assure en haute saison des liaisons entre El Calafate et Bariloche (648 ARS, 31 heures, octobre à avril), avec arrêt à El Chaltén, Perito Moreno et Esquel.

portes savamment ouvragées, des tables de billard et des chambres joliment meublées. Activités typiques d'estancia (démonstrations canines, tonte des moutons, etc.). Il est également possible de faire une sortie jusqu'au proche **Cabo Vírgenes**, où des manchots de Magellan nidifient de septembre à mars. Le musée de l'estancia présente une étrange collection d'objets sauvés du naufrage du bateau qui amena en Patagonie la famille Greenshyls, arrivée d'Irlande en 1886. Les agences de voyages de Río Gallegos proposent des excursions à la journée jusqu'à l'estancia (à partir de mi-novembre).

ÎLES MALOUINES (ISLAS MALVINAS)

Qu'est-ce que ces îles de la discorde ont à apporter au voyageur aventureux ? Les baies, criques, estuaires et plages dessinent une belle côte, très découpée, théâtre d'une vie sauvage intense. Cet archipel situé à 500 km au large de la côte est de l'Argentine, en plein Atlantique sud, abrite en effet caracaras australs et caracaras huppés, cormorans, huîtriers pie, chionis blancs, manchots de Magellan, gorfou sauteur ou doré, manchot papou ou royal qui se partagent la vedette avec les éléphants de mer, les otaries, les orques et cinq espèces de dauphins.

La capitale de l'archipel, **Stanley** (2 000 habitants), se trouve sur l'île Est. C'est un ensemble de petites maisons aux couleurs vives, où il fait bon prendre quelques pintes de bière. Le reste de l'archipel, ou "Camp", abrite de minuscules villages où les bateaux venaient jadis chercher la laine pour la transporter sur le continent. On peut désormais y loger et profiter, dans un cadre rustique, d'une nature et d'une faune exceptionnelles. À noter que, bien que pourvues de 400 km de routes, les îles n'ont pas d'éclairage public.

Quand partir

Les oiseaux migrateurs (dont les manchots) et les mammifères marins se rapprochent des plages entre octobre et mars. C'est la meilleure période pour visiter les îles. Les bateaux de croisière pour la Géorgie du Sud et l'Antarctique naviguent de novembre à mars. Les compétitions sportives annuelles (courses de chevaux, rodéo et concours de chiens de troupeaux) ont lieu entre Noël et le jour de l'An à Stanley, et à la fin de la saison de la tonte, fin février, sur l'île Ouest et l'île Est. Il ne fait jamais très chaud l'été (24°C maximum) et des vents forts peuvent rafraîchir l'atmosphère.

Îles Malouines/Islas Malvinas

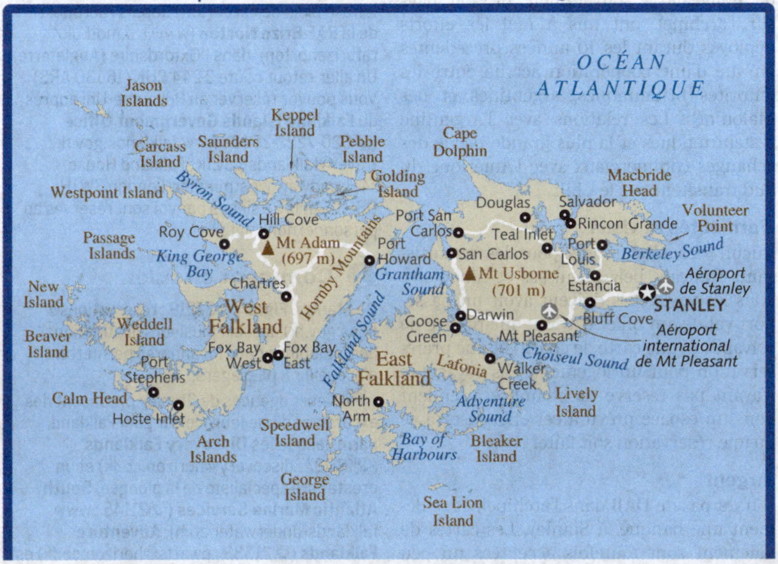

Histoire

Les îles Malouines (leur nom français vient des marins de Saint-Malo qui y faisaient de fréquentes escales), Islas Malvinas (pour les Argentins), Falkland Islands (pour les Britanniques), furent explorées à plusieurs reprises sans qu'aucun pays ne s'y intéresse. Elles restèrent ainsi dans l'anonymat jusqu'au milieu du XIXe siècle, quand l'industrie de la laine fut en plein essor en Europe. La Falkland Islands Company (FIC) devint alors le principal propriétaire terrien de l'archipel. Les immigrés anglais et écossais contribuèrent à la croissance rapide de la population, composée de gauchos et de marins désœuvrés. En 1853, la Société américaine des missionnaires commença à déplacer des Yagan de la Terre de Feu sur l'île de Keppel, dans le but de les christianiser.

L'Argentine avait revendiqué le territoire dès 1833, mais ce n'est qu'en 1982 que le président Leopoldo Galtieri, empêtré dans une crise économique et des accusations de corruption, imagina que la conquête de l'archipel pourrait unifier le pays. La réplique du Premier ministre britannique Margaret Thatcher, dont la popularité n'était guère plus brillante, fut cinglante et l'Argentine se retrouva humiliée lors de la guerre des Malouines.

Les déclarations effectuées en 2010 et en 2012 par la présidente argentine Cristina Fernández de Kirchner, revendiquant de nouveau la souveraineté de son pays sur l'archipel, ont mis à mal les efforts déployés durant les 10 années précédentes en vue d'une coopération accrue entre les autorités britanniques, argentines et des Malouines. Les relations avec l'Argentine restent tendues et la plus grande partie des échanges commerciaux avec l'Amérique du Sud transitent par le Chili.

Formalités et visas

Aucun visa n'est requis pour les ressortissants français, belges, suisses et canadiens. Tous les voyageurs doivent avoir un passeport valide, un billet d'avion, une preuve de solvabilité (une carte de crédit) et une préréservation pour un logement. Les voyageurs n'ayant pas réservé de chambre attendent dans un espace prévu à cet effet jusqu'à ce qu'une réservation soit faite.

Argent

Il n'y a pas de DAB dans l'archipel, et seulement une banque, à Stanley. Les cartes de paiement sont toutefois acceptées un peu partout, de même que les livres sterling et les dollars US (espèces ou chèques de voyage). Sachez toutefois que le taux de change des dollars US est bas. Il est inutile de changer des £FK (livres des Malouines), inutilisables en dehors de l'archipel. Prévoyez un budget de 150 à 300 $US par jour en haute saison (sans compter les billets d'avion interîles), un peu moins si vous campez ou si vous louez des gîtes.

Renseignements

À Stanley, le **Jetty Visitors Centre** (☎22215 ; info@falklandislands.com), installé sur la jetée publique (Ross Rd), dispose de brochures, dont le *Visitor Accommodation Guide*, qui répertorie les campings et autres hébergements. Le site **Falkland Islands Tourism** (www.visitorfalklands.com) fournit de nombreuses informations utiles pour la préparation du voyage.

Depuis/vers les îles Malouines

En Amérique du Sud, **LanChile** (www.lan.com) dessert l'aéroport international de Mt Pleasant (MPA ; proche de Stanley) tous les samedis au départ de Santiago (Chili), avec escale à Puerto Montt, Punta Arenas et – un samedi par mois – à Río Gallegos (Argentine). L'aller-retour coûte 530 000 CLP (5 000 ARS) depuis Punta Arenas si l'on réserve.

La Royal Airforce vole régulièrement vers Mt Pleasant (18 heures, escale de 2 heures pour faire le plein de carburant) depuis l'aéroport de la RAF **Brize Norton** (www.raf.mod.uk/rafbrizenorton), dans l'Oxfordshire (Angleterre). Un aller-retour coûte 2 244 £UK (16 130 ARS). Vous pouvez réserver au Royaume-Uni auprès du **Falkland Islands Government Office** (☎020-7222-2542 ; www.falklands.gov.fk ; travel@falklands.gov.fk ; Falkland House, 14 Broadway, Westminster, London SW1H 0BH). Seuls 28 sièges par vol sont réservés au personnel non militaire.

Comment circuler

De Stanley, **Figas** (☎27219 ; reservations@figas.gov.fk) dessert plusieurs destinations des Malouines dans un appareil permettant d'accueillir 8 passagers.

Plusieurs agences de Stanley proposent des excursions d'une journée sur East Falkland, parmi lesquelles **Discovery Falklands** (☎21027 ; discovery@horizon.co.fk) et un prestataire spécialiste de la plongée, **South Atlantic Marine Services** (☎21145 ; www.falklands-underwater.com). **Adventure Falklands** (☎21383 ; pwatts@horizon.co.fk) est une agence spécialisée dans l'observation de la faune et les circuits historiques.

Il est possible de faire de la randonnée et de camper ; sachez cependant qu'il n'y a pas de sentier digne de ce nom et qu'il est arrivé que des touristes se perdent. Demandez toujours l'autorisation des propriétaires avant de pénétrer sur un terrain privé.

PATAGONIE INTÉRIEURE

En dehors des carrefours touristiques d'El Calafate et El Chaltén, la RN 40 et ses voies secondaires tiennent plutôt du désert. La mythique RN 40 s'étire le long de la chaîne des Andes, là où les nandous se promènent à travers la steppe, où les camions soulèvent des nuages de poussière et où les stations-service surgissent au loin comme des oasis.

Plus de la moitié des 1 228 km du tronçon entre Esquel et El Calafate sont désormais goudronnés, ce qui rend le voyage considérablement plus aisé. Mais les portions difficiles restent… bien difficiles. Pour l'instant, les transports publics se limitent à quelques services touristiques fonctionnant uniquement en été, et la conduite nécessite encore beaucoup de préparation et de patience.

La RN 40 déroule ses kilomètres le long de l'impressionnante chaîne des Andes, depuis le nord de Bariloche jusqu'à la frontière chilienne, non loin de Puerto Natales, avant de piquer vers l'est et le littoral atlantique. Elle conduit le voyageur vers quelques-uns des trésors de l'Argentine : les parcs nationaux Perito Moreno et Los Glaciares, les peintures rupestres de la Cueva de los Manos et des estancias isolées. Ce chapitre emprunte la RN 40 au niveau d'Esquel, d'où elle étire un ruban goudronnée jusqu'au sud de Gobernador Costa. Plus au sud encore, la route est globalement gravillonnée, hormis quelques tronçons asphaltés en lent

LA TROCHITA : L'ANCIEN EXPRESS DE PATAGONIE

La Trochita (☎à Esquel 02945-451403 ; www.patagoniaexpress.com/el_trochita.htm), le célèbre train à vapeur du Ferrocarril Roca, fait figure de survivant. Le train ne dépasse pas les 30 km/h de moyenne (quand tout va bien) sur le trajet sinueux qu'il effectue toutes les semaines entre Esquel et El Maitén. La ligne a survécu à de multiples tentatives de fermeture et ne fonctionne que grâce aux subventions de la ville d'Esquel et des gouvernements provinciaux. *The Old Patagonian Express*, comme l'a baptisé l'écrivain-voyageur américain Paul Theroux, ne se limite cependant pas à une attraction touristique : il assure un service utile aux habitants de la région.

La réalisation de la ligne fut une entreprise de longue haleine. En 1906, le gouvernement fédéral donna son agrément pour la construction de la portion sud, entre Puerto San Antonio, sur la côte atlantique, et le Lago Nahuel Huapi. En 1922, les Ferrocarriles del Estado commencèrent les travaux de mise en place de la voie étroite (l'écartement des rails est de 75 cm), qui n'atteignit Ñorquinco, à mi-parcours, qu'en 1939. La ligne parvint à El Maitén en 1941, puis à Esquel, son terminus, en 1945.

La Trochita a depuis vécu bien des péripéties. Le train a déraillé plusieurs fois à cause du gel, ou en raison de vents puissants, comme ce fut le cas à trois reprises en dix ans, à la fin des années 1950 et au début des années 1960. En 1979, une collision avec une vache, au sud d'El Maitén, provoqua un autre déraillement.

La Trochita a sans doute été le dernier train à vapeur à effectuer un trajet de grande ligne. Jusqu'en 1993, elle assurait un service régulier sur les 402 km reliant Esquel et Ingeniero Jacobacci, ponctués de 6 gares et de 9 *apeaderos* (haltes). Tous les 45 ou 50 km, les locomotives Baldwin (de construction belge) et Henschel (de construction allemande) devaient s'arrêter dans des *parajes* (pompes) afin de remplir d'eau leurs réservoirs d'une capacité de 4 000 litres. Tout comme les wagons de marchandises, la plupart des voitures passagers datent de 1922. Elles sont chauffées par des poêles à bois.

En été, le **Tren Turístico** (billet 180 ARS ; ⌚10h 2 fois/semaine, départs supplémentaires jan-fév) circule entre la gare de Roca, à Esquel, et la première gare suivante, Nahuel Pan, à 20 km à l'est. À Nahuel Pan, les passagers ont le temps de prendre des photos et de visiter un petit marché d'artisanat (goûtez au passage les *tortas fritas* brûlantes préparées par les femmes du cru). Le trajet dure 45 minutes dans chaque sens et les touristes se serrent à bord. Une escapade au wagon-bar pour boire un chocolat chaud vous offrira un moment de répit.

accroissement, situés généralement non loin des agglomérations. Au moment de la rédaction de ce guide, les 130 derniers kilomètres avant El Chaltén, les 120 km suivants jusqu'à El Calafate et une portion de 130 km au-delà de cette localité étaient goudronnés.

Esquel

☎02945 / 40 000 HABITANTS / ALTITUDE 570 M

Si vous en avez assez de l'ambiance ultra-touristique de Bariloche et de la région des lacs en général, le charme désuet d'Esquel sera une véritable bouffée d'oxygène. Nichée dans les paysages magnifiques et propices à la randonnée des contreforts andins de l'ouest de la province de Chubut, Esquel est un point de passage vers le Parque Nacional Los Alerces et un camp de base agréable pour les visiteurs qui veulent profiter des multiples activités proposées dans les environs. L'endroit est aussi idéal pour décompresser quelques jours après un voyage éprouvant sur la RN 40.

Fondée au début du XXe siècle, Esquel ("marais" ou "lieu des chardons" en mapundungun) est le principal centre de la région pour le commerce et le bétail. Historiquement, c'était aussi la gare la plus méridionale de la ligne du train à vapeur *La Trochita* (voir p. 445).

La RN 259 traverse la ville en serpentant pour rejoindre l'embranchement de la RN 40, qui part au nord en direction d'El Bolsón et au sud vers Comodoro Rivadavia. Au sud de la ville, en direction de Trevelin, une bifurcation sur la RN 259 mène au Parque Nacional Los Alerces.

À voir et à faire

La plupart des sites intéressants, en particulier le Parque Nacional Los Alerces et La Hoya, se trouvent dans les environs d'Esquel et non dans la ville même. Pendant la saison (de novembre à fin avril), les lacs et rivières environnants sont d'excellents sites de **pêche à la mouche**. Les permis sont en vente à la **station-service YPF** (angle 25 de Mayo et Av Ameghino ; aube-crépuscule), où est installé l'ACA. Le **VTT** est un bon moyen de sortir de la ville et d'explorer les collines et les chemins avoisinants.

Cerro La Hoya — SPORTS D'HIVER

Malgré la qualité de son domaine skiable et de sa poudreuse, parmi les meilleurs du pays, cette **station** (☎02945-453018 ; www.cerrolahoya.com ; forfait adulte/enfant 160/125 ARS ; juin-oct pour le ski) située à 1 350 m d'altitude commence à peine à acquérir une renommée. Moins chère et moins fréquentée que Bariloche, La Hoya est également plus petite et s'adresse davantage à une clientèle familiale qu'à des skieurs de l'extrême. L'été, on peut faire de la randonnée et des balades à cheval. On peut louer du matériel à la station ou dans les boutiques de sport d'Esquel. Des minibus font la navette entre Esquel et la station (50 ARS aller-retour) ; si vous êtes plusieurs, un taxi reviendra sans doute moins cher. La Hoya se trouve à 13 km au nord d'Esquel.

GRATUIT **Museo del Tren** — MUSÉE

(☎451403 ; www.latrochita.org.ar ; angle Roggero et Urquiza ; 8h-14h lun-sam). Ce musée du train est aménagé dans la gare ferroviaire de Roca, juste à l'extérieur de la ville, où passe le célèbre train à vapeur d'Argentine, *La Trochita* (voir encadré p. 445). L'été, on peut effectuer un circuit à bord de ce convoi à l'ancienne (billets en vente dans les agences).

Museo de Culturas Originarias Patagónicas — MUSÉE

(☎451929 ; Nahuel Pan ; 5 ARS ; 14h-17h). Renferme une modeste collection d'objets mapuche ; *La Trochita* s'arrête ici.

Circuits organisés

Expediciones Patagonia Aventura — SPORTS AVENTURE

(EPA ; ☎457015 ; www.epaexpediciones.com ; Av Fontana 482). Rafting, canyoning, balades à cheval et randonnées. Les sorties de rafting (demi-journée 270 ARS transport inclus) ont lieu sur un tronçon du Río Corcovado distant de 90 km. Si vous souhaitez passer la nuit sur place, l'auberge de jeunesse d'EPA, au bord de la rivière, est une bonne solution. L'organisme dispose aussi d'un centre de montagne dans le Parque Nacional Los Alerces, un joli lodge en bois (pension complète 380 ARS) qui sert de base pour des sorties accrobranche, des balades à cheval et des randonnées. Les hôtes peuvent aussi camper et faire du kayak.

Circuito Lacustre — EXCURSION EN BATEAU

De nombreuses agences de voyages vendent des billets pour le Circuito Lacustre, une excursion en bateau dans le Parque Nacional Los Alerces (voir p. 450). En achetant un billet à Esquel, vous serez sûr d'obtenir une place sur le bateau, parfois pris d'assaut.

La sortie d'une journée coûte 195 ARS au départ de Puerto Chucao et 250 ARS au départ de Puerto Limonao, transfert depuis/vers le parc inclus.

Coyote Bikes LOCATION DE VÉLO
(☎455505 ; Rivadavia 887 ; ⏲9h-13h, 15h30-20h lun-ven, 9h-13h sam). Loue, l'été, des VTT. Renseignements sur les itinéraires à vélo.

Fêtes

Semana de Esquel FÊTE
Les habitants célèbrent, durant une semaine en février, la fondation de leur ville, en 1906.

Fiesta Nacional de Esquí FÊTE DU SKI
(fête nationale du ski). À la mi-septembre à La Hoya.

Où se loger

Les possibilités ne manquent pas à Esquel ; pour compléter les adresses ci-après, vous trouverez à l'office du tourisme les coordonnées d'autres hébergements, y compris des bungalows et des appartements destinés à la clientèle de sports d'hiver.

Sol Azul AUBERGE DE JEUNESSE $
(☎455193 ; www.hostelsolazul.com.ar ; Rivadavia 2869 ; dort 60 ARS ; P wifi). Ce tout nouvel établissement à l'allure sympathique et accueillante de grand refuge de montagne place la barre plutôt haut, avec son sauna et sa cuisine parfaitement équipée (regardez ces fourneaux professionnels et les rangées de pots à épices !). Les dortoirs sont aménagés dans une maison sur l'arrière comprenant des sanitaires, peu spacieux mais impeccables. L'auberge se situe à l'extrémité nord de la ville (prenez un taxi dans le centre).

Hostería Canela B&B B&B $$$
(☎453890 ; www.canelaesquel.com ; angle Los Notros et Los Radales, Villa Ayelén ; d/tr 570/705 ARS, app qua 941 ARS ; wifi). Niché dans une forêt de pins à 2 km du centre, le B&B raffiné de Veronica et Jorge offre confort et élégance. Les propriétaires – qui parlent anglais – servent le thé dans les chambres, équipées de lits douillets aux draps d'un blanc immaculé.

Hostería La Chacra B&B $$
(☎452802 ; www.lachacrapatagonia.com ; RN 259, Km 5 ; d 300 ARS ; @ wifi ⊠). Pour vous immerger dans la culture locale, rien de mieux que cette maison des années 1970 en pleine campagne, où vous attendent de grandes chambres lumineuses aux lits moelleux et un copieux petit-déjeuner anglo-saxon. Prenez un taxi, la navette ou bien le bus de Trevelin, qui passe toutes les heures.

Planeta Hostel AUBERGE DE JEUNESSE $
(☎456846 ; www.planetahostel.com ; Av Alvear 2833 ; dort/d 80/200 ARS ; @ wifi). Cette vieille maison aux couleurs vives renferme des chambres exiguës, mais aussi une cuisine commune impeccable, un salon avec TV à écran plat et des lits dotés d'édredons en duvet. Le tout la place un cran au-dessus de la moyenne, sans parler du service sympathique.

Altos del Faldeo APPARTEMENTS $$
(☎453108 ; www.altosdelfaldeo.com.ar ; Desalojo del 37 ; app d/qua 300/400 ARS ; P wifi). Ces appartements tranquilles séduisent les voyageurs avec une série de petits plus : baignoire à hydromassage, ménage quotidien, petit-déjeuner ou barbecue extérieur, entre autres.

Hostería Angelina AUBERGE $$
(☎452763 ; www.hosteriaangelina.com.ar ; Av Alvear 758 ; s/d 300/350 ARS ; @ wifi). Hospitalier et impeccable, cet établissement agrémenté d'une fontaine dans la cour répond aux normes internationales avec un service professionnel et un bon buffet au petit-déjeuner.

Plaza Esquel Hostería & Spa HÔTEL $$
(☎457002 ; www.patagoniaandesgroup.com.ar ; Av Ameghino 713 ; s/d/app 275/340/440 ARS ; @ wifi). Une belle *hostería* devant la place, qui compte parmi les adresses les plus récentes d'Esquel et loue des chambres modernes aux installations neuves.

Hostería Cumbres Blancas AUBERGE $$$
(☎455100 ; www.cumbresblancas.com.ar ; Av Ameghino 1683 ; d 720 ARS ; @ wifi). Ni son aspect somptueux, ni ses chambres aux tons clairs ne parviennent à occulter le fait qu'il s'agit avant tout d'une adresse destinée aux séjours organisés. Les sportifs apprécieront toutefois l'étang pour la pêche à la mouche et le green d'entraînement.

Los Ñires de Esquel HÔTEL $
(☎452559 ; www.rinconesdelsur.com.ar ; San Martín 820 ; s/d 170/220 ARS ; wifi). Des chambres toutes simples, récemment repeintes, décorées de façon originale et disposant d'une sdb et d'une TV câblée. Bon emplacement, en outre, près de la verdoyante Plaza San Martín.

Où se restaurer

La Luna BAR-RESTAURANT $$
(Av Fontana 656 ; pizza 45 ARS ; 12h-16h et 19h-1h). Ce bar-restaurant "rock'n'roll chic" sert une savoureuse pizza aux épinards et de gros steaks-frites. Le soir, la foule se presse entre les banquettes en bois et les murs en brique pour boire des bières artisanales de Patagonie.

Don Chiquino ITALIEN $$
(Amhegino 1641 ; plats 50 ARS ; déj et dîner). Certes les pâtes ne sont pas un mets très original en Argentine, mais convenez qu'il n'existe pas beaucoup de restaurants où le propriétaire vous fait patienter avant l'arrivée de votre plat en effectuant une démonstration de magie ! L'ambiance est très joyeuse et la cuisine correcte.

María Castaña CAFÉ $
(angle 25 de Mayo et Rivadavia ; en-cas 25 ARS ; 9h-tard). Les gaufres au *dulce de leche* font partie des spécialités de ce café raffiné, également recommandé pour son petit-déjeuner, ses sandwichs et ses glaces. Sièges confortables à l'arrière.

La Abuela ARGENTIN $
(Rivadavia 1109 ; plats 40 ARS ; déj et dîner). Un minuscule restaurant familial décoré de nappes en dentelle, où l'on déguste des gnocchis et des classiques maison comme le *puchero* (pot-au-feu local) à prix doux, que vous pourrez accompagner d'un pichet de vin correct.

Killarney's Irish Resto Pub PUB $
(457041 ; angle Sarmiento et Av Alvear ; plats 28-40 ARS ; 12h-tard). Ne vous laissez pas abuser par ses airs de pub irlandais : l'endroit est plus que cela. On y sert aussi de bons menus déjeuner, des soupes roboratives, des salades et des sandwichs.

Où prendre un verre et sortir

Hotel Argentino BAR
(25 de Mayo 862 ; 16h-5h). C'est la version locale et conviviale du saloon nord-américain. Le propriétaire est charmant, et cet édifice de 1916 recèle nombre de vestiges et de sculptures. Très animé le week-end.

Dirección Municipal de Cultura CENTRE CULTUREL
(451929 ; Belgrano 330). Organise régulièrement des concerts, des pièces de théâtre, des spectacles de danse et des projections de films.

Renseignements

ACA (Automóvil Club Argentino ; 452382 ; angle 25 de Mayo et Av Ameghino). Dans la station-service YPF. Vend des permis de pêche.

Banco de la Nación (angle Av Alvear et General Roca). DAB et change de chèques de voyage.

Banco del Chubut (Av Alvear 1147). DAB.

Hôpital régional (450009 ; 25 de Mayo 150)

Office du tourisme (451927 ; www.esquel.gov.ar ; angle Av Alvear et Sarmiento ; 7h-23h). Bien organisé, informations utiles et personnel polyglotte. Impressionnant choix de cartes et brochures.

Poste (angle Av Fontana et Av Alvear)

Comment s'y rendre et circuler

Avion

Lorsque l'aéroport de Bariloche est contraint de fermer en raison des pluies de cendres venues des volcans chiliens, les vols sont détournés vers Esquel et un transfert par route est mis en place. L'aéroport d'Esquel se situe à 20 km à l'est de la ville, en bordure de la RN 40. Comptez 35 ARS environ pour la course en taxi.

Aerolíneas Argentinas (453614 ; Av Fontana 406) assure plusieurs liaisons hebdomadaires avec Buenos Aires (1 646 ARS).

Bus

La **gare routière** (angle Av Alvear et Brun) est proche du centre. Elle dispose de nombreux services.

Les **Transportes Jacobsen** (453528) desservent Futaleufú (Chili) le lundi et le vendredi (26 ARS, 1 heure 30, départs à 8h et 18h). Un bus part toutes les heures vers Trevelin (5 ARS, 30 min). Il effectue un arrêt en ville près de l'angle Av Alvear et 25 de Mayo.

BUS AU DÉPART D'ESQUEL

Sont desservies quotidiennement :

DESTINATION	TARIF (ARS)	DURÉE (HEURES)
Bariloche	62-88	4 heures 15
Buenos Aires	690	25
Comodoro Rivadavia	180	8
El Bolsón	32-52	2 heures 30
Neuquén	245	10
Puerto Madryn	205-258	7-9
Río Gallegos	430	18
Trelew	185-245	8-9

En été, les **Transportes Esquel** (☎453529) desservent le Parque Nacional Los Alerces (20 ARS, 1 heure 15) jusqu'au Lago Futalaufquen, tous les jours à 8h (et également à 14h et 18h en janvier). Le premier bus va jusqu'au Lago Puelo (50 ARS, 6 heures) et s'arrête au Lago Verde (30 ARS) à 10h30 et à Cholila à 12h. Un billet open permet aux passagers de monter et descendre librement entre Esquel et le Lago Puelo ou le Lago Puelo et Esquel. Services réduits hors saison.

Train

Le train à vapeur *La Trochita* part de la minuscule **gare ferroviaire Roca** (www.latrochita.org.ar ; angle Roggero et Urquiza ; ⏲8h-14h lun-sam). Il assure un service touristique fréquent vers Nahuel Pan (voir l'encadré p. 445) et des liaisons beaucoup moins nombreuses vers El Maitén (9 heures). Pour un aperçu plus authentique des voyages au temps de l'"Express de Patagonie", mieux vaut se rendre en bus à El Maitén et faire l'excursion jusqu'au Desvio Thomae, moins fréquenté, mais plus sporadique. Vous trouverez les horaires sur Internet ou auprès de l'office du tourisme.

Voiture

Les tarifs de location pour une petite voiture démarrent à 200 ARS par jour, assurance et forfait de 100 km inclus. **Patagonia Travel Rent A Car** (☎455811, 02945-15-692174 ; Av Alvear 1041) propose un bon choix de véhicules.

Trevelin

☎02945 / 10 000 HABITANTS / ALTITUDE 735 M

Au départ d'Esquel, il est possible de faire un saut jusqu'à Trevelin ("le moulin de la ville" en gallois), seule localité de l'intérieur de la province de Chubut à avoir conservé un véritable caractère gallois. Ce village de carte postale constitue une étape un peu plus paisible qu'Esquel ou bien une formidable excursion d'une journée. La campagne environnante ne demande qu'à être explorée.

Situé à 22 km au sud d'Esquel par la RN 259 (goudronnée), Trevelin s'organise autour d'une place (Coronel Fontana) d'où partent huit artères. La principale, l'Av San Martín, prolonge au sud la RN 259. Celle-ci pique à l'ouest en direction de la frontière chilienne, à 50 km, et Futaleufú, 12 km plus loin.

À voir

Museo Regional Molino Viejo MUSÉE
(☎02945-480189 ; angle 25 de Mayo et Molino Viejo ; 5 ARS). Le musée installé dans un moulin à grain de 1922 restauré était fermé pour rénovation lors de notre passage. Il se trouve à deux rues à l'est de la place principale, à l'extrémité de 25 de Mayo.

Fêtes et festivals

Aniversario de Trevelin FÊTE
Le 19 mars, on commémore la fondation de la ville.

Eisteddfod FESTIVAL
Fin octobre, la plus grande fête galloise de l'année est une manifestation polyglotte avec des concours de chant et de poésie.

Où se loger

Casaverde Hostel AUBERGE DE JEUNESSE $
(☎480091 ; www.casaverdehostel.com.ar ; Los Alerces s/n ; dort/d/tr/qua 70/230/280/320 ARS, bungalows 2/4/6 pers 350/460/550 ARS ; @📶). Une auberge conviviale qui domine la ville. Chambres spacieuses et espaces communs ensoleillés. Le petit-déjeuner (20 ARS) se compose de vrai café à volonté, de pain et de confitures maison. On peut s'inscrire sur place pour une excursion dans le parc ou en train, et des vélos sont proposés à la location (15 ARS/h). À 10 minutes de marche de la place, près de l'Av Fontana.

Hostería Casa de Piedra LODGE $$
(☎480357 ; www.casadepiedratrevelin.com ; Brown 244 ; d/tr 250/290 ARS, app 5 pers 350 ARS, bungalow 6 pers 390 ARS ; 📶). Idéale pour les pêcheurs, cette élégante bâtisse de pierre possède une immense cheminée cadrant bien avec l'ambiance rustique. Yaourt, pain maison, gâteaux et fruits figurent au buffet du petit-déjeuner.

Cabañas Wilson BUNGALOWS $$
(☎480803 ; www.wilsonpatagonia.com.ar ; RP 259 à hauteur de la RP 71 ; bungalows 4-6 pers 450/480 ARS ; 📶). Savourez la sérénité du cadre entourant ces bungalows en brique et en bois, à la lisière de la ville. Il y a un coin barbecue, des couvertures supplémentaires, et un service de ménage quotidien. Le petit-déjeuner, très copieux, est facturé en supplément (25 ARS).

Cabañas Oregon BUNGALOWS $$
(☎480408 ; www.oregontrevelin.com.ar ; angle Av San Martín et JM Thomas ; bungalows 4 pers 350 ARS ; 📶👶). Ces jolis bungalows de bois disséminés dans un champ de pommiers dans la partie sud de Trevelin sont aménagés avec des meubles en bois artisanaux. Ils possèdent une cuisine et une TV. Il y a aussi des balançoires pour les enfants,

et le restaurant-grill (fermé le mardi) est connu comme le meilleur endroit de la ville pour manger de la viande – avec un service agréable.

Circulo Policial CAMPING $
(☎480947 ; Costanera Río Percy et Holdich ; empl 25 ARS/pers ; ⏲fermé l'hiver). Beaux emplacements herbeux et ombragés. Depuis l'Av San Martín 600, suivez Coronel Holdich vers l'ouest sur deux rues et prenez à gauche la route gravillonnée.

Où se restaurer

Trevelin est à Esquel ce que Gaiman est à Trelew, et les touristes y affluent en masse pour déguster un thé gallois. Les salons de thé ouvrent d'ordinaire de 15h à 20h. Les portions se révèlent souvent assez généreuses pour être partagées, mais mieux vaut demander l'autorisation au préalable.

Nain Maggie SALON DE THÉ $$$
(☎480232 ; www.casadetenainmaggie.com ; Perito Moreno 179 ; formule thé 70 ARS ; ⏲10h-12h30 et 15h-20h30). La doyenne des maisons de thé de Trevelin occupe un bâtiment moderne, ce qui ne l'empêche pas de miser sur la tradition. Le thé à volonté s'accompagne de gâteaux à la crème, *torta negra* et scones.

La Mutisia SALON DE THÉ $$
(☎480165 ; Av San Martín 170 ; formule thé 55 ARS). La seule autre adresse où tout est fait maison.

Achats

Mercado de Artisanos MARCHÉ D'ARTISANAT
Occupe la Plaza Coronel Fontana tous les dimanches en été, un dimanche sur deux le reste de l'année.

Renseignements

Banco del Chubut (angle Av San Martín et Brown). Juste au sud de la *plaza*. DAB.

Gales al Sur (☎480427 ; www.galesalsur.com.ar ; Patagonia 186). Les bus d'Esquel s'arrêtent devant cette agence de voyages, qui propose aussi des circuits.

Office du tourisme (☎480120 ; www.trevelin.org ; Plaza Fontana ; ⏲8h-21h). Plan de la ville gratuit, informations sur les excursions dans les environs, et personnel anglophone.

Poste (Av San Martín). Au sud de la *plaza*.

Depuis/vers Trevelin

La **gare routière** (angle Roca et RN 40) se tient en face de la place principale. La plupart des bus sont au départ d'Esquel. **Gales al Sur** (☎480427 ; RN 259) assure une liaison par heure à destination d'Esquel (5 ARS, 30 min). La ville chilienne de Futaleufú (26 ARS, 1 heure) est desservie le lundi et le vendredi (départ à 8h30 et 18h) toute l'année, plus le mercredi en été.

Parque Nacional Los Alerces

☎02945

Cette région des Andes est ponctuée de ruisseaux, de montagnes aux flancs verdoyants et de lacs. C'est aussi le royaume de l'alerce, mélèze ou cyprès de Patagonie, l'une des espèces les plus résistantes au monde (certains spécimens auraient 4 000 ans). Moins connu que les célèbres parcs situés plus au nord et plus au sud, ce trésor est souvent oublié des randonneurs, ce qui rend la visite d'autant plus agréable.

Semblable au séquoia géant de Californie, l'alerce pousse dans les forêts tempérées de Patagonie et ne grandit que d'environ 1 cm tous les 20 ans. Cela n'a pas empêché les plus grands d'entre eux d'atteindre 4 m de diamètre et plus de 60 m de haut. Très prisé pour son bois précieux, il a été exploité à l'excès. Ce parc de 2 630 km² situé à l'ouest d'Esquel a pour but de protéger l'une des plus grandes forêts d'alerces encore existantes.

Les Andes, relativement peu élevées dans cette région, laissent passer les tempêtes de l'ouest, qui déposent près de 3 m d'eau chaque année. Le secteur est du parc est beaucoup moins arrosé. Les températures, avec une moyenne de 2°C en hiver, peuvent descendre nettement plus bas. Elles atteignent 24°C en été, avec des soirées généralement fraîches.

Si certains de ses recoins reculés abritent quelques animaux sauvages, notamment le rare huemul, ou cerf andin, le parc de Los Alerces s'illustre en premier lieu par la protection du patrimoine botanique qui caractérise la dense forêt valdivienne.

Activités

Les agences de voyages d'Esquel proposent des excursions en bateau, de la randonnée, de la pêche, du snorkeling et des sorties en canoë-kayak, à VTT ou à cheval.

Excursions en bateau

Très fréquenté, le **Circuito Lacustre** démarre de Puerto Limonao, traverse le Lago Futalaufquen et remonte l'étroit Río Arrayanes jusqu'au Lago Verde.

Parque Nacional Los Alerces

En raison du faible niveau d'eau, il faut désormais effectuer à pied la courte distance séparant Puerto Mermoud, à l'extrémité nord du Lago Futalaufquen, de Puerto Chucao, sur le Lago Menéndez. À Puerto Chucao, une seconde embarcation effectue la deuxième partie de l'excursion (1 heure 30). Elle rejoint le sentier septentrional **El Alerzal**, qui mène au site des alerces les plus accessibles. Une autre possibilité (recommandée) consiste à arriver à Puerto Chucao par le sentier de 1 500 m qui traverse le pont du Río Arrayanes ; le paysage y est absolument magnifique.

L'embarcation reste amarrée plus de 1 heure au départ d'El Alerzal, ce qui laisse le temps de faire la boucle tranquillement. Le sentier passe par le **Lago Cisne** et par une belle cascade, avant de parvenir à **El Abuelo** ("le grand-père"), un alerce de 57 m de haut âgé de 2 600 ans.

Depuis Puerto Limonao, l'excursion coûte 140 ARS et 110 ARS depuis Puerto Chucao. Les départs ont lieu à 10h à Limonao et 12h à Chucao (retour à Chucao à environ 17h et à Limonao à 19h). En été, mieux vaut acheter son billet au préalable à Esquel.

Randonnée

Il est indispensable pour les randonneurs de s'enregistrer auprès d'un garde forestier avant de se mettre en route.

Plusieurs sentiers d'interprétation, aménagés près du **Lago Futalaufquen**, peuvent faire l'objet d'une randonnée d'une journée. Un itinéraire plus long (25 km) part de **Puerto Limonao** et longe la rive sud du Futalaufquen jusqu'à l'**Hostería Lago Krüger** (p. 452). On peut l'effectuer en une – longue – journée, ou en deux jours, en campant à **Playa Blanca**. Les excursions en bateau de Puerto Limonao au Lago Krüger coûtent 110 ARS par personne.

Où se loger et se restaurer

Vous verrez sur la route du parc des panneaux vantant pain artisanal, délicieux fromage de Chubut, fruits frais et pâtisseries galloises. Villa Futalaufquen abrite deux petites épiceries et un restaurant qui ne fonctionne que l'été. Mieux vaut cependant prévoir ses provisions.

Le parc renferme plusieurs campings payants, accessibles en voiture, qui disposent de douches chaudes, d'une épicerie et d'un restaurant sur place ou à proximité. À côté de la plupart d'entre eux, il existe des aires gratuites sans aucun service et des terrains semi-organisés où l'on peut planter sa tente. Si vous êtes plusieurs, les *cabañas* sont une solution abordable.

Hostería Futalaufquen AUBERGE **$$$**
(☎470008 ; www.hosteriafutalaufquen.com ; d demi-pension 1 100 ARS, app 4/5 pers 980/1 080 ARS). Cette auberge rurale grand style se trouve sur la rive ouest du lac, la plus tranquille, à 4,5 km au nord de Villa, au bout de la route. Elle se compose de doubles bien aménagées et de bungalows de bois (sans cuisine). On pourra s'essayer à toutes sortes d'activités, du kayak à la descente en rappel, avant de s'installer au coin du feu avec une assiette de douceurs. Réservation possible à Esquel, auprès de l'agence située Sarmiento 635.

Lago Verde Wilderness Resort BUNGALOWS **$$$**
(☎à Buenos Aires 011-4816-5348 ; www.hosteriaselaura.com ; bungalows 2/4 pers en pension complète 2 047/3 249 ARS ; nov-avr). Ces luxueuses *cabañas* en pierre brute de style rustique, décorées dans les tons ocre, bénéficient de grands lits douillets et d'une vue panoramique sur la forêt. Les pêcheurs peuvent louer des canots à moteur pour sillonner le lac. Un nouveau restaurant gastronomique/salon de thé est ouvert aux résidents et aux voyageurs de passage. À 35 km au nord de Villa.

Cabañas Tejas Negras BUNGALOWS **$$$**
(☎471012, 471046, 02945-1541-7248 ; tejasnegras@infovia.com.ar ; bungalows 4/5 pers 550/750 ARS ; ⊙tte l'année). Depuis 40 ans, Nilda et Hector accueillent des hôtes dans leurs coquets bungalows posés sur une pelouse digne d'un terrain de golf. La tranquillité est garantie, d'autant que les parents sont prévenus : ici on n'accueille que les enfants bien élevés !

Camping et Hostería Lago Krüger CAMPING **$$$**
(☎02945-15-4424-7964 ; www.lagokrugger.com.ar ; empl 60 ARS/pers, refugio pension complète 550 ARS/pers). On accède à ce joli refuge au bord du lac, assez isolé, par le chemin de 25 km qui part de l'Hostería Futalaufquen (voir ci-contre) ou en bateau depuis Puerto Limonao (140 ARS).

Traiguen BUNGALOWS **$$**
(☎02945-15-68-3606 ; bungalow 6 pers 350 ARS ; ⊙tte l'année). Il faut un bon véhicule pour grimper par la piste, mais on est récompensé en haut par la jolie vue sur le lac. La sympathique Graciela, accompagnée de ses gros

VAUT LE DÉTOUR

SUR LES TRACES DE BUTCH CASSIDY À CHOLILA

Butch Cassidy, le Kid et Etta Place ont cherché à se ranger et à gagner leur vie honnêtement en s'installant aux abords de la paisible localité rurale de Cholila, près de l'entrée nord-est du Parque Nacional Los Alerces. Bruce Chatwin relate dans son classique de la littérature de voyage *En Patagonie* cet épisode de l'épopée sud-américaine des trois bandits. Le séjour idyllique ne dura qu'une poignée d'années, mais la ferme dans laquelle vécut le trio est toujours debout. En partie restaurée, elle se trouve à 8 km au nord de Cholila, en bordure de la RP 71 au niveau du Km 21. On se fera un plaisir de vous en indiquer le chemin à la **Casa de Informes** (☎02945-498040/131 ; www.turismocholila.gov.ar ; RP 71, au niveau de la RP 15 ; ⊙été), où vous trouverez aussi une carte de la région, bien commode.

Si vous souhaitez passer la nuit dans ce village de la Patagonie profonde, rendez-vous à l'**Hostel Piuke Mapu** (☎02945-15-685608 ; www.piukemapu.com ; Av Soberanía Argentina 200 ; dort 35 ARS), une auberge de jeunesse accueillante, à trois rue de la *plaza*. Les jeunes propriétaires s'occupent aussi d'un potager collectif et d'un refuge de montagne, et conduisent en tant que guides des randonnées et des expéditions en haute montagne.

LES ESTANCIAS EN PATAGONIE

Les estancias ne se résument pas seulement à l'élevage des ovins, des bovins ou des chevaux. Ces adresses originales sont là pour le prouver.

En pleine nature

» Faites connaissance avec vos voisins – des manchots, des oiseaux marins et des éléphants de mer – autour de la Península Valdés, à l'**Estancia Rincón Chico** (p. 421).

» Profitez de votre séjour à l'**Estancia El Cóndor** (p. 465), un ranch situé au cœur des montagnes escarpées au nord d'El Chaltén, pour observer les oiseaux qui lui donnent son nom (il y en a plusieurs dizaines dans le secteur).

» Admirez la diversité des manchots de Magellan, lions de mer, guanacos et pumas à **l'Hostería Monte León** (p. 438).

Une beauté à couper le souffle

» L'**Hostería Estancia Helsingfors** (p. 481) vous offrira un havre de luxe entouré des glaciers, des lacs et du mont Fitz Roy.

» Promenez-vous à cheval dans le Parque Nacional Perito Moreno, à l'accueillante **Estancia Menelik** (p. 459).

» Explorez les splendeurs d'une forêt pétrifiée et de plusieurs îles uniquement peuplées d'oiseaux, de manchots et de lions de mer à la **Bahía Bustamante** (p. 428), un lieu magique.

Comme Indiana Jones

» Visitez la Cueva de las Manos, inscrite au patrimoine mondial de l'Unesco, depuis l'**Hostería Cueva de las Manos** (p. 457), en empruntant le canyon tortueux de roche rouge du Río de las Pinturas.

Les meilleures affaires

» Faites des économies en dormant dans les couchettes des estancias **Menelik** (p. 459) et **Casa de Piedra** (p. 458), qui offrent un hébergement de type *refugio* à prix raisonnable.

matous, s'occupe de la poignée de bungalows, vastes et incroyablement bon marché.

Hostería Quime Quipan AUBERGE $$
(☎471021 ; www.cpatagonia.com/quimequipan ; d 350-380 ARS petit-déj inclus ⏲nov-avr). Nichée dans un cadre naturel somptueux, cette pension désuète loue des chambres agréables mais datées. Préférez celles qui donnent sur le lac. Les non-résidents peuvent dîner dans le restaurant douillet et ensoleillé (repas 80 ARS), où les pêcheurs font halte en fin de journée.

Camping Río Arrayanes CAMPING $
(☎454381 ; adulte/enfant 30/15 ARS). Ce nouveau camping avec douches, sanitaires complets et barbecues est situé dans l'un des plus beaux endroits du parc.

Camping Lago Rivadavia CAMPING $
(☎454381 ; adulte/enfant 30/15 ARS). Ces emplacements paradisiaques parmi les arbres vous attendent à l'extrémité sud du Lago Rivadavia, à 42 km au nord de Villa Futalaufquen. Tables de pique-nique, relais électrique et embarcadère.

Camping Lago Verde CAMPING $
(☎454421 ; empl 45 ARS/pers, bungalow 4 pers 450 ARS). Des bungalows de luxe rénovés et des emplacements de camping assortis d'équipements complets, sur la rive est du lac éponyme, à 35 km au nord-ouest de Villa Futalaufquen. Le seul hébergement au bord de ce paisible plan d'eau, en dehors du Lago Verde Wilderness Resort.

Complejo Turístico Bahía Rosales CAMPING $$
(☎471044 ; empl 30 ARS/pers, refugio 4 pers 280 ARS). Cet immense complexe dispose d'emplacements de camping bien plats au bord de l'eau, ainsi que d'autres types d'hébergements et d'installations sportives. Au nord du Lago Futalaufquen, à 1,5 km de la route principale par un chemin de terre.

Autocamping Los Maitenes CAMPING $
(☎471006 ; 30 ARS/pers). Un terrain herbeux et ombragé, entre la route principale et le lac, avec une jolie vue sur l'eau. Relais électrique et emplacements pour le feu. À 200 m de l'Intendencia.

Renseignements

En haute saison (de Noël à Pâques), le tarif de l'entrée pour les visiteurs étrangers s'élève à 50 ARS. À Villa Futalaufquen, vous trouverez l'**Intendencia** (bureau du parc ; ☎471015/20 ; ⌚8h-21h en été, 9h-16h le reste de l'année), où des gardes forestiers vous renseigneront sur la randonnée, le camping et les excursions guidées. Vous pourrez également y acheter votre permis de pêche. L'endroit abrite aussi le **Museo y Centro del Interpretación**, un musée d'histoire naturelle. Le centre d'accueil des visiteurs, à l'extrémité nord du parc, n'est ouvert que de décembre à fin février.

Depuis/vers le Parque Nacional Los Alerces

Reportez-vous p. 449.

Gobernador Costa

☎02945 / 2 000 HABITANTS

La population de cette petite localité agricole est encore intriguée par les touristes qui lui rendent visite. Gobernador Costa se trouve à l'intersection menant à Sarmiento et à Comodoro Rivadavia de la monotone RP 20, qui relie Esquel à Río Mayo. À une vingtaine de kilomètres à l'ouest, la RP 19 conduit au **Lago General Vintter** et à plusieurs autres petits lacs superbes proches de la frontière chilienne. Il est possible de planter sa tente sur leurs rives.

Les services proposés aux voyageurs sont peu nombreux mais abordables. Le **Banco Chubut** (angle Sarmiento et San Martín) dispose d'un DAB. Installé à la lisière des champs, le **camping municipal** (angle 2 de Abril et Los Suecos ; 20 ARS) a l'électricité et l'eau chaude. Tout récent, l'**Hotel Roca** (☎491126 ; Av Roca s/n ; d 190 ARS) est un établissement de type motel avec des chambres bien nettes et un restaurant. S'il affiche complet, adressez-vous au **Residencial El Jair** (☎02945-15-547276 ; angle San Martín et Sarmiento ; 90 ARS), qui loue des chambres sommaires et applique un tarif spécial famille.

De la **gare routière** (Av Roca s/n), des bus partent tous les jours sauf le samedi à 3h45 pour Esquel et Bariloche. Comodoro Rivadavia (110 ARS, 8 heures) est desservie deux fois par jour. Les deux routes sont asphaltées.

Río Mayo

☎02903 / 3 500 HABITANTS, 800 000 MOUTONS

La capitale argentine de la tonte des moutons est une localité poussiéreuse et banale, où seuls des ouvriers de l'industrie pétrolière et des gauchos de passage s'arrêtent plus de quelques heures. Río Mayo se trouve à 200 km au sud de Gobernador Costa, à 135 km au nord de Perito Moreno.

La **Casa de Cultura** (☎420400 ; Ejército Argentino s/n ; ⌚9h-12h et 15h-18h) abrite un office du tourisme, avec des informations sur les excursions à VTT dans la région. Le **Banco del Chubut** (angle Yrigoyen et Argentina) dispose d'un DAB.

Lors du **Festival Nacional de la Esquila** de janvier, des concours évaluant la qualité de la laine mérinos sont organisés, ainsi que des démonstrations de tonte de guanaco. Le clou du spectacle est le couronnement en grand cérémonial de la "reine de la tonte".

Les hébergements suivants offrent des repas – sinon, la station YPF est un bon endroit pour un café et un sandwich. Établissement plutôt excentrique, **El Viejo Covadonga** (☎420020 ; San Martín 573 ; dort/s/d 60/120/180 ARS) loue des chambres de qualité inégale, mais avec des lits équipés de bonnes couvertures. Sa principale curiosité est son bar en plastique orange. L'**Hotel Akatá** (☎420054 ; San Martín 640 ; d petit-déj inclus 200 ARS ; @) dispose d'une connexion Internet mais ses chambres lambrissées sont sombres et mal ventilées.

Le **terminal des bus** (☎420174 ; angle Fontana et Irigoyen) assure un service matinal quotidien à destination de Comodoro Rivadavia (70 ARS, 4 heures 30), Sarmiento et Coyhaique (Chili). Consultez les horaires sur place car ils changent régulièrement. La route qui part vers le sud en direction de Perito Moreno n'est pas goudronnée. Seules des navettes desservent régulièrement Perito Moreno mais elles ne circulent qu'en été. Elles empruntent la RN 40, en mauvais état sur ce tronçon.

Perito Moreno

☎02963 / 4 300 HABITANTS

Ne confondez pas cette morne bourgade avec l'éblouissant parc national homonyme ou le glacier près d'El Calafate – la seule activité touristique ici est de déambuler dans la rue principale le samedi soir. Simple halte avant l'oasis andine plus agréable de Los Antiguos, Perito Moreno offre, cela dit, une bonne gamme de services pour une ville de la RN 40 – encore que les hôtels affichent souvent complet dans cette zone vouée à l'exploitation minière. C'est un bon point de départ pour La Cueva de las Manos et le Parque Nacional Perito Moreno.

La ville connut son heure de gloire en 1898, lorsque le scientifique et explorateur argentin Perito Moreno remit en cause la politique chilienne des frontières. Selon une théorie alors en vigueur, la source d'une rivière se jetant dans le Pacifique appartenait au Chili. Perito Moreno détourna donc le cours du Río Fénix, qui traverse la ville. Ses eaux se mélangèrent alors à celles du Río Deseado, qui se jette dans l'Atlantique. La rivière et la région restèrent ainsi la propriété de l'Argentine, et la ville prit le nom de son héros.

La rue principale, San Martín, débouche au nord sur la RP 43 et au sud sur la RN 40. La ville se situe à 128 km au sud de Bajo Caracoles et 135 km au nord de Río Mayo.

Circuits organisés

GuanaCondor Tours (☎432303 ; jarinauta@yahoo.com.ar ; Perito Moreno 1087 ; 10h-12h et 16h-20h lun-mer et sam, 17h-20h dim), un prestataire expérimenté, organise en été des excursions à la Cueva de las Manos (250 ARS/pers), avec possibilité d'accéder au parc via l'ancienne Estancia Los Toldos (randonnée difficile). D'autres circuits mènent à Monte Zeballos, un plateau jouissant d'une vue magnifique, et il existe également des excursions de deux jours à Paso Tehuelche.

Le guide local **Hugo Campañoli** (☎432336) conduit des excursions d'une journée à la Cueva de las Manos pour des groupes à partir de 3 participants.

Où se loger et se restaurer

Posada el Caminante PENSION $$
(☎432204 ; Rivadavia 937 ; d 280 ARS). Meilleure adresse de la ville, l'auberge de la *señora* Ethiel affiche rapidement complet. L'hôtesse avenante loue 4 chambre impeccables, pourvues de lits confortables, du chauffage et de sdb individuelles modernes. Le petit-déjeuner copieux justifie le supplément, surtout pendant la saison des fruits.

Hotel Americano HÔTEL $$
(☎432074 ; www.hotelamericanoweb.com.ar ; San Martín 1327 ; s/d/tr 195/300/360 ARS, s/d/tr supérieure 350/410/475 ARS ; P wifi). Cet hôtel florissant possède un café-restaurant correct très fréquenté le soir. Demandez à voir plusieurs chambres car elles diffèrent fortement les unes des autres (certaines n'ont pas de fenêtre, d'autres sont plutôt confortables).

Hotel Belgrano HÔTEL $
(☎432019 ; www.hotelbelgrano.guiapatagonia.net ; San Martín 1001 ; dort/s/d 70/170/240 ARS).). À défaut de charme, les grandes chambres de cet immeuble en béton qui fait l'angle possèdent des matelas corrects. La plupart des voyageurs arrivent ici pendant la nuit après avoir débarqué d'un bus Chaltén Travel.

Camping Municipal CAMPING $
(Laguna de los Cisnes, près de Mariano Moreno ; tente 20 ARS, plus 10 ARS/pers, véhicule 15-25 ARS, cabañas 4 pers 120 ARS/pers). Les bungalows rustiques de ce terrain à l'ombre des peupliers, du côté sud de la ville, consituent l'option la plus économique. Douches chaudes.

Salón Iturrioz CAFÉ $
(angle Rivadavia et San Martín ; sandwichs 30 ARS ; 8h-20h ; wifi). Ce charmant café en brique héberge temporairement les objets anciens et les photographies qui seront exposés à terme au Museo Regional Cueva de las Manos, en construction de l'autre côté de la rue. Vous pourrez notamment contempler une splendide caisse enregistreuse argentée en sirotant votre chocolat chaud.

Plusieurs *panaderías* (boulangeries) et supermarchés bien approvisionnés jalonnent San Martín.

Renseignements

Banco de Santa Cruz (angle San Martín et Rivadavia). DAB et change de chèques de voyage.

Hôpital du district (☎432040 ; Colón 1237)

Office du tourisme (☎432732 ; peritomoreno@santacruzpatagonia.gob.ar ; San Martín ; 7h-23h30 lun-ven, 8h-15h sam-dim). D'une aide utile, il distribue un nombre surprenant de dépliants et de brochures. Autre comptoir à la gare routière.

Poste (angle JD Perón et Belgrano)

Zoyen (☎432207 ; zoyenturismo@yahoo.com.ar ; Peron 1008). Une agence de voyages recommandée qui organise des excursions à Cueva de las Manos en haute saison.

Depuis/vers Perito Moreno

LADE (☎432055 ; San Martín 1065) assure des vols vers El Calafate, Río Gallegos, Río Grande et Ushuaia.

La gare routière se trouve derrière la rotonde YPF, à l'entrée nord de la ville. De là, le seul moyen de rejoindre l'aéroport ou le centre est un taxi (10 ARS). Sinon, comptez 15 minutes à pied. Les quelques bus quotidiens à destination de Los Antiguos (35 ARS, 40 min) n'ont pas d'horaires fiables car leur départ coïncide habituellement avec l'arrivée de ceux en provenance de la RN 40, souvent retardés. L'après-midi à partir de 15h50, de nombreux bus partent pour Comodoro Rivadavia (147 ARS, 5 heures) via la RN 3

Plusieurs navettes d'excursion prennent également des voyageurs le long de la RN 40. De novembre à avril, **Chaltén Travel** (☎à El Calafate 2902-492212 ; www.chaltentravel.com) relie Bariloche (11 heures), au départ de l'Hotel Belgrano, à Perito Moreno, à 20h, les jours pairs. D'autres bus quittent l'Hotel Belgrano à 8h pour El Chaltén (11 heures) les jours impairs.

La compagnie de bus **Taqsa** (☎432675) parcourt désormais tout le tronçon de la RN 40 entre El Calafate et Bariloche plusieurs fois par semaine dès la fin octobre, marquant l'arrêt à El Chaltén, Bajo Caracoles, Perito Moreno et Esquel. Pour plus de détails sur la Ruta 40, voir l'encadré p. 442.

Los Antiguos

☎02963 / 2 900 HABITANTS

Sur les rives venteuses du Lago Buenos Aires, l'oasis agricole de Los Antiguos abrite des *chacras* (petites fermes indépendantes) productrices de fruits (cerises, fraises, pommes, abricots et pêches). Avant l'arrivée des Européens, les Tehuelche appelaient l'endroit *I-Keu-khon*, c'est-à-dire "le lieu des anciens". C'est un beau point de passage vers le Chili et le trajet entre Perito Moreno et Los Antiguos offre une vue superbe sur le lac.

La ville entière fut recouverte de cendres après l'irruption du Volcán Hudson, en 1991. En été, l'eau du **Lago Buenos Aires**, deuxième plus grand lac d'Amérique du Sud, est suffisamment chaude pour se baigner. Le **Río Jeinemeni** est très apprécié des pêcheurs de truites et de saumon.

La plupart des services sont situés à proximité de l'Av 11 de Julio, qui traverse la ville d'est en ouest et continue à l'ouest jusqu'à Chile Chico, à la frontière chilienne. Ce passage est le plus facile pour traverser la frontière dans cette partie du pays. Perito Moreno et la RN 40 se trouvent à 60 km à l'est.

Fêtes et festivals

Fiesta de la Cereza FÊTE DES CERISES

Rodéos, musique live et couronnement de la reine de la Cerise ont lieu le deuxième week-end de janvier. Des objets artisanaux sont vendus et des *peñas folkloricas* (concerts de musique folklorique) battent leur plein toute la nuit dans les fermes. S'adresser à l'office du tourisme pour plus de détails.

Où se loger et se restaurer

Hostería Antigua Patagonia HÔTEL $$

(☎491038 ; www.antiguapatagonia.com.ar ; RP 43 Acceso Este ; s/d 413/482 ARS, ste 525-585 ARS). Lits à baldaquin, coffres de bois et cheminée en pierre devant laquelle il fait bon se tenir donnent un petit côté rustique à ce complexe chic installé dans un cadre superbe, en bordure de lac. À 2 km à l'est de la ville.

Cabañas Rincon de los Poetas BUNGALOWS $

(☎491051 ; Patagonia Argentina 226 ; d/tr/qua 240/280/320 ARS). À deux rues du centre, ces confortables bungalows en bois avec kitchenette présentent avant tout un bon rapport qualité/prix pour les couples et les familles.

Hotel Los Antiguos Cerezos HÔTEL $$

(☎491132 ; hotel_losantiguoscerezos@hotmail.com ; Av 11 de Julio 850 ; s/d 210/280 ARS). Les chambres modernes, toutes avec sdb et TV, et les repas substantiels de l'établissement contentent une clientèle régulière de fermiers, de gauchos et d'hommes d'affaires.

Albergue Padilla PENSION $

(☎491140 ; San Martín 44 ; dort/d 80/280 ARS). La nuit, les bus Chaltén Travel déposent leurs passagers dans cette institution familiale. Les dortoirs se partagent des sdb où l'eau chaude coule en abondance et il faut débourser quelques pesos supplémentaires pour les draps et les serviettes. Vous pourrez acheter des billets de bus pour la RN 40 et obtenir les dernières informations concernant les ferries et le passage de la frontière chilienne.

Camping Municipal CAMPING $
(☎491265 ; RP 43 ; empl tente/dort/bungalow 15/100/150 ARS). On apprécie les pare-vent sur ce terrain en bordure de lac situé à 1,5 km à l'est de la ville. Les dortoirs se trouvent dans des bungalows aveugles, avec douche chaude (le soir). Il y a aussi des bungalows pour quatre.

♥ **Viva El Viento** CAFÉ $
(☎491109 ; www.vivaelviento.com ; Av 11 de Julio 447 ; plats 25-40 ARS ; ⌚9h-21h oct-avr). Un café-restaurant chic où le patron hollandais et sa compagne argentine assurent un service chaleureux. Véritable aubaine pour les voyageurs, il prépare de grands classiques – escalopes milanaises, hamburgers, saumon grillé et steaks –, ainsi que des salades et du café corsé. Wi-Fi.

ℹ Renseignements

Banco de Santa Cruz (Av 11 de Julio 531). DAB accessible 24h/24.

Locutorio (Alameda 436). Accès Internet.

Office du tourisme (☎491261 ; www.losantiguos.tur.ar ; Av 11 de Julio 446 ; ⌚8h-20h). Distribue un plan utile de la ville sur lequel figurent les fermes vendant des produits frais. Vous trouverez sur le site Internet tous les renseignements utiles pour l'hébergement et les transports.

Poste (Gregores 19)

ℹ Comment s'y rendre et circuler

Les lignes et les horaires risquent de subir des modifications avec la progression des travaux de goudronnage de la RN 40. Renseignez-vous une fois sur place.

Perito Moreno (35 ARS, 40 min) est desservie en bus plusieurs fois par jour. Les voyageurs qui ne souhaitent pas s'attarder trouveront là un éventail plus large de possibilités pour poursuivre leur voyage en Patagonie. **La Unión** (☎491078 ; angle Perito Moreno et Patagonia Argentina) assure en semaine une liaison quotidienne avec Chile Chico (20 ARS), au Chili (départ à 12h).

De mi-novembre à mars, **Chaltén Travel** (www.chaltentravel.com) part pour El Chaltén à 9h les jours pairs et s'arrête d'abord à Perito Moreno. Concernant les horaires des destinations au nord, voir l'encadré p. 442.

Au Chili, le ferry **El Tehuelche** (☎au Chili 56-67-234240) traverse tous les jours le Lago General Carrera, entre Chile Chico et Puerto Ibañez (passager/véhicule 2 000/18 000 CLP, ou plus, selon la taille du véhicule, 2 heures). Le départ a lieu en principe à 7h30 (vérifiez une fois sur place). Sinon, il est possible d'emprunter la route qui longe la rive sud du lac, jusqu'à la Carretera Austral et Coyhaique.

S'il pleut et que vous avez besoin d'être conduit à votre hôtel, adressez-vous aux taxis **Leiva Remise** (☎491228).

Cueva de las Manos

Ne manquez pas, si vous visitez la région, la **Cueva de las Manos** ("grotte des mains" ; 50 ARS ; ⌚9h-19h), site inscrit au Patrimoine mondial de l'Unesco, qui renferme d'extraordinaires peintures rupestres. Datant d'environ 7 370 av. J.-C., des peintures polychromes, impressions de mains mais aussi représentations de guanacos et dessins plus abstraits, d'une époque plus récente, recouvrent les parois de la grotte. Plus de 90% des 800 dessins représentent des mains gauches. En cherchant bien, vous trouverez peut-être la main aux six doigts.

On y accède par des routes secondaires difficiles mais offrant de sublimes panoramas, non loin de la RN 40, le long du Río de las Pinturas. Conduisez prudemment car vous risquez à tout instant de voir surgir un guanaco. Il existe deux possibilités d'accéder au site : par la rive sud de la rivière, à 46 km de Bajo Caracoles (la route la plus directe) ou à partir de l'Hostería Cueva de las Manos, sur la rive nord, par un pont piéton. À Perito Moreno, des guides organisent des excursions à la journée (environ 250 ARS/pers, auxquels il faut ajouter le billet d'entrée pour le parc). Le trajet au départ de Perito Moreno prend environ 3 heures 30 dans chaque sens par des routes rocheuses. Sur le site, un personnel compétent guide des visites à pied gratuites toutes les heures. Un centre d'information et une petite *confitería* sont installés au bureau d'accueil de l'entrée sud. Mieux vaut cependant prévoir son propre repas.

Toute proche des plus belles peintures rupestres d'Argentine, l'**Hostería Cueva de las Manos** (☎à Buenos Aires 011-5237-4043 ; www.cuevadelasmanos.net ; dort/d 127/485 ARS, bungalows 2/3/4/6 pers 582/705/823/1 013 ARS ; ⌚nov-avr), anciennement Estancia Los Toldos, se trouve à proximité de la RN 40 à

52 km au sud de Perito Moreno. Les hôtes peuvent séjourner dans les cabanes, l'*hostería* ou un dortoir pour 20 personnes. Les chambres sont simples mais bien équipées. Les clients et les groupes en circuit organisé peuvent accéder à la Cueva de los Manos par un sentier de randonnée magnifique mais ardu (en été seulement), qui part de l'*hostería*, descend le canyon et traverse le Río de las Pinturas.

Rustique mais accueillante, l'**Estancia Casa de Piedra** (☎02963-432199 ; près de la RN 40 ; empl 30 ARS/pers, dort 100 ARS ; ⏲déc-mars), une propriété à 76 km au sud de Perito Moreno, offre des chambres modestes et des emplacements de camping. Adresse idéale pour une pause au cours d'un périple. Outre la découverte des volcans tout proches, on peut entreprendre la longue et superbe randonnée jusqu'à la Cueva de las Manos en passant par le Cañon de las Pinturas. De l'estancia, il faut parcourir 12 km pour rejoindre ce dernier, puis encore 6 km ; comptez une dizaine d'heures aller-retour. Les marcheurs doivent partir tôt le matin, munis de provisions. On peut employer les services d'un guide, mais le sentier bien tracé permet de s'en passer.

Bajo Caracoles

Ce minuscule village, isolé de tout, semble identique à la description qu'en faisait Bruce Chatwin dans *En Patagonie*, en 1975 : "un carrefour insignifiant, avec des routes partant dans toutes les directions, et menant nulle part". On y trouve cependant la seule station-service véritablement fiable entre Perito Moreno, à 128 km au nord, et Tres Lagos, à 409 km au sud. De là, la RP 39 part vers l'ouest en direction de Lago Posadas et du Paso Roballos vers le Chili.

Si vous souhaitez rester pour la nuit, rendez-vous à l'**Hotel Bajo Caracoles** (☎02963-490100 ; d 280 ARS), qui propose des chambres avec un système de chauffage au gaz antique et inquiétant. On y trouve des produits alimentaires de base, un café correct et le seul téléphone privé de la ville.

L'état de la RN 40 se dégrade vers le sud. Après 100 km de route gravillonnée, on parvient à Las Horquetas, carrefour des RN 40, RP 27 et RP 37. Gobernador Gregores se trouve à 128 km au sud-est. Seule la première moitié du tronçon de la RP 27 qui y mène est actuellement goudronnée.

Parque Nacional Perito Moreno

Sauvage et battu par les vents, le Parque Nacional Perito Moreno est le paradis des aventuriers. Depuis la steppe, vous pourrez voir les pics enneigés de la Sierra Colorada s'élever telles d'imposantes sentinelles. Des guanacos broutent l'herbe épaisse, des condors tournent dans le ciel, et le vent trouble la surface des lacs aux reflets bleu-vert et cobalt. Le parc n'accueille que 1 200 visiteurs par an, et l'isolement est total : en dehors des services offerts par les estancias locales, vous serez livré à vous-même.

Nommé en l'honneur de son fondateur, le parc s'étend sur 1 150 km^2 le long de la frontière chilienne. Il est situé à 310 km au sud-ouest de la ville de Perito Moreno. Ne le confondez pas avec le Parque Nacional Los Glaciares, qui abrite le glacier Perito Moreno, plus au sud.

La Sierra Colorada sédimentaire offre une palette de tons brun-roux. Au-delà des limites du parc, le paysage est dominé par les majestueux sommets de glaciers, notamment celui du **Cerro San Lorenzo** (le plus élevé de la région) qui culmine à 3 706 m. À l'intérieur du parc, le pic le plus haut est le Cerro Mié (2 254 m).

Le surcroît des précipitations modifie la végétation sur le côté ouest. Les prairies de la steppe patagonne, en bordure est du parc, laissent ainsi la place à une forêt subantarctique composée de hêtres, de lengas et de coihues. Le point le plus bas du parc est situé à une altitude supérieure à 900 m, ce qui engendre des conditions climatiques parfois rudes. L'été est généralement doux. Il est cependant impératif de prévoir des vêtements chauds et un équipement adapté en toute saison. Vous trouverez de l'eau potable, mais veillez à apporter la nourriture et le matériel nécessaires.

À voir et à faire

Derrière le centre d'information, un sentier explicatif d'une heure mène aux **Pinturas Rupestres**, un petit ensemble de peintures pariétales avec des légendes. Les gardes forestiers pourront vous détailler les itinéraires de randonnée et les sentiers balisés menant à la **Casa de Piedra**, en bordure du Lago Burmeister, et à la **Playa de los Amonites**, sur le Lago Belgrano, où vous pourrez voir des fossiles.

Depuis l'Estancia La Oriental, une randonnée de 2 heures 30 mène au sommet du **Cerro León** (1 434 m) d'où vous aurez une vue époustouflante. Des oiseaux viennent nicher dans le relief volcanique du **Cerro de los Cóndores**, juste à l'est du sommet. Les plus chanceux verront peut-être des pumas et des guanacos en contrebas.

Où se loger et se restaurer

Il existe trois aires de camping gratuites. La première jouxte le centre d'information, sur un terrain aride et exposé au vent, où les feux sont interdits. La seconde se situe au bord du Lago Burmeister, à 16 km du centre d'information, et présente un paysage plus agréable à l'abri d'une épaisse forêt de hêtres blancs (feux autorisés). Enfin, la dernière s'étend 15 km plus loin, à El Rincón (feux interdits). Toutes disposent de toilettes rudimentaires mais n'ont pas de douches.

Estancia Menelik ESTANCIA $
(tél. sat 011-4152-5500, à Buenos Aires 011-4735-7704 ; www.cielospatagonicos.com ; refugio 106 ARS/pers, pension complète 633 ARS ; oct-mars). Pas de pseudo cow-boys dans cette exploitation agricole créée en 1920 et toujours en activité. Tout est authentique dans ce ranch qui contemple le Parque Nacional Perito Moreno, et c'est une destination de choix pour les amateurs de balades à cheval. Parmi les sorties proposées figure une excursion de deux jours en montagne avec bivouac en altitude au camp de Veranada de Jones. Les moins fortunés des voyageurs pourront séjourner dans un bâtiment de dortoirs. Les tarifs des sorties à cheval restent très raisonnables (148 ARS/jour). Il faut venir sur place avec son propre véhicule.

Renseignements

Les visiteurs doivent se présenter au centre d'information situé sur le côté est du parc. De nombreuses cartes et brochures sont disponibles. Les gardes forestiers peuvent organiser diverses randonnées. Il est aussi possible de les contacter par l'intermédiaire du bureau des parcs nationaux à Gobernador Gregores.

Depuis/vers le Parque Nacional Perito Moreno

Le réseau de transports publics étant sujet à des modifications, renseignez-vous auprès des offices du tourisme de Perito Moreno, de Los Antiguos ou d'El Calafate. Las Loicas (voir l'encadré p. 442) peut amener les voyageurs ici depuis Perito Moreno. Même si nous ne recommandons pas ce mode de transport, sachez qu'il est possible, du moins en été, de faire du stop à l'intersection de la RN 40. Le parc est cependant tellement grand qu'il n'est pas évident de rejoindre ses sentiers. D'avril à novembre, la route est impraticable sur certains tronçons. Si vous êtes en voiture, veillez à emporter des roues de secours et du carburant.

Gobernador Gregores

02962 / 2 521 HABITANTS

Avec sa poignée d'hôtels et de boutiques agréables, cette bourgade endormie est l'une des meilleures étapes possibles sur cette route.

Gregores se trouve à 60 km à l'est de la RN 40 sur la RP 25. C'est la ville la plus proche – 200 km ! – du Parque Nacional Perito Moreno. Elle constitue un bon choix pour s'approvisionner en nourriture et organiser un transport.

Il y a un **office du tourisme** (491259 ; gregores turismo@yahoo.com.ar ; San Martín 514 ; 8h-14h lun-ven), et le **bureau de l'administration du parc national** (491477 ; San Martín 882 ; 9h-16h lun-ven) peut se révéler utile si vous projetez de vous rendre au Parque Nacional Perito Moreno.

À 70 km à l'ouest, la RP 29 mène au **Lago Cardiel**, très apprécié des pêcheurs de saumon et de truite arc-en-ciel. On atteint **Tres Lagos** 116 km après l'embranchement vers le lac. Un couple chaleureux gère une station-service YPF ouverte 24h/24. El Chaltén se trouve à 123 km à l'ouest. La route menant à Tres Lagos est actuellement le dernier tronçon non goudronné de la RN 40 à ce niveau.

Ouvert uniquement en été, le **Camping Nuestra Señora del Valle** (491398 ; gregoresturismo@yahoo.com.ar ; angle Roca et Chile ; gratuit) met à disposition douches, eau chaude et barbecues. L'accueillant **Cañadón León** (491082 ; Roca 397 ; s/d/tr 230/280/370 ARS ;) loue 11 chambres spacieuses, impeccablement tenues et équipées de lits bien fermes. Réservations impératives. Il sert aussi des repas chauds (60 ARS), loue des voitures et effectue des transferts dans la région.

Des bus **Cerro San Lorenzo** (angle San Martín et Alberdi) partent pour Puerto San Julián (115 ARS, 4 heures) du lundi au samedi à 16h ou 18h (adressez-vous au guichet pour confirmation de l'heure du départ). **Taqsa** (Paralello 956) propose un départ pour Río Gallegos (576 ARS, 8 heures) tous les jours.

El Chaltén

☎02962 / 600 HABITANTS

Assemblage hétéroclite de chalets et de maisons en bois, la petite localité pleine de couleurs d'El Chaltén contemple le splendide secteur nord du Parque Nacional Los Glaciares. Elle accueille chaque année des milliers de grimpeurs et de randonneurs venus explorer les itinéraires de tout premier ordre qui démarrent ici même. Fondée en 1985 dans le but de consolider la présence argentine sur ce territoire disputé par le Chili, El Chaltén conserve l'aspect d'une ville de pionniers – avec un côté décalé. Il y a des chantiers un peu partout, des chiens errants dans les rues, et une ambiance plutôt hippie. Le village attire chaque année de plus en plus de simples touristes, mais sachez qu'en hiver (mai à septembre), la plupart des hôtels et des services gardent porte close et les transports sont très réduits.

El Chaltén, qui est également le nom tehuelche du Fitz Roy, signifie "sommet de feu" ou "montagne enfumée", à l'image de son sommet, souvent nimbé de nuages. Perito Moreno et Carlos Moyano la renommèrent en hommage au capitaine FitzRoy, qui, aux côtés de Darwin, remonta en 1834 le Río Santa Cruz jusqu'à 50 km de la cordillère, à bord du *Beagle*.

À voir et à faire

À midi, il n'y a pas âme qui vive dans les rues d'El Chaltén car les touristes partent pratiquer la randonnée, l'escalade ou l'équitation dans les montagnes environnantes. Voir la rubrique *Activités* p. 467.

Reserva Los Huemules RÉSERVE NATURELLE

(☎tél. sat 011-4152-5300 ; www.loshuemules.com ; 50 ARS). Les 25 km de sentiers balisés de cette réserve privée de 5 500 hectares offrent des balades moins ardues que celles du parc national mitoyen. Renseignez-vous

El Chaltén

au centre des visiteurs. À 17 km d'El Chaltén, juste après le Río Eléctrico.

Capilla de los Escaladores CHAPELLE

Cette modeste chapelle de style autrichien rend hommage aux nombreux alpinistes morts au cours de l'ascension du Fitz Roy depuis 1953.

Fêtes

Fiesta del Pueblo FÊTE

Le 12 octobre de chaque année, au cœur de l'hiver humide, lorsque les rues sont encore couvertes de boue, El Chaltén célèbre l'anniversaire de la ville, qui donne lieu à un bal dans le gymnase de l'école, à des barbecues et à des concerts.

Fiesta Nacional de Trekking FÊTE

Le dernier week-end de février, les fondus d'aventure en plein air se retrouvent pour participer à des compétitions d'escalade, de varappe, de bûcheronnage, de course à pied et de VTT.

Où se loger

Forte demande oblige, les réservations pour la haute saison (janvier-février) doivent être effectuées au minimum un mois à l'avance. Il est du reste particulièrement déprimant d'arriver en pleine nuit sous les rafales de vent sans une chambre pour vous attendre. Une tente solide peut se révéler utile comme solution de rechange, car il y a toujours de la place dans les campings.

Les dortoirs se remplissent rapidement l'été. Sauf mention contraire, attendez-vous à des cloisons fines, des pièces surpeuplées et des espaces communs insuffisants.

Nothofagus B&B B&B **$$**

(☎493087 ; www.nothofagusbb.com.ar ; angle Hensen et Riquelme, s/d/tr sans sdb 190/200/280 ARS, s/d/tr 280/290/340 ARS ; ⊙oct-avr ; ☏). Nous aimons bien ce chalet douillet, son service charmant et efficace, son solide petit-déjeuner et ses pratiques écologiques (tri des déchets, changement de serviettes à la demande seulement, etc.). La plupart des chambres, avec poutres apparentes et vue, partagent une sdb avec une autre.

Anita's House BUNGALOWS **$$**

(☎493288 ; www.anitashouse.com.ar ; Av San Martín 249 ; bungalow 2/3/4 pers 380/400/450 ARS ; ☏). Cette poignée de bungalows en plein centre du village est une option bien confortable et très commode pour les couples, les familles et les petits groupes. La propriétaire assure un service irréprochable, les cuisines sont parfaitement équipées,

El Chaltén

À voir

1 Capilla de los Escaladores C3
Casa de Guías .... (voir 30)
El Relincho .... (voir 12)

Activités

2 Chaltén Fishing B3
3 El Chaltén Mountain Guides C2
Fitzroy Expediciones .... (voir 5)
4 Las Lengas C3
5 Patagonia Aventura C3
6 Patagonia Mágica B2

Où se loger

7 Albergue Patagonia B2
8 Anita's House C2
9 Campamento Confluencia D4
10 Camping El Refugio B1
11 Condor de los Andes C3
12 El Relincho B1
13 Hostería El Puma B2
14 Hostería Koonek B1
15 Inlandsis C2
16 Los Cerros B2
17 Nothofagus B&B B3
18 Posada La Base B3
19 Posada Lunajuim C2
20 Rancho Grande Hostel B1
21 Senderos Hosteria C3

Où se restaurer

22 Domo Blanco C3
23 El Muro B1
24 Estepa B3
25 Fuegia Bistro B2
26 La Chocolatería C3
27 La Lucinda C2
28 La Tapera B3
Patagonicus .... (voir 22)
29 Ruca Mahuida B2

Où prendre un verre

30 La Cervecería B2

Où sortir

31 Zafarrancho B1

1

CHRISTOPHER GROENHOUT/LONELY PLANET IMAGES ©

4

NIGEL HICKS/ALAMY ©

ROLANDO GARIBOTTI/GETTY ©

CHRISTOPHER GROENHOUT/LONELY PLANET IMAGES ©

Patagonie extrême

La Patagonie est le lieu de tous les rêves d'aventure extrême : partir à l'assaut d'un sommet inexploré, pagayer aux côtés des lions de mer, randonner sur un glacier…

Randonnées à cheval

1 Les estancias (p. 453) offrent l'occasion de monter à cheval en pleine nature, de sentir la chaleur du feu de camp et de dormir à la belle étoile.

Escalade sur glace

2 Près d'El Chaltén, il existe plusieurs campements écologiques d'où vous pourrez aborder les formations surréalistes du Parque Nacional Los Glaciares (p. 470). Grâce aux guides compétents, même les amateurs peuvent s'y essayer.

Randonnée sur les glaciers

3 Plus encore qu'une randonnée, une expérience esthétique en immersion totale. Attachez vos crampons et partez à la découverte des sculptures vivantes des Torres del Paine (p. 500) ou du Parque Nacional Los Glaciares (p. 470 et 480).

Plongée

4 Avec ses eaux claires, ses épaves facilement accessibles et la richesse de sa vie marine, la Península Valdés (p. 416) est la capitale de la plongée en Argentine. La visibilité est optimale en août.

Kayak de mer

5 Pagayez avec des manchots et des dauphins de Commerson dans la Ría Deseado (p. 435) et à la Bahía Bustamante (p. 428), ou jouez aux côtés des lions de mer près de la Península Valdés (p. 415).

Sur la Ruta 40

6 Au pied des Andes, une route (p. 442) tellement à l'écart que le ciel y est plus bleu et plus grand que partout ailleurs, emblématique du *slow travel*, où l'on croise des troupeaux de guanacos et où l'on voit s'approcher, lentement, les sommets scintillants au loin.

1. Randonnée à cheval, El Calafate (p. 473) **2.** Escalade, Cerro Fitz Roy (p. 470) **3.** Glacier Perito Moreno (p. 479) **4.** Puerto Pirámides (p. 415)

il y a une TV câblée et un room-service. Il existe aussi des bungalows sur deux niveaux, plus vastes et plus chers.

Posada Lunajuim AUBERGE $$$
(493047 ; www.posadalunajuim.com.ar ; Trevisán 45 ; s/d/tr 574/701/838 ARS). Associant confort moderne et un brin d'excentricité, cette auberge accueillante est appréciée. Les couloirs sont ornés de sculptures monochromes et de tableaux réalisés par le propriétaire. Par temps de pluie, on se réfugie devant la cheminée en pierre avec un livre de la bibliothèque. Petit-déjeuner buffet et possibilité de se préparer un pique-nique à emporter.

Albergue Patagonia PENSION $
(493019 ; www.patagoniahostel.com.ar ; Av San Martín 493 ; dort/d sans sdb 60/190 ARS, s/d/tr 270/320/360 ARS ; sept-mai). Les récents travaux ont fait de cette maison en bois très accueillante une remarquable adresse. Les dortoirs, installés dans un bâtiment séparé, sont modernes et spacieux. Service de bonne qualité et ambiance joyeuse. Location de vélos.

Senderos Hostería B&B $$$
(493336 ; www.senderoshosteria.com.ar ; Perito Moreno s/n ; s/d 642/752 ARS). Cette demeure contemporaine à la façade parée de tôle ondulée offre de délicieux aménagements aux randonneurs un peu plus argentés : restaurant-bar à vins, chambres élégantes aux lits bordés de draps blancs bien doux avec parfois vue sur le Fitz Roy.

Hostería El Puma LODGE $$$
(493095 ; www.hosteriaelpuma.com.ar ; Lionel Terray 212 ; s/d 604/743 ARS ; P). Une luxueuse adresse de 12 chambres au confort intime et sans artifices. Les photos d'escalade et de sommets montagneux qui tapissent les murs inspireront aux sportifs leur prochaine expédition. La cheminée invite à savourer de délicieux moments de détente en fin de journée.

Posada La Base PENSION $$
(493031 ; www.elchaltenpatagonia.com.ar ; Calle 10, n°16 ; d/tr/qua 320/360/400 ARS). Cette belle et grande demeure renferme des chambres spacieuses qui donnent toutes sur l'extérieur et bénéficient d'un accès à une cuisine impeccable. Les groupes importants choisiront les chambres 5 et 6, qui se partagent une cuisine intérieure doublée d'un coin salle à manger. La réception abrite un salon vidéo très apprécié où l'on peut regarder des films en plusieurs langues.

Inlandsis PENSION $
(493276 ; www.inlandsis.com.ar ; Lago del Desierto 480 ; d petite/grande 210/280 ARS, bungalow 2/3/4/6 pers 400/430/460/530 ARS ; oct-avr). Cette pension décontractée occupe une petite maison en brique comprenant des chambres économiques, avec lits superposés (demandez à voir car certaines manquent d'air), et des doubles, plus spacieuses et plus chères, dotées de lits jumeaux ou d'un lit double. Signalons aussi des bungalows sur 2 niveaux comprenant cuisine, sdb avec baignoire et lecteur de DVD.

Condor de Los Andes AUBERGE DE JEUNESSE $
(493101 ; www.condordelosandes.com ; angle Río de las Vueltas et Halvor Halvorsen ; dort/d 90/310 ARS ; oct-avr). Avec ses vieilles couchettes, ses chambres douillettes et son feu de cheminée crépitant, cet établissement chaleureux ressemble à un chalet de ski. S'ajoutent à cela une cuisine impeccable et de confortables espaces communs.

Rancho Grande Hostel AUBERGE DE JEUNESSE $
(493092 ; www.ranchograndehostel.com ; Av San Martín 724 ; dort/d/tr 70/270/290 ARS ; @). Faisant office de gare routière (les bus Chaltén Travel s'arrêtent ici), cette vaste auberge animée décline toute une gamme de services, de la réservation de bus à la connexion Internet (en supplément) en passant par un café. Les chambres nettes de 4 lits comportent de nombreuses couvertures et les sdb de longues rangées de douches. Les doubles et triples profitent, elles, de sdb individuelles.

Hostería Koonek PENSION $$
(493304 ; www.hosteriakoonek.com.ar ; Lionel Terray 415 ; d/tr 280/320 ARS ; oct-mai). Construite au pied d'une paroi où se retrouvent les adeptes de la varappe, cette pension accueillante et soignée possède 8 chambres. Chacune peut loger 4 personnes et est équipée d'une minuscule sdb proprette.

Los Cerros HÔTEL $$$
(493182 ; www.loscerrosdelchalten.com ; Av San Martín s/n ; s/d 1 174/1 384 ARS ; nov-avr ; @). Cette élégante *hostería* haut de gamme sur les hauteurs profite d'une magnifique perspective embrassant la vallée. La décoration moderne d'inspiration ethnique (épaisses tentures en tissage et fibres naturelles) va

VAUT LE DÉTOUR

ESTANCIA EL CÓNDOR

Un solide morceau de paradis que cette **estancia** (☎tél. sat. 011-4152-5400, à Buenos Aires 011-4735-7704 ; www.cielospatagonicos.com ; pension complète 633 ARS/pers ; ⊙oct-mars) très isolée, nichée sur les rives du Lago San Martín. Le domaine de 40 000 hectares est une véritable réserve naturelle privée, avec ses étendues de steppe aux teintes fauves, ses forêts de hêtres hygrophiles et ses sommets couverts de neiges éternelles.

De l'immense lac aux eaux turquoise (baptisé O'Higgins dans sa partie chilienne) aux falaises rocheuses au-dessus desquelles tournoient les condors, ce paysage semble démesuré, même à l'échelle de la Patagonie. On peut aller une semaine entière à randonner à cheval sans passer deux fois au même endroit, et le refuge d'altitude de La Nana offre un camp de base plus enfoncé encore au cœur de la nature sauvage. Les sentiers sont parfaitement adaptés aussi à la randonnée pédestre – mais attention au franchissement des rivières, à n'effectuer qu'avec un guide. La sortie d'une journée jusqu'à la *condorera* (où les condors font leur nids) laissera des souvenirs inoubliables.

Pour l'anecdote, c'est un Anglais de triste réputation, Jimmy Radburn, qui vint s'installer au *puesto* (ferme) de La Nana après avoir enlevé (avec son consentement semble-t-il, car elle avait été vendue par son père en règlement d'une dette de jeu) une femme tehuelche, Juana. Ce lieu extrêmement isolé se trouve à une journée de marche ou de cheval du *casco* principal.

L'hébergement est confortable sans être luxueux. Le *casco* compte 6 chambres, toutes avec sdb, et il y a une grande cheminée en pierre devant laquelle il fait bon se plonger dans un livre sur la région (petite collection à disposition). En cas d'affluence, des visiteurs peuvent s'installer dans un bâtiment de dortoir, plus sommaire. Viandes de l'élevage et légumes du potager composent les repas.

Il faut venir sur place par ses propres moyens. L'estancia se trouve à trois heures de route de Tres Lagos, à 118 km de la RN 40, sur la route d'El Chaltén. Il n'y a actuellement pas de passage de frontière officiel à cet endroit.

de pair avec l'absence de TV et de téléphone dans les chambres. Les repas gastronomiques et la carte des vins sauront toutefois vous ramener à la civilisation.

Hostel Pioneros del Valle AUBERGE DE JEUNESSE $
(☎491368 ; www.caltur.com.ar/pioneros/hostel.html ; Av San Martín 451 ; dort 80 ARS ; Wi-Fi). Nous n'avons pas testé cette nouvelle adresse, une grande auberge organisée en dortoirs mixtes de 6 lits avec sdb attenante et casiers. Accès Wi-Fi gratuit et TV à écran plasma. L'établissement, géré par une compagnie de transport, propose des formules voyage-hébergement.

Campamento Confluencia CAMPING $
(empl gratuits). Face au poste des gardes forestiers et du centre des visiteurs. Aucun aménagement.

Camping El Refugio CAMPING $
(☎493221 ; Calle 3 s/n ; empl 25 ARS/pers, dort 50 ARS). Ce camping privé dépendant d'une auberge sommaire comporte des sites exposés et des douches chaudes. On peut y allumer du feu à l'aide du bois présent sur place en faible quantité.

El Relincho CAMPING $
(☎493007 ; www.elrelinchopatagonia.com.ar ; Av San Martín 505 ; empl 35 ARS/pers ; véhicules 5-10 ARS). Un autre camping privé, lui aussi très venté.

Où se restaurer et prendre un verre

Les produits alimentaires étant rares et chers, surtout les fruits et légumes, achetez tout ce que vous pourrez à El Calafate.

♥ **El Muro** ARGENTIN $$
(Av San Martín 912 ; plats 35-60 ARS ; ⊙dîner). Allez jusqu'au bout de la route pour trouver ce minuscule établissement qui concocte une savoureuse et solide cuisine de montagne – par exemple des côtes d'agneau saveur aigre-douce ou une truite aux légumes grillés tout craquants –, servie en de généreuses portions. Quant aux desserts – tarte aux pommes chaude, pudding... –, ils devraient tout simplement être obligatoires.

La Cervecería BRASSERIE $

(Av San Martín 20 ; en-cas 30 ARS ; ⏲déj et dîner jusque tard). La pinte d'après randonnée se prolonge souvent toute la soirée dans cette brasserie tenue par une patronne joyeuse et sa sympathique équipe. Savourez une blonde bien fraîche ou une brune épaisse avec des pâtes ou du *locro* (ragoût épicé de maïs, haricots, bœuf, porc et saucisse).

Fuegia Bistro INTERNATIONAL $$

(Av San Martín 342 ; plats 35-60 ARS ; ⏲dîner lun-sam). Des plats appétissants, dont des recettes végétariennes, et des vins à prix raisonnables vous attendent dans ce restaurant haut de gamme à la chaude ambiance. Goûtez les pâtes maison à la ricotta, aux épinards et aux champignons frais ou la truite au citron.

La Lucinda CAFÉ $

(Av San Martín 175 ; sandwich 35 ARS ; ⏲7h-minuit ;). Un café un peu bohème au décor bleu ciel, accueillant et ouvert pratiquement en permanence : une bénédiction par mauvais temps ! Sert des soupes et des plats mijotés maison, de bons sandwichs chauds (notamment végétariens), des petits-déjeuners et une sélection de cafés, thés et vins.

La Tapera TAPAS $$

(angle Antonio Rojo et Riquelme ; plats 30-70 ARS ; ⏲déj et dîner). Ce restaurant convivial met les tapas à l'honneur, mais prépare aussi de bons plats revigorants, comme la soupe de courge ou le steak grillé. Par temps froid, vous pourrez vous attabler si près de la cheminée qu'il vous faudra ôter votre pull !

Estepa PATAGON $$

(angle Cerro Solo et Av Antonio Rojo ; plats 35-80 ARS ; ⏲12h-1h mar-dim). Privilégiée par les gens du cru, cette table mitonne des plats consistants et savoureux comme l'agneau sauce *calafate*, les raviolis à la truite ou les crêpes aux épinards.

La Chocolatería CAFÉ $

(Lago del Desierto 105 ; en-cas 15-30 ARS). Cette chocolaterie irrésistible rend hommage au fil de ses murs aux légendes de l'alpinisme. C'est l'endroit tout indiqué pour une soirée intime devant un chocolat chaud, un verre de vin ou une fondue.

Ruca Mahuida GASTRONOMIQUE $$$

(Lionel Terray 55 ; plats 50-85 ARS ; ⏲19h-23h). Truite fumée, soufflé de courge et raviolis de saumon : voilà qui vient rompre agréablement avec la restauration montagnarde classique. L'établissement aux murs de pierre et aux banquettes en peau de mouton, bien que pas toujours constant, bénéficie de critiques très élogieuses.

Patagonicus PIZZERIA $

(Av MM De Güemes 57 ; pizzas 40 ARS ; ⏲fermé mer et mai-sept). La meilleure pizzeria du village, avec 20 sortes de garnitures, des salades et des vins servis sur de robustes tables en bois près d'une immense baie vitrée. Une mention pour les pâtisseries et le café.

Domo Blanco GLACES $

(Av MM De Güemes s/n ; en-cas 12 ARS ; ⏲14h-minuit). Glaces maison à base de fruits récoltés dans une estancia locale ou de baies de *calafate* cueillies en ville.

☆ Où sortir

Zafarrancho, derrière le Rancho Grande Hostel (p. 464), est un bar-café avec connexion Internet qui diffuse des films.

ℹ Renseignements

Technologiquement parlant, El Chaltén offre de forts contrastes : la téléphonie mobile ne fonctionne pas et il y a un seul DAB (à la gare routière), mais vous avez toutes les chances d'avoir le Wi-Fi dans votre chambre d'hôtel et trouverez aisément un centre d'appels internationaux ou une station-service. Si les cartes de crédit ne servent pratiquement à rien, les chèques de voyage, les euros et les dollars sont en revanche acceptés partout. Les voyageurs qui arrivent d'El Calafate ont intérêt à retirer assez de liquide dans cette ville afin d'éviter d'éventuelles complications ultérieures. Pour un bon aperçu du village, consultez le site www.elchalten.com.

Bureau des gardes du parc (☎493004/24 ; dons bienvenus ; ⏲9h-20h). De nombreux bus circulant la journée s'arrêtent au centre d'accueil des visiteurs (juste avant le pont du Río Fitz Roy) pour une brève explication en anglais et en espagnol. Les gardes distribuent un plan de la ville et sensibilisent les voyageurs à l'écologie du parc. Des documentaires sur l'escalade sont projetés quotidiennement à 15h.

Chaltén Travel (☎493092 ; angle Av MM De Güemes et Lago del Desierto). Réservation de billets d'avion et accès Internet lorsque la météo permet les télécommunications.

Office du tourisme (☎493370 ; comfom elchalten@yahoo.com.ar ; Terminal de Omnibus ; ⏲8h-20h) Personnel accueillant, informé et polyglotte. Liste des hébergements et informations utiles sur le village et les excursions.

VAUT LE DÉTOUR

PASSER AU CHILI

Les voyageurs téméraires peuvent contourner à pied la barrière de glace sud et relier El Chaltén et le Parque Nacional Los Glaciares, en Argentine, à Villa O'Higgins, terminus de la Carretera Austral, au Chili. Le voyage (entre un et trois jours) est réalisable entre novembre et mars. Munissez-vous de toutes les provisions nécessaires, de vêtements imperméables et de pesos chiliens, et n'oubliez pas votre passeport. Prévoyez largement la nourriture et soyez prêt à passer une nuit en chemin de manière impromptue, car il n'est pas rare que les bateaux aient du retard. Voici le détail de l'itinéraire :

» Prenez la navette reliant El Chaltén à l'extrémité sud du Lago del Desierto, à 37 km (130 ARS, 1 heure).

» Embarquez sur le ferry qui traverse le Lago del Desierto (130 ARS, 4 heures 30) pour rejoindre l'extrémité nord du lac. Autre possibilité : emprunter à pied le sentier côtier (15 km, 5 heures). Passez la frontière et la douane argentine. Le camping est autorisé à cet endroit.

» De la rive nord du Lago del Desierto, continuez à pied ou à cheval jusqu'à la Laguna Larga (1 heure 30). Le camping n'est pas autorisé.

» Poursuivez jusqu'à la Laguna Redonda (1 heure 30). Camping interdit.

» Continuez jusqu'à Candelario Mansilla (2 heures). Vous trouverez une ferme pour passer la nuit. Il y a aussi des treks guidés et des chevaux à louer (randonnée/chevaux de bât 15 000/15 000 CLP par jour). Passez la douane et l'immigration chiliennes ici.

» Prenez le catamaran Hielo Sur (40 000 CLP, 4 heures) à l'extrémité sud du Lago O'Higgins. Il y a entre un et trois départs par semaine – le plus souvent le samedi, parfois le lundi et le mercredi. Prenez le bus de 8h qui relie Puerto Bahamondez à Villa O'Higgins (1 500 CLP).

À Villa O'Higgins, **El Mosco** (☎54-067-431867 ; www.patagoniaelmosco.com ; camping/dort 5 000/11 000 CLP/pers) est une bonne adresse d'hébergement. Pour tout renseignement sur le ferry chilien, adressez-vous à **Hielo Sur** (au Chili ☎067-431-821/822 ; www.villaohiggins.com), à O'Higgins.

Puesto Sanitario (☎493033 ; AM De Agostini 70). Soins médicaux de base.

Viento Oeste (☎493200 ; Av San Martín 898). Ce magasin vend livres, cartes et souvenirs et loue du matériel de camping. Beaucoup d'autres épiceries dans la localité.

ℹ Depuis/vers El Chaltén

El Chaltén se situe à 220 km d'El Calafate par des routes récemment asphaltées.

Toutes les compagnies de bus utilisent la nouvelle **gare routière**, à l'entrée de la ville. **Chaltén Travel** (☎493005/92 ; Av San Martín 635) dessert El Calafate (75 ARS, 3 heures 30) deux fois par jour (7h30 et 18h) en été. **Caltur** (☎493079 ; San Martín 520) et **Taqsa** (☎493068 ; Av Antonio Rojo 88) assurent également des liaisons, mais sans réservation. Le service est restreint hors saison.

Des navettes de **Las Lengas** (☎493023 ; Antonio de Viedma 95) relient directement l'aéroport d'El Calafate (120 ARS) en saison. La compagnie assure aussi des liaisons en minibus pour le Lago Desierto (130 ARS), l'Hostería El Pilar (50 ARS) et le Río Eléctrico (50 ARS).

En saison, Chalten Travel dessert Bariloche (620 ARS, 2 jours) les jours impairs, avec arrêt pour la nuit à Perito Moreno (repas et hébergement non compris).

Parque Nacional Los Glaciares (zone nord)

Avec ses paysages sauvages et ses sommets déchiquetés, le massif du Fitz Roy, dans la partie nord du parc, est la capitale argentine du trekking. Il attire aussi des alpinistes de renommée internationale qui viennent se mesurer au Cerro Torre et au Cerro Fitz Roy, réputés pour leurs difficiles conditions atmosphériques. Nul besoin toutefois de repousser les limites de l'extrême pour profiter des nombreux itinéraires de randonnée balisés et s'ébahir devant le paysage spectaculaire... lorsque les nuages veulent bien se dissiper.

Parque Nacional los Glaciares (zone nord)

Le Parque Nacional Los Glaciares est divisé en deux secteurs géographiques, les zones nord et sud. El Chaltén est sise à la limite septentrionale du parc. C'est là que vous trouverez les agences en charge des activités et visites détaillées ci-après. La ville d'El Calafate est le point d'entrée pour la zone sud, laquelle inclut le glacier de Perito Moreno.

Activités

Randonnée

Avant de partir, les randonneurs s'arrêteront au bureau des gardes du parc afin de connaître l'état des sentiers. L'été ne réunit pas les conditions les plus propices à la randonnée. Préférez mars ou avril, lorsque le vent souffle peu (et que le parc est moins fréquenté). Durant les mois d'hiver de juin et juillet, les sentiers sont souvent fermés – renseignez-vous au préalable auprès du bureau des gardes du parc.

Les plus expérimentés pourront explorer les zones reculées, ce qui nécessite de bien savoir se repérer. Pour ces randonnées, il est indispensable d'être accompagné d'un guide compétent. Ceux qui lisent l'anglais trouveront des précisions dans *Trekking in the Patagonian Andes*, de Lonely Planet.

LAGUNA TORRE

Si le vent souffle peu et que le ciel est dégagé, profitez-en pour faire cette randonnée de 3 heures dans chaque sens. Ces conditions sont cependant rares, le Cerro Torre étant souvent dissimulé derrière un voile de brume.

Il y a deux sentiers différents (qui finissent par se rejoindre) pour effectuer ce parcours. Le premier part de l'extrémité nord-ouest d'El Chaltén. Depuis un poteau indicateur sur l'Av San Martín, au sud du Campamento Madsen, partez vers l'ouest sur Eduardo Brenner puis à droite pour trouver le départ du sentier (signalé par un panneau). Le sentier de la Laguna Torre évolue autour d'impressionnants rochers sur un terrain couvert de plantes typiques de la Patagonie. Il bifurque ensuite vers le sud-est et traverse une prairie humide jusqu'à la jonction avec un sentier venant de la gauche (voir départ suivant), au bout de 35 à 45 minutes.

En partant de l'extrémité sud d'El Chaltén, suivez le Lago del Desierto par l'ouest, à la périphérie de la ville, puis piquez vers le lit du fleuve et continuez jusqu'à une petite installation hydroélectrique. À un panneau indicateur, le chemin s'éloigne du fleuve et traverse un bois parsemé de lengas et de ñires (il faut enjamber une clôture de barbelés) avant de rejoindre un autre sentier plus important (signalisé) qui arrive de la droite.

Poursuivez la montée et dépassez un promontoire arrondi jusqu'au **Mirador Laguna Torre**, qui offre une vue imprenable sur le pic du Cerro Torre qui, du haut de ses 3 128 m, domine majestueusement la vallée.

Le sentier longe ensuite des bouquets de lengas, avant de couper à travers des plaines broussailleuses et de vieilles moraines recouvertes de végétation. Il atteint ensuite une jonction signalisée avec le Sendero Madre e Hija, qui constitue un raccourci vers le Campamento Poincenot, à 40 ou 50 minutes. Continuez à remonter la vallée et prenez à gauche une autre bifurcation signalisée qui permet de gravir un talus herbeux et de traverser une petite plaine alluviale, en suivant les rapides eaux de la fonte des glaciers du Río Fitz Roy. Vous arriverez au **Campamento De Agostini** (anciennement Bridwell) au bout de 30 à 40 minutes. Ce terrain de camping gratuit (avec toilettes rudimentaires) est très fréquenté ; il sert de base pour l'ascension du Cerro Torre. Le seul autre camping proche se situe dans un agréable bosquet de lengas au bord du fleuve, en contrebas du Cerro Solo.

On parvient au **Mirador Maestri** en une heure en longeant la rive nord du lac (camping interdit).

LAGUNA DE LOS TRES

Cet itinéraire un peu plus difficile (4 heures) mène à un lac d'altitude. Le chemin démarre au niveau d'une construction reconnaissable à son toit jaune. Après une heure de marche environ, un panneau signale une bifurcation conduisant à la Laguna Capri, un site superbe où l'on peut **camper** gratuitement. Le sentier principal progresse en douceur à travers une forêt venteuse, puis dépasse de petits lacs et rejoint le chemin de la Laguna Madre et de la Laguna Hija. On poursuit dans la forêt de *ñires* puis en terrain accidenté jusqu'au **Río Blanco** (3 heures) et au **Campamento Poincenot**, agréablement boisé mais infesté de souris. Le sentier se divise avant le Río Blanco. Restez sur celui de gauche, qui mène à un camp de base d'alpinisme. De là, le sentier abrupt monte en lacets serrés jusqu'à la **Laguna de los Tres**, un lac aux eaux glaciales dont l'immobilité revêt un caractère étrange et qui offre un beau point de vue sur le Fitz Roy (3 405 m). Le vent souffle parfois très fort et peut être dangereux, aussi est-il prudent de prévoir très largement le temps de montée. En redescendant 200 m sur la gauche, on découvre une vue exceptionnelle sur les eaux vert émeraude de la **Laguna Sucia**.

PIEDRA DEL FRAILE

Au niveau du Campamento Poincenot, le sentier se dirige à l'ouest vers la Laguna de Los Tres, ou longe au nord-est le Río Blanco vers le Valle Eléctrico et Piedra del Fraile (8 heures depuis El Chaltén, 5 heures depuis l'intersection du Río Blanco). Après l'embranchement, il rejoint le **Glaciar Piedras Blancas** (4 heures), où il faut escalader de gros blocs de granit pour atteindre un lac turquoise dans lequel flottent des dizaines d'icebergs. Le tracé traverse ensuite des prairies, avant de bifurquer à gauche et de remonter la vallée en longeant le **Río Eléctrico**, enserré dans de hautes falaises. On arrive alors au **Refugio Los Troncos** (camping 50 ARS, lits en refugio 110-180 ARS), où l'on trouve un kiosque, un restaurant et des prestations de qualité. À noter que, faute de ligne téléphonique, il est impossible de réserver : on avise sur place. Les propriétaires de ce camping privé peuvent fournir quantité d'informations sur les randonnées.

Plutôt que de refaire le chemin en sens inverse, mieux vaut continuer vers l'est, franchir quelques ruisseaux et retrouver la RP 23, qui rejoint El Chaltén. La route passe par la cascade de **Chorillo del Salto**.

Les bus pour Lago del Desierto pourront vous déposer au pont du Río Eléctrico (60 ARS).

LOMA DEL PLIEGUE TUMBADO ET LAGUNA TORO

Depuis le bureau des gardes du parc, un sentier (4 à 5 heures aller) pointe vers le sud-ouest et longe le côté est de la colline Loma del Pliegue Tumbado, le long du Río Túnel. Il se dirige ensuite vers l'ouest en direction de la Laguna Toro. Cette randonnée est la seule à offrir un panorama sur le Cerro Torre et le Cerro Fitz Roy à la fois. La marche est plutôt facile, mais parfois le vent souffle fort. N'oubliez pas de prévoir suffisamment d'eau.

LAGO DEL DESIERTO ET CHILI

À 37 km au nord d'El Chaltén, près de la frontière chilienne, le Lago del Desierto est un bon but d'excursion lorsque le temps couvert ôte tout espoir de contempler le Fitz Roy. Un sentier de 500 m conduit à un point de vue d'où l'on peut admirer le lac et le glacier.

Il existe des excursions (un à trois jours) combinant trekking et ferry pour franchir la frontière et rejoindre au Chili Villa O'Higgins, terminus de la Carretera Austral. Cet itinéraire connaît un succès grandissant ; il est également emprunté par les voyageurs à vélo. On commence à envisager de construire une route, mais il faudra peut-être attendre des dizaines d'années avant qu'elle ne voie le jour.

Vous trouverez des informations détaillées dans l'encadré de la p. 467.

Circuits organisés

Las Lengas EXCURSION EN BUS

(☎493023 ; Viedma 95). Le minibus pour le Lago del Desierto (130 ARS) part tous les jours d'El Chaltén à 8h30 et 15h. La formule à la journée (150 ARS) permet de passer six heures au lac. L'**Hostería El Pilar** (☎493002 ; www.hosteriaelpilar.com.ar), à l'extrémité sud du lac, possède un restaurant séduisant.

Patagonia Aventura EXCURSION EN BATEAU

(☎493110 ; www.patagonia-aventura.com.ar ; 130 ARS/pers). Balade sur le Lago del Desierto. On peut aussi effectuer à pied le sentier reliant les extrémités sud et nord du lac (5 heures).

Hielo Sur EXCURSION EN BATEAU

(☎56-067-431821 ; www.villaohiggins.com). Ce catamaran chilien lève l'ancre de Candelario Mansilla pour rejoindre le Glaciar O'Higgins (65 000 CLP), sur la barrière de glace sud, puis Villa O'Higgins. Il effectue aussi des trajets plus directs jusqu'à Villa O'Higgins (40 000 CLP), avec une escale à Puerto Bahamondez. De Puerto Bahamondez on peut aussi gagner Villa O'Higgins en bus (2 000 CLP).

Escalade et randonnées sur des glaciers

L'escalade de glaciers et les randonnées sur glace, parfois doublées de balades en traîneau tiré par des huskies, sont au programme de beaucoup d'agences. Les randonnées guidées de plusieurs jours sur le Hielo Patagónico Continental ("champ de glace continental"), aux allures d'expéditions polaires, sont réservées aux randonneurs aguerris. Elles comportent des passages nécessitant une maîtrise des techniques d'escalade (utilisation des crampons) et des traversées de rivière parfois périlleuses.

Fitzroy Expediciones ALPINISME

(carte p. 460 ; ☎493178 ; www.fitzroyexpediciones.com.ar ; Av San Martín 56, El Chaltén). Organise des randonnées sur les glaciers de la face sud du Cerro Torre. Le trek commence normalement à 7h par une marche d'approche de 2 heures 30 (à moins de dormir la veille au Thorwood Camp). À noter : contrairement à la plupart des services en ville, Fitzroy Expediciones accepte les cartes de crédit.

Casa de Guias ALPINISME

(carte p. 460 ; ☎493118 ; www.casadeguias.com.ar ; Av San Martín 310, El Chaltén). Met à disposition des guides anglophones certifiés par l'Association argentine des guides de montagne (AAGM). Service accueillant et professionnel. Ils sont spécialisés dans les petits groupes. Ils proposent notamment des treks en montagne et des ascensions pour les randonneurs et les alpinistes chevronnés, ainsi que des cours d'escalade.

Patagonia Aventura ALPINISME

(carte p. 460 ; ☎493110 ; www.patagonia-aventura.com.ar ; Av San Martín 56, El Chaltén). Organise trekking (440 ARS) et escalade (550 ARS) au Glaciar Viedma. Les formules proposées incluent une randonnée de 6 heures avec vue sur le glacier, un trek de 2 heures 30 sur la glace, dans des paysages réellement époustouflants, et la formation durant toute la journée à l'escalade sur glace.

El Chaltén Mountain Guides ALPINISME

(carte p. 460 ; ☎493267 ; www.ecmg.com.ar ; Rio de las Vueltas 218, El Chaltén). Traversées de champs de glace et treks d'une journée sur le Glaciar Torre, conduits par des guides certifiés. Tarifs de groupe plus intéressants.

Pêche à la mouche

Les amateurs de pêche peuvent s'adresser à **Chaltén Fishing** (carte p. 460 ; ☎493185 ;

www.chaltenfishing.com.ar ; Av Antonio Rojo 88, El Chaltén), qui organise des sorties d'une demi-journée au Lago del Desierto ainsi que des excursions d'une journée comprenant quelques heures à la Laguna Larga. Le matériel est fourni. Téléphonez pour connaître les tarifs et vous renseigner au sujet du permis de pêche.

Équitation

Accompagné d'un guide (tarifs à négocier), vous pouvez louer des chevaux pour vous balader à proximité de la ville ou transporter votre matériel. Il est interdit d'emprunter à cheval les chemins du parc national sans guide. L'agence **El Relincho** (carte p. 460 ; ☎493007 ; www.elrelinchopatagonia.com.ar ; San Martín 545, El Chaltén) emmène les randonneurs dans la jolie vallée du Río de las Vueltas (280 ARS, 4 heures), et propose des formules plus exigeantes, suivies d'un barbecue dans un ranch. On peut également loger dans des bungalows (480 ARS pour 4 pers).

Sorties en kayak et canoë

Avec l'expansion d'El Chaltén, les activités aquatiques se multiplient. **Fitzroy Expediciones** (carte p. 460 ; ☎493178 ; www.fitzroyexpediciones.com.ar ; Av San Martín 56, El Chaltén) propose des sorties guidées en kayak d'une demi-journée sur le Río de las Vueltas, qui s'arrêtent pour le déjeuner au "camp d'aventure" de la compagnie. Il est également possible de passer la nuit dans le lodge en bois et les 8 bungalows situés à 17 km au nord de la ville – renseignez-vous au bureau à El Chaltén. Citons aussi des excursions de deux jours sur le Río La Leona pour faire du kayak et camper.

Croisières sur le lac

Contactez **Patagonia Aventura** (carte p. 460 ; ☎493110 ; www.patagonia-aventura.com.ar, en français ; Av San Martín 56, El Chaltén) pour tout renseignement sur les bateaux touristiques partant de Puerto Bahía Túnel, sur la rive nord du Lago Viedma. L'excursion (110 ARS/pers et 60 ARS pour le transfert) offre une vue impressionnante sur le Glaciar Viedma de 40 m et permet d'entendre les grondements du Cerro Fitz Roy. Les bateaux partent à 15h30 pour une durée de 2 heures 30.

Escalade

Des tour-opérateurs en ville louent l'équipement nécessaire. Essayez le sympathique **Patagonia Mágica** (carte p. 460 ; ☎486261 ; www.patagoniamagica.com ; Fonrouge s/n, El Chaltén), qui organise des stages d'escalade d'une journée pour débutants. Les plus entraînés peuvent participer à des expéditions sur le Glaciar Laguna Torre en compagnie de guides certifiés.

Où se loger

Les aires de camping gratuites en pleine nature ne comportent que des toilettes rustiques. On trouve parfois du bois mort permettant de construire des abris contre le vent, mais il est interdit de faire du feu. L'eau obtenue en faisant fondre la glace est potable. Toilette et vaisselle doivent toujours être effectuées en aval du campement, et il faut collecter les détritus et les emporter.

Depuis/vers le Parque Nacional Los Glaciares (zone nord)

Le parc national s'étend juste à la périphérie d'El Chaltén, ce qui est pratique pour les voyageurs motorisés. Autrement, la plupart des excursions assurent le transfert aller-retour moyennant quelque 60 ARS. Concernant les transports, voir la rubrique *Depuis/vers El Chaltén* (p. 467).

El Calafate

☎02902 / 22 000 HABITANTS

El Calafate a un attrait irrésistible : le Glaciar Perito Moreno, situé à 80 km dans le Parque Nacional Los Glaciares. Ce glacier est une merveille à ne surtout pas manquer, mais son immense popularité a entraîné l'expansion fulgurante de cette ville autrefois modeste. El Calafate demeure néanmoins un endroit agréable offrant un ensemble de services touristiques. Sa situation stratégique, entre El Chaltén et les Torres del Paine (au Chili), en fait une étape incontournable pour les voyageurs en transit.

Situé à 320 km au nord-ouest de Río Gallegos, et à 32 km à l'ouest de l'intersection entre la RP 11 et la RN 40, qui file vers le nord, El Calafate borde la rive nord du Lago Argentino. L'axe principal, l'Av del Libertador General San Martín, compte une pléthore de magasins de souvenirs, restaurants et agences d'excursions. À quelques pas seulement de cette avenue, chemins boueux, chantiers inachevés et terrains vagues offrent au regard une réalité moins aguichante.

L'activité bat son plein en janvier et février, durant lesquels les tarifs s'envolent. Le flot de visiteurs devrait néanmoins s'équilibrer au fil des saisons dans les années à venir.

El Calafate

À voir et à faire

Glaciarium MUSÉE

(☎497912 ; www.glaciarium.com ; adulte/enfant 80/55 ARS ; ⏲9h-20h sept-mai, 11h-20h mai-août). Unique en son genre, ce tout nouveau musée propose un parcours passionnant et magnifique dans le monde des glaciers. Leur formation est expliquée au fil des salles, notamment grâce à des films en espagnol et en anglais, et l'on peut visionner aussi des documentaires sur des expéditions. Une partie est consacrée au changement climatique. Les adultes pourront revêtir un anorak et pénétrer dans le *bar de hielo* (40 ARS, consommations comprises), un club aux lumières bleutées où règne une température inférieure à zéro et où on leur servira une vodka frappée ou un Fernet-Coca... dans des verres de glace bien entendu. La boutique vend des objets écologiques fabriqués par des artisans argentins. Le Glaciarium accueille aussi des manifestations cinématographiques internationales. Il se situe à 6 km d'El Calafate, sur la route du parc national. Prenez la navette (aller-retour 25 ARS) qui part toutes les heures de 1er de Mayo, entre l'Av Libertador et Roca.

Reserva Natural Laguna Nimez OBSERVATION DES OISEAUX

(Location de jumelles 20 ARS ; ⏲aube-crépuscule). Les rives du lac au nord de la ville constituent un habitat privilégié pour de nombreuses espèces d'oiseaux. Il y a un sentier d'interprétation, ainsi qu'une cabane d'information, la Casa Verde. Un très bon endroit où observer des flamants – mais on peut aussi voir de nombreuses espèces depuis les rives du lac à Calafate.

Centro de Interpretacíon Histórica MUSÉE

(☎497799 ; www.museocalafate.com.ar ; Av Brown et Bonarelli ; 30 ARS ; ⏲10h-20h sept-mai, 11h-20h juin-août). Ce petit musée très instructif

El Calafate

Activités
1 Cal-tur ... C3
2 Chaltén Travel ... C3
3 Hielo y Aventura ... D3
4 Leutz Turismo ... B4
5 Mar Patag ... C3
Overland Patagonia ... (voir 14)
6 Solo Patagonia S.A ... D3

Où se loger
7 Albergue Lago Argentino ... C4
8 America del Sur ... E1
9 AMSA ... E3
10 Calafate Hostel ... C2
11 Camping El Ovejero ... E2
12 Hospedaje Jorgito ... D2
13 Hostal Amancay ... A3
14 Hostel del Glaciar Libertador ... E3
15 Hotel La Loma ... D3
16 Hotel Michelangelo ... C2
17 Hotel Posada Los Álamos ... B2
18 Las Cabañitas ... B4
19 Lautaro ... C2
20 Los Dos Pinos ... C1
21 Los Sauces Casa Patagonica ... A2
22 Newenkelen ... E1

Où se restaurer
23 Cambalache ... B2
24 Casimiro Biguá ... D3
25 El Cucharón ... C2
26 La Anónima ... D3
27 La Lechuza ... B3
28 La Tablita ... E3
29 Los Amigos ... A3
30 Mirabile ... B3
31 Viva la Pepa ... D3

Où prendre un verre
el ba'r ... (voir 5)
32 Librobar ... C3
33 Sholken ... A3

Où sortir
34 Don Diego de la Noche ... A3
35 La Tolderia ... C3

consacré à l'histoire de la Patagonie présente notamment un squelette moulé d'*Austroraptor Cabazaii*, un dinosaure retrouvé dans la région. Après la visite, allez donc prendre un maté avec l'hôte des lieux, charmant.

Circuits organisés

Une quarantaine d'agences de voyages proposent des excursions au glacier et vers d'autres sites touristiques des environs, notamment des gisements de fossiles, ainsi que des séjours dans des **estancias** où l'on peut faire de la randonnée, monter à cheval ou se détendre. Les tarifs pour le glacier Moreno (environ 150 ARS/pers) n'incluent pas l'entrée du parc. Renseignez-vous auprès des agences et d'autres voyageurs pour connaître les avantages des différentes formules, telles qu'étapes supplémentaires, guides multilingues, balades en bateau, prêt de jumelles. Pour les autres organisateurs d'excursions ou de balades en bateau, voir p. 480.

Caltur EXCURSIONS
(☎491368 ; www.caltur.com.ar ; Av Libertador 1080). Spécialiste des excursions à El Chaltén et des séjours avec hébergement.

Chaltén Travel EXCURSIONS
(☎492212/480 ; www.chaltentravel.com ; Av Libertador 1174). Recommandé pour les excursions au glacier, avec pauses pour observer

la faune et prêt de jumelles. Également spécialisé dans les excursions sur la RN 40. Délègue certains circuits à **Always Glaciers** (www.alwaysglaciers.com).

Overland Patagonia EXCURSIONS
(☎491243, 492243 ; www.glaciar.com). Bureaux dans l'Hostel del Glaciar Libertador et l'Hostel del Glaciar Pioneros ; organise l'"autre" excursion sur le glacier (230 ARS), qui combine randonnée et navigation sur le lac.

Calafate Fishing PÊCHE À LA MOUCHE
(☎496545 ; www.calafatefishing.com ; Av Libertador 1826 ; ⏲10h-19h lun-sam). Propose de belles sorties de pêche à la mouche sur le Lago Roca (demi-journée 690 ARS) et le Lago Strobbel, qui, selon la rumeur, abriterait la plus grosse truite arc-en-ciel au monde.

Où se loger

L'offre d'hébergement est importante, mais les bonnes adresses affichent souvent complet. La haute saison culmine en janvier et février, même si elle s'étend de mi-octobre à avril dans certains établissements. Les hôtels de luxe se multiplient – mais attention, tous n'offrent pas le même niveau de prestations. Hors saison, vous bénéficierez de tarifs considérablement moins élevés.

L'office du tourisme dispose d'une liste complète de *cabañas* et d'appartements, la solution idéale si vous voyagez en famille ou à plusieurs. La plupart des auberges de jeunesse pourront venir vous chercher à la gare routière.

♥ **Lautaro** PENSION $
(☎492698 ; www.hospedajelautaro.com.ar ; Espora 237 ; dort/d sans sdb 65/180 ARS, s/d/tr/qua 180/230/280/340 ; ⏲fermé juil ; @ wi-fi). Une pension accueillante et décontractée, où l'on sent le caractère enjoué des jeunes propriétaires, Dario et Belen. Installée dans le centre, elle abrite de jolies chambres rénovées dans des tons hardis. Les clients peuvent commander des paniers repas (avec pain frais), dîner sur place de spécialités maison d'une qualité supérieure à la plupart des restaurants de la ville, ou encore cuisiner eux-mêmes. Thé et café gratuits, et aide à la préparation du voyage.

Las Cabañitas BUNGALOWS $
(☎491118 ; www.lascabanitascalafate.com ; Valentín Feilberg 218 ; bungalow 2 pers 250 ARS, dort/d sans sdb 80/220 ARS ; ⏲fermé juil ; wi-fi). Un endroit tranquille composé de bungalows en forme de A, avec mezzanine accessible par un escalier en colimaçon. Débordant d'énergie, Gerardo, le nouveau propriétaire, prépare de fameux repas et ne ménage pas ses conseils. Il y a de quoi faire la cuisine et des barbecues.

I Keu Ken Hostel AUBERGE DE JEUNESSE $$
(☎495175 ; www.patagoniaikeuken.com.ar ; FM Pontoriero 171 ; dort/d/tr 80/360/400 ARS ; @ wi-fi). Les voyageurs apprécient cette pension insolite, son personnel serviable, son mouton domestique et sa bière artisanale. Il faut dire que les espaces communs et la terrasse sont agréables et les barbecues excellents (le mouton bénéficie d'une protection spéciale). Perchée sur une hauteur, l'auberge offre une belle vue – et un peu d'exercice. Les propriétaires vont prochainement ouvrir un deuxième établissement. Renseignez-vous.

Hostal Amancay AUBERGE $
(☎491113 ; www.hostalamancay.com ; Gobernador Gregorio 1457 ; s/d/tr 180/230/290 ARS ; wi-fi). Cette petite demeure à la façade en tôle cache un patio herbeux entouré de chambres de style motel, impeccables. Mine d'information sur le secteur, les propriétaires, Cecilia et Marcelo (qui est guide dans le parc), assurent un service chaleureux. Dans la salle du petit-déjeuner, vous pourrez vous servir du thé à tout moment et consulter les multiples livres, guides régionaux et cartes disponibles.

Hostel de las Manos AUBERGE DE JEUNESSE $
(☎492996 ; www.hosteldelasmanos.com.ar ; Feruglio 59 ; dort 65 ARS, d avec sdb 150 ARS ; @). Une auberge plaisante et immaculée, au calme de l'autre côté de la passerelle partant de 9 de Julio. La lumière pénètre à flots par l'immense baie vitrée de la façade. Dans la partie agrandie récemment, les chambres, immenses, arborent des équipements tout neufs et des couvre-lits aux couleurs vives.

Hostel del Glaciar Pioneros AUBERGE DE JEUNESSE $
(☎491243 ; www.glaciar.com ; Los Pioneros 251 ; dort/d 63/224 ARS ; ⏲nov-mars ; @). À un quart d'heure à pied du centre, cette immense maison rouge, l'une des plus anciennes auberges de la ville, vient d'être rénovée. C'est une adresse conviviale dotée d'espaces communs confortables, de petits dortoirs et d'un restaurant où l'on sert des plats maison.

Hostel del Glaciar Libertador AUBERGE DE JEUNESSE $$
(☎491792 ; www.glaciar.com ; Av Libertador 587 ; dort/d 76/375 ARS ; @). L'établissement vaut en particulier pour les dortoirs, avec lits équipés d'épaisses couvertures. La façade victorienne cache des installations modernes, notamment une cuisine au dernier étage, un système de chauffage au sol, des ordinateurs neufs et un vaste espace commun avec TV à écran plasma branchée en permanence sur les chaînes sportives.

America del Sur AUBERGE DE JEUNESSE $$
(☎493525 ; www.americahostel.com.ar ; Puerto Deseado 151 ; dort/d 80/420 ARS ; @). Ce lodge élégant avec vue est un rendez-vous de routards où l'animation bat son plein, avec notamment des soirées barbecue à volonté. Le service est un peu hautain.

Hotel La Loma AUBERGE $$
(☎491016 ; www.lalomahotel.com ; Av Roca 849 ; dort/s/d 80/390/430 ARS ; P❄@). Le mobilier colonial et le joli jardin de rocaille mettent en valeur cet hôtel de style ranch, où la chaine hi-fi à l'ancienne passe de l'opéra. Les couloirs au parquet grinçant, bourrés d'antiquités, mènent aux chambres, vastes et lumineuses. Le salon, avec cheminée, met à disposition quantité de livres.

Posada Karut Josh B&B $$
(☎496444 ; www.posadakarutjosh.com.ar ; Calle 12, n°1882, Barrio Bahía Redonda ; d/tr 310/380 ARS). Ce paisible B&B tenu par un couple italo-argentin abrite derrière sa façade en aluminium de grandes chambres lumineuses et un joli jardin avec vue sur le lac. On y déguste un petit-déjeuner copieux, ainsi que des repas (65 ARS) tout à fait corrects.

Miyazato Inn B&B $$
(☎491953 ; www.interpatagonia.com/miyazatoinn ; Egidio Feruglio 150, Las Chacras ; d 369 ARS ; P@). À 5 minutes à pied du centre, cette élégante maison d'hôtes a des allures d'auberge japonaise toute simple. Nous aimons en particulier le service attentif et le petit-déjeuner, avec *medialunas* (croissants) et douceurs diverses. Autre petit plus : lorsque l'on part en excursion, on emporte un thermos de thé ou de café.

Newenkelen PENSION $$
(☎493943 ; www.newenkelenposada.com.ar ; Puerto Deseado 223 ; d 310 ARS ; @ wi-fi). Perchée sur une hauteur surplombant la ville, cette bonne petite adresse propose 6 chambres impeccables avec murs de brique, vue sur la montagne et jolie literie.

Los Sauces Casa Patagónica HÔTEL DE LUXE $$$
(☎495854 ; www.casalossauces.com ; Los Gauchos 1352/1370 ; d à partir de 1 182 ARS ; @). Avec son restaurant primé, son spa, son parc méticuleusement entretenu peuplé d'oiseaux exotiques où le personnel circule à bord de voiturettes de golf, cet hôtel a tout de fastueux. Décliné en une succession de teintes monochromes, l'intérieur est magnifique, avec des lits haut de gamme, d'immenses TV à écran plat et des sdb en pierre avec Jacuzzi. Le système de réservation n'est guère commode.

Casa de los Grillos B&B $$
(☎491160 ; www.casadegrillos.com.ar ; Las Bandurrias s/n ; d/app 280/330 ARS). Un établissement bien tranquille avec des chambres proprettes et un service attentif. Le bungalow, derrière, est aménagé de neuf. Thé, café et eau de source sont disponibles à volonté, et le vaste *quincho* offre tout l'espace nécessaire pour préparer un repas ou se détendre.

Hotel Posada Los Álamos COMPLEXE HÔTELIER $$$
(☎491144 ; www.posadalosalamos.com ; Moyano 1355 ; s/d/ste 591/620/924 ARS ; @ wi-fi). Le premier complexe hôtelier de la ville pratique des tarifs plutôt raisonnables, au regard de ses installations : chambres de luxe, canapés ultra-moelleux, fabuleux jardins, courts de tennis, golf et spa. On en oublierait presque d'aller voir le glacier.

Hotel Michelangelo HÔTEL $$
(☎491045 ; www.michelangelohotel.com.ar ; Moyano 1020 ; s/d 420/480 ARS ; @). Fréquenté par les groupes en voyage organisé, cet hôtel à l'allure d'un chalet suisse, en centre-ville, a été récemment rénové. Il arbore un salon chic avec lumière tamisée et aménagements en pierre. Les chambres, hautes de plafond, sont parfaitement équipées et décorées de couleurs douces.

Hospedaje Jorgito PENSION $
(☎491323 ; Moyano 943 ; ch avec/sans sdb 80/65 ARS/pers). La charmante Señora Virginia a reçu plusieurs générations de voyageurs dans sa modeste demeure décorée de poupées Barbie anciennes, de napperons et de fleurs synthétiques. Ses chambres sont de dimensions variables, lumineuses et bien tenues. Les hôtes ont accès à la grande cuisine.

Calafate Hostel AUBERGE DE JEUNESSE $$
(☎492450/2 ; www.hostels.org.ar ; Moyano 1226 ; dort/s/d/tr 76/220/290/360 ARS ; @). Mieux adapté aux groupes, cet immense chalet en bois se révèle plus terne que ses concurrents. Outre des dortoirs confortables avec lits superposés, il propose des doubles soignées dans une nouvelle annexe.

Los Dos Pinos PENSION $
(☎491271/632 ; www.losdospinos.com ; 9 de Julio 358 ; empl 25 ARS/pers, dort/d/tr 50/280/350 ARS ;). Cet établissement labyrinthique affiche un large choix de chambres, correctes à défaut d'avoir du charme. Dortoirs mal isolés, sdb propre et cuisine.

Camping El Ovejero CAMPING $
(☎493422 ; José Pantín 64 ; empl 20 ARS). Des emplacements boisés bien entretenus mais un peu bruyants, gérés par le charmant Humberto. Douches impeccables, eau chaude 24h/24, tables privatives, électricité et barbecues. Près du cours d'eau, juste au nord du pont qui marque l'entrée de la ville. Les habitants recommandent le restaurant sur place, d'après eux l'un des meilleurs grills de la ville.

AMSA CAMPING $
(☎492247 ; Olavarria 65 ; empl 25 ARS/pers). Un camping calme et économique non loin du précédent, au sud du pont.

Où se restaurer

Si vous souhaitez pique-niquer, des petits commerces vendent du pain frais, des fromages fins, des pâtisseries et du vin dans les rues perpendiculaires à l'Av Libertador. Pour des plats à emporter et des produits d'épicerie bon marché, direction **La Anónima** (angle Av Libertador et Perito Moreno).

Pura Vida ARGENTIN $$
(☎493356 ; Av Libertador 1876 ; plats 40-70 ARS ; ⊙dîner jeu-mar ;). Réservation impérative dans ce restaurant aux lumières tamisées qui met à l'honneur la cuisine familiale argentine. Nullement blasés par des années de succès, les propriétaires continuent d'officier en salle et en cuisine. Ne manquez pas la tourte au poulet épicé, si moelleuse, et le sublime brownie au chocolat avec coulis de fruits rouges tiède et boule de glace. Les végétariens se régaleront de riz brun, légumes au wok et salades.

La Tablita PARRILLA $$
(Coronel Rosales 24 ; plats 40-80 ARS ; ⊙déj jeu-mar, dîner tlj). Steak de bœuf et agneau cuit à la broche tiennent la vedette dans cette *parrilla* très appréciée – à juste titre. Les appétits moyens se contenteront d'un demi-steak, accompagné d'un bon malbec et d'une salade fraîche ou de frites à l'ail.

El Cucharón ARGENTIN $$$
(9 de Julio 145 ; plats 40-84 ARS ; ⊙déj et dîner). Cette table raffinée relativement méconnue se cache dans un espace réduit à quelques pâtés de maisons de la rue principale. C'est l'endroit tout indiqué pour découvrir la *cazuela de cordero*, un classique de la région. La truite sauce citron garnie de légumes grillés s'avère également succulente.

Viva la Pepa CAFÉ $$
(Amado 833 ; plats 45 ARS ; ⊙10h-minuit ven-mer). Décoré de dessins d'enfants, ce chaleureux café a pour spécialité les crêpes, mais il prépare aussi de délicieux sandwichs au pain maison (goûtez le poulet-pomme-bleu), des jus de fruits frais et des gourdes de maté. Les prix sont un peu élevés.

Casimiro Biguá ARGENTIN $$$
(www.casimirobigua.com ; Av Libertador 963 ; plats 48-92 ARS ; ⊙11h-1h). Cette élégante *vinoteca* (bar à vins) au décor cuivré mérite une mention spéciale pour son personnel dynamique et sa carte des vins exceptionnelle comprenant quelque 180 crus argentins. Le chef mitonne des plats merveilleux : pâtes maison, risotto, ragoût d'agneau, truites et steaks grillés. Deux nouvelles enseignes, une trattoria et une *parrilla*, ont ouvert dans les parages pour contenter la clientèle.

Los Amigos POISSON $$
(Ernesto Leman 40 ; plats 40-80 ARS ; ⊙déj et dîner). Un vrai restaurant de quartier, tenu par un Uruguayen très sympathique. Il sert des spécialités de poisson, mais aussi des plats argentins classiques accompagnés de petits à-côtés appréciables (par exemple des aubergines et poivrons marinés à savourer sur un morceau de pain pour patienter).

Mirabile ITALIEN $$
(Av Libertador 1329 ; plats 40-60 ARS ; ⊙11h-15h, 19h-23h mar-dim). Les habitants plébiscitent ce restaurant sans ostentation et sa cuisine maison – raviolis à la courge, *sorrentinos* d'agneau et crabe royal accompagné de *panzotti*.

Cambalache CAFÉ $
(www.cambalacherestobar.com.ar ; Moyano 1258 ; plats 35 AS ; ⌚12h-minuit). Cette joyeuse maison à la façade en tôle est un lieu de rendez-vous des voyageurs, qui apprécient le vin à prix doux et la cuisine régionale (steaks, ragoût d'agneau...), correcte, sans plus.

La Lechuza PIZZERIA $$
(www.lalechuzapizzas.com.ar ; angle Av Libertador et 1 de Mayo ; pizzas 38-55 ARS ; ⌚fermé dim). Carte classique d'*empanadas*, salades et pizzas (essayez la chèvre-olive), à arroser d'une bière brassée localement.

Où prendre un verre

Sholken BRASSERIE
(Av Libertador 1630 ; plats 40 ARS ; ⌚20h-2h). Cette brasserie chaleureuse vient à point nommé après une journée dans le vent et sous le soleil. La bière est brassée sur place et l'on voit sortir de la minuscule cuisine des plateaux chargés de viande, de fromage et d'*empanadas* au bœuf épicé. Les végétariens se délecteront de la salade d'endives au bleu et aux noix, assaisonnée d'une sauce aux fruits de la passion.

Librobar PUB
(☎491464 ; Av Libertador 1015 ; ⌚10h-3h, fermé mar ; 📶). Ce bar-librairie à la mode sert café, bière en bouteille et cocktails (chers). Atmosphère cosy, agréable pour passer un moment à feuilleter de beaux livres de photos.

el ba'r CAFÉ
(9 de Julio s/n ; plats 30 ARS ; ⌚petit-déj et déj). Ce café branché aménagé autour d'un patio est idéal pour déguster un expresso, des *submarinos* (lait chaud avec une barre de chocolat fondue), du thé vert ou des sandwichs.

Où sortir

La Toldería CLUB
(☎491443 ; www.facebook.com/LaTolderia ; Av Libertador 1177). La minuscule devanture cache un club avec spectacle et piste de danse le soir. Sans doute la meilleure option si vous êtes d'humeur à faire la fête.

Don Diego de la Noche MUSIQUE LIVE
(Av Libertador 1603 ; ⌚jusqu'à 5h). Cette institution de longue date fait restaurant et salle de spectacles, avec des concerts de tango, guitare et *folklórico* (musique folklorique argentine).

Renseignements

Agences de voyages

La plupart organisent des excursions dans les environs exclusivement, et ne seront d'aucune aide pour les autres régions.

Tiempo Libre (☎491207 ; www.tiempolibreviajes.com.ar ; 25 de Mayo 43). Peut réserver des vols.

Argent

Effectuez vos retraits avant la ruée du week-end ; il n'est pas rare que les DAB soient à court le dimanche. Si vous continuez vers El Chaltén, c'est une bonne idée de retirer un peu plus d'espèces ici.

Banco Santa Cruz (Av Libertador 1285). DAB et change de chèques de voyage.

Thaler Cambio (Av Libertador 963 ; ⌚10h-13h lun-ven, 17h30-19h30 sam-dim). Change très désavantageux pour les chèques de voyage, mais ouvert le week-end.

Offices du tourisme

ACA (Automóvil Club Argentino ; ☎491004 ; angle 1 de Mayo et Av Roca). Automobile-club argentin ; bonne cartes routières de la province.

Office du tourisme municipal (☎491090/466 ; www.elcalafate.gov.ar ; angle Rosales et Av Libertador ; ⌚8h-20h). Service plutôt apathique. Il existe aussi un kiosque à la gare routière. Personnel anglophone dans les deux cas.

Bureau du Parque Nacional Los Glaciares (☎491005/755 ; www.parquesnacionales.gov.ar ; Av Libertador 1302 ; ⌚8h-19h lun-ven, 10h-20h sam-dim). Brochures et carte correcte du parc. Mieux vaut se renseigner ici qu'au parc lui-même.

Poste

Poste (Av Libertador 1133)

Services médicaux

Hôpital municipal Dr José Formenti (☎491001 ; Av Roca 1487)

Depuis/vers El Calafate

Avion

Le moderne **Aeropuerto El Calafate** se situe à 23 km à l'est de la ville par la RP 11. Taxe de départ de 38 $US.

Aerolíneas Argentinas (☎492814/16 ; Av del Libertador 1361) assure une liaison quotidienne avec Bariloche ou Esquel (1 414 ARS), Ushuaia (692 ARS), Trelew (1 633 ARS) et les deux aéroports de Buenos Aires, Aeroparque et Ezeiza (1 173 ARS).

LADE (☎491262 ; gare routière) propose quelques vols hebdomadaires vers Río Gallegos

(260 ARS), Comodoro Rivadavia (408 ARS), Ushuaia (641 ARS) et Buenos Aires (891 ARS). **Lan** (☎495-548 ; 9 de Julio 57) relie Ushuaia 1 fois par semaine (aller-retour 2 465 ARS).

Bus

Pour arriver à la **gare routière** (Av Roca s/n), vous devrez emprunter l'escalier qui part de l'angle de l'Av Libertador et de 9 de Julio et mène en haut de la colline. Mieux vaut réserver pour être sûr d'avoir de la place durant la haute saison.

Il y a quatre bus par jour pour Río Gallegos ; renseignez-vous auprès de **Taqsa** (☎491843) et **Sportman** (☎492680). Pour attraper la correspondance pour Ushuaia, il vous faudra probablement partir d'El Calafate au milieu de la nuit.

El Chaltén est desservi trois fois par jour (8h, 14h et 18h), par **Caltur** (☎491368 ; www.caltur.com.ar ; Av Libertador 1080) ou **Chaltén Travel** (☎492212/480 ; www.chaltentravel.com ; Av Libertador 1174). En été les deux compagnies assurent également la desserte de Bariloche (700 ARS) par la RN 40 (voir p. 442).

Cootra (☎491444) et **Turismo Zahhj** (☎491631) desservent Puerto Natales (départs tlj à 8h et 8h30). Le passage de frontière s'effectue au Cerro Castillo, où l'on peut éventuellement trouver un moyen de rejoindre les Torres del Paine.

Comment circuler

La navette de l'aéroport **Ves Patagonia** (☎494355 ; www.vespatagonia.com) assure un service porte à porte (aller simple/aller-retour 33/58 ARS). Il existe plusieurs agences de location de voitures dans l'aéroport. **Localiza** (☎491398 ; www.localiza.com.ar ; Av Libertador 687) et **Servi Car** (☎492541 ; Av Libertador 695) ont pour leur part un bureau en centre-ville.

Pour se faire une idée des environs et circuler sur les routes de terre qui bordent le lac, le mieux est de louer un **vélo**, par exemple à l'Albergue Lago Argentino.

BUS AU DÉPART D'EL CALAFATE

DESTINATION	TARIF (ARS)	DURÉE (HEURES)
El Chaltén	75	3 heures 30
Bariloche	650-700	31
Puerto Natales (Chili)	102	5
Río Gallegos	94-108	4

Environs d'El Calafate

En quittant El Calafate, la RN 40 – goudronnée – traverse de vastes étendues de steppe pendant 95 km vers le sud-est jusqu'à rejoindre **El Cerrito**, où la route se transforme en piste de gravier. En poursuivant sur le bitume de la RP 5, un trajet long et ennuyeux de 5 heures et 224 km mène à **Río Gallegos**, au sud-est. À mi-chemin, au Km 146 de la RP 5, se trouve l'**Hotel La Esperanza** (☎02902-499200 ; 100 ARS/pers ; ⊙toute l'année) et un restaurant de station-service, où le service est rapide et amical. Si vous comptez y passer la nuit, demandez à le faire dans la nouvelle annexe. De là, la route goudronnée RP 7 rejoint la RN 40 pour gagner la frontière chilienne de Cerro Castillo-Cancha Carrera, le Parque Nacional Torres del Paine et Puerto Natales.

Parque Nacional Los Glaciares (zone sud)

Le point d'orgue du **Parque Nacional Los Glaciares** (tarif plein/étudiant 100/15 ARS) est incontestablement l'époustouflant **Glaciar Perito Moreno**, l'un des champs de glace les plus mobiles et les plus accessibles de la planète. Il mesure 30 km de long, 5 km de large et 60 m de haut, mais c'est sa constante avancée qui le rend véritablement exceptionnel. Parcourant jusqu'à 2 m par jour, il a créé des icebergs de la taille de tours d'immeubles à sa surface. L'observation de ce glacier est une activité sédentaire mais néanmoins fascinante.

Profitant d'une percée dans le massif andin, les orages en provenance du Pacifique déversent leurs pluies à l'est de la barrière montagneuse, où l'eau s'accumule en neige. Comprimée par son propre poids pendant des milliers d'années, la neige s'est transformée en glace, donnant naissance au glacier qui a commencé à se déplacer lentement en direction de l'est. Le bassin du **Lago Argentino** (la plus grande étendue d'eau d'Argentine) atteste, avec ses 1 600 km², de ce que les glaciers occupaient jadis beaucoup plus d'espace.

Alors que la plupart des glaciers dans le monde reculent, le Glaciar Moreno est considéré comme "stable". Son avancée a obstrué le Brazo Rico ("bras riche") du Lago Argentino à dix-sept reprises entre 1917 et 2006. Le niveau de l'eau s'est ainsi élevé. Il arrive

Parque Nacional Los Glaciares (zone sud) et environs d'El Calafate

souvent que la glace en train de fondre à la base du glacier ne supporte plus la pression de l'eau. Ce barrage naturel se rompt alors en une explosion de glace et d'eau. Assister à un tel phénomène est inoubliable.

Le spectacle d'immenses icebergs qui se disloquent et s'effondrent dans le **Canal de los Témpanos** (canal des Icebergs) est tout autant visuel qu'auditif. Ce site naturel et touristique de la Península de Magallanes est suffisamment proche pour garantir une vue spectaculaire et distant pour se prémunir de tout danger. Une série de passerelles métalliques (4 000 m au total) et de points de vue permettent aux visiteurs d'observer, d'entendre et de photographier le glacier. On se trouve face au soleil le matin, et le glacier change d'aspect tout au long de la journée, au fur et à mesure des variations de la lumière et des ombres.

Une navette gratuite relie le parking aux passerelles. Par mauvais temps, on peut observer le glacier derrière les baies vitrées d'un *refugio*, où il y a un snack-bar et un restaurant, le Nativos, qui sert cappuccinos et sandwichs. Si vous venez avec votre pique-nique, emportez ensuite vos détritus car leur ramassage est aussi difficile que coûteux.

Le tarif étudiant est appliqué sur présentation d'une carte. El Calafate est la principale ville donnant accès à la zone sud du parc. Elle s'étend à 80 km à l'est du glacier par la route. C'est là que se tiennent les bureaux des tour-opérateurs organisant les excursions et activités mentionnées dans cette rubrique.

Activités

GLACIAR PERITO MORENO

En dehors d'une courte promenade qui part du débarcadère et longe le bord de l'eau avant de monter à la plateforme d'observation, aucun sentier n'est accessible dans ce secteur du parc à moins de prendre un bateau. Ces excursions nautiques permettent de ressentir toute la puissance du glacier, même si les embarcations se tiennent à distance raisonnable. Elles ne comprennent pas le transfert jusqu'au parc (entre 50 et 80 ARS l'aller-retour) ni le droit d'entrée.

Hielo y Aventura RANDONNÉE GLACIAIRE, CROISIÈRES
(carte p. 472 ; ☎02902-492094/205 ; www.hieloyaventura.com ; Av Libertador 935, El Calafate). Le classique Safari Náutico (70 ARS, 1 heure) emmène les visiteurs sur le Brazo Rico, le Lago Argentino et la rive sud du Canal de los Témpanos. Les catamarans embarquent jusqu'à 130 passagers et appareillent de Puerto Bajo de las Sombras toutes les heures entre 10h30 et 16h30. Les jours d'affluence, achetez votre billet à l'avance pour les bateaux de l'après-midi. Prévoyez des vêtements imperméables pour éviter d'être mouillé et transi sur le pont, car il neige souvent aux abords du glacier.

Pour une randonnée glaciaire, vous avez le choix entre le Minitrekking (540 ARS, moins de 2 heures sur le glacier) et le Big Ice (770 ARS, 4 heures sur le glacier), plus long et plus difficile. Les deux excursions comprennent un court trajet en bateau depuis Puerto Bajo de las Sombras, une marche dans une forêt de lengas, un exposé sur la glaciologie et la randonnée sur le glacier, avec des crampons. Les enfants de moins de huit ans ne sont pas acceptés. Inscrivez-vous à l'avance et prenez de quoi manger.

GLACIAR UPSALA ET LAGO ONELLI

Le glacier Upsala – 595 km², 60 km de long et jusqu'à 4 km de large – apparaît d'autant plus monumental qu'on le voit au milieu des formes étranges et gracieuses des icebergs voisins. On ne peut malheureusement l'admirer qu'en compagnie de 300 autres touristes entassés sur le pont d'un énorme catamaran.

Situé sur un prolongement du Brazo Norte ("bras nord") du Lago Argentino, le glacier est accessible en bateau depuis Puerto Bandera, à 45 km à l'ouest d'El Calafate (RP 11, puis RP 8). Le transfert en bus depuis El Calafate (50 ARS environ) n'est pas compris dans le prix de la croisière.

Solo Patagonia S.A. CROISIÈRES
(carte p. 472 ; ☎02902-491115 ; www.solopatagonia.com ; Av Libertador 867, El Calafate). Au départ de Punta Bandera, la croisière Todos Glaciares (450 ARS) permet de découvrir les glaciers Upsala, Spegazzini et Moreno. Si les icebergs le veulent bien, on peut débarquer à la Bahía Onelli et aller à pied (500 m) jusqu'au **Lago Onelli**, émaillé d'icebergs, où les glaciers Onelli et Agassiz se rejoignent. Río de Hielo, autre croisière d'une journée, comprend les glaciers Upsala et Spegazzini (295 ARS). Les repas sont chers, mais on peut apporter son pique-nique.

Mar Patag CROISIÈRES DE LUXE
(carte p. 472 ; ☎02902-492118 ; www.crucerosmarpatag.com ; 9 de Julio 57, local 4, El Calafate ; croisière d'une journée 1 034 ARS). Des croisières de luxe avec repas gastronomiques à bord. Celle d'une journée, au départ du port privé de La Soledad, comprend les glaciers Upsala et Spegazzini. Celle de trois jours permet de découvrir aussi les glaciers Mayo et Moreno.

LAGO ROCA

Montagnes et forêts au bord de l'eau composent le paysage serein du bras sud du Lago Argentino, qui se prête merveilleusement à la randonnée et au camping. Côté hébergement, cette partie du parc, peu fréquentée, offre des solutions en estancia. Aucun droit d'entrée n'est perçu. Pour le transport, prenez contact avec Caltur.

Cerro Cristal RANDONNÉE
Une randonnée de 3 heures 30, difficile mais gratifiante car on bénéficie lorsque le temps est dégagé d'un beau point de vue sur le Glaciar Moreno et les Torres del Paine. Le sentier part du camp de La Jerónima, avant l'entrée du Camping Lago Roca, à 55 km au sud-ouest d'El Calafate (RP 15).

Cabalgatas del Glaciar ÉQUITATION
(☎495447 ; www.cabalgatasdelglaciar.com). Ces randonnées à cheval ou à pied d'un ou plusieurs jours jusqu'au Lago Rocas et au Paso Zamora, à la frontière chilienne, permettent de contempler les glaciers. Possibilité de passer par Caltur (p. 473).

Leutz Turismo ÉQUITATION
(carte p. 472 ; ☎02902-492316 ; www.leutzturismo.com.ar ; EP Gómez 112, El Calafate). Excursion d'une journée à l'Estancia Nibepo Aike (155 ARS), au départ d'El Calafate. La visite du matin ou de l'après-midi comprend un thé, du maté et des pâtisseries fraîches, ainsi qu'une démonstration de tonte des moutons et une heure d'équitation.

Où se loger et se restaurer

Camping Lago Roca CAMPING $
(☎02902-499500 ; www.losglaciares.com/campinglagoroca ; 44 ARS/pers, dort en bungalow

INITIATION À LA GLACIOLOGIE

Admirables rivières de glace aux contours en perpétuel changement, les glaciers ont quelque chose de magique. Pour ceux qui auraient oublié leur manuel de géologie, voici un petit résumé.

Le “cœur” du glacier est constitué par la “zone d'accumulation”. C'est là que la neige tombe, se comprime et se transforme en glace. Sous l'effet du poids, le glacier glisse peu à peu vers l'aval. Au cours du glissement, la glace commence à fondre à la base, se mélangeant au passage avec de la terre et des pierres. Il se forme ainsi une sorte de lubrifiant naturel qui permet au glacier de continuer son avancée. Les déplacements successifs provoquent des fissures et des déformations dans la glace, les crevasses. Dans le même temps, les débris de rochers sont repoussés de chaque côté du glacier, formant des moraines. À l'opposé de la zone d'accumulation, où le glacier se remplit, la “zone d'ablation” désigne le lieu, à la base, où la glace fond. Si la neige tombe davantage dans la zone d'accumulation qu'elle ne fond (ou ne s'évapore) dans la zone d'ablation, le glacier avance. Dans le cas contraire, il recule.

D'où vient la couleur bleue des glaciers ? Lorsque la glace n'est pas compactée, il se forme des bulles d'air dans lesquelles s'infiltrent les rayons de grande longueur d'onde de la lumière blanche. C'est pourquoi ces zones nous paraissent blanches. Lorsque la glace est comprimée sous l'effet de son poids, seule la lumière bleue (rayons de courte longueur d'onde) peut s'infiltrer. Plus la glace est compacte, plus le chemin à parcourir par la lumière est long, et plus la glace paraît bleue. Lorsque le glacier fond et que des icebergs se détachent, ils entraînent dans leur chute de la “farine glaciaire” (sorte d'argile) provenant de l'érosion du lit du glacier. C'est ce qui donne aux lacs une couleur grise un peu laiteuse. Parfois, les sédiments ne se déposent pas au fond du lac et diffractent la lumière du soleil. La couleur de l'eau prend alors d'étonnantes nuances turquoise, azur ou bleu pâle, caractéristiques de ces paysages de glace comme sortis d'un autre monde.

2/4 pers 190/290 ARS). Situé à quelques kilomètres au-delà du camp de La Jerónima, ce camping tout équipé, avec bar-restaurant, constitue une base très commode pour explorer les environs. Ses dortoirs propres aux murs en ciment peuvent éventuellement offrir plus de confort que le camping, et les sentiers de randonnée abondent alentour. Le centre propose du matériel de pêche et des vélos à louer, ainsi que des promenades équestres à l'estancia voisine.

Hostería Estancia Helsingfors ESTANCIA $$$
(☎tél. sat. 11-52770195 ; www.helsingfors.com.ar ; pension complète 1 287 ARS/pers ; ⏲oct-avr). La situation spectaculaire de cet établissement de luxe réputé, qui lorgne sur le Cerro Fitz Roy depuis la rive sud du Lago Viedma, enchante souvent au premier regard. Intime et accueillant, l'ancien ranch de pionniers finlandais cultive une ambiance informelle. Les résidents peuvent participer à des randonnées en montagne pittoresques mais exigeantes, à des promenades et à des visites du Glaciar Viedma. À 170 km d'El Chaltén et 180 km d'El Calafate.

Estancia Cristina ESTANCIA $$$
(☎02902-491-133, à Buenos Aires 011-4803-7352 ; www.estanciacristina.com ; s/d pension complète, activités comprises 2 553/4 220 ARS ; ⏲oct-avr). Des habitants bien informés nous ont dit que cette estancia proposait les meilleurs treks de la région. Les bungalows modernes et lumineux bénéficient d'une large vue. La visite du domaine comprend des activités avec guide et l'excursion en bateau jusqu'au Glaciar Upsala. Située à la Punta Bandera, à l'extrémité du bras septentrional du Lago Argentino, l'estancia est accessible en bateau.

Ecocamp Patagonia CAMPING $$$
(☎11-5199-0401 ; www.ecocamp-patagonia.com ; formule 3 jours-2 nuits 3 904 ARS/pers). Un séjour nature comprenant randonnées, marches sur le glacier et nuits dans des tentes de luxe équipées de lits confortables, avec douche chaude et repas inclus (pique-nique lors des excursions). Les transferts sont compris.

Estancia Nibepo Aike ESTANCIA $$$
(☎02902-492797, à Buenos Aires 011-5272-0341 ; www.nibepoaike.com.ar ; RP 15, Km 60 ; s/d

pension complète 844/1 688 ARS ; ⏲oct-avr). Cet élevage de moutons et de bovins en activité dispense les prestations habituelles des estancias. En plus des balades à cheval, les hôtes ont la possibilité d'explorer les environs à vélo.

Depuis/vers le Parque Nacional Los Glaciares (zone sud)

Le glacier Perito Moreno se trouve à 80 km à l'ouest d'El Calafate par la RP 11, route goudronnée qui traverse de somptueux paysages autour du Lago Argentino. Les excursions en bus (110 ARS aller-retour, 80 ARS pour le transport uniquement) sont fréquentes en été. Reportez-vous à la p. 473, ou repérez les offres sur l'Av Libertador à El Calafate. Les bus partent d'El Calafate en début de matinée ou d'après-midi, et reviennent vers midi ou 19h.

PATAGONIE CHILIENNE

L'autre façade des Andes se caractérise par des paysages marins sauvages bordés de pics glacés, les imposants massifs des Torres del Paine et la steppe désolée. Si vous êtes arrivé jusqu'ici, cela vaut vraiment la peine de franchir la frontière. La Patagonie chilienne englobe les régions d'Aisén et de Magellan, séparées par le champ de glace continental. La présente section traite les villes de Punta Arenas et de Puerto Natales, ainsi que le Parque Nacional Torres del Paine. Pour en savoir davantage sur le pays, reportez-vous au guide Lonely Planet *Chili et île de Pâques*.

Pour entrer au Chili, vous n'avez pas besoin de visa. Vous obtiendrez à la douane une carte de touriste valable 90 jours et renouvelable pour 90 jours de plus. Ce document est important, gardez-le précieusement. À noter que, tout comme leurs voisins américains, les citoyens canadiens doivent s'acquitter d'une taxe d'entrée de 132 $US.

Les voyageurs sensibles aux variations de température feront vite la différence après avoir quitté l'Argentine : dans les espaces publics et les hébergements les moins chers, le chauffage central est rare. Mieux vaut s'habiller chaudement à l'intérieur.

Les dollars américains ne sont pas toujours acceptés facilement au Chili. Dans cette rubrique, les prix sont indiqués en pesos chiliens (CLP ; 100 CLP = 0,16 €).

Punta Arenas

☎61 / 130 200 HABITANTS

Punta Arenas jouit d'une ambiance particulière, et regroupe un bel ensemble de demeures datant du boom du commerce lainier. Elle tire actuellement parti d'une industrie pétrochimique en plein essor et d'un port dynamique. Avec ses bonnes infrastructures touristiques, c'est l'étape la mieux indiquée pour explorer la région isolée de Magallanes ("Magellan"). Les passagers en croisière et les randonneurs commencent à remplacer les explorateurs, les chasseurs de phoques et les marins d'antan dans les bars.

À sa fondation en 1848, Punta Arenas fut utilisée comme base militaire et établissement pénitencier. Elle occupait une position stratégique pour les bateaux partant vers une haute Californie en pleine ruée vers l'or. L'économie décolla au cours du dernier quart du XIXe siècle, lorsque le gouverneur autorisa l'achat de 300 moutons de pure race aux îles Malouines. Après cette expérience, les investisseurs se multiplièrent et presque deux millions d'animaux gambadaient dans la région à l'orée du XXe siècle.

À voir et à faire

Museo Regional Braun-Menéndez MUSÉE
(☎244216 ; Magallanes 949 ; 1 500 CLP, gratuit dim ; ⏲10h30-17h lun-sam, 10h30-14h dim en été, 10h30-14h tlj en hiver). Cette riche demeure témoigne du faste et de la puissance des éleveurs de moutons établis à la fin du XIXe siècle. L'intérieur, très bien conservé, se divise en deux parties : un musée d'histoire régionale (demandez la brochure en anglais, si vous ne parlez pas espagnol) et de magnifiques collections familiales d'Art nouveau français, avec notamment des sols incrustés de marqueterie et des vases chinois.

Au niveau inférieur, un café est aménagé dans les anciens quartiers des domestiques. Très agréable pour siroter un *pisco sour*.

Plaza Muñoz Gamero PLACE
La place centrale est plantée de magnifiques conifères et flanquée de riches demeures. Sur le côté nord, la Casa Braun-Menéndez abrite le **Club de la Unión** (☎241489 ; 1 000 CLP ; ⏲10h30-13h et 17h-20h30 mar-ven, 10h30-13h et 20h-22h sam, 11h-14h dim), un club privé qui utilise également la taverne du niveau inférieur (ouverte au public). Le proche

monument, qui commémore le 400e anniversaire de l'expédition de Magellan, fut offert par le magnat de l'industrie de la laine, José Menéndez, en 1920. Juste à l'est, l'ancienne **Sociedad Menéndez Behety** abrite désormais les bureaux de Turismo Comapa. La **cathédrale** se trouve à l'ouest.

Reserva Forestal Magallanes RÉSERVE
(⌚aube-crépuscule). À 8 km de la ville, une forêt dense de lengas et de coihues où l'on peut marcher et faire du VTT.

Cementerio Municipal CIMETIÈRE
(entrée principale Av Bulnes 949 ; ⌚7h30-20h). Ce cimetière, l'un des plus fascinants d'Amérique du Sud, renferme aussi bien de modestes sépultures d'immigrants que des tombes somptueuses, comme celle du magnat de la laine José Menéndez, réplique à l'échelle du monument à Vittorio Emanuele à Rome, selon Bruce Chatwin. Consultez le plan à l'entrée principale.

Une marche facile de 15 minutes mène au cimetière, au nord-est de la place. Vous pouvez aussi prendre un *colectivo* (taxi collectif avec un trajet fixe) en face du Museo Regional Braun-Menéndez, dans Magallanes.

Museo Naval y Marítimo MUSÉE
(☎205479 ; Pedro Montt 981 ; adulte/enfant 1 200/600 CLP ; ⌚9h30-12h30 et 14h-17h mar-sam). Un musée naval et maritime à vocation historique, avec notamment le récit passionnant de la mission chilienne qui secourut l'équipage de sir Ernest Shackleton lors d'une expédition en Antarctique. L'élément le plus original du musée est une réplique de navire, pont, cartes marines et salle radio inclus.

Museo Regional Salesiano MUSÉE
(☎221001 ; Av Bulnes 336 ; 2 000 CLP ; ⌚10h-12h30 et 15h-18h mar-dim). Les membres de l'ordre des salésiens ont joué un rôle important dans le développement de la région et ont amassé une collection impressionnante d'objets ethnographiques. Ce musée insiste sur le rôle de ces missionnaires comme garants de la paix entre Indiens et colons.

Circuits organisés

Comptez à partir de 15 000 CLP pour une excursion à la *pingüinera* de **Seno Otway** (colonie de manchots ; p. 489), à 48 km au nord. Les départs ont lieu tous les jours à 16h entre octobre et mars.

Les excursions à **Fuerte Bulnes** et **Puerto Hambre** (1 000 ARS), les premiers établissements humains sur le site de la ville, partent à 10h. Ces deux circuits s'effectuent en une journée. Il peut être judicieux de louer une voiture à plusieurs et de se rendre sur les sites à des horaires différents de ceux des groupes organisés. La plupart des hôtels vous aideront à mettre sur pied vos excursions, quand ils n'en proposent pas eux-mêmes.

De nombreux circuits au Torres del Paine sont proposés depuis Punta Arenas, mais il est préférable, compte tenu de la distance, d'organiser son circuit au départ de Puerto Natales.

Si vous avez le temps, les extraordinaires colonies de manchots du **Monumento Natural Los Pingüinos** (p. 489), sur l'Isla Magdalena, constituent une expérience plus authentique que Seno Otway. Les excursions en bateau de cinq heures (adulte/enfant 25 000/13 000 CLP) s'arrêtent une heure sur l'île. Les départs ont lieu du port le mardi, le jeudi et le samedi, de décembre à février. Faites-vous confirmer les horaires à l'avance. Réservez vos billets via **Turismo Comapa** (☎200200 ; www.comapa.com ; Magallanes 990) et prévoyez votre pique-nique.

Des circuits couvrent également d'autres destinations, dont le Parque Nacional Pali Aike.

Quelques agences recommandées :

Frieda Lange & Co CIRCUITS
(☎613991 ; www.friedalange.com ; Errazurriz 950 ; ⌚8h-18h). Cette agence recommandée propose un parcours original dans la ville et des sorties à Fuerte Bulnes, avec des guides parlant anglais.

Turismo Aonikenk EXCURSIONS
(☎228332 ; www.aonikenk.com ; Magallanes 619). Guides francophones, anglophones et germanophones de bonne réputation. Propose des treks jusqu'au Cabo Froward, des visites de la colonie de manchots royaux de la Terre de Feu ainsi que des expéditions moins coûteuses, destinées à des personnes expérimentées. C'est également ici qu'il faut s'adresser pour tout renseignement sur l'Estancia Yendegaia.

Inhóspita Patagonia RANDONNÉE
(☎224510 ; Lautaro Navarro 1013). Organise des randonnées au Cabo Froward, le point le plus méridional du continent sud-américain.

Punta Arenas

Turismo Pali Aike EXCURSIONS
(☎223301 ; www.turismopaliaike.com ; Lautaro Navarro 1129)

Turismo Pehoé EXCURSIONS
(☎241373 ; www.pehoe.com ; José Menéndez 918)

Turismo Yamana KAYAK
(☎221130 ; www.yamana.cl ; Errázuriz 932). Circuits en kayak dans le détroit de Magellan.

Où se loger

Il y a pléthore d'hôtels à Punta Arenas, port-escale sur le circuit des navires de croisière. La TVA (18%) n'est pas facturée aux étrangers s'ils paient en $US (espèces ou chèques de voyage) ou par carte de crédit. Les prix baissent sérieusement hors saison (mi-avril à mi-octobre). Les tarifs mentionnés comprennent le petit-déjeuner.

♥ **Ilaia Hotel** HÔTEL DESIGN $$
(☎723100 ; www.ilaia.cl ; Ignacio Carrera Pinto 351 ; d/tr 60 000/65 000 CLP). Un hôtel design avec un petit côté ludique (d'espiègles messages ne se lisent que sur un miroir), et tenu avec une gentillesse toute familiale. Les chambres sont simples et chics et il y a un splendide

Punta Arenas

Incontournable
Museo Regional Braun-Menéndez C4

À voir
1 Cathedral B4
2 Club de la Unión C4
3 Monument to Magellan C4
4 Museo Naval y Marítimo D4
5 Museo Regional Salesiano B1
Sociedad Menéndez Behety .... (voir 9)

Activités
6 Frieda Lange & Co D5
7 Inhóspita Patagonia C4
8 Turismo Aonikenk C2
9 Turismo Comapa C4
10 Turismo Pali Aike C4
11 Turismo Pehoé D3
12 Turismo Yamana D5

Où se loger
13 Al Fin del Mundo D4
14 El Conventillo D4
15 Hospedaje Magellanes C2
16 Hostal Fitz Roy C3
17 Hostal La Estancia D3
18 Hostal Terrasur D3
19 Hotel Cabo de Hornos C4
20 Hotel Dreams del Estrecho D5
21 Hotel Plaza C5
22 Ilaia Hotel A3

Où se restaurer
23 Café Almacen Tapiz D4
24 Damiana Elena C1
25 Fuente Hamburg C5
26 La Marmita C2
27 Secreto de la Patagonia D1
28 Sotito's D5

Où prendre un verre
29 Jekus D4
La Taberna .... (voir 2)

Où sortir
30 Cine Estrella C2
31 Kamikaze C2

belvédère d'où l'on contemple le détroit derrière des baies vitrées. Avant même l'achèvement des travaux du studio spécifique, on peut participer à une séance de yoga. Au petit-déjeuner, on se régale sainement de pain *chapati*, confiture maison, avocat et yaourt, entre autres. Le tout sans télévision.

Tragaluz B&B B&B **$$**
(☎613938 ; www.tragaluzpatagonia.cl ; Mejicana 1194 ; s/d/tr 35 000/40 000/48 000 CLP, app 50 000 CLP ; @ wi-fi). Familiale et accueillante, cette demeure à la façade en aluminium est tenue par Dan et Lorena, un couple américano-chilien très sympathique et de très bon conseil pour les excursions. Les chambres offrent un confort classique, et les sdb sont équipées de jolis miroirs en mosaïque et de porte-serviettes chauffants. Sur la table du petit-déjeuner, on trouve un excellent café, des fruits et d'autres délices – œufs brouillés aux légumes, gaufres maison avec du sirop de palme... Un Jacuzzi était en construction lors de notre passage.

Imago Mundi AUBERGE DE JEUNESSE **$**
(☎613115 ; www.imagomundipatagonia.cl ; Mejicana 252 ; dort/d 10 000/25 000 CLP ; @). La fièvre du voyage règne dans cette grande demeure aux espaces confortables, avec des chambres communes décorées dans des couleurs électriques. Après avoir passé un moment tranquille au café, on peut s'essayer au mur d'escalade puis profiter des activités culturelles (films d'art et d'essai, ateliers, etc.). Les tables ont été fabriquées à partir de portes anciennes, et l'établissement pratique le recyclage et le compostage des déchets organiques.

Hotel Patagonia Pionera AUBERGE **$$$**
(☎222045 ; www.hotelpatagoniapionera.cl ; Arauco 786 ; s/d 57 000/68 300 CLP ; P @ wi-fi). Dans un quartier résidentiel huppé, à 6 rues seulement de la place, cette grande demeure immaculée à la façade de brique est une adresse élégante et plus intime que les grands hôtels du centre. Couettes blanches, touches orangées et parquet.

Hospedaje Magellanes B&B **$**
(☎228616 ; www.aonikenk.com ; Magellanes 570 ; s/d sans sdb 25 000/30 000 CLP ; @ wi-fi). Excellente adresse bon marché, tenue par un couple germano-chilien travaillant aussi comme guides aux Torres del Paine (agence sur place). Il n'y a qu'une poignée de chambres et tous les hôtes se retrouvent souvent pour un repas ou un barbecue dans le jardin, à côté du mur d'escalade. Pain complet et café bien fort au petit-déjeuner.

Hospedaje Independencia PENSION $
(☎227572 ; www.chileaustral.com/independencia ; Av Independencia 374 ; camping/dort 2 000/5 000 CLP ; @). L'une des dernières vraies pensions, avec prix modiques et bonne ambiance. Malgré le joyeux désordre, les chambres restent – à peu près – propres et l'on bénéficie ici de petit plus : accès à la cuisine, camping et location de vélos.

Hostal La Estancia PENSION $
(☎249130 ; www.estancia.cl ; O'Higgins 765 ; dort/s/d sans sdb 12 000/20 000/30 000 CLP @📶). Cette vieille maison du centre propose de grandes chambres hautes de plafond et des sdb communes propres. Alex et Carmen, les propriétaires, vous aideront volontiers à organiser votre voyage. Service d'échange de livres, accès à la cuisine, consigne et blanchisserie.

Hostal Fitz Roy PENSION $
(☎240430 ; www.hostalfitzroy.com ; Lautaro Navarro 850 ; dort/d sans sdb 8 000/25 000 CLP, d 30 000, bungalow 5 pers 35 000 CLP ; @). Une maison de campagne en pleine ville, avec de vastes chambres bon marché (équipées de TV et téléphone) et un salon à l'ancienne bien pourvu en livres et cartes marines.

Hotel Dreams del Estrecho HÔTEL DE LUXE $$$
(☎600-6260000 ; www.mundodreams.com/detalle/dreams-punta-arenas ; O'Higgins 1235 ; d/ste 97 000/117 000 CLP ; P@📶🏊). Comme un petit Las Vegas au bout du monde, cette tour ovale postée au bord de l'eau étincelle de luxe avec ses chambres spacieuses et flambant neuves. Il y a un spa, un casino et un restaurant haut de gamme, mais le clou est la piscine qui semble se fondre avec l'océan.

Hotel Cabo De Hornos HÔTEL D'AFFAIRES $$$
(☎242134 ; www.hoteles-australis.com ; Plaza Muñoz Gamero 1025 ; d 109 000 CLP ; @📶). Ce bel hôtel affiche un intérieur d'ardoise tout en angles, un peu froid. Jouissant d'une vue magnifique, les chambres, elles, se révèlent chaleureuses et lumineuses. Le service est excellent, le restaurant réputé et le bar sélect très séduisant.

Hostal Terrasur AUBERGE $$
(☎243014 ; www.hostalterrasur.cl ; O'Higgins 723 ; s/d 30 000/40 000 CLP ; P@📶). Au top de la catégorie moyenne, l'endroit cultive une atmosphère de jardin secret, avec des chambres parées de rideaux fluides à motifs floraux et une minuscule cour agrémentée de verdure.

El Conventillo AUBERGE DE JEUNESSE $
(☎242311 ; www.hostalelconventillo.com ; Pasaje Korner 1034 ; dort 8 500 CLP ; @📶). Cette sympathique auberge en brique dans le quartier du front de mer en pleine renaissance possède des dortoirs rénovés et des alignements de douches propres. Des couleurs vives compensent le peu de lumière qui pénètre à l'intérieur (les chambres n'ont pas de fenêtre). Le petit-déjeuner copieux comprend yaourts et céréales.

Hostel Keoken PENSION $
(☎244086 ; www.hostelkeoken.cl ; Magallanes 209 ; s/d sans sdb 12 000/24 000 CLP, avec sdb 17 000/30 000 CLP ; @). D'une popularité croissante auprès des routards, cette auberge à quelques minutes à pied du centre comporte des lits confortables garnis d'édredons blancs en duvet molletonnés. Pâtisseries maison au petit-déjeuner.

Al Fin del Mundo AUBERGE DE JEUNESSE $
(☎710185 ; www.alfindelmundo.cl ; O'Higgins 1026 ; dort/s/d sans sdb 10 000/15 000/20 000 CLP ; @📶). Aux 2e et 3e étages d'un immeuble du centre, ces chambres gaies ont besoin d'un coup de neuf. Elles se partagent des sdb avec douche chaude, une vaste cuisine et un séjour avec TV à grand écran, billard et collection de DVD.

Hotel Plaza HÔTEL $$$
(☎241300 ; www.hotelplaza.cl ; Nogueira 1116 ; s/d 51 000/63 000 CLP ; @). Donnant sur la place, cette belle demeure aux plafonds voûtés et à la réception tapissée de photos historiques pâtit hélas d'une décoration rustique sans rapport. Elle se rattrape toutefois par son service distingué et sa situation imbattable.

Où se restaurer

Les saisons de la *centolla* (crabe royal) et des *erizos* (oursins), les spécialités du port, s'étendent respectivement de juillet à novembre et de novembre à juillet.

♥ **La Marmita** CHILIEN $$
(Plaza Sampaio 678 ; plats 6 000-10 000 CLP ; ⏲déj et dîner lun-sam). Ce bistrot récemment rénové fait l'unanimité pour son ambiance décontractée et ses plats savoureux : outre les salades préparées à partir de produits bien frais et servies avec du pain chaud, on y déguste une cuisine familiale chilienne – plats mijotés, poisson et fruits de mer, par exemple. Il y a aussi des plats à emporter.

Remezón GASTRONOMIQUE $$$
(www.patagoniasalvaje.cl ; 21 de Mayo 1469 ; plats 10 000-15 000 CLP ; ⏲déj et dîner). Pilier de la scène gastronomique, ce restaurant élabore une cuisine créative dans une ambiance chaleureuse. Commencez par une soupe à l'ail, élaborée à partir d'un savoureux bouillon de bœuf, et poursuivez avec un plat de gibier (la spécialité) ou bien l'exquis lieu noir (*merluza negra*), accompagné d'une cassolette d'épinards (*chupe de espinaca*). Luis, le chef, anime des ateliers de cuisine comprenant une visite au marché.

Sotito's FRUITS DE MER $$$
(O'Higgins 1138 ; plats 5 000-15 000 CLP ; ⏲déj et dîner). Une référence chic en matière de fruits de mer, fréquentée par les habitants aisés et les croisiéristes désireux de déguster du crabe royal. Si le décor manque d'inspiration, la cuisine ne déçoit pas.

Café Almacen Tapiz CAFÉ $
(www.cafetapiz.cl ; Roca 912 ; plats 5 000 CLP ; ⏲9h-21h30 ; wi-fi). Quel plaisir de faire une pause dans ce café animé emmitouflé dans un bardage d'alerces ! Les gros gâteaux sont divins, mais la carte affiche aussi salades, sandwichs pita au chèvre, viandes diverses et légumes grillés.

Damiana Elena GASTRONOMIQUE $$$
(Magallanes 341 ; plats 7 000-9 000 ; ⏲dîner lun-sam). Dans une vieille maison romantique d'un quartier résidentiel à l'écart, cette table chic justifie le détour pour son atmosphère chaleureusement raffinée et sa cuisine chilienne remarquable. Le *ceviche* de saumon et le tilapia grillé sont les fleurons de la carte.

Fuente Hamburg CHILIEN $
(Errazurriz 856 ; plats 2 500-4 000 CLP ; ⏲10h30-20h30 lun-ven, 10h30-15h sam). Des tabourets étincelants et un énorme gril d'où sortent les plats les uns après les autres. Essayez le *churrasco* (bœuf détaillé en fines tranches) avec tomates et haricots, servi sur un petit pain avec de la mayonnaise fraîche.

Los Inmigrantes CAFÉ $
(www.inmigrante.cl ; Quillota 559 ; plats 5 000 CLP). Ce café situé dans le quartier historique croate sert de très généreux sandwichs (différentes sortes de pain avec saumon, charcuterie ou légumes) et des gâteaux absolument divins. Des souvenirs d'immigrants dalmates sont exposés.

Mercado Municipal MARCHÉ $
(21 de Mayo 1465). Des *cocinerías* (petits restaurants) bon marché sont installées à l'étage du marché au poisson et aux légumes.

Secreto de la Patagonia ALIMENTATION $
(Sarmiento 1029). Charcuterie, fromage de chèvre et chocolat produits localement. Pour un souvenir... ou pour le pique-nique !

Imago Costanera CAFÉ $
(Costanera s/n ; plats 3 000 CLP ; ⏲9h-21h lun-ven, 10h-21h sam-dim). Un café branché en bord de mer où l'on peut déguster un vrai thé, un café issu du commerce équitable ou un sandwich. Cette zone a été touchée par des inondations en 2012 ; si jamais l'établissement était fermé, vous pourriez aller prendre un café à l'auberge de jeunesse Imago Mundi (p. 485).

Où prendre un verre

La Taberna PUB
(maison Sara Braun, Plaza Muñoz Gamero ; ⏲19h-2h, jusqu'à 3h le week-end). Avec son bois poli et ses recoins douillets évoquant un vieux navire, ce bar en sous-sol plongé dans la pénombre a tout du club de gentlemen sélect. Malgré la fumée des cigares qui l'envahit plus tard dans la soirée, ne ratez pas l'occasion de siroter un *pisco sour* dans la majestueuse maison Sara Braun.

Jekus PUB
(O'Higgins 1021 ; ⏲18h-3h). Un lieu de rendez-vous populaire pour prendre un verre, avec happy hour, karaoké et football à la TV.

Où sortir

Kamikaze CLUB
(☎248744 ; Bories 655 ; 3 000 CLP, 1 conso comprise). Des torches Tiki réchauffent cette discothèque où se produisent, parfois seulement, des groupes de rock.

Cine Estrella CINÉMA
(Mejicana 777). Projette des films récents.

Renseignements

Les agences de voyages du centre, le long de Roca et Lautaro Navarro, changent les espèces et les chèques de voyage. Elles ouvrent du lundi au samedi, certaines le dimanche matin. Nombreuses banques avec DAB.

Conaf (☎223841 ; José Menéndez 1147). Dispose d'informations sur les parcs de la région.

Kiosque d'information (☎200610 ; Plaza Muñoz Gamero ; ⏲8h-19h lun-sam, 9h-19h dim). Sur le côté sud de la place.

Hôpital régional (☎205000 ; angle Arauco et Angamos)

Office du tourisme (☎241330 ; www.sernatur.cl ; Lautaro Navarro 999 ; ⏰8h-18h lun-ven). Personnel accueillant, compétent et polyglotte. Listes des hébergements et des transports, ainsi que des médecins recommandés.

Poste (Bories 911)

Sur Cambios (Lautaro Navarro 1001). Change les espèces.

Depuis/vers Punta Arenas

Les offices du tourisme distribuent des brochures qui détaillent tous les modes de transport.

Avion

LanChile (☎241100, 600-526-2000 ; www.lan.com ; Bories 884) assure plusieurs vols par jour vers Santiago (229 000 CLP), avec une escale à Puerto Montt (127 000 CLP), et relie les îles Malouines le samedi (530 000 CLP aller-retour). Une nouvelle ligne directe dessert Ushuaia plusieurs fois par semaine en été. Pour les vols nationaux, réservez sur Internet pour profiter des meilleurs tarifs. **Aerolineas Argentinas** (☎0810-222-86527 ; www.aerolineas.com.ar) dessert différentes villes d'Argentine.

De novembre à mars, la compagnie **Aerovías DAP** (☎616100 ; www.aeroviasdap.cl ; O'Higgins 891) assure plusieurs liaisons par jour (tlj sauf dimanche) pour Porvenir (21 000 CLP), et une desserte quotidienne (sauf dimanche, départ à 10h) de Puerto Williams (63 000 CLP). Bagage limité à 10 kg/pers.

Bateau

Trois ferries de la compagnie **Transbordador Austral Broom** (☎580089 ; www.tabsa.cl) assurent des liaisons avec la Terre de Feu. Le *Crux Australis* (passagers et véhicules) dessert Porvenir (5 500/34 900 CLP par pers/véhicule, 2 heures 30 à 4 heures) part généralement à 9h – mais les départs dans l'après-midi ne sont pas exclus ; vérifiez sur Internet l'horaire en vigueur. Pour la traversée de la Primera Angostura, beaucoup plus rapide (1 600/13 900 CLP par pers/véhicule, 20 min), des ferries effectuent la traversée toutes les 90 min entre 8h30 et 23h45, au départ du nord-est de Punta Arenas. Broom appareille pour Puerto Williams (Isla Navarino) trois ou quatre fois par mois, le mercredi, avec retour le samedi (siège inclinable/couchette 90 000/125 000 CLP, repas compris, 34 heures).

Cruceros Australis (☎à Santiago 02-442-3110 ; www.australis.com ; ⏰sept-mai). Croisières de luxe de 4 ou 5 jours vers Ushuaia (voir p. 512). Adressez-vous à Turismo Comapa.

BUS AU DÉPART DE PUNTA ARENAS

DESTINATION	TARIF (CLP)	DURÉE (HEURES)
Puerto Montt	45 000	32
Puerto Natales	4 000	3
Río Gallegos	10 000	5-8
Río Grande	20 000	7
Ushuaia	30 000	10

Bus

Les bus partent des bureaux de leurs compagnies respectives, situés pour la plupart à proximité de l'Av Colón. Il vaut mieux acheter les billets plusieurs heures (voire jours) à l'avance. La **Central de Pasajeros** (☎245811 ; angle Magallanes et Av Colón) sert de bureau central des réservations.

Parmi les compagnies et les destinations desservies :

Bus Sur (☎614221 ; www.bus-sur.cl ; José Menéndez 552). El Calafate, Puerto Natales, Río Gallegos, Ushuaia et Puerto Montt.

Buses Fernández/Buses Pingüino (☎221429/812 ; www.busesfernandez.com ; Armando Sanhueza 745). Puerto Natales, Torres del Paine et Río Gallegos.

Buses Ghisoni (☎240646 ; www.busesbarria.cl ; Av España 264). Bus confortables pour Río Gallegos, Río Grande et Ushuaia.

Buses Pacheco (☎242174 ; www.busespacheco.com ; Av Colón 900). Puerto Natales, Río Gallegos et Ushuaia.

Tecni-Austral (☎222078 ; Lautaro Navarro 975). Río Grande.

Turíbus/Cruz del Sur (☎227970 ; www.busescruzdelsur.cl ; Armando Sanhueza 745). Puerto Montt, Osorno et Chiloé.

Comment circuler

Depuis/vers l'aéroport

Les bus partent directement de l'aéroport pour Puerto Natales. **Transfer Austral** (☎282854) s'aligne sur les horaires des vols pour assurer un service de navettes porte à porte (3 000 CLP) depuis/vers le centre-ville. Les bus Fernández disposent de leur propre navette (3 000 CLP).

Bus et colectivos

Les *colectivos* desservent de nombreux itinéraires. À peine plus chers que les bus (environ 800 CLP, un peu plus en soirée et le dimanche), ils sont bien plus rapides et confortables.

Voiture

Louer une voiture est une possibilité intéressante pour explorer la région des Torres del Paine, mais en louer une au Chili pour se rendre en Argentine revient incroyablement cher à cause du coût de l'assurance internationale. Si vous passez par El Calafate, il est plus économique de louer un véhicule en Argentine. Vous pourrez également acheter une voiture, mais cette option a ses limites car la Patagonie chilienne n'a pas de routes directes reliant le nord au sud de la région. Vous devrez donc emprunter exclusivement les routes argentines ou payer d'onéreuses traversées en ferry.

Punta Arenas propose les tarifs de location les moins élevés de Patagonie chilienne et le service le plus efficace. L'agence **Adel Rent a Car/Localiza** (☎235471/2, 09-882-7569 ; www.adel.cl ; Pedro Montt 962) est recommandée pour son personnel attentif, ses prix compétitifs, sa navette vers l'aéroport et ses bons conseils. Parmi les autres agences, citons **Budget** (☎225983 ; O'Higgins 964), **Hertz** (☎248742 ; O'Higgins 987) et **Lubag** (☎710484 ; Magallanes 970).

Environs de Punta Arenas

COLONIES DE MANCHOTS

Deux importantes colonies de manchots de Magellan sont situées à proximité de Punta Arenas. La plus facile d'accès est **Seno Otway** (détroit d'Otway ; www.turisotway.cl ; 5 500 CLP ; ⏲8h-18h30), à une heure de route, au nord-est de la ville, qui abrite environ 6 000 couples. Plus intéressante et rassemblant 50 000 couples, **Monumento Natural Los Pingüinos** est accessible uniquement par un bateau pour l'Isla Magdalena, dans le détroit de Magellan.

Pour venir, vous devrez louer une voiture ou vous inscrire à une excursion. En roulant vers le nord sur la Ruta 9 (RN 9), attention à ne pas rater le petit panneau indiquant l'embranchement pour la colonie de manchots.

PARQUE NACIONAL PALI AIKE

Zone de steppe volcanique parsemée de cratères, de grottes et de formations étranges, Pali Aike signifie "le pays du diable" en langue tehuelche. Ce parc au paysage aride s'étend sur 50 km² le long de la frontière argentine. Les roches magmatiques sont tantôt rouges, tantôt jaunes, tantôt gris-vert, en fonction de leur contenu minéral. Le parc abrite de nombreux guanacos, nandous, renards gris, tatous et chauves-souris, entre autres espèces sauvages. Dans les années 1930, les fouilles menées par Junius Bird dans la **grotte de Pali Aike** (Cueva Pali Aike), à 17 m de profondeur, ont mis au jour les premiers restes d'espèces animales du continent américain aujourd'hui éteintes, comme le mylodon ou le cheval *Onohippidium*.

Plusieurs chemins sont aménagés dans le **parc** (1 000 CLP), dont un sentier de 1 700 m traversant le terrain déchiqueté (mettez de bonnes chaussures) des champs de lave de l'**Escorial del Diablo** pour parvenir à l'impressionnant **cratère Morada del Diablo**. Il y a des centaines de cratères, et certains font plusieurs dizaines de mètres de profondeur. Un itinéraire de 9 km mène de la Cueva Pali Aike à la **Laguna Ana**, d'où un autre sentier permet de rejoindre un autre site intéressant, sur la route principale, à 5 km de l'entrée du parc.

Le Parque Nacional Pali Aike se trouve à 200 km au nord-est de Punta Arenas, par la Ch (route rurale) 9, la Ch 255 et une route secondaire en gravier qui part de la Cooperativa Villa O'Higgins, à 11 km au nord de l'Estancia Kimiri Aike. Un autre accès est possible depuis le poste-frontière chilien de Monte Aymond. Il n'existe pas de transport public, mais certaines agences de voyages de Punta Arenas proposent des excursions à la journée.

Puerto Natales

☎61 / 18 000 HABITANTS

L'ancien petit village de pêcheurs construit sur le rivage fouetté par les vents du Seno Última Esperanza ("détroit du dernier espoir") est devenu une base prise d'assaut par les randonneurs en partance pour les Torres del Paine, le premier des parcs nationaux sud-américains. Mais malgré une industrie touristique qui transforme une à une ses vieilles devantures rouillées en façades clinquantes, Puerto Natales a su conserver son charme ébouriffé, surtout à mi-saison.

Après leur traversée des fjords chiliens, les ferries Navimag débarquent dans le port. Situé à 250 km au nord-ouest de Punta Arenas par la Ruta 9, Puerto Natales offre également de nombreuses liaisons avec El Calafate, en Argentine.

Où se loger

L'offre est abondante. La plupart des hébergements préparent le petit-déjeuner et offrent un service de blanchisserie. Ils pratiquement généralement des tarifs inférieurs en basse saison. Pensez à réserver si vous arrivez en ferry. Beaucoup d'auberges de jeunesse louent du matériel et vous aideront à organiser votre transport jusqu'au parc.

Kau B&B $$
(☎414611 ; www.kaulodge.com ; Pedro Montt 161 ; d 45 000 CLP ; 📶). Esthétique et simplicité ont présidé à la conception de cet établissement décontracté et chaleureux. Les épais jetés de lit, le petit-déjeuner servi à des tables type pique-nique et l'omniprésence de bois recyclé créent une atmosphère chaude et intime. Les chambres, avec chauffage central, coffres et articles de toilette, donnent sur le fjord, et le bar **The Coffee Maker** propose d'excellents expressos et *latte*. Le personnel est une mine d'information pour toutes les excursions.

Hotel IF Patagonia HÔTEL DESIGN $$$
(☎410312 ; www.hotelifpatagonia.com ; Magellanes 73 ; d 70 000-90 000 CLP ; P📶). Un bel hôtel à la déco minimaliste, avec un intérieur contemporain et lumineux où l'on remarque les dessus-de-lit en laine, les couettes en duvet et la vue sur le fjord. Isabel et Fernando (IF) ont le sens de

Puerto Natales

l'hospitalité ; ils préparent à la demande des repas avec la pêche du jour. Un spa était en cours d'aménagement lors de notre passage.

Amerindia B&B $$
(☎411945 ; www.hostelamerindia.com ; Barros Arana 135 ; d avec/sans sdb 40 000/30 000 CLP ; app 6 pers 75 000 CLP ; ⏲fermé juil ; @📶). Une maison rustique avec poêle à bois, jolis tissages et poutres brutes, où règne une atmosphère très détendue – ici, pas de propriétaire empressé et trop zélé ! Le petit-déjeuner (gâteaux, œuf et flocons d'avoine) est servi dans un café douillet ouvert au public, qui vend par ailleurs du chocolat et du thé bio.

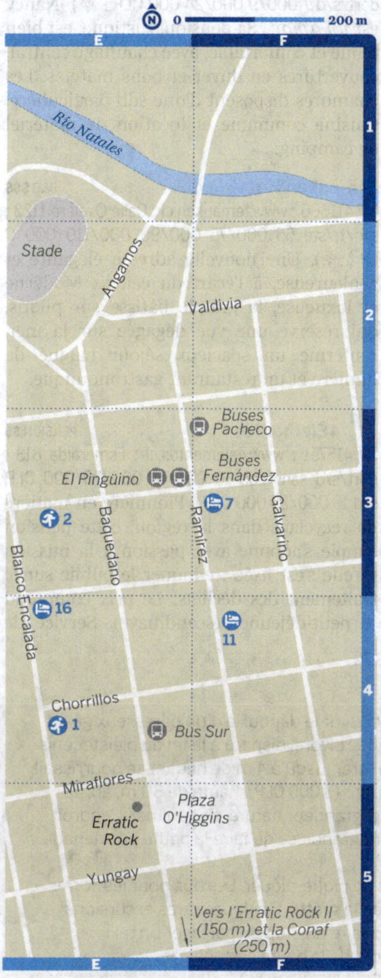

Hotel Indigo HÔTEL DE CHARME $$$
(☎413609 ; www.indigopatagonia.com ; Ladrilleros 105 ; d/ste 130 000/175 000 CLP ; @📶). Se détendre dans le Jacuzzi et le spa (avec baie vitrée) de la terrasse, puis regagner une chambre élégante et paisible où vous attendent un compotier de pommes et des bougies parfumées au thé : que rêver de mieux après une longue randonnée ? La combinaison de matériaux – eucalyptus, ardoise et fer – compose un décor réussi, entre naturel et modernité. Mais la véritable vedette est ici le fjord, qui se déploie et capture le regard même sous la douche.

Singular Hotel HÔTEL DE CHARME $$$
(☎722030 ;www.thesingular.com ; Puerto Bories s/n ; d pension complète, excursions comprises

Puerto Natales

Activités

	Antares	(voir 15)
1	Baqueano Zamora	E4
2	Fantastico Sur	E3
3	Fortaleza Expediciones	C3
4	Indomita Big Foot	C2
5	Knudsen Tour	D2
6	Turismo 21 de Mayo	D2
	Vertice Patagonia	(voir 12)

Où se loger

7	4Elementos	F3
8	Amerindia	C2
9	Casa Cecilia	C1
10	Hostal Dos Lagunas	C2
11	Hostal Nancy	F4
12	Hostel Natales	B3
13	Hotel IF Patagonia	C2
14	Hotel Indigo	B2
15	Kau	B1
16	Lili Patagonico's Hostal	E4
17	Patagonia Aventura	C2

Où se restaurer

18	Afrigonia	C2
19	La Aldea	C2
20	La Casa Magna	C3
21	La Mesita Grande	D2

Où prendre un verre

22	Baguales	D2
23	El Bar de Ruperto	C3
	The Coffee Maker	(voir 15)

580 000 CLP ; @P). Ce nouveau venu s'est installé dans un lieu emblématique de la région, une usine de transformation de viande située sur le détroit. Le design industriel (regardez ces sièges fabriqués à partir de vieux radiateurs) s'associe pour le meilleur avec photos et meubles anciens. Les chambres, bien confortables, contemplent l'eau. Le long du musée (accessible au public), un élégant bar-restaurant sert du gibier local. Il y a aussi un spa et une piscine, ainsi que des vélos et des kayaks pour explorer les environs. Le Singular se trouve à Puerto Bories, à 6 km du centre.

Remota LODGE **$$$**
(414040, réservations à Santiago 02-387-1500 ; www.remota.cl ; Ruta 9, Km 1,5 ; s/d 3 nuits pens complète, excursions comprises 1 110 000/1 548 000 CLP ; @). Amateurs de mondanités, ce lieu n'est pas pour vous. Le concept ici est celui de l'isolement, et ce refuge sélect, à l'inverse de la plupart des hôtels, porte tous vos sens vers l'extérieur : le silence propage le sifflement des rafales de vent, les fenêtres imitent les vieux enclos à bétail et une passerelle de guingois rappelle les corridors à moutons des estancias. Malgré le confort des chambres, vous aurez sans doute envie de passer tout votre temps à "la plage", une grande pièce avec des baies vitrées équipée de futons d'où l'on contemple la nature sauvage.

The Singing Lamb AUBERGE DE JEUNESSE **$**
(410958 ; www.thesinginglamb.com ; Arauco 779 ; dort 10 000 CLP). Une nouvelle adresse toute propre et toute verte (compostage, recyclage, récupération des eaux de pluie et cabas réutilisables), tenue avec amour par une Néo-Zélandaise. Certes les deux grands dortoirs rappellent un peu ceux d'un pensionnat, mais on oublie cela en profitant du bon chauffage central et du délicieux petit-déjeuner (avec toasts maison et œufs). À un pâté de maisons de la Plaza O'Higgins, par Ramírez.

Lili Patagonico's Hostal AUBERGE DE JEUNESSE **$**
(414063 ; www.lilipatagonicos.com ; Arturo Prat 479 ; dort/d sans sdb 8 000/18 000 CLP, d 25 000 CLP ; @). Cette grande auberge dispose de plusieurs dortoirs et chambres doubles pleines de couleurs. Bons édredons en duvet, sdb flambant neuves et mur d'escalade.

Hostal Nancy AUBERGE DE JEUNESSE **$**
(410022 ; www.nataleslodge.cl ; Ramírez 543 ; dort/s/d 7 000/9 000/24 000 CLP ; @). Nancy est *un amor* ! Sa pension, rustique, est bien tenue et confortable, avec chauffage central, couvertures en duvet et bons matelas. Les chambres disposent d'une sdb particulière. Cuisine commune et location de matériel de camping.

Temauken Hotel B&B **$$$**
(411666 ; www.temauken.cl ; Calle Ovejero 1123 ; s/d/tr/ste 55 000/75 000/90 000/110 000 CLP ;). Une nouvelle adresse élégante et chaleureuse, à l'écart du centre. Moderne et luxueuse, la grande bâtisse sur pilotis, qui réserve une vue dégagée sur la mer, renferme un spacieux séjour baigné de lumière et un restaurant gastronomique.

4Elementos PENSION **$$**
(415751 ; www.4elementos.cl ; Esmeralda 813 ; dort/s/d sans sdb 10 000/12 000/20 000 CLP, s/d 15 000/25 000 CLP). Pionnière en matière de recyclage dans la région, cette pension simple s'adonne avec passion à la mission qu'elle s'est fixée : éduquer le public sur le traitement des déchets. Le prix comprend le petit-déjeuner (scandinave). Service de

LA CUEVA DEL MILODÓN

Dans les années 1890, Hermann Eberhard découvrit la dépouille d'un paresseux géant à 24 km au nord-ouest de Puerto Natales. Cet herbivore, disparu à la fin du pléistocène et connu sous le nom de *milodón*, pouvait mesurer jusqu'à 4 m de haut et se nourrissait de branches et de feuilles d'arbustes. Une **grotte** (3 000 CLP), haute de 30 m, abrite désormais une médiocre réplique en plastique, grandeur nature, de l'animal. L'endroit mérite une visite pour admirer l'environnement grandiose ou faire la petite promenade qui mène à un joli point de vue.

Il est possible de camper (feux interdits) et de pique-niquer. Les bus pour les Torres del Paine peuvent s'arrêter à l'entrée, à 8 km de la grotte. Quelques rares excursions partent de Puerto Natales. Sinon, vous pouvez faire du stop ou partager un taxi (20 000 CLP). Les bus sont très rares en dehors de la haute saison.

guides, réservations pour le parc et sorties écologiques sont proposés.

Patagonia Aventura AUBERGE DE JEUNESSE $
(☎411028 ; www.apatagonia.com ; Tomás Rogers 179 ; dort/d 8 000/20 000 CLP ; ⌚mi-sept à mi-mai ; @). Sur la place, une auberge confortable dotée de dortoirs douillets, avec couvertures en duvet. Location de vélos et agence sur place, mais pas de cuisine.

Erratic Rock II B&B $$
(☎414317 ; www.erraticrock2.com ; Benjamin Zamora 732 ; d/tr 35 000/36 000 CLP ; @ 🛜). Conçue comme une “auberge de jeunesse pour couples”, cette maison douillette loue des doubles spacieuses, avec coussins sur les lits et sdb proprettes. Le copieux petit-déjeuner est servi dans une salle baignée de lumière.

Hostal Dos Lagunas PENSION $
(☎415733 ; www.hostadoslagunas.com ; angle Barros Arana et Bories ; dort/d 10 000/25 000 CLP). Nés à Puerto Natales, Alejandro et Andrea se montrent des hôtes attentifs, qui dispensent à leur clientèle petits-déjeuners consistants et conseils de voyage. Bonne pression dans les douches.

Hostel Natales AUBERGE DE JEUNESSE $
(☎414731 ; www.hostelnatales.cl ; Ladrilleros 209 ; dort/d/tr 12 000/24 000/30 000 CLP ; @). Les chambres douillettes et paisibles possèdent toutes une sdb. Dortoirs d'un bon rapport qualité/prix. Moins d'ambiance cependant que dans les autres établissements du genre.

Casa Cecilia PENSION $$
(☎613560 ; www.casaceciliahostal.com ; Tomás Rogers 60 ; d avec/sans sdb 38 000/25 000 CLP). Centrale et bien tenue, cette valeur sûre offre de bonnes douches, un service digne de louanges et du pain fait maison au petit-déjeuner. Dommage que l'on se sente à l'étroit dans les chambres et la cuisine.

Où se restaurer

Afrigonia FUSION $$
(Eberhard 343 ; plats 8 000 CLP ; ⌚déj et dîner). Une adresse remarquable et vraiment originale – y a-t-il un autre endroit dans le monde où l'on puisse goûter une cuisine afro-chilienne ? Cette petite merveille romantique a vu le jour grâce aux efforts d'un couple chilo-zambien, qui prépare de main de maître riz parfumé, *ceviche* et autre agneau rôti à la menthe. La petite boutique de plats à emporter juste à côté propose wraps et salades plus simples.

La Mesita Grande PIZZERIA $$
(Arturo Prat 196 ; pizza 5 500 CLP ; ⌚déj et dîner). Les heureux convives se partagent une vieille table tout en longueur, où les pizzas à pâte fine très réussies côtoient de bons plats de pâtes et des salades bio.

Cangrejo Rojo CAFÉ $
(Santiago Bueras 782 ; plats 2 000-4 000 CLP ; ⌚9h-13h30, 15h-22h30, fermé lun). Bon marché et convivial, ce joli café à la façade en tôle ondulée sert tartes, glaces, sandwichs et plats chauds mijotés (cassolette de la mer, côtes d'agneau, etc.). De la Plaza O'Higgins, suivez Baquedano en direction du sud. Santiago Bueras se trouve à quatre rues de là.

La Casa Magna RESTAURANT $
(Bulnes 370 ; menu 3 000 CLP ; ⌚10h30-minuit). Ouverte presque en permanence, cette sympathique cantine propose une délicieuse cuisine familiale à des prix défiant toute concurrence.

El Living CAFÉ $
(www.el-living.com ; Arturo Prat 156 ; plats 5 000 CLP ; ⌚11h-23h nov à mi-avr ; 🖉). Un café propice à la détente avec ambiance de bar-lounge londonien, plats végétariens, magazines venus d'Europe et musique éclectique.

La Aldea MÉDITERRANÉEN $$
(Barros Arana 142 ; plats 7 000 CLP ; ⌚20h-minuit). La carte change tous les jours, mais Pato, le chef, reste axé sur la cuisine méditerranéenne faite à partir de produits frais – tajine d'agneau, palourdes grillées, plats à base de quinoa, par exemple. Ne venez pas trop tard car il n'y a que 8 tables.

Où prendre un verre

Baguales BRASSERIE
(www.cervezabaguales.cl ; Bories 430 ; ⌚19h-2h tlj ; week-end seulement en hiver ; 🛜). Créée par un groupe d'amis grimpeurs en quête d'une bière de qualité, cette microbrasserie a pris son envol. Burgers à l'américaine et gros tacos aux légumes rassasieront les affamés. Venez suffisamment tôt pour avoir un box, avec pompe à bière et carte topographique pour préparer votre exploration du parc.

El Bar de Ruperto BAR
(angle Bulnes et Magallanes ; 🛜). Un bar classique, avec baby-foot, échecs et autres jeux de plateau.

Renseignements

Agences de voyages et circuits organisés

Antares/Indomita Big Foot (☎414611 ; www.antarespatagonia.com ; Pedro Montt 161). Spécialiste des Torres del Paine, Antares propose des guides et des excursions sur mesure, ainsi que des randonnées sur les glaciers. Assistance pour l'obtention de permis. Indomita Big Foot organise des sorties en kayak dans les fjords et le parc.

Baqueano Zamora (☎613530 ; Baquedano 534). Randonnées à cheval aux Torres del Paine.

Fantastico Sur (☎614184 ; www.fantasticosur.com ; Esmeralda 661). Gère plusieurs refuges dans le parc (Torres, El Chileno, Los Cuernos). Propose des circuits aux Torres del Paine, des guides et une aide à l'organisation de trek.

Fortaleza Expediciones (☎613395 ; www.fortaleza patagonia.cl ; Tomás Rogers 235). Bien renseigné. Loue du matériel de camping.

Knudsen Tour (☎414747 ; knudsentour@yahoo.com ; Blanco Encalada 284). Solide réputation. Excursions à El Calafate, Torres del Paine et circuits originaux le long du Seno Último Esperanza.

Turismo 21 de Mayo (☎411978 ; www.turismo21demayo.cl ; Eberhard 560). Organise des croisières d'une journée et des randonnées aux glaciers Balmaceda et Serrano.

Turismo Comapa (☎414300 ; www.comapa.com ; Bulnes 541 ; ⏲9h-13h et 15h-19h lun-ven, 10h-14h sam). Billets pour les ferries Navimag et billets d'avion.

Vertice Patagonia (☎412742 ; www.verticepatagonia.com ; Ladrilleros 209). Gère les refuges Grey, Dickson et Paine Grande, dans le parc.

Argent

La plupart des banques du centre-ville disposent d'un DAB.

Gasic (Bulnes 692). Taux de change corrects pour les devises et les chèques de voyage.

Offices du tourisme

Le meilleur site (bilingue espagnol-anglais) concernant la région est www.torresdelpaine.cl.

Conaf (☎411438 ; Baquedano 847). Bureau de l'administration des parcs nationaux.

Office du tourisme municipal (☎614808 ; Plaza de Armas ; ⏲8h30-12h30 et 14h30-18h mar-dim). Dans le Museo Histórico. Personnel attentionné et listes d'hébergements pour toute la région.

Sernatur (☎412125 ; infonatales@sernatur.cl ; Pedro Montt 19 ; ⏲9h-19h lun-ven, 9h30-18h sam-dim). Également présent dans l'office du tourisme municipal, sur la plaza.

Poste

Poste (Eberhard 429)

Service médicaux

Hôpital (☎411582 ; Pinto 537)

Depuis/vers Puerto Natales

Avion

Les liaisons depuis/vers le petit aéroport de Puerto Natales changent fréquemment. Il n'est actuellement desservi que par **Sky Airline** (appel gratuit depuis le Chili ☎600-600-2828 ; www.skyairline.cl ; Bulnes 682), qui vole depuis/vers Punta Arenas (33 000 CLP aller-retour) le samedi (correspondance pour Puerto Montt et Santiago).

Bateau

Une croisière dans les splendides fjords chiliens constitue le point d'orgue d'un séjour en Patagonie. Le ferry de la compagnie **Navimag Ferry** (☎à Santiago 56-2-442-3114 ; www.navimag.com) embarque les passagers ainsi que les voitures, et met le cap au nord pour un séjour de 4 jours et 3 nuits. Cette excursion est devenue très prisée et il vaut mieux réserver longtemps à l'avance.

Vous pouvez toutefois tenter votre chance une fois arrivé sur place. Contactez Turismo Comapa (p. 512) un ou deux jours avant la date supposée de l'arrivée du ferry. Le *Magallanes* prend à bord passagers et véhicules. Il quitte Natales tôt le vendredi et fait escale à Puerto Eden (ou au Glaciar Pía XI, quand le bateau retourne vers le sud), sur sa route pour Puerto Montt. Lorsque le bateau revient à Natales, les passagers sont tenus de rester à bord pendant le déchargement de la cargaison. Les horaires sont largement dépendants de la météo et des marées, et les passagers sont tenus de se présenter à l'embarquement la veille du départ.

La haute saison s'étend de novembre à mars et la basse de mai à septembre (octobre et avril constituent la moyenne saison). Il est intéressant de signaler que nombre de voyageurs choisissent habituellement de réserver une couchette dans la cabine-dortoir de 22 places, avant de regretter de ne pas avoir réservé une cabine individuelle. Les repas (végétariens sur demande lors de la réservation) sont inclus dans le prix total, qui varie selon la taille de la cabine, la vue et la sdb, commune ou privée. Les tarifs (par pers) vont de 200 000 CLP pour une couchette en basse saison à 945 000 CLP dans une cabine 4 lits de catégorie AAA en haute saison. Les étudiants et les seniors bénéficient d'une réduction de 10 à 15%. Consultez le site Internet pour plus d'informations sur les tarifs et les horaires.

Bus

Il n'existe pas de gare routière centrale à Puerto Natales. Mieux vaut réserver un jour à l'avance, surtout pour un départ tôt le matin (à plus forte raison en haute saison). Les bus sont nettement moins fréquents hors saison.

Une seconde route pour les Torres del Paine a été ouverte et, bien que gravillonnée, elle est beaucoup plus directe. Plusieurs tour-opérateurs empruntent cet axe. Cette autre porte d'entrée longe le Lago del Toro jusqu'à l'Administración (bureaux du parc).

Des bus à destination des Torres del Paine partent 2 ou 3 fois par jour vers 7h, 8h et 14h30. Si vous vous rendez au Mountain Lodge Paine Grande en dehors de la haute saison, attrapez le bus du matin afin d'arriver à temps pour prendre le catamaran (12 000 CLP aller simple, 2 heures). Le billet est également valable pour d'éventuels transferts à l'intérieur du parc : conservez-le. Les horaires changent fréquemment, vérifiez-les une fois sur place.

Les différentes compagnies desservent les destinations suivantes :

Bus Sur (☎614220 ; www.bus-sur.cl ; Baquedano 668). Punta Arenas, Torres del Paine, Puerto Montt, El Calafate, Río Gallegos et Ushuaia.

Buses Fernández/El Pingüino (☎411111 ; www.busesfernandez.com ; angle Esmeralda et Ramírez). Torres del Paine et Punta Arenas. Liaison directe aéroport-Puerto Natales.

Buses Gomez (☎415700 ; www.busesgomez.com ; Arturo Prat 234). Torres del Paine.

Buses JBA (☎410242 ; www.busesjb.cl ; Arturo Prat 258). Torres del Paine.

Buses Pacheco (☎414800 ; www.busespacheco.com ; Ramírez 224). Punta Arenas, Río Grande et Ushuaia.

Buses Transfer (☎412616 ; www.pumatour.cl ; Bulnes 518). Torres del Paine, El Calafate et Ushuaia.

Cootra (☎412785 ; Baquedano 244). El Calafate tlj à 8h30.

Turismo Zaahj (☎412260/355 ; www.turismozaahj.co.cl ; Arturo Prat 236/270). Torres del Paine et El Calafate.

ℹ Comment circuler

La location de voiture est onéreuse et l'offre restreinte. Vous obtiendrez des tarifs plus avantageux à Punta Arenas ou en Argentine. Essayez **Emsa/Avis** (☎410775 ; Bulnes 632). De nombreux hôtels louent des vélos.

BUS AU DÉPART DE PUERTO NATALES

DESTINATION	TARIF (CLP)	DURÉE (HEURES)
El Calafate	12 000	5
Punta Arenas	4 500	3
Torres del Paine	8 000	2
Ushuaia	30 000	13

Parque Nacional Bernardo O'Higgins

Ce parc très difficile d'accès (on n'y pénètre que par bateau) reste le domaine secret des glaciers. **Turismo 21 de Mayo** (☎061-411978 ; www.turismo21demayo.cl ; Eberhard 560, Puerto Natales) organise des excursions d'une journée (67 CLP, déjeuner compris) jusqu'à la base du glacier Serrano (Glaciar Serrano).

Il est également possible d'atteindre les Torres del Paine en prenant un bateau pour le Glaciar Serrano. Les passagers embarquent ensuite dans un semi-rigide à moteur, s'arrêtent pour déjeuner à l'Estancia Balmaceda et continuent ensuite jusqu'au Río Serrano pour arriver à la frontière sud du parc vers 17h. Le même trajet peut être réalisé en sens inverse depuis la sortie du parc, ce qui implique de camper à proximité du Río Serrano pour prendre le bateau de 9h. Le voyage, assuré par Turismo 21 de Mayo, coûte 92 000 CLP, entrée du parc comprise.

Parque Nacional Torres del Paine

☎61

S'élevant presque à la verticale à près de 3 000 m au-dessus de la steppe patagonne, les Torres del Paine ("tours du Paine"), spectaculaire massif de pics granitiques, dominent ce **parc national** (www.pntp.cl ; haute/basse saison 15 000/8 000 CLP, en pesos chiliens uniquement) parmi les plus beaux d'Amérique du Sud.

Avant sa création, en 1959, le territoire était occupé par une immense estancia spécialisée dans l'élevage des moutons. Depuis 1978, le parc fait partie des réserves de la biosphère de l'Unesco. Il abrite des colonies de nandous, des condors des Andes, des flamants et de nombreuses autres espèces. Les efforts de sauvegarde ont connu une réussite éclatante avec les guanacos (*Lama guanicoe*), que l'on voit brouter en troupeaux dans les étendues de steppe où leurs prédateurs naturels, les pumas, ne peuvent les approcher sans être vus. Ils tressaillent à peine lorsqu'un homme ou un véhicule vient vers eux.

Les conditions météorologiques sont extrêmement changeantes dans ce parc de 1 810 km², et l'on peut passer par les quatre saisons au cours de la même journée. Orages soudains et bourrasques violentes font partie de l'aventure. Un équipement de qualité résistant aux intempéries est primordial, notamment, pour les campeurs, un sac de couchage synthétique et une bonne tente.

Des excursions guidées sont organisées depuis Puerto Natales, mais elles ne donnent à voir qu'un aperçu du parc. Mieux vaut prévoir 3 à 7 jours sur place pour profiter des possibilités de randonnées et d'activités.

En 2005, un randonneur a réduit en cendres 10% du parc pour avoir utilisé un réchaud par grand vent. Le parc accueillant plus de 120 000 visiteurs par an, chacun doit se montrer responsable.

Activités

Randonnée

Les Torres del Paine et leurs sommets de granit de 2 800 m attirent des randonneurs des quatre coins du globe. La majorité d'entre eux optent pour la boucle ou le "W" afin d'admirer le magnifique panorama, laissant le champ libre sur d'autres sentiers tout aussi extraordinaires. La boucle (le "W" plus la zone à l'arrière du parc) nécessite 7 à 9 jours et le "W" (qui doit son nom à la forme qu'il

Parque Nacional Torres del Paine

trace grossièrement sur la carte) au moins 4 ou 5 jours.

Dans les deux cas, la plupart des randonneurs partent de **Laguna Amarga**. Il est cependant possible de partir de l'Administración ou de prendre le catamaran entre Pudeto et le Lago Pehoé et de commencer à marcher depuis ce point de départ. Si vous longez le "W" du sud-ouest au nord-est, vous jouirez d'un meilleur panorama sur Los Cuernos (2 200 m à 2 600 m), un ensemble de formations sédimentaires noires. Il est déconseillé de randonner en solo, en particulier dans la partie arrière de la boucle. Des prestataires à Puerto Natales proposent des treks guidés comprenant les repas et l'hébergement en *refugio* ou à l'hôtel. Le prix par personne diminue de manière significative lorsque l'on s'inscrit en groupe.

LE "W"

La plupart des randonneurs effectuent le "W" d'est en ouest depuis Laguna Amarga, à 2 heure 30 de Puerto Natales par un bus circulant deux fois par jour. Le panorama sur Los Cuernos est pourtant meilleur en sens inverse, surtout entre le Lago Pehoé et Valle Francés. Pour partir de l'ouest, traversez le Lago Pehoé, puis longez vers le nord le Lago Grey ou le Campamento Italiano, d'où vous pourrez entreprendre de belles randonnées d'une journée sans sac à dos. Voici quelques-unes des portions les plus inoubliables du parcours.

Du Refugio Las Torres au Mirador Las Torres RANDONNÉE

(4 heures aller). Cette marche relativement facile de 4 heures remonte le Río Ascencio jusqu'à un petit lac dans une zone sans arbres, au pied du versant est des Torres del Paine – c'est ici que vous verrez les tours de plus près. Durant la dernière heure, vous devrez crapahuter (attention aux genoux) sur de gros blocs de roche. On trouve des campings et des *refugios* à Las Torres et Chileno. Le site de camping sauvage du Campamento Torres est l'occasion d'une superbe randonnée au lever du soleil en été.

Du Refugio Las Torres à Los Cuernos RANDONNÉE

(7 heures aller). Il vaut mieux rester sur la partie basse du chemin, car la partie haute n'est pas signalée sur les cartes, et par conséquent de nombreux randonneurs s'y sont perdus. Un camping et un *refugio* sont disponibles. Attention, les vents sont parfois violents dans cette zone en haute saison.

De Los Cuernos/Lago Pehoé au Valle Francés RANDONNÉE

(5 heures aller). Beaucoup disent que c'est la plus belle promenade, quand la météo joue le jeu. À l'ouest, le Cerro Paine Grande culmine à 3 050 m. À l'est se trouvent les Torres del Paine et Los Cuernos, moins élevés mais tout aussi spectaculaires. Des glaciers sont disséminés tout au long du chemin. Vous pouvez camper à l'Italiano

Parque Nacional Torres del Paine

À voir

1 Mirador Las Torres C3
2 Mirador Nordenskjöld C3

Où se loger

3 Campamento Británico B3
4 Campamento Guardas B3
5 Campamento Italiano C3
6 Campamento Japonés C3
7 Campamento Laguna Verde C4
8 Campamento Los Perros B3
9 Campamento Paso B3
10 Campamento Serón C2
11 Campamento Torres C3
12 Camping Lago Pehoé C4
13 Camping Laguna Azul D2
14 Camping Río Serrano C5
Camping Serrano .... (voir 18)
15 explora C4
16 Hostería Mirador del Payne D4
17 Hostería Pehoé C4
18 Hotel Cabañas del Paine C5
19 Hotel Lago Grey B4
20 Hotel Las Torres C3
21 Mountain Lodge Paine Grande B3
22 Posada Río Serrano C4
23 Refugio & Camping Chileno C3
24 Refugio & Camping Lago Dickson B2
25 Refugio & Camping Lago Grey B3
Refugio & Camping Las Torres .... (voir 20)
26 Refugio & Camping Los Cuernos C3
27 Refugio Lago Paine C2
28 Tierra Patagonia D3

Le “W”

et au Británico, au cœur de la vallée, ou bien à l’entrée de celle-ci, au Campamento Frances, dont l’ouverture est prévue pour 2013.

Du Mountain Lodge Paine Grande au Refugio Lago Grey

RANDONNÉE

(4 heures aller depuis le Lago Pehoé). Cette marche suit un chemin plutôt aisé, hormis quelques passages difficiles dans des pentes escarpées. Le point de vue sur le glacier se trouve à une demi-heure de marche supplémentaire du Refugio Lago Grey. Vous trouverez des campings et des *refugios* au départ et à l’arrivée.

Du Mountain Lodge Paine Grande à l’Administración

RANDONNÉE

(5 heures). Cette marche remonte et contourne le Lago Pehoé puis traverse une prairie le long du Río Grey. Elle ne fait pas vraiment partie du “W”, mais une fois arrivé, vous pourrez rejoindre l’Administración sans avoir à retourner à Laguna Amarga. Le Mountain Lodge Paine Grande peut appeler par radio et s’assurer que vous pouvez attraper un bus depuis l’Administración pour revenir à Puerto Natales. Vous pouvez également entamer le “W” par ce chemin si vous souhaitez le parcourir d’est en ouest.

LA BOUCLE

Réaliser entièrement la boucle consiste à faire le "W" (voir ci-dessus) et la partie nord, entre le Refugio Grey et le Refugio Las Torres. Le paysage est désolé mais magnifique. Sur le Paso John Garner (la partie difficile du parcours), la boue (on s'enfonce parfois jusqu'aux genoux) et la neige sont inévitables. Vous trouverez un *refugio* rudimentaire à Los Perros, ou des possibilités de camping sommaires.

Beaucoup de randonneurs attaquent le circuit en pénétrant dans le parc en bus à Laguna Amarga, puis marchent pendant quelques heures jusqu'au Refugio & Camping Chileno. Ils continuent ensuite dans le sens contraire des aiguilles d'une montre, achevant l'itinéraire à Valle Frances et à Los Cuernos. Voici les détails des treks de la boucle.

Du Refugio Lago Grey au Campamento Paso RANDONNÉE

(4 heures vers le nord, 2 heures vers le sud). Certains préfèrent marcher dans le sens ouest-est, afin de franchir le col en montée, plutôt que de glisser le long de la pente.

Du Campamento Paso au Campamento Los Perros RANDONNÉE

(4 heures). Cette étape emprunte un chemin souvent boueux et enneigé. Ne vous laissez pas tromper par ce qui ressemble à un campement, juste après le col, continuez à avancer jusqu'à ce que vous voyiez une petite baraque.

Du Campamento Los Perros au Campamento Lago Dickson RANDONNÉE

(4 heures 30 environ). Une marche relativement facile, mais avec beaucoup de vent.

Du Campamento Lago Dickson au Campamento Serón RANDONNÉE

(6 heures). Au bord du Lago Paine, le chemin a tendance à s'effacer et les vents sont violents. Il vaut mieux suivre le chemin un peu à l'écart du rivage. Le Campamento Coiron , que l'on croise en cours de route, est fermé depuis l'incendie de 2005.

Du Campamento Serón à la Laguna Amarga RANDONNÉE

(4 à 5 heures). À la fin de la boucle, rien ne vaut une soirée de détente et un bon repas au Refugio Las Torres.

RANDONNÉES À LA JOURNÉE

Il est possible de partir de la Guardería Lago Pehoé, sur la route principale du parc, et de marcher jusqu'au **Salto Grande**, tumultueuse cascade située entre le Lago Nordenskjöld et le Lago Pehoé. Une autre promenade facile rejoint, après une heure de marche, le **Mirador Nordenskjöld**, d'où l'on admire le lac et les montagnes. Plus difficile, mais magnifique, un itinéraire mène en 4 heures au **Lago Paine** – dont la rive nord n'est accessible que depuis la Laguna Azul (partie est du parc).

Kayak

Une belle manière d'approcher les glaciers ! **Indomita Big Foot** (☎061-414611 ; www.indomitapatagonia.com ; Pedro Montt 161, Puerto Natales) organise des sorties de 3 heures entre les icebergs du Lago Grey, à partir de l'Hotel Grey (45 000 CLP), ou de 2 heures à partir de l'ancien Refugio Grey (35 000 CLP). Plusieurs sorties quotidiennes en été. Propose aussi des expéditions de plusieurs jours sur le Río Serrano.

Équitation

Découvrir le parc à cheval est une expérience inoubliable. En raison de la division des propriétés, les chevaux ne peuvent pas aller et venir entre la zone ouest (Lago Grey, Lago Pehoé et Río Serrano) et la zone est, gérée par l'Hostería Las Torres. Le Refugio Los Cuernos marque la limite entre les deux zones. **Baqueano Zamora** (☎061-613530 ; Baquedano 534, Puerto Natales) propose des excursions au Lago Pingo, au Lago Paine et au Lago Azul, et à la Laguna Amarga (demi-journée 25 000 CLP).

Randonnée sur les glaciers

Inutile d'être expérimenté pour s'essayer au plaisir de marcher dans un paysage de glace sculptée. **Antares** (☎414611 ; www.antarespatagonia.com ; Pedro Montt 161, Puerto Natales) est le seul prestataire détenant les droits du parc pour conduire des treks sur le glacier Grey (75 000 CLP). L'excursion (octobre à mai) part du bâtiment de la Conaf (ancien Refugio Grey). C'est une boucle de six heures comprenant trois heures sur le glacier.

Escalade

Des guides spécialisés ayant l'expérience des nouveaux sites d'escalade du parc accompagnent les grimpeurs expérimentés dans le cadre de circuits sur mesure de plusieurs jours. Les débutants peuvent s'initier à ce sport et participer à des sorties faciles d'une journée. Quel que soit votre niveau, prenez contact avec **Antares** (☎414611 ; www.antarespatagonia.com) ou **Erratic Rock** (☎061-410355 ; www.erraticrock.com ; Baquedano 719, Puerto Natales).

Où se loger

Réservez impérativement, surtout en haute saison, sous peine d'être obligé de camper. Les agences de voyages s'occupent des réservations, mais mieux vaut traiter directement avec les prestataires du parc. Les tarifs ci-après s'entendent pour la haute saison.

Refugios

Sur le W ou la boucle, vous passerez la nuit dans des *refugios* ou des campements. Il est indispensable de réserver et de préciser à l'avance si vous souhaitez un repas végétarien. Les *refugios* comptent habituellement des chambres de 4 à 8 lits, des cuisines (accessibles à heures fixes, pour les clients du refuge seulement), des douches chaudes et le couvert. Comptez entre 25 000 et 35 000 CLP pour un lit (sans la location de draps), entre 5 500 et 10 000 CLP pour le repas. Le personnel fournit en outre du matériel de camping s'il n'y a plus de place dans les chambres. La plupart des *refugios* ferment fin avril.

On exige parfois de voir votre passeport à l'arrivée. Photocopiez-le à l'avance pour tous les hébergements, ainsi que votre visa touristique, afin d'accélérer la procédure d'enregistrement. Le personnel peut confirmer à l'avance votre réservation suivante par radio. L'afflux de visiteurs rend les petits accrocs inévitables : autant garder votre calme.

Les adresses ci-après sont répertoriées au fil de la description de l'itinéraire "W". Le prix correspond au tarif de base (sans draps, à louer si vous n'avez pas de sac de couchage).

Refugio Las Torres LODGE **$$**
(☎à Puerto Natales 061-710050 ; www.fantasticosur.com ; dort 21 500 CLP, pension complète 44 500 CLP ; mi-sept au 30 avr ; @). Un beau et grand camp de base, disposant de 60 lits et d'un confortable salon-bar-restaurant. En haute saison, le surplus de clients est accueilli, à un tarif inférieur, dans un bâtiment ancien tout proche.

Refugio Chileno REFUGE **$$**
(☎à Puerto Natales 061-710050 ; www.fantasticosur.com ; dort 19 500 CLP, pension complète 42 500 CLP ; ⏲début oct à mi-mars). Le refuge le plus proche des fameuses tours, et aussi l'un des plus petits. Il ne compte que 32 lits et une petite boutique. Il fonctionne à l'énergie éolienne et est équipé de toilettes à biofiltre.

Refugio Los Cuernos REFUGE **$$**
(☎à Puerto Natales 061-710050 ; www.fantasticosur.com ; dort 19 500 CLP, pension complète 42 500 CLP ; ⏲mi-sept au 30 avr). Il y a un effet "goulot d'étranglement" dans ce petit refuge situé à mi-parcours du W, mais les lieux sont néanmoins agréables, avec des dortoirs de 8 lits seulement.

Des douches et sanitaires réservés aux campeurs viennent d'être aménagés, ce qui soulage un peu l'intérieur. En version deluxe (c'est-à-dire plus intime), Los Cuernos se décline en 8 bungalows pour 2 personnes avec sdb commune et accès à un beau Jacuzzi de bois !

Mountain Lodge Paine Grande LODGE **$$**
(☎à Puerto Natales 061-412742 ; www.verticepatagonia.cl ; dort 24 900, pension complète 44 500 CLP ; ⊙tte l'année ; @). Sur la boucle du W, ce refuge immense, mais plus agréable que beaucoup d'autres, bénéficie dans toutes les chambres d'une vue sublime sur Los Cuernos. Il ouvre toute l'année, une aubaine pour les randonneurs trempés et frigorifiés qui s'aventurent ici en hiver – mais attention, on ne sert pas de repas de mai à septembre. Il y a aussi un camping, une boutique vendant des provisions de base et un hébergement en tente fixe confortable.

Le lodge se situe entre le Lago Grey et le Valle Francés (une journée de marche depuis l'un ou l'autre). On y accède aussi en ferry par le Lago Pehoé.

Refugio Grey REFUGE **$$**
(☎à Puerto Natales 061-412742 ; www.verticepatagonia.cl ; dort 15 000 CLP, pension complète 35 500 CLP ; ⊙tte l'année). Un refuge de luxe tout récent, arborant un beau séjour avec bar et canapés en cuir, une cuisine dotée d'équipements professionnels et des dortoirs confortables (capacité totale de 60 pers) où l'on a toute la place nécessaire pour les sacs à dos. Il y a aussi un magasin général et un espace couvert où les campeurs peuvent faire la cuisine. Les tarifs pourraient bientôt augmenter et s'aligner avec ceux du Mountain Lodge Paine Grande. Fonctionne aussi en hiver (sans service de repas entre mai et septembre).

Refugio Dickson REFUGE **$$**
(☎à Puerto Natales 061-412742 ; www.verticepatagonia.cl ; dort 15 000 CLP, pension complète 35 500 CLP ; ⊙nov-mars). Ce refuge est l'un des plus anciens du parc, et aussi l'un des plus petits, avec une capacité d'accueil de 30 personnes seulement. Il se trouve sur la boucle, près du glacier Dickson – le cadre est époustouflant.

Camping

On trouve dans le parc des campings gratuits et d'autres payants – ces derniers offrant davantage de services. Reportez-vous à la carte du parc (p. 496) pour les localiser.

Dans les *refugios,* un emplacement de camping coûte 4 500 CLP. On peut louer sur place du matériel – tente (7 000 CLP la nuit), sac de couchage (5 000 CLP) et matelas (1 500 CLP) –, mais il est prudent de prévoir son propre équipement en haute saison car la demande dépasse souvent l'offre. Des kiosques vendent à prix d'or pâtes, soupes en sachet et recharges de gaz. Certains campings disposent d'un abri pour cuisiner, bien utile par mauvais temps. En règle générale les campings fonctionnent de mi-octobre à mi-mars – encore que ceux situés sur l'arrière de la boucle n'ouvrent bien souvent pas avant novembre en raison du mauvais temps (c'est la Conaf qui prend la décision).

Pour les réservations, adressez-vous à **Vertice Patagonia** (☎061-412742 ; www.verticepatagonia.cl ; Ladrilleros 209, Puerto Natales), qui gère les campings Grey, Dickson, Perros et Paine Grande, ou à **Fantastico Sur** (☎061-710050 ; www.fantasticosur.com ; Esmeralda 661, Puerto Natales ; ⊙9h-13h et 15h-18h lun-ven), propriétaire de Las Torres, Chileno et Serón.

La Conaf gère des aires, gratuites mais sommaires – pas de douche ni de matériel en location. Ce sont les *campamentos* Británico, Italiano, Paso, Serón, Torres et Guardas.

De nombreux campeurs signalent la présence de rongeurs aux abords des zones de camping. Suspendez vos provisions à un arbre !

Hôtels

Soyez attentif à l'emplacement au moment de choisir tel ou tel hôtel. Ceux situés sur l'itinéraire du W offrent au randonneur davantage de souplesse et d'indépendance. La plupart des établissements proposent des formules de plusieurs jours.

Hotel Lago Grey HÔTEL **$$$**
(☎712132 ; www.lagogrey.cl ; réservation Lautaro Navarro 1061, Punta Arenas ; d 154 000 CLP ; @). Ouvert toute l'année, ce bel hôtel propose des chalets blancs bien confortables, reliés entre eux par des passerelles. Toutes récentes, les chambres deluxe, avec vue sur le lac, affichent un style contemporain du plus bel effet. Le café, ouvert au public, contemple le somptueux paysage. Un bateau effectue des excursions jusqu'au glacier, avec arrêt sur l'autre rive du lac au bureau de la Conaf.

explora HÔTEL DESIGN $$$
(☎à Santiago 02-206-6060 ; www.explora.com ; d 4 nuits pension complète transfert inclus 1 390 000 /pers ; @). L'hébergement le plus raffiné (et le plus onéreux) des Torres del Paine trône au-dessus de la cascade Salto Chico, au bord du Lago Pehoé. Les prix comprennent le transfert depuis l'aéroport, la pension complète avec repas gastronomiques et toute une gamme d'excursions conduites par de sympathiques jeunes guides bilingues. Vous pourrez contempler le massif du Paine depuis le moindre recoin et profiter du spa (piscine chauffée, sauna, salles de massage et Jacuzzi à ciel ouvert).

Hotel Las Torres HÔTEL $$$
(☎617450 ; www.lastorres.com ; réservations Magallanes 960, Punta Arenas ; d à partir de 145 000 CLP ; fermé juin). Accueillant et bien tenu, cet hôtel de niveau international possède un spa avec Jacuzzi et propose des excursions de qualité. Il reverse une partie de ses recettes à l'ONG écologique APA, qui travaille dans le parc. Légumes et viande bio produits sur place ou dans les environs sont au menu du restaurant-buffet.

Tierra Patagonia HÔTEL DESIGN $$
(☎à Santiago 02-263-0606 ; www.tierrapatagonia.com ; d 4 nuits pens complète, transferts compris 1 230 000 CLP/pers ; @). Nouvelle adresse très séduisante, ce lodge de luxe aux formes épurées apparaît telle une sculpture posée au milieu des étendues de steppe. Le grand bar circulaire s'organise autour d'une immense cheminée et de l'œuvre monumentale d'un artiste, représentant la carte du parc. Tout en espace et en sobriété, les chambres contemplent le massif du Paine. Les excursions proposées, au départ de l'estancia Cerro Guido, sont de grande qualité. Les tarifs comprennent le transfert depuis l'aéroport, les excursions à la journée, le spa, les repas et les boissons. L'hôtel se trouve sur le Lago Sarmiento, en bordure du parc national, à une vingtaine de kilomètres de la Laguna Amarga.

Hostería Mirador del Payne AUBERGE $$$
(☎226930 ; www.miradordelpayne.com ; réservations Fagnano 585, Punta Arenas ; s/d 100 000/122 500 CLP). Sur le domaine de la Estancia El Lazo, dans le secteur peu fréquenté de la Laguna Verde, cette confortable auberge se distingue par sa sérénité, la proximité de points de vue spectaculaires et son service de première classe. En revanche, elle ne permet pas un accès aisé au parc. Au programme : observation des oiseaux, randonnées équestres et pêche sportive. Téléphonez pour qu'on vienne vous chercher à l'embranchement de la route.

Hotel Cabañas del Paine BUNGALOWS $$$
(☎730177 ; www.cabanasdelpaine.cl ; d 142 800 CLP). Sur les rives du Río Serrano, ces jolis bungalows se révèlent particulièrement bien intégrés au paysage. Ils jouissent d'une vue superbe.

Hostería Pehoé HÔTEL $$$
(☎à Santiago 02-296-1238 ; www.pehoe.cl ; d 127 095 CLP). À l'extrémité du Lago Pehoé, cet hôtel est relié à la terre ferme par une grande passerelle. Il offre un panorama splendide sur Los Cuernos et le Paine Grande, mais des prestations infiniment moins remarquables – les chambres, fatiguées, sont dignes d'un motel de seconde zone. Bar-restaurant accessible au public.

Renseignements

Le Parque Nacional Torres del Paine se trouve à 112 km au nord de Puerto Natales. La route de gravier, en bon état malgré quelques tronçons cahoteux, passe par Cerro Castillo. De là, il est possible, à certaines périodes de l'année, de traverser la frontière argentine au poste de Cancha Carrera. La route continue vers le nord sur 40 km puis vers l'ouest jusqu'à **Portería Sarmiento**, l'entrée principale du parc, où vous devrez acquitter le droit d'entrée. Quelque 37 km plus loin, on atteint l'**Administración** et le **centre des visiteurs de la Conaf** (9h-20h en été), qui propose des explications claires sur l'écologie locale et vous informera de l'état des sentiers. Une nouvelle route reliant Puerto Natales à l'Administración (administration du parc) permet d'aborder la partie sud du parc par un itinéraire plus court et plus direct.

Le parc est ouvert toute l'année, mais il n'est pas toujours aisé de s'y rendre. Les transports publics sont moins fréquents hors saison et la météo hivernale rend la randonnée plus difficile. Les mois de novembre et mars, plus calmes, sont l'une des périodes les plus propices à la randonnée : le parc est moins fréquenté, mais les vents sont souvent forts en mars. Nous vous recommandons les sites Internet www.torresdelpaine.com et www.erraticrock.com, qui fournissent de bons conseils pour les voyageurs indépendants. **Erratic Rock** (☎61-410355 ; www.erraticrock.com ; Baquedano 719, Puerto Natales) conduit une excellente séance d'information chaque jour à 15h, qui aborde tous les sujets, de l'état des sentiers au camping. On peut également louer de l'équipement dans ses locaux.

Livres et cartes

Vous trouverez facilement les excellentes cartes de randonnées de JLM et Luis Bertea Rojas à Puerto Natales. Ceux qui lisent l'anglais peuvent également consulter *Trekking in the Patagonian Andes* de Lonely Planet.

Depuis/vers le Parque Nacional Torres del Paine

Reportez-vous p. 494 pour les transports à l'intérieur du parc. Pour rejoindre El Calafate depuis le parc dans la même journée, il est nécessaire de participer à une excursion ou de bien planifier le trajet. Il n'existe en effet pas de liaison directe. Mieux vaut retourner à Puerto Natales.

Comment circuler

Les navettes (2 500 CLP) déposent et embarquent les visiteurs à Laguna Amarga, au quai du catamaran Hielos Patagónicos, à Pudeto, et à l'Administración.

Le catamaran quitte Pudeto pour rejoindre le Mountain Lodge Paine Grande (aller simple/aller-retour 12 000/19 000 CLP par pers) à 9h30, 12h et 18h de décembre à mi-mars, à 12h et à 18h à la fin mars et novembre, et à 12h seulement en septembre, octobre et avril. Un autre bateau traverse le Lago Grey, entre l'Hotel Lago Grey et la plage près du Refugio Lago Grey (40 000 CLP, 1 heure 30 à 2 heures) plusieurs fois par jour. Contactez l'hôtel pour les horaires.

Terre de Feu

Dans ce chapitre »

Le top des restaurants

- Kalma Resto (p. 514)
- Kaupé (p. 514)
- María Lola' Restó (p. 515)

Le top des hébergements

- Estancia Viamonte (p. 528)
- Galeazzi-Basily B&B (p. 512)
- Antarctica Hostel (p. 512)
- Cabañas del Beagle (p. 513)
- Hostería Yendegaia (p. 529)

Pourquoi y aller

Figure de proue australe du continent américain, cet archipel battu par les vents est aussi fascinant que changeant. C'est une région dont la complexité va au-delà de sa réputation de "bout du monde". Son passé jalonné de naufrages et de missions avortées, et l'histoire de ses habitants premiers captivent l'imagination. En Terre de Feu, la nature règne en maître, entre plaines désolées, tourbières, forêts de lengas et sommets enneigés surplombant le canal de Beagle.

Malgré la distance et l'isolement, la Terre de Feu n'est en rien coupée du continent. Ici, un commerce actif garantit l'animation des ports et les raffineries de pétrole prospèrent, tandis que les amateurs d'aventures affluent pour pêcher, marcher ou explorer l'Antarctique. Partagé entre l'Argentine et le Chili, l'archipel se compose d'une grande île argentino-chilienne, l'Isla Grande de Tierra del Fuego, de l'île chilienne de Navarino et d'innombrables îlots inhabités.

Quand partir

Ushuaia

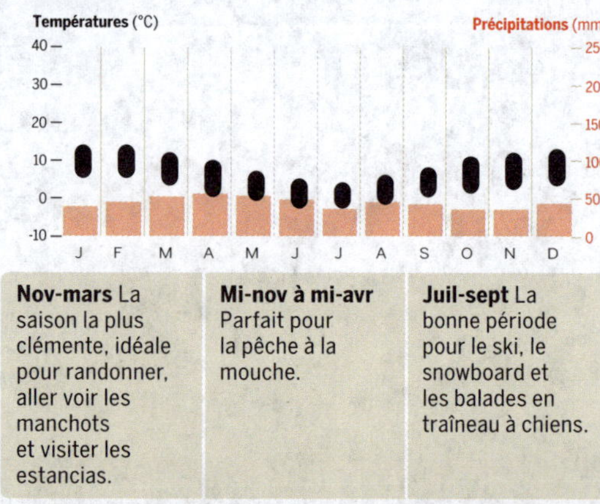

Nov-mars La saison la plus clémente, idéale pour randonner, aller voir les manchots et visiter les estancias.

Mi-nov à mi-avr Parfait pour la pêche à la mouche.

Juil-sept La bonne période pour le ski, le snowboard et les balades en traîneau à chiens.

Parcs nationaux

L'Isla Grande abrite le Parque Nacional Tierra del Fuego (p. 517), premier parc national côtier du pays.

Comment s'y rendre et circuler

Le ferry de Punta Delgada (p. 488) est le moyen le plus simple de circuler entre la Terre de Feu et la Patagonie. Au contraire du reste de l'Argentine, la Terre de Feu ne dispose pas de grande route provinciale, mais uniquement de routes secondaires, connues sous le nom de *rutas complementarias*, repérées par une lettre minuscule. Vous les trouverez indiquées dans ce chapitre par des références comme "RC-a", par exemple.

Si vous louez une voiture en Argentine continentale, vous devrez entrer et sortir du Chili plusieurs fois avant d'atteindre la Terre de Feu. Vous aurez besoin pour cela de documents spéciaux et d'une assurance internationale ; les agences de location peuvent se charger de ces formalités si elles sont prévenues à l'avance.

Au moment de la rédaction de ce guide, le Chili avait lancé le chantier d'une route alternative vers l'extrémité sud-est de l'île. Elle relie pour l'heure le Lago Fagnano, mais ne se parcourt qu'en 4x4.

Il est possible de rejoindre par avion Río Grande et Ushuaia. Les bus empruntent le ferry au départ de Punta Delgada, au Chili, et rejoignent Ushuaia via Río Grande.

Ushuaia

☎02901 / 57 000 HABITANTS

Port animé et base prisée des amateurs d'aventures, Ushuaia love ses rues escarpées et son méli-mélo architectural au pied des sommets enneigés du glacier Martial. La ville sert de courte transition dans une rencontre formidable, celle de ces deux géants que sont les Andes et l'océan Antarctique.

Ushuaia est une ville rêvée (fantasmée ?) pour voyageurs en quête d'aventure. Nichée entre le canal de Beagle et les sommets enneigés de la chaîne Martial, dans un cadre fabuleux, elle exploite à fond son statut de "bout du monde". Son port accueille un nombre croissant de bateaux à destination de l'Antarctique. La ville, qui met à profit son passé à des fins touristiques, multiplie les activités de plein air : randonnée, voile, kayak et même plongée se pratiquent à quelques minutes à peine de la ville.

Le niveau élevé des salaires en Terre de Feu a attiré les Argentins des quatre coins du pays, faisant déplorer à certains la perte d'authenticité de leur bourgade. Ce développement a entraîné de nouveaux aménagements urbains relativement désordonnés, qui suivent la topographie chaotique des lieux.

Histoire

En 1870, la South American Missionary Society (société missionnaire britannique) décida de s'intéresser au sort d'un peuple nomade qui vivait presque entièrement nu dans une région au climat très rigoureux, les Yagan (ou Yámana) : dépourvus d'habitations permanentes où maintenir leur habillement au sec, ils s'enduisaient le corps de graisse animale et se regroupaient autour de feux qu'ils allumaient même dans leurs bateaux. Si Darwin voyait en eux la "forme d'humanité la plus primitive sur Terre", le missionnaire Thomas Bridges était d'un tout autre avis. Après avoir vécu des années avec eux, il écrivit à la fin du XIXe siècle un dictionnaire de langue yagan, mettant en évidence sa subtilité et sa complexité.

La mission fit d'Ushuaia son premier établissement permanent en Terre de Feu. Les Yagan, qui avaient vécu 6 000 ans isolés du reste du monde, furent très sensibles aux maladies apportées par les étrangers et virent leurs territoires grignotés par les chasseurs de phoques, les colons et les chercheurs d'or. Quatre Yagans (dont un adolescent surnommé "Jemmy Button") furent enlevés par le capitaine Robert FitzRoy et amenés en Angleterre pour être instruits et exhibés en spécimens de "sauvages éduqués". L'un des quatre hommes mourut de maladie, et après des mois de polémique, FitzRoy accepta de ramener les trois autres chez eux.

De ces Indiens, seuls restent aujourd'hui des amas de coquillages, le fameux dictionnaire de Thomas Bridges et le souvenir de Jemmy Button. Au moment de nos recherches, une femme yagan très âgée vivait encore sur l'Isla Navarino, ultime locutrice de sa langue.

De 1884 à 1947, Ushuaia fut transformée en bagne où furent envoyés, comme sur la lointaine Isla de los Estados, de nombreux criminels et prisonniers politiques. Elle est depuis 1950 une importante base navale.

À voir

Parallèle au canal de Beagle, l'Av Maipú devient Malvinas Argentinas à l'ouest du cimetière, avant de se transformer en RN 3, continuant sur 12 km vers le Parque Nacional Tierra del Fuego. À l'est, le "quadrillage" de la ville s'arrête à Yaganes, qui court vers

À ne pas manquer

1. Une randonnée dans les vieilles forêts fuégiennes au **Parque Nacional Tierra del Fuego** (p. 517)
2. Une **balade en traîneau** (p. 511) dans les vallées enneigées d'Ushuaia
3. Les joies simples de la pêche à la mouche dans une **estancia** (p. 528) près de Río Grande
4. Une visite de l'ancien bagne d'Ushuaia reconverti en musée, le **Museo Marítimo et Museo del Presidio** (p. 508)
5. Ski et snowboard avec vue dans la station la plus australe du monde, **Cerro Castor** (p. 511)
6. Voyage au temps passé, dans le paisible village balnéaire de **Porvenir** (p. 528)
7. Des pics déchiquetés et des paysages sculptés à découvrir lors d'un trek de cinq jours sur le circuit **Dientes de Navarino** (p. 523)

Estancia Monte Dinero
Cabo Vírgenes
0
100 km
Cerro Sombrero
Cabo Espíritu Santo
Bahía San Sebastián
San Sebastián
OCÉAN ATLANTIQUE
CHILI
Estancia María Behety
3 Río Grande
Isla Grande de Tierra del Fuego
Estancia José Menéndez
Paso Río Bellavista
Estancia Viamonte
RN 3
ARGENTINE
Lago Blanco
Estancia Tepi
Estancia Rolito
Tolhuin
Lago Fagnano (Kami)
Glaciar Martial
Altos del Valle
Paso Garibaldi
Parque Nacional Tierra del Fuego
1
2 4
5 Cerro Castor
Guardería Lapataia
Ushuaia
Estancia Harberton
Estancia Yendegaia
Puerto Navarino
Puerto Williams 7
Villa Ukika
Puerto Toro
Isla Picton
Estrecho de la Maire
Isla Navarino
Isla Nueva
Isla Lennox
Parque Nacional Cabo de Hornos
Cap Horn (Cabo de Hornos)

Ushuaia

le nord pour rejoindre la RN 3, allant vers le Lago Fagnano, au nord. La plupart des services destinés aux visiteurs sont sur San Martín, à une rue du canal, ou à proximité.

L'office du tourisme propose le plan gratuit d'une visite de la ville, avec des informations sur plusieurs demeures historiques. Bâtie en 1894, la **Legislatura Provincial** (Maipú 465) est l'ancienne résidence des gouverneurs. La **Iglesia de la Merced** (San Martín et Don Bosco) fut, quant à elle, construite il y a plus d'un siècle par des prisonniers. La **Casa Beban** (angle Maipú et Plúschow ; entrée libre ; ⏲11h-18h), qui date de 1911, accueille aujourd'hui des expositions d'artistes locaux.

Museo Marítimo et Museo del Presidio

MUSÉE

(☎437481 ; www.museomaritimo.com ; angle Yaganes et Gobernador Paz ; 70 ARS ; ⏲10h-20h). La construction de ce bagne débuta en 1906, "confiée" à des détenus transférés à Ushuaia depuis l'Isla de los Estados (île des États), pour s'achever en 1920. Les cellules individuelles, réparties en couloirs qui "rayonnent" en demi-cercle autour d'un hall central, étaient conçues pour 380 prisonniers ; elles en accueillirent parfois 800 jusqu'à la fermeture de la prison en 1947. Le célèbre écrivain Ricardo Rojas et l'anarchiste russe Simon Radowitzky y furent détenus. La vie pénitentiaire est décrite ici avec réalisme (en espagnol uniquement).

Vous pourrez vous attarder devant les maquettes superbement détaillées de navires célèbres qui, couvrant quelque cinq siècles, offrent un aperçu original de l'histoire de la région. Dans la cour, on découvre les vestiges du train qui transportait les prisonniers de la ville à leur lieu de travail, et circulait sur des rails à l'écartement le plus étroit du monde. Visites guidées à 11h30 et 18h30.

Museo Yámana

MUSÉE

(☎422874 ; Rivadavia 56 ; 25 ARS ; ⏲10h-20h). Modeste mais soigné, ce musée offre un

excellent aperçu de la culture yagan (ou yámana) : découvrez comment ces Indiens ont réussi à survivre sans vêtements sous un climat particulièrement rigoureux, pourquoi seules les femmes savaient nager et comment entretenir un feu dans un canoë en mouvement. Les dioramas minutieusement détaillés (en anglais et en espagnol) ont pour cadre les baies et îlots du parc national : le Museo Yámana peut faire un excellent préambule à la visite du parc.

Museo del Fin del Mundo MUSÉE
(☎421863 ; www.tierradelfuego.org.ar/museo ; angle Maipú et Rivadavia ; entrée 30 ARS ; ⊙9h-20h). Construite en 1903, cette ancienne banque donne à voir des expositions sur l'histoire naturelle de la Terre de Feu, la vie locale et les premières colonies pénitentiaires, des oiseaux naturalisés et des reconstitutions, le tout d'un intérêt limité.

GRATUIT **Parque Yatana** PARC
(Fundación Cultiva ; ☎425212 ; angle Magallanes et 25 de Mayo ; ⊙15h-18h mer-ven). À la fois oasis de verdure et projet artistique, cette parcelle d'une forêt de lengas doit à la détermination d'une seule famille d'avoir échappé à l'urbanisation.

Activités

La navigation de plaisance se pratique toute l'année. Les randonnées ne se limitent pas au parc national de la Terre de Feu. Avec ses lacs et ses rivières, la chaîne de montagnes qui surplombe Ushuaia est un véritable paradis pour randonneurs. Toutefois, nombre de pistes n'étant que peu, voire pas du tout, balisées, certains randonneurs facilement parvenus au sommet se sont perdus au retour. Le Club Andino Ushuaia (p. 516) dispense cartes et renseignements de qualité. En cas d'urgence, contactez la **garde civile** (☎103, 22108).

Activités estivales

Cerro Martial et Glaciar Martial MONTAGNE
(télésiège facultatif 55 ARS ; ⊙10h-16h). Pour une grande journée sportive, une randonnée partant de la ville rejoint le Glaciar Martial, d'où l'on jouit d'une vue magnifique sur Ushuaia et le canal de Beagle – d'ailleurs peut-être plus impressionnante que le glacier lui-même. Prenez San Martín vers l'ouest, qui monte ensuite en zigzags. Lorsque vous arriverez sur la piste de ski, à 7 km au nord-ouest de la ville, vous pourrez prendre l'*aerosilla* (téléphérique) ou bien marcher encore 2 heures pour une vraie journée complète de randonnée. Les plus beaux panoramas sont à 1 heure de marche du terminus du téléphérique. Au pied de l'*aerosilla*, un accueillant refuge sert café, bière et desserts. Le climat étant très changeant, prévoyez des vêtements chauds et imperméables, ainsi que des chaussures solides.

Du pied du téléphérique partent en soirée des **circuits d'accrobranche** (escuela@tierradelfuego.org.ar ; Refugio de Montaña ; 130 ARS ; ⊙10h-17h15 oct-juin), pour jouer les Tarzan une heure durant et filer sous les frondaisons de la forêt sur un parcours qui compte 11 tyroliennes et deux ponts suspendus. Le câble le plus élevé se trouve à 8 m du sol. Sur réservation uniquement. Un taxi vous épargnera l'ascension, de même que les minibus pour le Cerro Martial (35 ARS) qui partent à l'angle

Ushuaia

Les incontournables

Boat Tours D3
Museo Marítimo & Museo del Presidio F2

À voir

1 Club Andino Ushuaia C3
2 Iglesia de la Merced B3
3 Legislatura Provincial D3
4 Museo del Fin del Mundo E3
5 Museo Yámana E3
6 Parque Yatana D1

Circuits organisés

7 All Patagonia C3
8 Canal Fun C3
9 Compañía de Guías de Patagonia D3
10 Rumbo Sur E3
11 Tolkar E3
12 Turismo Comapa E3
13 Ushuaia Turismo C2

Où se loger

14 Antarctica Hostel E2
15 Freestyle C2
16 Galeazzi-Basily B&B E1
17 Hostel Cruz del Sur E3
18 La Casa de Tere B&B E1
19 La Maison de Ushuaia E1
20 Martín Fierro B&B C3
21 Mil 810 .... D2
22 Posada Fin del Mundo E1
23 Yakush B3

Où se restaurer

24 Almacen Ramos Generales C3
25 Bodegón Fueguino B3
26 Café Bar Tante Sara E3
27 Café-Bar Tante Sara C3
28 Chiko E3
29 El Turco A3
30 Kalma F3
31 Kaupé D2
32 La Anónima E2
33 La Estancia E3
34 Lomitos Martinica F3
35 María Lola Restó B3
36 Placeres Patagónicos E3

Où prendre un verre

37 Dublin Irish Pub C3
38 Macario 1910 .... A3

Où sortir

39 Cine Pakawaia F2

Achats

40 Boutique del Libro B3
41 Boutique del Libro D3

de Maipú et Juana Fadul toutes les demi-heures de 8h30 à 18h30.

Canal de Beagle PROMENADE EN BATEAU
Pour voir les choses d'un autre œil et apercevoir la vie sauvage, rien de tel que de naviguer sur les eaux gris-vert du canal de Beagle, sur fond de glaciers et d'îles rocheuses. Vous trouverez les prestataires sur le quai Maipú, entre Lasserre et Roca. Les croisières dans le port durent généralement 4 heures, le matin ou l'après-midi (180-230 ARS), et vous emmèneront voir des colonies d'otaries et de cormorans. Renseignez-vous sur le nombre de passagers, les repas pris en charge et les sites visités, variables selon les prestataires. Vérifiez si une halte sur une île est prévue, permettant de faire un peu de marche et d'admirer les *conchales,* ces monticules de coquillages laissés par les Yagan.

Mago Del Sur CROISIÈRE EN VOILIER
(☎02901-15-5148-6463 ; www.magodelsur.com.ar ; la journée par pers dans le canal/vers l'Antarctique 1266/1477 ARS). Recommandé, pour une croisière en voilier de plusieurs jours, avec à la barre le capitaine Alejandro Da Milano, un vieux loup de mer expérimenté et prudent.

Cruceros Australis CROISIÈRE
(☎à Santiago 02-442-3110 ; www.australis.com ; ⊙sept-mai). Luxueuses croisières de 4 ou 5 jours (à partir de 1 498/1 894 $US par pers en basse/haute saison) vers Punta Arenas, à destination d'une clientèle plutôt d'âge mûr. Les départs d'Ushuaia le samedi offrent la possibilité de débarquer au cap Horn. La basse saison correspond au premier et aux deux derniers mois de la saison. La croisière permet de découvrir de nombreux glaciers inaccessibles autrement, mais le temps est compté et les possibilités de randonnée limitées : l'accent est mis sur les exposés relatifs à la nature et les excursions en groupe. Sur place, réservation auprès de Turismo Comapa (p. 512).

Aeroclub Ushuaia VU DU CIEL
(☎421717, 421892 ; www.aeroclubushuaia.org.ar ; vol 30 min 443 ARS). Découvrez le canal d'en haut, en avion.

Activités hivernales

Toutes accessibles par la RN 3, les stations de ski proches de la ville font le bonheur des amateurs de ski alpin et de ski de fond. La saison s'étend de juin à septembre, juillet étant vraiment chargé (période des vacances scolaires d'hiver).

♥ **Cerro Castor** SPORTS D'HIVER
(☎02901-15-605604/6 ; www.cerrocastor.com ; forfait remontées mécaniques une journée adulte/enfant 240/165 ARS ; ⌚mi-juin à mi-oct). Forte d'un cadre spectaculaire, la plus grande station de ski de la région compte 15 pistes réparties sur 400 hectares et plusieurs chalets abritant des cafés et même un bar à sushis. Location de matériel de ski alpin et de fond et de snowboards. Rabais sur les forfaits de plusieurs jours et en saison intermédiaire. Par temps froid, les télésièges sont équipés de pare-vent transparents. À 26 km d'Ushuaia par la RN3.

Nunatak Adventure SPORTS D'HIVER
(☎430329 ; www.nunatakadventure.com ; RN 3, Km 3018 ; traîneau à chiens 140 ARS). Traversez une belle vallée alpine en raquettes, ou filez à travers la vallée de Tierra Mayor sur un traîneau tiré par des huskies d'Alaska et de Sibérie. À faire suivre d'un feu de joie (400 ARS), pour une soirée mémorable. Propose aussi des excursions en autoneige. À 19 km d'Ushuaia par la RN3.

Altos del Valle SPORTS D'HIVER
(☎422234 ; www.gatocuruchet.com.ar). Gato Curuchet, qui fut le premier Sud-Américain à prendre part à la course de l'Iditarod en Alaska, donne des cours de traîneau à chiens et parraine les courses qui se déroulent chaque année fin août, ouvertes aussi aux enfants. Bonnes aires de ski de fond et de raquettes, location de matériel et excursions à la pleine lune. Les skieurs de l'extrême peuvent partir en autoneige. À 18 km d'Ushuaia par la RN3.

Centro de Deportes Invernales Glaciar Martial SPORTS D'HIVER
(☎421423, 423340). À environ 7 km au nord-ouest de la ville, ce domaine familial possède des pistes bien conçues pour les débutants. Location de matériel.

Cerro Martial et Glaciar Martial SPORTS D'HIVER
(télésiège facultatif 55 ARS ; ⌚10h-16h). Idéale en famille ou pour quelques heures d'amusement, cette station urbaine loue aussi du matériel de ski ; renseignez-vous sur les raquettes pour une belle promenade. Coordonnées p. 509.

☞ Circuits organisés

Les agences proposent des promenades à cheval, des randonnées, des sorties en kayak, la visite des lacs Escondido et Fagnano, des séjours dans des estancias, ainsi que l'observation des oiseaux et des castors.

All Patagonia EXCURSIONS GUIDÉES
(☎433622 ; www.allpatagonia.com ; Juana Fadul 60). Représentant American Express. Circuits plutôt conventionnels et luxueux.

Canal Fun SORTIES AVENTURE
(☎437395 ; www.canalfun.com ; 9 de Julio 118). Une équipe de jeunes propose des sorties à la journée : randonnée et kayak dans le Parque Nacional Tierra del Fuego (425 ARS), aventure hors pistes au Lago Fagnano (535 ARS) et excursion multisports d'une journée près de l'Estancia Harberton incluant une sortie en kayak et une visite de la colonie de manchots (785 ARS).

Compañía de Guías de Patagonia RANDONNÉES GUIDÉES
(☎437753 ; www.companiadeguias.com.ar ; San Martín 654). Ce prestataire de bonne réputation propose des excursions dans le parc national, des treks à la journée et des randonnées sur la glace au Glaciar Vinciguerra (329 ARS), mais aussi des treks de 3 jours, recommandés, vers le Valle Andorra et le Paso la Oveja (2 026 ARS).

Nunatak Adventure SORTIES AVENTURE
(☎430329 ; www.nunatakadventure.com). Tourisme d'aventure à des prix compétitifs et refuge de montagne. De nombreux voyageurs ont apprécié l'excursion hors pistes d'une journée au Lago Fagnano, avec sortie en canoë et barbecue (460 ARS).

Patagonia Adventure Explorer CROISIÈRE DANS LE PORT
(☎02901-15-465842 ; www.patagoniaadvent.com.ar ; quai touristique). Cet opérateur dispose de bateaux confortables et organise une randonnée sur l'Isla Bridges (en-cas inclus). Pour une croisière plus aventureuse,

embarquez à bord du voilier de 18 pieds, pour la journée (avec vin et pique-nique) ou une sortie de plusieurs jours.

Piratour CROISIÈRE DANS LE PORT
(☎424834 ; www.piratour.com.ar ; quai touristique). Organise des randonnées pour 20 personnes sur l'Isla Martillo, près des manchots de Magellan et des manchots papous.

Rumbo Sur EXCURSIONS GUIDÉES
(☎422275 ; www.rumbosur.com.ar ; San Martín 350). La plus ancienne agence d'Ushuaia, spécialisée dans les activités plutôt conventionnelles, avec notamment une promenade portuaire en catamaran. Assure également des réservations pour l'Antarctique.

Tango y Che CROISIÈRE DANS LE PORT
(☎02901-15-517967 ; www.navegandoelbeagle.com ; quai touristique). Avec ses deux bateaux 12 passagers, propose notamment un trek sur l'île Bridges avec bière Beagle (bien sûr) servie à la pression sur la route du retour – la clientèle des auberges de jeunesse apprécie.

Tres Marías Excursiones CROISIÈRE DANS LE PORT
(☎436416 ; www.tresmariasweb.com ; quai touristique). C'est la seule entreprise autorisée à aborder l'Isla "H" de la réserve naturelle d'Isla Bridges, où se trouve une colonie de cormorans. Huit passagers seulement.

Tolkar EXCURSIONS GUIDÉES
(☎431408/12 ; www.tolkarturismo.com.ar ; Roca 157). Agence efficace et très prisée, ouverte toute l'année et affiliée aux bus Tecni-Austral.

Turismo Comapa SORTIES EN BATEAU
(☎430727 ; www.comapa.com ; San Martín 245). C'est dans cette agence que doivent être confirmées les traversées Navimag et Cruceros Australis.

Turismo de Campo EXCURSIONS GUIDÉES
(☎437351 ; www.turismodecampo.com, en espagnol ; Fuegia Basquet 414). Randonnées faciles, excursions en voilier sur le canal de Beagle et visites de l'Estancia Rolito, près de Río Grande. Propose également de nombreuses traversées de 9 à 12 nuits en Antarctique.

Ushuaia Turismo EXCURSIONS GUIDÉES
(☎436003 ; www.ushuaiaturismoevt.com.ar ; Gobernador Paz 865). Billets de dernière minute pour les croisières en Antarctique.

Fêtes et festivals

Fin del Mundo Marathon COURSE
(début mars). Un marathon international extrêmement couru, sur le parcours le plus austral du continent.

Solstice d'hiver FÊTE
(mi-juin) Le Festival Nacional de la Noche Más Larga (la nuit la plus longue), pendant deux semaines, programme spectacles, concerts (tango, jazz, musique populaire, etc.) et manifestations gratuites dans toute la ville. Plus de renseignements à l'office du tourisme.

Marcha Blanca SPORTS D'HIVER
(www.marchablanca.com ; mi-août). Depuis un quart de siècle, cette foulée blanche, compétition de ski de fond immensément populaire, reconstitue la traversée historique des Andes par San Martín le 17 août 1817. Au programme également, master class de ski, sculptures de neige et marathon de ski nordique.

Où se loger

De janvier à début mars, pensez à réserver. Lors de votre réservation, demandez si le transfert gratuit à l'arrivée est proposé. Les tarifs baissent un peu en hiver, mais certaines adresses ferment aussi. La plupart des hébergements proposent un service de blanchisserie.

L'office du tourisme municipal (p. 516) dispose de la liste des B&B et des *cabañas*, et affiche les logements disponibles après l'heure de fermeture.

Les auberges de jeunesse ne manquent pas, et disposent toutes de cuisine et souvent d'un accès Internet. Les tarifs baissent de 25% environ en basse saison (avril à octobre).

Antarctica Hostel HOSTEL $
(☎435774 ; www.antarcticahostel.com ; Antártida Argentina 270 ; dort/d 70/125 ARS ; @). Un vrai repaire de baroudeurs, fort d'une ambiance chaleureuse et d'un personnel obligeant ; l'aménagement style loft et la bière pression participent de l'attrait des rencontres. On se détend et on joue aux cartes dans la salle commune, et la cuisine en mezzanine est sympathique. Les chambres (sol en ciment) sont spacieuses ; chauffage au sol.

Galeazzi-Basily B&B B&B $$
(☎423213 ; www.avesdelsur.com.ar ; Valdéz 323 ; s/d avec sdb partagée 190/280 ARS, chalet d/tr/qua 390/450/520 ARS ; @). Le meilleur atout

de cette élégante résidence, nichée dans un cadre boisé, tient à l'adorable famille qui la gère. Certains de ses membres parlent français. Chambres petites mais personnalisées, dotées uniquement de lits jumeaux ; les couples peuvent opter pour les chalets modernes à l'arrière. Adresse paisible, où vous pourrez de surcroît pratiquer votre anglais, votre italien et/ou votre portugais.

Cabañas del Beagle CHALETS $$$
(☎432785 ; www.cabanasdelbeagle.com ; Las Aljabas 375 ; chalet 2 pers 1 055 ARS, 2 nuitées minimum). Les couples à la recherche d'une escapade romantique adoreront ces bungalows en bois avec cheminée, chauffage par le sol et cuisine. Alejandro, le propriétaire, est charmant. À 13 rues du centre, sur les hauteurs, par l'Av Leandro Alem.

Freestyle HOSTEL $
(☎432874 ; www.ushuaiafreestyle.com ; Gobernador Paz 866/868 ; dort sans/avec sdb 80/90 ARS ; @📶). Une ambiance très jeune (qui ne fera pas forcément l'unanimité) règne dans cette auberge de jeunesse haut de gamme, offrant des dortoirs modernes (couvertures en polaire), un coin cuisine doté d'un plan de travail en marbre, et un grand salon lumineux avec billard, canapés en Skaï et vue panoramique. Emilio et Gabriel, deux frères, dispensent généreusement leurs conseils et bonnes adresses d'excursions.

La Posta HOSTEL $
(☎444650 ; www.laposta-ush.com.ar ; Perón Sur 864 ; dort/d 85/135 ARS ; @📶). Charmante auberge aux abords de la ville, très prisée des jeunes voyageurs. Service attentif, décoration chaleureuse et cuisines impeccables. L'adresse est éloignée du centre mais desservie par de nombreux bus et taxis.

Los Cormoranes HOSTEL $
(☎423459 ; www.loscormoranes.com ; Kamshen 788 ; dort/d/tr 70/280/330 ARS ; @📶). Plus décontractée que les autres, cette sympathique auberge se trouve sur les hauteurs de la ville, à 10 minutes à pied au nord du centre. Dortoirs de 6 lits avec terrasse en bois, doubles (la 10 a vue sur la baie). Petit-déjeuner copieux (pain grillé, café, œufs, orange pressée).

La Casa de Tere B&B $$
(☎422312 ; www.lacasadetere.com.ar ; Rivadavia 620 ; s/d 211/253 ARS, d avec sdb 337 ARS). Tere dorlote ses hôtes, mais garantit leur liberté de mouvement. Cette belle demeure moderne, donnant sur un superbe panorama, est forte de 3 chambres avec vue, soignées et modernes. Cuisine à disposition, TV câblée et cheminée dans le salon. Petite marche en montée raide depuis le centre. Réservation indispensable.

Posada Fin del Mundo B&B $$$
(☎437345 ; www.posadafindelmundo.com.ar ; angle Rivadavia et Valdéz ; d sans/avec sdb 422/527 ARS). Vaste demeure familiale pleine de caractère, à commencer par son douillet salon agrémenté d'œuvres d'art traditionnel et d'une belle vue sur les flots. Ses 8 chambres sont coquettes et carrelées, quoique un peu petites, mais les lits sont longs. Tarif élevé pour la catégorie, même si le petit-déjeuner est copieux, et le thé (avec pâtisseries) servi l'après-midi. Adresse parfois entièrement réservée l'hiver par des groupes de skieurs.

Cabañas Aldea Nevada CHALETS $$$
(☎422851 ; www.aldeanevada.com.ar ; Martial 1430 ; d 520 ARS, 2 nuitées minimum ; @). Treize chalets en rondins disséminés dans un superbe écrin de forêt de lengas, avec des bancs en bois installés autour des étangs. Intérieurs rustiques mais modernes, avec cuisine fonctionnelle et poêle à bois. Barbecue.

Cumbres del Martial AUBERGE CHIC $$$
(☎424779 ; www.cumbresdelmartial.com.ar ; Martial 3560 ; d/chalet 1 160/1 667 ARS ; @📶). Difficile de quitter ces lieux chics au pied du glacier Martial. Chambres standards évoquant les cottages anglais et superbes chalets avec cheminée en pierre et Jacuzzi. Massages en supplément et journal de votre pays livré dans votre boîte aux lettres.

Los Cauquenes Resort & Spa COMPLEXE HÔTELIER $$$
(☎441300 ; www.loscauquenes.com ; d avec petit-déj 1 223-1 546 ARS, d/ste 1 316/2 772 ARS ; @📶🏊). Nouvelle adresse d'Ushuaia dans un quartier privé accessible par une route gravillonnée, cet immense complexe en bois a littéralement les pieds dans l'eau, au bord du canal de Beagle. Chambres décorées avec goût et bien équipées – mention spéciale pour la salle de jeux débordant d'activités pour les enfants et les terrasses avec pare-vent en verre et vue époustouflante sur le canal. Preuve que les Argentins savent tout vendre, le spa propose des gommages à la yerba maté et des masques à la tourbe des Andes. Navettes gratuites pour le centre-ville toutes les demi-heures. À 4 km à l'ouest de l'aéroport.

Familia Piatti B&B B&B $$
(☎437104 ; www.interpatagonia.com/familiapiatti, en espagnol ; Bahía Paraíso 812, Bosque del Faldeo ; s/d/tr 240/335/395 ARS ; @). Sympathique B&B dans un quartier boisé. Chambres confortables, avec duvet et meubles en lenga. Les pistes de randonnée voisines partent vers les montagnes. Transports et excursions guidées organisés par les propriétaires polyglottes.

Martín Fierro B&B B&B $$
(☎430525 ; www.martinfierrobyb.com.ar ; 9 de Julio 175 ; s/d avec sdb partagée 250/350 ARS, s/d 350/500 ARS ; oct-avr ; P). Javier, le sympathique propriétaire de ce B&B aux allures de chalet, a mis un soin particulier à la décoration intérieure, qui allie boiseries et pierres. Dans une ambiance détendue, on peut tenir de longues conversations avec les autres voyageurs à la table du petit-déjeuner ou prendre un livre dans la bibliothèque très fournie.

Yakush HOSTEL $
(☎435807 ; www.hostelyakush.com.ar ; Piedrabuena 118 ; dort 85 ARS, d sans/avec sdb 240/300 ARS ; mi-oct à mi-avr ;). Une auberge colorée, bien entretenue et extrêmement sympathique, dont les murs sont ornés de dessins originaux. Dortoirs aux lits douillets et vaste salon aménagé sous les toits.

La Maison de Ushuaia B&B $$
(☎437414 ; www.lamaisondeushuaia.com ; Bouchard 316 ; s/d 211/253 ARS, d/tr sans sdb 260/300 ARS ; d 340 ARS ; @). Après avoir passé des années à sillonner le monde en voilier, cette maisonnée de femmes francophones a jeté l'ancre dans cette petite rue tranquille. Adresse animée et chaleureuse, quoiqu'un peu désordonnée. Sur plusieurs niveaux, la maison recèle d'étonnantes boiseries, un lit en mezzanine (prisé des enfants) et une chambre principale très demandée. Cuisine à disposition. Sur les hauteurs du centre-ville.

Mil 810 HÔTEL $$$
(☎437710 ; www.hotel1810.com ; 25 de Mayo 245 ; d/tr avec petit-déj 470/530 ARS ; @). Ce petit hôtel haut de gamme joue la double carte de la nature et de la modernité, avec mur en pierres de rivière et cascade artificielle dans le hall. Ses 38 chambres sont agrémentées de tentures et d'objets d'art, mais aussi de TV à écran plat et de coffre-fort. Couloirs sous surveillance vidéo.

Hostel Cruz del Sur HOSTEL $
(☎434099 ; www.xdelsur.com.ar ; Deloquí 242 ; dort 70-80 ARS, d 220 ARS ; @). Une auberge de jeunesse décontractée, sur deux maisons rénovées (1920 et 1926) reliées par une passerelle et peintes en orange vif. Le tarif en dortoir dépend de la capacité de la chambre, et le seul inconvénient est que votre sdb peut se trouver à un autre étage. Agréable patio, mais les espaces communs à l'intérieur sont limités. L'équipe se met en quatre pour réunir des groupes d'excursion.

Camping La Pista del Andino CAMPING $
(☎435890 ; www.lapistadelandino.com.ar, en espagnol ; Alem 2873 ; empl par pers 22 ARS). Une grimpette de 3 km mène à cet agréable camping du domaine skiable du Club Andino Ushuaia. Emplacements sur l'herbe ou en forêt avec une belle vue. Cuisine convenable, bonnes parties communes, bar-restaurant, location de vélos (25 ARS). Peu de douches et de toilettes. Appelez à l'avance pour le transport depuis l'aéroport ou le centre.

Camping Municipal CAMPING $
(RN 3). À environ 10 km à l'ouest de la ville sur la route du Parque Nacional Tierra del Fuego, camping gratuit dans un cadre agréable. Infrastructures sommaires.

Où se restaurer

Kalma Resto GASTRONOMIQUE $$$
(☎425786 ; www.kalmaresto.com.ar ; Av Antartida 57 ; plats 55-105 ARS ; 20h-minuit). Sensation du moment, ce petit bijou sert des classiques fuégiens (comme le crabe ou le poulpe) revisités. Le bar noir, riche poisson de haute mer, s'accompagne ainsi d'une sauce tomate acidulée, l'agneau rôti mijote avec des champignons matsutakés au goût de terre, et légumes d'été et fleurs comestibles arrivent tout droit du jardin. Service de très haut vol. Le jeune chef et maître des lieux, Jorge, fait régulièrement le tour des quelques tables à nappe noire. Au dessert, succombez au gâteau au chocolat "déconstruit", sucré juste ce qu'il faut.

Kaupé INTERNATIONAL $$$
(☎422704 ; www.kaupe.com.ar ; Roca 470 ; plats 80-120 ARS). Une maison romantique avec une belle vue sur la baie, pour un dîner de fruits de mer d'exception. Ernesto Vivian, le chef, est pointilleux sur la fraîcheur, et le service est irréprochable. Menu dégustation (360 ARS, vin et champagne inclus) comprenant deux entrées, un plat et un

dessert, avec des délices comme la soupe au crabe royal et épinards ou le bar noir au beurre noir.

Bodegón Fueguino PATAGON $$
(☎431972 ; www.tierradehumos.com/bodegon ; San Martín 859 ; plats 32-82 ARS ; ⊙mar-dim). La bonne adresse pour découvrir la solide cuisine de ménage patagonne, ou pour un apéro vin et en-cas. Dans cette maison fuégienne centenaire, avec peaux de moutons sur les sièges et fûts de chêne, on se régale de *picadas* (tapas) : aubergines, brochettes d'agneau, crabe, et pruneaux enrobés de lard.

María Lola Restó ARGENTIN $$
(☎421185 ; Deloquí 1048 ; plats 45-70 ARS ; ⊙12h-minuit lun-sam). Un café-restaurant original sur le canal. Fréquenté par les habitants pour ses pâtes maison aux fruits de mer et ses viandes. Service correct et portions généreuses (on peut prendre un dessert pour deux).

Chez Manu INTERNATIONAL $$$
(☎432253 ; www.chezmanu.com ; Martial 2135 ; plats 55-90 ARS). À 2 km de la ville : à ne pas rater si vous vous dirigez vers le glacier Martial. Emmanuel, le chef, fait la part belle à la cuisine régionale, avec une touche française : agneau à la fuégienne, assiette de fruits de mer... Menu d'un excellent rapport qualité/prix le midi. Belle vue.

Chiko FRUITS DE MER $$
(☎432036 ; Av Antartida Argentina 182 ; plats 38-65 ARS ; ⊙12h-15h et 19h30-23h30 lun-sam). Décoré de souvenirs du Chili, l'endroit est à l'image de ses propriétaires, originaires de Chiloé. En étage, ce restaurant apprécié est une affaire pour les amateurs de produits de la mer. Crabe royal, *paila marina* (soupe de crustacés) et plats de poisson sont si bien préparés qu'on peut pardonner la lenteur (voire la maladresse) du service.

Almacén Ramos Generales CAFÉ $
(☎427317 ; www.ramosgeneralesushuaia.com ; Maipú 749 ; plats 30-70 ARS ; ⊙9h-minuit). Véritables atouts de cette épicerie haute en couleur, les croissants et baguettes croustillantes sont préparés par un boulanger français. En prime, bières locales à la pression, carte des vins et en-cas légers (onéreux) tels sandwichs, soupes et quiches.

La Estancia PARRILLA $$
(☎431241 ; Godoy et San Martín ; plats 40-90 ARS). Une adresse solide, à bon prix, et imbattable pour un véritable *asado* argentin. Le soir, la salle se remplit d'habitants et de touristes qui se régalent d'agneau rôti, de steaks juteux, de côtelettes savoureuses et de salades gargantuesques.

El Turco CAFÉ $
(☎424711 ; San Martín 1410 ; plats 22-55 ARS ; ⊙12h-15h et 20h-minuit). Tout simple, ce café typiquement argentin ne manque cependant pas de charme, avec ses prix raisonnables et ses serveurs diligents portant nœud papillon, qui pratiquent leur français avec les touristes. À la carte notamment, escalope *milanaise*, pizzas, frites croustillantes et poulet rôti.

Placeres Patagónicos CAFÉ $$
(☎433798 ; www.patagonicosweb.com.ar ; 289 Deloquí ; plats 29-60 ARS). Ce café-épicerie stylé propose des planches garnies de pain maison et de délicieuses spécialités (truite fumée, sanglier). Café servi fumant dans des mugs énormes.

Café-Bar Tante Sara CAFÉ $$
(☎433710 ; www.cafebartantesara.com.ar ; angle San Martín et Juana Fadul ; plats 40-80 ARS). On aime l'ambiance pétillante de ce bistrot qui sert les habituels classiques. Autre adresse près du croisement San Martín/Rivadavia, souvent prise d'assaut par une clientèle locale friande de café et de pâtisseries.

Lomitos Martinica SUR LE POUCE $
(San Martín 68 ; plats 22-32 ARS ; ⊙11h30-15h et 20h30-minuit). Sympa et pas chère, une petite adresse avec tables au coin du gril, pour d'énormes sandwichs à l'escalope milanaise et un plat du jour, le midi, vraiment bon marché.

La Anónima SUPERMARCHÉ $
(angle Gobernador Paz et Rivadavia). Épicerie proposant des plats à emporter bon marché.

Où prendre un verre

Inutile de chercher le bar le plus austral du monde : il se trouve sur une station de recherche ukrainienne dans l'Antarctique.

Dublin Irish Pub BAR
(☎430744 ; www.dublinushuaia.com ; angle 9 de Julio et Deloquí). Un bar irlandais d'expatriés, animé, à la lumière tamisée, où les consommations coulent à flots. On y assiste occasionnellement à un concert. Essayez une des trois bières Beagle locales.

Macario 1910 PUB
(☎422757 ; www.macario1910.com ; San Martín 1485 ; sandwichs 22 ARS ; ⏲18h-tard). Un pub chaleureux, dans une déco mêlant bois ciré et box en cuir. Bonne bière Beagle à la pression et cuisine de pub au-dessus de la moyenne, dont des sandwichs au thon frais dans du pain maison et de généreuses assiettes de frites bien fines et fraîches.

Küar Resto Bar PUB
(☎437396 ; www.kuar.com.ar ; Av Perito Moreno 2232 ; ⏲18h-tard). Bar style chalet accueillant les skieurs en fin de journée. Cocktails, bière locale et tapas servis dans un cadre élégant avec vue magnifique sur l'eau (surtout au coucher du soleil). À quelques kilomètres en dehors de la ville ; prendre un taxi.

Où sortir

Cine Pakawaia CINÉMA
(☎436500 ; angle Yaganes et Gobernador Paz ; billet 12 ARS). Salle restaurée et sobre du Presidio, avec des films récents à l'affiche.

Casa de la Cultura SPECTACLE VIVANT
(☎422417 ; angle Malvinas Argentinas et 12 de Octubre). À l'arrière d'un club de gym, cette salle acccueille des concerts.

Achats

Boutique del Libro LIVRES
(☎432117, 424750 ; 25 de Mayo 62 ; ⏲10h-21h). Remarquable choix (littérature, guides, beaux livres) sur la Patagonie et l'Antarctique, dont des titres en anglais ; autre adresse au San Martín 1120.

Renseignements

ACA (Automóvil Club Argentino ; ☎421121 ; angle Malvinas Argentinas et Onachaga). Parfait pour se procurer les cartes routières des provinces.

Administración de Parques Nacionales (bureau des parcs nationaux ; ☎421315 ; San Martín 1395 ; ⏲9h-16h lun-ven)

Bureau de l'immigration (☎422334 ; Beauvoir 1536 ; ⏲9h-12h lun-ven)

Cambio Thaler (San Martín 778 ; ⏲10h-13h et 17h-20h lun-sam, 17h-20h dim). Le caractère pratique de l'endroit compense ses taux de change, pas très avantageux. Plusieurs banques dans Maipú et San Martín disposent de DAB.

Club Andino Ushuaia (☎422335 ; www.clubandinoushuaia.com.ar ; Juana Fadul 50 ; ⏲9h-13h et 15h-20h lun-ven). Vend une carte, ainsi que des guides de randonnée, escalade et VTT, avec cartes sommaires et description des itinéraires. Le club organise occasionnellement des randonnées et peut recommander des guides. Si vous partez sans guide, prévenez le club ou l'office du tourisme avant votre départ et, bien entendu, à votre retour.

Hôpital régional (☎107, 423200 ; angle Fitz Roy et 12 de Octubre)

Instituto Fueguino de Turismo (Infuetur ; ☎421423 ; www.tierradelfuego.org.ar ; Maipú 505). Au rez-de-chaussée de l'Hotel Albatros.

Office du tourisme municipal (☎432000, aéroport 423 970, en dehors de la Terre de Feu 0800-333-1476 ; www.turismoushuaia.com ; San Martín 674). Très efficace, avec un tableau d'affichage et des brochures en plusieurs langues. Renseignements sur l'hébergement, les activités et les transports. Le personnel parle français. Également représenté à l'aéroport et sur la jetée du port.

Poste (angle San Martín et Godoy)

Depuis/vers Ushuaia

Avion

LAN est le choix le plus sûr depuis/vers Buenos Aires ; achetez vos billets dans les agences de voyages locales. **Aerolíneas Argentinas** (☎421218 ; Maipú & et de Julio) a plusieurs vols quotidiens pour Buenos Aires (3 heures 30), parfois avec escale à El Calafate (1 heure 10).

LADE (☎421123 ; San Martín 542) rallie aussi Buenos Aires, El Calafate, Río Grande, voire d'autres destinations.

Bateau

De nombreux voiliers privés font le trajet dans le canal, vers le cap Horn et vers l'Antarctique (voir p. 509). Réservez bien à l'avance.

Pour Puerto Williams, **Ushuaia Boating** (☎02901-436193 ; www.ushuaiaboating.com.ar ; Gobernador Paz 233 ; aller 528 ARS) a des trajets quotidiens en Zodiac. Le billet comprend la traversée (40 min) ainsi que le transfert terrestre depuis Puerto Navarino. Le service est souvent suspendu en cas de mauvais temps. Plus confortable, le bateau couvert de **Fernández Campbell** (☎433232 ; www.fernandezcampbell.com ; quai touristique ; aller 528 ARS ; ⏲10h et 15h ven-dim) accoste directement à Puerto Williams (moins de départs en hiver).

Bus

Ushuaia n'a pas de gare routière. Il est conseillé de réserver ses places de bus le plus tôt possible. Nombre de visiteurs se sont en effet retrouvés coincés sur place en haute saison. Les files d'attente sont parfois longues aux frontières.

Bus Sur (☎430-727 ; San Martín 245). Pour Punta Arenas et Puerto Natales (Chili), 3 fois par semaine à 5h30, en correspondance avec les minibus Montiel.

Lider (☎436421 ; Gobernador Paz 921). Minibus de porte à porte pour Tolhuin et Río Grande, 6 à 8 fois par jour (moins souvent le dimanche).

Montiel (☎421366 ; Gobernador Paz 605). Minibus de porte à porte pour Tolhuin et Río Grande, même fréquence que Lider.

Tecni-Austral (☎431408/12 ; Roca 157). Départs pour Río Grande à 5h via Tolhuin, pour Punta Arenas 3 fois par semaine, pour Río Gallegos tlj à 5h.

Taqsa (☎435453 ; Godoy 41). Départs pour Río Grande à 5h via Tolhuin, pour Punta Arenas et Puerto Natales (Chili) 3 fois par semaine à 5h, et pour Río Gallegos, El Calafate et Bariloche tlj à 5h.

Transportes Pasarela (☎433712 ; angle Maipú et 25 de Mayo). Navettes omnibus pour Lago Esmeralda (40 ARS), Lago Escondido (90 ARS) et Lago Fagnano (100 ARS) ; départs vers 10h et retours à 14h et 18h30. Payez seulement l'aller si vous passez la nuit sur place et organisez votre retour.

Pour les transports jusqu'au Parque Nacional Tierra del Fuego, voir p. 521.

ℹ Comment circuler

Comptez 25 ARS pour le trajet en taxi depuis/vers l'aéroport moderne (USH), qui se trouve à 4 km au sud-ouest du centre-ville. Il est possible de louer un taxi, moyennant 140 ARS/heure. Un service de bus local circule dans l'Av Maipú.

Comptez un minimum de 464 ARS/jour pour louer une voiture petit modèle (assurance comprise) ; adressez-vous à **Localiza** (☎430739 ; Sarmiento 81). Certaines agences ne facturent pas la restitution du véhicule dans d'autres parties de la Terre de Feu.

Tous les jours, des navettes pour skieurs (70 ARS l'aller-retour) partent toutes les heures de 9h à 14h à l'angle de Juana Fadul et Maipú pour les stations situées le long de la RN 3. Chaque station propose aussi un transport depuis le centre d'Ushuaia.

BUS AU DÉPART D'USHUAIA

DESTINATION	PRIX (ARS)	DURÉE (HEURES)
Bariloche	774-844	36
Calafate	384	18
Punta Arenas, Chili	130-160	11
Río Gallegos	290-360	12
Río Grande	75-90	4
Tolhuin	50-60	2

Parque Nacional Tierra del Fuego

Bordant le canal, les forêts méridionales paisibles et odorantes de la Terre de Feu sont magnifiques. À 12 km à l'ouest d'Ushuaia par la RN 3, le **Parque Nacional Tierra del Fuego** (80 ARS), premier parc national du littoral argentin, s'étend sur 630 km² du canal de Beagle, au sud, au-delà du Lago Fagnano, au nord. Vous pourrez vous renseigner au **Centro de Visitantes Alakush** (9h-19h ; horaires restreints en basse saison).

Quelques milliers d'hectares à l'extrémité sud du parc sont ouverts au public, comptant des sentiers courts et faciles, plus destinés aux promenades familiales d'une journée qu'aux trekkeurs chevronnés. Le reste du parc est considéré comme *reserva natural estricta* (strictement interdite). Néanmoins, certains chemins de randonnée qui longent les baies et les rivières ou traversent les denses forêts indigènes de coihues et de canelos (à feuilles persistantes), et de lengas (à feuilles caduques), offrent de superbes paysages. En automne, les forêts de ñires prennent des couleurs rougeoyantes.

D'innombrables oiseaux vivent dans le parc, notamment dans la zone côtière : condors, albatros, cormorans, goélands, sternes, huîtriers, grèbes, mouettes marines ou encore brassemers des Malouines à bec orange, une espèce incapable de voler. Des animaux très communs, tels le lapin européen et le castor d'Amérique du Nord, ont envahi la région, provoquant d'énormes dégâts écologiques. On peut aussi voir des renards gris et des renards roux, qui profitent de l'abondance de lapins.

Randonnée

Après avoir parcouru 3 242 km depuis Buenos Aires, la RN 3 s'achève sur les rives de la Bahía Lapataia, d'où partent deux sentiers de randonnée qui serpentent dans la forêt de lengas et jusque dans la baie : le **Mirador Lapataia** (500 m), qui offre un beau panorama, et la **Senda Del Turbal** (400 m). Il existe d'autres petites pistes dans ce secteur, notamment la **Senda Laguna Negra** (950 m), un chemin avec panneaux explicatifs qui traverse des tourbières, et la **Senda Castorera** (400 m), d'où l'on aperçoit d'impressionnants barrages de castors construits sur de petits étangs.

RALPH HOPKINS/LONELY PLANET IMAGES ©

GRANT DIXON/LONELY PLANET IMAGES ©

CAROLYN MCCARTHY ©

1. Ushuaia (p. 505)
Trépidant bout du monde où les Andes plongent dans l'océan Austral.

2. Parque Nacional Tierra del Fuego (p. 517)
L'automne pare ce parc national de couleurs flamboyantes.

3. Paso de la Oveja (p. 511)
Trois jours de trek éprouvants, mais gratifiants.

4. Estancia Harberton (p. 524)
Une estancia fondée en 1886, aussi riche en histoire qu'en avifaune.

Parque Nacional Tierra del Fuego – secteur Lapataia

SENDA HITO XXIV

Du camping Lago Roca, un sentier plat de 10 km (4 heures) aller-retour longe la rive boisée au nord-est du Lago Roca jusqu'au Hito XXIV (*veinticuatro*), où se tient le poste-frontière entre l'Argentine et le Chili. Il est interdit de franchir la frontière, régulièrement contrôlée par des patrouilles.

En partant du même point de départ, on peut rejoindre le **Cerro Guanaco** (973 m) par le sentier escarpé du même nom qui grimpe sur 8 km : l'ascension est longue et ardue mais le panorama magnifique.

SENDA COSTERA

Ce sentier de 8 km (4 heures) part de la Bahía Ensenada vers l'ouest et longe le littoral. Guettez les *conchales* (amas de coquillages) jadis constitués par les Yagan et désormais recouverts d'herbe. Le chemin rejoint la RN 3 à Lapataia, peu après avoir longé l'administration (*guardería*) du parc en direction de l'est. De là, il reste 1,2 km à parcourir pour atteindre la Senda Hito XXIV.

Si vous êtes tenté de ramasser des coquillages en chemin, sachez que les mollusques (clams et moules notamment) peuvent être contaminés par la marée rouge (*marea roja*), due à des algues microscopiques qui polluent de temps à autre le canal de Beagle.

SENDA PALESTRA

Ce sentier de 4 km (3 heures) aller-retour part de la Bahía Ensenada et se dirige vers l'est en longeant une mine de cuivre désaffectée avant d'atteindre un site d'escalade prisé à Palestra, à proximité d'un *refugio* à l'abandon.

SENDA PAMPA ALTA

La faible altitude de la Pampa Alta (environ 315 m) permet d'apercevoir les îles Navarino et Hostele situées de l'autre côté du canal de Beagle. La RN 3 rejoint le point de départ du sentier à 1,5 km à l'ouest des embranchements pour Río Pipo et Bahía Ensenada (à 3 km de l'entrée du parc). Ce circuit de 5 km aller-retour grimpe sur une hauteur, passant en chemin le long d'un barrage de castors, d'où la vue est impressionnante. En poursuivant sur 300 m, on atteint rapidement un sentier longeant le Río Pipo et plusieurs cascades.

ISLA EL SALMÓN ET LAGUNA NEGRA

Depuis la route, à 2 km au sud-ouest de Lapataia, un sentier part vers le nord en suivant la berge occidentale du Río Lapataia jusqu'à un site de pêche situé en face de l'Isla El Salmón. La Laguna Negra, joli lac niché dans la forêt, est aisément accessible par un circuit formant une boucle sur 1 km et fléché à 200 m du sentier conduisant à l'Isla El Salmón.

Où se loger et se restaurer

Le parc possède un *refugio* et plusieurs campings, pour la plupart gratuits. Ils sont fréquemment pris d'assaut, et souvent sales. Pensez à récupérer vos déchets et à ne rien laisser derrière vous. Le camping Ensenada se trouve à 16 km de l'entrée, à proximité de la Senda Costera. Le camping Río Pipo, à 6 km de l'entrée, est facilement accessible par la route de Cañadon del Toro ou par la Senda Pampa Alta. Les campings Las Bandurrias, Laguna Verde et Los Cauquenes sont installés sur des îles du Río Lapataia.

Les seuls terrain et *refugio* payants sont ceux du **Lago Roca** (empl par pers/dort 9/40 ARS), à 9 km de l'entrée du parc. Le dortoir du *refugio* est ouvert à l'année, sauf lorsque les transports vers le parc sont suspendus pour mauvais temps. Le site comprend des douches chaudes et une bonne *confitería* (salon de thé) doublée d'une minuscule épicerie (hors de prix). Vous aurez l'embarras du choix pour faire du camping sauvage. Sachez que l'eau du Lago Roca n'est pas potable ; faites-la bouillir avant toute utilisation.

Depuis/vers le Parque Nacional Tierra del Fuego

Des bus partent de 9h à 18h, à l'angle de Maipú et de Juana Fadul à Ushuaia, à peu près toutes les 40 minutes en haute saison. Ils repartent de 8h à 20h. Un aller-retour coûte environ 70 ARS selon la destination ; il n'est pas obligatoire d'effectuer le retour le même jour. Un trajet en bus privé revient à 100 ARS aller-retour. En partageant un taxi, la course est aussi bon marché qu'un ticket de bus.

Le moyen le plus pittoresque, et le plus lent, d'accéder au parc est de prendre **El Tren del Fin del Mundo** (☎02901-431600 ; www.trendelfindelmundo.com.ar, en français ; adulte/enfant 155/50 ARS, entrée du parc en sus), qui conduisait autrefois les bagnards jusqu'à leur camp de travail. Le train part de la Estación del Fin de Mundo, à 8 km à l'ouest d'Ushuaia (30 ARS l'aller simple en taxi), trois ou quatre fois par jour en été et une ou deux fois par jour en hiver. Ce circuit panoramique le long d'une voie étroite dure une heure

L'ANTARCTIQUE, TERRE DE GLACE

Destination lointaine et coûteuse, l'Antarctique est l'un des derniers territoires vierges de notre planète. Ceux qui ont la chance (et les moyens) de faire le voyage seront éblouis : barrières de glace couvertes de centaines de mètres de neige immaculée, glaciers se détachant des flancs des montagnes, et icebergs bleutés formant d'immenses sculptures composent un paysage unique. Une croisière en Antarctique, c'est aussi la découverte d'une faune exceptionnelle (phoques, otaries à fourrure, manchots, baleines, pétrels géants, albatros).

Plus de 90% des navires mettant le cap sur l'Antarctique passent par Ushuaia. Pour la saison 2010-2011, ce sont plus de 36 000 touristes qui ont franchi les glaces depuis Ushuaia, alors même que ce continent ne compte que 5 000 personnes en été et 1 200 en hiver, essentiellement des scientifiques et des professionnels. Ce succès n'est pas sans revers. Le 23 novembre 2007, sa coque brisée par la glace, le navire *Explorer* a dû être évacué juste avant de sombrer. Cet accident devrait entraîner un renforcement des mesures de sécurité.

Pour peu que vous ayez deux ou trois semaines devant vous, il est tout à fait envisageable d'embarquer sur un bateau pour l'Antarctique. Certains circuits incluent la visite des îles Malouines et de la Géorgie du Sud (10 à 20 habitants, pour deux ou trois millions de manchots !), tandis que d'autres se contentent de la péninsule antarctique. D'autres, enfin, suivent les traces d'expéditions historiques. Un petit nombre – croissant – de visiteurs rejoint l'Antarctique à bord de bateaux privés. Il s'agit toujours de voiliers (aussi équipés de moteurs).

La saison s'étend de mi-octobre à mi-mars, en fonction de l'état des glaces. Les excursions affichent presque toujours complet, alors qu'un tel engouement ne se rencontrait autrefois qu'en pleine saison. Avant de réserver, renseignez-vous sur le nombre de jours passés en Antarctique (comptez au maximum 2 jours de traversée à l'aller puis au retour) et sur le nombre d'escales, même si tout dépend des conditions météo). Les agences facturent généralement le voyage entre 7 000 et 70 000 $US, mais certains navires prennent des passagers occasionnels, ne demandant parfois "que" 5 000 $US.

Ushuaia étant proche de la péninsule antarctique, la plupart des navires partent de la ville. Les voyageurs de dernière minute peuvent s'adresser à **Ushuaia Turismo** (☎02901-436003 ; www.ushuaiaturismoevt.com.ar/web/, ushuaiaturismo@speedy.com.ar ; Gobernador Paz 865). De nombreuses agences proposent des formules tout compris, notamment **Rumbo Sur** (☎02901-422275 ; www.rumbosur.com.ar ; San Martín 350), **All Patagonia** (☎02901-433622 ; www.allpatagonia.com ; Juana Fadul 60) et **Canal Fun** (☎02901-437395 ; www.canalfun.com ; 9 de Julio 118).

Vérifiez si l'agence est membre de l'**IAATO** (www.iaato.org), qui impose des consignes strictes garantissant un tourisme responsable. Nous avons retenu les prestataires suivants :

National Geographic Expeditions CROISIÈRE
(www.nationalgeographicexpeditions.com). Une option chaudement recommandée : à bord du *National Geographic Explorer* (148 passagers), en compagnie de naturalistes et autres spécialistes.

Peregrine Adventures CROISIÈRE
(www.peregrineadventures.com). Excursions exceptionnelles avec visite du cercle antarctique, camping et kayak.

Quark Expeditions CROISIÈRE
(www.quarkexpeditions.com). Trois types de bateau, du brise-glace au petit navire de 48 passagers.

WildWings Travel CROISIÈRE
(www.wildwings.co.uk). Agence britannique spécialiste des circuits d'observation de la faune et de l'avifaune.

Pour plus d'informations, vous pouvez vous reporter au guide Lonely Planet en anglais *Antarctica*, et consulter le site www.70south.com pour obtenir des articles et des renseignements actualisés. À Ushuaia, adressez-vous à l'efficace **Oficina Antarcticá** (office du tourisme antarctique ; ☎02901-430015 ; antartida@tierradelfuego.org.ar) installé sur la jetée.

(commentaires en anglais et en espagnol) ; réservez en janvier ou février, au moment de la haute saison des croisières. Il est possible d'effectuer le retour en minibus.

Rien n'empêche d'essayer de rejoindre le parc en auto-stop (quoique nous déconseillions cette pratique) mais la plupart des voitures rencontrées seront souvent déjà pleines.

Puerto Williams (Chili)

☎61 / 2 500 HABITANTS

C'est à cette bourgade chilienne que devrait en réalité revenir le titre de "ville du bout du monde". La base navale de Puerto Williams est l'unique ville de l'Isla Navarino et le port d'entrée officiel des bateaux en route pour le cap Horn et l'Antarctique. C'est ici que vit la dernière personne parlant la langue yagan (yámana).

Les alentours immédiats comptent parmi les paysages les plus saisissants de toute l'Amérique du Sud. Avec plus de 150 km de sentiers, l'Isla Navarino est un paradis pour les randonneurs qui découvrent des lacs couleur ardoise, des forêts moussues et les cimes déchiquetées des Dientes de Navarino. Les pistes longent des barrages de castors, des bunkers et des tranchées, tout en s'enfonçant dans la forêt qui recouvre les versants escarpés de la montagne. Des milliers de castors en provenance du Canada furent introduits dans l'île dans les années 1940. Devenu un fléau, l'animal est l'objet d'une telle campagne d'éradication qu'il apparaît même au menu des (rares) restaurants.

Au milieu du XIXe siècle, missionnaires et chercheurs d'or venus lors de la ruée des années 1890 fondèrent à Puerto Williams une colonie européenne. Les derniers descendants métis des Yagan vivent dans le petit village côtier de Villa Ukika.

À voir et à faire

Dientes de Navarino — RANDONNÉE

De plus en plus apprécié, ce circuit de 4 à 5 jours de trek traverse des paysages superbement désolés et venteux, à l'ombre des pics de Navarino. L'ouverture d'un *refugio* et d'abris était en projet pour la fin 2012. Pour des itinéraires de trek détaillés, consultez le guide Lonely Planet *Trekking in the Patagonian Andes* (en anglais seulement).

Museo Martín Gusinde — MUSÉE

(☎621043 ; angle Araguay et Gusinde ; sur don ; ⏲9h-13h et 14h30-19h lun-ven). Ce séduisant musée d'ethnographie et d'histoire naturelle rend hommage au prêtre et ethnographe allemand qui travailla avec les Yagan de 1918 à 1923.

Lago Windhond — RANDONNÉE

Ce lac isolé est une option méconnue, mais très valable, pour changer du circuit des Dientes de Navarino. Offrant des parcours abrités à travers forêts et tourbières, cette boucle de 4 jours est d'ailleurs plus conseillée par grand vent. Pour un itinéraire détaillé, renseignez-vous au Turismo Shila – ou partez avec un guide.

Parque Etnobotanico Omora — PARC

(www.omora.org). Les sentiers de ce parc ethnobotanique, le plus austral d'Amérique latine, sont bordés de plantes endémiques dont les noms sont indiqués en yagan, en latin et en espagnol. Prenez la route à droite de l'autel de la Vierge, sur 4 km (1 heure de marche) en direction de Puerto Navarino. Dons acceptés.

Kipa-Akar — CULTURE LOCALE

(Villa Ukika). Modeste boutique d'artisanat vendant livres en yagan, bijoux et couteaux en os de baleine de récupération. En cas de fermeture, demandez de l'aide à un villageois.

Cerro Bandera — RANDONNÉE

Dévoilant une vue panoramique sur le canal de Beagle, cette boucle de 4 heures aller-retour part du circuit de Navarino. Un raidillon traverse la forêt de lengas pour déboucher sur une colline rocailleuse balayée par des rafales de vent, où est planté un drapeau chilien. Les randonneurs autonomes et équipés peuvent enchaîner avec le circuit des Dientes.

Yelcho — MONUMENT

Non loin de l'entrée des casernes militaires se dresse la proue originale du navire qui, en 1916, récupéra sur l'île de l'Éléphant l'expédition antarctique malheureuse d'Ernest Shackleton.

Où se loger et se restaurer

Residencial Pusaki — PENSION $

(☎621116 ; pattypusaki@yahoo.es ; Piloto Pardo 242 ; s/d 11 500/26 000 CLP). Petite pension soignée, tenue par une femme enjouée. Patty organise aussi des dîners, généralement à base de délicieux fruits de mer tout frais pêchés dans le canal, également proposés aux non-résidents (plats 6 000-10 00 CLP).

À NE PAS MANQUER

ESTANCIA HARBERTON

Toute première estancia en Terre de Feu, **Harberton** (Skype : estanciaharberton.turismo ; www.estanciaharberton.com ; visite et musée adulte/enfant 45 ARS/gratuit, demi-pension s/d/tr 802/1 266/1 772 ARS ; ⏲10h-19h 15 oct-15 avr) fut fondée en 1886 par le missionnaire Thomas Bridges et sa famille. Le lieu fut rendu célèbre par *Aux confins de la terre*, les passionnants mémoires de Lucas, le fils de Thomas, qui y raconte son adolescence parmi les peuples selk'nam et yagan, aujourd'hui disparus. Traduit en français (éd. Nevicata), cet ouvrage est une excellente introduction à l'histoire de la région et de ses peuples indigènes.

Dans un cadre sublime, l'estancia appartient toujours aux descendants de Thomas Bridges. Vous pouvez y loger, ou simplement y faire une visite guidée (qui passe par la plus vieille maison de l'île et la reconstitution d'une habitation yagan), un repas au restaurant et un tour du côté de la colonie de manchots de la Reserva Yecapasela. Les amateurs d'ornithologie apprécient le site.

Sur place, l'impressionnant **Museo Acatushún** (www.acatushun.com) rassemble une importante collection de spécimens de mammifères et d'oiseaux réunie par la biologiste Natalie Prosser Goodall. Faisant la part belle aux mammifères marins de la région, il présente plusieurs milliers de spécimens, dont la rare baleine à bec d'Hector. Cette immense collection provient, pour l'essentiel, de la Bahía San Sebastián, au nord du Río Grande, où la mer peut reculer de 11 km à marée basse, piégeant nombre d'animaux. Renseignez-vous sur les horaires du musée auprès de l'estancia.

L'estancia n'ayant pas le téléphone, réservez bien à l'avance (vous pouvez la contacter par Skype). Une autorisation préalable est nécessaire pour faire du camping sauvage à Río Lasifashaj, Río Varela et Río Cambaceres. Harberton est à 85 km à l'est d'Ushuaia par la RN3 et la pénible RC-j – comptez 1 heure 30 à 2 heures de route. D'Ushuaia, des navettes partent à 9h du bas de 25 de Mayo, au niveau de l'Av Maipú, pour revenir vers 15h. Des agences locales organisent des excursions en catamaran à la journée.

Refugio El Padrino HOSTEL $
(☎621136 ; Costanera 267 ; dort 10 000 CLP). Accueillante et propice aux rencontres, cette auberge propre loue des petits dortoirs juste au bord du canal.

Hotel Lakutaia HÔTEL $$$
(☎621733 ; www.lakutaia.cl ; d avec petit-déj 65 000 CLP). À 3 km à l'est de Puerto Williams en direction de l'aéroport, ce lodge moderne, offrant toutes les commodités, prend ses hôtes en charge à Punta Arenas et organise des randonnées à la journée sur le circuit Navarino ainsi que des excursions au cap Horn. La bibliothèque contient quantité d'ouvrages de référence sur l'histoire et la nature. Seul inconvénient : l'hôtel étant isolé, vous pouvez passer à côté de l'ambiance pittoresque de Puerto Williams. Déjeuner et dîner possibles.

La Picada del Castor SANDWICHS $
(Plaza de Ancla ; plats 3 500-5 000 CLP ; ⏲10h-22h lun-sam). L'adresse la plus susceptible d'être ouverte, pour de gargantuesques sandwichs et assiettes de frites à déguster dans des box peu éclairés.

La Trattoria de Mateo ITALIEN $$
(Plaza de Ancla ; plats 4 500-7 000 CLP ; ⏲12h-15h30 et 18h-22h mar-sam, 12h30-16h dim). Tenue par des Argentins, cette trattoria sert pizzas et pâtes maison (notamment aux fruits de mer).

Où prendre un verre

Club de Yates Micalvi BAR
(bière 2 500 CLP ; ⏲fin sept–mai). Bateau allemand échoué sur le port, le *Micalvi* devint le musée naval régional en 1976 avant de se transformer ensuite en un bar prisé des marins et des navigateurs de passage.

Renseignements

Près du rond-point principal, le Centro Comercial abrite le bureau de poste, des points d'accès Internet, une agence de la compagnie Aerovías DAP et des taxiphones. Le Banco de Chile (distributeur de billets) change les espèces (dollars américains uniquement, 100 $US minimum) et peut faire des avances sur cartes Visa.

Sernatur (☎621011 ; O'Higgins 165 ; ⏲8h-13h et 14h-17h lun-ven). Information touristique ; impression sur demande d'une carte de randonnée dans les Dientes de Navarino. Dans la Municipalidad.

Turismo SIM (☎621150 ; www.simltd.com). Des marins expérimentés, avec organisation de treks et expéditions au sud du 54e parallèle, notamment au cap Horn, vers la cordillère Darwin, l'Isla Navarino, l'île de Géorgie du Sud et la péninsule antarctique.

Turismo Shila (☎78972005 ; www.turismoshila.cl ; angle O'Higgins & Pratt) Propose les services de guides, des locations de camping et des cartes GPS. Vend également des billets pour les croisières Fernandez Campbell (p. 516).

Depuis/vers Puerto Williams

Puerto Williams n'est accessible que par avion ou par bateau. **Aerovías DAP** (☎621051 ; www.dap.cl ; Plaza de Ancla s/n) dessert Punta Arenas (65 000 CLP, 1 heure 15) à 11h30 du lundi au samedi de novembre à mars, moins régulièrement en hiver. Les vols DAP à destination de l'Antarctique font parfois une brève escale à Puerto Williams.

Sur son nouveau ferry le *Patagonia*, **Transbordador Austral Broom** (www.tabsa.cl) quitte Tres Puentes, à Punta Arenas, pour Puerto Williams trois ou quatre fois par mois le mercredi (siège inclinable/couchette 88 000/105 000 CLP repas compris, 38 heures) ; retour à Punto Arenas le samedi. La traversée a énormément de succès : par beau temps, la vue est superbe depuis le pont, et l'on aperçoit parfois des dauphins et des baleines.

Sur les ferries pour Ushuaia, reportez-vous p. 516.

Tolhuin et le Lago Fagnano

☎02901

Tolhuin (2 000 habitants), posée sur la rive est du Lago Fagnano, est une bourgade en plein essor, calme et verdoyante, agrémentée de petites places. Cette ville, dont le nom vient du mot selk'nam signifiant "comme un cœur", se trouve effectivement au cœur de la Terre de Feu, à 132 km au sud de Río Grande et à 104 km au nord-est d'Ushuaia, via une route goudronnée. En plein essor, cette bourgade du bout du monde, tout en placettes sous les verdoyantes frondaisons de persistants, s'étend sur la rive orientale du Lago Fagnano, également appelé Lago Kami. Propice à l'équitation, au VTT, à la plaisance et la pêche, la discrète et paisible Tolhuin mérite bien le détour.

À cheval sur le Chili et l'Argentine, le Lago Fagnano, formé par des glaciers, déroule 117 km de plages et un littoral pour l'essentiel isolé et inaccessible par la route. L'ouverture de routes depuis le Chili et la mise en place d'un catamaran sont en projet.

À Tolhuin, l'**office du tourisme** (☎492380, 492125 ; www.tierradelfuego.org.ar/tolhuin ; Av de los Shelknam 80), derrière la station-service, vous renseignera sur les randonnées, promenades équestres et locations de matériel. Si vous venez d'Ushuaia, l'office du tourisme de cette ville dispose d'informations plus complètes (p. 516). Le **Banco de Tierra del Fuego** (Menkiol s/n) a un distributeur de billets.

Où se loger et se restaurer

Hostería Ruta Al Sur HÔTEL $$
(☎492278 ; www.rutalsur.com.ar ; Ruta 3, km 2 954 ; d/tr avec petit-déj 270/295 ARS ; @ wifi). En bord de route, ce nouveau lodge plein de charme trône parmi de vénérables hêtres. Chambres impeccables, vaste salon-restaurant. Piscine en projet.

Camping Hain CAMPING $
(☎02901-15-603606 ; Lago Fagnano ; empl par pers 10 ARS, refugio 8 pers 130 ARS). Sur les rives du Lago Fagnano, terrain offrant douches chaudes, pelouses avec pare-vent en bois, immense barbecue et *fogón* (foyer et coin cuisine abrité).

Hostería Kaikén AUBERGE $$$
(☎492372 ; www.hosteriakaiken.com.ar ; Lago Fagnano, km 2 942 ; d 470-540 ARS, chalet 2 pers 350 ARS ; @ wifi). Une belle demeure au bord du lac au charme bucolique. Mobilier de style colonial et couleurs neutres. Bar élégant donnant sur l'eau et repas soignés.

Panadería La Unión BOULANGERIE $
(☎492202 ; www.panaderialaunion.com.ar, en espagnol ; Jeujepen 450, Tolhuin ; en-cas 3 ARS ; ⏲24h/24). Située en bordure de route, cette institution de la ville propose d'excellentes *facturas* (pâtisseries), et un cappuccino plus banal. Murs couverts de photos de rock stars argentines. Les bus s'arrêtent ici pour prendre leurs passagers et s'approvisionner en eau chaude pour leur maté.

Depuis/vers Tolhuin

Tout au long de la journée, les bus et les minibus qui circulent sur la RN 3 (ils sont généralement bondés pendant la haute saison) s'arrêtent invariablement devant la *Panadería* La Unión avant de poursuivre vers Ushuaia ou Río Grande (60 ARS).

Río Grande

02964 / 70 042 HABITANTS

À l'entrée de la ville, une imposante sculpture représentant une truite rappelle que la capitale de la Terre de Feu est aussi celle de la pêche à la mouche : on y trouve les plus beaux sites au monde de truites steelhead (forme migratrice de la truite arc-en-ciel). Les lodges aménagés dans les estancias des environs accueillent leur quota de célébrités aimant taquiner la truite de mer. À moins qu'ils ne soient venus pour pêcher, les visiteurs quittent rapidement Río Grande, balayée par les vents, pressés de sauter dans le bus qui dessert Ushuaia, à 230 km au sud-ouest.

Le développement des estancias du baron de la laine José Menéndez influença considérablement la croissance de la ville. En 1893, l'ordre salésien, avec à sa tête Monseñor Fagnano, y établit une mission afin de "protéger", en vain, les Selk'nam des effets de la croissance.

Río Grande est avant tout un centre pétrolier et industriel, où même l'architecture urbaine semble à la fois austère et imposante. Instauré afin de donner un coup de pouce à la ville, son statut de zone franche a attiré l'industrie électronique et nombre de grossistes. Les militaires y jouèrent aussi un rôle important pendant la guerre des Malouines et de nombreux monuments rendent hommage aux soldats tombés lors de ce conflit.

Où se loger et se restaurer

Visant une clientèle venue pour la pêche ou pour affaires, les hébergements ont tendance à être chers et peu nombreux. Les quelques adresses bon marché sont difficilement recommandables. Les établissements de catégorie supérieure offrent une réduction de 10% à qui règle en liquide.

Posada de los Sauces HÔTEL **$$**
(432895 ; www.posadadelossauces.com.ar ; Elcano 839 ; s/d/tr 350/400/500 ARS ; @). Hôtel de pêcheurs au charme rustique. Chambres deluxe avec Jacuzzi. Élégant bar-restaurant à l'étage avec boiseries.

L'ABC DE LA PÊCHE À LA TRUITE

Quand un organisme chargé de la promotion du tourisme met en ligne une carte destinée aux pêcheurs de truites (www.tierradelfuego.org.ar/funcardio/trutamap.jpg), c'est que l'affaire est sérieuse ! Vedettes hollywoodiennes, chefs d'État et anciens présidents américains se ruent sur les rivages désolés des abords de Río Grande, nourrissant des rêves de pêche miraculeuse. Et souvent, le miracle est au rendez-vous.

C'est dans les années 1930 qu'a eu lieu l'empoissonnement des rivières des environs de Río Grande en truites brunes, arc-en-ciel et mouchetées. La région est aujourd'hui l'un des hauts lieux mondiaux de la pêche à la truite anadrome, avec des spécimens pouvant atteindre 15 kg. La truite arc-en-ciel, elle, frôle parfois ici les 9 kg.

Parmi les rivières "publiques", sur lesquelles des sorties peuvent être organisées, citons le Fuego, le Menéndez, le Candelaria, l'Ewan et le MacLennan. La plupart des séjours haut de gamme ont lieu dans des estancias bénéficiant de droit d'accès exclusif aux meilleures rivières.

Il existe deux types de permis. Le permis 1 permet de pêcher dans toute la province à l'exception du parc national. Contactez l'**Asociación Caza y Pesca** (02901-423168 ; cazapescaush@infovia.com.ar ; Maipú 822) à Ushuaia, ou le **Club de Pesca John Goodall** (02964-424324 ; Ricardo Rojas 606) à Río Grande. Le permis 2 permet de pêcher dans le parc national et en Patagonie. Contactez le **bureau des parcs nationaux** (02901-421315 ; San Martín 1395) à Ushuaia. Pour plus d'information sur la pêche sportive en Argentine, consultez le site Internet de **Pesca Argentina** (www.pescaargentina.com.ar). Autres renseignements utiles :

Mouches Rubber legs et Woolly buggers.

Permis de pêche 100 ARS/jour ou 420 ARS/saison selon les endroits.

Limite Un poisson par personne et par jour, pêche avec remise à l'eau des prises.

Techniques Mouche et cuiller ; pas de pêche de nuit.

Saison 1er novembre au 15 avril, limité à la pêche avec remise à l'eau des prises du 1er au 15 avril.

RITES DE PASSAGE FUÉGIENS

Un voyage en Terre de Feu offre aussi l'occasion unique d'explorer un passé mystique qui échappe à notre connaissance. Sans doute serez-vous intrigué en regardant cette carte postale, vendue un peu partout, qui représente un homme nu au visage caché, dont le corps peint en noir est strié de fines rayures blanches horizontales.

L'intelligence et le courage étant indispensables pour survivre dans un environnement hostile, les Indiens accordaient une grande importance aux rites initiatiques. Les rituels des Yagan (ou Yámana), peuple marin, s'apparentaient à ceux de leurs cruels voisins du Nord dont ils voulaient se distinguer, les chasseurs nomades appelés Selk'nam (ou Ona pour les Yagan). Les deux tribus célébraient un rite de passage des garçons à l'âge adulte, pendant lequel ils tentaient de voler les secrets des femmes afin de reprendre le pouvoir sur celles-ci. Au cours de la cérémonie de Kina, les hommes yagan incarnaient les différents esprits en s'enduisant le corps de charbon avant de le peindre de lignes ou de points avec l'argile rouge et blanche de la région. Au cours de la cérémonie du Hain, chez les Selk'nam, on se recouvrait le corps de la même manière puis on entraînait les garçons dans des huttes où ils subissaient les attaques des esprits. Durant ces cérémonies assez similaires, les hommes démontraient aux femmes leur puissance en affrontant les esprits, chacun représentant les traits d'un esprit particulier. Ces manifestations de virilité n'entraînaient pas toujours l'effet escompté : un récit évoque l'hilarité provoquée par un esprit venu menacer le camp des femmes.

Avec les incursions exterminatrices des Européens, ces cérémonies furent de plus en plus simplifiées et leur signification en grande partie perdue. La dernière cérémonie du Hain, qui se déroula en présence de missionnaires au début du XXe siècle, relevait davantage du spectacle que du rituel.

Hotel Villa HÔTEL $$

(☎424998 ; hotelvillarg@hotmail.com ; San Martín 281 ; d/tr avec petit-déj 310/380 ARS ; @🛜P). Face au Casino Status. Hôtel-restaurant rénové avec une dizaine de chambres spacieuses tout confort. Croissants (*medialunas*) au petit-déjeuner.

Tante Sara CAFÉ $$

(Belgrano 402 ; plats 45-88 ARS). Une adresse accueillante, bien qu'appartenant à une chaîne fuégienne un peu chic, qui séduit aussi bien les dames venues pour le thé que les jeunes hommes accoudés au bar devant une bière et un hamburger. Les salades sont bonnes (comme la romaine à l'œuf, au bleu et au bacon), mais le service est lent.

ℹ Renseignements

La plupart des services sont situés dans les avenues San Martín et Belgrano.

Banco de la Nación (angle San Martín et 9 de Julio). DAB ; plusieurs autres à proximité.

Instituto Fueguino de Turismo (Infuetur ; ☎426805 ; www.tierradelfuego.org.ar ; Belgrano 319 ; ⌚9h-21h). Du côté sud de la place.

Kiosque touristique municipal (☎431324 ; turismo@riogrande.gob.ar ; sur la place ; ⌚9h-20h). Cartes, brochures sur les estancias et la pêche.

Mariani Travel (☎426010 ; Rosales 281). Réservation de vols. Représente aussi les estancias voisines.

Poste (Rivadavia, entre Moyano et Alberdi)

Thaler Cambio (421154 ; Rosales 259). Change les chèques de voyage.

ℹ Depuis/vers Río Grande

L'**aéroport** (RGA ; ☎420699) est accessible par la RN 3, à un court trajet en taxi de la ville.

Aerolíneas Argentinas (☎424467 ; San Martín 607) assure des vols quotidiens vers Buenos Aires. **LADE** (☎422968 ; Lasserre 445) assure deux vols par semaine pour Río Gallegos, El Calafate et Buenos Aires.

Lider (☎420003, 424-2000 ; www.lidertdf.com.ar ; Moreno 635). Le meilleur choix pour rallier Ushuaia et Tolhuin : minibus de porte à porte, plusieurs départs quotidiens. Appelez pour réserver.

Montiel (☎420997 ; 25 de Mayo 712) Ushuaia et Tolhuin.

Depuis le **Terminal Fuegina** (Finocchio 1194) :

Buses Pacheco (☎421554). 3 départs par semaine pour Punta Arenas, à 10h.

Taqsa (☎434316) Pour Ushuaia via Tolhuin.

Tecni-Austral (☎434316 ; billetterie Moyano 516). Dessert Ushuaia via Tolhuin 3 fois par semaine (départ à 8h30) ; Río Gallegos et Punta Arenas 3 fois par semaine.

BUS AU DÉPART DE RÍO GRANDE

DESTINATION	PRIX (ARS)	DURÉE (HEURES)
Punta Arenas, Chili	130-160	9
Río Gallegos	265	8
Tolhuin	50-60	2
Ushuaia	75-90	4

Bus Sur (☎420997 ; www.bus-sur.cl ; billetterie 25 de Mayo 712). Pour Ushuaia, Punta Arenas et Puerto Natales (Chili), 3 départs hebdomadaires à 5h30, en correspondance avec les minibus Montiel.

Estancias autour de Río Grande

Première estancia du baron de la laine José Menéndez, la Primera Argentina (1897), devenue l'**Estancia José Menéndez**, à 20 km au sud-ouest de la ville par la RN 3 et la RC-b, couvrait une superficie de quelque 1 600 km² et comptait plus de 140 000 moutons. Celui-ci possédait également La Segunda Argentina, sa fierté, totalisant 1 500 km². Rebaptisée **Estancia María Behety** (à Buenos Aires ☎011-4331-5061 ; www.maribety.com.ar), du nom de sa femme, elle est toujours en activité et possède le plus grand hangar de tonte du monde, à 17 km à l'ouest de la ville par la RC-c. L'établissement, plutôt prétentieux, accueille principalement des groupes de touristes et des pêcheurs fortunés. Lodge de pêcheurs donnant sur le Río Grande, La Villa propose 6 chambres.

Des estancias plus petites se sont également ouvertes aux visiteurs, leur offrant une occasion unique de découvrir l'histoire de la région et de profiter de sa magie ; réservations conseillées le plus tôt possible.

Les enfants du pasteur Thomas Bridges (voir p. 524) fondèrent l'**Estancia Viamonte** (☎02964-430861, 02964-15-616813 ; www.estanciaviamonte.com ; s/d avec petit-déj et dîner 760 ARS/pers ; ⏲oct-avr et sur rendez-vous) en 1902, à la demande des Indiens Selk'nam, en partie pour les protéger. Les Goodall, descendants des Bridges, la maintiennent en activité, avec environ 22 000 têtes de bétail sur 400 km². On séjourne dans l'ancienne demeure de Lucas, le Sea View, maison confortable de style anglais, bercé par le bruit des vagues. Activités proposées avec guide : promenades à cheval, randonnées et pêche à la mouche sur le Río Ewan.

Tenue par des propriétaires croates pratiquant l'élevage de moutons, l'**Estancia Rivadavia** (☎02901-492186 ; www.estanciarivadavia.com ; RC-h, Km 22 ; visite/pension complète 240/875 ARS/pers) compte 100 km² de vallées, de lacs et de montagnes. Les hôtes peuvent participer aux activités d'agrotourisme, aux randonnées jusqu'aux lacs ou à une sortie découverte jusqu'au Río Claro. Une adresse isolée connue pour avoir hébergé en 1999 le général paraguayen Lino Oviedo, réfugié politique en Argentine. L'estancia se trouve à 100 km de Río Grande ; empruntez la RN 3 puis la RC-h (ancienne Ruta 18) jusqu'au Km 22.

Établie par le premier médecin de campagne de la Terre de Feu, l'**Estancia Tepi** (☎02964-427245, 15-504-2020 ; www.estanciatepi.com.ar, en français ; RC-a, Km 5 ; visite/B&B/pension complète 420/685/800 ARS/pers ; ⏲déc-mars) est un ranch en activité de près de 100 km². Des promenades à cheval sont proposées pour tous les niveaux, sur des chevaux de Patagonie équipés d'une selle en peau de mouton. La propriété possède des bains thermaux et organise des randonnées et des circuits. Elle se trouve à 80 km de Río Grande et à 150 km d'Ushuaia.

Dotée d'un irrésistible charme champêtre, l'**Estancia Rolito** (☎02901-437351, 02901-432419 ; www.tierradelfuego.org.ar/rolito ; RC-a, Km 14 ; demi-pension/pension complète 608/920 ARS/pers) est une adresse accueillante et très couleur locale. Les hôtes peuvent participer à des promenades à cheval ou à des randonnées dans une forêt de ñires et de lengas. Les visites d'une journée au départ d'Ushuaia (avec Turismo de Campo) s'y arrêtent le temps d'un déjeuner, d'un dîner ou d'une promenade à cheval. Rolito est située à 100 km de Río Grande et à 150 km d'Ushuaia.

Porvenir (Chili)

☎61 / 5 465 HABITANTS

Porvenir, c'est un petit coin de Terre de Feu authentique et bien dans son jus. La plupart des visiteurs se contentent d'une journée d'excursion depuis Punta Arenas, avec mal de mer à la clé. Pourtant, passer la nuit dans ce village de maisons victoriennes vous permettra d'explorer les baies et la campagne environnantes, et de faire une petite plongée dans la vie locale. Les ornithologues en herbe pourront également admirer les manchots royaux, ainsi que d'espiègles populations de cormorans, d'oies et d'oiseaux marins. Porvenir est réputée difficile d'accès (aucun bus ne s'y rend), mais le gouvernement est en train de compléter le réseau routier du sud de la Terre de Feu chilienne, ce qui devrait ouvrir aux visiteurs de vastes territoires préservés.

La découverte d'or dans les environs, en 1879, entraîna plusieurs vagues d'immigration, en particulier de Croatie. Les estancias d'élevage de moutons se révélèrent cependant de plus sûrs pourvoyeurs d'emplois, attirant de nombreux émigrés venus de l'île chilienne de Chiloé, qui trouvèrent aussi du travail dans la pêche. Aujourd'hui, la majeure partie de la population est d'origine croato-chilote.

À voir

Sur la place, l'étonnant **Museo de Tierra del Fuego** (☎581800 ; www.museoporvenir.cl ; Zavattaro 402 ; 500 CLP ; ⏲8h-17h lun-jeu, 8h-16h ven, 10h30-13h30 et 15h-17 sam-dim) présente une collection éclectique comprenant notamment des squelettes et momies selk'nam, des instruments de musique utilisés par les Indiens Selk'nam des missions de l'Isla Dawson et une exposition sur les débuts du cinéma chilien.

Activités et circuits organisés

Pourtant méconnue des amateurs de vie sauvage, la Terre de Feu chilienne est un paradis pour les oiseaux et les animaux marins, avec notamment des dauphins de Peale à voir autour de la Bahía Chilota, ou des manchots royaux, présents à certaines saisons dans la Bahía Inútil. La découverte récente de cette nouvelle colonie de manchots a d'ailleurs fait sensation. Pour l'heure, rares sont les mesures cherchant à protéger ces animaux de la curiosité humaine : faites en sorte d'aller les voir avec une agence de bonne réputation, ne vous approchez pas excessivement des manchots et respectez la saison de la reproduction.

Far South Expeditions (ecouve@fantasticosur.com ; excursion 4 pers 60 000 CLP) peut vous conduire auprès de la colonie de manchots royaux ou vous emmener en circuit en compagnie d'un naturaliste (départs possibles de Punta Arenas). Des excursions d'orpaillage, randonnées équestres et circuits en 4x4 sont par ailleurs à réserver via l'office du tourisme.

Où se loger et se restaurer

Hosteriá Yendegaia B&B $
(☎581919, 68256521 ; www.hosteriayendegaia.com ; Croacia 702 ; s/d/tr avec petit-déj 18 000/30 000/40 000 CLP ; 📶🅿). La maison d'hôtes parfaite : ouvrages de sciences naturelles à disposition (certains signés du maître

VAUT LE DÉTOUR

EN ROUTE VERS LE BOUT DU MONDE

À partir de Cameron vers le sud, la Terre de Feu chilienne se faisait jadis impraticable, vaste étendue désolée sans route et dominée par les paysages rudes de la Cordillera Darwin. Mais le ministère des Travaux publics se met aujourd'hui en quatre pour ouvrir ces terres australes et en faire, à terme, une destination touristique. Pour l'heure, une route reliant Ushuaia au Lago Fagnano est en construction, laquelle devrait être prolongée plus tard jusqu'à l'Estancia Yendegaia.

Cette route dessert déjà au moins une destination qui vaut le détour. Le **Lodge Deseado** (☎91652564 ; www.lodgedeseado.cl ; chalet 2/3 pers avec petit-déj 135 000/160 000 CLP) est une adresse accueillante, au bord du Lago Deseado, où pêcher la truite sauvage, se relaxer dans des chalets modernes et sympathiques et bavarder avec Ricardo, l'aimable propriétaire.

Lors de notre passage, rejoindre les rives occidentales du Lago Fagnano nécessitait, en été, au moins cinq heures de route assez éprouvantes. Le 4x4 est impératif dans cette région isolée (voir nos conseils sur la Ruta 40, p. 442). De cette route part un embranchement vers la frontière argentine, via le col de montagne Río Bellavista, ouvert uniquement de décembre à mars. Renseignez-vous sur l'état des routes avant de partir, dans les postes de police des environs (appelé *carabineros* au Chili).

des lieux), petit-déjeuner roboratif, vue sur le détroit et chambres spacieuses avec édredons douillets. Cette demeure historique (qui fut le premier hôtel de Porvenir) a été restaurée avec amour, et la famille qui vous y accueillera est pleine de ressources. L'établissement se double d'un tour-opérateur, Far South Expeditions, proposant des circuits guidés par un naturaliste.

Hotel Rosas PENSION **$**
(☎580088 ; hotelrosas@chile.com ; Philippi 296 ; s/d 20 000/28 000 CLP). Onze chambres propres et agréables, chauffées, avec TV câblée et, pour certaines, une vue superbe. Alberto, le propriétaire, est une mine d'informations sur la région et organise des expéditions sur le Circuito del Oro, dans une mine désaffectée. Le restaurant (*plato del día* 4 600 CLP), très couru, sert notamment des produits de la mer.

La Chispa CAFÉ **$**
(☎580054 ; Señoret 202 ; plato del día 4 000 CLP). Logée dans une caserne de pompiers centenaire, La Chispa régale ses habitués de saumon, d'agneau et de purée. À deux rues de la lagune en montant.

Club Croata FRUITS DE MER **$$**
(☎580053 ; Señoret 542 ; plats 4 000-8 000 CLP ; ⌚11h-16h et 19h-22h30 mar-dim). Restaurant traditionnel un peu guindé : bons fruits de mer à prix raisonnables et plats croates (côte de porc et choucroute). Le pub reste ouvert jusqu'à 3h.

ℹ Renseignements

Banco de Estado (angle Philippi et Croacia). DAB 24h/24.

Hôpital (☎580034 ; Wood, entre Señoret et Guerrero)

Office du tourisme (☎580094/8 ; www.muniporvenir.cl ; Zavattaro 434 ; ⌚9h-17h lun-ven, 11h-17h sam-dim). Des renseignements sont aussi disponibles au marché artisanal sur la *costanera* (route côtière) entre Philippi et Schythe.

Poste (Philippi 176). Face à la place.

Telefónica (Philippi 277). Près de la banque.

ℹ Depuis/vers Porvenir

Aerovías DAP (☎616100 ; www.aeroviasdap.cl ; O'Higgins 891) rallie Punta Arenas (15 min) du lundi au samedi, de novembre à mars ; les liaisons sont moins fréquentes en basse saison. Pour rejoindre l'aéroport situé à 6 km au nord de la ville, DAP assure une navette de porte à porte (1 800 CLP) ; la course en taxi revient à 3 500 CLP.

Transbordador Austral Broom (☎580089 ; www.tabsa.cl) propose la traversée depuis/vers Punta Arenas à bord du car-ferry *Crux Australis* (par pers/véhicule 5 500/34 900 CLP, 2 heures 30 à 4 heures). Le ferry part généralement à 9h mais il existe parfois d'autres départs l'après-midi : vérifiez les horaires en ligne. Le bus ralliant le terminal des ferries (500 CLP), à 5 km, part du kiosque sur le front de mer, une heure avant le départ du ferry.

Une bonne route gravillonnée part vers l'est et longe la Bahía Inútil jusqu'à la frontière argentine et San Sebastián ; comptez 4 heures environ. Depuis San Sebastián (où l'on trouve de l'essence et un motel), les automobilistes se dirigeant vers le nord peuvent prendre la route qui va d'Onaisín à la ville pétrolière de Cerro Sombrero et traverse le détroit de Magellan à Punta Delgada-Puerto Espora, plutôt que celle, très fréquentée par les camions, qui part vers le nord depuis San Sebastián.

Comprendre l'Argentine

Population au km²

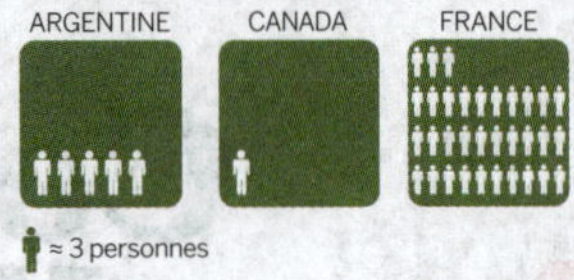

L'Argentine aujourd'hui

Le règne de Cristina

Cristina Kirchner a été réélue présidente de l'Argentine à une majorité de 54%. Pour cela, elle en a appelé notamment au vote populiste, promettant d'augmenter les salaires, de redynamiser l'industrie et de maintenir le boom économique argentin. Une approche efficace. On l'a souvent comparée à Evita Perón pour le combat qu'elle mène contre la pauvreté, et ses programmes sociaux généreux ; les deux femmes ont aussi montré des tendances autoritaires, comme des tentatives pour censurer les médias et une volonté de gouverner par décrets.

Cristina Kirchner a en outre démis de ses fonctions le président de la Banque centrale pour ne pas l'avoir autorisée à puiser dans les réserves de devises du pays afin d'acquitter de futures dettes, et a contraint les entreprises à se soumettre à des accords sur le contrôle des prix. Son gouvernement a été accusé de falsifier les chiffres de l'économie. En mars 2011, le magazine *The Economist* a déclaré qu'il n'accordait plus aucune confiance aux chiffres de l'inflation émanant de sources officielles argentines, et publierait des chiffres basés sur des analyses américaines. Les Malouines sont également un sujet brûlant, puisque Cristina Kirchner menace de nouveau leur souveraineté, à un moment qui coïncide avec le trentième anniversaire de la guerre avec la Grande-Bretagne.

Malgré les critiques, la *presidenta* a permis de formidables avancées : elle s'est attaquée aux abus de la dictature militaire, a pris fait et cause pour les lois en faveur du mariage homosexuel et, dans l'ensemble, a apporté son soutien à la classe ouvrière.

- » Superficie : 2,8 millions de km²
- » Population : 40 120 000 habitants
- » Capitale : Buenos Aires
- » Langue : espagnol
- » Heure locale : GMT moins 3 heures (en fonction du passage heure d'été/heure d'hiver)
- » PIB par habitant : 16 000 $US
- » Taux de chômage : 7,3%

Les plaies de l'économie

La dévaluation de la monnaie argentine en 2002 a généré une demande pour ses denrées agricoles devenues soudainement très bon marché. Soutenu par de substantiels investissements gouvernementaux et par la

Livres à lire

» **Aux confins de la terre** (1947, E. Lucas Bridges, éd. Nevicata 2010). Un classique sur les *indígenas* de la Terre de Feu aujourd'hui disparus.

» **En Patagonie** (1977, Bruce Chatwin, Grasset 2001). Ouvrage de référence sur l'histoire et la mystique de la Patagonie.

» **Voyage à motocyclette** (Ernesto Che Guevara, éd. Mille et une nuits, 2001). Carnet de voyage du célèbre révolutionnaire né en Argentine.

À voir

» **L'Histoire officielle** (*La Historia oficial*, 1985). Film oscarisé traitant de la guerre sale.

» **Historias mínimas** (2002). Trois destins individuels en Patagonie.

Origines ethniques
(en %)

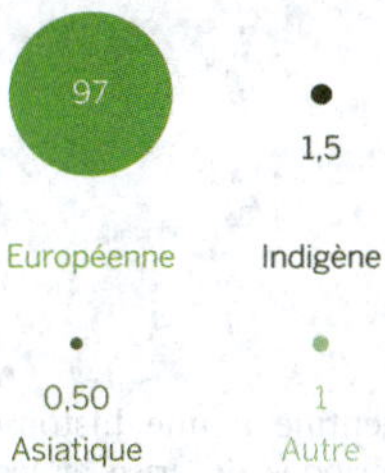

Sur 100 personnes en Argentine

92 sont de confession catholique
2 sont de confession juive
2 sont de confession protestante
4 sont d'une autre religion ou sans religion

croissance du Brésil et de la Chine, ce boom économique s'est poursuivi jusqu'en 2007, et a repris de nouveau avec un bel élan en 2010. Mais à présent, l'inflation élevée, un peso plus fort et les prix plus bas des marchandises font piétiner l'économie. Le gouvernement réduisant les subsides accordés au service public et aux transports, les citoyens vont devoir débourser pour ces services une somme plus proche de leur coût réel. Par ailleurs, en octobre 2011, dans une tentative pour réfréner le départ des capitaux vers l'étranger, le gouvernement a exigé des Argentins qu'ils justifient leurs achats de dollars américains.

Cristina Kirchner va devoir contrôler l'inflation, qui avoisinerait les 25% (les estimations "officielles" font état de moins de la moitié, soit 11%). Elle devra également contrôler les dépenses de sorte à maintenir les réserves de devises et équilibrer la balance commerciale. La politique gouvernementale doit se faire plus transparente afin d'encourager les investissements nationaux et étrangers. Le défi est de taille, d'autant que la dévaluation menace de plus en plus, mais qui sait : peut-être l'Argentine a-t-elle besoin d'une nouvelle crise pour rejoindre de nouveau les sommets.

Fútbol

Le monde du sport a subi un choc des plus violents en juin 2011 lorsque le célèbre club de *fútbol* River Plate a été rétrogradé en deuxième division. C'était la première fois en 110 ans d'existence pour le club, et l'événement a déclenché des émeutes à Buenos Aires. Il aura fallu attendre un an pour que River Plate retrouve sa place, redonnant vie aux célèbres matchs du *Superclásico* contre Boca Juniors.

Dans le même temps, Lionel Messi, originaire de Rosario, a connu une excellente année : ayant remporté le titre de meilleur joueur de la FIFA en 2009, il a également reçu le Ballon d'Or en 2010 et 2011. Il joue actuellement au FC Barcelone, tout en étant le capitaine de l'équipe nationale argentine.

» **Les Neuf Reines** (Nueve Reinas, 2000). Un "coup" tourne à la catastrophe pour deux escrocs de Buenos Aires.

» **Dans ses yeux** (El secreto de sus ojos ; 2009). Ce thriller a remporté l'oscar 2010 du meilleur film étranger.

Salutations

» On dit *buenos dias* le matin, *buenas tardes* l'après-midi.

» *Adios* ou *hasta luego* signifient "au revoir".

» On emploie familièrement *ciao* ou *chau* pour dire au revoir.

» *Che* est un mot familier qui signifie "eh !" (employé entre amis)

» L'expression *che boludo* ne s'emploie qu'avec un *très* bon ami– ou alors avec quelqu'un que l'on veut envoyer promener.

» Il est d'usage de recevoir et de donner des *besos* (baisers) sur la joue.

Histoire

Comme tous les pays d'Amérique latine, l'Argentine a une histoire tumultueuse, marquée par la corruption, les périodes de crise et les dictatures. Les atrocités de la "guerre sale" sont encore très présentes dans la mémoire d'une population qui a par ailleurs subi de plein fouet les dévissages successifs de l'économie. Mais il s'agit également d'une histoire glorieuse, celle d'un pays qui se débarrassa du joug colonial espagnol et compta parmi les grandes puissances économiques de la planète, celle d'une nation qui donna naissance au tango, aux gauchos et à des figures comme Evita Perón et Che Guevara.

Les Amérindiens

Un grand nombre de populations indigènes vivaient sur le territoire de l'actuelle Argentine. La Pampa était habitée par les Querandí, des chasseurs-cueilleurs, tandis que le nord du pays était le domaine des Guaraní, des pêcheurs et agriculteurs semi-nomades. Dans la région des lacs et en Patagonie vivaient les Pehuenche et les Puelche, qui collectaient des pignons d'araucaria pour se nourrir. Les Mapuche pénétrèrent dans la région par l'ouest, sous la pression de la conquête espagnole. Il existe aujourd'hui plusieurs réserves mapuche, surtout dans le secteur de Junín de los Andes. Avant leur extermination par les Européens, des peuples amérindiens occupaient le continent jusqu'à la Terre de Feu. Il s'agissait notamment de chasseurs-cueilleurs nomades : les Selk'nam, les Haush, les Yagan et les Alakaluf (ou Kaweskar). Malgré la rudesse du climat, ils portaient peu de vêtements et se réchauffaient en allumant des foyers, ce qui valut son nom à la Terre de Feu. Le Nord-Ouest était alors la région la plus développée du territoire. Plusieurs groupes indiens, notamment les Diaguita, y pratiquaient l'agriculture dans les vallées de l'est des Andes.

Les habitants de la région subirent l'influence de l'empire de Tiwanaku (Bolivie) et celle du grand Empire inca, qui s'étendit du Pérou jusqu'en Argentine au début des années 1480. Les ruines de la cité de Quilmes, dans la province de Salta, comptent parmi les sites préincas les mieux conservés.

CHRONOLOGIE

10000 av. J.-C.

L'homme, qui a traversé le détroit de Béring quelque 20 000 ans auparavant, atteint enfin le territoire de l'actuelle Argentine. L'une des plus grandes migrations humaines de l'histoire est en passe de s'achever.

7370 av. J.-C.

Des hommes appartenant à la culture "toldense" réalisent les premières peintures de main (gauche) dans la célèbre Cueva de las Manos, en Patagonie, témoins d'une présence humaine dans la région à cette époque.

4000 av. J.-C.

Les Amérindiens Yagan s'installent dans les îles situées à l'extrême sud de la Terre de Feu. L'homme a atteint la limite australe de son expansion.

L'arrivée des Espagnols

Dix ans à peine après la découverte fortuite de l'Amérique par Christophe Colomb (Cristóbal Colón), d'autres explorateurs européens s'aventurèrent le long de l'estuaire du Río de la Plata. À la suite de rumeurs sur l'existence de grandes quantités d'argent, le conquistador Sebastian Cabot baptisa le fleuve "Río de la Plata" ("fleuve de l'argent"). Et une partie du nouveau territoire fut baptisée du nom latin désignant le précieux métal : *argentum*. Pourtant, cette terre mal nommée ne fournit jamais les mêmes richesses minérales que celles de l'Empire inca péruvien.

L'aristocrate espagnol Pedro de Mendoza fut le premier à tenter d'établir une colonie sur l'estuaire, en 1536. Peu après son débarquement sur le site de l'actuelle Buenos Aires, les Indiens Querandí se révoltèrent. Quatre ans plus tard, Mendoza était de retour en Espagne sans une once d'argent, tandis que le détachement laissé sur place avait remonté le cours du fleuve pour gagner le calme relatif des environs de l'actuelle Asunción.

La suprématie du Nord-Ouest

Réinvestie en 1580, Buenos Aires resta une localité secondaire comparée aux colonies fondées dans les Andes par une branche plus heureuse du contingent espagnol, qui se dirigeait vers le sud depuis l'Alto Perú (haut Pérou, l'actuelle Bolivie). Rattachés à Lima, capitale de la vice-royauté du Pérou, et financés par les mines d'argent de Potosí, les Espagnols fondèrent une vingtaine de villes durant la seconde moitié du XVIe siècle, descendant vers le sud jusqu'à Mendoza (1561). Santiago del Estero reste à ce jour la plus ancienne colonie du pays (1551). Le Nord devait l'essentiel de sa suprématie à la politique protectionniste du souverain espagnol, qui imposait à tout commerce entre la Couronne et ses colonies de transiter par Lima.

Au cœur d'une riche région agricole, Tucumán (1571) fournissait l'Alto Perú en céréales, en coton et en bétail. Córdoba (1573) devint un centre éducatif important. Les Jésuites établirent des estancias dans les sierras environnantes et la Manzana Jesuítica (quartier jésuite) de Córdoba est aujourd'hui le plus bel ensemble de bâtiments coloniaux encore debout en Argentine. Les places centrales de Salta (1582) et de Tucumán comptent aussi parmi les beaux exemples d'architecture coloniale du pays. Pour en savoir davantage sur la présence jésuite, voir p. 192.

Buenos Aires : contrebande et croissance

L'essor du Nord-Ouest priva Buenos Aires de commerce avec l'Espagne durant près de deux siècles. La position géographique idéale de la ville finit pourtant par attirer les intérêts de marchands déçus, qui y établirent un florissant commerce de contrebande avec le Brésil portugais et des

MISSION

Film à grand spectacle sorti en 1986, *Mission*, de Roland Joffé, avec Robert De Niro et Jeremy Irons, retrace l'histoire des missionnaires jésuites dans l'Amérique du Sud du XVIIIe siècle. À voir avant de se rendre dans les missions actuelles du nord de l'Argentine.

Années 1480

Les Incas progressent dans l'actuel Nord-Ouest andin. La région est alors habitée par les peuples amérindiens les plus évolués d'Argentine – notamment les cultures Diaguita et Tafí.

1536

Sur les rives du Río de la Plata, Pedro de Mendoza fonde "Puerto Nuestra Señora Santa María del Buen Aire". Mais l'attitude des Espagnols déclenche la colère des Indiens Querandí, qui chassent les colons.

1553

Poursuivant l'expansion de l'Espagne de l'Alto Perú jusque dans l'actuelle Argentine, Francisco de Aguirre fonde Santiago del Estero, aujourd'hui la ville la plus ancienne du pays.

1561

Venus de Santiago, au Chili, et progressant vers l'est afin d'accéder au Río de la Plata, où les navires de la Couronne pouvaient débarquer soldats et marchandises, les Espagnols fondent la ville de Mendoza.

puissances européennes. La richesse générée favorisa la croissance de la ville. Le déclin des mines d'argent de Potosí (Bolivie), à la fin du XVIIIe siècle, força la Couronne espagnole à reconnaître l'importance de Buenos Aires dans le commerce transatlantique direct. L'Espagne fit alors de Buenos Aires la capitale de la nouvelle vice-royauté du Río de la Plata, qui comprenait le Paraguay, l'Uruguay et les mines de Potosí, en 1776.

Malgré les querelles au sein de la nouvelle vice-royauté, relatives à des questions douanières et commerciales, les habitants opposèrent un front uni aux Britanniques lorsque ceux-ci, cherchant à prendre le contrôle des colonies espagnoles pendant les guerres napoléoniennes, attaquèrent la ville en 1806, puis de nouveau en 1807. La population, sans l'aide des Espagnols, repoussa les envahisseurs.

La fin du XVIIIe siècle vit aussi l'émergence des gauchos de la Pampa (voir p. 126), qui chassaient le bétail sauvage et dressaient les chevaux, et qui s'étaient multipliés après avoir été abandonnés lors des expéditions européennes sur le Río de la Plata.

La bière nationale argentine, la Quilmes, porte le nom d'un groupe indigène du nord-ouest du pays, aujourd'hui disparu. C'est aussi le nom d'une ville de la province de Buenos Aires.

Indépendance et querelles

Vers la fin du XVIIIe siècle, les *criollos* (colons nés en Argentine) se montrèrent de plus en plus pressés d'en finir avec le pouvoir espagnol. Après l'invasion de l'Espagne par Napoléon, en 1808, Buenos Aires finit par déclarer son indépendance, le 25 mai 1810. Face à l'union des indépendantistes dans toute l'Amérique du Sud, l'Espagne quitta le continent dans les années 1820. Sous la direction du général José de San Martín, les provinces unies du Río de la Plata déclarèrent officiellement leur indépendance à Tucumán, le 9 juillet 1816.

Cependant, les provinces n'étaient unies que sur le papier. Sans véritable autorité centrale, les disparités régionales – jadis effacées par l'autorité espagnole – devinrent flagrantes et l'on assista à l'émergence de *caudillos* (chefs locaux), qui résistèrent à Buenos Aires avec la même fougue qu'elle avait elle-même résisté à l'Espagne. La politique argentine était alors divisée entre les fédéralistes de l'intérieur, qui prônaient l'autonomie provinciale, et les unitaristes de Buenos Aires, qui soutenaient le pouvoir central de la capitale. Les conflits qui opposèrent les deux camps pendant près de vingt ans laissèrent le pays à feu et à sang.

La Guerre dans la pampa : souvenirs et récits de la frontière argentine, 1876-1879 (Alfred Ébelot, L'Harmattan, 2000) est le témoignage passionnant d'un ingénieur français qui a assisté à la résistance des Indiens d'Argentine à l'avancée de l'homme blanc.

Juan Manuel de Rosas

Représentant les intérêts de l'élite rurale et des propriétaires terriens, Juan Manuel de Rosas apparut sur le devant de la scène politique en 1829, en tant que *caudillo* de la province de Buenos Aires. S'érigeant en défenseur de la cause fédéraliste, il contribua également à la centralisation du pouvoir politique dans la capitale et imposa le transit de l'ensemble du commerce international par Buenos Aires. Il dirigea

1565
Diego de Villarroel fonde San Miguel de Tucumán (appelée aujourd'hui Tucumán). La troisième ville la plus ancienne d'Argentine sera déplacée un peu plus à l'est 120 ans plus tard.

1573
Jerónimo Luis de Cabrera, gouverneur de Tucumán, fonde la ville de Córdoba et en fait une étape importante sur les routes commerciales entre le Chili et l'Alto Perú.

1580
Réinvestie par les soldats espagnols, Buenos Aires restera pendant des années une ville secondaire par rapport à celles du centre et du nord-ouest de l'Argentine, en plein essor.

1609
Les Jésuites fondent des missions dans le nord-est du pays, notamment San Ignacio Miní (1610), Loreto (1632) et Santa Ana (1633), et rassemblent les Indiens Guaraní dans des colonies, les *reducciones*.

L'HOMME QUI VOULUT ÊTRE ROI DE PATAGONIE

Cette histoire incroyable a commencé en 1859, lorsque Antoine Thounem, âgé de 33 ans, fils de paysan et avoué à Périgueux, céda à sa passion : l'Amérique. Il se trouva un ancêtre noble, ajouta une particule à son nom, vida ses économies et partit pour l'Angleterre d'où il prit un bateau pour le Chili : il avait décidé de se faire élire roi du royaume d'Araucanie et de Patagonie.

Ce "royaume", qui n'en était pas encore un, était constitué de territoires mapuche qui appartiennent aujourd'hui à l'Argentine et au Chili : régions de Biobío, d'Araucanie et de Los Ríos. Lorsque Antoine de Tounens débarqua, il entra en contact avec le chef des Mapuche (ou Araucan), Quilapán, qui fut enthousiasmé par son projet puisqu'il lui permettait de fonder un État et de résister à l'armée chilienne. Il lui accorda donc un droit de passage sur ses terres et, le 17 novembre 1860, Antoine de Tounens fut proclamé roi d'Araucanie sous le nom d'Orélie-Antoine Ier. Il dota le nouvel État d'une Constitution et décréta l'union de son royaume avec la Patagonie, un territoire qui n'appartenait alors à personne. Devant l'indifférence de ses voisins, il tenta de monter une armée afin d'imposer ses frontières par la force. Mais, arrêté par l'armée chilienne en 1862 avant d'avoir mis ses projets à exécution, il fut interné dans un asile d'aliénés à Los Angeles, au Chili, et finit par renoncer à son trône qu'il céda à son père, paysan en Dordogne. Rapatrié par le consul de France, il fomenta une nouvelle tentative pour reprendre son royaume et monta plusieurs expéditions (1869 et 1874) qui se soldèrent par des échecs et son rapatriement. En 1876, il tenta sa chance une dernière fois. Mais il échoua encore et fut renvoyé en France. Malade, il abandonna définitivement. Il mourut en 1878, ruiné.

Cette folle épopée aurait pu connaître une toute autre issue si Napoléon III n'avait pas été si mobilisé au Mexique au même moment : la Patagonie aurait alors pu réellement devenir la "Nouvelle France". Le royaume d'Araucanie et de Patagonie finit par échoir à un natif de Reims, Achille Laviarde, qui régna sous le nom d'Achille Ier et qui ouvrit des consulats à Haïti et au Nicaragua entre autres. Le troisième roi fut Antoine Cros, un médecin d'Asnières, qui passa sa couronne à sa fille, Laure-Thérèse. Le fils de cette dernière, Antoine III, lui succéda. Le roi actuel, Philippe Boiry, est né à Paris en 1927. Son titre royal est mentionné sur son passeport français et plusieurs chefs d'État étrangers l'ont reconnu comme souverain en exil.

l'Argentine d'une main de fer pendant plus de vingt ans (jusqu'en 1852), donnant naissance à la *mazorca* (police politique réputée pour sa violence) et institutionnalisant la torture.

Buenos Aires continua à dominer le jeune pays sous son règne, mais son extrémisme lui valut de profondes inimitiés, y compris chez ses principaux alliés. Finalement, en 1852, un *caudillo* rival du nom de Justo José de Urquiza mit sur pied une puissante armée et força Rosas à abandonner le pouvoir. La première tâche du nouvel homme fort fut de rédiger une Constitution, qui fut ratifiée par une convention, à Santa Fe, le 1er mai 1853. Urquiza devint ainsi le premier président du pays.

1767

La Couronne espagnole expulse les Jésuites de la Nouvelle-Espagne. Déclin rapide des missions.

1776

Buenos Aires devient la capitale de la nouvelle vice-royauté du Río de la Plata, dont le territoire comprend les actuels Paraguay et Uruguay, ainsi que les mines de Potosí (actuelle Bolivie).

1806-1807

Les forces britanniques attaquent Buenos Aires en 1806, puis en 1807. Les habitants s'organisent et les repoussent sans l'aide de l'Espagne, ce qui nourrit l'idée d'indépendance.

1810

Buenos Aires déclare son indépendance le 25 mai. Toutefois, celle-ci ne sera acquise de fait que des années plus tard.

Un fugace âge d'or

Bartolomé Mitre, élu premier président officiel de la république d'Argentine, se donna pour but de bâtir la nation et de mettre en place une véritable infrastructure nationale. Ses projets furent mis à mal par la guerre de la Triple Alliance (Brésil, Argentine, Uruguay), menée contre le Paraguay entre 1864 et 1870. De véritables progrès ne furent réalisés qu'à partir de l'arrivée au pouvoir de Domingo Faustino Sarmiento, enseignant et journaliste de San Juan.

Avec une économie en plein essor, Buenos Aires devint un pôle d'attraction pour les immigrants en provenance d'Espagne, d'Italie, d'Allemagne et d'Europe de l'Est. Travaillant dans la zone portuaire pour la plupart, les nouveaux résidents vivaient entassés dans de pauvres logements. On leur doit l'invention du tango (voir l'encadré p. 552), né dans les bars de la ville. Dans d'autres régions, les réfugiés basques et irlandais furent les premiers bergers du pays ; entre 1850 et 1880, le nombre de moutons et les exportations de laine furent quasiment multipliés par dix.

Une grande partie de la Pampa du Sud et de la Patagonie restaient néanmoins inaccessibles aux colons, en raison d'une farouche résistance des Indiens mapuche et tehuelche. En 1878, le général Julio Argentino Roca ordonna une campagne d'extermination brutale contre les peuples indiens. Baptisée "Conquista del Desierto" ("conquête du désert"), elle doubla la zone contrôlée par l'État et ouvrit la Patagonie aux colons et à l'élevage ovin.

À l'aube du XXe siècle, l'Argentine disposait d'un réseau ferroviaire très développé partant en étoile dans toutes les directions depuis Buenos Aires. L'avenir économique du pays restait pourtant incertain. La distribution des terres était inégale, l'industrie peinait à absorber toute l'émigration, la balance commerciale restait déficitaire. Alors que se profilait la Grande Dépression, les militaires prirent le pouvoir dans un contexte de forte agitation sociale. Tandis que les généraux se succédaient à la tête du pays, l'Argentine commença à entendre de plus en plus souvent le nom d'un obscur colonel : Juan Domingo Perón.

PERÓN

Le Roman de Perón, de Tomás Eloy Martínez (Robert Laffont, 1999), est une version romancée passionnante de la vie de Juan Perón après son retour à Buenos Aires, en 1973.

La décennie Perón

Nommé sous-secrétaire au travail en 1943 suite à un coup d'État militaire, Juan Perón allait devenir à la fois la figure politique la plus aimée et la plus méprisée de l'histoire argentine. Épaulé par Eva Duarte ("Evita"), sa seconde épouse, il se présenta à l'élection présidentielle de 1946, qu'il remporta. Militaire porté au pouvoir par le peuple des déshérités, Perón inaugura alors un régime mêlant populisme, bains de foule et autoritarisme. Ses séjours en Allemagne nazie et en Italie fasciste lui ayant fait saisir l'importance du spectacle dans la vie publique,

9 juillet 1816

Dans le sillage d'autres mouvements qui secouent toute l'Amérique du Sud, les Provinces unies du Río de la Plata (l'ancêtre de la République argentine) proclament leur indépendance à Tucumán.

» Congrès de Tucumán

1829

Le *caudillo* Juan Manuel de Rosas, défenseur de la cause fédéraliste, devient gouverneur de la province de Buenos Aires et s'impose comme l'homme fort de la Confédération argentine.

1852

Le fédéraliste Justo José de Urquiza prend le dessus sur Rosas, son ancien allié, lors de la bataille de Caseros. Il élabore en 1853 la première Constitution du pays.

il développa un fascisme "allégé", gouvernant par décrets, et tenant de grands meetings depuis le balcon de la Casa Rosada, la très charismatique Evita à ses côtés. L'héritage du peronisme reste ambigu. Certains n'en retiennent que l'aspect autoritaire ; d'autres rappellent que les Perón autorisèrent les syndicats, étendirent les droits politiques à la classe ouvrière, assurèrent le droit de vote aux femmes et permirent à tous l'accès à l'enseignement universitaire.

La crise économique et l'inflation sapèrent le deuxième mandat du président, réélu en 1951. La mort d'Evita, l'année suivante, porta un coup fatal à sa popularité. Renversé en 1955 par un coup d'État marquant le début de 30 années désastreuses de régime militaire, il se réfugia en Espagne. Durant son exil, Perón ne cessa de préparer son retour. Dans un contexte marqué, à la fin des années 1960, par une situation économique de plus en plus préoccupante, des grèves, des enlèvements politiques et une guérilla armée, il revint en Argentine et fut porté de nouveau à la

EVITA

"Je reviendrai, je serai des millions" *Eva Perón, 1952*

De sa naissance dans une famille pauvre de la Pampa à son arrivée au pouvoir aux côtés de Juan Perón, Eva María Duarte de Perón est devenue l'une des personnalités politiques les plus admirées et les plus controversées du monde. Affectueusement baptisée Evita, elle en vint presque à faire oublier que c'est son mari qui gouverna l'Argentine de 1946 à 1955.

À l'âge de 15 ans, lorsqu'elle quitte son Junín natal pour Buenos Aires, Eva Duarte rêve de devenir actrice. C'est pourtant à la radio qu'elle trouve un emploi. La chance se présente à elle lors d'un spectacle de bienfaisance au Luna Park de Buenos Aires en 1944 : elle rencontre et séduit le colonel Juan Perón. Ils se marient l'année suivante.

Peu de temps après l'élection de son époux à la tête du pays, en 1946, Evita devient ministre de l'Emploi et des Affaires sociales. Durant ses deux mandats, Perón profite beaucoup de la popularité de sa femme, notamment auprès des classes populaires. De fait, celle-ci ordonne la construction de logements pour les pauvres, instaure des programmes d'aide à l'enfance et organise la distribution de vêtements et de nourriture aux familles nécessiteuses. Défendant les personnes âgées, elle met en place des services de soins gratuits pour les personnes démunies et milite en faveur du droit de vote pour les femmes.

Alors même que son époux débute son second mandat, en 1952, Evita succombe à un cancer à l'âge de 33 ans. La mort de cette femme au sommet de sa popularité porte un coup à l'Argentine – et au régime de son mari.

Passés à la postérité en tant que défenseurs de la justice sociale et des *descamisados* (les "sans-chemises"), Evita et son mari n'en n'ont pas moins gouverné le pays d'une main de fer, jetant des opposants en prison et prohibant toute critique dans les médias. Tout le monde reconnaît cependant l'importance de l'action d'Evita en faveur des pauvres et des femmes. Ces dernières ont trouvé grâce à elle une place à tous les niveaux de la société.

1862

Élu à la présidence de la nouvelle république d'Argentine, Bartolomé Mitre s'efforce de moderniser le pays : il développe le réseau de chemin de fer, crée une armée nationale et met en place un système postal, entre autres.

1865

Débarquant du clipper *Mimosa*, plus de 150 Gallois prennent pied en Patagonie. Ils fondent la première colonie galloise dans la province du Chubut.

1865-1870

Vaincu lors de la guerre de la Triple Alliance, qui l'oppose à la coalition formée par l'Argentine, le Brésil et l'Uruguay, le Paraguay perd une partie de son territoire au profit de l'Argentine.

1868

Originaire de San Juan, Domingo Faustino Sarmiento est élu à la tête de l'État. Il favorise l'immigration, développe l'enseignement public et renforce l'européanisation du pays.

présidence en 1973. Mais son absence de 18 ans avait vidé de sa substance son assise politique. Malade, Perón mourut en 1974, laissant un pays divisé à sa troisième épouse, Isabel, novice en politique.

L'adaptation cinématographique par Christopher Hampton du roman *Imagining Argentina* de Lawrence Thorton, avec la "guerre sale" comme toile de fond, est sortie en France en 2005 sous le titre *Disparitions*.

La "guerre sale" et les "disparitions"

Un fort sentiment antigouvernemental sévissait en Argentine à la fin des années 1960 et au début des années 1970. Il n'était alors pas rare que les manifestations dégénèrent en émeutes. Des groupes armés apparurent, menant des actions de guérilla contre les militaires, les oligarchies et l'influence nord-américaine en Amérique du Sud. La corruption croissante dans les plus hautes sphères de l'État exacerbait l'incompétence d'Isabel Perón, tandis que le pays plongeait dans le chaos.

Le 24 mars 1976, un putsch militaire dirigé par le général Jorge Rafael Videla prit le pouvoir sans effusion de sang, plongeant l'Argentine dans une période de terreur et de brutalité. Souhaitant écraser la guérilla et restaurer l'ordre, Videla reçut un large soutien, de la presse comme de la population. Par euphémisme, le régime baptisa "processus de

LES MÈRES DE LA PLACE DE MAI

En 1977, après un an de graves violations des droits de l'homme sous le régime du général Jorge Rafael Videla, 14 femmes se dirigèrent vers la Plaza de Mayo, à Buenos Aires, bravant l'interdiction de rassemblement public imposée par un régime militaire connu pour torturer et assassiner celles et ceux qu'il considérait comme des opposants. Ces mères, qui portaient sur la tête un foulard blanc aujourd'hui emblématique (les langes de leurs enfants), demandaient à être informées du sort de leurs enfants "disparus" dans le cadre de la répression menée par le gouvernement contre l'opposition politique.

Le groupe se structura, gagna en influence, et pris le nom de "Madres de la Plaza de Mayo" (mères de la Place de Mai), demeurant le seul mouvement politique à défier ouvertement le régime. Leur statut de mères, particulièrement respecté dans la société argentine, conférait à ses membres une relative impunité. Elles mirent en avant le pouvoir tenu par les femmes, à tout le moins dans son acception traditionnelle, au sein de la société civile, pour initier la restauration progressive de cette dernière.

Les mères ont continué à manifester, à demander des informations et à exiger que justice soit rendue après le retour à un régime civil, en 1983. On restait en effet sans nouvelles de milliers d'Argentins. Le mouvement s'est scindé en 1986. La Línea Fundadora ("Ligne fondatrice"), d'un côté, a choisi de se consacrer à la recherche des restes des victimes et à l'action en faveur de la comparution en justice des militaires responsables. L'Association des mères de la Place de Mai, de l'autre, a organisé sa dernière marche de protestation annuelle en 2006, estimant que la présidence ne devait plus être considérée comme un adversaire. Les deux associations continuent à tenir un rassemblement silencieux tous les jeudis après-midi, en souvenir des personnes "disparues", et à défendre d'autres causes sociales.

1869-1895
L'économie du pays est en plein essor, l'immigration (notamment espagnole et italienne) explose et la population de la capitale passe de 90 000 à 670 000 habitants. Le tango voit le jour à Buenos Aires.

1872-1879
José Hernández publie son célèbre poème en deux parties, *El Gaucho Martín Fierro* (1872) et *La Vuelta de Martín Fierro* (1879).

1926
Le romancier et poète Ricardo Güiraldes publie *Don Segundo Sombra*, un classique de la littérature gaucho qui évoque l'esprit gaucho et son influence sur la société argentine.

1946
Juan Perón est élu à la tête de l'État et bouleverse la structure politique du pays. Evita lance les programmes d'aide aux femmes et aux enfants des classes populaires.

réorganisation nationale" (plus connu comme "El Proceso") les opérations des forces de sécurité, qui parcouraient le pays pour arrêter, torturer ou assassiner quiconque figurait sur leur liste de gauchistes présumés. Entre 1976 et 1983, période de la "guerra sucia" ("guerre sale"), entre 10 000 et 30 000 personnes ont "disparu", selon les estimations des organisations de défense des droits de l'homme. Ironie des choses, cette "guerre sale" ne s'acheva que du fait de l'engagement argentin dans une véritable action militaire : l'invasion des îles Malouines, possession britannique.

Falkland Islands ou Islas Malvinas ?

L'économie argentine, qui ne parvint jamais à se relever sous la dictature militaire, finit par s'effondrer. "El Proceso" faiblit du même coup. Fin 1981, le général Leopoldo Galtieri accéda à la présidence. Afin de se maintenir au pouvoir dans un contexte social et économique explosif, il misa sur la fibre nationaliste et décida, en avril 1982, de chasser les Britanniques des *Falkland Islands*, que l'Argentine revendiquait sous le nom d'Islas Malvinas (îles Malouines) depuis près d'un siècle et demi.

L'action, menée en une nuit, souleva une immense vague d'euphorie nationaliste en Argentine. L'optimisme fut de courte durée. Galtieri avait sous-estimé la détermination de Margaret Thatcher, alors Premier ministre du Royaume-Uni. Il fallut à peine 74 jours à l'armée britannique pour venir à bout des jeunes troupes argentines, peu motivées et mal entraînées, qui finirent par se rendre. Le régime militaire s'effondra et, en 1983, les Argentins élisaient le civil Raúl Alfonsín à la présidence. La guerre des Malouines reste aujourd'hui un sujet sensible en Argentine.

Les séquelles de la "guerre sale"

Lors de sa campagne présidentielle de 1983, Alfonsín avait promis de poursuivre en justice les officiers responsables d'atteintes aux droits de l'homme durant la "guerre sale". S'il réussit à faire condamner pour enlèvement, torture et homicide les membres haut placés de la junte, leurs subalternes ne se laissèrent pas faire, et ripostèrent en organisant des soulèvements dans plusieurs endroits du pays. L'administration, craignant de nouveaux troubles, finit par promulguer la *Ley de la obediencia debida* – "loi d'obéissance due", grâce à laquelle les officiers se défendirent en invoquant le fait qu'ils obéissaient aux ordres – et déclara la *Ley de Punto Final* ("loi du point final"), énonçant des dates au-delà desquelles plus aucune poursuite ne pouvait être engagée. Ces mesures mettaient à l'abri de poursuites des individus tristement célèbres. Les deux lois ont toutefois été abrogées en 2003 et un certain nombre d'affaires liées à la "guerre sale" ont depuis été rouvertes. Plusieurs officiers ont été condamnés ces dernières années. Toutefois, un grand nombre de responsables du "Proceso" continuent de vivre sans être inquiétés, en Argentine ou à l'étranger.

Intitulé *Nunca Más* (Plus jamais ça), le rapport officiel de la Commission sur les disparus a été publié en 1984. Il recense les violations des droits de l'homme commises par les militaires entre 1976 et 1983.

Dans *Luz ou le temps sauvage*, (éd. Métailié, 2002), Elsa Osorio raconte la quête d'une femme pour connaître la vérité sur ses origines. Le livre décrit le combat des grands-mères de la Place de Mai pour retrouver les enfants des disparus, confiés à des familles proches de la junte.

1952
Eva Perón meurt d'un cancer le 26 juillet à l'âge de 33 ans. Sa disparition affaiblit considérablement le poids politique de son mari, réélu pour un second mandat moins d'un an auparavant.

1955
Alors que l'économie sombre dans la récession, Juan Perón perd encore de son influence. Renversé par un coup d'État militaire, il s'exile en Espagne.

1976-1983
Une junte militaire conduite par le général Jorge Videla prend le pouvoir et entraîne le pays dans la "guerre sale". On estime que 30 000 personnes ont "disparu" en l'espace de huit ans.

1982
L'économie est encore au bord de la faillite : le général Leopoldo Galtieri, au pouvoir, envahit les Malouines et parvient à déclencher une poussée de nationalisme qui détourne la population de ses préoccupations.

Les années Menem

Élu à la présidence en 1989, Carlos Menem s'engagea dans une politique économique ultralibérale. Indexant le cours du peso sur celui du dollar américain, il instaura une pseudo-stabilité économique, qui permit l'ascension des classes moyennes. Ses politiques sont toutefois, de l'avis général, à l'origine de la débâcle économique de 2002, marquée par la forte dévaluation d'un peso très surévalué.

La présidence de Carlos Menem fut marquée par une corruption généralisée au sein des pouvoirs publics et par la privatisation des entreprises d'État. Inculpé en 2001 pour vente illégale d'armes à la Croatie et à l'Équateur, il fut placé en résidence surveillée, mais retrouva la liberté cinq mois plus tard après un non-lieu. Le lendemain de sa libération, il annonçait qu'il se porterait de nouveau candidat à la présidence, ce qu'il fit en 2003, se retirant toutefois après le premier tour. En 2007, son échec lors de l'élection du gouverneur de la province de La Rioja a scellé son retrait de la vie politique.

Deux termes ont fait florès lors de la crise économique en Argentine : *el corralito*, qui signifie "petit enclos" a été utilisé pour parler du plafond imposé aux retraits en espèces dans les banques ; le *cacerolazo* (de *cacerola*, "casserole") a désigné les protestations tonitruantes de citoyens descendus dans la rue en tapant dans des récipients.

La "Crisis"

Le vainqueur de l'élection de 1999, Fernando de la Rua, hérita d'une économie chancelante et d'une dette extérieure de 114 milliards de dollars. L'indexation du peso sur le dollar empêchait l'Argentine d'être compétitive sur le marché international et les exportations étaient en chute libre. La baisse des cours des produits agricoles sur les marchés internationaux porta un coup supplémentaire au pays, très dépendant de ce type d'exportation. En 2001, l'économie était au bord de l'effondrement. Le gouvernement prit des mesures pour freiner le déficit et réduire les dépenses publiques. Voyant que le gouvernement s'employait à obtenir un échange de créances et envisageait de dévaluer le peso, les classes moyennes commencèrent à vider leurs comptes en banque. Le ministre de l'Économie Domingo Cavallo imposa alors une limite de retrait de 250 dollars par semaine. C'était le début de la fin.

Mi-décembre, alors que le chômage atteignait 18,3%, les syndicats entamèrent une grève générale. Le mouvement atteignit son paroxysme le 20 décembre lorsque les classes moyennes descendirent dans la rue pour protester contre la politique économique du président. Les émeutes gagnèrent le pays, le contraignant à la démission. Trois présidents intérimaires renoncèrent successivement, avant qu'Eduardo Duhalde ne prenne ses fonctions, en janvier 2002. Il dévalua le peso et annonça que le pays, croulant sous une dette extérieure de 140 milliards de dollars, était en cessation de paiement – la plus importante jamais enregistrée.

Néstor Kirchner

Roberto Lavagna, ministre de l'Économie d'Eduardo Duhalde, exigea pratiquement du FMI un accord prévoyant le paiement par l'Argentine des

1983

Après la défaite à l'issue de la guerre des Malouines, et dans un contexte économique désastreux, Raúl Alfonsín est élu à la présidence. L'Argentine revient à un régime civil.

CARLOS CARRION/SYGMA/CORBIS ©

» Raúl Alfonsín

1999-2000

Fernando de la Rua succède à Carlos Menem. Les exportations agricoles chutent et des mouvements de grève surviennent. Le FMI accorde à l'Argentine une aide de 40 milliards de dollars.

2002

Eduardo Duhalde dévalue le peso et cesse le remboursement de la dette extérieure (140 milliards de dollars). C'est la cessation de paiement la plus importante de l'histoire mondiale.

seuls intérêts de la dette. Les produits argentins redevinrent compétitifs sur les marchés internationaux grâce à la dévaluation du peso, et les exportations reprirent de la vigueur dès 2003. Cette poussée, si elle fit grand bien au PNB du pays, en hausse de 9% – la plus forte augmentation enregistrée alors en Amérique latine – allait se traduire par une envolée des prix qui affaiblit davantage les classes moyennes, et réduire à la misère totale ceux qui vivaient déjà dans la pauvreté. Des élections présidentielles eurent finalement lieu en avril 2003, dont le gouverneur de la province de Santa Cruz, Néstor Kirchner, sortit vainqueur.

Au terme de son mandat, en 2007, il avait atteint une popularité rarement connue par un chef d'État en Argentine. Il avait fait abroger les lois d'amnistie protégeant les membres de la junte militaire au pouvoir entre 1976 et 1983. Il s'engagea avec fermeté contre la corruption au sein des pouvoirs publics et écarta l'économie du strict alignement avec les États-Unis, la réorientant vers ses voisins sud-américains. En 2005, il solda la dette du pays en un seul versement au FMI. Le taux de chômage, qui s'élevait pratiquement à 25% en 2002, était à moins de 9% en 2007.

Aux présidentielles de 2007, le pays exprima sa satisfaction quant à la politique de Néstor Kirchner : son épouse, la sénatrice Cristina Fernández de Kirchner, fut élue à la tête de l'État, avec une avance de 22% sur son adversaire le plus proche.

"La Presidenta"

Deux chantiers de taille attendaient la nouvelle "Presidenta" : la pauvreté et l'inflation galopante. Mais sa présidence, émaillée de scandales, de faux pas dans le domaine fiscal et d'une cote de popularité en dents de scie, ne connut pas les mêmes succès que celle de son mari.

Durant les premiers jours de son mandat, un Américano-Vénézuélien fut retrouvé avec une valise contenant 800 000 $US en espèces à son arrivée en Argentine. Le magazine *Time* révéla qu'il s'agissait là de la contribution d'Hugo Chavez à la campagne électorale de Kirchner, une allégation démentie par le président vénézuélien.

En mars 2008, Kirchner augmenta sensiblement la taxe à l'exportation sur le soja, provoquant la colère des agriculteurs qui lancèrent un mouvement de grève et dressèrent des barrages routiers : le gouvernement se vit contraint de reculer. A l'issue des élections législatives de juin 2009, le parti de Kirchner perdit la majorité aux deux chambres du Congrès.

En octobre 2011, la présidente fut frappée par une épreuve personnelle : son mari Néstor mourut brusquement d'une crise cardiaque. L'élan de sympathie qui suivit, combiné au redressement de l'économie, contribua à sa réélection haut la main lors de la présidentielle d'octobre 2011.

Reportez-vous à la p. 532 pour en savoir davantage sur les premiers mois du nouveau mandat de Cristina Kirchner.

CRISTINA

Cristina Kirchner avait choisi comme colistier son ministre de l'Économie, Amado Boudou. Le très atypique vice-président se déplace en Harley-Davidson et ne dédaigne pas de se produire sur scène avec des musiciens connus.

2003
Néstor Kirchner accède à la présidence après le retrait de Carlos Menem, pourtant arrivé en tête à l'issue du premier tour.

2007
Épouse de l'ancien chef de l'État, Cristina Fernández de Kirchner remporte l'élection présidentielle.

2010
La mort subite de Néstor Kirchner porte un coup à la dynastie familiale. Beaucoup pensaient qu'il serait candidat à l'élection présidentielle de 2011, et élu selon toute probabilité.

2011
Cristina Kirchner remporte l'élection présidentielle. Elle est opérée quelques mois plus tard avec succès après un diagnostic de cancer.

La société argentine

En Amérique latine, les Argentins ont la réputation d'avoir une estime de soi assez développée, comme l'illustre une plaisanterie bien connue : "Comment un Argentin se suicide-t-il ? En sautant du haut de son ego."

Il y a un peu de vrai dans ce cliché, mais ce que vous retiendrez surtout en parcourant le pays, c'est le côté chaleureux des Argentins.

Amicaux et sociables, ils n'hésitent pas à engager la conversation et sont capables de passer la nuit à discuter. La tradition du maté tient surtout du plaisir à se retrouver entre amis, tout comme l'*asado* est une occasion de se réunir devant une viande grillée au feu de bois.

Les femmes représentent plus de 40% de la population active. Elles occupent un tiers des sièges au Parlement.

Une certaine mélancolie s'attache également au caractère des Argentins, notamment des *Porteños* (habitants de Buenos Aires). Elle n'est pas étrangère au pessimisme qui s'est enraciné dans l'âme d'un peuple qui a vu son pays, l'une des plus grandes puissances économiques mondiales à la fin du XIXe siècle et au début du XXe siècle, sombrer dans le gouffre de la dette internationale. Après les coups d'État militaires et la répression implacable, les Argentins ont assisté au pillage du riche potentiel de leur pays par des responsables politiques corrompus.

Mais cette mélancolie n'est pas un trait de caractère dominant de ce peuple plein d'entrain, passionné, fier et attaché à ses idées. Autant de qualités que l'on ne peut qu'apprécier.

Mode de vie

Buenos Aires, qui abrite plus du tiers de la population du pays, ne ressemble ni au reste de l'Argentine, ni au reste de l'Amérique latine. Comme partout ailleurs dans le pays, le mode de vie dans la capitale dépend essentiellement des revenus. L'appartement moderne loué par un jeune publicitaire dans le quartier de Las Cañitas n'a rien à voir avec la maison d'une famille située dans l'une des *villas* de la capitale, ces bidonvilles où l'électricité et l'eau potable restent un luxe.

Les Argentins s'embrassent sur la joue pour se saluer (y compris entre hommes), sauf dans le cadre de relations plus formelles ou de relations de travail, où l'on se serre la main.

Les différents modes de vie argentins sont également déterminés par la géographie et l'appartenance ethnique. Quels qu'ils soient, les logements de Buenos Aires ont peu en commun avec l'habitation en pisé d'une famille *indígena* installée dans une vallée reculée du Nord-Ouest andin, pratiquant une agriculture de subsistance et pour qui la Pachamama, la Terre-Mère, est une référence culturelle bien plus importante qu'Evita Perón. Dans la Pampa, la province de Mendoza et la Patagonie, la vie au grand air va de pair avec une atmosphère chaleureuse.

La classe moyenne occupe une place relativement importante, même si elle a vu son périmètre se restreindre nettement ces dernières années, marquées par le développement de la pauvreté. À l'autre extrémité de l'échelle sociale, un nombre surprenant de citadins fortunés se regroupent dans les *countries* (quartiers clos protégés).

La famille revêt un caractère sacré pour les Argentins. Le publicitaire de Buenos Aires va dîner avec ses proches le week-end et le patron de café de San Juan réunit ses proches dans l'estancia familiale pour un

PAS D'IMPAIRS !

Il peut s'avérer utile de connaître quelques pratiques usuelles en Argentine.

À faire

» Saluez vos interlocuteurs en utilisant la formule appropriée selon le moment de la journée : *buenos días* (le matin), *buenas tardes* (l'après-midi) ou *buenas noches* (le soir).

» Dans les petits villages, saluez les gens dans la rue et lorsque vous entrez dans un commerce.

» N'hésitez pas à faire la bise (*besos*) pour saluer quelqu'un.

» Employez le vouvoiement (*usted*) avec les personnes plus âgées que vous ou dans des circonstances solennelles.

» Habillez-vous avec un minimum d'élégance pour un événement particulier ; seuls les touristes et les athlètes portent le short à Buenos Aires !

À ne pas faire

» Ne nommez pas les Malouines "Falkland". Pour les Argentins, ce sont les "Islas Malvinas". Ne parlez pas de la "guerre sale" à des gens que vous ne connaissez pas.

» N'insinuez pas que le Brésil est meilleur que l'Argentine au *fútbol*, ni que Pelé jouait mieux que Maradona.

» N'arrivez pas dans un bar avant minuit ni dans une discothèque avant 3h du matin. Et ne vous présentez pas non plus pile à l'heure si vous êtes invité à dîner chez quelqu'un (il est de bon ton d'être un peu en retard).

» Pour parler des habitants des États-Unis, utilisez le terme *Estadounidenses* et non celui d'*Americanos* ; les Argentins sont tout autant "americanos", c'est-à-dire habitants de l'Amérique (du Nord, centrale ou du Sud), que les ressortissants des États-Unis.

asado dominical. Les enfants vivent généralement chez leurs parents jusqu'à leur mariage, en particulier dans les foyers les plus modestes.

Sports

Le *fútbol* fait partie intégrante de la vie des Argentins. Les exclamations qui montent des cafés et des magasins les jours de matchs ne vous laisseront aucun doute quant à la tenue d'un événement. Arrivée à quatre reprises en finale de la Coupe du Monde, la sélection nationale l'a emporté deux fois, en 1978 et 1986. L'équipe d'Argentine a également décroché deux médailles d'or aux Jeux olympiques, en 2004 et 2008. Buenos Aires compte à elle seule une demi-douzaine d'équipes professionnelles, dont les plus connues sont Boca Juniors et River Plate. Le fanatisme des *barras bravas* (hooligans) locaux n'a rien à envier à celui de leurs homologues européens. Diego Maradona, Gabriel Batistuta et Lionel Messi sont trois des plus grands noms du *fútbol* argentins.

Le rugby jouit d'une popularité croissante depuis la double victoire des Pumas, l'équipe nationale, sur la France pendant la Coupe du Monde 2007, lors du match d'ouverture et de la rencontre pour la 3e place. Preuve de ce nouvel engouement, le *Superclásico* (match de foot opposant les deux grands clubs de la capitale, Boca et River Plate) avait été décalé pour ne pas interférer avec le quart de finale des Pumas.

Les courses hippiques, le tennis, le basket-ball, le golf et la boxe sont également populaires. Les chevaux et les joueurs de polo argentins sont les meilleurs du monde. Le rallye Dakar se déroule en grande partie en Argentine depuis 2009. Le *pato*, sport traditionnel pratiqué à cheval, emprunte des éléments au polo et au basket. À l'origine on y jouait avec un canard ("*pato*"), mais fort heureusement le volatile a été remplacé par une balle enchâssée dans un harnais en cuir. Peu de gens s'y intéressent aujourd'hui, malgré sa longue tradition.

Maradona par Kusturica (2008). Diego Maradona, grande légende du football, a inspiré Emir Kusturica, qui a filmé son sujet avec admiration, en l'interrogeant sur sa vie, sur le sport et même sur la politique.

MARADONA

La cuisine argentine

Les Argentins adorent manger et passent une grande partie de leur vie sociale autour d'une table, que ce soit pour un café, un repas sans prétention ou une occasion de célébration. Si la simplicité est généralement de mise – le bœuf et les pâtes sont les deux piliers de la gastronomie locale –, la sophistication existe bel et bien. On trouve à Buenos Aires et dans d'autres grandes villes des restaurants internationaux raffinés – japonais, moyen-orientaux, mexicains, asiatiques et brésiliens, entre autres – qui servent des plats très élaborés.

L'Argentine a par ailleurs une solide réputation en matière de bons vins. Vignobles et producteurs se multiplient, non seulement à Mendoza, mais aussi dans tout le nord-ouest du pays et jusque dans le nord de la Patagonie. Malgré l'inflation persistante, la dégustation de bons vins reste un luxe abordable.

Vous trouverez p. 68 les renseignements sur les cours de cuisine à Buenos Aires.

Spécialités locales

Bœuf

Les premiers Espagnols débarqués en Argentine avaient emmené un peu de bétail. Après l'échec de l'installation d'une colonie, ils abandonnèrent les vaches dans la pampa, où elles se trouvèrent particulièrement à l'aise : de l'herbe bien grasse à profusion et, à l'exception de quelques gauchos, peu de prédateurs naturels susceptibles de décimer leurs rangs. Les Européens revinrent ensuite s'établir, capturèrent le bétail pour leur propre usage et entreprirent des croisements avec d'autres races bovines.

Les vaches argentines étaient traditionnellement élevées en liberté, broutant l'herbe très riche de la pampa sans être gavées d'antibiotiques et d'hormones de croissance, ce qui garantissait une viande moins grasse au goût très naturel. Les choses sont cependant en train de changer (voir p. 135).

Les Argentins consomment en moyenne 60 kg de bœuf par personne et par an – une quantité en diminution.

BŒUF

L'Argentine produit sans doute la meilleure viande bovine du monde et maîtrise à la perfection l'art de la griller. Pour tout savoir sur le bœuf, reportez-vous à l'encadré de la page ci-contre.

Influences italiennes

Arrivés massivement dans le pays à la fin du XIXe siècle, les immigrants italiens ont importé leur amour pour les pâtes, les pizzas et les glaces, entre autres.

De nombreux restaurants fabriquent eux-mêmes leurs pâtes – les *pasta casera* (pâtes maison). Vous trouverez en particulier des *ravioles* (raviolis), des *sorrentinos* (sorte de gros raviolis ronds), des *ñoquis* (gnocchis) et des *tallerines* (fettuccines). Parmi les sauces classiques figurent la *tuco* (tomate), l'*estofado* (à la viande de bœuf, souvent servie avec les raviolis) et la *salsa blanca* (béchamel). Attention : la sauce n'est pas toujours comprise dans le prix des pâtes – on la choisit et elle est facturée en sus.

Il y a des pizzerias dans tout le pays et beaucoup de restaurants classiques proposent des pizzas à la carte. N'hésitez pas, elles sont généralement excellentes.

Influences espagnoles

La cuisine espagnole est moins populaire que l'italienne, mais elle constitue une autre composante essentielle de la gastronomie argentine. La paella s'invite fréquemment sur les cartes des restaurants, tout comme d'autres préparations de fruits de mer typiquement espagnoles. La plupart des *guisos* et *pucheros* (ragoûts) viennent à l'origine d'Espagne.

Les *empanadas*, ces petits chaussons fourrés présents partout en Argentine, sont préparés différemment selon les régions (on en trouve par exemple au bœuf épicé dans le Nord-Ouest andin, au jambon-fromage à Buenos Aires et à l'agneau en Patagonie). Elles constituent un repas rapide et savoureux, particulièrement commode pour les voyages en bus.

Plats régionaux

Si l'expression *comida típica* peut faire référence à toute spécialité régionale argentine, elle désigne généralement plutôt les plats du Nord-Ouest andin. La cuisine de cette région plonge ses racines dans la tradition précolombienne et est plus proche de la cuisine bolivienne ou péruvienne que de la gastronomie européanisée du reste de l'Argentine. Les plats, souvent épicés, ne sont guère présents dans le reste du territoire (la plupart des Argentins ne supportent guère plus qu'un soupçon de poivre sur leur viande). *Locro* (solide potée de viande et de maïs, ou d'autres céréales), *tamales*, *humitas* (*tamales* sucrés) et *empanadas* frites figurent parmi les spécialités.

ALFAJORES

Les *alfajores* sont de délicieux petits gâteaux ronds fourrés au *dulce de leche* ou à la confiture. On les achète dans les *kioskos* (petites boutiques de rue).

LE BŒUF, SUPERSTAR

Vous êtes entré dans une *parrilla* (restaurant de viande avec un grand gril crépitant à l'entrée) et vous voilà assis, affamé, couteau et fourchette en main. Vous ne connaissez pas un mot d'espagnol et l'on vous amène une carte comportant au moins 10 options. Comment faire votre choix ?

La *parrillada* est un assortiment de viandes grillées comportant souvent du *chorizo* (saucisse de bœuf ou de porc), du *pollo* (poulet), des *costillas* (côtelettes) et de la *carne* (steak de bœuf). On y ajoute parfois des abats : *chinchulines* (intestin grêle), *molleja* (ris de veau) et *morcilla* (boudin) par exemple. On commande une *parrillada* pour autant de personnes que nécessaire (les portions sont servies en quantité adaptée).

Quant aux morceaux nobles du bœuf, voici quelques indications :

Bife de chorizo Faux-filet ; morceau épais et juteux.

Bife de costilla Sorte de côtelette ; morceau coupé près de l'os.

Bife de lomo Filet ; tranche fine de viande tendre.

Cuadril Rumsteak ; souvent une fine tranche.

Ojo de bife Faux-filet ; petit morceau de choix.

Tira de asado Travers coupé dans la viande de bœuf.

Vacío Flanchet de bœuf ; fibreux et dur, mais très goûteux

Sans précision de votre part, la viande sera cuite *a punto* (à point). Il n'est pas si simple d'obtenir un steak saignant (dites "*jugoso*") ou bleu (tentez "*vuelta y vuelta*"). Demandez en accompagnement une *chimichurri*, une délicieuse sauce généralement à base d'huile d'olive, d'ail et de persil.

Enfin, si vous avez la chance d'être invité à un *asado* (barbecue) chez quelqu'un, ne laissez pas passer l'occasion de participer à ce grand moment culinaire et convivial !

Le goût de l'Argentine

Les Argentins portent l'art du barbecue à des sommets et élaborent des vins fabuleux. Leurs pizzas rivalisent avec celles de Naples et de New York, et leurs glaces feront frétiller vos papilles. Quant au célèbre maté, il est bien plus qu'une simple infusion : il crée du lien, dans la famille et dans la société.

Le maté

1 On a généralement du mal à en avaler une gorgée la première fois, mais cette infusion forte, que l'on boit dans une gourde commune grâce à une paille filtrante en métal, représente une tradition culturelle délicieuse et une expérience sociale qui crée des liens.

Le bœuf

2 Les Argentins ont amené à la perfection l'art de griller leur savoureuse viande de bœuf. Croustillante, salée et légèrement fumée à l'extérieur, moelleuse et goûteuse au cœur : vous allez adorer...

Les glaces

3 Difficile de faire son choix parmi les dizaines de parfums proposés chez les glaciers du pays. L'exquise douceur est servie généreusement dans un cône avec une cuillère plantée sur son flanc – en route pour les sommets du plaisir !

Le vin

4 Des malbecs et cabernets de Mendoza aux *torrontés* secs de Cafayate, en passant par les succulents syrahs de San Juan, la route des vins argentins vous réserve de belles découvertes.

La cuisine italienne

5 Pâtes et pizzas sont omniprésentes en Argentine, à tel point que vous vous demanderez peut-être comment les habitants parviennent à en avaler une telle quantité. Vous comprendrez en goûtant : elles sont délicieuses, tout simplement.

1. Le maté (p. 550) **2.** Le bœuf (p. 546) **3.** Les glaces (p. 550) **4.** Bouteilles de vin, Mendoza (p. 319)

1

EYESWIDEOPEN/GETTY IMAGES ©

4

2

GABRIELDOM/DREAMSTIME ©

3

KRZYSZTOF DYDYNSKI/LONELY PLANET IMAGES ©

En Patagonie, l'agneau l'emporte sur le bœuf. Sur la côte, les produits de la mer sont prisés (poissons, huîtres, crabes). Dans la région des lacs, on apprécie les produits de la chasse et de la pêche, notamment la venaison, le sanglier et la truite. À l'ouest, les provinces de Mendoza, San Juan et La Rioja adorent le *chivito* (chevreau). Les poissons d'eau douce, comme le *dorado*, le *pacú* (un parent du piranha) et le *surubí* (sorte de poisson-chat) sont courants sur les tables du Nord-Est.

Plus proches du *gelato* italien que de la glace française, les glaces argentines séduiront les amateurs. Voir p. 82 pour des adresses de glaciers à Buenos Aires.

Boissons

Mendoza est la première région viticole, mais d'autres provinces produisent aussi d'excellents vins. Consultez les p. 341 et 352 pour des précisions sur deux destinations à l'écart des circuits traditionnels de découverte du vin argentin.

La bière "nationale" est sans conteste la Quilmes. Si vous commandez un *porrón*, vous verrez arriver une bouteille d'un demi-litre. Pour une pression, demandez une *chopp*.

Les Argentins raffolent du *café con leche* (café au lait). Un expresso servi avec une goutte de lait s'appelle un *café cortado*, tandis qu'à l'inverse, une *lágrima* désigne un verre de lait avec quelques gouttes de café. On sert aussi du thé et des infusions, et bien sûr du maté.

Dans les grandes villes comme Buenos Aires, l'*agua de canilla* (eau du robinet) est potable. Dans les restaurants, néanmoins, on commande généralement une bouteille d'eau minérale, *con gas* (gazeuse) ou *sin gas* (plate). Dans les établissements plus traditionnels, on pourra vous proposer *un sifón de soda* (eau gazeuse en bouteille), souvent mélangé à du vin bon marché.

LE MATÉ ET SON RITUEL

La préparation et la dégustation du maté représentent peut-être la seule tradition qui transcende les barrières ethniques et sociales du pays. Plus qu'une simple boisson, le maté constitue un rituel complexe, qui se pratique en famille ou entre amis et collègues.

La *yerba mate* est une feuille d'*Ilex paraguayensis*, proche du houx, séchée et hachée. L'Argentine est le premier producteur et consommateur mondial de cette feuille. Les Argentins en consomment en moyenne 5 kg par personne et par an, plus de quatre fois leur consommation moyenne de café.

La préparation du maté constitue un rituel en soi. Le *cebador* (serveur) remplit presque entièrement la gourde de maté avec la *yerba*, avant de verser lentement l'eau chaude dans le récipient. Il passe ensuite le maté à chaque buveur, qui aspire le liquide avec une *bombilla*, une paille en argent dotée d'un filtre bulbeux à son extrémité inférieure afin d'empêcher les feuilles de *yerba* d'entrer dans la paille. Chaque convive vide entièrement la gourde. Attention, il ne faut pas toucher la *bombilla*, et il convient de ne pas garder trop longtemps le maté avant de le passer à son voisin. Un simple *"gracias"* suffit pour signifier au serveur que l'on passe son tour.

Une invitation à un maté est un plaisir culturel à goûter absolument. Mais l'apprécier requiert une certaine habitude. Les novices le trouveront très chaud et amer (on peut éventuellement ajouter du sucre).

La dégustation étant relativement complexe, les restaurants et les cafés en servent rarement. Le plus simple reste la solution adoptée par les Argentins qui voyagent chez eux : acheter un thermos, une gourde à maté, une *bombilla* et un sachet d'herbe – les boutiques ont souvent un rayon maté. Avant d'utiliser la gourde, il faut la nettoyer en la remplissant d'eau chaude et de *yerba*, et laisser le tout tremper une journée. Presque tous les restaurants, les cafés et les hôtels ont l'habitude de remplir les thermos, parfois en échange d'une somme modique. Il suffit de montrer son thermos et de demander : "*Podía calentar agua para mate ?*" ("Pourriez-vous réchauffer de l'eau pour le maté ?").

Si vous souhaitez en savoir plus, vous pouvez visiter un musée du maté. Il en existe un à Tigre (p. 104) et un autre à Posadas (p. 188).

Établissements

Les Argentins adorent manger dehors, et les établissements ne manquent pas.

Pour un festin de viande, choisissez une *parrilla*. Ouverts toute la journée et une bonne partie de la nuit, les cafés et les *confiterías* affichent généralement une longue carte de plats et boissons. Les bars et les pubs proposent habituellement un choix plus restreint de plats et en-cas – certains offrant toutefois la possibilité de faire des repas complets. Un *tenedor libre* (littéralement "fourchette libre") est un restaurant où l'on mange à volonté pour un prix fixe. La qualité est correcte, mais les boissons (souvent obligatoires) ne sont pas incluses.

En règle générale, les restaurants à proprement parler n'ouvrent qu'à l'heure des repas – 13h-15h30 et 21h-1h.

Le petit-déjeuner des Argentins se limite souvent à un café accompagné d'une *medialuna* (croissant, qui peut être *dulce* – sucré – ou *salada* – nature), ou bien de *tostadas* (toasts) avec de la *manteca* (beurre) ou de la *mermelada* (confiture), ou encore de *facturas* (pâtisseries). Certains hôtels haut de gamme proposent un petit-déjeuner buffet.

Tous les restaurants prennent des réservations, mais celles-ci ne sont vraiment nécessaires que le week-end dans les établissements haut de gamme (et en saison dans des sites touristiques comme Mar del Plata ou Bariloche). Pour demander l'addition, dites *"La cuenta, por favor"*. La plupart des restaurants acceptent les cartes de crédit.

Pour économiser quelques pesos, choisissez le *menú del día* ou le *menú ejecutivo*, des menus à prix raisonnable proposés généralement le midi et comprenant la plupart du temps plat, dessert et boisson.

Vendu aux étals de rues et dans les petites cantines bon marché, le *choripán* est un en-cas bien connu en Argentine. Il se compose de *chorizo* (saucisse épicée) et de *pan* (pain). Ajoutez un peu de sauce *chimichurri* et vous obtenez un repas délicieux et très bon marché !

Dans les restaurants un peu chics, on vous facturera généralement le *cubierto*, c'est-à-dire le prix du pain et du couvert pour chaque convive. Le pourboire (10% environ) vient en supplément.

Végétariens et végétaliens

On trouve des produits bio, des aliments diététiques et des restaurants végétariens dans les grandes villes, mais vous aurez plus de mal à en dénicher ailleurs.

La plupart des restaurants proposent quelques options végétariennes et, presque toujours, des pâtes. Dans les pizzerias et les *empanaderías* (boutiques d'*empanadas*), vous pourrez commander des spécialités aux *acelgas* (bettes) et au *choclo* (maïs). Si vous vous retrouvez dans une *parrilla*, vous pourrez toujours choisir une salade, des pommes de terre au four, de la *provoleta* (tranche épaisse de fromage provolone grillé) ou des légumes grillés.

Sin carne signifie "sans viande" ; pour expliquer aux Argentins pourquoi vous boudez la viande renommée de leur pays, dites "*soy vegetariano/a*"("je suis végétarien/ne").

Les végétaliens (il n'existe pas de mot pour cette pratique en Argentine) rencontreront davantage de difficultés. Les pâtes maison contiennent souvent des œufs et les légumes sautés peuvent être cuits dans de la graisse animale (*grasa ; manteca* signifie "beurre"). Il vous faudra faire preuve d'imagination pour survivre. Un conseil : cherchez les hébergements disposant d'une cuisine, afin de pouvoir préparer vous-même vos repas.

Voir p. 83 quelques adresses d'établissements *sin carne* à Buenos Aires.

Musiques de l'Argentine

La musique et la danse occupent une place importante dans la culture argentine. Si le tango conserve une place prépondérante, le pays bouge aussi sur d'autres rythmes, tels le *chamamé* à Corrientes, le *cuarteto* à Córdoba ou la *cumbia villera* dans les quartiers pauvres de Buenos Aires.

La *murga* est une forme de théâtre musical athlétique, jouée par des acteurs et des percussionnistes. Apparue initialement en Uruguay, elle se focalise plus sur la danse que sur le chant en Argentine. Vous pourrez découvrir cette intéressante expression artistique durant les festivités du carnaval.

Tango

Pour se laisser envoûter par le tango, rien n'égale les chansons du légendaire Carlos Gardel (1887-1935). L'*orquesta* (orchestre) du violoniste Juan d'Arienzo régna sur le tango dans les années 1930 et 1940. Osvaldo Pugliese et Héctor Varela furent d'importants chefs d'orchestre à partir des années 1940, mais le véritable maître de l'époque fut le joueur de bandonéon (petit accordéon) Aníbal Troilo.

Le tango moderne est largement influencé par le travail du maître du bandonéon Astor Piazzolla, qui déplaça cette musique des salles de bal aux salles de concert, la transformant en *tango nuevo,* destiné à être écouté. Piazzolla ouvrit également la voie au tango fusion, qui émergea dans les années 1970 et évolue aujourd'hui avec des groupes de *tango electrónica* (ou néo-tango) comme Gotan Project, Bajofondo Tango Club et Tanghetto.

À Buenos Aires, repérez les concerts de l'Orquesta Típica Fernández Fierro, qui revisite les tangos classiques et joue ses propres créations. L'Orquesta Típica Imperial est un autre jeune orchestre à suivre.

Parmi les grands chanteurs de tango contemporains figurent Susana Rinaldi, Daniel Melingo et Adriana Varela. Pour en savoir plus sur la danse elle-même, reportez-vous p. 88.

Musique folklorique

La musique traditionnelle, appelée *folklore* ou *folklórico*, rassemble de nombreux styles et des courants contemporains populaires comme le *chamamé*, la *chacarera* et la *zamba*.

L'un des plus grands musiciens contemporains de *folklórico* est l'accordéoniste Chango Spasiuk, un virtuose de la musique *chamamé* de Corrientes. L'album *Cantor de Cantores* (2004) du chanteur *folklórico* Horacio Guarany a été nominé dans la catégorie meilleur album folk pour les Latin Grammy Awards. Eduardo Falú, Víctor Heredia, León Gieco et Soledad Pastorutti sont d'autres grands noms du *folklórico*.

Atahualpa Yupanqui (1908-1992) demeure le plus grand musicien argentin de *folklórico* du XXe siècle. Sa musique émergea avec le mouvement *nueva canción* ("nouvelle chanson"), qui se développa en Amérique latine dans les années 1960. La *nueva canción* plongeait ses racines dans la musique folklorique et ses textes abordaient souvent des thèmes sociaux et politiques. La grande dame du genre était Mercedes Sosa (1935-2009), dont la notoriété dépassa les frontières de l'Amérique du Sud et qui remporta plusieurs Latin Grammy Awards.

Phénomène musical relativement récent, la *cumbia villera* est née dans les bidonvilles de Buenos Aires. Cocktail de *cumbia* et de gangsta rap, mâtiné d'influences punk et reggae, ses textes, violents, parlent d'exclusion, de pauvreté, de drogue, de sexe et de la crise économique.

GARDEL ET LE TANGO

En juin 1935, une Cubaine se suicida à La Havane, tandis qu'à New York et Puerto Rico, deux femmes tentaient de s'empoisonner. Le même homme avait provoqué ces trois drames : le chanteur de tango Carlos Gardel venait de trouver la mort dans un accident d'avion en Colombie.

Gardel naquit en France (ce que contestent l'Argentine et l'Uruguay) et arriva à Buenos Aires à l'âge de 3 ans avec sa mère, une femme seule et sans ressources. Dès sa jeunesse, il ravissait ses voisins par ses chants. Puis il fit carrière dans la chanson.

Carlos Gardel joua un rôle très important dans la création de la *canción* de tango (tango chanté) et parvint presque seul à la sortir des boîtes de Buenos Aires pour la faire connaître à Paris et à New York. Sa voix enjôleuse et son charisme lui valurent un succès immédiat dans les pays d'Amérique latine et il devint une star durant les années 1920 et 1930, l'âge d'or du tango. Il entama plus tard une carrière cinématographique, brutalement interrompue par l'accident d'avion.

Ses admirateurs ne peuvent passer une journée sans écouter ses chansons et affirment : "Gardel chante mieux chaque jour".

Rock et pop

Des musiciens comme Charly García, Fito Páez et Luis Alberto Spinetta sont les icônes du *rock nacional* (rock argentin). Soda Stereo, Sumo, Los Fabulosos Cadillacs et Los Pericos ont fait vibrer le pays dans les années 1980 et restent très populaires. Bersuit Vergarabat demeure l'un des meilleurs groupes de rock d'Argentine, avec une musique complexe et unique. Dans la mouvance R&B, les Ratones Paranoicos ont joué en première partie lors du concert des Rolling Stones en 1995. La Portuaria, qui mêle rythmes latinos, jazz et R&B, a collaboré avec David Byrne en 2006.

Parmi les autres groupes nationaux réputés, citons les excentriques Babasónicos, les rockeurs punk Attaque 77, les rockeurs Los Piojos, Los Redonditos de Ricota, Los Divididos, Catupecu Machu et Gazpacho, et le groupe métal et hip-hop Illya Kuryaki et les Valderramas. Catchy Miranda! représente le courant électro-pop, tandis que l'éclectique Kevin Johansen chante en anglais et en espagnol.

Né à Córdoba au début des années 1940, le *cuarteto* est la musique pop originale du pays. Méprisée par les classes moyenne et supérieure pour ses rythmes saccadés, son tempo décalé (appelé *tunga-tunga*) et ses textes évoquant la vie de la classe laborieuse, c'est une musique marginale. Indubitablement *cordobés* (originaire de Córdoba), elle est jouée dans les bars populaires, les salles de bal et les stades de tout le pays.

CHARLY GARCIA

Une version rock de l'hymne national argentin a valu à Charly García de comparaître devant les tribunaux pour "outrage aux symboles nationaux".

Electrónica

L'*electrónica,* ou dance, a explosé en Argentine dans les années 1990, prenant diverses formes. Intima, Mujik et Adicta comptent parmi les principales *bandas electrónicas* (groupes électro), tandis que la musique *ambient-electro* de Juana Molina peut se comparer à celle de Björk.

Les clubs avec DJ et dance connaissent un succès croissant. Aldo Haydar (un pionnier de la *progressive house*), Bad Boy Orange (le roi du drum 'n' bass argentin), Diego Ro-K (le "Maradona des DJ argentins") et Gustavo Lamas (qui mixe *ambient pop* et electro house), sont les poids lourds de la catégorie. Hernán Cattáneo, un DJ primé et le plus célèbre du pays, a joué avec Paul Oakenfold et au festival Burning Man.

La Bomba del Tiempo offre l'un des spectacles musicaux les plus intéressants de Buenos Aires. Ce collectif de percussionnistes improvise des concerts explosifs aux rythmes tribaux, imitant parfois la dance électronique. Il se produit le lundi soir au Ciudad Cultural Konex (p. 96).

Littérature et cinéma

Forte d'un riche patrimoine littéraire et d'une industrie cinématographique dynamique, l'Argentine est l'un des pays les plus intéressants d'Amérique latine d'un point de vue artistique.

Littérature

Le journaliste, poète et homme politique José Hernández (1831-1886) a donné naissance au genre littéraire *gauchesco*, avec son poème épique *Martín Fierro*, qui rend hommage au rôle des gauchos dans l'histoire du pays. La littérature argentine n'a acquis une renommée mondiale qu'à partir des années 1960 et 1970, lorsque furent traduites les nouvelles de Jorge Luis Borges, Julio Cortázar, Ernesto Sábato, Adolfo Bioy Casares et Silvina Ocampo, entre autres auteurs.

Célèbre écrivain, éditrice et intellectuelle, Victoria Ocampo (1890-1979) a fondé *SUR*, une revue culturelle renommée des années 1930. Pour en savoir plus sur elle, reportez-vous à l'encadré p. 144. Vous pouvez également visiter son ancienne demeure, dans les environs de Buenos Aires (p. 103).

Découvert par Borges dans les années 1940, Julio Cortázar (1914-1984) laisse une œuvre très différente de celle de son aîné. Plus anthropologiques, ses romans et ses nouvelles traitent de l'absurde dans la vie moderne et mettent en scène des personnes vivant – en apparence – des vies normales dans un monde où l'étrange devient ordinaire. Son œuvre la plus connue est *Marelle* (Gallimard, 1979).

Autre grand écrivain, Ernesto Sábato (1911–2011) s'est illustré par des romans complexes et sans concession qui ont marqué d'une forte empreinte la littérature argentine. *Le Tunnel* (1948) est un court roman existentialiste passionnant évoquant les obsessions d'un artiste peintre et sa perception déformée de la réalité.

On doit à Adolfo Bioy Casares (1914-1999) *L'Invention de Morel* (1940), un roman de science-fiction dont Alain Resnais s'est inspiré pour le scénario de *L'Année dernière à Marienbad*. Bien avant sa mise en œuvre dans l'univers *Star Trek*, on y trouve les prémices de l'idée du *holodeck* (une expérience de réalité simulée au moyen d'hologrammes).

Plus ancrée dans la réalité, la littérature contemporaine reflète souvent la culture populaire et accorde une large place à la situation politique sous la dictature des années 1970. Manuel Puig (qui écrivit notamment *Le Baiser de la femme-araignée* ; 1976, Seuil/Points 1996) est l'un des écrivains les plus célèbres de la période qui fit suite au grand essor de la littérature argentine. Comme nombre de ses compatriotes écrivains, il a connu l'exil : fuyant le régime de Perón, il finit par s'installer au Mexique.

Le taux d'alphabétisation en Argentine est supérieur à 97%. En 2011, Buenos Aires a été désignée capitale mondiale du livre par l'Unesco.

Osvaldo Soriano (1943-1997) est peut-être le plus populaire des écrivains contemporains argentins. Il a publié notamment *Quartiers d'hiver* (Grasset, 1996), *Une ombre en vadrouille* (Grasset, 1994), *L'Heure sans ombre* (Grasset, 1998), *L'Œil de la patrie* (Grasset, 1996) et *Jamais plus de peine que d'oubli* (Grasset et Fasquelle, 2003). Juan José Saer (1937–2005) est l'auteur de nouvelles et de romans policiers complexes, tandis que Rodrigo Fresán (né en 1963), le plus jeune des écrivains de

JORGE LUIS BORGES

Le géant de la littérature argentine Jorge Luis Borges (1899-1986) est particulièrement connu pour les mondes labyrinthiques infiniment complexes et les intrigues très élaborées de ses fictions. Argentin d'origine juive et anglaise qui fit ses études en Europe, Borges a subi des influences aussi diverses que celles des kabbalistes, de H. G. Wells, de Cervantès, de Kafka et de G. K. Chesterton.

Esprit caustique et ironique, Borges s'exprime dans un style concis et précis. Ses *Fictions* (1944), qui font la part belle au paradoxe, viennent gommer la frontière entre l'illusion et la réalité. Pour Borges, la réalité n'est qu'une question de perception et un nombre infini de mondes peuvent exister simultanément. L'écrivain a également exploré le thème de la nature des rêves et des souvenirs.

Ses premières nouvelles, comme *La Mort et la boussole* et *L'Homme au coin du mur rose* offrent un regard métaphysique sur les thèmes traditionnels argentins. Ses œuvres ultérieures, notamment *La Loterie à Babylone, Les Ruines circulaires* et *Le jardin aux sentiers qui bifurquent*, se placent dans le domaine de l'imaginaire. *Fictions*, *L'Aleph* et *Le Livre de sable* figurent parmi ses recueils de nouvelles publiés en français.

Devenu aveugle à la fin de sa vie, Borges a néanmoins continué à publier. Il a reçu de nombreuses distinctions (notamment le prix Cervantès, la Légion d'honneur et l'Ordre de l'Empire britannique), mais pas le prix Nobel. On peut lire ses écrits dans l'intégrale en deux tomes qui leur a été consacrée par la collection *La Pléiade*.

la nouvelle génération, a signé le best-seller *L'Homme du bord extérieur* (Autrement, 1999).

Federico Andahazi (né en 1963), Ricardo Piglia (né en 1941) et Tomás Eloy Martínez (1934-2010) comptent parmi les auteurs contemporains importants.

Cinéma

Contribution majeure de l'Argentine au cinéma, *L'Histoire officielle* (1985), de Luis Puenzo, aborde la "guerre sale". Autre film de dimension internationale, *Le Baiser de la femme-araignée* (1985), d'Héctor Babenco, est inspiré du roman éponyme de l'écrivain argentin Manuel Puig. Les deux longs-métrages ont été récompensés par des oscars.

Né dans les années 1990 sur le terreau de la crise économique et politique, le Nouveau Cinéma argentin s'est incarné notamment dans *Rapado* (1992), de Martín Rejtman et *Pizza, bière et cigarettes* (1998), d'Adrián Caetano et Bruno Stagnaro.

Réalisateur important, Pablo Trapero est notamment l'auteur de *Mundo grúa* (1999), du road movie *Voyage en famille* (2004) et de *Nacido y criado* (2006), le récit âpre de la descente aux enfers d'un homme vivant en Patagonie. *Carancho*, un film très noir, a été présenté à Cannes en 2010.

En attendant le messie (2000), *Le Fils d'Elias* (2004) et *Les Lois de la famille* (2006) comptent parmi les longs-métrages de Daniel Burman, dont l'œuvre la plus récente, *Dos hermanos* (2010), évoque le sort d'un frère et d'une sœur plus tout jeunes qui viennent de perdre leur mère. Fabián Bielinsky, mort en 2006, a notamment réalisé *Les Neuf Reines* (2000), qui a reçu des prix, et *El Aura*, (2005), un néo-polar très noir.

Les premiers films de Lucrecia Martel, *La Ciénaga* (2001) et *La Niña santa* (2004) brassent les thèmes de la culpabilité catholique vis-à-vis de la sexualité et de la déliquescence d'une certaine bourgeoisie argentine. Sa *Femme sans tête* (2008), œuvre particulièrement marquante, a été présentée à Cannes. Carlos Sorin, un autre réalisateur reconnu, nous emmène quant à lui dans le grand Sud argentin avec ses *Historias mínimas* (2002) et *Bombón el perro* (2004).

FESTIVAL

Principal événement cinématographique du pays, le Festival international du film indépendant de Buenos Aires (Bafici) a lieu en avril. Consultez le site www.bafici.gov.ar pour plus d'informations.

Juan José Campanella a été nommé à l'oscar du meilleur film étranger pour *El hijo de la novia* (2001). *Luna de avellaneda* (2004) s'attache au sort d'un club de quartier et à celui d'un groupe de personnes mobilisées pour le sauver. Campanella a remporté en 2010 l'oscar du meilleur film étranger pour *Dans ses yeux*.

Citons enfin *L'Homme d'à côté* (2009), de Mariano Cohn et Gastón Duprat, qui a remporté un prix au festival du film de Sundance, et deux films présentés à Cannes : *XXY* (2007), de Lucía Puenzo, l'histoire d'un jeune hermaphrodite de 15 ans, et *Nordeste* (2005), de Juan Diego Solanas, qui évoque un certain nombre de questions sociales et notamment le trafic d'enfants.

Environnement

Géographie

Pour qui s'est nourri de romans d'aventures et de récits de voyages, la simple mention de l'Argentine évoque un défilé d'images, où se succèdent manchots des côtes de l'Atlantique, terres de Patagonie balayées par les vents, étendues mystérieuses de la Terre de Feu, vastes plaines de la Pampa, sommets andins et chutes tonitruantes d'Iguazú... De fait, s'agissant des merveilles de la nature, ce pays, qui s'étend des tropiques à la limite de l'Antarctique, est tout simplement exceptionnel.

Avec ses quelque 2,8 millions de km^2, l'Argentine est le huitième pays du monde par sa superficie – il est à peine plus petit que l'Inde. Cet immense territoire étiré sur plus de 3 500 km présente une étonnante diversité géographique. À La Quiaca, à la frontière bolivienne, il peut faire une chaleur torride en été, tandis qu'à Ushuaia, en Terre de Feu, seuls les habitants aguerris et les plus fous des voyageurs supportent l'hiver.

À son embouchure, le Río de la Plata s'étend sur 200 km, ce qui en fait le fleuve le plus large du monde (bien que certains y voient plutôt un estuaire).

Andes du Centre et du Nord

À l'extrême nord se dressent les contreforts méridionaux de l'Altiplano bolivien, hauts plateaux faiblement peuplés, culminant entre 3 000 et 4 000 m d'altitude et ponctués de pics volcaniques encore plus élevés. Bien que les journées soient parfois étonnamment chaudes (attention aux coups de soleil !), il gèle la plupart des nuits. Dans le Nord-Ouest du pays, on appelle aussi la chaîne andine la *puna* ("terre élevée" en quechua).

Plus au sud, dans les provinces arides de San Juan et de Mendoza, les Andes atteignent leur point culminant : avec ses 6 962 m, l'Aconcagua constitue le plus haut sommet de l'hémisphère Sud. Ici, les cimes restent enneigées tout l'hiver. Si l'irrégularité des précipitations rend impossible l'agriculture sur les versants est des montagnes, les ruisseaux perpétuels coulant des Andes permettent toutefois d'irriguer la riche région viticole de Cuyo (provinces de Mendoza, San Juan et San Luis). En hiver, dans la province de San Juan, la *zonda,* vent chaud et sec descendant des Andes, entraîne de fortes hausses de température (voir p. 348).

L'*Argentinosaurus huinculensis,* le plus gros dinosaure jamais découvert, fut mis au jour dans la province de Neuquén. Cet herbivore géant mesurait 40 m de long et 18 m de haut.

Chaco

Dans le nord de l'Argentine, à l'est de la Cordillère et de ses contreforts, s'étendent des plaines subtropicales. Appelée le Chaco ("terrain de chasse") argentin, cette région aride fait partie du Gran Chaco, territoire vaste, extrêmement accidenté et peu peuplé, qui s'étend jusqu'en Bolivie, au Paraguay et au Brésil. Le Chaco comprend les provinces de Chaco, Formosa et Santiago del Estero, les marches occidentales des provinces de Jujuy, Catamarca et Salta, ainsi que les régions les plus septentrionales de Santa Fe et de Córdoba.

L'hiver est caractérisé par une saison sèche tandis que, dans toute la région, les températures grimpent brutalement en été. Les précipitations diminuent à mesure que l'on se déplace d'est en ouest. Les régions est des provinces de Chaco et Formosa ainsi que le nord-est de la province de Santa Fe sont humides alors que le centre et l'ouest des provinces de Chaco et de Formosa, une grande partie du Santiago del Estero et certaines régions de Salta forment le Chaco aride.

Les chutes d'Iguazú regroupent plus de 275 cascades qui se jettent d'une hauteur pouvant atteindre 80 m. Elles s'étendent sur près de 3 km et sont peut-être les plus spectaculaires au monde.

Mésopotamie argentine

Également appelée *Litoral*, la Mésopotamie argentine est située dans le nord-est du pays, entre les Ríos Paraná et Uruguay, qui ont modelé le paysage. Le climat est doux et les précipitations abondantes dans les provinces d'Entre Ríos et de Corrientes, qui forment l'essentiel de la Mésopotamie. Bordée sur trois côtés par le Brésil et le Paraguay, la province de Misiones joue un rôle politique important. Bénéficiant d'un climat chaud et humide, elle abrite une partie des chutes d'Iguazú, qui descendent du plateau du Paraná, dans le Sud brésilien. En été, de faibles crues surviennent régulièrement dans toute la région ainsi que dans l'est du Chaco, mais seuls les environs immédiats des rivières craignent les inondations à l'ouest. La Mésopotamie connaît un niveau de précipitations presque constant à l'année.

Pampa et côte atlantique

Bordée par l'océan Atlantique et la Patagonie, la pampa, cœur agricole du pays, s'étire presque jusqu'à Córdoba et les Sierras du Centre. Géographiquement, elle couvre les provinces de Buenos Aires et de la Pampa, ainsi que certaines parties méridionales de Santa Fe et Córdoba.

La pampa est divisée entre pampa humide, le long du littoral, et pampa aride, dans les terres à l'ouest du pays et au sud. Plus d'un tiers de la population vit à Buenos Aires et dans ses alentours, où le climat est humide au printemps, en été et à l'automne, et reste assez doux l'hiver. Les précipitations annuelles dépassent 900 mm, mais diminuent de moitié à une centaine de kilomètres à l'ouest.

Le sol de la Pampa est presque entièrement composé de loess (limon léger transporté par les vents) et de sédiments déposés par les rivières. L'absence de relief rend la région vulnérable aux inondations des rares cours d'eau qui la traversent. Seuls le granit de la Sierra de Tandil (484 m), la Sierra de la Ventana (1 273 m), et la Sierra de Lihué Calel viennent troubler la monotonie du paysage.

Au sud de la capitale argentine, le long de la côte atlantique, la province de Buenos Aires où s'étendent des plages de sable, souvent adossées à des dunes, a vu fleurir des stations balnéaires comme Mar del Plata ou Necochea. À l'intérieur des terres, on rencontre essentiellement les plaines de la pampa. Au sud de Viedma, les premières falaises se dressent dans des paysages désolés qui s'étirent vers le sud à travers la Patagonie.

L'Argentine est le troisième plus gros producteur de graines de soja après les États-Unis et le Brésil. Pourtant, les Argentins ne sont pas de gros consommateurs de soja : les 90% de la production sont destinés à l'exportation.

SOJA

Patagonie et région des lacs

Terre de légende, la Patagonie s'étend du Río Colorado, qui descend des Andes vers le sud-est en passant au nord de la ville de Neuquén, jusqu'au cap Horn. Séparée de la Patagonie chilienne par les Andes, elle inclut la région des lacs et rassemble les provinces de Neuquén, Río Negro, Chubut et Santa Cruz.

La Cordillère est si haute que la majeure partie des précipitations dues à la proximité du Pacifique ne tombent que du côté chilien. À l'extrême sud, toutefois, la glace et la neige s'accumulent assez pour former les plus grands glaciers de l'hémisphère Sud après l'Antarctique.

À l'est des contreforts andins, les steppes patagonnes, fraîches et arides, servent de pâtures à d'énormes troupeaux de moutons, dont la laine est exportée presque exclusivement vers l'Europe. Eu égard à la situation très méridionale de l'endroit, on peut considérer que les températures sont assez douces, même en hiver, quand la pression atmosphérique plus uniforme modère les vents forts qui soufflent la majeure partie de l'année.

En dehors de zones urbaines comme Comodoro Rivadavia (centre de l'industrie pétrolière de la côte) ou Río Gallegos (spécialisé dans la laine et le conditionnement de la viande), la Patagonie est faiblement peuplée. L'amplitude des marées le long de la côte atlantique est trop importante pour que des ports d'envergure puissent y être aménagés. On trouve de nombreux champs et vergers dans la vallée du Río Negro et à l'embouchure du Río Chubut (près de la ville de Trelew).

Terre de Feu

Terre habitée la plus australe au monde, la Terre de Feu (Tierra del Fuego) est la réunion d'une grande île (Isla Grande), inégalement partagée entre le Chili et l'Argentine, et de nombreuses autres, plus petites, dont certaines sont depuis longtemps sources de litiges entre les deux pays. Le nom de cette contrée lui fut donné par les premiers Européens qui, franchissant le détroit de Magellan, remarquèrent la présence de nombreux feux sur la terre. Les foyers étaient les témoins de l'activité des Yagan, un peuple aujourd'hui en voie d'extinction.

Évoquant les steppes patagonnes, la moitié nord de l'Isla Grande est consacrée à l'élevage des moutons. Plus montagneuse, la moitié sud est en partie couverte par des forêts et des glaciers. Les conditions climatiques en hiver sont rarement extrêmes, mais la randonnée et le camping sont déconseillés. Les rares heures d'ensoleillement en cette saison devraient finir de dissuader les plus aventureux.

Faune et flore

Territoire immense présentant une géographie très variée, l'Argentine possède une faune et une flore d'une infinie richesse. Forêts subtropicales, savanes de palmiers, déserts et steppes de haute altitude, prairies humides et tempérées, forêts alpestres et subantarctiques et zones côtières abritent tout autant de biotopes exotiques. On trouve de nombreuses espèces végétales et animales peu répandues, tels le capybara, le plus gros rongeur du monde, ou l'araucaria (*pehuén*), un conifère surnommé le "désespoir des singes" car ses feuilles sont en écailles acérées. Les parcs nationaux et provinciaux, véritables écrins créés pour protéger ces écosystèmes exceptionnels, permettent de découvrir toutes ces merveilles dans des conditions idéales.

Faune

C'est le Nord-Est qui recèle la faune la plus diverse. Les marécages d'Esteros del Iberá, dans la province de Corrientes, sont l'un des meilleurs endroits du continent pour observer les animaux, notamment des cerfs des marais, des capybaras, des caïmans et nombre d'oiseaux migrateurs. L'endroit est comparable au Pantanal brésilien, en plus intéressant.

Le Nord-Ouest, plus sec, est le royaume du lama domestique, mais ses cousins sauvages, le guanaco et la vigogne, sont également bien représentés. Vous apercevrez très certainement leur beau pelage jaune se détachant dans le paysage parsemé de cactus si vous empruntez la route qui traverse le Parque Nacional Los Cardones et conduit à Salta. Nombre d'oiseaux migrateurs, y compris des flamants roses, peuplent les hauts lacs salés du Nord-Ouest andin.

Dans les zones moins peuplées, y compris dans la province aride de la Pampa, les guanacos et les renards ne sont pas rares. Les étendues d'eau saisonnières ou permanentes servent souvent de zones de nidification aux oiseaux migrateurs.

La Patagonie et la Terre de Feu se distinguent par leur incroyable faune côtière, des manchots de Magellan aux cormorans, en passant par

ÉPAULARDS

La Península Valdés est l'un des deux seuls endroits au monde où les épaulards sont connus pour chasser les otaries en s'échouant sur le rivage. Mais l'œil humain a rarement l'occasion de voir un tel phénomène.

1

3

MIKE THEISS/ULTIMATE CHASE/CORBIS ©

PRISMA BILDAGENTUR AG/ALAMY ©

Les parcs nationaux

Les parcs provinciaux et nationaux du pays offrent une infinie diversité d'environnements, de l'humidité tropicale du Parque Nacional Iguazú aux fracas des glaciers du Parque Nacional Los Glaciares, en passant par les eaux côtières riches en espèces animales de la Reserva Faunística Península Valdés.

Parque Nacional Los Glaciares

1 Précieux joyau de ce parc (p. 467), le glacier Perito Moreno ne cesse de se rompre. Vous entendrez le grondement tonitruant de la glace qui se craquèle et l'explosion des énormes morceaux se fracassant dans l'eau.

Reserva Provincial Esteros del Iberá

2 Capybaras, caïmans noirs, singes hurleurs et d'innombrables espèces d'oiseaux, entre autres créatures exotiques, peuplent cette réserve restée assez sauvage (p. 178).

Parque Nacional Nahuel Huapi

3 Panoramas grandioses, lacs somptueux, randonnées de premier ordre et ski dans des sites de niveau mondial sont au programme de ce parc (p. 392), l'un des plus grands et des plus fréquentés du pays.

Parque Nacional Iguazú

4 Formant un incroyable rideau d'eau sur presque 3 km de long, des centaines de cascades tonitruantes se jettent de toute leur hauteur (jusqu'à 80 m) et rebondissent en de somptueuses terrasses (p. 199).

Reserva Faunística Península Valdés

5 Baleines franches australes, dauphins de Commerson, éléphants de mer et manchots de Magellan se rassemblent en nombre sur les rivages de cet espace protégé (p. 415).

1. Glacier Perito Moreno (p. 478) **2.** Capybara (p. 562) **3.** Parque Nacional Nahuel Huapi (p. 392)

LE CAPYBARA *par Andy Symington*

Le capybara est un animal semi-aquatique aux pieds palmés que vous avez toutes les chances de croiser dans la région d'Iberá. Pouvant peser jusqu'à 75 kg, le *carpincho*, comme on l'appelle en espagnol, est le plus gros rongeur du monde.

Aussi à l'aise sur terre que dans l'eau, cette créature inoffensive et vaguement comique se nourrit de plantes en grande quantité. Les capybaras vivent en petits groupes sous la férule d'un mâle dominant accompagné de quatre à six femelles. L'individu de sexe mâle se reconnaît à sa glande frontale dont le liquide lui sert à marquer son territoire. Les petits, adorablement potelés, naissent au printemps.

Protégé dans la région d'Iberá, le capybara est élevé et chassé dans le reste du pays pour sa peau dont on tire un cuir souple. Les communautés traditionnelles le considèrent comme un mets de choix.

les mouettes, les lions et les éléphants de mer, les orques et les baleines. Plusieurs réserves côtières abritent de vastes populations d'animaux, l'une des principales attractions touristiques de la région. Le guanaco est le mammifère le plus répandu à l'intérieur des terres, de la steppe patagonne au Nord-Ouest. On peut aussi souvent voir des nandous, sorte de grosse autruche, courir en troupeaux dans les plaines.

Pour plus d'informations sur la faune marine de Patagonie, voir l'encadré p. 418.

Flore

La végétation la plus diversifiée s'observe dans le nord-est du pays, dans la région des lacs, les Andes patagoniennes ainsi que dans les forêts subtropicales du Nord-Ouest.

Au nord, les montagnes andines, arides et souvent stériles, sont essentiellement recouvertes de rares touffes d'herbe (*ichu*) et de petits arbustes (*tola*). Le *cardón*, haut cactus aux branches verticales, règne dans les paysages désertiques des provinces de Jujuy et La Rioja. Dans la précordillère, entre le Chaco et les Andes, s'étendent les Yungas, bande de forêt subtropicale dense, souvent nappée de brouillard. S'étirant sur une partie des provinces de Salta, Jujuy et Tucumán, les Yungas doivent leur luxuriance aux abondantes pluies estivales et offrent l'une des plus remarquables biodiversités du pays.

ARBRE

L'étonnant *Araucaria araucana*, un conifère surnommé le "désespoir des singes", pousse dans la région des lacs du Chili et de l'Argentine. Ses pignons sont comestibles.

Le Chaco humide recèle des prairies et des galeries forestières aux multiples essences, dont le *quebracho colorado* (rouge) et le palmier caranday. Le Chaco sec, particulièrement aride, présente une végétation touffue. Parmi ses arbres les plus hauts figurent le *quebracho colorado*, le *quebracho blanco*, l'*algarrobo* et le *palo santo*. On y trouve également une importante végétation de sous-bois composée d'épineux et d'arbustes à croissance lente. Le *quebracho* et *l'algarrobo* sont des feuillus recherchés, ce qui a entraîné une déforestation massive dans les deux régions du Chaco.

En Mésopotamie argentine, les précipitations expliquent la présence de forêts marécageuses des plaines et de savanes des hauteurs. La province de Misiones est caractérisée principalement par une forêt subtropicale dense et des hauteurs émaillées d'araucarias.

Les herbes jadis drues de la pampa ont beaucoup souffert du pâturage et de la prolifération des fermes céréalières. Aujourd'hui, excepté le long des cours d'eau, il ne reste que très peu de la végétation originelle.

La majeure partie de la Patagonie étant protégée des précipitations par les Andes, les vastes steppes du Sud-Est ressemblent aux herbages clairsemés des hauteurs andines arides. Plus près de la frontière, des poches denses de *Nothofagus* (hêtres du Sud) et de conifères doivent leur existence aux orages hivernaux qui passent par-dessus la Cordillère. Le nord de la Terre de Feu est une extension herbeuse de la steppe patagonne. Dans la moitié sud, les précipitations abondantes sur les montagnes irriguent de verdoyantes forêts de hêtres.

Écologie

Si l'Argentine est fière de son réseau de parcs et de réserves, l'un des plus grands d'Amérique du Sud, plusieurs de ces sites extrêmement fragiles sont gravement menacés, tout comme les régions situées dans leurs abords. Le Chaco est particulièrement touché par la déforestation : champs de tournesol et de soja génétiquement modifiés et bois de construction affectent la préservation des forêts. La situation s'avère tout aussi préoccupante dans les Yungas et dans les forêts pluviales de la province de Misiones, où les plantations de thé et l'exploitation forestière ne cessent de détruire de riches biotopes. Nombre de zones protégées, comme celles du Gran Chaco ou de Mésopotamie, ne représentent plus que quelques îlots préservés au milieu d'un vaste environnement qui se dégrade. Et pour compliquer encore un peu les choses, le soja (génétiquement modifié et résistant aux herbicides) est devenu la principale monoculture commerciale du pays, ce qui accélère la déforestation et contribue au fort taux de pesticides et d'herbicides dans les sols.

L'année 2007 a toutefois été marquée par une avancée notable : la Ley de Bosques (loi nationale relative à la protection de la forêt), qui a imposé à l'ensemble du pays un moratoire d'une durée d'un an sur le défrichage des forêts primaires. Toutefois, Cristina Kirchner a retardé sa mise en application pendant plus d'un an. La loi a finalement été exécutée en février 2009, sous la pression des militants

PERITO MORENO

Alors que la plupart des glaciers de Patagonie fondent à une vitesse alarmante, le Perito Moreno est considéré comme "stable" ; il avance à peu près au même rythme qu'il perd de la glace.

Argentine pratique

Carnet pratique

Ambassades et consulats

Ambassades et consulats d'Argentine

L'Argentine possède des missions diplomatiques dans le monde entier. Voici quelques adresses d'ambassades argentines à l'étranger. Vous pouvez également faire une recherche sur Internet, à partir des termes "*embajada argentina*".

France ambassade (☎01 44 05 27 00 ; 6 rue Cimarosa 75116 Paris ; www.ambassadeargentine.net ; ⊙9h-17h lun-ven) ; consulat (⊙01 44 34 22 00 ; même adresse que l'ambassade ; ⊙9h-13h 14h-16h lun-ven) ; section touristique (⊙01 47 27 01 76 ; même adresse que l'ambassade ; ⊙10h-16h lun-ven)

Belgique ☎322 647 78 12 ; Avenue Louise 225 bte 3, 1050 Bruxelles ; febelg@mrecic.gov.ar)

Suisse (☎41 31 356 43 43 ; Jungfraustrasse 1, 3005 Berne ; www.suiza.embajada-argentina.gov.ar ; ⊙9h-17h lun-ven) section consulaire (même adresse que l'ambassade ; ⊙9h30-13h lun-ven)

Canada Montréal (☎514 842 65 82 ; 2000 Peel, suite 600, Montréal – Québec H3A 2W5 ; www.consargenmtl.com ; ⊙9h30-12h30 lun-ven) ; Ottawa (☎613 236 23 51 ; 81 Metcalfe St, suite 700, Ottawa, Ontario K1P 6K7 ; www.argentina-canada.net)

Ambassades et consulats étrangers en Argentine

Vous trouverez ci-dessous les coordonnées de quelques ambassades ou consulats à Buenos Aires. Nous signalons la représentation la plus centrale. Il existe aussi des consulats de certains pays ailleurs dans le pays, en particulier dans les villes proches des frontières.

Belgique (☎011-441 44 589 ; www.diplomatie.be/buenosairesfr ; Defensa, 113, 8e ét.)

Bolivie (☎011-4394-1463 ; www.embajadadebolivia.com.ar ; Corrientes 545, 2e ét.)

Brésil (☎011-4515-2400 ; www.brasil.org.ar ; Cerrito 1350)

Canada (☎011-4808-1000 ; www.canadainternational.gc.ca ; Tagle 2828)

Chili (☎011-4808-8601 ; www.embajadadechile.com.ar ; Tagle 2762)

France (☎011-4515-2930 ; www.embafrancia-argentina.org ; Cerrito 1399)

Paraguay (☎011-4814-4803 ; Viamonte 1851)

Pérou (☎011-4802-2000 ; Av del Libertador 1720)

Suisse (☎011-4311-6491 ; www.eda.admin.ch/buenosaires ; Av Santa Fe 846, 12e ét.,Retiro)

HEURES D'OUVERTURE

Nous faisons figurer les heures d'ouverture lorsqu'elles diffèrent des horaires suivants :

Bars 20h ou 21h à 4h, 5h ou 6h, tous les soirs

Cafés 6h à minuit, ou plus, tous les jours

Discothèques 1h ou 2h à 6h, 7h ou 8h les vendredis et samedis

Magasins 9h ou 10h à 20h du lundi au samedi

Poste 8h à 18h du lundi au vendredi et 9h à 13h le samedi (peut varier selon les régions)

Prestataires et petits commerces dans les grandes villes 9h à 18h du lundi au vendredi

Prestataires et petits commerces en province 9h à 13h et 15h ou 16h à 21h du lundi au vendredi

Restaurants 12h à 15h30 et 20h à minuit ou 1h (plus tard le week-end)

PRATIQUE

- **Adresses** Dans les adresses, le mot "*local*" signifie "bureau". L'abréviation "s/n" (*sin número*) signale une adresse sans numéro.
- **Laveries** Il y a des *lavanderías* bon marché un peu partout en Argentine.
- **Journaux** Les journaux les plus importants sont *Clarín* (www.clarin.com), de tendance centriste, *La Nación* (www.lanacion.com.ar), conservateur, et *Página 12* (www.pagina12.com.ar), à gauche. Il existe un quotidien en anglais, le *Buenos Aires Herald* (www.buenosairesherald.com), ainsi qu'un très bon site d'information anglophone, *The Argentina Independent* (www.argentinaindependent.com). Le Trait-d'Union (www.traitdunion.com.ar) est un journal d'information en français.
- **Photo** Vous trouverez aisément des boutiques où transférer les photos de votre appareil sur un CD et en faire des tirages. Ceux qui travaillent en argentique pourront se procurer des pellicules et les faire développer.
- **Poids et mesures** Système métrique
- **Radio** À Buenos Aires, réglez votre poste sur 92.7 FM pour écouter du tango ou sur 98.3 FM pour du rock argentin. 88.7 FM (www.fmlatribu.com) est une radio "alternative".
- **Tabac** La réglementation n'est pas la même dans toutes les provinces. À Buenos Aires il est interdit de fumer dans la plupart des espaces publics fermés, notamment dans la majorité des bars et des restaurants.

Uruguay (☎011-4807-3040 ; www.embajadadeluruguay.com.ar ; Av Las Heras 1907)

Argent

La devise argentine est le peso (ARS). Sauf mention contraire, tous les prix figurant dans ce guide sont indiqués en pesos.

Voyager en Argentine avec des espèces et une carte de crédit est la meilleure solution.

Cartes de crédit

Visa et MasterCard sont les plus courantes, mais un certain nombre d'établissements acceptent d'autres cartes, notamment les American Express. Interrogez votre banque sur l'utilisation de votre carte à l'étranger et la marche à suivre pour faire opposition en cas de perte.

Certains établissements facturent un *recargo* (supplément) de 5 à 10% pour les achats par carte. Sachez par ailleurs que la somme que vous paierez au final dépend du taux de change en vigueur au moment du débit, qui peut intervenir plusieurs semaines après l'achat.

Certains prestataires et hôtels de catégorie inférieure n'acceptent pas les règlements par carte. Les détenteurs d'une MasterCard ou d'une Visa pourront retirer des espèces dans toutes les banques et dans la plupart des DAB.

Changer de l'argent

Le dollar américain est la devise la plus facile à changer et vous n'aurez pas de problème pour revendre vos pesos chiliens et uruguayens à la frontière. Dans la plupart des grandes villes, on trouve des *cambios* (bureaux de change) qui acceptent les dollars et les euros. Pour les autres devises, mieux vaut prévoir de faire les opérations à Buenos Aires.

Vous devrez présenter votre passeport pour toute opération de change. Évitez les changeurs de rue.

Chèques de voyage

À proscrire en Argentine. Ils ne sont pas acceptés dans les magasins, il est difficile de les changer, en particulier hors de Buenos Aires, et des commissions exorbitantes sont perçues à l'encaissement.

Distributeurs automatiques de billets (DAB)

Presque toutes les villes du pays disposent de *cajeros automáticos* (DAB), la solution la plus simple pour se procurer des espèces. Presque tous fonctionnent avec les systèmes Cirrus (MasterCard), Plus (Visa) ou Link.

Le plafond du retrait et la commission facturée dépendent de votre banque. Un montant modeste est également prélevé par la banque locale sur chaque transaction. Mieux vaut donc éviter de multiplier inutilement les retraits – même si vous êtes autorisé à en effectuer plusieurs par jour.

Espèces

Il existe des billets de 2, 5, 10, 20, 50 et 100 pesos. Le peso se divise en 100 centavos. On trouve des pièces de 1 (rare), 5, 10, 25 et 50 centavos, et de 1 et 2 pesos. Les dollars américains sont acceptés dans de nombreux magasins et services fréquentés par les touristes. Cependant, conservez toujours une petite somme en pesos.

Ne vous affolez pas si l'on vous rend des billets sales et en loques : ils sont acceptés partout. Certains établissement refusent toutefois les coupures étrangères déchirées ou portant des inscriptions : arrivez en Argentine avec des billets impeccables.

Des faux billets (dollars et pesos) circulent depuis quelques années. Les commerçants sont très circonspects lorsqu'on leur présente des grosses coupures. Montrez-vous prudent vous aussi, et vérifiez la présence sur le billet d'un filigrane clair ou d'un fil de sécurité. Tâchez de vous familiariser avec la monnaie locale avant votre arrivée dans le pays et consultez le site www.santelmoloft.com/2011/07/22/fake-money-in-argentina. Dans les lieux sombres comme les discothèques et les taxis, soyez particulièrement vigilant et évitez d'utiliser de grosses coupures.

"Casser" un gros billet pose des problèmes dans tout le pays. Débarrassez-vous de ces coupures au restaurant et au supermarché. Il est très rare que les chauffeurs de taxi, les kiosques à journaux et les petits commerçants les acceptent, et vous risquez de vous retrouver sans moyen de paiement.

Pourboires et marchandage

Si vous réglez avec une carte de crédit au restaurant, vous devrez laisser l'éventuel pourboire en espèces. Sachez que si vous dites "gracias" au moment où le serveur part avec la note et votre règlement, il comprendra que vous lui laissez la monnaie. Si vous voulez récupérer la monnaie, ne dites pas "gracias", mais "cambio por favor".

À l'inverse de bien des pays d'Amérique du Sud, le marchandage n'est généralement pas d'usage en Argentine.

Bagagistes Deux pesos par bagage

Chauffeurs de taxi Pas de pourboire, sauf s'ils portent les bagages ; beaucoup de clients arrondissent au peso supérieur.

Femmes de chambre 10 pesos par jour (seulement dans les hôtels haut de gamme).

Guides touristiques 10% à 15%

Serveurs dans les bars Ils n'attendent pas spécifiquement de pourboire, mais certains clients laissent deux pesos par consommation.

Serveurs dans les restaurants 10% ; 15% dans les restaurants haut de gamme avec service stylé.

Taxes et remboursements

Sous certaines conditions, les visiteurs étrangers peuvent obtenir lorsqu'ils quittent l'Argentine le remboursement de la TVA perçue sur les articles achetés dans le pays. Les commerçants agréés sont signalés par une affichette "Tax Free". Le montant de l'achat doit s'élever à 70 ARS au moins. Présentez votre passeport au commerçant et il vous établira une facture avec un bordereau de remboursement. Lorsque vous quittez le pays, conservez les factures et les articles achetés dans votre bagage à main, afin de présenter le tout à un agent des douanes. Le fonctionnaire apposera son tampon et vous indiquera où obtenir le remboursement. Il est agréable de récupérer quelque argent, mais prévoyez du temps supplémentaire à l'aéroport pour les formalités.

À COURT DE MONNAIE ?

Vous constaterez rapidement que les petites coupures et les pièces de monnaie sont des denrées rares et précieuses en Argentine, en particulier à Buenos Aires. Certains commerçants refuseront de vendre un petit article si vous leur tendez un gros billet, et même pour les achats plus importants, vous verrez parfois le commerçant ronchonner si vous sortez une coupure de 100 pesos. Pour bien gérer votre porte-monnaie, mettez au point une stratégie.

Utilisez vos grosses coupures lorsque vous devez débourser une somme importante, au restaurant ou au supermarché par exemple. Mettez de côté les pièces et les petites coupures pour les petits achats, et ne payez avec des pièces que si la personne insiste (ce qui arrivera certainement). À Buenos Aires, la carte SUBE (voir p. 102) permet de prépayer en une fois un certain nombre de trajets en bus et en *subte*, une manière d'économiser la petite monnaie ! Autre tuyau : dans vos retraits au distributeur, ne prenez pas un compte rond.
En demandant 690 pesos, par exemple, vous récupérerez 90 pesos en petites coupures.

Une chose est sûre en tout cas, c'est que l'on ne vous reprochera jamais de payer en petite monnaie !

Assurance

Il est utile de souscrire une assurance voyage couvrant le vol et la perte de vos affaires, les problèmes médicaux et les retards ou annulations de vol. Certains contrats excluent les activités à risque comme la plongée, le ski, l'escalade, voire la randonnée. Lisez attentivement les clauses rédigées en petits caractères,

IL VOUS RESTE DES PESOS ?

Les autorités ont fait adopter en octobre 2011 une loi restreignant sévèrement l'achat de dollars en pesos argentins. Cela signifie que s'il vous reste des pesos à la fin de votre voyage, vous ne pourrez sans doute pas les changer pour des dollars, voire pour toute autre monnaie forte, même si vous avez en main un reçu de *cajero* (DAB) ou d'un *cambio* (bureau de change). Mieux vaut donc dépenser tous vos pesos avant de quitter le pays.

et veillez à ce que l'assurance prenne bien en charge le transport en ambulance et le rapatriement en avion.

Conservez bien tous les papiers, pour toute éventuelle réclamation ou déclaration ultérieure (vous pouvez, par exemple, vous les adresser par courrier électronique pour qu'ils demeurent accessibles dans votre messagerie).

Bénévolat

Les programmes de bénévolat constituent une bonne formule pour s'immerger dans le pays, connaître l'envers du décor touristique, et bénéficier d'une ambiance internationale (les volontaires viennent de divers pays en général). En revanche, les conditions de vie sur un chantier sont spartiates, et il y a parfois un grand décalage entre le programme et la réalité. La fouille archéologique peut rapidement se transformer, une fois sur place, en coup de peinture donné à la maison des jeunes du coin. Le matériel est parfois rudimentaire, et la réalité du terrain souvent plus dure qu'on ne l'imaginait.

En France, vous pouvez contacter les organismes et associations suivants, qui proposent des chantiers en Argentine :

Comité de coordination pour le service volontaire international (CCVIS, ☎01 45 68 49 36, ccivs@unesco.org, www.unesco.org/ccivs), Maison de l'Unesco, 1 rue Miollis, 75732 Paris Cedex 15.

Jeunesse et reconstruction (☎01 47 70 15 88 ; www.volontariat.org ; 10, rue de Trévise 75009 Paris). Cette association, créée après la Seconde Guerre mondiale pour la paix en Europe, propose en priorité des projets individuels de six mois à un an.

Service Civil International (SCI, branche française ; ☎01 42 54 62 43 ; www.sci-france.org ; 20, rue Camille-Flammarion 75018 Paris). ONG internationale présente qui vise, via des chantiers de volontaires, à la promotion de la paix et du développement durable. Possède 34 branches dans le monde et, en France, des antennes dans 19 villes.

Solidarités jeunesses (☎01 55 26 88 77 ; www.solidaritesjeunesses.org ; 10, rue du 8-Mai-1945 75010 Paris). Mouvement international qui soutient les projets visant à organiser collectivement une société responsable. Développe des chantiers internationaux et le volontariat à long terme.

Soutenue par l'ambassade d'Argentine en France, l'association **Horizon Argentine** (www.horizonargentine.com ; 12, place Gabriel-Rambaud 69001 Lyon) recrute depuis 2004 des bénévoles chargés d'assurer des interventions éducatives et culturelles dans les écoles et les institutions des environs de Buenos Aires. Connaissance de l'espagnol indispensable.

L'association **WEP** (www.wep-france.org ; à Paris ☎01 48 06 26 26 ; cour Saint-Joseph, 5 rue de Charonne, 75011 ; à Lyon ☎04 72 40 40 04 ; 81 rue de la République, 69002) propose un programme de volontariat intitulé “Cours et projets humanitaires en Argentine”, associant l'apprentissage de l'espagnol et des interventions humanitaires. Elle recrute aussi des coordinateurs locaux.

Il existe de nombreux programmes de bénévolat en Argentine, allant des banques alimentaires aux *villas miserias* en passant par les fermes biologiques et le travail avec des singes. Certains demandent simplement aux candidats de donner de leur temps et de verser une modeste participation aux frais ; d'autres font payer des centaines de dollars, une somme dont seule une petite quantité ira selon toute vraisemblance aux populations concernées. Avant d'opter pour telle ou telle organisation, vous avez tout intérêt à recueillir le témoignage de personnes ayant déjà travaillé dans les programmes envisagés.

Voici quelques organisations travaillant sur place :

Centro Conviven (www.conviven.org.ar). Aide les enfants des *villas* de Buenos Aires.

Conservación Patagonica (www.patagonialandtrust.org/makeadifference_v.htm). Pour la création d'un parc national.

Eco Yoga Park (www.ecoyogapark.com/homeingles.html). Unique en son genre.

Fundación Banco de Alimentos (www.bancodealimentos.org.ar). Missions courtes dans une banque alimentaire.

Habitat for Humanity Argentina (www.hpha.org.ar). Construction de villages.

L.I.F.E. (www.lifeargentina.org). Autre organisation engagée dans l'aide aux enfants des *villas*.

Parque Nacional Los Glaciares (☎02962-430004). Chantiers d'été avec des gardes forestiers à El Chaltén. Connaissance de l'espagnol souhaitée.

Refugio del Caraya (www.volunteer-with-howler-monkeys.org)

Unión de los Pibes (www.uniondelospibes.blogspot.com). Pour les enfants démunis de Buenos Aires.

Voluntario Global (www.voluntarioglobal.org.ar) Action sociale.

Les organisations suivantes peuvent également vous orienter :

Anda Responsible Travel (www.andatravel.com.ar/en/volunteering)

Foundation for Sustainable Development (www.fsdinternational.org)

La Montaña (www.lamontana.com/volunteer-work). À Bariloche.

Patagonia Volunteer (www.patagoniavolunteer.org). En Patagonie.

South American Explorers (www.saexplorers.org/volunteer/home)

Volunteer South America (www.volunteersouthamerica.net). Liste d'ONG.

WWOOF Argentina (www.wwoofargentina.com). Fermes biologiques en Argentine.

Voluntario Global (www.voluntarioglobal.org.ar). Bénévolat en communauté.

Cartes de réduction

Pour vous procurer une carte internationale d'étudiant ISIC, rendez-vous sur www.isic.org ou bien dans l'une des agences **Asatej** (www.asatej.net) de Buenos Aires. Il est plus facile avec cette carte d'obtenir une réduction dans les musées et les transports. Sinon, vous pouvez essayer de présenter une carte ou un document officiel de votre université – le résultat n'est pas garanti.

Les détenteurs d'une carte Hostelling International (HI, disponible dans toutes les auberges affiliées ; www.hostels.org.ar) bénéficient d'une réduction sur les tarifs dans tous les établissements HI. Les cartes **Minihostel** (www.minihostels.com) et **HoLa** (www.holahostels.com) fonctionnent de la même façon dans les réseaux correspondants.

Les voyageurs de plus de 60 ans bénéficient du tarif réduit dans certains musées et sites. Il suffit généralement de présenter son passeport.

Cartes et plans

Si vous souhaitez préparer votre voyage avec une carte générale du pays ou de l'Amérique latine, vous pouvez vous procurer : *Argentine* (Michelin, 1/2 000 000), *Argentina* (Penguin, 1/2 000 000) et *Amérique du Sud* (IGN, 1/4 000 000).

Les offices du tourisme distribuent des plans gratuits qui permettent de se débrouiller dans les villes. L'**International Travel Maps** (www.itmb.com) publie des cartes de l'Argentine et des plans de Buenos Aires assez pratiques. L'**Automóvil Club Argentino** (ACA ; p. 586), publie d'excellentes cartes des provinces et des villes. Les détenteurs de cartes d'automobile-clubs étrangers peuvent bénéficier de réductions. Vendues dans la plupart des stations-service YPF, les cartes rouges *Argenguide* sont moins bien faites mais néanmoins pratiques.

Les passionnés trouveront des cartes topographiques à l'**Instituto Geográfico Militar** (carte p. 64 ; ☎011-4576-5576 ; www.igm.gob.ar ; Cabildo 381, Palermo, Buenos Aires ; ⌚7h-14h lun-ven). Ces cartes sont difficiles à trouver hors de Buenos Aires.

Cours

L'Argentine est une destination prisée pour apprendre l'espagnol. Buenos Aires et, dans une moindre mesure, des grandes villes comme Mendoza et Córdoba offrent de nombreuses possibilités de cours.

Les cours de tango rencontrent un immense succès à Buenos Aires. On peut également effectuer des stages de cuisine (argentine ou étrangère).

Désagréments et dangers

Même si la délinquance est en augmentation, l'Argentine est certainement le pays d'Amérique latine le plus sûr pour les voyageurs. En faisant preuve d'un minimum de bon sens, on visite les métropoles argentines de la même manière que Londres, Paris ou New York.

Conducteurs

Être piéton en Argentine n'est pas une sinécure. Bien souvent, les conducteurs démarrent avant que le feu passe au vert, roulent à des vitesses excessives ou changent de file de manière imprévisible. Il est très rare qu'une voiture s'arrête, ou ralentisse, pour laisser passer un piéton, même s'il se trouve sur un passage clouté. Méfiez-vous notamment des bus, particulièrement imposants et dangereux.

Délinquance

La crise économique de 1999-2001 a fait basculer de nombreux Argentins dans la pauvreté et la délinquance urbaine (pickpockets, vols à l'arraché et vols à main armée) a de ce fait augmenté, en particulier à Buenos Aires (voir p. 99) et, plus récemment, à Mendoza (voir p. 321). Toutefois, on se sent en sécurité dans les grandes villes. Dans les petites villes, très rares sont ceux qui en voudront à votre argent.

Bien qu'assez sûres en général, car envahies de familles en partance, les gares routières sont aussi un endroit de prédilection pour les voleurs à l'arraché. Surveillez bien vos bagages, en particulier à la gare de Retiro à Buenos Aires.

Gardez toujours votre sac tout près de vous lorsque vous vous installez à la terrasse d'un café ou d'un restaurant. Vous pouvez placer la bandoulière autour de votre jambe ou d'un pied de chaise. Évitez d'exhiber ordinateurs portables, tablettes et téléphones portables haut de gamme. Restez vigilant aussi dans les transports publics aux heures d'affluence et dans les sites touristiques.

À Buenos Aires, la **police touristique** (Comisaría del Turista ; ☎011-4346-5748, ☎0800-999-5000 ; Av Corrientes 436; ⏲24h/24) dispose d'interprètes et offre assistance aux victimes de vols et d'escroqueries. Voir p. 99 pour plus d'informations sur la sécurité dans la capitale.

Grèves et manifestations

Les manifestations font désormais partie de la vie quotidienne des Argentins, en particulier à Buenos Aires sur la Plaza de Mayo et alentour ; mieux vaut se tenir au courant de l'actualité politique. En règle générale ces mouvements n'ont guère d'incidence pour les touristes, si ce n'est qu'ils perturbent la circulation et empêchent d'aller voir la Plaza de Mayo et la Casa Rosada. L'Argentine compte de nombreux *gremios* ou *sindicatos* (syndicats) très actifs. Lorsque les syndicats du secteur des transports se mettent en grève, il arrive que les vols intérieurs ou les liaisons en bus subissent des retards. Renseignez-vous avant de vous déplacer.

Les policiers et les militaires ont la réputation de verser dans des pratiques corrompues, mais ils se montrent généralement courtois et bien disposés envers les touristes. Si un fonctionnaire essaie de vous soutirer de l'argent (la plupart du temps lors d'un contrôle routier), vous pouvez soit entrer dans le jeu et payer, soit demander à l'agent de vous conduire au poste le plus proche pour régler l'affaire. Cela peut suffire à lui faire renoncer à ses velléités, mais vous risquez aussi, si ce n'est pas le cas, de vous plonger dans les dédales de l'administration policière argentine. Pour décourager les tentatives d'extorsion, vous pouvez aussi faire semblant de ne pas comprendre l'espagnol.

Tabac

Les Argentins sont de gros consommateurs de tabac, mais il est interdit de fumer dans la plupart des restaurants, cafés, cybercafés, bars et autres lieux publics. Les réglementations et leur application ne sont toutefois pas identiques dans tout le pays. Il est interdit de fumer dans les bus et sur tous les vols intérieurs.

Douane

Les fonctionnaires argentins se montrent généralement courtois et corrects envers les touristes. Dans la mesure où ils ne sont pas destinés à la revente, vous pouvez entrer dans le pays avec des appareils électroniques sans payer de taxes. Si vous avez plus de 18 ans et que vous arrivez d'un pays non limitrophe, vous pouvez par ailleurs importer jusqu'à 2 litres d'alcool, 400 cigarettes et 50 cigares.

Si vous arrivez d'un pays frontalier, les services des douanes sont vigilants sur différents points. Ils confisqueront par exemple systématiquement les fruits et les légumes, et fouilleront plus particulièrement les voyageurs arrivant des autres pays andins. Enfin, sachez que, quel que soit votre pays de provenance, vous vous exposerez à de graves ennuis si l'on trouve de la drogue sur vous.

Électricité

Le courant est du 220 V/50 Hz comme en France. On trouve des adaptateurs dans toutes les bonnes *ferreterías* (quincailleries).

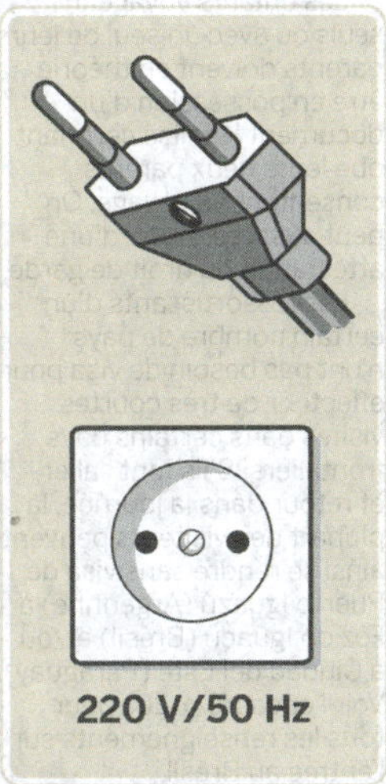

Formalités et visas

Les ressortissants français, belges, suisses et canadiens n'ont pas besoin de visa pour se rendre en Argentine. À leur arrivée, les visiteurs se voient apposer sur leur passeport un tampon les autorisant à séjourner 90 jours dans le pays. Les Canadiens doivent toutefois s'acquitter d'une somme non négligeable au titre des frais de réciprocité (voir l'encadré p. 582).

Les enfants voyageant seuls ou avec un seul de leurs parents doivent en théorie être en possession d'un document légalisé certifiant que leurs deux parents consentent au voyage. On peut aussi se munir d'une attestation du droit de garde.

Les ressortissants d'un certain nombre de pays n'ont pas besoin de visa pour effectuer de très courtes visites dans certains pays frontaliers. S'ils font l'aller et retour dans la journée, la plupart des visiteurs peuvent ainsi se rendre sans visa de Puerto Iguazú (Argentine) à Foz do Iguaçu (Brésil) et/ou à Ciudad del Este (Paraguay). Voir l'encadré p. 201 pour tous les renseignements sur l'entrée au Brésil.

Il en va de même pour le passage entre La Quiaca et la ville bolivienne de Villazón (voir l'encadré p. 236). Les fonctionnaires en poste à la frontière paraguayenne exigeront dans certains cas le paiement d'une amende pour les personnes dépourvues de visa (voir l'encadré p. 190).

Prorogations de visas

Pour obtenir une prorogation de votre visa touristique de 90 jours, armez-vous de patience et rendez-vous au service de l'immigration à Buenos Aires, la **Dirección Nacional de Migraciones** (☎011-4317-0234 ; www.migraciones.gov.ar ; Antártida Argentina 1355; ⏲8h-14h lun-ven). Les frais s'élèvent à 300 ARS – sachez que c'est aussi le montant de l'amende perçue si vous séjournez au-delà de la date de validité de votre autorisation.

Pour les voyageurs pouvant se rendre en Uruguay (ou au Chili) sans visa, une autre solution consiste à traverser la frontière avant l'expiration du visa et à y séjourner un ou deux jours, puis à revenir en Argentine muni d'une nouvelle autorisation de 90 jours.

Avant le départ, il est impératif de contacter les ambassades et les consulats pour s'assurer que les modalités d'entrée sur le territoire n'ont pas changé. Nous vous conseillons de photocopier tous vos documents importants (premières pages de votre passeport, cartes de crédit, numéros de chèques de voyage, police d'assurance, billets de train/d'avion/de bus, permis de conduire, etc.). Conservez un jeu de ces copies à part des originaux, ou scannez-les sur un fichier informatique en attente sur votre messagerie. Vous remplacerez ainsi plus aisément ces documents en cas de perte ou de vol.

CONSEILS AUX VOYAGEURS

La plupart des gouvernements possèdent des sites Internet qui recensent les dangers possibles et les régions à éviter. Consultez notamment les sites suivants :

» Ministère des Affaires étrangères de Belgique (http://diplomatie.belgium.be/fr/)

» Ministère des Affaires étrangères du Canada (www.voyage.gc.ca)

» Ministère français des Affaires étrangères (www.diplomatie.gouv.fr)

» Département fédéral des Affaires étrangères suisse (www.eda.admin.ch/eda/fr/home/travad.html)

Handicapés

Les voyageurs handicapés affronteront un certain nombre de difficultés en Argentine. Les personnes en fauteuil roulant devront manœuvrer sur des trottoirs étroits et bondés, au revêtement inégal et rarement abaissés au niveau des passages protégés. Traverser la rue est également une épreuve car tous les trottoirs ne sont pas équipés de rampes (sans compter que celles qui existent ne sont bien souvent pas entretenues) et les automobilistes argentins ne se montrent guère patients vis-à-vis des piétons peu rapides, qu'ils soient handicapés ou non.

Les Argentins handicapés parviennent cependant à se déplacer ; il existe à Buenos Aires quelques bus accessibles aux fauteuils, les *pisos bajos*. Quelques stations du Subte (métro), généralement les plus récentes, sont elles aussi accessibles.

La plupart des hôtels (en dehors des quatre et cinq-étoiles) ne disposent pas de chambres véritablement accessibles, c'est-à-dire équipées de portes larges et offrant un espace suffisant à l'intérieur. Dans les établissements de catégorie moyenne et petits budgets, l'exiguïté des salles de bains rend parfois tout mouvement compliqué (pour tout un chacun). Il faut chercher dans la catégorie supérieure pour trouver des chambres réellement équipées. Téléphonez au préalable pour poser des questions précises – même si un hôtel affirme disposer de chambres accessibles, ses normes ne correspondront peut-être pas à celles auxquelles vous êtes habitué.

Hormis les inscriptions en braille sur les distributeurs automatiques de billets, rien n'est fait pour faciliter la vie quotidienne des non-voyants. Les feux rouges sont rarement équipés d'avertisseurs sonores. La **Biblioteca Argentina Para Ciegos** (BAC ; Bibliothèque argentine pour les aveugles ; ☎011-4981-0137 ; www.bac.org.ar ; Lezica 3909, Buenos Aires) a, entre autres ressources, une collection de livres en braille (espagnol).

À Buenos Aires, **QRV Transportes Especiales** (☎011-4306-6635, 011-15-6863-9555 ; www.qrvtransportes.com.ar) propose un service de transport et des excursions dans des minibus équipés spécifiquement pour les personnes en fauteuil. **BA Cultural Concierge** (www.baculturalconcierge.com) assiste notamment les personnes à mobilité réduite en les aidant à faire leurs courses.

L'**APF** (Association des paralysés de France, 17 bd Auguste-Blanqui, 75013 Paris, ☎01 40 78 69 00, www.apf.asso.fr) peut vous fournir d'utiles informations sur les voyages accessibles. Vous trouverez aussi des informations sur **Handica** (www.handica.com).

Hébergement

Du camping à l'hôtel de luxe, l'Argentine offre toute une gamme d'hébergements. Hormis dans les établissements très touristiques où les employés parlent un peu anglais, vous allez pouvoir pratiquer votre espagnol !

Seuls les hôtels les moins chers ne proposent pas de chambre avec sdb. Dans la plupart des établissements le prix affiché comprend le petit-déjeuner (généralement des *medialunas* – croissants – avec café ou thé léger). Beaucoup d'hôtels baissent leurs tarifs en cas de séjour prolongé (une semaine ou plus, en principe). Négociez *avant* de vous installer.

Auberges de jeunesse

Il en existe quantité en Argentine, de l'établissement au confort sommaire à l'auberge élégante parfaitement équipée et plus confortable qu'un hôtel de base. La plupart se situent entre ces deux extrémités, et toutes possèdent cuisine, espaces communs, dortoirs et sdb communes. Beaucoup louent aussi quelques chambres particulières, avec ou sans sdb. Un conseil important : dans ce pays de couche-tard, munissez-vous de bouchons d'oreilles.

Les détenteurs de la carte **Hostelling International** (HI ; www.hihostels.com) bénéficient de réductions dans les établissements affiliés. Il existe aussi d'autres réseaux, notamment **Minihostels** (www.minihostels.com) et **HoLa** (www.holahostels.com).

Cabañas

À louer dans certaines destinations touristiques, en particulier à la plage ou à la campagne. Il s'agit généralement de bungalows individuels pourvus d'une cuisine équipée. Beaucoup disposant de plusieurs chambres, la solution s'avère rentable pour les familles et les groupes – mais attention, ces hébergements peuvent se situer à l'écart de tout et n'être accessibles qu'avec un véhicule. Les offices du tourisme vous fourniront la liste des *cabañas* des environs.

Camping et refugios

Le camping est un merveilleux moyen de découvrir l'Argentine, notamment la région des lacs et la Patagonie, qui comptent quantité de bonnes adresses. Il y a un camping municipal dans la

PRIX

L'inflation atteint des sommets en Argentine ; le taux avancé par les sources non officielles tourne autour de 25%. Pour éviter de défaillir au moment de payer la note, vérifiez les prix sur place.

Les prix figurant dans ce guide s'entendent taxes incluses et haute saison (à l'exception des périodes de Noël et de Pâques, considérées comme très haute saison). En règle générale, les hôtels petits budgets et de catégorie moyenne fournissent leurs prix taxes incluses, ce qui n'est pas le cas des établissements de catégorie supérieure (ajoutez 21%). On obtient parfois une remise de 10% en payant en espèces, y compris dans les hôtels de catégories moyenne et supérieure.

En principe la haute saison couvre janvier-février (vacances d'été des Argentins), la Semana Santa (Pâques) et juillet-août (sauf en Patagonie). Pensez à réserver pendant ces périodes. Le reste de l'année, les tarifs peuvent chuter de 20% à 50%.

Voici les fourchettes de prix auxquelles vous pouvez vous attendre en haute saison :

$ moins de 250 ARS pour une chambre double ; de 50 à 70 ARS pour un lit en dortoir

$$ de 250 à 500 ARS pour une chambre double

$$$ plus de 500 ARS la double

Pour un repas au restaurant, les fourchettes de prix utilisées dans ce guide sont :

$ moins de 45 ARS

$$ de 45 à 65 ARS

$$$ plus de 65 ARS

quasi-totalité des villes du pays, en principe pas trop excentré. On peut tomber sur un charmant endroit boisé comme sur un terrain affreux et bondé.

Les campings privés possèdent généralement de bonnes installations : douches chaudes, toilettes, machine à laver, barbecue, restaurant ou *confitería* (café) et petite épicerie. Les campings gratuits, bien que démunis d'installations, sont généralement très agréables, en particulier dans la région des lacs. Les campings municipaux, s'ils sont bon marché, peuvent se révéler bruyants le week-end.

Le matériel de camping disponible en Argentine sera sans doute plus cher et de moins bonne qualité que ce à quoi vous êtes habitué. Vous pourrez acheter sur place des recharges de gaz pour votre réchaud (impossible de les emporter en avion !), ainsi que l'indispensable répulsif à insectes.

On peut aussi randonner et camper à la dure à l'intérieur et aux abords des parcs nationaux, en particulier dans la région des lacs et dans le Sud. Il y a dans certains parcs des *refugios* (refuges d'altitude d'un confort sommaire) offrant des dortoirs basiques et de quoi faire la cuisine. Ils sont gratuits ou très bon marché.

Estancias

Quelle expérience plus authentique que de séjourner dans une estancia (ranch traditionnel, souvent appelé *finca* dans le Nord-Ouest), mode d'hébergement idéal dans les régions reculées du pays ? Chevaux, *asados* (barbecues typiques) et dégustation de vins figurent très souvent au programme. On trouve de nombreuses estancias autour de Buenos Aires, à proximité des Esteros del Iberá ainsi qu'en Patagonie et dans toute la région des lacs.

Si l'envie, le temps ou le budget vous manquent pour vous offrir une nuit dans une estancia, il est néanmoins souvent possible de passer un *día de campo* (journée à la campagne). Cette formule proposée par de nombreuses estancias avec hébergements comprend généralement un immense *asado*, une randonnée équestre et d'autres activités typiques. Les tarifs sont élevés, mais incluent généralement les repas et des activités. Pour repérer la majorité des estancias répertoriées dans ce guide, reportez-vous au cahier en couleurs de la p. 128.

Hospedajes, pensiones et residenciales

Ce sont les hébergements les moins chers (hormis les auberges de jeunesse). La différence entre eux n'est pas toujours facile à établir.

Un *hospedaje* est le plus souvent la grande maison d'un particulier qui loue quelques chambres (avec sdb commune généralement). Les *pensiones* offrent le même type d'hébergement, mais accueillent parfois aussi des locataires sur une longue durée. Les *residenciales* occupent généralement des bâtiments spécifiquement hôteliers. Certains, désignés pudiquement sous le nom d'*albergues transitorios*, sont destinés à une clientèle en quête de séjours très éphémères (deux heures maximum...) – des jeunes couples pour la plupart.

Attendez-vous à des chambres modestes, sommairement équipées, mais propres dans la plupart des cas. Celles avec sdb commune sont les moins chères.

Hôtels

Du triste établissement purement fonctionnel au palace luxueusement équipé, on trouve toutes sortes d'hôtels en Argentine. Beaucoup de un ou deux-étoiles se révèlent en fait d'un meilleur rapport qualité/prix que des trois ou quatre-étoiles. En règle générale les chambres disposent d'une sdb particulière, de la TV câblée et, souvent, d'un téléphone. Il y a parfois une *confitería* ou un restaurant sur place. Les prix incluent presque toujours le petit-déjeuner (café et *medialunas* ou bien buffet).

Locations et séjours chez l'habitant

Ceux qui séjournent un certain temps au même endroit feront sans doute des économies en louant une maison ou un

LA DOUBLE TARIFICATION

La popularité croissante de l'Argentine en tant que destination touristique a malheureusement donné naissance à un système de double tarification : dans certaines parties du pays (essentiellement à Buenos Aires, mais aussi en Patagonie et dans la région des lacs), certains prestataires facturent aux "non-résidents" un tarif plus élevé qu'aux Argentins. C'est notamment le cas pour des spectacles de tango, dans des estancias, des parcs nationaux et des hôtels haut de gamme, ainsi que sur la compagnie aérienne nationale.

Par ailleurs, la plupart des hébergements affichent leurs tarifs en dollars US et non en pesos. Cela ne veut pas nécessairement dire que vous paierez plus cher que les Argentins ; le peso est tellement instable que l'utilisation d'une monnaie moins fluctuante s'avère en fait plus simple.

appartement. Dans les destinations balnéaires de la côte atlantique ou dans les stations comme Bariloche, vous avez tout intérêt à choisir cette option si vous êtes plusieurs. Procurez-vous les listes d'hébergement dans les offices du tourisme et réservez suffisamment à l'avance.

Pendant la saison touristique, on trouve des chambres à louer chez les particuliers, notamment dans l'intérieur du pays. C'est une formule commode (on peut se servir de la cuisine et de la machine à laver), souvent avantageuse et qui permet de nouer des contacts avec des Argentins. À quelques exceptions près nous ne répertorions pas ce genre d'hébergement dans le guide car les adresses changent fréquemment. Adressez-vous aux offices du tourisme (surtout dans les petites villes).

Heure locale

L'Argentine retarde de 3 heures par rapport à l'heure GMT et ne change pas d'heure en été. Lorsqu'il est midi à Buenos Aires, il est 11h à Montréal et 17h à Paris, Bruxelles et Genève (16h en hiver). À l'écrit, les Argentins utilisent le système horaire sur 24 heures ("il est 15h"), mais dans la conversation ils utilisent plus volontiers le système horaire sur 12 heures ("il est 3h")

Homosexualité

L'Argentine s'est largement ouverte à l'homosexualité ces dernières années et Buenos Aires est l'une des grandes destinations gay du monde, avec hôtels, B&B, bars, discothèques, restaurants et même croisières spécifiques. La capitale accueille tous les ans la plus grande Gay Pride de l'Amérique du Sud et compte de très nombreux clubs et organisations d'homosexuels. Elle a été, en 2002, la première ville d'Amérique latine à légaliser l'union civile entre personnes du même sexe ; l'Argentine a été le premier pays latinoaméricain à autoriser le mariage homosexuel, en 2010.

Si Buenos Aires (comme, dans une moindre mesure, d'autres grandes agglomérations du pays) fait preuve d'une tolérance croissante face à l'homosexualité, le reste du pays demeure dans l'ensemble mal à l'aise avec la question. L'homophobie se manifeste rarement par la violence physique mais par des plaisanteries douteuses ou une désapprobation quand le sujet est abordé. Cela étant, les nombreux voyageurs gay qui sillonnent chaque année l'Argentine en reviennent enchantés.

Personne ici n'est choqué de voir deux hommes s'embrasser sur la joue ou s'étreindre d'un peu près, car tout le monde se salue de cette manière en Argentine. De même, deux lesbiennes se donnant la main dans la rue peuvent passer inaperçues, car c'est ici un comportement courant chez les femmes hétérosexuelles. Une telle attitude chez les hommes serait en revanche totalement incongrue. Dans le doute, faites preuve de discrétion.

Pour de plus amples informations sur la scène gay et lesbienne de Buenos Aires reportez-vous à l'encadré p. 93.

Internet (accès)

Un grand nombre de cafés, restaurants, hôtels et aéroports offrent un accès Wi-Fi, dans la plupart des cas gratuitement. Les hôtels équipés sont signalés dans ce guide par le pictogramme 📶, ceux disposant d'un ordinateur connecté accessible au public par @.

On trouve dans presque toutes les villes du pays des cybercafés et des *locutorios* (centres d'appels téléphoniques) offrant un accès Internet à prix très abordable. Pour le symbole @ *(arroba)*, tapez 64 en maintenant enfoncée la touche Alt. Au besoin, demandez à quelqu'un "*¿Cómo se hace la arroba?*" ("Comment fait-on le symbole @ ?").

Jours fériés

Les administrations et les magasins sont fermés à l'occasion des jours fériés, assez nombreux en Argentine, et qui donnent lieu à des ponts chaque fois que possible. Pensez à réserver dans les bus de ligne et les hôtels, souvent prix d'assaut pendant ces périodes. La liste ci-dessous ne comprend pas les jours fériés spécifiques à chaque province.

1er janvier Año Nuevo (Nouvel An)

Février/mars Carnaval. Les festivités ont toujours lieu un lundi et un mardi (fériés), à des dates variables.

24 mars Día de la Memoria. Le jour de la Mémoire a été fixé au jour-anniversaire du début de la dictature de 1976 et de la "guerre sale".

Mars/avril Semana Santa. Les dates de Pâques et de la Semaine sainte varient. La plupart des services et des magasins ferment le Jeudi saint et le Vendredi saint. Les gens se déplacent beaucoup dans le pays.

2 avril Día de las Malvinas. À la mémoire des soldats argentins morts pendant la guerre des Malouines de 1982.

1er mai Día del Trabajador (fête du Travail)

25 mai Revolución de Mayo. Commémoration de la révolution de 1810, contre l'Espagne

20 juin Día de la Bandera (fête du Drapeau). Anniversaire de la mort de Manuel Belgrano, chef militaire et créateur du drapeau national.

9 juillet Día de la Independencia (fête de l'Indépendance)

Août (3e lundi) Día del Libertador San Martín. Anniversaire de la mort de José de San Martín (1778-1850).

12 octobre (fêté le 2e lundi d'octobre) Día del Respeto a la Diversidad Cultural. Une journée dédiée au respect de la diversité culturelle.

20 novembre (fêté le 4e lundi de novembre) Día de la Soberanía Nacional (fête de la Souveraineté nationale)

8 décembre Día de la Concepción Inmaculada (fête de l'Immaculée Conception)

25 décembre Navidad (Noël)

Offices du tourisme

En France, en Belgique, en Suisse et au Québec, il n'existe pas d'office du tourisme argentin. C'est auprès du service culturel des ambassades dans ces pays (voir p. 566 pour leurs coordonnées) que l'on trouvera les informations de type touristique.

Le bureau argentin du tourisme s'appelle la **Secretaría de Turismo de la Nación** (www.turismo.gov.ar). Son siège est situé à Buenos Aires. Presque toutes les villes disposent d'un office du tourisme, situé en général sur la place principale (ou à proximité) ou à la gare routière. Par ailleurs, chaque province possède une délégation à Buenos Aires. La plupart sont bien organisées et disposent d'une base de données informatisée. Il peut s'avérer utile d'y faire un tour avant de quitter la capitale pour d'autres régions.

Poste

Le **Correo Argentino** (www.correoargentino.com.ar), service public d'acheminement du courrier, offre une relative fiabilité. Si vous devez envoyer un pli important à l'étranger, expédiez-le toutefois en *certificado* (recommandé). Les paquets de moins de 2 kg s'envoient de n'importe quel bureau de poste. Au-delà, il faut passer par la douane (*aduana*). À Buenos Aires, rendez-vous au Correo Internacional, près de la gare routière de Retiro. N'oubliez pas votre passeport et laissez le paquet ouvert car son contenu devra être inspecté par un agent.

Les services de messagerie nationaux, comme **Andreani** (www.andreani.com.ar) et **OCA** (www.oca.com.ar), et internationaux (DHL ou FedEx) sont beaucoup plus fiables – mais aussi beaucoup plus onéreux – que la poste. Présents seulement dans les grandes villes, DHL et FedEx sont relayés par leurs homologues locaux dans le reste du pays.

Si on vous envoie un colis, vous ne serez sans doute avisé de son arrivée qu'après un certain temps. Presque tous les paquets envoyés à Buenos Aires arrivent au bureau international de Retiro, près du terminal Buquebus. Pour obtenir votre colis, vous devrez d'abord faire la queue (parfois pendant des heures) puis passer à la douane. On vous facturera également des frais de traitement. Notez que votre colis aura peu de chances d'arriver s'il contient des objets de valeur.

Problèmes juridiques

La police peut effectuer un contrôle à tout moment et pour n'importe quel motif : ayez toujours sur vous une pièce d'identité avec photo ou une copie de votre passeport et, surtout, restez courtois et bien disposé quoi qu'il arrive.

L'âge légal pour la consommation d'alcool est de 18 ans. La marijuana, la cocaïne et la plupart des substances qui sont illégales en Europe et en Amérique du Nord le sont aussi en Argentine. Si vous êtes arrêté, vous avez le droit (garanti par la Constitution) de faire appel à un avocat, de passer un appel téléphonique et de ne pas répondre aux questions que l'on vous pose – sauf celles concernant vos nom, nationalité, âge et numéro de passeport. Ne signez aucun papier avant de vous être entretenu avec un avocat. Si vous ne parlez pas espagnol, vous devez bénéficier des services d'un interprète.

MAISONS DE L'ARGENTINE ET DE L'AMÉRIQUE LATINE

À Paris, la maison de l'Argentine est un espace de vie académique et culturel. Accueillant des étudiants argentins, elle propose également des expositions, des concerts et des représentations théâtrales (☎01 44 16 29 00 ; www.casaargentinaenparis.org/fra/home.php ; Cité internationale universitaire de Paris, 27 bd Jourdan, 75014 Paris).

Lieu d'accueil de la communauté diplomatique latino-américaine en France, la maison de l'Amérique latine, fondée en 1946, organise également des expositions temporaires, des tribunes littéraires, des conférences et des spectacles. Un lieu idéal pour les adeptes des pays latino-américains. (☎01 49 54 75 00 ; www.mal217.org ; 217 bd Saint-Germain, 75007 Paris).

S'installer en Argentine

La dévaluation du peso en 2002 a déclenché un important mouvement d'immigration vers l'Argentine. Bien que les prix dans leur ensemble (et notamment ceux de l'alimentation, du logement et des transports) se soient depuis envolés, le pays reste une destination en vogue chez les candidats à l'expatriation.

Beaucoup se contentent de louer un appartement à Buenos Aires et sortent du pays tous les trois mois afin d'obtenir un nouveau visa. D'autre sautent le pas, achètent un logement et s'efforcent d'obtenir le statut de résident. Dans tous les cas, n'espérez pas trouver un emploi facilement ici, à moins d'être sous contrat pour une société étrangère ou de vous installer à votre compte.

Voici quelques sources d'information utiles pour ceux qui envisagent de s'installer pour de bon :

Ambassade de France en Argentine (www.embafrancia-argentina.org). Une rubrique très complète sous l'onglet *Le pays de résidence*.

BANewcomers (http://groups.yahoo.com/group/BANew comers/). Forum Yahoo permettant de poser des questions aux expatriés en Argentine (en anglais).

Buenos Aires Expatriates Group (www.baexpats.org en anglais). Site très populaire pour les expatriés.

Expatargentina (www.expatargentina.wordpress.com en anglais). Journal de bord décalé d'un expatrié vivant à Buenos Aires.

lepetitjournal.com (www.lepetitjournal.com). Le "média des Français et francophones à l'étranger" propose une rubrique *Buenos Aires* assez complète.

Vivre en Argentine.com (www.vivreenargentine.com). Un portail très détaillé, sur tous les aspects de la vie en Argentine. Petites annonces de toutes sortes.

Santé

L'Argentine est un pays moderne disposant de bons services médicaux et dentaires. Le niveau d'hygiène et de propreté dans les restaurants est assez élevé, et l'eau du robinet est en principe potable partout dans le pays. Pour vous en assurer, demandez "*¿Se puede tomar el agua de la canilla?*" (Est-ce que l'eau du robinet est potable ?).

Le système public de soins est gratuit (y compris pour les étrangers) et d'assez bon niveau. Les délais d'attente peuvent toutefois se révéler longs et la qualité n'est pas partout la même, c'est pourquoi celles et ceux qui en ont les moyens se tournent généralement vers le secteur privé, d'un meilleur niveau. Le personnel soignant dans le secteur privé parle souvent anglais. La plupart des médecins et des hôpitaux demanderont un règlement en espèces.

En cas de problème grave vous voudrez sans doute être rapatrié. Assurez-vous avant votre départ que vous disposez d'une assurance couvrant ce genre de situation car les frais peuvent s'élever à plusieurs milliers de dollars. Vous pouvez aussi prendre contact avec votre ambassade qui vous recommandera des services médicaux appropriés.

Il peut s'avérer utile d'avoir sur vous un document daté et signé de votre médecin détaillant vos éventuels problèmes de santé ainsi que vos traitements (spécifiant le nom de la molécule ou du médicament générique). Mieux vaut aussi vous munir de vos médicaments dans leur boîte d'origine, avec le nom clairement indiqué. Les pharmacies en Argentine sont dans l'ensemble très bien achalandées.

Avant de partir, vous pouvez consulter les conseils en ligne du ministère des Affaires étrangères (www.diplomatie.gouv.fr/fr/conseils-aux-voyageurs_909/index.html) ou le site très complet du ministère de la Santé (www.sante-sports.gouv.fr).

Dengue

La dengue est une infection virale qui sévit dans toute l'Amérique du Sud. Elle se transmet par les moustiques de type aèdes, qui piquent durant la journée. Ils pondent essentiellement dans les réserves d'eau artificielles (citernes, barils, conteneurs en plastique et pneus usagés). La dengue est de ce fait surtout répandue dans les environnements urbains fortement peuplés.

En 2009, plusieurs milliers de cas de dengue ont été signalés dans les provinces du nord de l'Argentine, surtout à Chaco et Catamarca. Buenos Aires elle-même a connu quelques dizaines de cas. Cette épidémie a heureusement fait très peu de victimes. La dengue se manifeste généralement par des symptômes similaires à ceux de la grippe : fièvre, douleurs musculaires et articulaires, maux de tête, nausées et vomissements, puis, fréquemment, éruption cutanée. Ces douleurs sont pénibles, mais la plupart des cas se résolvent en quelques jours sans complication.

Paludisme

Le paludisme est transmis par les piqûres de moustiques, généralement entre le crépuscule et l'aube. Les principaux symptômes sont de fortes fièvres, qui peuvent s'accompagner de frissons, sueurs, maux de tête, courbatures, sensation de faiblesse, vomissements et diarrhée. Les cas les plus graves peuvent atteindre le système nerveux central et provoquer une crise cardiaque, le coma et la mort.

En Argentine il est recommandé de prendre un traitement antipaludéen lorsque l'on voyage dans les zones rurales proches des frontières avec la Bolivie (basses-terres des provinces de Salta et de Jujuy) et avec le Paraguay (basses-terres des provinces de Misiones et de Corrientes).

Fièvre jaune

La fièvre jaune est une maladie infectieuse grave transmise par des moustiques vivant dans des régions boisées. Les premiers symptômes ressemblent à ceux de la grippe : fièvre, frissons, maux de tête, courbatures, mal de dos, perte d'appétit, nausées et vomissements. Ces symptômes disparaissent généralement au bout de quelques jours, mais dans un cas sur six, cependant, la maladie évolue dans une deuxième phase, grave, caractérisée par une fièvre récurrente, des vomissements, un état d'apathie, une jaunisse, une défaillance rénale et une hémorragie digestive. La mort intervient dans un cas sur deux. Il n'existe aucun traitement sinon symptomatique.

Le vaccin contre la fièvre jaune est recommandé pour tous les voyageurs âgés de plus de neuf mois qui se rendent dans les forêts du Nord-Est, près de la frontière avec le Brésil et le Paraguay.

Téléphone

Deux compagnies, Telecom et Telefónica, se partagent les services du téléphone en Argentine.

Le plus simple pour passer un coup de fil local est d'utiliser un *locutorio*. Ces centres présents à tous les coins de rue renferment des cabines où l'on est beaucoup plus au calme que dans la rue. On ne risque pas de se trouver à court de monnaie car on paie – à peu près le même prix que dans un téléphone public – à un employé en sortant. Les *locutorios* disposent en général d'un annuaire.

Dans la rue, les téléphones publics fonctionnent avec des pièces (veillez à en prendre suffisamment) ou avec des *tarjetas telefónicas* (cartes téléphoniques, en vente dans la plupart des kiosques).

Les numéros gratuits (à partir de l'Argentine uniquement) commencent par ☎0800. Les numéros commençant par ☎0810 sont facturés au prix d'une communication locale, quel que soit l'endroit (en Argentine) d'où vous téléphonez.

La solution la moins chère pour téléphoner à l'étranger est de passer par un service en ligne (Skype, Google Voice, etc.) ou d'utiliser une carte téléphonique. Cela revient plus cher depuis un *locutorio*. Pour appeler l'étranger, composez le 00, puis le code du pays (33 pour la France, 32 pour la Belgique, 1 pour le Canada et 41 pour la Suisse), puis l'indicatif régional et le numéro.

La télécopie est un service bon marché et très répandu en Argentine.

Police ☎101 (ou ☎911 dans les grandes villes)

Police touristique ☎011-4346-5748, ☎0800-999-5000

Pompiers ☎100

Renseignements téléphoniques ☎110

Urgences médicales ☎107

Cartes de téléphone

En vente dans presque tous les kiosques, les cartes de téléphone permettent d'effectuer des appels locaux et internationaux à un prix avantageux. Toutefois, elles ne fonctionnent généralement pas à partir d'un téléphone public. Il faut donc pouvoir utiliser la ligne fixe d'un particulier ou d'un hôtel, ou trouver un *locutorio* qui les accepte (ce n'est pas toujours le cas). Les *locutorios* facturent un supplément, mais le tarif reste plus avantageux avec une carte. Lors de l'achat, précisez bien le pays que vous comptez appeler.

Téléphones portables

La meilleure solution est d'emporter votre téléphone GSM tri- ou quadri-bande déverrouillé et d'acheter sur place une carte SIM (elles sont bon marché). On vous donnera un numéro argentin et vous pourrez acheter des crédits (*carga virtual*) selon vos besoins. Les cartes SIM et les recharges sont disponibles dans les kiosques et les *locutorios* pourtant l'affichette "*recarga facil*". De nombreux Argentins utilisent ce système. Il existe aussi des services de déblocage de téléphone. Renseignez-vous sur place.

Vous pouvez aussi acheter sur place un portable avec carte SIM. Les premières minutes de communication sont généralement incluses dans le prix. La location d'un appareil, possible également, risque de vous revenir plus cher que l'achat.

Renseignez-vous bien avant votre départ si vous avez l'intention de vous servir de votre smartphone 3G, car l'utilisation en roaming à l'étranger est facturée à un prix astronomique.

ATTENTION À VOS PORTABLES !

Du fait de restrictions à l'importation, il est assez difficile de se procurer un smartphone (en particulier un iPhone) en Argentine, et ces appareils coûtent très cher. Si vous voyagez avec le vôtre, ne l'exhibez pas à tout va et ne le laissez pas traîner... Le conseil vaut aussi pour les tablettes et les ordinateurs portables.

TÉLÉPHONER EN ARGENTINE DEPUIS L'ÉTRANGER

Pour appeler en Argentine depuis l'étranger, composez le numéro d'accès à l'international de votre pays, puis l'indicatif de l'Argentine, puis l'indicatif régional (sans le zéro), puis le numéro. Par exemple, si vous voulez obtenir une ligne fixe à Buenos Aires depuis la France, vous composerez le 00-54-11-xxxx-xxxx

00 est le numéro d'accès à l'international depuis la France

54 est le code de l'Argentine

11 est l'indicatif de Buenos Aires, sans le zéro

xxxx-xxxx est le numéro de votre correspondant à Buenos Aires (numéro à huit chiffres en principe)

Si vous voulez appeler depuis l'étranger un numéro de portable en Argentine, composez le code d'accès à l'international, puis le ☎54, puis le ☎9, puis l'indicatif régional sans le 0, puis le numéro sans le ☎15 (par lequel la plupart des numéros de portables argentins commencent). Ainsi si vous appelez un portable à Buenos Aires depuis la France, vous composerez le 00-54-9-11-xxxx-xxxx

En revanche, cela vous permettra d'effectuer des appels internationaux à un tarif très modique, voire gratuitement, en passant par un système VoIP comme Skype. Les choses évoluant constamment dans ce domaine, actualisez vos informations avant de partir.

Les numéros de téléphone portable en Argentine commencent par 15. Si vous appelez d'une ligne fixe, vous devrez composer ce 15, mais pas si vous utilisez un autre téléphone portable (en tout cas pas si celui-ci a le même indicatif régional que le numéro appelé).

Toilettes

Dans l'ensemble, les toilettes publiques en Argentine sont mieux tenues qu'ailleurs en Amérique du Sud. Il y a toutefois des exceptions, et les personnes vraiment délicates choisiront les restaurants et les cafés haut de gamme. On trouve aussi des toilettes dans les grandes galeries commerciales et les chaînes internationales de fast-food. Ayez toujours du papier hygiénique sur vous et n'espérez pas trouver savon, eau chaude ou essuie-mains. Dans les petites villes, les toilettes publiques sont parfois payantes.

Il y a des bidets dans les sdb des hôtels et des maisons particulières, mais pas dans les toilettes publiques.

Travailler en Argentine

À moins de faire valoir une compétence bien spécifique, de monter une affaire et/ ou de parler espagnol (ou très bien l'anglais), il n'est guère envisageable pour un voyageur étranger de trouver un emploi rémunéré en Argentine.

Voyager en solo

Voyager seul est souvent une expérience très enrichissante. On multiplie les occasions de rencontre avec les habitants et les autres voyageurs – tout le sel d'un voyage – en conservant sa liberté. Reste que la solitude peut devenir pesante et qu'il y a des moments où l'on apprécie d'avoir un ami qui surveille les bagages. Ces petits inconvénients ne devraient pas peser bien lourd face au plaisir de rencontrer des Argentins (qui lient facilement conversation et n'hésiteront pas à vous inviter, par exemple à un *asado*), d'autant que la multiplicité des auberges de jeunesse laisse toujours ouverte la possibilité de retrouver d'autres voyageurs quand le besoin de contacts se fait fort.

Femmes seules

Il n'est pas simple d'être une femme ici, notamment lorsque l'on est jeune, que l'on voyage seule ou que l'on n'est pas disposée au compromis. Et le machisme est vraiment pénible au quotidien.

Certains hommes éprouvent le besoin de faire des remarques sur les qualités physiques des femmes qu'ils voient passer dans la rue, souvent lorsqu'elles sont seules mais également lorsqu'elles se promènent à deux ou en groupe (jamais lorsqu'il s'agit d'un couple hétérosexuel). Ils puisent pour cela dans une panoplie comprenant obscénités, sifflets, chuintements et autres *piropos* (commentaires "galants", parfois bien tournés mais le plus souvent vulgaires).

La meilleure attitude consiste à ne faire aucun cas de ces comportements. Après tout, de nombreuses Argentines les apprécient et la plupart des hommes ne font pas cela pour vous insulter. Ils se contentent simplement de reproduire une attitude ancrée dans leur culture.

Le machisme a aussi ses bons côtés : les hommes vous tiendront les portes ouvertes et s'effaceront toujours pour vous laisser passer, y compris pour monter dans le bus. Saisissez cette chance d'obtenir une place assise.

Transports

DEPUIS/VERS L'ARGENTINE

Entrer en Argentine

L'entrée en Argentine s'effectue sans difficulté. Dans les aéroports, les fonctionnaires des services d'immigration vont en général à l'essentiel ; ceux des postes terrestres pourront procéder à un examen scrupuleux de votre passeport. Une fois entré dans le pays vous pouvez être contrôlé par la police à tout moment. Ayez toujours sur vous au moins une photocopie de votre passeport.

Voie aérienne

Il existe des vols directs pour l'Argentine depuis l'Europe et l'Amérique du Nord, ainsi que depuis presque tous les pays d'Amérique du Sud. Vous pouvez également prendre un avion pour un pays voisin, par exemple le Brésil, et poursuivre par voie terrestre.

Aéroports et compagnies aériennes

Aerolíneas Argentinas, la compagnie nationale, jouit d'une bonne réputation dans le monde. La plupart des vols internationaux arrivent à l'**Aeropuerto Internacional Ministro Pistarini** (Ezeiza ; ☎011-5480-6111) de Buenos Aires, à 40-60 minutes (en bus ou en taxi) de la ville. Reportez-vous à la p. 101 pour savoir comment se rendre dans le centre depuis Ezeiza.

Proche du centre de Buenos Aires, l'**Aeroparque Internacional Jorge Newbery** (☎011-5480-6111) accueille la plupart des vols intérieurs ainsi que quelques vols internationaux en provenance des pays voisins.

Le site **Aeropuertos Argentina 2000** (www.aa2000.com.ar) fournit des informations générales sur la majorité des aéroports du pays.

Depuis la France

Seule Air France assure des vols directs au départ de Paris. Un vol sans escale pour Buenos Aires depuis Paris dure moins de 13 heures, pour un coût moyen de 1 100 €. La compagnie nationale argentine Aerolíneas Argentinas (www.aerolineas.com.ar) propose des vols pour Buenos Aires depuis Paris en association avec Air Europa, via Madrid (900 € environ pour un A/R). Selon la saison, la compagnie et le nombre d'escales, il est possible de bénéficier de tarifs plus avantageux (A/R de 650 à 800 €). Pour obtenir les meilleurs prix, il est nécessaire de réserver le plus tôt possible. Pour un départ en fin d'année, réservez au mois de juillet. Attention, certains tarifs attractifs correspondent à des voyages avec escale, et une durée de vol pouvant excéder 21 heures.

Voici quelques adresses d'agences et de transporteurs :

Air France (☎36 54 ; www.airfrance.fr ; coordonnées des agences sur le site)

Aerolineas Argentinas (☎01 53 29 92 30 ; www.aerolineas.com.ar ; 2, rue de l'Oratoire, 75001 Paris)

Air-Europa (☎902 401 501 ; www.aireuropa.com)

Anyway (☎0 892 302 301 ; www.anyway.com)

Iberia (☎0825 800 965 ; www.iberia.com)

Les Connaisseurs du voyage (☎01 53 95 27 00 ; www.connaisseursvoyage.fr ; 10, rue Beaugrenelle 75015 Paris)

> **AVERTISSEMENT**
>
> Les informations contenues dans ce chapitre sont particulièrement susceptibles de changements. Vérifiez directement auprès de la compagnie aérienne ou de l'agence de voyages les modalités d'utilisation de votre billet d'avion. N'hésitez pas à comparer les prestations. Les détails fournis ici doivent être considérés à titre indicatif et ne remplacent en rien une recherche personnelle attentive.

AGENCES EN LIGNE

Vous pouvez réserver votre vol via une agence en ligne ou vous renseigner auprès d'un comparateur de vols :

» www.anyway.com
» www.ebookers.fr
» www.illicotravel.com
» www.sprice.fr
» www.opodo.fr
» www.voyages-sncf.com
» http://voyages.kelkoo.fr
» www.govoyage.com

Nouvelles Frontières (☎0825 000 747 ; www.nouvelles-frontieres.fr ; coordonnées des agences sur le site)

Tawa (☎03 89 36 02 00 ; www.tawa.fr ; 28 rue du Sauvage, 68100 Mulhouse)

Thomas Cook (☎0826 826 777 ; www.thomascook.fr ; coordonnées des agences sur le site)

Voyageurs du monde (☎01 42 86 17 01 ; www.vdm.com ; 55, rue Sainte-Anne, 75002 Paris ; agences dans toute la France : voir sur le site)

Depuis la Belgique

Il n'existe pas de vol direct depuis la Belgique. Comptez autour de 1 000 € pour un A/R. Quelques adresses utiles :

Airstop (☎070 23 31 88 ; fax 09/242 32 29 ; www.airstop.be ; bd E. Jacquemain 76, 1000 Bruxelles)

Connections (☎070/23 33 13 ; www.connections.be ; coordonnées des agences sur le site).

Gigatour - Éole (☎070/22 44 32 ; www.voyageseole.be ; chaussée de Haecht 35, 1210 Bruxelles)

Depuis la Suisse

Il n'existe pas de vol direct depuis la Suisse. Les tarifs sont comparables à ceux pratiqués depuis la France. Quelques adresses utiles.

STA Travel Travel (☎058 450 49 49 ; www.statravel.ch ; ventes seulement par téléphone)

Swiss (☎41 848 700 700 ; www.swiss.com)

Depuis le Canada

Air Canada assure des vols avec escale au départ de Montréal et de Toronto (à partir de 1 100 $CAN).

Air Canada (☎1 888 247 2262 ; www.aircanada.ca)

Travel Cuts – Voyages Campus (www.voyagescampus.com ; coordonnées des agences sur le site)

Pour acheter en ligne, essayez **Expedia** (www.expedia.ca) ou **Travelocity** (www.travelocity.ca).

Voie terrestre

Passages de frontière

De nombreux points de passage existent entre l'Argentine et le Chili, la Bolivie, le Paraguay, le Brésil et l'Uruguay. Seuls les principaux sont répertoriés ci-dessous. En règle générale, les formalités à la frontière se passent bien, pour peu que l'on dispose des documents requis.

BOLIVIE

De La Quiaca à Villazón. De nombreux bus relient Jujuy et Salta à La Quiaca, où l'on franchit à pied la frontière, par un pont.

D'Aguas Blancas à Bermejo. D'Orán (accessible en bus depuis Salta ou Jujuy), prenez un bus desservant Aguas Blancas et Bermejo, où vous trouverez un autre bus pour Tarija.

De Salvador Mazza (Pocitos) à Yacuiba Des bus au départ de Jujuy ou de Salta rallient Salvador Mazza. Après avoir traversé la frontière, prenez un taxi collectif pour rejoindre Yacuiba.

BRÉSIL

Le point de passage le plus emprunté est celui entre Puerto Iguazú et Foz do Iguaçu. Informez-vous

C'EST À VOUS, CETTE BANANE ?

Vous ne pouvez franchir la frontière (terrestre ou aérienne) entre l'Argentine et le Chili avec des produits frais, des produits laitiers ou de la viande de quelque sorte. À l'aéroport ou à la frontière, les bagages sont fréquemment fouillés ou inspectés par des chiens à l'odorat aguerri, et si l'on découvre que vous êtes en possession d'un produit "de contrebande", vous risquez une amende de 300 $US. Même les aliments séchés ou déshydratés (notamment les mélanges de fruits secs) risquent d'être refusés.

Vous avez donc tout intérêt à finir sans tarder votre sandwich (et à vous munir d'une bouteille d'eau pour faire passer la dernière bouchée). Tout ira mieux en principe au retour, car les fonctionnaires argentins n'ont pas l'air de s'intéresser d'aussi près que leurs collègues chiliens aux voyageurs qui grignotent.

TAXES DE RÉCIPROCITÉ ET DE DÉPART

Les ressortissants de certains pays doivent s'acquitter d'une "taxe de réciprocité" *(tasa de reciprocidad)* lorsqu'ils débarquent à Ezeiza (Buenos Aires). Son montant équivaut à la somme que doivent débourser les Argentins pour obtenir un visa pour ces pays. Elle est comprise entre 75 et 150 $US (valable de un à cinq ans) pour les Canadiens et se paie en espèces, par carte bancaire ou chèques de voyage. Cette taxe n'est actuellement perçue qu'à Ezeiza, mais il n'est pas exclu qu'elle soit à l'avenir exigée dans tous les postes de contrôle de l'immigration.

Méfiez-vous des *cambios* (bureaux de change) de l'aéroport. Ils pratiquent des taux généralement élevés et des cas (certes rares) de distribution de faux billets ont été signalés. Vous avez tout intérêt à aller plutôt au Banco de la Nación : passez devant les guichets des compagnies de transport, franchissez les portes pour arriver dans le hall d'accueil et tournez complètement à droite. Le petit bureau de la banque, ouvert 24h/24, se trouve là. Il dispose d'un DAB – et il y a un autre distributeur tout près, à côté de Farmacity, et encore un autre un peu plus loin, au niveau des comptoirs des compagnies aériennes.

Ezeiza se trouve à 35 km environ de Buenos Aires. Voir p. 102 les renseignements sur les bus et les taxis à destination du centre. Un **comptoir d'informations touristiques** (5480-6111, 24h/24) est installé juste après la station de taxis.

Si vous devez passer la nuit près de l'aéroport, essayez la **Posada de las Aguilas** (4480-9637 ; www.posadadelasaguilas.com.ar ; José Hernández 128 ; s/d 340/380 ARS ;), un établissement agréable, situé à quelques minutes d'Ezeiza et proposant un service de transfert.

auprès des deux villes sur les formalités en vigueur à ce poste-frontière, en particulier si vous ne traversez que pour voir l'autre côté des chutes d'Iguazú. Voir aussi les informations spécifiques p. 201. On peut également franchir la frontière entre Paso de los Libres et Uruguaiana (Brésil).

CHILI

Il existe de nombreux points de passage entre l'Argentine et le Chili. Hormis dans l'extrême sud de la Patagonie, tout passage terrestre implique le franchissement des Andes. En hiver, les conditions météorologiques entrainent parfois la fermeture de certains cols de haute altitude. En cas de forte tempête, le tronçon de la RN 7 entre Mendoza et Santiago, souvent très fréquenté, peut même fermer durant plusieurs jours, voire davantage. Renseignez-vous toujours sur l'état des routes, surtout si vous devez prendre un avion de l'autre côté des montagnes. Voici les passages les plus couramment empruntés :

De Bariloche à Puerto Montt. Ce passage par les Andes ne pose généralement pas de problème. Une excursion classique combinant bus et bateau permet d'effectuer cet itinéraire magnifique en 12 heures, ou deux jours l'hiver. Voir p. 395.

D'El Calafate à Puerto Natales et au Parque Nacional Torres del Paine. Cet itinéraire, sans doute le plus emprunté, part du Glaciar Perito Moreno (près d'El Calafate) et rejoint le Parque Nacional Torres del Paine (près de Puerto Natales). Plusieurs bus par jour en été (un ou deux hors saison).

De Los Antiguos à Chile Chico. Si vous empruntez ce passage dans le sens Chili-Argentine, vous pourrez rejoindre là la RN 40, très accidentée, et poursuivre vers El Chaltén et El Calafate. À choisir plutôt l'été, lorsque les transports publics fonctionnent.

De Mendoza à Santiago. L'itinéraire le plus emprunté entre les deux pays passe par l'Aconcagua (6 962 m).

De Salta à San Pedro de Atacama (via Jujuy, Purmamarca et Susques). Dix heures de bus dans les paysages magnifiques de l'altiplano (voir p. 230).

D'Ushuaia à Punta Arenas. Comptez entre 10 et 12 heures (en fonction des conditions météorologiques) pour le voyage en bus avec traversée en ferry entre Porvenir ou Punta Delgada et Primera Angostura. Bus quotidiens en été, moins fréquents en hiver.

Pour rejoindre le Chili par bateau (ferry Navimag), voir p. 494.

PARAGUAY ET URUGUAY

Pour se rendre d'Argentine au Paraguay, on peut emprunter l'itinéraire entre Clorinda (p. 214) et Asunción, ou celui reliant Posadas (p. 190) à Encarnación. Depuis Puerto Iguazú (Argentine), vous pouvez rejoindre Ciudad del Este (Paraguay) en transitant par le Brésil.

Il existe plusieurs passages entre l'Argentine et l'Uruguay : entre Gualeguaychú (p. 185) et Fray Bentos, entre Colón (p. 184) et Paysandú, entre Concordia (p. 187) et Salto, notamment. Tous s'effectuent par un pont. Les bus reliant Buenos Aires à Montevideo et aux autres villes en bord de mer sont toutefois plus lents et moins pratiques que les ferries (ou qu'un itinéraire associant bus et ferry) du Río de la Plata (voir ci-après). Les passages de Gualeguaychú et de Paysandú risquent d'être fermés en raison d'un conflit lié à la construction d'une usine de pâte à papier du côté uruguayen du fleuve.

Bateau

Plusieurs liaisons existent entre Buenos Aires et l'Uruguay. Le passage s'effectue en ferry ou en hydroglisseur (à combiner avec le bus).

De Buenos Aires à Colonia. Liaisons quotidiennes en ferry (de 1 à 3 heures). À Colonia, bus directs pour Montevideo (3 heures).

De Buenos Aires à Montevideo. D'une capitale à l'autre en 2 heures 45 seulement grâce à des ferries à grande vitesse. Voir p. 152.

De Tigre à Carmelo. Liaisons régulières et rapides entre Tigre, dans la banlieue de Buenos Aires, et Carmelo en 2 heures 30. Montevideo est également desservie à partir de Tigre.

Bus

L'Argentine est accessible en bus à partir de la plupart des pays frontaliers. Les véhicules sont généralement confortables, modernes et relativement propres. Le passage de frontière s'effectue sans trop de tracasseries, pourvu évidemment que l'on dispose d'un visa lorsqu'il est exigé (voir p. 571).

Train

Il existe depuis septembre 2011 une liaison en train entre Pilar (Argentine) et Paso de los Toros (Uruguay). Elle n'offre pour l'instant guère d'intérêt pratique pour les voyageurs, mais on espère que Buenos Aires et Montevideo seront reliées à terme.

COMMENT CIRCULER

Avion

Compagnie aériennes en Argentine

La compagnie nationale, **Aerolíneas Argentinas** (☎0810-222-86527 ; www.aerolineas.com), offre le plus grand nombre de vols, mais n'est pas nécessairement meilleure que ses concurrents. La compagnie chilienne **LAN** (LAN; ☎0810-999-9526 ; www.lan.com) et **Líneas Aéreas del Estado** (LADE ; ☎0810-810-5233 ; www.lade.com.ar), le service de transport de passagers de l'armée de l'air, proposent également des vols domestiques. Spécialiste de la Patagonie, LADE pratique des tarifs très bas, mais n'offre que très peu de vols – et pour de courtes distances généralement.

Certaines compagnies intérieures pratiquent un système de double tarification : elles font payer davantage aux étrangers qu'aux Argentins. Les voyageurs qui empruntent Aerolíneas Argentinas pour se rendre dans le pays peuvent toutefois bénéficier de tarifs préférentiels sur les vols intérieurs... à condition de prendre les billets hors de l'Argentine (en règle générale au moment d'acheter le billet international).

À Buenos Aires, la quasi-totalité des vols intérieurs se posent à l'**Aeroparque Internacional Jorge Newbery** (☎011-5480-6111 ; www.aa2000.com.ar), au nord du centre.

La demande peut être forte sur les vols intérieurs, en particulier au moment des vacances de Noël, de janvier-février, de Pâques et de juillet. Il faut réserver longtemps à l'avance.

Bateau

On ne circule guère en bateau en Argentine. Signalons toutefois les liaisons régulières internationales depuis/vers l'Uruguay et le Chili (via la région des lacs, voir p. 379).

VOYAGES ET CHANGEMENTS CLIMATIQUES

Tous les moyens de transport fonctionnant à l'énergie fossile génèrent du CO_2 – la principale cause du changement climatique induit par l'homme. L'industrie du voyage est aujourd'hui dépendante des avions. Si ceux-ci ne consomment pas nécessairement plus de carburant par kilomètre et par personne que la plupart des voitures, ils parcourent en revanche des distances bien plus grandes et relâchent quantité de particules et de gaz à effet de serre dans les couches supérieures de l'atmosphère. De nombreux sites Internet utilisent des "compteurs de carbone" permettant aux voyageurs de compenser le niveau des gaz à effet de serre dont ils sont responsables par une contribution financière à des projets respectueux de l'environnement. Lonely Planet "compense" les émissions de tout son personnel et de ses auteurs.

Le voyage en bateau (ferry Navimag) le long de la Patagonie andine est un grand classique (voir p. 494) ; le circuit s'effectue en territoire chilien, mais de nombreux voyageurs en profitent pour faire un crochet par l'Argentine. Plus au sud, au départ d'Ushuaia, des tour-opérateurs organisent des croisières sur le canal de Beagle, en Terre de Feu (p. 512).

À défaut, les inconditionnels de la navigation peuvent choisir parmi les nombreuses excursions dans le delta du Río de la Plata proposées au départ de Tigre (p. 104), dans la banlieue de Buenos Aires.

Bus

Les voyageurs se familiariseront rapidement avec l'excellent réseau argentin, qui couvre le pays dans ses moindres recoins – ou presque. Moyens de transport le plus usité par les habitants, les bus longue distance (les "*micros*") sont sûrs (en particulier les véhicules 1 classe), rapides et étonnamment confortables – voire luxueux. Les bagages encombrants (étiquetés par le personnel) sont placés en soute. Pour les longs trajets (Buenos Aires-Mendoza par exemple), choisissez un bus de nuit : vous économiserez une chambre d'hôtel et gagnerez une journée de séjour !

Il existe des centaines de compagnies dans le pays. Pour les trajets longue distance, voici les plus importantes :

Andesmar (☎0261-429-9501, 011-6385-0883 ; www.andesmar.com). Couvre l'ensemble du territoire.

Chevallier (☎011-4000-5255 ; www.nuevachevallier.com). Partie du territoire comprise entre Bariloche et Salta.

El Rápido International (☎0261-429-9501, 011-6385-0883 ; www.elrapidoint.com.ar). Buenos Aires, Mendoza, Córdoba et Rosario. Liaisons internationales vers Lima (Pérou), Santiago et Viña del Mar (Chili).

Via Bariloche (☎0810-333-7575 ; www.viabariloche.com.ar). Dessert la plupart des destinations de la province de la Pampa, de la région des lacs et de la Patagonie.

Les villes disposent en général d'une gare routière centrale où les différentes compagnies ont leur propre guichet. Certaines affichent bien en évidence les tarifs et les horaires. Le prix et l'heure de départ figurent toujours sur le billet. Dans les gares suffisamment importantes – ou à proximité – on trouve habituellement des toilettes, une consigne, des stands de restauration rapide, des kiosques et des marchands de journaux. Il y a aussi souvent un comptoir d'informations dans les villes touristiques. À l'exception notable d'El Calafate, vous ne risquez en principe pas d'être harcelé outre mesure par des rabatteurs ou autres personnages importuns.

Omnilíneas (☎011-4326-3924 ; www.omnilineas.com), société porteña très bien gérée, vend en ligne, sans commission, des billets pour à peu près n'importe quel trajct longue distance en Argentine. Le site Internet offre aussi des conseils pour les voyages en bus et d'autres services très utiles.

Classes et tarifs

Les compagnies haut de gamme comme Chevallier et Andesmar possèdent des bus modernes équipés de sièges spacieux et confortables, avec vitres panoramiques, climatisation, TV, toilettes (mais ne vous attendez pas à du luxe, et prévoyez du papier) et parfois café et en-cas servis à bord.

Si vous voyagez la nuit cela vaut vraiment la peine de débourser un peu plus pour voyager en *coche cama* (bus couchette). Le *semi-cama* (demi-couchette) est certes tout à fait acceptable, mais le *cama* offre des sièges beaucoup plus confortables, plus larges et presque totalement inclinables. Nec plus ultra, le service *ejecutivo* (classe affaires) est disponible sur certains trajets très empruntés. Les voyageurs au budget serré opteront pour la classe *común* (ordinaire), la moins chère. Pour les trajets de moins de 5 heures, vous n'aurez généralement pas le choix et monterez à bord d'un *común* ou d'un *semi-cama*, ce qui convient parfaitement pour la distance.

Les tarifs varient en fonction de la saison, de la classe et de la compagnie. Les liaisons en Patagonie sont en général les plus chères. La plupart des compagnies acceptent les cartes de crédit.

Réservations

En temps normal il n'est en principe pas nécessaire d'acheter son billet à l'avance, sauf si vous voyagez en *coche cama* le vendredi entre deux grandes villes. En période de vacances, par exemple de fin décembre à fin février et en juillet-août, mieux vaut aussi réserver dès que possible car il y a beaucoup de monde sur les routes.

POUR ARRIVER À BON PORT

Il existe un site très précieux pour les voyageurs circulant en voiture en Argentine : www.ruta0.com. Il établit des itinéraires entre deux destinations, signale les tronçons goudronnés ou pas et donne les indications de distance, de temps de parcours et de coût (consommation de carburant). Seule information manquante : comment ne pas croiser les fous du volant, nombreux en Argentine !

Dès que vous arrivez quelque part, en particulier s'il s'agit d'une localité mal desservie, renseignez-vous sur les possibilités de rejoindre votre prochaine destination et organisez-vous.

Quand la gare routière se trouve à la périphérie de la ville, il y a généralement dans le centre des agences qui vendent les billets sans commission. Renseignez-vous à votre hôtel.

Services saisonniers

La région des lacs et le nord de la Patagonie sont bien desservis en été (novembre à mars). De nombreux minibus assurent alors les liaisons entre campings, lacs, départs de sentier et autres endroits touristiques. Mais après la saison, ces services sont considérablement restreints.

En Patagonie, la mythique RN 40 (*Ruta Nacional Cuarenta*) reste très difficile et peu fréquentée – même si les travaux de goudronnage progressent tronçon par tronçon. Peu de transports publics circulent et il s'agit pour l'essentiel de "circuits" en minibus organisés durant l'été uniquement. Rendez-vous p. 442 pour en savoir davantage.

En stop

Quel que soit le pays, le stop présente toujours des dangers. Les voyageurs qui optent pour ce mode de déplacement doivent savoir qu'ils prennent un risque potentiellement sérieux. Mieux vaut toujours faire du stop à deux et informer une tierce personne de la destination prévue.

L'Argentine est sans doute, avec le Chili, le pays d'Amérique du Sud qui se prête le mieux au stop (*hacer dedo*).

La principale difficulté est que les voitures particulières sont souvent pleines à craquer, mais vous pouvez tenter votre chance avec les camions. Trouvez les *estaciones de servicio* (stations-service) à la sortie des grandes villes et allez demander aux chauffeurs qui font le plein.

Les femmes seules peuvent faire du stop, mais doivent faire preuve d'une vigilance particulière et éviter notamment de monter dans une voiture transportant plusieurs hommes. En Patagonie, l'importance des distances et la rareté des véhicules laisse présager de longues attentes : munissez-vous de vêtements chauds, d'un coupe-vent et d'eau.

Une pancarte augmentera vos chances d'être pris, surtout si elle indique *visitando Argentina de Francia* (Français visitant l'Argentine) plutôt qu'une destination. Les Argentins sont très intéressés par les étrangers.

Vous trouverez des renseignements utiles sur www.autostopargentina.com.ar et www.wander-argentina.com/hitchhiking-in-argentina.

Train

Pendant de nombreuses années, le nombre de trains longue distance a été considérablement réduit en Argentine, mais des lignes ont progressivement rouvert ces dernières années. Renseignez-vous sur www.seat61.com/southamerica.htm.

Les trains longue-distance sont pourvus de couchettes. Les trains desservent Buenos Aires et certaines provinces environnantes. Pendant les périodes de vacances, pensez à réserver. Le train est généralement moins cher que le bus, mais aussi plus lent et les villes desservies sont aussi moins nombreuses. Pour savoir de quelle gare partent les trains de Buenos Aires, lisez p. 101.

Il y a des voitures-couchettes dans les trains longue distance.

Les amoureux du rail ne manqueront pas le voyage à bord de *La Trochita* (voir p. 445), qui parcourt les 20 km de ligne entre Esquel et Nahuel Pan. Autre train de légende, le très touristique *Tren a las Nubes* (Train des nuages, p. 249) de Salta, qui offre un parcours spectaculaire et traverse à un moment un canyon désertique s'élevant à 4 220 m au-dessus du niveau de la mer. Enfin, un itinéraire magnifique (avec service de luxe à bord du *Tren Patagónico*, voir p. 408) relie Bariloche, carrefour de la région des lacs, à Viedma, sur la côte atlantique de la Patagonie.

Transports urbains

Bus

Les bus urbains appelés *colectivos* avalent les pièces de monnaie et ont la réputation de rouler à tombeau ouvert dans les *avenidas* en crachant derrière eux des nuages de fumée noire. Une fois que l'on a compris le système, c'est un bon moyen de circuler et de découvrir les grandes villes. Chaque bus porte un numéro et un panneau affichant sa destination finale, à bien vérifier car, dans les grandes agglomérations en particulier, certains bus portant le même numéro desservent des itinéraires légèrement différents. N'hésitez pas à demander : *"¿Va este colectivo al centro/a la playa)?"* (Est-ce que ce bus va au centre-ville/à la plage ?")

En général, on paie une fois à bord (munissez-vous de pièces). Dans certaines villes cependant vous devrez acheter au préalable dans un kiosque une carte de bus (à Mendoza ou Mar del Plata par exemple) ou des jetons (*cospeles*) – c'est le cas à Córdoba.

Métro

Seule Buenos Aires dispose d'un métro, le Subte, qui constitue le moyen le plus rapide et le moins cher de se déplacer dans le centre. Reportez-vous à la p. 102 pour toute information.

Taxi et "remis"

Les habitants de Buenos Aires utilisent beaucoup le taxi, un moyen de transport bon marché. L'usage du compteur est généralisé dans la capitale, mais pas partout ailleurs : il vous faudra éventuellement convenir d'un prix à l'avance. Voir p. 102 pour plus d'informations sur les taxis à Buenos Aires.

Dans les lieux difficiles d'accès et/ou mal desservis par les transports publics, il est possible de louer un taxi pour la journée. En négociant bien le prix (à l'avance), cela revient parfois moins cher que la location d'une voiture sans chauffeur.

Les *remises* sont des radio-taxis banalisés et sans compteur, qui facturent un tarif fixe (comparable à celui des taxis classiques) établi en fonction de zones. Vous pouvez en commander un depuis un hôtel, un restaurant ou tout autre service.

Vélo

Il est tout à fait possible de visiter l'Argentine à vélo. Rien de tel que ce moyen pour éviter les contraintes des transports publics, voir le pays de près et faire des rencontres. Les vélos de course conviennent pour les routes goudronnées, mais les chaussées sont souvent étroites et pas toujours bien entretenues. Mieux vaut utiliser un *todo terreno* (VTT), plus commode, plus sûr et bien adapté aux pistes non asphaltées et à l'important réseau de routes gravillonnées. Les bicyclettes argentines progressent en qualité, mais ne valent pas encore celles que l'on trouve en Europe.

Le voyage à vélo présente deux inconvénients majeurs : d'une part le vent, qui, en Patagonie, impose parfois un rythme d'escargot ; d'autre part les automobilistes, véritable danger pour les cyclistes sur les routes à deux voies du pays, peu larges et rectilignes. Portez un casque et équipez-vous de manière à être le plus visible possible. N'oubliez pas le matériel de réparation, les pièces de rechange... et votre savoir-faire. Il est plus facile de se procurer de bonnes cartes (voir p. 570) en Argentine (notamment à Buenos Aires). Cela étant, même avec les meilleures cartes, faites-vous toujours confirmer votre itinéraire et renseignez-vous sur place sur l'état des routes (les cartes ne sont pas toujours fiables et les conditions de circulation parfois variables). Vêtements chauds et coupe-vent sont indispensables en Patagonie. Certaines petites routes sont très peu fréquentées.

Vous trouverez p. 32 quelques idées de beaux coins à parcourir à vélo.

Achat

On trouve des magasins de cycles dans de nombreuses villes, mais les vélos de bonne qualité sont chers et les pièces de rechange pas toujours facilement disponibles. Si vous devez acheter une bicyclette sur place, faites-le à Buenos Aires, où le choix est beaucoup plus important que dans les autres grandes villes – y compris Córdoba et Mendoza où les prix des vélos d'importation (les plus adaptés à un périple de ce type) sont beaucoup plus élevés que dans le pays d'origine. Si vous séjournez un certain temps et recherchez simplement un vélo pour une virée en ville, un vélo argentin peut se révéler avantageux. Un vélo de loisir vous coûtera moins de 600 ARS, un vélo de ville multivitesse environ 800 ARS.

Location

On peut louer des vélos corrects (généralement des VTT) dans de nombreuses localités touristiques, notamment Mendoza, Bariloche et d'autres villes de la région des lacs et des sierras de Córdoba. Les prix, raisonnables, s'entendent à l'heure ou à la journée.

Voiture et moto

Le territoire argentin est si vaste que malgré l'excellent réseau de transports publics, de nombreux lieux ne sont accessibles qu'avec un véhicule privé. C'est notamment le cas en Patagonie, où les distances sont grandes et les bus souvent rares.

Assurance

L'assurance responsabilité civile est obligatoire. Les prix, heureusement, restent raisonnables. Vérifiez, le cas échéant, que la couverture s'étend aux pays voisins. **Mapfre** (www.mapfre.com.ar) et l'**ACA** (www.aca.org.ar) sont tout à fait dignes de confiance.

Automobile-clubs

Si vous circulez en Argentine en voiture, cela vaut la peine d'adhérer à l'**Automóvil Club Argentino** (ACA ; www.aca.org.ar), qui dispose de bureaux, stations-service et garages sur tout le territoire et offre une assistance et un service de dépannage dans les principaux points du pays. Les membres de la plupart des automobile-clubs étrangers bénéficient directement de certains avantages, notamment du service d'assistance, de réductions sur les cartes routières et de tarifs préférentiels dans certains hôtels. N'oubliez pas votre carte.

Carburant

La nafta (l'essence) coûte entre 3,15 et 3,60 ARS le litre. Évitez la *común* (ordinaire), de qualité médiocre, et prenez plutôt du super ou du premium. Le prix de l'essence en Patagonie est inférieur du tiers environ aux tarifs pratiqués dans le reste du pays. On trouve assez facilement des *estaciones de servicio* (stations-service), mais surveillez bien tout de même votre jauge quand vous vous éloignez des grandes villes. En Patagonie, ce n'est pas une mauvaise idée d'avoir un bidon de secours.

Code de la route et sécurité

Les Argentins sont agressifs au volant et ne tiennent souvent pas compte des limitations de vitesse, des panneaux routiers et même des feux de signalisation. Cela étant dit, conduire redevient un plaisir hors des agglomérations. Évitez dans la mesure du possible de rouler la nuit si vous ne souhaitez pas heurter une vache ou tout autre animal engagé sur la route en quête d'un peu de chaleur.

Munissez-vous de balises de sécurité *(balizas)* et d'un extincteur *(matafuego)*. Les sièges conducteur et passagers doivent être équipés d'un appuie-tête. Le bouclage de la ceinture est obligatoire, de même que le port du casque à moto, mais dans les deux cas les Argentins se soucient peu de la réglementation.

Les policiers ne patrouillent pas beaucoup sur les routes, mais peuvent s'installer sur le bas-côté et aux grands carrefours pour contrôler les papiers et l'état du véhicule.

Ces contrôles peuvent parfois donner prétexte à des tentatives d'obtenir un pot-de-vin. Si vous n'êtes pas sûr de vos droits, dites poliment que vous allez prendre contact avec votre ambassade ou votre consulat. Si vous préférez aller vite, demandez "*¿Puedo pagar la multa ahora?*" ("Est-ce que je peux régler l'amende tout de suite ?").

Permis de conduire et autres documents

Outre votre permis national, vous devez en principe être muni d'un permis international. On peut néanmoins louer un véhicule sans présenter ce dernier. Lors d'un contrôle, les policiers vérifieront que les papiers du véhicule, l'assurance et les documents relatifs aux taxes sont bien en règle.

Si vous conduisez un véhicule argentin vous devrez présenter son certificat d'immatriculation, la *tarjeta verde* ("carte verte"). N'oubliez pas de vérifier qu'il se trouve bien dans la boîte à gants au moment où vous louez la voiture.

Les conducteurs de véhicules étrangers produiront le certificat émis par la douane. L'assurance responsabilité civile est obligatoire et doit pouvoir être produite lors d'un contrôle.

Achat

Il n'est pas simple pour les étrangers d'acheter un véhicule en Argentine. Il faut en principe avoir une adresse fixe, obtenir un numéro d'identification (CDI) et payer l'achat en espèces. Si vous achetez un véhicule d'occasion, il vous faudra vous rendre avec le vendeur dans un bureau spécial afin d'effectuer le transfert de titre de propriété. Assurez-vous que le vendeur est à jour pour le règlement des taxes, amendes etc.

Les choses seront plus faciles si vous parlez espagnol. Il n'est pas simple de souscrire une assurance lorsqu'on ne présente pas de DNI (carte nationale d'identité). Les étrangers ont le droit de posséder un véhicule, mais doivent théoriquement avoir une autorisation officielle, parfois difficile à obtenir, pour le sortir du pays.

Nous vous conseillons de bien vous renseigner par vous-même si vous envisagez un achat.

Location

Pour louer une voiture il faut avoir 21 ans au moins, être titulaire d'un permis de conduire en cours de validité et disposer d'une carte de crédit. Les agences n'exigent que rarement la présentation d'un permis international.

Pour le plus petit – et le moins cher – des véhicules, comptez environ 190 ARS la journée (150 à 200 km inclus). Les formules avec kilométrage illimité sont beaucoup plus onéreuses. Louer un 4x4 revient également beaucoup plus cher. C'est à Bariloche que l'on déniche les tarifs les plus avantageux. Essayez de louer dans cette ville si vous partez en Patagonie ou si vous envisagez de parcourir de nombreux kilomètres. Vous obtiendrez peut-être des tarifs intéressants en réservant auprès d'une agence internationale dans votre pays.

Langue

POUR ALLER PLUS LOIN

Indispensable pour mieux communiquer sur place : le *Guide de conversation espagnol latino-américain* publié par Lonely Planet. Pour réserver une chambre, lire un menu ou simplement faire connaissance, ce manuel permet d'acquérir des rudiments d'espagnol. Inclus : un minidictionnaire bilingue.

La prononciation de l'espagnol d'Amérique latine est proche de celle du français, à quelques exceptions près. Retenez que le son transcrit par *rh* est guttural, le v et le b ont une prononciation à mi-chemin entre un "v" et un "b" français, le r se roule avec insistance et que le ch se prononce "tch". Par ailleurs, sachez que les lettres *ll* (prononcées y en Espagne et dans bon nombre de pays latino-américains) et *y* se prononcent entre "ch" et "j" en espagnol argentin, ce qui donne une tonalité locale toute particulière : ainsi, "me llamo ..." que l'on prononce en espagnol "me yamo" devient "me chamo" en Argentine. Vous vous habituerez très rapidement à cette singularité en écoutant, et en discutant avec des Argentins. En lisant la prononciation indiquée au regard de chaque mot comme s'il s'agissait du français, vous arriverez à vous faire comprendre.

Les accents toniques, signalés par un accent aigu à l'écrit (ex : *días*), figurent en italique dans la prononciation.

Les formes masculines et féminines sont mentionnées, si besoin est. Nous indiquons le masculin en premier, puis, séparé par une barre oblique, le féminin comme suit *perdido/a* (m/f).

FORMULES COURANTES

Bonjour.	*Hola.*	o·la
Au revoir.	*Adiós./Chau.*	a·*dyos*/tchao
Comment ça va ?	*¿Qué tal?*	ké tal
Bien, merci.	*Bien, gracias.*	bién *gra*·syas
Pardon.	*Perdón.*	pèr·*donne*
Désolé(e).	*Lo siento.*	lo syèn·to
S'il vous plaît.	*Por favor.*	por fa·*vor*
Merci.	*Gracias.*	*gra*·syas
De rien	*De nada.*	dé *na*·da
Oui./Non.	*Sí./No.*	si/no

Mon nom est...
Me llamo ... — me *cha*·mo ...

Comment vous appelez-vous ?/Comment t'appelles-tu ?
¿Cómo se llama Usted? — *ko*·mo se *cha*·ma ou·*stéd*
¿Cómo te llamas? — *ko*·mo te *cha*·mass

Parlez-vous français ?/Parles-tu français ?
¿Habla francés? — *a*·bla frane *cés*
¿Hablas francés? — *a*·blass frane *cés*

Je ne comprends pas.
Yo no entiendo. — yo no én·*tyen*·do

Panneaux

Abierto	Ouvert	**Mujeres/Damas**	Dames
Cerrado	Fermé	**Prohibido**	Interdit
Entrada	Entrée	**Salida**	Sortie
Hombres/Varones	Messieurs	**Servicios/Baños**	Toilettes

HÉBERGEMENT

Je voudrais une chambre...
Quisiera una habitación ... — ki·syé·ra ou·na a·bi·ta·syon ...

simple	*individual*	in·di·vi·doual
double	*doble*	do·blé

Combien cela coûte-t-il par nuit/personne ?
¿Cuánto cuesta por noche/persona? — kouan·to koués·ta por no·tché/per·so·na

Est-ce que cela comprend le petit-déjeuner ?
¿Incluye el desayuno? — in·klou·yé el dé·ssa·you·no

camping	*terreno de cámping*	té·ré·no dé kame·ping
hôtel	*hotel*	o·tel
pension	*hostería*	os·té·ri·a
auberge de jeunesse	*albergue juvenil*	al·ber·gué rhou·vé·nil
climatisation	*aire acondicionado*	aï·ré a·kon·di·syo·na·do
salle de bains	*baño*	ba·nyo
lit	*cama*	ka·ma
fenêtre	*ventana*	véne·ta·na

ORIENTATION

Où est ...?
¿Dónde está ...? — done·dé és·ta ...

Quelle est l'adresse ?
¿Cuál es la dirección? — koual és la di·rék·syon

Pouvez-vous l'écrire, s'il vous plaît ?
¿Puede escribirlo, por favor? — poué·dé és·kri·bir·lo por fa·vor

Pouvez-vous me l'indiquer (sur la carte) ?
¿Me lo puede indicar (en el mapa)? — mé lo poué·dé in·di·kar (éne él ma·pa)

à l'angle	*en la esquina*	éne la és·ki·na
aux feux tricolores	*en el semáforo*	éne él sé·ma·fo·ro
derrière...	*detrás de ...*	dé·tras dé ...
loin	*lejos*	lé·rhos
devant ...	*en frente de ...*	éne·fréne·té dé ...
gauche	*izquierda*	is·kyér·da
près	*cerca*	sér·ka
à côté de ...	*al lado de ...*	al la·do dé ...
en face de ...	*frente a ...*	fréne·té a ...
droite	*derecha*	dé·ré·tcha
tout droit	*todo recto*	to·do rèk·to

AU RESTAURANT

Puis-je voir la carte, s'il vous plaît ?
¿Puedo ver el menú, por favor? — poué·do vér el mé·nou por fa·vor

LUNFARDO

Voici quelques termes en *lunfardo* (argot) particulièrement relevés, que vous entendrez probablement en voyageant en Argentine.

boliche – boîte de nuit ou discothèque

boludo – con, idiot ; souvent employé de manière sympathique entre amis, mais insulte quand il est proféré à l'égard d'inconnus

bondi – bus

buena onda – bonnes vibrations (se dit par exemple de deux personnes qui s'entendent bien ou d'un lieu sympa)

carajo – connard ; merde alors !

chabón/chabona – gamin/gamine (terme affectueux)

che – salut

diez puntos – OK, super, génial (littéralement "10 points")

fiaca – paresse

guita – argent

laburo – boulot

macanudo – génial, fabuleux

mango – un peso

masa – quelque chose de super, de très sympa

mina – femme

morfar – manger

pendejo – idiot

piba/pibe – un gars/une fille sympa

piola – cool, intelligent(e)

pucho – cigarette

re – très, par exemple *re interestante* (très intéressant)

trucho – faux, imitation, mauvaise qualité

¡Ponete las pilas! – Allez ! Au travail ! (littéralement "mets-toi les piles !")

Me mataste. – Je ne sais pas, aucune idée (littéralement "Tu m'as tué")

Le faltan un par de jugadores. – Il lui manque une case (littéralement "Il lui manque quelques joueurs (d'une équipe)")

che boludo – Expression typiquement *porteña* ! Renseignez-vous auprès d'un jeune...

Que recommandez-vous ?
¿Qué me recomienda? — ké mé ré·ko·myéne·da

Avez-vous des plats végétariens ?
¿Tienen comida vegetariana? — tyé·néne ko·mi·da vé·rhé·ta·rya·na

EL VOSEO

L'espagnol de la région du Río de la Plata présente des différences avec celui parlé en Espagne et dans le reste de l'Amérique latine. La plus importante concerne l'utilisation du *voseo* (vouvoiement, avec le *vos*) à la place du *tuteo* (tutoiement avec le *tú*), un vestige de l'espagnol du XVIe siècle qui implique quelques modifications grammaticales. Les verbes ne se conjuguent pas à la même personne, d'où des variations d'accentuation et de prononciation. Dans les exemples de verbes en *-ar*, *-er* et *-ir* conjugués au présent de l'indicatif ci-dessous, nous avons fait figurer le tutoiement pour illustrer ces différences. L'impératif diffère également selon le pronom utilisé, contrairement à l'impératif négatif qui utilise les mêmes formes pour le *tuteo* et le *voseo*.

Les phrases en espagnol incluses dans ce chapitre sont toutes formulées avec le vouvoiement (*vos*). Pour rendre la conversation moins formelle, un Argentin dira à un étranger *Me podés tutear* (littéralement "Tu peux me tutoyer"), même s'il continue, quant à lui, à utiliser *vos* en s'adressant à son interlocuteur.

Verbe		Tuteo	Voseo
hablar (parler) :			
Tu parles/Parle !	Vous parlez/Parlez !	*Tú hablas./¡Habla!*	*Vos hablás./¡Hablá!*
comer (manger) :			
Tu manges/Mange !	Vous mangez/Mangez !	*Tú comes./¡Come!*	*Vos comés./¡Comé!*
venir (venir) :			
Tu viens/Viens !	Vous venez/Venez !	*Tú vienes./¡Ven!*	*Vos venís./¡Vení!*

Je ne mange pas de (viande rouge).
No como (carne roja). — no *ko*·mo (*kar*·né *ro*·rha)

C'était très bon !
¡Estaba buenísimo! — és·*ta*·ba boué·*ni*·ssi·mo

Santé !
¡Salud! — sa·*loude*

L'addition, s'il vous plaît.
La cuenta, por favor. — la *kouéne*·ta por fa·*vor*

Je voudrais une table pour ...	*Quisiera una mesa para ...*	ki·*syé*·ra *ou*·na *mé*·ssa *pa*·ra ...
(huit) heures	*las (ocho)*	las (*o*·tcho)
(deux) personnes	*(dos) personas*	(dos) pér·*so*·nas

Mots utiles

apéritifs	*aperitivos*	a·pé·ri·*ti*·vos
bouteille	*botella*	bo·*té*·cha
bol	*bol*	bol
petit-déjeuner	*desayuno*	dé·ssa·*you*·no
menu enfant	*menú infantil*	mé·*nou* ine·fane·*til*
(très) froid	*(muy) frío*	(mouy) *fri*·o
dîner	*cena*	*sé*·na
nourriture	*comida*	ko·*mi*·da
fourchette	*tenedor*	té·né·*dor*
verre	*vaso*	*va*·sso
chaud	*caliente*	ka·*lyéne*·té
couteau	*cuchillo*	kou·*tchi*·cho
déjeuner	*almuerzo*	al·*mouér*·so
plat principal	*plato principal*	*pla*·to prine·si·*pal*
assiette	*plato*	*pla*·to
restaurant	*restaurante*	res·tou·*rane*·té
cuillère	*cuchara*	kou·*tcha*·ra
avec/sans	*con/sin*	kone/sine

Viande et poisson

bœuf	*carne de vaca*	*kar*·né dé *va*·ka
poulet	*pollo*	*po*·cho
canard	*pato*	*pa*·to
poisson	*pescado*	pés·*ka*·do
agneau	*cordero*	kor·*dé*·ro
porc	*cerdo*	*sér*·do
dinde	*pavo*	*pa*·vo
veau	*ternera*	tér·*né*·ra

Fruits et légumes

pomme	*manzana*	mane·*ssa*·na
abricot	*damasco*	da·*mas*·ko
artichaut	*alcaucil*	al·*kaou*·ssil
asperges	*espárragos*	és·*pa*·ra·gos

banane	*banana*	ba·*na*·na
haricots verts	*chauchas*	*tchaou*·tchas
betterave	*remolacha*	ré·mo·*la*·tcha
chou	*repollo*	ré·*po*·cho
carotte	*zanahoria*	sa·na·o·rya
céleri	*apio*	a·pyo
cerise	*cereza*	sé·*ré*·ssa
maïs	*choclo*	*tcho*·klo
concombre	*pepino*	pé·*pi*·no
fruit	*fruta*	*frou*·ta
raisin	*uva*	*ou*·va
citron	*limón*	li·*mone*
lentilles	*lentejas*	len·*té*·rhas
laitue	*lechuga*	le·*tchou*·ga
champignon	*champiñón*	chame·pi·*nyone*
noix	*nueces*	*noué*·ses
oignon	*cebolla*	sé·*bo*·cha
orange	*naranja*	na·*rane*·rha
pêche	*durazno*	dou·*ras*·no
petits pois	*arvejas*	ar·*vé*·rhas
poivron (rouge/vert)	*pimiento (rojo/verde)*	pi·*myéne*·to (ro·rho/*vér*·dé)
ananas	*ananá*	a·na·*na*
prune	*ciruela*	sir·*oué*·la
pomme de terre	*papa*	*pa*·pa
potiron	*zapallo*	sa·*pa*·cho
épinards	*espinacas*	és·pi·*na*·kas
fraise	*frutilla*	frou·*ti*·cha
tomate	*tomate*	to·*ma*·té
légumes	*verdura*	vér·*dou*·ra
pastèque	*sandía*	sane·*di*·a

Autres aliments

pain	*pan*	pane
beurre	*manteca*	mane·*té*·ka
fromage	*queso*	*ké*·so
œuf	*huevo*	*oué*·vo
miel	*miel*	myél
confiture	*mermelada*	mér·mé·*la*·da
huile	*aceite*	a·*séy*·té
pâtes	*pasta*	*pas*·ta
poivre	*pimienta*	pi·*myéne*·ta
riz	*arroz*	a·ros
sel	*sal*	sal
sucre	*azúcar*	a·*ssou*·kar
vinaigre	*vinagre*	vi·*na*·gré

Boissons

bière	*cerveza*	ser·*vé*·ssa
café	*café*	ka·*fé*
jus (d'orange)	*jugo (de naranja)*	*rhou*·go (dé na·*rane*·rha)
lait	*leche*	*lé*·tché
thé	*té*	té
eau (minérale)	*agua (mineral)*	a·goua (mi·né·*ral*)
vin (rouge/ blanc)	*vino (tinto/ blanco)*	*vi*·no (*tine*·to/ *blan*·ko)

URGENCES

Au secours !	*¡Socorro!*	so·*ko*·ro
Allez-vous-en !	*¡Vete!*	*vé*·té
Appelez ...!	*¡Llame a ...!*	*cha*·mé a ...
un médecin	*un médico*	oun *mé*·di·ko
la police	*la policía*	la po·li·*ssi*·a

Je suis perdu(e).
Estoy perdido/a. es·*toï* pér·*di*·do/a

Je suis malade.
Estoy enfermo/a. es·*toï* éne·*fér*·mo/a

Je suis allergique (aux antibiotiques).
Soy alérgico/a a (los antibióticos). soï a·*ler*·rhi·ko/a a (loss ane·ti·*byo*·ti·kos) (m/f)

Où sont les toilettes ?
¿Dónde están los baños? *done*·dé es·*tane* los *ba*·nyos

ACHATS ET SERVICES

Je voudrais acheter ...
Quisiera comprar ... ki·*syé*·ra kome·*prar* ...

Je regarde seulement.
Sólo estoy mirando. *so*·lo es·*toï* mi·*rane*·do

Puis-je le voir ?
¿Puedo verlo? *poué*·do *vér*·lo

Ça ne me plaît pas.
No me gusta. no mé *gous*·ta

Combien ça coûte ?
¿Cuánto cuesta? *kouane*·to *koués*·ta

Mots interrogatifs

Comment ?	*¿Cómo?*	*ko*·mo
Que ?	*¿Qué?*	ké
Quand ?	*¿Cuándo?*	*kouane*·do
Où ?	*¿Dónde?*	*done*·dé
Qui ?	*¿Quién?*	kyen
Pourquoi ?	*¿Por qué?*	por *ké*

Nombres

1	*uno*	*ou*·no
2	*dos*	dos
3	*tres*	tréss
4	*cuatro*	*koua*·tro
5	*cinco*	*sine*·ko
6	*seis*	séïs
7	*siete*	*syé*·té
8	*ocho*	*o*·tcho
9	*nueve*	*noué*·vé
10	*diez*	dyés
20	*veinte*	*veïne*·té
30	*treinta*	*treïne*·ta
40	*cuarenta*	koua·*réne*·ta
50	*cincuenta*	sin·*kouéne*·ta
60	*sesenta*	sé·*séne*·ta
70	*setenta*	sé·*téne*·ta
80	*ochenta*	o·*tchéne*·ta
90	*noventa*	no·*véne*·ta
100	*cien*	syéne
1000	*mil*	mil

C'est trop cher.
Es muy caro. — es mouy *ka*·ro

Pourriez-vous baisser un peu le prix ?
¿Podría bajar un poco el precio? — po·*dri*·a ba·*rhar* oun *po*·ko el *pré*·ssyo

Il y a une erreur dans l'addition.
Hay un error en la cuenta. — aï oun é·*ror* éne la *kouéne*·ta

DAB	*cajero automático*	ka·*rhé*·ro aou·to·*ma*·ti·ko
carte de crédit	*tarjeta de crédito*	tar·*rhé*·ta dé *kré*·di·to
cybercafé	*cibercafé*	si·bér·ka·*fé*
marché	*mercado*	mér·*ka*·do
poste	*correos*	ko·*ré*·os
office du tourisme	*oficina de turismo*	o·fi·*si*·na dé tou·*ris*·mo

HEURE ET DATE

Quelle heure est-il ?
¿Qué hora es? — ké o·ra és

Il est (dix) heures.
Son (las diez). — sone (lasse dyés)

Il est une heure et demie.
Es (la una) y media. — és (la *ou*·na) i *mé*·dya

matin	*mañana*	ma·*nya*·na
après-midi	*tarde*	*tar*·dé
soir	*noche*	*no*·tché
hier	*ayer*	a·*jér*
aujourd'hui	*hoy*	oï
demain	*mañana*	ma·*nya*·na
lundi	*lunes*	*lou*·nés
mardi	*martes*	*mar*·tés
mercredi	*miércoles*	*myer*·ko·lés
jeudi	*jueves*	*rhoue*·vés
vendredi	*viernes*	*vyer*·nés
samedi	*sábado*	*sa*·ba·do
dimanche	*domingo*	do·*mine*·go

TRANSPORTS

bateau	*barco*	*bar*·ko
bus	*colectivo/ micro*	ko·lék·*ti*·vo/ *mi*·kro
avion	*avión*	a·*vyon*
train	*tren*	tréne
premier	*primero*	pri·*mé*·ro
dernier	*último*	*oul*·ti·mo
prochain	*próximo*	*prok*·si·mo
Un billet de ..., s'il vous plaît.	*Un boleto de ..., por favor.*	oun bo·*li*·to dé ... por fa·*vor*
1re classe	*primera clase*	pri·*mé*·ra *kla*·ssé
2e classe	*segunda clase*	sé·*goune*·da *kla*·ssé
aller	*ida*	*i*·da
aller-retour	*ida y vuelta*	*i*·da i *vouél*·ta

Je voudrais aller à ...
Quisiera ir a ... — ki·*syé*·ra ir a ...

Est-ce qu'il s'arrête à ...?
¿Para en ...? — *pa*·ra éne ...

Quel est le nom de cet arrêt ?
¿Cuál es esta parada? — koual es *és*·ta pa·*ra*·da

À quelle heure arrive-t-il/part-il ?
¿A qué hora llega/ sale? — a ké o·ra *che*·ga/ *sa*·lé

Pouvez-vous me dire quand on arrivera à...
¿Puede avisarme cuando lleguemos a ...? — *poue*·dé a·vi·*sar*·mé *kouane*·do che·*gué*·mos a ...

Je veux descendre ici.
Quiero bajarme aquí. — *kyé*·ro ba·*rhar*·mé a·*ki*

aéroport	*aeropuerto*	a·é·ro·*pouér*·to
arrêt de bus	*parada de colectivo*	pa·*ra*·da dé ko·lék·*ti*·vo
quai	*plataforma*	pla·ta·*for*·ma
billetterie	*taquilla*	ta·*ki*·cha

horaires	*horario*	o·ra·rio
gare ferroviaire	*estación de trenes*	és·ta·*syon* dé tré·nés
Je voudrais louer...	*Quisiera alquilar ...*	ki·*syé*·ra al·ki·*lar* ...
un 4x4	*un todo-terreno*	oune to·do·té·ré·no
un vélo	*una bicicleta*	*ou*·na bi·ssi·*klé*·ta
une voiture	*un coche/ auto*	oune *ko*·tché/ *aou*·to
une moto	*una moto*	ou·na *mo*·to
casque	*casco*	*kas*·ko
auto-stop	*hacer dedo*	a·*sér dé*·do
garagiste	*mecánico*	mé·*ka*·ni·ko
essence	*nafta*	*naf*·ta
station service	*estación de servicio*	es·ta·*syon* dé ser·vi·syo
camion	*camion*	ka·*myone*

Est-ce la route qui va à ...?
¿Se va a... por esta carretera? sé va a ... por ès·ta ka·ré·*té*·ra

Est-ce que je peux stationner ici ?
¿Puedo estacionar acá? poué·do é·sta·syo·*nar* a·*ka*

La voiture est tombée en panne.
El coche se ha averiado. el *ko*·tché sé a a·vé·*rya*·do

Je n'ai plus d'essence.
Me he quedado sine nafta. me é ké·*da*·do sine *naf*·ta

J'ai un pneu crevé.
Tengo una goma pinchada. *téne*·go *ou*·na *go*·ma pine·*tcha*·da

GLOSSAIRE

abuelos – grands-parents
ACA – Automóvil Club Argentino (Automobile Club d'Argentine). Cartes, assistance routière, assurance et autres services. Gère également des hôtels et des campings dans tout le pays
acequia – canal d'irrigation
aerosilla – télésiège
alcalde – maire
alfajor – biscuit rond fourré au *dulce de leche* ou à la confiture
alerce – grand conifère semblable au séquoia géant de Californie, et qui a donné son nom au Parque Nacional Los Alerces
arrayán – arbre de la famille du myrte qui prête son nom au Parque Nacional Los Arrayanes
arroyo – ruisseau
asado – le célèbre barbecue argentin
autopista – autoroute

baliza – balise d'urgence
balneario – tout lieu de baignade, en bord de mer, de rivière ou d'un plan d'eau
bandoneón – petit accordéon utilisé dans les orchestres de tango
barra brava – fervent supporter de football, l'équivalent argentin du hooligan britannique
bicho – petite bestiole, insecte ou mammifère ; désigne également une personne laide
boleadoras – lourdes balles recouvertes de cuir et reliées à une longue corde, utilisées autrefois par les gauchos et certains Indiens d'Argentine pour chasser. Lancées dans les pattes d'un guanaco ou d'un nandou, elles font tomber l'animal
boliche – club ou discothèque
bombachas – pantalon large des gauchos ; peut également désigner les dessous féminins
bombilla – paille en métal dotée d'un filtre et servant à boire le maté
buena onda – bonnes vibrations

cabildo – conseil municipal de l'époque coloniale ; désigne aussi le bâtiment où il se tenait
cacerolazo – manifestation de rue apparue pour la première fois en décembre 2001 quand des habitants de Buenos Aires se mirent à protester au balcon puis dans la rue en tapant sur des poêles et des casseroles (*cacerolas*) pour exprimer leur mécontentement. Le mouvement gagna ensuite des villes dans tout le pays et aboutit à la démission du président De la Rua
cajero automático – distributeur automatique de billets
caldén – arbre typique des terres sèches de la pampa
camarote – couchette 1re classe
cambio – bureau de change ; se dit aussi *casa de cambio*
campo – campagne ; également champ, terrain ou enclos
característica – indicatif téléphonique régional
carnavalito – danse populaire traditionnelle
carpincho – capybara, gros mais charmant rongeur aquatique peuplant le Paraná et d'autres rivières subtropicales
cartelera – bureau vendant des billets à prix réduits
casa de cambio – bureau de change, souvent abrégé en *cambio*

casa de familia – hébergement familial
casa de gobierno – littéralement la "maison du gouvernement", un bâtiment souvent reconverti aujourd'hui en musée ou en bureaux
castellano – appellation utilisée dans la plupart des pays sud-américains pour désigner la langue espagnole parlée en Amérique latine ; se réfère littéralement au castillan d'Espagne
catarata – cascade
caudillo – notable provincial qui jouait un rôle politique au XIXe siècle. Son autorité s'appuyait davantage sur la loyauté personnelle que sur des convictions politiques ou l'affiliation à un parti
centro cívico – centre administratif
cerro – colline, montagne
certificado – lettre recommandée
chacarera – danse populaire traditionnelle
chacra – petite ferme indépendante
chamamé – musique traditionnelle de Corrientes
chimichurri – sauce à l'huile d'olive, à l'ail et au persil
coche cama – wagon-couchettes
coima – pot-de-vin ; celui qui le sollicite s'appelle un *coimero*
colectivo – bus local
combi – bus longue distance
comedor – cafétéria, cantine
común – classe tourisme
Conaf – Corporación Nacional Forestal, agence nationale chilienne en charge de la protection des forêts. Elle gère des parcs nationaux comme celui des Torres del Paine.
confitería – café avec service de petite restauration
conjunto – groupe de musique
Conquista del Desierto – "conquête du Désert", euphémisme se référant à la guerre d'extermination menée par le général Julio Argentino Roca à la fin du XIXe siècle contre les Mapuche dans le nord de la Patagonie
contrabajo – contrebasse
cortado – café au lait
correo – poste
corriente – courant
costanera – route ou chemin en bord de mer, de lac ou de rivière
criollo – à l'époque coloniale, Espagnol né sur le continent américain ; désigne aujourd'hui tous les Latino-Américains d'origine européenne ; se rapporte aussi au bétail et aux chevaux sauvages de la pampa
cruce – carrefour

día de campo – "journée à la campagne" dans une estancia. Elle comprend typiquement un *asado*, une balade à cheval et la mise à disposition des infrastructures du ranch.
desaparecidos (los) – les disparus ; les victimes (estimées à 30 000) jamais retrouvées de la "guerre sale"
dique – barrage dont la retenue d'eau est souvent utilisée pour les loisirs ; désigne aussi un bassin
dorado – grand poisson d'eau douce du Paraná, appelé "tigre de Paraná" par les amateurs de pêche en référence à sa combativité

edificio – édifice
ejecutivo – classe affaires
empanadas – chaussons à la viande ou aux légumes
encomienda – système colonial en vertu duquel les communautés indiennes devaient travailler pour les Espagnols *(encomenderos)* qui leur dispensaient "en échange" des cours de religion et de langue
epa – exclamation signifiant "Hé ! Ouah ! Regarde !"
ERP – Ejército Revolucionario del Pueblo, groupe révolutionnaire de gauche qui militait dans les régions de plantations sucrières de la province de Tucumán dans les années 1970 et prenait pour modèle la révolution cubaine. Il fut écrasé par l'armée argentine durant la "guerre sale".
esquina – angle de rue
estación de servicio – station-service
estancia – vaste ranch bovin ou ovin où vivent un propriétaire – ou un gérant – *(estanciero)* et les travailleurs à son service. Nombre d'estancias proposent désormais aux touristes des activités de loisirs (équitation, tennis, natation) pour le week-end ou des séjours plus longs;
este – est

facturas – pâtisseries
facón – couteau utilisé par les gauchos, généralement glissé dans une ceinture, en bas du dos
folklore – musique folklorique argentine ; également appelée *folklórico*
fútbol – football

gasolero – véhicule à moteur fonctionnant au gazole, beaucoup moins cher que l'essence en Argentine
guardaganado – gardien de bétail (sur une route)
guardia – garde
Guerra sucia – la "guerre sale" menée dans les années 1970 par l'armée argentine contre les révolutionnaires de gauche et toute personne suspectée de sympathiser avec eux ; se réfère aussi à la "période militaire"
"guerre sale" – voir *Guerra sucia*
guitarrón – grande guitare qui joue la ligne de basse

horario – horaire

ichu – graminée en touffe de l'Altiplano andin
ida – aller
ida y vuelta – aller-retour

iglesia – église
interno – numéro d'un trajet d'autobus ; également numéro d'un poste téléphonique
IVA – *impuesto al valor agregado* ; TVA, souvent ajoutée sur les notes de restaurant ou d'hôtel en Argentine

jejenes – insectes désagréables qui piquent
jineteada – rodéo

libro de reclamos – livre de réclamations
locutorio – boutique de téléphonie privée pour les appels longue distance ; dispose généralement d'un fax et d'un accès Internet
lunfardo – argot

manta – châle ou couverture
manzana – littéralement "pomme" ; désigne aussi un pâté de maisons
maté – thé composé de feuilles de *yerba mate*. L'Argentine est le plus grand producteur et consommateur de maté au monde. Sa préparation et sa dégustation constituent un rituel social important ; désigne aussi la gourde dans laquelle on prépare le maté
mazorca – police politique du dictateur argentin Juan Manuel de Rosas, au XIXe siècle
medialuna – croissant
mercado artesanal – marché artisanal
meseta – steppe de l'arrière-pays de la Patagonie orientale
mestizo – métis d'origine indienne et espagnole
milanesa – escalope milanaise
milonga –peut désigner à la fois le lieu et la soirée où l'on danse le tango
minutas – en-cas ou plats rapides
mirador – point de vue, sur une colline ou le plus souvent en haut d'un bâtiment
monte – forêt de broussailles ; terme souvent employé pour désigner toute zone à la végétation dense
Montoneros – aile gauche du parti péroniste qui devint un mouvement clandestin de guérilla urbaine dans les années 1970
mozo – serveur (garçon)

nafta – essence
neumático – pneu ; roue de secours
norte – nord

oeste – ouest

parada – arrêt de bus
paraje – pompe
parrilla – assortiment de grillades ou restaurant de grillades ; dit aussi *parrillada*
paseo – balade (à pied dans un parc ou en ville, par exemple)
pato – canard ; désigne également un sport gaucho où des cavaliers se disputent une balle entourée de poignées en cuir
peatonal – rue piétonne, généralement dans le centre des grandes villes
pehuén – araucaria, un arbre du sud de la Patagonie, appelé aussi "désespoir des singes"
peña – club accueillant des concerts informels de musique folklorique
percha – perche ; également cintre ou portemanteau
picada – à la campagne, chemin, principalement de montagne ou à travers la forêt dense ; en cuisine, hors-d'œuvre ou en-cas
pingüinera – colonie de manchots
piqueteros – manifestants en piquet de grève
piropo – remarque accompagnant une tentative de séduction
piso – étage
porteño/a – habitant(e) de Buenos Aires, littéralement "résident du port"
precordillera – contreforts (précordillère) des Andes
primera – 1re classe dans un train
Proceso – abréviation d'El Proceso de Reorganización Nacional, euphémisme se référant à la tentative brutale de l'armée argentine de transformer la culture et l'économie entre 1976 et 1983
propina – pourboire, au restaurant ou au cinéma, par exemple
pucará – fortification précolombienne du Nord-Ouest andin, souvent située sur les hauteurs pour avoir une vue dégagée dans plusieurs directions
pulpería – magasin rural ou taverne
puna – hauts plateaux andins, au-dessus de 3 000 m

quebracho – arbre du Chaco, qui alimente en tanin l'industrie du cuir ; littéralement "briseur de hache"
quebrada – canyon
quincho – hutte au toit de chaume ; désigne souvent aujourd'hui un bâtiment à l'arrière d'une maison, où l'on organise des fêtes

rambla – promenade
rancho – maison rurale, généralement en adobe et coiffée d'un toit de chaume
recargo – surcoût, habituellement de 10%, que de nombreux commerçants argentins font payer pour les règlements par carte bancaire
reducción – village indien créé par les missionnaires espagnols à l'époque coloniale ; les plus connues sont les missions jésuites de la région frontalière entre l'Argentine, le Paraguay et le Brésil
refugio – refuge généralement rustique dans un parc national ou une région reculée
remis – radio-taxi sans compteur avec en principe un prix fixe dans un secteur donné ; également *remise*

riacho – cours d'eau

ripio – gravier

rotisería – traiteur

rotonda – rond-point

RN – Ruta Nacional, route nationale

RP – Ruta Provincial, route provinciale

ruta – route

s/n – *sin número,* indique une adresse sans numéro

sábalo – poisson d'eau douce très prisé du Paraná

salar – lac ou bassin d'eau salée, généralement sur les hauteurs des Andes et en Patagonie argentine

samba – danse populaire traditionnelle

semáforo – feu tricolore

semi-cama – wagon semi-couchettes

sendero – sentier dans les bois

servicentro – station-service

siesta – sieste ; elle peut être longue après le déjeuner

Subte – métro de Buenos Aires

sur – sud

surubí – poisson d'eau douce très prisé figurant souvent sur la carte des restaurants

tapir – grand mammifère ongulé des forêts subtropicales du Nord, cousin lointain du cheval

tarjeta magnética – carte magnétique de bus

tarjeta telefónica – carte téléphonique

tarjeta verde – "carte verte" ; document obligatoire pour les conducteurs de véhicules immatriculés en Argentine

teleférico – téléphérique

tenedor libre – formule de restauration à volonté

tola – arbuste de haute altitude, dans l'Altiplano du Nord-Ouest

torrontés – cépage et vin blancs argentins

trapiche – raffinerie de sucre

turista – 2e classe dans un train, généralement peu confortable

vereda – sentier

vicuña – vigogne, animal sauvage de la même famille que les lamas et les alpagas, vivant en altitude dans le Nord-Ouest andin

vino tinto – vin rouge

vinoteca – bar à vins

yacaré – caïman d'Amérique du Sud vivant dans des régions humides subtropicales

yungas – dans le Nord-Ouest, forêt subtropicale de transition, à basse altitude

zapateo – danse de claquettes folklorique

zona franca – zone hors taxes

zonda – vent sec et chaud qui descend des Andes

En coulisses

VOS RÉACTIONS ?

Vos commentaires nous sont très précieux et nous permettent d'améliorer constamment nos guides. Notre équipe lit toutes vos lettres avec la plus grande attention. Nous ne pouvons pas répondre individuellement à tous ceux qui nous écrivent, mais vos commentaires sont transmis aux auteurs concernés. Tous les lecteurs qui prennent la peine de nous communiquer des informations sont remerciés dans l'édition suivante, et ceux qui nous fournissent les renseignements les plus utiles se voient offrir un guide.

Pour nous faire part de vos réactions, prendre connaissance de notre catalogue et vous abonner à notre newsletter, consultez notre site Internet : **www.lonelyplanet.fr**

Nous reprenons parfois des extraits de notre courrier pour les publier dans nos produits, guides ou sites web. Si vous ne souhaitez pas que vos commentaires soient repris ou que votre nom apparaisse, merci de nous le préciser. Notre politique en matière de confidentialité est disponible sur notre site Internet.

À NOS LECTEURS

Merci à tous les voyageurs qui ont utilisé la dernière édition de ce guide et qui nous ont écrit pour nous faire part de leurs conseils, de leurs suggestions et de leurs anecdotes :

Laure Andrieux, Azori and Co, Frédérique Barbier, Céline Bellocq, Laurent de Boissieu, Fabian Bragante, Laurie Brun, Jérôme Candy, C. Clémencin, David Clémençon, Fabien Frouin, Isabelle Georgin, Claire Heid, Kathleen Hellgren, Camille Hervé, Miguel Hurtado, Geneviève Karmazyn, Chloé Le Bris, Magali Londot, Jacques Marcy, Denis Mercier, Guillaume Puech, Stéphane Rochat

UN MOT DES AUTEURS

Sandra Bao

Je remercie pour leur soutien mes coauteurs aguerris et Kathleen Munnelly, responsable de publication. Ce guide ne serait pas ce qu'il est sans l'aide de Katie Alley, Jeff Barry, Sally Blake, Michael Cando, Miriam Cutler, Gustavo Ferrari, Judy Hutton, Madi Lang, Elizabeth Lovelace, Lucas Markowiecki, Maya May, Jimena Moses, Frances Ren (et Duff), Kristie Robinson, Jed Rothenburg et Sylvia Zapiola. Enfin un grand merci à ma marraine, Elsa, et tout mon amour à mon mari Ben Greensfelder qui s'est occupé de la maison.

Gregor Clark

Muchísimas gracias aux nombreux Uruguayens et aux expatriés qui ont partagé avec moi la beauté de l'Uruguay, notamment Miguel et Monica au El Galope, Lucia et Rodney à La Sirena, Nahir, Pedro et María Rosa à Yvytu Itaty, Rodrigo et Alejandra à Punta del Este, Brian à la Punta del Diablo, Alain, Florencia, Delfina, François et Danilo à Montevideo et Gloria à Colonia. À la maison, *abrazos* à Gaen, Meigan et Chloe, dont l'amour et le soutien m'ont accompagné lors de mes pérégrinations uruguayennes.

Carolyn McCarthy

Un voyage est le fruit de nombreuses rencontres. Toute ma gratitude va à ceux dont l'aide et le soutien ont été déterminants en chemin, particulièrement à Sandra Bao, Marcelo et Cecilia, Rafael Smart, Pedro Aquino, Alejandro, Astrid et Matias. À Ushuaia, Frances Basily a cuisiné la meilleure omelette au monde. Gaston, Hernan et Anita m'ont donné des conseils avisés. Enfin, chapeau bas à Nicolas Rouvière pour sa conduite experte, son entretien de la voiture et sa présence infaillible et à Andres Fernandez pour avoir sauvé la Hilux une dernière fois.

À PROPOS DE CET OUVRAGE

Cette 4e édition du guide *Argentine* est une traduction-adaptation de la 8e édition du guide *Argentina* écrit par Sandra Bao, Gregor Clark, Carolyn McCarthy, Andy Symington et Lucas Vidgen. Sandra, Gregor, Andy et Lucas avaient aussi rédigé l'édition précédente, avec Bridget Gleeson. Ce guide a été réalisé par l'équipe suivante :

Traduction Nathalie Berthet, Anne Caron, Julie Marcot, Karine Thuillier

Direction éditoriale Didier Férat

Adaptation française Isabelle Bouwyn

Responsable prépresse Jean-Noël Doan

Maquette Denis Montagner

Couverture Annabelle Henry

Cartographie cartes de Valeska Cañas, Alison Lyall et Jane Chapman adaptées en français par Caroline Sahanouk

Merci à Chantal Duquénoy, Michel MacLeod et Jean-Victor Rebuffet pour leur travail sur le texte et leurs remarques éclairées. Merci également à Dolorès Mora pour sa précieuse relecture et pour sa bonne humeur, à Sarah Arfaoui pour son travail de référencement, à Dominique Spaety, Marjorie Goussu et Émeline Gontier pour leur aide.

Enfin, merci à Clare Mercer, Tracey Kislingbury et Mark Walsh du bureau de Londres, ainsi qu'à Darren O'Connell, Chris Love, Craig Kilburn et Carol Jackson du bureau australien.

Andy Symington

De nombreuses personnes ont été d'une grande aide et sympathie par leurs conseils, leurs renseignements et leur assistance le long du trajet. Cela inclut le personnel des offices du tourisme de Posadas, Tucumán, Chilecito et Jujuy et moult chauffeurs de taxi et de *remises* toujours prêts à partager leur connaissance du terrain. Un merci particulier à Sebastián Clerico, Paola Carenzo, Graciela Chávez, à ma famille pour son soutien ainsi qu'à Kathleen Munnelly, à l'équipe Lonely Planet, à Sandra Bao et à mes coauteurs, mais surtout, *mil gracias, amor* à Elena Vázquez Rodríguez pour m'avoir accompagné partout malgré l'Atlantique entre nous.

Lucas Vidgen

Avant tout, merci aux Argentins d'avoir fait de leur pays un endroit si agréable pour voyager et travailler. À Mendoza, Charlie O'Malley s'est avéré une fois de plus une source précieuse d'informations en tout genre et à Córdoba, Ana Navarta m'a dispensé d'inestimables renseignements. Diego Rossi, Facundo Carrizo et Ofelia Ledesma m'ont aidé à compléter de gros trous. Enfin, comme toujours, merci à América, Sofía et Teresa pour leur présence et pour avoir été là à mon retour.

Remerciements

Carte climatique adaptée de "Updated World Map of the Köppen-Geiger Climate Classification", *Hydrology and Earth System Sciences*, 11, 163344 ; Peel MC, Finlayson BL & McMahon TA (2007).

Photo de couverture : Chevaux sauvages devant le Fitz Roy (Patagonie) © Galen Rowell/CORBIS. Nombre de photos publiées dans ce guide sont disponibles auprès de notre agence photographique Lonely Planet Images : www.lonelyplanetimages.com

NOTES

index

Références des cartes **en gras**
Références des photos **en rouge**

D

E

Références des cartes **en gras**
Références des photos **en rouge**

N

O

P

Références des cartes **en gras**
Références des photos **en rouge**

V

Y

Z

INDEX DES ENCADRÉS

Activités

Histoire, culture et société

Informations pratiques

Nature et environnement

Saveurs

Visites et excursions

Comment utiliser ce guide

Ces symboles vous aideront à identifier les différentes rubriques :

- À voir
- Activités
- Cours
- Circuits organisés
- Fêtes et festivals
- Où se loger
- Où se restaurer
- Où prendre un verre
- Où sortir
- Achats
- Renseignements/transports

Ces symboles vous donneront des informations essentielles au sein de chaque rubrique :

- Numéro de téléphone
- Horaires d'ouverture
- Parking
- Non-fumeurs
- Climatisation
- Accès Internet
- s Chambre simple
- f Chambre familiale
- Wi-Fi
- Piscine
- Végétarien
- Familles bienvenues
- Animaux acceptés
- dort Dortoir
- d Chambre double
- app Appartement
- Bus
- Ferry
- Métro
- Tramway
- Train
- ch Chambre
- tr Chambre triple
- ste Suite

Les adresses sont présentées par ordre de préférence de l'auteur.

Les pictos pour se repérer

- Les coups de cœur de l'auteur
- GRATUIT Des sites libre d'accès
- Les adresses écoresponsables

Nos auteurs ont sélectionné ces adresses pour leur engagement dans le développement durable – par leur soutien envers des communautés ou des producteurs locaux, leur fonctionnement écologique leur investissement dans des projets de protection de l'environnement.

Légende des cartes

À voir

- Plage
- Temple bouddhiste
- Château
- Église/cathédrale
- Temple hindou
- Mosquée
- Synagogue
- Monument
- Musée/galerie
- Ruines
- Vignoble
- Zoo
- Centre d'intérêt

Activités

- Plongée/snorkeling
- Canoë/kayak
- Ski
- Surf
- Piscine/baignade
- Randonnée
- Planche à voile
- Autres activités

Se loger

- Hébergement
- Camping

Se restaurer

- Restauration

Prendre un verre

- Bar
- Café

Sortir

- Spectacle

Achats

- Magasin

Renseignements

- Poste
- Point d'information

Transports

- Aéroport/aérodrome
- Poste frontière
- Bus
- Téléphérique/funiculaire
- Piste cyclable
- Ferry
- Métro
- Monorail
- Parking
- S-Bahn
- Taxi
- Train/rail
- Tramway
- Tube
- U-Bahn
- Autre moyen de transport

Routes

- Autoroute à péage
- Autoroute
- Nationale
- Départementale
- Cantonale
- Chemin
- Route non goudronnée
- Rue piétonne
- Escalier
- Tunnel
- Passerelle
- Promenade à pied
- Promenade à pied (variante)
- Sentier

Géographie

- Refuge/gîte
- Phare
- Point de vue
- Montagne/volcan
- Oasis
- Parc
- Col
- Aire de pique-nique
- Cascade

Population

- Capitale (pays)
- Capitale (État/province)
- Grande ville
- Petite ville/village

Limites et frontières

- Pays
- Province/État
- Contestée
- Région/banlieue
- Parc maritime
- Falaise/escarpement
- Rempart

Hydrographie

- Rivière
- Rivière intermittente
- Marais/mangrove
- Récif
- Canal
- Eau
- Lac asséché/salé/intermittent
- Glacier

Topographie

- Plage/désert
- Cimetière (chrétien)
- Cimetière (autre religion)
- Parc/forêt
- Terrain de sport
- Site (édifice)
- Site incontournable (édifice)

Andy Symington

Les chutes d'Iguazú et le Nord-Est, Salta et le Nord-Ouest andin Les liens entre Andy et l'Argentine remontent à quatre générations : sa grand-mère y vivait dans les années 1920 et son père possédait une plantation de maté dans la province de Corrientes. Sa première visite en Argentine avec son père scella le début d'une longue histoire d'amour marquée par de nombreux voyages à travers le continent, un court séjour pour travailler à Buenos Aires et un profond respect pour l'Argentine provinciale. Andy est originaire d'Australie, il vit dans le nord de l'Espagne et a contribué à de multiples guides Lonely Planet.

Lucas Vidgen

Córdoba et les Sierras du Centre, Mendoza et le centre des Andes, Bariloche et la région des lacs Lors de son premier séjour en Argentine, en 2001, Lucas a été fasciné par ses grands espaces et ses villes cosmopolites. Les quantités astronomiques de viande de bœuf et de vin de qualité ingurgitées ne l'ont pas non plus laissé indifférent. Entre autres guides Lonely Planet sur l'Amérique latine, Lucas a travaillé pour plusieurs éditions des titres *Argentine* et *South America*. Il vit actuellement à Quetzaltenango, au Guatemala, où il publie le principal magazine culturel et de sorties de la ville, *XelaWho* (www.xelawho.com), auquel il contribue parfois.

LES GUIDES LONELY PLANET

Une vieille voiture déglinguée, quelques dollars en poche et le goût de l'aventure, c'est tout ce dont Tony et Maureen Wheeler eurent besoin pour réaliser, en 1972, le voyage d'une vie : rallier l'Australie par voie terrestre via l'Europe et l'Asie. De retour après un périple harassant de plusieurs mois, et forts de cette expérience formatrice, ils rédigèrent sur un coin de table leur premier guide, *Across Asia on the Cheap*, qui se vendit à 1 500 exemplaires en l'espace d'une semaine. Ainsi naquit Lonely Planet, qui possède aujourd'hui des bureaux à Melbourne, Londres et Oakland, et emploie plus de 600 personnes. Nous partageons l'opinion de Tony, pour qui un bon guide doit à la fois informer, éduquer et distraire.

NOS AUTEURS

Sandra Bao

Auteur-coordinateur, Buenos Aires, La Pampa et la côte atlantique D'origine sino-américaine, Sandra est née en Argentine ce qui ne manque jamais de laisser perplexes nombre de Chinois, d'Américains et d'Argentins rencontrés sur son chemin. Toujours par monts et par vaux, elle a voyagé dans une soixantaine de pays et a vécu sur trois continents avant de s'établir dans le superbe nord-ouest américain. Fière d'être *porteña*, Sandra retourne régulièrement en Argentine pour voir où en est le peso très fluctuant qui l'a occupée à plein temps en tant qu'auteur de guide touristique. Outre la rédaction de nombreux chapitres de ce guide, Sandra a contribué ces dix dernières années à environ 25 titres Lonely Planet pour quatre continents

Retrouvez Sandra sur le site anglophone :
lonelyplanet.com/members/sandrabao

Gregor Clark

Colonia del Sacramento, Montevideo, Punta del Este (Uruguay) Ces 20 dernières années, Gregor a sillonné l'Amérique du Sud de long en large et s'est particulièrement attaché à l'Uruguay lors de ses recherches pour les trois dernières éditions de ce guide. Cette fois-ci, ces meilleurs souvenirs il les doit à la côte atlantique et à la recherche du *chivito* parfait. Gregor a participé à une douzaine d'autres titres Lonely Planet, dont *Brésil* et *South America on a Shoestring*.

Retrouvez Gregor sur le site anglophone :
lonelyplanet.com/members/gregorclark

Carolyn McCarthy

Patagonie, Terre de Feu Pour ce voyage, Carolyn a passé plus de 5 000 km sur la route, en hiver. Elle a vu des centaines de sites et a dû faire appel à trois garagistes en chemin. Quand elle n'écrit pas sur sa destination favorite, la Patagonie, elle essaie de visiter des pays exotiques. En sept ans, elle a contribué à plus d'une douzaine de guides Lonely Planet. Elle a aussi écrit entre autres pour *National Geographic*, *Outside* et *Lonely Planet Magazine* et tient un blog sur le continent américain www.carolynswildblueyonder.blogspot.com.

PAGE 619 AUTEURS (suite)

Argentine
5e édition
Traduit et adapté de l'ouvrage *Argentina, 8th edition, August 2012*

Dépôt légal Novembre 2012
ISBN 978-2-81612-149-0
Imprimé par Grafica Veneta, Trebaseleghe, Italie

En Voyage Éditions | un département place des éditeurs